MW01515035

DICCIONARIO DE SINONIMOS Y ANTONIMOS EL ATENEO

DICCIONARIO DE SINONIMOS Y ANTONIMOS EL ATENEO

Quinta edición

Palabras preliminares de
RAUL H. CASTAGNINO
Presidente de la Academia Argentina de Letras

LIBRERIA "EL ATENEO" EDITORIAL

BUENOS AIRES · LIMA · MEXICO · BARCELONA

Recopilación y planificación
JUAN CARLOS MERLO

Librería, Editorial e Inmobiliaria, Florida 340, Buenos Aires.
Fundada en 1912 por don Pedro García.

ISBN 950-02-6298-3

Impreso el 8 de marzo de 1993
en Gráfica Antonelli,
Basavilbaso 950,
Lanús Oeste - Bs. As.

IMPRESO EN LA ARGENTINA

PALABRAS PRELIMINARES

Ni prólogo formal ni ensayo lingüístico: estas líneas preliminares no llevan otro propósito que reunir algunas reflexiones acerca del porqué de la publicación de este nuevo **Diccionario de Sinónimos y Antónimos** por la editorial "El Ateneo".

Es frecuente leer —hasta en obras de carácter científico— apreciaciones sobre las excelencias de una lengua, fundadas en el número de vocablos registrados en sus repertorios lexicográficos. Pero no siempre exuberancia de voces disponibles equivale a general aprovechamiento de semejante patrimonio lingüístico por parte de sus usuarios ni garantiza justeza y claridad expresivas.

Para el caso de la lengua española, dentro de la proclamada abundancia léxica que se le atribuye, sus hablantes y escribientes se suelen expresar —salvo respetables excepciones— con general limitación de vocabulario. Por otra parte, es indiscutible la constante renovación del caudal lexicológico y la rápida caducidad de voces impuestas por modas efímeras o por los medios de comunicación de masas. Ese dinamismo, que determina un ritmo de transformaciones semánticas, contribuye también a la aparición de nuevos sinónimos, lo mismo que ayudan los giros metafóricos, alusiones y elusiones, de origen coloquial o de procedencia literaria.

Tal proceso debe ser registrado sistemáticamente en repositorios adecuados y específicos. Por eso, un **diccionario de sinónimos y antónimos** se concibe para abarcar las dos fases del ciclo sémico: aproximación y oposición. Empleado racionalmente, se constituye en indispensable instrumento de ajuste expresivo. Brinda posibilidad amplificadora de los campos de intercomunicación lingüística. Su adecuada consulta propende a un cabal encuadramiento de pensamiento y palabra, facilita la fluida proyección de la personalidad expresante.

Las frecuentes ediciones y reediciones de repertorios de este tipo descubren la existencia, en los medios cultos, de un convencimiento acerca de la utilidad de dichos instrumentos para lograr el afinamiento expresivo, enriquecer los vocabularios individuales y perfilar precisos mensajes comunicativos.

Nunca interrumpidas desde el siglo XVIII, las periódicas apariciones de nuevos modelos de colecciones de sinónimos con diversidad de metodologías ponen de manifiesto el permanente interés didáctico al respecto, la conciencia de la magnitud y riqueza de recursos lexicológicos y lexicográficos de la lengua de Cervantes, la dinámica de sus cambios y transformaciones. Sobre todo, la elasticidad semántica originada por la coexistencia de diversos niveles de lengua, producto de la sincronía de diferentes planos —sociales, profesionales, técnicos, geográficos, científicos, etc.— que genera nominaciones con significados próximos o parecidos para referir objetos, seres, acciones o cualidades, aunque la permuta entre ellas no siempre produzca efectos alternativos convincentes.

En todo acto de elección y sustitución de un término por su sinónimo, junto con el apoyo de un diccionario de clara y práctica metodología, concurre también cierta intuición del usuario para orientarse acerca de la conveniencia del cambio, al sopesar las circunstancias contextuales que enmarcarán a éste. En definitiva, para apreciar si el matiz introducido por el sinónimo es procedente o no, puesto que, como suele decirse, las sinonimias absolutas son escasas.

La preocupación por la precisión léxica estuvo presente en todos los tiempos y lugares donde cuajó y se desarrolló la cultura de la letra. Por lo que concierne a los idiomas neolatinos, cuando a la precisión se suman deseos de flexibilizar rigidices en la morfología oracional y dar, a la vez, firmeza e irradiaciones a la concreción de ideas, se impone una especial atención a la alternativa de elección entre una o más palabras afines, si las hubiere, para nominar, definir, calificar, describir o situar algo. Atención que, por otra parte, provenía de heredados ejercicios escolares de "versión" latina, que enseñaban que la colocación acertada de un término sustituto, capaz de insinuar un particular matiz semántico, tanto como exactitud podía añadir economía y belleza expresivas.

En el campo de las lenguas neolatinas, el estudio sistemático de la Sinonimia arranca del siglo XVIII. Se considera el ensayo **Justesse de la langue françoise** (1718) de Girard uno de los primeros trabajos divulgados sobre el tema. Posible origen, además, de un especial interés por imprimir listados —o diccionarios— que, en diversos idiomas, establecieran sentidos y sesgos de palabras de significado próximo o semejante.

Al **Ensayo de los Synónimos** (1757) de Manuel Dendo y Avila, se lo tiene por primer repertorio impreso en España. Junto con el **Examen de la posibilidad de fixar la significación de los sinónimos de la lengua castellana** (1789) promovió entre lingüistas, lexicógrafos y creadores la inquietud por la Sinonimia. De ambos se habla como motivadores del auge hispano de dicha disciplina; florecimiento verificable en el hecho de que, a lo largo del siglo XIX, aparecieran en la Península ocho tratados específicos, entre los que figuran el encomendado por la Real Academia de la Lengua a José Joaquín de Mora (1855) y los dos tomos de Roque Barcia (1863-65), reimpresos en 1890, en edición póstuma que alcanzó a revisar y enriquecer el autor.

Desde entonces han proliferado y se han perfeccionado los **diccionarios de sinónimos**. Por ejemplo, según puede verificarse con el que ofrece Editorial "El Ateneo", se ha ampliado y acrecido el margen de sugestiones brindadas al consultante, acompañando la entrada de cada voz con la órbita de sus sinónimos —posibles por equivalencia, semejanza, analogía, proximidad o afinidad semánticas— y con una serie de antónimos que, por sentido opuesto o negación de significados, ayudan a descubrir y acotar matices.

Si como dijeron los clásicos: "Lo que bien se piensa, bien se enuncia", lo bien pensado puede cobrar fuerza y brillo con adecuado manejo del idioma. Para ello, un completo **diccionario de sinónimos y antónimos** resultará herramienta indispensable para profesionales y estudiantes, científicos y literatos; es decir, para todo aquel que enfrenta la aventura de comunicar ideas.

Raúl H. Castagnino

INTRODUCCION Y NORMAS PARA LA UTILIZACION DE ESTA OBRA

Se definen los sinónimos como "los vocablos y expresiones que tienen una misma o muy parecida significación". Sin embargo, esa definición se aplica a muy pocas palabras del idioma: aquellas que pueden considerarse "sinónimos totales o absolutos"; otro es el caso de los "sinónimos parciales", que son las palabras que pueden intercambiarse solamente en algunas frases u oraciones, pero no en otras. Estas forman largas series para cada una de las acepciones que tienen las palabras en los diccionarios. Esas series de palabras intercambiables en ciertos contextos para cada acepción de un término aparecen en este **Diccionario** separadas por el signo ||.

Para incluir orientaciones acerca del uso de las palabras que aparecen como **entradas** simples o compuestas (identificadas con letra **negrita**), hemos indicado con abreviaturas (véase tabla) la función gramatical en la cual esa palabra puede ser reemplazada por alguno de los sinónimos de la serie. Ocurre frecuentemente que una misma palabra (entrada) tiene distintas funciones gramaticales en sus varias acepciones y para cada una tiene distintos sinónimos.

Los antónimos, palabras "que expresan ideas opuestas o contrarias", se agrupan entre paréntesis y en letra *bastardilla,* encabezados por la abreviatura **a.**, a continuación de las acepciones a las que se contraponen.

El uso de los diccionarios de sinónimos contribuye eficazmente al mejoramiento de la expresión escrita y oral. Su manejo apropiado es punto de partida para encontrarse con las palabras correctas, adecuadas y oportunas. Un camino sencillo y ameno para pensar con más claridad y precisión.

Al escribir suelen faltar las palabras adecuadas para expresar las ideas que están vagamente presentes en el que escribe. Surgen palabras que no satisfacen plenamente a quien está redactando. Ese es el momento en el cual este **Diccionario** presta su mayor servicio. Se puede ingresar en él por cualquier palabra que exprese aunque no con exactitud lo que uno desea escribir. Esa entrada guiará al usuario hacia otras voces parcialmente sinónimas o relacionadas, entre las cuales podrá estar la que desea utilizar. Si no está en la primera entrada, convendrá orientar la búsqueda a las entradas de cada uno de los sinónimos citados en la serie. Así se abrirá la consulta como un abanico. En la consulta de cada nueva entrada surgirán nuevas palabras, y con ellas nuevos conceptos, que quizá no estaban en la memoria del usuario. Encadenando de este modo las búsquedas, el lector podrá explorar el diccionario en una suerte de navegación sin rumbo prefijado en el mar de las palabras. Se enriquecerá el léxico con nuevas voces, y el espíritu con nuevas ideas y conceptos.

TABLA DE ABREVIATURAS

a.	antónimo
adj.	adjetivo
adv.	adverbio
amb.	ambiguo
com.	género común
conj.	conjunción
defect.	verbo defectivo
desp.	despectivo
f.	sustantivo femenino
intr.	verbo intransitivo
loc.	locución
loc. adj.	locución adjetiva
loc. adv.	locución adverbial
loc. conj.	locución conjuntiva
loc. prep.	locución prepositiva
m.	sustantivo masculino
n.p.	nombre propio
pl.	plural
prep.	preposición
prnl.	verbo pronominal
pron.	pronombre
s.	sustantivo
tr.	verbo transitivo

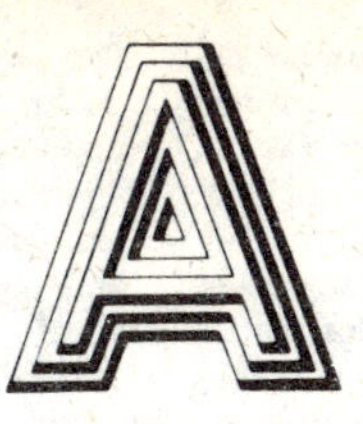

ababol. m. Amapola.

abacería. f. Almacén, despensa.

ábaco. m. Tablero numerador. ‖ Nomograma. ‖ Contador.

abadejo. m. Bacalao. ‖ Reyezuelo. ‖ Cantárida.

abadía. f. Monasterio.

abajar. tr. Bajar. (**a.**: *elevar.*) ‖ Humillar. (**a.**: *enaltecer.*)

abajeño, ña. adj. Sureño.

abajo. adv. Bajo, debajo. (**a.**: *arriba, encima, sobre.*)

abalanzarse. prnl. Arrojarse, lanzarse, precipitarse. (**a.**: *retroceder.*) ‖ Acometer, arremeter, atacar, embestir. (**a.**: *contenerse, reprimirse.*)

abaldonar. tr. Afrentar, baldonar, injuriar.

abalorio. m. Cuenta, rocalla.

abandonado, da. adj. Dejado, descuidado, desidioso, negligente. (**a.**: *diligente, cuidadoso.*) ‖ Desaseado, sucio, desaliñado. ‖ Desamparado, indefenso.

abandonar. tr. Desamparar, dejar, desasistir, desatender, descuidar. (**a.**: *cuidar.*) ‖ Renunciar, ceder, desistir. ‖ Dejar, marcharse. (**a.**: *habitar, poblar.*) ‖ prnl. Entregarse, confiarse.

abandono. m. Defección, deserción. ‖ Desistimiento, renuncia. ‖ Desamparo, soledad. (**a.**: *amparo.*) ‖ Dejadez, desatención, descuido, desidia, incuria, negligencia. (**a.**: *cuidado, diligencia.*) ‖ Desaliño, desaseo, suciedad. (**a.**: *esmero, limpieza.*)

abaratar. tr. Bajar, desencarecer, rebajar, depreciar. (**a.**: *subir, encarecer.*)

abarcar. tr. Rodear, ceñir, abrazar. ‖ Contener, incluir, comprender, englobar. (**a.**: *excluir.*) ‖ Acaparar.

abarquillar. tr. y prnl. Encorvar, curvar, combar.

abarrancar. intr. y prnl. Embarrancar, encallar, varar.

abarrotar. tr. Atestar, atiborrar, colmar, llenar. (**a.**: *vaciar.*)

abastecedor, ra. adj. y s. Proveedor, aprovisionador, suministrador. *Se endeudó con sus abastecedores.*

abastecer. tr. Proveer, suministrar, surtir, aprovisionar.

abastecimiento. m. Abásto, provisión, suministro, aprovisionamiento.

abasto. m. Abastecimiento. ‖ Abundancia, copia.

abatatarse. prnl. Turbarse, intimidarse.

abatido, da. adj. Alicaído, deprimido, desanimado, decaído, desalentado. (**a.**: *animado.*) ‖ Abyecto, ruin, despreciable. (**a.**: *noble.*)

abatimiento. m. Decaimiento, desfallecimiento, agotamiento, desaliento, desánimo, postración, aplanamiento. (**a.**: *brío, ánimo, energía.*) ‖ Abyección, humillación, apocamiento.

abatir. tr. y prnl. Vencer, derrotar, derrocar. || Rebajar, humillar. || Derribar, derrumbar, derruir, tumbar. (**a.**: *levantar.*) || Bajar, arriar. || Inclinar, tumbar. || Matar. || Desarmar, desmantelar, desmontar. || Descaecer, decaer, desfallecer, desalentar, desanimar, postrar, aplanar, deprimir, desmoralizar. (**a.**: *animar.*) || intr. Derivar, devalar.

abdicación. f. Dimisión, renuncia, cesión, resignación, abandono.

abdicar. tr. e intr. Ceder, renunciar, resignar, dimitir, abandonar, deponer. (**a.**: *asumir.*)

abdomen. m. Vientre, barriga, panza, tripa, andorga, mondongo, pandorga.

abecé. m. Abecedario, alfabeto. || Rudimentos, nociones. *No conocía ni el abecé de aquel oficio.*

abecedario. m. Alfabeto, abecé.

abejar. m. Colmenar, abejera.

abejarrón. m. Abejorro.

abejero, ra. adj. Colmenero. || m. Abejaruco. || Colmenar.

abejón. m. Zángano. || Abejorro.

abejoneo. m. Murmurio.

abejorro. m. Abejarrón, abejón.

abellacarse. prnl. Encanallarse, envilecerse, pervertirse. (**a.**: *ennoblecerse.*)

aberración. f. Descarrío, extravío, desvío, desviación, engaño, error, yerro, equivocación, ofuscación. (**a.**: *acierto.*) || Absurdo, disparate. || Anomalía, anormalidad.

abertura. f. Hendidura, hendedura, rendija, boquete, brecha, quebradura, grieta, raja, agujero, resquicio, rotura, resquebradura, resquebrajadura. || Apertura, iniciación, comienzo. || Hueco, puerta, ventana. || Franqueza, sencillez, sinceridad. (**a.**: *reserva.*). || Ensenada.

abiertamente. adv. Francamente, sinceramente, claramente, paladinamente, patentemente, manifiestamente, sin rodeos, sin reservas, sin tapujos. (**a.**: *ocultamente.*)

abierto, ta. adj. Desembarazado, despejado, raso, llano. || Dilatado, extendido. || Sincero, franco, claro, espontáneo, comunicativo. || Patente, claro. (**a.**: *oscuro.*) || Hendido, rajado, resquebrajado.

abietíneo, a. adj. Abietáceo.

abigarrado, da. adj. Multicolor, policromo, chillón. || Confuso, mezclado, heterogéneo, inconexo.

abigeato. m. Cuatrerismo.

abisal. adj. Abismal. *Fauna abisal.*

abisinio, nia. adj. Etiópico, etíope.

abismal. adj. Abisal. || Hondo, profundo, insondable.

abismar. tr. Hundir, sumir, sumergir. || Confundir, desalentar, abatir. || prnl. Ensimismarse, abstraerse, sumirse. || Admirarse.

abismo. m. Sima, precipicio, despeñadero, profundidad. || Infierno, averno.

abjuración. f. Apostasía, retractación, reniego.

abjurar. tr. Apostatar, renegar. || Desdecirse, retractarse.

ablación. f. Denudación, abrasión, corrosión, degradación. || Extirpación, corte, separación, supresión, extracción, amputación.

ablandar. tr. y prnl. Suavizar, emblandecer, reblandecer, enmollecer, lentecer, relentecer. || Mitigar, templar. || Moderar, convencer, conmover. || Desenfadar, desenojar, enternecer, desencolerizar. (**a.**: *enfadar, enojar.*) || Laxar, molificar. || prnl. Acobardarse.

ablepsia. f. Ceguera, ceguedad.

ablución. f. Lavatorio, lavado. || Purificación.

abluente. adj. Diluyente, purificante.

abnegación. f. Generosidad, desinterés, desprendimiento, altruismo. (**a.**: *egoísmo.*)

abocar. tr. Acercar, aproximar. || Verter, trasvasar. || prnl. Conferenciar, reunirse.

abocetar. tr. Bosquejar, esbozar, bocetar.

abochornar. tr. y prnl. Avergonzar, sonrojar, ruborizar. || Sofocar, ahogar.

abofado, da. adj. Fofo, hinchado.

abofetear. tr. Sopapear.

abogado, da. m. y f. Letrado, jurista, jurisperito, legista, jurisconsulto. || Intercesor, medianero, mediador, defensor, patrocinador, patrono. || Leguleyo, picapleitos, rábula.

abogar. tr. Defender, patrocinar. || Mediar, interceder.

abolengo. m. Alcurnia, estirpe, prosapia, linaje.

abolición. f. Anulación, supresión, derogación, abrogación, revocación, rescisión, extinción. *Abolición de la esclavitud.*

abolir. tr. Abrogar, derogar, revocar, rescindir, anular, suprimir, extinguir.

abollar. tr. Repujar, hundir, estampar.

abominable. adj. Detestable, execrable, aborrecible, odioso. *Lo abominable nos causa escándalo.* (**a.**: *amable, admirable.*)

abominación. f. Aversión, aborrecimiento, odio, execración, repulsión.

abominar. tr. Condenar, maldecir, execrar. || Detestar, aborrecer, odiar, derrenegar. (**a.**: *amar.*)

abonado, da. adj. Acreditado, fiable. || m. y f. Suscripto.

abonanzar. intr. Serenarse, despejarse, calmarse, aclararse, abrir, mejorar. (**a.**: *aborrascarse, encapotarse, nublarse.*).

abonar. tr. Acreditar, asegurar. || Garantizar. || Pagar. || Fertilizar. || Tomar en cuenta, acreditar. || tr. y prnl. Suscribir.

abono. m. Fianza, garantía. || Pago. || Asiento (en el haber). || Fertilizante. || Suscripción.

abordable. adj. Accesible, tratable.

abordar. tr. e intr. Aportar, atracar, arribar. || tr. Emprender, plantear, acometer.

aborigen. adj. y s. Autóctono, originario, vernáculo, natural, nativo. || Indígena. (**a.**: *forastero, extraño.*)

aborrascarse. prnl. Oscurecerse, encapotarse, cargarse, cubrirse, nublarse. (**a.**: *abonanzarse, despejarse.*)

aborrecer. tr. Odiar, detestar, abominar, execrar. (**a.**: *amar, apreciar, querer.*) || Aburrir, fastidiar, hastiar.

aborrecible. adj. Odioso, detestable, abominable, execrable.

aborrecimiento. m. Odio, rencor, aversión, repugnancia, antipatía. (**a.**: *cariño, aprecio.*)

abortar. intr. Malparir, mover, amover. || Fracasar, frustrarse, malograrse. (**a.**: *realizar.*)

aborto. m. Parto prematuro, abortamiento, mal parto. || Fracaso, frustración, interrupción, malogro. || Monstruo, engendro.

abotagarse. prnl. Abotargarse, hincharse, inflarse, engordar.

abotonar. tr. Abrochar.

abovedado, da. adj. Embovedado, combado, alabeado, arqueado.

abra. f. Ensenada, bahía. || Grieta, hendedura.

abrasador, ra. adj. Ardiente, caliente, cálido, caluroso, tórrido, agostador. (**a.**: *glacial.*)

abrasar. tr. Quemar, achicharrar. || Secar, agostar, marchitar. || Enardecer, encender, acalorar, consumir.

abrazadera. f. Cuchillero. || Corchete, llave, manija.

abrazar. tr. Ceñir, rodear, envolver. || Contener, comprender, incluir, abarcar. || Adoptar, seguir, enrolarse.

abrevadero. m. Aguadero, aguaje.

abrevar. tr. Remojar, regar. || intr. Beber, saciarse.

abreviar. tr. Acortar, reducir, compendiar, resumir. (**a.**: *alargar.*) || tr. e intr. Acelerar, apresurar, aligerar, adelantar. (**a.**: *retardar, atrasar.*)

abreviatura. f. Sigla, cifra, monograma.

abriboca. adj. y s. Papanatas, bobo.

abrigar. tr. Tapar, cubrir, arropar. (**a.**: *desabrigar.*) || Resguardar, cobijar, proteger, amparar.

abrigo. m. Gabán, sobretodo, tapado. || Amparo, resguardo, refugio, protección, defensa, reparo, cobijo. (**a.**: *desamparo.*)

abrillantar. tr. Pulir, pulimentar, bruñir, lustrar.

abrir. tr. Descubrir, destapar, destaponar. (**a.**: *cerrar, tapar.*) || Hender, rajar, taladrar, agrietar, cuartear, rasgar, cortar, horadar. || Extender, desplegar, separar. || Iniciar, inaugurar, comenzar, empezar. (**a.**: *concluir, ter-*

minar, *finalizar*.) || intr. y prnl. Serenar, aclarar, despejar, abonanzar. || Relajar. || Separar, extender, desistir.

abrochador. m. Abotonador.

abrochar. tr. Abotonar. || Sujetar, cerrar.

abrogar. tr. Abolir, revocar, derogar, invalidar.

abroncar. tr. Avergonzar, abochornar. || tr. y prnl. Disgustar, enfadar.

abroquelarse. prnl. Embroquelarse, broquelarse, cubrirse. || Protegerse, parapetarse, defenderse, resguardarse, escudarse.

abrumar. tr. Agobiar, atosigar, molestar, fastidiar, hastiar, aburrir, importunar, cansar, apabullar.

abrupto, ta. adj. Escarpado, quebrado, escabroso, áspero, fragoso, accidentado. (**a.**: *liso*, *llano*.)

absceso. m. Tumor, apostema, flemón, hinchazón, entumecencia, furúnculo.

absenta. f. Ajenjo.

absolución. f. Perdón, remisión, indulto, redención, exculpación.

absolutismo. m. Dictadura, despotismo, tiranía, autoritarismo, totalitarismo. || Arbitrariedad.

absoluto, ta. adj. Arbitrario, despótico, tiránico, dictatorial, autoritario, imperioso, dominante. (**a.**: *condescendiente*, *democrático*.) || Omnímodo, completo, entero, total. (**a.**: *relativo*.)

absolver. tr. Perdonar, remitir, eximir, exculpar. (**a.**: *sentenciar*, *condenar*.)

absorbedero. m. Desagüe, imbornal, sumidero.

absorber. tr. Aspirar, chupar, sorber. || Embeber, empapar (**a.**: *exhalar*, *rezumar*.) || Atraer, cautivar, hechizar. (**a.**: *repeler*.) || Embargar, ocupar. || Consumir, dilapidar, gastar. || Incorporar, asumir.

absorto, ta. adj. Admirado, pasmado, atónito, suspenso, maravillado, cautivado, asombrado. || Abismado, abstraído, ensimismado. (**a.**: *distraído*.)

abstención. f. Contención, privación. || Abstinencia, dieta.

abstenerse. prnl. Privarse, inhibirse. (**a.**: *intervenir*, *participar*.)

absterger. tr. Desinfectar, limpiar, purificar.

abstinencia. f. Privación, abstención. || Templanza, temperancia, moderación.

abstracción. f. Distracción, ensimismamiento.

abstracto, ta. adj. Vago, complejo, ideal. (**a.**: *concreto*.)

abstraerse. prnl. Ensimismarse, reconcentrarse, absorberse. (**a.**: *distraerse*.)

abstraído, da. adj. Absorto, ensimismado, meditabundo, preocupado.

abstruso, sa. adj. Recóndito, incomprensible, profundo. (**a.**: *claro*.) || Difícil.

absurdo, da. adj. Ilógico, disparatado, irracional, desatinado, inadmisible, irrazonable. (**a.**: *lógico*, *racional*.) || Estrafalario, extravagante. || m. Disparate, desatino, dislate, despropósito, incoherencia.

abuelos. m. pl. Ascendientes, antepasados, antecesores.

abulia. f. Apatía, indolencia. (**a.**: *actividad*, *interés*, *gana*.)

abúlico, ca. adj. Apático, indolente. (**a.**: *activo*, *enérgico*.)

abultado, da. adj. Grueso, voluminoso, grande. (**a.**: *enjuto*.). || Exagerado, extremado, hiperbólico.

abultamiento. m. Bulto. || Cúmulo, montón.

abultar. tr. Exagerar, extremar, ponderar, encarecer, inflar, hinchar. (**a.**: *disminuir*, *deshinchar*.)

abundancia. f. Copia, exuberancia, plétora, profusión, sobreabundancia, superabundancia. (**a.**: *carestía*, *escasez*.) || Riqueza, prosperidad, fertilidad, fecundidad. (**a.**: *pobreza*, *miseria*.)

abundante. adj. Copioso, numeroso, cuantioso, nutrido. || Rico, fértil, fecundo, exuberante, opimo, pingüe, pródigo. (**a.**: *pobre*, *estéril*, *escaso*.)

abundar. intr. Pulular, rebosar.

abundoso, sa. adj. Abundante. || Fértil.

aburrimiento. m. Fastidio, hastío, esplín, cansancio, tedio. (**a.**: *distracción*, *entretenimiento*.)

aburrir. tr. y prnl. Molestar, cansar, fastidiar, hastiar. (**a.**: *divertir*, *distraer*.)

abusar. intr. Excederse, extralimitarse. (**a.**: *contenerse*.) ‖ Forzar, violar, seducir.

abuso. m. Exceso, extralimitación, demasía, desafuero, desmán, arbitrariedad, tropelía, atropello, injusticia. (**a.**: *uso, utilización*.)

abyección. f. Bajeza, envilecimiento, degradación. (**a.**: *nobleza*.) ‖ Servilismo, humillación, abatimiento.

abyecto, ta. adj. Bajo, ruin, vil, despreciable, ignominioso, rastrero, servil. ‖ Abatido, humillado.

acá. adv. Aquí.

acabado, da. adj. Perfecto, consumado, completo. (**a.**: *incompleto, inconcluso*.) ‖ Gastado, destruido, malparado, consumido.

acabamiento. m. Cumplimiento, terminación, término, fin, conclusión. ‖ Muerte. ‖ Desgaste, ruina, agotamiento.

acabar. tr., intr. y prnl. Terminar, concluir, finalizar. (**a.**: *empezar, principiar, comenzar, iniciar*.) ‖ tr. y prnl. Ultimar, rematar, perfeccionar, pulir. ‖ Consumir, agotar, apurar, gastar. ‖ intr. y prnl. Morir, extinguirse, fallecer, fenecer.

acabóse. m. Colmo, desastre, calamidad. ‖ Desenlace.

academia. f. Colegio, escuela. ‖ Ateneo, gimnasio, aula, cátedra, universidad.

acaecedero, ra. adj. Posible, contingente.

acaecer. intr. Suceder, ocurrir, pasar, acontecer.

acaecimiento. m. Acontecimiento, suceso, sucedido, hecho, caso.

acalorado, da. adj. Agitado, enardecido, entusiasmado, excitado. ‖ Enojado, enfadado.

acaloramiento. m. Ardor, enardecimiento, exaltación, entusiasmo. ‖ Sofocación, fatiga.

acalorar. tr. y prnl. Fatigar, sofocar. ‖ Enardecer, entusiasmar, exaltar, apasionar.

acallar. tr. Aplacar, aquietar, calmar, sosegar, apaciguar. (**a.**: *excitar*.) ‖ Silenciar.

acampamiento. m. Acampada, campamento.

acanalado, da. adj. Canalado, estriado.

acanalar. tr. Estriar, rayar.

acantonamiento. m. Cantón. ‖ Emplazamiento.

acaparar. tr. Acumular, retener, almacenar, monopolizar, estancar, abarcar. (**a.**: *entregar, soltar*.)

acaramelar. tr. Caramelizar.

acariciar. tr. Halagar, mimar. *La caricia supone familiaridad.* ‖ Rozar, tocar, besar.

acarrear. tr. Trasportar, portear, conducir. ‖ Ocasionar, causar, producir.

acarreo. m. Trasporte, porte, conducción. ‖ Arrastre.

acaso. m. Casualidad, azar, suerte. ‖ adv. Quizá, tal vez.

acatamiento. m. Respeto, sumisión, obediencia.

acatar. tr. Respetar, reverenciar, honrar. ‖ Obedecer, someterse. (**a.**: *desacatar, desobedecer, rebelarse*.)

acatarrarse. prnl. Constiparse, resfriarse, enfriarse.

acaudalado, da. adj. Adinerado, rico, pudiente, opulento. (**a.**: *pobre, menesteroso*.)

acaudillar. tr. Conducir, guiar, dirigir, mandar, capitanear. (**a.**: *seguir, obedecer*.)

acceder. intr. Consentir, condescender, permitir, autorizar, transigir. (**a.**: *disentir*.) ‖ Aceptar, convenir, ceder. (**a.**: *rechazar*.)

accesible. adj. Alcanzable, asequible, transitable. (**a.**: *inaccesible*.) ‖ Comprensible, inteligible. ‖ Tratable, llano, sencillo, franco, amable.

accesión. f. Consentimiento. ‖ Ayuntamiento, cópula.

acceso. m. Entrada, paso, camino. ‖ Ataque, acometimiento, acometida. ‖ Ayuntamiento, cópula. ‖ Arrebatamiento.

accesorio, ria. adj. Accidental, secundario, subalterno, auxiliar, ocasional, complementario, supletorio, circunstancial. (**a.**: *esencial, principal, fun-*

damental.) ‖ m. Apéndice, anexo, complemento.
accidentado, da. adj. Turbado, agitado, perturbado. ‖ Quebrado, fragoso, áspero, escabroso, abrupto, escarpado. ‖ Revuelto, borrascoso.
accidental. adj. Secundario, contingente, casual, incidental, eventual. (**a.**: *esencial.*) ‖ Interino, provisional, ocasional, transitorio. (**a.**: *estable, definitivo, permanente.*)
accidentalmente. adv. Incidentalmente, incidentemente, eventualmente. ‖ Secundariamente. ‖ Interinamente, provisionalmente, transitoriamente. *Trabajaba accidentalmente como ascensorista.*
accidentarse. prnl. Desmayarse, desvanecerse.
accidente. m. Eventualidad, contingencia, casualidad. ‖ Contratiempo, desgracia, incidente, percance, peripecia, choque, trastorno. ‖ Desmayo, vahído, vértigo, indisposición, soponcio, patatús.
acción. f. Acto, hecho, actuación. ‖ Combate, batalla, encuentro, escaramuza, operación. ‖ Gesto, ademán. ‖ Efecto, influencia.
accionar. tr. Mover, activar, impulsar. ‖ intr. Gesticular, manotear.
acecinar. tr. Cecinar, curar, ahumar.
acechanza. f. Acecho, espionaje, emboscada.
acechar. tr. Espiar, vigilar, atisbar, observar.
acecho. m. Acechanza, espionaje.
acedar. tr. y prnl. Agriar, acidificar, avinagrar, acidular. ‖ Disgustar, desazonar.
acedera. f. Agrilla, vinagrera.
acederaque. m. Cinamomo.
acedía. f. Platija. ‖ Acidez. ‖ Hiperclorhidria.
acedo, da. adj. Ácido, agrio. ‖ Áspero, desapacible, ceñudo.
aceitar. tr. Lubricar.
aceite. m. Óleo, lubricante.
aceitera. f. Alcuza. ‖ pl. Vinagreras.
aceitoso, sa. adj. Oleaginoso, oleoso. ‖ Untuoso, graso, grasiento.
aceituna. f. Oliva.
aceleración. f. Aceleramiento. ‖ Prisa, apresuramiento, rapidez.
acelerador. m. Catalizador.
acelerar. tr. Apresurar, activar, avivar, aligerar, apurar, urgir. (**a.**: *retrasar, atrasar, retardar, demorar.*) ‖ Precipitar, adelantar.
acémila. f. Mula.
acendrado, da. adj. Puro, depurado, impecable, acrisolado. *Patriotismo acendrado.*
acendrar. tr. Limpiar, depurar, purificar, acrisolar.
acento. m. Deje, dejillo, dejo, tono, tonillo, entonación, canto.
acentuado, da. adj. Marcado, notorio, claro.
acentuar. tr. Recalcar, marcar, insistir, hacer resaltar, hacer hincapié, destacar, subrayar, realzar, intensificar. (**a.**: *atenuar.*) ‖ prnl. Tomar cuerpo, aumentar.
acepción. f. Significación, sentido, significado.
aceptable. adj. Admisible, pasable, tolerable. (**a.**: *inaceptable.*)
aceptación. f. Tolerancia, admisión, acogida, aprobación, aplauso, éxito, boga. (**a.**: *recusación.*)
aceptar. tr. Admitir, consentir, tomar, recibir. (**a.**: *rehusar, rechazar.*) ‖ Comprometerse, obligarse. ‖ Aprobar.
acequia. f. Canal, reguera, zanja.
acerado, da. adj. Incisivo, mordaz, penetrante, punzante. ‖ Afilado, resistente.
acerbo, ba. adj. Áspero, acre, desabrido, amargo. (**a.**: *suave, dulce.*) ‖ Desapacible, cruel, riguroso, doloroso.
acerca de. loc. prep. Sobre, respecto a, referente a, con respecto a, en relación a, relativo a.
acercamiento. m. Aproximación, arrimo.
acercar. tr. Aproximar, arrimar. (**a.**: *alejar, separar, apartar.*)
acero. m. Espada. ‖ Ánimo, brío, denuedo, resolución.
acérrimo, ma. adj. Tenaz, implacable. ‖ Decidido, obstinado.
acertado, da. adj. Conveniente, oportu-

no, apropiado, adecuado, idóneo, atinado. (**a.**: *desacertado, inadecuado, erróneo.*)

acertar. tr. Adivinar, atinar, descifrar. ‖ Resolver, dar solución, solucionar. ‖ tr. e intr. Encontrar, hallar, dar con, tener acierto, topar. (**a.**: *fallar, errar, equivocarse.*)

acertijo. m. Adivinanza, enigma, charada, jeroglífico.

acervo. m. Patrimonio, caudal. *Acervo cultural.*

acezante. adj. Anhelante, ansioso.

acezar. intr. Jadear.

aciago, ga. adj. Desafortunado, infeliz, desgraciado, desdichado, infausto, malaventurado, desventurado, nefasto, fatídico. *La idea de aciago implica superstición.* (**a.**: *feliz, afortunado, venturoso.*)

acíbar. m. Áloe. ‖ Amargura, sinsabor, disgusto.

acibarar. tr. Amargar, apesadumbrar, turbar.

acicalar. tr. Pulir, repulir, bruñir. ‖ Adornar, aderezar, ataviar, componer, arreglar, maquillar.

acicate. m. Estímulo, incentivo, atractivo, aliciente. ‖ Espuela, aguijón.

acicatear. tr. Estimular, incitar.

acidez. f. Hiperclorhidria, acedía, agrura.

acidia. f. Flojedad, pereza, negligencia, desgana.

acidificar. tr. Acedar, agriar.

ácido, da. adj. Agrio, acedo, acre. ‖ Áspero, desabrido.

acidular. tr. Acedar.

acierto. m. Tino, tacto, tiento. (**a.**: *desacierto.*) ‖ Destreza, habilidad. (**a.**: *torpeza.*) ‖ Adivinación, clarividencia.

aclamar. tr. Vitorear, dar vivas, ovacionar. (**a.**: *rechiflar.*) ‖ Proclamar.

aclaración. f. Esclarecimiento, explicación, interpretación, justificación, elucidación.

aclarar. tr. Alumbrar, iluminar, clarificar. (**a.**: *oscurecer.*) ‖ Explicar, poner en claro, dilucidar, ilustrar, esclarecer. ‖ intr. Clarear, amanecer. ‖ Abonanzar, serenarse, despejarse, escampar.

aclimatar. tr. y prnl. Adaptar, acostumbrar.

acobardar. tr. y prnl. Intimidar, atemorizar, amedrentar, arredrar, acoquinar, amilanar. (**a.**: *envalentonar.*) ‖ Desanimar, desmayar, desalentar, descorazonar, achicar.

acodado, da. adj. Acodillado.

acogedor, ra. adj. Hospitalario. ‖ Amable, cortés, afable. (**a.**: *intratable.*)

acoger. tr. Admitir, aceptar, recibir. (**a.**: *rehusar, repeler, rechazar.*) ‖ Amparar, proteger, guarecer, cobijar, favorecer, ayudar. (**a.**: *desamparar.*) ‖ prnl. Refugiarse, apoyarse.

acogida. f. o **acogimiento.** m. Admisión, aceptación, aprobación. ‖ Recibimiento, recepción, bienvenida. (**a.**: *expulsión.*) ‖ Protección, hospitalidad.

acogotar. tr. Sujetar, dominar, vencer, oprimir. ‖ Atrapar.

acojinar. tr. Acolchar, colchar.

acolchado, da. adj. y s. Mullido. ‖ m. Cobertor.

acólito. m. Monaguillo, monago, monacillo. ‖ Ayudante, asistente, compañero, compinche. ‖ Partidario.

acometedor, ra. adj. Agresivo, arremetedor, impetuoso, belicoso. ‖ Emprendedor, resuelto, decidido. (**a.**: *apocado, irresoluto.*)

acometer. tr. Atacar, cerrar, embestir, arremeter, agredir. (**a.**: *huir.*) ‖ Emprender, intentar. (**a.**: *evitar.*)

acometida. f. o **acometimiento.** m. Ataque, asalto, agresión, embestida, arremetida, hostigamiento.

acomodadizo, za. adj. Acomodaticio, adaptable.

acomodado, da. adj. Conveniente, apto, oportuno, apropiado, arreglado, adecuado. ‖ Rico, pudiente, adinerado. (**a.**: *pobre.*) ‖ Moderado, barato. (**a.**: *caro.*)

acomodamiento. m. Comodidad, conveniencia. (**a.**: *inconveniencia.*). ‖ Transacción, ajuste, convenio, arreglo, conciliación, acuerdo, concierto, composición. (**a.**: *desacuerdo.*)

acomodar. tr. Ordenar, componer. (**a.**: *desacomodar, desordenar.*) ‖ Proveer. || Referir, aplicar. || Amoldar, adecuar, adaptar. || Conciliar, concertar, coordinar. || tr. y prnl. Colocar, instalar. || tr. e intr. Convenir, agradar. || prnl. Avenirse, conformarse. (**a.**: *rebelarse.*) || Emplearse.

acomodaticio, cia. adj. Acomodadizo, complaciente, contemporizador, conformista. || Dúctil, adaptable, flexible, elástico.

acomodo. m. Empleo, ocupación, colocación, puesto. || Conveniencia, beneficio. || Arreglo, ornato.

acompañamiento. m. Comitiva, séquito, cortejo, corte, escolta. || Comparsa. || Coro, armonía.

acompañar. tr. Agregar, juntar, añadir, adjuntar. || Hacer compañía, asistir. || Conducir, escoltar, seguir.

acompasado, da. adj. Rítmico, medido, regular. (**a.**: *arrítmico*, *irregular.*) || Lento, pausado, reposado.

acompasar. tr. Compasar, medir, arreglar, proporcionar, acomodar, regular.

acondicionar. tr. Arreglar, preparar, disponer. || Climatizar.

acongojar. tr. y prnl. Afligir, atribular, entristecer, apenar, apesadumbrar, desconsolar, angustiar.

aconsejable. adj. Conveniente.

aconsejar. tr. Advertir, prevenir, avisar, encaminar, recomendar, sugerir. (**a.**: *disuadir.*) || prnl. Asesorarse.

aconsonantar. intr. Consonar.

acontecer. intr. Suceder, ocurrir, pasar, acaecer. *Los hechos históricos acontecen*; *las desdichas suceden*; *las casualidades acaecen*; *las dificultades ocurren.*

acontecimiento. m. Acaecimiento, suceso, sucedido, hecho, caso, evento, ocurrencia.

acopiar. tr. Juntar, reunir, allegar, acumular, amontonar, almacenar, acaparar. (**a.**: *desperdigar.*)

acopio. m. Acopiamiento, acumulación, provisión, almacenamiento, depósito, acaparamiento.

acoplamiento. m. Acopladura, unión, enlace, conexión, enganche.

acoplar. tr. Unir, ajustar, combinar, juntar, conectar, ensamblar, encajar. (**a.**: *desunir*, *desacoplar.*)

acoquinar. tr. y prnl. Acobardar, amedrentar, amilanar.

acorazar. tr. Blindar, revestir, proteger, fortificar.

acorazonado, da. adj. Cordiforme.

acordar. tr. Concordar, concertar, armonizar, conformar, conciliar. || Convenir, pactar. || Resolver, determinar. || prnl. Recordar.

acorde. adj. Conforme, concorde, de acuerdo. (**a.**: *discorde*, *disconforme.*)

acordonar. tr. Cercar, circunscribir, rodear.

acorralar. tr. Arrinconar, rodear, estrechar, aislar, cercar. || Confundir. || Intimidar, acobardar.

acortar. tr. Abreviar, reducir, disminuir, achicar, mermar, aminorar. *Se acorta lo largo. Se achica lo grande.* (**a.**: *alargar.*) || Limitar, restringir, coartar, cercenar.

acosar. tr. Perseguir, hostigar, estrechar. || Importunar, molestar, asediar.

acostar. tr., intr. y prnl. Arrimar, acercar. || Abarloar, atracar. || prnl. Echarse, tenderse, tumbarse. (**a.**: *levantarse.*)

acostumbrado, da. adj. Ducho, práctico, avezado. || Habitual, usual, corriente, normal.

acostumbrar. tr. y prnl. Habituar, avezar. || intr. Soler, estilar, usar. || prnl. Familiarizarse.

acotación. f. Nota, señal, observación, anotación. || Cota.

acotar. tr. Amojonar, jalonar, cercar, delimitar, deslindar. || Reservar, prohibir, podar, limitar, restringir. || Anotar. || Elegir, aceptar. || Atestiguar, testificar.

acracia. f. Anarquismo, anarquía.

ácrata. com. Anarquista, libertario.

acre. adj. Picante, áspero, irritante. (**a.**: *suave.*) || Agrio, acerbo, desabrido.

acrecentar. tr. y prnl. Aumentar, acrecer, agrandar, engrandecer. (**a.**: *disminuir.*) || tr. Mejorar, enriquecer, enaltecer.

acrecer. tr. Aumentar, acrecentar, engrandecer.

acreditado, da. adj. Afamado, conocido, reputado, renombrado. (**a.**: *desprestigiado.*)

acreditar. tr. Probar, justificar, atestiguar, garantizar. ‖ Afamar, reputar, popularizar. (**a.**: *desacreditar.*) ‖ Abonar, tomar en cuenta. (**a.**: *debitar, cargar.*)

acreedor, ra. adj. y s. Digno, merecedor. (**a.**: *deudor.*)

acribillar. tr. Molestar, fastidiar. ‖ Agujerear, herir, picar.

acriminar. tr. Acusar, imputar, criminar, incriminar. (**a.**: *defender.*)

acrimonia. f. Acritud, aspereza, desabrimiento. (**a.**: *dulzura, cordialidad, suavidad.*)

acriollarse. prnl. Americanizarse.

acrisolado, da. adj. Intachable, acendrado, íntegro.

acrisolar. tr. Depurar, purificar, acendrar, aquilatar. (**a.**: *malear, impurificar.*)

acristianar. tr. Cristianizar. ‖ Bautizar, cristianar.

acritud. f. Acrimonia, aspereza, desabrimiento.

acróbata. com. Volatinero, equilibrista, funámbulo, trapecista.

acromatopsia. f. Daltonismo

acta. f. Memoria, relación.

actitud. f. Postura, posición, porte, continente. ‖ Disposición, posición.

activador. m. Adyuvante, catalizador, acelerador.

activar. tr. Mover, avivar, excitar, acelerar, apresurar, apurar. (**a.**: *parar.*)

actividad. f. Movimiento, trajín. ‖ Eficacia, eficiencia. ‖ Prontitud, presteza, solicitud, diligencia, esmero, empeño, dinamismo. (**a.**: *inactividad, quietud, pasividad.*)

activo, va. adj. Operante, eficaz, enérgico. (**a.**: *ineficaz.*) ‖ Diligente, pronto, rápido, vivo, dinámico. (**a.**: *inactivo, pasivo, apático.*)

acto. m. Hecho, acción. ‖ Reunión, ceremonia.

actor, ra. adj. y s. Demandante, acusador, litigante, querellante.

actor, actriz. m. y f. Cómico, comediante, artista, galán, histrión, estrella, divo.

actora. f. Actriz.

actuación. f. Desempeño, comportamiento. ‖ Ejecución. ‖ pl. Diligencias, autos.

actual. adj. Presente, contemporáneo. (**a.**: *inactual, antiguo, pasado, futuro.*) ‖ Efectivo, real.

actualidad. f. Moda, novedad, sazón. ‖ Ahora.

actualización. f. Modernización, puesta al día.

actualizar. tr. Modernizar, poner al día.

actuar. intr. Proceder, conducirse, obrar, portarse. (**a.**: *abstenerse, inhibirse.*) ‖ Trabajar, ejercer, representar.

acuario. m. Pecera.

acuático, ca. adj. Acuátil.

acuatizar. intr. Amarar, amarizar.

acuciar. tr. Estimular, aguijonear, pinchar, espolear, apurar, urgir, apremiar. (**a.**: *aplacar, tranquilizar.*) ‖ Desear, anhelar.

acucioso, sa. adj. Apremiante, urgente. ‖ Diligente, solícito, presuroso, activo.

acuchillar. tr. Apuñalar.

acudir. intr. Ir, presentarse, llegar, asistir, concurrir, comparecer. (**a.**: *ausentarse.*) ‖ Recurrir, apelar. ‖ Socorrer, auxiliar.

ácueo, a. adj. Acuoso.

acuerdo. m. Conformidad, consonancia, armonía, avenencia. (**a.**: *desacuerdo.*) ‖ Decisión. ‖ Parecer, opinión, consejo. ‖ Madurez, reflexión.

acumulación. f. Amontonamiento, acopio.

acumular. tr. Amontonar, acopiar, apilar, hacinar, aumentar. (**a.**: *esparcir.*)

acunar. tr. Cunar, cunear, brizar, mecer, balancear.

acuñar. tr. Batir, troquelar. ‖ Estampar.

acuoso, sa. adj. Ácueo, aguoso. ‖ Aguachento.

acurrucarse. prnl. Encogerse, contraerse, agacharse. (**a.**: *erguirse.*)

acusación. f. Inculpación, denuncia, delación, soplo. (**a.**: *defensa.*) ‖ Censura, reproche, recriminación. (**a.**: *disculpa.*)

acusado, da. adj. y s. Inculpado, reo. ‖ Claro, definido

acusar. tr. Culpar, inculpar, incriminar. ‖ Imputar, denunciar, delatar. (**a.**: *exculpar, excusar.*) ‖ Notar, tachar, achacar, tildar. ‖ Mostrar, revelar, manifestar, indicar, traslucir.

acusón, na. adj. y s. Soplón.

acústico, ca. adj. Auditivo. ‖ Sonoro.

acutí. m. Conejillo de Indias, cobayo, cavia, agutí, acure.

achabacanamiento. m. Chabacanería, vulgaridad.

achacar. tr. Imputar, atribuir. ‖ Acusar, inculpar. (**a.**: *disculpar, defender.*) ‖ Colgar, endosar, enjaretar.

achacoso, sa. adj. Enfermizo, enclenque, achaquiento, valetudinario, delicado. (**a.**: *sano.*) ‖ Senil, decrépito.

achaflanar. tr. Biselar. ‖ Achatar.

achantar. tr. Acoquinar, apabullar, achicar. ‖ prnl. Aguantarse, agazaparse, esconderse, ocultarse. ‖ Acobardarse, achicarse, amilanarse. (**a.**: *envalentonarse.*) ‖ Conformarse, tolerar.

achaparrado, da. adj. Rechoncho, apaisado.

achaque. m. Indisposición, afección, enfermedad, dolencia. ‖ Defecto, vicio. ‖ Excusa, pretexto, disculpa, efugio, motivo.

achaquiento, ta. adj. Achacoso, enfermizo, valetudinario.

achatar. tr. y prnl. Aplanar, aplastar. ‖ tr. Despuntar, arromar.

achicar. tr. y prnl. Acortar, amenguar, menguar, mermar, disminuir, empequeñecer. (**a.**: *agrandar.*) ‖ Descorazonar, acobardar, amilanar, atemorizar, intimidar, acoquinar, arredrar. ‖ tr. e intr. Desaguar, desagotar.

achicoria. f. Chicoria.

achicharrar. tr. Chicharrar, quemar, asar. ‖ Tostar, chamuscar.

achinado, da. adj. Mestizo.

achique. m. Desagüe, desagote.

achira. f. Canacoro.

achisparse. prnl. Alumbrarse, alegrarse, ahumarse. ‖ Embriagarse, emborracharse.

achuchar. tr. Azuzar. ‖ Aplastar, estrujar. ‖ Empujar. ‖ intr. y prnl. Tiritar, estremecerse.

adagio. m. Proverbio, refrán, máxima, dicho, sentencia, apotegma. ‖ Aforismo.

adalid. m. Caudillo, cabecilla, paladín, líder, guía. (**a.**: *secuaz.*)

adaptar. tr. Acomodar, ajustar, adecuar, amoldar. ‖ prnl. Avenirse, acomodarse, amoldarse. ‖ Familiarizarse, aclimatarse, acostumbrarse.

adarga. f. Escudo, broquel. ‖ Protección.

adecuado, da. adj. Acomodado, conveniente, idóneo, apropiado, oportuno, propio, apto. (**a.**: *inadecuado, impropio.*)

adecuar. tr. Acomodar, arreglar, proporcionar. ‖ prnl. Adaptarse.

adefagia. f. Voracidad, bulimia.

adefesio. m. Disparate, extravagancia, despropósito. ‖ Mamarracho, facha, esperpento, espantajo, birria.

adelantado, da. adj. Avanzado, anticipado. ‖ Precoz, aventajado. (**a.**: *atrasado.*) ‖ Excelente, superior.

adelantamiento. m. Adelanto, anticipo. ‖ Progreso, perfeccionamiento, mejora, medro, acrecentamiento. (**a.**: *retraso, retroceso.*)

adelantar. tr. Anticipar. ‖ Preceder, alcanzar, aventajar, dejar atrás. ‖ Acelerar, apresurar, abreviar. ‖ intr. y prnl. Avanzar. ‖ intr. Mejorar, medrar, progresar, perfeccionar. (**a.**: *retrogradar.*). ‖ prnl. Anticiparse, anteponerse, sobrepasar. (**a.**: *atrasarse, retrasarse.*)

adelante. adv. Delante. (**a.**: *atrás, detrás.*)

adelanto. m. Anticipo. ‖ Progreso, avance, perfeccionamiento, mejora, mejoramiento. (**a.**: *retraso, retroceso.*) ‖ Medra, acrecentamiento. ‖ Ventaja.

adelgazar. intr. Enflaquecer. (**a.**: *engordar.*) ‖ tr. Afinar, depurar.

ademán. m. Actitud, gesto, manoteo. ‖ pl. Modales, maneras.

además. adv. También, asimismo, encima. || **además de.** loc. prep. A más de, encima de.
adenoso, sa. adj. Glanduloso.
adentrar. intr. y prnl. Penetrar, profundizar, introducirse, meterse. (**a.**: *salir.*)
adentro. adv. Dentro. (**a.**: *afuera, fuera.*) || Interiormente.
adepto, ta. adj. y s. Adicto, partidario, simpatizante. (**a.**: *opositor, adversario.*) || Iniciado, afiliado, asociado, secuaz.
aderezar. tr. Componer, hermosear, ataviar, adornar, acicalar. || Disponer, aprestar, preparar, prevenir, aviar. || Guisar. || Condimentar, sazonar, adobar, aliñar. || Arreglar, remendar, componer, recomponer, apañar, reparar, restaurar. (**a.**: *romper.*)
aderezo. m. Condimento, adobo, salsa. || Atavío, adorno. || Disposición, prevención.
adeudar. tr. Deber, endeudarse. || Debitar. (**a.**: *acreditar.*)
adherencia. f. Pegajosidad, glutinosidad. || Cohesión, conexión, enlace, unión. (**a.**: *separación.*) || Adhesión.
adherente. adj. Adhesivo, pegajoso. || Unido, anejo, anexo, pegado. || com. Partidario, adepto, adicto, afiliado. (**a.**: *enemigo, adversario.*)
adherir. tr., intr. y prnl. Pegar. (**a.**: *desprender, separar, despegar.*) || intr. y prnl. Apoyar, suscribir, ayudar. || prnl. Unirse, afiliarse. || Aprobar, consentir.
adhesión. f. Cohesión, adherencia. || Aprobación, aceptación, consentimiento, asenso. (**a.**: *reprobación, discrepancia.*) || Unión, apego, afección. || Afiliación.
adhesivo, va. adj. Pegajoso, glutinoso, adherente, cohesivo, aglutinante. || m. Cola, pegamento, goma, engrudo, mucílago.
adición. f. Suma. (**a.**: *resta.*) || Aumento, añadidura, agregación, ampliación, aditamento. (**a.**: *disminución, rebaja.*) || Yuxtaposición.
adicionadora. f. Sumadora.
adicionar. tr. Sumar, añadir, aumentar, agregar. (**a.**: *restar, quitar.*) || Suplementar, complementar. || Yuxtaponer.
adicto, ta. adj. y s. Adepto, simpatizante, partidario, afecto, devoto. (**a.**: *adversario, contrario.*)
adiestrar. tr. Guiar, encaminar. || Ejercitar, aleccionar, amaestrar, entrenar. || Instruir, enseñar, capacitar.
adinerado, da. adj. Acaudalado, rico, pudiente, opulento, potentado, millonario. (**a.**: *pobre, menesteroso.*)
adiós. m. Despedida.
adiposidad. f. Gordura, obesidad. || Carnosidad.
adiposo, sa. adj. Graso, grasiento. || Grueso, obeso, gordo. (**a.**: *flaco, magro, enjuto.*)
aditamento. m. Añadidura, adición, añadido. || Complemento, apéndice, suplemento.
adivinación. f. Predicción, vaticinio, augurio. || Presentimiento, premonición.
adivinanza. f. Acertijo, enigma.
adivinar. tr. Profetizar, vaticinar, agorar, augurar, presagiar, predecir, pronosticar. || Acertar, atinar, descifrar. || Atisbar, vislumbrar, conjeturar.
adivino, na. m. y f. Profeta, vate, augur, agorero, clarividente, pitonisa.
adjetivar. tr. Calificar.
adjetivo. m. Calificativo, epíteto, dictado. || Apodo, título. || Atributo.
adjudicar. tr. Conferir, entregar, dar, atribuir. (**a.**: *quitar, expropiar.*) || prnl. Apropiarse, retener, quedarse, adueñarse. || Obtener, ganar, conquistar.
adjunción. f. Zeugma, ceugma. || Complemento.
adjuntar. tr. Acompañar, añadir. || Remitir, enviar.
adjunto, ta. adj. Junto, unido, agregado, incluido. || adj. y s. Auxiliar, ayudante.
adminículo. m. Objeto, utensilio. || pl. Trebejos, útiles, enseres.
administración. f. Dirección, gobierno. || Régimen, manejo. || Gerencia, gestión. || Jefatura, intendencia. || Oficina, despacho.
administrar. tr. Regir, gobernar, diri-

gir. ‖ Disponer, organizar, ordenar. ‖ Dar, suministrar, conferir. (**a.**: *negar.*) ‖ prnl. Gobernarse, manejarse.

admirable. adj. Asombroso, notable, maravilloso, estupendo. (**a.**: *despreciable.*)

admiración. f. Sorpresa, maravilla, asombro, pasmo, estupor, entusiasmo. (**a.**: *desdén, indiferencia.*)

admirado. adj. Asombrado, estupefacto. ‖ Maravillado, deslumbrado. ‖ Respetado.

admirar. tr. y prnl. Maravillar, sorprender, extrañar, asombrar, suspender, pasmar. ‖ Entusiasmar.

admisible. adj. Aceptable, plausible, verosímil.

admisión. f. Aceptación, recepción. (**a.**: *expulsión.*) ‖ Tolerancia.

admitir. tr. Recibir, aceptar, tomar, acoger. (**a.**: *rehusar, excluir, rechazar.*) ‖ Permitir, consentir. ‖ Suponer, conceder, dar por cierto.

admonición. f. Amonestación, advertencia, apercibimiento, reconvención, reprimenda, regaño, reprensión.

adobar. tr. Remendar, reparar, componer, arreglar, apañar, amañar. ‖ Guisar, cocinar, condimentar, sazonar, aliñar, aderezar. ‖ Curtir.

adobe. m. Ladrillo.

adobería. f. Curtiduría, tenería.

adobo. m. Aliño, condimento, aderezo, salsa.

adocenado, da. adj. Vulgar, común, trivial, mediocre. (**a.**: *destacado.*) ‖ Chabacano.

adoctrinar. tr. Aleccionar, instruir, doctrinar, enseñar. ‖ Adiestrar, amaestrar.

adolecer. intr. Padecer, sufrir. ‖ Soportar.

adolescencia. f. Muchachez, mocedad. ‖ Pubertad, juventud. (**a.**: *madurez.*)

adolescente. com. Mancebo, muchacho, joven, imberbe, púber.

adonde o **adónde.** adv. Donde, dónde, hacia donde, hacia dónde.

adoptar. tr. Prohijar, ahijar, proteger. (**a.**: *repudiar.*) ‖ Tomar, acoger, aceptar, admitir, aprobar, adquirir. ‖ Seguir, abrazar.

adoración. f. Amor, cariño, devoción. ‖ Idolatría, veneración.

adorador, ra. adj. y s. Devoto, fiel. ‖ Admirador, enamorado, entusiasta.

adorar. tr. Idolatrar, querer, amar. (**a.**: *despreciar, odiar.*) ‖ Venerar, reverenciar. ‖ Admirar, exaltar. ‖ Rezar.

adormecer. tr. Acallar, calmar, sosegar, adormir, mitigar. (**a.**: *excitar.*) ‖ prnl. Adormilarse, adormitarse, adormirse, dormirse, amodorrarse, aletargarse. (**a.**: *despertarse.*) ‖ Entumecerse, inmovilizarse. ‖ Insensibilizarse.

adornar. tr. Engalanar, hermosear, ataviar, acicalar, embellecer. (**a.**: *afear.*) ‖ Exornar, ornamentar, ornar. (**a.**: *deslucir.*)

adorno. m. Atavío, aderezo, compostura. ‖ Decorado, decoración, ornato, ornamento, exorno. ‖ Tocado. ‖ pl. Arreos.

adosar. tr. Pegar, juntar, unir. ‖ Acoplar, apoyar. ‖ Arrimar, aproximar.

adquirir. tr. Conseguir, alcanzar, lograr, obtener, ganar. (**a.**: *perder.*) ‖ Apropiarse, posesionarse. ‖ Comprar. (**a.**: *vender.*) ‖ Contraer.

adrede. adv. Expresamente, intencionadamente, deliberadamente, a o de propósito, ex profeso, de intento, aposta, a sabiendas. (**a.**: *involuntariamente.*)

adscribir. tr. Atribuir, asignar. ‖ Agregar, afectar, destinar. ‖ prnl. Afiliarse, adherirse, inscribirse.

aduar. m. Horda, tribu. ‖ Villa, poblado, aldea.

aducir. tr. Alegar, razonar, argumentar. ‖ Expresar, manifestar. ‖ Probar, inferir.

adueñarse. prnl. Apoderarse, apropiarse, posesionarse, enseñorearse, capturar. ‖ Ocupar, tomar, prender.

adulación. f. Halago, lisonja, zalamería, carantoña, coba (**a.**: *difamación.*)

adulador, ra. adj. y s. Lisonjeador, lisonjero, zalamero, adulón, pelotillero, alabancero. (**a.**: *difamador.*)

adular. tr. Lisonjear, halagar, roncear. ‖ Agasajar, loar, elogiar.

adulteración. f. Falsificación. ‖ Sofisticación. ‖ Fraude, engaño.

adulterar. tr. Falsificar, falsear, imitar. ‖ Sofisticar.

adunar. tr. Aunar, unir, reunir, juntar, congregar, unificar. (**a.**: *separar*.)

adusto, ta. adj. Seco, rígido, desabrido, hosco, huraño, esquivo, serio, severo. (**a.**: *afable, tratable*.) ‖ Retraído, taciturno.

advenedizo, za. adj. y s. Extraño, intruso, forastero. ‖ Importuno, entremetido.

advenimiento. m. Aparición, llegada, venida. ‖ Acaecimiento, acontecimiento.

adventicio, cia. adj. Extraño, casual, fortuito. ‖ Eventual.

adversario, ria. adj. y s. Contrario, enemigo, antagonista, competidor, rival. (**a.**: *aliado*.) ‖ Opositor, contendiente.

adversidad. f. Infortunio, desgracia, desventura, desdicha, desastre, fatalidad, infelicidad. (**a.**: *dicha, felicidad, fortuna*.) ‖ Calamidad.

adverso, sa. adj. Desfavorable, contrario, opuesto, contrapuesto, hostil. (**a.**: *favorable, propicio*.) ‖ Infortunado, aciago.

advertencia. f. Observación, aviso, consejo, prevención. ‖ Amonestación, apercibimiento, opinión, admonición. ‖ Prólogo, prefacio. ‖ Aclaración.

advertido, da. adj. Capaz, experto, despierto, listo. (**a.**: *incapaz, torpe*.) ‖ Avisado, sagaz, astuto.

advertir. tr. e intr. Observar, notar, reparar, darse cuenta, percatarse. ‖ tr. Prevenir, informar, noticiar, avisar, sugerir, aconsejar, indicar. (**a.**: *engañar, ocultar*.) ‖ Apercibir, amonestar.

adyacente. adj. Inmediato, contiguo, junto, próximo. (**a.**: *separado, distante, apartado*.) ‖ Yuxtapuesto, lindante, colindante. ‖ Limítrofe, fronterizo.

aeración. f. Aireación, ventilación, oreo, oxigenación.

aéreo, a. adj. Ligero, vaporoso, sutil.

aerodeslizador. m. Hidrodeslizador.

aeroestación. f. Aeropuerto, aeródromo.

aerolínea. f. Línea aérea, aerorruta, aerovía.

aerolito. m. Meteorito, uranolito, bólido.

aeromoza. f. Azafata.

aeronáutica. f. Aviación, navegación aérea.

aeronave. f. Globo, dirigible. ‖ Avión, aeroplano, helicóptero.

aeroplano. m. Avión.

aeropuerto. m. Aeródromo, aeroestación.

aerorruta. f. Aerolínea.

aeróstato o **aerostato.** m. Dirigible, globo.

aerovía. f. Aerolínea.

afabilidad. f. Amabilidad, cordialidad, cortesía, atención, urbanidad, agasajo. ‖ Benevolencia, sociabilidad, gentileza, expresividad.

afable. adj. Amable, atento, cortés, afectuoso, benévolo, sociable, expresivo, tratable, sencillo. (**a.**: *descortés, huraño, adusto*.)

afamado, da. adj. Famoso, acreditado, admirado, renombrado, reputado, conocido, ilustre, célebre. (**a.**: *ignorado, desconocido, desacreditado*.)

afán. m. Deseo, anhelo, ansia, entusiasmo. (**a.**: *desaliento*.) ‖ Ahínco, solicitud, fatiga, empeño, ardor, fervor. (**a.**: *desgano*.) ‖ pl. Trabajos, penalidades.

afanarse. prnl. Atarearse, ajetrearse, empeñarse, esforzarse, dedicarse. (**a.**: *holgazanear*.)

afanoso, sa. adj. Hacendoso, diligente, trabajador. ‖ Voluntarioso, esforzado.

afear. tr. Desfavorecer, deformar, estropear. (**a.**: *embellecer*.) ‖ Tachar, vituperar, censurar, reprender, reprochar.

afección. f. Afecto, inclinación, ternura, cariño, afición. (**a.**: *antipatía*.) ‖ Enfermedad, dolencia, achaque, padecimiento.

afectación. f. Amaneramiento, estudio, fingimiento, disimulo, doblez, presunción, artificio, ostentación, simulación, rebuscamiento. (**a.**: *naturalidad, espontaneidad, sencillez*.) ‖ Hipocresía.

afectado, da. adj. Fingido, forzado, estudiado, artificioso, amanerado, rebuscado. (**a.**: *natural, sencillo*.) ‖ Aquejado, delicado. ‖ Apenado, afligido, impresionado, conmovido. ‖ Destinado.

afectar. tr. Fingir, simular, aparentar. ‖ Aquejar, alterar. ‖ Anexar, agregar, vincular, adscribir, asignar. (**a.**: *desvincular.*) ‖ Atañer, concernir, referirse a, tocar a. ‖ Impresionar, conmover, emocionar. ‖ Dañar, perjudicar. ‖ Influir.

afectivo, va. adj. Sensible, cariñoso, afectuoso, afable, cordial.

afecto. m. Apego, inclinación, apasionamiento, rendimiento, simpatía, cariño, amor. (**a.**: *antipatía, rencor.*) ‖ Cordialidad, devoción.

afecto, ta. adj. Unido, anejo, anexo, agregado, adscrito, destinado. ‖ Apreciado, estimado, grato, querido. ‖ Adicto, partidario.

afectuoso, sa. adj. Amoroso, cariñoso, amable, amistoso, afable. (**a.**: *hosco, arisco.*)

afeitada. f. Rasuración, rasura.

afeitar. tr. Rasurar, rapar, raer. ‖ Hermosear, acicalar.

afeite. m. Cosmético, maquillaje, colorete.

afelpado, da. adj. Lanoso, aterciopelado, velludo.

afeminado, da. adj. Adamado, amadamado, amujerado, feminoide, amariconado, maricón, marica, homosexual. (**a.**: *viril, varonil.*)

aferrar. tr. Agarrar, asir, coger, asegurar. ‖ prnl. Insistir, obstinarse.

afianzar. tr. Dar fianza, responder. ‖ prnl. Afirmar, asegurar, consolidar, reforzar. ‖ Asir, agarrar, aferrar. ‖ prnl. Confirmarse, convencerse.

afición. f. Inclinación, apego, cariño, afecto, gusto, ahínco, empeño, afán. (**a.**: *aversión, despego.*) ‖ Distracción, pasatiempo.

aficionado, da. adj. Diletante. ‖ Simpatizante, entusiasta, admirador.

aficionarse. prnl. Inclinarse, encariñarse, enamorarse, prendarse. ‖ Habituarse, acostumbrarse. (**a.**: *desinteresarse.*)

afijo. m. Prefijo, sufijo, infijo.

afilalápices. m. Sacapuntas.

afilar. tr. Amolar, dar filo, aguzar, afinar. *Se afila lo que corta, se aguza lo que punza.* ‖ Cortejar, enamorar.

afiliado, da. adj. y s. Adepto, adicto, partidario, correligionario. ‖ Adherido, inscripto.

afiliar. tr. Asociar. ‖ prnl. Adherirse, asociarse, ingresar, inscribirse.

afín. adj. Parecido, semejante, análogo, parejo, similar. (**a.**: *distinto, diferente, dispar.*) ‖ Próximo, cercano, contiguo. ‖ Pariente, deudo, allegado, consanguíneo.

afinador. m. Templador.

afinar. tr. Perfeccionar, acabar, pulir. ‖ Sutilizar, precisar, aquilatar. ‖ Templar, entonar, armonizar, acordar. (**a.**: *desafinar.*) ‖ Adelgazar.

afincar. intr. y prnl. Establecerse, radicarse, fijarse, asentarse, arraigarse.

afinidad. f. Analogía, semejanza, parecido, similitud. (**a.**: *disparidad.*) ‖ Parentesco, consanguinidad. ‖ Agregación, alianza. ‖ Atracción, inclinación. ‖ Relación.

afirmación. f. Aserción, aserto, aseveración. (**a.**: *negación, negativa.*) ‖ Asentimiento, confirmación.

afirmado. m. Firme, pavimento.

afirmar. tr. Asegurar, afianzar, apoyar, consolidar, asentar, reforzar. (**a.**: *debilitar.*) ‖ Asentir, aseverar, atestiguar, asegurar, sostener, mantener, confirmar. (**a.**: *negar, rectificar.*) ‖ prnl. Ratificarse, reiterarse, asegurarse.

aflicción. f. Pena, pesar, pesadumbre, dolor, tristeza, sinsabor, congoja, desconsuelo, tribulación, amargura, abatimiento, angustia, enfado. (**a.**: *alegría, júbilo, consuelo, dicha.*)

afligir. tr. y prnl. Apesadumbrar, apenar, entristecer, amargar, acongojar, contristar, desconsolar, angustiar, abatir, atribular. (**a.**: *alegrar, consolar.*) ‖ Mortificar, atormentar.

aflojar. tr. Desapretar, distender, soltar, relajar. (**a.**: *apretar, ceñir.*) ‖ intr. Ceder, decaer, flaquear, debilitarse. (**a.**: *aumentar.*) ‖ Amainar, rendirse, entregarse.

aflorar. intr. Aparecer, asomar. || Brotar. || Surgir, manifestarse, mostrarse.

afluencia. f. Abundancia, copia, cantidad. (**a.**: *insuficiencia, escasez.*) || Multitud, muchedumbre. || Facundia. || Exuberancia.

afluente. adj. Tributario, confluente, secundario.

afluir. intr. Concurrir, acudir. || Desaguar, verter, desembocar, confluir.

afonía. f. Ronquera, carraspera. (**a.**: *sonoridad.*)

afónico, ca. adj. Ronco.

aforismo. m. Dicho, sentencia, máxima. || Apotegma, refrán, axioma, proverbio.

afortunado, da. adj. Venturoso, dichoso, feliz, venturado, fausto. (**a.**: *desafortunado, infeliz.*) || Acertado, oportuno.

afrancesado, da. adj. Galicista, agabachado.

afrecho. m. Salvado, cascarilla.

afrenta. f. Deshonra, deshonor, vergüenza, oprobio, vilipendio, baldón, bochorno. || Agravio, insulto, ofensa, injuria, ultraje. (**a.**: *homenaje, cortesía.*)

afrentar. tr. Agraviar, ofender, injuriar, insultar. (**a.**: *elogiar, alabar.*) || Deshonrar, ultrajar, vilipendiar.

afrontar. tr. Enfrentar, arrostrar, resistir, desafiar. (**a.**: *evitar, eludir, esquivar.*) || Soportar, aguantar.

afuera. adv. Fuera. (**a.**: *adentro, dentro.*) || f. pl. Contornos, alrededores, inmediaciones, cercanías, proximidades. || Suburbios.

afufar. intr. y prnl. Huir, escapar, desaparecer, desertar, fugarse.

agachada. f. Ardid, treta, trampa.

agachar. tr. Inclinar, bajar. || prnl. Encogerse, doblarse, agazaparse, inclinarse, acurrucarse, agarbarse. (**a.**: *erguirse, levantarse, enderezarse.*)

agalla. f. Branquia, amígdala. || pl. Valor, ánimo, esfuerzo, arrestos, valentía. (**a.**: *cobardía, miedo.*) || Astucia, codicia, cicatería.

ágape. m. Banquete, comida.

agareno, na. adj. y s. Árabe, sarraceno, ismaelita, moro, musulmán, islamita, mahometano, morisco, moruno.

agarrada. f. Altercado, riña, pendencia, disputa, contienda, porfía, reyerta.

agarradera. f. Agarradero, asa. || pl. Influencia, valimiento, favor, recomendación.

agarradero. m. Asa, mango, asidero, agarradera. || Amparo, recurso, protección.

agarrado, da. adj. Avaro, tacaño, mezquino, miserable, roñoso, apretado, cicatero, amarrete. || Interesado.

agarrar. tr. Asir, coger, tomar, aferrar. (**a.**: *soltar.*) || Atrapar, pillar. || intr. Arraigar, prender, tomar. || prnl. Asirse, reñir, pelearse.

agarrotar. tr. Apretar, oprimir. || tr. y prnl. Entumecer.

agasajar. tr. Obsequiar, regalar, festejar. || Halagar, lisonjear. (**a.**: *ofender.*)

agasajo. m. Halago, festejo. (**a.**: *desdén.*) || Obsequio, regalo, presente, fineza.

agavanzo. m. Escaramujo.

agave. amb. Pita, pitera.

agavillar. tr. Engavillar. || Capitanear, apandillar, acuadrillar.

agazaparse. prnl. Agacharse, doblarse, encogerse, acurrucarse. (**a.**: *enderezarse.*) || Emboscarse, esconderse, achantarse, ocultarse, disimularse. (**a.**: *mostrarse.*)

agencia. f. Delegación, sucursal.

agenciar. tr. y prnl. Gestionar, procurar, conseguir, alcanzar, obtener, adquirir, proporcionar. || prnl. Componérselas, arreglarse.

agenda. f. Dietario. || Memorando, diario. || Libreta.

agente. com. Policía, guardia, vigilante. || Corredor, comisionista, representante, viajante. || Apoderado, mandatario.

agible. adj. Hacedero, factible, posible, realizable.

agigantado, da. adj. Crecido, agrandado. || Excesivo, enorme, desmedido.

ágil. adj. Ligero, pronto, expedito, vivo, diestro, rápido, dispuesto, veloz, dinámico, resuelto. (**a.**: *tardo, lento, torpe.*)

agilidad. f. Ligereza, rapidez, prontitud, viveza, presteza, destreza. ‖ Diligencia, dinamismo.

agio. m. Especulación, agiotaje.

agiotaje. m. Agio, especulación, acaparamiento. ‖ Monopolio, usura.

agitación. f. Movimiento, tráfago, trajín. ‖ Inquietud, intranquilidad, conmoción, turbación, perturbación, excitación, bullicio, convulsión, revuelo. (**a.**: *calma, tranquilidad, sosiego, quietud.*)

agitador, ra. adj. y s. Perturbador, provocador, sedicioso, insurgente, insurrecto.

agitar. tr. e intr. Alterar. ‖ Remover, sacudir, menear. ‖ Convulsionar, alborotar, trastornar. (**a.**: *apaciguar, aquietar.*)

aglomeración. f. Amontonamiento, acumulación, acopio, hacinamiento, montón. ‖ Gentío, muchedumbre, multitud, masa, turba. ‖ Asamblea, reunión.

aglomerado. m. Conglomerado.

aglomerar. tr. y prnl. Amontonar, juntar, acumular, hacinar, acopiar, conglomerar. (**a.**: *dispersar, separar.*) ‖ Comprimir, aglutinar.

aglutinación. f. Unión, adhesión.

aglutinar. tr. Conglutinar, juntar, pegar, adherir. ‖ Aunar, reunir. ‖ Unir, comprimir, aglomerar.

agnación. f. Parentesco, consanguinidad.

agnición. f. Anagnórisis, reconocimiento.

agnominación. f. Paronomasia.

agobiar. tr. Abrumar, atosigar, oprimir, cansar, fatigar. ‖ Encorvar. ‖ Angustiar, apenar, apesadumbrar. (**a.**: *despreocupar.*)

agobio. m. Cansancio, fatiga, opresión, atosigamiento. ‖ Abatimiento, angustia, pesadumbre, pena.

agolparse. prnl. Amontonarse, aglomerarse, apiñarse, hacinarse.

agonía. f. Angustia, congoja, ansia, desasosiego. ‖ Expiración, coma.

agonizante. adj. Moribundo, expirante, agónico.

agonizar. tr. Extinguirse. ‖ Morir, perecer, expirar.

ágora. m. Plaza, foro, lugar de reunión.

agorar. intr. Adivinar, vaticinar, pronosticar.

agorero, ra. adj. Adivino, profeta, vate, augur, hechicero. ‖ Sombrío, fatídico.

agostador. adj. Abrasador.

agostar. tr. Abrasar, secar, marchitar. ‖ Consumir, gastar.

agotamiento. m. Cansancio, debilidad, enflaquecimiento, consunción, extenuación, fatiga, postración.

agotar. tr. Consumir, apurar, acabar, vaciar, gastar, secar, terminar. ‖ tr. y prnl. Debilitar, enflaquecer. (**a.**: *fortalecer.*) ‖ Extenuar, cansar, desgastar.

agraciado, da. adj. Hermoso, lindo, gracioso, bonito. (**a.**: *feo.*) ‖ Favorecido, beneficiado, premiado. ‖ Afortunado, venturoso. (**a.**: *desgraciado.*)

agraciar. tr. Conceder, favorecer, premiar, otorgar, distinguir, laurear.

agradable. adj. Deleitoso, delicioso, sabroso, placentero, grato, placible, atractivo, atrayente, complaciente. (**a.**: *antipático.*)

agradar. intr. Placer, complacer, contentar, satisfacer, gustar, deleitar, cautivar, atraer, regocijar. (**a.**: *desagradar, enfadar.*)

agradecer. tr. Reconocer, corresponder. ‖ Retribuir.

agradecido, da. adj. Reconocido, obligado. (**a.**: *desagradecido, ingrato.*)

agradecimiento. m. Gratitud, reconocimiento, correspondencia. (**a.**: *ingratitud.*) ‖ Retribución, satisfacción.

agrado. m. Afabilidad, amabilidad, simpatía. ‖ Gusto, satisfacción, alegría, contento, placer, complacencia. (**a.**: *desagrado.*)

agrandar. tr. Ampliar, ensanchar, engrandecer, aumentar, acrecentar, acrecer, multiplicar, dilatar. (**a.**: *achicar, disminuir.*)

agrario, ria. adj. Rural, campesino, campestre, agrícola.

agravar. tr. Acrecentar, aumentar, cargar, gravar. || Empeorar, oprimir. (**a.**: *atenuar.*)

agraviar. tr. Denostar, menospreciar, humillar, ofender, insultar, injuriar, afrentar, ultrajar. (**a.**: *desagraviar, honrar.*) || prnl. Ofenderse, sentirse, resentirse.

agravio. m. Ofensa, insulto, escarnio, desprecio, injuria, denuesto, humillación, afrenta, ultraje. (**a.**: *elogio.*) || Perjuicio, daño. || Deshonra, deshonor.

agredir. tr. Atacar, acometer, arremeter, asaltar, embestir. (**a.**: *huir, esquivar.*)

agregado, da. adj. Afecto, adscrito, anexo, adjunto. || m. Aditamento, añadidura. || Compuesto, mezcla, conglomerado.

agregar. tr. Juntar, añadir, sumar, adicionar, aumentar, incorporar. (**a.**: *sacar, restar.*) || Anexar, anexionar, adscribir, asociar. (**a.**: *separar.*) || Yuxtaponer. || prnl. Incorporarse, unirse, sumarse.

agremiar. tr. y prnl. Sindicar, asociar, unir. || Federar, confederar.

agresión. f. Ataque, acometida, acometimiento, embestida, embate.

agresividad. f. Cólera, irritación, provocación, violencia.

agresivo, va. adj. Violento, provocador, insultante, colérico, pendenciero. (**a.**: *manso.*)

agresor, ra. adj. y s. Acometedor, atacante. (**a.**: *víctima.*)

agreste. adj. Inculto, silvestre, campestre, salvaje, abrupto, escarpado, escabroso. || Áspero, rudo, incivil, grosero, tosco, rústico. (**a.**: *educado, cortés.*)

agriado, da. adj. Avinagrado, ácido, acidulado. || Irritado, alterado.

agriar. tr. y prnl. Acedar, acidificar, avinagrar, acidular. || Irritar, exacerbar, exasperar. (**a.**: *suavizar.*)

agrícola. adj. Agrario, rural, campesino.

agricultor, ra. m. y f. Labrador, cultivador, labriego, campesino.

agrietar. tr. y prnl. Abrir, hender, rajar, resquebrajar, cuartear, quebrar.

agrifolio. m. Acebo.

agrio, gria. adj. Ácido, acedo. || Acre, áspero, desabrido. (**a.**: *suave.*) || Adusto, malhumorado. || Mordaz, hiriente, punzante.

agripnia. f. Insomnio, desvelo.

agrisado, da. adj. Grisáceo.

agropecuario, ria. adj. Agrícola-ganadero, agrario, rural.

agrupación. f. Asociación, sociedad, grupo.

agrupar. tr. y prnl. Reunir, congregar, asociar, juntar. (**a.**: *disgregar, separar.*)

aguacero. m. Chaparrón, chubasco, lluvia, diluvio, nubada.

aguada. f. Aguaje. || Acuarela.

aguaderas. f. pl. Angarillas.

aguadero. m. Abrevadero, aguada, aguaje.

aguaitar. tr. Acechar.

aguaje. m. Aguadero, abrevadero. || Aguada. || Estela.

aguamala. f. Medusa, aguamar.

aguamanil. m. Palangana, jofaina. || Palanganero.

aguamar. m. Aguamala, medusa.

aguamarina. f. Berilo.

aguamiel. f. Hidromiel, hidromel.

aguantable. adj. Soportable, tolerable, llevadero. (**a.**: *insufrible, intolerable.*)

aguantar. tr. Sostener, resistir. || Soportar, sufrir, tolerar, sobrellevar, conllevar. || intr. y prnl. Contenerse, reprimirse, dominarse, callar, transigir. (**a.**: *reaccionar.*)

aguante. m. Fuerza, resistencia, vigor, energía. (**a.**: *flojedad.*) || Sufrimiento, paciencia, tolerancia, resignación, dominio. (**a.**: *intolerancia.*)

aguapié. m. Torcedura, torcido. || Aguachirle.

aguar. tr. y prnl. Frustrar, perturbar, interrumpir, entorpecer, malograr, estropear. || Diluir, rebajar.

aguardar. tr. e intr. Esperar. || Retrasar, retardar, diferir, postergar.

aguardiente. m. Caña.

aguazar. tr. y prnl. Encharcar, empapar.

agudeza. f. Ingenio, sutileza, perspicacia, gracia. (**a.**: *simpleza.*) ‖ Chiste, ocurrencia. (**a.**: *necedad.*)

agudizar. tr. y prnl. Agravar, empeorar. ‖ Aguzar, afinar.

agudo, da. adj. Delgado, puntiagudo, aguzado, afilado. (**a.**: *romo.*) ‖ Sutil, perspicaz. ‖ Ocurrente, gracioso, ingenioso. ‖ Penetrante, vivo. ‖ Oxítono. ‖ Alto, aflautado.

agüero. m. Predicción, presagio, pronóstico, augurio, vaticinio, anuncio, indicio, señal.

aguerrido, da. adj. Fogueado, belicoso, veterano. (**a.**: *bisoño, novato.*) ‖ Ducho, experimentado, avezado, acostumbrado. (**a.**: *inexperto.*)

aguijada. f. Picana.

aguijar. tr. Aguijonear, picar, pinchar, punzar. ‖ Estimular, incitar, animar, apresurar, inducir, espolear. (**a.**: *desalentar.*)

aguijón. m. Espina, púa, pincho. ‖ Rejo, rejón. ‖ Acicate, incitación, estímulo, incentivo, aliciente.

aguijonear. tr. Aguijar, picar, pinchar, avivar. ‖ Estimular, incitar, animar, apremiar. (**a.**: *desalentar.*)

aguileño, ña. adj. Aquilino, ganchudo, corvo.

aguinaldo. m. Gratificación.

aguja. f. Brújula, compás. ‖ Saeta, saetilla, manecilla. ‖ Obelisco.

agujerear. tr. Horadar, taladrar, perforar, barrenar. (**a.**: *obturar.*)

agujero. m. Orificio, perforación, taladro, abertura, boquete, hoyo, pozo.

agujetero. m. Alfiletero.

aguoso, sa. adj. Acuoso, ácueo.

agutí. m. Acutí.

aguzado, da. adj. Agudo, afilado, puntiagudo. (**a.**: *romo.*)

aguzar. tr. Afilar, afinar, adelgazar. ‖ Avivar, estimular, aguijar, excitar, incitar.

aherrojar. tr. Encadenar, esposar, sujetar. ‖ Oprimir, subyugar, dominar, someter, sojuzgar.

aherrumbrar. tr. y prnl. Herrumbrar, enmohecer, oxidar.

ahijar. tr. Adoptar, prohijar. ‖ Proteger, amparar. ‖ Achacar, imputar, atribuir.

ahínco. m. Empeño, tesón, insistencia, ansia, entusiasmo, perseverancia.

ahitar. tr., intr. y prnl. Saciar, hartar, empachar, atracar. ‖ Hastiar, fastidiar, enfadar.

ahíto, ta. adj. Saciado, harto, repleto, empachado, lleno, atiborrado. ‖ Hastiado, fastidiado, enfadado.

ahogar. tr. y prnl. Asfixiar, estrangular. ‖ Apagar, extinguir, sofocar. (**a.**: *avivar.*) ‖ Oprimir, fatigar, acongojar, angustiar, agobiar. ‖ Frustrar, malograr. *El agua nos ahoga, el calor nos sofoca, la falta de respiración nos asfixia.*

ahogo. m. Opresión, asfixia, fatiga, sofocación. ‖ Aprieto, apuro, congoja. ‖ Penuria, miseria, estrechez, pobreza, necesidad. (**a.**: *bienestar, desahogo.*)

ahondar. tr. e intr. Profundizar, escudriñar, penetrar, escarbar, sondear, insistir.

ahora. adv. En este instante, en este momento. ‖ Poco ha. ‖ Dentro de poco. ‖ Actualmente, hoy día, al presente, en la actualidad.

ahorcar. tr. Colgar, asfixiar, sofocar, acogotar, estrangular. ‖ Dejar, desistir, suspender.

ahorrar. tr. Economizar, guardar. (**a.**: *gastar, malgastar, derrochar.*) ‖ tr. y prnl. Evitar, excusar, reservar.

ahorrativo, va. adj. Ahorrador, económico. ‖ Avaro, tacaño, mezquino.

ahorro. m. Economía, frugalidad, previsión, reserva. ‖ Avaricia, mezquindad.

ahuecar. tr. Mullir, esponjar. ‖ Vaciar. ‖ intr. Marcharse, irse. ‖ prnl. Envanecerse, engreírse, esponjarse, hincharse, pavonearse.

ahusado, da. adj. Fusiforme, alargado, aguzado, puntiagudo.

ahuyentar. tr. Alejar, atemorizar, espantar. (**a.**: *atraer.*) ‖ Rechazar, repeler.

airado, da. adj. Irritado, enojado, encolerizado, furioso, enfurecido, furibundo, rabioso. (**a.**: *apacible, tranquilo.*) ‖ Depravado, pervertido, licencioso.

aire. m. Viento. ‖ Atmósfera. ‖ Apariencia, aspecto, porte, figura. || Garbo, gracia, gallardía, apostura, brío. || Tonada, canción, melodía. || Vanidad, petulancia.

airear. tr. Orear, ventilar, secar, refrescar. || prnl. Oxigenarse. || Resfriarse, acatarrarse.

airón. m. Penacho.

airoso, sa. adj. Garboso, gallardo, apuesto. || Lucido, exitoso, victorioso. (**a.**: *fracasado.*)

aislado, da. adj. Solitario, solo, retirado, apartado, incomunicado. (**a.**: *acompañado.*) || Independiente, suelto, separado.

aislamiento. m. Retiro, retraimiento, incomunicación, separación, apartamiento, recogimiento, soledad, reclusión.

aislante. adj. Aislador.

aislar. tr. Separar, incomunicar, apartar. (**a.**: *comunicar.*) || prnl. Retirarse, apartarse, retraerse, arrinconarse. (**a.**: *relacionarse.*) || Desvincularse.

ajar. tr. Deslucir, maltratar, manosear, marchitar, estropear. || Humillar, vejar.

ajedrezado, da. adj. Escaqueado, equipolado, escacado, cuadriculado.

ajenjo. m. Absintio.

ajeno, na. adj. Extraño, impropio. (**a.**: *propio, personal.*) || Ignorante. || Libre, exento. || Distante, lejano. || Diferente, distinto, diverso.

ajetrearse. prnl. Fatigarse, trajinar, zarandearse, azacanearse, afanarse, atarearse, agitarse.

ajetreo. m. Agitación, tráfago, trajín, traqueteo, zarandeo, fatiga. (**a.**: *descanso, sosiego.*)

ají. m. Pimiento, chile.

ajipuerro. m. Puerro silvestre.

ajonjolí. m. Alegría, sésamo.

ajuar. m. Menaje, moblaje, mobiliario. || Equipo.

ajumarse. prnl. Embriagarse, emborracharse, achisparse, alumbrarse.

ajustado, da. adj. Ceñido, apretado, estrecho. || Recto, preciso, escueto, estricto, conciso.

ajustar. tr. y prnl. Adaptar, acoplar, encajar, acomodar, amoldar. (**a.**: *desajustar, dislocar.*) || tr. Ceñir, apretar. (**a.**: *soltar, aflojar.*) || Contratar, concertar, convenir, pactar. || Compaginar. || prnl. Ceñirse, limitarse, avenirse, someterse, ajustarse.

ajuste. m. Arreglo, convenio, trato. || Precisión.

ajusticiar. tr. Ejecutar. || Condenar. || Ahorcar, colgar, agarrotar, decapitar, electrocutar.

ala. f. Hilera, fila. || Aleta. || Flanco. || Plano, alerón. || pl. Atrevimiento, osadía.

alabancioso, sa. adj. Jactancioso, presuntuoso, vanidoso, petulante, engreído.

alabanza. f. Elogio, encomio, loor, enaltecimiento, loa, apología, panegírico. (**a.**: *censura, vituperio.*)

alabar. tr. Celebrar, elogiar, encarecer, encomiar, enaltecer, ensalzar, loar. || prnl. Jactarse, preciarse, alardear, gloriarse, vanagloriarse, picarse, presumir.

álabe. m. Estera, estora. || Sobarbo. || Diente, leva, levador. || Curvatura, comba, alabeo.

alabeado, da. adj. Combado, curvado, abarquillado, curvo, arqueado. || Torcido.

alabear. tr. Combar, curvar, arquear. || prnl. Combarse, encorvarse, pandearse.

alabeo. m. Curvatura, encorvadura, encorvamiento, comba, curva, álabe.

alacena. f. Armario.

alacrán. m. Escorpión. || Arácnido, artrópodo.

alado, da. adj. Veloz, ligero, rápido, raudo, alígero. (**a.**: *áptero.*)

alajú. m. Alejur, alfajor.

alambicado, da. adj. Sutil, afectado, rebuscado, complicado.

alambicar. tr. Destilar, sublimar, alquitarar. || Sutilizar, refinar, quintaesenciar, aquilatar, examinar.

alambique. m. Alquitara, destilador.

alambrado, da. m. y f. Cerco, cercado.

álamo. m. Chopo.

alarde. m. Ostentación, gala, jactancia, presunción. (**a.**: *modestia.*)

alardear. intr. Alabarse, jactarse, preciarse, gloriarse, vanagloriarse, presumir de, ufanarse, hacer gala, darse bombo. (**a.**: *reprocharse.*)

alardoso, sa. adj. Ostentoso, jactancioso, alabancioso.

alargar. tr. Estirar, prolongar, dilatar, extender. (**a.**: *acortar, abreviar.*) || Prorrogar, retardar, retrasar, diferir. || prnl. Desviarse, alejarse, alongarse. || Explayarse.

alarido. m. Grito.

alarma. f. Rebato, aviso, señal. || Susto, sobresalto. || Inquietud, intranquilidad, zozobra, temor, terror, espanto, pavor, miedo. (**a.**: *tranquilidad, sosiego.*)

alarmar. tr. y prnl. Inquietar, asustar, sobresaltar, intranquilizar, atemorizar. (**a.**: *tranquilizar.*)

alba. f. Amanecer, albor, aurora, alborada, madrugada. (**a.**: *crepúsculo.*)

albacea. com. Testamentario. || Custodio, fideicomisario.

albada. f. Alborada.

albañal. m. Caño, alcantarilla, cloaca, canal, desagüe, sumidero.

albañilería. f. Obra, fábrica, construcción.

albarda. f. Aparejo, cincha, montura, silla, basto.

albaricoque. m. Albérchigo, damasco.

albatros. m. Carnero del Cabo.

albayalde. m. Carbonato de plomo, cerusa, cerusita, blanco de plomo.

albear. intr. Blanquear.

albedrío. m. Gusto, voluntad, decisión, arbitrio. || Antojo, capricho, gana.

albéitar. m. Veterinario.

alberca. f. Pozo, aljibe, cisterna, estanque, pila.

albérchigo. m. Prisco.

albergar. tr. y prnl. Hospedar, alojar. || Cobijar, guarecer, refugiar, asilar, amparar. (**a.**: *desalojar.*)

albergue. m. Cobijo, refugio. || Hospedaje, posada, parador, hostería, pensión, alojamiento. || Cubil, guarida, manida.

albino, na. adj. Albo, blanquecino.

albo, ba. adj. Blanco, níveo, albino.

albollón. m. Desaguadero. || Albañal, cloaca, alcantarilla.

albóndiga. f. Albondiguilla, almóndiga, almondiguilla.

albor. m. Alba, aurora, amanecer. || Blancura, albura, pureza. || Infancia, niñez. || pl. Principios, comienzos, inicios. (**a.**: *finales.*)

alborada. f. Albada, alba. || Amanecer, aurora, madrugada.

alborear. intr. Amanecer, clarear, aclarar. (**a.**: *anochecer.*)

alborotado, da. adj. Irreflexivo, atolondrado, precipitado.

alborotar. tr. y prnl. Inquietar, alterar, conmover, perturbar. (**a.**: *apaciguar, calmar.*) || Amotinar, sublevar. || intr. Gritar, escandalizar, vocear.

alboroto. m. Tumulto, revuelta, desorden, disturbio. || Motín, asonada, sedición, sublevación. || Vocerío, algazara, bulla, gritería, batahola, algarabía, bullicio. (**a.**: *calma, quietud.*)

alborozo. m. Regocijo, alegría, gozo, placer, contento, júbilo, algazara. (**a.**: *aflicción, consternación.*)

albricias. f. pl. Felicitación, parabién. || Obsequio, regalo.

álbum. m. Porfolio.

albur. m. Contingencia, azar, eventualidad, casualidad, riesgo.

albura. f. Blancura. || Albor.

alcací o **alcacil.** m. Alcaucí, alcaucil, alcarcil, arcacil.

alcahuete, ta. m. y f. Encubridor. || Proxeneta, tercero, enflautador. || adj. y s. Chismoso, correveidile, soplón.

alcahuetear. intr. Chismorrear, soplar, contar.

alcahuetería. f. Tercería, lenocinio, proxenetismo, rufianería. || Chisme, embuste.

alcaide. m. Carcelero, guardián.

alcaldada. f. Exceso, extralimitación, desafuero, tropelía, atropello, arbitrariedad, abuso.

alcana. f. Alheña, aligustre, ligustro.

alcance. m. Seguimiento, persecución. || Distancia, radio. || Importancia, trascendencia. || pl. Capacidad, talento, inteligencia.

alcancía. f. Hucha, cepillo.

alcantarilla. f. Albañal, cloaca. || Sumidero, desagüe, vertedero.

alcanzado, da. adj. Empeñado, endeudado, adeudado. || Falto, escaso, necesitado. || Aprehendido.
alcanzar. tr. Lograr, conseguir, obtener. (**a.**: *perder.*) || Entender, comprender. || Dar alcance. || Igualar. || intr. Tocar, atañer. || Llegar, ascender, elevarse. || Bastar, ser suficiente.
alcaparra. f. Capuchina.
alcaraván. m. Árdea, avetoro.
alcarcil. m. Alcaucil, alcachofa.
alcarraza. f. Cántaro.
alcatraz. m. Pelícano americano.
alcaucí o **alcaucil.** m. Alcachofa, alcarcil.
alcaudón. m. Picaza.
alcayata. f. Escarpia, clavo, tachuela.
alcázar. m. Fortaleza, fortificación, alcazaba, castillo, ciudadela. || Palacio.
alcazuz. m. Regaliz, orozuz.
alce. m. Anta, ante, danta, dante.
alcoba. f. Dormitorio, aposento, cuarto, recámara. || Habitación.
alcohólico, ca. m. y f. Beodo, borracho, ebrio.
alcor. m. Colina, collado, altozano.
alcoránico, ca. adj. Coránico.
alcornoque. m. Torpe, estúpido, necio, tarugo, bodoque, bobo. (**a.**: *inteligente.*)
alcurnia. f. Ascendencia, linaje, estirpe, prosapia, abolengo.
alcuza. f. Aceitera.
aldaba. f. Llamador, aldabón, aldabilla. || pl. Valimiento, protección, influencias, padrinos.
aldea. f. Villa, villorrio, poblado, caserío.
aldeano, na. m. y f. Lugareño, pueblerino, paleto. || Campesino, labriego. || adj. Inculto, rústico.
alderredor. adv. Alrededor.
aleación. f. Liga, amalgama, fusión. || Mezcla, combinación.
alear. tr. Ligar, amalgamar, fusionar, mezclar.
aleatorio, ria. adj. Incierto, fortuito, casual, eventual.
alebrarse. prnl. Alebrastarse, alebrestarse, alebronarse. || Acobardarse.
aleccionar. tr. Adiestrar, enseñar, instruir, aconsejar.
alechugado, da. adj. Escarolado, rizado.
aledaño, ña. adj. Confinante, colindante, lindante, limítrofe. (**a.**: *alejado, lejano.*) || m. pl. Confín, término, límite. || Alrededores.
alegación. f. Discurso, exposición, cita, disculpa.
alegar. tr. Citar, invocar, aducir, mencionar.
alegato. m. Defensa, alegación. || Exposición, razonamiento.
alegoría. f. Ficción, símbolo, emblema, imagen. || Parábola.
alegrar. tr. y prnl. Animar, alborozarse, letificar, regocijar, complacer, placer. (**a.**: *entristecer, disgustar, apenarse.*) || tr. Avivar, hermosear, animar.
alegre. adj. Gozoso, regocijado, contento, jubiloso, alborozado. (**a.**: *triste.*) || Jovial, divertido, jocoso, jocundo, satisfecho. (**a.**: *taciturno, pesimista.*) || Achispado, ajumado, alumbrado. (**a.**: *sobrio.*)
alegría. f. Contento, satisfacción, dicha, placer, gozo, contentamiento. || Alborozo, júbilo, regocijo, euforia. (**a.**: *aflicción, congoja, nostalgia.*)
alejado, da. adj. Lejano, distante, retirado. (**a.**: *cercano, próximo.*) || Distanciado, enemistado.
alejar. tr. y prnl. Apartar, retirar, desviar, separar. (**a.**: *aproximar, acercar.*) || Aislar. || tr. Ahuyentar. || prnl. Irse, marcharse.
alejur. m. Alajú, alfajor.
alelado, da. adj. Embobado, atontado, turulato, lelo, bobo.
alemán, na. adj. Germano, tedesco, teutón, boche.
alentado, da. adj. Animoso, valiente, valeroso, esforzado. (**a.**: *pusilánime.*) || Altanero, valentón.
alentar. intr. Respirar. || tr. Animar, reanimar, confortar, incitar, excitar. (**a.**: *desalentar, disuadir.*)
alero. m. Tejaroz. || Guardabarros, salvabarros.
alertar. tr. Avisar, prevenir, advertir, alarmar.
alesna. f. Lezna.

aleta. f. Alerón. ‖ Ala, plano. ‖ Pala, remo.
aletargar. tr. y prnl. Amodorrar, adormecer. (**a.**: *despabilar.*)
aleudar. tr. Leudar.
aleve. adj. Alevoso, traidor, pérfido, desleal, felón.
alevosía. f. Traición, perfidia, felonía, deslealtad. (**a.**: *lealtad.*)
alevoso, sa. adj. Aleve, traidor, pérfido, desleal, felón.
alfabeto. m. Abecé, abecedario.
alfajía. f. Alfarjía.
alfajor. m. Alajú, alejur.
alfalfa. f. Mielga.
alfaque. m. Bajío, escollo.
alfarería. f. Cerámica.
alfarero. m. Ceramista.
alfarjía. f. Alfajía.
alféizar. m. Derrame.
alfeñique. m. Enclenque, raquítico. (**a.**: *robusto.*)
alfilerazo. m. Pulla, indirecta. ‖ Punzada, pinchazo.
alfiletero. m. Acerico, almohadilla.
alfócigo. m. Alfóncigo.
alfombra. f. Tapiz, tapete, moqueta, estera.
alforfón. m. Trigo sarraceno.
alforza. f. Pliegue, doblez, dobladillo.
algalia. f. Civeta.
algalia. f. Catéter, sonda.
algarabía. f. Gritería, bulla, greguería, vocerío, alboroto, bullicio, algazara, jaleo.
algarada o **algara.** f. Correría. ‖ Tumulto, alboroto, asonada, revuelta, disturbio. (**a.**: *quietud.*)
algazara. f. Gritería, vocerío, algarabía, bulla, bullicio, gresca, alborozo, regocijo, jolgorio, jaleo, alboroto. (**a.**: *silencio.*)
álgido, da. adj. Glacial, helado, gélido, frío. ‖ Culminante, crítico, grave.
algoritmo. m. Guarismo.
alguacil. m. Esbirro, corchete, polizonte.
alguien. pron. indef. Alguno, algún, cualquier, cualquiera. (**a.**: *nadie.*)
alguno, na. pron. indef. Alguien, algún, cualquiera. (**a.**: *ninguno.*) ‖ adj. pl. Varios, ciertos.
alhaja. f. Joya, gema, presea. ‖ Adorno. ‖ Reliquia.
alhajar. tr. Enjoyar, adornar. ‖ Amueblar, engalanar.
alharaca. f. Aspaviento. ‖ Alboroto, bullicio, algazara.
alhármaga. f. Alharma, alárgama, alármega, alhámega, gamarza, arma.
alheña. f. Alcana, aligustre, ligustro. ‖ Roya.
alhucema. f. Espliego, lavanda, lavándula.
aliaga. f. Aulaga, árgoma.
alianza. f. Unión, liga, confederación, coalición. (**a.**: *discordia.*) ‖ Pacto, convención. ‖ Anillo de boda, casamiento.
aliar. tr. Aunar. ‖ prnl. Unirse, coligarse, confederarse, ligarse. (**a.**: *desunirse.*)
alias. m. Apodo, sobrenombre, mote.
alicaído, da. adj. Triste, desanimado, desalentado, decaído, abatido, aliquebrado. (**a.**: *eufórico, contento.*)
alicatar. tr. Azulejar.
alicate. m. Tenacilla.
aliciente. m. Atractivo, incentivo, estímulo, acicate. (**a.**: *freno.*)
alienable. adj. Enajenable, vendible.
alienado, da. adj. Loco, demente, vesánico, perturbado, enajenado. (**a.**: *cuerdo.*)
alienar. tr. Enajenar, vender, traspasar. ‖ tr. y prnl. Enloquecer.
alienista. adj. y s. Psiquiatra, frenópata.
aliento. m. Hálito, respiración. ‖ Soplo. ‖ Vaho. ‖ Emanación, exhalación. ‖ Ánimo, esfuerzo, valor, denuedo, valentía. (**a.**: *cobardía, temor.*)
alifafe. m. Achaque, indisposición.
aligación. f. Aligamiento, ligazón, trabazón. (**a.**: *desintegración.*)
aligerar. tr. Abreviar, acelerar, apresurar, avivar. (**a.**: *retardar.*) ‖ Aliviar, moderar, atenuar. (**a.**: *agravar, cargar.*)
aligustre. m. Alheña, alcana, ligustro.
alijar. tr. Aligerar, descargar.
alijo. m. Contrabando.
alimaña. f. Sabandija, bicho.
alimentar. tr. y prnl. Nutrir, sustentar, mantener. (**a.**: *ayunar.*) ‖ Sostener, fo-

mentar, avivar. || Aprovisionar, proveer. (**a.**: *desabastecer.*)
alimenticio, cia. adj. Sustancioso, nutritivo. || Alimentario.
alimento. m. Sustento, comida, manjar, manutención, sostén. || Fomento, pábulo, pasto.
aliñar. tr. Aderezar, condimentar, sazonar, adobar. || Componer, hermosear, ataviar, arreglar, acicalar.
aliño. m. Condimento, aderezo, adobo. || Aseo, arreglo, pulcritud, compostura, limpieza. (**a.**: *desaliño, desaseo.*)
aliquebrado, da. adj. Alicaído, desalentado, triste, abatido, desanimado, decaído.
alisar. tr. Pulir, pulimentar, bruñir. || Desarrugar. (**a.**: *arrugar.*)
alistar. tr. Inscribir, afiliar, matricular. || prnl. Sentar plaza, engancharse, enrolarse.
alistar. tr. y prnl. Prevenir, preparar, aparejar, disponer.
aliviar. tr. Aligerar, descargar. || Suavizar, moderar, mitigar, disminuir, templar. (**a.**: *reforzar.*) || prnl. Mejorar, reponer, recobrar. (**a.**: *agravar, enfermar.*)
alivio. m. Descanso, consuelo. || Mejoría. (**a.**: *empeoramiento.*)
aljaba. f. Carcaj, carcax.
aljibe. m. Cisterna. || Tanque. || Pozo.
alma. f. Espíritu, mente, psique, ánima, ánimo. (**a.**: *cuerpo, materia.*) || Aliento, ánimo, soplo, hálito, energía, esfuerzo. || Persona, individuo, habitante. || pl. Espíritus, espectros.
almacén. m. Abacería, tienda. || Depósito.
almacenar. tr. Acumular, allegar, guardar, reunir, juntar, acopiar. (**a.**: *distribuir.*)
almáciga. f. Mástique.
almáciga. f. Plantario, semillero, vivero. || Invernadero.
almácigo. m. Lentisco.
almácigo. m. Almáciga, semillero, plantario.
almadía. f. Armadía, maderada, balsa, jangada.
almadraba. f. Atunara.
almadreña. f. Madreña, zueco, chanclo.
almanaque. m. Calendario. || Agenda, anuario.
almiar. m. Pajar, henil, hórreo.
almibarado, da. adj. Meloso, melifluo, dulzón, empalagoso. || Pegajoso, amanerado.
almidonado, da. adj. Planchado, duro. || Tieso, emperifollado.
alminar. m. Minarete, torre, atalaya.
almirante. m. Comandante.
almirez. m. Mortero.
almo, ma. adj. Criador, alimentador, propicio, vivificador. || Excelente, venerable, benéfico.
almocafre. m. Azadilla, escardadera, escardillo, garabato.
almohada. f. Cabezal, cabecera. || Almohadilla, cojín, almohadón.
almohadilla. f. Cojincillo, cojinete. || Almohada. || Acerico.
almohadillar. tr. Acolchar.
almohadón. m. Cojín.
almohaza. f. Rascadera.
almoneda. f. Subasta, licitación.
almorrana. f. Hemorroide.
almorzar. tr. Comer.
almuecín o **almuédano.** m. Muecín.
almuerzo. m. Desayuno, comida, ágape.
alnado, da. m. y f. Hijastro. || Entenado.
alocado, da. adj. Aturdido, atolondrado, atarantado, atropellado, impulsivo. (**a.**: *cuerdo, juicioso, prudente.*)
alocarse. prnl. Enloquecer, aturdirse, atolondrarse.
alocución. f. Arenga, discurso, perorata, disertación, oración.
áloe o **aloe.** m. Acíbar, lináloe.
alojamiento. m. Hospedaje, hostería, mesón, posada, aposento, albergue, parador. || Cobijo, refugio.
alojar. tr. y prnl. Hospedar, aposentar, albergar, guarecer, cobijar. (**a.**: *desalojar, echar, expulsar.*) || Meter, introducir.
alondra. f. Terrera, cogujada, copetuda, calandria.
alongar. tr. Alargar, prolongar.
alopecia. f. Peladera, pelambrera, pelarela, pelona, calvicie, calva.

alosa. f. Sábalo.
alpaca. f. Paca, llama.
alpaca. f. Metal blanco.
alpestre. adj. Alpino. || Montañoso, silvestre.
alpinismo. m. Montañismo, andinismo.
alpinista. com. Montañero, andinista.
alquería. f. Cortijo, granja.
alquilar. tr. Arrendar, subarrendar. (**a.**: *desalquilar.*)
alquiler. m. Arriendo, arrendamiento, renta, locación.
alquitara. f. Alambique, destilador.
alquitarar. tr. Alambicar, destilar. || Apurar, sutilizar, quintaesenciar.
alquitrán. m. Brea, resina, pez, betún.
alrededor. adv. En torno, en derredor. || Cerca de, poco más o menos, aproximadamente. || m. pl. Cercanías, contornos, inmediaciones, afueras, proximidades, aledaños.
altanería. f. Altivez, soberbia, engreimiento, orgullo, arrogancia, desprecio. (**a.**: *modestia, humildad.*)
altanero, ra. adj. Altivo, soberbio, despreciativo, orgulloso, arrogante.
altar. m. Ara.
altarreina. f. Milenrama, artemisa bastarda, hierba meona.
altavoz. m. Altoparlante.
altea. f. Malvavisco.
alteración. f. Mudanza, cambio, variación. (**a.**: *permanencia.*) || Sobresalto, perturbación, conmoción, inquietud. (**a.**: *sosiego, paz.*) || Alboroto, motín, tumulto. || Altercado, disputa.
alterado, da. adj. Revuelto, empañado, adulterado. || Perturbado, conmocionado, inquieto.
alterar. tr. Cambiar, mudar, falsificar, trasformar, variar. || Perturbar, irritar, inquietar, conmover, trastornar, turbar. (**a.**: *calmar, serenar.*) || Descomponer, pudrir, dañar, desnaturalizar. || tr. y prnl. Enfadar, irritar, encolerizar.
altercación. f. o **altercado.** m. Disputa, agarrada, pelotera, cuestión, bronca, cisco, discusión, polémica, debate, querella, riña, contestación.
altercar. intr. Disputar, porfiar, reñir, discutir. (**a.**: *departir.*)
alternancia. f. Sucesión.
alternar. tr. Turnar, sucederse. || intr. Tratarse, codearse, convivir.
alternativa. f. Opción, elección, disyuntiva, dilema. || pl. Azares, altibajos.
alternativo, va. adj. Alterno.
alteza. f. Altura, elevación, altitud. || Sublimidad, excelencia.
altilocuente. adj. Altílocuo, grandílocuo, grandilocuente.
altillo. m. Entrepiso. || Desván. || Altozano, otero.
altimetría. f. Hipsometría.
altisonante. adj. Altísono, pomposo, rimbombante, hueco, hinchado, campanudo. (**a.**: *preciso, sobrio.*)
altitud. f. Altura, eminencia. || Elevación, alteza, nobleza. || Estatura.
altivez. f. Altanería, soberbia, engreimiento, orgullo, arrogancia, desprecio, desdén. (**a.**: *humildad, modestia.*)
altivo, va. adj. Altanero, arrogante, despreciativo, orgulloso, soberbio.
alto. m. Detención, parada.
alto. m. Altura, elevación. (**a.**: *depresión, valle.*) || Montón. || Descanso, parada, etapa.
alto, ta. adj. Elevado. (**a.**: *bajo.*) || Crecido, talludo. || Encumbrado, eminente, prominente. || Caro, costoso. (**a.**: *barato.*) || Agudo, penetrante.
altoparlante. m. Altavoz.
altozano. m. Cerro, collado, altura, elevación, colina, cuchilla, otero.
altramuz. m. Calamocano, lupino.
altruismo. m. Abnegación, benevolencia, filantropía.
altruista. adj. Abnegado, filántropo, caritativo, generoso. (**a.**: *egoísta.*)
altura. f. Alto, elevación, altitud, peralto. (**a.**: *profundidad.*) || Estatura, alzada, talla. || Eminencia, excelencia, superioridad, alteza. || Cima, cúspide, pináculo, cumbre. || pl. Cielo.
alúa. f. Cocuyo.
alubia. f. Judía, habichuela, poroto.
alucinación. f. Alucinamiento, ofuscación, confusión, ceguedad. || Ilusión, visión. (**a.**: *realidad.*)
alucinar. tr. y prnl. Ofuscar, confundir. || tr. Cautivar, atraer, ilusionar, seducir, deslumbrar, cegar, engañar.

alud. m. Avalancha.
aludir. tr. Mencionar, mentar, citar, referirse. (**a.**: *callar, omitir.*)
alumbrado. m. Iluminación.
alumbramiento. m. Parto.
alumbrar. tr. Iluminar, encender, aclarar. (**a.**: *oscurecer.*) || Enseñar, instruir. || intr. Parir, dar a luz. || prnl. Embriagarse, achisparse.
alumno, na. m. y f. Discípulo. || Colegial, escolar, estudiante, educando.
alunado, da. adj. Lunático.
alusión. f. Mención, referencia, cita. || Indirecta, insinuación.
alusivo, va. adj. Referente, tocante, concerniente, atinente.
aluvión. m. Avenida, inundación, avalancha, torrente, correntada. || Gentío, muchedumbre, multitud.
álveo. m. Cauce, madre, lecho.
alvéolo. m. Cavidad, celdilla.
alverja o alverjana. f. Arveja, algarroba. || Guisante.
alza. f. Subida, aumento, elevación, encarecimiento, carestía.
alzada. f. Apelación.
alzamiento. m. Sublevación, levantamiento, insurrección, rebelión, sedición. (**a.**: *sujeción, sumisión.*)
alzar. tr. Levantar, elevar, subir. (**a.**: *bajar.*) || Ascender, encumbrar. || tr. y prnl. Rebelar, sublevar, amotinar. (**a.**: *someterse.*) || prnl. Apelar.
allá. adv. Allí, entonces, en tal momento, del otro lado, allende.
allanar. tr. Aplanar, nivelar, explanar, igualar. || Irrumpir, penetrar, registrar, inspeccionar. || Vencer, zanjar, resolver. || prnl. Sujetarse, avenirse, conformarse, resignarse, prestarse, amoldarse, adaptarse, someterse. (**a.**: *resistirse, sublevarse.*)
allegado, da. adj. Próximo, cercano. || Parcial, partidario. || m. y f. Pariente, deudo. (**a.**: *extraño.*)
allegar. tr. Acercar, aproximar, arrimar. || Recoger, juntar, reunir, acopiar.
allí. adv. Allá.
ama. f. Señora, dueña, propietaria, patrona. (**a.**: *criada, empleada.*) || Nodriza.
amabilidad. f. Afabilidad, cordialidad, cortesía, gentileza.
amable. adj. Afable, atento, cortés, afectuoso, complaciente. (**a.**: *descortés, intratable.*)
amadamado. m. Afeminado. (**a.**: *viril.*)
amado, da. adj. y s. Querido, adorado, estimado, admirado, venerado. (**a.**: *odiado.*)
amador. m. Adorador, amante, galán.
amaestrar. tr. Adiestrar, ejercitar, aleccionar, instruir, enseñar, entrenar.
amagar. tr. e intr. Amenazar, conminar.
amago. m. Amenaza. || Señal, indicio, síntoma, anuncio, asomo, barrunto.
amainar. intr. Aflojar, ceder, disminuir, debilitarse, flaquear, moderarse. (**a.**: *embravecerse, encresparse.*)
amalgama. f. Aleación. || Mezcla.
amamantar. tr. Lactar, criar, atetar.
amancebamiento. m. Concubinato.
amancebarse. prnl. Amigarse, cohabitar.
amanecer. m. Alba, madrugada, alborada, aurora, amanecida. (**a.**: *crepúsculo.*)
amanecer. intr. Aclarar, clarear, clarecer, alborear, alborecer. (**a.**: *anochecer.*)
amanerado, da. adj. Afectado, rebuscado, estudiado. (**a.**: *espontáneo, natural.*)
amaneramiento. m. Afectación, estudio, rebuscamiento, artificio.
amansar. tr. Domar, domesticar, desembravecer, desbravar. || Tranquilizar, apaciguar, sosegar, mitigar. (**a.**: *excitar.*)
amante. adj. y s. Aficionado, devoto, apasionado. || adj. Cariñoso, afectuoso, tierno. || com. Querido, concubino, galán.
amanuense. com. Escribiente, copista, empleado.
amañado, da. adj. Hábil, habilidoso, mañoso, diestro. || Compuesto, falseado, falsificado.
amañar. tr. Urdir, acomodar, arreglar. || prnl. Darse maña, arreglarse, componérselas, manejarse, apañarse.

amaño. m. Artificio, ardid, traza, treta, trampa, triquiñuela.

amapola. f. Ababol, adormidera.

amar. tr. Querer, estimar, adorar. (**a.**: *odiar.*) ‖ Apreciar, venerar, reverenciar.

amarar. intr. Acuatizar, amarizar. ‖ Posarse, descender.

amargado, da. adj. Malhumorado, resentido, pesimista. ‖ Desengañado, desilusionado.

amargar. tr. y prnl. Disgustar, afligir, apesadumbrar, apenar, atormentar, acibarar. (**a.**: *consolar, endulzar.*)

amargo, ga. adj. Acerbo, agrio, acre, acedo. (**a.**: *dulce.*) ‖ Áspero, desabrido. ‖ m. Amargor.

amargón. m. Diente de león.

amarguera. f. Matabuey.

amargura. f. Amargor, aflicción, pena, pesadumbre, pesar, tribulación, disgusto. (**a.**: *alegría, dulzura.*)

amarizaje. m. Amaraje.

amarizar. intr. Acuatizar, amarar.

amarra. f. Estacha, soga, cabo, cuerda, cable, maroma. ‖ pl. Protección, apoyo.

amarradero. m. Muelle, embarcadero, desembarcadero, malecón.

amarrar. tr. Atar, asegurar, trincar, sujetar. (**a.**: *desatar, soltar.*)

amarrete, ta. adj. Avaro, tacaño, mezquino, cicatero.

amartelar. tr. Enamorar.

amartillar. tr. Martillar, martillear. ‖ Armar, montar.

amasamiento. m. Amasadura. ‖ Masaje.

amasar. tr. Unir, amalgamar, sobar. ‖ Friccionar, masajear, frotar.

amasijo. m. Amasadura. ‖ Obra, tarea. ‖ Mezcla, confusión. ‖ Intriga, chanchullo.

amatorio, ria. adj. Erótico, amoroso.

amazacotado, da. adj. Pesado, indigesto. ‖ Informe.

ambages. m. pl. Rodeos, circunloquios. ‖ **sin ambages.** fr. adv. Preciso, directo, escueto, justo, estricto.

ambición. f. Codicia. ‖ Aspiración, ansia, apetencia, anhelo. ‖ Avidez, avaricia.

ambicionar. tr. Codiciar. ‖ Desear, ansiar, anhelar, apetecer, querer. (**a.**: *desdeñar, despreciar.*)

ambiente. m. Medio, clima, atmósfera. ‖ Ámbito, habitación, contorno. ‖ Situación, estado, circunstancia.

ambigüedad. f. Anfibología, equívoco, doble sentido, confusión, oscuridad. (**a.**: *claridad, precisión.*)

ambiguo, gua. adj. Anfibológico, equívoco. ‖ Incierto, impreciso, dudoso, oscuro, vago.

ámbito. m. Contorno, perímetro. ‖ Superficie, espacio, extensión. ‖ Esfera, círculo, órbita.

ambladura. f. Andadura.

ambos, bas. adj. pl. Los dos, uno y otro, entrambos.

ambulante. adj. Andarín, errante. (**a.**: *sedentario.*)

amedrentar. tr. y prnl. Atemorizar, aterrar, asustar. (**a.**: *envalentonar.*) ‖ Amilanar, intimidar, acobardar, arredrar, acoquinar, achantar.

amén de. loc. prep. Además de, así como también, a más de.

amenaza. f. Amago. ‖ Conminación. ‖ Indicio, señal.

amenazar. tr. e intr. Amagar. ‖ Conminar.

amenguar. tr. e intr. Disminuir, menoscabar, mermar, aminorar. (**a.**: *aumentar.*) ‖ tr. Deshonrar, rebajar, infamar, denigrar, difamar.

amenidad. f. Atractivo, gracia, deleite, encanto. (**a.**: *fastidio, tedio.*)

amenizar. tr. Divertir, encantar, deleitar. (**a.**: *aburrir, hastiar.*)

ameno, na. adj. Grato, agradable, deleitable, placentero, encantador, delicioso, deleitoso. ‖ Entretenido, divertido. (**a.**: *aburrido, soso.*)

americana. f. Chaqueta, saco.

amerizar. intr. Acuatizar, amarar.

amianto. m. Asbesto.

amigable. adj. Amistoso, afable.

amigar. tr. Amistar. ‖ Reconciliar. (**a.**: *enemistar.*) ‖ prnl. Amancebarse.

amígdala. f. Tonsila.

amigo, ga. adj. y s. Aficionado, inclinado, afecto, encariñado. ‖ Partidario, adicto. (**a.**: *enemigo, adversario.*) || f. Concubina, querida.

amigote. m. Compinche.

amilanar. tr. y prnl. Acobardar, atemorizar, abatir, postrar, intimidar, amedrentar. (**a.**: *alentar, animar.*)

aminorar. tr. Minorar, disminuir, amenguar, mermar, acortar, achicar. (**a.**: *aumentar, acrecentar, agrandar.*) || Atenuar, mitigar, amortiguar, paliar. (**a.**: *agravar.*)

amistad. f. Afecto, inclinación, apego, cariño, devoción, fidelidad. || Camaradería, compañerismo, hermandad. || pl. Relaciones, amigos.

amistar. tr. Amigar. || Reconciliar, avenir.

amistoso, sa. adj. Amigable, afable.

amnistía. f. Indulto, perdón.

amo. m. Señor. (**a.**: *criado, súbdito.*) || Dueño, propietario. || Patrón. (**a.**: *empleado.*)

amodorramiento. m. Modorra, sopor, somnolencia. || Coma, letargo.

amodorrarse. prnl. Adormecerse, aletargarse, adormilarse. (**a.**: *despabilarse, desvelarse.*)

amojonamiento. m. Delimitación, señalamiento, deslinde.

amojonar. tr. Deslindar, delimitar, acotar, señalar.

amoladera. f. Asperón.

amolador. m. Afilador.

amolar. tr. Afilar, dar filo, aguzar. || tr. y prnl. Fastidiar, molestar, cansar, aburrir.

amoldar. tr. Ajustar, acomodar, adaptar, adecuar. || prnl. Conformarse, avenirse, allanarse, transigir. (**a.**: *rebelarse.*)

amollar. intr. Ceder, aflojar, desistir.

amonedar. tr. Acuñar, batir, monedar, monedear.

amonestación. f. Admonición, advertencia, aviso, exhortación. || Reprensión, reconvención, regaño, reprimenda.

amonestar. tr. Advertir, exhortar, avisar. || Reprender, reconvenir, regañar. (**a.**: *elogiar.*)

amontonamiento. m. Acumulación, aglomeración, montón, cúmulo.

amontonar. tr. Juntar, reunir, acopiar, allegar, apiñar, acumular. || Apilar. (**a**: *esparcir.*) || prnl. Amancebarse, amigarse. || Enfadarse, encolerizarse, irritarse, enojarse, amoscarse.

amor. m. Cariño, afecto, pasión, adoración, veneración, idolatría, devoción, afición, apego, estima. (**a.**: *aborrecimiento, odio, rencor.*) || Esmero, deleite, gusto. || Blandura, suavidad. || Caridad. || Piedad.

amoratado, da. adj. Cárdeno, lívido, morado.

amorcillo. m. Cupido.

amorfo, fa. adj. Informe.

amorío. m. Devaneo, enamoramiento.

amoroso, sa. adj. Cariñoso, tierno, afectuoso. || Blando, suave. || Templado, apacible.

amortiguar. tr. y prnl. Atenuar, aminorar, mitigar, moderar, paliar, apagar, aplacar, templar. (**a.**: *atizar, avivar, excitar.*)

amortizar. tr. Pagar, liquidar, saldar, cancelar.

amoscarse. prnl. Mosquearse, amostazarse, picarse, escocerse, sentirse, resentirse, requemarse, enojarse, agraviarse, ofenderse.

amostazarse. prnl. Amoscarse, irritarse, enojarse.

amotinar. tr. y prnl. Alzar, sublevar, soliviantar, levantar, insubordinar, insurreccionar.

amovible. adj. Separable, inestable, removible. (**a.**: *inamovible, fijo.*)

amparar. tr. Favorecer, auxiliar, ayudar. || Proteger, defender, patrocinar, salvaguardar, escudar. || prnl. Guarecerse, cobijarse, abrigarse, defenderse.

amparo. m. Reparo, defensa, abrigo, asilo, refugio. || Protección, favor, patrocinio, apoyo, auxilio, socorro. (**a.**: *abandono, desamparo.*)

ampliación. f. Extensión, dilatación. || Agrandamiento, ensanche, amplificación. (**a.**: *reducción.*) || Desarrollo, profundización.

ampliar. tr. Agrandar, ensanchar, aumentar. (**a.**: *achicar.*) || Extender, dilatar. || Desarrollar, profundizar. (**a.**: *condensar, resumir, sintetizar.*)

amplificar. tr. Ampliar.

amplio, plia. adj. Extenso, vasto, espacioso, capaz, dilatado. (**a.**: *estrecho, reducido.*) || Ancho, holgado. || Lato.

amplitud. f. Extensión, dilatación, vastedad.

ampo. m. Blancura, albura, albor.

ampolla. f. Vesícula, vejiga. || Vinajera.

ampuloso, sa. adj. Hinchado, redundante, enfático, presuntuoso, pretencioso, pomposo. (**a.**: *sencillo, natural.*)

amputar. tr. Cortar, seccionar, mutilar, cercenar.

amueblar. tr. Amoblar, moblar, mueblar. (**a.**: *desamueblar.*)

amuleto. m. Talismán, guayaca, mascota.

amurallar. tr. Murar, cercar.

amurriarse. prnl. Amohinarse, entristecerse, apenarse, afligirse.

amustiar. tr. y prnl. Enmustiar, marchitar.

anacarado, da. adj. Nacarado, nacarino, nacáreo.

anacardiáceo, a. adj. Terebintáceo.

anacoreta. com. Ermitaño, eremita, cenobita, asceta.

anacrónico, ca. adj. Anticuado, desusado.

ánade. m. Pato.

anáfora. f. Epanáfora, repetición.

anagnórisis. f. Reconocimiento.

analectas. f. pl. Antología, crestomatía, florilegio.

anales. m. pl. Crónica, fastos, historia.

analfabeto, ta. adj. y s. Ignorante, iletrado, inculto. (**a.**: *alfabeto, culto, sabio, instruido.*) || Rudo, tosco, bruto.

analgésico, ca. adj. y s. Calmante, paliativo.

análisis. m. Descomposición, distinción, separación. || Examen, estudio, observación.

analista. com. Psicoanalista.

analizar. tr. Distinguir, separar, descomponer, aislar. || Examinar, observar, estudiar.

analogía. f. Semejanza, parecido, similitud, afinidad. (**a.**: *diferencia.*) || Correspondencia, relación. (**a.**: *antítesis, contraste.*) || Morfología.

análogo, ga. adj. Semejante, parecido, similar, afín, equivalente, sinónimo. (**a.**: *dispar, disímil, antitético.*)

ananá o ananás. m. Piña.

anaquel. m. Estante, repisa, tabla, ménsula.

anaquelería. f. Estantería, vasar, vasera.

anarquía. f. Acracia, anarquismo. || Desorden, confusión, desgobierno, desorganización, caos. (**a.**: *organización, orden, disciplina.*)

anarquismo. m. Acracia, anarquía.

anarquista. adj. Ácrata, libertario.

anástrofe. f. Hipérbaton.

anatema. amb. Excomunión. || Maldición, imprecación. || Condena, reprobación.

anatematizar. tr. Excomulgar. || Maldecir, imprecar. || Condenar, reprobar.

anatomía. f. Disección.

anca. f. Grupa, cuadril, nalga, cadera.

ancestral. adj. Atávico.

ancianidad. f. Senectud, vejez, longevidad, edad provecta. (**a.**: *infancia, niñez, juventud.*)

anciano, na. adj. y s. Viejo, senil, longevo, provecto. (**a.**: *criatura, niño, joven, muchacho.*) || Vetusto.

ancla. f. Áncora, ferro.

ancladero. m. Fondeadero.

anclar. intr. Fondear, ancorar, echar anclas.

áncora. f. Ancla.

ancho, cha. adj. Amplio, dilatado, extenso, vasto. (**a.**: *estrecho, angosto.*) || Holgado. (**a.**: *apretado, ajustado.*) || Ufano, satisfecho, orondo, orgulloso. || m. Anchura.

anchoa o anchova. f. Boquerón.

anchura. f. Ancho, latitud. || Libertad, soltura, holgura, desahogo. (**a.**: *estrechez.*) || Amplitud, extensión. (**a.**: *angostura.*)

andada. f. Hábito, aventura.

andador, ra. adj. Andarín, andariego. || Callejero.

andamiaje. m. Andamiada.

andamio. m. Andamiaje, armazón. ‖ Tarima, tablado.
andana. f. Línea, fila, hilera, hilada. ‖ Batería. ‖ Andanada.
andanada. f. Andana. ‖ Descarga, salva. ‖ Reprimenda, reconvención, rapapolvo, reprensión.
andanza. f. Correría, aventura. ‖ pl. Vicisitudes. ‖ Peripecias, aprietos, trances.
andar. intr. Ir, caminar, marchar, pasar, transitar, errar, vagar, pasear. ‖ Funcionar, marchar, moverse. (**a.**: *detenerse.*) ‖ Estar. ‖ tr. Recorrer. ‖ prnl. Usar, emplear.
andariego, ga o **andarín, na.** adj. Andador, trotamundos. (**a.**: *sedentario.*)
andarríos. m. Aguzanieves.
andas. f. pl. Parihuelas, angarillas, camilla.
andén. m. Plataforma, apeadero, muelle. ‖ Pretil, parapeto.
andinismo. m. Montañismo.
andinista. m. y f. Montañista.
andorga. f. Vientre, barriga, panza, tripa.
andorrear. intr. Callejear, vagar.
andorrero, ra. adj. Andariego, callejero.
andrajo. m. Harapo, guiñapo, pingajo, pingo, jirón, arrapiezo. (**a.**: *adorno, atavío.*)
andrajoso, sa. adj. Harapiento, haraposo, pingajoso, roto, trapiento, desarrapado, astroso, zarrapastroso, zaparrastroso. (**a.**: *atildado.*)
andrógino, na. adj. Hermafrodita, bisexual.
andrómina. f. Embuste, mentira, engaño, enredo, paparrucha, fullería.
anécdota. f. Historieta, chascarrillo, cuento, hecho, suceso.
anegar. tr. y prnl. Ahogar, sumergir. ‖ Inundar, encharcar. ‖ prnl. Naufragar, sumergirse, zozobrar, hundirse.
anejar. tr. Anexar.
anejo, ja. adj. Anexo, dependiente, agregado, afecto, unido. ‖ m. Apéndice.
anestesia. f. Insensibilidad.
anestesiar. tr. Insensibilizar.
aneurisma. amb. Dilatación.
anexar. tr. Agregar, unir, anexionar, incorporar, añadir, anejar, adjuntar, asociar, acoplar. (**a.**: *separar, independizar.*)
anexión. f. Unión, agregación, incorporación, asociación, acoplamiento. (**a.**: *secesión, separación.*)
anexionar. tr. Anexar.
anexo, xa. adj. Anejo, afecto, unido, agregado, adscrito, dependiente, incorporado, adjunto. ‖ Inherente, concerniente. ‖ m. Apéndice, dependencia, sucursal.
anfibio, bia. adj. y s. Batracio.
anfibología. f. Ambigüedad, imprecisión, indeterminación, confusión, oscuridad. ‖ Dilogía. ‖ Equívoco.
anfiteatro. m. Hemiciclo. ‖ Gradería.
anfitrión, na. m. y f. Huésped.
ánfora. f. Cántaro, jarrón.
anfractuosidad. f. Sinuosidad, desigualdad, escabrosidad, fragosidad.
anfractuoso, sa. adj. Sinuoso, fragoso, desigual, escabroso, quebrado, tortuoso.
angarillas. f. pl. Árganas, árguenas, camilla, parihuelas, andas. ‖ Vinagreras, aceiteras.
ángel. m. Gracia, encanto, atractivo, simpatía.
angelical o **angélico, ca.** adj. Candoroso, inocente. (**a.**: *diabólico.*)
angina. f. Amigdalitis.
anglicismo. m. Inglesismo.
angloamericano, na. adj. y s. Norteamericano, estadounidense, yanqui.
angostar. tr. e intr. Estrechar. (**a.**: *ensanchar.*) ‖ Ceñir, ajustar, apretar.
angosto, ta. adj. Estrecho, reducido, constreñido. ‖ Ceñido, ajustado, apretado. (**a.**: *amplio, holgado.*)
angostura. f. Estrechura, estrechez. ‖ Desfiladero.
angra. f. Ensenada, rada.
angular. adj. Básico.
ángulo. m. Rincón, codo, recodo, recoveco. ‖ Esquina, arista, cantón, canto, chaflán, bisel, sesgo, oblicuidad.
angurria. f. Insaciabilidad, avidez, voracidad. ‖ Avaricia, codicia. ‖ Hambre.

angurriento, ta. adj. Ávido, codicioso. (**a.**: *generoso.*) || Hambriento, voraz.
angustia. f. Aflicción, dolor, tristeza, congoja, inquietud, ansiedad, tribulación, zozobra, desconsuelo, pesar, ansia. (**a.**: *serenidad.*) || Agobio, desazón, pesadumbre.
angustiado, da. adj. Triste, afligido, acongojado, dolorido, atribulado, intranquilo, inquieto. || Estrecho, reducido. || Apocado.
angustioso, sa. adj. Penoso, triste, doloroso. || Amenazador, alarmante, temible. (**a.**: *tranquilizante.*)
anhelar. tr. Desear, ansiar, pretender, ambicionar, codiciar, suspirar por, desvivirse por, aspirar a. (**a.**: *conformarse, desdeñar.*) || intr. Jadear.
anhelo. m. Aspiración, deseo, afán, ansia, pretensión, ambición.
anheloso, sa. adj. Anhelante.
anidar. intr. y prnl. Habitar, morar, residir. || tr. Albergar, acoger, encerrar. || intr. Hallarse, existir.
anilla. f. Anillo, argolla.
anillo. m. Aro, argolla, anilla. || Alianza, sortija.
ánima. f. Alma, espíritu.
animación. f. Agitación, movimiento, actividad, bullicio, vivacidad, calor. (**a.**: *apatía, calma.*) || Concurso, afluencia, concurrencia.
animado, da. adj. Concurrido, movido, divertido, vivaz. (**a.**: *desanimado, aburrido.*) || Alentado, confortado, reanimado, animoso. || Agitado, acalorado, excitado.
animadversión. f. Antipatía, desafecto, ojeriza, animosidad, inquina, tirria, hincha, enemistad, aversión, repugnancia, hostilidad. (**a.**: *simpatía, afecto, atracción.*)
animal. m. Bruto, bestia, alimaña, fiera. || adj. Torpe, grosero, zafio, tosco. || Ignorante, incapaz.
animalada. f. Necedad, sandez, desatino, despropósito. || Grosería.
animar. tr. Alentar, esforzar, confortar, reanimar. (**a.**: *desalentar, descorazonar.*) || Incitar, excitar, acicatear. || tr. y prnl. Alegrar, letificar. || prnl. Decidirse, atreverse, determinarse.
anímico, ca. adj. Psíquico.
ánimo. m. Valor, valentía, intrepidez, brío, energía, aliento, espíritu, fuerza, fortaleza. || Intención, propósito, designio, voluntad, pensamiento. || Alma, espíritu.
animosidad. f. Animadversión, desafecto, ojeriza, inquina, antipatía, hincha, tirria, enemistad. (**a.**: *afecto, amistad.*)
animoso, sa. adj. Valiente, valeroso, intrépido, esforzado, denodado, alentado, resuelto, decidido, determinado. (**a.**: *temeroso, pusilánime, cobarde.*)
aniñado, da. adj. Infantil, pueril.
aniquilación. f. Destrucción, ruina, exterminio, devastación, aniquilamiento. || Desmaterialización.
aniquilar. tr. Destruir, exterminar, arruinar, desbaratar, anonadar, arrasar, devastar. (**a.**: *crear, construir, producir, conservar, generar.*)
aniversario, ria. adj. Anual. || m. Cumpleaños.
anochecer. m. Anochecida, crepúsculo, ocaso. (**a.**: *amanecer.*)
anochecer. intr. Oscurecer. (**a.**: *amanecer, clarear.*)
anodino, na. adj. Sedante, sedativo, calmante, analgésico. || Ineficaz, insustancial, insignificante, inofensivo. (**a.**: *importante, sustancial.*)
anomalía. f. Anormalidad, irregularidad. || Rareza, singularidad.
anómalo, la. adj. Irregular, anormal. (**a.**: *normal, común, regular.*) || Infrecuente, raro, extraño, insólito, singular. (**a.**: *vulgar.*)
anonadar. tr. Abatir, humillar, confundir, aplastar. || tr. y prnl. Aniquilar, destruir, desbaratar, arruinar.
anónimo, ma. adj. Desconocido, ignorado.
anorexia. f. Inapetencia, desgana.
anormal. adj. Irregular, anómalo. (**a.**: *normal, regular.*) || Desusado, infrecuente, contranatural, raro. (**a.**: *común, corriente.*) || Morboso, patológico. || Teratológico, deforme.
anormalidad. f. Irregularidad, anomalía, perturbación. (**a.**: *regularidad, normalidad.*) || Rareza, singularidad.

anotar. tr. Apuntar. ‖ Asentar. ‖ Matricular. ‖ Comentar, glosar, acotar. ‖ tr. y prnl. Inscribir.
anquilosado, da. adj. Atrofiado, paralítico.
anquilosarse. prnl. Envejecer. ‖ Inmovilizarse, paralizarse.
ánsar. m. Ganso, ansarón, oca.
ansia. f. Aspiración, deseo, afán, anhelo. ‖ Aflicción, zozobra, congoja, angustia. (**a.**: *tranquilidad.*) ‖ Náusea, basca.
ansiar. tr. Apetecer, desear, aspirar a, anhelar, suspirar por, desvivirse por, querer, ambicionar, codiciar. (**a.**: *desdeñar, despreciar.*)
ansiedad. f. Impaciencia, inquietud, intranquilidad. (**a.**: *tranquilidad, despreocupación.*) ‖ Congoja, zozobra, angustia, tribulación, dolor. ‖ Ansia, anhelo.
ansioso, sa. adj. Deseoso, afanoso. (**a.**: *indiferente.*) ‖ Codicioso, ávido, avariento.
anta. f. Alce, ante, tapir.
antagónico, ca. adj. Contrario, opuesto.
antagonismo. m. Oposición, contraposición, conflicto. ‖ Rivalidad, lucha, pugna. (**a.**: *concordia.*)
antagonista. com. Adversario, contradictor, contrario, rival, enemigo, contrincante. (**a.**: *partidario.*)
antaño. adv. Antiguamente, otrora. (**a.**: *ahora, actualmente, hogaño.*)
antártico, ca. adj. Austral, meridional. (**a.**: *ártico, septentrional.*)
ante. m. Anta, alce.
ante. prep. En presencia de, delante de. (**a.**: *tras, detrás.*) ‖ Respecto de.
antecámara. f. Antesala. (**a.**: *recámara, trastienda.*)
antecedente. adj. Anterior, precedente. (**a.**: *consecuente.*) ‖ m. Dato, noticia, referencia, informe. ‖ Precedente.
anteceder. tr. Preceder. (**a.**: *seguir.*)
antecesor, ra. m. y f. Predecesor. (**a.**: *sucesor.*) ‖ Ascendiente, antepasado. (**a.**: *descendiente.*) ‖ pl. Mayores, padres, abuelos, progenitores.
antecolombino, na. adj. Precolombino.
antedicho, cha. adj. Predicho, augurado, profetizado. ‖ Dicho, sobredicho, nombrado, mencionado.
anteguerra. f. Preguerra.
antehistórico, ca. adj. Prehistórico.
antelación. f. Anticipación, anterioridad. (**a.**: *retraso, demora, dilación.*)
antemano (de). m. adv. Antes, anticipadamente, por anticipado, por adelantado.
antena. f. Entena. ‖ Cuerno.
antenado, da. m. y f. Hijastro, entenado, alnado.
antenupcial. adj. Prenupcial.
anteojo. m. Catalejo. ‖ pl. Gemelos, prismáticos. ‖ Espejuelos, lentes, quevedos, gafas, antiparras.
antepasado. m. Antecesor, ascendiente. (**a.**: *descendiente, heredero.*) ‖ pl. Progenitores, ascendientes, mayores, abuelos.
anteponer. tr. Preferir, preponer.
anteporta o **anteportada.** f. Portadilla.
antepuerta. f. Guardapuerta. ‖ Contrapuerta.
anterior. adj. Antecedente, precedente, previo. (**a.**: *posterior, ulterior.*)
anterioridad. f. Antelación, anticipación.
anteriormente. adv. Antes, precedentemente, primeramente. (**a.**: *después, posteriormente.*)
antes. adv. Anteriormente. (**a.**: *después.*) ‖ Primero, primeramente. ‖ Antaño. ‖ adj. Anterior.
antesala. f. Antecámara. ‖ Recibidor, recibimiento.
antever. tr. Prever.
anticipación. f. Antelación. ‖ Adelanto, anticipo, avance. ‖ Ocupación, prolepsis, sujeción.
anticipar. tr. y prnl. Adelantar. (**a.**: *diferir, demorar.*)
anticipo. m. Adelanto, préstamo. ‖ Anticipación, avance.
anticuado, da. adj. Viejo, antiguo, desusado, obsoleto. (**a.**: *nuevo, moderno, futurista.*)
antídoto. m. Contraveneno, antitóxico.
antielectrón. m. Positrón, positón.
antiestético, ca. adj. Deforme, feo. (**a.**: *estético.*)
antifaz. m. Careta, máscara, carátula.

antifebril. adj. Antitérmico, antipirético, febrífugo.
antiguamente. adv. Antaño, otrora, antes. (**a.**: *actualmente.*)
antiguo, gua. adj. Viejo, añoso. (**a.**: *nuevo.*) || Anticuado, vetusto, desusado. (**a.**: *moderno, actual.*) || Remoto, arcaico.
antihelmíntico, ca. adj. Vermífugo.
antinomia. f. Contradicción, oposición, antítesis, contraposición.
antiparras. f. Anteojos, gafas, lentes, espejuelos.
antipatía. f. Ojeriza, desafecto, desafección, inquina, animadversión, manía, tirria, aversión, repugnancia, repulsión, hostilidad. (**a.**: *simpatía, afecto, atracción.*) || Malquerencia, encono, rencor, aborrecimiento, rabia, odio.
antipirético, ca. adj. Antifebril, antitérmico, febrífugo.
antípoda. adj. Antitético.
antiséptico, ca. adj. Antipútrido. || Desinfectante.
antitérmico, ca. adj. Antifebril, febrífugo, antipirético.
antítesis. f. Oposición, contraposición, contraste. (**a.**: *similitud, afinidad, concordancia.*)
antitético, ca. adj. Opuesto, contrario, contrapuesto, antagónico. (**a.**: *compatible, semejante, afín.*)
antitóxico, ca. adj. Antídoto, contraveneno.
antojadizo, za. adj. Caprichoso, caprichudo, fantasioso, mudable, versátil, veleidoso, voluble, inconstante.
antojarse. prnl. Encapricharse. || Imaginarse, ocurrirse, pensar, sospechar.
antojo. m. Deseo, capricho, berretín, gusto, ocurrencia.
antología. f. Florilegio, crestomatía, analectas, selección.
antónimo. m. Contrario. (**a.**: *sinónimo.*)
antonomasia (por). m. adv. Por excelencia.
antorcha. f. Hacha, hachón, tea. || Guía, norte.
ántrax. m. Carbunco.
antro. m. Caverna, gruta, cueva. || Guarida, madriguera, covacha, escondrijo.
antropofagia. f. Canibalismo.
antropófago, ga. adj. Caníbal.
antropoide. adj. Antropomorfo.
antropomorfo, fa. adj. Antropoide.
antropopiteco. m. Pitecántropo.
anual. adj. Anuo, añal.
anubado, da o anubarrado, da. adj. Nublado, anublado, nuboso, encapotado, cerrado.
anublar. tr. y prnl. Nublar, oscurecer. (**a.**: *despejar.*) || Marchitar, amustiar.
anudar. tr. Juntar, unir, asegurar, atar, ligar, enlazar. (**a.**: *desanudar, desatar.*) || Continuar, reanudar. || prnl. Enmudecer.
anuencia. f. Consentimiento, aquiescencia, permiso, venia, asentimiento, asenso, aprobación, beneplácito, conformidad. (**a.**: *denegación, oposición.*)
anular. tr. Suprimir, revocar, abolir, abrogar, derogar, invalidar. (**a.**: *convalidar.*) || Borrar, tachar. || Desautorizar, incapacitar. || Cancelar. || prnl. Retraerse, postergarse, humillarse.
anunciante. m. Avisador.
anunciar. tr. Predecir, pronosticar, presagiar, augurar, vaticinar. || Advertir, prevenir, noticiar, avisar, informar, proclamar, hacer saber, comunicar, notificar. (**a.**: *callar, ocultar.*)
anuncio. m. Predicción, pronóstico, presagio, augurio, vaticinio. || Aviso, noticia, advertencia, notificación. || Cartel, proclama.
anverso. m. Cara. (**a.**: *reverso, dorso, envés.*)
anzuelo. m. Atractivo, aliciente, incentivo.
añadido. m. Postizo. || Añadidura.
añadidura. f. Aditamento, añadido, complemento, agregado.
añadir. tr. Agregar, sumar, adicionar, incorporar. (**a.**: *quitar, restar, sacar.*) || Aumentar, ampliar.
añagaza. f. Señuelo. || Ardid, artificio, artimaña, engaño, treta, trampa.
añal. adj. Anual.
añalejo. m. Cartilla, cuadernillo, epacta.

añasco. m. Enredo, embrollo.
añejo, ja. adj. Añoso, viejo, antiguo. (**a.**: *nuevo, reciente.*)
añicos. m. pl. Pedazos, trizas, fragmentos.
añil. m. Índigo.
añoranza. f. Nostalgia, morriña, melancolía. (**a.**: *olvido.*)
añoso, sa. adj. Viejo, vetusto, antiguo, añejo.
aojar. tr. Fascinar, atravesar, ojear, hacer (o dar) mal de ojo. ‖ Desgraciar, malograr.
aónides. f. pl. Las musas.
aovado, da. adj. Oval, ovalado, ovado, ovoide, ovoideo.
aovar. intr. Ovar, poner, desovar.
apabullar. tr. Aplastar, chafar, estrujar. ‖ Confundir, turbar, perturbar, aturdir, atolondrar.
apacentamiento. m. Pacedura.
apacentar. tr. Pastorear, dar pasto, apastar. ‖ Instruir, enseñar, adoctrinar, educar. ‖ prnl. Pacer.
apacible. adj. Dulce, agradable, pacífico, manso, sosegado, tranquilo, reposado. (**a.**: *desapacible, violento.*) ‖ Bonancible, sereno.
apaciguar. tr. Pacificar. ‖ Despartir. ‖ tr. y prnl. Tranquilizar, sosegar, calmar, aquietar, serenar, aplacar, mitigar, moderar, templar. (**a.**: *inquietar, agitar.*)
apachico. m. Lío, bulto, envoltorio.
apadrinar. tr. Proteger, amparar, acoger. ‖ Patrocinar, auspiciar.
apagado, da. adj. Sosegado, apocado. ‖ Bajo, débil, mortecino, amortiguado. (**a.**: *vivaz.*)
apagar. tr. y prnl. Extinguir, sofocar. (**a.**: *prender, encender.*) ‖ Aplacar, reprimir, contener, disipar. (**a.**: *enardecer, inflamar.*) ‖ tr. Rebajar, amortiguar, debilitar. ‖ Desconectar.
apagavelas. m. Matacandelas, apagador.
apalabrar. tr. Concertar, convenir, tratar, pactar, comprometer.
apalancar. tr. Levantar, mover, palanquear.
apalear. tr. Golpear, pegar, vapulear. ‖ Varear.
apalear. tr. Palear.
apandar. tr. Pillar, llevarse.
apandar. intr. y prnl. Pandear, torcerse, encorvarse, alabearse, combarse.
apañado, da. adj. Hábil, mañoso, diestro. ‖ Arreglado, ataviado, aderezado, compuesto, remendado. ‖ Adecuado, apropiado, apto.
apañar. tr. Recoger, guardar. ‖ Aderezar, ataviar, arreglar, componer, acicalar. ‖ Remendar. ‖ Asir, tomar. ‖ Hurtar, apropiarse, adueñarse. ‖ Abrigar, arropar. ‖ prnl. Arreglarse, desenvolverse, manejarse, ingeniarse.
apaño. m. Apañadura, apañamiento. ‖ Compostura, remiendo, arreglo, reparo. ‖ Maña, habilidad, destreza, disposición.
apañuscar. tr. Apretar, ajar, estrujar.
aparador. m. Cristalera, trinchero. ‖ Escaparate, vidriera.
aparar. tr. Aparejar, disponer, preparar.
aparatero, ra. adj. Aparatoso.
aparato. m. Apresto, prevención. ‖ Pompa, ostentación, oropel, boato, fausto, magnificencia. ‖ Artefacto. ‖ Maquinaria, mecanismo, artilugio, artificio.
aparatoso, sa. adj. Pomposo, ostentoso, rimbombante, aparatero.
aparcadero o **aparcamiento.** m. Estacionamiento.
aparcar. tr. Estacionar. ‖ Acomodar, instalar, disponer.
aparcero. m. Compañero, socio.
aparear. tr. Igualar, ajustar, emparejar. ‖ tr. y prnl. Unir, juntar.
aparecer. intr. Mostrarse, dejarse ver, manifestarse, surgir, salir. (**a.**: *desaparecer, ocultarse.*) ‖ Hallarse, encontrarse, estar, figurar. ‖ Salir. ‖ Producirse, brotar. (**a.**: *desvanecerse, extinguirse.*)
aparecido. m. Aparición, espectro, fantasma.
aparejado, da. adj. Adecuado, conveniente, apto, idóneo, dispuesto. (**a.**: *inepto.*)
aparejar. tr. Preparar, prevenir, disponer, aprestar, aprontar. ‖ Imprimar.
aparejo. m. Preparación, avío, disposi-

ción. || Arreos, arneses, guarniciones. || Polea, polipasto, polispasto. || Imprimación. || pl. Herramientas, instrumental, herramental.

aparentar. tr. Simular, fingir, afectar. || Parecer, representar.

aparente. adj. Ilusorio, ficticio, engañoso. (**a.**: *real, verdadero.*) || Conveniente, oportuno, adecuado. (**a.**: *inconveniente.*)

aparición. f. Visión, fantasma, espectro, aparecido, sombra. || Presentación. (**a.**: *desaparición.*)

apariencia. f. Aspecto, figura, traza. (**a.**: *realidad.*) || Verosimilitud, probabilidad. || Ficción, simulación. (**a.**: *verdad.*) || Oropel, aparato, relumbrón. || pl. Indicios, señales.

aparrado, da. adj. Achaparrado, rechoncho.

apartadero. m. Desvío.

apartado, da. adj. Alejado, separado, distante, remoto, lejano. (**a.**: *cercano.*) || m. Párrafo, parte, división, sección.

apartamento. m. Vivienda, piso, apartamiento.

apartamiento. m. Alejamiento, retiro, aislamiento. || Apartamento. || Cavidad, seno, celdilla.

apartar. tr. y prnl. Separar, desunir, distanciar, dividir. (**a.**: *unir.*) || tr. Alejar, retirar, desviar, quitar. (**a.**: *acercar.*) || Escoger, separar, seleccionar. || Disuadir, distraer. || prnl. Aislarse, retraerse, recluirse. || Desviarse.

aparte. adv. Separadamente, por separado. || m. Párrafo. || adj. Diferente, singular.

apasionar. tr. y prnl. Enardecer, excitar, exaltar, inflamar, entusiasmar, arrebatar. (**a.**: *desapasionar.*)

apastar. tr. Apacentar, pastorear, dar pasto.

apatía. f. Incurria, indolencia, displicencia, dejadez, desidia, abandono, indiferencia, impasibilidad, escepticismo, insensibilidad. (**a.**: *fervor, esfuerzo.*) || Abulia, molicie, pereza, desgana, calma, cachaza, flema, pachorra. (**a.**: *interés, vivacidad.*)

apático, ca. adj. Impasible, indiferente, dejado, abandonado, insensible, displicente. (**a.**: *animado.*) || Abúlico, perezoso, indolente, desganado. (**a.**: *enérgico, vehemente.*)

apeadero. m. Poyo. || Parada, estación. || Andén.

apealar. tr. Manganear.

apear. intr. y prnl. Descabalgar, desmontar, descender, bajar. (**a.**: *montar, subir.*) || tr. Disuadir, convencer. || Sortear, superar, vencer. || Limitar, señalar, deslindar. || Apuntalar.

apechugar. intr. Soportar, aguantar, tolerar, admitir, aceptar, cargar, apencar.

apedrear. tr. Lapidar. || intr. Granizar.

apego. m. Afición, inclinación, afecto, ley, amistad, cariño, estima. (**a.**: *desapego, frialdad, antipatía.*)

apelar. intr. Recurrir, acudir. (**a.**: *desistir.*) || Referirse, remitirse, recaer.

apelativo. m. Apodo, sobrenombre, alias. || Apellido.

apelotonarse. prnl. Amontonarse.

apenado, da. adj. Contrito, triste, dolorido. (**a.**: *contento, feliz.*)

apenar. tr. y prnl. Afligir, entristecer, apesadumbrar, contristar, apesarar. (**a.**: *alegrar, regocijar, alborozar.*)

apenas. adv. Casi no, con dificultad. || Escasamente, levemente. || Luego que, tan pronto como, enseguida que.

apencar. intr. Apechugar.

apéndice. m. Suplemento, agregado, anexo, complemento. || Cola, prolongación, extremidad, rabo.

apeñuscarse. prnl. Apeñarse. (**a.**: *desperdigarse.*)

apeo. m. Apuntalamiento, sostén, soporte, apoyo.

apercibimiento. m. Percibimiento. || Aviso, advertencia. || Admonición, amonestación, consejo, reprimenda.

apercibir. tr. Prevenir, disponer, preparar, aparejar. (**a.**: *descuidar.*) || Amonestar, reprender. || Avisar, advertir. || prnl. Darse cuenta, notar, percatarse, percibir, observar. (**a.**: *ocultar.*)

apergaminado, da. adj. Enjuto, seco. || Acartonado, marchito, amojamado, acecinado.

apergaminarse. prnl. Acartonarse, marchitarse, amojamarse, acecinarse.
apero. m. Recado.
aperreado, da. adj. Duro, fatigoso, molesto, trabajoso. || Cansado, fatigado.
apersonarse. prnl. Personarse, presentarse, comparecer.
apertura. f. Inauguración, comienzo, principio, iniciación. (**a.**: *cierre, clausura.*) || Comprensión, aceptación.
apesadumbrar. tr. y prnl. Afligir, entristecer, apenar, apesarar, atribular, acongojar, angustiar, amargar. (**a.**: *consolar.*)
apesarar. tr. Apesadumbrar.
apestar. tr. Heder, oler mal. (**a.**: *aromatizar.*) || Corromper, viciar, inficionar, contagiar. (**a.**: *curar.*) || Fastidiar, hastiar, cansar, molestar, enfadar. (**a.**: *agradar.*)
apestoso, sa. adj. Fétido, hediondo, maloliente. (**a.**: *aromático.*) || Fastidioso, molesto, enfadoso, insufrible, insoportable, inoportuno. (**a.**: *agradable.*)
apetecer. tr. Desear, querer, ansiar. (**a.**: *rechazar.*) || intr. Gustar, agradar. (**a.**: *desagradable.*)
apetencia. f. Apetito, deseo, gana.
apetito. m. Apetencia, gana, necesidad. || Hambre, gazuza. (**a.**: *inapetencia.*) || Inclinación, deseo.
apetitoso, sa. adj. Gustoso, sabroso, delicioso, rico. || Apetecible.
apiadarse. prnl. Compadecerse, condolerse, dolerse. (**a.**: *ensañarse.*)
ápice. m. Punta, extremo. || Apogeo, culminación, cima, cumbre. || Minucia, insignificancia. || Tilde.
apilar. tr. Amontonar, juntar, allegar, acopiar, acumular.
apiñar. tr. Amontonar, agrupar. || prnl. Aglomerarse. (**a.**: *dispersarse.*)
apiolar. tr. Prender, sujetar. || Matar, asesinar.
apiparse. prnl. Hartarse, saciarse, atracarse.
apisonar. tr. Pisonear, repisar.
aplacar. tr. y prnl. Mitigar, moderar, suavizar. || Apaciguar, calmar, tranquilizar, sosegar. (**a.**: *excitar, irritar.*)
aplacible. adj. Agradable, grato, ameno, deleitoso, deleitable, delicioso.
aplanadora. f. Niveladora, apisonadora.
aplanamiento. m. Abatimiento, decaimiento, extenuación, postración.
aplanar. tr. Allanar, explanar, igualar, nivelar. (**a.**: *amontonar.*) || Pasmar, asombrar. || Aplastar. || prnl. Abatirse, postrarse, desalentarse, extenuarse. (**a.**: *vigorizar.*)
aplastar. tr. Chafar, estrujar, despachurrar, apabullar, aplanar, comprimir. || Derrotar, vencer, abatir, desbaratar. || Confundir, avergonzar, humillar, abrumar, apabullar. (**a.**: *consolar.*)
aplaudir. tr. e intr. Palmotear. || tr. Aprobar, alabar, loar, elogiar, encomiar, celebrar, ponderar. (**a.**: *criticar.*)
aplauso. m. Ovación, palmas. (**a.**: *rechifla.*) || Alabanza, loa, elogio, aprobación, encomio, celebración, ponderación. (**a.**: *reprobación.*)
aplazamiento. m. Prórroga, demora, suspensión, retraso, retardo, dilación.
aplazar. tr. Prorrogar, demorar, retrasar, diferir, posponer, postergar, suspender, dilatar. (**a.**: *anticipar, adelantar.*)
aplicación. f. Empleo, utilización, uso. || Asiduidad, esmero, atención, estudio, perseverancia, cuidado. (**a.**: *negligencia.*) || Superposición.
aplicado, da. adj. Cuidadoso, atento, perseverante, asiduo, estudioso, esmerado. || Superpuesto, sobrepuesto.
aplicar. tr. Superponer, sobreponer. || Destinar, adjudicar. || Atribuir, imputar, achacar. || Emplear, utilizar, usar. || prnl. Esmerarse, perseverar, esforzarse. (**a.**: *descuidar.*)
aplomo. m. Gravedad, serenidad, circunspección, sensatez. || Verticalidad.
apocado, da. adj. Tímido, encogido, pusilánime, corto, medroso, cobarde, temeroso. (**a.**: *animoso, esforzado.*)
apocalíptico, ca. adj. Espantoso, terrorífico, terrible, pavoroso.
apocamiento. m. Cortedad, timidez, encogimiento, pusilanimidad. || Abatimiento, postración. (**a.**: *atrevimiento, resolución, acometimiento.*)

apocar. tr. Aminorar, mermar, acortar, achicar, reducir, limitar, estrechar. (**a.**: *aumentar.*) || Humillar, rebajar, abatir. || prnl. Amedrentarse, acobardarse, achicarse, acoquinarse. (**a.**: *envalentonarse, agrandarse.*)

apócope. f. Supresión, elisión.

apócrifo, fa. adj. Falso, fingido, supuesto, fabuloso, falsificado. (**a.**: *auténtico.*)

apoderado, da. adj. Representante, mandatario, procurador, delegado. (**a.**: *poderdante, comitente.*)

apoderar. tr. Conferir, facultar. || prnl. Adueñarse, apropiarse, dominar, enseñorearse, ocupar. (**a.**: *desocupar, ceder.*)

apodíctico, ca. adj. Convincente, incontrovertible. (**a.**: *dudoso.*)

apodo. m. Mote, alias, sobrenombre.

apogeo. m. Auge, esplendor, plenitud, magnificencia, cumbre, cima, cúspide. (**a.**: *destrucción, decadencia.*)

apolillado, da. adj. Carcomido, roído.

apología. f. Panegírico. || Elogio, encomio, alabanza. (**a.**: *crítica, diatriba.*) || Justificación, defensa.

apólogo. m. Fábula, parábola, alegoría.

apoltronarse. prnl. Emperezarse, empoltronecerse. || Arrellanarse, rellanarse, repantigarse, repanchigarse.

aponeurosis. f. Nervio. || Tendón.

aporrear. tr. Golpear, apalear, vapulear. (**a.**: *acariciar, mimar.*) || Machacar, importunar, molestar. || prnl. Azacanearse, fatigarse, afanarse.

aportar. intr. Arribar, llegar. || Acudir, acercarse.

aportar. tr. Llevar, conducir, traer. || Dar, proporcionar, colaborar, contribuir.

aporte. m. Contribución, participación, aportación.

aposentar. tr. y prnl. Hospedar, alojar, albergar, residir.

aposento. m. Cuarto, estancia, habitación, pieza. || Posada, hospedaje.

apósito. m. Cataplasma. || Compresa.

aposta. adv. Adrede, de intento, deliberadamente, ex profeso, de propósito, con intención, expresamente, intencionadamente, a propósito. (**a.**: *involuntariamente.*)

apostar. tr. Jugar, poner, arriesgar. || tr. y prnl. Colocar, situar, poner, emboscar.

apostasía. f. Abjuración, retractación, deserción, renuncia, abandono, defección. (**a.**: *fidelidad, ortodoxia.*)

apóstata. com. Renegado.

apostatar. intr. Renegar, abjurar, retractarse, abandonar, desertar.

apostema. m. Absceso.

apostilla. f. Nota, glosa, acotación, postila, postilla.

apostillar. tr. Anotar, glosar, acotar, marginar, postilar.

apóstol. m. Propagandista, propagador, predicador.

apostrofar. tr. Denostar, increpar, insultar, acusar. (**a.**: *alabar.*)

apóstrofe. amb. Dicterio, invectiva, improperio, increpación, insulto, denuesto. (**a.**: *elogio.*)

apostura. f. Gentileza, gallardía, garbo. || Actitud, ademán, aspecto.

apotegma. m. Aforismo, máxima, sentencia, dicho, adagio.

apoteosis. f. Ensalzamiento, enaltecimiento, encumbramiento, deificación, divinización, glorificación. (**a.**: *envilecimiento.*)

apoyar. tr., intr. y prnl. Descansar, gravitar, estribar, cargar. || tr. Confirmar, sostener, autorizar, secundar, reforzar. (**a.**: *desaprobar.*) || Favorecer, ayudar, amparar, proteger, defender, patrocinar. (**a.**: *atacar.*) || Basar, fundamentar, fundar.

apoyo. m. Sostén, soporte, sustentáculo, sustentación. || Favor, ayuda, amparo, protección, auxilio, patrocinio, defensa.

apreciable. adj. Perceptible, considerable, sensible. (**a.**: *inapreciable.*) || Estimable, ponderable.

apreciación. f. Evaluación, valoración, estimación, valuación, tasación. || Juicio, opinión, dictamen, parecer.

apreciar. tr. Estimar, tasar, valuar, evaluar, valorar, justipreciar. (**a.**: *menospreciar.*) || Considerar, reputar, preciar. || Percibir, notar.

aprecio. m. Estimación, estima, consideración, afecto. (**a.**: *desprecio, desdén, menosprecio.*) || Apreciación, evaluación.

aprehender. tr. Prender, capturar, apresar, aprisionar, asir, coger. (**a.**: *soltar.*) || Percibir, concebir.

aprehensión. f. Captura. || Percepción.

apremiante. adj. Urgente, perentorio.

apremiar. tr. Oprimir, apretar. || Urgir, apurar, instar, acuciar, dar prisa. || Compeler, obligar. (**a.**: *tranquilizar.*)

apremio. m. Urgencia, premura, prisa. || Necesidad, apuro, aprieto.

aprender. tr. e intr. Estudiar, comprender. (**a.**: *enseñar.*) || tr. Memorizar. (**a.**: *olvidar.*) || intr. Instruirse, educarse. (**a.**: *ignorar.*)

aprendiz, za. m. y f. Principiante, novicio, novato, bisoño. (**a.**: *idóneo, perito.*)

aprendizaje. m. Estudio. || Memorización. || Educación, instrucción, enseñanza.

aprensión. f. Escrúpulo, recelo, desconfianza, temor. || Prejuicio. || Reparo, miramiento.

aprensivo, va. adj. Escrupuloso, receloso, remirado, temeroso, miedoso, pusilánime. (**a.**: *animoso.*)

apresar. tr. Aprehender, capturar, prender, aprisionar. (**a.**: *liberar.*) || Tomar, asir, sujetar. (**a.**: *soltar.*)

aprestar. tr. y prnl. Preparar, disponer, prevenir, aparejar. || Aderezar.

apresto. m. Prevención, preparativo, preparación, disposición. (**a.**: *imprevisión.*)

apresurar. tr. y prnl. Dar prisa, acelerar, activar, avivar, aligerar, apurar, precipitar. (**a.**: *retrasar, retardar, demorar.*)

apretado, da. adj. Arduo, difícil, peligroso. || Mezquino, miserable, agarrado, tacaño, cicatero, avaro. (**a.**: *generoso.*) || Ceñido, ajustado, estrecho. (**a.**: *flojo, suelto.*) || Necesitado, apurado.

apretar. tr. Estrechar, oprimir, abrazar. || tr. e intr. Acosar, importunar, oprimir, instar, apremiar, hostigar, obligar. || Afligir, angustiar. || tr. Comprimir, apretujar, prensar, apiñar. || Ceñir, ajustar. || intr. Exigir.

apretón. m. Opresión. || Conflicto, apuro, aprieto, apretura, ahogo, dificultad.

apretujar. tr. Estrujar, comprimir, apretar, prensar.

apretura. f. Apretón, aprieto.

aprieto. m. Conflicto, dificultad, apuro, apretura, ahogo, brete. (**a.**: *holgura.*)

apriorismo. m. Trascendentalismo.

aprisa. adv. Pronto, de prisa, aceleradamente, rápidamente, prestamente.

aprisco. m. Corral, redil.

aprisionar. tr. Prender, capturar, apresar, encarcelar. (**a.**: *liberar, libertar.*) || Asir, coger, atar, sujetar. (**a.**: *soltar, desatar.*)

aprobación. f. Asentimiento, asenso, anuencia, aquiescencia, consentimiento, beneplácito, conformidad. (**a.**: *denegación.*) || Prueba, probación.

aprobar. tr. Asentir, consentir, dar por bueno, admitir, aceptar. (**a.**: *desaprobar.*) || Pasar.

aprontar. tr. Aprestar, preparar, disponer, prevenir. || Entregar, dar, aportar.

apropiado, da. adj. Adecuado, propio, acomodado, oportuno, conveniente, idóneo. (**a.**: *impropio, indebido.*)

apropiar. tr. Aplicar, acomodar. || prnl. Apoderarse, adueñarse, arrogarse, atribuirse. (**a.**: *dejar.*)

aprovechable. adj. Útil, utilizable. (**a.**: *inservible, inútil.*)

aprovechado, da. adj. Aplicado, diligente, estudioso. || Ventajista, aprovechador, ganguero.

aprovechamiento. m. Provecho, beneficio, utilidad, fruto. || Usufructo.

aprovechar. intr. Servir, valer. || tr. Utilizar, usar. (**a.**: *desaprovechar, desperdiciar, malgastar.*) || prnl. Prevalerse, valerse, servirse.

aprovisionar. tr. Abastecer, proveer, suministrar, surtir, avituallar.

aproximación. f. Acercamiento. (**a.**: *alejamiento.*)

aproximadamente. adv. Casi, cerca de, próximamente, poco más o menos. (**a.**: *lejos.*)

aproximado, da. adj. Aproximativo.

aproximar. tr. y prnl. Acercar, arrimar, juntar. (**a.:** *alejar.*) || prnl. Parecerse, asemejarse.

apterigógeno, na. adj. Tisanuro.

aptitud. f. Capacidad, idoneidad, suficiencia, disposición, competencia. (**a.:** *incapacidad, ineptitud, inhabilidad.*)

apto, ta. adj. Dispuesto, suficiente, capaz, idóneo, competente. || Adecuado, conveniente, útil.

apuesto, ta. adj. Ataviado, adornado. || Gallardo, airoso, arrogante, garboso, bizarro, galán, gentil. (**a.:** *desgarbado.*)

apuntación. f. Apunte, nota, anotación. || Notación.

apuntador, ra. m. y f. Apunte. || Traspunte.

apuntalar. tr. Apear. || Sostener, afirmar, asegurar, apoyar. (**a.:** *derribar.*)

apuntar. tr. Anotar, asentar. || Inscribir. || intr. Asestar. || Señalar, indicar. || Soplar. || Insinuar, sugerir, referirse. || intr. y tr. Dirigir, orientar. || prnl. Avinagrarse, agriarse, acedarse.

apunte. m. Nota, anotación, apuntación. || Croquis, tanteo, esbozo, boceto, esquicio. || Apuntador.

apurado, da. adj. Necesitado, escaso, pobre. || Dificultoso, arduo, apretado, peligroso. || Exacto, esmerado, preciso. || Apresurado.

apurar. tr. Purificar, depurar. || Averiguar, desentrañar. || Acabar, agotar, consumir. || Apremiar, urgir, apretar. || Incitar, obligar, instar. || Apresurar, acelerar. (**a.:** *detener.*) || prnl. Afligirse, atribularse, acongojarse, abrumarse, agobiarse, angustiarse. (**a.:** *consolarse.*)

apuro. m. Aprieto, escasez, necesidad. (**a.:** *holgura.*) || Aflicción, conflicto, compromiso, dificultad, ahogo. || Prisa, urgencia, apremio.

aquejar. tr. Acongojar, afligir, apesadumbrar, atribular, apenar. (**a.:** *confortar, consolar.*) || Afectar.

aquelarre. m. Barahúnda, batahola, ruido, confusión. || Conciliábulo.

aquerenciarse. prnl. Aficionarse, encariñarse, prendarse. (**a.:** *desapegarse.*)

aquí. adv. Acá. (**a.:** *allí.*) || Éste, ésta.

aquiescencia. f. Asentimiento, asenso, anuencia, consentimiento, beneplácito, conformidad, aprobación, venia, permiso. *Tiene la aquiescencia de sus padres para hacer el viaje.*

aquiescente. adj. Conforme, tolerante, comprensivo.

aquietar. tr. y prnl. Apaciguar, pacificar, tranquilizar, sosegar, calmar, serenar. (**a.:** *excitar, intranquilizar.*)

aquifoliáceo, a. adj. Ilicíneo.

aquifolio. m. Acebo.

aquilatar. tr. Apreciar, graduar, estimar, valorar. || Purificar, acendrar, acrisolar, apurar.

aquilino, na. adj. Aguileño.

aquilón. m. Bóreas, cierzo.

aquistar. tr. Conseguir, adquirir, conquistar.

ara. f. Altar.

árabe. adj. y s. Islamita, agareno, arábigo.

arábigo, ga. adj. Árabe.

aráceo, a. adj. Aroideo.

arana. f. Embuste, trampa, estafa, engaño.

arandela. f. Corona, herrón, vilorta.

arañar. tr. Rascar, arpar, rasgar, rasguñar, rayar.

arañazo. m. Rascuño, rasguño, uñada, uñarada, arpadura, uñetazo.

arañuela. f. Neguilla.

arar. tr. Labrar, surcar, barbechar, roturar.

araucano, na. adj. Mapuche.

arbitraje. m. Juicio, dictamen, decisión. || Laudo.

arbitrar. tr. Juzgar, laudar. || Allegar, disponer, reunir, procurar. || prnl. Ingeniarse, manejarse, amañarse.

arbitrariedad. f. Extralimitación, desafuero, tropelía, atropello, injusticia, despotismo, iniquidad, ilegalidad, abuso.

arbitrario, ria. adj. Inmotivado, caprichoso, infundado. || Injusto, ilegal, inicuo, despótico. (**a.:** *justo, legal, imparcial.*)

arbitrio. m. Albedrío, voluntad. || Medio, recurso, procedimiento. ‖ Sentencia. ‖ pl. Derechos, impuestos, gabelas, tributos, gravámenes.

árbitro, tra. m. y f. Juez, componedor. ‖ Mediador, medianero.

árbol. m. Palo, mástil, asta. ‖ Eje.

arbolar. tr. Enarbolar, levantar, izar. ‖ prnl. Encabritarse.

arborescente. adj. Dendroide, dendroideo, arbustivo.

arca. f. Caja, cofre, baúl.

arcacil. m. Alcaucil, alcaucí, alcacil.

arcada. f. Basca, náusea.

arcaduz. m. Caño. ‖ Cangilón.

arcaico, ca. adj. Anticuado, antiguo, desusado, viejo. (**a.**: *moderno.*) ‖ Primitivo. ‖ Azoico, arqueozoico.

arcano, na. adj. Secreto, misterioso, oculto, recóndito. ‖ m. Secreto, misterio.

arcediano. m. Archidiácono.

arco. m. Meta, portería, valla. ‖ Aro, curva.

archidiácono. m. Arcediano.

archidiócesis. f. Arzobispado, arquidiócesis.

archivar. tr. Guardar.

archivolta. f. Arquivolta.

arda. f. Ardilla.

ardalear. intr. Arralar, ralear.

árdea. f. Alcaraván.

ardedura. f. Ardimiento. ‖ Fuego, llamarada.

arder. tr. e intr. Quemarse, abrasarse, consumirse, incendiarse. ‖ Resplandecer. ‖ prnl. Corromperse, pudrirse, descomponerse.

ardid. m. Treta, artificio, maña, amaño, astucia, añagaza, estratagema.

ardiente. adj. Abrasador, encendido. ‖ Férvido, ferviente, fervoroso, vehemente, ardoroso, activo, fogoso, apasionado. (**a.**: *apagado.*)

ardimiento. m. Valor, intrepidez, valentía, denuedo, vigor, ardor. (**a.**: *cobardía.*)

ardite. m. Insignificancia, nadería, fruslería, bledo, cornado, comino, ochavo.

ardor. m. Brillo, resplandor. ‖ Valor, ímpetu, intrepidez, denuedo. ‖ Afán, ahínco, empeño. ‖ Viveza, vehemencia, entusiasmo, actividad, calor, pasión, anhelo, ansia. ‖ Quemazón.

ardoroso, sa. adj. Ardiente, encendido, caluroso. ‖ Fogoso, vehemente, entusiasta, apasionado, fervoroso, vigoroso.

arduo, dua. adj. Difícil, dificultoso, espinoso, apurado, apretado. (**a.**: *fácil, sencillo, comprensible.*)

área. f. Extensión, superficie. ‖ Campo, ámbito.

arena. f. Liza, palenque, cancha, palestra. ‖ Redondel, ruedo. ‖ pl. Arenillas, cálculos.

arenar. tr. Enarenar.

arenga. f. Alocución, discurso, oración, peroración. ‖ Perorata, prédica, soflama.

arenillas. f. pl. Cálculos, arenas.

arenisco, ca. adj. Arenoso.

areómetro. m. Densímetro.

arete. m. Arillo, pendiente, arracada, zarcillo, perendengue.

argadijo o **argadillo.** m. Devanadera.

argalia. f. Algalia, catéter, sonda.

argamandel. m. Andrajo, harapo, guiñapo, pingajo, pingo.

argamasa. f. Cemento, mezcla, mortero.

argentado, da. adj. Plateado.

argentar. tr. Platear.

argolla. f. Anilla, aro, ajorca.

argonauta. m. Marinero, nautilo.

argot. m. Jerga, jerigonza.

argucia. f. Sofisma, falacia, sutileza. (**a.**: *raciocinio, razonamiento.*)

argue o **argüe.** m. Cabrestante.

argüir. tr. Deducir. ‖ Descubrir, probar, mostrar, indicar. ‖ Reprochar, acusar. ‖ tr. e intr. Argumentar, objetar, alegar, replicar, discutir. ‖ Impugnar, refutar, disputar.

argumentación. f. Razonamiento.

argumentar. tr. Argüir, razonar, discutir, impugnar, contradecir, replicar, objetar, refutar, alegar.

argumento. m. Razonamiento. ‖ Indicio, señal. ‖ Asunto, materia, trama, fábula. ‖ Guión.

aria. f. Romanza, solo, canción.

aridez. f. Sequedad. (**a.**: *humedad.*) ‖

Esterilidad. (**a.**: *fecundidad.*) || Monotonía, insipidez.

árido, da. adj. Seco. (**a.**: *húmedo.*) || Estéril, improductivo, infecundo. (**a.**: *fértil, fecundo.*) || Aburrido, fastidioso, cansado, monótono. (**a.**: *entretenido.*)

arillo. m. Arete.

ario, ria. adj. Indoeuropeo, indogermánico.

arisco, ca. adj. Áspero, intratable, huidizo, hosco, huraño. (**a.**: *afable, suave, sociable.*) || Bravío, montaraz, cerril. (**a.**: *dócil.*)

arista. f. Raspa. || Borde, canto. || Esquina.

aristocracia. f. Nobleza. (**a.**: *democracia.*) || Distinción.

aristócrata. com. Magnate, noble, patricio.

aristocrático, ca. adj. Fino, distinguido, noble. (**a.**: *democrático, vulgar.*)

aristocratizar. tr. y prnl. Ennoblecer.

aristotélico, ca. adj. Peripatético.

armada. f. Marina. || Escuadra, flota.

armadía. f. Almadía, maderada.

armadura. f. Armas, arnés. || Armazón, montura. || Esqueleto.

armar. tr. Amartillar, montar. || Disponer, formar. (**a.**: *desarmar, separar, desmontar.*) || Promover, causar. || Urdir, tramar, fraguar. || prnl. Aviarse, proveerse.

armario. m. Estante, escaparate, alacena, aparador.

armas. f. pl. Armadura. || Blasones. || Escudo de armas.

armatoste. m. Artefacto, artilugio.

armazón. amb. Armadura, montura. || Esqueleto, andamio.

armonía. f. Asonancia, consonancia. (**a.**: *disonancia.*) || Conformidad, concordia, acuerdo, concordancia. (**a.**: *discordia, disensión.*) || Unión, paz, concordia, concierto.

armonioso, sa. adj. Armónico. || Agradable, bello. (**a.**: *desafinado.*)

armonizar. intr. y tr. Concertar, avenir, amigar, concordar. (**a.**: *enemistar.*)

arnés. m. Armadura. || pl. Guarniciones, arreos, aparejos.

aro. m. Anillo, sortija, argolla. || Cincho.

aroideo, a. adj. Aráceo.

aroma. m. Perfume, fragancia. || Esencia, bálsamo.

aromar. tr. Aromatizar.

aromático, ca. adj. Perfumado, fragante, aromoso, oloroso, odorífero. (**a.**: *fétido.*)

aromatizar. tr. Perfumar, embalsamar, aromar.

arpadura. f. Arañazo, rasguño.

arpar. tr. Arañar, rasgar.

arpía. f. Bruja. (**a.**: *hada.*)

arpón. m. Garfio.

arquear. tr. Enarcar, encorvar, doblar, combar, curvar. || intr. Nausear, basquear.

arquear. tr. Inventariar, fiscalizar.

arqueo. m. Tonelaje, capacidad, cabida. || Inventario.

arqueozoico, ca. adj. Arcaico, azoico.

arquero. m. Guardameta, portero.

arquetipo. m. Prototipo, modelo, dechado, paradigma.

arquidiócesis. f. Arzobispado.

arquiepiscopal. adj. Arzobispal.

arquivolta. f. Archivolta.

arrabal. m. Suburbio, barrio. || pl. Afueras, alrededores.

arracada. f. Pendiente, zarcillo, arete, arillo.

arracimado, da. adj. Racimado, en racimo. || Apiñado, aglomerado.

arracimarse. prnl. Apiñarse, aglomerarse, apretujarse.

arraclán. m. Aliso negro.

arraigado, da. adj. Antiguo, inveterado, enraizado.

arraigar. intr. Prender, encepar, agarrar, enraizar. (**a.**: *desarraigar, arrancar, extirpar.*) || prnl. Establecerse, afincarse, enraizarse, radicarse.

arralar. intr. Ralear.

arramblar. tr. e intr. Apoderarse, llevarse, saquear.

arrancaclavos. m. Desclavador.

arrancada. f. Arranque, viada. || Acometida, embestida.

arrancado, da. adj. Arruinado, empobrecido, tronado.

arrancar. tr. Desarraigar, extirpar. (**a.**:

plantar.) ‖ Extraer, sacar. (**a.**: *clavar, poner.*) ‖ Quitar, arrebatar. ‖ Sonsacar, sacar. ‖ intr. Partir, salir. (**a.**: *llegar.*) ‖ Provenir, traer origen, proceder. ‖ Comenzar, empezar, iniciarse. (**a.**: *detener, finalizar.*)

arranciarse. prnl. Enranciarse.

arranque. m. Impulso, arrebato, ímpetu, rapto, pronto, arrechucho, ataque. ‖ Ocurrencia, salida. ‖ Principio, inicio, comienzo, origen. (**a.**: *fin, final.*) ‖ Energía, brío, pujanza.

arranquera. f. Pobreza, miseria, ruina.

arrapiezo. m. Andrajo, harapo. ‖ Chiquillo, muchacho, rapaz, chaval, mocoso, chico.

arras. f. pl. Prenda, señal, garantía.

arrasar. tr. Allanar, alisar. ‖ Asolar, devastar, arruinar, destruir, talar, rasar. (**a.**: *construir.*) ‖ intr. y prnl. Despejarse, aclararse.

arrastrado, da. adj. Pobre, mísero, desastrado, penoso, azaroso. ‖ Duro, aperreado, fatigoso. ‖ Pícaro, bribón, pillo, tunante. ‖ Maldito, ruin, condenado.

arrastrar. tr. Llevar, tirar. ‖ Impulsar, obligar. ‖ Acarrear, ocasionar. ‖ Persuadir, convencer. ‖ Llevar, soportar. ‖ prnl. Reptar. ‖ Humillarse, rebajarse.

arrastre. m. Acarreo, conducción, trasporte.

arrayán. m. Mirto, murta.

arrear. tr. Atizar, pegar. ‖ Adornar, engalanar.

arrebañar. tr. Rebañar.

arrebatado, da. adj. Precipitado, impetuoso, irreflexivo. ‖ Inconsiderado, violento, enfurecido, encolerizado, irritado. (**a.**: *manso.*) ‖ Rojo, encendido.

arrebatador, ra. adj. Cautivador, seductor, encantador, atrayente.

arrebatamiento. m. Furor, furia, enajenamiento. ‖ Éxtasis.

arrebatar. tr. Arrancar, quitar. (**a.**: *devolver.*) ‖ Atraer, encantar, cautivar. (**a.**: *repugnar.*) ‖ tr. y prnl. Embelesar, arrobar, extasiar. ‖ prnl. Enfurecerse, irritarse, encolerizarse. (**a.**: *apaciguarse.*)

arrebatiña. f. Rebatiña.

arrebato. m. Arranque, rapto, pronto, ímpetu, arrechucho. ‖ Furor, cólera, enajenamiento. ‖ Éxtasis.

arrebol. m. Colorete, carmín.

arrebolar. tr. y prnl. Enrojecer, sonrojar.

arrebujar. tr. Arrugar. ‖ tr. y prnl. Cubrir, envolver, tapar, arropar. (**a.**: *destaparse.*)

arreciar. intr. y prnl. Aumentar, crecer. (**a.**: *amainar.*)

arrecife. m. Banco, bajío, escollo.

arrechucho. m. Ímpetu, arranque, arrebato, pronto, impulso. ‖ Indisposición, escalofrío.

arredrar. tr. y prnl. Retraer, retroceder. ‖ Intimidar, atemorizar, amedrentar, acobardar, amilanar, asustar, acoquinar, achantar. (**a.**: *enardecer.*) ‖ Apartar, separar.

arreglado, da. adj. Moderado, ordenado, metódico, cuidadoso, morigerado. ‖ Aliñado, aderezado, compuesto.

arreglar. tr. Ajustar, conformar, acomodar. ‖ Clasificar, ordenar, coordinar, alistar. (**a.**: *desarreglar.*) ‖ Concertar, conciliar, avenir, acordar. ‖ Componer, reparar, apañar, remendar. (**a.**: *descomponer, estropear.*) ‖ Aliñar, aderezar, condimentar. ‖ Aviar, ataviar. ‖ Corregir, enmendar. ‖ Castigar, sancionar. ‖ prnl. Manejarse, desenvolverse.

arreglo. m. Orden, regla, acomodo, acomodamiento. ‖ Conciliación, acuerdo, concierto, avenencia. (**a.**: *ruptura.*) ‖ Compostura, reparación. (**a.**: *descompostura.*)

arregostarse. prnl. Aficionarse, engolosinarse, enviciarse, empicarse.

arrejada. f. Aguijada.

arrellanarse. prnl. Apoltronarse, repantigarse, repanchigarse.

arremeter. intr. Atacar, acometer, embestir. (**a.**: *huir.*) ‖ Chocar, estrellarse. (**a.**: *detenerse.*)

arremetida. f. Arremetimiento, acometida, ataque, embestida.

arremolinarse. prnl. Remolinarse, remolinearse, aglomerarse, apiñarse, amontonarse. (**a.**: *dispersarse.*)

arrendador, ra. m. y f. Arrendatario.
arrendamiento. m. Arriendo, alquiler, locación, renta.
arrendar. tr. Alquilar. (**a.**: *desalquilar.*)
arrendatario, ria. m. y f. Arrendador, inquilino, locatario, casero.
arreo. m. Atavío, adorno, aderezo. ‖ pl. Guarniciones, jaeces, aparejos.
arrepentido, da. adj. Compungido, contrito, pesaroso, sentido. (**a.**: *impenitente.*)
arrepentimiento. m. Compunción. ‖ Contrición, atrición. (**a.**: *contumacia.*)
arrepticio, cia. adj. Endemoniado, espiritado, poseso.
arrequives. m. pl. Requives, adornos, atavíos. ‖ Circunstancias, requisitos, exigencias.
arrestar. tr. Prender, detener, apresar. (**a.**: *liberar, soltar.*)
arresto. m. Detención, prendimiento, prisión. ‖ pl. Arrojo, atrevimiento, valor, valentía, resolución, audacia, osadía, intrepidez, determinación.
arria. f. Recua.
arriar. tr. Bajar. (**a.**: *izar.*)
arriate. m. Macizo, terraza. ‖ Paso, camino.
arriba. adv. Encima, a lo alto. (**a.**: *abajo, debajo.*) ‖ Antes, anteriormente.
arribar. intr. Llegar. (**a.**: *partir, marcharse.*) ‖ Convalecer, recobrarse, recuperarse. ‖ Alcanzar, conseguir, lograr.
arribo. m. Llegada. (**a.**: *partida, salida.*) ‖ Desembarco, aterrizaje.
arriendo. m. Arrendamiento, alquiler, renta.
arriesgado, da. adj. Aventurado, peligroso, expuesto, azaroso. (**a.**: *seguro.*) ‖ Atrevido, osado, audaz, arriscado, imprudente, temerario, arrojado. (**a.**: *prudente, acobardado, cauto.*)
arriesgar. tr. y prnl. Arriscar, aventurar, exponer, comprometer, atreverse, osar. (**a.**: *desistir.*)
arrimar. tr. Acercar, aproximar. (**a.**: *alejar.*) ‖ Dar, pegar. (**a.**: *acariciar.*) ‖ Dejar, poner a un lado, dar de lado, abandonar, arrinconar, prescindir, arrumbar. ‖ prnl. Apoyarse, acogerse, ampararse.
arrimo. m. Proximidad, cercanía. ‖ Apoyo, sostén. ‖ Ayuda, auxilio, amparo, favor, protección. ‖ Apego, afición, inclinación.
arrinconado, da. adj. Retirado, distante, apartado. ‖ Desatendido, olvidado, postergado, aislado.
arrinconar. tr. Retirar, apartar. ‖ Desatender, postergar, dejar, abandonar. ‖ Acorralar, acosar, estrechar. ‖ prnl. Aislarse, retirarse, retraerse. (**a.**: *exhibirse.*)
arriscado, da. adj. Riscoso, escabroso. ‖ Atrevido, osado, arriesgado, audaz, resuelto, temerario. (**a.**: *apocado.*) ‖ Ágil, gallardo.
arriscar. tr. Arriesgar, aventurar, exponer. ‖ prnl. Engreírse, envanecerse, entonarse. ‖ Encresparse, enfurecerse, alborotarse.
arrobamiento. m. Arrobo, embelesamiento. ‖ Éxtasis, enajenamiento, rapto.
arrobar. tr. Embelesar, encantar, cautivar, atraer. ‖ prnl. Extasiarse, enajenarse, elevarse.
arrobo. m. Arrobamiento, éxtasis, enajenamiento.
arrodillarse. prnl. Hincarse, postrarse. (**a.**: *erguirse.*)
arrogancia. f. Altanería, altivez, soberbia, engreimiento, orgullo, desprecio, desdén. (**a.**: *modestia, humildad.*) ‖ Jactancia. ‖ Valor, bizarría, brío, valentía. (**a.**: *miedo, cobardía.*) ‖ Gallardía, garbo.
arrogante. adj. Altanero, altivo, orgulloso, soberbio. (**a.**: *humilde, modesto, cortés.*) ‖ Valiente, brioso, alentado. (**a.**: *medroso.*) ‖ Gallardo, airoso, apuesto.
arrogarse. prnl. Apropiarse, atribuirse.
arrojado, da. adj. Intrépido, resuelto, valiente, osado, audaz, atrevido, decidido, arriesgado. (**a.**: *cobarde, pusilánime.*) ‖ Imprudente, inconsiderado.
arrojar. tr. Lanzar, echar, disparar, tirar, despedir. (**a.**: *recoger, recibir.*) ‖ Vomitar, provocar. ‖ Expulsar, echar, exhalar. ‖ prnl. Precipitarse, despe-

ñarse, tirarse, lanzarse. || Arremeter, acometer, atacar, abalanzarse, agredir. (**a.**: *retroceder.*)

arrojo. m. Resolución, intrepidez, valor, osadía, audacia, atrevimiento, arrestos, temeridad, coraje. (**a.**: *pusilanimidad, cobardía.*)

arrollar. tr. Enrollar, rollar, envolver. || Atropellar, topar. || Derrotar, vencer, destrozar, aniquilar, batir.

arropar. tr. y prnl. Abrigar, cubrir, tapar, amantar, enmantar. (**a.**: *desabrigar, destapar.*)

arropía. f. Melcocha.

arrostrar. tr. Afrontar, resistir, desafiar, enfrentar. (**a.**: *desistir, huir.*)

arroyada. f. Crecida, inundación.

arroyo. m. Riachuelo, rivera, riacho. || Calzada.

arroyuelo. m. Regato, regajal, regajo.

arruga. f. Pliegue, rugosidad, repliegue. (**a.**: *lisura.*)

arruinar. tr. y prnl. Demoler, destruir, devastar, asolar, arrasar, aniquilar. || Empobrecer. (**a.**: *enriquecer.*)

arrullar. tr. Enamorar. || Adormecer, adormir. || Zurear.

arrumaco. m. Carantoña, garatusa, fiesta, zalamería.

arrumazón. f. Rumazón, nublado.

arrumbar. tr. Arrinconar, apartar, retirar.

arsenal. m. Astillero, atarazana. || Depósito, reserva, acopio.

arta. f. Llantén.

arte. amb. Oficio, profesión. || Habilidad, destreza, maestría, ingenio, industria, disposición, virtud. (**a.**: *desmaña.*) || Maña, astucia. || Modo, manera.

artefacto. m. Máquina, mecanismo, aparato, dispositivo.

artejo. m. Nudillo, juntura, articulación.

artemisa o **artemisia.** f. Altamisa. || Milenrama.

artería. f. Amaño, astucia, falsía, engaño, trampa, ardid.

artero, ra. adj. Mañoso, astuto, malintencionado, falso, tramposo. (**a.**: *leal.*)

artesa. f. Amasadera, duerna, masera.

artesanía. f. Artesanado. || Menestralía.

artesano, na. m. y f. Menestral, obrero. || Artífice.

ártico, ca. adj. Norte, septentrional, hiperbóreo, boreal, nórdico. (**a.**: *antártico.*)

articulación. f. Juntura, junta, unión, enlace. || Coyuntura. || Sinartrosis. || Artejo, nudillo. || Pronunciación.

articular. tr. y prnl. Unir, enlazar, trabar. || tr. Pronunciar.

artículo. m. Mercancía, mercadería. || Párrafo.

artífice. com. Artista, autor, creador. *Cada hombre es artífice de su destino.* || Artesano. *El artesano trabaja en un taller.*

artificial. adj. Postizo. || Falso, fingido, ficticio, afectado. (**a.**: *espontáneo, voluntario.*) || Facticio. (**a.**: *natural.*) || Artificioso. (**a.**: *sencillo, ingenuo.*)

artificiero. m. Pirotécnico.

artificio. m. Arte, ingenio, habilidad. || Artefacto. || Disimulo, doblez, cautela, falsedad, truco.

artificioso, sa. adj. Ingenioso, complicado, habilidoso, estudiado. || Artificial, afectado, rebuscado, amanerado. (**a.**: *espontáneo, natural.*) || Fingido, disimulado, astuto, cauteloso, engañoso, ficticio, artero.

artilugio. m. Mecanismo, artefacto, herramienta. || Trampa, enredo, engaño, artimaña, ardid.

artimaña. f. Trampa. || Artificio, astucia, engaño, artilugio, martingala, ardid, treta.

artista. com. Actor, comediante. || Pintor. || Escultor. || Ejecutante. || Artesano, artífice.

arveja. f. Alverja, guisante.

arzobispado. m. Arquidiócesis.

arzobispal. adj. Archiepiscopal, metropolitano.

arzobispo. m. Metropolitano, prelado.

as. m. Campeón.

asa. f. Agarradera, mango, asidero, manija.

asado. m. Churrasco.

asador. m. Espetón, varilla.

asadura. f. Entrañas. || Hígado y bofes.

|| Pachorra, apatía, sosería, cachaza, flema.

asalariado, da. adj. y s. Empleado, obrero, criado.

asaltante. adj. Atracador. || com. Ladrón, salteador, bandolero, bandido.

asaltar. tr. Acometer, arremeter, embestir, atacar. || Atracar. || Sobrevenir, acudir, acometer, sorprender.

asalto. m. Acometida, arremetida, embestida, ataque. || Atraco.

asamblea. f. Reunión, junta. || Congreso, cónclave, concilio. || Convención.

asar. tr. Tostar, soasar, torrar, abrasar. || prnl. Acalorarse.

asaz. adv. Bastante, harto, muy, suficiente. (**a.**: *poco, demasiado.*)

ascendencia. f. Linaje, alcurnia, estirpe. (**a.**: *descendencia.*) || Ascendientes, antepasados. || Influencia, predominio.

ascender. intr. Subir, elevarse. (**a.**: *descender, bajar, decaer.*) || Importar, montar, sumar, remontarse. || Adelantar, progresar, mejorar. (**a.**: *disminuir.*) || Aumentar. || tr. Promover, elevar.

ascendiente. com. Antecesor, antepasado. (**a.**: *descendiente, sucesor, heredero.*) || m. Influencia, prestigio, valimiento, autoridad, crédito, predominio.

ascensión. f. o **ascenso.** m. Subida, elevación. (**a.**: *bajada, descenso.*) || Exaltación. || Promoción.

ascenso. m. Promoción. (**a.**: *degradación.*) || Subida, mejora.

ascensor. m. Montacargas.

asceta. com. Cenobita, anacoreta, ermitaño, eremita. *El asceta lleva vida austera; vida solitaria, el anacoreta.*

ascético, ca. adj. Austero, sobrio.

asco. m. Náusea, repugnancia. || Repulsión, aversión. || Asquerosidad.

ascua. f. Brasa.

aseado, da. adj. Limpio, curioso, pulcro, cuidadoso. (**a.**: *desaseado, sucio.*)

asear. tr. Limpiar, lavar. (**a.**: *ensuciar, manchar.*) || Acicalar.

asechanza. f. Engaño, perfidia, insidia, asechamiento, asecho, trampa, traición, emboscada.

asedar. tr. Suavizar.

asediar. tr. Cercar, bloquear, sitiar. || Importunar, acosar, molestar.

asedio. m. Cerco, bloqueo, sitio. || Acoso.

asegurar. tr. Consolidar, afianzar, fijar, afirmar. (**a.**: *derrumbar.*) || Garantizar. || Afirmar, cerciorar, aseverar, certificar, confirmar, ratificar. (**a.**: *dudar, negar.*) || Preservar, resguardar.

asemejarse. prnl. Semejar, parecerse, salir a. (**a.**: *diferenciarse.*)

asendereado, da. adj. Agobiado, fatigado. || Frecuentado, trillado. || Práctico, experto.

asenso. m. Asentimiento, aprobación, anuencia, aquiescencia, consentimiento. (**a.**: *negativa.*)

asentaderas. f. pl. Nalgas, posaderas, trasero.

asentado, da. adj. Sentado, juicioso, equilibrado. || Estable, permanente. (**a.**: *móvil, soluble.*)

asentar. tr. y prnl. Sentar. || Colocar. || Afirmar, asegurar, fijar, instalar. || tr. Fundar. || Aplanar, alisar. || Ajustar, convenir. || Anotar, inscribir. || prnl. Sedimentarse, posarse. || Establecerse, sentarse. (**a.**: *marcharse.*)

asentimiento. m. Anuencia, asenso, aprobación. (**a.**: *desaprobación.*) || Consentimiento, aquiescencia, permiso, beneplácito, venia, conformidad. (**a.**: *denegación.*)

asentir. intr. Afirmar, aprobar, convenir, consentir. (**a.**: *disentir, impedir.*)

aseo. m. Limpieza, curiosidad, pulcritud. (**a.**: *desaseo, suciedad.*) || Adorno, compostura. || Esmero, cuidado. (**a.**: *desprolijidad.*)

asequible. adj. Accesible, alcanzable. (**a.**: *inasequible, imposible.*) || Llano, amable. || Comprensible, entendible. (**a.**: *incomprensible, abstruso, oscuro.*)

aserción. f. Aserto, aseveración, afirmación.

aserrar. tr. Serrar.

aserrín. m. Serrín.

aserto. m. Afirmación, aserción, aseveración.
asesinato. m. Homicidio.
asesino, na. adj. Homicida.
asesor, ra. adj. Consultivo. ‖ Consultor, consejero.
asesorar. tr. Aconsejar, informar, orientar. ‖ prnl. Consultar.
asestar. tr. Apuntar, dirigir, orientar. ‖ Descargar.
aseveración. f. Afirmación, aserción, aserto. ‖ Confirmación, ratificación. (**a.**: *negación.*)
aseverar. tr. Afirmar, asegurar. ‖ Confirmar, ratificar. (**a.**: *rectificar.*)
aseverativo, va. adj. Afirmativo, confirmativo. (**a.**: *negativo.*) ‖ Enunciativo, declarativo.
asfixia. f. Ahogo, sofocación, estrangulación.
asfixiar. tr. y prnl. Ahogar, estrangular.
así. adv. De esta manera. ‖ También, igualmente. ‖ conj. Aunque. ‖ **así como.** loc. adv. Tan luego como. ‖ **así como así.** loc. adv. De cualquier manera. ‖ **así mismo.** loc. adv. Asimismo, también, además. ‖ **así que.** loc. adv. Enseguida, al punto que, en cuanto. ‖ loc. conj. Por lo cual, de modo que.
asidero. m. Asa, agarradera. ‖ Ocasión, pretexto, excusa. ‖ Apoyo, justificación.
asiduo, dua. adj. Frecuente, constante. (**a.**: *discontinuo.*) ‖ Puntual, perseverante.
asiento. m. Localidad. ‖ Sitio, plaza. ‖ Lugar, sede, domicilio, residencia. ‖ Poso, sedimento. ‖ Banco, escaño. ‖ Emplazamiento. ‖ Indigestión, empacho. ‖ Cordura, sensatez, madurez, juicio, prudencia. ‖ Estabilidad, permanencia. ‖ Sentamiento. ‖ Anotación. ‖ **tomar asiento.** Sentarse. ‖ Establecerse, instalarse.
asignación. f. Sueldo, remuneración, retribución, estipendio, honorarios. ‖ Partida, consignación. ‖ Destino.
asignar. tr. Fijar, señalar. ‖ Destinar. ‖ Dar, pensionar.
asignatura. f. Disciplina, materia.
asilar. tr. Recluir. ‖ tr. y prnl. Albergar. (**a.**: *despedir, rechazar.*)
asilo. m. Refugio, sagrado, retiro, albergue. ‖ Amparo, protección, apoyo, favor. ‖ Orfelinato, orfanato.
asimetría. f. Disimetría.
asimétrico, ca. adj. Irregular, desigual. (**a.**: *simétrico, análogo.*)
asimilación. f. Aprovechamiento, nutrición, digestión. (**a.**: *rechazo, desnutrición.*)
asimilar. tr. Comparar, cotejar, confrontar. ‖ Equiparar. ‖ Absorber, incorporar. ‖ prnl. Asemejarse, parecerse. (**a.**: *diferenciarse.*) ‖ Nutrirse.
asimismo. adv. Así mismo, de igual modo, del mismo modo, igualmente, también, además.
asir. tr. Agarrar, coger, tomar, apresar, prender. (**a.**: *desasir, soltar, desprenderse.*) ‖ intr. Arraigar, prender. ‖ prnl. Agarrarse, pelearse, reñir.
asistencia. f. Ayuda, cooperación, auxilio, apoyo, socorro, favor. (**a.**: *abandono.*) ‖ Concurrencia, concurso.
asistente. adj. y s. Concurrente, presente, espectador.
asistente, ta. adj. y s. Ayudante, auxiliar, colaborador.
asistir. intr. Estar presente, hallarse presente, concurrir, acudir. (**a.**: *faltar.*) ‖ tr. Ayudar, auxiliar, apoyar, socorrer, coadyuvar, favorecer. (**a.**: *abandonar.*) ‖ Cuidar, atender, servir. (**a.**: *desasistir.*)
asnilla. f. Caballete, puntal.
asno. m. Burro, borrico, rucio, pollino, jumento. ‖ Rudo, necio, ignorante, torpe.
asociación. f. Sociedad, agrupación, entidad, corporación, compañía.
asociado, da. m. y f. Socio, consocio, miembro. ‖ adj. Agregado, añadido, mezclado.
asociar. tr. y prnl. Juntar, reunir, agrupar. (**a.**: *separar, aislar.*) ‖ Relacionar.
asolación. f. o **asolamiento.** m. Devastación, destrucción, ruina.
asolar. tr. Destruir, arrasar, devastar, arruinar. (**a.**: *construir, reconstruir.*) ‖

prnl. Posarse, sedimentarse, afincarse, radicarse.
asolearse. prnl. Broncearse, tostarse, curtirse.
asomar. intr. Aparecer. ‖ tr. y prnl. Mostrar.
asombradizo, za. adj. Espantadizo, asustadizo.
asombrar. tr. Sombrear, ensombrecer. ‖ Oscurecer. ‖ tr. y prnl. Admirar, maravillar, sorprender. ‖ Asustar, espantar.
asombro. m. Susto, espanto. ‖ Sorpresa, admiración, maravilla, pasmo, estupefacción. (**a.**: *indiferencia.*)
asombroso, sa. adj. Admirable, maravilloso, sorprendente, pasmoso. (**a.**: *común, vulgar.*)
asomo. m. Indicio, señal. ‖ Amago. ‖ Barrunto, atisbo, presunción, sospecha.
asonada. f. Motín, revuelta, sublevación, sedición. ‖ Disturbio, alboroto, tumulto.
asordar. tr. Ensordecer. (**a.**: *acallar.*)
aspaviento. m. Alharaca, ademán, gesto.
aspecto. m. Apariencia, aire, cara, semblante, presencia, planta, porte, facha, pinta, catadura. ‖ Cariz.
aspereza. f. Escabrosidad, rugosidad, desigualdad. ‖ Rigor, rigidez, dureza, rudeza, desabrimiento, ceño, hosquedad. (**a.**: *amabilidad, blandura.*)
asperger o **asperjar.** tr. Hisopear. ‖ Rociar.
áspero, ra. adj. Rugoso, rasposo, escabroso, desigual, basto, tosco. (**a.**: *suave, satinado.*) ‖ Rígido, riguroso, tempestuoso, rudo, desapacible, desabrido, acre. (**a.**: *placentero, agradable.*) ‖ Intratable, hosco, ceñudo. (**a.**: *afable.*) ‖ Cruel, violento. ‖ Escabroso, abrupto. (**a.**: *liso, llano.*)
asperón. m. Amoladera.
aspersorio. m. Hisopo, asperges.
áspid. m. Víbora.
aspiración. f. Designio, mira, propósito. ‖ Deseo, anhelo, pretensión, ansia. ‖ Inspiración. (**a.**: *espiración.*)
aspirante. com. Pretendiente, solicitante, candidato. ‖ Aprendiz.
aspirar. tr. Inspirar, inhalar, respirar. (**a.**: *soplar.*) ‖ Desear, pretender, anhelar, ambicionar, ansiar. (**a.**: *desistir, renunciar.*)
asquerosidad. f. Asco.
asqueroso, sa. adj. Sucio. (**a.**: *limpio, aseado.*) ‖ Repugnante, nauseabundo, repelente, repulsivo. (**a.**: *atractivo.*)
asta. f. Fuste. ‖ Palo, mástil. ‖ Lanza, pica. ‖ Cuerno.
astenia. f. Decaimiento, lasitud, flojedad.
asterisco. m. Estrella.
asteroide. m. Planetoide.
astil. m. Mango, asa.
astilla. f. Esquirla, fragmento.
astillar. tr. Fragmentar.
astillero. m. Arsenal, atarazana.
astrágalo. m. Chita, taba.
astral. adj. Sideral, sidéreo.
astringir. tr. Apretar, estrechar, contraer. ‖ Sujetar, constreñir.
astrólogo, ga. m. y f. Planetista.
astronauta. com. Cosmonauta.
astronáutica. f. Cosmonáutica.
astronáutico, ca. adj. Cosmonáutico.
astronave. f. Cosmonave, nave espacial.
astroso, sa. adj. Desastrado, desastroso, infeliz, infausto, desgraciado. ‖ Harapiento, andrajoso, roto, zarrapastroso, zaparrastroso. (**a.**: *aseado, cuidadoso, elegante.*) ‖ Vil, despreciable, abyecto.
astucia. f. Sagacidad, sutileza, picardía, agudeza. (**a.**: *simpleza.*) ‖ Ardid, treta, maña, añagaza, artimaña.
astuto, ta. adj. Sagaz, sutil, listo, vivo. (**a.**: *simple.*) ‖ Taimado, cuco, artero, zorro, ladino. (**a.**: *cándido, ingenuo.*)
asueto. m. Vacación, descanso, recreo.
asumir. tr. Hacerse cargo, tomar, ocupar. (**a.**: *delegar, dejar, renunciar.*)
asunción. f. Elevación, exaltación.
asunto. m. Tema, cuestión, materia. ‖ Argumento, trama. ‖ Negocio, trato. ‖ Incumbencia.
asustadizo, za. adj. Espantadizo, asombradizo, miedoso. (**a.**: *impávido.*)
asustar. tr. y prnl. Espantar, sobresaltar, intimidar, atemorizar, amedrentar, acobardar, aterrorizar. (**a.**: *animar, en-*

valentonar, tranquilizar.) *Un ruido asusta; un delito espanta.*

atabal. m. Timbal. ‖ Tamboril.

atabalear. intr. Tabalear, tamborilear.

atacar. tr. Atiborrar, atestar, apretar, recalcar. (**a.**: *aflojar.*) ‖ Acometer, arremeter, agredir, embestir, cerrar, asaltar. (**a.**: *retroceder, desistir.*) ‖ Impugnar, censurar, combatir, refutar, contradecir. (**a.**: *defender.*) ‖ Sobrevenir, venir. ‖ Afectar, irritar.

atadijo. m. Lío, paquete.

atado, da. adj. Temeroso, apocado, pusilánime. ‖ m. Lío, paquete.

atadura. f. Ligadura. ‖ Unión, enlace. (**a.**: *desenlace.*) ‖ Sujeción.

atafagar. tr. y prnl. Sofocar, aturdir. ‖ tr. Molestar, importunar.

ataguía. f. Encajonado, dique.

ataharre. m. Sotacola.

atajar. intr. Adelantar, acortar, abreviar. (**a.**: *alargar.*) ‖ tr. Contener, interrumpir, cortar, detener, parar. (**a.**: *excitar, largar.*) ‖ Interceptar. ‖ prnl. Correrse, avergonzarse, atascarse.

atalaje. m. Guarniciones, arreos, jaeces. ‖ Ajuar, equipo.

atalaya. f. Eminencia, torre. ‖ Vigía. ‖ m. Centinela, escucha.

atalayar. tr. Otear, vigilar.

atañer. intr. Tocar, concernir, afectar. ‖ Incumbir, corresponder.

ataque. m. Agresión, acometida, arremetida, asalto, embestida. (**a.**: *defensa.*) ‖ Acceso, accesión. ‖ Colapso, desmayo, soponcio, patatús. ‖ Pendencia, disputa.

atar. tr. Liar, ligar, amarrar. (**a.**: *desatar, desligar, soltar.*) ‖ Unir, juntar, sujetar. ‖ Anudar, enlazar. ‖ Relacionar, asociar. ‖ prnl. Embarazarse, atascarse, trabarse. ‖ Ceñirse, atenerse.

atardecer. m. Anochecer, crepúsculo. (**a.**: *amanecer.*)

atareado, da. adj. Ocupado. (**a.**: *ocioso.*)

atarearse. prnl. Afanarse, ajetrearse. (**a.**: *desocuparse.*)

atarjea. f. Canalón, conducto.

atarugar. tr. Atestar, atiborrar, henchir. ‖ tr. y prnl. Atracar, hartar. ‖ prnl. Turbarse, aturdirse, atascarse, atajarse.

atascadero. m. Atolladero. ‖ Impedimento, estorbo, embarazo.

atascamiento. m. Atasco, obstrucción, dificultad.

atascar. tr. Tapar, cegar, obstruir, atorar, atrancar. (**a.**: *desatascar, destapar.*) ‖ prnl. Atorarse, embotellarse, detenerse. ‖ Atarugarse, trabarse.

atasco o **atascamiento.** m. Obstrucción. ‖ Embotellamiento. ‖ Dificultad, inconveniente.

ataúd. m. Féretro, cajón, caja mortuoria.

ataujía. f. Damasquinado.

ataviar. tr. Componer, adornar, engalanar, aderezar, hermosear, acicalar. (**a.**: *desarreglar.*)

atavío. m. Compostura, adorno, acicalamiento. ‖ Vestido, atuendo, arreglo. ‖ pl. Adornos, arrequives.

atemorizar. tr. y prnl. Intimidar, amedrentar, acobardar, arredrar, asustar, espantar, acoquinar, achantar, amilanar, aterrar. (**a.**: *envalentonar, animar.*)

atemperar. tr. y prnl. Temperar, moderar, templar, suavizar. (**a.**: *recrudecer.*) ‖ Acomodar, ajustar, adaptar, adecuar.

atenacear o **atenazar.** tr. Tenacear, sujetar, amarrar. ‖ Torturar, afligir, martirizar. (**a.**: *acariciar.*)

atención. f. Curiosidad. (**a.**: *indiferencia.*) ‖ Cuidado, vigilancia, solicitud, esmero. (**a.**: *descuido, distracción.*) ‖ Consideración, miramiento, cortesía, urbanidad, afabilidad, cortesanía. (**a.**: *desatención.*) ‖ pl. Ocupaciones, negocios, quehaceres, trabajos. ‖ **llamar la atención.** Hacer notar. ‖ Reconvenir, reprender. ‖ Sorprender.

atender. tr. e intr. Escuchar. ‖ Fijarse, reparar. ‖ Cuidar, vigilar. (**a.**: *descuidar, abandonar.*) ‖ Considerar, tener en cuenta, tomar en cuenta, hacer caso. (**a.**: *desacatar.*) ‖ tr. Esperar, aguardar. ‖ Acoger, agasajar. (**a.**: *ofender.*)

atenerse. prnl. Sujetarse, amoldarse, ajustarse, remitirse, reducirse, ceñirse.

atentado. m. Ataque, agresión.

atentamente. adv. Alerta, dispuesto.

(a.: *descuidadamente.*) ‖ Respetuosamente. (**a.**: *descortésmente.*)

atentar. tr. Delinquir, atacar.

atento, ta. adj. Fino, cortés, comedido, considerado, amable, afable, solícito, obsequioso, afectuoso, servicial, urbano, galán. (**a.**: *descortés.*) ‖ Alerta, interesado, cuidadoso. *El alumno está atento a la clase.* (**a.**: *desatento, negligente.*)

atenuación. f. Lítote. ‖ Disminución, aminoración. *El abogado solicitó la atenuación de la pena.*

atenuar. tr. Adelgazar. ‖ Minorar, aminorar, mitigar, suavizar, paliar, amortiguar, disminuir. (**a.**: *acentuar, aumentar, fortalecer.*)

ateo, a. adj. y s. Incrédulo, irreligioso.

aterciopelado, da. adj. Afelpado.

aterirse. prnl. Enfriarse, helarse.

aterrador, ra. adj. Terrible, horrible, espantoso, pavoroso, horripilante, terrorífico. (**a.**: *agradable.*)

aterrajar. tr. Roscar.

aterrar. tr. Abatir, derribar. ‖ Enterrar. ‖ tr. y prnl. Aterrorizar.

aterrorizar. tr. y prnl. Aterrar, espantar, horrorizar, horripilar.

atesorar. tr. Acumular, amontonar, guardar, ahorrar, economizar, almacenar, acopiar. (**a.**: *dilapidar, malgastar.*)

atestación. f. Testificación, testimonio, atestiguamiento.

atestado, da. adj. Abarrotado, atiborrado, colmado, repleto, saturado, lleno, henchido. (**a.**: *vacío.*) ‖ Terco, testarudo, tozudo. (**a.**: *dócil.*)

atestar. tr. Henchir, llenar, atiborrar, apretujar, abarrotar, colmar. (**a.**: *vaciar.*)

atestar. tr. Atestiguar.

atestiguar. tr. Testificar, testimoniar, atestar, declarar.

atetar. tr. Amamantar, lactar.

atezado, da. adj. Quemado, tostado.

atezar. tr. Alisar, lustrar. ‖ tr. y prnl. Ennegrecer. ‖ Broncear, tostar.

atiborrar. tr. y prnl. Henchir, llenar, abarrotar, atestar. ‖ Atracar, hartar, saciar.

atildado, da. adj. Compuesto, acicalado, peripuesto, arreglado, pulcro, elegante, emperifollado. (**a.**: *sucio, desaseado.*)

atildar. tr. Tildar, poner tilde. ‖ Tildar, censurar, tachar. ‖ tr. y prnl. Componer, asear, acicalar, arreglar, emperifollar.

atinado, da. adj. Acertado, oportuno, conveniente, adecuado. (**a.**: *erróneo, inoportuno, inadecuado.*)

atinar. intr. Acertar, hallar, encontrar, dar con. (**a.**: *errar.*) ‖ tr. e intr. Adivinar, acertar, descifrar.

atíncar. m. Bórax.

atinente. adj. Tocante, perteneciente, referente, relativo.

atirantar. tr. Poner tirante. ‖ Tesar, tensar.

atisbar. tr. Espiar, observar, acechar, vigilar. ‖ tr. Vislumbrar, divisar, entrever. *El cirujano atisba una esperanza de salvar a su paciente.*

atisbo. m. Indicio, vislumbre, sospecha, barrunto, asomo.

atizador. m. Espetón.

atizar. tr. Avivar, fomentar, estimular. (**a.**: *sofocar.*) ‖ Dar, propinar, pegar, asestar.

atleta. com. Deportista, gimnasta, luchador, púgil.

atmósfera. f. Ambiente, medio. ‖ Aire, cielo. ‖ Clima.

atoar. tr. Toar, remolcar.

atolondrado, da. adj. Irreflexivo, aturdido, precipitado, imprudente. (**a.**: *juicioso, discreto.*)

atolondramiento. m. Irreflexión, aturdimiento, precipitación, imprudencia.

atolondrar. tr. y prnl. Aturdir, precipitar.

atolladero. m. Atascadero, atasco. ‖ Dificultad, impedimento, embarazo, aprieto, apuro, brete.

atomizar. tr. Desintegrar, disgregar. ‖ Pulverizar.

átomo. m. Partícula, miaja, migaja.

atónito, ta. adj. Estupefacto, suspenso, asombrado, pasmado, espantado, turulato, patitieso, patidifuso, helado.

átono, na. adj. Inacentuado, débil.

atontar. tr. y prnl. Aturdir, atolondrar, atortolar, entontecer, alelar.

atorar. tr., intr. y prnl. Atascar, obstruir, cegar. (**a.**: *desatascar.*) ‖ prnl. Atragantarse.

atormentar. tr. y prnl. Martirizar, torturar. (**a.**: *acariciar.*) ‖ Afligir, apenar, atribular, acongojar, angustiar. (**a.**: *confortar, consolar, tranquilizar.*)

atornillar. tr. Enroscar. ‖ Presionar, obligar.

atoro. m. Atasco, aprieto, apuro.

atorrante. adj. Vagabundo, holgazán, vago.

atortolar. tr. y prnl. Aturdir, acobardar, acoquinar, confundir.

atosigar. tr. Emponzoñar, envenenar, intoxicar. ‖ Acuciar, apurar. ‖ prnl. Fatigarse, agobiarse, abrumarse. (**a.**: *aliviarse.*)

atrabiliario, ria. adj. Irritable, irascible, destemplado, malhumorado.

atracador, ra. m. y f. Asaltante.

atracar. tr. y prnl. Hartar, atiborrar, saciar, ahitar. (**a.**: *hambrear.*)

atracar. tr. e intr. Abordar. ‖ tr. Acercar, arrimar. ‖ Asaltar, robar.

atracción. f. Simpatía, afinidad. (**a.**: *antipatía, repugnancia, repulsión.*) ‖ Diversión, espectáculo.

atraco. m. Asalto, robo.

atracón. m. Hartazgo, panzada. (**a.**: *privación, hambruna.*)

atractivo, va. adj. Atrayente, seductor, hechicero, encantador. (**a.**: *repelente.*) ‖ m. Gracia, encanto, seducción, hechizo, fascinación. *La inteligencia es su mayor atractivo.* ‖ Incentivo, aliciente, cebo.

atraer. tr. Seducir, cautivar, encantar, hechizar, conquistar. (**a.**: *desagradar.*) ‖ Provocar, causar, ocasionar, motivar, acarrear. ‖ tr. y prnl. Captar, granjear, ganar. (**a.**: *repeler, rechazar.*)

atragantarse. prnl. Atorarse. ‖ Desagradar, fastidiar, molestar. ‖ Turbarse, cortarse. (**a.**: *animarse.*)

atrancar. tr. Aherrojar, trancar. ‖ tr. y prnl. Atascar, cegar, obstruir, tapar, atorar. ‖ prnl. Encerrarse.

atranco. m. Atasco, dificultad, obstrucción, atolladero.

atrapamoscas. f. Dionea.

atrapar. tr. Pillar, coger, apresar, aprehender, prender, capturar. (**a.**: *liberar.*) ‖ Conseguir, obtener, pescar. ‖ Engañar, engatusar.

atrás. adv. Detrás. ‖ Antes, anteriormente. ‖ Lejos.

atrasado, da. adj. Alcanzado, empeñado, endeudado. ‖ Retrasado, rezagado. ‖ Inculto, retrasado. (**a.**: *docto.*) ‖ Tardío.

atrasar. intr. y prnl. Retrasar. (**a.**: *adelantar.*) ‖ tr. y prnl. Retardar, demorar, dilatar, diferir. (**a.**: *anticipar.*) ‖ prnl. Endeudarse, empeñarse. ‖ Rezagarse, quedarse atrás.

atraso. m. Retraso, retardo, demora, dilación. ‖ Incultura, ignorancia. ‖ Deuda.

atravesado, da. adj. Avieso, ruin, malintencionado, malo. (**a.**: *derecho, noble.*) ‖ Cruzado, híbrido.

atravesar. tr. Cruzar, pasar. ‖ Traspasar, penetrar. ‖ Ensartar, espetar. ‖ tr. y prnl. Interponer.

atrayente. adj. Atractivo, encantador, seductor, sugestivo.

atreverse. prnl. Arriscarse, arriesgarse, osar, aventurarse, decidirse. (**a.**: *acobardarse.*) ‖ Insolentarse, descararse.

atrevido, da. adj. Audaz, osado, arrojado, arriscado, arriesgado, temerario, decidido. (**a.**: *miedoso, pusilánime, timorato, temeroso.*) ‖ Insolente, descarado, desvergonzado, fresco, descocado. (**a.**: *prudente.*)

atrevimiento. m. Audacia, osadía, arrojo, temeridad. (**a.**: *cobardía.*) ‖ Insolencia, descaro, desvergüenza, tupé, avilantez, desfachatez, descoco. (**a.**: *educación, miramiento.*)

atribución. f. Facultad, poder.

atribuir. tr. Achacar, imputar, culpar, inculpar, colgar. *Se atribuye a los chinos la invención de la pólvora.* ‖ Señalar, asignar. ‖ tr. y prnl. Adjudicar, conferir. ‖ prnl. Apropiarse, arrogarse. (**a.**: *ceder.*)

atribular. tr. Desconsolar, desolar, angustiar, acongojar, atormentar, afligir, apenar, entristecer, apesadumbrar. (**a.**: *consolar, confortar, aliviar.*)

atributivo, va. adj. Copulativo.

atributo. m. Cualidad, propiedad. || Símbolo, insignia, emblema. || Modificador directo.

atrición. f. Arrepentimiento, compunción.

atril. m. Facistol.

atrio. m. Porche, pórtico, propileo. || Zaguán. || Claustro.

atrocidad. f. Crueldad, inhumanidad, salvajada. || Necedad, enormidad, barbaridad, burrada. || Temeridad, imprudencia. || Exceso, demasía.

atrofia. f. Consunción. (**a.**: *hipertrofia.*)

atronar. tr. Asordar, ensordecer, retumbar. || Aturdir, turbar.

atropelladamente. adv. Atolondradamente, irreflexivamente.

atropellado, da. adj. Precipitado, ligero, irreflexivo, atolondrado, aturdido. (**a.**: *pausado, tranquilo.*) || Derribado, empujado, hollado.

atropellar. tr. Empujar, arremeter, embestir, derribar. || Arrollar. || Agraviar, ultrajar. || Conculcar. (**a.**: *cumplir.*) || prnl. Apresurarse, precipitarse, apurarse.

atroz. adj. Fiero, cruel, inhumano, bárbaro, bestial. || Grave, intenso. || Feo, repelente. || Enorme, desmesurado, grande, desmedido, inaudito. (**a.**: *insignificante.*)

atuendo. m. Atavío, vestido, arreglo. || Aparato, ostentación, boato, pompa.

atufarse. prnl. Amoscarse, enojarse, enfadarse, irritarse. (**a.**: *contentarse.*) || Avinagrarse, apuntarse.

atufo. m. Enfado, enojo, irritación.

atún. m. Tonina.

atunara. f. Almadraba.

aturdido, da. adj. Atolondrado, abombado, irreflexivo, precipitado, atropellado, ligero, imprudente. (**a.**: *juicioso, precavido.*)

aturdimiento. m. Turbación, perturbación. || Atolondramiento, precipitación, aturrullamiento, irreflexión, atropellamiento, imprudencia. (**a.**: *reflexión, serenidad.*) || Torpeza, inhabilidad.

aturdir. tr. y prnl. Asombrar, maravillar, desconcertar, pasmar, confundir. || Atontar, turbar, atolondrar, azarar, aturrullar. || Perturbar, consternar. (**a.**: *serenar.*)

aturrullar. tr. y prnl. Desconcertar, atolondrar, aturdir, turbar, azarar.

audacia. f. Atrevimiento, osadía, arrojo, valor, intrepidez, coraje, temeridad. (**a.**: *pusilanimidad.*) || Insolencia, descaro, desvergüenza, tupé, desfachatez, avilantez. (**a.**: *comedimiento.*)

audaz. adj. Atrevido, osado, arrojado, valiente, arriesgado. (**a.**: *apocado, corto, temeroso.*) || Desvergonzado, descarado, insolente. (**a.**: *prudente, discreto, educado.*)

audible. adj. Oíble.

audición. f. Concierto, recital, lectura. || Auscultación.

audiencia. f. Auditorio. || Entrevista, reunión.

auditorio. m. Público, concurrencia, concurso, asistencia, audiencia.

auge. m. Elevación, prosperidad, encumbramiento. (**a.**: *decadencia, ruina.*) || Apogeo, esplendor, plenitud, culminación, cima, cumbre, cúspide. (**a.**: *ocaso.*)

augur. m. Agorero, arúspice, adivino, profeta, vate.

augurar. tr. Predecir, pronosticar, profetizar, presagiar, adivinar, vaticinar, presentir.

augurio. m. Predicción, presagio, pronóstico, agüero, profecía, vaticinio, anuncio. *Su capacidad es augurio de un buen futuro como profesional.*

augusto, ta. adj. Majestuoso, mayestático.

aula. f. Clase, cátedra.

áulico, ca. adj. Palaciego, cortesano.

aullido. m. Aúllo.

aumentar. tr. Sumar, añadir, adicionar, agregar, acrecentar, incrementar. (**a.**: *disminuir, reducir.*) || Crecer, agrandar, ampliar. (**a.**: *decrecer.*)

aumento. m. Acrecentamiento, incremento, crecimiento. (**a.**: *disminución,*

rebaja.) || Adelantamiento, medra, avance. (**a.**: *retroceso.*)
aun. adv. Inclusive, hasta.
aún. adv. Todavía.
aunar. tr. y prnl. Unir, confederar, asociar, juntar, unificar. (**a.**: *desunir, separar.*) || tr. Armonizar.
aunque. conj. Si bien, aun cuando, a pesar de que, no obstante que.
aupar. tr. Levantar, subir, alzar. || Enaltecer, ensalzar, encumbrar, elevar.
aura. f. Céfiro, brisa. (**a.**: *ciclón, vendaval.*) || Hálito, aliento, soplo. || Aplauso, aceptación, favor, aprobación.
aura. f. Gallinazo, gallinaza.
áureo, a. adj. Dorado.
aureola o **auréola.** f. Corona, diadema, lauréola, nimbo. || Gloria, celebridad, fama, renombre, prestigio. || Halo.
auriga. m. Cochero, mayoral, automedonte.
aurora. f. Alba, alborada, amanecer, albor. (**a.**: *anochecer.*) || Principio, comienzo.
ausencia. f. Falta, carencia, privación. (**a.**: *presencia.*) || Alejamiento.
ausentarse. prnl. Marcharse, irse. (**a.**: *aparecer, presentarse.*)
auspiciar. tr. Predecir, augurar, adivinar. || Proteger, favorecer, patrocinar, apadrinar.
auspicio. m. Agüero, augurio, presagio. || Protección, favor, patrocinio.
auspicioso, sa. adj. Favorable.
austeridad. f. Continencia, templanza, temperancia, moderación, sobriedad. (**a.**: *sibaritismo.*) || Severidad, rigor, rigidez, dureza, aspereza, rectitud. (**a.**: *blandura, suavidad.*)
austero, ra. adj. Agrio, áspero, acerbo. || Severo, riguroso, rígido, recto. *La Justicia debe ser austera.* || Sobrio.
austral. adj. Antártico, meridional, sur. (**a.**: *norte, boreal, septentrional.*)
austro. m. Sur, mediodía.
autarquía. f. Autosuficiencia, autonomía, independencia.
autárquico, ca. adj. Autónomo.
auténtico, ca. adj. Verdadero, positivo, cierto, seguro, genuino, real, legítimo. (**a.**: *falso, falsificado.*) || Acreditado, autorizado, legalizado, fidedigno.
autillo. m. Cárabo.
auto. m. Automóvil. || Acta, expediente, causa. || Acto, hecho.
autocracia. f. Cesarismo, dictadura, despotismo.
autócrata. com. Dictador, déspota, tirano.
autóctono, na. adj. Nativo, aborigen, indígena, natural. *Ellos prefieren la comida autóctona.*
autodecisión. f. Autodeterminación.
autógrafo, fa. adj. Ológrafo. *Testamento ológrafo.* || Firma.
autómata. m. Robot.
automático, ca. adj. Inconsciente, involuntario, maquinal, mecánico. (**a.**: *consciente.*)
automotriz. adj. Automotora.
automóvil. m. Coche, carro, auto.
autonomía. f. Autarquía, autogobierno, independencia, libertad. (**a.**: *dependencia.*)
autopsia. f. Necropsia, necroscopia.
autor, ra. m. y f. Creador. || Causante. || Inventor. || Escritor. || Compositor.
autoridad. f. Poder, mando, facultad, potestad, jurisdicción. || Crédito, fe. || Predicamento, prestigio, ascendiente. || Poder público. || Ostentación, fausto, aparato. || Agente, delegado, representante.
autoritario, ria. adj. Despótico, arbitrario, imperioso, autocrático. (**a.**: *dócil.*)
autorización. f. Consentimiento, permiso, venia, aprobación, anuencia, licencia.
autorizar. tr. Facultar, dar poder. || Consentir, aprobar, acceder, permitir. (**a.**: *desautorizar, rechazar, denegar.*) || Legalizar, garantizar, legitimar.
autosuficiencia. f. Suficiencia, presunción.
autosuficiente. adj. Suficiente, presuntuoso, pedante.
autumnal. adj. Otoñal.
auxiliar. adj. y s. Ayudante, asistente, cooperador, colaborador, suplente,

discípulo. || Coadyuvante. || Complementario, accesorio.

auxiliar. tr. Ayudar, socorrer, subvencionar, asistir, amparar. (**a.**: *desamparar.*) || Secundar, apoyar, favorecer. (**a.**: *entorpecer.*)

auxilio. m. Ayuda, socorro, cooperación, asistencia, protección, amparo. || Apoyo, favor. || Limosna, subsidio, subvención.

aval. m. Firma, garantía.

avalancha. f. Alud.

avalar. tr. Garantizar, garantir.

avalúo. m. Valuación, tasa.

avance. m. Anticipo, adelanto. || Progreso, adelanto. (**a.**: *retroceso.*) || Avanzo, balance. || Presupuesto.

avanzada. f. Vanguardia. (**a.**: *retaguardia.*)

avanzar. tr. e intr. Adelantar. (**a.**: *retroceder.*) || intr. Prosperar, mejorar, progresar. || Acometer. (**a.**: *cejar.*)

avaricia. f. Avidez, codicia. || Tacañería, ruindad, cicatería, mezquindad, miseria, sordidez. (**a.**: *generosidad, esplendidez, largueza.*) || Ambición.

avariento, ta. adj. y s. Avaro, codicioso. (**a.**: *manirroto.*)

avaro, ra. adj. y s. Avariento, avaricioso, ávido, ambicioso, codicioso. || Mezquino, tacaño, ruin, roñoso, cicatero, sórdido, miserable, amarrete, agarrado. (**a.**: *desprendido, liberal.*)

avasallar. tr. Dominar, señorear, sujetar, someter, sojuzgar, subyugar, tiranizar. (**a.**: *libertar, emancipar.*)

avecinarse. prnl. Acercarse, aproximarse. || Avecindarse. (**a.**: *emigrar.*)

avecindarse. prnl. Establecerse, domiciliarse, avecinarse.

avechucho. m. Pajarraco.

avejentar. tr. y prnl. Envejecer, aviejar, revejecer. (**a.**: *rejuvenecer.*)

avenamiento. m. Drenaje.

avenar. tr. Drenar, canalizar.

avenencia. f. Convenio, concierto, conciliación, transacción, arreglo. (**a.**: *desavenencia.*) || Unión, conformidad, armonía, compenetración, acuerdo. (**a.**: *desacuerdo, discrepancia.*)

avenida. f. Crecida, desbordamiento, inundación, creciente, riada, aluvión. || Arroyada. || Bulevar, calle.

avenir. tr. y prnl. Conciliar, concertar, convenir, arreglar, concordar. || intr. Suceder. || prnl. Entenderse, allanarse, amoldarse, congeniar, simpatizar. (**a.**: *enemistarse, malquistarse.*) || Conformarse, resignarse. || Armonizar.

aventador. m. Bieldo, abanico. || Soplador, soplillo.

aventajar. tr. Anteponer, preferir. (**a.**: *retrasar.*) || intr. Exceder, superar, sobrepujar, pasar, adelantar, sobrepasar, alcanzar, dejar atrás. (**a.**: *achicarse.*) || prnl. Sobresalir.

aventar. tr. Airear, orear, ventilar. || Expulsar, echar.

aventura. f. Andanza, peripecia, correría. || Riesgo, azar, peligro. || Casualidad, contingencia.

aventurado, da. adj. Arriesgado, peligroso, expuesto, azaroso, inseguro. (**a.**: *seguro.*)

aventurar. tr. y prnl. Arriesgar, exponer, comprometer. || prnl. Atreverse, osar.

avergonzar. tr. y prnl. Encoger, correr, empachar, ruborizar, sonrojar, abochornar, sofocar. (**a.**: *enorgullecer, alardear.*)

avería. f. Daño, desperfecto, deterioro, rotura. *Hay una avería en la maquinaria.* || Detrimento, menoscabo, perjuicio.

averiar. tr. y prnl. Dañar, deteriorar.

averiguación. f. Indagación, investigación, pesquisa, búsqueda, sondeo, encuesta. (**a.**: *ocultación.*)

averiguar. tr. Inquirir, indagar, investigar, buscar, ahondar. || Curiosear, escudriñar.

averno. m. Infierno, báratro, tártaro, orco. (**a.**: *cielo, edén, paraíso.*)

aversión. f. Antipatía, repugnancia, repulsión, odio, animadversión, animosidad. (**a.**: *simpatía, aprecio, estima.*)

avestruz. m. Ñandú. || Ignorante.

avezado, da. adj. Hábil, experto, experimentado, diestro, ducho, curtido. (**a.**: *novel, inexperto.*)

avezar. tr. y prnl. Acostumbrar, habituar, curtir.
aviación. f. Aeronáutica, aeronavegación.
aviador, ra. m. y f. Piloto, aeronauta.
aviar. tr. y prnl. Prevenir, preparar, disponer, arreglar, aprestar, alistar. (**a.**: *desarreglar.*) || tr. Proporcionar, proveer, despachar, apresurar. || Aderezar, condimentar. || prnl. Manejarse, arreglarse. || Acicalarse, arreglarse.
avidez. f. Codicia, ansia, voracidad, glotonería. (**a.**: *indiferencia, desinterés.*)
ávido, da. adj. Codicioso, ansioso, insaciable, voraz. (**a.**: *desprendido, indiferente.*)
aviejar. tr. y prnl. Avejentar, envejecer.
avieso, sa. adj. Torcido, irregular. || Atravesado, mal inclinado, malo, perverso, maligno, malvado, malintencionado. (**a.**: *bienintencionado.*)
avilantarse. prnl. Descararse, insolentarse, desvergonzarse, osar.
avilantez. f. Descaro, atrevimiento, audacia, osadía, insolencia, desvergüenza. (**a.**: *mesura, educación.*)
avinagrar. tr. y prnl. Acedar, agriar. || Acetificar. || prnl. Exacerbarse.
avío. m. Prevención, apresto. || Provisión. || pl. Utensilios, trastos, menesteres.
avión. m. Aeroplano, aeronave, aparato.
avisado, da. adj. Prudente, previsor, advertido, precavido, cauteloso, astuto. || Despierto, sagaz, listo. (**a.**: *lerdo, tonto.*)
avisador, ra. m. y f. Llamador.
avisar. tr. Advertir, noticiar, notificar, anunciar, participar, comunicar. (**a.**: *ocultar.*) || Aconsejar, advertir, prevenir. (**a.**: *engañar.*) || Amenazar.
aviso. m. Indicación, advertencia, anuncio, noticia, notificación. || Indicio, señal. || Amonestación, consejo, observación, castigo, escarmiento. || Prudencia, discreción, precaución, prevención, cautela, atención, cuidado.
avispado, da. adj. Vivo, despierto, agudo, listo, despabilado. (**a.**: *bobo.*)
avispar. tr. y prnl. Despabilar, despertar. || prnl. Inquietarse, desasosegarse. (**a.**: *aquietarse.*)
avispón. m. Tábano, moscardón.
avistar. tr. Descubrir, divisar, dar vista a, ver. || prnl. Entrevistarse, reunirse, personarse.
avituallar. tr. Abastecer, proveer, suministrar, aprovisionar. (**a.**: *desabastecer.*)
avivar. tr. Vivificar, reavivar, revivificar, atizar, reanimar, vigorizar. (**a.**: *apagar.*) || Excitar, animar, enardecer, encender, acalorar. (**a.**: *apaciguar, detener.*) || Despabilar, espabilar. || Estimular, activar, apurar. (**a.**: *desanimar.*)
avizorar. tr. Acechar, escudriñar, atisbar, observar, vigilar, espiar.
axila. f. Sobaco, islilla.
axilar. adj. Sobacal.
axioma. m. Postulado. *Los axiomas no requieren demostración.* || Principio, base, fundamento. || Apotegma, máxima, sentencia, aforismo.
axiomático, ca. adj. Incontrovertible, evidente, irrebatible, indiscutible, incuestionable. (**a.**: *discutible, problemático.*)
ayo, ya. m. y f. Pedagogo. || m. Preceptor. || f. Institutriz.
ayuda. f. Auxilio, asistencia, socorro. || Cooperación, contribución, colaboración. || Apoyo, favor, amparo, protección. || Lavativa, enema, clister.
ayudante. com. Auxiliar, asistente, cooperador.
ayudar. tr. Cooperar, contribuir, colaborar, coadyuvar. (**a.**: *impedir, estorbar.*) || Asistir, auxiliar, socorrer, amparar. (**a.**: *abandonar.*) || Apoyar, favorecer, secundar. (**a.**: *entorpecer.*)
ayuno, na. adj. Ignorante, inadvertido, ajeno. (**a.**: *conocedor, sabedor.*) || Carente, falto. || m. Abstinencia, dieta. (**a.**: *hartazgo.*)
ayuntamiento. m. Municipio, concejo, municipalidad, cabildo. || Junta, reunión. || Cópula, unión.
ayuntarse. prnl. Aparearse.
azabache. m. Ámbar negro.
azafata. f. Camarera.

azafate. m. Bandeja, canastillo.
azagaya. f. Dardo, venablo, flecha, lanza.
azar. m. Casualidad, acaso, albur, contingencia, eventualidad, destino, fatalidad. (**a.**: *seguridad, certeza.*) *Ese bohemio vive al azar.*
azarar. tr. y prnl. Azorar. || prnl. Ruborizarse, sonrojarse.
azararse. prnl. Turbarse, conturbarse, aturdirse, confundirse, azorarse. (**a.**: *serenarse.*)
azaroso, sa. adj. Aventurado, arriesgado, expuesto, peligroso, incierto, inseguro. (**a.**: *seguro, confiable.*) || Aciago, fatal, funesto, infausto, nefasto. (**a.**: *fausto.*) || Turbado, temeroso.
azoado, da. adj. Nitrogenado.
ázoe. m. Nitrógeno.
azogue. m. Mercurio, hidrargirio.
azoico, ca. adj. Arcaico, arqueozoico. || Nítrico.
azonzado, da. adj. Atontado. (**a.**: *avivado.*)
azor. m. Milano.
azorar. tr. y prnl. Conturbar, sobresaltar, aturdir, azarar, abatatar. (**a.**: *tranquilizar.*) || Incitar, animar.
azotaina. f. Zurra, paliza.
azotar. tr. Vapulear, zurrar, fustigar, hostigar, golpear, flagelar. || Castigar, dañar.
azote. m. Látigo. || Azotazo, latigazo. (**a.**: *caricia, mimo.*) || Calamidad, flagelo, castigo, desgracia, plaga.
azotea. f. Terrado, solana, terraza.
azúcar. amb. Sacarosa.
azucarar. tr. Endulzar, dulcificar, melar, almibarar. (**a.**: *amargar.*)
azucena. f. Lirio blanco.
azufrado, da. adj. Sulfuroso.
azulejo. m. Baldosa, mosaico.
azur. m. Azul.
azuzar. tr. Achuchar, incitar, excitar, estimular, irritar. (**a.**: *frenar, tranquilizar.*)
azuzón, na. adj. y s. Intrigante, cizañero, instigador, incitador.

baba. f. Saliva, espumarajo, babaza.

babador. m. Babero.

babel. f. Barahúnda, confusión.

babero. m. Babador, pechero.

babieca. adj. Bobo, simple, abobado, bobalicón, papanatas, pazguato, tontaina, tonto, imbécil, memo. (**a.**: *listo, avisado, inteligente.*)

babosa. f. Limaza, babaza.

baboso, sa. adj. Pegajoso, empalagoso, almibarado. ‖ Chocho. ‖ Bobo, tonto. ‖ Enamoradizo.

bacalao. m. Abadejo.

bacanal. f. Orgía, saturnal, juerga, francachela. (**a.**: *dieta.*)

bacante. f. Ménade.

bacilo. m. Microbio, virus, bacteria, microorganismo.

bacín. m. Orinal, tito, vaso de noche. ‖ Bacineta.

bacteria. f. Bacilo.

bacteriología. f. Microbiología.

báculo. m. Bastón, cayado. ‖ Apoyo, arrimo, consuelo, ayuda. *Aquella sobrina era el báculo de su vejez.*

bache. m. Hoyo, depresión, pozo. (**a.**: *montículo.*)

bada. f. Rinoceronte, abada.

badajada. f. o **badajazo.** m. Necedad, despropósito, majadería, sandez.

badajo. m. Espiga, lengua. ‖ Hablador, necio, tonto.

badén. m. Zanja.

badila. f. Hurgón.

badulaque. m. Tonto, bobo, necio, majadero, botarate, leño.

bagaje. m. Equipaje, impedimenta. ‖ Acervo, caudal, patrimonio.

bagatela. f. Nimiedad, menudencia, minucia, friolera, fruslería, insignificancia, pequeñez, chuchería, baratija, nadería, nonada, tontería. (**a.**: *joya.*)

bagazo. m. Cáscara, residuo, corteza.

bagual. adj. Bravo, indómito, cerril, salvaje.

bahía. f. Golfo, ensenada, rada, cala, abra, seno. (**a.**: *península, cabo.*)

bailar. intr. y tr. Danzar, bailotear.

bailarín, na. m. y f. Danzante.

baile. m. Danza.

baja. f. Disminución, decadencia, descenso, caída, mengua. (**a.**: *alza.*) ‖ Merma, pérdida, quebranto, bajón, depreciación, desvalorización.

bajada. f. Descenso. (**a.**: *subida.*) ‖ Cuesta, pendiente, declive.

bajamar. f. Reflujo. (**a.**: *pleamar.*)

bajar. intr., tr. y prnl. Descender. (**a.**: *ascender, elevar.*) ‖ Apear, descender. ‖ intr. y tr. Disminuir, menguar, decrecer, decaer. (**a.**: *crecer.*) ‖ tr. Abaratar, rebajar. (**a.**: *encarecer.*) ‖ Arriar. (**a.**: *izar.*) ‖ Agachar. (**a.**: *erguir, levantar.*) ‖ tr. y prnl. Humillar, abatir.

bajel. m. Buque, barco, navío, nave, embarcación, nao.

bajeza. f. Indignidad, ruindad, vileza, envilecimiento, abyección, villanía, degradación. (**a.**: *dignidad, nobleza.*) ‖ Abatimiento, humillación.
bajío. m. Banco, bajo. *La nave encalló en un bajío.*
bajo. prep. Debajo de.
bajo, ja. adj. Pequeño, chico. (**a.**: *alto.*) ‖ Petizo. ‖ Descolorido, apagado, mortecino. (**a.**: *vivo, intenso.*) ‖ Gacho. ‖ Débil, apagado. ‖ Inferior. ‖ Vil, despreciable, vulgar, ruin, indigno, soez, mezquino, rastrero, abyecto. *Lo bajo deshonra.* ‖ Grave. (**a.**: *agudo.*) ‖ m. Banco, bajío.
bajón. m. Caída. ‖ Descenso, disminución, merma, baja, menoscabo.
bala. f. Proyectil. ‖ Fardo, paca, bulto. ‖ Tampón, almohadilla.
baladí. adj. Insignificante, insustancial, superficial, trivial, fútil, nimio. (**a.**: *importante.*)
baladre. adj. Adelfa, hojaranzo, laurel rosa.
baladronada. f. Bravata, fanfarronada, fanfarronería.
balance. m. Arqueo.
balancear. tr., intr. y prnl. Oscilar. ‖ Columpiar, mecer, acunar. ‖ intr. Vacilar, dudar, titubear. ‖ tr. Equilibrar, contrapesar. (**a.**: *desequilibrar, desigualar.*)
balanceo. m. Oscilación, mecimiento, vaivén. ‖ Contoneo. ‖ Vacilación, fluctuación.
balancín. m. Mecedora. ‖ Contrapeso, tiento, chorizo. ‖ Columpio.
bálano o balano. m. Glande.
balasto. m. Grava.
balazo. m. Tiro, disparo.
balbucear. intr. Balbucir, mascullar, barbotar, tartamudear, farfullar.
balbucir. intr. Balbucear.
balcón. m. Mirador, miranda, miradero, vistillas.
baldado, da. adj. Tullido, impedido, paralítico, inválido.
baldaquín o baldaquino. m. Dosel, pabellón.
baldar. tr. y prnl. Lisiar. ‖ tr. Contrariar. ‖ Tullir. ‖ Perjudicar, dañar.
balde. m. Cubo, barreño.
balde (de). loc. adv. Gratis, graciosamente. ‖ Sin motivo, sin causa.
balde (en). loc. adv. En vano, inútilmente.
baldear. tr. Fregar, limpiar, regar.
baldío, a. adj. Estéril, yermo, erial, infecundo. (**a.**: *fértil.*) ‖ Inútil, vano, ocioso. (**a.**: *útil, provechoso.*)
baldón. m. Oprobio, injuria, afrenta, vituperio, deshonor, deshonra, vergüenza, ignominia, estigma. *El baldón denigra.* (**a.**: *elogio.*)
baldonar. tr. Abaldonar, injuriar, afrentar, vituperar.
baldosa. f. Azulejo, mosaico, tesela.
balear. tr. Tirotear.
baleo. m. Ruedo, felpudo. ‖ Aventador.
baleo. m. Tiroteo, balacera.
baliza. f. Boya.
balompié. m. Fútbol.
balón. m. Garrafa. ‖ Fardo, bala. ‖ Pelota, esférico.
balonvolea. m. Voleibol.
balsa. f. Jangada, almadía. ‖ Charco, estanque.
bálsamo. m. Consuelo, alivio, lenitivo. *La música era un bálsamo para él.*
baluarte. m. Bastión. ‖ Fortaleza, fortificación. ‖ Protección, defensa, amparo.
balumba. f. Confusión, desorden. (**a.**: *orden.*)
ballestilla. f. Radiómetro. ‖ Fleme.
bambalina. f. Colgadura.
bambolear. intr. y prnl. Bambalear, tambalear, vacilar, balancear, oscilar.
bambolla. f. Aparato, ostentación, boato, pompa, fausto, apariencia.
banal. adj. Trivial, insustancial.
banana. f. o **banano.** m. Plátano.
banasta. f. Canasto.
banca. f. Escaño.
bancal. m. Tabla. ‖ Terraza, rellano.
bancarrota. f. Quiebra. ‖ Desastre, hundimiento, descrédito. (**a.**: *éxito.*)
banco. m. Escaño, asiento. ‖ Cardumen, bandada. ‖ Bajo, bajío. ‖ Sotabanco.
banda. f. Tira, cinta, faja, lista. ‖ Franja, cenefa.
banda. f. Partida, facción, cuadrilla, pandilla, bandería. ‖ Manada. ‖ Ban-

dada, bando. || Charanga. || Crencha. || Baranda. || Lado, costado, margen.
bandada. f. Banda, muchedumbre, tropel. || Cardumen, banco.
bandazo. m. Tumbo, balanceo.
bandearse. prnl. Ingeniarse, apañarse, arreglarse. || Pasarse.
bandeja. f. Plato, fuente. || Batea.
bandera. f. Insignia, enseña, estandarte, pabellón.
bandería. f. Bando, parcialidad, partida, facción.
banderilla. f. Rehilete, palitroque.
banderola. f. Montante.
bandidaje. m. Bandolerismo.
bandido. m. Bandolero, malhechor, salteador, ladrón. || Granuja.
bando. m. Edicto. || Pregón.
bando. m. Facción, parcialidad, bandería, partido. *Bando es un partido. Bandería, una parcialidad.* || Banda, bandada. || Cardumen, banco.
bandolerismo. m. Bandidaje.
bandolero. m. Bandido, malhechor, salteador, facineroso, forajido, ladrón. *La región estaba plagada de bandoleros.*
bandullo. m. Barriga, panza, vientre.
banquero. m. Cambista, especulador.
banqueta. f. Taburete.
banquete. m. Festín, ágape, comilona.
banquillo. m. Asiento, escaño, banco.
bañar. tr. Sumergir. || Mojar, humedecer. || Recubrir, cubrir.
bañera o **bañadera.** f. Baño.
baño. m. Inmersión, sumersión, remojón. || Bañera, pila. || Capa, mano. || Cuarto de baño. || Retrete, escusado, letrina. || Barniz, tinte, pintura. || pl. Balneario.
baptisterio. m. Pila bautismal. *Son célebres las puertas de bronce del baptisterio de Florencia.*
baqueano, na. adj. y s. Experto, práctico. || m. Guía, rastreador.
baqueteado, da. adj. Acostumbrado, avezado, habituado, experimentado, ducho, práctico, experto. (**a.**: *bisoño.*) || Aguerrido, entrenado.
baquetear. tr. Incomodar, molestar, cansar. || Avezar.
baquía. f. Experiencia, destreza. (**a.**: *torpeza.*)
baquiano, na. adj. y s. Baqueano.
báquico, ca. adj. Dionisíaco. || Orgiástico. || Vinolento, vinoso.
bar. m. Taberna.
barahúnda. f. Baraúnda.
baraja. f. Naipe. || Riña, reyerta.
barajar. tr. Mezclar, entremezclar, revolver, confundir. (**a.**: *ordenar.*) || intr. Reñir, contender, altercar.
baranda. f. Barandilla, barandal, barra, pasamanos. || Borde.
barandal. m. Pasamano. || Barandilla, barra, borde.
barandilla. f. Antepecho, baranda.
baratija. f. Chuchería, fruslería, friolera, pequeñez, menudencia, minucia. (**a.**: *alhaja, joya.*)
barato, ta. adj. Económico, módico. (**a.**: *caro, costoso.*)
báratro. m. Infierno, averno, tártaro, orco.
baraúnda. f. Confusión, desorden, alboroto, bullicio, ruido. (**a.**: *calma, tranquilidad.*)
barba. f. Chiva, perilla.
barbacana. f. Aspillera, tronera, cañonera.
barbaridad. f. Atrocidad, enormidad, disparate, dislate, imprudencia, desconsideración, necedad, ciempiés. || Ferocidad, crueldad, inhumanidad, barbarie, fiereza. (**a.**: *compasión, conmiseración.*)
barbarie. f. Rusticidad, ignorancia, incultura, cerrilidad, salvajismo. (**a.**: *civilización, cultura.*) || Fiereza, ferocidad, crueldad, inhumanidad.
barbarismo. m. Barbaridad, barbarie. || Solecismo.
barbarizar. intr. Disparatar, desatinar, desbarrar.
bárbaro, ra. adj. Atroz, fiero, feroz, cruel, inhumano. (**a.**: *humano, compasivo.*) || Arrojado, temerario, imprudente, alocado. || Rudo, inculto, grosero, tosco, salvaje, cerril, bruto. (**a.**: *culto.*) || Descortés, irrespetuoso, desconsiderado. (**a.**: *cortés, amable.*) || Grande, excesivo, extraordinario. || Excelente, magnífico.

barbecho. m. Añojal.
barbería. f. Peluquería.
barbero. m. Peluquero, fígaro, rapabarbas.
barbián, na. adj. Desenvuelto, gallardo, galán, arriscado.
barbijo. m. Barboquejo. ‖ Chirlo.
barbilampiño. adj. Carilampiño, imberbe. (**a.**: *peludo, velludo, barbudo.*)
barbilla. f. Mentón. ‖ Barba. ‖ Papada, perilla.
barboquejo. m. Barbiquejo, barbuquejo, barbijo.
barbotar o **barbotear.** intr. y tr. Mascullar, barbullar, farfullar, tartamudear.
barbullar. intr. Barbotar, barbotear, mascullar, farfullar, balbucear.
barca. f. Lancha, bote, batel.
barcaza. f. Gabarra, lanchón.
barco. m. Buque, vapor, navío, nave, bajel, embarcación, bastimento, nao.
bardo. m. Poeta, aedo, vate, rapsoda.
barítono, na. adj. Llano, grave. ‖ m. Cantante.
barloar. tr., intr. y prnl. Abarloar, arrimar.
barniz. m. Baño, tinte, tintura.
barquilla. f. Cabina, cesto. ‖ Molde.
barquinazo. m. Tumbo, vaivén, sacudida, vuelco.
barquino. m. Odre, bota, cuba.
barra. f. Barrote. ‖ Lista, raya, banda. ‖ Bajío, banco, bajo. ‖ Rejón, riel. ‖ Lingote.
barrabasada. f. Tropelía, atropello, desafuero. ‖ Barbaridad, disparate. ‖ Jugada, pasada, trastada.
barragana. f. Concubina, manceba, querida.
barranco. m. Barranca, barranquera, despeñadero, precipicio. ‖ Badén. ‖ Dificultad, embarazo, impedimento.
barredura. f. Barrido. ‖ pl. Inmundicia, basura. ‖ Desperdicios, residuos.
barreminas. m. Dragaminas.
barrena. f. Broca, taladro, fresa.
barrenar. tr. Taladrar, agujerear, horadar, perforar. ‖ Conculcar, infringir, trasgredir, quebrantar, violar. (**a.**: *cumplir, respetar.*)
barreno. m. Explosivo, taladro. ‖ Vanidad, presunción.
barreño, ña. m. y f. Terrizo, lebrillo.
barrer. tr. Escobar. ‖ Desembarazar, despejar, expulsar, apartar. ‖ Arrastrar.
barrera. f. Valla. ‖ Obstáculo, impedimento, dificultad, embarazo, traba. ‖ Amparo, refugio.
barrial. m. Barrizal.
barrica. f. Barril, tonel.
barriga. f. Abdomen, vientre, panza, tripa, andorga. ‖ Comba, curvatura, convexidad.
barrigón, na. adj. y s. Panzón.
barrigudo, da. adj. Barrigón.
barril. m. Tonel, pipa, cuba, barrica.
barrilete. m. Cometa.
barrilla. f. Sosa. ‖ Mazacote, natrón.
barrio. m. Arrabal, suburbio, barriada.
barrizal. m. Lodazal, cenagal, fangal, barrial.
barro. m. Cieno, lama, légamo, limo, lodo, fango. ‖ Descrédito, ignominia, deshonra. ‖ Terracota, tiesto.
barrote. m. Travesaño.
barruntar. tr. Prever, conjeturar, presentir, suponer, sospechar, oler, olfatear.
barrunto. m. Presentimiento, sospecha, pálpito, corazonada. (**a.**: *certeza.*) ‖ Atisbo, vislumbre, conjetura, indicio.
bártulos. m. pl. Enseres, trastos, utensilios, trebejos, chirimbolos, chismes, cachivaches. ‖ Maletas, equipaje.
barullo. m. Confusión, desorden, alboroto, baraúnda, ruido, desbarajuste, lío, babel, jaleo. (**a.**: *orden, silencio.*)
barullón, na o **barullero, ra.** adj. Embrollador, embrollón, lioso, enredador.
basa. f. Base, fundamento. ‖ Asiento, pedestal.
basamento. m. Basa.
basar. tr. Asentar, cimentar. ‖ tr. y prnl. Fundar, apoyar, fundamentar.
basca. f. Náusea, arcada, ansia.
bascosidad. f. Inmundicia, suciedad, porquería, asquerosidad.
báscula. f. Balanza.
base. f. Asiento, apoyo, soporte. ‖ Fun-

damento, cimiento. (**a.**: *cima, cúspide.*) ‖ Origen, raíz, antecedente. (**a.**: *consecuencia.*) ‖ Hidróxido.

básico, ca. adj. Fundamental, primordial, esencial, principal, cardinal. (**a.**: *accesorio, secundario, superfluo.*)

basilisco. m. Arpía, trasgo.

basta. f. Hilván, baste.

bastante. adj. Suficiente, harto. (**a.**: *insuficiente, escaso.*) ‖ Considerable. ‖ adv. Considerablemente, asaz, muy.

bastar. intr. Alcanzar, llegar, ser suficiente. (**a.**: *faltar, escasear.*)

bastardear. intr. y tr. Degenerar. ‖ tr. y prnl. Estropear, dañar. ‖ tr. Falsear, falsificar, adulterar.

bastardilla. adj. Cursiva, itálica.

bastardo, da. adj. Espurio, ilegítimo. (**a.**: *legítimo.*) ‖ Falso, bajo, vil, infame, innoble. ‖ m. Boa.

baste. m. Hilván, basta.

bastidor. m. Chasis.

bastimento. m. Barco, embarcación. ‖ Provisión.

bastión. m. Baluarte. ‖ Amparo, defensa, protección.

basto, ta. adj. Tosco, rudo, grosero, ordinario, burdo, vulgar. (**a.**: *delicado.*)

bastón. m. Palo, vara. ‖ Cayado, báculo.

bastonazo. m. Garrotazo.

basura. f. Suciedad, inmundicia, porquería, barreduras, bazofia, desperdicios.

basurero. m. Basural, estercolero.

batacazo. m. Porrazo, porrada, trastazo, caída, costalada.

batahola o **bataola.** f. Alboroto, bulla, bullicio, jarana, jaleo, gritería, algarabía, vocería, tumulto. (**a.**: *calma, silencio.*)

batalla. f. Combate, lid, lucha, pelea, contienda, encuentro, choque. ‖ Justa, torneo.

batallador, ra. adj. Belicoso, guerrero, combatiente. (**a.**: *pacífico.*)

batallar. intr. Pelear, reñir, luchar, lidiar, contender, combatir. ‖ Disputar, altercar, debatir, porfiar, pugnar. ‖ Fluctuar, vacilar.

bataola. f. Batahola.

batata. f. Timidez, cortedad.

batea. f. Bandeja, azafate. ‖ Artesa.

batel. m. Barca, bote, lancha, piragua.

batelero, ra. m. y f. Barquero, lanchero.

bateo. m. Bautizo, bautismo.

batiborrillo. m. Baturrillo, mezcolanza, fárrago, revoltijo.

baticola. f. Grupera, ataharre.

batida. f. Reconocimiento, exploración, registro. ‖ Acoso, persecución.

batido, da. adj. Andado, trillado, frecuentado, conocido. ‖ Derrotado.

batidor. m. Escarpidor, carmenador. ‖ Explorador, descubridor.

batifondo. m. Bochinche, tumulto. (**a.**: *tranquilidad.*)

batintín. m. Gongo, tantán.

batir. tr. Golpear, percutir, azotar. ‖ Acuñar. ‖ Martillar. ‖ Explorar, reconocer, registrar. ‖ Derrotar, vencer, arrollar, rendir. ‖ Derribar, derruir, demoler, tirar, tumbar. (**a.**: *construir, erigir.*) ‖ Desarmar, desmontar. (**a.**: *armar, montar.*) ‖ prnl. Combatir, batallar, luchar, pelear, lidiar.

batracio. adj. Anfibio.

batuque. m. Batifondo.

baturrillo. m. Batiborrillo, revoltijo, fárrago.

batuta. f. Dirección.

baúl. m. Mundo. ‖ Arca, cofre. ‖ Vientre, barriga.

bautismo. m. Bautizo, bateo.

bautizar. tr. Cristianar. ‖ Llamar, apellidar.

bautizo. m. Bautismo, bateo.

bazo. adj. Moreno.

bazofia. f. Bodrio, comistrajo, guisote. ‖ Basura, suciedad. ‖ Sobras.

bazucar o **bazuquear.** tr. Revolver, agitar, sacudir, menear, traquetear. (**a.**: *aquietar, parar.*)

beatificación. f. Canonización.

beatitud. f. Bienaventuranza. ‖ Felicidad, satisfacción, dicha, placidez, bienestar. (**a.**: *infelicidad.*)

beato, ta. adj. y s. Feliz, bienaventurado. (**a.**: *impío.*) ‖ Santurrón, mojigato.

bebé. m. Nene, rorro.

bebedero. m. Abrevadero. ‖ Cantina, taberna, cervecería.

bebedizo, za. adj. Potable. ‖ m. Filtro, medicina, narcótico.

bebedor, ra. adj. y s. Borrachín, borracho. (**a.**: *abstemio.*)
beber. intr. Brindar. ‖ tr. Tomar, empinar, trincar, emborracharse.
bebible. adj. Potable.
bebida. f. Poción. ‖ Copetín, licor, vino, trago, refresco.
bebido, da. adj. Chispo, achispado, borracho, embriagado, ebrio, beodo. (**a.**: *sereno, lúcido, sobrio.*)
becada. f. Chocha, gallineta.
becado, da. m. y f. Becario.
becerrada. f. Corrida, lidia.
becerro. m. o **becerra.** f. Ternero, novillo.
bedel. m. Celador.
beduino, na. adj. y s. Árabe. ‖ Bárbaro.
befa. f. Burla, escarnio, ludibrio, mofa, irrisión. (**a.**: *alabanza.*)
befar. tr. Escarnecer, mofar, burlar.
bejuco. m. Liana.
belcebú. m. Demonio, diablo.
beldad. f. Belleza, hermosura. (**a.**: *fealdad.*)
beldar. tr. Bieldar, aventar.
belén. m. Confusión, desorden, lío, embrollo, enredo, barullo.
belfo. m. Labio.
bélico, ca. adj. Guerrero, belicoso, marcial.
belicoso, sa. adj. Bélico, marcial. ‖ Agresivo, batallador, pendenciero, pugnaz, peleador, combativo. (**a.**: *pacífico.*)
beligerante. adj. Contendiente. (**a.**: *neutral.*)
belitre. adj. Pícaro, pillo, villano, ruin.
bellaco, ca. adj. Villano, malo, ruin, bajo, perverso. (**a.**: *bueno.*) ‖ Astuto, pícaro, pillo, tuno, taimado, zorro, sagaz. (**a.**: *cándido.*)
bellaquería. f. Pillería, ruindad, truhanería, tunantería, perversidad, maldad.
belleza. f. Hermosura, beldad. (**a.**: *fealdad.*) ‖ Atractivo, encanto.
bello, lla. adj. Agraciado, hermoso, lindo, bonito, guapo. ‖ Bueno, excelente. ‖ Peregrino, espléndido, fastuoso.
bencina. f. Gasolina, esencia.
bendecir. tr. Alabar, elogiar, encomiar, celebrar, enaltecer, engrandecer, ensalzar, loar. (**a.**: *censurar, criticar, maldecir.*)
bendición. f. Alabanza, elogio, enaltecimiento, celebración, encomio, loa, loor. (**a.**: *maldición.*) ‖ Abundancia, prosperidad.
bendito, ta. adj. Santo, bienaventurado. ‖ Feliz, dichoso. ‖ Sencillo, simple, cándido, ingenuo, bonachón.
benefactor, ra. adj. Bienhechor, protector, favorecedor.
beneficiar. tr. Favorecer, hacer bien, ayudar, apoyar, secundar. (**a.**: *perjudicar.*) ‖ Aprovechar, utilizar, explotar, mejorar.
beneficio. m. Favor, gracia, merced, servicio, bien. (**a.**: *daño, mal.*) ‖ Ganancia, utilidad, rendimiento, provecho, fruto, lucro, producto. (**a.**: *pérdida.*)
beneficioso, sa. adj. Benéfico, favorable. (**a.**: *perjudicial, nocivo.*) ‖ Provechoso, útil, lucrativo, productivo, fructífero, rentable, fructuoso. (**a.**: *desventajoso.*)
benéfico, ca. adj. Beneficioso. (**a.**: *maléfico.*)
benemérito, ta. adj. Digno, merecedor, meritorio. (**a.**: *desacreditado, indigno.*)
beneplácito. m. Aprobación, permiso, consentimiento, venia, asentimiento. (**a.**: *negativa, desaprobación, disconformidad.*)
benevolencia. f. Bondad, clemencia, generosidad, indulgencia, magnanimidad. (**a.**: *malquerencia, animosidad.*)
benevolente. adj. Favorable, benévolo.
benévolo, la. adj. Benigno, propicio, favorable. (**a.**: *desfavorable.*) ‖ Indulgente, tolerante, clemente, benigno, blando, bondadoso, complaciente, magnánimo. (**a.**: *intolerante, malévolo.*)
benignidad. f. Benevolencia. (**a.**: *dureza, maldad.*)
benigno, na. adj. Bondadoso, benévolo, indulgente, humano, clemente, propicio. (**a.**: *maligno, malévolo, inhumano, intolerante.*) ‖ Templado, a-

pacible, suave, dulce, moderado. (**a.**: *riguroso.*)

benjamín. m. Menor.

beocio, cia. adj. Ignorante, estúpido, tonto, mentecato, necio. (**a.**: *sagaz.*)

beodez. f. Borrachera, ebriedad, embriaguez.

beodo, da. adj. y s. Borracho, ebrio, embriagado, bebido.

bereber. m. Moro.

berenjenal. m. Embrollo, enredo, maraña, confusión, apuro, lío.

bergante. m. Bandido, belitre, bribón, pícaro, sinvergüenza, granuja, pillo, bellaco.

berilio. m. Glucinio.

berilo. m. Aguamarina, esmeralda.

bermejo, ja. adj. Rubio, rojizo, rufo. ‖ Taheño.

bermellón. m. Rojo. ‖ Cinabrio.

berrear. intr. Chillar, gritar, vociferar, rabiar.

berretín. m. Capricho.

berrinche. m. Enojo, enfado, coraje, rabia, furor, rabieta, pataleta, berrenchín, cólera, ira, sofoco, sofocón. ‖ Llorera, llanto.

berza. f. Col, repollo.

besar. tr. Besuquear, rozar, tocar.

beso. m. Ósculo, caricia.

bestia. f. Animal, irracional. ‖ com. Rudo, bruto, ignorante, bárbaro, cruel, salvaje. ‖ Estúpido, idiota, bobo, burro, torpe, ignorante.

bestial. adj. Brutal, irracional, feroz, cruel, tremendo, bárbaro. (**a.**: *humano, racional.*) ‖ Extraordinario, desmesurado, enorme.

bestialidad. f. Brutalidad, ferocidad, irracionalidad. (**a.**: *bondad, benignidad.*) ‖ Barbaridad, animalada.

besuquear. tr. Besar.

betarraga o **betarrata.** f. Remolacha.

betel. m. Buyo.

betún. m. Bola, alquitrán, asfalto, brea.

bezo. m. Labio.

bezudo, da. adj. Befo, belfo, hocicón, hocicudo, morrudo.

biaba. f. Paliza, tunda.

biblioteca. f. Librería.

bicípite. adj. Bicéfalo.

bicoca. f. Pequeñez, nadería, fruslería, bagatela, insignificancia. ‖ Ganga, mina, sinecura, prebenda, canonjía, breva.

bicha. f. Bicho. ‖ Culebra.

bichar. tr. Espiar, mirar, atisbar.

bicharraco. m. Bicho.

bichero. m. Cloque, arpón, gancho.

bicho. m. Sabandija, musaraña, bicharraco, bicha, alimaña.

bieldar. tr. Beldar, aventar.

bieldo. m. Aventador, horca, horcón, horqueta.

bien. m. Beneficio, favor, merced. ‖ Utilidad, provecho, regalo. (**a.**: *daño, perjuicio.*) ‖ Bienestar, felicidad. ‖ pl. Hacienda, riqueza, fortuna, capital, caudal.

bien. adv. Perfectamente, acertadamente, apropiadamente, felizmente. (**a.**: *mal, desacertadamente.*) ‖ Con gusto, de buena gana. ‖ Sin inconveniente, sin dificultad. ‖ Muy.

bienandanza. f. Felicidad, fortuna, dicha, suerte. (**a.**: *malandanza.*)

bienaventurado, da. adj. Beato, santo. (**a.**: *réprobo.*) ‖ Feliz, afortunado, dichoso. (**a.**: *desdichado, infeliz.*) ‖ Cándido, inocentón, incauto, bendito, ingenuo, crédulo, simple. (**a.**: *malicioso, perverso.*)

bienaventuranza. f. Gloria, vida eterna. ‖ Prosperidad, felicidad, dicha. (**a.**: *pobreza, penuria.*)

bienestar. m. Comodidad, regalo. (**a.**: *malestar.*) ‖ Abundancia, holgura, riqueza, desahogo. (**a.**: *miseria, pobreza.*)

bienhadado, da. adj. Afortunado, venturoso, dichoso, feliz. (**a.**: *malhadado, desafortunado.*)

bienhechor, ra. adj. y s. Benéfico, beneficioso. ‖ Favorecedor, protector, amparador, filántropo, benefactor.

bienmandado, da. adj. Obediente, dócil, sumiso. (**a.**: *rebelde, desobediente.*)

bienquistar. tr. y prnl. Congraciar. (**a.**: *malquistar.*)

bienquisto, ta. adj. Estimado, apreciado, considerado, querido, reputado. (**a.**: *malquisto.*)

bienvenida. f. Parabién.

bies (al). loc. adv. Al sesgo, oblicuamente.
bife. m. Bofetada, bofetón, cachetada.
bífido, da. adj. Hendido, bipartido.
bifurcación. f. Ramificación.
bifurcarse. prnl. Ramificarse, dividirse. (**a.**: *juntarse.*)
bigardo, da. adj. y s. Vago, vicioso, haragán, holgazán. ‖ Granuja, pillo.
bigornia. f. Yunque.
bigote. m. Mostacho.
bigotudo, da. adj. Abigotado.
bilioso, sa. adj. Colérico, atrabiliario, intratable, irritable, irascible, malhumorado.
bilis. f. Hiel, cólera. ‖ Desabrimiento, aspereza, irritabilidad, acrimonia. (**a.**: *dulzura.*)
billete. m. Boleto. ‖ Carta, esquela. ‖ Entrada, localidad.
billetera. f. o **billetero.** m. Cartera.
binar. tr. Edrar. ‖ intr. Doblar.
binóculo. m. Anteojos, prismáticos.
binza. f. Fárfara.
biografía. f. Vida, semblanza.
biombo. m. Mampara.
bioquímica. f. Química biológica.
birimbao. m. Trompa gallega.
birlar. tr. Quitar, robar, hurtar, escamotear, sustraer.
birreta. f. Gorro, bonete.
birrete. m. Birreta.
birria. f. Mamarracho, facha, adefesio, esperpento.
bisagra. f. Gozne, charnela.
bisar. tr. Repetir, reiterar.
bisbisar o **bisbisear.** intr. y tr. Musitar, farfullar, mascullar, susurrar.
bisel. m. Chaflán, corte.
biselar. tr. Abiselar, achaflanar.
bisexual. adj. Hermafrodita.
bisojo, ja. adj. Bizco, ojituerto, estrábico.
bisonte. m. Toro mexicano.
bisoñé. m. Peluca.
bisoño, ña. adj. y s. Inexperto, nuevo, novel, novato, bozal, principiante. (**a.**: *experto, ducho, veterano.*)
bisutería. f. Fantasía.
bizantinismo. m. Corrupción. ‖ Sutileza.
bizarría. f. Gallardía, valor. (**a.**: *cobardía, temor.*) ‖ Generosidad, esplendor, esplendidez, lucimiento.
bizarro, rra. adj. Valiente, esforzado, gallardo. ‖ Generoso, espléndido, lucido.
bizco, ca. adj. Bisojo.
bizcocho. m. Galleta.
bizma. f. Emplasto, pegote, cataplasma.
bizquera. f. Estrabismo.
blanco, ca. adj. Albo, cano. (**a.**: *negro.*) ‖ Pálido. ‖ Limpio. (**a.**: *sucio.*) ‖ Suelto. ‖ m. Objeto, objetivo, fin.
blancura. f. Candor, albura, blancor, ampo. (**a.**: *negrura.*)
blandear. intr. y prnl. Aflojar, ceder, contemporizar. ‖ tr. y prnl. Ablandar.
blandear. tr. Blandir, esgrimir, empuñar. ‖ prnl. Aflojar, ceder.
blandengue. adj. Blando, suave. ‖ Débil.
blandicia. f. Delicadeza, molicie. ‖ Adulación, halago.
blandir. tr. Enarbolar, esgrimir, agitar, mover.
blando, da. adj. Tierno, suave. ‖ Elástico, esponjoso, dúctil, maleable, flexible, flojo. (**a.**: *duro, consistente, resistente.*) ‖ Indulgente, benévolo, tolerante. (**a.**: *intransigente, intemperante.*) ‖ Abúlico, perezoso. ‖ Cobarde, flojo, pusilánime. (**a.**: *valiente.*) ‖ Suave, dulce, apacible, benigno. (**a.**: *áspero, rudo, desapacible.*) ‖ Muelle, cómodo. ‖ Templado.
blandura. f. Suavidad, lenidad, ternura, benignidad, afabilidad, dulzura. (**a.**: *dureza, rigor.*) ‖ Molicie, indolencia, regalo, deleite. (**a.**: *ascetismo.*)
blanquear. tr. Emblanquecer, blanquecer. (**a.**: *ennegrecer.*) ‖ Enjalbegar, encalar, enlucir.
blanquecino, na. adj. Blancuzco. (**a.**: *negruzco.*)
blasfemador, ra. adj. Blasfemo.
blasfemar. tr. Renegar, jurar, execrar, maldecir, vituperar. (**a.**: *ensalzar, bendecir.*)
blasfemia. f. Reniego, voto, juramento, execración, maldición, terno. ‖ Sacrilegio, grosería.

blasfemo, ma. adj. y s. Blasfemador, execrador, renegador. ‖ Blasfematorio.
blasón. m. Heráldica. ‖ Escudo, armas. ‖ Timbre, divisa. ‖ Gloria, honor.
blasonar. tr. Alardear, presumir, gloriarse, vanagloriarse, jactarse, pavonearse, alabarse, preciarse. (**a.**: *abochornarse.*)
bledo. m. Ardite, comino, pito.
blindaje. m. Coraza. ‖ Protección, defensa.
blindar. tr. Acorazar. ‖ Proteger.
blocao. m. Fortín, reducto.
blonda. f. Encaje.
blondo, da. adj. Rubio.
bloque. m. Agrupación, conjunto. ‖ Masa, pila.
bloquear. tr. Cercar, sitiar, asediar. ‖ Incomunicar, aislar. ‖ Congelar, inmovilizar.
bloqueo. m. Cerco, sitio, aislamiento. (**a.**: *evasión.*)
boa. f. Serpiente. ‖ Bufanda.
boardilla. f. Buhardilla.
boato. m. Ostentación, lujo, pompa, rumbo, suntuosidad, esplendor, fausto. (**a.**: *pobreza, sencillez.*)
bobada. f. Bobería, idiotez, simpleza, sandez, necedad, majadería, tontería, tontada. (**a.**: *agudeza, ingenio.*)
bobalicón, na. adj. y s. Bobo.
bobear. intr. Tontear.
bobería. f. Bobada.
bobina. f. Carrete.
bobinado. m. Devanado.
bobinadora. f. Devanadera.
bobinar. tr. Devanar.
bobo, ba. adj. y s. Cándido, babieca, papanatas, papamoscas. ‖ Simple, tonto, mentecato, gaznápiro, majadero, necio, memo, ganso, lelo, bobalicón. (**a.**: *despierto, inteligente.*)
boca. f. Abertura, agujero, desembocadura, entrada, salida. ‖ Brocal.
bocadillo. m. Emparedado, canapé. ‖ Bocado, refrigerio.
bocado. m. Dentellada, mordisco. ‖ Bocadillo. ‖ Freno, embocadura.
bocanada. f. Buchada. ‖ Sorbo. ‖ Fumarada.
bocel. m. Moldura.
bocetar. tr. Abocetar, esbozar.
boceto. m. Apunte, bosquejo, esbozo, croquis, esquema, idea. ‖ Borrón, mancha, proyecto.
bocina. f. Altavoz, megáfono.
bocón, na. adj. Jetón. ‖ Charlatán, fanfarrón.
bocoy. m. Barril.
bocha. f. Bola. ‖ Cabeza.
bochinche. m. Barullo, alboroto, jaleo, tumulto. (**a.**: *calma, tranquilidad.*)
bochorno. m. Calor. ‖ Rubor, sonrojo, vergüenza. (**a.**: *descaro.*) ‖ Sofocación, sofoco.
boda. f. Casamiento, matrimonio, unión, enlace, desposorio, himeneo, nupcias, connubio. (**a.**: *divorcio.*)
bodegón. m. Taberna, figón. ‖ Bodega.
bodoque. m. Bobo, tarugo, alcornoque, torpe.
bodrio. m. Bazofia, guisote. ‖ Mamarracho. ‖ Lío.
bofe. m. Pulmón, asadura.
bofetada. f. Cachete, galleta, guantazo, trompada, manotazo, sopapo, mamporro, bofetón. ‖ Desaire, desprecio.
boga. f. Aceptación, fama, reputación. ‖ Moda. ‖ Auge, fortuna.
bogar. intr. Remar. ‖ Navegar. (**a.**: *anclar.*)
bohardilla. f. Buhardilla.
bohío. m. Cabaña, rancho, choza. (**a.**: *mansión, palacio.*)
bohordo. m. Tallo, vara.
boicotear. tr. Aislar, coaccionar. (**a.**: *ayudar, cooperar.*)
boicoteo o **boicot.** m. Coacción.
bojar o **bojear.** intr. Costear.
bojeo. m. Contorno, perímetro.
bol. m. Ponchera, tazón.
bola. f. Mentira, embuste, patraña. ‖ Balón, pelota. ‖ Canica.
bolada. f. Chiripa, casualidad.
bolazo. m. Embuste, disparate.
bolearse. prnl. Abatatarse, equivocarse.
boleta. f. Pase, entrada, localidad. ‖ Libranza, libramiento. ‖ Vale, bono. ‖ Cédula, papeleta.
boletería. f. Taquilla.
boletero, ra. m. y f. Taquillero. ‖ Embustero.
boletín. m. Boleta, localidad. ‖ Noticie-

ro, informativo. ‖ Libramiento, libranza.

boleto. m. Billete, entrada, localidad.

boliche. m. Cambalache, tenducho.

bólido. m. Asteroide, aerolito, meteorito.

bolillero. m. Bombo.

bolo. m. Bobo, tonto. ‖ Mentira.

bolsa. f. Saco, talega, escarcela, bolso, cartera, monedero. ‖ Dinero. ‖ Lonja. ‖ Bolsón.

bolsillo. m. Faltriquera. ‖ Monedero. ‖ Dinero, bolsa.

bollo. m. Abolladura. ‖ Puñetazo. ‖ Chichón. ‖ Jaleo.

bombazo. m. Estallido, explosión.

bombilla. f. Lámpara. ‖ Canuto.

bombo. m. Elogio, adulación, encomio. ‖ Bolillero. ‖ Tambor.

bombona. f. Garrafa.

bonachón, na. adj. Buenazo, bonazo, cándido, crédulo, bondadoso, bendito.

bonancible. adj. Sereno, tranquilo. (**a.**: *tormentoso.*)

bonanza. f. Calma, serenidad. (**a.**: *tempestad.*) ‖ Felicidad, prosperidad. (**a.**: *desdicha, infortunio.*)

bondad. f. Benignidad, benevolencia, caridad, generosidad, magnanimidad, compasión, indulgencia, tolerancia, clemencia. (**a.**: *egoísmo, maldad, perversidad.*) ‖ Amabilidad, dulzura, afabilidad, ternura. (**a.**: *dureza, aspereza.*)

bondadoso, sa. adj. Benévolo, benigno, indulgente, generoso, tolerante. (**a.**: *malvado.*) ‖ Amable, afable, sensible. (**a.**: *egoísta, cruel.*)

bonete. m. Gorro.

bonificación. f. Beneficio, deducción, descuento, rebaja. (**a.**: *recargo.*)

bonificar. tr. Mejorar, abonar, beneficiar. ‖ Rebajar, deducir, descontar. (**a.**: *recargar.*) ‖ Abonar, fertilizar.

bonitamente. adv. Disimuladamente, mañosamente, diestramente.

bonito, ta. adj. Lindo, agraciado, bello, (**a.**: *feo.*)

bono. m. Vale.

boñiga. f. Bosta, excremento.

boquear. intr. Agonizar, expirar, morir.

boquerón. m. Anchoa, anchova.

boquete. m. Brecha, agujero, orificio, abertura, perforación.

boquiabierto, ta. adj. Asombrado, pasmado. (**a.**: *indiferente, frío.*)

boquilla. m. Portalámparas. ‖ Mechero. ‖ Embocadura.

borbollón. m. Borbotón.

borde. m. Extremo, orilla. ‖ Arista, canto. ‖ Ribera, linde, margen. (**a.**: *centro.*)

bordear. tr. Orillar.

bordillo. m. Encintado.

bordón. m. Bastón. ‖ Estribillo, muletilla.

boreal. adj. Norte, septentrional. (**a.**: *austral.*)

borla. f. Pompón.

borra. f. Pelusa. ‖ Poso, sedimento.

borrachera. f. Embriaguez, beodez, ebriedad, mona, tranca, curda, turca, cogorza, merluza, pítima, zorra. (**a.**: *sobriedad.*)

borracho, cha. adj. y s. Ebrio, bebido, beodo, embriagado, achispado, alcoholizado, calamocano, ajumado, curda, curdela. (**a.**: *abstemio, sereno.*)

borrajear. tr. Borronear, emborronar, garabatear.

borrar. tr. Testar, tachar, tildar. ‖ tr. y prnl. Esfumar, desvanecer, despintar, disipar, quitar, evaporar.

borrasca. f. Tormenta, temporal, tempestad, huracán. (**a.**: *calma.*) ‖ Riesgo, azar, peligro. ‖ Riña, discusión.

borrascoso, sa. adj. Tempestuoso, proceloso, tormentoso. (**a.**: *apacible.*) ‖ Desordenado, licencioso, desenfrenado. ‖ Agitado, violento.

borrico, ca. m. y f. Asno, burro, pollino, rucio, jumento. ‖ Rudo, necio, ignorante.

borrón. m. Mancha, tacha, defecto, imperfección. ‖ Borrador. ‖ Boceto, mancha, bosquejo.

borronear. tr. Borrajear, emborronar, garrapatear.

borroso, sa. adj. Confuso, nebuloso, desdibujado, impreciso. (**a.**: *claro, definido, preciso, lógico.*)

boscoso, sa. adj. Selvático.

bosque. m. Selva, monte, floresta.

bosquejar. tr. Esbozar, bocetar.
bosquejo. m. Esbozo, boceto, apunte, croquis, esquema, borrón, diseño, mancha.
bosta. f. Boñiga, estiércol.
bota. f. Cuba, tonel.
botador. m. Varal.
botar. tr. Arrojar, lanzar. ‖ intr. Saltar, brincar. ‖ Rebotar.
botarate. m. Alborotado, atolondrado, precipitado, irreflexivo, tarambana, informal, aturdido. (**a.**: *juicioso, reflexivo.*) ‖ Manirroto, derrochador.
botarel. m. Contrafuerte.
bote. m. Salto, brinco. ‖ Rebote. ‖ Hoyo, boche.
bote. m. Lata.
bote. m. Canoa, chalupa, batel, esquife.
botella. f. Frasco.
botica. f. Farmacia, droguería.
boticario, ria. m. y f. Farmacéutico.
botija. m. Niño. ‖ Gordo, panzón.
botijo. m. Porrón.
botín. m. Zapato. ‖ Presa, despojos.
boto, ta. adj. Romo, rudo, obtuso, torpe.
botón. m. Yema, brote. ‖ Capullo. ‖ Llamador, timbre.
bóveda. f. Cripta.
bovino, na. adj. y s. Bóvido, vacuno.
boxeador. m. Púgil.
boxeo. m. Pugilato.
boya. f. Baliza.
boyante. adj. Afortunado, rico, acaudalado, próspero, pudiente, adinerado. (**a.**: *pobre.*) ‖ Orondo, feliz, ufano. (**a.**: *infeliz.*)
boyuno, na. adj. Bovino.
bozo. m. Pelusa, vello.
bracear. intr. Nadar. ‖ Esforzarse, luchar.
bracero. m. Obrero, peón, jornalero, trabajador.
braga. f. Calzón. ‖ Metedor.
bragado, da. adj. Animoso, enérgico, resuelto, valiente. (**a.**: *cobarde, pusilánime.*) ‖ Malintencionado.
bragadura. f. Entrepiernas.
brahmán. m. Bracmán, brahmín.
bramante. m. Cordel, piolín.
bramar. intr. Aullar, vociferar. ‖ Mugir, rugir.
bramido. m. Aullido, mugido, rugido. ‖ Estruendo, fragor.
branquia. f. Agalla.
brasa. f. Ascua, rescoldo.
brasero. m. Calientapiés.
bravata. f. Bravuconada, amenaza, desafío, fanfarronada, bravura.
braveza. f. Bravura.
bravío, a. adj. Cimarrón, feroz, indómito, montaraz, salvaje. (**a.**: *manso.*) ‖ Áspero, escabroso, fragoso, abrupto. (**a.**: *llano.*)
bravo, va. adj. Animoso, valeroso, valiente, esforzado. (**a.**: *cobarde.*) ‖ Bravío, indómito, indomable. (**a.**: *manso.*) ‖ Feroz, fiero. ‖ Embravecido. (**a.**: *calmo.*) ‖ Abrupto, fragoso, escabroso. ‖ Violento, guapo, bravucón, matón. (**a.**: *afable.*)
bravucón, na. adj. Fanfarrón, guapo, matasiete, matón, valentón.
bravuconada. f. Bravata.
bravuconear. intr. Fanfarronear.
bravura. f. Ánimo, coraje, bizarría, valor, valentía. ‖ Fiereza, intrepidez, ferocidad, braveza. (**a.**: *timidez, mansedumbre.*) ‖ Bravata.
brazal. m. Brazalete.
brazalete. m. Pulsera, ajorca. ‖ Brazal.
brazo. m. Rama, ramal, derivación. ‖ Valor, esfuerzo, poder. ‖ Rama.
brea. f. Alquitrán.
brear. tr. Maltratar, molestar. ‖ Chasquear.
brebaje. m. Bebistrajo, mejunje, pócima, potingue.
brecha. f. Boquete, abertura, rotura, fisura.
brega. f. Lucha, pendencia, reyerta, pugna, riña. ‖ Burla, chasco, zumba. ‖ Ajetreo, faena, trabajo, trajín. (**a.**: *descanso, ocio.*)
bregar. intr. Reñir, luchar, forcejear. (**a.**: *ceder.*) ‖ Ajetrearse, afanarse, atarearse, esforzarse, trajinar.
breñal. f. Fragosidad, maleza.
brete. m. Cepo. ‖ Calabozo, celda, prisión. ‖ Aprieto, apuro, conflicto, atolladero. ‖ Encierro, toril.
breva. f. Higo. ‖ Ganga, bicoca.
breve. adj. Corto, efímero, pasajero, fugaz. (**a.**: *largo, duradero, prolonga-*

do.). ‖ Sucinto, conciso, sumario. (**a.**: *profuso.*) ‖ Pequeño. ‖ Grave. ‖ Ligero. ‖ Pronto.

brevedad. f. Concisión. (**a.**: *prolijidad.*) ‖ Ligereza, prontitud. (**a.**: *lentitud.*)

breviario. m. Compendio, epítome.

bribón, na. adj. y s. Bellaco, pillo, canalla, pícaro, granuja. (**a.**: *honorable.*)

bribonada. f. Picardía, trastada, pillería, canallada.

brida. f. Rienda, ronzal, cabestro.

brillante. adj. Esplendente, resplandeciente, rutilante, fulgurante, refulgente, fúlgido, fulgente, reluciente, radiante, lustroso. (**a.**: *mate, pálido.*) ‖ Admirable, sobresaliente. (**a.**: *común.*)

brillantez. f. Brillo. ‖ Lucimiento, fama.

brillar. intr. Centellar, relucir, resplandecer, relumbrar, lucir, chispear, fulgurar, rielar. (**a.**: *apagarse.*) ‖ Descollar, lucir, sobresalir.

brillo. m. Lustre, fulgor, resplandor, viveza, esplendor. (**a.**: *opacidad.*) ‖ Lucimiento, gloria, notoriedad.

brincar. intr. Saltar, retozar. ‖ Omitir.

brinco. m. Salto, cabriola, bote.

brindar. intr. y tr. Ofrecer, dedicar, invitar, convidar. ‖ prnl. Ofrecerse.

brío. m. Ánimo, esfuerzo, fuerza, empuje, ímpetu, vigor, valor, energía, espíritu, resolución. (**a.**: *decaimiento, flojera, desánimo.*) ‖ Garbo, gallardía.

briosamente. adv. Impetuosamente, resueltamente. (**a.**: *débilmente.*)

brioso, sa. adj. Animoso, pujante, vigoroso. ‖ Gallardo, garboso.

brisa. f. Aura, céfiro.

británico, ca. adj. y s. Inglés.

brizna. f. Filamento, hebra, partícula, pizca.

broca. f. Barrena.

brocal. m. Antepecho, boca.

brocha. f. Escobilla, pincel.

broche. m. Corchete. ‖ Alfiler, fíbula, imperdible, prendedor.

broma. f. Bulla, diversión, juerga. ‖ Burla, chacota, chasco, chiste, chunga, mofa, guasa. ‖ Fastidio.

bromear. intr. Divertirse, jaranear, reírse. ‖ Chancear, embromar, chasquear, burlarse.

bromista. adj. y s. Burlón, guasón, jaranero, chancero, bufón. (**a.**: *formal, serio.*)

bronca. f. Altercado, disputa, riña, trifulca, reyerta, pelotera, agarrada. ‖ Reprensión, reprimenda. ‖ Alboroto, escándalo, tumulto. (**a.**: *tranquilidad, calma.*)

bronceado, da. adj. Tostado.

bronco, ca. adj. Destemplado, ronco. ‖ Áspero, desapacible, intratable. (**a.**: *suave.*) ‖ Quebradizo, tosco.

bronquina. f. Pendencia, riña.

broquel. m. Escudo, rodela. ‖ Amparo, defensa, protección.

brotar. intr. Aparecer, brotar, manar, nacer, fluir, emerger, salir, surgir. (**a.**: *desaparecer, morir.*) ‖ Germinar. ‖ tr. Arrojar, causar, originar.

brote. m. Botón, pimpollo, renuevo, retoño, vástago, yema.

broza. f. Hojarasca, maleza. ‖ Desperdicio.

bruces (de). m. adv. Bocabajo.

brujería. f. Hechicería, hechizo, maleficio, encantamiento.

brujo, ja. m. y f. Adivino, hechicero, mago, nigromante. ‖ adj. Cautivador, encantador..

brujulear. intr. Adivinar, conjeturar.

bruma. f. Niebla, neblina.

brumoso, sa. adj. Nebuloso, neblinoso. (**a.**: *despejado.*) ‖ Oscuro, sombrío, incomprensible. (**a.**: *claro, comprensible.*)

bruno, na. adj. Moreno, negro, oscuro.

bruñir. tr. Abrillantar, lustrar, pulir.

brusco, ca. adj. Áspero, destemplado, descortés. (**a.**: *atento, amable.*) ‖ Súbito, repentino, imprevisto.

brutal. adj. Enorme, colosal, estupendo. ‖ Violento, inhumano, cruel, atroz. (**a.**: *bondadoso, humano.*)

brutalidad. f. Animalada, bestialidad, crueldad, rudeza, ferocidad. (**a.**: *bondad, humanidad.*) ‖ Grosería, torpeza, imprudencia.

bruto, ta. adj. Necio, incapaz. ‖ Vicioso, torpe, desenfrenado. ‖ Tosco, ru-

do, grosero, bárbaro. || m. Animal, bestia.
bu. m. Coco, cuco.
buba. f. o **bubón.** m. Tumor.
bucanero. m. Filibustero, corsario, pirata.
búcaro. m. Florero, jarrón.
bucear. intr. Nadar, sumergirse. || Explorar, investigar.
bucle. m. Rizo, tirabuzón.
bucólico, ca. adj. Campestre, pastoril. || f. Égloga.
buchada. m. Buche, bocanada, sorbo.
buche. m. Papo. || Estómago. || Buchada.
buenamente. adv. Cómodamente, fácilmente. (**a.**: *dificultosamente.*) || Voluntariamente.
buenaventura. f. Dicha. || Adivinación, predicción, profecía.
bueno, na. adj. Benévolo, bondadoso. (**a.**: *malo, malvado.*) || Exacto, verdadero. || Adecuado, útil, conveniente, apropiado. || Provechoso, sano, saludable. (**a.**: *perjudicial.*) || Hábil. || Apetecible, sabroso. || Agradable, divertido. || Gracioso, oportuno. || Grande. (**a.**: *pequeño, chico.*)
bufanda. f. Tapaboca, tapabocas.
bufar. intr. Resoplar, soplar. || Gruñir, refunfuñar.
bufete. m. Estudio, despacho, oficina, escritorio.
bufido. m. Resoplido, gruñido. || Sofión, exabrupto.
bufo, fa. adj. Bufón. || Cómico, grotesco, burlesco, gracioso, chocarrero, ridículo, risible.
bufón, na. adj. Chocarrero, chabacano. || m. y f. Payaso, histrión, truhán.
bufonada. f. Chocarrería, burla.
buharda o **buhardilla.** f. Bohardilla, guardilla, desván. (**a.**: *sótano.*)
buharro. m. Corneja.
búho. m. Mochuelo, lechuzón, lechuza.
buhonero. m. Mercachifle.
buido, da. adj. Aguzado, afilado, punzante. (**a.**: *romo, obtuso.*) || Acanalado, estriado.
bujarrón. m. Sodomita.
bujería. f. Baratija, chuchería.
bujía. f. Vela, candela, cirio.
bulbo. m. Cebolla.
bulevar. m. Avenida.
bulimia. f. Adefagia.
bulo. m. Falsedad, mentira, bola, infundio, embuste. (**a.**: *verdad.*)
bulto. m. Volumen, tamaño, cuerpo. || Abultamiento. || Busto, estatua. || Fardo, paquete, bala, lío. || Hinchazón, tumor.
bulla. f. Algazara, gritería, bullicio, algarabía, alboroto, ruido, vocerío.
bullanga. f. Tumulto, asonada, alboroto, motín.
bullicio. m. Bulla, ruido, algarabía, holgorio.
bullicioso, sa. adj. Ruidoso, estrepitoso. (**a.**: *silencioso.*) || Inquieto, desasosegado, revoltoso. (**a.**: *tranquilo, calmo, sereno.*) || Alborotador, agitador.
bullir. intr. Hervir. || Agitarse, hormiguear, pulular, rebullir.
buque. m. Barco, vapor, navío, embarcación, nave, bajel. || Cabida, capacidad.
burbuja. f. Ampolla, pompa.
burdel. m. Prostíbulo, lupanar, mancebía. || Trifulca.
burdo, da. adj. Basto, tosco, grosero. (**a.**: *fino, delicado.*)
burgo. m. Aldea, pueblo.
burgués. m. Patrón. || Propietario, rentista.
burguesía. f. Mesocracia.
buril. m. Punzón, cincel.
burilar. tr. Cincelar, esculpir, grabar, tallar.
burla. f. Mofa, chanza, broma, guasa, cachada, engaño, rechifla, sarcasmo, befa, chasco, remedo, escarnio, ludibrio. || Cuchufleta, chirigota. || Engaño, fraude. || Morisqueta, mueca. (**a.**: *seriedad.*)
burlado, da. adj. Engañado.
burlador. adj. y m. Burlón, guasón. || Seductor.
burlar. tr. y prnl. Chasquear. || tr. Engañar, embaucar. || Escapar, evitar. || Esquivar, eludir. || Frustrar, decepcionar. || prnl. Reírse, mofarse, chancearse.

burlesco, ca. adj. Festivo, jocoso, chancero, chistoso, humorístico. (**a.**: *serio, grave.*)

burlón, na. adj. Guasón, zumbón, irónico, bromista, chancero, socarrón.

burrada. f. Desatino, dislate, disparate, necedad, tontería, barbaridad. (**a.**: *agudeza.*)

burro, rra. m. y f. Asno, borrico, jumento, pollino. ‖ Torpe, corto, rudo, ignorante, necio, tonto. ‖ Animal, bárbaro, salvaje. ‖ Obstinado, terco. ‖ m. Chibalete.

busca. f. Búsqueda, averiguación, exploración, rastreo, registro.

buscar. tr. Inquirir, investigar, averiguar, indagar, pesquisar, rastrear, registrar, rebuscar, perseguir, explorar.

buscavidas. adj. y s. Activo, diligente, trabajador. ‖ Curioso.

busilis. m. Dificultad, intríngulis, toque, quid, secreto. *Aquel negocio tenía sus busilis.*

búsqueda. f. Busca.

butaca. f. Asiento.

butifarra. f. Embutido.

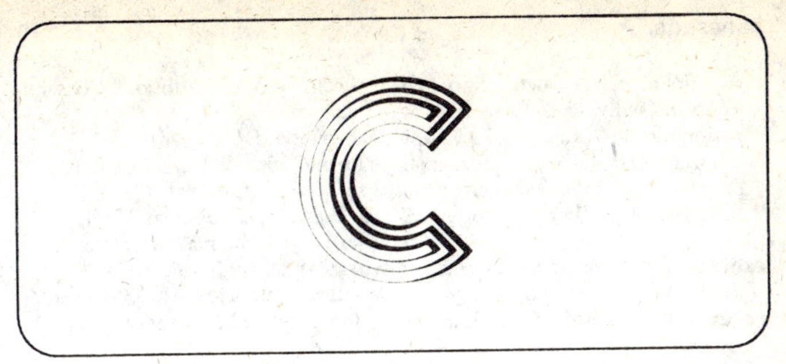

cabal. adj. Ajustado, acabado, completo. (**a.:** *incompleto, parcial.*) || Exacto, justo, entero. (**a.:** *inexacto.*) || Íntegro, recto.

cábala. f. Conjetura, cálculo, suposición, pronóstico. || Intriga, complot, maquinación, conspiración, enredo. || pl. Gestiones, negociaciones, cabildeos.

cabalgadura. f. Caballería, montura, bestia.

cabalgamiento. m. Hipermetría, encabalgamiento.

cabalgar. tr. e intr. Montar, jinetear.

cabalmente. adv. Justamente, precisamente, perfectamente.

caballada. f. Yeguada. || Potrada.

caballar. adj. Equino, ecuestre, hípico.

caballeresco, ca. adj. Noble, digno, honroso, valeroso.

caballerete. m. Presumido, petimetre, pisaverde, lechuguino, mozalbete.

caballería. f. Cabalgadura, bestia, caballo, montura.

caballeriza. f. Cuadra, establo.

caballero, ra. adj. Jinete. (**a.:** *peatón.*) || m. Señor, noble, hidalgo. (**a.:** *villano.*)

caballerosidad. f. Nobleza, señorío, hidalguía, dignidad, pundonor. (**a.:** *bajeza, indignidad.*)

caballeroso, sa. adj. Noble, pundonoroso, digno, generoso, leal, espléndido. (**a.:** *bellaco, indigno.*) || Cortés, galante.

caballete. m. Lomero, cumbrera. || Caballón. || Asnilla. || Quilla.

caballito del diablo. m. Libélula.

caballitos. m. pl. Tiovivo, calesita.

caballo. m. Trotón, equino, corcel, potro, flete, pingo. (**a.:** *yegua, potranca.*)

caballón. m. Caballete.

cabaña. f. Barraca, rancho, choza, bohío. (**a.:** *mansión.*) || Rebaño, ganado.

cabe. prep. Cerca de, junto a.

cabeceo. m. Balanceo, oscilación.

cabecera. f. Inicio, principio. || Almohada. || Encabezamiento, título. || Capital.

cabecilla. m. Jefe, caudillo. *Aún no fue capturado el cabecilla de los rebeldes.* (**a.:** *subordinado.*)

cabellera. f. Cabello, pelambrera, greñas, melena.

cabello. m. Pelo, cabellera.

caber. intr. Entrar, encajar. (**a.:** *sobrar.*) || Tocar, corresponder, pertenecer. || Comprender, entender.

cabestrear. intr. Ramalear.

cabestrillo. m. Charpa, cabestro.

cabestro. m. Ramal, ronzal, cuerda, dogal, camal.

cabeza. f. Testa, cráneo, coco, casco, calabaza, mollera, chola, coca. || Inteligencia, talento, cacumen, juicio, seso, cerebro, mente, caletre, chirumen. || Persona, individuo. || Res. || Jefe, superior, director. (**a.**: *inferior.*) || Capital, cabecera. || Origen, manantial, principio, comienzo. || Cumbre, cima. (**a.**: *llano.*) || Encabezamiento, epígrafe.

cabezada. f. Cabezazo, caquetazo. || Reverencia.

cabezal. m. Almohada. || Larguero, travesaño.

cabezazo. m. Cabezada, testarazo.

cabezo. m. Cerro, montículo, colina, loma, alcor. || Cima, cumbre.

cabezón, na. adj. Cabezudo, macrocéfalo. || Cabezota, terco.

cabezota. m. o f. Cabezón. || adj. Terco, testarudo, porfiado, obstinado, tozudo. (**a.**: *condescendiente.*)

cabezudo, da. adj. Cabezón, cabezota. || Terco, tozudo, porfiado, contumaz, testarudo.

cabezuela. f. Capítulo.

cabida. f. Capacidad, espacio.

cabildo. m. Ayuntamiento, municipalidad, concejo.

cabillo. m. Pedúnculo, pedículo, rabillo, pezón.

cabina. f. Locutorio. || Camarote, cuartucho.

cabizbajo, ja. adj. Triste, abatido. (**a.**: *alegre, ufano.*)

cable. m. Cuerda, cabo, maroma. || Cablegrama.

cabo. m. Punta, fin, extremo, extremidad. (**a.**: *ensenada.*) || Mango. || Fin, final, término. || Angla. || Lugar, parte, sitio. || Hilo, hebra. || Cuerda, calabrote, maroma. || **llevar a cabo.** loc. Realizar, ejecutar.

cabrearse. prnl. Enojarse, irritarse. (**a.**: *soportar, tranquilizarse.*)

cabrero, ra. m. y f. Cabrerizo. || adj. Enojado, furioso.

cabrestante. m. Malacate, torno.

cabria. f. Grúa, cabrestante.

cabrillear. intr. Rielar.

cabrío, a. adj. Cabruno, caprino.

cabriola. f. Corveta, pirueta, voltereta, brinco, salto.

cabrito. m. Chivito.

cabrón. m. Macho cabrío. || Consentido.

cabronada. f. Canallada.

cabruno, na. adj. Caprino, cabrío.

cacahual. m. Cacaotal.

cacahué o **cacahuete.** m. Maní.

cacao. m. Teobroma, chocolate.

cacaotal. m. Cacahual.

cacarear. intr. Cloquear. || Publicar, difundir. || tr. e intr. Exagerar, vanagloriarse.

cacería. f. Caza, persecución.

cacerola. f. Olla.

cacique. m. Señor, jefe, tirano.

caco. m. Ladrón, ratero.

cacofonía. f. Disonancia. (**a.**: *eufonía, armonía.*)

cacumen. m. Agudeza, ingenio, talento, caletre, chispa, inteligencia. (**a.**: *simpleza.*)

cachada. f. Broma, burla.

cachafaz. m. Pillo.

cachar. tr. Burlar. || Rajar, despedazar, fragmentar.

cacharro. m. Utensilio.

cachaza. f. Calma, flema, lentitud, pachorra. (**a.**: *prontitud, nerviosidad.*) || Apatía.

cachazudo, da. adj. Lento, calmoso, tardo, flemático, pachorrudo.

cachear. tr. Registrar.

cachetada. f. Bofetada.

cachete. m. Cachetada, bofetón, bife, soplamocos. || Mejilla, carrillo.

cachicamo. m. Armadillo.

cachifollar. tr. Avergonzar, humillar. || Deslucir, estropear.

cachipolla. f. Efímera.

cachiporra. f. Porra, clava, maza.

cachiporrazo. m. Porrazo, estacazo.

cachivaches. m. pl. Trastos, cacharros, trebejos.

cacho. m. Pedazo, trozo, porción.

cachondo, da. adj. Lujurioso, libidinoso.

cachorrillo. m. Pistolete.

cachorro, rra. m. y f. Cría, hijo.

cadalso. m. Patíbulo.

cadáver. m. Difunto, muerto, restos, despojos.

cadavérico, ca. adj. Pálido, demudado.

cadena. f. Serie, retahíla, sucesión, encadenamiento. || Sujeción, cautiverio, esclavitud, atadura, traba. || Cordillera, sierra.

cadencia. f. Ritmo, medida, consonancia.

cadencioso, sa. adj. Acompasado, rítmico.

cadera. f. Cuadril, anca.

caducar. intr. Chochear. (**a.**: *rejuvenecer.*) || Prescribir, vencer, extinguirse. (**a.**: *empezar, subsistir.*)

caduco, ca. adj. Decrépito, viejo, anciano. (**a.**: *lozano, juvenil.*) || Perecedero, efímero, transitorio. (**a.**: *duradero.*) || Caedizo. (**a.**: *perenne.*)

caedizo, za. adj. Caduco.

caer. intr. y prnl. Bajar, colgar, pender. || Perder el equilibrio, dar de bruces, venir a tierra. (**a.**: *levantarse.*) || Desprenderse, separarse. || intr. Sucumbir, morir, perecer. || Sentar. || Derrumbarse, desplomarse, hundirse. (**a.**: *ascender, subir.*) || Entregarse, rendirse. (**a.**: *resistir.*) || Pecar. || Incurrir. || Debilitarse, atenuarse, apagarse. (**a.**: *fortalecerse.*) || Declinar. || Fallar, fracasar. (**a.**: *triunfar.*) || Aparecer, presentarse, descolgarse. || Sobrevenir. || Tocar, corresponder. || Vencer, prescribir. || Comprender, percatarse. || Recordar. || Quedar. || Abalanzarse, precipitarse. || prnl. Desconsolarse, afligirse, abatirse.

café. m. Cafeto. || Reprensión, reto. (**a.**: *aprobación, alabanza.*)

cáfila. f. Muchedumbre, multitud, tropel, caterva.

cafre. adj. Bárbaro, cruel, brutal. || Tosco, inculto.

cagado, da. adj. Medroso, pusilánime, cobarde. (**a.**: *valiente.*) || f. Error, desacierto. (**a.**: *acierto.*)

cagar. intr. Defecar, hacer de cuerpo, deponer. || prnl. Acobardarse.

cagatinta o **cagatintas.** m. Chupatintas, oficinista, escribiente.

cagón, na. adj. Medroso, cobarde.

caída. f. Descenso, bajón, desplome. || Decadencia, fracaso, declinación, ruina. || Desliz, falta, pecado, culpa. || Desmoronamiento, derrumbe.

caído, da. adj. Lacio, flojo. || Desfallecido, decaído, abatido, postrado, fracasado, amilanado, vencido. (**a.**: *animoso, firme, esforzado.*) || Muerto.

caín. adj. Fratricida.

caja. f. Ataúd, féretro. || Tambor. || Baúl, cajón.

cajero, ra. m. y f. Pagador, tesorero.

cajón. m. Gaveta. || Féretro, ataúd.

cala. f. Perforación, agujero, cavidad. || Supositorio. || Bodega. || Tienta, sonda. || Ensenada, abra.

calabacear. tr. Reprobar, suspender. || Rechazar, desairar.

calabaza. f. Zapallo.

calabobos. m. Llovizna.

calabozo. m. Celda, mazmorra.

calado. m. Profundidad.

calafatear. tr. Taponar.

calamar. m. Chipirón.

calambre. m. Contracción, espasmo.

calamidad. f. Desastre, catástrofe, azote, plaga, flagelo, cataclismo, hecatombe. || Desgracia, infelicidad, infortunio, desdicha, desventura. (**a.**: *fortuna, ventura.*)

calamitoso, sa. adj. Desastroso, perjudicial, aciago, funesto. (**a.**: *beneficioso.*) || Infortunado, desgraciado, infeliz, desdichado. (**a.**: *afortunado, feliz, venturoso.*)

cálamo. m. Caña. || Pluma. || Flauta.

calandrajo o **calandraco.** m. Andrajo, harapo. (**a.**: *atavío.*)

calandria. f. Alondra.

calaña. f. Índole, calidad, especie, naturaleza. *No me juntaré con gente de esa calaña.* || Muestra, modelo, patrón.

calar. tr. y prnl. Mojar, empapar, impregnar. || Encasquetar. (**a.**: *descubrirse.*) || tr. Perforar, agujerear, atravesar. || Adivinar, descubrir, comprender, conocer. || intr. Sumergirse. (**a.**: *emerger.*) || prnl. Entrar, introducirse.

calasancio, cia. adj. Escolapio.

calavera. m. Perdido, tronera, mujeriego, juerguista. || Perdulario, vicioso, libertino, crápula. (**a.**: *virtuoso.*)

calcáneo. m. Zancajo.

calcañal, calcañar o **calcaño.** m. Carcañal, talón.

calcar. tr. Copiar, imitar, remedar, reproducir.
calce. m. Calza, cuña, alza. ‖ Coyuntura, oportunidad.
calceta. f. Media.
calcinar. tr. Carbonizar. ‖ Abrasar, quemar.
calco. m. Copia, reproducción, plagio, imitación, remedo.
calculadora. f. Computador, computadora, ordenador.
calcular. tr. Contar, computar. *Se calculan el número y la extensión. Se computa el tiempo.* ‖ Evaluar, estimar. ‖ Suponer, conjeturar, deducir, creer. ‖ Reflexionar, pensar, meditar.
cálculo. m. Cómputo, cuenta. ‖ Conjetura, suposición. ‖ Piedra. ‖ Interés, egoísmo. (**a.**: *desinterés.*)
caldas. f. pl. Termas, baños termales.
caldear. tr. y prnl. Calentar. (**a.**: *enfriar.*) ‖ Acalorar, excitar. ‖ tr. Encandecer.
caldeo. m. Caldeamiento.
calderón. m. Suspensión, fermata.
caldo. m. Consumado, sopa.
calé. m. Gitano.
calendario. m. Almanaque.
calentador. m. Calorífero, calefactor. (**a.**: *refrigerador, heladera.*)
calentar. tr. y prnl. Caldear, templar. (**a.**: *enfriar.*) ‖ tr. Azotar, golpear. ‖ prnl. Acalorarse, enfervorizarse, irritarse, enfadarse. (**a.**: *calmarse.*)
calentura. f. Fiebre, temperatura. (**a.**: *escalofrío.*) ‖ Celo.
calenturiento, ta. adj. Febril, febricitante.
calesa. f. Carruaje, tílburi, calesín, birlocho.
caletre. m. Cacumen, meollo, mollera, magín, juicio, discernimiento, tino, talento, capacidad.
calibre. m. Diámetro, tamaño. ‖ Importancia.
calicanto. m. Mampostería.
calidad. f. Cualidad. ‖ Clase. ‖ Índole, naturaleza, carácter, genio. ‖ Nobleza. ‖ Especie.
calidez. f. Ardor, calor. (**a.**: *frialdad, indiferencia.*)
cálido, da. adj. Caliente, ardiente, caluroso, ardoroso, calinoso. (**a.**: *frío.*) ‖ Afectuoso, cordial.
caliente. adj. Ardiente, ardoroso, cálido. (**a.**: *frío, gélido, glacial.*) ‖ Enojado, excitado, enardecido. (**a.**: *calmo.*)
calificado, da. adj. Válido. ‖ Prestigioso, autorizado, caracterizado. ‖ Acreditado, capacitado. ‖ Noble.
calificar. tr. Caracterizar, reputar, llamar, considerar. ‖ Conceptuar, apreciar. ‖ Ennoblecer, acreditar, ilustrar. (**a.**: *desacreditar.*)
calígine. f. Niebla, calima, fosca. ‖ Oscuridad, tenebrosidad. (**a.**: *diafanidad.*)
caliginoso, sa. adj. Denso, oscuro. ‖ Brumoso, nebuloso, nuboso, fosco. ‖ Bochornoso.
cáliz. m. Copón. ‖ Copa, vaso.
calma. f. Tranquilidad, sosiego, reposo, descanso, quietud, paz, apaciguamiento. (a.: *turbación, inquietud.*) ‖ Cachaza, pachorra, flema, lentitud, serenidad. (**a.**: *rapidez.*) ‖ Bonanza. (**a.**: *tempestad, borrasca, tormenta.*)
calmante. adj. Sedante, sedativo, analgésico, paliativo. ‖ Narcótico.
calmar. tr. y prnl. Tranquilizar, sosegar, adormecer, apaciguar, aquietar, templar. (**a.**: *excitar.*) ‖ Mitigar, moderar, paliar, suavizar, aliviar, lenificar. (**a.**: *agravar, intensificar.*) ‖ intr. Abonanzar, mejorar, serenar.
calmo, ma. adj. Calmoso, tranquilo.
calmoso, sa. adj. Tranquilo, reposado, sereno, sosegado, calmo. ‖ Flemático, cachazudo, apático. ‖ Indolente, perezoso, tardo, lento. (**a.**: *expeditivo, activo.*)
caló. m. Germanía, jerga.
calofrío. m. Escalofrío.
calor. m. Actividad, entusiasmo, vehemencia, fervor, viveza, energía. (**a.**: *frío.*) ‖ Afecto, interés, cariño. (**a.**: *desinterés, desapego.*)
calorífero. m. Calientapiés, estufa. (**a.**: *refrigerador.*) ‖ Radiador.
caloroso, sa. adj. Caluroso, acalorado.
calumnia. f. Impostura, difamación, embuste, mentira, falsedad, patraña, falacia. (**a.**: *verdad.*)
calumniador, ra. adj. Difamador, infa-

mador, maldiciente. || Mentiroso, embustero, falaz.

calumniar. tr. Difamar, infamar, desacreditar.

calumnioso, sa. adj. Infamante, denigrante, infamatorio.

caluroso, sa. adj. Vivo, ardiente, cálido. (**a.**: *frío, glacial.*) || Entusiasta, vehemente.

calva. f. Calvicie. || Calvero, claro.

calvario. m. Gólgota. || Vía crucis, penalidades, amarguras.

calvero. m. Claro, calva. || Gredal, blanquizal.

calvicie. f. Alopecia, pelada, calva.

calvo, va. adj. Glabro, pelado, pelón, lampiño.

calza. f. Braga. || Media. || Calce, cuña.

calzada. f. Calle. || Pista.

calzar. tr. Asegurar, ajustar, afianzar, trabar. (**a.**: *descalzar.*)

calzonazos. m. Bragazas. || Condescendiente.

callado, da. adj. Discreto, taciturno, reservado, silencioso, mudo. (**a.**: *hablador, locuaz.*) || Tácito, sobrentendido.

callar. intr. y prnl. Enmudecer. (**a.**: *hablar.*) || tr. Silenciar, reservar, ocultar, omitir. (**a.**: *revelar, delatar, divulgar.*)

calle. f. Vía, arteria, avenida, calleja, callejuela. || Callejón, pasaje.

callejear. intr. Deambular, pindonguear, pendonear, vagar. || Corretear.

callejón. m. Calleja, callejuela, pasaje.

callista. m. o f. Pedicuro.

callo. m. Dureza, callosidad, ojo de gallo.

callosidad. f. Dureza, callo.

cama. f. Lecho, tálamo, catre, yacija, camastro. || Camada, cría, lechigada. || Capa, camada.

camada. f. Cría, lechigada, cama. || Capa, lecho, hilada. || Gavilla, caterva, pandilla, banda. || Conjunto, serie.

camama. f. Embuste, falsedad, burla, treta, engañifa. (**a.**: *veracidad, realidad, seriedad.*)

camándula. f. Astucia, marrullería, fingimiento, hipocresía, disimulo. (**a.**: *candidez, ingenuidad, sencillez.*)

camandulero, ra. adj. Marrullero, astuto, hipócrita, embustero, truhán, disimulado, taimado.

cámara. f. Sala, aposento, habitación, antecámara, recámara. || Neumático. || Parlamento, cortes, ayuntamiento, junta.

camarada. m. o f. Compañero, colega. (**a.**: *enemigo.*)

camaradería. f. Compañerismo.

camaranchón. m. Bohardilla, desván, guardilla.

camarera. f. Azafata, doncella, criada, moza.

camarero. m. Criado, mozo, sirviente.

camarilla. f. Conciliábulo, conventículo.

camarín. m. Tocador. || Camerino. || Capilla.

camarógrafo, fa. m. y f. Operador.

camarón. m. Quisquilla, gámbaro.

cambalache. m. Boliche, trueque.

cambiable. adj. Convertible, mudable, variable, reformable. (**a.**: *permanente, fijo, inmutable.*)

cambiante. adj. Inestable, indeciso, tornadizo, mudable, variable. (**a.**: *inmutable, fijo, permanente, invariable.*) || m. y f. Cambista. || m. pl. Visos, aguas, tornasol.

cambiar. tr. e intr. Trocar, permutar, conmutar, canjear. (**a.**: *conservar.*) || Mudar, variar, alterar. || Trasladar. || prnl. Trasformar, convertir, metamorfosear. || tr. Intercambiar. || intr. Virar. (**a.**: *seguir.*)

cambio. m. Alteración, variación, mudanza, mutación. (**a.**: *fijación.*) || Traslado. || Trueque, canje, permuta, sustitución, conmutación. || Trasformación, evolución, metamorfosis. (**a.**: *permanencia.*) || Vicisitud.

cambista. m. o f. Cambiante. || Banquero.

cambrón. m. Espino cerval. || Zarza.

cambronera. m. Arto, zarzal.

camelar. tr. Galantear, requebrar. || Seducir, engañar.

camelo. m. Chasco, burla, engaño, engañifa. || Galanteo, requiebro. || Simulación, fingimiento.

camilla. f. Parihuela, angarillas.

caminante. com. Viandante, peatón, peón, transeúnte.
caminar. tr. e intr. Andar, marchar, ir, recorrer.
camino. m. Vía, senda, sendero, carretera, ruta. ‖ Trayecto, recorrido, curso, trayectoria. ‖ Viaje. ‖ Manera, medio, modo, método, procedimiento, arbitrio. ‖ Conducto.
camorra. f. Riña, bronca, pendencia, pelotera. ‖ Mafia.
camorrista. adj. y s. Camorrero, pendenciero, reñidor, provocador. (**a.**: *bonachón.*)
camote. m. Batata. ‖ Enamoramiento.
campamento. m. Acantonamiento, vivaque, campo.
campanario. m. Campanil.
campanear. intr. y prnl. Oscilar, balancear, contonearse. ‖ tr. Espiar.
campaniforme. adj. Acampanado.
campanilla. f. Úvula, galillo. ‖ Timbre.
campante. adj. Ufano, satisfecho, complacido, contento, alegre, orondo. (**a.**: *descontento, triste.*) ‖ Tranquilo, despreocupado.
campanudo, da. adj. Altisonante, rimbombante, retumbante, hinchado, ampuloso, grandilocuente.
campaña. f. Campiña, campo, llanura. (**a.**: *sierra, montaña.*) ‖ Cruzada. *Campaña contra el alcoholismo.*
campar. intr. Acampar. ‖ Sobresalir, descollar, distinguirse.
campechano, na. adj. Franco, llano, simpático, sencillo, jovial, alegre, abierto. (**a.**: *hosco, esquivo.*) ‖ Dadivoso, generoso. (**a.**: *egoísta, tacaño.*)
campeón, na. m. y f. Paladín, defensor, sostenedor. ‖ m. Héroe.
campeonato. m. Certamen.
campero, ra. adj. Rural.
campesino, na. adj. Campestre, rural, agrario. (**a.**: *ciudadano.*) ‖ m. y f. Labrador, agricultor, labriego. ‖ Rústico, lugareño, aldeano, pueblerino, paleto. (**a.**: *culto, refinado.*)
campestre. adj. Campesino, silvestre, rural.
campiña. f. Campo, campaña.
campo. m. Afueras. ‖ Campiña, prado, campaña. ‖ Sembrados, cultivos. ‖ Agro. ‖ Ámbito, área, esfera, órbita. ‖ Asunto, tema. ‖ Cancha.
camposanto. m. Campo santo, cementerio, necrópolis.
camueso. m. Necio, ignorante, bruto, tarugo, alcornoque, torpe, leño.
camuflar. tr. Disfrazar, enmascarar, encubrir. (**a.**: *desenmascarar, desembozar.*)
can. m. Perro, cuzco, chucho. ‖ Gatillo.
canal. amb. Cauce, conducto. ‖ Caño, canalón, gárgola. ‖ Acequia, reguera, zanja. ‖ Estría, canaladura. ‖ m. Estrecho, canalizo. (**a.**: *istmo.*)
canalizar. tr. Encauzar, encarrilar, encaminar, dirigir, orientar.
canalón. m. Caño, desagüe.
canalla. f. Chusma, gentualla, gentuza, marranalla, plebe, turba. ‖ adj. Miserable, malvado, perverso, ruin, infame, sinvergüenza. ‖ Bribón, pillo, pícaro, granuja. (**a.**: *honorable, honrado.*)
canallada. f. Infamia, maldad. ‖ Bribonada, pillería.
canana. f. Cartuchera.
canapé. m. Diván, confidente, otomana, sofá, tumbona.
canasta. f. Canasto, banasta, cesta, cesto.
cancel. m. Mampara, biombo, contrapuerta.
cancelar. tr. Rescindir, anular, abolir. (**a.**: *implantar.*) ‖ Saldar, liquidar. (**a.**: *deber.*) ‖ Olvidar.
canción. f. Cantar, canto, cantilena. ‖ Aire, tonada.
cancha. f. Pista, sendero. ‖ Habilidad. (**a.**: *torpeza.*)
candela. f. Vela. ‖ Lumbre.
candelero. m. Palmatoria.
candente. adj. Incandescente, rusiente, ígneo. ‖ Palpitante.
candidato, ta. m. y f. Aspirante, solicitante, pretendiente, postulante.
candidez. f. Candor, sinceridad, inocencia, ingenuidad, simplicidad, pureza. (**a.**: *astucia, picardía.*)
cándido, da. adj. Sencillo, candoroso, crédulo, sincero, simple, ingenuo, inocente, bienaventurado. ‖ Blanco, puro.

candor. m. Candidez, pureza, sencillez, inocencia, ingenuidad, simplicidad. (**a.**: *hipocresía, disimulo, malicia.*) ‖ Blancura. (**a.**: *suciedad.*)
candoroso, sa. adj. Cándido, ingenuo, sencillo, sincero, incauto.
canguelo. m. Miedo, temor.
caníbal. adj. Antropófago. ‖ Cruel, feroz, inhumano, salvaje.
canibalismo. m. Antropofagia. ‖ Ferocidad, crueldad.
canijo, ja. adj. Encanijado, enclenque, enteco, enfermizo. (**a.**: *fornido, sano, vigoroso.*)
canino, na. adj. Perruno. ‖ m. Colmillo.
canje. m. Cambio, trueque, permuta.
canjear. tr. Cambiar, trocar, permutar.
cano, na. adj. Blanco, canoso. ‖ Anciano, antiguo.
canoa. f. Bote.
canon. m. Regla, norma, precepto. ‖ Modelo, prototipo. ‖ Catálogo, lista.
canonicato. m. Canonjía.
canonjía. f. Canonicato. ‖ Sinecura, prebenda, ganga, bicoca.
canoro, ra. adj. Melodioso, armonioso, sonoro.
canoso, sa. adj. Cano.
cansado, da. adj. Fatigado, agotado. (**a.**: *descansado.*) ‖ Pesado, molesto, aburrido. ‖ Fatigoso. ‖ Harto, hastiado.
cansancio. m. Fatiga, lasitud, agotamiento, desfallecimiento, decaimiento. (**a.**: *fortaleza.*) ‖ Aburrimiento, fastidio, hastío, tedio. (**a.**: *distracción, pasatiempo.*)
cansar. tr. y prnl. Fatigar, agotar, moler. (**a.**: *reposar, descansar.*) ‖ Hartar, hastiar, abrumar, molestar, enfadar, importunar, incomodar.
cansera. f. Moledera, molestia, importunación.
cansino, na. adj. Lento, perezoso. (**a.**: *rápido, veloz.*)
cantaleta. f. Cantinela. ‖ Burla, chanza, vaya, zumba, chunga, guasa.
cantante. m. y f. Cantor, cantatriz, divo, diva.
cantar. tr. e intr. Gorjear, gorgoritear, entonar, modular, tararear, canturrear, salmodiar. ‖ Sonar. ‖ Rechinar. ‖ Confesar, reconocer, revelar. (**a.**: *callar.*) ‖ Ensalzar, celebrar.
cantar. m. Copla, canción, canto.
cantera. f. Pedrera.
cantero. m. Pedrero, picapedrero.
cántico. m. Canto, canción.
cantidad. f. Cuantía, abundancia, número, suma. (**a.**: *escasez.*) ‖ Importe, precio, monto, monta. ‖ Costo, coste. ‖ Parte, porción, cuota, cupo.
cantina. f. Taberna, bar.
cantinela. f. Cantaleta, cantilena, cantar.
cantizal. m. Cantal, cantera.
canto. m. Borde, orilla, margen. ‖ Esquina, remate, cabo, arista. ‖ Grosor, grueso. ‖ Piedra, guijarro, china.
canto. m. Himno. ‖ Canción, cantar, cantilena, cántico. ‖ División, capítulo. ‖ Tonada, cante.
cantón. m. Esquina, arista. ‖ Región, territorio. ‖ Acantonamiento.
cantor, ra. adj. Cantante.
canturrear o **canturriar.** tr. e intr. Tararear.
cánula. f. Tubo.
canuto. m. Cañuto, cerbatana.
caña. f. Cálamo. ‖ Canilla. ‖ Tuétano. ‖ Fuste. ‖ Galería, caño. ‖ Aguardiente.
cañada. f. Valle, hondonada, quebrada, vaguada. (**a.**: *colina, meseta.*)
cañaduz. f. Caña de azúcar.
cañaveral. m. Cañal, cañamelar, cañar, cañizal.
cañería. f. Tubería, conducto.
cañí. adj. Gitano, agitanado, calé, cíngaro.
cañizal. m. Cañaveral.
caño. m. Tubo, conducto. ‖ Albañal. ‖ Canalizo.
cañonera. f. Tronera.
cañón. m. Mortero, obús.
caos. m. Confusión, desorden, desconcierto, desorganización, lío. (**a.**: *orden, disciplina, coherencia.*)
caótico, ca. adj. Confuso, desordenado, desarreglado, desorganizado, embrollado.
capa. f. Manto, capote, abrigo. ‖ Pretexto, máscara, velo, excusa. ‖ Encubridor, tapadera. ‖ Baño, mano, revestimiento, cobertura. ‖ Tanda, tonga,

tongada. ‖ Barniz, tinte. ‖ Caudal, hacienda, bienes. ‖ Estrato.

capacidad. f. Cabida, tonelaje. ‖ Aptitud, idoneidad. ‖ Inteligencia, talento, suficiencia, eficiencia, competencia. (**a.**: *ineptitud, torpeza.*) ‖ Extensión, espacio.

capacitancia. f. Reactancia.

capacitar. tr. Habilitar. (**a.**: *incapacitar, descalificar.*) ‖ Instruir, ilustrar, enseñar.

capacitor. m. Condensador.

capador. m. Castrador.

capadura. f. Castración, emasculación, esterilización, mutilación.

capar. tr. Castrar, emascular, esterilizar, mutilar. ‖ Disminuir, cercenar.

caparazón. m. Cubierta. ‖ Carapacho, concha, coraza. ‖ Protección, defensa.

capataz, za. m. y f. Caporal, encargado, mayoral. ‖ Contramaestre, obrajero.

capaz. adj. Espacioso, extenso, vasto, grande. (**a.**: *pequeño.*) ‖ Apto, idóneo, competente, hábil. (**a.**: *inepto, obtuso.*) ‖ Inteligente, talentoso.

capcioso, sa. adj. Artificioso, engañoso, insidioso, falaz, falso, felón. (**a.**: *sincero, veraz, franco.*)

capear. tr. Capotear. ‖ Sortear, eludir, esquivar, evadir.

capellada. f. Pala, cara. ‖ Puntera, punta (del zapato).

capibara. m. Capiguara, carpincho, chigüiro.

capicúa. adj. y m. Palíndromo.

capirotazo. m. Capirote, papirote.

capirote. m. Caperuza, capillo. ‖ Capirotazo.

capital. adj. Esencial, principal, importante, primordial, fundamental, básico. *Abocarse a este tema es capital.* (**a.**: *secundario.*) ‖ f. Metrópoli, cabeza. ‖ m. Caudal, bienes, hacienda, dinero, patrimonio, fortuna.

capitalino, na. adj. Metropolitano, urbano. ‖ Ciudadano.

capitanear. tr. Acaudillar, guiar, mandar, conducir, comandar. (**a.**: *obedecer, seguir.*)

capitulación. f. Pacto, convenio, ajuste. ‖ Rendición, entrega, subordinación, acatamiento.

capitular. tr. e intr. Pactar, convenir, concertar, ajustar. ‖ Rendirse, entregarse. (**a.**: *resistir.*) ‖ Disponer, ordenar, resolver. ‖ Ceder, transigir, acatar, resignar.

capítulo. m. Cabildo, ayuntamiento, asamblea, junta. ‖ Cabezuela. ‖ División, sección, parte.

caporal. m. Capataz, mayoral.

capota. f. Cubierta.

capote. m. Gabán.

capricho. m. Antojo, deseo. (**a.**: *necesidad.*) ‖ Fantasía. ‖ Humorada. ‖ Extravagancia. ‖ Rareza. ‖ Arbitrariedad. (**a.**: *condescendencia.*)

caprichoso, sa. adj. Antojadizo, caprichudo. (**a.**: *consecuente.*) ‖ Inconstante, veleidoso, mudable, voluble. (**a.**: *constante.*) ‖ Injustificado, arbitrario, inmotivado. (**a.**: *justificado.*)

caprino, na. adj. Cabruno, cabrío.

cápsula. f. Píldora, cartucho.

captar. tr. Percibir, aprehender, entender, comprender. ‖ Recoger. ‖ tr. y prnl. Atraer, granjear, conseguir, obtener, lograr, conciliar, conquistar. (**a.**: *rehusar.*)

captura. f. Apresamiento, aprisionamiento, detención, arresto. (**a.**: *liberación.*) ‖ Botín, presa, trofeo.

capturar. tr. Apresar, coger, prender, aprisionar, detener, arrestar, cautivar. (**a.**: *libertar, soltar, excarcelar.*)

capucha. f. Capuchón, capuz, caperuza.

capuchina. f. Alcaparra.

capuchón. m. Capucha, capuz. ‖ Caperuza, casquillo, contera, regatón.

capullo. m. Botón, pimpollo.

capuz. m. Capucho, capucha, caperuza.

caquexia. f. Cacoquimia. ‖ Tabes.

cara. f. Rostro, faz, semblante. ‖ Fisonomía. ‖ Aspecto, apariencia. ‖ Cariz, aspecto. ‖ Anverso, derecho, faz, haz. (**a.**: *revés, reverso.*) ‖ Lado, parte. ‖ Fachada, frente. ‖ Desfachatez, descaro.

carabina. f. Fusil.

carácter. m. Índole, condición, natural, genio, temperamento, naturaleza, idiosincrasia. ‖ Característica, particularidad. ‖ Voluntad, energía, firmeza,

entereza. (**a.**: *abulia, apatía.*) ‖ Tipo, letra. ‖ Rasgo. ‖ Estilo.
característica. f. Atributo, particularidad, peculiaridad, singularidad, distintivo, propiedad.
característico, ca. adj. Peculiar, propio, típico, particular, singular, distintivo. (**a.**: *genérico, indeterminado.*)
caracterizado, da. adj. Autorizado, prestigioso, distinguido.
caracterizar. tr. Distinguir, señalar. ‖ tr. y prnl. Vestir, maquillar, personificar, representar.
caracú. m. Médula, tuétano.
caradura. adj. Fresco, sinvergüenza, descarado.
carambola. f. Trampa, embuste, enredo. ‖ Suerte, azar, casualidad, chiripa.
caramillo. m. Flautilla. ‖ Zampoña. ‖ Chisme, enredo, lío, embuste.
carantoña. f. Halago, lisonja, caricia, zalamería, arrumaco. (**a.**: *insulto.*)
carapacho. m. Caparazón, concha, cubierta.
carátula. f. Careta, máscara, mascarilla, antifaz. ‖ Farsa, farándula.
caravana. f. Multitud, tropel.
carbón. m. Coque, hulla, lignito, antracita, turba.
carbunco. m. Ántrax.
carburante. m. Combustible, petróleo, gasolina.
carcaj. m. Aljaba, carcax, carcaza.
carcajada. f. Risotada, carcajeo. (**a.**: *lamento.*)
carcamal. adj. Vejestorio, vejancón.
cárcel. f. Prisión, presidio, penal, penitenciaría, chirona, gayola. ‖ Correccional, mazmorra, celda, calabozo.
carcelero, ra. m. y f. Guardián, guardia, celador, centinela, guardiacárcel, cancerbero.
carcoma. f. Polilla, gorgojo.
carcomer. tr. Corroer, roer, consumir.
carda. f. Cardencha, peine, escobilla, rastrillo. ‖ Cardado. ‖ Amonestación, reprensión.
cardal. m. Cardizal.
cardamina. f. Mastuerzo.
cardamomo. m. Grana del Paraíso.
cardar. tr. Desembrollar, peinar, desenredar.
cardenal. m. Purpurado, prelado. ‖ Equimosis, moretón, moradura, contusión, magulladura.
cardencha. f. Cardón, escobilla. ‖ Carda.
cardenillo. m. Verdete, verdín, orín, moho, herrumbre.
cárdeno, na. adj. Morado, lívido, amoratado.
cardinal. adj. Principal, capital, fundamental, esencial, importante, primordial, básico. (**a.**: *complementario, secundario.*)
cardizal. m. Cardal, herbazal.
cardumen. m. Banco (de peces).
carear. tr. Cotejar, encarar, confrontar, parangonar, comparar, compulsar.
carecer. intr. Faltar, escasear. (**a.**: *abundar, tener.*)
carencia. f. Falta, privación, ausencia, escasez, penuria. (**a.**: *sobra, abundancia.*)
carente. adj. Falto, desprovisto, privado, necesitado. (**a.**: *sobrante.*)
carestía. f. Falta, penuria, escasez, poquedad. (**a.**: *abundancia.*) ‖ Encarecimiento, alza, aumento. (**a.**: *baratura, depreciación.*)
careta. f. Máscara, carátula, antifaz.
carga. f. Peso. ‖ Tributo, impuesto, imposición, contribución, tasa, gravamen, gabela. ‖ Hipoteca, servidumbre. ‖ Obligación, molestia, cuidado. ‖ Embestida, acometida, arremetida, ataque.
cargado, da. adj. Pesado, tormentoso. (**a.**: *despejado.*) ‖ Fuerte, espeso, saturado, condensado, concentrado. (**a.**: *liviano.*) ‖ Agobiado, abrumado. ‖ Lleno, colmado, atestado, abarrotado, repleto. (**a.**: *desembarazado, vacío.*)
cargante. adj. Enojoso, fastidioso, molesto, pesado, irritante, inoportuno, impertinente.
cargar. tr. Achacar, imputar, atribuir. (**a.**: *disculpar.*) ‖ intr. Estribar, apoyar, descansar, gravitar. ‖ Apechugar. ‖ Acometer, embestir, atacar, arremeter. (**a.**: *huir.*) ‖ tr. y prnl. Fastidiar, enojar, importunar, molestar, irritar, incomodar. ‖ Imponer, gravar. (**a.**:

desgravar.) ‖ Debitar, adeudar. ‖ Recaer. ‖ Inclinarse. ‖ prnl. Llenarse.

cargazón. f. Cargamento, carga. ‖ Pesadez. ‖ Nublado.

cargo. m. Dignidad, destino, plaza, empleo, puesto, función, oficio. ‖ Gobierno, obligación, dirección, custodia, cuidado. ‖ Imputación, reconvención, recriminación, falta, acusación, inculpación. (**a:** *descargo.*) ‖ Débito, deuda. ‖ **hacerse cargo.** Encargarse. ‖ Comprender, entender. ‖ Enterarse.

cargoso, sa. adj. Pesado, molesto, cargante, fastidioso. ‖ Gravoso, costoso, oneroso.

cariacontecido, da. adj. Apenado, pesaroso, apesadumbrado, triste.

cariarse. prnl. Picarse.

caricia. f. Cariño, halago, mimo, carantoña, fiesta, arrumaco. (**a.:** *golpe, cachetada.*)

caridad. f. Compasión, piedad, misericordia, filantropía, altruismo. (**a.:** *egoísmo.*) ‖ Limosna, socorro, auxilio. (**a.:** *tacañería.*)

caries. f. Tizón.

carilla. f. Página, plana, folio.

cariño. m. Afecto, amor, apego, inclinación, amistad, afección, ternura. (**a.:** *aversión.*) ‖ Caricia, mimo, halago. ‖ Delicadeza, cuidado, esmero. (**a.:** *descuido.*)

cariñoso, sa. adj. Afectuoso, amoroso, tierno. (**a.:** *desamorado.*)

carioplasma. m. Núcleo.

caritativo, va. adj. Humanitario, humano, filantrópico, altruista. ‖ Compasivo, misericordioso. (**a.:** *egoísta.*)

cariz. m. Aspecto, apariencia, cara, aire, matiz, traza. *El cariz de los sucesos resulta positivo.*

carmesí. adj. Escarlata, rojo, grana.

carmín. adj. Rojo, carmesí.

carnada. f. Carnaza, cebo, señuelo. ‖ Añagaza, engaño, trampa, ardid.

carnadura. f. Robustez. ‖ Encarnadura.

carnal. adj. Lascivo, sensual, lujurioso. (**a.:** *casto.*) ‖ Terrenal, mundano. ‖ Consanguíneo.

carnaval. m. Carnestolendas, mascarada.

carnaza. f. Carnada, cebo. ‖ Robustez.

carnear. tr. Matar, sacrificar.

carnero. m. Morueco, musmón.

carnestolendas. f. pl. Carnaval.

carnicería. f. Tablajería, chacinería. ‖ Mortandad, matanza, degollina.

carnicero, ra. adj. Carnívoro. ‖ Cruel, sanguinario, feroz, inhumano. ‖ m. Tablajero. ‖ Matarife.

carnívoro, ra. adj. Carnicero.

carnosidad. f. Gordura. ‖ Excrecencia, verruga.

caro, ra. adj. Costoso, salado, dispendioso. (**a.:** *barato.*) ‖ Amado, adorado, querido. (**a.:** *odiado.*) ‖ Gravoso, dificultoso. (**a.:** *fácil, simple.*)

carozo. m. Pepita, hueso, corazón.

carpa. f. Pabellón, tienda.

carpanta. f. Hambre, gazuza, avidez.

carpeta. f. Cubierta, forro, cartapacio, cartera.

carraca. f. Vejestorio, carcamal. ‖ Cacharro, armatoste, trasto.

carrada. f. Carretada.

carraleja. f. Cantárida.

carrera. f. Corrida. ‖ Curso, recorrido, órbita, trayecto, trayectoria. ‖ Raya, crencha. ‖ Vida. ‖ Camino, medio, modo. ‖ Conducta, senda, camino. ‖ Fila, hilera, serie. ‖ Profesión, estudio. ‖ Punto.

carrerista. m. Corredor. ‖ Burrero.

carrero. m. Carretero.

carreta. f. Carro, carromato.

carretada. f. Carrada.

carrete. m. Bobina, carretel.

carretera. f. Vía, camino, calzada, autopista, estrada, ruta.

carretero. m. Carrero, conductor.

carretilla. f. Quijada. ‖ Buscapiés. ‖ Volquete.

carril. m. Rodera. ‖ Surco, huella, senda. ‖ Raíl, riel, vía.

carrillo. m. Mejilla, cachete, pómulo, moflete. ‖ Cara, quijada.

carrilludo, da. adj. Mofletudo.

carro. m. Automóvil. ‖ Tanque. ‖ Carromato, carretón, carreta. ‖ Volquete.

carroña. f. Podredumbre. ‖ Cadáver.

carruaje. m. Vehículo, coche, carricoche.

carta. f. Misiva, epístola, mensaje, esquela, pliego. ‖ Mapa. ‖ Naipe. ‖ Documento, escrito. ‖ Menú. ‖ Constitución, estatuto.

carta blanca. f. Facultad, poder.

cartabón. m. Portapliegos, carpeta. ‖ Regla, escuadra. ‖ Marco.

cartaginés, sa. adj. Cartaginense, púnico.

cartapacio. m. Carpeta, portapliegos, portafolios, vade. ‖ Cuaderno, libreta.

cartel. m. Pasquín. ‖ Rótulo, letrero, pancarta, bando, cartelón. ‖ Fama, reputación. *Es una actriz de gran cartel.*

cartera. f. Billetera, billetero, bolso, monedero, tarjetero. ‖ Carpeta, cartapacio. ‖ Ministerio, secretaría. ‖ Tapa, golpe.

carterista. m. Ratero, ladrón.

cartílago. m. Ternilla.

cartilla. f. Abecé, abecedario, silabario. ‖ Libreta, cuadernillo.

cartuchera. f. Canana, cinturón.

cartucho. m. Cucurucho, bolsa, envoltura. ‖ Carga, detonante, explosivo.

carvajal. m. Robledal.

casa. f. Habitación, vivienda, residencia, morada, hogar, mansión, domicilio. ‖ Familia, linaje, descendencia. ‖ Escaque, casilla. ‖ Empresa, compañía, firma, establecimiento.

casal. m. Finca, alquería, hacienda. ‖ Pareja.

casamiento. m. Boda, enlace, nupcias, connubio, casorio, matrimonio. (**a.:** *divorcio, separación.*)

casar. m. Caserío, aldea, villorrio.

casar. tr. y prnl. Desposarse. ‖ tr. Colocar. ‖ Unir, juntar, nivelar, reunir. (**a.:** *desunir.*) ‖ intr. Coincidir, corresponderse. ‖ Concordar, armonizar.

casar. tr. Abolir, abrogar, anular, derogar.

casca. f. Hollejo. ‖ Corteza. ‖ Cáscara.

cascabel. m. Cascabillo. ‖ Campanilla, timbre.

cascabelero. m. Sonajero. ‖ Alocado, casquivano.

cascada. f. Salto, catarata, caída. (**a.:** *géiser.*)

cascado, da. adj. Decrépito, gastado, achacoso. ‖ Ronco, bronco. ‖ Cansado, fatigado. ‖ Agrietado, rajado, hendido.

cascajal o cascajar. m. Pedregal.

cascajo. m. Grava, guijo, cascote.

cascanueces. m. Rompenueces.

cascar. tr. y prnl. Romper, hender. ‖ Agrietar, rajar. ‖ Debilitar, quebrantar. ‖ tr. Pegar, golpear, zurrar. (**a.:** *acariciar.*) ‖ intr. Machacar, insistir. ‖ Charlar, parlotear. ‖ Morir.

cáscara. f. Casca, corteza, cubierta, piel, vaina, mondadura, hollejo, pellejo.

cascarrabias. m. o f. Quisquilloso, irritable, irascible, colérico. (**a.:** *flemático.*)

casco. m. Cráneo, cabeza. ‖ Yelmo, morrión. ‖ Copa. ‖ Pezuña, vaso, uña. ‖ Tonel, pipa, cuba. ‖ Pedazo, trozo, fragmento.

cascote. m. Escombro. ‖ Guijo.

cáseo, a. adj. Caseoso. ‖ m. Cuajada, requesón.

caserío. m. Casar, villorrio, alquería, aldea, poblado.

casero, ra. adj. Doméstico, familiar. ‖ Hogareño. (**a.:** *callejero.*) ‖ m. y f. Propietario, dueño. ‖ Colono, arrendatario. ‖ Administrador. ‖ Inquilino.

caseta. f. Casilla, garita.

casilla. f. Escaque. ‖ Casillero, estante, compartimiento. ‖ Garita, caseta. ‖ Taquilla. ‖ Retrete.

casillero. m. Clasificador, fichero, taquilla.

casino. m. Círculo, club.

caso. m. Suceso, acontecimiento, ocurrencia, incidente. ‖ Ocasión, lance, coyuntura, circunstancia. ‖ Asunto, tema, cuestión, situación. ‖ Eventualidad, contingencia, posibilidad. ‖ Casualidad, azar, acaso.

casquete. m. Contera, regatón, capuchón. ‖ Casco, solideo, gorro, birrete. ‖ Peluca, peluquín.

casquillo. m. Cápsula, cartucho.

casquivano, na. adj. Informal, alocado, irreflexivo. (**a:** *reflexivo, serio.*) ‖ f. Coqueta, frívola.

casta. f. Raza. ‖ Linaje, generación, progenitura, prole, progenie, descenden-

cia. || Abolengo, alcurnia, prosapia, estirpe. || Especie, calidad. || Ralea.
castañal o **castañar.** m. Castañeda.
castañazo. m. Puñetazo, puñete.
castañeta. f. Castañuela.
castañetear. intr. Tiritar.
castañuela. f. Crótalo, palillos, castañeta.
castellano. m. Español.
casticismo. m. Pureza, purismo, limpieza (en el habla).
casticista. com. Purista.
castidad. f. Pureza, honestidad, continencia. || Virginidad, virtud.
castigar. tr. Penar, sancionar. (**a.**: *perdonar, absolver.*) || Mortificar, atormentar, afligir. (**a.**: *consolar.*) || Corregir, enmendar. (**a.**: *excusar.*) || Disminuir, aminorar. || Reprender, amonestar, advertir, escarmentar. (**a.**: *premiar.*) || Dañar, perjudicar. (**a.**: *beneficiar.*) || prnl. Privarse, abstenerse.
castigo. m. Pena, sanción, condena, punición, correctivo. || Mortificación, aflicción, pesadumbre. (**a.**: *galardón, recompensa.*) || Tormento. || Amonestación, aviso, consejo, reprensión.
castizo, za. adj. Correcto, puro, genuino, propio. (**a.**: *exótico, modernista.*)
casto, ta. adj. Virtuoso, abstinente, continente, honesto, puro, púdico, pudoroso, modesto, recatado, núbil, cándido, virginal. (**a.**: *impuro, sensual.*)
castrar. tr. Capar, emascular, esterilizar. (**a.**: *fertilizar.*) || Podar. || Enervar, debilitar.
casual. adj. Fortuito, contingente, inopinado, impensado, eventual, accidental, aleatorio, imprevisto, ocasional, incidental. (**a.**: *premeditado, esencial.*)
casualidad. f. Azar, acaso, suerte, chiripa, albur, contingencia, eventualidad, ventura. (**a.**: *previsión.*)
cata. f. Prueba, gustación, degustación. || Ensayo.
catabolismo. m. Desasimilación.
cataclismo. m . Catástrofe, desastre, calamidad, hecatombe.
catador, ra. adj. Apreciador, conocedor, perito, entendido, experto. || m. y f. Catavinos, degustador.
catadura. f. Aspecto, semblante, traza, facha, pinta. *Tuvo amigos de mala catadura.* || Cata, degustación.
catafalco. m. Túmulo.
catalejo. m. Anteojo, telescopio.
catalizador. m. Acelerador.
catalogar. tr. Clasificar, registrar, inventariar.
catálogo. m. Lista, registro, memoria, inventario, repertorio, nomenclador.
cataplasma. f. Emplasto, tópico. || m. y f. Pelmazo, importuno.
catar. tr. Probar, gustar, saborear, degustar. || Ver, examinar, registrar. || Mirar, observar. || Desmelar, castrar.
catarata. f. Salto de agua, cascada. || Torrente. || Opacidad (del cristalino).
catarro. m. Constipado, resfriado, resfrío. || Gripe.
catastro. m. Padrón, censo. || Estadística.
catástrofe. f. Cataclismo, siniestro, desastre, tragedia, ruina. || Desenlace.
catavinos. m. Catador. || Borracho, ebrio.
cátedra. f. Aula, clase. || Púlpito. || Sillón, asiento. || Asignatura, materia.
catedrático, ca. m. y f. Profesor, maestro. (**a.**: *alumno.*)
categoría. f. Condición, jerarquía, clase, posición, esfera. || Grupo, clasificación. || Estamento, rango. || **de categoría.** loc. adj. Valioso. || Importante.
categórico, ca. adj. Absoluto, decisivo, terminante, preciso, imperioso, concluyente, rotundo, tajante. (**a.**: *dubitativo.*)
catequesis. f. Catecismo.
catequizar. tr. Instruir, adoctrinar, enseñar, aleccionar. || Persuadir, atraer, conquistar, convencer, engatusar.
caterva. f. Multitud, pandilla, muchedumbre, tropel, turba, sinnúmero, infinidad.
catilinaria. f. Invectiva, diatriba. (**a.**: *desagravio.*)
catinga. f. Hedor, hediondez, fetidez.
católico, ca. adj. Universal.
cauce. m. Álveo, lecho, madre. || Zanja, acequia, canal. || Modo, procedimiento, norma.

caución. f. Garantía, prevención, fianza, cautela, precaución.
caucho. m. Goma elástica, hule.
caudal. adj. Caudaloso. ‖ m. Capital, bienes, patrimonio, fortuna. (**a.**: *penuria.*) ‖ Abundancia, copia, cantidad. (**a.**: *escasez, carencia.*)
caudaloso, sa. adj. Copioso, acaudalado. (**a.**: *pobre, insignificante.*)
caudillaje. m. Caciquismo.
caudillo. m. Jefe, adalid, cabecilla, paladín. ‖ Guía, conductor.
causa. f. Motivo, razón, móvil. ‖ Fundamento, causalidad, origen, principio, génesis. (**a.**: *consecuencia, efecto.*) ‖ Litigio, pleito, proceso, caso, juicio.
causahabiente. com. Derechohabiente.
causalidad. f. Causa, origen, principio. (**a.**: *eventualidad.*)
causante. m. y f. Autor, ejecutor, culpable, actor, promotor.
causar. tr. Producir, originar, ocasionar, motivar, traer, acarrear, provocar, determinar. (**a.**: *evitar, impedir.*)
causticidad. f. Mordacidad, malignidad, acidez.
cáustico, ca. adj. Mordaz, dicaz, agresivo, agudo, punzante, irónico, incisivo, maligno. ‖ Corrosivo, mordiente, quemante. ‖ Acre.
cautela. f. Precaución, tacto, prevención, reserva, circunspección, desconfianza, prudencia, cuidado, mesura. (**a.**: *imprudencia, descuido, temeridad.*) ‖ Astucia, maña, sutileza. (**a.**: *ingenuidad.*)
cauteloso, sa. adj. Cauto, astuto, prudente, precavido, reservado, recatado.
cauterio. m. Cauterización, corrección, remedio.
cautivador, ra. adj. Encantador, seductor.
cautivar. tr. Apresar, aprisionar, prender, capturar, aprehender. (**a.**: *liberar, soltar.*) ‖ Atraer, seducir, encantar, conquistar, embelesar, arrobar, hechizar, embrujar. (**a.**: *repeler.*)
cautiverio. m. Cautividad, esclavitud, prisión, confinamiento, reclusión. (**a.**: *libertad.*)
cautivo, va. adj. y s. Esclavo, prisionero, preso. (**a.**: *libre.*)
cauto, ta. adj. Precavido, previsor, astuto, prudente, circunspecto, sagaz, cauteloso. (**a.**: *imprudente, temerario.*)
cava. f. Bodega. ‖ Foso.
cavar. tr. Excavar. ‖ intr. Ahondar, penetrar, profundizar.
caverna. f. Cueva, antro, gruta. ‖ Concavidad, subterráneo.
cavernícola. adj. Troglodita. ‖ Reaccionario, retrógrado.
cavernoso, sa. adj. Bronco, ronco, sordo. (**a.**: *agudo.*) ‖ Recóndito, lúgubre, profundo.
cavia. m. Cobayo.
cavidad. f. Hueco, oquedad, seno. ‖ Concavidad, excavación, hoyo, hundimiento, depresión.
cavilar. tr. e intr. Pensar, meditar, preocuparse, rumiar. *Se la pasa cavilando sobre el modo de vengarse.*
caviloso, sa. adj. Preocupado, pensativo, meditabundo, cogitabundo. (**a.**: *despreocupado, indiferente.*)
cayado. m. Bastón, báculo.
caza. f. Cinegética, venación. ‖ Cacería. ‖ Montería, cetrería, volatería. ‖ Persecución, acoso. ‖ Acecho, hostigamiento.
cazar. tr. Atrapar, pillar, pescar, prender, coger. ‖ Sorprender. ‖ Acosar, perseguir. ‖ Acechar, hostigar.
cazo. m. Cucharón.
cazuela. f. Cacerola, olla, puchero, vasija. ‖ Recipiente. ‖ Paraíso, galería.
cazurro, rra. adj. Tosco, basto, zafio. ‖ Taimado, ladino.
cebar. tr. Sobrealimentar, engordar. ‖ Alimentar. ‖ Fomentar, alimentar. ‖ prnl. Encarnizarse, ensañarse.
cebo. m. Carnada, carnaza. ‖ Señuelo. ‖ Fomento, pábulo, atractivo, incentivo, aliciente.
cebolla. f. Bulbo.
cecear. intr. Zacear.
cecina. f. Tasajo, chacina.
cedazo. m. Cernedor, criba, harnero, tamiz.
ceder. intr. Someterse, allanarse, rendirse, doblegarse, transigir, claudicar.

(**a.**: *resistir.*) ‖ Replegarse, cejar, flaquear, aflojar. (**a.**: *insistir.*) ‖ Disminuir, menguar, debilitarse, moderarse, mitigarse. (**a.**: *aumentar.*) ‖ tr. Trasferir, traspasar. ‖ Dar, dejar. (**a.**: *impedir, quitar.*)

cédula. f. Documento. ‖ Papeleta, ficha.

cefalitis. f. Encefalitis.

céfiro. m. Brisa, aura, vientecillo, favonio. (**a.**: *huracán.*)

cegar. tr. Cerrar, tapar, obstruir, obturar, taponar. (**a.**: *abrir, destapar, desatascar.*) ‖ Ofuscar, obcecar, alucinar. ‖ Enceguecer.

ceguera. f. Ceguedad, invidencia, ablepsia. (**a.**: *visión.*) ‖ Ofuscación, ofuscamiento. (**a.**: *lucidez.*)

cejar. intr. Retroceder, recular. ‖ Aflojar, ceder, flaquear, desistir. (**a.**: *persistir.*)

cejijunto, ta. adj. Ceñudo.

celada. f. Casco, yelmo, almete.

celada. f. Asechanza, encerrona, emboscada, trampa.

celar. tr. Cuidar, vigilar, velar. ‖ Recelar, sospechar, desconfiar.

celar. tr. Encubrir, esconder, ocultar, disimular. (**a.**: *revelar, desenmascarar.*)

celda. f. Calabozo. ‖ Celdilla.

celdilla. adj. Alvéolo. ‖ Hornacina, nicho.

celebración. f. Festejo. ‖ Aplauso, ovación, aclamación. ‖ Conmemoración, ceremonia, festividad, fasto, evocación.

celebrar. tr. Festejar, conmemorar. ‖ Alabar, enaltecer, loar, elogiar, encarecer, encomiar, ensalzar, aplaudir. (**a.**: *maldecir.*) ‖ Congratularse, felicitarse, alegrarse. ‖ Oficiar.

célebre. adj. Afamado, renombrado, famoso, reputado, ilustre, insigne, glorioso, acreditado. ‖ Sonado.

celebridad. f. Fama, nombradía, notoriedad, reputación, popularidad, aceptación, boga. (**a.**: *anonimato, desprestigio.*)

celeridad. f. Prontitud, rapidez, velocidad, presteza, diligencia, actividad, viveza. *El correo viene con celeridad.* (**a.**: *lentitud.*)

celeste. adj. Celestial, célico.

celestial. adj. Celeste, célico, paradisíaco, empíreo. (**a.**: *terreno, infernal.*) ‖ Supremo, divino. ‖ Encantador, perfecto, agradable, delicioso. (**a.**: *aborrecible.*) ‖ Bobo, tonto.

celestina. f. Alcahueta, encubridora, proxeneta, tercera, trotaconventos.

celibato. m. Soltería, nubilidad, misoginia.

célibe. adj. Soltero, núbil, mancebo, doncella. (**a.**: *casado.*)

célico, ca. adj. Celeste, celestial. ‖ Perfecto, delicioso.

celo. m. Cuidado, esmero, entusiasmo, diligencia, devoción, interés, ardor. (**a.**: *apatía, negligencia.*) ‖ pl. Recelo, desconfianza, sospecha, suspicacia. (**a.**: *confianza.*) ‖ Antagonismo, envidia, rivalidad. (**a.**: *indiferencia.*)

celosía. f. Persiana, enrejado, encañado. ‖ Celotipia.

celoso, sa. adj. Escrupuloso, activo, cuidadoso, diligente, cumplidor. (**a.**: *desidioso.*) ‖ Receloso, envidioso, desconfiado, suspicaz. (**a.**: *confiado, despreocupado.*)

célula. f. Celda, cavidad, seno. ‖ Grupo.

cementerio. m. Camposanto, necrópolis, catacumbas, osario.

cemento. m. Argamasa, pegamento.

cena. f. Comida.

cenáculo. m. Reunión, tertulia, peña.

cenador. m. Glorieta.

cenagal. m. Barrizal, ciénaga, fangal, lodazal. ‖ Apuro, aprieto.

cenagoso, sa. adj. Fangoso, barroso.

cenar. tr. Comer.

cenceño, ña. adj. Enjuto, delgado, flaco.

cencerro. m. Campanilla, esquila.

cenefa. f. Ribete, orla, orillo, borde, filete, vivo.

ceniciento, ta. adj. Cenizo, grisáceo.

ceniza. f. Pavesa, escoria, residuo. ‖ pl. Escombros, restos.

cenizo. m. Ceniciento.

cenobio. m. Monasterio, convento. ‖ Abadía, cartuja, claustro.

cenobita. m. o f. Monje o monja. ‖ Ermitaño, anacoreta, eremita.

cenotafio. m. Mausoleo.

censo. m. Gravamen, impuesto, carga, tributo, contribución. || Catastro, empadronamiento, padrón.
censor. m. Crítico, corrector.
censura. f. Desaprobación, reprobación, condena, impugnación, corrección. (**a.**: *aprobación.*) || Murmuración, detracción. || Crítica, juicio, examen, dictamen. || Padrón, asiento, registro, matrícula.
censurable. adj. Reprobable, reprochable, condenable, vituperable, recusable. (**a.**: *intachable, probo.*)
censurar. tr. Juzgar, criticar, examinar. || Tachar, suprimir, cortar. || Desaprobar, reprobar, condenar, corregir, fustigar, murmurar, vituperar. (**a.**: *alabar.*) || Registrar, matricular.
centella. f. Exhalación, rayo, relámpago. || Chispa. || Destello, resplandor.
centellar o **centellear.** intr. Brillar, chispear, relumbrar, destellar, fulgurar, resplandecer, relucir. || Titilar.
centelleo. m. Brillo, fulgor, resplandor. || Titilación, fosforescencia.
centena. f. Centenar, ciento.
centenario, ria. adj. Quintañón, longevo. || Secular. || Antiguo, añoso, vetusto, veterano. || m. Siglo.
centinela. m. o f. Vigilante, guarda, custodio, guardián.
central. adj. Céntrico. || Principal, matriz, básico, fundamental. (**a.**: *accesorio.*)
centralismo. m. Unitarismo. || Concentración, centralización.
centralización. f. Concentración.
centralizar. tr. Concentrar, centrar, polarizar, monopolizar. (**a.**: *dispersar, esparcir.*)
céntrico, ca. adj. Central. (**a.**: *periférico.*) || Urbano. || Metropolitano. || Concurrido, frecuentado.
centro. m. Medio. || Eje, foco, corazón. (**a.**: *barrio.*) || Establecimiento, institución, organismo. || Ateneo, casino, círculo, club. || Objeto, fin, propósito.
centuria. f. Siglo.
ceñidor. m. Cinturón, cinto, faja.
ceñir. tr. Ajustar, apretar, oprimir. (**a.**: *aflojar.*) || Circunvalar, rodear, cercar. || Abrazar. || Abreviar, disminuir. (**a.**: *ampliar.*) || prnl. Moderarse, reducirse, ajustarse, limitarse, atenerse, amoldarse, circunscribirse. (**a.**: *explayarse.*)
ceño. m. Sobrecejo, sobreceño. || Aspecto, talante, cariz.
ceñudo, da. adj. Cejijunto, hosco. (**a.**: *amable.*)
cepa. f. Parra. || Raíz, principio, origen. || Raza, linaje, casta, tronco, familia, sangre.
cepillar. tr. Limpiar. || Alisar, pulir, desbastar.
cepillo. m. Escobilla, almohaza. || Alcancía, hucha, cepo.
cepo. m. Trampa, armadijo. || Alcancía, cepillo.
cera. f. Cerumen, cerilla.
cerámica. f. Barro, loza, porcelana, arcilla, terracota. || Alfarería.
ceramista. m. y f. Alfarero.
cerca. f. Cercado, cerco, valla, vallado, barrera, tapia, empalizada, palizada, estacada, seto.
cerca. adv. Próximo, próximamente, inmediatamente. (**a.**: *lejos.*)
cercanía. f. Proximidad, inmediatez, contigüidad. (**a.**: *lejanía.*) || pl. Inmediaciones, alrededores, contornos.
cercano, na. adj. Próximo, vecino, inmediato, limítrofe, contiguo. (**a.**: *distante, lejano.*) || Afín, semejante, similar.
cercar. tr. Rodear, circuir, circundar, ceñir, circunvalar. *La plaza está cercada por edificios.* || Tapiar, vallar. || Asediar, sitiar, bloquear. (**a.**: *liberar.*)
cercenadura. f. Cercenamiento.
cercenar. tr. Cortar, acortar, mutilar, recortar. || Restringir, reducir. (**a.**: *aumentar, prolongar.*) || Disminuir, limitar, suprimir.
cerciorar. tr. y prnl. Asegurar, afirmar, certificar, comprobar, convencer, persuadir.
cerco. m. Aro, anillo. || Perímetro. || Cerca, vallado, muro, tapia. || Cinturón. || Corrillo. || Marco. || Halo, aureola, nimbo. || Sitio, asedio, bloqueo. || Giro, rotación.
cerchar. tr. Acodar.
cerda. f. Pelo, crin.

cerdo, da. m. y f. Cocho, cochino, chancho, gocho, gorrino, guarro, marrano, puerco. || Marsopa. || adj. Sucio, desaseado.

cereales. m. pl. Granos.

cerebro. m. Seso. || Cabeza, meollo, mente, talento, inteligencia, juicio, capacidad.

ceremonia. f. Aparato, solemnidad, pompa, ostentación. || Rito, costumbre. || Etiqueta, cortesía, cumplimiento.

ceremonial. m. Ritual, rito, protocolo, etiqueta, aparato, pompa.

ceremonioso, sa. adj. Ritual, solemne. || Amanerado, afectado. (**a.**: *sencillo, natural.*)

cerilla. f. Fósforo. || Cera, cerumen.

cerillero. m. o **cerillera.** f. Fosforera.

cernedor. m. Cedazo, criba, harnero, tamiz.

cerner. tr. Cernir, cribar, tamizar. || Observar, examinar. || Lloviznar. || prnl. Pender, amenazar. || Elevarse, remontarse, sublimarse.

cernícalo. m. Grosero, ignorante, tonto, zopenco, zoquete.

cerote. m. Cerumen. || Miedo.

cerrado, da. adj. Incomprensible, oculto, oscuro, hermético. (**a.**: *claro, evidente.*) || Nublado, encapotado, cubierto. (**a.**: *despejado.*) || Callado, disimulado, silencioso, reservado, discreto. (**a.**: *abierto, sociable.*) || Intransigente, obstinado. || Torpe, tardo, obtuso, negado. (**a.**: *sagaz.*) || m. Cercado, cerca.

cerradura. f. Cerramiento. || Clausura, prisión, encierro, reclusión.

cerramiento. m. Cerradura. || Cierre. || Taponamiento, tapón, obstrucción, cegamiento.

cerrar. tr. Tapar, cegar, taponar. (**a.**: *abrir.*) || intr. y prnl. Cicatrizar. || Clausurar. || Cercar, circunvalar, ceñir, rodear. || Encoger, doblar, plegar. (**a.**: *desplegar, extender.*) || Pegar, soldar. || Juntar, aproximar. || Terminar, acabar. (**a.**: *comenzar.*) || tr. y prnl. Apiñar, agrupar. || prnl. Encapotarse, nublarse. || Obstinarse, obcecarse, empacarse. || intr. Embestir, atacar, acometer, arremeter.

cerrazón. f. Obstinación, obcecación, terquedad. || Oscuridad. (**a.**: *claridad.*)

cerril. adj. Áspero, escabroso. (**a.**: *liso.*) || Salvaje, arisco, indómito, bravío. (**a.**: *sosegado, dócil.*) || Grosero, rústico, tosco, huraño. || Torpe, bozal, cerrero, montaraz.

cerro. m. Colina, collado, loma, alcor, montículo. (**a.**: *llano, llanura.*) || Peñasco. || Cuello, pescuezo, espinazo, lomo.

cerrojo. m. Pasador, pestillo, tranca.

certamen. m. Desafío, duelo, pelea, batalla, lucha. || Discusión, polémica, argumentación. || Concurso, competición.

certero, ra. adj. Seguro, cierto, acertado. (**a.**: *errado.*)

certeza. f. Certidumbre, convicción, evidencia, seguridad, certinidad. (**a.**: *duda, indecisión.*) *Tengo la certeza de que miente.*

certidumbre. f. Certeza.

certificado. m. Certificación.

certificar. tr. Afirmar, asegurar, aseverar, confirmar. (**a.**: *contradecir, negar.*) || Afianzar, avalar, garantizar, responder.

cerúleo, a. adj. Azul celeste.

cerumen. m. Cera, cerilla.

cerval. adj. Cervuno, cervino. || Espantoso, horroroso, pavoroso.

cerviz. f. Cogote, pescuezo, occipucio, nuca.

cesación. f. Interrupción, suspensión, paro. (**a.**: *iniciación, principio.*)

cesantía. f. Despido. (**a.**: *empleo.*)

cesar. intr. Acabarse, terminar, finalizar. (**a.**: *empezar.*) || Suspender, parar, vacar, detenerse, interrumpirse. (**a.**: *continuar.*)

césar. m. Emperador.

cesarismo. m. Autocracia, dictadura, despotismo, tiranía. (**a.**: *democracia.*)

cese. m. Cesantía. || Interrupción, pausa, huelga. (**a.**: *prosecución.*)

cesión. f. Renuncia, abandono, entrega,

donación, traspaso. (**a.**: *retención.*) || Préstamo.

césped. m. Tepe, hierba. || Pradera, prado.

cesta o **cesto.** m. y f. Canasta, espuerta.

cesura. f. Pausa, corte.

cetrino, na. adj. Aceitunado, verdoso, verdeamarillento. || Adusto.

cetro. m. Vara. || Reinado, gobierno, mando. || Supremacía, preeminencia. || Corona, diadema.

ceugma. f. Zeugma.

ciar. intr. Aflojar, cejar, ceder. || Retroceder. (**a.**: *avanzar.*)

cicatear. intr. Escatimar, regatear.

cicatería. f. Tacañería, roñosería, roña, ruindad, mezquindad, avaricia. (**a.**: *magnanimidad, largueza.*)

cicatero, ra. adj. Tacaño, avaro, ruin, mezquino, miserable, roñoso, agarrado, amarrete. (**a.**: *dadivoso.*)

cicatriz. f. Costurón, escara. || Huella, vestigio, señal.

cicatrizar. tr. e intr. Cerrar, curar, sanar. || Olvidar.

cicerone. m. Guía, acompañante, baquiano.

ciclo. m. Período, época.

ciclón. m. Huracán, vendaval, tornado, tifón.

ciclópeo, a. adj. Gigantesco, titánico, colosal.

ciego, ga. adj. Invidente. (**a.**: *vidente.*) || Ofuscado, obcecado, alucinado. || Obstruido, obturado. (**a.**: *destapado.*)

cielo. m. Atmósfera. || Firmamento, bóveda celeste. || Empíreo, patria celestial, edén, paraíso. (**a.**: *infierno.*) || Gloria, bienaventuranza. || Dios.

ciempiés. m. Escolopendra. || Chapucería, desatino, disparate, barbaridad, despropósito, burrada.

ciénaga. f. Cenagal, lodazal, pantano, fangal, barrizal.

ciencia. f. Conocimiento, saber, sabiduría, erudición. (**a.**: *incultura.*) || Habilidad, maestría. (**a.**: *impericia.*)

cieno. m. Légamo, lodo, lama, fango, barro, limo. || Deshonra, descrédito.

cierre. m. Cerradura. || Cerramiento. || Clausura. (**a.**: *apertura, comienzo.*)

cierto, ta. adj. Seguro, indudable, positivo, real. (**a.**: *dudoso, fortuito.*) || Verídico, verdadero. (**a.**: *inexacto.*) || Algún. || Sabedor, conocedor.

ciervo. m. Venado, cérvido, corzo, gamo.

cierzo. m. Norte, septentrión, aquilón, bóreas.

cifra. f. Guarismo, número, símbolo, signo. || Clave, código. || Monograma. || Compendio, síntesis, resumen, suma. *Esa antología es la cifra de la poesía romántica.* || Abreviatura, sigla.

cifrado, da. adj. Criptográfico, en clave. (**a.**: *claro, comprensible.*)

cifrar. tr. Reducir, compendiar, resumir, abreviar.

cigala. f. Camarón, langostino.

cigarra. f. Chicharra.

cigarrera. f. Petaca, pitillera.

cigarro. m. Tabaco, puro, habano, veguero, tagarnina. || Cigarrillo, pitillo.

cigoñal. m. Cigüeñal.

cigüeña. f. Manivela, manubrio.

cilicio. m. Mortificación, suplicio, penitencia.

cilindro. m. Rodillo, rulo.

cima. f. Cúspide, cumbre, pináculo, pico, vértice, cabeza. (**a.**: *abismo.*) || Apogeo, auge. || Terminación, término, culminación, ápice, fin, complemento. (**a.**: *inicio, comienzo.*)

cimarrón. adj. Salvaje, montaraz, arisco, silvestre. (**a.**: *doméstico.*)

cimbel. m. Señuelo.

cimbra. f. Arco, curva.

cimbrar. tr. Asentar, establecer, afirmar, fundar. || Cimbrear.

cimbreante. adj. Cimbreño, flexible. (**a.**: *rígido, inflexible.*)

cimbrear. tr. e intr. Vibrar, oscilar, agitar, ondular.

cimbronazo. m. Cintarazo.

cimentar. tr. Fundar, fundamentar. (**a.**: *demoler.*) || Establecer, asentar, afirmar.

cimiento. m. Cimentación, fundación, fundamento. || Principio, origen, base, raíz, causa. (**a.**: *culminación.*)

cincelar. tr. Esculpir, tallar, grabar, labrar.

cincuentón, na. adj. Quincuagenario.

cinchar. tr. Ceñir, fajar. (**a.**: *aflojar, sol-*

tar.) ‖ intr. Esforzarse. (**a.**: *desistir.*)
cincho. m. Aro. ‖ Cinturón, cinto.
cine. m. Cinematógrafo.
cineasta. m. y f. Peliculero, director, productor (de cine).
cinegética. f. Montería.
cinegético, ca. adj. Venatorio.
cinemateca. f. Filmoteca.
cinematografiar. tr. Filmar, impresionar, rodar.
cinematógrafo. m. Cine.
cíngaro, ra. adj. Gitano.
cínico, ca. adj. Descarado, desvergonzado, caradura, sinvergüenza, insolente, atrevido, impúdico, procaz. (**a.**: *respetuoso, decente.*)
cinismo. m. Impudicia, impudor, desvergüenza, procacidad. (**a.**: *decencia, pudor.*) ‖ Desfachatez, descaro, tupé. (**a.**: *respeto.*)
cinta. f. Banda, tira, faja. ‖ Correa. ‖ Filete. ‖ Película, filme.
cinto. m. Cinturón, faja, apretador, ceñidor. ‖ Cintura, talle. ‖ Fortificación.
cintura. f. Cinto, talle.
cinturón. m. Cinto, cincho, faja, apretador, ceñidor. ‖ Cerco.
ciprés. m. Cipariso.
circo. m. Anfiteatro, arena, estadio.
circón. m. Jacinto.
circuir. tr. Rodear, cercar, circundar, circunvalar, envolver.
circuito. m. Recinto. ‖ Bojeo, contorno. ‖ Recorrido, vuelta.
circulación. f. Tránsito, tráfico, trasporte. (**a.**: *paro.*) ‖ Propagación, difusión, trasmisión.
circular. intr. Andar, caminar, pasar, deambular, transitar. (**a.**: *detenerse.*) ‖ Propagarse, difundirse, divulgarse.
círculo. m. Redondel, circunferencia. ‖ Rueda, disco. ‖ Circuito. ‖ Corro. ‖ Ambiente, esfera, medio. ‖ Casino, sociedad, club, centro.
circundar. tr. Cercar, rodear, circuir, circunvalar, ceñir.
circunferencia. f. Contorno, periferia. ‖ Círculo, ruedo.
circunlocución. f. Circunloquio, perífrasis, rodeo, ambages, giro.
circunloquio. m. Circunlocución.
circunnavegación. f. Periplo.
circunscribir. tr. y prnl. Limitar, ceñir, amoldar, concretar, ajustar, restringir, reducir. (**a.**: *amplificar, desarrollar.*)
circunscripción. f. Distrito, barrio, demarcación, zona. ‖ Término, jurisdicción.
circunspección. f. Prudencia, sensatez, cordura, reserva, discreción, mesura, cautela, atención. (**a.**: *insensatez.*) ‖ Seriedad, decoro, gravedad, compostura. (**a.**: *ligereza.*)
circunspecto, ta. adj. Prudente, cauteloso, discreto, mirado, mesurado, reservado, recatado. (**a.**: *insolente.*) ‖ Serio, grave, respetable.
circunstancia. f. Accidente, eventualidad. ‖ Particularidad, condición, requisito, pormenor, detalle. ‖ Situación, momento. ‖ Caso, coyuntura, ocurrencia, ocasión. ‖ Medio, ambiente, contorno.
circunstanciado, da. adj. Detallado, pormenorizado, especificado.
circunstantes. m. y f. pl. Presentes, concurrentes, asistentes, espectadores.
circunvalar. tr. Cercar, ceñir, circundar, rodear, circuir, encerrar.
circunvecino, na. adj. Próximo, contiguo, cercano, inmediato, vecino, lindante.
cirio. m. Bujía, vela, candela.
cirujano. m. Quirurgo, operador.
cisco. m. Carbonilla. ‖ Alboroto, reyerta, pendencia, zipizape, pelotera, riña. (**a.**: *paz, orden.*) ‖ Destrozo, trizas.
cisma. m. Discordia, desavenencia, desacuerdo, disensión. (**a.**: *acuerdo, armonía.*) ‖ Escisión, rompimiento, separación, división. (**a.**: *unión, asociación.*)
cisterna. f. Aljibe, depósito, pozo.
cisura. f. Hendidura, grieta, rotura, fisura, incisión, corte, separación (quirúrgica). ‖ Cicatriz.
cita. f. Mención, nota, alusión, referencia. ‖ Encuentro, entrevista.
citar. tr. Aludir, mencionar, mentar, nombrar. ‖ Alegar, invocar. ‖ Convocar, emplazar, llamar. ‖ Notificar. ‖ Transcribir, enumerar.

ciudad. f. Urbe, población, localidad. (**a.**: *campaña, campo.*)
ciudadano, na. adj. Urbano. ‖ Civil, cívico. ‖ m. y f. Natural, vecino, residente. ‖ Súbdito. ‖ Elector.
ciudadela. f. Fortaleza, fuerte, alcázar.
cívico, ca. adj. Civil, ciudadano. ‖ Patriótico.
civil. adj. Sociable, urbano, atento, cortés, afable. (**a.**: *descortés, grosero.*) ‖ Ciudadano, cívico, paisano. ‖ Laico, seglar.
civilidad. f. Sociabilidad, urbanidad. ‖ Civismo.
civilización. f. Cultura, educación, instrucción, refinamiento, ilustración, progreso. (**a.**: *incultura, barbarie, salvajismo.*)
civilizar. tr. y prnl. Educar, ilustrar, instruir, pulir.
civismo. m. Ciudadanía, patriotismo. ‖ Cortesía, amabilidad, educación, urbanidad, civilidad. *Sus modales demuestran civismo.*
cizaña. f. Discordia, enemistad, disensión, desavenencia. (**a.**: *avenencia, unión.*)
cizañero, ra. adj. Chismoso, insidioso.
clamar. intr. Quejarse, lamentarse, condolerse, gemir, gritar, exclamar, protestar, dar voces. ‖ intr. y tr. Exigir, necesitar. ‖ tr. Llamar, invocar, rogar, implorar.
clamor. m. Grito, voz, alarido. ‖ Queja, gemido, lamento. ‖ Griterío, alboroto. (**a.**: *silencio.*) ‖ Estruendo.
clamoreo. m. Gritería, vocerío.
clan. m. Familia, tribu. ‖ Pandilla.
clandestino, na. adj. Secreto, oculto, furtivo, encubierto, subrepticio. (**a.**: *manifiesto, explícito.*) ‖ Ilegal, ilícito. (**a.**: *legal, legítimo.*)
claque. f. Alabarderos, mosqueteros.
claraboya. f. Tragaluz.
claramente. adv. Abiertamente, francamente, paladinamente, patentemente. ‖ Lúcidamente, luminosamente.
clarear. intr. Alborear, amanecer, clarecer, apuntar el día. ‖ Aclararse, disiparse. ‖ prnl. Trasparentarse, traslucirse.
claridad. f. Luz, luminosidad, resplandor. (**a.**: *oscuridad.*) ‖ Trasparencia, diafanidad, limpidez. ‖ Franqueza, sinceridad. (**a.**: *falsedad, ambigüedad, hipocresía.*) ‖ Lucidez, perspicacia, agudeza. (**a.**: *confusión.*)
clarificar. tr. Iluminar, alumbrar. (**a.**: *oscurecer.*) ‖ Aclarar, depurar, limpiar. ‖ Esclarecer, dilucidar, elucidar. (**a.**: *complicar.*)
clarín. m. Trompeta.
clarividencia. f. Penetración, perspicacia, agudeza, sagacidad. (**a.**: *ofuscación, ceguera.*)
claro, ra. adj. Brillante, luminoso. ‖ Iluminado, alumbrado. (**a.**: *oscuro, sombrío.*) ‖ Trasparente, cristalino, diáfano, límpido, puro. (**a.**: *borroso.*) ‖ Ilustre, famoso, insigne, esclarecido. ‖ Perspicaz, agudo, lúcido, despierto. ‖ Evidente, inteligible, manifiesto, patente, indudable, cierto, comprensible. (**a.**: *ambiguo, ininteligible, incomprensible.*) ‖ Franco, sincero. ‖ Pálido. (**a.**: *vivo.*) ‖ Ralo. (**a.**: *tupido, espeso.*) ‖ Definido, preciso. (**a.**: *confuso, indeterminado.*)
clase. f. Aula. ‖ Lección. ‖ Categoría, condición, jerarquía, especie, tipo, género. ‖ Calidad, cualidad, distinción. ‖ Grupo, agrupación.
clásico, ca. adj. Principal, notable. ‖ Corriente, usual. (**a.**: *moderno, novedoso.*)
clasificación. f. Taxonomía. ‖ Ordenamiento, separación, encasillamiento.
clasificador. m. Casillero, taquilla, archivador, fichero.
clasificar. tr. Ordenar, catalogar, encasillar. (**a.**: *confundir, mezclar.*)
claudicar. intr. Cojear. ‖ Ceder, transigir, consentir, rendirse, someterse. (**a.**: *resistir, rebelarse.*)
claustro. m. Convento. ‖ Personal docente.
cláusula. f. Disposición, condición, estipulación. ‖ Frase, oración. ‖ Período.
clausura. f. Cierre. *Ayer concurrimos a la clausura del simposio.* (**a.**: *apertura, inauguración.*)

clausurar. tr. Cerrar, terminar, finalizar, poner fin. (**a.**: *inaugurar.*)
clava. f. Porra, cachiporra, maza.
clavado, da. adj. Cabal, exacto.
clavar. tr. Hincar, hundir, introducir. ‖ Sujetar, fijar, enclavar. ‖ tr. y prnl. Engañar, perjudicar. (**a.**: *pagar.*)
clave. f. Llave. ‖ Cifra, código. ‖ Nota, explicación. ‖ m. Clavicémbalo. ‖ adj. Esencial, capital.
clavicémbalo. m. Clave, clavicordio.
clavo. m. Cuidado. ‖ Pena, dolor, padecimiento. ‖ Daño, contrariedad, perjuicio. (**a.**: *beneficio.*)
clemencia. f. Indulgencia, tolerancia, benignidad, misericordia, piedad. (**a.**: *brutalidad, inclemencia.*)
clemente. adj. Indulgente, tolerante, benigno, misericordioso, piadoso. (**a.**: *cruel, insensible.*)
clepsidra. f. Reloj de agua.
cleptómano, na. m. y f. Ratero, ladrón.
clerecía. f. Clero.
clérigo. m. Eclesiástico, cura, sacerdote, presbítero, padre, tonsurado, capellán.
cliente, ta. m. y f. Parroquiano, comprador, consumidor.
clientela. f. Parroquia.
clima. m. Atmósfera. ‖ Ambiente, medio, temperatura.
climatizador. m. Acondicionador.
clímax. m. Gradación, escala.
clínica. f. Policlínica, sanatorio, hospital.
cloaca. f. Albañal, alcantarilla, sentina, sumidero.
clon. m. Payaso.
cloquear. intr. Clocar, cacarear.
club o **clube.** m. Sociedad, peña, círculo, asociación.
coacción. f. Fuerza, presión, violencia, compulsión, apremio.
coaccionar. tr. Apremiar, obligar, forzar. (**a.**: *permitir.*)
coadyuvar. intr. Ayudar, colaborar, secundar, cooperar, asistir, auxiliar, contribuir. (**a.**: *dificultar, entorpecer.*)
coagulación. f. Cuajamiento.
coagular. tr. y prnl. Cuajar, cortar, espesar. (**a.**: *fluir, liquidar.*)
coágulo. m. Cuajo, cuajarón, grumo.
coalición. f. Alianza, liga, unión, confederación. (**a.**: *disgregación.*)
coartada. f. Justificación. (**a.**: *inculpación.*)
coartar. tr. Coaccionar, coercer, refrenar, sujetar, embarazar, estorbar, impedir. (**a.**: *autorizar, dejar.*) ‖ Restringir, limitar, cohibir, circunscribir.
coautor, ra. m. y f. Colaborador, cómplice.
coba. f. Adulación. ‖ Broma.
cobarde. adj. Miedoso, medroso, temeroso, asustadizo, apocado, tímido, pusilánime. (**a.**: *valiente, animoso, intrépido.*)
cobardía. f. Temor, miedo, apocamiento, pusilanimidad, timidez, cortedad. (**a.**: *bravura.*)
cobayo. m. Conejillo de Indias.
cobertizo. m. Techado, hangar, tinglado.
cobertor. m. Colcha, cobija, cubrecama, sobrecama. ‖ Manta, frazada.
cobertura. f. Cubierta, cobertor, frazada.
cobija. f. Cubierta, cobertura, frazada.
cobijar. tr. Cubrir, abrigar, tapar. (**a.**: *descubrir.*) ‖ tr. y prnl. Albergar, refugiar, guarecer, hospedar. ‖ Amparar, proteger, ayudar. (**a.**: *abandonar.*)
cobijo. m. Albergue. ‖ Amparo, protección.
cobrador, ra. m. y f. Recaudador.
cobranza. f. Cobro, recaudación, percepción. (**a.**: *pago.*)
cobrar. tr. Percibir, recibir, recaudar. (**a.**: *pagar.*) ‖ Cazar, capturar, aprehender. ‖ Tomar, sentir, experimentar. ‖ Adquirir, ganar, lograr. (**a.**: *perder.*) ‖ Recuperar, recobrar. ‖ Reintegrar, rembolsar. ‖ prnl. Indemnizarse, resarcirse, compensarse. ‖ Recuperarse, volver en sí. (**a.**: *desvanecerse.*)
cobro. m. Cobranza, recaudación. (**a.**: *pago, desembolso.*)
coca. f. Moño, rodete. ‖ Cabeza, testa. ‖ Coscorrón, cabezazo.
cocción. f. Cocimiento, cocedura, cochura, decocción.
cóccix. m. Coxis.
cocear. tr. Patear.

cocer. tr. Cocinar, hervir. || intr. Bullir. || prnl. Asarse, escalfarse. || Tramarse, urdirse, maquinarse.
cocido. m. Olla, puchero, pote. || Guisado. (**a.**: *crudo.*)
cocimiento. m. Cocción, infusión.
cocinar. tr. e intr. Guisar, cocer. || Aderezar, adobar, condimentar.
cocinero, ra. m. y f. Guisandero, ranchero.
cocinilla o **cocinita.** f. Infernillo, infiernillo.
coco. m. Micrococo.
coco. m. Cuco. || Gesto, ademán. || Mueca, mohín. || Caricia, mimo.
cocotal. m. Cocal.
cocotero. m. Coco, palma de coco.
cochambre. amb. Suciedad, inmundicia, basura, porquería. (**a.**: *limpieza.*)
coche. m. Vehículo, carruaje, automóvil, vagón.
cochinada. f. Cochinería, inmundicia, porquería, suciedad. (**a.**: *aseo.*) || Indecencia, grosería. || Jugada, trastada, vileza.
cochinilla. f. Cucaracha, milpiés.
cochinilla. f. Grana.
cochinillo. m. Lechón, mamón.
cochino, na. m. y f. Cerdo, puerco, marrano. || adj. Sucio, desaseado. (**a.**: limpio.) || Indecoroso. (**a.**: *respetable, digno.*) || Cicatero, tacaño, miserable. (**a.**: *desprendido.*)
cochitril. m. Pocilga, cuchitril, tugurio.
cochura. f. Cocción.
codearse. prnl. Tratarse, alternar, relacionarse.
codicia. f. Avaricia, ambición, avidez, ansia, apetencia, egoísmo, voracidad. (**a.**: *desprendimiento.*) || Deseo, aspiración, afán.
codiciable. adj. Apetecible, envidiable, deseable. (**a.**: *detestable, execrable.*)
codiciar. tr. Apetecer, anhelar, desear, ambicionar, ansiar, envidiar. (**a.**: *renunciar.*)
codicioso, sa. adj. Ansioso, ambicioso, ávido, deseoso, avaricioso, avaro. || Laborioso, trabajador, hacendoso, afanoso.
código. m. Cifra, clave. || Reglamento, recopilación.
coeficiente. adj. Factor, multiplicador. || m. Índice, porcentaje.
coercer. tr. Contener, coartar, refrenar, reprimir, cohibir, sujetar, constreñir, restringir, limitar. (**a.**: *acicatear, incentivar.*)
coercitivo, va. adj. Represivo, restrictivo, limitativo.
coetáneo, a. adj. Contemporáneo, coexistente. *San Martín y Bolívar fueron coetáneos.*
cofrade. m. o f. Congregante, hermano. || Compañero, camarada, colega.
cofradía. f. Congregación, hermandad. || Gremio, agrupación, asociación.
cofre. m. Arca, arcón, caja. || Baúl.
coger. tr. Agarrar, aferrar, tomar, asir. (**a.**: *soltar.*) || Alcanzar. || Atrapar, prender, apresar, aprehender. (**a.**: *liberar.*) || Recoger, recolectar, cosechar. (**a.**: *esparcir.*) || Cobrar. || Aceptar. (**a.**: *rehusar.*) || Acoger, recibir. || Adquirir, contraer. || Captar, entender, adivinar. || Hallar, encontrar, sorprender, pillar.
cogitabundo, da. adj. Meditabundo, pensativo.
cognado, da. adj. Pariente, familiar, consanguíneo.
cognoscible. adj. Conocible, inteligible, comprensible.
cogote. m. Cerviz, occipucio, nuca, pescuezo.
cogotera. f. Cubrenuca.
cohabitar. intr. Convivir. || Amancebarse.
cohecho. m. Corrupción, soborno, compra.
coherencia. f. Conexión, relación, enlace. || Cohesión, trabazón. (**a.**: *incoherencia.*)
cohesión. f. Adherencia, unión, adhesión. || Coherencia, trabazón, conformidad.
cohete. m. Petardo, buscapiés.
cohibir. tr. y prnl. Coartar, embarazar, limitar. (**a.**: *estimular.*) || Refrenar, reprimir, contener, sujetar. (**a.**: *excitar.*)
cohombro. m. Pepino.
cohonestar. tr. Excusar, disimular, disculpar, encubrir, atenuar.
cohorte. f. Legión, multitud, conjunto.

coima. f. Soborno. ‖ Comisión.
coincidencia. f. Simultaneidad, coexistencia.
coincidir. intr. Convenir, concordar. (**a.**: *divergir, discordar.*) ‖ Ajustarse, encajar, casar.
coito. m. Cópula, ayuntamiento, fornicación.
cojear. intr. Renguear, renquear. ‖ Adolecer.
cojín. m. Almohadón, almohada, colchoneta.
cojinete. m. Almohadilla. ‖ Chumacera, palomilla.
cojo, ja. adj. Rengo, renco, paticojo. ‖ Incompleto.
col. f. Berza, repollo, coliflor.
cola. f. Rabo. (**a.**: *cabeza.*) ‖ Punta, extremidad, apéndice, extremo. ‖ Resultas, consecuencias. ‖ Fila, hilera.
colaborador, ra. m. y f. Ayudante, coautor.
colaborar. intr. Cooperar, coadyuvar, participar, concurrir, secundar, ayudar, contribuir. (**a.**: *entorpecer, dificultar, embarazar.*)
colación. f. Refacción, refrigerio, piscolabis. ‖ Cotejo, confrontación.
colacionar. tr. Cotejar, confrontar, compulsar, comparar.
colador. m. Cedazo, filtro, tamiz.
coladura. f. Error, pifia, equivocación, plancha, inconveniencia, desacierto, indiscreción.
colapso. m. Debilitamiento, postración. ‖ Patatús, desmayo, síncope. ‖ Destrucción, ruina, paralización. *El país sufrió un colapso institucional.*
colar. tr. Filtrar, destilar, purificar. ‖ prnl. Pasar. ‖ Equivocarse. ‖ Deslizarse, infiltrarse.
colateral. adj. Lateral.
colcha. f. Cubrecama, cubierta, cobertor, frazada.
colchón. m. Jergón, colchoneta.
colección. f. Reunión, conjunto. ‖ Cúmulo, surtido, montón. ‖ Serie. (**a.**: *unidad.*)
colecta. f. Cuestación, recaudación, suscripción.
colectar. tr. Recaudar, cobrar, recolectar.
colectividad. f. Comunidad, sociedad.
colectivo, va. adj. Común. (**a.**: *individual.*) ‖ m. Microómnibus.
colector, ra. adj. y s. Recaudador, cobrador, perceptor. ‖ Caño, canal. ‖ Coleccionista, recopilador, compilador.
colega. m. y f. Compañero, camarada, cofrade, consocio.
colegial, la. m. y f. Escolar, estudiante, alumno, educando. (**a.**: *maestro, profesor.*)
colegio. m. Escuela, instituto. ‖ Asociación, corporación.
colegir. tr. Deducir, inferir, concluir, sacar. (**a.**: *inducir.*) ‖ Suponer.
coleo. m. Coleada, coleadura, coletazo.
cólera. f. Bilis, hiel. ‖ Ira, rabia, enojo, furia, irritación, furor, enfado, arrebato, exasperación. (**a.**: *calma, suavidad.*)
colérico, ca. adj. Enojado, airado, enfurecido, iracundo, irritado, furioso, violento, rabioso, encolerizado, furibundo, irascible. (**a.**: *tranquilo, manso.*)
coleta. f. Trenza.
coletilla. f. Adición, añadidura.
colgado, da. adj. Suspenso, pendiente. ‖ Burlado, chasqueado.
colgadura. f. Cortina, tapiz.
colgajo. m. Arlo, ristra. ‖ Andrajo, pingajo, harapo.
colgante. adj. Pendiente, pinjante.
colgar. tr. Suspender. ‖ Tender. ‖ Abandonar. ‖ Ahorcar. ‖ Atribuir, imputar, achacar. ‖ intr. Pender. ‖ Depender.
colibrí. m. Pájaro mosca, picaflor, tominejo.
colicano, na. adj. Rabicano.
coligarse. prnl. Unirse, aliarse, confederarse, asociarse. (**a.**: *desligarse, separarse.*)
colina. f. Cerro, collado, alcor, loma, lomada, altura, elevación, cuchilla. (**a.**: *valle.*)
colindante. adj. Contiguo, limítrofe, lindante, confinante, vecino, adyacente.
coliseo. m. Circo, teatro.
colisión. f. Choque, encuentro, encontronazo. ‖ Conflicto, pugna, enfrentamiento. (**a.**: *pacificación.*)

colmar. tr. Llenar, rellenar. (**a.**: *vaciar.*) || Satisfacer. || Atestar, atiborrar, abarrotar, saturar. || Exceder, rebosar.
colmena. f. Abejar, panal. || Colmenar.
colmillo. m. Canino.
colmo. m. Acabóse. || Máximo, máximum, saturación, plenitud, exceso. *Mi tolerancia llegó al colmo.* || Límite, complemento.
colocación. f. Situación, posición, instalación, emplazamiento. || Empleo, cargo, ocupación, puesto, plaza, destino, acomodo.
colocar. tr. Poner, emplazar, instalar, situar, ubicar. (**a.**: *sacar, desordenar.*) || Emplear, ocupar, destinar. || Casar. || Invertir. || Vender. (**a.**: *adquirir.*)
colocutor, ra. m. y f. Interlocutor.
colonia. f. Posesión, dependencia. || Fideicomiso.
colonizador, ra. adj. y s. Poblador, colono.
colono. m. Arrendatario, arrendador. || Cultivador, labrador.
coloquial. adj. Conversacional.
coloquio. m. Conversación, plática, conciliábulo, diálogo, charla, conferencia.
color. m. Colorante, tinte, tono. || Carácter, matiz. || Animación, viveza. || Colorido, coloración, tonalidad, tono. (**a.**: *decoloración.*) || Motivo, pretexto. || Aspecto, semblante.
colorado, da. adj. Rojo, encarnado.
colorante. m. Tinte, color, pigmento.
colorear. tr. Iluminar, pintar.
colorete. m. Arrebol.
colorido. m. Color, animación, viveza. || Pretexto. || Color, coloración, tinte.
colosal. adj. Ciclópeo, grandioso, gigantesco, imponente, enorme. (**a.**: *diminuto, mínimo.*) || Excelente, extraordinario, estupendo, magnífico. (**a.**: *malísimo.*)
coloso. m. Gigante, cíclope, titán, hércules.
columbrar. tr. Divisar, entrever, percibir, distinguir, vislumbrar, descubrir. || Conjeturar, barruntar, sospechar. (**a.**: *asegurar.*)
columna. f. Pila, montón, cúmulo. || Pilar, pilastra, puntal, sostén, apoyo. ||
columna vertebral. Espina dorsal, raquis.
columpiar. tr. y prnl. Mecer, balancear, hamacar.
columpio. m. Balancín, mecedora.
collado. m. Colina, alcor, altozano, cerro, cuesta, loma, lomada.
collar. m. Gargantilla. || Carlanca.
collarín. m. Sobrecuello, alzacuello.
coma. m. Sopor.
comadre. f. Partera, comadrona. || Alcahueta, celestina. || Vecina.
comadrear. intr. Chismear, chismorrear, murmurar, cotillear, alcahuetear. (**a.**: *callar.*)
comadreo. m. Murmuración, chismorreo, cotilleo, cotorreo.
comadrona. f. Partera, comadre, matrona.
comando. m. Mando.
comarca. f. País, territorio, región, paraje, lugar, sitio.
comarcano, na. adj. Cercano, inmediato, próximo, contiguo, circunvecino, limítrofe, confinante, adyacente.
comarcar. intr. Lindar, confinar.
comba. f. Curvatura, alabeo, arqueamiento, encorvadura.
combar. tr. y prnl. Curvar, arquear, encorvar, alabear.
combate. m. Pelea, contienda, refriega, batalla, acción. || Lucha, conflicto, pugna, choque.
combatiente. adj. y m. Contendiente, beligerante. || m. o f. Soldado. || Púgil, lidiador, luchador.
combatir. intr. Pelear, luchar, batallar, guerrear, lidiar, contender. || tr. Acometer, embestir. || Oponerse. (**a.**: *autorizar, acceder.*) || Batir, golpear, sacudir. (**a.**: *aquietar.*) || Contradecir, impugnar, refutar, controvertir, discutir, rebatir.
combativo, va. adj. Batallador, luchador. (**a.**: *pacífico.*) || Belicoso, agresivo. (**a.**: *dócil, calmo.*)
combinación. f. Mezcla. || Arreglo, plan, maniobra, maquinación.
combinado. m. Cóctel.
combinar. tr. Unir, juntar. || Concertar, armar, armonizar, arreglar, coordi-

nar, organizar. (**a.**: *desconcertar, desordenar.*)

combustible. adj. Inflamable, comburente. ‖ Alcohol, nafta, petróleo.

combustión. f. Ustión, ignición, quema, incendio, inflamación. (**a.**: *apagamiento.*)

comedero. m. Refectorio, comedor. ‖ Pesebre.

comedia. f. Farsa, fingimiento, ficción.

comediante, ta. m. y f. Actor o actriz, cómico, artista. ‖ Hipócrita, farsante, histrión, simulador.

comedido, da. adj. Atento, moderado, mesurado, discreto, prudente, circunspecto, mirado, cortés, considerado. (**a.**: *imprudente, indiscreto.*)

comedirse. prnl. Moderarse, contenerse. ‖ Ofrecerse, brindarse. (**a.**: *importunar.*)

comensal. m. Huésped, invitado.

comentar. tr. Explicar, glosar, interpretar, exponer.

comentario. m. Explicación, comento, crítica, exégesis, glosa, interpretación, escolio, apostilla, paráfrasis.

comento. m. Comentario. ‖ Embuste, mentira, patraña.

comenzar. tr. e intr. Empezar, emprender, principiar, inaugurar, iniciar. (**a.**: *concluir, finalizar.*)

comer. tr. Manducar. ‖ Almorzar, cenar. (**a.**: *ayunar.*) ‖ Tragar, engullir, devorar, embaular, yantar. ‖ Corroer, roer, desgastar, carcomer. ‖ Escocer, picar. ‖ Gastar, consumir, derrochar, dilapidar, despilfarrar, acabar. (**a.**: *conservar, guardar.*) ‖ intr. Alimentarse, atiborrarse. ‖ prnl. Omitir.

comercial. adj. Mercantil, mercante.

comerciante. m. y f. Negociante, mercader, traficante, mercachifle, tratante.

comerciar. intr. Mercadear, tratar, negociar, traficar, especular. ‖ Comprar, vender. ‖ Relacionarse.

comercio. m. Negocio, tráfico, compraventa, especulación. ‖ Establecimiento, tienda, almacén, despacho. ‖ Trato, comunicación, permuta.

comestible. adj. Alimenticio, nutritivo, nutricio. ‖ pl. Vituallas, víveres, provisiones, bastimentos, avíos.

cometa. f. Barrilete. ‖ Coima.

cometer. tr. Encomendar, encargar, confiar. ‖ Incurrir, caer. *Ha cometido graves errores.* ‖ Perpetrar, consumar. (**a.**: *abstenerse.*)

cometido. m. Comisión, encargo, misión. ‖ Obligación, incumbencia, deber. ‖ Trabajo, quehacer.

comezón. f. Picazón, prurito, picor, hormiguillo. ‖ Desasosiego, desazón, inquietud.

comicidad. f. Gracia.

comicios. m. pl. Elecciones.

cómico, ca. adj. Divertido, festivo, gracioso, jocoso, bufo, risible, hilarante. (**a.**: *dramático, patético, trágico.*) ‖ m. y f. Actor, comediante.

comida. f. Alimento, sustento, pitanza, condumio. ‖ Almuerzo. ‖ Cena. ‖ Comilona.

comidilla. f. Chismorreo, murmuración.

comienzo. m. Principio, origen, nacimiento, iniciación, inicio, raíz. (**a.**: *fin, final, término, muerte.*)

comilón, na. adj. Tragantón, tragón, glotón. ‖ f. Banquete, simposio, bacanal, cuchipanda.

cominería. f. Menudencia, insignificancia, minucia.

cominero, ra. adj. Chinchorrero, quisquilloso.

comino. m. Insignificancia, menudencia, pequeñez, bagatela, fruslería.

comisar. tr. Confiscar, decomisar.

comisión. f. Cometido, encomienda, encargo, mandato. ‖ Comité, delegación, misión. ‖ Retribución, corretaje.

comisionar. tr. Encargar, encomendar, delegar.

comisionista. m. y f. Representante, corredor, viajante.

comiso. m. Decomiso, confiscación.

comisura. f. Unión, juntura.

comité. m. Comisión, delegación, junta.

comitiva. f. Acompañamiento, compañía, cortejo, séquito, escolta.

como. adv. Conforme, según. ‖ Aproximadamente. ‖ conj. En calidad de, con carácter de, en concepto de. ‖ Así que, en cuanto. ‖ En el caso de que.

comodidad. f. Conveniencia, regalo, bienestar, desahogo, holgura. ‖ Ventaja, oportunidad, facilidad. ‖ Utilidad, interés, provecho. (**a.**: *estorbo.*)

comodín. m. Pretexto, excusa.

cómodo, da. adj. Conveniente, oportuno, favorable. (**a.**: *inconveniente, inoportuno.*) ‖ Fácil, acomodado, adecuado, proporcionado. ‖ Confortable. (**a.**: *molesto.*)

comodón, na. adj. Poltrón, perezoso, holgazán.

compacto, ta. adj. Consistente, macizo. (**a.**: *esponjoso, permeable.*) ‖ Denso, apretado. (**a.**: *espaciado, ralo.*)

compadecer. tr. y prnl. Apiadarse, condolerse, deplorar, dolerse. (**a.**: *burlarse.*) ‖ Compaginarse, armonizarse, conformarse, concordar, coincidir. (**a.**: *discordar.*)

compadraje. m. Compadrazgo.

compadrazgo. m. Compaternidad. ‖ Compadraje, conchabamiento.

compadre. m. Compinche, compañero, camarada. ‖ Fanfarrón, chulo, compadrito.

compadrear. intr. Alardear, presumir. (**a.**: *humillarse.*)

compaginar. tr. y prnl. Armonizar, compadecerse. ‖ Ajustar. ‖ Casar, conformarse, corresponder. ‖ Coordinar, arreglar.

compañerismo. m. Camaradería, amistad. (**a.**: *enemistad.*)

compañero, ra. f. Esposo, socio, colega, camarada, amigo, compinche, condiscípulo.

compañía. f. Acompañamiento. (**a.**: *soledad.*) ‖ Comitiva, séquito, cortejo. ‖ Sociedad, corporación, empresa, junta. ‖ Capitanía. ‖ Conjunto, elenco, cuerpo (de actores).

comparable. adj. Semejante.

comparación. f. Símil. ‖ Cotejo, parangón, compulsa, paralelo, confrontación.

comparar. tr. Confrontar, cotejar, colacionar, compulsar, parangonar. (**a.**: *distinguir.*) ‖ Equiparar.

comparecencia. f. Presentación.

comparecer. intr. Presentarse, acudir, apersonarse. (**a.**: *ausentarse.*)

comparsa. f. Acompañamiento, séquito. ‖ Tuna, estudiantina. ‖ m. o f. Figurante, extra, partiquino.

compartimiento. m. Compartimento, departamento. ‖ Casilla, división, sección, estante. ‖ Participación.

compartir. tr. Repartir, distribuir, partir. (**a.**: *mezquinar, retener.*) ‖ Participar. *Compartimos su alegría.* ‖ Ayudar, colaborar.

compás. m. Brújula, aguja. ‖ Ritmo, cadencia. ‖ Regla, medida, norma.

compasar. tr. Ajustar, medir, arreglar, disponer, proporcionar.

compasión. f. Conmiseración, misericordia, lástima, piedad, caridad. (**a.**: *sadismo, crueldad, mofa.*)

compasivo, va. adj. Piadoso, benigno, misericordioso, caritativo. (**a.**: *despiadado, cruel.*)

compaternidad. f. Compadrazgo.

compatible. adj. Conciliable. (**a.**: *incompatible, contrario.*)

compatriota. m. o f. Compatricio, conterráneo, connacional, conciudadano, paisano.

compeler. tr. Obligar, coaccionar, forzar, constreñir, apremiar. ‖ Estimular, impulsar, impeler.

compendiar. tr. Abreviar, reducir, acortar, resumir, recapitular, extractar, sintetizar, condensar, epilogar. (**a.**: *ampliar, alargar.*)

compendio. m. Epítome, extracto, resumen, sumario, sinopsis, recopilación, síntesis, brevario, epílogo, recapitulación. ‖ Prontuario, manual, elementos.

compendioso, sa. adj. Breve, conciso, reducido, resumido, sumario, sucinto. (**a.**: *prolijo, amplio.*)

compenetrarse. prnl. Identificarse, comprenderse, avenirse, coincidir. (**a.**: *discrepar.*)

compensación. f. Indemnización, equivalencia, reparación, resarcimiento, recompensa. ‖ Equilibrio, contrabalanza, contrapeso, correspondencia. ‖ Represalia, desquite.

compensar. tr. Contrapesar, contrabalancear, equilibrar, equivaler, nivelar. || Resarcir, indemnizar, recompensar, reparar.

competencia. f. Contienda, disputa. || Rivalidad, competición, oposición. || Incumbencia, jurisdicción, potestad, autoridad. || Aptitud, idoneidad, suficiencia, capacidad, habilidad. (**a.**: *insuficiencia, incapacidad.*)

competente. adj. Bastante, oportuno, suficiente, adecuado. || Apto, idóneo, capaz, entendido, hábil. (**a.**: *incompetente, inhábil.*) || Conocedor, experto. (**a.**: *lego, inexperto.*)

competer. intr. Pertenecer, incumbir, concernir, tocar, corresponder.

competidor, ra. adj. Rival, émulo, antagonista, contrincante.

competir. intr. Rivalizar, contender, emular, luchar.

compilación. f. Colección, recopilación.

compilador, ra. adj. Recopilador, coleccionador, antologista.

compilar. tr. Reunir, juntar, coleccionar, recopilar, allegar, agrupar, recoger.

compinche. m. o f. Amigo, compadre, compañero, camarada. || Amigote.

complacencia. f. Agrado, contentamiento, contento, satisfacción, alegría. || Tolerancia, transigencia, condescendencia.

complacer. tr. Agradar, contentar, satisfacer, gustar, deleitar. (**a.**: *molestar, disgustar.*) || prnl. Alegrarse, regocijarse. (**a.**: *dolerse.*)

complacido, da. adj. Satisfecho, contento, gustoso. (**a.**: *molesto.*)

complaciente. adj. Condescendiente, servicial, amable, accesible, benévolo. || Tolerante. *Es complaciente con sus adversarios.*

complejo, ja. adj. Complicado, dificultoso, difícil. (**a.**: *sencillo, fácil, comprensible.*) || Enredado, enmarañado, espinoso, intrincado, laberíntico. || Compuesto. (**a.**: *simple.*) || m. Conjunto, unión.

complemento. m. Suplemento, aditamento, apéndice. || Integridad, plenitud. || Perfección, colmo, remate. || Modificador (en gramática).

completamente. adv. Cumplidamente, plenamente, totalmente, enteramente, del todo.

completar. tr. Integrar, llenar, colmar. (**a.**: *descabalar.*) || Perfeccionar, acabar.

completivo, va. adj. Complementario, expletivo. || Acabado, perfecto.

completo, ta. adj. Entero, íntegro, justo, cabal. (**a.**: *incompleto.*) || Perfecto, acabado. (**a.**: *imperfecto.*) || Lleno. (**a.**: *vacío, falto.*) || Absoluto, rotundo, total.

complexión. f. Constitución, naturaleza, temperamento.

complicación. f. Complejidad, mezcla, concurrencia. || Embrollo, lío, confusión, laberinto, enmarañamiento, enredo. || Dificultad, molestia, impedimento, agravación.

complicado, da. adj. Complejo, peliagudo. || Enmarañado, enredado, dificultoso, enredoso, enrevesado, oscuro, difícil. (**a.**: *sencillo.*) || Múltiple.

complicar. tr. y prnl. Embrollar, enredar, embarullar, confundir. (**a.**: *simplificar, facilitar.*) || prnl. Comprometerse, mezclarse, liarse, enredarse. || Agravarse, empeorarse. (**a.**: *mejorar.*)

cómplice. m. Coautor, copartícipe, colaborador.

complicidad. f. Connivencia, cooperación, participación, encubrimiento. || Confabulación.

complot. m. Conspiración, maquinación, conjura, conjuración, intriga, confabulación, trama.

complotar. intr. y prnl. Confabularse.

componenda. f. Arreglo, transacción, chanchullo, pastel, compostura, amaño, enjuague. (**a.**: *desarreglo, desacuerdo.*)

componente. adj. Integrante. || Ingrediente.

componer. tr. Arreglar, acomodar, reparar, armar, apañar, remendar, restaurar. (**a.**: *descomponer, desacomodar, romper.*) || tr. y prnl. Constituir, formar, integrar, constar. || tr. Condimentar, preparar, aderezar. || Tipear, confeccionar. || Adornar, engalanar, embellecer, hermosear. (**a.**: *afear, desarreglar.*) || Versificar. || prnl. Acicalarse, arreglarse, aderezarse, emperifollarse.

comportable. adj. Soportable, llevadero, tolerable, sufrible, aguantable.

comportamiento. m. Conducta, proceder, actuación.

comportar. tr. Soportar, tolerar, sufrir, aguantar, conllevar, sobrellevar. || Implicar. || prnl. Obrar, proceder, portarse, conducirse.

composición. f. Compostura, arreglo. || Circunspección. || Obra, producción. || Galeradas. || Ajuste, compaginación.

compostura. f. Remiendo, reparación, arreglo, restauración. (**a.**: *desarreglo.*) || Aseo, adorno, aliño. || Falsificación, adulteración. || Ajuste, convenio, acuerdo, trato, transacción. || Modestia, recato, decencia, decoro, pudor, mesura, circunspección, prudencia. (**a.**: *inmodestia.*)

compra. f. Adquisición.

comprador, ra. m. y f. Cliente. || Halagador.

comprar. tr. Adquirir, mercar. (**a.**: *vender.*) || Sobornar, cohechar, corromper, untar.

comprender. tr. Abarcar, contener, incluir, alcanzar. (**a**: *ignorar.*) || Abrazar, ceñir, abarcar, rodear, encerrar. (**a.**: *excluir.*) || Entender, penetrar, percibir. || Justificar.

comprensible. adj. Inteligible, accesible, asequible, claro. (**a.**: *incomprensible, abstruso.*) || Justificable. (**a.**: *injustificable.*)

comprensión. f. Entendimiento, alcances. || Inteligencia, perspicacia, agudeza, penetración. || Benevolencia, tolerancia.

comprensivo, va. adj. Tolerante, benévolo. (**a.**: *intransigente, intolerante.*)

compresible. adj. Comprimible.

compresor. m. Prensa, apretador, torno, torniquete.

comprimido, da. adj. Aplastado, deprimido. || m. Pastilla, tableta.

comprimir. tr. Apretar, prensar, estrujar, apretujar, oprimir. (**a.**: *aflojar.*) || Reprimir, coartar, cohibir, contener. || prnl. Moderarse, reducirse.

comprobación. f. Compulsa, cotejo, verificación, prueba.

comprobante. m. Recibo, documento, talón.

comprobar. tr. Cerciorarse, asegurarse, confirmar, verificar, patentizar. || Compulsar, cotejar, probar, constatar.

comprometer. tr. Exponer, aventurar, arriesgar. || Mezclar, enredar. || Desacreditar. || Contratar. || Apalabrar, reservar. || Dar, empeñar. || prnl. Obligarse. || Responsabilizarse.

compromiso. m. Obligación, deber, empeño. || Convenio, acuerdo, pacto, contrato. || Apuro, dificultad, brete, embarazo, aprieto, trance, conflicto.

compuesto, ta. adj. Mesurado, circunspecto, recatado. || Arreglado, aliñado, adornado, acicalado. (**a.**: *desarreglado, desaliñado.*) || Reparado, restaurado, arreglado. (**a.**: *descompuesto.*) || Complejo. (**a.**: *sencillo, simple.*) || m. Mezcla, mixtura, composición, agregado.

compulsa. f. Comprobación, cotejo.

compulsar. tr. Cotejar, confrontar, comparar.

compulsión. f. Apremio, forzamiento.

compunción. f. Arrepentimiento, contrición. || Pesar, dolor, aflicción. (**a.**: *alegría.*)

compungido, da. adj. Arrepentido, contrito. || Contristado, afligido, pesaroso, lloroso, atribulado, apenado, dolorido. (**a.**: *consolado, risueño.*)

compungir. tr. y prnl. Atribular, apenar.

computación. f. Cómputo.

computador, ra. m. y f. Ordenador. || Calculadora.

computar. tr. Calcular, contar. (**a.**: *descontar.*)

cómputo. m. Cálculo, cuenta, computación. *Aguardemos el cómputo de los votos para saber el resultado de las elecciones.*

comulgar. intr. Compartir, participar, coincidir.

común. adj. General, colectivo, universal. (**a.**: *particular, propio.*) ‖ Acostumbrado, corriente. (**a.**: *extraordinario, inusual.*) ‖ Ordinario, vulgar, basto, tosco, grosero, bajo. ‖ Abundante, frecuente. (**a.**: *escaso, poco.*) ‖ m. Retrete, excusado.

comuna. f. Municipio, ayuntamiento.

comunal. adj. Común, general. ‖ Municipal.

comunicación. f. Oficio, escrito, aviso, comunicado, participación, parte, notificación. ‖ Trato, relación, correspondencia. ‖ Conexión, unión, enlace. (**a.**: *aislamiento, incomunicación.*)

comunicado. m. Comunicación, aviso, participación, notificación, parte, bando.

comunicar. tr. Impartir, hacer partícipe. ‖ Anunciar, participar, noticiar, notificar, avisar, informar, hacer saber, dar parte, manifestar, poner en conocimiento, difundir, trasmitir. (**a.**: *encubrir.*) ‖ Dar, infundir. ‖ Enseñar. ‖ tr., intr. y prnl. Relacionar, tratar. ‖ prnl. Extenderse, propagarse, contagiarse.

comunicativo, va. adj. Sociable, expansivo, comunicable, tratable, abierto. (**a.**: *reservado, callado.*)

comunidad. f. Comunión, participación. ‖ Sociedad, agrupación, generalidad, familia, corporación, asociación, convento.

comunión. f. Relación, trato, participación.

comúnmente. adv. Corrientemente, usualmente, generalmente, frecuentemente. (**a.**: *personalmente, desusadamente.*)

conato. m. Empeño, esfuerzo. ‖ Propósito, intención, propensión, tendencia. ‖ Amago, tentativa, intento.

concatenación. f. Encadenamiento, enlace, eslabonamiento. ‖ Epanástrofe.

concausa. f. Factor, elemento.

concavidad. f. Depresión, seno, cavidad, hendedura, oquedad, hoyo. (**a.**: *protuberancia, prominencia.*)

concebir. tr. Comprender, entender, penetrar, percibir, alcanzar. ‖ Proyectar, imaginar, urdir, crear, idear, pensar, discurrir, forjar. ‖ Experimentar, sentir. ‖ Procrear, engendrar.

conceder. tr. Otorgar, adjudicar, asignar, conferir, dar, ofrecer. (**a.**: *negar.*) ‖ Admitir, aceptar, convenir. (**a.**: *rechazar.*) ‖ Atribuir. ‖ Asentir, dar por cierto.

concejal. m. Regidor, edil.

concejo. m. Ayuntamiento, municipio, municipalidad, cabildo.

concentración. f. Reunión, centralización, agrupación. (**a.**: *dispersión.*)

concentrar. tr. Reunir, agrupar, juntar, centralizar. (**a.**: *desparramar.*) ‖ prnl. Reconcentrarse, abstraerse, abismarse, ensimismarse.

concepto. m. Concepción, idea, noción, pensamiento. ‖ Sentencia, dicho, agudeza. ‖ Opinión, juicio. ‖ Crédito, fama, reputación.

conceptuar. tr. Juzgar, estimar, creer, reputar, considerar.

conceptuoso, sa. adj. Sentencioso, agudo, ingenioso. ‖ Favorable.

concerniente. adj. Relativo, referente, tocante.

concernir. intr. Atañer, importar, interesar, tocar a, referirse, tener que ver con, incumbir, competer, corresponder. ‖ Afectar, atañer.

concertar. tr. Pactar, ajustar, tratar. ‖ Componer, ordenar, arreglar. (**a.**: *desordenar, desarreglar.*) ‖ Coordinar. ‖ Acordar, convenir. ‖ intr. Concordar, armonizar.

concesión. f. Permiso, licencia, cesión, gracia, privilegio, favor, merced, autorización. (**a.**: *negativa.*)

conciencia. f. Conocimiento, discernimiento, percepción, juicio, noción, idea. ‖ Recato, circunspección.

concienzudo, da. adj. Cuidadoso, aplicado, atento, meticuloso, escrupuloso, esmerado. (**a.**: *dejado, negligente.*)

concierto. m. Orden, armonía, conformidad, consonancia. ‖ Acuerdo, trato, convenio, ajuste, pacto. ‖ Audición, recital. ‖ Espectáculo, función.

conciliable. adj. Compatible, avenible. (**a.**: *inconciliable.*)

conciliábulo. m. Conseja, conventículo.

conciliar. tr. Reconciliar, pacificar. (**a.**: *enemistar.*) ‖ Concordar, armonizar, ajustar, concertar, coordinar, acomodar. ‖ prnl. Avenirse, atraerse, captarse, ganarse, armonizarse.

conciliatorio, ria. adj. Transigente, amistoso.

concilio. m. Junta, reunión. ‖ Sínodo, asamblea, cónclave, congreso.

concisión. f. Brevedad, sobriedad, laconismo, parquedad, precisión. (**a.**: *imprecisión, prolijidad.*)

conciso, sa. adj. Lacónico, sucinto, breve, corto, preciso, resumido, sumario. *Dio una explicación concisa.*

conciudadano, na. adj. Paisano, compatriota, compatricio, connacional.

cónclave o **conclave.** m. Junta, reunión, convención. ‖ Concilio, asamblea, sínodo.

concluir. tr. Acabar, terminar, finalizar. (**a.**: *comenzar.*) ‖ Consumir, agotar, apurar, gastar. ‖ Colegir, inferir, deducir.

conclusión. f. Fin, final, término, terminación, remate. ‖ Consecuencia, derivación, deducción, resolución, resultado.

concluyente. adj. Convincente, irrebatible, categórico, terminante, decisivo, contundente, rotundo, tajante, perentorio. (**a.**: *incierto, objetable.*)

concomerse. prnl. Agitarse, consumirse.

concomitancia. f. Concordancia, correspondencia, coincidencia.

concordancia. f. Conformidad, correspondencia, armonía, concierto, acuerdo. (**a.**: *disconformidad, desproporción.*)

concordar. tr. Concertar. ‖ Acordar, arreglar. ‖ intr. Convenir, coincidir.

concorde. adj. Acorde, conforme.

concordia. f. Conformidad, unión, armonía, paz. (**a.**: *desavenencia, guerra.*) ‖ Ajuste, convenio, acuerdo. (**a.**: *desarreglo.*)

concreción. f. Cálculo, piedra, acumulación.

concretar. tr. Precisar, puntualizar, determinar, resumir. ‖ tr. y prnl. Materializar, realizar, cuajar, cristalizar. ‖ prnl. Limitar, ajustar, ceñirse, atenerse, reducirse, circunscribirse.

concreto, ta. adj. Determinado, delimitado, preciso. (**a.**: *impreciso, abstracto.*) ‖ Abreviado, sucinto. ‖ m. Cemento.

concubina. f. Manceba, querida, barragana, amante, mantenida.

concubinato. m. Amancebamiento, abarraganamiento.

conculcar. tr. Hollar, pisar, pisotear, atropellar. ‖ Quebrantar, infringir, trasgredir, violar, vulnerar. (**a.**: *acatar, respetar, observar.*)

concupiscencia. f. Ambición, avidez, codicia. ‖ Incontinencia, sensualidad, liviandad, lascivia, lujuria. (**a.**: *castidad, pudicia.*)

concurrencia. f. Público, concurso, espectadores, auditorio, asistencia, afluencia. ‖ Coincidencia, convergencia, confluencia, reunión. ‖ Competencia, rivalidad. ‖ Ayuda, cooperación.

concurrente. adj. y s. Asistente, espectador, presente.

concurrido, da. adj. Animado, frecuentado, lleno. (**a.**: *desierto.*)

concurrir. intr. Asistir, reunirse, juntarse, acudir. (**a.**: *faltar.*) ‖ Coincidir, converger, confluir. ‖ Ayudar, cooperar, coadyuvar, contribuir. ‖ Convenir, acordar. (**a.**: *disentir, discordar.*)

concurso. m. Concurrencia, asistencia, público. ‖ Coincidencia, convergencia. (**a.**: *discrepancia.*) ‖ Ayuda, cooperación, auxilio, asistencia, contribución, colaboración. ‖ Competencia, competición, torneo, certamen.

concusión. f. Sacudimiento, sacudida, conmoción. ‖ Malversación, prevaricación, exacción.

concha. f. Caparazón, carapacho, coraza. ‖ Valva.

conchabar. tr. Contratar, asalariar. ‖ prnl. Confabularse, concertarse, unirse, juntarse. ‖ Emplearse.

condecir. intr. Armonizar, concordar, convenir, corresponder.
condena. f. Sentencia, pena, sanción, castigo. (**a.**: *perdón, premio.*) ‖ Anatema, reprobación.
condenación. f. Damnación. ‖ Condena, pena, sanción. ‖ Censura, desaprobación, reprobación, vituperio.
condenado, da. adj. Réprobo, reo. (**a.**: *absuelto, bienaventurado.*) ‖ Endemoniado, endiablado, perverso.
condenar. tr. Reprobar, desaprobar, censurar. (**a.**: *aprobar, disculpar.*) ‖ Castigar, sancionar, penar, sentenciar. (**a.**: *perdonar.*) ‖ Cerrar, incomunicar, tabicar, tapiar, cegar. ‖ tr. y prnl. Exasperar, molestar. ‖ prnl. Culparse, acusarse, inculparse. (**a.**: *exculparse.*)
condensador. m. Acumulador.
condensar. tr. y prnl. Cuajar, coagular, espesar, aglomerar. ‖ Concentrar, centralizar. ‖ tr. Abreviar, resumir, sintetizar, reducir, compendiar. (**a.**: *ampliar, aumentar.*) *Condensó su discurso conservando lo esencial.*
condescendencia. f. Complacencia, blandura, benevolencia, indulgencia, deferencia. (**a.**: *intolerancia.*)
condescender. intr. Tolerar, transigir, contemporizar, dignarse. (**a.**: *negarse.*)
condescendiente. adj. Complaciente, deferente, dúctil, amable.
condición. f. Índole, naturaleza, propiedad. ‖ Carácter, genio, natural. ‖ Estado, situación, posición, clase, categoría, calidad. ‖ Restricción, cláusula, estipulación, disposición, salvedad, reserva. ‖ pl. Cualidades, aptitudes.
condigno, na. adj. Correspondiente, respectivo.
condimentar. tr. Sazonar, adobar, salpimentar, aderezar, aliñar. (**a.**: *desalar.*)
condimento. m. Aliño, aderezo, adobo.
condolencia. f. Compasión, conmiseración. ‖ Pésame.
condolerse. prnl. Compadecer, apiadarse.
condonar. tr. Perdonar, remitir, indultar. (**a.**: *penar.*)
conducción. f. Acarreo, trasporte. ‖ Manejo, dirección, gobierno.
conducente. adj. Conveniente, procedente. (**a.**: *improcedente.*)
conducir. tr. Dirigir, guiar, pilotar. ‖ Regir, administrar, gobernar, llevar las riendas. ‖ Llevar, trasladar, trasportar. ‖ prnl. Comportarse, portarse, proceder, manejarse.
conducta. f. Comportamiento, proceder. ‖ Dirección, gobierno, mando.
conducto. m. Tubo, canal, caño, vía. ‖ Medio, órgano. ‖ Mediación, intervención. ‖ Desagüe.
conductor, ra. m. y f. Guía, jefe, caudillo, adalid, cabeza, mentor. ‖ Cochero, chófer, piloto, carrero, timonel. (**a.**: *pasajero.*)
condueño. m. y f. Condómino, copropietario.
conduplicación. f. Epanástrofe. ‖ Concatenación.
conectar. tr. Unir, enlazar. ‖ Encender, enchufar. (**a.**: *apagar, interrumpir, desconectar.*)
conejo. m. Gazapo, cobayo.
conexión. f. Enlace, relación, unión, correspondencia, ligazón, trabazón, encadenamiento, comunicación. (**a.**: *interrupción.*) ‖ Empalme, enchufe. ‖ pl. Amistades.
confabulación. f. Complot, conjura, conspiración, conjuración. ‖ Trama, intriga, maquinación, enredo. ‖ Contubernio, connivencia.
confabularse. prnl. Conspirar, complotar, tramar, conjurarse.
confalón. m. Gonfalón, bandera, estandarte, pendón.
confeccionar. tr. Hacer, fabricar, preparar, elaborar.
confederación. f. Unión, liga, alianza, coalición, federación.
confederar. tr. y prnl. Federar, aliar, unir. ‖ prnl. Coligarse, ligarse.
conferencia. f. Conversación, coloquio, plática. ‖ Disertación, discurso. ‖ Asamblea.
conferenciante. m. y f. Conferencista, disertante, orador.
conferir. tr. Conceder, otorgar, dar, asignar, adjudicar. (**a.**: *desposeer.*)

confesar. tr. Manifestar, declarar, admitir, reconocer, conceder. (**a.**: *negar.*)
confeso, sa. adj. Converso. ‖ m. Lego.
confiado, da. adj. Crédulo, cándido, ingenuo, inocente. ‖ Tranquilo, seguro. ‖ Esperanzado, fiado. ‖ Presumido.
confianza. f. Esperanza, seguridad, fe. (**a.**: *recelo, desconfianza.*) ‖ Familiaridad, llaneza, amistad, franqueza. ‖ Aliento, ánimo, vigor.
confiar. intr. Fiarse, esperar. ‖ tr. Encargar, encomendar, entregar. ‖ prnl. Abandonarse. *Se confió a los médicos.* ‖ Franquearse, abrirse.
confidencial. adj. Reservado, secreto.
confidente, ta. adj. Fiel, seguro. ‖ m. o f. Espía, cómplice. ‖ m. Diván.
configuración. f. Forma, figura, conformación, estructura. ‖ Aspecto, disposición.
configurar. tr. Conformar, formar, dar forma, estructurar.
confín. adj. Confinante, limítrofe. ‖ m. Límite, linde, término, raya, frontera.
confinamiento. m. Destierro. ‖ Encierro, reclusión.
confinante. adj. Lindante, limítrofe, colindante, fronterizo, lindero, aledaño.
confinar. intr. Limitar, lindar, colindar, rayar, confrontar. ‖ tr. Desterrar, relegar, extrañar. (**a.**: *repatriar.*) ‖ prnl. Encerrarse, recluirse, retraerse, aislarse.
confinidad. f. Cercanía, contigüidad, proximidad, inmediación.
confirmar. tr. Reafirmar, corroborar, aseverar. (**a.**: *rectificar.*) ‖ Convalidar, ratificar, revalidar. (**a.**: *invalidar.*) ‖ prnl. Afianzarse, afirmarse, asegurarse.
confiscación. f. Comiso, decomiso, incautación, embargo, requisa.
confiscar. tr. Decomisar, embargar, requisar, incautarse. (**a.**: *reintegrar, devolver.*)
confitería. f. Dulcería, pastelería. ‖ Café.
conflagración. f. Incendio. ‖ Conflicto, perturbación, guerra. *Temen una nueva conflagración mundial.*
conflicto. m. Pugna, lucha, conflagración, combate, batalla, choque. (**a.**: *paz.*) ‖ Disparidad, disidencia, antagonismo, disconformidad, desavenencia, desacuerdo, disputa, discordia. ‖ Dificultad, compromiso, apuro, apretura, aprieto, apretón, ahogo, reventón.
confluir. intr. Converger, reunirse, juntarse. (**a.**: *separarse.*) ‖ Concurrir, afluir.
conformación. f. Configuración, figura, forma, estructura. (**a.**: *deformación.*)
conformar. tr. Ajustar, concordar, acomodar, adaptar. ‖ Formar, configurar. ‖ prnl. Resignarse, avenirse, allanarse, acomodarse, adaptarse, contentarse. (**a.**: *rebelarse, resistirse.*)
conforme. adj. Acorde, ajustado, concorde. ‖ Contento, satisfecho, resignado.
conformidad. f. Semejanza. ‖ Concordia, acuerdo, armonía, correspondencia. (**a.**: *disconformidad, discordia.*) ‖ Aprobación, asentimiento, consentimiento, asenso, aquiescencia, consenso. (**a.**: *negativa.*) ‖ Resignación, sufrimiento, paciencia, tolerancia. (**a.**: *rebeldía.*)
confortable. adj. Consolador, alentador. ‖ Cómodo.
confortar. tr. y prnl. Vigorizar, fortalecer, tonificar. ‖ Animar, reanimar, alentar, consolar, reconfortar. (**a.**: *desalentar, desanimar.*)
confraternidad. f. Hermandad, fraternidad, amistad. (**a.**: *discordia.*)
confraternizar. intr. Fraternizar, hermanarse, avenirse.
confrontar. tr. Enfrentar, encarar, carear. ‖ Cotejar, compulsar, comparar, colacionar, parangonar. ‖ intr. Lindar, limitar, colindar, alindar, confinar. ‖ tr. Afrontar, arrostrar. (**a.**: *rehuir, eludir.*)
confundido, da. adj. Confuso.
confundir. tr. y prnl. Mezclar, desordenar, trastocar, trocar. (**a.**: *ordenar.*) ‖ Equivocar, trabucar. ‖ Alucinar, ofuscar. ‖ Desconcertar, desorientar. ‖ Turbar, perturbar. ‖ tr. Humillar, abatir, avergonzar, abochornar.

confusión. f. Desorden, desbarajuste, mezcla, mezcolanza, mesa revuelta, olla de grillos, campo de Agramante. ‖ Equivocación, error. ‖ Perplejidad, desasosiego, desconcierto, turbación. (a.: *sosiego.*) ‖ Abatimiento, humillación, vergüenza, bochorno.

confuso, sa. adj. Mezclado, desordenado, revuelto. ‖ Oscuro, dudoso, vago. (a.: *claro, cierto.*) ‖ Turbado, temeroso, perplejo, confundido. ‖ Avergonzado, abochornado, humillado. (a.: *presuntuoso.*) ‖ Impreciso, indefinido. (a.: *preciso.*) ‖ Indeciso, vacilante. (a.: *decidido, resuelto.*)

confutar. tr. Refutar, rebatir, impugnar, contradecir. (a.: *sostener.*)

congelar. tr., intr. y prnl. Helar. (a.: *calentar.*) ‖ tr. Bloquear, inmovilizar.

congénere. m. Semejante.

congeniar. intr. Avenirse, entenderse, concordar, simpatizar.

congénito, ta. adj. Connatural, ingénito, innato.

congestión. f. Acumulación, amontonamiento, exceso, saturación. ‖ Apoplejía.

conglomerar. tr. y prnl. Aglomerar, amontonar, juntar.

conglutinar. tr. Unir, pegar, aglutinar. ‖ prnl. Conglomerarse.

congoja. f. Desmayo, soponcio. ‖ Angustia, pena, desconsuelo, aflicción, tristeza, pesar, zozobra.

congosto. m. Desfiladero.

congratulación. f. Felicitación, enhorabuena, parabién, pláceme.

congratular. tr. y prnl. Felicitar, celebrar.

congregación. f. Comunidad, agrupación, reunión. ‖ Cofradía, hermandad.

congregante, ta. m. y f. Cofrade, hermano.

congregar. tr. y prnl. Juntar, unir, agrupar, reunir, convocar. (a.: *disgregar, disolver.*)

congreso. m. Junta, reunión, asamblea. ‖ Parlamento, cámara, cortes.

congruencia. f. Conveniencia, adecuación, oportunidad. (a.: *incongruencia.*) ‖ Ilación, conexión, armonía, coherencia, cohesión, trabazón.

congruente. adj. Conveniente, adecuado, oportuno. ‖ Enlazado, conexo, coherente, relacionado, acorde, conforme. *Sus obras y su vida no son congruentes.*

conjetura. f. Hipótesis, supuesto, presunción, suposición, figuración. (a.: *confirmación, verificación.*)

conjeturar. tr. Suponer, imaginar, calcular, presumir, sospechar, creer, figurarse.

conjugar. tr. Unir, juntar, enlazar, armonizar, coordinar. ‖ Cotejar.

conjunción. f. Unión, enlace, reunión, coincidencia.

conjuntamente. adv. Juntamente, simultáneamente, a la vez. (a.: *aisladamente, personalmente.*)

conjunto, ta. adj. Junto, agregado, contiguo. ‖ Mezclado, unido, incorporado. ‖ m. Total, totalidad. ‖ Cúmulo, copia, suma, reunión, colección.

conjura o **conjuración.** f. Conspiración, intriga, complot, confabulación, maquinación.

conjurado, da. adj. Conspirador.

conjurar. intr. y prnl. Conspirar, tramar, confabularse, maquinar. ‖ tr. Exorcizar. ‖ Alejar, evitar, impedir. ‖ Implorar, instar, suplicar, rogar.

conjuro. m. Exorcismo. ‖ Ruego, imprecación.

conllevar. tr. Aguantar, soportar, tolerar, sufrir, sobrellevar.

conmemoración. f. Memoria, rememoración, recordación. (a.: *olvido.*)

conmemorar. tr. Recordar, evocar, rememorar.

conmemorativo, va. adj. Conmemoratorio, rememorativo, memorativo.

conminar. tr. Amenazar, apercibir. ‖ Intimidar, intimar, ordenar.

conmiseración. f. Compasión, lástima, piedad, misericordia. (a.: *impiedad, indiferencia.*)

conmoción. f. Sacudida, sacudimiento, perturbación, estremecimiento, choque. ‖ Levantamiento, alteración, tumulto, disturbio. ‖ Terremoto, temblor de tierra.

conmovedor, ra. adj. Emocionante, enternecedor, impresionante, patético. (**a.**: *risible.*)

conmover. tr. y prnl. Sacudir, agitar, estremecer. (**a.**: *consolidar.*) ‖ Afectar, impresionar, emocionar, alterar, perturbar, turbar. ‖ Enternecer. (**a.**: *endurecer.*)

conmutación. f. Permuta, cambio, sustitución, trueque, canje. ‖ Retruécano.

conmutador. m. Cortacorriente.

conmutar. tr. Cambiar, permutar, trocar, canjear. ‖ Sustituir, remplazar.

connatural. adj. Natural, nato, congénito, ingénito.

connaturalizarse. prnl. Acostumbrarse, adaptarse.

connivencia. f. Confabulación, contubernio. ‖ Colusión, maquinación, disimulo, tolerancia.

connotar. tr. Implicar.

connubio. m. Matrimonio, casamiento, boda.

conocedor, ra. adj. Avezado, práctico, competente, experimentado, experto, perito. ‖ Sabedor, versado, enterado, entendido, informado, noticioso, instruido.

conocer. tr. e intr. Entender, saber, comprender. (**a.**: *desconocer, negar.*) ‖ Percibir, notar, distinguir, advertir, percatarse. ‖ intr. Distinguir, reconocer.

conocible. adj. Cognoscible.

conocido, da. adj. Acreditado, nombrado, afamado, renombrado, distinguido, ilustre, notable, notorio, público, celebrado, reputado. (**a.**: *desconocido.*) ‖ Sabido. (**a.**: *ignorado.*) ‖ Amigo, compañero.

conocimiento. m. Cognición, baquía. ‖ Entendimiento, inteligencia, conciencia, discernimiento, comprensión. (**a.**: *inconsciencia.*) ‖ Saber, ciencia, erudición. (**a.**: *ignorancia.*) ‖ Sentido, sensibilidad. ‖ pl. Ideas, nociones.

conque. conj. En consecuencia, por consiguiente, así que, por tanto, de modo que.

conquistar. tr. Tomar, apoderarse, rendir, expugnar, ganar, adueñarse. ‖ Congraciarse, atraer, enamorar, seducir, persuadir, cautivar. ‖ Conseguir, lograr.

consabido, da. adj. Acostumbrado, habitual, usual, corriente. (**a.**: *infrecuente, inusitado.*)

consagrar. tr. Dedicar, bendecir, destinar, emplear. ‖ tr. y prnl. Acreditar, confirmar. ‖ Ofrecer, dedicar. ‖ prnl. Entregarse, sacrificarse.

consciente. adj. Conocedor. (**a.**: *ignorante.*) ‖ Cuidadoso, escrupuloso, serio.

consecución. f. Logro, obtención, adquisición.

consecuencia. f. Deducción, conclusión, derivación. ‖ Inferencia, ilación. ‖ Resultado, efecto, éxito, resulta, secuela. (**a.**: *causa, fundamento.*) ‖ Firmeza. (**a.**: *inconsecuencia.*)

consecuente. adj. Consiguiente, siguiente. ‖ Razonable. ‖ Perseverante, constante.

conseguir. tr. Obtener, lograr, alcanzar, adquirir. (**a.**: *malograr, perder.*)

conseja. f. Cuento, fábula, patraña, leyenda. ‖ Conciliábulo.

consejero, ra. m. y f. Consiliario. ‖ Mentor, guía, maestro. ‖ Consultor, asesor.

consejo. m. Parecer, sugestión, dictamen, opinión, advertencia, aviso. ‖ Acuerdo. ‖ Asamblea, junta.

consenso. m. Asenso, consentimiento, conformidad, anuencia. (**a.**: *denegación.*)

consentido, da. adj. Mimado, malcriado. ‖ Autorizado, permitido. (**a.**: *prohibido.*)

consentimiento. m. Asentimiento, anuencia, aquiescencia, asenso, aprobación, beneplácito, consenso, conformidad. ‖ Autorización, venia, licencia, permiso.

consentir. tr. Admitir, aceptar, creer. ‖ tr. e intr. Permitir, tolerar, dejar, condescender, acceder, autorizar, otorgar. (**a.**: *impedir, oponerse.*) ‖ tr. Mimar, mal acostumbrar, malcriar, enviciar, viciar. *La tía consiente a sus sobrinos.* ‖ Aguantar, resistir. ‖ prnl. Resentirse, desencajarse.

conservar. tr. y prnl. Mantener, preservar. || tr. Continuar, seguir. || Guardar, retener, ahorrar. (**a.**: *perder.*) || prnl. Durar, perdurar, persistir.

considerable. adj. Grande, vasto, cuantioso, numeroso, importante. (**a.**: *pequeño, insignificante.*) || Apreciable, sensible, estimable. || Grave. (**a.**: *leve.*)

consideración. f. Estudio, reflexión, meditación. || Atención, miramiento, deferencia. (**a.**: *desatención, desaire.*) || Urbanidad, respeto, estima, cortesía, aprecio. (**a.**: *desdén.*) || Contemplaciones, miramientos. || Acatamiento, reverencia, veneración.

considerado, da. adj. Respetuoso, mirado, atento, deferente, circunspecto, cortés. || Estimado, respetado, apreciado.

considerar. tr. Pensar, reflexionar, meditar, examinar. || Respetar, estimar, apreciar. || tr. y prnl. Juzgar, conceptuar, tener por, reputar, creer, encontrar.

consigna. f. Orden, mandato.

consignar. tr. Enviar, remitir, expedir, mandar. (**a.**: *recibir, percibir.*) || Anotar, inscribir. || Asignar.

consiguiente. adj. Natural, normal, lógico. || m. Consecuente. || **por consiguiente.** loc. conj. Por ello, por tanto, por lo tanto, en consecuencia, así pues, conque, luego.

consiliario, ria. m. y f. Consejero.

consistencia. f. Duración, estabilidad, firmeza, solidez, resistencia, dureza. (**a.**: *flojedad, inconsistencia.*) || Trabazón, coherencia.

consistente. adj. Sólido, resistente, duro, compacto, firme, fuerte. (**a.**: *débil, frágil, delicado.*) || Denso. || Coherente. (**a.**: *incoherente.*)

consistir. intr. Estribar, radicar, residir, basarse, cifrar.

consolar. tr. y prnl. Animar, confortar, calmar, tranquilizar, reanimar, alentar. (**a.**: *desconsolar, angustiar.*)

consolidar. tr. Afianzar, asegurar, reforzar, fortalecer, robustecer, fijar. (**a.**: *debilitar.*)

consomé. m. Consumado, caldo.

consonancia. f. Armonía, relación, proporción, conformidad. (**a.**: *disonancia.*) || Similicadencia.

consonar. intr. Armonizar. || Aconsonantar. || Concertar, concordar.

consorcio. m. Asociación, sociedad.

consorte. m. o f. Cónyuge, esposo (sa), marido (mujer).

conspicuo, cua. adj. Ilustre, insigne, notable, sobresaliente, relevante, visible. *Un conspicuo hombre de letras.* (**a.**: *humilde, invisible.*)

conspiración. f. Conjura, conjuración, intriga, complot, maquinación, trama, confabulación.

conspirar. intr. Conjurarse, complotar, confabularse, maquinar, intrigar, tramar.

constancia. f. Firmeza, perseverancia, empeño, persistencia, tesón, tenacidad, continuidad. (**a.**: *volubilidad.*) || Certeza. (**a.**: *incertidumbre.*) || Testimonio, certificación.

constante. adj. Firme, fiel, perseverante, invariable, tenaz, tesonero, consecuente. (**a.**: *voluble, veleidoso.*) || Durable, duradero, persistente. || Continuo, incesante, ininterrumpido, seguido.

constar. intr. Componerse, constituirse, consistir. || Ser cierto, estar, figurar.

constatar. tr. Comprobar, verificar.

consternación. f. Aflicción, angustia, abatimiento. (**a.**: *dicha, júbilo.*)

consternar. tr. y prnl. Afligir, abatir, conturbar, desolar, entristecer, apenar, acongojar, contristar.

constipado. m. Catarro, constipación, resfriado, enfriamiento, resfrío.

constitución. f. Complexión, contextura, físico, naturaleza, temperamento. || Estructura, configuración, conformación, forma. || Ordenanza, estatuto, Carta Magna.

constituir. tr. Formar, integrar, componer. || Fundar, erigir, instituir, ordenar, establecer. || Ser. || prnl. Reunirse, presentarse. || Convertirse, erigirse.

constreñimiento. m. Coacción, apremio, coerción, constricción, compulsión, forzamiento, exigencia, necesidad.

constreñir. tr. Compeler, impeler, obligar, forzar. ‖ Coartar, cohibir. ‖ Apretar, oprimir.
constricción. f. Constreñimiento.
construcción. f. Edificio, obra, fábrica. ‖ Edificación. ‖ Disposición, ordenamiento.
construir. tr. Edificar, fabricar, erigir, fundar, levantar, obrar. (**a.**: *derribar, arrasar, demoler.*) ‖ Dibujar.
consuelo. m. Alivio, calmante, descanso, aliento, lenitivo. (**a.**: *desconsuelo, tristeza.*) ‖ Gozo, alegría, júbilo.
consueta. m. Apuntador.
consuetudinario, ria. adj. Acostumbrado, usual, habitual, común, corriente, ordinario. (**a.**: *desusado, insólito.*)
consulta. f. Parecer, opinión, dictamen. ‖ Conferencia, junta.
consultar. tr. Deliberar, tratar, examinar. ‖ Aconsejarse, asesorarse. (**a.**: *objetar.*)
consultivo, va. adj. Asesor, dictaminador.
consultor, ra. adj. Asesor, consejero. ‖ Consultante.
consumación. f. Extinción, acabamiento, final. (**a.**: *iniciación.*)
consumado, da. adj. Acabado, realizado, terminado. (**a.**: *inconcluso.*) ‖ Perfecto, completo.
consumar. tr. Realizar, llevar a cabo, acabar, concluir, completar, terminar. (**a.**: *empezar, intentar.*)
consumición. f. Extenuación, consunción. ‖ Consumo, gasto.
consumido, da. adj. Flaco, extenuado, demacrado, macilento, chupado. ‖ Gastado.
consumidor, ra. adj. Cliente, parroquiano. ‖ Gastador. ‖ Voraz.
consumir. tr. Destruir, desgastar, acabar, agotar, extinguir. ‖ Gastar, usar, derrochar. (**a.**: *guardar.*) ‖ Extenuar, minar. ‖ tr. y prnl. Evaporar, desecar. ‖ Afligir, apurar, impacientar, desesperar.
consumo. m. Gasto, desembolso.
consunción. f. Consumición, consumo, gasto, derroche, desgaste. ‖ Agotamiento, extenuación, enflaquecimiento, adelgazamiento, tabes. (**a.**: *vigor.*)
consuno (de). loc. adv. Juntamente, de común acuerdo.
consustancial o **consubstancial.** adj. Connatural, inherente, propio.
contable. m. o f. Contador, tenedor de libros. ‖ adj. Computable, calculable.
contacto. m. Trato, comunicación, relación.
contado, da. adj. Raro, poco, escaso. (**a.**: *numeroso.*) ‖ Determinado, señalado, sumado.
contador, ra. m. y f. Tenedor de libros, contable. ‖ m. Medidor.
contagiar. tr. y prnl. Contaminar, inficionar, infectar, infestar, trasmitir. (**a.**: *depurar, sanear, desinfectar.*) ‖ Comunicar, trasmitir, pegar. ‖ Pervertir, corromper.
contagio. m. Contaminación, infección, trasmisión, infestación. ‖ Perversión, corrupción.
contagioso, sa. adj. Infeccioso. ‖ Pegadizo, pegajoso.
contaminación. f. Polución.
contaminar. tr. y prnl. Contagiar, inficionar, infectar, infestar. ‖ Pervertir, malear, mancillar, corromper. ‖ Impurificar, emponzoñar.
contar. tr. Referir, relatar, narrar. ‖ tr. o intr. Computar, calcular. ‖ Enumerar, numerar. ‖ tr. Considerar, tener en cuenta. ‖ intr. Disponer. ‖ Incluir. (**a.**: *omitir.*)
contemplaciones. f. Complacencias, miramientos, consideraciones, deferencias. *Lo castigaron sin contemplaciones.*
contemplar. tr. Mirar, observar. ‖ Considerar, meditar, atender, examinar.
contemporáneo, a. adj. Coetáneo, actual, moderno. ‖ Sincrónico, simultáneo. ‖ Actual, presente, coexistente, coincidente.
contemporización. f. Condescendencia, consentimiento, arreglo, transigencia, deferencia. (**a.**: *incomprensión, intolerancia.*)
contemporizar. intr. Atemperar, transigir, condescender, deferir, amoldarse, acomodarse, adaptarse.

contender. intr. Pelear, batallar, luchar, lidiar. ‖ Competir, rivalizar. ‖ Disputar, debatir, discutir, altercar.
contendiente. m. Beligerante, combatiente, pleiteante.
contener. tr. Incluir, comprender, abrazar, abarcar, entrañar, encerrar. ‖ Dominar, sujetar, detener, refrenar, parar, atajar. ‖ prnl. Controlarse, comedirse, dominarse, frenarse, reportarse, reprimirse.
contenido, da. adj. Circunspecto, reservado. (**a.**: *sociable, expansivo.*) ‖ Implícito, incluso. ‖ m. Asunto, tema.
contentamiento. m. Contento, alborozo, satisfacción, complacencia, júbilo, alegría.
contentar. tr. Satisfacer, complacer, agradar, alegrar. (**a.**: *desagradar.*) ‖ Endosar, traspasar. ‖ prnl. Conformarse. ‖ Desenfadarse, reconciliarse.
contento, ta. adj. Satisfecho, complacido, encantado, alegre, gozoso, jubiloso. (**a.**: *pesaroso, disconforme.*) ‖ m. Satisfacción, complacencia, alborozo, contentamiento, alegría, júbilo, regocijo.
contera. f. Regatón. ‖ Estribillo. ‖ Remate, fin.
conterráneo, a. adj. y s. Compatriota.
contestable. adj. Impugnable, rebatible, controvertible, discutible, refutable. (**a.**: *irrebatible, indiscutible.*)
contestación. f. Respuesta. (**a.**: *pregunta.*) ‖ Réplica. ‖ Polémica, oposición. ‖ Altercado, disputa, discusión.
contestar. tr. Responder, replicar. ‖ Comprobar, confirmar, corroborar.
conteste. adj. Conforme, acorde. (**a.**: *disconforme.*)
contexto. m. Texto. ‖ Argumento.
contextura. f. Estructura, textura, disposición, conformación. ‖ Constitución, complexión, naturaleza.
contienda. f. Combate, batalla, lucha, pelea, riña, refriega, pendencia, lid. ‖ Guerra. (**a.**: *paz.*) ‖ Disputa, discusión, debate.
contigüidad. f. Cercanía, proximidad, adyacencia, tangencia. (**a.**: *lejanía, separación.*)
contiguo, gua. adj. Inmediato, lindante, vecino, adyacente, próximo, pegado.
continencia. f. Moderación, sobriedad, templanza. ‖ Castidad, pureza, honestidad, abstinencia. (**a.**: *impureza.*)
continente. adj. Moderado, templado. ‖ Casto. ‖ m. Aspecto, apariencia, aire, traza. ‖ Recipiente, contenedor.
contingencia. f. Eventualidad, casualidad, posibilidad. (**a.**: *necesidad.*) ‖ Riesgo, accidente, peligro.
continuación. f. Prosecución, seguimiento, prolongación, continuidad, secuencia.
continuador, ra. adj. Sucesor, seguidor.
continuamente. adv. Incesantemente, ininterrumpidamente, sin intermisión, de una vez, a renglón seguido.
continuar. tr. e intr. Proseguir, seguir, persistir. (**a.**: *desistir, terminar.*) ‖ intr. Durar, permanecer. ‖ prnl. Prolongarse, seguir, extenderse.
continuidad. f. Persistencia, constancia, perseverancia, encadenamiento. ‖ Continuación.
continuo, nua. adj. Incesante, constante, persistente, prolongado, ininterrumpido, seguido. (**a.**: *discontinuo.*)
contornear. tr. Rodear, ceñir, circunscribir, doblar. ‖ Perfilar.
contorno. m. Perfil, silueta. ‖ Perímetro, periferia, circunferencia. ‖ Bojeo, circuito. ‖ pl. Afueras, alrededores, cercanías, inmediaciones, proximidades, vecindad.
contorsión. f. Retorcimiento, retorsión, contracción, convulsión.
contra. m. Dificultad, inconveniente, estorbo, obstáculo. (**a.**: *pro.*) ‖ f. Oposición. ‖ prep. Hacia, en dirección a. ‖ Enfrente, frente a. ‖ A cambio de.
contrabajo. m. Violón.
contrabalancear. tr. Compensar, contrapesar, equilibrar.
contrabandista. adj. Matutero.
contrabando. m. Matute, alijo. ‖ **de contrabando.** loc. adj. Clandestino. ‖ loc. adv. Clandestinamente.
contrabasa. f. Pedestal.
contracción. f. Encogimiento. ‖ Convulsión, crispamiento. ‖ Sinéresis. ‖ Espasmo.

contracifra. f. Clave, código.

contradecir. tr. o intr. Impugnar, objetar, rebatir, refutar, oponer, confutar, desmentir, rectificar. (**a.**: *corroborar, confirmar.*)

contradicción. f. Oposición, contrariedad, antinomia, contraposición, antítesis. *Lo que usted dice está en contradicción con los hechos.* || Réplica, refutación. || Contrasentido.

contradictorio, ria. adj. Contrario, opuesto, antagónico, encontrado, antitético, antinómico. (**a.**: *conforme.*)

contraer. tr. y prnl. Reducir, ceñir. || Encoger, estrechar, crispar. (**a.**: *estirar.*) || tr. Adquirir. || Asumir, hacerse cargo.

contrafuerte. m. Botarel, espolón, estribo, machón.

contrahacer. tr. Imitar, falsificar, adulterar. || Remedar, copiar.

contrahecho, cha. adj. Jorobado, corcovado, giboso. || Deforme.

contramarca. f. Contraseña.

contraorden. f. Revocación, cancelación.

contrapesar. tr. Contrabalancear, equilibrar, balancear. || Compensar, contrarrestar, subsanar, igualar.

contrapeso. m. Contrabalanza, equilibrio, compensación. || Balancín.

contrapilastra. f. Traspilastra.

contraponer. tr. Oponer, enfrentar. (**a.**: *armonizar.*) || Comparar, cotejar.

contraposición. f. Antagonismo, oposición, rivalidad, encuentro. || Comparación, cotejo.

contrariar. tr. Oponerse, dificultar, contradecir, estorbar, entorpecer, obstaculizar. (**a.**: *facilitar.*) || Disgustar, fastidiar, mortificar, desazonar, molestar. (**a.**: *complacer.*) || Decepcionar. (**a.**: *contentar.*)

contrariedad. f. Oposición. (**a.**: *identidad.*) || Contratiempo, dificultad, obstáculo, estorbo, percance. || Disgusto, desazón, decepción, fastidio. (**a.**: *satisfacción.*)

contrario, ria. adj. Opuesto, encontrado. || Dañino, dañoso, nocivo, hostil, perjudicial, desfavorable. (**a.**: *favorable, propicio.*) || Contradictorio. (**a.**: *coincidente.*) || Opuesto, refractario. (**a.**: *partidario, incondicional.*) || m. y f. Enemigo, adversario, antagonista, rival. (**a.**: *amigo.*)

contrarrestar. tr. Resistir, hacer frente, afrontar, oponerse, arrostrar. (**a.**: *eludir.*) || Compensar, contrabalancear.

contrasentido. m. Contradicción, disparate. (**a.**: *acierto.*)

contraseña. f. Santo y seña, consigna.

contrastar. intr. Diferenciarse, oponerse, discordar, diferir. (**a.**: *semejarse, parecerse.*) || Comprobar, ensayar, verificar.

contraste. m. Oposición, disparidad, desemejanza, diferencia. (**a.**: *semejanza.*) || Contratiempo. || Verificación, comprobación.

contrata. f. Contrato.

contratar. tr. Pactar, acordar, estipular, convenir, ajustar.

contratiempo. m. Percance, accidente, revés, contrariedad, obstáculo, dificultad, tropiezo.

contrato. m. Acuerdo, convenio, pacto, estipulación, compromiso, contrata.

contratorpedero. m. Cazatorpedero.

contravención. f. Infracción, incumplimiento, trasgresión, violación, quebrantamiento, falta. (**a.**: *cumplimiento.*)

contraveneno. m. Antídoto, antitóxico. (**a.**: *tóxico, veneno.*)

contravenir. tr. Conculcar, trasgredir, quebrantar, infringir, desobedecer, violar, vulnerar, traspasar, incumplir. (**a.**: *obedecer, observar.*)

contribución. f. Impuesto, tributo, gabela, carga, imposición, gravamen. || Ayuda, aportación, cooperación, aporte.

contribuir. intr. o tr. Tributar. || intr. Ayudar, asistir, auxiliar, participar, coadyuvar, cooperar, concurrir, colaborar, aportar. (**a.**:*dificultar, boicotear.*)

contribuyente. adj. Tributario.

contrición. f. Arrepentimiento, compunción, pesar, atrición, remordimiento.

contrincante. m. o f. Competidor, rival, opositor, émulo, adversario, antagonista. (**a.**: *camarada.*)

contristar. tr. y prnl. Afligir, entristecer, apenar, apesadumbrar. (**a.**: *alegrar.*)

contrito, ta. adj. Arrepentido, compungido. || Apenado, triste, dolorido, afligido, pesaroso, angustiado.

control. m. Comprobación, inspección, fiscalización, verificación, vigilancia. || Dominio, mando, preponderancia.

controlar. tr. Verificar, comprobar, inspeccionar, vigilar. || prnl. Contenerse, dominarse, moderarse.

controversia. f. Discusión, debate, polémica, disputa, desacuerdo. (**a.**: *transacción.*)

controvertible. adj. Dudoso, cuestionable, discutible.

controvertir. intr. y tr. Discutir, polemizar, disputar, debatir, cuestionar.

contubernio. m. Confabulación, connivencia. || Alianza.

contumacia. f. Obstinación, porfía, pertinacia. || Rebeldía.

contumaz. adj. Obstinado, pertinaz, porfiado, terco, tenaz, testarudo, tozudo. || Rebelde. *Es un testigo contumaz.*

contumelia. f. Improperio, afrenta, insulto, injuria, ofensa, ultraje.

contundente. adj. Decisivo, concluyente, terminante, convincente, categórico, incontrastable, rotundo. (**a.**: *objetable, discutible.*)

contundir. tr. Golpear, magullar, tundir, lesionar.

conturbar. tr. y prnl. Turbar, perturbar, inquietar, intranquilizar, alterar, conmover.

contusión. f. Magulladura, equimosis, golpe, lesión.

convalecencia. f. Mejoría, recuperación.

convalecer. intr. Mejorarse, recuperarse, recobrarse. (**a.**: *empeorar, recaer.*)

convalidar. tr. Revalidar, confirmar, corroborar, ratificar. (**a.**: *suprimir, revocar.*)

convecino, na. m. y f. Vecino.

convencer. tr. Persuadir, catequizar. (**a.**: *disuadir.*) || Gustar, satisfacer.

convencimiento. m. Convicción, persuasión, seguridad, certeza. (**a.**: *duda.*)

convención. f. Pacto, acuerdo, convenio, concierto. || Asamblea, reunión, congreso. || Conveniencia, conformidad.

conveniencia. f. Conformidad, correlación, correspondencia. || Concierto, convenio, ajuste. || Acomodo, colocación, puesto. || Utilidad, interés, provecho, beneficio.

conveniente. adj. Acomodado, adecuado, proporcionado, idóneo, oportuno, apropiado. (**a.**: *inadecuado, improcedente.*) || Útil, provechoso, beneficioso. (**a.**: *perjudicial.*) || Conforme, concorde. || Decente, decoroso, proporcionado.

convenio. m. Ajuste, pacto, estipulación, tratado, acuerdo, arreglo, compromiso, contrato, convención, consentimiento, transacción.

convenir. intr. Acordar, pactar, estipular, ajustar, quedar, concordar, aceptar, coincidir, estar de acuerdo. || Corresponder, pertenecer, cuadrar, ser apropiado. || Coincidir, concordar. || Aprovechar, valer, servir. || prnl. Ajustarse, concordarse. (**a.**: *desarreglarse.*) || Avenirse, asentir.

conventículo. m. Conciliábulo.

convento. m. Monasterio, abadía. || Comunidad.

convergencia. f. Coincidencia, concurrencia, afinidad, unión, reunión.

converger o convergir. intr. Encontrarse, unirse, juntarse, reunirse. (**a.**: *divergir, discordar.*) || Concurrir, coincidir. || Dirigirse.

conversación. f. Coloquio, diálogo, plática, conferencia, charla, parloteo, palique, cháchara.

conversacional. adj. Coloquial.

conversar. intr. Hablar, platicar, dialogar, departir, charlar. (**a.**: *callar.*) || Conferenciar, entrevistarse.

conversión. f. Trasmutación, mutación, metamorfosis, trasformación, cambio, mudanza. || Epístrofe.

converso, sa. adj. Confeso. || Convertido.

convertir. tr. y prnl. Cambiar, trasformar, trasmutar, metamorfosear, mudar, trocar.
convicción. f. Convencimiento, certeza, persuasión, seguridad. (**a.**: *vacilación, incredulidad.*) || pl. Creencias, ideas, opiniones.
convidado, da. m. y f. Invitado.
convidar. tr. Invitar. || Incitar, mover, inducir. || prnl. Ofrecerse.
convincente. adj. Persuasivo, decisivo, concluyente, suasorio. (**a.**: *disuasorio, discutible.*)
convite. m. Invitación. || Banquete, ágape.
convivir. intr. Cohabitar.
convocación. f. Convocatoria.
convocar. tr. Citar, llamar, reunir, congregar. (**a.**: *despedir.*)
convocatoria. f. Llamamiento, citación, convocación, apelación.
convoy. m. Escolta, acompañamiento. || Tren. || Vinagreras, aceiteras, vinajeras.
convoyar. tr. Escoltar.
convulsión. f. Sacudida. || Agitación, tumulto, motín. || Sismo, temblor. || Síncope, estremecimiento, contorsión.
convulso, sa. adj. Agitado, trémulo, tembloroso, convulsionado.
conyugal. adj. Matrimonial, marital.
cónyuge. m. y f. Consorte, esposo, marido (mujer).
cooperar. intr. Colaborar, ayudar, coadyuvar, contribuir. || Secundar.
coordinar. tr. Ordenar, arreglar, organizar, clasificar, armonizar, conciliar, acomodar. (**a.**: *desordenar, desconcertar.*) || Concertar, aunar.
copa. f. Cáliz, copón. || Premio, trofeo, galardón.
copar. tr. Rodear, envolver, sorprender.
copete. m. Tupé, penacho, mechón, moño. || Colmo. || Presunción, altanería, orgullo. || Cumbre, cima, remate.
copetuda. f. Alondra.
copia. f. Abundancia, acopio, profusión, exuberancia. || Trascripción, traslado, trasunto, duplicado, plagio, reproducción, calco. (**a.**: *original, modelo.*) || Imitación, remedo.
copiadora. f. Multicopista. || Fotocopiadora, reproductora.
copiante. m. y f. Copista, amanuense, mecanógrafo.
copiar. tr. Trascribir, trasladar. || Reproducir, calcar. || Imitar, remedar, contrahacer, plagiar, trasuntar.
copioso, sa. adj. Abundante, cuantioso, rico, numeroso, considerable, opimo, pingüe. (**a.**: *escaso.*)
copla. f. Cantar, cante, trova, canción.
coplero, ra. m. y f. Poetastro, rimador, payador, cancionista.
copón. m. Cáliz.
cópula. f. Ligamento, unión. || Verbo copulativo. || Apareamiento, coito.
coqueta. adj. Casquivana, frívola.
coquetear. intr. Flirtear.
coráceo, a. adj. Coriáceo.
coraje. m. Valor, esfuerzo, bravura, valentía, arrojo, ánimo. (**a.**: *cobardía, miedo.*) || Irritación, ira, cólera, enojo, furia, rabia, furor. (**a.**: *sosiego, serenidad.*)
corajudo, da. adj. Valeroso, esforzado, valiente. || Colérico, irascible, irritable.
corambre. f. Odre, cuero, pellejo.
coránico, ca. adj. Alcoránico.
coraza. f. Blindaje, armadura. || Caparazón, concha, carapacho.
corazón. m. Ánimo, valor, espíritu, intrepidez, esfuerzo. || Sensibilidad, sentimiento, amor. || Centro, interior, riñón, medio. *El corazón del alcaucil.* || Voluntad, amor, benevolencia.
corazonada. f. Arranque, impulso, pronto. || Presentimiento, barrunto, pálpito.
corcel. m. Caballo, flete, bridón, pingo, trotón, potro.
corcova. f. Joroba, giba, cifosis. || Lordosis.
corcovado, da. adj. Jorobado, giboso, contrahecho. || Torcido.
corcovo. m. Brinco, salto, respingo.
corchete. m. Policía, alguacil, polizonte. || Broche. || Llave.
corcho. m. Tapón.
corchoso, sa. adj. Suberoso.
cordaje. m. Jarcia, cordelería.

cordal. m. Puente (en los instrumentos de cuerda).
cordel. m. Bramante, cuerda, guita, cabo. || Piola, piolín, cinta. || Apretadera.
corderaje. m. Borregada.
cordial. adj. Amable, afectuoso, afable, sencillo, llano, tratable, sociable. (**a.**: *hosco, intratable.*)
cordialidad. f. Afecto, amabilidad, cariño, afabilidad, cortesía, gentileza, sencillez, llaneza, sociabilidad. || Franqueza, llaneza, sinceridad.
cordiforme. adj. Acorazonado.
cordillera. f. Cadena de montañas, sierra, sistema montañoso.
cordón. m. Cuerda. || Bocel. || Barrera. || Encintado.
cordura. f. Sensatez, prudencia, discreción, juicio, seso, circunspección. (**a.**: *locura, disparate.*)
corea. m. Baile de San Vito.
coreo. m. Troqueo.
coriáceo, a. adj. Coráceo. || Resistente.
corifeo. m. Portavoz, vocero. || Cabeza, jefe.
corindón. m. Esmeralda oriental.
corito, ta. adj. Desnudo, en cueros, en carnes. || Encogido, pusilánime, tímido, medroso.
coriza. f. Romadizo, catarro nasal.
cormofita. adj. Rizofita.
cornalina. f. Ágata.
cornamenta. f. Cuerna, cuernos, encornadura, astas.
corneja. f. Buharro.
cornisa. f. Coronamiento.
cornisamento. m. Entablamento, cornisamiento.
cornucopia. f. Cuerno de la abundancia.
coro (a). loc. adv. Unánimemente.
coro (de). loc. adv. De memoria.
corolario. m. Consecuencia, resultado, secuela, conclusión, deducción. (**a.**: *causa, principio.*)
corona. f. Diadema. || Aureola, halo, laureola, nimbo. || Reino, monarquía. || Tonsura. || Coronilla, vértice. || Cima, cúspide. || Coronamiento, coronación, remate. || Galardón, premio, recompensa.
coronamiento. m. Coronación. || Corona, remate, fin, término.
coronar. tr. Acabar, concluir, terminar, rematar, finalizar. || Ungir, nimbar. || Premiar, galardonar.
coronilla. f. Corona, vértice. || Tonsura.
corporación. f. Cuerpo, asociación, entidad, compañía, comunidad, sociedad, gremio, sindicato. || Academia, instituto.
corporal. adj. Somático, corpóreo, físico, orgánico, material.
corpóreo, a. adj. Material, físico. (**a.**: *intangible.*) || Corporal.
corpulencia. f. Magnitud, volumen, mole, grandeza. (**a.**: *pequeñez, endeblez.*)
corpulento, ta. adj. Grueso, grandote, voluminoso, gordo, robusto, fornido, corpudo, fuerte, grande, enorme. (**a.**: *esmirriado.*)
corral. m. Aprisco, chiquero, establo, pocilga, toril, redil.
correa. f. Cinto, cinturón, cincha. || Pretina, tira, tirante. || Guasca. || Aguante, paciencia.
corrección. f. Enmienda, retoque, lima, rectificación, tachadura, modificación. || Reprensión, censura, castigo, penitencia, correctivo, reprobación. (**a.**: *conformidad, recompensa.*) || Cortesía, urbanidad, comedimiento, compostura, educación. *Se comporta con corrección.* (**a.**: *descortesía.*)
correccional. f. Reformatorio, penitenciaría.
correctivo. m. Castigo, sanción, reprimenda.
correcto, ta. adj. Impecable, intachable, irreprochable, perfecto. || Escrupuloso, cabal. || Cortés, educado, comedido, atento. || Exacto, fiel. || Puro, culto, castizo.
corredor. m. Pasillo, pasadizo. || Galería. || Comisionista, viajante.
correduría. f. Corretaje. || Comisión, estipendio.
corregir. tr. Enmendar, limar, retocar, mejorar, modificar, rectificar, subsanar, salvar. (**a.**: *ratificar.*) || Amonestar, advertir, reprender, castigar, apercibir. || Moderar, templar, suavizar, a-

temperar, disminuir. (**a.**: *empeorar.*) ‖ prnl. Enmendarse, rectificarse.

correlación. f. Correspondencia, relación, analogía.

correligionario. m. Camarada, compañero.

correoso, sa. adj. Dúctil, maleable, elástico, flexible.

correr. intr. Trascurrir, pasar. ‖ Huir, escapar. ‖ Deslizarse, resbalar, fluir. ‖ tr. Devengar. ‖ Acosar, perseguir. ‖ Desplazarse. ‖ Apresurarse, apurarse. (**a.**: *atrasarse, detenerse.*) ‖ Soplar. ‖ Ir, pasar, extenderse. ‖ Dirigirse, orientarse. ‖ Circular, difundirse, propagarse, extenderse, divulgarse. ‖ Recorrer. ‖ Lidiar, torear. ‖ Echar, poner. ‖ tr. y prnl. Avergonzar, confundir, abochornar. ‖ prnl. Apartarse, retirarse. ‖ Exagerar, excederse, pasarse. (**a.**: *moderarse.*)

correría. f. Incursión, razia, irrupción. ‖ Excursión, cabalgada. ‖ Andanza, andada.

correspondencia. f. Conexión, relación, trato. ‖ Reciprocidad. ‖ Correo, carta, mensaje, misiva. ‖ Carteo. ‖ Sinonimia, equivalencia.

corresponder. intr. Adecuarse, adaptarse. ‖ Pertenecer. ‖ Responder. ‖ Caber, tocar. ‖ Proceder. ‖ Incumbir, tocar, atañer. ‖ Pagar, responder. ‖ Recompensar, agradecer, devolver. ‖ prnl. Amarse, quererse, atenderse. (**a.**: *odiarse, detestarse.*) ‖ Comunicarse, escribirse.

correspondiente. adj. Adecuado, oportuno, conveniente.

corretaje. m. Correduría. ‖ Comisión.

corretear. intr. Callejear, vagar. ‖ Recorrer.

correveidile o **correvedile.** m. y f. Chismoso, cuentista, cuentero, alcahuete.

corrida. f. Carrera. ‖ Lidia, novillada.

corrido, da. adj. Experimentado, avezado, baqueteado, ducho. ‖ Avergonzado, confundido, cortado, abochornado. ‖ Humillado. ‖ Perseguido.

corriente. adj. Actual, presente. ‖ Aceptado, acostumbrado, admitido, sabido, común, habitual, usual, vulgar, ordinario. (**a.**: *chocante, raro.*) ‖ f. Curso (de agua), electricidad.

corrillo. m. Conciliábulo, conventículo. ‖ Círculo, corro.

corrimiento. m. Deslizamiento. *Hubo un corrimiento de la corteza terrestre a causa del terremoto.* ‖ Vergüenza, rubor, empacho, bochorno, confusión.

corro. m. Reunión, rueda.

corroborar. tr. Confirmar, robustecer, reafirmar, ratificar, apoyar. (**a.**: *desmentir, rectificar.*)

corroer. tr. Carcomer, socavar. ‖ Roer, desgastar, consumir.

corromper. tr. Echar a perder, dañar, pudrir, descomponer, alterar. ‖ Viciar, pervertir, depravar, malear. ‖ Sobornar, cohechar, untar, comprar. ‖ Incomodar, molestar, fastidiar. ‖ Exasperar, exacerbar. ‖ intr. Heder, apestar.

corrosión. f. Desgaste.

corrosivo, va. adj. Cáustico, mordiente. ‖ Mordaz, mordiente, incisivo, punzante.

corrupción. f. Descomposición, putrefacción. (**a.**: *conservación.*) ‖ Depravación, perversión. (**a.**: *virtud.*) ‖ Cohecho, soborno. ‖ Hedor, pestilencia.

corsario. m. Pirata, filibustero, bucanero.

cortacorriente. m. Conmutador. ‖ Interruptor.

cortado, da. adj. Ajustado, proporcionado. ‖ Desconcertado, turbado, indeciso.

cortadura. f. Corte, incisión, sección. ‖ Grieta, abertura, hendidura. ‖ Cañón, garganta, paso, tajo, desfiladero. ‖ pl. Recortes, sobrantes.

cortafrío. m. Tajadera, cincel, cortahierro, escoplo.

cortalápices. m. Sacapuntas.

cortante. adj. Tajante, terminante, concluyente, autoritario, incisivo.

cortapicos. m. Tijereta.

cortapisa. f. Traba, limitación, restricción, condición, dificultad, estorbo, inconveniente.

cortaplumas. m. Navaja.

cortar. tr. e intr. Tajar. ‖ tr. Atravesar,

hender, surcar. || Interrumpir, detener, suspender. (**a.**: *avanzar, seguir.*) || Dividir, separar. (**a.**: *juntar.*) || Suprimir, quitar. (**a.**: *agregar.*) || Castrar, desmelar. || Amputar, mutilar, cercenar, rebanar, sajar. || Intersecar. || Rapar, recortar, esquilar. || Suspender, detener, atajar, interrumpir. || prnl. Turbarse, abatatarse, embarullarse, correrse, avergonzarse, desconcertarse, aturdirse. || Rajarse. || Cuajarse, arrequesonarse, coagularse. || Agrietarse, abrirse.

corte. m. Filo. || Incisión, cortadura, tajo. || Corta, tala. || Supresión. || Sección, extirpación, ablación, amputación. || Pausa, incisión.

corte. f. Acompañamiento, cortejo, comitiva, séquito. || Tribunal de justicia. || pl. Parlamento, cámara, asamblea nacional. || **hacer la corte.** Cortejar, galantear.

cortedad. f. Vergüenza, apocamiento, embarazo, encogimiento, empacho, timidez, pusilanimidad. (**a.**: *descaro, cinismo, decisión.*)

cortejar. tr. Galantear, enamorar, festejar, requebrar.

cortejo. m. Acompañamiento, comitiva, séquito, corte. || Galanteo. || Fineza, agasajo, regalo.

cortés. adj. Atento, amable, considerado, obsequioso, cumplido, fino, urbano, comedido, afable, correcto, educado. (**a.**: *grosero.*)

cortesano, na. adj. Cortés, atento, afable, amable, fino. || Palaciego. || f. Ramera, prostituta, meretriz.

cortesía. f. Urbanidad, educación, gentileza, finura, amabilidad, afabilidad, atención, cortesanía, tacto, comedimiento. || Cumplimiento, cumplido. || Regalo, obsequio. || Gracia, merced, favor.

corteza. f. Costra, cáscara, cubierta, envoltura. || Superficie, exterioridad, apariencia. || Insensibilidad, tosquedad, grosería, rusticidad.

cortijo. m. Alquería, granja, rancho.

cortina. f. Visillo. || Pantalla, tapadera, velo.

corto, ta. adj. Escaso, mezquino, reducido. (**a.**: *abundante.*) || Breve, efímero, fugaz. (**a.**: *prolongado.*) || Sucinto, sumario, compendioso, lacónico. (**a.**: *extenso.*) || Tonto, de pocos alcances. || Tímido, encogido, apocado, vergonzoso, pusilánime. (**a.**: *osado, atrevido, resuelto.*)

coruscar. intr. Brillar, resplandecer, fulgir.

corva. f. Jarrete.

corvejón. m. Jarrete, tarso.

corvo, va. adj. Curvado, alabeado, arqueado, combado, curvo. || m. Garfio, gancho.

coscorrón. m. Cosque, cosqui, cabezazo, mamporro.

cosecha. f. Recolección, recogida.

cosechar. tr. e intr. Recoger, recolectar, juntar. (**a.**: *sembrar.*) || tr. Ganarse, atraerse, concitarse.

coser. tr. Hilvanar, pespuntear, remendar. (**a.**: *descoser.*)

cosmético. m. Afeite.

cosmografía. f. Uranografía.

cosmógrafo, fa. m. y f. Uranógrafo.

cosmonauta. m. y f. Astronauta.

cosmonáutica. f. Astronáutica.

cosmonáutico, ca. adj. Astronáutico.

cosmonave. f. Astronave, nave espacial, aeronave.

cosmopolita. adj. Universal, mundial, internacional. *París es una ciudad cosmopolita.* (**a.**: *local, regional.*)

cosmopolitismo. m. Internacionalismo.

cosmos. m. Mundo, universo.

cospel. m. Tejo.

cosque o **cosqui.** m. Coscorrón.

cosquilloso, sa. adj. Quisquilloso, susceptible, puntilloso.

costa. f. Coste, costo, gasto. || pl. Expensas, importe.

costa. f. Litoral, ribera, orilla, playa.

costado. m. Flanco, lado, banda.

costal. m. Saco, talega, talego.

costalada. f. o **costalazo.** m. Batacazo, rodada, trastazo, porrazo, golpazo.

coste. m. Costa, costo, precio.

costear. tr. Pagar, abonar, sufragar, satisfacer, mantener, sostener.

costero, ra. adj. Costanero. || Lateral.

costilla. f. Cuaderna. || pl. Espalda.

costo. m. Coste, costa, precio.
costoso, sa. adj. Caro, elevado, dispendioso, subido, gravoso, oneroso. (**a.:** *módico, barato.*)
costra. f. Corteza, cáscara. || Postilla.
costumbre. f. Hábito, rutina. || Uso, usanza, tradición, práctica.
costumbrista. adj. Folclórico, folclorista.
costura. f. Cosedura, cosido. || Labor. || Sutura.
costurón. m. Cicatriz, chirlo.
cotejar. tr. Comparar, compulsar, confrontar, parangonar.
coterráneo, a. adj. y s. Conterráneo.
cotidiano, na. adj. Cuotidiano, diario.
cotilla. m. y f. Chismoso, cuentero.
cotillear. intr. Chismorrear, chismear.
cotilleo. m. Chisme, murmuración, habladuría.
cotizar. tr. y prnl. Valorar. (**a.:** *desvalorizar, rebajar.*)
coto. m. Término, límite. || Vedado. *Coto de caza.* || Hito, mojón. || Postura, tasa.
coto. m. Bocio. || Papera.
cotorra. f. Papagayo. || Charlatán, parlanchín.
covacha. f. Cueva. || Cuchitril.
coxal. m. Hueso innominado, hueso ilíaco.
coyote. m. Lobo.
coyunda. f. Matrimonio. || Sujeción, dependencia, dominio, yugo.
coyuntura. f. Junta, juntura, articulación. || Ocasión, sazón, circunstancia, tiempo, oportunidad, coincidencia.
coz. f. Patada. || Injuria.
cráneo. m. Cabeza, calavera.
crápula. f. Libertinaje, vicio, disipación. (**a.:** *honestidad.*) || Embriaguez, borrachera. || m. Libertino, vicioso, depravado. (**a.:** *honesto, virtuoso.*)
crascitar. intr. Crocitar, croscitar, graznar.
craso, sa. adj. Grueso, gordo. (**a.:** *delgado, magro.*) || Espeso. || Burdo, grosero. (**a.:** *leve.*) || Imperdonable.
cráter. m. Boca.
creación. f. Producción. || Invención. || Mundo, universo.
creador. m. Dios. || Hacedor, inventor, autor, productor, artista.
crear. tr. Criar, concebir, engendrar. || Fundar, establecer, instituir. || Producir, inventar. || Componer. || Descubrir.
crecer. intr. Aumentar, desarrollarse. || Acrecentar, acrecer. (**a.:** *disminuir.*) || Ascender. (**a.:** *bajar.*) || Adelantar, progresar. || prnl. Engreírse, envanecerse.
creces. f. pl. Aumento, ventaja, exceso, demasía.
crecida. f. Aumento, subida, desbordamiento, riada, avenida, creciente. *Aumento de los precios; desbordamiento de las aguas.*
crecido, da. adj. Grande, numeroso, cuantioso, importante. || Alto, desarrollado.
creciente. f. Crecida.
crecimiento. m. Desarrollo, aumento, incremento. || Progreso, adelanto.
crédito. m. Asenso, asentimiento. || Reputación, fama, autoridad, prestigio, renombre. || Confianza, responsabilidad, solvencia, fe. || Cuenta abierta.
credo. m. Doctrina, programa. || Creencias, convicciones.
credulidad. f. Candidez, sencillez, ingenuidad, tragaderas, tragaderos, creederas. (**a.:** *duda, incredulidad.*)
crédulo, la. adj. Confiado, candoroso, cándido, creyente. (**a.:** *desconfiado.*) || Sencillo, incauto, ingenuo. (**a.:** *suspicaz.*)
creencia. f. Convicción, asentimiento, opinión, conformidad. (**a.:** *duda.*) || Religión, secta, fe.
creer. tr. Tener fe, dar por cierto, dar crédito, dar oídos, prestar oídos, tragarse la píldora. || Pensar, opinar, juzgar. (**a.:** *vacilar, recelar.*) || Estimar, reputar, conceptuar, considerar, conjeturar.
creíble. adj. Posible, probable, verosímil, creedero, aceptable. (**a.:** *inaceptable, inconcebible.*)
crema. f. Natillas, nata. || Diéresis.
cremación. f. Incineración, quema.
crematístico, ca. adj. Pecuniario, monetario.

crencha. f. Raya, carrera.
crepúsculo. m. Amanecer, aurora. || Atardecer, entreluz, ocaso. || Decadencia, declinación.
cresa. f. Queresa, moscarda.
crespo, pa. adj. Encarrujado, rizado, ensortijado. || Irritado, alterado.
cresta. f. Tupé, copete. || Cima, cumbre. (**a.**: *llanura, llano.*)
crestomatía. f. Antología, florilegio, compilación, selección.
crestón. m. Farallón.
cretinismo. m. Estupidez, idiotez.
cretino, na. adj. Necio, idiota, estúpido, majadero. (**a.**: *inteligente.*)
cría. f. Criatura. || Camada, hijos.
criadero. m. Plantel, vivero. || Mina, venero, yacimiento.
criadilla. f. Testículo. || Patata. || Turma, trufa.
criado, da. m. y f. Fámulo, familiar, sirviente, servidor, doméstico. (**a.**: *señor, amo.*) || Mozo, moza, fregona, maritornes, sirvienta, mucamo. || m. pl. Servidumbre, criados, servicio.
crianza. f. Amamantamiento, lactancia. || Educación, instrucción. || Urbanidad, atención, cortesía, modos.
criar. tr. Crear. || Producir, engendrar. || Amamantar, lactar. || Educar, instruir, cuidar. || Cultivar. || intr. Procrear.
criatura. f. Niño, infante, chico, chiquillo, crío. || Feto. || Hechura.
criba. f. Harnero, cedazo, cribo, zaranda, cernedor, tamiz, cribadora.
cribar. tr. Tamizar, cerner, cernir, zarandar.
crimen. m. Delito, atentado.
criminal. adj. Criminoso. || Penal. || m. o f. Delincuente, malhechor, facineroso.
criminalista. adj. Penalista.
criminar. tr. Acusar, censurar, imputar.
criminoso, sa. adj. Criminal.
crin. f. Cerda.
crío. m. Criatura.
cripta. f. Bóveda.
criptográfico, ca. adj. Cifrado, en clave.
crisálida. f. Ninfa (en los insectos).
crisis. f. Mutación, cambio, vicisitud. (**a.**: *normalidad, permanencia.*) || Peligro, riesgo. || Dificultad, conflicto, aprieto, brete, trance.
crisma. f. Cabeza, testa.
crisol. m. Fusor. || Prueba, ensayo.
crispar. tr. y prnl. Contraer, encoger. || Exasperar, irritar. (**a.**: *calmar.*)
cristal. m. Espejo, escaparate, vidrio, luna. || Agua.
cristalino, na. adj. Claro, límpido, trasparente, diáfano, puro.
cristalizar. intr. y prnl. Concretarse, materializarse, precisarse, cuajar.
cristianar. tr. Bautizar.
cristianismo. m. Cristiandad.
cristianizar. tr. y prnl. Evangelizar.
cristiano. m. Persona, alma, viviente.
cristo. m. Crucifijo, Jesucristo.
criterio. m. Juicio, discernimiento, parecer. (**a.**: *ofuscación.*) || Norma, pauta.
crítica. f. Juicio, opinión. || Censura, condenación, reparo, desaprobación, reprobación. (**a.**: *apología, conformidad.*) || Murmuración, detracción. (**a.**: *encomio.*)
criticable. adj. Reprensible, censurable, reprochable.
criticar. tr. Examinar, juzgar. || Censurar, desaprobar, tildar, reprobar, condenar, vituperar, fustigar. || Murmurar, despellejar, desollar.
crítico, ca. adj. Álgido, crucial, decisivo, culminante. || Censor, juez, aristarco.
criticón, na. adj. Murmurador, censurador, motejador.
crocitar. intr. Crascitar, graznar.
crónica. f. Anales, fastos. || Historia, cronicón. || Artículo, nota.
crónico, ca. adj. Inveterado, arraigado, habitual, acostumbrado. (**a.**: *agudo.*)
cronista. com. Articulista, historiador. || Analista.
cronología. f. Cómputo, historia.
cronómetro. m. Reloj.
croquis. m. Esbozo, boceto, bosquejo, diseño, tanteo, esquema, apunte, esquicio.
crótalo. m. Castañuela.
cruce. m. Encrucijada, intersección, crucero. (**a.**: *paralelismo.*) || Paso. || Cruzamiento. || Empalme.

crucero. m. Travesía, viaje. ‖ Cruce.
crucial. adj. Crítico, decisivo. (**a.**: *trivial.*)
crucificar. tr. Sacrificar, atormentar, mortificar, perjudicar.
crucifijo. m. Cristo.
crucigrama. m. Palabras cruzadas.
crudeza. f. Aspereza, rigor, desabrimiento, rudeza. (**a.**: *suavidad.*) ‖ Inclemencia.
crudo, da. adj. Áspero, destemplado, riguroso, frío. (**a.**: *bonancible.*) ‖ Cruel, malo, despiadado. ‖ Descarnado, realista. ‖ Verde. (**a.**: *maduro.*)
cruel. adj. Feroz, brutal, desalmado, salvaje, sanguinario, despiadado, encarnizado, inhumano, bárbaro, sangriento. (**a.**: *compasivo.*) ‖ Riguroso, crudo, inclemente. (**a.**: *suave.*) ‖ Duro, violento, riguroso.
crueldad. f. Ferocidad, sevicia, barbarie, inhumanidad, fiereza, brutalidad, atrocidad. (**a.**: *benignidad, humanidad.*) ‖ Dureza, rigor, aspereza, violencia.
cruento, ta. adj. Sangriento.
crujir. intr. Restallar, chascar, chirriar, rechinar.
crup. m. Difteria.
cruz. f. Reverso. (**a.**: *cara.*) ‖ Peso, aflicción, carga, trabajo. ‖ Patíbulo. ‖ Condecoración. ‖ Calvario.
cruzada. f. Campaña. ‖ Expedición. ‖ Lucha.
cruzado, da. adj. Atravesado. *La ruta está cruzada por un puente.* ‖ Mestizo, híbrido.
cruzar. tr. Atravesar, pasar, traspasar, trasponer. ‖ Entrelazar. ‖ prnl. Encontrarse, interponerse.
cuaderno. m. Libreta, cartapacio, fascículo.
cuadra. f. Caballería, establo. ‖ Grupa, anca. ‖ Manzana (de casas).
cuadrado, da. adj. Perfecto, justo, cabal, exacto. ‖ m. Segunda potencia. ‖ Cuadro.
cuadrángulo. m. Cuadrilátero, rectángulo.
cuadrar. intr. Agradar, satisfacer. (**a.**: *repugnar, desagradar.*) ‖ Convenir, ajustarse, adecuarse, adaptarse. ‖ Casar, armonizar, concordar. ‖ Llevar, elevar al cuadrado. ‖ prnl. Plantarse, erguirse.
cuadricular. tr. Cuadrar, recuadrar.
cuadril. m. Anca, grupa, nalga. ‖ Cadera.
cuadrilátero, ra. adj. Cuadrángulo.
cuadrilla. f. Grupo. ‖ Banda, pandilla, gavilla.
cuadrisílabo, ba. adj. Cuatrisílabo, tetrasílabo.
cuadro. m. Cuadrado. ‖ Rectángulo. ‖ Lienzo, lámina, tela, pintura. ‖ Marco. ‖ Escena. ‖ Espectáculo, vista.
cuadrúpedo. m. Bestia.
cuajada. f. Requesón.
cuajado, da. adj. Lleno, tachonado, poblado.
cuajar. tr. y prnl. Condensar, coagular, espesar, concentrar, solidificar. (**a.**: *liquidar.*) ‖ intr. Gustar, agradar, cuadrar, llenar, satisfacer. ‖ intr. y prnl. Lograrse, tener efecto, concretarse, cristalizarse. ‖ prnl. Llenarse, poblarse, cubrirse.
cuajarón. m. Coágulo, grumo.
cuajo. m. Coágulo. ‖ Flema, calma, cachaza, pachorra.
cual. adv. Como.
cualidad. f. Carácter, naturaleza, propiedad, condición, atributo, peculiaridad. ‖ Calidad.
cuantía o **cuantidad.** f. Cantidad.
cuantioso, sa. adj. Numeroso, abundante, copioso, considerable. (**a.**: *escaso, insuficiente.*)
cuarta. f. Palmo.
cuartear. tr. Partir, dividir. ‖ Descuartizar. ‖ prnl. Agrietarse, abrirse, henderse, rajarse.
cuarteo. m. Esguince.
cuarteta. f. Redondilla.
cuarto. m. Habitación, aposento, pieza, estancia. ‖ pl. Dinero, plata, caudal. ‖ Extremidades.
cuasi. adv. Casi.
cuatí. m. Coatí.
cuatrerismo. m. Abigeato.
cuatrero. adj. Abigeo.
cuatrisílabo, ba. adj. Cuadrisílabo, tetrasílabo.

cuba. f. Barril, tonel, pipa, casco, barrica.
cubero. m. Tonelero.
cubículo. m. Alcoba, dormitorio, aposento. || Cuartucho.
cubierta. f. Cobertura, cobija, cobertor, colcha. || Sobre. || Envoltura, forro. || Tapa. || Techo, techumbre, tejado. || Neumático. || Simulación.
cubil. m. Guarida, cueva, madriguera. || Escondrijo.
cubo. m. Balde.
cubo. m. Tercera potencia. || Hexaedro regular.
cubrecama. m. Colcha, sobrecama, cobertor.
cubrir. tr. Ocultar, tapar. (**a.**: *denunciar, descubrir.*) || Disimular, disfrazar, encubrir. || Proteger, defender. || Techar. || Forrar. || Bastar, alcanzar. || Recorrer. || Ocupar, completar, llenar. || prnl. Vestirse. (**a.**: *desnudarse.*) || Nublarse.
cucamonas. f. pl. Carantoñas, zalamerías.
cucaracha. f. Corredera.
cuco. m. Coco, bu, fantasma.
cuco, ca. adj. Bonito, mono, lindo. || Astuto, sagaz. || m. Cuclillo.
cucurucho. m. Cartucho.
cuchichear. intr. Bisbisear, secretear, murmurar, chismorrear, comadrear.
cuchillada. f. Puñalada. || Tajo, corte, chirlo.
cuchipanda. f. Francachela, juerga.
cuchitril. m. Cochitril, pocilga. || Tabuco, cuartucho, chiribitil, zaquizamí.
cuchufleta. f. Chirigota, burla, chanza, broma.
cuello. m. Pescuezo. || Garganta. || Estrechamiento.
cuenca. f. Concavidad. (**a.**: *convexidad.*) || Órbita, oquedad, cavidad. || Valle.
cuenco. m. Concavidad.
cuenta. f. Cálculo, cómputo, operación. || Factura, importe, adición. || Motivo. || Razón, explicación, satisfacción, justificación. || Cargo, cuidado, obligación, incumbencia, responsabilidad.
cuentarrevoluciones. m. Tacómetro, cuentavueltas.
cuentero, ra. adj. Chismoso, murmurador.
cuentista. adj. Cuentero. || Narrador, fabulador.
cuento. m. Conseja, fábula, historieta, anécdota, quimera, chascarrillo. || Relato, narración. || Chisme, habladuría. || Embuste, patraña, mentira, infundio, engaño.
cuerda. f. Resorte. || Cordel, piola, cabo, maroma, soga. || Tendón. || **cuerda dorsal.** Notocordio.
cuerdo, da. adj. Prudente, formal, juicioso, sensato, reflexivo, razonable, cabal. (**a.**: *loco.*)
cuerna. f. Cornamenta.
cuerno. m. Asta, pitón, cuerna. || **cuerno de la abundancia.** Cornucopia.
cuero. m. Piel. || Pellejo, odre, corambre. || **en cueros** o **en cueros vivos.** loc. adv. Desnudo, sin ropas. || Arruinado, pobre.
cuerpo. m. Tronco. || Organismo. (**a.**: *alma, espíritu.*) || Cadáver, despojos. || Espesor, grosor, grueso. || Tamaño, volumen, grandor, corpulencia, talle. || Consistencia, densidad, espesor. || Corporación, entidad. *El cuerpo médico de un hospital* || Bloque, masa. || Sólido.
cuervo. m. Grajo.
cuesta. f. Subida, pendiente, declive, repecho. || **a cuestas.** loc. adv. Sobre los hombros o las espaldas. || A su cargo, sobre sí.
cuestación. f. Recaudación, colecta.
cuestión. f. Pregunta, consulta. || Asunto, tema, punto, problema, materia. || Discusión, disputa, controversia, debate, polémica. || Riña, reyerta, altercado, gresca, pendencia. || **en cuestión de.** loc. prep. En materia de. || Aproximadamente.
cuestionable. adj. Dudoso, discutible, problemático, controvertible. (**a.**: *incuestionable, cierto.*)
cuestionar. tr. Controvertir, debatir, disputar, polemizar, discutir.
cueva. f. Antro, guarida, caverna, cova-

cha, gruta, cripta, espelunca. || Sótano, subterráneo.

cuidado. m. Atención, solicitud, celo, esmero. (**a.**: *desidia, negligencia.*) || Prudencia, precaución, cautela. (**a.**: *despreocupación.*) || Sobresalto, inquietud, temor, zozobra. || Cargo, incumbencia, obligación.

cuidadoso, sa. adj. Esmerado, celoso, escrupuloso, diligente. (**a.**: *negligente, descuidado.*)

cuidar. tr. e intr. Atender, proteger, velar, mirar, vigilar. (**a.**: *desatender, descuidar.*) || Asistir. || Conservar, guardar, mantener. || Ocuparse. || intr. Preocuparse.

cuita. f. Trabajo, zozobra, aflicción, pena, desventura, cuidado, pesar, angustia. (**a.**: *ventura, dicha.*)

cuitado, da. adj. Afligido, apenado, desventurado, infortunado, desgraciado, desdichado. (**a.**: *venturoso, feliz.*) || Apocado, tímido, pusilánime. (**a.**: *desvergonzado.*)

culatazo. m. Retroceso, coz.

culebra. f. Serpiente. || **culebra de cascabel.** Crótalo.

culebrilla. f. Herpe.

culminación. f. Cumbre, cúspide, pináculo. (**a.**: *precipicio.*) || Máximo, perfección. || Acabóse.

culminante. adj. Prominente, elevado, dominante, cimero. || Superior, sobresaliente, destacado. (**a.**: *inferior.*) || Álgido, crítico.

culpa. f. Falta, yerro, delito, pecado. || Responsabilidad.

culpable. adj. Responsable. (**a.**: *inocente.*)

culpar. tr. y prnl. Achacar, acusar, imputar, inculpar. || Responsabilizar.

culteranismo. m. Afectación, rebuscamiento. (**a.**: *sencillez, claridad.*)

culterano, na. adj. Gongorino, afectado.

cultivar. tr. Arar, labrar, laborar. || Ejercitar, estudiar, trabajar, practicar. || Producir, desarrollar, desenvolver. || Dedicarse, entregarse, consagrarse.

cultivo. m. Labor, laboreo. || Cultura.

culto. m. Adoración, veneración. (**a.**: *irreverencia.*) || Liturgia.

culto, ta. adj. Instruido, ilustrado, cultivado, sabio, erudito, educado, civilizado. (**a.**: *inculto.*)

cultura. f. Educación. || Instrucción, saber, ilustración, erudición. || Civilización. || Cultivo.

cumbre. f. Ápice, cima, cúspide, cresta. (**a.**: *abismo.*) || Apogeo, culminación, auge. || Plenitud, pináculo.

cumpleaños. m. Aniversario.

cumplidamente. adv. A satisfacción, ampliamente, enteramente, cabalmente, escrupulosamente, largamente, colmadamente.

cumplido, da. adj. Acabado, completo, listo, entero, cabal, concluido, perfecto. || Largo, abundante. || Cortés, fino, educado, atento, amable. (**a.**: *descortés.*) || Holgado, lleno. || m. Atención, cumplimiento, cortesía, fineza, obsequio, halago. (**a.**: *insulto.*)

cumplidor, ra. adj. Cuidadoso, exacto, puntual, diligente. (**a.**: *negligente, descuidado.*)

cumplimentar. tr. Felicitar. || Cumplir, efectuar, realizar, evacuar.

cumplimiento. m. Desempeño, observancia, satisfacción. || Cumplido, cortesía. || Galantería.

cumplir. tr. e intr. Ejecutar, realizar, cumplimentar, llevar a cabo. (**a.**: *claudicar.*) || Desempeñar, llenar, completar. || intr. y prnl. Acabarse, terminar, finalizar, expirar, vencer, extinguirse. || tr. Acatar, obedecer, observar, respetar. (**a.**: *desobedecer, trasgredir.*) || prnl. Verificarse, efectuarse.

cúmulo. m. Montón, cantidad, infinidad, sinnúmero, aglomeración, multitud, muchedumbre, tropel.

cuna. f. Patria, suelo natal, terruño. || Familia, estirpe, linaje. || Origen, principio.

cunar. tr. Acunar, cunear, mecer.

cundir. intr. Extenderse, dilatarse, difundirse, propagarse, desarrollarse, esparcirse, divulgarse. (**a.**: *limitarse, reducirse.*) || Aprovechar, lucir, rendir. (**a.**: *derrochar.*) || Aumentar, crecer, dar de sí. (**a.**: *decrecer.*)

cuneta. f. Zanja, badén.

cuña. f. Calza, calce, tarugo, taco. ‖ Palanca, influencia, padrino.
cuñado, da. m. y f. Hermano o hermana políticos.
cuño. m. Troquel. ‖ Sello, impresión.
cuota. f. Cupo, prorrata, contribución, porción, parte.
cuotidiano, na. adj. Cotidiano, diario.
cupido. m. Amorcillo, Eros. ‖ Enamoradizo.
cupo. m. Cuota, prorrata.
cúpula. f. Bóveda. ‖ Domo. (**a.**: *cripta.*) ‖ Torrecilla, torre.
cupulífero, ra. adj. Fagáceo.
cuquería. f. Astucia, picardía.
cura. m. Sacerdote, presbítero, eclesiástico, clérigo. (**a.**: *laico, seglar.*) ‖ f. Curación.
curación. f. Cura, tratamiento, alivio.
curado, da. adj. Adobado. ‖ Endurecido, curtido.
curador, ra. m. y f. Tutor.
curalotodo. m. Sanalotodo, panacea.
curandero, ra. m. y f. Manosanta, charlatán.
curar. tr., intr. y prnl. Sanar, recobrar la salud, restablecerse, reponerse. (**a.**: *enfermar.*) ‖ intr. Cuidar, atender. (**a.**: *descuidar.*) ‖ tr. Remediar. ‖ Adobar, acecinar. ‖ Curtir.
curato. m. Parroquia.
curda. f. Borrachera, embriaguez, turca, mona, pítima. ‖ m. Borracho, ebrio.
curiana. f. Cucaracha, corredera.
curiosear. intr. Averiguar, indagar, investigar, rebuscar, huronear. ‖ intr. y tr. Fisgar, fisgonear, husmear, espiar, olfatear, oliscar.
curiosidad. f. Rareza, novedad, singularidad. (**a.**: *vulgaridad.*) ‖ Limpieza, aseo, pulcritud. (**a.**: *suciedad.*) ‖ Deseo, gana. ‖ Fisgoneo, indiscreción. ‖ Esmero, cuidado, celo.
curioso, sa. adj. Indagador, preguntón, averiguador, observador. ‖ Fisgón, indiscreto. ‖ Interesante, notable. ‖ Limpio, aseado, pulcro. ‖ Raro, extraño, singular. (**a.**: *ordinario.*) ‖ Cuidadoso, esmerado. (**a.**: *abandonado.*)
currutaco, ca. adj. Petimetre, paquete, lechuguino.
cursado, da. adj. Experimentado, acostumbrado, experto, perito, versado.
cursar. tr. Frecuentar, acostumbrar. ‖ Estudiar, seguir. ‖ Dar curso, enviar. (**a.**: *recibir.*) ‖ Tramitar.
cursi. adj. Afectado, presumido, remilgado, presuntuoso, ridículo, chabacano.
cursiva. adj. y f. Bastardilla.
curso. m. Camino, recorrido, rumbo, dirección. ‖ Corriente. ‖ Marcha, tendencia. ‖ Trascurso. ‖ Circulación, difusión. ‖ Tramitación, trámite. ‖ Desempeño. ‖ Giro.
curtido, da. adj. Avezado, endurecido, acostumbrado, experimentado, ejercitado. (**a.**: *bisoño, novato.*) ‖ Atezado, tostado.
curtiduría. f. Tenería, curtiembre.
curtir. tr. y prnl. Tostar. ‖ Acostumbrar, endurecer, habituar, avezar, ejercitar. (**a.**: *afeminarse.*) ‖ tr. Adobar, aderezar.
curva. f. Meandro, vuelta.
curvatura. f. Encorvadura, encorvamiento, redondez, alabeo, comba.
curvo. adj. Arqueado, curvado, alabeado, redondo, combado, corvo, encorvado, curvilínco. (**a.**: *derecho, recto.*) ‖ Torcido.
cúspide. f. Cima, ápice, cumbre. (**a.**: *precipicio, abismo.*) ‖ Punta. ‖ Apogeo, auge, plenitud, pináculo. ‖ Vértice.
custodia. f. Escolta, guardia, defensa, amparo, protección. ‖ Ostensorio. ‖ Cuidado. (**a.**: *descuido.*)
custodiar. tr. Guardar, proteger, conservar, defender, velar, vigilar. (**a.**: *descuidar, abandonar.*)
cutí. m. Cotí, cotín.
cutícula. f. Película. ‖ Epidermis.
cutis. m. Piel, epidermis, tez, pellejo.
cutre. adj. Tacaño, ruin, mezquino, miserable, avaro.
cuzco. m. Cachorro.
cuzcuz. m. Alcuzcuz.

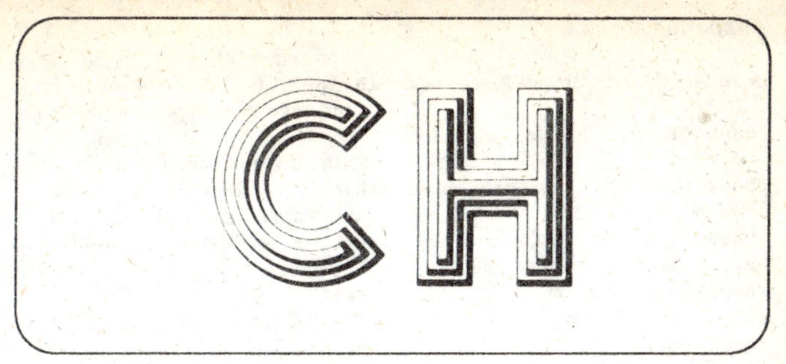

chabacanería o **chabacanada.** f. Ordinariez, ramplonería.

chabacano, na. adj. Grosero, pedestre, ordinario, vulgar, ramplón, tosco, basto. (**a.**: *delicado, fino.*)

chácara. f. Chacra, alquería, granja.

chacina. f. Cecina.

chacolotear. intr. Chapalear.

chacota. f. Broma, chanza, burla. ‖ Diversión, jarana.

chacra. f. Granja.

chacha. f. Niñera, nodriza. ‖ Sirvienta, criada.

cháchara. f. Charla, palique, charlatanería, parloteo, parla.

chacharero, ra. adj. Charlatán.

chacho, cha. m. y f. Muchacho. ‖ f. Niñera.

chafaldita. f. Cuchufleta, burla.

chafalonía. f. Baratija.

chafar. tr. Aplastar, apabullar, estrujar. ‖ Ajar, aplastar, arrugar, deslucir. (**a.**: *planchar, estirar.*) ‖ Apabullar, avergonzar.

chafarote. m. Sable, machete, espada.

chafarrinada. f. Mancha, borrón.

chaflán. m. Ochava. ‖ Bisel, borde.

chaira. f. Trinchete, cheira. ‖ Eslabón.

chal. m. Pañoleta.

chalado, da. adj. Alelado, ido, chiflado, tocado, lelo, trastornado. ‖ Enamorado.

chalán, na. adj. Tratante, traficante.

chalana. f. Barca, barcaza, chata.

chalina. f. Corbata.

chalupa. f. Bote, canoa, lancha.

chambergo. m. Sombrero.

chambón, na. adj. Torpe, inhábil, chapucero. (**a.**: *hábil, diestro.*)

chambonada. f. Torpeza, desacierto, error. (**a.**: *tino.*)

chamizo. m. Tugurio, cuchitril, choza, casucha. (**a.**: *palacio.*)

chamuscar. tr. y prnl. Socarrar, quemar.

chamusco. m. o **chamusquina.** f. Alboroto, riña, trifulca.

chancear. intr. y prnl. Bromear, embromar, burlar.

chancero, ra. adj. Bromista, burlón, guasón.

chancleta. f. Zapatilla, pantufla, chinela. ‖ Torpe, bobo, tonto. ‖ Hembra, niña.

chanclo. m. Zueco, madreña, almadreña, zapato.

chanchullo. m. Componenda, trampa, enjuague, combinación, amasijo.

chanfle. m. Chaflán.

changüí. m. Ventaja.

chantaje. m. Extorsión, coacción.

chantar. tr. Espetar, cantar, decir, largar.

chanza. f. Broma, burla, chiste, chirigota, guasa.

chapa. f. Placa, hoja, plancha, lámina.

chapado, da. adj. Chapeado, enchapado.
chapalear. intr. Chapotear, chacolotear.
chapar. tr. Agarrar, apoderarse. (**a.**: *soltar.*) ‖ Laminar.
chaparro, rra. adj. Rechoncho.
chaparrón. m. Aguacero, chubasco.
chapear. tr. Chapar, enchapar.
chapeo. m. Sombrero.
chapín. m. Zapata.
chapotear. intr. Chapalear, salpicar.
chapucear. tr. Frangollar.
chapucería. f. Frangollo. (**a.**: *habilidad, pericia.*) ‖ Embuste, falsedad, trapacería.
chapucero, ra. adj. Desmañado, chambón, frangollón, torpe, inhábil. ‖ Embustero.
chapurrear. tr. o intr. Farfullar, champurrear. *Dice que habla bien en inglés pero sólo lo chapurrea.*
chapuzón. m. Zambullida, inmersión.
chaqueta. f. Saco, americana.
charada. f. Enigma, acertijo.
charanga. f. Banda, murga.
charca. f. o **charco.** m. Poza, lagunajo.
charla. f. Cháchara, palique, labia, parloteo, conversación. (**a.**: *silencio.*)
charlar. intr. Parlotear, hablar, departir, conversar.
charlatán, na. adj. Hablador, parlanchín, cotorra. ‖ Embaucador, embaidor, engañador, impostor, embustero. (**a.**: *parco, veraz.*) ‖ Curandero.
charlatanería. f. Locuacidad, habladuría, palabrería, charlatanismo, parlería, verba.
charlotear. intr. Charlar.
charnela. f. Bisagra, gozne.
charque o **charqui.** m. Cecina, tasajo.
charrán. adj. Pillo, tunante, canalla, granuja.
charrasca. f. Machete.
charretera. f. Galón, hombrera.
charro, rra. adj. Abigarrado, llamativo, cursi.
chascar. tr. Restallar.
chasco. m. Broma, burla, engaño. ‖ Decepción, desencanto, desilusión, desengaño, fiasco. (**a.**: *éxito.*)
chasis. m. Bastidor, armazón.
chasquear. tr. Burlar, engañar. ‖ Frustrar, desairar, decepcionar, desilusionar. ‖ intr. Restallar. ‖ Crujir.
chasquido. m. Crujido, estallido.
chata. f. Bacín. ‖ Chalana. ‖ Carro.
chatarra. f. Hierro viejo. ‖ Escoria.
chato, ta. adj. Romo. (**a.**: *puntiagudo.*) ‖ Plano, aplanado. ‖ Ñato. (**a.**: *narigón.*)
chaval, la. m. y f. Muchacho, niño, joven, mozo.
chaveta. f. Clavija, pasador. ‖ Juicio, seso.
cheira. f. Chaira.
chepa. f. Joroba, giba.
chicana. f. Embrollo, enredo. ‖ Broma, chanza.
chico, ca. adj. Pequeño, corto, reducido, estrecho. (**a.**: *amplio, grande.*) ‖ m. y f. Niño, pibe, muchacho. ‖ f. Criada.
chicuelo, la. adj. y s. Chico, niño.
chicharra. f. Cigarra. ‖ Zumbador, timbre. ‖ Cotorra, charlatán.
chicharrar. tr. Achicharrar.
chichear. tr. e intr. Sisear, chistar.
chichón. m. Bollo, bulto, burujón.
chichonera. f. Gorro.
chiflado, da. adj. y s. Maniático, trastornado, desequilibrado, loco, lelo. ‖ Enamorado.
chifladura. f. Manía, rareza, idea fija, tema, locura. ‖ Capricho, fantasía, extravagancia. ‖ Enamoramiento.
chiflar. intr. Silbar. ‖ tr. Abuchear. ‖ prnl. Trastornarse. ‖ Enamorarse.
chiflido. m. Silbido.
chiflo. m. Pito, silbato.
chile. m. Ají, pimiento.
chillar. intr. Chirriar, rechinar. ‖ Gritar, aullar, vociferar.
chillería. f. Vocerío, gritería. ‖ Bronca, regaño, reprensión.
chillido. m. Grito, alarido.
chillón, na. adj. Gritón, chillador, berreador, vocinglero. ‖ Estridente, agudo. ‖ Llamativo, recargado. (**a.**: *elegante.*)
chimenea. f. Fogón, hogar.
china. f. Guijarro, guija.
chincharse. prnl. Fastidiarse, incomodarse.

chinche. f. Chincheta. ‖ adj. Chinchorrero.

chinchorrería. f. Impertinencia, pesadez. ‖ Chisme, patraña, mentira.

chinchorrero, ra. adj. Impertinente, cargante, chinchoso, chinche, fastidioso, molesto.

chinchorro. m. Bote, barquilla.

chiquero. m. Pocilga. ‖ Choza, zahúrda.

chiquilicuatro. m. Zascandil, mequetrefe, chisgarabís, danzante.

chiquillada. f. Niñería, niñada, travesura.

chiquillo, lla. m. y f. Niño, criatura, chico, crío, arrapiezo.

chiribitil. m. Tabuco, buhardilla, tugurio, cuchitril, zaquizamí, zahúrda.

chirigota. f. Cuchufleta, chiste, cachada, chanza, broma.

chirimbolo. m. Cachivache, baratija, trasto, utensilio.

chiripa. f. Azar, suerte, casualidad, coincidencia. (**a.**: *previsión.*)

chirle. adj. Aguanoso. ‖ Insípido, soso, insustancial, insulso.

chirlo. m. Azote. ‖ Barbijo, cicatriz, costurón. ‖ Corte, cuchillada, tajo.

chirola. f. Moneda.

chirona. f. Cárcel, prisión, calabozo.

chirriar. intr. Rechinar.

chirrido. m. Estridencia, estridor.

chirumen. m. Cacumen, caletre, seso, magín.

chisgarabís. m. Mequetrefe, chiquilicuatro.

chisme. m. Cuento, habladuría, murmuración, chismografía, insidia. ‖ Baratija, trasto, cachivache.

chismorrear. intr. Comadrear, chismear, chismotear, murmurar.

chismorreo. m. Comadreo, murmuración, cotilleo.

chismoso, sa. adj. Cuentista, cuentero, murmurador, cizañero. (**a.**: *veraz.*)

chispa. f. Rayo, exhalación, centella. ‖ Destello. ‖ Miaja, pizca. ‖ Agudeza, gracia, ingenio. *Es una persona de mucha chispa.* ‖ Borrachera. ‖ Encendido (del motor).

chispazo. m. Destello.

chispeante. adj. Ingenioso, agudo, ocurrente, gracioso. ‖ Centelleante.

chispear. intr. Chisporrotear. ‖ Lloviznar.

chispo, pa. adj. Achispado, borracho, bebido, beodo, curda. (**a.**: *sobrio.*)

chisporrotear. intr. Chispear.

chistar. intr. Rechistar.

chiste. m. Gracia, agudeza, broma, chanza, cuchufleta, ocurrencia.

chistera. f. Sombrero de copa.

chistoso, sa. adj. Ocurrente, gracioso, donoso, chusco, agudo, ingenioso. (**a.**: *serio.*)

chita. f. Astrágalo, taba. ‖ Tejo.

chivato. m. Delator, soplón. ‖ Cabrito.

chivo. m. Cabrito, chivato.

chocante. adj. Raro, extraño, original, sorprendente, ridículo, singular. (**a.**: *trivial.*)

chocar. intr. Topar, tropezar. ‖ Pelear, reñir, combatir, disputar. ‖ Indisponerse, malquistarse. ‖ Extrañar, sorprender, fastidiar, molestar.

chocarrería. f. Chabacanada, chuscada, bufonada, grosería.

chocarrero, ra. adj. Bufón, chabacano, burlón.

choclo. m. Mazorca.

chocha. f. Becada, gallineta.

chocho, cha. adj. Caduco, decrépito. ‖ Entusiasmado, encariñado.

cholo, la. adj. Mestizo.

chopo. m. Álamo negro.

choque. m. Encuentro, topetazo, colisión, topada, encontronazo. ‖ Contienda, riña, combate, pelea, lucha, batalla. ‖ Discusión, disputa.

choquezuela. f. Rótula.

chorlito. m. Crédulo, cándido. (**a.**: *sagaz, vivo.*)

chorrear. intr. Gotear, salpicar, rociar, fluir. ‖ Robar.

chorro. m. Caño, surtidor. ‖ Ladrón, ratero. ‖ **a chorros.** loc. adv. Copiosamente, abundantemente.

choteo. m. Burla, pitorreo, rechifla.

choto. m. Chivo, cabrito.

choza. f. Cabaña, bohío, barraca, tapera. (**a.**: *mansión.*)

chubasco. m. Aguacero, chaparrón.

chúcaro, ra. adj. Arisco, montaraz.

chuchería. f. Fruslería, baratija.

chucho. m. Perro, can, cuzco. ‖ Escalofrío. ‖ Miedo.

chueco, ca. adj. Patituerto, estevado.

chulapo, pa. adj. Chulo, majo.

chuleta. f. Costilla.

chulo, la. adj. Majo, guapo. ‖ Valentón, perdonavidas, bravucón. ‖ Presumido, ufano. ‖ m. Rufián.

chumbera. f. Cacto. ‖ Nopal, tunal, tuna.

chunga. f. Zumba, cachada, broma, guasa, burla.

chupada. f. Succión.

chupado, da. adj. Ebrio, borracho. ‖ Flaco, delgado.

chupar. tr. Succionar, sorber, mamar. ‖ Embeber, empapar. ‖ Consumir.

chupatintas. m. Escribiente, oficinista.

churrigueresco, ca. adj. Barroco, recargado.

chuscada. f. Gracia, ocurrencia, chiste, donaire, chocarrería.

chusco, ca. adj. Chistoso, gracioso, bromista, ocurrente, picaresco, donoso. (**a.:** *serio, soso.*)

chusma. f. Gentuza, morralla, canalla, hampa, chusmaje.

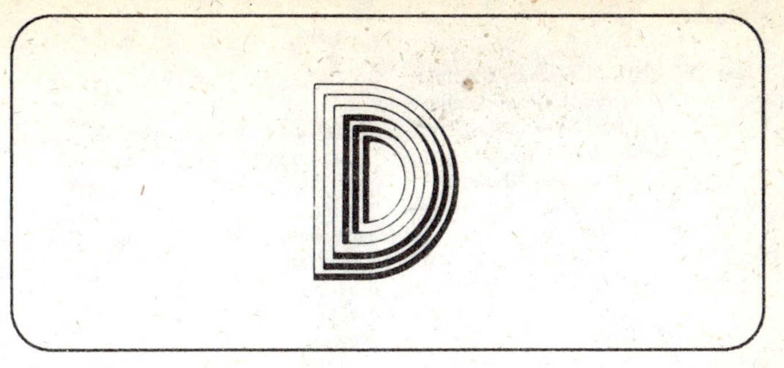

dable. adj. Hacedero, factible, posible. (**a.:** *imposible.*)

dactilar. adj. Digital.

dactilografía. f. Mecanografía.

dactilógrafo, fa. m. y f. Mecanógrafo, tipiador.

dádiva. f. Don, obsequio, regalo, merced, presente.

dadivoso, sa. adj. Generoso, liberal, caritativo, desinteresado. (**a.:** *tacaño, mezquino, interesado.*)

dado, da. adj. Supuesto, aceptado, concedido. *Dados los antecedentes, el resultado era previsible.*

dador, ra. m. y f. Librador. ‖ Portador.

daltonismo. m. Acromatismo.

dama. f. Señora, mujer.

damajuana. f. Bombona. ‖ Garrafa.

damasquinado. m. Ataujía. ‖ Incrustado, embutido, taraceado.

damasquinar. tr. Embutir, incrustar, taracear.

damería. f. Melindre, zalamería, remilgo. ‖ Reparo.

damisela. f. Jovencita, damita, doncella.

damnación. f. Condenación.

damnificación. f. Daño, detrimento, perjuicio. (**a.:** *mejora.*)

damnificar. tr. Dañar, lesionar, perjudicar.

dandi. m. Petimetre, pisaverde.

danés, sa. adj. Dinamarqués.

danta. f. Anta. ‖ Tapir.

dantesco, ca. adj. Terrible, espantoso.

danza. f. Baile. ‖ Coreografía. ‖ Chanchullo. ‖ Altercado, gresca.

danzante. m. y f. Bailarín. ‖ Necio, mequetrefe, botarate. ‖ Entrometido, intrigante.

danzar. intr. Bailar, bailotear. ‖ Saltar.

danzarina. f. Bailarina.

dañar. tr. y prnl. Damnificar. (**a.:** *beneficiar.*) ‖ Deteriorar, estropear, echar a perder. ‖ prnl. Lastimarse.

dañino, na. adj. Nocivo, malo, dañoso, funesto, perjudicial, pernicioso. (**a.:** *sano.*) ‖ Malvado.

daño. m. Perjuicio. (**a.:** *beneficio.*) ‖ Estropicio, menoscabo.

dañoso, sa. adj. Dañino.

dar. tr. Donar, regalar, ceder, entregar. (**a.:** *quitar.*) ‖ Proporcionar, suministrar. *Dar trabajo a un obrero.* (**a.:** *recibir.*) ‖ Conceder, facilitar, conferir, adjudicar, otorgar. (**a.:** *negar.*) ‖ Producir, redituar, rentar, rendir, procurar. ‖ Aplicar, poner. ‖ Asignar, imponer, poner. ‖ Asestar. ‖ intr. Topar, pegar, chocar. ‖ Caer, incurrir. ‖ Acertar, descubrir, atinar. ‖ Mirar, orientarse. ‖ prnl. Entregarse, consagrarse. ‖ Rendirse, ceder, someterse.

dardo. m. Venablo, jabalina, flecha, saeta.

data. f. Fecha.

datar. tr. Fechar. ‖ Abonar, acreditar.
dato. m. Antecedente, nota, detalle, apunte, pormenor. ‖ Documento, testimonio, fundamento. ‖ Señal, signo.
de. prep. Sobre, acerca de. ‖ Por.
deambular. intr. Andar, pasear, vagar, caminar. (**a.**: *detenerse.*)
debajo. adv. Abajo. (**a.**: *arriba.*) ‖ prep. Bajo. ‖ **debajo de.** loc. prep. Abajo.
debate. m. Discusión, polémica, controversia. ‖ Contienda, lucha.
debatir. tr. Altercar, controvertir, discutir, polemizar, contender, disputar, litigar. (**a.**: *acordar.*) ‖ Guerrear.
debe. m. Cargo, débito.
deber. m. Obligación. (**a.**: *opción.*) *El deber nos pone en relación con Dios, con el prójimo y con nosotros mismos.* ‖ tr. Tener obligación. *Debemos honrar a nuestros padres.* ‖ Adeudar. (**a.**: *pagar.*)
debidamente. adv. Justamente, cumplidamente.
débil. adj. Endeble, frágil, flojo. ‖ Apagado, decaído. *El enfermo quedó muy débil.* (**a.**: *vigoroso.*) ‖ Enfermizo, enclenque, raquítico. (**a.**: *sano.*) ‖ Inconstante, indiferente, voluble.
debilidad. f. Endeblez. ‖ Anemia, astenia, agotamiento, decaimiento, flaqueza, desfallecimiento, flojedad. ‖ Raquitismo.
debilitar. tr. Enervar, extenuar. (**a.**: *vigorizar.*) ‖ prnl. Consumirse, decaer, desfallecer.
débito. m. Deuda, cargo, debe. (**a.**: *crédito, haber.*)
década. f. Decenio.
decadencia. f. Ruina, declinación, ocaso, descenso, caída. (**a.**: *opulencia, apogeo, esplendor, auge.*)
decaer. intr. Declinar, desmejorar, debilitarse, envejecer, flaquear. (**a.**: *fortalecerse, mejorar.*) ‖ Menguar, disminuir, arruinarse, ir a menos. (**a.**: *prosperar.*)
decaído, da. adj. Abatido, alicaído, desmejorado, debilitado. ‖ Disminuido, envejecido.
decaimiento. m. Abatimiento, desaliento. ‖ Debilitamiento. ‖ Envejecimiento.
decálogo. m. Tablas de la ley, mandamientos.
decantar. tr. Encomiar, propalar, ensalzar, ponderar, exaltar, engrandecer. (**a.**: *criticar.*) ‖ Verter, trasvasar. ‖ Aclarar.
decapitar. tr. Degollar, guillotinar, descabezar.
decencia. f. Aseo, limpieza. (**a.**: *suciedad.*) ‖ Pudor, honestidad, recato, honradez. *Vivir con decencia.* (**a.**: *indecencia.*) ‖ Honor, decoro, conveniencia, dignidad. (**a.**: *indignidad, vileza.*)
decenio. m. Década.
decentar. tr. Herir, dañar, menoscabar. ‖ Violar, desflorar. ‖ prnl. Ulcerarse.
decente. adj. Honesto, pudoroso, casto, decoroso, digno, justo. ‖ Aseado, limpio.
decepción. f. Desilusión, fracaso, desengaño, pesar, desencanto, chasco. (**a.**: *aspiración.*)
decepcionar. tr. Desilusionar, desengañar, defraudar.
deceso. m. Fallecimiento, defunción, muerte. (**a.**: *nacimiento.*)
decidido, da. adj. Resuelto, intrépido, audaz, osado, emprendedor, valiente, denodado, determinado, animoso. (**a.**: *indeciso, perplejo, vacilante.*)
decidir. tr. y prnl. Resolver, disponer, determinar. *Decidir algo por su cuenta.* (**a.**: *dudar, titubear.*) ‖ tr. Dirimir. ‖ Impulsar.
decidor, ra. adj. Gracioso, chistoso, ocurrente.
decimonono, na. adj. Decimonoveno.
decimotercero, ra. adj. Decimotercio, tredécimo.
decir. tr. Expresar, comunicar, insinuar, hablar. (**a.**: *callar.*) ‖ Afirmar, proponer, asegurar, manifestar, sostener, indicar, explicar, opinar. (**a.**: *desdecir.*) ‖ intr. Armonizar, convenir. ‖ m. Dicho, expresión.
decisión. f. Acuerdo, resolución, determinación, ultimátum. ‖ Fallo, sentencia. ‖ Firmeza, valentía, audacia. (**a.**: *indecisión.*)
decisivo, va. adj. Rotundo, terminante,

decisorio, definitivo. (**a.**: *provisional.*)
decisorio, ria. adj. Decisivo.
declamación. f. Recitación.
declamar. tr. e intr. Recitar.
declamatorio, ria. adj. Grandilocuente.
declaración. f. Exposición, explicación, enunciación, revelación.
declarado, da. adj. Expuesto, manifiesto.
declarar. tr. Atestiguar, exponer, explicar, decir, manifestar. *Declarar la guerra.* ‖ Decidir, determinar, resolver. ‖ intr. Deponer, testificar. ‖ prnl. Producirse.
declarativo, va. adj. Aseverativo, enunciativo.
declinación. f. Decadencia. ‖ Caída, descenso, menoscabo. ‖ Ocaso.
declinar. intr. Decaer, debilitarse. ‖ Disminuir, menguar. ‖ tr. Rehusar, rechazar, renunciar. (**a.**: *aceptar.*)
declive. m. Cuesta, pendiente, bajada, rampa, vertiente, inclinación, desnivel. ‖ Caída, declinación.
decocción. f. Cocción, cocimiento.
decoloración. f. Desteñimiento. ‖ Palor.
decolorar. tr. Descolorar, descolorirse, desteñir, despintar. ‖ Palidecer.
decomisar. tr. Confiscar, incautarse. (**a.**: *abastecer.*)
decomiso. m. Confiscación, comiso, incautación.
decoración. f. Decorado, escenografía. ‖ Adorno, ornamentación, ornato.
decorar. tr. Adornar, engalanar, hermosear, ornar, emperijilar, ornamentar. ‖ Condecorar.
decoro. m. Decencia, respetabilidad, conveniencia, dignidad. ‖ Pudor, honestidad, recato. ‖ Gravedad, circunspección.
decorosamente. adv. Dignamente, decentemente, honrosamente.
decoroso, sa. adj. Digno. ‖ Decente, honesto, honorable.
decrecer. intr. Decaer, bajar, disminuir, menguar, empequeñecer, aminorar. (**a.**: *crecer, aumentar, progresar.*)
decreciente. adj. Menguante.
decrépito, ta. adj. Caduco, senil, vetusto, chocho. (**a.**: *rejuvenecido.*) ‖ Viejo, anciano.
decrepitud. f. Chochez, senilidad, senectud, vetustez, vejez, ancianidad. ‖ Declinación.
decretar. tr. Ordenar, disponer, resolver, dictar, determinar.
decreto. m. Edicto, resolución, orden, determinación.
decurso. m. Curso, trascurso, paso, sucesión, continuación.
dechado. m. Ejemplo, modelo, arquetipo, paradigma, tipo.
dédalo. m. Laberinto, enredo, lío.
dedicación. f. Perseverancia, tesón. ‖ Consagración, ofrecimiento.
dedicar. tr. Consagrar, ofrecer, ofrendar. ‖ Aplicar, asignar, destinar. ‖ prnl. Ocuparse. *Dedicarse al estudio.*
deducción. f. Consecuencia, inferencia, conclusión. (**a.**: *inducción.*) ‖ Rebaja, descuento. (**a.**: *aumento.*)
deducir. tr. Colegir, derivar, inferir. ‖ Rebajar, disminuir, restar, descontar. (**a.**: *aumentar, añadir.*)
defecar. intr. Evacuar.
defección. f. Deserción, deslealtad, abandono, huida, traición. (**a.**: *lealtad, adhesión.*)
defectivo, va. adj. Defectuoso.
defecto. m. Falla, tacha, lunar, imperfección, falta, deficiencia. (**a.**: *perfección.*)
defectuoso, sa. adj. Imperfecto, incorrecto, deforme. (**a.**: *normal.*)
defender. tr. y prnl. Amparar, auxiliar, proteger, apoyar, sostener, resguardar. (**a.**: *agredir.*) ‖ Justificar, disculpar. *Defenderse de una acusación.*
defensa. f. Protección, amparo, apoyo, resguardo, auxilio, socorro. ‖ Disculpa, justificación.
defensor, ra. m. y f. Paladín, valedor.
deferencia. f. Atención, consideración, respeto, miramiento. (**a.**: *desconsideración, menosprecio, desatención.*) ‖ Condescendencia.
deferente. adj. Atento, respetuoso, cortés, comedido, considerado, mirado.
deferir. intr. Condescender, adherirse, admitir. ‖ Comunicar, compartir.

deficiencia. f. Defecto, imperfección, alteración, anomalía, tacha. (**a.**: *perfección*.) || Insuficiencia, falta. (**a.**: *suficiencia*.)
deficiente. adj. Imperfecto, anómalo, defectuoso, insuficiente, escaso, incompleto. (**a.**: *perfecto, magistral*.)
déficit. m. Descubierto, falta. (**a.**: *superávit, excedente, sobrante*.)
definición. f. Explicación, descripción. || Declaración, dictamen, determinación.
definido, da. adj. Delimitado, explicado, determinado, preciso, descrito.
definir. tr. Determinar, puntualizar, fijar, precisar, delimitar, especificar. *Definir las características de un proyecto*. || Decidir, resolver. (**a.**: *vacilar, titubear, dudar*.)
definitivo, va. adj. Concluyente, irrevocable, decisivo. (**a.**: *provisional*.) || **en definitiva**. loc. adv. En resumen, en conclusión.
deflagrar. intr. Flagrar, arder, detonar.
deformación. f. Deformidad, distorsión. (**a.**: *proporción, belleza*.)
deformar. tr. Desfigurar.
deforme. adj. Contrahecho, desproporcionado, desfigurado.
deformidad. f. Deformación, imperfección. monstruosidad. || Error, yerro.
defraudación. f. Estafa, hurto, fraude. (**a.**: *donación*.)
defraudar. tr. Estafar, timar, engañar, trampear. || Malograr, frustrar. || Decepcionar, desilusionar.
defunción. f. Deceso, fallecimiento, muerte, óbito. (**a.**: *nacimiento*.)
degenerado, da. adj. Pervertido, corrompido, depravado, corrupto. (**a.**: *virtuoso*.)
degenerar. intr. Empeorar, decaer, declinar, pervertirse. (**a.**: *mejorar, sanar*.)
deglutir. intr. Tragar, engullir, comer, ingerir.
degolladura. f. Escote. || Sesgo. || Degüello.
degollar. tr. Decapitar, guillotinar. || Cortar. || Destruir, arruinar.
degollina. f. Matanza, carnicería, decapitación.
degradación. f. Humillación, envilecimiento, bajeza, vileza. (**a.**: *enaltecimiento*.) || Destitución, exoneración. (**a.**: *ascenso*.)
degradante. adj. Humillante, difamante, deshonroso, vergonzoso, infamante.
degradar. tr. Exonerar, deponer, destituir, rebajar, postergar. || tr. y prnl. Envilecer, humillar, rebajar. (**a.**: *ennoblecer*.)
degustar. tr. Catar, paladear, probar, saborear.
dehesa. f. Coto. || Campo, prado.
deidad. f. Divinidad. (**a.**: *mortal*.)
deificar. tr. Divinizar. || Alabar, ensalzar, ponderar, exaltar, endiosar.
dejación. f. Cesión. (**a.**: *resistencia*.) || Desistimiento, renuncia, resignación, abandono. (**a.**: *insistencia*.)
dejadez. f. Abandono, desidia, pereza, negligencia, descuido, incuria, desaliño, indolencia. (**a.**: *voluntad, gana, ánimo*.)
dejado, da. adj. Negligente, flojo, desidioso, indolente. || Desaseado, sucio. || Decaído, abatido.
dejar. tr. Desistir, soltar. || Abandonar, desamparar, plantar. || Apartarse, ausentarse, alejarse, retirarse, irse. || Prestar, dar, legar. || Consentir, tolerar, permitir. || Omitir, descuidar, olvidar. || Faltar, ausentarse. || Producir, rentar, valer, redituar. *El negocio deja pocas ganancias*. || Aplazar, diferir, retrasar. || Proporcionar, reportar. || Poner. || Ceder, trasferir, traspasar. || Legar. || intr. Cesar. || prnl. Descuidarse, abandonarse, desanimarse. || Entregarse, someterse. (**a.**: *rebelarse*.)
dejo. m. Dejación. || Acento, deje, tonillo. || Gustillo, sabor, resabio.
delación. f. Acusación, soplo, denuncia.
delantal. m. Guardapolvo, mandil.
delante. adv. Adelante, enfrente. (**a.**: *detrás, atrás*.) || **delante de**. loc. prep. Ante, en presencia de.
delantera. f. Fachada, frente, cara. || Principio, origen.

delatar. tr. Acusar, denunciar, revelar, descubrir, soplar. (**a.**: *tapar, encubrir.*)

delator, ra. adj. Denunciante, acusador, acusón, soplón, confidente.

delectación. f. Deleite, regusto, complacencia, fruición, placer, agrado, gozo.

delegación. f. Sucursal, filial, agencia.

delegado, da. adj. Enviado, representante, comisionado, apoderado, agente, testaferro.

delegar. tr. Encargar, comisionar, encomendar, facultar, conferir. (**a.**: *asumir.*)

deleitable. adj. Exquisito, delicioso, ameno, grato, placentero, agradable, apacible, encantador, acogedor.

deleitar. tr. Agradar, complacer, gustar, encantar, embelesar, recrear. *La música deleita al oído.* (**a.**: *hastiar.*) ‖ prnl. Gozar.

deleite. m. Placer, gusto, goce, agrado, delicia, embeleso, encanto, delectación, fruición. (**a.**: *dolor, insatisfacción.*)

deleitoso, sa. adj. Sabroso, apetitoso, grato.

deletéreo, a. adj. Venenoso, mortífero, mortal. (**a.**: *respirable.*)

deleznable. adj. Fútil, despreciable. (**a.**: *valioso.*) ‖ Inconsistente, delicado, quebradizo, frágil, desmenuzable, disgregable. ‖ Escurridizo, resbaladizo.

delgadez. f. Flacura, escualidez. (**a.**: *obesidad, gordura.*) ‖ Finura.

delgado, da. adj. Esmirriado, enjuto, flaco, enteco, cenceño. (**a.**: *gordo.*) ‖ Fino, tenue, delicado. (**a.**: *grueso.*)

deliberación. f. Debate, discusión. (**a.**: *arreglo.*) ‖ Decisión, resolución. (**a.**: *vacilación, duda.*)

deliberadamente. adv. Adrede, intencionadamente, a propósito, premeditadamente.

deliberar. intr. Discutir, debatir, reflexionar, considerar. *El tribunal está deliberando.* ‖ Meditar, opinar, resolver.

delicadeza. f. Finura, exquisitez, atención, cortesía. (**a.**: *aspereza.*) ‖ Sensibilidad, ternura. ‖ Miramiento, escrupulosidad, esmero. ‖ Susceptibilidad.

delicado, da. adj. Fino, cortés, atento, refinado. ‖ Tierno, suave, sensible. ‖ Susceptible, suspicaz, quisquilloso. ‖ Frágil, quebradizo, primoroso. ‖ Exquisito, sabroso, apetitoso. ‖ Difícil, vidrioso, arriesgado. ‖ Débil, enfermizo, enclenque.

delicia. f. Gusto, deleite, placer, encanto.

delicioso, sa. adj. Grato, placentero, encantador, ameno, agradable. (**a.**: *fastidioso.*) ‖ Exquisito, sabroso. (**a.**: *soso.*)

delictuoso, sa. adj. Delictivo, criminal.

delicuescente. adj. Inconsistente. ‖ Decadente.

delimitar. tr. Limitar, fijar, definir, demarcar.

delincuente. m. y f. Malhechor, facineroso, criminal, forajido, bandolero.

delineamiento. m. Delineación.

delinear. tr. Diseñar, esbozar, bosquejar, dibujar. ‖ prnl. Perfilarse.

delinquir. intr. Infringir, trasgredir, contravenir, violar, vulnerar.

deliquio. m. Desmayo, desvanecimiento, desfallecimiento. ‖ Éxtasis.

delirar. intr. Desvariar. ‖ Fantasear, ilusionarse. ‖ Desbarrar, desatinar.

delirio. m. Alucinación, desvarío, enajenación, locura. ‖ Ilusión, quimera, fantasía, dislate, despropósito, aberración, desatino. ‖ Frenesí.

delito. m. Crimen, trasgresión, infracción, contravención, violación (de la ley), quebrantamiento.

demacrarse. prnl. Enflaquecer, adelgazar, desmejorar.

demanda. f. Reclamación, petición, súplica, solicitud, ruego. ‖ Empeño, busca, intento, empresa. ‖ Pedido, encargo. *La demanda era inferior a la entrega.* ‖ Pregunta, cuestión. (**a.**: *réplica.*) ‖ Queja.

demandar. tr. Pedir, exigir, solicitar, suplicar, rogar, emplazar. ‖ Buscar, empeñarse, intentar. ‖ Preguntar, inquirir, interrogar. (**a.**: *replicar.*) ‖ Desear, apetecer.

demarcación. f. Límite, deslinde.

demarcar. tr. Limitar, amojonar, delimitar, determinar, deslindar.
demás. adj. Otro, restante. || **por demás.** loc. adv. Inútilmente, en vano. || Demasiado, muy, en demasía.
demasía. f. Exceso, sobra, colmo, exorbitancia. (**a.**: *escasez, falta.*) || Atrevimiento, insolencia, injuria, osadía, descaro. (**a.**: *cortesía.*) || Desmán, atropello, desafuero, abuso, injuria, desorden. || Maldad, delito.
demasiado, da. adj. Excesivo, de sobra, sobrado. (**a.**: *escaso.*) || adv. Excesivamente, en demasía.
demencia. f. Locura, insania, vesania, enajenación (mental), alienación.
demente. adj. Loco, orate, insano, alienado, perturbado. (**a.**: *cuerdo.*)
demérito. m. Desmerecimiento, desdoro, falta. (**a.**: *mérito.*)
demodular. tr. Detectar.
demoler. tr. Desmantelar, derribar, arrasar, deshacer. || Arruinar, destruir.
demoníaco, ca o **demoniaco, ca.** adj. Endemoniado, satánico, diabólico.
demonio. m. Diablo, Lucifer, Satán, Luzbel. || Travieso, malo, perverso.
demontre. m. Diablo, demonio.
demora. f. Dilación, tardanza, retraso, retardo, mora. (**a.**: *adelanto, anticipación.*)
demorar. tr. Retrasar, atrasar, retardar. (**a.**: *adelantar.*) || intr. y prnl. Detenerse, rezagarse, pararse.
demostración. f. Prueba, comprobación, verificación, manifestación. || Exhibición, manifestación.
demostrar. tr. Probar, verificar, evidenciar, patentizar. || Manifestar, exponer, mostrar.
demostrativo, va. adj. Probatorio, evidente, categórico. (**a.**: *dudoso.*)
demudado, da. adj. Pálido. (**a.**: *sonrosado.*)
demudarse. prnl. Alterarse, inmutarse, turbarse, desfigurarse.
demulcente. adj. Emoliente.
denegación. f. Negativa, repulsa, negación, rechazo, desestimación. (**a.**: *concesión.*)
denegar. tr. Negar, desaprobar, rehusar, rechazar. (**a.**: *conceder, dar, sostener.*)
denegrir. tr. Ennegrecer.
dengoso, sa. adj. Remilgado, afectado, delicado, lamido.
dengue. m. Remilgo, afectación, gazmoñería.
denigrante. adj. Humillante, oprobioso, vergonzoso, deshonroso, afrentoso, infamante, calumnioso, difamatorio.
denigrar. tr. Infamar, difamar, desacreditar, desprestigiar, injuriar, agraviar. (**a.**: *alabar, honrar, enaltecer.*)
denodado, da. adj. Audaz, esforzado, arrestado, intrépido, bravo, valiente, atrevido, animoso, decidido, resuelto. (**a.**: *cobarde.*)
denominación. f. Designación, nombre, título.
denominador. m. Divisor.
denominar. tr. Llamar, designar, nombrar, intitular. || Nominar, distinguir.
denostar. tr. Injuriar, agraviar, insultar, afrentar, ofender, denigrar, ultrajar. (**a.**: *ensalzar, alabar.*)
denotar. tr. Significar, implicar, anunciar, demostrar, indicar, revelar. *Sus palabras denotan ira.* || Connotar.
densidad. f. Peso específico. || Cohesión, consistencia, cuerpo. (**a.**: *fluidez.*)
densímetro. m. Aerómetro, galactómetro.
denso, sa. adj. Pesado. (**a.**: *liviano, leve.*) || Compacto, pastoso, tupido, viscoso, espeso, craso. (**a.**: *fluido.*) || Sustancioso, consistente.
dentario, ria. adj. Dental.
dentellada. f. Mordedura. || Mordisco, bocado.
dentera. f. Envidia. || Ansia, deseo, prurito.
dentista. m. y f. Odontólogo, sacamuelas.
dentro. adv. Adentro. (**a.**: *fuera, afuera.*) || **dentro de poco.** loc. adv. Pronto. || **por dentro.** loc. adv. Interiormente. (**a.**: *exteriormente.*)
denuedo. m. Ánimo, brío, arrestos, arrojo, intrepidez, valentía, valor, deci-

sión, resolución, audacia, osadía. (**a.**: *temor, cobardía.*)

denuesto. m. Insulto, agravio, injuria, invectiva, ofensa, afrenta, dicterio, improperio. (**a.**: *desagravio, elogio, alabanza.*)

denuncia. f. Acusación, soplo, delación. ‖ Aviso, advertencia.

denunciante. m. y f. Delator, acusador, denunciador, soplón.

denunciar. tr. Delatar, soplar, acusar. (**a.**: *encubrir, tapar.*) ‖ Revelar, descubrir, publicar. *Denunciar una injusticia.* (**a.**: *ocultar.*) ‖ Pronosticar, predecir, vaticinar.

deontología. f. Ética.

deparar. tr. Dar, proporcionar, conceder, suministrar.

departamento. m. Distrito. ‖ Ramo. ‖ División, compartimiento.

departir. intr. Conversar, dialogar, hablar, platicar, charlar.

depauperar. tr. Empobrecer. (**a.**: *enriquecer.*) ‖ tr. y prnl. Debilitar, extenuar. (**a.**: *fortalecer.*)

dependencia. f. Subordinación, supeditación, sujeción. (**a.**: *rebeldía.*) ‖ Sucursal, agencia, filial, delegación. ‖ División, sección, oficina.

dependiente. adj. Empleado, subalterno, oficinista, subordinado, servidor. (a.: *independiente, autónomo.*)

deplorable. adj. Lamentable, penoso, lastimoso, sensible, desagradable, malhadado, triste, desdichado.

deplorar. tr. Sentir, lamentar, dolerse, condolerse. (**a.**: *celebrar, congratularse.*)

deponer. tr. Destituir, despedir, exonerar, degradar, relevar, separar. ‖ Atestiguar, declarar, testificar. (**a.**: *callar.*) ‖ Evacuar, cagar, defecar.

deportación. f. Destierro, exilio, extrañamiento, ostracismo, proscripción, expatriación.

deportar. tr. Desterrar, proscribir, exiliar, expatriar, confinar. (**a.**: *repatriar.*)

deporte. m. Ejercicio, juego, diversión.

deposición. f. Degradación, destitución, exoneración, cesantía, separación, despido, expulsión. (**a.**: *nombramiento.*) ‖ Testimonio, declaración. ‖ Defecación, evacuación, heces.

depositar. tr. Colocar, guardar, poner. ‖ Encomendar, confiar. ‖ tr. y prnl. Sedimentar.

depósito. m. Receptáculo, tanque, almacén. ‖ Entrega, resguardo. ‖ Poso, sedimento.

depravación. f. Envilecimiento, libertinaje, perversión, degeneración, corrupción, vicio, desenfreno, inmoralidad. (**a.**: *honestidad, decencia.*)

depravado, da. adj. Disoluto, inmoral, vicioso, corrompido, pervertido, envilecido, libertino. ‖ Malvado.

depravar. tr. y prnl. Viciar, enviciar, corromper, malear, pervertir, envilecer. (**a.**: *moralizar.*)

deprecación. f. Ruego, impetración, súplica, petición, demanda. ‖ Oración, rezo.

depreciación. f. Rebaja, disminución, desvalorización.

depreciar. tr. Desvalorizar, bajar, rebajar. (**a.**: *encarecer, valorizar.*)

depredación. f. Saqueo, pillaje, robo, devastación, exacción, despojo. ‖ Malversación.

depredar. tr. Saquear, pillar, robar, rapiñar, devastar, despojar. ‖ Malversar.

depresión. f. Baja, descenso. (**a.**: *alza.*) ‖ Hundimiento, concavidad, cavidad. (**a.**: *convexidad, elevación.*) ‖ Hondonada. (**a.**: *altura.*) ‖ Humillación, degradación. ‖ Abatimiento, decaimiento, melancolía, postración, desaliento, desánimo. (**a.**: *animación, excitación.*)

depresivo, va. adj. Cóncavo, hueco. ‖ Deprimente, degradante, humillante.

deprimente. adj. Depresivo. ‖ Humillante.

deprimido, da. adj. Alicaído, desanimado, abatido.

deprimir. tr. Abollar, hundir. ‖ Desalentar, humillar, degradar. ‖ tr. y prnl. Abatir, desanimar. *La miseria deprime el ánimo.* (**a.**: *alentar, animar.*)

depuesto, ta. adj. Derrocado, destituido, relevado, exonerado. (**a.**: *repuesto, reincorporado.*)

depuración. f. Purificación, limpieza, refinación.

depurar. tr. Purificar, acendrar, limpiar, refinar. (**a.**: *impurificar, ensuciar.*) || Acrisolar, perfeccionar.

derecha. f. Diestra.

derechamente. adv. Rectamente, justamente, directamente. || Francamente, abiertamente.

derecho. m. Anverso, cara, frente. (**a.**: *revés, envés.*) || Opción, poder, facultad. (**a.**: *deber.*) || Razón, justicia. *El derecho es el objeto de la justicia.* || pl. Impuesto, tributo, gabela. || adv. Directamente, sin rodeos.

derecho, cha. adj. Recto. (**a.**: *oblicuo.*) || Directo, seguido. || Justo, legítimo, fundado. || Vertical, tieso, erguido. (**a.**: *inclinado.*) || Diestro. (**a.**: *izquierdo.*)

derivación. f. Consecuencia, deducción. (**a.**: *causa, procedencia.*)

derivar. intr. y prnl. Originarse, resultar, provenir, emanar, proceder, seguirse, deducirse, nacer. || Desviar. || tr. Encaminar, dirigir.

dermatitis. f. Dermitis.

derogación. f. Abolición, abrogación, anulación.

derogar. tr. Abolir, anular. *Derogar una ley.* || Revocar, abrogar, invalidar, suprimir.

derramado, da. adj. Manirroto, gastador, derrochón, malgastador, pródigo, despilfarrador.

derramamiento. m. Derrame, efusión, filtración.

derramar. tr. Esparcir, desparramar, diseminar. || Publicar, divulgar, difundir. || Verter, volcar, tirar. || prnl. Desembocar, desaguar. || Desmandarse, desbandarse. || Desbordarse, irse.

derrame. m. Derramamiento. || Pérdida. || Alféizar.

derredor. m. Circuito, contorno, rededor, alrededor. || **al, o en, derredor.** loc. adv. En torno, alrededor.

derrengar. tr. y prnl. Cansar, descaderar, deslomar. || Fatigar, rendir.

derretido, da. adj. Amartelado. || Fundido.

derretir. tr. Licuar, fundir. (**a.**: *solidificar.*) || prnl. Enamorarse. || Inquietarse, impacientarse.

derribar. tr. Tirar, tumbar, echar abajo. (**a.**: *alzar, levantar.*) || Demoler, derrumbar, derruir. (**a.**: *construir.*) || Postrar, abatir, debilitar. (**a.**: *fortalecer.*) || Derrocar, deponer. *Derribar un gobierno.*

derrocadero. m. Despeñadero, derrumbadero, precipicio.

derrocar. tr. Despeñar, precipitar. || Derribar, demoler, derruir. || Abatir, tumbar. || Deponer, destituir. (**a.**: *reincorporar.*)

derrochador, ra. adj. Pródigo, despilfarrador, dilapidador, malgastador, manirroto.

derrochar. tr. Dilapidar, disipar, malgastar, malbaratar, prodigar, despilfarrar, tirar. (**a.**: *guardar, ahorrar.*)

derroche. m. Despilfarro, dispendio, dilapidación, malbarato, prodigalidad. || Abundancia, profusión.

derrota. f. Camino, senda, sendero. || Rumbo, dirección, ruta, derrotero. || Descalabro, fracaso, revés.

derrotado, da. adj. Vencido, abatido, aniquilado, arruinado. || Roto, andrajoso, harapiento.

derrotar. tr. Vencer, desbaratar, aventajar, batir, superar, destrozar. (**a.**: *perder.*) || Estropear, arruinar.

derrotero. m. Rumbo, dirección, ruta, derrota.

derrubio. m. Escombro.

derruir. tr. Derribar, destruir, demoler, derrumbar. (**a.**: *construir, edificar.*) || Destrozar, deshacer.

derrumbadero. m. Despeñadero, sima, precipicio, voladero, derrumbe.

derrumbamiento. m. Derrumbe, desmoronamiento, caída, desplome. || Fracaso. (**a.**: *triunfo.*)

derrumbar. tr. Derribar, precipitar, despeñar. || Derruir, demoler, destruir, desplomar. (**a.**: *reedificar, reconstruir.*)

derrumbe. m. Derrumbamiento, alud,

desmoronamiento, desprendimiento. || Despeñadero, derrumbadero.
desaborido, da. adj. Insípido, insulso, desabrido, soso. || Insustancial.
desabotonar. tr. Desabrochar, desanudar. (**a.**: *abotonar.*)
desabrido, da. adj. Insulso, soso, insípido, desaborido. (**a.**: *sabroso.*) || Áspero, hosco, desapacible, destemplado, displicente, desagradable, seco. (**a.**: *amable.*)
desabrigar. tr. Destapar. (**a.**: *abrigar.*) || Desamparar.
desabrimiento. m. Desazón, desagrado, brusquedad, aspereza, displicencia. (**a.**: *gusto, simpatía.*)
desabrochar. tr. Desabotonar. (**a.**: *abrochar.*)
desacatar. tr. Insubordinarse, desobedecer. (**a.**: *acatar, obedecer, someterse.*)
desacato. m. Irreverencia, irrespetuosidad, descomedimiento, desconsideración. || Desobediencia, rebeldía, insubordinación. *Desacato a la autoridad.* (**a.**: *disciplina.*)
desacelerar. tr. Retardar, retrasar.
desacertado, da. adj. Equivocado, inadecuado, errado, desafortunado. (**a.**: *acertado.*)
desacierto. m. Torpeza, yerro, equivocación, error, pifia, desatino. (**a.**: *tacto, acierto.*)
desacomodado, da. adj. Cesante, desocupado, desempleado. (**a.**: *empleado.*) || Incómodo, molesto, atribulado.
desaconsejar. tr. Disuadir. (**a.**: *aconsejar, persuadir.*)
desacordar. tr. Desafinar, disonar. (**a.**: *acordar, templar.*)
desacorde. adj. Disconforme, desconforme, discordante, discrepante, desavenido. (**a.**: *acorde, conforme.*) || Destemplado, disonante, desafinado. (**a.**: *afinado, templado.*)
desacostumbrado, da. adj. Insólito, inusitado, desusado, extraño, inusitado, inusual. (**a.**: *acostumbrado, corriente, habitual.*)
desacostumbrar. tr. y prnl. Deshabituar.
desacreditado, da. adj. Desconceptuado, desprestigiado, desautorizado. (**a.**: *acreditado, reputado.*)
desacreditar. tr. Desprestigiar, difamar, menoscabar, desautorizar, denigrar. (**a.**: *prestigiar, garantizar, acreditar.*)
desacuerdo. m. Disconformidad, desconformidad, desavenencia, desunión, discordia, discordancia, discrepancia, diferencia, disentimiento, disensión, disputa, disenso, malquistamiento. (**a.**: *acuerdo, pacto, concordancia, avenencia, conformidad.*)
desafección. f. Antipatía, aversión, desafecto, desapego, animadversión, animosidad, inquina. (**a.**: *afecto, amistad, voluntad.*)
desafecto, ta. adj. Contrario, hostil, opuesto. (**a.**: *afecto, adicto.*) || m. Antipatía, desamor, desafección, malquerencia, animadversión, aversión, animosidad.
desaferrar. tr. Soltar, desasir, desamarrar, desligar. || Disuadir, convencer.
desafiar. tr. Retar, provocar. (**a.**: *eludir.*) || Arrostrar, enfrentarse. (**a.**: *rehuir.*) || Competir, contender, rivalizar.
desafinar. intr. y prnl. Desentonar, disonar, desacordar. *La orquesta desafina.* (**a.**: *afinar, entonar.*) || tr. Destemplar.
desafío. m. Reto, provocación. || Duelo, encuentro, rivalidad, competencia.
desaforado, da. adj. Desatinado, desatentado, violento, furibundo, desenfrenado. || Desmedido, grande, desmesurado, enorme, descomunal, brutal.
desafortunado, da. adj. Infausto, infortunado, malaventurado, desgraciado, desdichado, aciago. (**a.**: *afortunado, venturoso, feliz.*) || Desacertado.
desafuero. m. Abuso, desmán, tropelía, vejación, atropello, arbitrariedad, demasía, extralimitación, trasgresión.
desagotar. tr. Desaguar.
desagradable. adj. Repelente, irritante, desabrido, enojoso, pesado, penoso, fastidioso, antipático, molesto, enfadoso. (**a.**: *agradable, placentero.*) || Desapacible.

desagradar. intr. Disgustar, desazonar, enfadar, fastidiar, enojar, molestar. (**a.**: *agradar, gustar, complacer.*)

desagradecido, da. adj. Ingrato, egoísta. (**a.**: *agradecido, reconocido.*)

desagradecimiento. m. Ingratitud, egoísmo. (**a.**: *lealtad, gratitud.*)

desagrado. m. Disgusto, repugnancia, descontento, desazón, fastidio, enojo, molestia.

desagravio. m. Reparación, excusa, satisfacción, compensación. *Acto de desagravio.* (**a.**: *agravio, escarnio, ofensa, ultraje.*)

desagregar. tr. Desarticular, disgregar, disociar, desunir, dispersar, desmembrar, desarticular. (**a.**: *unir, centralizar.*)

desaguadero. m. Desagüe, canal, sumidero, conducto, escurridero, alcantarilla.

desaguar. tr. Vaciar, desocupar, canalizar. ‖ Disipar, desperdiciar, consumir. ‖ intr. Desembocar, confluir, derramar, verter, afluir, achicar.

desagüe. m. Desaguadero, avenamiento, sumidero. ‖ Drenaje. ‖ Desembocadura.

desaguisado. m. Agravio, injusticia, atropello, vejación, descomedimiento. ‖ Desacierto, desatino, disparate, barbaridad. ‖ Destrozo, fechoría.

desahogado, da. adj. Atrevido, descarado, fresco, descocado, desenvuelto, desvergonzado. ‖ Desembarazado, amplio, despejado, holgado, espacioso, cómodo, libre. ‖ Desempeñado, desentrampado. ‖ Aliviado, descansado, desocupado.

desahogar. tr. Consolar, aliviar. ‖ Despejar, desembarazar. ‖ tr. y prnl. Desfogar. (**a.**: *ahogar, reprimir.*) ‖ prnl. Reanimarse, reponerse, recobrarse. (**a.**: *desanimarse.*) ‖ Expansionarse, confiarse, espontanearse, franquearse. (**a.**: *enmudecer.*)

desahogo. m. Alivio, lenitivo, consuelo. ‖ Descanso, reposo, bienestar, libertad, holgura, expansión, distracción, esparcimiento. ‖ Frescura, atrevimiento.

desahuciado, da. adj. Incurable, insanable.

desahuciar. tr. Desesperanzar, desengañar. (**a.**: *esperanzar, consolar.*) ‖ Despedir, desalojar, expulsar, echar, lanzar. (**a.**: *acoger.*)

desairado, da. adj. Desgarbado, ridículo, desgalichado. ‖ Burlado, desatendido, desdeñado, despreciado, desestimado, menospreciado.

desairar. tr. Menospreciar, relegar, desdeñar, despreciar. (**a.**: *atender, apreciar.*)

desaire. m. Ridiculez, torpeza. ‖ Desatención, desdén, disfavor, menosprecio, desprecio, descortesía, grosería. (**a.**: *atención, delicadeza.*)

desajustar. tr. Desarticular, desencajar, desacoplar, desunir, desmontar, desconcertar. ‖ prnl. Desavenirse.

desalado, da. adj. Presuroso, ansioso, rápido.

desalentado, da. adj. Abatido, deprimido, desanimado. (**a.**: *animado, envalentonado.*)

desalentador, ra. adj. Deprimente, depresivo, desmoralizante.

desalentar. tr. y prnl. Desanimar, abatir, acobardar, descorazonar, desmayar, arredrar, flaquear, atemorizar, amedrentar, acoquinar, amilanar.

desaliento. m. Decaimiento, descaecimiento, desánimo, abatimiento, descorazonamiento, postración, flaqueza. *Las dificultades le provocaron desaliento.* (**a.**: *aliento, entusiasmo.*)

desaliñado, da. adj. Desaseado, sucio, astroso. (**a.**: *arreglado, compuesto, limpio.*)

desaliñar. tr. Desarreglar, descomponer, ajar. (**a.**: *arreglar, componer.*)

desaliño. m. Negligencia, incuria, descuido, suciedad, desaseo, descompostura, desidia, dejadez, abandono. (**a.**: *aliño, aseo, pulcritud, compostura, cuidado.*)

desalmado, da. adj. Cruel, despiadado, inhumano, bruto, bárbaro, malvado, monstruo. (**a.**: *humano, compasivo, clemente.*)

desalojamiento. m. Desalojo, desplazamiento, lanzamiento.

desalojar. tr. Desocupar, irse, marcharse. (**a.**: *ocupar, habitar.*) ‖ Echar, expulsar, lanzar, sacar. (**a.**: *alojar, albergar.*) ‖ Desplazar, desaposentar, desalquilar.

desamor. m. Desapego, desafecto, aversión, antipatía, aborrecimiento, animadversión, odio, malquerencia. (**a.**: *afecto, cariño.*)

desamparado, da. adj. Abandonado, desatendido, desvalido, huérfano. ‖ Desabrigado. ‖ Solitario, inhabitado, desierto. (**a.**: *poblado.*)

desamparar. tr. Abandonar, dejar, irse, desatender. (**a.**: *amparar, atender, proteger, asistir.*)

desamparo. m. Desvalimiento, desatención, abandono, orfandad. (**a.**: *protección, amparo.*)

desandar. tr. Retroceder, recular, volver. (**a.**: *proseguir, continuar.*)

desangrar. tr. y prnl. Sangrar, debilitarse. ‖ tr. Arruinar, empobrecer. ‖ Desaguar, achicar.

desanimar. tr. Desalentar, acobardar, acoquinar, amilanar, descorazonar, arredrar. (**a.**: *animar, alentar.*)

desánimo. m. Desaliento, aplanamiento, abatimiento, agobio, postración, amilanamiento.

desapacible. adj. Desagradable, destemplado, duro, rudo, áspero. (**a.**: *apacible, agradable, suave.*) ‖ Estridente.

desaparecer. intr. Ocultarse, esfumarse, esconderse, eclipsarse, perderse. (**a.**: *aparecer, manifestarse.*) ‖ Fugarse, huir. (**a.**: *regresar.*)

desaparición. f. Eclipse, puesta, ocaso, ocultación. ‖ Muerte, pérdida, huida. ‖ Cesación, fin.

desapasionado, da. adj. Ecuánime, equilibrado, imparcial, impasible, objetivo, desinteresado. (**a.**: *apasionado, parcial, subjetivo.*)

desapego. m. Despego, desinterés, desafecto, tibieza, desvío, indiferencia, frialdad. (**a.**: *apego, amor, afición, inclinación.*)

desapercibido, da. adj. Desprovisto, desprevenido, descuidado, falto. (**a.**: *provisto.*) ‖ Inadvertido. *El hecho lo sorprendió desapercibido.*

desaplicado, da. adj. Desatento, haragán, vago, holgazán, perezoso. (**a.**: *prolijo, aplicado.*)

desapoderado, da. adj. Precipitado, arrebatado, atolondrado. ‖ Furioso, vehemente, violento.

desaprensivo, va. adj. Despreocupado, fresco, desvergonzado. (**a.**: *preocupado, timorato, cuidadoso.*)

desaprobación. f. Desautorización, crítica, censura. (**a.**: *aprobación, asentimiento.*)

desaprobar. tr. Reprobar, desautorizar, censurar, denegar, condenar, disentir, oponerse. (**a.**: *admitir, autorizar.*)

desaprovechar. tr. Desperdiciar, malbaratar, malgastar, tirar, malemplear, derrochar, desechar. (**a.**: *aprovechar, ganar, guardar.*)

desarbolar. tr. Desmantelar.

desarmado, da. adj. Indefenso.

desarmar. tr. Deshacer, desmontar, desunir, descomponer, desarticular. ‖ Confundir. ‖ Pacificar, moderar, aplacar, mitigar, templar.

desarraigar. tr. Arrancar, descepar, desenterrar. (**a.**: *arraigar, prender.*) ‖ Extinguir, suprimir, extirpar. (**a.**: *afianzar.*) ‖ Expulsar, desterrar. (**a.**: *afincar.*)

desarrapado, da o **desharrapado, da.** adj. Andrajoso, harapiento, roto, pingajoso.

desarreglado, da. adj. Descuidado, desordenado, desaliñado. ‖ Incontinente, licencioso.

desarreglar. tr. Desordenar, desorganizar, descomponer, alterar, perturbar, trasformar, desbaratar. (**a.**: *arreglar, componer.*)

desarreglo. m. Desorden, desbarajuste, desconcierto, desorganización, irregularidad, confusión, trastorno. ‖ Enredo.

desarrollar. tr. Desenrollar, desenvolver, desplegar. ‖ Perfeccionar, mejorar, fomentar, aumentar. ‖ Extender, amplificar, acrecentar, aumentar, ampliar. *El turismo desarrolla la industria hotelera.* ‖ Explicar, explayar, ex-

poner. || prnl. Crecer, progresar, adelantar.
desarrollo. m. Crecimiento, amplificación, incremento, aumento, adelanto, mejora, progreso, desenvolvimiento. (a.: *reducción.*) || Explicación, exposición, ampliación, explanación.
desarropar. tr. Desabrigar, destapar.
desarticular. tr. Desacoplar, desencajar, desembragar, descoyuntar, desenganchar, desunir, separar. (a.: *acoplar, unir, articular.*)
desaseado, da. adj. Sucio, dejado, desaliñado. (a.: *aseado, limpio.*)
desasimilación. f. Catabolismo.
desasir. tr. y prnl. Soltar, desatar, desprender, liberar. (a.: *asir, apretar.*) || prnl. Desinteresarse.
desasistir. tr. Desamparar, abandonar, desatender.
desasnar. tr. Instruir.
desasosegar. tr. y prnl. Inquietar, intranquilizar, desazonar. (a.: *tranquilizar, sosegar, calmar.*) || tr. Perturbar, trastornar, turbar, agitar, alterar.
desasosiego. m. Inquietud, ansiedad, intranquilidad, zozobra, desazón, malestar.
desastrado, da. adj. Desgraciado, infeliz. || Roto, sucio, desharrapado, zarrapastroso, desaliñado, haraposo, harapiento, andrajoso.
desastre. m. Calamidad, adversidad, devastación, asolamiento, infortunio, ruina, catástrofe, cataclismo, revés, desgracia. || Bancarrota. (a.: *ganancia.*) || Derrota. (a.: *victoria, triunfo.*)
desastroso, sa. adj. Desgraciado, infausto, calamitoso, lamentable. || Asolador, devastador, destructor. *Los efectos del ciclón fueron desastrosos.* || Desaliñado.
desatar. tr. y prnl. Desanudar, desligar, desenlazar, destrabar, desuncir, soltar, desceñir. (a.: *atar, ligar, amarrar.*) || Desencadenar, desenfrenar, provocar. || Desmandarse.
desatascar. tr. Desobstruir, desembarazar, despejar. || Desatrancar, desatrampar.
desatención. f. Inatención, distracción. (a.: *atención.*) || Incorrección, desaire, descortesía, descomedimiento, inurbanidad, grosería, desconsideración. (a.: *cortesía, consideración.*)
desatender. tr. Distraerse. || Descuidar, olvidar, abandonar, desasistir. || Desoír.
desatentado, da. adj. Desaforado, desatinado, descomedido, desconcertado, insensato, inconsiderado. || Excesivo, violento, desordenado.
desatento, ta. adj. Distraído, desaplicado, descuidado. (a.: *atento.*) || Descortés, inconsiderado, grosero. (a.: *cortés, considerado.*)
desatinado, da. adj. Atolondrado, atropellado, desatento. (a.: *cauto.*) || Disparatado, absurdo, descabellado, ilógico, desacertado, irracional, insensato. (a.: *razonable, lógico, sensato, atinado.*)
desatino. m. Disparate, absurdo, despropósito, dislate, desacierto, barbaridad.
desatracar. tr. Zarpar, partir.
desautorizar. tr. Desmentir, negar. || Descalificar, desacreditar, desprestigiar. (a.: *aprobar.*)
desavenencia. f. Discordia, discordancia, discrepancia, divergencia, desacuerdo, disentimiento, disconformidad, disgusto. (a.: *avenencia, acuerdo, concordia.*)
desavenido, da. adj. Discorde, disidente. (a.: *concertado, concordante.*)
desavenir. tr. Indisponer, encizañar, enemistar, malquistar, separar, desunir.
desazón. f. Desabrimiento, insipidez. (a.: *sazón.*) || Disgusto, pesadumbre, sinsabor, descontento. *La noticia le causó gran desazón.* || Inquietud, intranquilidad, congoja, desasosiego, malestar. (a.: *sosiego, tranquilidad.*)
desazonar. tr. Molestar, cansar, fastidiar, importunar, impacientar, enojar, enfadar, disgustar, fatigar. || prnl. Inquietarse, intranquilizarse.
desbancar. tr. Suplantar, remplazar. (a.: *secundar.*)
desbandada. f. Estampida, escapada. || Descalabro.
desbandarse. prnl. Dispersarse, despa-

rramarse, desordenarse, desperdigarse. || Desertar, huir, escapar. || Apartarse, separarse. (**a.**: *reunirse.*)

desbarajuste. m. Disloque, desarreglo, desorden, desorganización, confusión, desconcierto. (**a.**: *orden, ordenamiento.*)

desbaratar. tr. Deshacer, destruir, desmoronar, arruinar, estropear, frustrar, trastornar. || Malgastar, malbaratar, disipar, derrochar, despilfarrar. (**a.**: *ahorrar.*) || intr. Disparatar, desatinar.

desbarrancarse. prnl. Despeñarse.

desbarrar. intr. Escurrirse, deslizarse. || Disparatar, desatinar, equivocarse, fallar, desacertar, errar. (**a.**: *atinar.*)

desbastar. tr. Pulir, afinar, desasnar, instruir, educar, civilizar.

desbocado, da. adj. Descarado, deslenguado, malhablado, procaz, grosero, lenguaraz.

desbocarse. prnl. Dispararse. || Desvergonzarse.

desbordamiento. m. Riada, desborde, inundación, crecida. || Desenfreno. || Derramamiento, derrame.

desbordar. intr. y prnl. Rebasar, sobrepasar. (**a.**: *encauzarse.*) || Esparcirse, salirse, verter, inundar. || Desenfrenarse, desmandarse. (**a.**: *medirse.*)

desbravar. tr. Amansar, domar, domesticar, desbravecer. || Aplacar.

desbrozar. tr. Limpiar, desembarazar, descombrar.

descabalgar. intr. Apearse, desmontar, echar pie a tierra.

descabellado, da. adj. Absurdo, desatinado, disparatado, ilógico, irracional, insensato. *Un proyecto descabellado.* (**a.**: *juicioso, sensato.*)

descabezar. tr. Decapitar, despuntar, mochar, desmochar.

descaderar. tr. y prnl. Derrengar.

descaecer. intr. Decaer, desmejorar, enflaquecer. (**a.**: *mejorar.*)

descaecimiento. m. Postración, decaimiento, desánimo, enflaquecimiento. (**a.**: *aliento, fortaleza.*)

descalabazarse. prnl. Descrismarse, descabezarse.

descalabrar. tr. y prnl. Herir, malherir, maltratar. || tr. Dañar, perjudicar.

descalabro. m. Contratiempo, desventura, infortunio, quebranto, desgracia, percance, daño, pérdida. || Derrota, adversidad, fracaso, revés, calamidad, catástrofe, hecatombe.

descalificar. tr. Desconceptuar, desautorizar, deshonorar, desacreditar. || Inhabilitar, incapacitar. (**a.**: *habilitar, autorizar.*)

descamación. f. Exfoliación.

descaminar. tr. y prnl. Desviar, desencaminar, descarriar. (**a.**: *encaminar.*)

descamisado, da. adj. Pobre, mísero, desharrapado, indigente, harapiento, andrajoso. (**a.**: *potentado.*)

descampado, da. adj. Despoblado. (**a.**: *poblado.*) || Descubierto, libre, llano, abierto.

descansado, da. adj. Tranquilo, ocioso, sosegado, desahogado, reposado. (**a.**: *cansado, fatigado.*) || Cómodo, fácil.

descansar. intr. Reposar, dormir. (**a.**: *trabajar.*) || Morir. || Apoyarse, basarse, estribar, cargar, pesar. || Confiar, fiarse.

descansillo. m. Meseta, descanso, rellano.

descanso. m. Respiro, pausa, tregua, alto, detención, reposo. (**a.**: *trabajo, movilidad.*) || Alivio, desahogo. || Descansillo, meseta, rellano. || Asiento, apoyo, sostén.

descapotable. adj. Convertible.

descarado, da. adj. Desvergonzado, atrevido, fresco, descocado, procaz, deslenguado. (**a.**: *vergonzoso.*) || Impúdico, irrespetuoso, insolente.

descarga. f. Andanada, disparo. || Desembarco.

descargar. tr. Descerrajar, disparar. || Alijar, aligerar, desembarcar. (**a.**: *recargar.*) || Aliviar, desembarazarse. (**a.**: *agravar.*) || Eximir, liberar. || Atizar, propinar, dar, largar. || Confesar, declarar.

descargo. m. Data, egreso, salida. || Satisfacción, disculpa, excusa, justificación. (**a.**: *acusación, cargo.*)

descarnado, da. adj. Delgado. || Desnudo, escueto. || Crudo, realista. || m. Descarnación, descarnadura.

descaro. m. Desvergüenza, cinismo, atrevimiento, tupé, insolencia, desfachatez, descoco, osadía, procacidad. (**a.**: *timidez.*)

descarriar. tr. y prnl. Descaminar, desviar, desorientar, extraviar. (**a.**: *orientar.*)

descartar. tr. Apartar, eliminar, quitar, separar, suprimir, desechar, excluir, rechazar. *Descartar una idea.* ‖ Excusarse, rehuir.

descarte. m. Desecho. ‖ Eliminación.

descasar. tr. y prnl. Divorciar, separar. (**a.**: *unir.*) ‖ Desarticular, descoyuntar, desajustar.

descastado, da. adj. Indiferente, desamorado. ‖ Renegado, desagradecido, ingrato. (**a.**: *reconocido, agradecido.*)

descendencia. f. Prole, vástagos, sucesión, posteridad, hijos. (**a.**: *ascendencia.*) ‖ Casta, estirpe, progenie, linaje.

descender. intr. y tr. Bajar, desmontar, apearse, abajar. (**a.**: *subir, ascender.*) ‖ intr. Rebajarse, degradarse, caer. ‖ Decrecer, disminuir, menguar. ‖ Derivarse, proceder, originarse, provenir, venir.

descendiente. m. Hijo, vástago, sucesor. (**a.**: *antecesor, antepasado.*)

descenso. m. Bajada. ‖ Caída, decadencia, declinación, descendimiento, ocaso. (**a.**: *ascenso, subida.*)

descentrado, da. adj. Excéntrico. ‖ Desorientado, desviado.

descepar. tr. Descuajar. ‖ Arrancar, desarraigar, desraizar. (**a.**: *plantar.*)

descerrajar. tr. Violentar, forzar. ‖ Descargar, tirar, disparar.

descifrar. tr. Aclarar, interpretar, comprender, desentrañar, penetrar. *Descifrar un enigma.* ‖ Traducir, transcribir.

desclavar. tr. Desenclavar, desprender.

descoagular. tr. y prnl. Descuajar.

descocado, da. adj. Descarado, desvergonzado. (**a.**: *vergonzoso.*) ‖ Impúdico.

descoco. m. Descaro, desfachatez.

descoger. tr. Desplegar, desenvolver, desenrollar, extender.

descolgarse. prnl. Sorprender, destaparse, salir, espetar. ‖ Descender, bajar, venir. ‖ Sorprender, aparecer.

descolorar. tr. y prnl. Decolorar, desteñir.

descolorido, da. adj. Pálido, macilento.

descollante. adj. Destacado, sobresaliente, distinguido, predominante. (**a.**: *insignificante.*)

descollar. intr. Destacarse, sobresalir, distinguirse, resaltar, predominar, dominar, diferenciarse. (**a.**: *humillarse.*)

descombrar. tr. Desescombrar, limpiar, escombrar, despejar, desbrozar.

descomedido, da. adj. Desmedido, excesivo, desproporcionado, desmesurado, exagerado. (**a.**: *mesurado.*) ‖ Descortés, inconsiderado, desatento, grosero, desconsiderado. (**a.**: *medido, cortés.*)

descomedimiento. m. Descortesía, desatención, grosería, desconsideración.

descompaginar. tr. Desbaratar, malograr, desordenar, desarreglar, trastornar.

descomponer. tr. Desordenar, desarreglar, desorganizar, trastornar. ‖ Desencajar, desajustar, desunir, estropear. (**a.**: *componer, arreglar.*) ‖ Desbaratar, frustrar, malograr. ‖ Aturdir, turbar. ‖ Irritar, enfadar. ‖ prnl. Pudrirse, corromperse. ‖ Indisponerse, enfermar. ‖ Desconcertarse, alterarse.

descomposición. f. Putrefacción, corrupción. ‖ Desarreglo, descompostura.

descompostura. f. Indisposición. ‖ Insolencia, irrespetuosidad, desentono. ‖ Desaseo, desaliño.

descompuesto, ta. adj. Putrefacto, podrido. ‖ Estropeado. ‖ Aturdido. ‖ Alterado, irritado, enfadado.

descomunal. adj. Extraordinario, desmesurado, enorme, gigantesco, garrafal. *Un desorden descomunal.*

desconceptuado, da. adj. Desacreditado, desprestigiado.

desconceptuar. tr. Descalificar, desacreditar.

desconcertar. tr. Alterar, desordenar, turbar, descomponer, confundir, desbaratar. (**a.**: *concertar, componer.*) ‖

tr. y prnl. Dislocar, descoyuntar. || Desorientar, confundir. || prnl. Desavenirse, azorarse, turbarse.
desconcierto. m. Alteración, confusión, desbarajuste, desarreglo, desorganización, descomposición. (**a.**: *orden, concierto.*) || Desorientación, confusión. || Desunión, discordia.
desconectar. tr. Interrumpir, incomunicar. (**a.**: *conectar.*)
desconfiado, da. adj. Escéptico, receloso, incrédulo, escamado, suspicaz, malicioso, mal pensado. (**a.**: *confiado.*)
desconfianza. f. Incredulidad, prevención, duda, aprensión, temor, recelo, malicia, sospecha, suspicacia. (**a.**: *fe, confianza.*)
desconfiar. intr. Recelar, dudar, sospechar, maliciar, temer. *Desconfiar de las apariencias.* (**a.**: *confiar, creer.*)
desconforme. adj. Disconforme, discordante. || Discrepante, improcedente, inadecuado.
desconformidad. f. Desacuerdo, discrepancia, incompatibilidad, diversidad. (**a.**: *acuerdo, conformidad.*)
desconocer. tr. Ignorar. (**a.**: *conocer, saber.*) || Repudiar, negar.
desconocido, da. adj. Ignoto, ignorado, inexplorado, incógnito. (**a.**: *conocido.*) || Anónimo. || Cambiado, alterado, distinto, irreconocible. || Ingrato.
desconocimiento. m. Ignorancia. || Ingratitud.
desconsideración. f. Descortesía, descomedimiento, desatención. (**a.**: *consideración, cortesía.*) || Ligereza, inconsciencia, irreflexión.
desconsiderado, da. adj. Inconsiderado, irrespetuoso, descortés. || Irreflexivo, precipitado, inconsciente.
desconsuelo. m. Aflicción, angustia, pena, pesar, amargura. (**a.**: *dicha, consuelo, júbilo.*)
descontar. tr. Deducir, rebajar, restar. (**a.**: *sumar, acreditar.*) || Presuponer.
descontentadizo, za. adj. Difícil, desabrido, áspero, chinche.
descontento, ta. adj. Contrariado, disgustado, resentido, quejoso. (**a.**: *contento, satisfecho.*) || m. Disgusto, decepción, desagrado, enfado, irritación.
desconveniencia. f. Incomodidad.
desconvenir. intr. Disconvenir, discordar, disentir, discrepar.
descorazonar. tr. y prnl. Desalentar, desmoralizar, desanimar, acobardar, abatir. (**a.**: *animar, alentar.*) || Afligir, desconsolar, desolar. (**a.**: *consolar.*)
descorchar. tr. Destapar, destaponar. || Abrir.
descorrer. tr. Volver, retroceder. || Plegar, encoger.
descortés. adj. Desatento, descomedido, desconsiderado, ordinario, incivil, descarado, grosero.
descortesía. f. Desatención, incorrección, descomedimiento, ordinariez, desconsideración, grosería. (**a.**: *cortesía, consideración.*)
descortezar. tr. Desasnar, educar. || Descascarar, mondar, pelar, descascarillar.
descosido, da. adj. Incoherente. || Parlanchín, hablador.
descoyuntar. tr. y prnl. Dislocar, luxar, desencajar.
descrecer. intr. Menguar, aminorar, disminuir.
descrédito. m. Desdoro, deshonor, vergüenza, desprestigio. (**a.**: *crédito, prestigio.*) || Insolvencia.
descreído, da. adj. Incrédulo, ateo, escéptico. (**a.**: *crédulo, creyente.*)
descremar. tr. Desnatar.
describir. tr. Trazar, dibujar, representar, delinear. *Describir una circunferencia.* || Reseñar, explicar.
descripción. f. Detalle, relación, explicación, cuadro.
descrismar. tr. Descalabrar.
descuajar. tr. Descoagular. || Arrancar, extirpar, extraer. || Desanimar, desalentar, abatir.
descuartizar. tr. Despedazar, destrozar, trozar, desmembrar.
descubierta. f. Exploración, reconocimiento, inspección.
descubierto, ta. adj. Espacioso, despejado. (**a.**: *cubierto.*) || Encontrado, hallado, visto. || m. Déficit, deuda. (**a.**: *superávit.*)

descubridor, ra. m. y f. Inventor. || Explorador. || Soplón.

descubrimiento. m. Hallazgo, invención. || Revelación, encuentro.

descubrir. tr. Destapar, mostrar. (**a.**: *cubrir, tapar.*) || Hallar, encontrar. (**a.**: *ignorar.*) || Revelar, inventar, manifestar, desenmascarar, publicar, denunciar. (**a.**: *ocultar.*) || Divisar, dominar.

descuento. m. Rebaja, disminución, deducción, reducción. (**a.**: *aumento.*) || Compensación.

descuidado, da. adj. Negligente, dejado, desidioso, incurioso, desaliñado. (**a.**: *cuidadoso, celoso.*) || Imprevisor, desprevenido.

descuidar. tr. Desatender, abandonar, olvidar, dejar. (**a.**: *cuidar, atender.*)

descuido. m. Inadvertencia, omisión, olvido. || Negligencia, distracción, incuria, dejadez, abandono, desidia. (**a.**: *cuidado, vela.*) || Desliz, tropiezo.

deschavetado, da. adj. y s. Chiflado.

desdecir. intr. Desmerecer, descaecer. || Desentonar, declinar. || prnl. Retractarse. *El testigo se desdijo ante el juez.* (**a.**: *ratificar.*)

desdén. m. Desprecio, feo, indiferencia, desapego, menosprecio. || Altivez, arrogancia. (**a.**: *respeto.*)

desdeñar. tr. Menospreciar, despreciar, desairar, desechar, desestimar. (**a.**: *apreciar.*)

desdeñoso, sa. adj. Altivo, arrogante, altanero, orgulloso, despreciativo, despectivo, indiferente. (**a.**: *amable, cortés.*)

desdibujado, da. adj. Confuso, impreciso, esfumado, borroso. (**a.**: *claro.*)

desdicha. f. Desgracia, infortunio, desventura, adversidad, fatalidad, mala suerte (**a.**: *dicha, felicidad.*) || Necesidad, miseria. (**a.**: *bienestar.*)

desdichado, da. adj. Cuitado, infortunado, infeliz, desgraciado, desafortunado. (**a.**: *venturoso, dichoso.*) || Pobre, necesitado.

desdoblar. tr. Extender, desplegar. || Desenvolver, desarrollar, desenrollar.

desdoro. m. Baldón, mancilla, desprestigio, mancha, mácula, descrédito, vergüenza. (**a.**: *honra, prestigio.*)

desear. tr. Querer, anhelar, codiciar, pretender, ambicionar, aspirar, ansiar, antojarse, apetecer. (**a.**: *despreciar, rechazar.*)

desecar. tr. Secar, desaguar. (**a.**: *humedecer, mojar.*)

desechar. tr. Excluir, rechazar, separar, apartar. (**a.**: *aprovechar.*) || Expeler, arrojar, tirar. || Desestimar, menospreciar, desdeñar.

desecho. m. Residuo, bazofia, desperdicio, piltrafa, sobras, restos, despojos. *Desechos industriales.*

desembarazado, da. adj. Desocupado, libre, despejado, expedito. || Desenvuelto, desenfadado.

desembarazar. tr. Despejar, evacuar, desocupar, desbrozar. (**a.**: *obstruir.*) || prnl. Librarse, evitar, eludir, soslayar.

desembarazo. m. Desenfado, desenvoltura, despejo, soltura, desempacho, desparpajo, destreza. (**a.**: *inhabilidad.*)

desembarcadero. m. Puerto, muelle.

desembarcar. tr. Descender, bajar. (**a.**: *embarcar.*)

desembocadura. f. Boca, delta.

desembocar. intr. Salir. || Afluir, desaguar, verter. || Terminar, acabar.

desembolsar. tr. Pagar, abonar, entregar, gastar. (**a.**: *guardar.*)

desembolso. m. Pago, entrega. || Gasto, erogación, dispendio, coste.

desembrollar. tr. Desenredar, desenmarañar, esclarecer, aclarar. (**a.**: *embrollar, enredar.*)

desembuchar. tr. Confesar, declarar, cantar, hablar. (**a.**: *callar.*)

desemejante. adj. Diferente, desigual, dispar, distinto, disímil, diverso. (**a.**: *semejante, análogo, similar, parecido.*)

desemejanza. f. Diferencia, desigualdad, disimilitud, disparidad, discrepancia.

desempacar. tr. Desempaquetar, desembalar. (**a.**: *envolver, embalar.*)

desempacho. m. Desenvoltura, desenfado.

desempeñar. tr. Cumplir, ejercer, ocu-

par, ejecutar. || Desentrampar. || Rescatar. (**a.**: *empeñar.*)
desempleo. m. Desocupación. *La crisis económica agravó el desempleo.*
desencadenar. tr. y prnl. Desatar, liberar, desligar, soltar, librar, libertar. || prnl. Estallar, desatarse.
desencajar. tr. Desquiciar, descoyuntar, desajustar. || prnl. Demudarse, descomponerse, palidecer.
desencallar. tr. e intr. Desembarrancar.
desencantar. tr. Desilusionar, desalentar, decepcionar, desengañar.
desencanto. m. Desilusión, decepción, desengaño, chasco. (**a.**: *ilusión.*)
desencapotarse. prnl. Aclarar, despejarse. (**a.**: *encapotarse, nublarse.*) || Desenfadarse.
desencoger. tr. y prnl. Desplegar, desenrollar, estirar, extender, desentumecerse. (**a.**: *enrollar, encoger, entumecerse.*)
desenfadado, da. adj. Desenvuelto. || Libre, desembarazado.
desenfadar. tr. y prnl. Calmar, desenojar, apaciguar, aplacar. (**a.**: *enojar.*)
desenfado. m. Desempacho, desahogo, desenvoltura, desparpajo, despejo, desembarazo. (**a.**: *mesura.*) || Descaro, frescura, insolencia.
desenfrenado, da. adj. Alocado, desquiciado, desatado. || m. y f. Libertino, inmoral, disoluto.
desenfrenarse. prnl. Desatarse, estallar, desencadenarse. || Desmandarse, extralimitarse.
desenfreno. m. Libertinaje, disipación, deshonestidad, inmoralidad. (**a.**: *templanza, continencia, moralidad.*)
desenganchar. tr. Desprender, soltar. (**a.**: *enganchar.*)
desengañar. tr. Decepcionar, escarmentar, desilusionar, desencantar. (**a.**: *embaucar, seducir, engañar.*)
desengaño. m. Decepción, desilusión, chasco, contrariedad, desencanto. (**a.**: *engaño, ilusión, aspiración.*)
desenlace. m. Solución, terminación, resolución, desenredo. || Final, fin, conclusión. *La historia tuvo un feliz desenlace.* (**a.**: *comienzo.*)
desenlazar. tr. Soltar, desasir, desatar. || Resolver, desenredar, solucionar.
desenmarañar. tr. Desenredar, desembrollar. (**a.**: *enmarañar, enredar.*) || Aclarar.
desenmascarar. tr. Descubrir. (**a.**: *enmascarar, esconder.*) || Destapar.
desenojar. tr. y prnl. Desenfadar, desatufar, aplacar, calmar, desencapotar, apaciguar. || prnl. Solazarse, divertirse, recrearse.
desenredar. tr. Desenmarañar, desanudar, desembrollar. (**a.**: *complicar, enredar, embrollar.*) || prnl. Desenvolverse, arreglarse, componérselas.
desenrollar. tr. Desplegar, extender. (**a.**: *enrollar.*)
desenroscar. tr. Desatornillar.
desentenderse. prnl. Abstenerse, prescindir, despreocuparse, excusarse, inhibirse, zafarse. (**a.**: *interesarse, obstinarse, preocuparse.*)
desenterrar. tr. Exhumar, descubrir. || Evocar, recordar.
desentonar. intr. y prnl. Desafinar, discordar. *La orquesta desentona.* || prnl. Descomedirse, insolentarse.
desentono. m. Discordancia, disonancia. (**a.**: *entonación.*) || Descomedimiento, insolencia, inconveniencia, descompostura. (**a.**: *comedimiento.*)
desentrañar. tr. Descifrar, dilucidar, descubrir, penetrar.
desentumecer. tr. Desentumir.
desenvainar. tr. Desenfundar, sacar. *Desenvainar la espada.* (**a.**: *envainar.*)
desenvoltura. f. Desembarazo, soltura, desenfado, naturalidad, llaneza. (**a.**: *embarazo, apocamiento.*) || Desvergüenza, desfachatez, descoco. (**a.**: *comedimiento.*)
desenvolver. tr. Abrir, desplegar, desenrollar. (**a.**: *enrollar, envolver.*) || Desarrollar, exponer. || Ampliar, acrecentar, incrementar. || prnl. Manejarse, gobernarse, arreglarse.
desenvolvimiento. m. Desarrollo, ampliación, expansión.
desenvuelto, ta. adj. Resuelto, expeditivo, desenfadado.
deseo. m. Apetito, gana, hambre, avi-

dez. ‖ Ansia, anhelo, aspiración, ambición. (**a.**: *desinterés*.) ‖ Antojo, capricho.

desequilibrado, da. adj. Loco, maniático, chiflado, tocado. (**a.**: *equilibrado, sensato*.)

deserción. f. Defección, abandono, huida. ‖ Abjuración, renuncia, apostasía.

desertar. tr. Abandonar, separarse, traicionar.

desértico, ca. adj. Desierto, despoblado.

desertor, ra. m. y f. Prófugo. ‖ Tránsfuga. (**a.**: *leal, fiel*.)

desesperación. f. Desesperanza, desmoralización, desaliento, despecho. ‖ Exasperación, consternación.

desesperar. tr., intr. y prnl. Desesperanzar, desanimar, descorazonar, desalentar. (**a.**: *confiar, esperar*.) ‖ tr. y prnl. Impacientar, irritar, enojar, exasperar.

desestimar. tr. Desdeñar, despreciar, menospreciar, subestimar. (**a.**: *estimar*.) ‖ Desechar, rechazar, denegar. (**a.**: *aceptar*.)

desfachatado, da. adj. Descarado, atrevido, desvergonzado, fresco, cínico.

desfachatez. f. Descaro, insolencia, tupé, desvergüenza, osadía. (**a.**: *timidez*.)

desfallecer. intr. Decaer, debilitarse, descaecer, flaquear, desmayar, flojear, desanimarse. (a.: reanimar.)

desfallecimiento. m. Desmayo, desvanecimiento, descaecimiento, mareo, decaimiento. ‖ Abatimiento, desaliento, debilidad, desánimo.

desfavorable. adj. Adverso, hostil, contrario, perjudicial. (**a.**: *favorable, propicio*.)

desfigurar. tr. Deformar, alterar, disfrazar, modificar, enmascarar, encubrir, disimular, falsear. (**a.**: *arreglar*.) ‖ prnl. Inmutarse, demudarse, alterarse.

desfiladero. m. Paso.

desfile. m. Parada, revista.

desflorar. tr. Desvirgar, violar, mancillar.

desfogar. tr. y prnl. Desahogar.

desgajar. tr. Arrancar, separar, romper, desgarrar. ‖ prnl. Desprenderse.

desgalichado, da. adj. Desgarbado. ‖ Desaliñado, descuidado.

desgana. f. Inapetencia, desgano, anorexia. (**a.**: *gana, deseo, apetencia*.)

desganado, da. adj. Inapetente. (**a.**: *gustoso, hambriento*.) ‖ Cansado, indolente. (**a.**: *ganoso, ansioso*.)

desgano. m. Desgana. ‖ Hastío, indolencia.

desgañitarse. prnl. Desgargantarse, gritar, vociferar. ‖ Enronquecer.

desgarradura. f. Desgarramiento.

desgarrante. adj. Lacerante.

desgarrar. tr. Rasgar, arrancar, romper, despedazar, destrozar.

desgarro. m. Rotura, rompimiento, desgarrón. ‖ Desvergüenza, descaro, desfachatez, frescura, descoco. ‖ Fanfarronada, bravata.

desgarrón. m. Rasgón, siete, rotura. ‖ Jirón.

desgastado, da. adj. Raído, usado.

desgastar. tr. Gastar. ‖ Corroer, debilitar, dañar. *El roce desgasta la madera*.

desgaznatarse. prnl. Desgañitarse. ‖ Enronquecer.

desgobierno. m. Desorden, desconcierto, desbarajuste, desorganización. (**a.**: *orden*.) ‖ Anarquía.

desgracia. f. Accidente, percance, contratiempo, desastre. ‖ Fatalidad, desventura, desdicha, infelicidad, infortunio, adversidad. (**a.**: *felicidad, suerte, dicha*.) ‖ Mala suerte, mala sombra, mala pata. ‖ Disfavor.

desgraciado, da. adj. Infeliz, desventurado, desafortunado, malaventurado, desdichado, infortunado. ‖ Infausto, fatídico, aciago. ‖ Desacertado.

desgraciar. tr. y prnl. Malograr, frustrar, estropear.

desgrasar. tr. Desengrasar.

desgreñar. tr. Despeinar, desmelenar, encrespar.

desguarnecer. tr. Desmantelar, desarmar. ‖ Despojar.

deshabitado, da. adj. Inhabitado, despoblado, abandonado, desierto, yermo, solitario.

deshabituar. tr. y prnl. Desacostumbrar.

deshacer. tr. Desarmar, desmontar. (**a.**: *hacer, armar.*) ‖ Aniquilar, destruir, derrotar. ‖ Descomponer, dañar, desfigurar, romper, destrozar, desbaratar, estropear. (**a.**: *organizar, crear.*) ‖ Desintegrar, desorganizar, desmoronar, disgregar. ‖ Disolver, derretir, desleír, licuar, fundir, liquidar. ‖ prnl. Enflaquecer, extenuarse. ‖ Esfumarse, desvanecerse, desaparecer. ‖ Desvivirse, inquietarse, consumirse. ‖ Esforzarse.

desharrapado, da. adj. Desarrapado, andrajoso, harapiento, desastrado.

deshecho, cha. adj. Destrozado, pulverizado, destruido, roto. ‖ Violento, fuerte. *Temporal deshecho.* (**a.**: *débil.*)

desherbar. tr. Desyerbar, escardar.

deshilvanado, da. adj. Inconexo, incoherente.

deshinchar. tr. Desinflar. ‖ prnl. Desahogarse. ‖ Reducirse.

deshonestidad. f. Impudicia, indecencia, impudor, impureza, obscenidad. ‖ Desvergüenza, libertinaje, descoco, pornografía.

deshonesto, ta. adj. Inmoral, sicalíptico, impúdico, obsceno, desvergonzado, indecente, libidinoso, torpe. ‖ Venal. (**a.**: *íntegro.*)

deshonor. m. Deshonra, descrédito, ignominia, oprobio, afrenta, infamia.

deshonra. f. Descrédito, desdoro, deshonor, afrenta, desprestigio, oprobio, ultraje, indignidad. (**a.**: *honra, prestigio, reputación, crédito.*)

deshonrar. tr. Difamar, denigrar, desacreditar, envilecer, infamar, ultrajar, afrentar. (**a.**: *alabar, acreditar.*) ‖ Violar, desflorar.

deshonroso, sa. adj. Ignominioso, ultrajante, vergonzoso, indecoroso, infamante, afrentoso. (**a.**: *honorable.*)

desiderable. adj. Deseable, envidiable, apetecible, codiciable.

desiderativo, va. adj. Optativo.

desidia. f. Negligencia, inercia, incuria, dejadez, pereza, holgazanería. (**a.**: *diligencia, presteza, celo.*) ‖ Desaseo, desaliño. (**a.**: *aseo, cuidado, esmero.*)

desierto, ta. adj. Deshabitado, despoblado, inhabitado, desolado, solitario. (**a.**: *poblado.*) ‖ Vacío, yermo.

designación. f. Nombramiento, nominación, señalamiento, nombre.

designar. tr. Denominar, nombrar, llamar. ‖ Significar, denotar. ‖ Señalar, elegir, indicar, destinar.

designio. m. Pensamiento, objeto, plan, proyecto. ‖ Intención, idea, intento, voluntad, propósito, maquinación, mira, fin.

desigual. adj. Diferente, diverso, distinto, otro. (**a.**: *igual, mismo, coincidente, semejante.*) ‖ Quebrado, escabroso, áspero, barrancoso, accidentado. ‖ Arduo, dificultoso. ‖ Inconstante, cambiante, variable, mudable, voluble.

desigualdad. f. Diferencia, disparidad.

desilusión. f. Desesperanza. ‖ Decepción, desencanto, desengaño. (**a.**: *quimera, ilusión.*)

desinencia. f. Terminación, sufijo.

desinfectante. adj. Antiséptico. (**a.**: *infeccioso.*)

desinfectar. tr. Fumigar, desinficionar. *Desinfectar una escuela.*

desintegrar. tr. Disgregar, desunir, disociar. *Desintegrar los átomos.* (**a.**: *integrar, asociar, fusionar.*)

desinterés. m. Desasimiento, desprendimiento, desapego. ‖ Abnegación, liberalidad, generosidad, altruismo, magnanimidad, desprendimiento. (**a.**: *interés, egoísmo.*)

desinteresado, da. adj. Abnegado, desprendido, generoso, liberal, magnánimo, altruista. (**a.**: *egoísta, tacaño.*)

desistir. intr. Renunciar, ceder, cejar. ‖ Abdicar, dejar, abandonar. (**a.**: *continuar, persistir, perseverar.*)

deslavazado, da. adj. Insustancial, insulso. ‖ Deshilvanado, desordenado.

desleal. adj. Aleve, infiel, felón, traidor, pérfido, traicionero, alevoso, falso. (**a.**: *leal, fiel.*)

deslealtad. f. Infidelidad, felonía, perfidia, traición.

desleír. tr. y prnl. Disolver, diluir, licuar.

deslenguado, da. adj. Atrevido, malhablado, procaz, desbocado, descarado, desvergonzado, insolente.

desligar. tr. Desatar, soltar, desanudar, desenredar, desenlazar. (**a.**: *ligar, atar.*) || Eximir, librar, absolver, dispensar. || Picar (en música).

deslindar. tr. Demarcar, señalar, fijar, delimitar. || Aclarar, distinguir, fijar, determinar, puntualizar, precisar.

desliz. m. Resbalón, traspié, deslizamiento, caída. || Pecado, descuido, falta, error, lapso, culpa, yerro.

deslizante. adj. Corredizo.

deslizar. tr. Insinuar, introducir. || prnl. Resbalar, escurrirse, patinar. || Escabullirse, evadirse, escaparse.

deslucido, da. adj. Afeado, ajado. (**a.**: *lustroso, brillante.*) || Desmañado.

deslumbramiento. m. Alucinamiento, obnubilación.

deslumbrar. tr. Encandilar, ofuscar, cegar, enceguecer. || Maravillar, asombrar, fascinar, impresionar, pasmar, admirar.

deslustrar. tr. Empañar. || Ajar, sobar. || Desacreditar, deslucir.

desmadejado, da. adj. Abatido, desmazalado, desmalazado, flojo, decaído, débil, desfallecido, caído.

desmagnetizar. tr. Desimanar, desimantar.

desmamar. tr. Destetar, despechar.

desmán. m. Exceso, demasía, desorden. || Abuso, exceso, atropello, maldad, tropelía.

desmandado, da. adj. Desobediente, díscolo, indócil.

desmandarse. prnl. Rebelarse, insubordinarse, desobedecer, sublevarse. || Propasarse, desbocarse, excederse, descomedirse, insolentarse. || Desbandarse.

desmantelar. tr. Desguarnecer. || Desarbolar (en marina). || Desamueblar, desarmar, deshabitar, abandonar.

desmañado, da. adj. Chambón, inhábil, chapucero, torpe, inepto, inútil.

desmaterialización. f. Aniquilación.

desmayar. intr. y prnl. Flaquear, acobardarse, desalentarse, desvanecerse, desanimarse, desfallecer, amilanarse. (**a.**: *animarse.*)

desmayo. m. Desaliento, desánimo. || Desvanecimiento, colapso, soponcio.

desmazalado, da. adj. Desmalazado, desmadejado, flojo, decaído.

desmedido, da. adj. Desproporcionado, exagerado, excesivo, enorme, desmesurado, inmoderado, descomedido.

desmedrado, da. adj. Esmirriado, enclenque, escuálido. (**a.**: *robusto, crecido.*)

desmedrar. intr. y prnl. Decaer, desmejorar, debilitarse, enflaquecer, adelgazar, declinar.

desmedro. m. Deterioro, menoscabo, detrimento. (**a.**: *aumento.*)

desmejorar. intr. y prnl. Decaer, languidecer, enfermar, demacrarse. (**a.**: *mejorar, sanar.*)

desmelenar. tr. Desgreñar, despeinar.

desmembrar. tr. Descuartizar, despedazar. || Dividir, separar, fragmentar, escindir, segmentar, desgajar. (**a.**: *integrar, unir.*)

desmemoriado, da. adj. Olvidadizo. || Descuidado, distraído.

desmentida. f. Desmentido, rectificación, mentís.

desmentido, da. adj. Refutado, negado, impugnado. (**a.**: *comprobado.*)

desmentir. tr. Negar, impugnar, refutar, desvirtuar, rebatir. (**a.**: *confirmar, ratificar.*) || Refutar, contradecir.

desmenuzar. tr. Analizar. || Triturar, destrozar, picar, desmigajar.

desmerecedor, ra. adj. Indigno, imperfecto.

desmerecer. intr. Desvalorizarse, desacreditar. || Decaer.

desmerecimiento. m. Demérito. || Desdoro.

desmesurado, da. adj. Excesivo, exagerado, desmedido, enorme, desproporcionado. *Orgullo desmesurado.*

desmigajar. tr. Desmenuzar.

desmirriado, da. adj. Esmirriado, enclenque, flaco, consumido.

desmochar. tr. Despuntar, mochar, descabezar, podar. || Mutilar.

desmontar. tr. Desarmar, desarticular.

(**a.**: *armar.*) ‖ Cortar, talar. (**a.**: *plantar.*) ‖ Rozar. ‖ intr. y prnl. Descabalgar, apearse, bajar. (**a.**: *montar, subir.*)

desmoralizar. tr. y prnl. Amilanar, desanimar. (**a.**: *animar.*) ‖ Corromper, pervertir. (**a.**: *moralizar.*)

desmoronarse. prnl. Caer, derrumbarse, desplomarse. (**a.**: *construir.*) ‖ Fracasar. (**a.**: *triunfar.*)

desnaturalizar. tr. Falsificar, falsear, alterar.

desnivel. m. Depresión, cuesta, rampa, desigualdad. (**a.**: *igualdad.*)

desnudar. tr. y prnl. Desvestir, destapar, descubrir. (**a.**: *cubrir, vestir.*) ‖ Despojar, quitar. (**a.**: *devolver.*) ‖ Desprender.

desnudez. f. Pobreza, necesidad, indigencia, miseria. ‖ Destape.

desnudo, da. adj. Corito, en cueros, en pelo, nudo. ‖ Descubierto. ‖ Desmantelado, desguarnecido, pelado. ‖ Pobre, desprovisto, necesitado, falto, indigente, carente, mísero, arruinado. ‖ Patente, claro, sin rodeos.

desnutrido, da. adj. Débil, anémico, escuálido.

desobedecer. tr. Desmandarse, resistirse, rebelarse, indisciplinarse, insubordinarse. (**a.**: *obedecer, acatar.*)

desobediente. adj. Indócil, infractor, díscolo, rebelde, caprichoso, reacio, desmandado, indisciplinado, insumiso. (**a.**: *obediente, dócil.*)

desocupación. f. Inactividad, inacción, paro, ociosidad. (**a.**: *actividad, ocupación, trabajo.*)

desocupado, da. adj. Vago. ‖ Parado, inactivo, desempleado, ocioso, desacomodado, cesante. ‖ Desembarazado, vacío, expedito, vacante. (**a.**: *lleno, ocupado.*)

desocupar. tr. Desembarazar, sacar, vaciar, desalojar, evacuar. (**a.**: *ocupar, llenar.*)

desoír. tr. Desatender, desestimar, rechazar. (**a.**: *oír, atender, escuchar.*)

desolación. f. Devastación, ruina, destrucción. ‖ Aflicción, dolor, desconsuelo, pesar, tribulación, pesadumbre, angustia. (**a.**: *alivio, desahogo.*)

desolado, da. adj. Asolado, devastado, saqueado, yermo. (**a.**: *reconstruido.*) ‖ Apenado, apesadumbrado. (**a.**: *contento, satisfecho.*)

desolar. tr. Asolar, destruir, devastar, arrasar. (**a.**: *construir.*) ‖ prnl. Afligirse, angustiarse, apesararse, apenarse, desconsolarse. (**a.**: *consolarse.*)

desolladura. f. Despellejadura.

desollar. tr. Despellejar, cuerear, escorchar, pelar. ‖ Murmurar, criticar, censurar.

desopilante. adj. Festivo, divertido. *Comedia desopilante.*

desorden. m. Desarreglo, confusión, desconcierto, revoltijo, desorganización, desparramo, desgobierno, desbarajuste. (**a.**: *organización, orden.*) ‖ Alboroto, tumulto, barahúnda, motín, asonada, perturbación, disturbio. (**a.**: *tranquilidad.*) ‖ Caos, fárrago, mezcolanza, anarquía, anomalía. (**a.**: *armonía, método.*)

desordenado, da. adj. Alterado, confuso, inordenado, desarreglado, desmandado, desgobernado. ‖ Desenfrenado, pervertido.

desordenar. tr. Descomponer, desquiciar, desorganizar, revolver, desarreglar, alterar, trastornar, perturbar, desconcertar, desbaratar. (**a.**: *ordenar, organizar.*)

desorganizar. tr. Desordenar, desquiciar, desarreglar, perturbar, trastornar, alterar, desbarajustar, revolver. (**a.**: *ordenar.*)

desorientar. tr. y prnl. Extraviar, descaminar, despistar, perderse. (**a.**: *orientar, encaminar.*) ‖ Confundir, ofuscar, turbar, embarullar.

desove. m. Freza.

desoxidante. adj. Reductor.

desoxidar. tr. Desoxigenar.

despabiladeras. f. pl. Tenacillas.

despabilado, da. adj. Insomne, desvelado, despierto. (**a.**: *dormido.*) ‖ Listo, vivo, astuto. (**a.**: *atontado.*)

despabilar. tr. y prnl. Desvelar. (**a.**: *dormirse.*) ‖ Avispar, avivar. (**a.**: *atontar.*) ‖ intr. y prnl. Aligerar, apremiar.

despacio. adv. Lentamente, pausadamente, despaciosamente, poco a poco. (**a.**: *rápidamente.*) ‖ Silenciosamente.

despacioso, sa. adj. Espacioso, flemático, lento, pausado. (**a.**: *rápido, veloz.*)

despachar. tr. Acabar, concluir, apurarse, acelerar. ‖ Resolver, tramitar, decidir. ‖ Enviar, mandar, remitir, expedir, remesar. *Despachar la correspondencia.* ‖ Despedir, echar. ‖ Vender, expender. ‖ Matar, asesinar.

despacho. m. Carta, comunicación, telegrama. ‖ Decisión, resolución, expediente. ‖ Venta, expendio, salida. ‖ Oficina, bufete, escritorio.

despachurrar. tr. Despanzurrar, estrujar, aplastar, destripar, reventar, escabechar.

despalmar. tr. Achaflanar.

despampanante. adj. Maravilloso, estupendo, fenomenal, llamativo. ‖ Desconcertante, sorprendente, asombroso.

despanzurrar. tr. Despachurrar, espachurrar. ‖ Destripar.

desparejo, ja. adj. Diferente, dispar.

desparpajo. m. Descaro, desembarazo, tupé, desenvoltura, desfachatez, frescura, desenfado. (**a.**: *modestia.*)

desparramar. tr. Esparcir, desperdigar, diseminar, dispersar. (**a.**: *juntar.*) ‖ Dilapidar, malgastar, derrochar, despilfarrar. (**a.**: *ahorrar.*)

despatarrarse. prnl. Espatarrarse, esparrancarse.

despavorido, da. adj. Espantado, aterrorizado, aterrado, horrorizado. (**a.**: *impávido, sereno.*)

despectivo, va. adj. Despreciativo, desdeñoso. *Actitud despectiva.* (**a.**: *respetuoso.*)

despechar. tr. Destetar. ‖ Irritar, enfadar, indignar, importunar, enfurecer. ‖ Desesperar. (**a.**: *serenar.*)

despecho. m. Desesperación, desengaño. ‖ Indignación, furia, cólera, inquina.

despedazar. tr. Destrozar, desmembrar, descuartizar, romper, trozar, desgarrar.

despedida. f. Adiós, partida. (**a.**: *bienvenida.*) ‖ Despido. (**a.**: *recibimiento.*)

despedir. tr. Lanzar, arrojar, disparar, soltar, impulsar. ‖ Esparcir, difundir. ‖ Despachar, echar, expulsar, exonerar, largar. ‖ prnl. Ausentarse, marcharse. (**a.**: *recibir.*)

despegado, da. adj. Áspero, hosco, huraño, indiferente.

despegar. tr. Separar, desprender, apartar, desunir. (**a.**: *pegar, unir, adherir.*) ‖ Descoser. ‖ intr. Decolar. ‖ prnl. Desapegarse.

despego. m. Desapego, indiferencia, desafecto, frialdad, desabrimiento.

despeinar. tr. Desmelenar, desgreñar.

despejado, da. adj. Despabilado, inteligente, lúcido, listo, despierto, vivo. ‖ Espacioso, ancho, desembarazado. ‖ Sereno, claro, limpio. (**a.**: *nuboso.*)

despejar. tr. Desembarazar, desalojar. *Despejar el camino.* ‖ Desembrollar. ‖ prnl. Aclararse, serenarse, escampar. (**a.**: *oscurecer.*)

despejo. m. Soltura, desenvoltura. ‖ Inteligencia, viveza, talento. (**a.**: *torpeza.*)

despellejar. tr. Cuerear, desollar, pelar. ‖ Murmurar, criticar.

despenar. tr. Matar.

despensa. f. Proveeduría, almacén. ‖ Alacena.

despeñadero. m. Barranco, sima, precipicio, abismo.

despeñar. tr. y prnl. Precipitar, arrojar. ‖ Desbarrancar.

desperdiciar. tr. Desaprovechar, derrochar, malgastar, disipar, despilfarrar. *Desperdiciar los mejores años.*

desperdicio. m. Desecho, residuo, resto.

desperdigar. tr. y prnl. Desparramar, diseminar, esparcir, dispersar. (**a.**: *juntar, reunir.*)

desperezarse. prnl. Desentumecerse, estirarse.

desperfecto. m. Avería, deterioro, daño, detrimento. ‖ Defecto, imperfección.

despertar. tr. Provocar, avivar, excitar, estimular. (**a.**: *atenuar.*) ‖ Recordar.

(**a.**: *olvidar.*) || Despabilarse, desvelarse. (**a.**: *dormir.*)

despiadado, da. adj. Cruel, desalmado, inhumano, bárbaro, impío, duro, inclemente. (**a.**: *clemente, compasivo.*)

despido. m. Separación. (**a.**: *permanencia.*)

despierto, ta. adj. Avisado, listo, espabilado, vivo, despejado. (**a.**: *tardo, torpe.*)

despilfarrar. tr. Malgastar, malbaratar, tirar, derrochar, dilapidar. (**a.**: *ahorrar, guardar.*)

despilfarro. m. Derroche, dilapidación, dispendio, malgasto.

despintar. tr. y prnl. Decolorar, alterar, desteñir, desfigurar. || prnl. Borrarse.

despistar. tr. y prnl. Desorientar, desconcertar, confundir.

desplacer. intr. Contrariar, disgustar, desagradar. || m. Desazón, disgusto, descontento, desagrado, pesadumbre.

desplante. m. Jactancia, desfachatez, insolencia. || Exabrupto.

desplazar. tr. Desalojar. || prnl. Trasladarse.

desplegar. tr. Extender, desdoblar, abrir, desenrollar. (**a.**: *cerrar, plegar, enrollar.*) || Desarrollar, desenvolver. || Aclarar, dilucidar.

despliegue. m. Desenvolvimiento, desarrollo, evolución.

desplomarse. prnl. Caerse, derrumbarse. (**a.**: *levantarse.*)

desplumar. tr. Pelar. || Desvalijar, estafar, despojar, arruinar.

despoblado, da. adj. Deshabitado, inhabitado, abandonado, solitario, yermo. || m. Desierto.

despojar. tr. Desposeer, confiscar, robar, quitar, arrebatar. (**a.**: *restituir.*) || prnl. Desprenderse, renunciar. (**a.**: *retener.*) || Desnudarse. *Despojarse de las ropas.*

despojo. m. Botín, saqueo, presa. || Expoliación. || pl. Sobras, desperdicios. || Restos mortales, cadáver.

despolvorear. tr. Desempolvar.

desposar. tr. y prnl. Casar, contraer nupcias. (**a.**: *divorciar, separarse.*)

desposeer. tr. Robar, quitar, expropiar, despojar, destituir. (**a.**: *restituir.*) || prnl. Desprenderse, desapropiarse, renunciar.

desposorio. m. Desposorios, esponsales.

déspota. m. Autócrata, dictador, tirano.

despótico, ca. adj. Absoluto, opresor, tiránico, dictatorial, arbitrario, abusivo. *Poder despótico.*

despotismo. m. Autocracia, absolutismo, opresión, dictadura, tiranía. (**a.**: *democracia.*)

despotricar. intr. Desbarrar, desatinar, disparatar, criticar.

despreciable. adj. Indigno, bajo, miserable, rastrero, abyecto, ruin, vil. (**a.**: *apreciable, noble.*)

despreciar. tr. Menospreciar. || Desairar, desdeñar, relegar. || Denigrar, vilipendiar.

despreciativo, va. adj. Despectivo. || Altivo, altanero, desdeñoso, despectivo.

desprecio. m. Desconsideración, subestimación, menosprecio, desdén, desaire, vilipendio. (**a.**: *estima, respeto.*)

desprender. tr. Desatar, separar, soltar, desenganchar, despegar, desasir, desatar, desunir. (**a.**: *unir, prender, sujetar.*) || prnl. Renunciar, desasirse, quitarse, despojarse. || Deducirse, seguirse, inferirse.

desprendido, da. adj. Desinteresado, magnánimo, generoso, liberal, dadivoso. (**a.**: *mezquino.*)

desprendimiento. m. Avalancha, alud, caída. || Desinterés, largueza, generosidad, liberalidad. (**a.**: *tacañería, cicatería.*)

despreocupación. f. Indiferencia, flema. (**a.**: *preocupación, interés.*)

despreocuparse. prnl. Desatenderse. (**a.**: *preocuparse, atender.*)

desprestigiar. tr. Desacreditar, difamar, denigrar, vilipendiar. (**a.**: *acreditar, alabar, elogiar.*)

desprevenido, da. adj. Desapercibido, descuidado, inadvertido, desprovisto. (**a.**: *prevenido, advertido, previsor.*)

desproporción. f. Desequilibrio, desarmonía. (**a.**: *armonía, proporción.*)

despropósito. m. Dislate, desatino, disparate, necedad.
desprovisto, ta. adj. Falto, desprevenido, carente, desguarnecido. *Desprovisto de alas.*
después. adv. Luego, posteriormente, seguidamente, ulteriormente. (**a.**: *antes.*) || Detrás. (**a.**: *delante.*)
despuntado, da. adj. Romo, mocho.
despuntar. intr. Descollar, sobresalir, distinguirse, destacarse. || Amanecer.
desquiciar. tr. y prnl. Desencajar, desajustar, perturbar, descomponer. (**a.**: *ordenar.*)
desquitarse. prnl. Resarcirse, recobrar. || Vengarse.
desquite. m. Resarcimiento, reparación, revancha. || Venganza.
destacar. tr. Subrayar. || prnl. Descollar, distinguirse, sobresalir, despuntar, desprenderse, resaltar. *Actuación destacada.*
destapar. tr. Descorchar. (**a.**: *tapar.*) || Abrir. (**a.**: *cerrar.*) || Descubrir. (**a.**: *ocultar.*) || Desabrigar, desarropar. (**a.**: *abrigar.*) || prnl. Descolgarse, sobresalir.
destartalado, da. adj. Ruinoso, desvencijado, descompuesto.
destellar. intr. Centellear, chispear, fulgurar, brillar.
destello. m. Brillo, resplandor, relumbrón, centelleo. || Indicio, vislumbre.
destemplado, da. adj. Desafinado, disonante. || Desapacible. || Alterado, inmoderado, descomedido.
destemplanza. f. Alteración. (**a.**: *calma.*) || Inclemencia.
destemplar. tr. y prnl. Desafinar. (**a.**: *templar.*)
destemple. m. Disonancia, desentono, desafinación. || Indisposición, destemplanza. || Alteración, desconcierto.
desteñir. tr. y prnl. Despintar, descolorar, decolorar.
desterrar. tr. Expatriar, expulsar, deportar, extrañar. || Apartar, alejar.
destetar. tr. Desmamar, despechar.
destierro. m. Exilio, ostracismo, deportación, extrañamiento, proscripción. (**a.**: *repatriación.*)
destilado. m. Condensado. *Agua destilada.*
destilador. m. Alambique.
destilar. tr. Alambicar. || Filtrar. || tr. o intr. Exudar, segregar, rezumar.
destinar. tr. Dedicar, aplicar, reservar. || Designar.
destino. m. Hado, providencia, sino, fortuna, suerte, fatalidad. || Fin, finalidad, aplicación. || Empleo, cargo, puesto, colocación, ocupación. (**a.**: *cesantía.*) || Paradero.
destituir. tr. Deponer, derrocar, despedir, exonerar, expulsar, remover, echar, degradar. (**a.**: *designar, nombrar.*) || Desposeer.
destornillado, da. adj. Precipitado, chiflado, alocado, atolondrado.
destornillar. tr. Desatornillar, desenroscar. || prnl. Atolondrarse, desconcertarse, alocarse.
destral. m. Hacha.
destreza. f. Habilidad, maña, soltura, primor, maestría, pericia. (**a.**: *torpeza, impericia.*)
destripar. tr. Despanzurrar, despachurrar.
destronar. tr. Derrocar, deponer. *Destronar al rey.* (**a.**: *exaltar.*)
destrozar. tr. Despedazar, fracturar, romper, destruir. (**a.**: *componer, arreglar.*) || Batir, derrotar, arrollar, aniquilar, deshacer. (**a.**: *cuidar.*)
destrozo. m. Estropicio, estrago, rotura, destrucción.
destrucción. f. Aniquilación, ruina, devastación, demolición, asolamiento, derribo. (**a.**: *construcción.*)
destructor, ra. adj. Devastador, demoledor, asolador, destrozón. (**a.**: *cuidadoso.*) || m. Torpedero.
destruir. tr. Arruinar, volar, aniquilar, arrasar, deshacer, romper, desbaratar, destrozar, exterminar, devastar, demoler, asolar. (**a.**: *construir, crear, organizar.*)
desuncir. tr. Desyugar, desenyugar.
desunión. f. Separación, desajuste. || Desavenencia, discordia, desacuerdo, división, rompimiento.
desunir. tr. Apartar, separar, desconectar, dividir. (**a.**: *unir, juntar.*) || Ene-

mistar, malquistar, indisponer. (**a.**: *avenir.*)

desusado, da. adj. Desacostumbrado, raro, inusitado, anticuado, insólito, inusual, obsoleto, extraño. (**a.**: *usual, habitual.*)

desvaído, da. adj. Pálido, desvanecido, descolorido, rebajado, desteñido. ‖ Impreciso, vago. ‖ Desgarbado.

desvalido, da. adj. Desamparado, abandonado. *Infancia desvalida.*

desvalijar. tr. Robar, despojar, saquear.

desvalorizar. tr. Depreciar. (**a.**: *valorizar, valorar.*)

desván. m. Altillo, buharda, guardilla, buhardilla, bohardilla, boardilla, sobrado, zaquizamí.

desvanecer. tr. y prnl. Esfumar, amortiguar, atenuar. ‖ prnl. Desmayarse. ‖ Disiparse, evaporarse, desaparecer.

desvanecimiento. m. Vahído, mareo, desmayo, soponcio. ‖ Engreimiento, altanería, presunción. (**a.**: *modestia, humildad.*)

desvariar. intr. Delirar, disparatar.

desvarío. m. Delirio. ‖ Capricho, ilusión, quimera, dislate, disparate, desatino, monstruosidad. (**a.**: *cordura, razón.*)

desvelarse. prnl. Inquietarse, preocuparse, desvivirse. (**a.**: *desinteresarse.*) ‖ Despabilarse. (**a.**: *adormecerse.*)

desvelo. m. Insomnio. ‖ Esfuerzo, celo, cuidado, afán, inquietud.

desvencijado, da. adj. Destartalado, estropeado.

desventaja. f. Inferioridad, mengua, menoscabo, inconveniente. (**a.**: *ventaja, conveniencia.*)

desventajoso, sa. adj. Perjudicial, dañoso, inferior.

desventura. f. Desgracia, desdicha, infortunio. (**a.**: *ventura, prosperidad, suerte, dicha.*)

desventurado, da. adj. Desgraciado, desdichado. ‖ Cuitado, infeliz, mísero.

desvergonzado, da. adj. Sinvergüenza, deshonesto, descarado, descocado, procaz, desfachatado.

desvergüenza. f. Osadía, sinvergüencería, desfachatez, insolencia, impudicia, procacidad, descaro. (**a.**: *vergüenza, pudor, timidez, recato.*)

desvestir. tr. y prnl. Desnudar.

desviación. f. Desvío, descarrío. ‖ Anormalidad, irregularidad.

desviar. tr. y prnl. Alejar, apartar, desorientar, descarriar, separar. (**a.**: *acercar.*) ‖ Disuadir, desaconsejar. ‖ prnl. Perderse, extraviarse. (**a.**: *encaminar.*)

desvincularse. prnl. Desligarse. (**a.**: *relacionarse.*) ‖ Desentenderse.

desvío. m. Desviación, alejamiento. ‖ Derivación. ‖ Desapego, despego, desamor, desafecto, frialdad, desagrado, retraimiento. (**a.**: *afecto.*)

desvirtuar. tr. Debilitar, anular. ‖ Contrarrestar.

desvivirse. prnl. Desvelarse, perecerse, esmerarse, afanarse. (**a.**: *despreocuparse.*)

desyerbar. tr. Desherbar, escardar.

desyugar. tr. Desuncir.

detallado, da. adj. Pormenorizado, minucioso. *Informe detallado.*

detallar. tr. Puntualizar, pormenorizar. ‖ Referir, relatar, narrar.

detalle. m. Menudeo, minucia, particularidad. ‖ Fragmento, pormenor, parte, porción. (**a.**: *total, todo, conjunto.*)

detallista. m. o f. Minorista.

detención. f. Parada, alto, detenimiento, estación. ‖ Dilación, tardanza, demora, retraso. ‖ Prolijidad, esmero, cuidado. ‖ Arresto, captura, prendimiento, apresamiento, aprehensión.

detener. tr. y prnl. Parar, atajar, contener, interceptar, paralizar. (**a.**: *marchar.*) ‖ tr. Arrestar, capturar, aprehender, prender, apresar. (**a.**: *libertar.*) ‖ Retener, guardar, conservar, entretener. ‖ prnl. Retardarse, demorarse, quedarse, retrasarse. (**a.**: *adelantar.*)

detenido, da. adj. Paralizado, estancado, en suspenso, estacionado. ‖ Preso.

detenimiento. m. Cuidado. *Leer con detenimiento.* (**a.**: *rapidez.*) ‖ Detención. (**a.**: *desarrollo.*)

detentar. tr. Usurpar.

deterger. tr. Limpiar.

deteriorar. tr. Estropear, dañar, averiar, menoscabar. (**a.**: *reparar, mejorar.*)
deterioro. m. Avería, estropeo, daño, rotura, desperfecto. ‖ Menoscabo, detrimento.
determinación. f. Resolución, designio, decisión. *Tomar una determinación.* (**a.**: *abulia.*) ‖ Audacia, intrepidez, osadía, valor, arrojo, denuedo. (**a.**: *cobardía, temor.*)
determinante. adj. Determinativo (en gramática).
determinar. tr. y prnl. Resolver, decidir. (**a.**: *titubear.*) ‖ tr. Fijar, puntualizar, precisar, delimitar, señalar, establecer, disponer, prescribir. ‖ Causar, ocasionar, motivar, originar, producir.
determinativo, va. adj. Determinante.
detersivo, va o **detersorio, ria.** adj. Detergente.
detestable. adj. Abominable, odioso, aborrecible. ‖ Pésimo.
detestar. tr. Condenar, maldecir. ‖ Aborrecer, despreciar, abominar, odiar, execrar.
detonación. f. Estampido, disparo, estallido, explosión, tiro, balazo. ‖ Trueno.
detonante. adj. Detonador. ‖ Discordante.
detonar. intr. Estallar, explotar.
detractor, ra. adj. Calumniador, maldiciente, infamador, denigrador. (**a.**: *panegirista.*)
detrás. adv. Atrás. (**a.**: *delante.*) ‖ Después. (**a.**: *antes.*)
detrimento. m. Deterioro, avería, menoscabo, depreciación, desmedro. ‖ Daño, quebranto, lesión, pérdida, perjuicio. (**a.**: *ganancia.*)
detrito. m. Desecho, residuo.
deturpar. tr. Afear, manchar. ‖ Estropear, deformar.
deuda. f. Débito, adeudo. (**a.**: *haber, activo.*) ‖ Obligación, compromiso. *Tener muchas deudas.* ‖ Pecado, culpa.
deudo, da. m. y f. Pariente, familiar.
devanar. tr. Arrollar.
devaneo. m. Amorío. (**a.**: *desamor.*) ‖ Pasatiempo.
devastación. f. Asolación, destrucción, asolamiento, ruina. (**a.**: *reconstrucción.*)
devastar. tr. Destruir, arrasar, asolar, arruinar.
devenir. intr. Suceder, acaecer. ‖ Llegar a ser. ‖ m. Trasformación.
devoción. f. Fervor, piedad, recogimiento, religiosidad, unción. (**a.**: *irreligiosidad.*) ‖ Inclinación, apego, afecto, afición. (**a.**: *frialdad.*)
devolver. tr. Restituir, volver, reintegrar, retornar, reembolsar. *Juan devolvió el préstamo.* ‖ tr. e intr. Vomitar.
devorar. tr. Engullir, glotonear, tragar, zampar, embaular. ‖ Consumir, destruir (el fuego). *El incendio devoró las instalaciones.*
devoto, ta. adj. Piadoso, fervoroso, religioso. ‖ Afecto, leal, apegado, adicto, aficionado, admirador, entusiasta, partidario, cultor. (**a.**: *desafecto.*)
dextrosa. f. Dextroglucosa, glucosa.
día. f. Fecha. ‖ Jornada. ‖ Ocasión, momento. ‖ Cumpleaños. ‖ **hoy día u hoy en día.** loc. adv. Actualmente.
diablo. m. Demonio, Satanás, Lucifer, Luzbel, Satán, Mefistófeles. ‖ adj. Astuto, sagaz, temerario, mañoso. ‖ Maligno, perverso. (**a.**: *ingenuo.*)
diablura. f. Travesura, chiquillada, imprudencia.
diabólico, ca. adj. Perverso, demoníaco, maligno, satánico, malo, luciferino. (**a.**: *angelical, virtuoso.*)
diadema. f. Corona, aureola.
diáfano, na. adj. Trasparente, traslúcido, claro, cristalino, luminoso, límpido. *Cielo diáfano.* (**a.**: *borroso, opaco.*)
diafonía. f. Trasmodulación.
diaforético, ca. adj. Sudorífico.
diagrama. m. Gráfico.
diálogo. m. Conversación, charla, coloquio, plática, interlocución, palique, parrafada. (**a.**: *monólogo.*) ‖ Entrevista, discusión.
diamantino, na. adj. Inquebrantable, duro, persistente.

diario, ria. adj. Cotidiano, cuotidiano. || m. Periódico, gaceta.
diatriba. f. Invectiva, libelo.
dibujar. tr. Delinear, perfilar, trazar, diseñar, esbozar, bosquejar.
dibujo. m. Bosquejo, diseño, imagen. || Croquis, apunte, esbozo, esquicio.
dicaz. adj. Mordaz.
dicción. f. Palabra, voz, expresión, vocablo, término. || Pronunciación. *Dicción clara.*
diccionario. m. Léxico, lexicón, vocabulario, glosario, tesauro, enciclopedia.
diccionarista. com. Lexicógrafo.
dictado. m. Inspiración, precepto.
dictador. m. Autócrata, déspota, tirano.
dictadura. f. Autocracia, absolutismo, autarquía, cesarismo, despotismo, tiranía. (**a.**: *democracia.*)
dictamen. m. Informe, parecer, opinión, juicio, sentencia, voto. *Dictamen favorable.*
dictaminar. intr. Informar.
díctamo. m. Orégano.
dictar. tr. Expedir, imponer, promulgar, mandar, pronunciar. || Inspirar, sugerir.
dictatorial. adj. Autoritario, despótico, arbitrario, absoluto.
dicterio. m. Insulto, improperio, denuesto. || Invectiva.
dicha. f. Felicidad, ventura. (**a.**: *desdicha.*) || Suerte, fortuna, prosperidad.
dicharachero, ra. adj. Bromista, chistoso, ocurrente, decidor.
dicho, cha. adj. Citado, antedicho, mencionado, susodicho. || m. Proverbio, refrán, máxima. || Agudeza, donaire, chiste, ocurrencia.
dichoso, sa. adj. Feliz, venturoso, bienhadado, afortunado, fausto. (**a.**: *infeliz, infortunado.*)
didáctico, ca. adj. Pedagógico.
diente. m. Adaraja. || Punta, resalto, saliente. || Colmillo, incisivo, canino. || Muela.
diéresis. f. Crema.
diestro, tra. adj. Derecho. (**a.**: *siniestro.*) || Hábil, ducho, mañoso, entendido, versado, experto, competente, capaz, perito. (**a.**: *torpe, inhábil.*) || m. Torero.
dieta. f. Ayuno, privación. || Estipendio, honorarios. || Asamblea, congreso.
diezmar. tr. Aniquilar, destruir. *La peste diezmó el ganado.*
difamación. f. Calumnia, maledicencia, detracción.
difamar. tr. Desacreditar, calumniar, denigrar. (**a.**: *honrar, elogiar.*)
diferencia. f. Desigualdad, disimilitud, distinción, desemejanza. (**a.**: *semejanza, igualdad.*) || Discrepancia, diversidad, divergencia, disparidad. (**a.**: *coincidencia.*) || Desacuerdo, discordia, desavenencia. (**a.**: *acuerdo, concordia.*) || Residuo, resto.
diferenciar. tr. y prnl. Distinguir. (**a.**: *confundir.*) || prnl. Diferir, discrepar. (**a.**: *coincidir.*)
diferente. adj. Distinto, disímil, diverso, desigual, dispar, desemejante, divergente, vario. *Diferente criterio.* (**a.**: *parecido, igual.*)
diferir. tr. Aplazar, retrasar, retardar, demorar, atrasar, dilatar, postergar, posponer. (**a.**: *adelantar, apremiar, anticipar.*) || prnl. Distinguirse, diferenciarse. || intr. Discrepar. (**a.**: *coincidir.*)
difícil. adj. Dificultoso, peliagudo, arduo, trabajoso, desigual, penoso, embarazoso, complicado, enrevesado, rudo, complejo. (**a.**: *fácil, sencillo.*) || Descontentadizo, áspero, desabrido, chinche. || Díscolo. (**a.**: *dócil.*)
dificultad. f. Entorpecimiento, impedimento, estorbo, traba, inconveniente, embarazo, óbice, obstáculo. (**a.**: *facilidad.*) || Conflicto, atolladero, contrariedad, brete, apuro, aprieto. || Duda, reparo, objeción.
dificultar. tr. Estorbar, complicar, embarazar, entorpecer, trabar, obstaculizar. (**a.**: *facilitar.*)
dificultoso, sa. adj. Difícil, complicado, arduo, embarazoso, trabajoso, enrevesado.
difumar. tr. Esfumar, desvanecer, difuminar.
difundir. tr. y prnl. Extender, derramar, esparcir. (**a.**: *recoger.*) || Divulgar, pu-

blicar, propagar, propalar, comunicar, trasmitir. *Difundir una noticia, un rumor.* || Contagiarse.

difunto, ta. adj. y s. Muerto, finado.

difusión. f. Divulgación, irradiación, propagación, publicación, trasmisión.

difuso. adj. Ancho, extenso, dilatado. || Prolijo.

digerible. adj. Digestible, asimilable.

digestivo, va. adj. Eupéptico. || Estomacal.

digital. adj. Dactilar. || f. Dedalera (planta).

dignarse. prnl. Servirse, acceder, condescender, consentir, tener a bien.

dignidad. f. Cargo, honor. || Decencia, decoro, seriedad. (**a.**: *indignidad, vileza.*)

dignificar. tr. Honrar, realzar. (**a.**: *desprestigiar.*)

digno, na. adj. Merecedor, acreedor. (**a.**: *indigno.*) || Adecuado, proporcionado, correspondiente. || Decoroso, honrado, decente, honorable, íntegro.

dije. m. Joya.

dilación. f. Demora, detención, tardanza, retraso, retardo, aplazamiento. (**a.**: *apuro, adelanto.*)

dilapidar. tr. Derrochar, malgastar, disipar, malbaratar, despilfarrar. *Dilapidar una fortuna.* (**a.**: *ahorrar, guardar, acumular.*)

dilatación. f. Expansión. || Diástole.

dilatado, da. adj. Vasto, espacioso, extenso, difuso, grande. (**a.**: *pequeño.*)

dilatar. tr. y prnl. Extender, ampliar, alargar, ensanchar, agrandar, prolongar. (**a.**: *achicar, acortar, reducir.*) || Diferir, prorrogar, aplazar, retardar. (**a.**: *adelantar.*)

dilecto, ta. adj. Querido, amado, caro. *Amigo dilecto.*

dilema. m. Disyuntiva, conflicto, alternativa.

diletante. m. Aficionado.

diligencia. f. Actividad, prisa, rapidez, prontitud. (**a.**: *indolencia.*) || Cuidado, solicitud, esmero, atención, celo, aplicación. (**a.**: *negligencia.*) || Trámite, gestión, procedimiento.

diligenciar. tr. Tramitar, gestionar, procurar.

diligente. adj. Activo, expedito, rápido, presto. || Activo, cuidadoso, servicial, celoso, esmerado, solícito. (**a.**: *desidioso.*)

dilogía. f. Ambigüedad, equívoco, anfibología.

dilucidar. tr. Aclarar, explicar, elucidar, esclarecer, ilustrar. (**a.**: *embrollar, confundir.*)

diluir. tr. y prnl. Desleír, disolver.

diluviar. intr. Llover.

dimanar. intr. Derivarse, proceder, provenir, nacer, originarse, salir, venir.

dimensión. f. Magnitud, volumen, tamaño, longitud, extensión, grandor, medida, anchura, formato. || Duración.

diminuto, ta. adj. Minúsculo, pequeñísimo, insignificante, pequeño, chiquitín, exiguo. (**a.**: *gigantesco.*)

dimisión. f. Renuncia. *Presentar la dimisión.*

dimitir. tr. Renunciar, abdicar. (**a.**: *aceptar, asumir.*)

dinamarqués, sa. adj. Danés.

dinámico, ca. adj. Activo, enérgico, diligente, rápido, ligero. (**a.**: *estático.*)

dinastía. f. Familia, raza.

dinero. m. Moneda, pecunia, plata, guita, pasta, mosca, cacao, tela, cuartos. || Numerario, efectivo. || Caudal, capital, fondos, fortuna, bienes, peculio, hacienda.

dintel. m. Lintel, cumbrera.

diócesi o **diócesis.** f. Obispado.

dionea. f. Atrapamoscas.

dionisíaco, ca. adj. Báquico.

diorita. f. Diabasa.

Dios. n. p. m. Altísimo, Padre, Creador, Supremo Hacedor, Señor, Todopoderoso, Jehová. || Divinidad, Providencia.

diploma. m. Credencial, despacho.

diplomacia. f. Tacto, cortesía, sagacidad, astucia, circunspección, política.

diplomático, ca. adj. Circunspecto, fino, sagaz, sutil, hábil, astuto. (**a.**: *torpe, rudo.*)

dipsómano, na. adj. y s. Borracho, alcohólico.
diputar. tr. Elegir, designar. ‖ Conceptuar, reputar.
dique. m. Malecón, presa, muelle. ‖ Obstáculo, freno.
dirección. f. Conducción, gobierno, manejo, gestión, administración, mando. ‖ Sentido, orientación, rumbo, derrotero, camino, trayectoria. ‖ Domicilio, señas.
directo, ta. adj. Derecho, recto, seguido. (**a.**: *indirecto, sinuoso, desviado.*)
director, ra. m. y f. Rector, directivo, dirigente, guía, conductor, jefe.
directriz. f. Orientación, norma, directiva, pauta.
dirigente. m. o f. Directivo, director.
dirigir. tr. Encaminar, conducir, enderezar, guiar, orientar. ‖ Administrar, mandar, gobernar, regir.
dirimir. tr. Resolver, zanjar, fallar. ‖ Anular, desunir, deshacer.
discapacitado, da. adj. y s. Lisiado, baldado, inválido.
discernimiento. m. Criterio, juicio, perspicacia, lucidez. (**a.**: *inocencia.*)
discernir. tr. Juzgar, distinguir, apreciar, discriminar, diferenciar, percibir, comprender. ‖ Otorgar, conceder. *Discernir un premio.*
disciplina. f. Doctrina, enseñanza. ‖ Asignatura, materia. ‖ Subordinación, dependencia, obediencia. (**a.**: *anarquía.*) ‖ Azote.
disciplinar. tr. Instruir, enseñar, aleccionar. ‖ Regularizar. (**a.**: *subvertir.*)
discípulo, la. m. y f. Alumno, educando, estudiante, escolar, colegial. (**a.**: *maestro, mentor.*) ‖ Epígono, seguidor, adepto. *Discípulo de Sócrates.*
díscolo, la. adj. Desobediente, perturbador, indócil, indisciplinado, rebelde, avieso, revoltoso. (**a.**: *dócil.*)
disconformidad. f. Desconformidad, desacuerdo, discordancia, discrepancia, disentimiento, discordia, desavenencia, desunión, disensión. (**a.**: *conformidad, acuerdo.*)
discontinuo, nua. adj. Interrumpido, intermitente, irregular. (**a.**: *continuo, ininterrumpido.*)
discordancia. f. Disentimiento, discrepancia, oposición, desacuerdo, discordia. (**a.**: *concordancia, conformidad.*)
discorde. adj. Discordante, contrario, opuesto. (**a.**: *coincidente.*) ‖ Disonante, inarmónico. (**a.**: *armónico.*)
discordia. f. Disconformidad, desavenencia, desacuerdo, discordancia, oposición, disentimiento, desunión, disensión. (**a.**: *avenencia, armonía, concordia.*)
discreción. f. Sensatez, cordura, prudencia, tacto, mesura, moderación, circunspección. ‖ Reserva, recato. ‖ **a discreción.** loc. adv. A voluntad, sin límites.
discrepancia. f. Diferencia, divergencia. (**a.**: *coincidencia.*) ‖ Disentimiento, desacuerdo, disconformidad. (**a.**: *concordancia, acuerdo.*)
discrepar. intr. Diferenciarse, divergir, disentir, discordar. (**a.**: *coincidir, convenir.*)
discreto, ta. adj. Juicioso, circunspecto, prudente, mesurado, sensato, moderado, cuerdo. ‖ Agudo, oportuno, ingenioso. ‖ Reservado, recatado.
discriminar. tr. Diferenciar, distinguir, discernir. ‖ Separar, excluir. *Discriminación racial.*
disculpa. f. Descargo, justificación, excusa, defensa, exculpación, sinceramiento, explicación. ‖ Pretexto.
disculpar. tr. y prnl. Sincerarse, defender, excusar, pretextar, justificar. (**a.**: *culpar, acusar.*) ‖ tr. Perdonar, absolver, exculpar.
discurrir. intr. Andar, caminar, correr, pasar, trascurrir. ‖ Reflexionar, cavilar, pensar, razonar, meditar. ‖ tr. Idear, fantasear, inventar. ‖ Inferir, calcular, conjeturar, suponer.
discursear. intr. Perorar, disertar. ‖ Aconsejar, amonestar.
discurso. m. Curso, trascurso, paso. ‖ Raciocinio, razonamiento, reflexión. ‖ Conferencia, charla, disertación, peroración, alocución. ‖ Arenga, soflama. ‖ Amonestación.
discusión. f. Debate, disputa, polémica,

discrepancia, controversia, altercado. || Examen, estudio.

discutible. adj. Cuestionable, controvertible, dudoso, impugnable, disputable, problemático. (**a.**: *indiscutible, incuestionable.*)

discutir. tr. o intr. Altercar, cuestionar, objetar, porfiar, debatir, ventilar, controvertir.

disección. f. Anatomía.

diseminación. f. Siembra. || Propagación, dispersión. (**a.**: *concentración.*)

diseminar. tr. y prnl. Desparramar, esparcir, desperdigar, sembrar, dispersar. (**a.**: *recoger, juntar.*)

disensión. f. Disconformidad, desacuerdo, discordia, disentimiento. || Altercado, contienda, querella, disputa, riña.

disentimiento. m. Disconformidad, desavenencia, desacuerdo, discordia, disensión. (**a.**: *acuerdo, conformidad.*)

disentir. intr. Discrepar, discordar. *Disentir en religión, en política, en ideas.* (**a.**: *coincidir, convenir, asentir.*)

diseñar. tr. Dibujar, trazar, delinear. || Bosquejar.

diseño. m. Dibujo, esbozo, croquis, boceto, esquema, bosquejo.

disertación. f. Conferencia, discurso, lección.

disertar. intr. Conferenciar, exponer, perorar.

disfavor. m. Desaire, descortesía, desatención. || Descrédito, desgracia.

disforme. adj. Deforme, feo, amorfo, desproporcionado, monstruoso. || Informe, irregular.

disfraz. m. Embozo, tapujo, máscara.

disfrazar. tr. Desfigurar, enmascarar, embozar, encubrir, ocultar, simular. *Disfrazar las intenciones.*

disfrutar. intr. Gozar, complacerse. || tr. o intr. Tener, poseer, aprovechar, utilizar. (**a.**: *carecer.*)

disfrute. m. Goce, usufructo, aprovechamiento, utilización.

disgregar. tr. Desagregar, disociar, dispersar. (**a.**: *agrupar, integrar, congregar.*)

disgustar. intr. o tr. Desagradar, enfadar, desazonar, incomodar, molestar, contrariar, repugnar. (**a.**: *agradar, gustar.*) || tr. Apenar, afligir, apesadumbrar. || prnl. Enojarse.

disgusto. m. Desazón, hastío, repugnancia. || Pesadumbre, decepción, aflicción, pena, inquietud, sinsabor, contrariedad. (**a.**: *alegría.*) || Desavenencia, diferencia. || Enfado, fastidio.

disidencia. f. Desacuerdo, discrepancia, escisión, cisma, ruptura, discordia, desavenencia. (**a.**: *acuerdo, unión.*)

disímil. adj. Distinto, diverso, diferente. (**a.**: *semejante, parecido.*)

disimilitud. f. Desemejanza, diferencia.

disimulado, da. adj. Engañoso, fingido, hipócrita, solapado, subrepticio.

disimular. tr. Encubrir, esconder, ocultar, tapar. (**a.**: *revelar, descubrir.*) || Disfrazar, enmascarar, fingir, desfigurar. || Tolerar, disculpar, permitir, perdonar, dispensar.

disimulo. m. Astucia, fingimiento, disimulación, doblez, falsedad. (**a.**: *candor.*) || Indulgencia, tolerancia, condescendencia.

disipación. f. Libertinaje, crápula, licencia, disolución, depravación. *Vida disipada.* || Derroche. || Evaporación.

disipado, da. adj. Libertino, vicioso, licencioso, disoluto. || Evaporado.

disipar. tr. y prnl. Desvanecer, dispersar. || tr. Desperdiciar, dilapidar, malgastar, derrochar, despilfarrar, prodigar. (**a.**: *ahorrar.*) || prnl. Evaporarse, esfumarse, desaparecer, borrarse.

dislate. m. Disparate, desatino, barbaridad, despropósito, absurdo.

dislocación. f. Luxación.

dislocar. tr. y prnl. Descoyuntar, desencajar, desquiciar, desarticular.

disloque. m. Desbarajuste, colmo.

disminución. f. Baja, descenso, rebaja, decrecimiento, mengua, merma, menoscabo, reducción. (**a.**: *ampliación, aumento, exceso.*)

disminuir. tr. Empequeñecer, achicar, mermar, aminorar, acortar, rebajar, restar. || intr. Decrecer, menguar. (**a.**: *aumentar, incrementar.*)

disociar. tr. Desunir, separar, dividir. (**a.:** *asociar, unir, fusionar.*)

disolubilidad. f. Solubilidad.

disoluble. adj. Soluble.

disolución. f. Relajación, licencia, disipación. || Solución, dilución.

disoluto, ta. adj. Licencioso, libertino, vicioso, depravado. *Costumbre disoluta.*

disolvente. adj. Solvente.

disolver. tr. Desleír, diluir. (**a.:** *solidificar.*) || Separar, desunir, disgregar. (**a.:** *reunir.*) || Destruir, deshacer, aniquilar. || Resolver.

disonancia. f. Desacuerdo, discrepancia, inarmonía. (**a.:** *armonía, melodía.*)

disonar. intr. Desafinar. (**a.:** *armonizar.*) || Discrepar, extrañar, chocar.

dispar. adj. Diferente, desigual, distinto. (**a.:** *igual, semejante, similar.*)

disparada. f. Huida, fuga. || Corrida.

disparar. tr. Arrojar, tirar, lanzar, despedir. || Correr, huir, partir. || Desembuchar. || prnl. Desbocarse, precipitarse.

disparatado, da. adj. Absurdo, ilógico, desatinado. (**a.:** *razonable, lógico, sensato.*)

disparatar. intr. Desbarrar, desvariar, desatinar.

disparate. m. Desatino, insensatez, dislate, absurdo, locura, despropósito, necedad. (**a.:** *realidad.*) || Atrocidad, demasía, barbaridad, enormidad. (**a.:** *cordura.*)

disparejo, ja. adj. Desigual, diferente, disímil, dispar.

disparidad. f. Desemejanza, desigualdad, diferencia, discrepancia, diversidad. (**a.:** *paridad, igualdad, semejanza.*)

disparo. m. Tiro. || Estampido, detonación.

dispendio. m. Despilfarro, derroche. (**a.:** *ahorro.*)

dispendioso, sa. adj. Caro, costoso. (**a.:** *barato.*) || Despilfarrador, derrochador. (**a.:** *económico.*)

dispensa. f. Privilegio, exención, dispensación, excepción.

dispensar. tr. Conceder, otorgar, dar, distribuir. || Perdonar, disculpar. || tr. o intr. Eximir, relevar, excusar, exceptuar.

dispersar. tr. Desparramar, diseminar, esparcir, disgregar. *Dispersar una manifestación.* (**a.:** *agrupar, juntar, congregar.*) || Desbaratar, derrotar, ahuyentar. (**a.:** *ordenar, reunir.*)

dispersión. f. Desparramo, desbandada, fuga. (**a.:** *agrupamiento.*)

disperso, sa. adj. Separado, disgregado, esparcido, desparramado.

displicencia. f. Indiferencia, desaliento, desagrado, desabrimiento. (**a.:** *aliento, agrado.*) || Apatía, indolencia.

displicente. adj. Indiferente, indolente, apático, perezoso. (**a.:** *voluntarioso.*)

disponer. tr. Colocar, arreglar, ordenar, instalar, aderezar. || Mandar, determinar, decidir, prescribir, resolver. || tr. y prnl. Preparar. || intr. Poseer.

disponible. adj. Libre, desocupado. (**a.:** *ocupado.*) || Aprovechable, utilizable. (**a.:** *inútil.*)

disposición. f. Colocación, distribución, ordenación, arreglo. || Aptitud, gusto, suficiencia, capacidad, vocación, idoneidad, ingenio. || Mandato, decisión, resolución, orden. || Preparativo, orden, prevención, providencia, medida, medio. || Situación, estado.

dispositivo. m. Mecanismo, artificio, instrumento.

dispuesto, ta. adj. Apuesto, gentil, gallardo. || Hábil, apto, capaz, idóneo, despejado, despierto, listo, habilidoso. || Preparado, prevenido, pronto. (**a.:** *inepto, apático.*)

disputa. f. Discusión, altercado, cuestión, contienda, querella, riña, controversia, agarrada. (**a.:** *conciliación.*)

disputar. intr. Discutir, litigar, cuestionar, querellarse, altercar, polemizar, reñir, controvertir. (**a.:** *ceder.*) || tr. Competir, contender. *Disputar un campeonato.*

disquisición. f. Análisis, examen, razonamiento.

distancia. f. Trecho, espacio, separación, intervalo. || Diferencia, desemejanza, disparidad. || Desafecto, alejamiento, desvío, frialdad, desapego. ‖ Lejanía. ‖ **a distancia.** loc. adv. Lejos. ‖ Desde lejos.

distanciar. tr. y prnl. Apartar, separar, enemistar. (**a.**: *acertar, amistar.*)

distante. adj. Apartado, retirado, alejado, lejano, lejos, remoto. (**a.**: *cercano, próximo.*)

distar. intr. Diferenciarse, diferir. (**a.**: *parecerse.*)

distensión. f. Torcedura, esguince, distorsión.

dístico. m. Pareado.

distinción. f. Elegancia, cortesía, educación. ‖ Prerrogativa, excepción, honor, honra. ‖ Consideración, deferencia, miramiento. ‖ Diferencia.

distingo. m. Reparo, restricción, salvedad, limitación.

distinguido, da. adj. Elegante. ‖ Eminente, notable, ilustre, esclarecido, señalado. (**a.**: *vulgar.*) ‖ Educado.

distinguir. tr. Diferenciar, discriminar, separar. ‖ Caracterizar. ‖ Divisar, discernir, atisbar, notar. ‖ Preferir, honrar. (**a.**: *despreciar.*) ‖ prnl. Sobresalir, descollar, señalarse, resaltar, despuntar.

distintivo. m. Marca, nota, señal. ‖ Insignia, divisa, emblema. *Distintivo de la Marina.* ‖ adj. Específico.

distinto, ta. adj. Diverso, diferente, desemejante, dispar. (**a.**: *igual, idéntico.*) ‖ Claro, visible, preciso, inteligible. (**a.**: *impreciso, confuso.*)

distorsión. f. Esguince, dislocación, torcedura, distensión, luxación.

distracción. f. Pasatiempo, entretenimiento, diversión, recreo, esparcimiento, solaz. (**a.**: *trabajo.*) ‖ Omisión, desatención, olvido, inadvertencia, descuido. ‖ Defraudación, fraude.

distraer. tr. y prnl. Desatender, alejar, apartar, desviar. ‖ Entretener, recrear, divertir. (**a.**: *aburrir.*) ‖ tr. Defraudar, malversar, sustraer. (**a.**: *reponer.*)

distraído, da. adj. Desatento, abstraído. (**a.**: *atento.*) ‖ Entretenido. (**a.**: *hastiado.*)

distribución. f. Reparto, repartimiento, partición, división, repartición. ‖ Disposición, ordenación.

distribuir. tr. y prnl. Dividir, fraccionar, repartir, partir, prorratear. (**a.**: *juntar.*) ‖ Disponer, ordenar, arreglar, colocar.

distrito. m. Territorio, zona, demarcación, partido, municipio.

disturbio. m. Perturbación, alboroto, tumulto, desorden, motín, revuelta.

disuadir. tr. Desanimar, desaconsejar, desalentar, apartar. (**a.**: *animar, persuadir, aconsejar.*)

disyuntiva. f. Alternativa, dilema. *Estar en una disyuntiva.*

ditirambo. m. Alabanza, ponderación, encomio, elogio.

divagación. f. Digresión, rodeo, desviación.

divagar. intr. Vagar, errar, vagabundear. ‖ Desvariar, delirar. (**a.**: *concretar, precisar.*)

diván. m. Sofá, canapé.

divergencia. f. Diferencia, desacuerdo, disparidad, discrepancia. (**a.**: *coincidencia.*) ‖ Alejamiento.

divergir. intr. Discrepar, disentir. (**a.**: *convenir.*) ‖ Alejarse. (**a.**: *acercarse.*)

diversidad. f. Abundancia, multiplicidad. (**a.**: *copia.*) ‖ Desemejanza, variedad, diferencia, disparidad. (**a.**: *homogeneidad.*)

diversificar. tr. y prnl. Diferenciar, variar.

diversión. f. Distracción, pasatiempo, entretenimiento, recreo, juego, solaz, esparcimiento, divertimiento. (**a.**: *aburrimiento.*)

diverso, sa. adj. Distinto, otro, diferente, dispar. (**a.**: *igual, semejante.*) ‖ pl. Varios, variados, muchos.

divertido, da. adj. Alegre, jovial, festivo, jocoso. ‖ Ameno, entretenido. *Una función muy divertida.*

divertimiento. m. Diversión, recreación.

divertir. tr. y prnl. Alegrar, recrear, entretener, distraer, solazar. (**a.**: *aburrir.*)

dividendo. m. Utilidad, interés, renta.

dividir. tr. Partir, cortar, fraccionar, seccionar, separar, fragmentar, despedazar. ‖ Repartir, compartir, distri-

buir. || Desavenir, indisponer, malquistar, enemistar, desunir.
divieso. m. Forúnculo, furúnculo.
divinamente. adv. Perfectamente, admirablemente.
divinidad. f. Deidad, Dios. || Hermosura, preciosidad, beldad.
divinizar. tr. Deificar, endiosar. || Exaltar, ensalzar.
divino, na. adj. Excelente, delicado, perfecto, fino, primoroso. (**a.**: *humano, terrenal.*)
divisa. f. Insignia, enseña, distintivo, emblema, señal, marca. || Lema, mote. || Moneda extranjera.
divisar. tr. Distinguir, percibir, columbrar, vislumbrar. *Divisar la costa.* || prnl. Traslucirse. (**a.**: *ocultarse.*)
división. f. Partición, repartición, fraccionamiento, reparto, distribución. || Corte, porción, escisión, parcela. || Desunión, desavenencia, discordia, desacuerdo. (**a.**: *unificación, concordia, acuerdo.*) || Dependencia, sección.
divisor, ra. m. Submúltiplo, divisorio. (**a.**: *múltiplo.*)
divo, va. m. y f. Cantante. || Deidad.
divorciar. tr. Descasar, desunir, separar.
divulgación. f. Publicación, difusión, revelación.
divulgar. tr. Difundir, publicar, informar, propagar, pregonar, propalar. (**a.**: *ocultar, encubrir.*)
dobladillo. m. Repulgo. || Doblez, pliegue.
dobladura. f. Doblez.
doblar. tr. Duplicar. || Plegar. || Arquear, encorvar, torcer, doblegar, combar. (**a.**: *enderezar.*) || Contornear. || Tocar a muerto. || prnl. Ceder, doblegarse, someterse. || Agacharse, inclinarse. (**a.**: *erguirse.*)
doble. adj. Duplo. (**a.**: *medio, mitad.*) || Fuerte, resistente. || Par. || Robusto, recio, fornido. || Falso, taimado, hipócrita. (**a.**: *sincero.*) || m. Doblez, dobladura.
doblegar. tr. y prnl. Torcer, encorvar, arquear, doblar. (**a.**: *enderezar.*) || Someter. *El cansancio lo doblegó.* (**a.**: *resistir.*)
doblez. m. Pliegue, repliegue, dobladillo. || amb. Duplicidad, disimulo, simulación, mala fe, hipocresía, fingimiento. (**a.**: *sinceridad.*)
docencia. f. Enseñanza.
docente. adj. Didáctico, educativo, pedagógico, instructivo. || com. Maestro, profesor. (**a.**: *alumno, discípulo.*)
dócil. adj. Obediente, dúctil, manso, sumiso. (**a.**: *indócil, díscolo.*) || Apacible, suave, dulce, flexible.
docilidad. f. Mansedumbre. || Dulzura. || Flexibilidad, subordinación, sumisión. (**a.**: *indisciplina.*)
docto, ta. adj. Instruido, culto, entendido, sabio, ilustrado, erudito. (**a.**: *ignorante.*)
doctrina. f. Enseñanza, opinión, escuela, teoría, dogma, sistema. || Ciencia, sabiduría.
doctrinar. tr. Adoctrinar, catequizar, aleccionar, instruir, educar, enseñar.
documentar. tr. Justificar, probar, dar fe, comprobar. || Informar, enseñar, instruir.
documentario, ria. adj. Documental.
documento. m. Certificado, diploma, título, papel. *Documento de identidad.*
dogma. m. Creencia. || Base, fundamento.
dolencia. f. Achaque, enfermedad, indisposición, padecimiento, mal, afección. (**a.**: *salud.*)
dolerse. prnl. Quejarse, lamentarse. || Compadecerse, condolerse, apiadarse. || Arrepentirse.
doliente. adj. Delicado, enfermo. || Dolorido, apenado, quejoso, desconsolado, afligido, contristado.
dolo. m. Engaño, mala fe, fraude, simulación.
dolor. m. Mal. || Aflicción, congoja, pena, pesar, desconsuelo, pesadumbre. (**a.**: *gozo, deleite, placer.*) || Arrepentimiento, atrición.
dolorido, da. adj. Apenado, angustiado, desconsolado, doliente, atribulado, afligido, apesarado.
doloroso, sa. adj. Lamentable, lastima-

dor, lastimoso, penoso, angustioso. ‖ Sensible.

doloso, sa. adj. Fraudulento, engañoso. (**a.**: *verdadero.*)

doma. f. Domadura. ‖ Sometimiento, represión.

domar. tr. Domesticar, amansar, domeñar, desembravecer, amaestrar. ‖ Sujetar, reprimir, subyugar, dominar, someter, reducir.

domeñar. tr. Dominar, someter, sujetar, avasallar, rendir.

domesticar. tr. Amansar, domar, amaestrar.

doméstico, ca. adj. Casero. ‖ Manso. (**a.**: *salvaje.*) ‖ m. y f. Sirviente, criado, servidor. (**a.**: *amo, patrón.*)

domiciliarse. prnl. Avecindarse, establecerse.

domicilio. m. Casa, hogar, morada, residencia, vivienda.

dominación. f. Dominio, señorío, imperio.

dominante. adj. Imperioso, déspota, absoluto, prepotente, avasallador, tirano, autoritario, dictador, dominador. ‖ Preponderante, sobresaliente, predominante, descollante.

dominar. tr. Señorear, imperar, reinar, sujetar, someter, supeditar, sojuzgar, avasallar, subyugar. (**a.**: *obedecer, servir.*) ‖ intr. Sobresalir, descollar, resaltar, predominar. ‖ Descubrir, abarcar, divisar, alcanzar. *Dominar un amplio panorama.* ‖ Poseer, saber. ‖ prnl. Reprimirse, contenerse, aguantarse.

dominguero, ra. adj. Endomingado. ‖ Festivo.

dominguillo. m. Tentemozo, tentetieso.

dominio. m. Propiedad, pertenencia. ‖ Autoridad, superioridad, imperio, potestad, poder, predominio. ‖ Soberanía, señorío. ‖ Ámbito, esfera.

domo. m. Cúpula.

don. m. Dádiva, donación, presente, regalo, donativo, ofrenda, gracia. ‖ Habilidad, talento, aptitud. ‖ Cualidad, prenda.

donación. f. Cesión, don, propina, dádiva, obsequio, regalo, donativo. (**a.**: *hurto.*) ‖ Legado, manda.

donador, ra. adj. Donante.

donaire. m. Gracejo, donosura, gracia. ‖ Chiste, agudeza, ocurrencia. (**a.**: *sosera.*) ‖ Gentileza, apostura, gallardía, garbo, soltura.

donar. tr. Dar, legar, regalar. *Donar una escuela.* (**a.**: *quitar, robar.*)

donativo. m. Dádiva, obsequio, regalo, presente, donación, limosna.

doncella. f. Criada, camarera. (**a.**: *señora.*) ‖ Mocita, moza, muchacha. ‖ Virgen.

doncellez. f. Virginidad.

donde. adv. Adonde.

dondequiera. adv. Doquier, doquiera.

donoso, sa. adj. Ocurrente, gracioso, chistoso. (**a.**: *tonto.*) ‖ Gallardo, gentil. (**a.**: *desgarbado.*)

donosura. f. Donaire.

doquier o **doquiera.** adv. Dondequiera.

dorado, da. adj. Feliz, esplendoroso, halagüeño, venturoso.

dorar. tr. Sobredorar. ‖ Paliar, atenuar, suavizar.

dormilón, na. m. y f. Perezoso, marmota.

dormir. intr. y prnl. Adormecerse, dormitar, adormilarse. (**a.**: *velar.*) ‖ Reposar, descansar. ‖ intr. Pernoctar. ‖ prnl. Descuidarse, confiarse.

dormitivo, va. adj. Somnífero, hipnótico, narcótico.

dorso. m. Espalda. ‖ Revés, reverso, envés. (**a.**: *cara, frente.*)

dosel. m. Tapiz. ‖ Colgadura, antepuerta, palio.

dosis. f. Toma. ‖ Porción, cantidad.

dotación. f. Asignación. ‖ Tripulación, equipo, personal, plantilla.

dotar. tr. Proveer, asignar, conceder, proporcionar, donar. ‖ Adornar.

dote. f. Excelencia, calidad, prenda, cualidad, don. ‖ Asignación, caudal, donación, regalo. (**a.**: *indigencia.*)

dozavo, va. adj. Duodécimo.

dragaminas. m. Barreminas.

dragar. tr. Ahondar, limpiar. *Dragar un río, un puerto.*

drama. m. Teatro, dramaturgia, dramática. ‖ Desgracia, tragedia.

dramático, ca. adj. Conmovedor, patético. (**a.**: *ridículo.*) ‖ Teatral.
dramaturgia. f. Teatro, dramática, drama.
drástico, ca. adj. Riguroso, radical, draconiano, enérgico. (**a.**: *suave.*)
drenar. tr. Avenar.
dría, dríada o **dríade.** f. Hamadría, hamadríada, hamadríade.
droga. f. Medicamento, medicina, remedio. ‖ Estupefaciente, narcótico, estimulante. ‖ Mentira, engaño, trampa.
dualidad. f. Dualismo, duplicidad. (**a.**: *sinceridad.*) ‖ Dimorfismo.
dualismo. m. Dualidad.
dúctil. adj. Condescendiente, blando, acomodadizo, acomodaticio. (**a.**: *inflexible.*) ‖ Maleable, flexible. *Metal dúctil.* (**a.**: *rígido.*)
ducho, cha. adj. Experimentado, hábil, diestro, baqueano, versado, entendido, perito. (**a.**: *inhábil, inexperto.*)
duda. f. Perplejidad, incertidumbre, irresolución, vacilación, dubitación, indecisión. (**a.**: *certeza, certidumbre.*) ‖ Problema, cuestión. ‖ Escrúpulo, sospecha, recelo, aprensión.
dudar. tr. o intr. Vacilar, hesitar, fluctuar, titubear. ‖ Desconfiar, sospechar. (**a.**: *creer, confiar.*)
dudoso, sa. adj. Inseguro, incierto, problemático. (**a.**: *probable, seguro.*) ‖ Equívoco, ambiguo. (**a.**: *cierto.*) ‖ Indeciso, irresoluto, vacilante, perplejo. (**a.**: *firme.*)
duelo. m. Desafío, pelea, encuentro, combate.
duelo. m. Aflicción, pena, dolor, pesar, desconsuelo. (**a.**: *fiesta, regocijo.*) ‖ Luto.
duende. m. Trasgo, espectro, fantasma.
dueño, ña. m. y f. Señor, amo, patrón, patrono, empresario. (**a.**: *operario, obrero, criado, sirviente.*) ‖ Propietario. (**a.**: *inquilino.*)
dulce. adj. Suave, dulzón, agradable, gustoso, deleitable, grato, deleitoso, placentero. (**a.**: *ácido, amargo, desagradable, acerbo.*) ‖ Afable, manso, bondadoso, apacible, indulgente, complaciente, dócil. (**a.**: *hosco, rudo.*) ‖ m. Golosina.
dulcedumbre. f. Dulzura, suavidad.
dulcería. f. Confitería, pastelería, repostería.
dulcificar. tr. Azucarar, endulzar, enmelar, edulcorar. (**a.**: *amargar.*) ‖ Suavizar, ablandar, mitigar, atenuar, calmar, sosegar. (**a.**: *irritar.*)
dulzura. f. Dulzor. ‖ Afabilidad, ternura, bondad, deleite, suavidad, dulcedumbre, mansedumbre, docilidad. (**a.**: *acritud, aspereza.*)
duna. f. Médano.
duodécimo, ma. adj. Dozavo. ‖ Decimosegundo, doceno.
dúplica. f. Contrarréplica.
duplicar. tr. Doblar. *Duplicar el precio.*
duplicidad. f. Doblez, disimulo, falsedad, hipocresía, fingimiento. (**a.**: *franqueza, sinceridad.*)
durable. adj. Duradero.
duración. f. Permanencia, persistencia, estabilidad, tiempo, firmeza, seguimiento.
duradero, ra. adj. Durable, perdurable, permanente, estable, persistente, constante. (**a.**: *momentáneo, breve, efímero, fugaz.*)
durante. adv. Mientras.
durar. intr. Perdurar, continuar, subsistir, permanecer, persistir, vivir. (**a.**: *acabar, alternarse.*) ‖ Alargarse, eternizarse, extenderse.
dureza. f. Solidez, rigidez, consistencia, reciura, tiesura, resistencia. (**a.**: *blandura.*) ‖ Severidad, inclemencia, aspereza, rigor, rudeza, violencia. (**a.**: *lástima.*) ‖ Callosidad, induración, callo.
durmiente. m. Traviesa.
duro, ra. adj. Recio, resistente, férreo, consistente, fuerte, tenaz, compacto. (**a.**: *blando.*) ‖ Severo, riguroso, rudo, áspero, violento, inclemente, cruel, despiadado, inhumano. (**a.**: *clemente, sensible.*) ‖ Penoso, trabajoso, cansado, insoportable, intolerable. *Una jornada muy dura.*

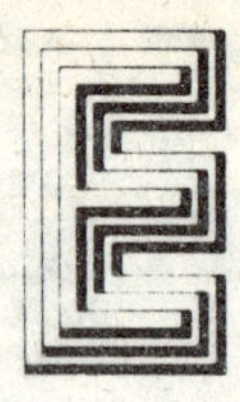

ebonita. f. Vulcanita.
ebriedad. f. Borrachera, embriaguez.
ebrio, bria. adj. Borracho, embriagado, beodo, bebido, achispado, curda. (**a**: *sobrio, abstemio.*)
ebullición. f. Hervor. ‖ Efervescencia, agitación, inquietud, borbotón.
ebúrneo, a. adj. Marfileño.
eclesiástico. m. Clérigo, sacerdote, cura, presbítero, tonsurado.
eclipsar. tr. Oscurecer, deslucir, sobrepujar, aventajar, exceder, ensombrecer, empequeñecer. ‖ prnl. Ausentarse, desaparecer, evadirse, escaparse, huir, escabullirse, largarse. (**a.**: *aclararse, aparecer.*)
eclosión. f. Brote, surgimiento, dilatación, nacimiento. ‖ Indicio, manifestación.
eco. m. Repercusión, resonancia, difusión. ‖ Noticia, rumor. ‖ Repetición, imitación.
economía. f. Crematística, crematología, economía política. ‖ Ahorro. ‖ Escasez, estrechez, parquedad, miseria. (**a.**: *despilfarro.*)
económico, ca. adj. Ahorrativo. ‖ Miserable, avaro, mezquino. ‖ Barato.
economizar. tr. Ahorrar. (**a.**: *gastar, dilapidar.*) ‖ Guardar, reservar. *Aquel niño no economiza sus energías.*
ecuánime. adj. Sereno, juicioso, ponderado, paciente, equilibrado. ‖ Imparcial, justo, desapasionado. (**a.**: *parcial, impaciente, injusto.*) *Debe ser ecuánime para resolver el litigio.*
ecuestre. adj. Caballar, hípico.
ecuménico, ca. adj. Universal, mundial.
echar. tr. Arrojar, lanzar, tirar, despedir, botar. (**a.**: *recoger, levantar.*) ‖ Destituir, deponer, despedir, expulsar. ‖ Poner, aplicar. ‖ Calcular, conjeturar. ‖ Pronunciar, decir, proferir. ‖ tr. y prnl. Inclinar, reclinar, recostar. ‖ prnl. Abalanzarse, precipitarse, arrojarse, lanzarse. ‖ Tenderse, tumbarse, acostarse.
edad. f. Tiempo. ‖ Duración. ‖ Período, etapa. ‖ Época.
edén. m. Paraíso, elíseo.
edicto. m. Mandato, decreto. ‖ Bando. ‖ Citación, notificación, aviso.
edificación. f. Construcción, obra, edificio, inmueble. (**a.**: *destrucción.*)
edificante. adj. Ejemplar, loable, meritorio.
edificar. tr. Construir, erigir, levantar, obrar, elevar, alzar, cimentar. ‖ Dar ejemplo, servir de modelo, ejemplarizar. (**a.**: *engañar, corromper.*)
edificio. m. Construcción, obra, fábrica.
edil. m. Concejal, regidor (municipal).
editar. tr. Publicar, imprimir, dar o sacar a luz.
educación. f. Enseñanza. ‖ Instrucción.

|| Buena crianza, urbanidad, cortesía.

educando, da. adj. y s. Colegial, escolar, alumno, discípulo, estudiante.

educar. tr. Enseñar, instruir, adoctrinar. (**a.**: *malcriar.*) || Desarrollar, afinar, perfeccionar, formar. || Domar, amaestrar.

edulcorar. tr. Endulzar, azucarar, almibarar.

efebo. m. Adolescente, mancebo.

efectivamente. adv. Realmente, verdaderamente, en efecto, seguramente.

efectivo, va. adj. Real, verdadero, cierto, positivo, auténtico, indudable. (**a.**: *imaginario, irreal.*) || Fijo, de plantilla. (**a.**: *sustituto, interino.*) || m. Dinero, numerario. || pl. Fuerzas militares.

efecto. m. Resultado, consecuencia, producto. (**a.**: *causa, origen, fundamento.*) || Impresión, sensación. || pl. Mercancía, mercadería. || Títulos, valores. || Muebles, enseres, bienes. || **en efecto.** loc. adv. Efectivamente. || En conclusión, así que.

efectuar. tr. Ejecutar, hacer, realizar, cumplir, verificar, consumar, llevar a cabo, llevar a efecto, llevar a término, poner por obra. || prnl. Cumplirse, hacerse efectivo.

efervescencia. f. Hervor, ebullición, burbujeo. || Agitación, exaltación, excitación, inquietud. (**a.**: *frialdad, tranquilidad.*)

eficacia. f. Actividad, energía, poder, virtud, vehemencia. || Eficiencia. (**a.**: *ineficacia, esterilidad, invalidación, fracaso.*)

eficaz. adj. Activo, fuerte, enérgico, poderoso, fervoroso. (**a.**: *ineficaz.*) || Eficiente. (**a.**: *inepto.*)

eficiente. adj. Eficaz, apto, capaz, competente. (**a.**: *deficiente, incapaz.*)

efigie. f. Imagen, representación, retrato, figura. || Personificación.

efímero, ra. adj. Pasajero, fugaz, huidizo, perecedero, breve. (**a.**: *perenne, perpetuo, duradero.*) *El placer es efímero.*

efluencia. f. Efluvio, emanación.

efluvio. m. Emanación, exhalación. || Irradiación.

efugio. m. Evasiva, escapatoria, salida, ardid, subterfugio, treta, excusa, pretexto, recurso.

efusión. f. Derramamiento. || Expansión, afecto, ternura, cordialidad, cariño, desahogo. (**a.**: *frialdad, ahogo.*)

efusivo, va. adj. Cordial, afectuoso, vehemente, expansivo, expresivo. (**a.**: *huraño.*)

égida o egida. f. Protección, patrocinio, amparo, defensa. || Escudo.

égloga. f. Pastoral, idilio.

egoísmo. m. Individualismo, personalismo, egotismo. (**a.**: *altruismo.*)

egregio, gia. adj. Ilustre, insigne, ínclico, esclarecido, preclaro, renombrado.

egreso. m. Descargo, gasto, salida. (**a.**: *ingreso.*)

eje. m. Árbol, barra.

ejecutante. adj. y s. Autor. || Intérprete, músico.

ejecutar. tr. Realizar, efectuar, hacer, obrar, cumplir, poner por obra, llevar a cabo. || Obedecer, cumplir, observar. || Interpretar, tocar. *El músico ejecutó el concierto con virtuosismo.* || Ajusticiar. *Ejecutaron al reo.*

ejecutorio, ria. adj. Firme, invariable.

ejemplar. adj. Edificante, arquetípico. || m. Original, prototipo, norma. || Espécimen. || Unidad, copia. || Modelo, dechado.

ejemplarizar. tr. Moralizar, edificar. (**a.**: *corromper.*)

ejemplificar. tr. Demostrar, probar.

ejemplo. m. Modelo, pauta, norma, dechado, regla, patrón, paradigma. || Prueba, comprobación, muestra. || **dar ejemplo.** Ejemplarizar.

ejercer. tr. e intr. Practicar, cultivar, profesar. || tr. Usar, ejercitar.

ejercicio. m. Práctica. || Uso, ejercitación.

ejercitar. tr. Practicar, ejercer. || Adiestrar, amaestrar, instruir.

ejido. m. Campiña, campo.

elaborar. tr. Preparar, confeccionar. || Producir, realizar, hacer. || Concebir, idear.

elección. f. Opción. || Alternativa, deliberación, arbitrio. || Votación.

electrizar. tr. Exaltar, avivar, inflamar,

entusiasmar, excitar, emocionar, magnetizar.

electroterapia. f. Galvanismo, galvanoterapia.

elefancía. f. Elefantiasis, mal de San Lázaro.

elefante, ta. m. y f. Proboscidio.

elegancia. f. Distinción, gusto, galanura, gallardía, gálibo. (**a.**: *desgarbo, cursilería.*)

elegíaco, ca o **elegiaco, ca.** adj. Lastimero, lamentable, triste, plañidero, quejumbroso, melancólico.

elegido, da. adj. Predilecto, preferido, favorito. ‖ Selecto, escogido. ‖ Predestinado.

elegir. tr. Escoger, optar, seleccionar.

elemental. adj. Primordial, fundamental, básico. (**a.**: *accesorio.*) ‖ Rudimentario, sencillo. (**a.**: *complejo, difícil.*) ‖ Obvio, evidente, claro.

elemento. m. Componente, parte, ingrediente. ‖ Sustancia. ‖ Medio, ambiente. *El aire es el elemento de los mamíferos.* ‖ pl. Rudimentos, nociones, principios. ‖ Medios, recursos.

elenco. m. Catálogo, índice. ‖ Personal, nómina.

elevación. f. Altura, eminencia, prominencia, altitud. ‖ Ascenso, ascensión, exaltación, superioridad. ‖ Enajenamiento, arrobamiento.

elevado, da. adj. Alto. (**a.**: *bajo.*) ‖ Eminente, prominente. ‖ Sublime, noble, excelso. ‖ Crecido, subido.

elevar. tr. Alzar, levantar, izar, subir. (**a.**: *bajar, descender.*) ‖ Erigir, edificar, construir. ‖ Enaltecer, encumbrar, engrandecer, ennoblecer. (**a.**: *humillar.*) ‖ Promover, ascender. ‖ tr. y prnl. Aumentar. (**a.**: *disminuir, reducir.*) ‖ prnl. Trasportarse, enajenarse, remontarse. ‖ Engreírse, envanecerse, ensoberbecerse.

elidir. tr. Eliminar, suprimir.

eliminar. tr. Suprimir, quitar, descartar, prescindir de, excluir. (**a.**: *incorporar, incluir.*) ‖ Separar, alejar, apartar. ‖ Expeler, expulsar.

elíptico, ca. adj. Ovalado, elipsoidal. ‖ Sobreentendido, tácito. (**a.**: *evidente, directo.*)

elixir o **elíxir.** m. Panacea, pócima, remedio, medicamento.

elocuencia. f. Persuasión, convicción. (**a.**: *concisión.*) ‖ Grandilocuencia, altisonancia.

elocuente. adj. Facundo, diserto. (**a.**: *lacónico, parco.*) ‖ Convincente, persuasivo. *Los sofistas eran muy elocuentes.* ‖ Expresivo, significativo.

elogiar. tr. Alabar, celebrar, encarecer, encomiar, loar, ponderar, ensalzar, enaltecer. (**a.**: *denigrar, censurar.*)

elogio. m. Alabanza, enaltecimiento, loa, encomio, ponderación, loor, ditirambo, panegírico, apología, bombo. (**a.**: *amonestación, insulto.*)

elucidar. tr. Aclarar, dilucidar, poner en claro, explicar.

eludir. tr. Evitar, rehuir, esquivar, soslayar, sortear. (**a.**: *afrontar, desafiar, enfrentar.*)

emanación. f. Efluvio, exhalación. ‖ Irradiación. ‖ Expresión, manifestación.

emanar. intr. Derivarse, dimanar, proceder, provenir, nacer, originarse, venir. ‖ tr. Exhalar.

emancipar. tr. y prnl. Libertar, manumitir. (**a.**: *sojuzgar, esclavizar.*)

embadurnar. tr. Untar, embarrar, manchar. (**a.**: *limpiar.*) ‖ Pintarrajear. ‖ prnl. Ensuciarse.

embaír. tr. Embaucar, engañar, alucinar, ilusionar, camelar.

embajada. f. Mensaje, recado, comisión. ‖ Legación.

embajador, ra. m. y f. Emisario, enviado. ‖ Diplomático, plenipotenciario.

embalar. tr. Envolver, empaquetar, empacar. (**a.**: *desenvolver.*)

embalar. intr. y prnl. Acelerar.

embalsamar. tr. Perfumar, aromatizar. ‖ Momificar, preservar.

embalsar. tr. Represar.

embalse. m. Pantano, rebalse, represa.

embarazado, da. adj. Turbado, cohibido, confuso. ‖ adj. y f. Encinta, preñada, grávida.

embarazar. tr. Estorbar, retardar, dificultar, entorpecer, obstaculizar, impedir. (**a.**: *facilitar, dejar, desemba-*

razar.) || Molestar, turbar. || Preñar. || prnl. Cohibirse.

embarazo. m. Impedimento, estorbo, dificultad, entorpecimiento, obstáculo, tropiezo. || Preñez, gravidez. || Encogimiento, timidez, turbación, empacho, cohibición.

embarazoso, sa. adj. Incómodo, molesto.

embarcación. f. Barco, buque, nave, navío, bajel, barca, bote, gabarra, remolque. || Embarco, embarque.

embarcadero. m. Muelle.

embarco. m. Embarque, embarcación.

embargar. tr. Embarazar, impedir, estorbar. || Confiscar, secuestrar. || Suspender, paralizar. || Absorber, ocupar.

embargo. m. Ejecución, confiscación, caución, incautación, comiso, retención. || **sin embargo.** loc. conj. No obstante, empero, con todo, a pesar de ello.

embarque. m. Embarco, embarcación.

embarrancar. intr. y prnl. Atascar, atollarse. || tr. e intr. Varar, encallar.

embarrar. tr. y prnl. Enlodar. || Embadurnar, manchar.

embarullar. tr. Enredar, revolver, confundir, embrollar, mezclar. (**a.**: *ordenar.*) || prnl. Atropellarse, aturdirse, aturullarse.

embate. m. Acometida, embestida, ataque, arremetida. *El embate de las olas.*

embaucador, ra. adj. Engañador, impostor, embustero, charlatán, engañabobos. (**a.**: *sincero.*)

embaucamiento. m. Engaño, seducción, alucinación.

embaucar. tr. Engañar, seducir, encandilar, alucinar, embabucar, embaír. (**a.**: *desengañar.*)

embaular. tr. Tragar, engullir, embocar, zampar.

embeber. tr. Absorber. || Empapar, impregnar. (**a.**: *secar.*) || Embutir, encajar. || Incorporar, incluir. || Contener, encerrar. || Reducir, estrechar. || intr. Encogerse, tupirse. || prnl. Embeberse, embelesarse, absorberse, abstraerse, enfrascarse. || Imbuirse, impregnarse, empaparse.

embeleco. m. Embuste, engaño, mentira, superchería, engañifa, zalamería.

embelesar. tr. y prnl. Embobar, suspender, encantar, cautivar, arrebatar, arrobar, fascinar. (**a.**: *desencantar.*)

embellecer. tr. Hermosear, adornar, ataviar, acicalar, aderezar. (**a.**: *afear.*) || Idealizar.

emberrenchinarse o **emberrincharse.** prnl. Encorajinarse, sulfurarse, encolerizarse.

embestida. f. Acometida, arremetida, ataque, embate, combate.

embestir. tr. e intr. Acometer, atacar, arremeter.

emblema. m. Símbolo, jeroglífico, empresa, representación, lema, alegoría. || Bandera, insignia, enseña, escudo. || Divisa.

embobar. tr. y prnl. Abobar, embelesar, admirar, suspender, asombrar, pasmar.

embocadura. f. Bocado. || Desembocadura, boca, abertura. || Boquilla.

embocar. tr. Tragar, engullir, embaular. || Enfilar. || Entrar, meter. (**a.**: *sacar.*)

émbolo. m. Pistón.

embolsar. tr. Entrujar. || Cobrar. (**a.**: *abonar.*)

emborrachar. tr. y prnl. Embriagar. || Atontar, adormecer, aturdir, perturbar.

emborronar. tr. Borronear, borrajear. || Rasguear.

emboscada. f. Celada, zalagarda. || Asechanza, celada, trampa, intriga, maquinación, encerrona.

embotar. tr. y prnl. Desafilar, mellar. || tr. Debilitar, enervar. *El cansancio embota la eficiencia.* || prnl. Aturdirse, atontarse, ofuscarse. (**a.**: *serenarse.*)

embotellar. tr. Acorralar, cercar. || Inmovilizar, detener. || Aprender, estudiar, memorizar.

embozar. tr. y prnl. Rebozar. || Encubrir, envolver, disfrazar, ocultar, desfigurar. (**a.**: *destapar.*)

embozo. m. Disimulo, tapujo, rodeo, recato. (**a.**: *desenvoltura.*)

embravecer. tr. y prnl. Irritar, enfurecer, encolerizar. (**a.**: *calmar, apaciguar, amansar.*)

embriagar. tr. y prnl. Emborrachar. || Marear, perturbar, atontar, aturdir, adormecer. || Enajenar, extasiar, arrebatar, trasportar, embelesar.

embriaguez. f. Borrachera, ebriedad. || Enajenación, enajenamiento, embeleso, éxtasis, arrebato. (**a.**: *sobriedad.*)

embrión. m. Germen. || Principio, origen, rudimento. || Feto.

embrionario, ria. adj. Rudimentario, elemental.

embrocar. tr. Abocar.

embrollador, ra. adj. Embrollón, lioso, barullón.

embrollar. tr. y prnl. Enredar, confundir, embarullar, enmarañar, revolver, desordenar.

embrollo. m. Enredo, confusión, barullo, maraña, lío. (**a.**: *orden.*) || Embuste, mentira, trápala. (**a.**: *verdad.*) || Conflicto, aprieto. (**a.**: *aclaración.*)

embrollón, na. adj. Embrollador, lioso, enredador.

embromar. tr. Engañar, burlar, chasquear, bromear, fastidiar.

embrujar. tr. Hechizar, encantar. || Embelesar, cautivar.

embrujo. m. Hechizo, encantamiento, embrujamiento.

embrutecer. tr. y prnl. Atontar, entorpecer.

embuchado. m. Embutido.

embuchar. tr. Embutir. || Engullir, tragar, embaular. || Introducir.

embuste. m. Trápala, mentira, patraña, embrollo, embeleco, farsa, engaño. (**a.**: *verdad, verosimilitud.*)

embustero, ra. adj. Mentiroso, embaucador, farsante, engañador, impostor, trolero.

embutido. m. Embuchado. || Taracea, ataracea, marquetería.

embutir. tr. Llenar, rellenar, apretar, atiborrar, recalcar. || Embuchar. || Encajar, incrustar, engastar, incluir. || Instruir, enseñar. || Embocar, engullir. || Taracear.

emerger. intr. Surgir, brotar, salir.

emético, ca. adj. Vomitivo.

emigración. f. Migración, trasmigración, éxodo. (**a.**: *repatriación.*)

emigrar. intr. Trasmigrar, expatriarse. (**a.**: *inmigrar.*)

eminencia. f. Elevación, altura. || Saliente, resalte. || Excelencia, sublimidad, superioridad. (**a.**: *bajeza.*)

eminente. adj. Alto, elevado, prominente, sobresaliente. || Superior, distinguido, notable, ilustre, excelente, insigne, egregio, excelso.

emisario, ria. m. y f. Embajador, mensajero, enviado.

emisión. f. Producción, difusión.

emitir. tr. Arrojar, exhalar, despedir, lanzar. (**a.**: *absorber, atraer.*) || Radiar, radiodifundir, trasmitir. || Acuñar, poner en circulación. || Manifestar, expresar, hacer público, exponer. *Emitir el voto.* (**a.**: *callar, reservarse, ocultar.*)

emocionar. tr. y prnl. Conmover, afectar, enternecer, alterar, turbar. (**a.**: *tranquilizar.*)

emoliente. adj. Demulcente, lenitivo.

emolumento. m. Gaje, gratificación, retribución, remuneración, obvención, propina, sueldo, jornal, paga, salario.

empacar. tr. Empaquetar, embalar, enfardar, encajonar.

empacarse. prnl. Obstinarse, emperrarse. (**a.**: *ceder, conceder.*) || Turbarse, enojarse, irritarse.

empachar. tr. Estorbar, impedir, embarazar. || tr. y prnl. Ahitar, hartar, indigestar. || tr. Disfrazar, encubrir. || prnl. Avergonzarse, cortarse, embazarse, embarazarse, turbarse. (**a.**: *atreverse.*)

empacho. m. Indigestión. || Estorbo, embarazo, obstáculo, impedimento. || Cortedad, vergüenza, encogimiento, turbación. (**a.**: *osadía, desenfado.*)

empadronamiento. m. Padrón, censo. || Recuento.

empalagar. tr. y prnl. Hastiar, fastidiar, cansar, aburrir. (**a.**: *entretener, divertir.*) || Empachar, ahitar.

empalagoso, sa. adj. Dulzón, dulzarrón. || Fastidioso, zalamero, pesado, cargante, sobón, pegajoso.

empalizada. f. Estacada, palizada.

empalizar. tr. Vallar.

empalmar. tr. Unir, juntar, ligar, enlazar, entroncar. (**a.**: *separar.*) ‖ Ligar, combinar. ‖ intr. Unirse, combinarse. ‖ Suceder, seguir.

empalme. m. Ensambladura. ‖ Conexión, enchufe. ‖ Enlace.

empantanar. tr. y prnl. Inundar, encharcar. ‖ Atascar, estancar, paralizar, detener.

empañar. tr. Deslustrar, oscurecer, enturbiar. ‖ Desacreditar, manchar, deslucir. *Esa actitud puede empañar su prestigio.*

empapar. tr. y prnl. Absorber, embeber, impregnar. (**a.**: *enjugar.*) ‖ Mojar. (**a.**: *secar.*) ‖ prnl. Imbuirse, penetrarse, compenetrarse.

empapelar. tr. Revestir, envolver, cubrir. ‖ Procesar.

empapuciar, empapujar o **empapuzar.** tr. Hartar, ahitar, empachar.

empaque. m. Tiesura, estiramiento, seriedad, gravedad. ‖ Énfasis. ‖ Aspecto, aire, catadura.

emparejar. tr. Aparear, acoplar. (**a.**: *desunir.*) ‖ Nivelar, igualar. (**a.**: *desnivelar.*) ‖ Allanar, aplanar. ‖ intr. Alcanzar.

emparentar. tr. y prnl. Relacionar. ‖ intr. y prnl. Entroncar.

emparrado. m. Pérgola.

emparrillado. m. Enrejado. ‖ Zampeado. ‖ Peine.

empaste. m. Pasta, mezcla.

empecer. intr. Impedir, obstar. ‖ Perjudicar, dañar, damnificar.

empecinado, da. adj. Obstinado, pertinaz, terco, testarudo, tozudo.

empecinarse. prnl. Obstinarse, aferrarse, porfiar, encapricharse, emperrarse, encastillarse.

empedernido, da. adj. Cruel, implacable, inexorable, despiadado, insensible. (**a.**: *benévolo, indulgente.*) ‖ Incorregible.

empedrado. m. Adoquinado, pavimentado.

empedrar. tr. Adoquinar, pavimentar.

empegar. tr. Empecinar, empeguntar.

empelazgarse. prnl. Andar a la greña, disputar, reñir.

empellón. m. Empujón.

empeñar. tr. Pignorar, prendar. (**a.**: *desempeñar, recobrar, rescatar.*) ‖ Hipotecar. ‖ Comprometer. ‖ tr. y prnl. Obligar, precisar. ‖ Empezar, trabar. ‖ prnl. Endeudarse, entramparse. ‖ Obstinarse, insistir, porfiar, emperrarse.

empeño. m. Pignoración. ‖ Obligación, deber. ‖ Afán, ansia, anhelo. ‖ Tesón, constancia, obstinación, ahínco, porfía, tema. *Busco con empeño al que me agravió.*

empeorar. tr., intr. y prnl. Desmejorar. (**a.**: *mejorar, progresar.*) ‖ tr. e intr. Caer, decaer, declinar.

empequeñecer. tr. Disminuir, menguar, aminorar. (**a.**: *aumentar, elevar.*)

emperifollar. tr. y prnl. Acicalar, adornar, emperejilar, empaquetar.

empero. conj. Pero, mas, sino. ‖ Sin embargo, no obstante.

emperrarse. prnl. Obstinarse, empeñarse, encastillarse, porfiar, empecinarse. (**a.**: *ceder, desistir, aflojar.*)

empezar. tr. Comenzar, principiar, emprender, acometer, iniciar. (**a.**: *terminar, acabar.*) ‖ intr. Nacer, tener principio, originarse. (**a.**: *extinguirse.*) ‖ Iniciarse. (**a.**: *finalizar, concluir.*)

empinado, da. adj. Alto, elevado. ‖ Estirado, orgulloso, presumido.

empinar. tr. Erguir, alzar, levantar. ‖ Beber. ‖ prnl. Ponerse de puntillas. ‖ Encabritarse.

empingorotado, da. adj. Encopetado, ensoberbecido, engreído.

empíreo, a. adj. Celestial, divino. ‖ m. Cielo, paraíso.

empírico, ca. adj. Experimental.

emplasto. m. Parche, bizma, pegado. ‖ Cataplasma. ‖ Componenda.

emplazamiento. m. Situación, ubicación, colocación. *El emplazamiento de esa fortaleza es estratégico.* ‖ Cita, demanda.

emplazar. tr. Colocar, poner, situar, ubicar.

emplazar. tr. Aplazar. || Demandar, citar.
empleado, da. m. y f. Dependiente, funcionario, oficinista. (**a.**: *cesanteado.*)
empleador, ra. m. y f. Patrón, patrono, dueño.
emplear. tr. Ocupar, colocar, acomodar, destinar. || Usar, aplicar, servirse, valerse, destinar, utilizar. || Invertir, gastar.
empleo. m. Destino, colocación, ocupación, puesto, acomodo, cargo, plaza. || Uso, utilización, aplicación.
emplomar. tr. Soldar, cubrir, obturar, empastar.
empobrecer. tr. Depauperar, arruinar. (**a.**: *enriquecer.*) || prnl. Decaer, venir a menos, declinar. (**a.**: *medrar, engrandecer.*)
empollar. tr. Encobar, criar, incubar. || Meditar. || Estudiar.
emponzoñar. tr. Intoxicar, envenenar. || Inficionar, corromper, dañar, envilecer, echar a perder, viciar.
emporcar. tr. Ensuciar, manchar.
emporio. m. Mercado, centro comercial. || Ciudad.
empotrar. tr. Embutir, encajar, incrustar, meter, encastrar.
emprendedor, ra. adj. Resuelto, decidido, activo, audaz. (**a.**: *timorato.*)
emprender. tr. Comenzar, empezar, principiar, iniciar, acometer, entablar. (**a.**: *desistir, acabar.*)
empresa. f. Proyecto, intento, designio. || Símbolo, lema. || Sociedad, compañía. || Obra, proyecto. || Divisa, emblema, enseña.
empresario, ria. m. y f. Patrono.
empréstito. m. Préstamo.
empujar. tr. Impeler, impulsar, propulsar. || Excitar, incitar, impulsar, estimular. (**a.**: *desanimar.*)
empuje. m. Impulso, impulsión, propulsión. || Fuerza, brío, arranque, resolución, ánimo, ímpetu. (**a.**: *desaliento.*) || Carga, peso.
empujón. m. Envión, envite, empellón. || Impulso, impulsión, propulsión.
empuñadura. f. Puño, mango, guarnición.
empuñar. tr. Asir, agarrar, apretar, coger. *Empuñó el arma.*
emulación. f. Rivalidad, competencia, antagonismo, competición.
emular. tr. Competir, rivalizar. || Imitar. *Hay que emular los buenos ejemplos.*
émulo, la. m. y f. Competidor, rival. || Imitador.
enaceitar. tr. Engrasar, lubricar.
enagua. f. Refajo, saya.
enaguazar. tr. y prnl. Aguachamar, encharcar.
enajenado, da. adj. Alienado, demente.
enajenar. tr. Vender, traspasar. (**a.**: *retener.*) || Ceder, trasmitir. || tr. y prnl. Trasportar, extasiar, encantar. || Perturbar, enloquecer, trastornar. (**a.**: *tranquilizar.*)
enaltecer. tr. Ensalzar, exaltar, elevar, honrar, engrandecer. || Elogiar, alabar, encomiar. (**a.**: *criticar.*)
enaltecimiento. m. Elogio, alabanza, exaltación. (**a.**: *reprobación.*)
enamorar. tr. Galantear, requebrar, cortejar, hacer la corte. || prnl. Prendarse, aficionarse, encariñarse, apasionarse.
enamoricarse o **enamoriscarse.** prnl. Engolondrinarse.
enano, na. adj. Diminuto, pequeñísimo. (**a.**: *gigante.*) || m. y f. Pigmeo, liliputiense, gorgojo, gnomo, petizo, chaparro.
enarbolar. tr. Elevar, levantar, izar. (**a.**: *arriar.*) || Arbolar. || prnl. Encabritarse, empinarse. || Encolerizarse, enfadarse, enfurecerse.
enarcar. tr. Arquear. || prnl. Intimidarse, encogerse, achicarse.
enardecer. tr. Inflamar, excitar, avivar, entusiasmar. (**a.**: *serenar, acobardar.*)
encabezar. tr. Comenzar, iniciar. || Acaudillar.
encadenamiento. m. Conexión, trabazón, enlace, relación, unión, concatenación. || Eslabonamiento, ligadura, engarce.
encadenar. tr. Aprisionar, aherrojar. || Inmovilizar, sujetar, atar. || Avasallar, esclavizar. (**a.**: *liberar.*) || tr. y prnl.

Trabar, enlazar, unir, eslabonar, relacionar, ligar. (**a.**: *desligar.*)

encajar. tr. Ajustar, embutir, engastar, meter. (**a.**: *desencajar, desarticular.*) || Descargar, asestar, dar. || Endilgar, endosar. || intr. Concordar, coincidir, casar. || prnl. Atascarse, atollarse.

encajonar. tr. Meter, encajar, apretar, llenar, embutir.

encalabrinar. tr. y prnl. Irritar, excitar. || prnl. Empeñarse, encapricharse, obstinarse.

encaladura. f. Encostradura, enyesadura, enjalbegado, estucado.

encalar. tr. Blanquear, enjalbegar.

encalmar. tr. y prnl. Tranquilizar, serenar, apaciguar.

encallar. intr. Varar, embarrancar. || Atascarse, detenerse.

encaminar. tr. y prnl. Dirigir, guiar, orientar. || Enderezar, encarrilar, encauzar. (**a.**: *desviar.*)

encandilar. tr. Deslumbrar, cegar. || Alucinar, ilusionar, seducir, engañar, embaucar. (**a.**: *desilusionar.*)

encanecer. intr. Enmohecerse. || Envejecer, avejentarse.

encanillar. tr. Encañar, encañonar.

encantador, ra. adj. Cautivador, atrayente, seductor, fascinador. || m. y f. Hechicero, brujo, mago.

encantamiento. m. Encanto, hechizo, sortilegio, magia, brujería. || Fascinación, atractivo, seducción.

encantar. tr. Hechizar, embrujar. || Embelesar, cautivar, seducir, atraer, sugestionar, fascinar. (**a.**: *aburrir, repeler.*)

encanto. m. Encantamiento, hechizo, embrujamiento, sortilegio. || Embeleso, seducción, fascinación.

encañonar. tr. Dirigir, apuntar.

encapotarse. prnl. Nublarse, oscurecerse, anubarrarse, aborrascarse. (**a.**: *despejarse.*)

encapricharse. prnl. Empeñarse, obstinarse. (**a.**: *desistir.*) || Enamorarse, apasionarse.

encaramar. tr. Levantar, subir. (**a.**: *bajar, agachar.*) || Alabar, encarecer, ensalzar, encumbrar. || prnl. Trepar.

encarar. tr. Enfrentar. *Será mejor encarar el problema.* || Afrontar, hacer frente, arrostrar. || Apuntar, dirigir.

encarcelar. tr. Aprisionar, encerrar, recluir. (**a.**: *excarcelar, soltar.*) || Empotrar.

encarecer. tr. Alabar, ponderar, exagerar, abultar, encomiar. (**a.**: *denigrar, insultar.*) || tr., intr. y prnl. Aumentar, subir. (**a.**: *abaratar.*) || Recomendar, encargar.

encarecimiento. m. Subida, alza, carestía. || Instancia, empeño, insistencia. || Ponderación, alabanza. (**a.**: *denuesto.*)

encargar. tr. Confiar, encomendar. || Recomendar, aconsejar, prevenir. || Pedir, ordenar. || prnl. Hacerse cargo, responsabilizarse. (**a.**: *renunciar.*)

encargo. m. Encomienda, encomendamiento, recado, cometido, comisión. || Pedido. || Diligencia, trámite.

encariñarse. prnl. Aficionarse, prendarse, enamorarse, apegarse.

encarnado, da. adj. Colorado, rojo.

encarnadura. f. Carnadura.

encarnar. tr. Representar. || Personificar, simbolizar.

encarnizado, da. adj. Encendido, ensangrentado. || Reñido, sangriento, cruento, porfiado. (**a.**: *piadoso.*)

encarnizamiento. m. Crueldad, ferocidad, ensañamiento, saña. (**a.**: *misericordia.*)

encarnizarse. prnl. Cebarse. || Encruelecerse, cebarse, ensañarse, enfurecerse.

encarpetar. tr. Guardar, archivar. *Van a encarpetar su proyecto.*

encarrilar. tr. Encaminar, dirigir, guiar, enderezar, encauzar. (**a.**: *desviar.*)

encartar. tr. Procesar, encausar, empapelar. || Incluir, intercalar.

encasquetar. tr. Encajar, endilgar. || prnl. Obstinarse, empecinarse.

encastillar. tr. Apilar, amontonar. || prnl. Guarecerse, refugiarse. || Obstinarse, empeñarse, emperrarse.

encausar. tr. Procesar, enjuiciar, formar causa.

encauzar. tr. y prnl. Encaminar, encarrilar, enderezar. (a.: *descarriar.*) ‖ tr. Dirigir, guiar.

encebadamiento. m. Enfosado (en veterinaria).

encéfalo. m. Masa encefálica, meollo, sesos, sesera. ‖ Sesada.

enceguecer. tr. Cegar. ‖ tr. y prnl. Ofuscar, obcecar, obnubilar.

encella. f. Formaje, molde.

encenagarse. prnl. Enlodarse. ‖ Envilecerse.

encendedor. m. Mechero, chisquero.

encender. tr. Incendiar. ‖ Inflamar, enardecer, excitar. (a.: *calmar, sosegar.*) ‖ Prender. (a.: *apagar.*) ‖ Conectar. ‖ tr. y prnl. Suscitar, ocasionar. ‖ prnl. Ruborizarse, enrojecer, sonrojarse.

encendido, da. adj. Encarnado. ‖ Inflamado, abrasado, ígneo. ‖ m. Ignición.

encerado. m. Pizarra, pizarrón.

encerrar. tr. Aprisionar, recluir. (a.: *liberar.*) ‖ Incluir, contener, comprender, abarcar. ‖ Guardar, custodiar. ‖ prnl. Enclaustrarse. ‖ Encastillarse, obstinarse.

encerrona. f. Celada, emboscada.

encierro. m. Reclusión, prisión, celda, cárcel, mazmorra. ‖ Retiro, clausura, recogimiento, apartamiento, aislamiento.

encima. adv. Sobre sí. (a.: *debajo.*) ‖ Además. ‖ **encima de.** loc. prep. Sobre. ‖ **por encima.** loc. adv. Superficialmente, de pasada. ‖ **por encima de.** loc. prep. A pesar de, en contra de.

encinta. adj. Embarazada, preñada.

encintado. m. Bordillo.

enclaustrar. tr. y prnl. Encerrar, esconder.

enclavar. tr. Atravesar. ‖ Fijar, encajar, clavar.

enclenque. adj. Enfermizo, débil, enteco, canijo. (a.: *robusto, fornido.*)

enclocar. intr. y prnl. Enllocar.

encobar. tr. e intr. Incubar, empollar.

encocorar. tr. y prnl. Molestar, fastidiar, enfadar, enojar, exasperar, crispar.

encoger. tr. y prnl. Contraer, replegar. (a.: *estirar.*) ‖ Achicar. ‖ prnl. Apocarse, acobardarse. (a.: *atreverse.*)

encogido, da. adj. Apocado, tímido, vergonzoso, corto.

encogimiento. m. Contracción, constricción. ‖ Apocamiento, cortedad, timidez, empacho, vergüenza, cohibición. (a.: *intrepidez, osadía.*)

encolerizar. tr. y prnl. Enojar, irritar, enfurecer, sulfurar, exacerbar. (a.: *sosegar.*)

encomendar. tr. Encargar, confiar. ‖ Recomendar, alabar. ‖ prnl. Entregarse, confiarse.

encomiar. tr. Alabar, encarecer, loar, elogiar, ensalzar, celebrar.

encomiástico, ca. adj. Laudatorio, elogioso.

encomienda. f. Encargo, recado. ‖ pl. Recuerdos, memorias.

encomio. m. Alabanza, elogio, encarecimiento. *Su actitud es digna de encomio.* (a.: *insulto.*)

enconar. tr. y prnl. Irritar, inflamar. ‖ Avivar, irritar, exasperar, exacerbar.

encono. m. Animadversión, resentimiento, malquerencia, rencor, aborrecimiento, saña, odio.

encontrado, da. adj. Opuesto, contrario, antitético, contradictorio.

encontrar. tr. Hallar, dar con. (a.: *perder.*) ‖ prnl. Tropezar, chocar, topar. ‖ Oponerse, enemistarse, discordar, desavenirse. ‖ Reunirse, verse. ‖ Hallarse, estar. *A partir de hoy él se encuentra fuera del país.*

encontrón o **encontronazo.** m. Choque, colisión, topada, topetazo, tropiezo.

encopetado, da. adj. Empingorotado, ensoberbecido, engreído, vanidoso, presumido, fatuo, presuntuoso, petulante. (a.: *tímido.*) ‖ Linajudo.

encorajinarse. prnl. Enfadarse, irritarse, encolerizarse, emberrenchinarse, sulfurarse.

encorvadura. f. Curvatura, alabeo, corvadura.

encorvar. tr. Curvar, arquear, torcer, recorvar. (a.: *enderezar.*) ‖ Inclinar, doblar. (a.: *erguir.*)

encrasar. tr. Engrasar, abonar, fertilizar.

encrespar. tr. y prnl. Ensortijar, rizar,

engrifar. || Erizar. || Enfurecer, irritar, embravecer. (**a.**: *serenar.*) || Alborotar.

encrucijada. f. Crucero, cruzada, cruce. || Emboscada, asechanza. || Dilema, apuro. *La decisión de sus padres la puso en una encrucijada.*

encuadrar. tr. Enmarcar. || Encajar, ajustar. || Encerrar, incluir.

encubridor, ra. m. y f. Capa, tapadera. || Alcahuete.

encubrir. tr. Ocultar, recatar, esconder, solapar, disimular, tapar, celar. (**a.**: *descubrir, delatar.*)

encuentro. m. Coincidencia. || Hallazgo. (**a.**: *pérdida.*) || Colisión, choque, topada, topetazo. || Choque, refriega. || Entrevista. || Oposición, contradicción. || Competición, partido.

encuesta. f. Averiguación, búsqueda, cuestionario, indagación.

encuitarse. prnl. Acuitarse, entristecerse, desasosegarse, afligirse, apesadumbrarse.

encumbrado, da. adj. Destacado, prominente. *Un científico encumbrado.*

encumbramiento. m. Altura, elevación. || Ensalzamiento, exaltación, ponderación.

encumbrar. tr. y prnl. Levantar, alzar, elevar, erguirse. || tr. Enaltecer, ensalzar, engrandecer, exaltar, ponderar. || prnl. Envanecerse, engreírse, ensoberbecerse.

enchapar. tr. Chapear, laminar.

encharcar. tr. y prnl. Aguazar, enaguazar, enaguachar, empantanar.

enchufe. m. Prebenda, empleo, cargo, sinecura. || Conectador.

ende (por). loc. conj. Por lo tanto, por tanto.

endeble. adj. Débil, flojo, frágil, flaco, enclenque. (**a.**: *vigoroso, tenaz, fuerte.*)

endémico, ca. adj. Habitual.

endemoniado, da. adj. Demoníaco, energúmeno, poseso, poseído. || Perverso, nocivo, malo, endiablado, dañino.

endemoniar. tr. Espiritar. || prnl. Irritarse, encolerizarse, enfurecerse.

endentar. tr. Encastrar, engargantar, engranar, encajar.

endentecer. intr. Dentar.

enderezar. tr. y prnl. Destorcer. (**a.**: *torcer.*) || Erguir, alzar, levantar, elevar. || tr. Encaminar, dirigir, guiar, encarrilar, encauzar, enfilar. || intr. Dirigirse.

endeudarse. prnl. Empeñarse, entramparse.

endiablado, da. adj. Endemoniado.

endilgar. tr. Encajar, endosar. *Le endilgaron el trabajo más duro.*

endiosar. tr. Deificar, divinizar. || Ensalzar, exaltar. || prnl. Ensoberbecerse, engreírse, envanecerse.

endomingado, da. adj. Dominguero, acicalado, emperifollado, engalanado.

endosar. tr. Endilgar, cargar, encajar. || Traspasar, trasferir.

endrina. f. Amargaleja, andrina.

endulzar. tr. Dulcificar, edulcorar, almibarar, azucarar. || Suavizar, mitigar, atenuar, sosegar, calmar.

endurecer. tr. Indurar. || tr. y prnl. Robustecer, fortalecer. (**a.**: *debilitar.*) || prnl. Encruelecerse, insensibilizarse.

endurecido, da. adj. Empedernido, insensible, inflexible, indiferente. || Coriáceo.

endurecimiento. m. Dureza, callosidad, induración. || Dureza, obstinación, tenacidad, pertinacia.

enebro. m. Cada, junípero.

enema. m. Ayuda, lavativa.

enemiga. f. Enemistad, inquina, malquerencia, mala voluntad, odio, animadversión.

enemigo, ga. adj. y s. Contrario, opuesto, hostil, refractario. (**a.**: *amigo.*) || Adversario, antagonista, rival. (**a.**: *allegado.*)

enemistad. f. Aversión, animadversión, hostilidad, malquerencia, odio, rencor.

enemistar. tr. y prnl. Malquistar, indisponer, encizañar, desavenir.

energía. f. Fuerza, poder, potencia. (**a.**: *debilidad.*) || Eficacia, actividad, dinamismo. || Vigor, fibra, fortaleza. || Tesón, firmeza, voluntad.

enérgico, ca. adj. Eficaz, activo, poderoso. || Vigoroso, fuerte. || Tenaz, tesonero, firme.

energúmeno, na. m. y f. Endemoniado, poseso. || adj. Furioso, alborotado, enfurecido.

enervar. tr. y prnl. Debilitar, embotar. (**a.**: *vigorizar.*) || tr. Abatir, anular.

enfadar. tr. y prnl. Enojar, irritar, fastidiar, incomodar, disgustar.

enfado. m. Desagrado, molestia, fastidio, disgusto. (**a.**: *agrado.*) || Enojo, ira. || Afán, trabajo.

enfadoso, sa. adj. Desagradable, pesado, cansado, engorroso, fastidioso, molesto, enojoso.

enfangar. tr. y prnl. Enlodar, embarrar. || prnl. Envilecerse, deshonrarse

énfasis. m. Ampulosidad, afectación, ceremonia.

enfático, ca. adj. Expletivo, insistente. || Afectado, altisonante, petulante, engolado, ampuloso. (**a.**: *sencillo, natural.*)

enfermar. intr. y prnl. Debilitar, menoscabar, invalidar. || prnl. Indisponerse, guardar cama.

enfermedad. f. Mal, dolencia, morbo, padecimiento, achaque, indisposición, destemple, afección. (**a.**: *salud.*)

enfermizo, za. adj. Achacoso, enteco, débil, delicado, enclenque, valetudinario, enfermo. || Malsano, morboso, mórbido.

enfermo, ma. adj. Malo, doliente, paciente, achacoso, indispuesto, destemplado.

enfervorizar. tr. Entusiasmar, animar, alentar. *El fútbol enfervoriza a sus simpatizantes.*

enfilar. tr. Ensartar. || Dirigir, orientar. || tr., intr. y prnl. Dirigir.

enflaquecer. tr. e intr. Adelgazar, enmagrecer, desengrosar, enflacar. (**a.**: *engordar.*) || tr. Debilitar, enervar. || intr. Desmayar, flaquear, flojear.

enfoscarse. prnl. Enfrascarse, engolfarse. || Encapotarse, nublarse.

enfrascarse. prnl. Engolfarse, concentrarse, sumirse. (**a.**: *despreocuparse.*)

enfrentar. tr. y prnl. Encarar. (**a.**: *eludir.*)

enfrente. adv. Delante, frente a, frontero. (**a.**: *detrás.*) || En contra, en pugna. || **enfrente de.** loc. prep. Frente a.

enfriamiento. m. Catarro, constipado, resfriado.

enfriar. tr. y prnl. Refrescar, refrigerar. (**a.**: *calentar.*) || Entibiar, amortiguar, templar, disminuir. || prnl. Resfriarse, acatarrarse.

enfundar. tr. Encamisar.

enfurecer. tr. y prnl. Irritar, enojar, sulfurar, encolerizar, exasperar. (**a.**: *serenar.*) || prnl. Alborotarse, alterarse, encresparse.

enfurruñarse. prnl. Enojarse, enfadarse. || Enfoscarse, nublarse.

engaitar. tr. Engatusar, engañar, seducir.

engalanar. tr. y prnl. Adornar, ataviar, hermosear, acicalar. *Con motivo de las fiestas patrias, engalanaron los edificios públicos.*

engallado, da. adj. Erguido, derecho. || Arrogante, altanero, soberbio.

enganchar. tr. Agarrar. || Colgar, suspender. || Atraer, seducir. || tr. y prnl. Alistar, reclutar. || prnl. Sentar plaza.

engañador, ra. adj. Engañoso, mentiroso. || Impostor.

engañar. tr. Seducir, atraer, ilusionar, engatusar, engaitar. || Mentir, embaucar, burlar, trampear. || Entretener, distraer. || prnl. Equivocarse, confundirse, errar.

engañifa. f. Trampa, engaño.

engaño. m. Mentira, falsedad, fraude, superchería, farsa. (**a.**: *verdad.*) || Error, equivocación.

engañoso, sa. adj. Ilusorio, falaz, mentiroso, aparente, engañador, capcioso, falso, fingido.

engarce o **engace.** m. Encadenamiento, eslabonamiento. || Engaste, engazo. || Enlace, conexión, trabazón.

engargantar. intr. Engranar, endentar.

engargante. m. Engranaje.

engarzar. tr. Trabar, encadenar, eslabonar, engazar. || Engastar, engazar.

engastador, ra. adj. Enjoyelador.

engastar. tr. Encajar, embutir, engarzar, montar, alojar.

engaste. m. Engarce. || Montadura, guarnición.

engatusar. tr. Engañar, seducir, engaitar, embaucar, embelecar.
engendrar. tr. Procrear, reproducirse. || Generar, originar, ocasionar, causar, producir.
engendro. m. Feto. || Monstruo, aborto.
englobar. tr. Incluir, comprender, encerrar, reunir, abarcar, abrazar.
engolado, da. adj. Enfático, altisonante, presuntuoso, petulante, afectado. (**a.**: *humilde*.)
engolfarse. prnl. Enfrascarse, absorberse, consagrarse, dedicarse, concentrarse. || Enmararse.
engolosinar. tr. Cebar, atraer, incitar, estimular, tentar. || prnl. Arregostarse, regostarse, aficionarse, tomar gusto, enviciarse.
engomar. tr. Encolar, pegar.
engordar. tr. Cebar. || intr. Engrosar. (**a.**: *enflaquecer*.) || Enriquecer.
engorde. m. Ceba, recría.
engorro. m. Estorbo, embarazo, impedimento, molestia, fastidio. (**a.**: *alivio*.)
engorroso, sa. adj. Fastidioso, dificultoso, molesto, embarazoso.
engranar. intr. Endentar, engargantar. || tr. Enlazar, trabar, relacionar.
engrandecer. tr. Aumentar, acrecentar, ampliar, agrandar. (**a.**: *disminuir*.) || Realzar, elevar, enaltecer, ennoblecer. || Alabar, elogiar, ensalzar, ponderar. (**a.**: *injuriar*.)
engrandecimiento. m. Aumento, incremento. || Elevación, exaltación. || Ponderación, alabanza, loa.
engrasar. tr. Abonar, fertilizar, encrasar. || Untar, lubricar, lubrificar. || Pringar.
engreído, da. adj. Fatuo, petulante, pretencioso, infatuado, envanecido. (**a.**: *modesto*.)
engreír. tr. y prnl. Envanecer, infatuar, ensoberbecer, inflar.
engrescar. tr. Excitar, enzarzar, enredar.
engrosar. tr. Aumentar, acrecentar. || intr. Engordar. (**a.**: *adelgazar*.)
enguatar. tr. Acojinar, acolchar.
engullir. tr. Devorar, tragar, chascar, ingurgitar, embuchar.
enhebrar. tr. Enhilar. || Ensartar.
enhiesto, ta. adj. Erguido, levantado, derecho, tieso, erecto.
enhorabuena. f. Norabuena, felicitación, parabién, pláceme. || adv. Con bien, con felicidad.
enhoramala. adv. Noramala, nora tal.
enhornar. tr. Ahornar.
enigma. m. Adivinanza, adivinaja, quisicosa, acertijo. || Misterio, arcano.
enigmático, ca. adj. Misterioso, oscuro, secreto, incomprensible, arcano, inexplicable, impenetrable, insondable, indescifrable. (**a.**: *evidente, comprensible*.)
enjabonar. tr. Jabonar. || Adular. || Reprender.
enjalbegar. tr. Blanquear, encalar.
enjambre. m. Muchedumbre, multitud.
enjaretar. tr. Endilgar, encajar, endosar.
enjuague. m. Chanchullo, gatuperio, pastel, componenda, enredo, amaño, trampa.
enjugar. tr. y prnl. Secar. || tr. Sanear. || Cancelar, extinguir. || prnl. Adelgazar, enflaquecer.
enjuiciamiento. m. Instrucción, procesamiento.
enjuiciar. tr. Encausar, procesar. || Juzgar, sentenciar.
enjundia. f. Gordura, grasa, unto. || Sustancia, meollo. *Dio un discurso de mucha enjundia.* || Fuerza, vigor, energía, arrestos.
enjuta. f. Sobaco, embecadura.
enjuto, ta. adj. Delgado, seco, flaco, cenceño. (**a.**: *fornido*.)
enlace. m. Unión, conexión, trabazón, relación, encadenamiento, lazo, vínculo. || Matrimonio, casamiento, boda, nupcias, himeneo. || Empalme. || Ligadura.
enlazar. tr. Juntar, trabar, atar. || Unir, relacionar, encadenar.
enlodar. tr. y prnl. Enlodazar, embarrar, enfangar. || tr. Manchar, envilecer, infamar, deshonrar. (**a.**: *ponderar*.)
enloquecer. intr., tr. y prnl. Trastornar, perturbar, enajenar.
enlosar. tr. Embaldosar, losar.

enlucir. tr. Guarnecer, enjalbegar, estucar, blanquear.

enlutar. tr. y prnl. Oscurecer. ‖ Entristecer, afligir.

enmarañar. tr. y prnl. Enredar. (**a.**: *desenmarañar.*) ‖ Desgreñar, encrespar. ‖ Confundir, embrollar, revolver, embarullar. (**a.**: *aclarar.*)

enmarcar. tr. Encuadrar. ‖ Encerrar, bordear, limitar.

enmascarar. tr. Encubrir, disfrazar, disimular, ocultar. (**a.**: *desenmascarar.*)

enmelar. intr. Endulzar, suavizar.

enmendar. tr. Corregir, reparar, modificar, rectificar. ‖ Resarcir, subsanar, reparar, indemnizar, satisfacer.

enmienda. f. Corrección. ‖ Resarcimiento.

enmohecer. tr. y prnl. Florecer, mohecer, herrumbrar.

enmudecer. intr. Callar, guardar silencio. (**a.**: *hablar.*) ‖ tr. Silenciar.

ennegrecer. tr., intr. y prnl. Denegrecer, denegrir, negrecer. ‖ intr. y prnl. Oscurecer, nublarse. (**a.**: *disipar.*) ‖ tr. Enturbiar, turbar.

ennoblecer. tr. Dignificar, realzar, elevar. (**a.**: *denigrar, envilecer.*)

enojar. tr. y prnl. Desazonar, molestar, disgustar, fastidiar, enfadar, irritar, encolerizar, ensañar, exacerbar, enfurecer, exasperar, sacar de quicio. (**a.**: *calmar.*)

enojo. m. Enfado, ira, cólera, indignación, irritación, coraje. ‖ Molestia, pena, trabajo, disgusto, pesar, incomodidad, fastidio.

enojoso, sa. adj. Enfadoso, fastidioso, molesto, desagradable. (**a.**: *placentero.*)

enólogo, ga. adj. Catador, mojón, catavinos.

enorgullecer. tr. y prnl. Envanecer, engreír, ensoberbecer.

enorme. adj. Desmedido, desmesurado, descomunal, excesivo, colosal, gigantesco, desproporcionado, extraordinario. (**a.**: *diminuto.*) ‖ Perverso, malo.

enormidad. f. Despropósito, desatino, atrocidad, barbaridad, exceso, disparate.

enraizar. intr. Arraigar.

enramada. f. Ramada, emparrado.

enrarecer. tr. y prnl. Rarefacer, rarificar.

enrarecimiento. m. Rarefacción.

enredadera. f. Convólvulo.

enredador, ra. adj. Revoltoso, travieso. ‖ Chismoso, embustero, lioso, trapisondista, embrollón.

enredar. tr y prnl. Enmarañar, embrollar. (**a.**: *desenredar, desentrañar.*) ‖ C mprometer, mezclar. ‖ Complicar.

enredo. m. Maraña, embrollo. ‖ Travesura. ‖ Mentira, chisme, embuste, lío, intriga, engaño, trapisonda. ‖ Embrollo, confusión. ‖ Trama, intriga.

enrejado. m. Enverjado, emparrillado. ‖ Reja, verja.

enrevesado, da. adj. Intrincado, confuso, oscuro, enmarañado, revesado, enredado, complicado, difícil. *Un razonamiento enrevesado.*

enriquecer. tr. Adornar, dignificar, engrandecer. ‖ intr. y prnl. Prosperar, progresar, florecer. (**a.**: *empobrecer.*)

enriscado, da. adj. Riscoso, peñascoso, escabroso, rocoso.

enrojecer. intr. Ruborizarse, sonrojarse. ‖ tr. y prnl. Abochornar, confundir.

enrolar. tr. y prnl. Reclutar, alistar. (**a.**: *licenciar.*)

enrollar. tr. Arrollar, rollar, enroscar, envolver. (**a.**: *desenrollar.*)

enronquecer. intr. y prnl. Desgañitarse, ajordar.

enronquecimiento. m. Ronquera, afonía, carraspera.

ensalada. f. Mezcla, confusión, mezcolanza, galimatías. ‖ Guarnición, macedonia.

ensalzar. tr. Exaltar, engrandecer, enaltecer, glorificar. (**a.**: *vituperar.*) ‖ Alabar, elogiar, ponderar, encomiar.

ensambladura. f. Ensamble, ensamblaje, trabazón, acopladura, unión, enlace.

ensamblar. tr. Unir, acoplar, empalmar. ‖ Machihembrar.

ensanchar. tr. Enanchar, extender, dilatar, ampliar, agrandar. (**a.**: *reducir.*) ‖

prnl. Envanecerse, engreírse, hincharse.
ensañamiento. m. Crueldad, ferocidad, saña, encarnizamiento, brutalidad. *Castigó al reo con ensañamiento.*
ensañar. tr. Enfurecer, irritar. || prnl. Encarnizarse, cebarse, enconarse.
ensarmentar. tr. Acodar, amugronar.
ensartar. tr. Enhilar, enfilar, enhebrar. || Atravesar, espetar.
ensayar. tr. Probar, reconocer, experimentar, examinar, comprobar. || Adiestrar, amaestrar, ejercitar. || Intentar, tratar, procurar. || prnl. Ejercitarse.
ensayismo. m. Ensayística.
ensayo. m. Prueba, experimento, reconocimiento. || Ejercicio, adiestramiento. || Tentativa, intento. || Ensaye.
enseguida. adv. o **en seguida.** loc. adv. Inmediatamente, al instante, al punto.
ensenada. f. Rada, bahía, abrigo.
enseña. f. Insignia, estandarte, bandera, divisa, pendón, banderín. || Distintivo, lema, emblema, trofeo.
enseñanza. f. Educación, instrucción, doctrina. || Advertencia, ejemplo. || Magisterio, docencia.
enseñar. tr. Instruir, educar, doctrinar, adoctrinar, aleccionar. || Amaestrar, adiestrar. || Mostrar, exhibir, exponer. || prnl. Habituarse, acostumbrarse, ejercitarse.
enseñorearse. prnl. Adueñarse, apoderarse, apropiarse, posesionarse. *Se enseñoreó del pueblo.* || Dominar, avasallar, sujetar.
enseres. m. pl. Muebles, utensilios, útiles, instrumentos.
ensimismado, da. adj. Abstraído, absorto, embebido.
ensimismarse. prnl. Abstraerse, reconcentrarse, absorberse, concentrarse, enfrascarse, embeberse. (**a.**: *distraerse.*)
ensoberbecer. tr. y prnl. Envanecer, engreír, infatuar. (**a.**: *humillar, postrar.*)
ensombrecer. tr. Oscurecer, dar sombra. (**a.**: *alumbrar.*) || prnl. Entristecerse, afligirse, acongojarse, apesadumbrarse. (**a.**: *alegrarse.*)
ensoñación. f. Ilusión, utopía, fantasía.
ensopar. tr. Sopetear. || Empapar, sopar, sopear.
ensordecedor, ra. adj. Atronador, estentóreo, estrepitoso, estridente.
ensortijar. tr. Rizar, enrizar, retortijar, enmarañar.
ensuciar. tr. Manchar, enmugrecer, desasear, emporcar. (**a.**: *limpiar.*) || Deslustrar, deslucir, enlodar, empañar, mancillar, deshonrar. || Turbar. || Defecar, cagar, evacuar.
ensueño. m. Ensoñación, sueño. || Quimera, fantasía.
entablado. m. Entarimado. || Tablado, tillado, estrado.
entablar. tr. Disponer, preparar. || Comenzar, trabar, iniciar. || Entablillar (una fractura).
entalamadura. f. Toldo, entoldado.
entallar. tr. Tallar, esculpir, grabar, burilar, cincelar.
entallar. tr. Ajustar, ceñir. *Entallar un vestido.*
entallecer. intr. y prnl. Tallecer.
entarimado. m. Entablado.
ente. m. Ser. || Entidad, organismo. || Esencia.
enteco, ca. adj. Enfermizo, débil, flaco, enclenque, canijo, esmirriado.
entelequia. f. Invención, ficción, irrealidad.
entenado, da. m. y f. Hijastro, alnado.
entendederas. f. pl. Entendimiento.
entender. tr. Comprender. || Deducir, pensar, juzgar, creer, inferir, interpretar. || intr. Saber, conocer, penetrar, percibir, discernir, concebir. (**a.**: *desconocer, ignorar.*) || prnl. Conocerse, comprenderse. || Estar de acuerdo.
entendido, da. adj. y s. Docto, perito, experto, diestro, hábil. (**a.**: *inepto.*)
entendimiento. m. Inteligencia, intelecto. || Talento, capacidad, mente, entendederas, meollo, cabeza. || Acuerdo, avenencia.
enterado, da. adj. Instruido, informado, sabedor, noticioso, impuesto, conocedor.
enteramente. adv. Cabalmente, totalmente, íntegramente, completamente, por entero, del todo.
enterar. tr. Informar, instruir, imponer,

noticiar, hacer saber, comunicar. || prnl. Informarse. || Darse cuenta.

entereza. f. Integridad, rectitud. || Fortaleza, firmeza, carácter, rectitud, serenidad, aplomo, temple, energía. *Soportó la desgracia con entereza.* (**a.**: *endeblez, flojedad.*) || Severidad, inflexibilidad. (**a.**: *blandura.*)

enternecer. tr. Ablandar, reblandecer. (**a.**: *endurecer.*) || tr. y prnl. Emocionar, conmover.

entero, ra. adj. Completo, cabal, íntegro, cumplido, exacto. || Recto, justo, firme, enérgico. || Sano, fuerte, robusto.

enterrador. m. Sepulturero.

enterramiento. m. Entierro, sepelio, inhumación. || Sepulcro, sepultura.

enterrar. tr. Inhumar. || Sepultar, soterrar. || Arrinconar, relegar, olvidar.

entibación. f. Apuntalamiento, enmaderación.

entibar. intr. Estribar, apoyarse. || tr. Apuntalar, fortalecer.

entibiar. tr. y prnl. Templar. || Moderar, enfriar. *El tiempo entibió nuestra relación.*

entidad. f. Consideración, importancia, valor, sustancia. || Colectividad, corporación, asociación. || Ente, ser.

entierro. m. Enterramiento, inhumación, sepelio.

entintar. tr. Teñir, manchar.

entoldar. tr. Toldar. || prnl. Engreírse, envanecerse, infatuarse, enorgullecerse. || Encapotarse (el cielo).

entonación. f. Entono, tono, afinación, entonamiento. || Arrogancia, presunción.

entonar. tr. Tonificar, robustecer, vigorizar, fortalecer. (**a.**: *debilitar.*) || Cantar. || Afinar, templar. (**a.**: *desafinar.*) || prnl. Envanecerse, engreírse, infatuarse, ensoberbecerse.

entonces. adv. A la sazón. || En tal caso, siendo así. || conj. Por consiguiente.

entono. m. Entonación. || Arrogancia, engreimiento, presunción.

entontecer. tr., intr. y prnl. Atontar.

entornar. tr. Entrecerrar, entreabrir. || tr. y prnl. Ladear, inclinar.

entorno. m. Ambiente.

entorpecer. tr. y prnl. Entumecer. || Turbar, conturbar, embotar, atontar. || tr. Estorbar, dificultar, obstaculizar, embarazar, retardar. *La lluvia entorpecerá la mudanza.* (**a.**: *facilitar.*)

entorpecimiento. m. Turbación, embotamiento, atontamiento. || Estorbo, rémora, obstáculo, dificultad, embarazo, retraso, impedimento. || Entumecimiento.

entrada. f. Ingreso. || Acceso, paso. (**a.**: *salida.*) || Billete, boleto. || Principio, comienzo. || Amistad, familiaridad. || Pie, oportunidad.

entrambos, bas. adj. pl. Ambos.

entramparse. prnl. Empeñarse, endeudarse. || Complicarse, enredarse.

entraña. f. Víscera. || Núcleo. || pl. Centro, interior, profundidad. || Alma, corazón, sentimientos.

entrañable. adj. Íntimo, cordial, profundo, afectuosísimo, queridísimo.

entrañar. tr. Implicar, contener, suponer.

entrar. intr. Penetrar, meterse, pasar, introducirse. (**a.**: *salir.*) || Encajar, ajustar, caber. || Desembocar, afluir, desaguar. || Empezar, comenzar, dar principio. || Invadir, irrumpir. || Ingresar, incorporarse. (**a.**: *egresar.*) || Intervenir. || Caber. || tr. Introducir, meter.

entreacto. m. Intermedio, intervalo.

entrecejo. m. Ceño, sobrecejo.

entrecerrar. tr. Entornar.

entrecortado, da. adj. Intermitente.

entrecubierta. f. Entrepuente.

entrecuesto. m. Solomillo.

entrecruzar. tr. Entrelazar, entretejer.

entredicho. m. Interdicto. || Prohibición, censura, veda, veto. || **poner en entredicho.** Dudar, reservar, abstenerse.

entrega. f. Fascículo. *Enciclopedia por entregas.* || Rendición, capitulación.

entregar. tr. Dar, poner en manos, dejar, depositar, confiar. (**a.**: *quitar.*) || prnl. Rendirse, someterse, capitular. (**a.**: *resistir.*) || Dedicarse, consagrarse. || Abandonarse. || Conceder, otorgar. (**a.**: *denegar.*)

entrelazar. tr. Entretejer, trabar, enlazar, entrecruzar.
entrelinear. tr. Interlinear, entrerrenglonar.
entremés. m. Sainete.
entrenar. tr. y prnl. Ejercitar, adiestrar, preparar.
entrepaño. m. Anaquel, balda, estante. || Lienzo (en arquitectura).
entrerrenglonar. tr. Entrelinear, interlinear.
entresacar. tr. Escoger, elegir, florear, seleccionar, sacar.
entretanto. adv. o **entre tanto.** loc. adv. Mientras, mientras tanto, ínterin.
entretejer. tr. Entrelazar, entrecruzar. || Enlazar, trabar. || Incluir, intercalar, interpolar.
entretener. tr. y prnl. Divertir, recrear, distraer, solazar. (**a.**: *aburrir.*) || tr. Distraer, engañar. || Dar largas, dilatar, alargar, retardar. || Mantener, conservar.
entretenimiento. m. Recreo, diversión, distracción, solaz, recreación, pasatiempo. || Manutención, conservación, sostenimiento.
entrever. tr. Divisar, distinguir, columbrar, vislumbrar. *A lo lejos entreveo unas sierras.* || Conjeturar, adivinar, barruntar, sospechar.
entreverar. tr. Mezclar, confundir, mixturar, entremezclar.
entrevista. f. Conferencia, conversación, audiencia, interviú.
entristecer. tr. y prnl. Apenar, afligir, acongojar, apesadumbrar, contristar. (**a.**: *alegrar.*)
entrometerse o **entremeterse.** prnl. Inmiscuirse, mezclarse, injerirse.
entrometido, da o **entremetido, da.** adj. Intruso, indiscreto. (**a.**: *discreto.*)
entroncar. intr. Emparentarse. || Empalmar, enlazar.
entronizar. tr. Ensalzar, exaltar. || prnl. Engreírse, envanecerse.
entronque. m. Parentesco. || Empalme.
entuerto. m. Agravio, desaguisado, injuria, afrenta, tuerto.
entumecer. tr. y prnl. Envarar, entorpecer, paralizar, agarrotar, adormecer, entumirse.
enturbiar. tr. y prnl. Empañar, oscurecer, ensombrecer. (**a.**: *aclarar.*) || Alterar, turbar.
entusiasmar. tr. y prnl. Enfervorizar, exaltar, enardecer.
entusiasmo. m. Exaltación, pasión, fervor, frenesí. (**a.**: *indiferencia.*)
entusiasta. adj. Admirador, devoto, apasionado. || Entusiástico, ferviente, fervoroso. (**a.**: *impasible.*)
enumeración. f. Cómputo, cuenta.
enunciación. f. Enunciado, declaración, discurso, exposición.
enunciar. tr. Exponer, formular, expresar, manifestar.
enunciativo, va. adj. Aseverativo, declarativo (en gramática).
envanecer. tr. y prnl. Engreír, infatuar, ensoberbecer, entonar, jactar, pavonear, vanagloriar.
envanecimiento. m. Soberbia, entono, arrogancia, presunción, humos, fatuidad, petulancia.
envarar. tr. y prnl. Entumecer, entorpecer.
envasar. tr. Embotellar, enlatar.
envase. m. Recipiente.
envejecer. tr. y prnl. Aviejar, avejentar, revejecer. || prnl. Inveterarse.
envejecido, da. adj. Avejentado, aviejado. (**a.**: *rejuvenecido.*)
envenenar. tr. Intoxicar, emponzoñar, atosigar, tosigar, entosigar. || Agriar, enconar, inficionar, amargar.
envergadura. f. Importancia, alcance, amplitud, anchura.
enverjado. m. Enrejado, verja.
envés. m. Revés, dorso, reverso. (**a.**: *anverso.*)
enviado, da. m. y f. Representante, delegado, mensajero, emisario, embajador.
enviar. tr. Mandar, remitir, expedir, remesar, despachar. (**a.**: *recibir.*)
enviciar. tr. y prnl. Pervertir, viciar, corromper. || prnl. Aficionarse, engolosinarse.
envidia. f. Dentera, celos, rivalidad. || Emulación, deseo.
envidiable. adj. Deseable, codiciable, apetecible.
envidiar. tr. Desear, codiciar, apetecer.

envilecer. tr. y prnl. Degradar, rebajar, humillar. (**a.**: *ennoblecer.*) || Prostituir, corromper, pervertir.
envilecimiento. m. Bajeza, abyección.
envío. m. Remesa, expedición, remisión.
envión. m. Empujón, empellón, envite.
envite. m. Apuesta. || Ofrecimiento. || Envión, empujón.
envoltorio. m. Lío, atadijo, fardo.
envoltura. f. Cubierta, forro, cobertura.
envolver. tr. Mezclar, complicar, implicar, involucrar, comprometer. || Cubrir. || Arrollar, devanar. (**a.**: *desenrollar, desenvolver.*) || Confundir, desorientar.
enyugar. tr. Uncir, acoyuntar.
enzarzar. tr. Malquistar, encizañar, azuzar. || prnl. Liarse, enredarse. || Reñir, pelearse, disputar.
épico, ca. adj. Heroico. || Tremendo, excepcional.
epicúreo, a. adj. y s. Sensual, voluptuoso.
epidemia. f. Peste. || Epizootia. || Endemia, pandemia.
epidermis. f. Cutis, piel. *Cuida su epidermis de los rayos solares.*
epiglotis. f. Lengüeta, lígula.
epígrafe. m. Inscripción, letrero. || Encabezamiento. || Título, rótulo, rúbrica.
epilepsia. f. Morbo comicial, mal caduco, malo de corazón, gota coral.
epilogar. tr. Resumir, compendiar, recapitular.
epílogo. m. Recapitulación, compendio, sinopsis, resumen. || Conclusión, terminación, colofón. (**a.**: *principio, comienzo.*)
episcopal. adj. Obispal.
episodio. m. Suceso, incidente. || Digresión, anécdota.
epistemología. f. Gnoseología, teoría del conocimiento.
epistilo. m. Arquitrabe.
epístola. f. Carta, misiva, escrito, esquela, billete, documento.
epitalamio. m. Himeneo.
epíteto. m. Adjetivo, calificativo. *Le aplicó un epíteto injurioso.*
epítome. m. Compendio, resumen, sumario.
época. f. Era, período. || Tiempo, temporada, estación.
equidad. f. Igualdad, justicia, rectitud, imparcialidad, ecuanimidad. (**a.**: *injusticia, desigualdad, parcialidad.*) || Templanza, moderación.
équido, da. adj. y s. Solípedo.
equilibrado, da. adj. Ecuánime, sensato, prudente, ponderado, armónico. (**a.**: *insensato, imprudente.*)
equilibrar. tr. Contrabalancear, contrapesar. || Nivelar, compensar.
equilibrio. m. Armonía, proporción. || Ecuanimidad, mesura, sensatez, aplomo. || Estabilidad. (**a.**: *desequilibrio, inestabilidad.*)
equilibrista. adj. y s. Funámbulo, acróbata, volatinero.
equimosis. f. Cardenal, moretón, moradura, magulladura.
equino, na. adj. Caballar, hípico. || m. Caballo.
equipaje. m. Bagaje, equipo.
equipar. tr. Proveer, aprovisionar, abastecer, suministrar.
equiparar. tr. Comparar, parangonar.
equipo. m. Cuerpo, cuadro. || Equipaje bagaje, batería. || Ajuar, indumentaria, vestuario.
equitativo, va. adj. Justo, imparcial, recto, proporcionado, ecuánime. (**a.**: *injusto, arbitrario.*)
equivaler. intr. Valer, igualar. || Significar, representar.
equivocación. f. Error, yerro, confusión, desacierto, inadvertencia, falta, errata. (**a.**: *acierto.*)
equivocado, da. adj. Erróneo, errado. || Desacertado. || Falso.
equivocar. tr. y prnl. Errar, marrar, pifiar, fallar. || prnl. Engañarse, confundirse. (**a.**: *acertar.*)
equívoco, ca. adj. Anfibológico, ambiguo, dudoso. (**a.**: *inequívoco.*) || Sospechoso, oscuro, dudoso. || m. Anfibología, ambigüedad. || Retruécano.
era. f. Época, tiempo, período, edad. *Era cristiana.*
erario. m. Fisco, tesoro público, hacienda.

erección. f. Fundación, institución, establecimiento. ‖ Construcción, edificación, levantamiento. ‖ Rigidez, tiesura.
erecto, ta. adj. Erguido, levantado, derecho, vertical. ‖ Rígido, tieso.
eremita. m. Ermitaño, anacoreta, asceta, cenobita.
erguir. tr. Levantar, elevar, alzar. (**a.**: *bajar, inclinar.*) ‖ Enderezar. ‖ prnl. Engreírse, ensoberbecerse, engallarse.
erial. adj. y m. Yermo.
erigir. tr. Fundar, establecer, instituir, constituir. ‖ Construir, levantar, edificar. (**a.**: *derribar, demoler.*)
eritrocito. m. Hematíe, glóbulo rojo.
erizado, da. adj. Hirsuto, erguido, rígido, crispado, difícil.
erizar. tr. Encrespar. ‖ prnl. Inquietarse, azorarse, alarmarse, turbarse.
ermitaño. m. Eremita, anacoreta, asceta. ‖ Solitario.
erogación. f. Gasto, desembolso. (**a.**: *entrada.*)
erogar. tr. Distribuir, repartir, dar.
erosión. f. Desgaste, corrosión, merma. *El efecto de la erosión en la costa.*
erótico, ca. adj. Amatorio, amoroso.
errabundo, da. adj. Errante, vagabundo.
errado, da. adj. Desacertado, equivocado. (**a.**: *acertado.*)
errante. adj. Ambulante, desorientado. ‖ Errabundo, vagabundo, erradizo, nómada.
errar. tr. e intr. Equivocarse, engañarse, desacertar, fallar, marrar. (**a.**: *acertar, atinar.*) ‖ intr. Faltar, pecar. ‖ Vagar. ‖ Divagar. ‖ Vagabundear, deambular.
errátil. adj. Errante, incierto, variable.
erróneo, a. adj. Equivocado, desacertado, falso, inexacto, errado. (**a.**: *acertado, exacto.*)
error. m. Yerro, inadvertencia, confusión, equivocación, falta, desatino, desacierto, coladura, pifia, gazapo, errata. (**a.**: *acierto.*)
eructar. intr. Regoldar, erutar.
eructo. m. Regüeldo, eruto.
erudición. f. Sabiduría, saber, instrucción, ilustración. (**a.**: *ignorancia.*)
erudito, ta. adj. y s. Ilustrado, instruido, docto, sabio, leído, letrado.
esbelto, ta. adj. Gallardo, airoso, grácil, donoso, garboso, elegante. (**a.**: *desgarbado, desgalichado.*)
esbozar. tr. Bosquejar, abocetar. ‖ Delinear, preparar.
esbozo. m. Bosquejo, esquema. ‖ Boceto. ‖ Borrador, esquicio.
escabel. m. Escañuelo. ‖ Banquillo.
escabrosidad. f. Desigualdad. ‖ Aspereza, dureza. ‖ Tortuosidad.
escabroso, sa. adj. Abrupto, fragoso, desigual, áspero. (**a.**: *llano, liso.*) ‖ Dificultoso, peligroso, inconveniente, difícil. ‖ Libre, inconveniente, verde. ‖ Intrincado.
escabullirse. prnl. Escaparse, escurrirse, deslizarse, desaparecer, eclipsarse, huir.
escala. f. Escalera. ‖ Gradación, gama, sucesión. *Escala de colores.* ‖ Tamaño. ‖ Proporción, importancia. ‖ Paraje, puerto. ‖ Escalafón.
escálamo. m. Tolete, escalmo.
escalar. tr. Subir, trepar. (**a.**: *descender, bajar.*) ‖ Asaltar. ‖ Ascender, elevar, subir. *Escalar posiciones.*
escaldado, da. adj. Receloso, desconfiado, escamado, escarmentado.
escalofrío. m. Repeluzno, calofrío, chucho.
escalón. m. Peldaño, grada, estribo.
escama. f. Desconfianza, recelo, sospecha, suspicacia, malicia.
escamado, da. adj. Escaldado, receloso, escamón, desconfiado.
escamarse. prnl. Recelar, desconfiar, temer. (**a.**: *confiar.*)
escamondar. tr. Podar, mondar, purgar, limpiar.
escamotear. tr. Quitar, robar, hurtar, ocultar, esconder.
escampado, da. adj. Descampado, raso, despejado, desembarazado.
escampar. tr. Despejar, desembarazar. ‖ intr. Aclararse, despejarse.
escanciar. tr. Beber.
escandalizar. tr. Alborotar, perturbar. ‖ prnl. Irritarse, indignarse.

escándalo. m. Desenfreno, desvergüenza. ‖ Alboroto, tumulto, inquietud. ‖ Asombro, admiración, pasmo.
escandaloso, sa. adj. y s. Alborotador, ruidoso, revoltoso. (**a.**: *tranquilo.*) ‖ Desvergonzado, depravado, inmoral, pervertido, indecoroso, indignante. (**a.**: *decente, decoroso.*)
escantillón. m. Regla, plantilla, patrón, chantillón, ságoma.
escapar. intr. y prnl. Huir, evadirse, fugarse. ‖ Librarse. ‖ Escabullirse, escurrirse, deslizarse. ‖ Eludir, evitar. ‖ prnl. Salirse.
escaparate. m. Vidriera.
escapatoria. f. Huida, fuga, evasión, escape. ‖ Efugio, excusa, subterfugio, recurso, evasiva, pretexto. ‖ Salida, solución.
escape. m. Huida, evasión. ‖ Pérdida, fuga. *Escape de gas.* ‖ Salida, solución.
escápula. f. Omóplato.
escaque. m. Casa, casilla. ‖ Jaquel. ‖ pl. Ajedrez.
escaqueado, da. adj. Ajedrezado, escacado.
escara. f. Costra, postilla, lastimadura.
escaramujo. m. Agavanzo, galabardera, gavanzo, mosqueta silvestre.
escaramuza. f. Refriega, choque, encuentro. ‖ Riña, pendencia, disputa, contienda, gresca, trifulca, reyerta.
escarapela. f. Divisa, lazo, distintivo.
escarbadientes. m. Mondadientes, palillo.
escarbar. tr. e intr. Arañar, rascar, hurgar, remover. ‖ Mondar, limpiar. ‖ Escudriñar, investigar, curiosear, inquirir, averiguar.
escarceo. m. Cabrilleo. ‖ pl. Caracoleos. ‖ Divagaciones, ambages.
escarcha. f. Helada, rociada, rocío, rosada.
escarchar. tr. Congelar, cristalizar.
escardar. tr. Deshebrar, desyerbar, sachar, sallar, escardillar.
escardillo. m. Almocafre, escardadera, escardadora.
escarmentar. tr. Reprender, castigar, corregir. (**a.**: *recompensar, premiar.*) ‖ intr. Aprender, desengañarse.
escarmiento. m. Advertencia, aviso, desengaño. ‖ Castigo, pena, corrección, reprimenda. (**a.**: *premio, recompensa.*)
escarnecer. tr. Zaherir, maltratar, despreciar, insultar, afrentar. ‖ Burlarse, mofarse.
escarnio. m. Befa, burla, mofa, ludibrio, afrenta, injuria, ofensa, insulto.
escarpado, da. adj. Abrupto, escabroso, áspero, arriscado. (**a.**: *llano, liso, suave.*)
escarpia. f. Alcayata.
escasamente. adv. Apenas.
escasear. intr. Faltar. ‖ tr. Escatimar, cicatear, ahorrar.
escasez. f. Cortedad, mezquindad, tacañería. ‖ Penuria, pobreza, estrechez, miseria. (**a.**: *riqueza, abundancia.*) ‖ Exigüidad, parvedad, insuficiencia, poquedad, carencia, falta. (**a.**: *abundancia, copia.*) ‖ Carestía.
escaso, sa. adj. Corto, poco, limitado, insuficiente. (a.: *abundante, suficiente, rico.*) ‖ Falto, incompleto. ‖ Mezquino, tacaño.
escatimar. tr. Cercenar, escasear, disminuir, acortar, limitar, cicatear, regatear, miserear, tacañear. (**a.**: *prodigar, derrochar.*)
escena. f. Escenario, tablas. ‖ Teatro, arte dramático. ‖ **poner en escena.** Escenificar. ‖ Representar.
escenario. m. Tablas, tablado, escena. ‖ Lugar, ámbito, teatro. *La plaza fue escenario de la fiesta.* ‖ Ambiente, atmósfera, medio.
escepticismo. m. Pirronismo. ‖ Incredulidad, duda, desconfianza, incertidumbre.
escéptico, ca. adj. y s. Pirrónico. ‖ Incrédulo, indiferente, desconfiado. (**a.**: *crédulo, confiado.*)
escisión. f. Partición, rotura, cortadura, desgarro, división. (**a.**: *unión.*) ‖ Rompimiento, desavenencia, ruptura, cisma. ‖ Fisión.
esclarecer. tr. Aclarar, dilucidar. (**a.**: *confundir.*) ‖ Ennoblecer, afamar, ilustrar, ensalzar. (**a.**: *difamar, desprestigiar.*) ‖ intr. Amanecer, aclarar.
esclarecido, da. adj. Insigne, ilustre, fa-

moso, preclaro, distinguido, eminente.

esclavitud. f. Servidumbre. (**a.**: *libertad.*) ‖ Sometimiento, sujeción, opresión. (**a.**: *rebelión.*)

esclavo, va. adj. y s. Siervo. ‖ Sumiso, obediente, subyugado. *Esclavo del deber.* ‖ Enamorado, apasionado. ‖ f. Pulsera.

escobajo. m. Raspajo, raspa.

escobilla. f. Cepillo, escobita, cardencha.

escocer. intr. Picar, arder. ‖ tr. y prnl. Doler, ofender. ‖ prnl. Escaldarse, sahonarse, escoriarse. ‖ Sentirse, resentirse, dolerse, requemarse.

escocia. f. Nacela, sima.

escoda. f. Trinchante.

escoger. tr. Elegir, preferir, seleccionar, optar por, florear.

escogido, da. adj. Elegido, preferido, seleccionado. ‖ Selecto, excelente. ‖ Perfecto, superior, preclaro.

escolar. adj. y s. Alumno, colegial, estudiante, educando.

escolopendra. f. Ciempiés.

escolta. f. Acompañamiento, séquito. ‖ Custodia, guardia, convoy.

escoltar. tr. Acompañar, seguir. ‖ Convoyar, custodiar.

escollera. f. Malecón, rompeolas.

escollo. m. Peligro, riesgo. ‖ Obstáculo, dificultad, tropiezo, impedimento. ‖ Arrecife, abrojo, abrollo, peñasco, valladar, rompiente.

escombrar. tr. Desescombrar, descombrar, despejar, desobstruir, limpiar.

escombro. m. Desecho, cascote, desperdicio. ‖ Zafra. ‖ Derrubio (en las minas).

esconder. tr. y prnl. Ocultar, encubrir, tapar, recatar. (**a.**: *descubrir, destapar.*) ‖ tr. Encerrar, contener, incluir, guardar.

escondidas (a). loc. adv. Ocultamente, secretamente.

escondite. m. Escondrijo, guarida, refugio, gazapera, madriguera.

escorchar. tr. Desollar, despellejar.

escordio. m. Ajote.

escoria. f. Cagafierro. ‖ Lava. ‖ Desecho, hez, horrura, desperdicio, inmundicia.

escorial. m. Grasero.

escorpena o **escorpina.** f. Diablo marino, rascacio, rescaza.

escorpión. m. Alacrán.

escorrentía. f. Aliviadero (en los diques).

escorzonera. f. Salsifí de España, salsifí negro.

escotadura. f. Escote, descote. ‖ Corte, entrante.

escotar. tr. Descotar. ‖ Amputar, seccionar, cercenar, cortar.

escote. m. Escotadura, descote.

escotillón. m. Trampa.

escozor. m. Escocimiento, quemazón. ‖ Resentimiento, resquemor, disgusto, desagrado, pesar, desazón.

escribano, na. m. y f. Notario. ‖ **escribano del agua** (insecto). Esquila, tejedera, girino.

escribir. tr. Componer, redactar. ‖ Anotar, apuntar. ‖ prnl. Cartearse, corresponderse.

escrita. f. Escuadro (pez).

escrito. m. Texto, nota, documento, misiva, carta, mensaje. ‖ Obra. ‖ Alegato, solicitud.

escritor, ra. m. y f. Autor.

escritorio. m. Escribanía. ‖ Despacho, oficina.

escritura. f. Grafía, letra. ‖ Escrito. ‖ Documento público, instrumento público, copia.

escrúpulo. m. Escrupulosidad, exactitud, esmero, precisión. (**a.**: *incuria, dejadez.*) ‖ Duda, recelo, aprensión, temor. (**a.**: *confianza.*)

escrupuloso, sa. adj. Receloso, aprensivo, miedoso. ‖ Minucioso, cuidadoso, puntilloso, exacto.

escrutar. tr. Indagar, examinar, reconocer, inspeccionar, observar, averiguar, escudriñar. ‖ Contar, computar.

escuálido, da. adj. Flaco, macilento, extenuado, chupado, esmirriado, delgado. (**a.**: *fornido, robusto.*)

escuchar. tr. Atender, dar oídos, hacer caso. ‖ Oír, percibir (sonidos).

escudar. tr. y prnl. Amparar, resguardar, defender, salvaguardar, proteger.

(**a.**: *desproteger, desamparar.*) ‖ prnl. Excusarse, justificarse.

escudo. m. Broquel, égida. ‖ Amparo, salvaguardia, defensa, protección, patrocinio.

escudriñar. tr. Examinar, inquirir, averiguar, escrutar, rebuscar, escarbar. *Escudriñar el cielo.*

escuela. f. Colegio, academia, instituto, liceo, conservatorio, gimnasio. *Escuela de Medicina.* Enseñanza, instrucción. ‖ Método, sistema. ‖ Doctrina. ‖ Estilo, manera (en las artes).

escueto, ta. adj. Descubierto, libre, desembarazado. ‖ Despojado, desnudo. (**a.**: *adornado.*) ‖ Conciso, estricto, seco. (**a.**: *ampuloso.*)

esculpir. tr. Labrar, modelar, plasmar, tallar. ‖ Grabar.

escupir. intr. Esputar, expectorar, salivar, gargajear. ‖ tr. Revenirse, rezumar. ‖ Arrojar, despedir, lanzar.

escupitajo. m. Escupidura, esputo, salivajo, escupitina, salivazo, gargajo.

escurreplatos. m. Escurridor.

escurridizo, za. adj. Resbaladizo, resbaloso, deslizable. ‖ Huidizo.

escurridor. m. Colador. ‖ Escurreplatos.

escurrir. intr. y prnl. Gotear, destilar, chorrear. ‖ Deslizar, resbalar. ‖ tr. Apurar. ‖ prnl. Escapar, huir, escabullirse, escullirse.

escusado, da o **excusado, da.** adj. Reservado. ‖ m. Retrete, baño.

esdrújulo, la. adj. Proparoxítono (en gramática).

esencia. f. Naturaleza, ser. ‖ Base, fundamento. ‖ Extracto, concentrado, espíritu.

esencial. adj. Invariable, sustancial, permanente, natural. (**a.**: *accidental.*) ‖ Principal, indispensable, necesario, fundamental. (**a.**: *innecesario, superfluo.*)

esfera. f. Círculo. ‖ Ámbito, campo, órbita. ‖ **esfera celeste.** Cielo. ‖ **esfera terráquea** o **terrestre.** Globo terráqueo, globo terrestre.

esfigmómetro. m. Pulsímetro.

esforzado, da. adj. Alentado, animoso, valeroso, valiente, denodado, bizarro. (**a.**: *cobarde, miedoso.*)

esforzar. tr. Forzar, obligar. ‖ Alentar, animar. ‖ prnl. Batallar, procurar, pugnar por, luchar.

esfumar. tr. Esfuminar, difuminar. (**a.**: *destacar, resaltar.*) ‖ prnl. Disiparse, desvanecerse, desaparecer, perderse. (**a.**: *aparecer, mostrarse.*)

esfumino. m. Disfumino, difumino.

esgrimir. tr. Blandir, empuñar. *Esgrimir un arma.*

esgucio. m. Antequino (en arquitectura).

esguince. m. Desguince, cuarteo, regate, quiebro. ‖ Torcedura, distensión.

eslabonar. tr. y prnl. Unir, enlazar, relacionar, trabar, encadenar.

eslavo, va. adj. y s. Esclavón, esclavonio.

esmerado, da. adj. Cuidadoso, escrupuloso, aplicado.

esmerejón. m. Azor, milano.

esmero. m. Solicitud, cuidado, celo, escrupulosidad, pulcritud. (**a.**: *descuido, negligencia.*)

esmirriado, da. adj. Raquítico, flaco, esquelético, extenuado, débil.

esnob. com. Novelero.

esnobismo. m. Novelería.

esotérico, ca. adj. Oculto, reservado, misterioso, cabalístico, secreto. (**a.**: *exotérico.*)

espaciar. tr. Distanciar, separar, apartar. (**a.**: *juntar, unir, cerrar.*) ‖ tr. y prnl. Esparcir, difundir, divulgar. ‖ prnl. Extenderse, dilatarse. ‖ Esparcirse, recrearse.

espacio. m. Extensión. ‖ Ámbito, área. ‖ Distancia, trecho. ‖ Intervalo, período, lapso.

espacioso, sa. adj. Amplio, dilatado, vasto, extenso. (**a.**: *reducido, pequeño.*) ‖ Despacioso, lento, pausado, flemático, calmoso.

espada. f. Garrancha, hoja, tizona, colada, acero, estoque, sable. ‖ m. Matador.

espadaña. f. Gladio, gladiolo, gradiolo, maza sorda.

espadar. tr. Espadillar, tascar.

espalda. f. Costillas. ‖ Envés, revés, dorso, lomo.
espaldar. m. Espaldera, espalera. ‖ Respaldo, protección, resguardo.
espaldilla. f. Omóplato.
espalto. m. Aspalto (en pintura).
espantadizo, za. adj. Asombradizo, asustadizo, pusilánime, medroso, tímido, timorato.
espantado, da. adj. Despavorido, aterrorizado, aterrado, asustado.
espantajo. m. Espantapájaros. ‖ Estantigua, adefesio, esperpento. ‖ Fantoche, figurón.
espantapájaros. m. Espantajo.
espantar. tr. y prnl. Asustar, aterrar, aterrorizar, horrorizar. ‖ Admirar, maravillar, asombrar. ‖ tr. Ojear, ahuyentar, echar.
espanto. m. Susto, sobresalto, miedo, temor, pavor, horror, terror. ‖ Amenaza.
espantoso, sa. adj. Horrendo, horroroso, hórrido, horripilante, pavoroso, aterrador, espantable. *Guerra espantosa.* ‖ Enorme, intenso, asombroso, tremendo.
español, la. adj. y s. Hispano, hispánico. ‖ Gachupín, godo, chupetón, gallego. ‖ m. Castellano (idioma).
españolado, da. adj. Españolizado, hispanizado. *Acento españolado.*
esparavel. m. Atarraya, red, tarraya. ‖ Manga (en albañilería).
esparcimiento. m. Solaz, diversión, distracción, entretenimiento, recreo, pasatiempo, alegría. *Lugar de esparcimiento.*
esparcir. tr. y prnl. Separar, desparramar, espaciar, diseminar, dispersar. (**a.**: *agrupar, reunir.*) ‖ Divulgar, propagar, publicar, propalar, difundir. (**a.**: *reservar.*) ‖ prnl. Solazarse, recrearse, distraerse, divertirse. (**a.**: *aburrirse.*)
espartizal. m. Atochal, atochar, espartal.
esparto. m. Atocha, atochón.
espasmo. m. Enfriamiento. ‖ Pasmo, contracción, sacudida, convulsión.
espata. f. Garrancha.
especial. adj. Singular, particular, peculiar. (**a.**: *general, común.*) ‖ Adecuado, propio, conveniente, a propósito. (**a.**: *inadecuado.*)
especialidad. f. Singularidad, particularidad, peculiaridad.
especie. f. Clase, grupo, categoría. ‖ Pretexto, apariencia, color, sombra. ‖ Caso, suceso, hecho, asunto. ‖ Noticia. ‖ Modo, tipo, naturaleza.
especificar. tr. Enumerar, detallar, pormenorizar, precisar, determinar.
específico, ca. adj. Propio, particular. *Tema específico.* (**a.**: *genérico, general.*) ‖ m. Medicamento.
espécimen. m. Ejemplar. ‖ Muestra, modelo.
especioso, sa. adj. Aparente, engañoso. ‖ Precioso, perfecto.
espectáculo. m. Función, representación, diversión. ‖ Escena, cuadro, visión, vista, panorama.
espectador, ra. m. y f. Presente, concurrente, asistente, circunstante.
espectral. adj. Misterioso, fantasmal, lúgubre.
espectro. m. Aparición, sombra, visión, fantasma.
especulación. f. Contemplación, meditación, reflexión. *Especulación filosófica.* ‖ Lucro, ganancia, provecho, beneficio. ‖ Negocio, comercio, tráfico.
especular. tr. Examinar, estudiar, observar. ‖ intr. Meditar, reflexionar, considerar. ‖ Comerciar, traficar, negociar, lucrar.
especulativo, va. adj. Teórico. (**a.**: *práctico.*) ‖ Pensativo, reflexivo.
espejar. intr. Relucir, resplandecer, reflejar, reverberar.
espejismo. m. Ilusión, quimera, ficción.
espejo. m. Retrato, imagen. ‖ Ejemplo, dechado, modelo.
espejuelo. m. Selenita. ‖ Cebo, atractivo, engaño, señuelo. ‖ Lentes, gafas, anteojos, antiparras, quevedos.
espelunca. f. Cueva, gruta, antro, caverna.
espeluznante. adj. Horripilante, pavoroso, terrorífico.
espeluznar. tr. y prnl. Despeluzar, des-

peluznar. || Horripilar, estremecer, aterrar, horrorizar.

espeque. m. Leva, palanca.

espera. f. Acecho, aguardo. || Plazo, prórroga, aplazamiento. || Calma, paciencia.

esperanza. f. Confianza, creencia. (**a.**: *desesperanza, desesperación.*) || Aliento, consuelo, expectativa, espera.

esperanzar. tr. Ilusionar, alentar, animar, confortar, reanimar, consolar.

esperar. tr. Confiar, creer. (**a.**: *desconfiar.*) || Aguardar.

esperma. amb. Semen.

espermatozoide. m. Zoospermo, espermatozoo, gameto masculino.

esperpento. m. Adefesio, estantigua, espantajo, mamarracho, birria, facha. || Desatino, absurdo, disparate.

espesar. tr. y prnl. Condensar, concentrar. || Tupir, cerrar, unir. (**a.**: *aclarar, abrir.*)

espeso, sa. adj. Denso, condensado. || Apretado, aglomerado, cerrado, tupido. || Grueso, macizo.

espesor. m. Grueso, grosor. || Densidad, condensación.

espesura. f. Espesor. || Bosque, fronda, matorral.

espetar. tr. Ensartar. || Atravesar, clavar. || Endilgar, encajar, endosar.

espía. com. Confidente, soplón. || Observador, confidente, agente secreto.

espiar. tr. Atisbar, acechar, observar, atalayar, vigilar.

espibia. f., **espibio** o **espibión.** m. Estibia (en veterinaria).

espicanardi. f. o **espicanardo.** m. Azúmbar, nardo.

espichar. tr. Pinchar. || intr. Morir, fallecer.

espiga. f. Badajo. || Estaquilla, clavija. || Púa (en las plantas).

espigadilla. f. Cebadilla.

espigado, da. adj. Esbelto, alto.

espigar. tr. e intr. Rebuscar, buscar, recoger. || prnl. Crecer.

espigón. m. Aguijón, punta. || Rompeolas, dique, espaldón. || Mazorca, panoja.

espiguilla. f. Hierba de punta.

espina. f. Aguijón, pincho. || Astilla. || Pesar, pena. || Escrúpulo, recelo, cuidado. || **espina blanca.** Cardo borriqueño. || **espina dorsal.** Columna vertebral, raquis. || **espina santa.** Cambrones.

espinazo. m. Columna vertebral, espina dorsal.

espinela. f. Décima (en literatura).

espineta. f. Virginal (en música).

espinilla. f. Barrillo, granillo.

espinillera. f. Canillera, esquinela.

espino. m. Níspero espinoso, níspero silvestre, oxiacanta. || **espino cerval** o **hediondo.** Cambrón.

espinoso, sa. adj. Arduo, difícil, intrincado, comprometido, enredado, dificultoso, enrevesado, peliagudo. (**a.**: *sencillo, fácil.*)

espiral. f. Hélice, espira.

espirante. adj. Fricativo (en fonética).

espirar. tr. o intr. Exhalar. (**a.**: *inspirar.*) || Despedir, expeler. || intr. Respirar.

espíritu. m. Alma, mente, ánima. || Energía, ánimo, valor, brío, aliento. (**a.**: *desaliento, flaqueza.*) || Ingenio, vivacidad. || Carácter, tendencia. || Esencia, sustancia.

espiritual. adj. Anímico, psíquico. || Inmaterial. (**a.**: *material.*) || Místico.

esplendente. adj. Brillante, resplandeciente, esplendoroso, reluciente.

esplendidez. f. Abundancia, largueza, liberalidad, generosidad, rumbo. || Magnificencia, ostentación, fausto, suntuosidad.

espléndido, da. adj. Generoso, liberal, rumboso. (**a.**: *mezquino, tacaño.*) || Magnífico, suntuoso, ostentoso, soberbio. *Una fiesta espléndida.* (**a.**: *modesto.*) || Resplandeciente.

esplendor. m. Resplandor, lustre, brillo. || Nobleza, magnificencia, gloria, fama. || Ostentación, pompa, fasto, boato. || Auge, apogeo.

esplendoroso, sa. adj. Resplandeciente, esplendente. (**a.**: *apagado, opaco.*) || Espléndido, magnífico.

espliego. m. Lavanda. lavándula, alhucema.

esplín. m. Tedio, hastío, aburrimiento, melancolía, tristeza.

espolear. tr. Aguijar, picar, dar espuela. *Espolear a la cabalgadura.* || Incitar, estimular, acuciar, mover, acicatear.
espolón. m. Rostro, punta (de las embarcaciones). || Tajamar. || Malecón. || Contrafuerte.
espolvorear. tr. Despolvorear, polvorear, polvorizar. || Despolvorear, quitar el polvo.
esponjar. tr. Ahuecar, mullir. || prnl. Envanecerse, engreírse, hincharse, infatuarse.
esponjoso, sa. adj. Poroso, mullido, fofo, fungoso. (**a.**: *compacto, denso.*)
esponsales. m. pl. Desposorio, boda, casamiento, matrimonio, nupcias.
espontaneidad. f. Naturalidad, franqueza.
espontáneo, a. adj. Automático, indeliberado. || Voluntario. (**a.**: *involuntario.*) || Maquinal, impensado. || Abierto, expresivo, natural. (**a.**: *afectado.*)
esporádico, ca. adj. Ocasional, aislado, excepcional, suelto. (**a.**: *frecuente, continuo.*)
esposo, sa. m. y f. Marido y mujer, compañero, pareja. || Cónyuge, consorte. || f. Esposa, cara mitad, media naranja, costilla, mujer. || f. pl. Manillas.
espuela. f. Acicate, incentivo, aguijón, incitación, espolón, estímulo. || **espuela de caballero.** Consólida real (planta).
espuerta. f. Sera, serón, esportilla, cuévano.
espuma. f. Nata, flor. || Baba, esputo.
espumar. tr. Despumar. || intr. Espumear.
espurio, ria. adj. Bastardo, ilegítimo, adulterino. (**a.**: *legítimo.*) || Falso, adulterado, falsificado. (**a.**: *auténtico.*)
esputar. tr. Escupir, expectorar, gargajear.
esputo. m. Expectoración, escupido, escupidura, escupitajo, gargajo, gallo.
esquela. f. Carta, misiva, nota, billete, besalamano.
esquelético, ca. adj. Flaco, enjuto, delgado, seco, esmirriado.
esqueleto. m. Osamenta, osambre. || Armadura, armazón. || Croquis, esbozo, modelo, proyecto.
esquema. m. Boceto, croquis, esbozo. || Bosquejo, guión, sinopsis, compendio.
esquematizar. tr. Sintetizar, compendiar, extractar, esbozar, reducir.
esquenanto. m. Esquinante, esquinanto, paja de camello, paja de esquinanto, paja de Meca.
esquicio. m. Apunte, croquis, boceto, bosquejo, esbozo.
esquila. f. Campano, cencerro. || Trasquila.
esquilar. tr. Trasquilar, marcear.
esquilimoso, sa. adj. Melindroso, remilgado, dengoso, escrupuloso.
esquilmar. tr. Agotar, empobrecer, explotar, arruinar.
esquina. f. Cantón, cantonada, arista. || Punta, vértice.
esquirla. f. Astilla.
esquivar. tr. Evitar, rehuir, eludir, rehusar, soslayar, obviar. (**a.**: *afrontar, desafiar.*) || prnl. Retirarse, retraerse, excusarse, apartarse.
esquivez. f. Desapego, aspereza, desagrado, desdén.
esquivo, va. adj. Huraño, arisco, huidizo. || Despegado, áspero, desagradable, desdeñoso.
estabilidad. f. Permanencia, duración. || Firmeza, seguridad, equilibrio.
estabilizar. tr. y prnl. Normalizar, equilibrar. (**a.**: *desequilibrar.*)
estable. adj. Permanente, duradero, durable, arraigado, fijo. (**a.**: *inestable, mudable.*) || Firme, seguro, sólido, consistente. (**a.**: *inseguro.*)
establecer. tr. Implantar, instaurar, instituir, fundar. || Ordenar, estatuir, decretar, determinar. || Entablar, organizar, emprender. || prnl. Avecinarse, instalarse, domiciliarse.
establecimiento. m. Fundación, erección. || Institución. || Ley, estatuto, ordenanza. || Almacén, tienda, comercio. || **establecimiento de enseñanza.** Escuela, colegio, instituto, academia.
establo. m. Corte, presepio, cuadra, caballeriza.
estaca. f. Garrote, palo. || Plantón.
estacada. f. Empalizada, palizada, va-

lla, cercado, vallado. || Palenque, palestra.
estación. f. Tiempo, temporada, época. *Estación veraniega.* || Parada, detención. || Estancia, morada, asiento. || Emisora.
estacionamiento. m. Aparcamiento.
estacionar. tr. y prnl. Aparcar. || prnl. Estancarse.
estacionario, ria. adj. Invariable, fijo. (**a.**: *variable, inestable.*) || Detenido, inmóvil.
estada. f. Estadía, estancia, permanencia.
estadía. f. Detención. || Estancia, permanencia, estada.
estadio. m. Etapa, fase.
estadista. m. Repúblico, hombre de Estado, gobernante, político.
estado. m. Situación. || Nación, país. *Estado americano.* || Orden, clase, jerarquía. || Clase, condición. *Estado civil.* || Resumen, relación, inventario, memoria. *Estado de cuentas.*
estadounidense. adj. Norteamericano, yanqui.
estafa. f. Engaño, fraude, timo, petardo, dolo, trapaza.
estafermo. m. Pasmarote, pasmón.
estafisagria. f. Albarraz, hierba piojenta, hierba piojera, uva tamínea, uva taminia.
estallar. intr. Explotar, detonar, reventar. || Restallar, retumbar, chasquear. || Sobrevenir, ocurrir. *Estallar una revolución.* || Prorrumpir.
estallido. m. Explosión, detonación, estampido.
estampa. f. Lámina, grabado. || Imprenta, impresión. || Huella, señal, impresión, vestigio. || Figura, aspecto, traza, porte. || Imagen, efigie.
estampar. tr. Imprimir, grabar. || Señalar, marcar. *Estampar una firma.* || Inculcar. || Estrellar, arrojar.
estampido. m. Detonación, estallido, explosión. || Tiro, disparo, balazo.
estancar. tr. y prnl. Detener, suspender, paralizar, empantanar. || tr. Monopolizar, impedir, inmovilizar.
estancia. f. Estación, estada, estadía, morada, permanencia. || Aposento, habitación, sala, cuarto. || Residencia.
estándar. m. Tipo, nivel, modelo. || adj. Común, ordinario. (**a.**: *especial, extraordinario.*)
estandarización o **estandardización.** f. Normalización, tipificación.
estandarizar o **estandardizar.** tr. Normalizar, tipificar.
estandarte. m. Insignia, bandera, pendón, oriflama. *Estandarte de guerra.*
estanque. m. Alberca, albufera, charca, laguna, pantano, espadaña.
estante. m. Anaquel, balda, repisa.
estantería. f. Anaquelería, vasar, vasera.
estantigua. f. Espantajo, esperpento, adefesio.
estaquilla. f. Espiga, clavija. || Estaca.
estar. intr. Encontrarse, hallarse, parar, residir. (**a.**: *faltar, ausentarse.*) || Existir, hallarse. || Quedar, sentar.
estatificar. tr. Nacionalizar.
estatuir. tr. Establecer, determinar, ordenar, decretar, mandar, disponer. (**a.**: *derogar, abolir, anular.*) || Demostrar, asentar, dar por cierto.
estatura. f. Talla, altura, alzada, corpulencia, medida.
estatuto. m. Reglamento, establecimiento, ordenanza, regla, norma.
estay. m. Traversa (en marina).
este. m. Oriente, Levante, Naciente, orto. (**a.**: *Oeste, Occidente, Poniente.*)
esteatita. f. Jabón de sastre, jaboncillo.
estela. f. Rastro, huella, señal. *Estela de humo, de espuma.* || Lápida, mojón, monumento (funerario), pedestal.
estema. m. Ocelo (en zoología).
estenografía. f. Taquigrafía.
estenógrafo, fa. m. y f. Taquígrafo.
estentóreo, a. adj. Ruidoso, retumbante, fuerte, resonante.
estepilla. f. Jara blanca, estepa blanca.
estéril. adj. Machorra, mañera. || Horra. || Nulípara. || Improductivo, infecundo, infructuoso, vano, ineficaz. (**a.**: *fecundo, productivo, fructuoso.*) || Árido, yermo. || Aséptico.
esterilidad. f. Infecundidad, improductividad. agotamiento, aridez. (**a.**: *fecundidad, productividad.*) || Asepsia.
esterilla. f. Alfardilla.

estero. m. Estuario, restañadero. ‖ Aguazal, cenagal, bañado.
estertor. m. Sarrillo. ‖ Agonía, opresión.
estética. f. Calología.
esteva. f. Mancera, mangorrillo.
estiércol. m. Fimo, excremento, fiemo, hienda, bosta, boñiga, guano, sirle.
estigma. m. Marca, señal, huella, vestigio. ‖ Afrenta, desdoro, infamia, deshonra, baldón, mancha. ‖ Lacra, llaga.
estigmatizar. tr. Afrentar, infamar, deshonrar, anatemizar, execrar.
estilar. intr., tr. y prnl. Usar, acostumbrar, soler. *De nuevo se estila el sombrero.*
estilete. m. Punzón, estilo. ‖ Gnomon. ‖ Puñal, faca, facón.
estilo. m. Carácter, peculiaridad. ‖ Modo, manera, forma. ‖ Uso, costumbre, moda, práctica, usanza. ‖ Estilete, punzón. ‖ Gnomon. ‖ Similar, parecido. ‖ **por el estilo.** loc. adj. Parecido, similar, semejante.
estima. f. Consideración, aprecio, estimación, respeto, afecto.
estimación. f. Aprecio, consideración, afecto, estima. (**a.:** *desprecio, menosprecio.*) ‖ Evaluación, valoración, tasación. *Hacer una estimación de las cosechas.* ‖ Admiración, celebridad, gloria.
estimar. tr. Evaluar, valorar, tasar, apreciar, justipreciar. ‖ Considerar, creer, reputar, conceptuar, conjeturar, opinar, juzgar. (**a.:** *desestimar, despreciar.*)
estimulante. adj. Incitante, excitante. ‖ m. Estímulo. ‖ Aperitivo.
estimular. tr. Aguijonear, picar, punzar. ‖ Excitar, avivar, incitar, animar, impulsar, empujar. *Estimular la enseñanza.* (**a.:** *frenar, reprimir.*) ‖ Despertar, provocar.
estímulo. m. Incitación, incentivo, aliciente, acicate, aguijón.
estío. m. Verano, canícula.
estipendio. m. Remuneración, paga, sueldo, salario, haberes, honorarios, retribución, jornal, soldada, asignación.
estipular. tr. Convenir, concertar, tratar, pactar, acordar. ‖ Contratar. ‖ Disponer, establecer. *Estipular las condiciones de un negocio.*
estirado, da. adj. Entonado, afectado, orgulloso, altivo, presumido, altanero, vanidoso. ‖ Alargado, tenso, dilatado, prolongado, extendido.
estirar. tr. Alargar, prolongar, extender. (**a.:** *reducir, encoger.*) ‖ Dilatar, prolongar. ‖ intr. y prnl. Crecer. ‖ Planchar. ‖ prnl. Desperezarse, desentumecerse.
estirón. m. Tirón. ‖ Crecimiento.
estirpe. f. Casta, linaje, progenie, alcurnia, prosapia, abolengo, sangre, ascendencia. ‖ Origen, raíz.
estival. adj. Veraniego, estivo. *Temporada estival.* (**a.:** *invernal.*)
estocada. f. Hurgón, horgonazo, cuchillada, punzada.
estofa. f. Calidad, condición, clase. ‖ Ralea, calaña, laya, índole.
estoicismo. m. Fortaleza, conformidad, entereza, estoicidad, aguante.
estoico, ca. adj. Imperturbable, inalterable, impasible, insensible, fuerte, inmutable. *Carácter estoico.*
estolidez. f. Estupidez, necedad, insensatez, estulticia, tontería, idiotez.
estomacal. adj. Gástrico. ‖ Digestivo, eupéptico.
estomagar. tr. Empachar, ahitar, indigestar. ‖ Fastidiar, hastiar, enfadar, aburrir, cargar.
estomático, ca. adj. Bucal.
estoraque. m. Almea, azúmbar.
estorbar. tr. Embarazar, dificultar, obstaculizar, entorpecer, impedir. (**a.:** *facilitar, colaborar.*) ‖ Incomodar, molestar.
estorbo. m. Dificultad, inconveniente, entorpecimiento, embarazo, engorro, obstáculo, óbice, rémora, traba, tropiezo, impedimento, molestia.
estrado. m. Tarima, entablado, entarimado, tablado.
estrafalario, ria. adj. Extravagante, estrambótico, excéntrico, raro, ridículo, grotesco.
estragar. tr. Viciar, corromper. ‖ Dañar, estropear, arruinar.

estrago. m. Ruina, daño, destrucción, devastación, asolamiento.
estragón. m. Dragoncillo.
estrambótico, ca. adj. Extravagante, estrafalario, raro.
estrangular. tr. Oprimir, apretar. ‖ Ahogar, ahorcar, asfixiar.
estraperlo. m. Mercado negro.
estratagema. f. Ardid, argucia, treta, engaño, artimaña.
estrategia. f. Habilidad, destreza, táctica. *Estrategia diplomática.*
estrato. m. Capa, lecho. ‖ Clase.
estrechar. tr. Reducir, apretar. ‖ Precisar, obligar, forzar. ‖ Perseguir, acosar, apurar, apremiar, arrinconar, acorralar. ‖ prnl. Ceñirse, recogerse, apretarse.
estrechez. f. Escasez, pobreza, privación, indigencia, miseria. (**a.**: *abundancia.*) ‖ Aprieto, apuro, apremio, dificultad. ‖ Austeridad.
estrecho, cha. adj. Angosto. (**a.**: *ancho.*) ‖ Ahogado, reducido. ‖ Ajustado, apretado, ceñido. (**a.**: *amplio, holgado.*) ‖ Riguroso, estricto, rígido. ‖ Miserable, tacaño, mezquino. ‖ Cercano, íntimo. ‖ Apocado. ‖ m. Paso, pasaje, canal.
estregadura. f. Fricción, estregamiento.
estregar. tr. Confricar, frotar, friccionar, refregar, restregar.
estrella. f. Hado, destino, sino, fortuna, suerte, signo. ‖ As, astro. ‖ **estrella fugaz.** Exhalación.
estrellamar. f. Hierba estrella.
estrellar. tr. Estampar, arrojar. ‖ prnl. Chocar. ‖ Fracasar.
estremecer. tr. y prnl. Conmover, sacudir, asustar, aterrar, sobresaltar, turbar, alterar.
estremecimiento. m. Conmoción, sacudida, sacudimiento, temblor. ‖ Sobresalto.
estrenar. tr. Inaugurar, iniciar, debutar, comenzar.
estreñido, da. adj. Tacaño, mezquino, apretado, miserable, avaro. ‖ Estíptico.
estrépito. m. Estruendo, fragor, ruido. ‖ Aparato, ostentación.
estrepitoso, sa. adj. Estruendoso, ruidoso. (**a.**: *silencioso.*) ‖ Ostensivo, espectacular, aparatoso, escandaloso.
estría. f. Canal, raya, ranura, surco. ‖ Acanaladura.
estriar. tr. Acanalar, rayar.
estribar. intr. Entibar, restribar, apoyarse, descansar. ‖ Consistir, radicar, residir.
estribillo. m. Contera. ‖ Muletilla, bordón.
estribo. m. Estribera, codillo, estafa. ‖ Entibo. ‖ Apoyo, fundamento. ‖ Contrafuerte. ‖ Estribación. ‖ **perder los estribos.** Impacientarse, encolerizarse.
estricto, ta. adj. Preciso, exacto, riguroso, estrecho, rígido. (**a.**: *impreciso, amplio.*)
estridente. adj. Chirriante, rechinante, agudo, desapacible. (**a.**: *suave, armonioso.*) ‖ Chillón. ‖ Agrio, áspero, destemplado, ruidoso.
estro. m. Inspiración, numen, vena.
estropajo. m. Fregador.
estropajoso, sa. adj. Trapajoso, balbuciente. *Voz estropajosa.* ‖ Andrajoso, roto, harapiento, desaseado.
estropear. tr. Lastimar, lisiar, lesionar. ‖ Ajar, maltratar, dañar, deteriorar, averiar. (**a.**: *arreglar, reparar.*) ‖ Malograr, frustrar, echar a perder. (**a.**: *mejorar.*)
estropicio. m. Destrozo, rotura, trastorno, deterioro, estrapalucio. ‖ Jaleo, algazara.
estructura. f. Contextura, organización, distribución, orden, configuración, conformación, disposición, forma. ‖ Armazón, esqueleto. *Estructura metálica.*
estruendo. m. Fragor, ruido, estrépito, estallido. ‖ Confusión, bullicio. ‖ Aparato, pompa, ostentación.
estruendoso, sa. adj. Estrepitoso, ruidoso. ‖ Ostentoso, escandaloso.
estrujar. tr. Apretar, prensar, exprimir, comprimir, apretujar. (**a.**: *aflojar, soltar.*) ‖ Magullar. ‖ Agotar, oprimir, aprovecharse.
estuario. m. Estero.

estuco. m. Estuque, escayola, marmoración, enlucido.
estudiado, da. adj. Fingido, afectado, rebuscado, amanerado. (**a.**: *natural.*)
estudiante. com. Alumno, colegial, educando.
estudiantina. f. Tuna.
estudiar. tr. e intr. Aprender, instruirse. ‖ tr. Meditar, analizar, examinar. ‖ Memorizar.
estudio. m. Aprendizaje. ‖ Análisis, observación, investigación. ‖ Taller. ‖ Tratado, monografía, ensayo, escrito. ‖ Aplicación, habilidad. ‖ Croquis, boceto.
estudioso, sa. adj. Aplicado, laborioso, investigador.
estufa. f. Calorífero. ‖ Incubadora. ‖ Invernáculo, invernadero. ‖ Autoclave. ‖ Brasero, calentador, hogar.
estulticia. f. Necedad, tontería, estupidez, imbecilidad.
estulto, ta. adj. Necio, estúpido, tonto, estólido.
estupefacción. f. Estupor, pasmo, admiración, asombro.
estupefaciente. adj. y s. Narcótico, anestésico.
estupefacto, ta. adj. Atónito, pasmado, asombrado, suspenso, turulato. (**a.**: *indiferente, impasible.*)
estupendo, da. adj. Admirable, asombroso, portentoso, pasmoso, sorprendente, formidable. *El jinete realizó una estupenda demostración de destreza.*
estúpido, da. adj. Necio, estólido, estulto, torpe, rudo, tonto, bobo, lelo. (**a.**: *listo, inteligente.*) ‖ Estupefacto.
estupor. m. Asombro, sorpresa, estupefacción, pasmo, admiración.
estuquista. m. Estucador.
esturión. m. Marón, marión, sollo.
esviaje. m. Oblicuidad, viaje (en arquitectura).
etapa. f. Tramo, recorrido. ‖ Fase.
etéreo, a. adj. Impalpable, sutil (**a.**: *material, corpóreo.*) ‖ Puro, celeste, elevado, sublime.
eternamente. adv. Siempre, perpetuamente, perennemente, perdurablemente.
eternidad. f. Perpetuidad, perdurabilidad, perennidad.
eternizar. tr. y prnl. Perpetuar, inmortalizar.
eterno, na. adj. Eternal, sempiterno, eviterno, perdurable, perpetuo, inmortal, imperecedero. (**a.**: *mortal, perecedero.*)
ética. f. Moral. *Etica profesional.*
etiqueta. f. Ceremonial, protocolo. ‖ Ceremonia, cumplido, cumplimiento, cortesía. ‖ Marbete, rótulo, membrete.
etiquetero, ra. adj. Cumplimentero, ceremonioso.
etites. f. Piedra del águila.
étnico, ca. adj. Racial. *Características étnicas de un pueblo.* ‖ Gentilicio (en gramática).
etrusco, ca. adj. y s. Tirreno, tusco.
etusa. f. Cicuta menor.
eufonía. f. Armonía.
euforbio. m. Gorbión, gurbión.
eupéptico, ca. adj. Digestivo, estomacal.
éuscaro, ra o **eusquero, ra.** adj. y s. Vasco, vascuence.
evacuar. tr. Desocupar, desembarazar, abandonar, desalojar, vaciar. (**a.**: *invadir, ocupar.*) ‖ Defecar, cagar, deponer. ‖ Cumplir, desempeñar, cumplimentar.
evadir. tr. Evitar, esquivar, eludir. *Evadir una responsabilidad.* (**a.**: *afrontar, enfrentar.*) ‖ prnl. Fugarse, escaparse, huir.
evaluación. f. Apreciación, cálculo, valuación, valoración, estimación, avalúo, justiprecio.
evaluar. tr. Valorar, estimar, valuar, tasar, apreciar.
evaporar. tr. y prnl. Vaporar, vaporear, volatizar. ‖ Disipar, desvanecer. ‖ prnl. Desaparecer, fugarse, huir, evadirse.
evasión. f. Fuga, huida. (**a.**: *captura, aprehensión.*) ‖ Evasiva.
evasiva. f. Efugio, escapatoria, subterfugio.
evento. m. Acontecimiento, suceso. ‖ Eventualidad.
eventual. adj. Casual, fortuito, insegu-

ro, incierto, posible, circunstancial. (**a.**: *fijo, seguro.*)

eventualidad. f. Casualidad, contingencia, accidente, posibilidad.

evidencia. f. Certeza, certidumbre, convicción, seguridad. *La evidencia de un crimen.* || **poner en evidencia.** Demostrar, evidenciar.

evidenciar. tr. Demostrar, mostrar, patentizar, poner en evidencia.

evidente. adj. Patente, visible, manifiesto, ostensible, palpable, claro, indudable, axiomático, incuestionable, indiscutible, innegable. (**a.**: *dudoso, incierto.*)

evitar. tr. Prevenir, precaver, impedir. (**a.**: *causar.*) || Eludir, esquivar, sortear, rehuir, soslayar. (**a.**: *afrontar, enfrentar.*) || tr. y prnl. Ahorrar, excusar.

evocar. tr. Llamar, invocar, conjurar. || Recordar, rememorar. (**a.**: *olvidar.*)

evolución. f. Desarrollo, trasformación, desenvolvimiento, curso. (**a.**: *retroceso, involución.*) || Movimiento, cambio, variación, mudanza.) (**a.**: *estancamiento.*) || Giro, vuelta.

evolucionar. intr. Desarrollarse, desenvolverse.

evolucionismo. m. Trasformismo.

exacción. f. Retención, tributo, prestación, multa, impuesto. || Concusión, coacción, exigencia.

exacerbar. tr. Enfadar, irritar, enojar, exasperar, encolerizar, enfurecer. (**a.**: *tranquilizar, calmar.*) || Recrudecer, enconar, agravar. (**a.**: *atenuar, mitigar.*)

exactitud. f. Puntualidad, regularidad, precisión, rigor. (**a.**: *inexactitud, imprecisión.*) || Veracidad, fidelidad.

exacto, ta. adj. Puntual, preciso, riguroso, justo. (**a.**: *inexacto, erróneo, impreciso.*) || Cabal, escrupuloso, estricto. || Fiel, igual, verdadero.

exageración. f. Hipérbole, ponderación, encarecimiento. || Hipérbole (en gramática). || Extremosidad.

exagerado, da. adj. Desmedido, excesivo, hiperbólico, aparatoso.

exagerar. tr. Abultar, encarecer, ponderar, extremar, desorbitar, aumentar, agrandar. (**a.**: *reducir, atenuar.*)

exaltación. f. Entusiasmo, exaltamiento, ensalzamiento, enaltecimiento. || Glorificación.

exaltado, da. adj. Entusiasta, apasionado, fanático. || Conmovido, irritado.

exaltar. tr. Elevar. || Ensalzar, enaltecer, realzar, glorificar, encumbrar. (**a.**: *rebajar, denigrar.*) || prnl. Entusiasmarse, acalorarse, arrebatarse, sobreexcitarse, conmoverse, apasionarse, enardecerse. (**a.**: *tranquilizarse, moderarse.*)

examen. m. Indagación, observación, análisis, estudio, reconocimiento, inspección. || Prueba. *Examen de ingreso.*

examinar. tr. Investigar, inquirir, indagar, observar, reconocer, analizar, estudiar, escrutar, escudriñar.

exangüe. adj. Desangrado. || Aniquilado, debilitado, agotado, exánime. || Muerto.

exánime. adj. Inánime, muerto, exangüe. (**a.**: *vivo.*) || Debilitado, exangüe, desmayado. (**a.**: *palpitante, animado.*)

exasperación. f. Enojo, irritación, enfurecimiento.

exasperar. tr. y prnl. Enojar, irritar, exacerbar, exaltar, enfurecer. (**a.**: *tranquilizar, calmar.*)

excarcelar. tr. Desencarcelar, libertar, liberar.

excavar. tr. Cavar, socavar, profundizar, ahondar, dragar.

excedente. adj. Excesivo. || m. Sobrante, residuo, resto, remanente, exceso.

exceder. tr. Sobresalir, descollar, aventajar, sobrepujar, superar, sobrepasar. || intr. Sobrar, restar. || prnl. Propasarse, extralimitarse, pasarse. *Excederse en la bebida.*

excelencia. f. Sublimidad, elevación. || Virtud, perfección, eminencia, superioridad. || **por excelencia.** loc. adv. Por antonomasia.

excelente. adj. Notable, superior, óptimo, descollante, sobresaliente, relevante, eminente, excelso, eximio, meritorio.

excelso, sa. adj. Eminente, altísimo, sublime, excelente, eximio, ilustre.

excentricidad. f. Extravagancia, rareza, manía, capricho.
excéntrico, ca. adj. Raro, extravagante. ‖ f. Leva (en mecánica).
excepción. f. Anormalidad, singularidad, rareza. (**a.**: *norma, regla.*) ‖ Exclusión, separación, eliminación, salvedad, omisión. ‖ **de excepción.** loc. adj. Extraordinario, excepcional.
excepcional. adj. Extraordinario, insólito, estupendo, singular, único, raro. *Un pianista excepcional.* (**a.**: *común, usual.*) ‖ Esporádico, extraño.
excepto. adv. Fuera de, salvo, a excepción de, menos, descontando. (**a.**: *más, además de.*)
exceptuar. tr. Excluir, separar, salvar, dejar a salvo. (**a.**: *incluir.*)
excerpta o **excerta.** f. Colección, recopilación, extracto.
excesivo, va. adj. Enorme, desmedido, desmesurado, inmoderado, exorbitante, extremo. (**a.**: *insuficiente, escaso.*) ‖ Superfluo, sobrante, demasiado, excedente, sobreabundante.
exceso. m. Sobra, sobrante, excedente. ‖ Demasía, abuso, desmán, desafuero, desorden. ‖ Extralimitación, abuso, desafuero, alcaldada, polacada, tropelía, atropello, arbitrariedad. ‖ Crimen, delito. ‖ Redundancia, pleonasmo. ‖ Derroche, despilfarro.
excitación. f. Agitación, exaltación. (**a.**: *calma, tranquilidad.*) ‖ Instigación, provocación.
excitar. tr. Estimular, provocar, mover, inducir, instigar, incitar, encender, provocar. ‖ tr. y prnl. Alterar, exaltar.
exclamar. intr y tr. Clamar, proferir, prorrumpir, lanzar.
excluir. tr. Separar, descartar, apartar, suprimir, exceptuar, eliminar. (**a.**: *incluir, incorporar.*) ‖ Echar, expulsar. ‖ Descartar, rechazar. (**a.**: *comprender, abarcar.*)
exclusivamente. adv. Solamente, sólo, únicamente.
exclusividad. f. Exclusiva, monopolio, privilegio, dispensa, franquicia, concesión.
exclusivo, va. adj. Unico, solo, excepcional, absoluto. ‖ f. Exclusividad.
excomulgar. tr. Anatematizar, descomulgar, expulsar.
excomunión. f. Anatema, descomunión.
excoriación. f. Escoriación, escocedura, escaldadura.
excrementicio, cia. adj. Fecal.
excremento. m. Heces, defecación, deposición, bosta, estiércol, excreta, caca, mierda.
exculpar. tr. Perdonar, dispensar, remitir, excusar, justificar.
excursión. f. Correría, incursión. ‖ Gira, viaje, paseo.
excusa. f. Disculpa, exculpación, pretexto, rebozo, socapa, socolor, retrechería, efugio, justificación. ‖ Descargo, excepción.
excusado. m. Reservado, retrete, baño.
excusado, da. adj. Superfluo, inútil.
excusar. tr. y prnl. Perdonar, exculpar, disculpar, justificar, eximir. ‖ tr. Evitar, ahorrar. ‖ prnl. Declinar, eludir.
execración. f. Abominación, aborrecimiento. ‖ Maldición, imprecación, condenación.
execrar. tr. Condenar, maldecir, imprecar, vituperar, reprobar. ‖ Aborrecer, abominar. *Execrar el crimen.*
exégesis. f. Interpretación, explicación, exposición, comentario.
exégeta o **exegeta.** com. Intérprete, expositor.
exención. f. Excepción, franquicia, privilegio. ‖ Eximición, dispensa. (**a.**: *obligación.*)
exento, ta. adj. Desembarazado, libre, dispensado, franco, falto. *Quedar exento de culpa, de obligación.*
exequias. f. pl. Funeral, funerales, honras fúnebres, sufragios.
exhalación. f. Rayo, centella. ‖ Vaho, vapor. ‖ Estrella fugaz.
exhalar. tr. Despedir, desprender, emanar, expeler, arrojar. (**a.**: *absorber.*) ‖ Lanzar, emitir.
exhausto, ta. adj. Agotado, apurado. (**a.**: *lleno, pletórico.*) ‖ Extenuado, exangüe, rendido, deshecho. (**a.**: *vigoroso, lozano.*)
exhibición. f. Manifestación, presenta-

ción, exposición, muestra. || Alarde, despliegue. *Exhibición de poderío.*

exhibir. tr. y prnl. Mostrar, presentar, exponer. (**a.**: *ocultar, esconder.*) || tr. Lucir, ostentar.

exhortación. f. Ruego, súplica, invitación. || Advertencia, aviso, consejo, admonición, amonestación, apercibimiento. || Plática, sermón.

exhortar. tr. Invitar, rogar, suplicar. || Aconsejar, amonestar, incitar, animar, persuadir, advertir, proponer, inducir.

exhumar. tr. Desenterrar. (**a.**: *inhumar, sepultar.*) || Recordar, revivir, resucitar. *Exhumar un recuerdo.*

exigencia. f. Requerimiento, necesidad. || Pretensión. || Exacción.

exigir. tr. Mandar, ordenar, reclamar. || Necesitar. || Requerir, conminar, compeler. *Exigir obediencia.*

exiguo, gua. adj. Insuficiente, escaso, corto, pequeño, reducido, insignificante. (**a.**: *abundante, suficiente, copioso.*)

exilio. m. Destierro, extrañamiento, ostracismo, expatriación. (**a.**: *repatriación.*)

eximición. f. Exención, dispensa.

eximio, mia. adj. Relevante, excelente, superior, sobresaliente, egregio, excelso.

eximir. tr. y prnl. Dispensar, exentar, perdonar, relevar, excusar, exceptuar. (**a.**: *obligar, exigir.*)

existencia. f. Vida. || pl. Mercancías.

existir. intr. Ser, vivir. || Haber, hallarse, estar.

éxito. m. Resultado, consecuencia, fin, terminación. || Triunfo. (**a.**: *fracaso, derrota.*)

éxodo. m. Emigración, migración, trasmigración. (**a.**: *inmigración.*)

exonerar. tr. Aliviar, descargar, eximir. || Destituir, deponer. (**a.**: *reponer, restituir.*)

exorbitante. adj. Excesivo, desmesurado, demasiado, enorme, descomunal, exagerado. (**a.**: *ínfimo, mínimo.*)

exorcismo. m. Conjuro.

exordio. m. Introducción, preámbulo, prefacio, isagoge, introito, proemio.

exornar. tr. Adornar, hermosear, engalanar, ornar, embellecer, ornamentar.

exotérico, ca. adj. Accesible, asequible. (**a.**: *esotérico.*) || Común, vulgar, corriente.

exótico, ca. adj. Extranjero, peregrino. (**a.**: *vernáculo, autóctono.*) || Extraño, chocante, extravagante, raro. (**a.**: *tradicional, típico.*)

expandir. tr. y prnl. Extender, dilatar. || Difundir, divulgar, propagar.

expansión. f. Dilatación, extensión. (**a.**: *reducción.*) || Desarrollo, crecimiento. || Difusión, divulgación. || Efusión, confianza, comunicación, desahogo. (**a.**: *contención, represión.*) || Recreo, solaz, esparcimiento, distracción, diversión.

expansionarse. prnl. Desahogarse, espontanearse, explayarse, franquearse. || Recrearse, solazarse, divertirse.

expansivo, va. adj. Comunicativo, franco, efusivo, abierto. (**a.**: *retraído, reservado.*) || Expansible.

expectación. f. Ansiedad, espera.

expectativa. f. Esperanza, espera. || Posibilidad, perspectiva.

expectoración. f. Esputo, flema, escupitajo, escupida, gargajo, pollo.

expectorar. tr. Escupir, esputar, esgarrar.

expedición. f. Envío, remesa. || Desembarazo, facilidad, presteza, prontitud, desenvoltura. || Excursión.

expediente. m. Arbitrio, recurso, medio. || Tramitación, curso. || Documentación. || Habilidad, desembarazo, desenvoltura.

expedir. tr. Despachar, cursar, dar curso. || Enviar, remitir, remesar, mandar. *Expedir la correspondencia.* (**a.**: *recibir.*)

expeditivo, va. adj. Diligente, pronto, rápido, resuelto, dispuesto, activo. (**a.**: *lento.*)

expedito, ta. adj. Libre, desembarazado, despejado. *Dejar el camino expedito.*

expeler. tr. Arrojar, echar, lanzar, despedir, expulsar, excluir.

expender. tr. Vender, despachar. (**a.**: *comprar, adquirir.*) || Gastar.

expensas. f. pl. Gastos, costas. *Vivir a expensas de otro.*

experiencia. f. Pericia, experimentación, habilidad, práctica, conocimiento. (**a.**: *inexperiencia.*) || Experimento, prueba. *Experiencia nuclear.*

experimentado, da. adj. Experto, conocedor, práctico, diestro, ducho, hábil, versado, entendido.

experimental. adj. Empírico. *Estudio, enseñanza experimental.*

experimentar. tr. Probar, ensayar. || Notar, percatarse. || Sentir, padecer, tener, sufrir. *Experimentar trastornos nerviosos.*

experimento. m. Experiencia, ensayo, prueba.

experto, ta. adj. y m. Práctico, experimentado, ejercitado, versado, perito, avezado, diestro. (**a.**: *inexperto, inhábil, novato.*) || m. y f. Entendido, perito, conocedor.

expiación. f. Castigo, pena, reparación, enmienda.

expiar. tr. Purgar, pagar, reparar. *Expiar un crimen en la cárcel.*

expirar. intr. Morir, fallecer, fenecer. (**a.**: *nacer.*) || Terminar, acabar, concluir, finalizar. (**a.**: *empezar, comenzar.*)

explanar. tr. Allanar, aplanar, igualar, nivelar. || Declarar, explicar, exponer, desarrollar.

explayar. tr. Ensanchar, dilatar, extender. || prnl. Esparcirse, recrearse, divertirse, solazarse. || Confiarse, franquearse, espontanearse, desahogarse, expansionarse. || Extenderse, dilatarse. (**a.**: *limitarse, contenerse.*)

expletivo, va. adj. Enfático, completivo (en gramática).

explicación. f. Aclaración, exposición, declaración, interpretación. || Justificación, exculpación, satisfacción, disculpa.

explicar. tr. y prnl. Declarar, expresar. || Aclarar, exponer, interpretar, esclarecer, explanar, desarrollar. || tr. Enseñar, profesar. || Exculpar, justificar, satisfacer. || prnl. Comprender, darse cuenta, entender. || Expresarse.

explícito, ta. adj. Expreso, claro, manifiesto, determinado (**a.**: *implícito, sobrentendido.*)

explorar. tr. Reconocer, examinar, investigar. || Sondar, sondear, tantear.

explosión. f. Estallido, estampido, estruendo, detonación. || Ataque, acceso.

explotar. tr. Aprovechar, utilizar. (**a.**: *desaprovechar.*) || Aprovecharse, abusar. || intr. Explosionar, estallar, detonar, hacer explosión.

expoliar. tr. Despojar, robar, quitar, desposeer, usurpar.

expoliación. f. Despojo, exacción, robo, usurpación.

exponente. m. Prototipo, modelo.

exponer. tr. Manifestar, declarar, explicar, interpretar. || Exhibir, mostrar, presentar. (**a.**: *ocultar.*) || tr. y prnl. Arriesgar, aventurar, comprometer.

exposición. f. Explicación, interpretación, disquisición, declaración. || Exhibición, presentación, muestra. || Riesgo, peligro.

expósito, ta. adj. Echadillo, echadizo, inclusero, enechado, peño.

expresamente. adv. Claramente, manifiestamente, explícitamente. || Adrede, de intento, de propósito, aposta, ex profeso, a propósito.

expresar. tr. y prnl. Manifestar, decir, hablar. (**a.**: *callar.*) || tr. Interpretar, simbolizar. || Exteriorizar, reflejar. (**a.**: *omitir, silenciar.*) || Manifestar, mostrar, significar.

expresión. f. Habla, lenguaje. || Palabra, dicción, voz, vocablo, término. || Frase, locución. || Manifestación, muestra. || Viveza, vivacidad, brillo. || Enunciado, enunciación.

expresivo, va. adj. Significativo, elocuente. (**a.**: *inexpresivo, frío, seco.*) || Afectuoso, cariñoso, afable.

expreso, sa. adj. Claro, especificado, explícito, manifiesto. (**a.**: *sobrentendido, tácito.*) || Antedicho, susodicho.

exprimidor, ra. adj. y s. Estrujador.

exprimir. tr. Estrujar, apretar. || Explotar, agotar. || Expresar.

ex profeso. loc. adv. Expresamente, de propósito, a propósito.

expuesto, ta. adj. Arriesgado, aventurado, peligroso, comprometido.

expugnar. tr. Tomar, conquistar, apoderarse.

expulsar. tr. Arrojar, echar, lanzar. (**a.**: *admitir.*) ‖ Expeler, despedir, desalojar. (**a.**: *acoger, recibir.*) ‖ Proscribir.

expurgar. tr. Limpiar, purificar, depurar.

exquisito, ta. adj. Sabroso, delicioso. ‖ Excelente, primoroso, delicado, selecto, distinguido, refinado, superior. (**a.**: *tosco, vulgar.*)

extasiar. tr. y prnl. Arrobar, embelesar, enajenar, arrebatar.

éxtasis. m. Rapto, trasporte, arrebatamiento, arrebato, embeleso, enajenamiento, ensimismamiento.

extemporáneo, a. adj. Intempestivo, inoportuno, inconveniente, impropio, inadecuado, improcedente. (**a.**: *oportuno, adecuado.*)

extender. tr. Desplegar, desdoblar, desenvolver, tender, desenrollar. (**a.**: *arrollar, doblar.*) ‖ Amplificar, ampliar, expandir. (**a.**: *reducir, disminuir.*) ‖ Esparcir, desparramar. (**a.**: *concentrar.*) ‖ tr. y prnl. Alcanzar, llegar. ‖ Difundir, divulgar, propagar. ‖ prnl. Explayarse. ‖ Prolongarse, durar.

extensión. f. Superficie. ‖ Amplitud, vastedad. ‖ Longitud. ‖ Duración. ‖ Importancia, alcance. ‖ Espacio. ‖ Tesitura, registro. ‖ **por extensión.** Detalladamente, desarrollado, ampliado.

extenso, sa. adj. Vasto, espacioso, dilatado, amplio, grande. (**a.**: *reducido, exiguo.*) ‖ Lato, prolongado. ‖ **por extenso.** loc. adv. Ampliamente, detalladamente.

extenuación. f. Agotamiento, debilidad, consunción.

extenuar. tr. y prnl. Debilitar, agotar. (**a.**: *fortalecer, vigorizar.*)

exterior. adj. Externo, extrínseco. (**a.**: *interior.*) ‖ m. Superficie, periferia, exterioridad. ‖ Traza, porte, apariencia, aspecto, facha, pinta.

exteriorizar. tr. Manifestar, mostrar, revelar, patentizar, sacar fuera, descubrir. (**a.**: *ocultar, esconder.*)

exterminar. tr. Aniquilar, extinguir, destruir. ‖ Asolar, devastar, desolar, arrasar.

exterminio. m. Aniquilamiento, matanza, aniquilación. ‖ Destrucción, devastación, ruina, estrago.

externo, na. adj. Exterior, extrínseco. (**a.**: *interno.*)

extinguir. tr. Apagar. (**a.**: *avivar, encender.*) ‖ Aniquilar, destruir. ‖ prnl. Cesar, acabar, morir, expirar.

extintor. m. Matafuego.

extirpar. tr. Arrancar, desarraigar, descuajar. *Extirpar un quiste.* ‖ Exterminar, extinguir, destruir.

extorsión. f. Despojo, usurpación. ‖ Chantaje. ‖ Daño, perjuicio.

extra. adj. Extraordinario, óptimo. ‖ m. Plus, relevante. ‖ com. Comparsa, figurante.

extracción. f. Origen, linaje, estirpe, nacimiento, clase, familia. *De extracción humilde.* ‖ Sorteo.

extractar. tr. Resumir, abreviar, condensar, compendiar. *Extractar un discurso.* (**a.**: *ampliar, desarrollar.*)

extracto. m. Resumen, compendio. ‖ Sustancia, esencia. *Extracto de carne.*

extraer. tr. Sacar, separar. (**a.**: *poner, meter.*) ‖ Arrancar, quitar.

extralimitación. f. Exceso, arbitrariedad, desafuero, tropelía, atropello, alcaldada.

extralimitarse. prnl. Excederse, propasarse, abusar, salirse.

extranjerismo. m. Barbarismo, extranjería, exotismo.

extranjero, ra. adj. Extraño, exótico. ‖ m. y f. Meteco, bárbaro, forastero, foráneo.

extrañamiento. m. Destierro, ostracismo, proscripción, exilio, deportación, expatriación.

extrañar. tr. Desterrar, deportar. ‖ tr. y prnl. Sorprender, admirar, chocar, asombrar. ‖ tr. Añorar, echar de menos. *Extrañar la patria.*

extrañeza. f. Rareza, novedad, singularidad. ‖ Sorpresa, admiración, asombro. ‖ Confusión, desconcierto.

extraño, ña. adj. Extranjero, exótico, forastero. ‖ Ajeno. ‖ Impropio, inadecuado, inoportuno. ‖ Sorprendente, chocante. ‖ Extraordinario, raro, singular, insólito, extravagante. (**a.**: *común, vulgar.*) ‖ Desconocido. (**a.**: *conocido.*)

extraordinario, ria. adj. Singular, excepcional, raro, extraño, inigualable. (**a.**: *ordinario, común.*) ‖ Sorprendente, chocante.

extravagancia. f. Excentricidad, rareza, extrañeza.

extravagante. adj. Raro, chocante, estrafalario, estrambótico, excéntrico.

extravenarse. prnl. Trasvenarse.

extraviar. tr. y prnl. Perder. (**a.**: *hallar, encontrar.*) ‖ prnl. Desorientarse, descaminarse, perderse. ‖ Errar, desacertar, equivocarse. ‖ Descarriarse, pervertirse.

extravío. m. Pérdida. *Extravío de documentos.* ‖ Desorientación. ‖ Trastorno, molestia, perjuicio. ‖ Desorden, libertinaje.

extremado, da. adj. Exagerado, excesivo, extremo, extremoso.

extremarse. prnl. Esmerarse, desvelarse, aplicarse.

extremaunción. f. Santos óleos, unción.

extremidad. f. Extremo, punta, remate, fin. ‖ Miembro.

extremo, ma. adj. Último. ‖ Exagerado, extremado, excesivo, sumo. ‖ Intenso. ‖ Lejano. (**a.**: *cercano.*) ‖ Extremidad, remate, fin, punta. (**a.**: *centro, medio, mitad.*) ‖ Término, límite, colmo. ‖ pl. Extremosidades, exageraciones.

extrínseco, ca. adj. Externo, exterior, accidental, superficial. (**a.**: *intrínseco, interno.*)

exuberancia. f. Abundancia, plenitud, prodigalidad, profusión, copia, riqueza. (**a.**: *escasez, pobreza.*)

exuberante. adj. Abundante, copioso, pródigo, profuso, rico, fecundo, fértil, abundoso.

exudar. intr. y tr. Rezumar, destilar.

exutorio. m. Fontículo, fuente.

exvoto. m. Milagro, presentalla, voto, ofrenda.

eyector. m. Expulsor.

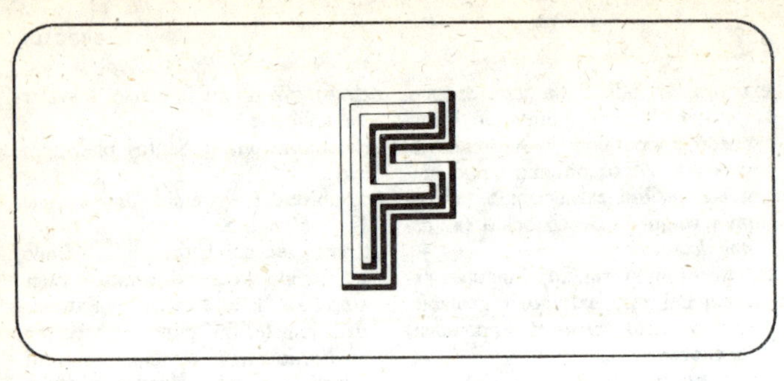

fábrica. f. Manufactura, planta. || Edificio, construcción. || Fabricación.

fabricación. f. Elaboración, producción, industria.

fabricar. tr. Manufacturar, confeccionar, elaborar. || Construir, edificar, producir. || Inventar, crear, imaginar, forjar.

fábula. f. Apólogo. || Mito, ficción, quimera, invención. (**a.**: *realidad.*) || Falsedad, patraña. (**a.**: *evidencia.*) || Rumor, hablilla, habladuría, murmuración. || Mitología.

fabuloso, sa. adj. Legendario, mítico, mitológico. || Imaginario, inventado, fingido, ficticio, falso. (**a.**: *real, verdadero.*) || Increíble, fantástico, excesivo, exagerado, extraordinario, ilusorio, inverosímil.

faca. f. Facón.

facción. f. Parcialidad, bando, partido, bandería, banda. || pl. Rasgos, rostro, cara.

faccioso, sa. adj. Rebelde, perturbador, sedicioso, sublevado, inquieto, revoltoso. (**a.**: *sumiso.*)

faceta. f. Cara, lado. || Aspecto, cariz.

fácil. adj. Accesible, sencillo, hacedero, factible, cómodo. (**a.**: *difícil, complicado.*) || Probable, posible, practicable, abordable. || Dócil, tratable, manejable. (**a.**: *revesado.*) || Frágil, sensual, liviana, erótica. || adv. Fácilmente.

facilidad. f. Aptitud, habilidad, desenvoltura, capacidad, disposición, comodidad. (**a.**: *dificultad.*)

facilitar. tr. Favorecer, allanar, simplificar, posibilitar. (**a.**: *dificultar, enredar, entorpecer.*) || Proporcionar, entregar, proveer, suministrar. (**a.**: *negar.*)

facineroso, sa. m. y f. Delincuente, malvado, malhechor, criminal, asesino, bandido, forajido, desalmado, perverso. (**a.**: *decente, honrado.*)

facsímil o **facsímile.** m. Reproducción, copia, imitación. (**a.**: *original.*)

factible. adj. Hacedero, posible, realizable, probable, asequible, fácil, practicable. (**a.**: *irrealizable.*)

facticio, cia. adj. Artificial, artificioso, imitado, falsificado, calcado, falso. || Ficticio.

factor. m. Autor, agente. || Causa, concausa, coautor, elemento. || Multiplicador, divisor, submúltiplo. (**a.**: *producto.*)

factoría. f. Fábrica, emporio, almacén, depósito.

factótum. m. Mandadero, recadero, criado.

factura. f. Bollo. || Hechura, contextura, ejecución. || Cuenta, cargo, estado, resumen.

facultad. f. Aptitud, capacidad. || Poder, potencia, potestad, derecho, fuerza, atribución, virtud. || Licencia, autorización, permiso, consentimiento.
facultar. tr. Autorizar, permitir, dar poder, dar atribuciones, delegar. (**a.**: *desautorizar, prohibir.*)
facultativo, va. adj. Potestativo. || m. y f. Médico.
facundia. f. Elocuencia, verbosidad, labia, pico, locuacidad, verba, verborrea. (**a.**: *dificultad, escasez.*)
facundo, da. adj. Locuaz, verboso, elocuente.
facha. f. Figura, aspecto, traza, apariencia, presencia, pinta. || Mamarracho, esperpento, adefesio, birria.
fachada. f. Portada, frontis, frontispicio. || Apariencia.
fachenda. f. Vanidad, petulancia, presunción, alarde, ostentación, fatuidad, jactancia, fatuidad.
fachendoso, sa. adj. Fatuo, vanidoso, petulante, presumido, jactancioso, presuntuoso, fachendón. (**a.**: *modesto, humilde.*)
faena. f. Quehacer, labor, trabajo, tarea, fajina. || Trastada, jugada, mala pasada.
faenar. tr. Matar, sacrificar.
faja. f. Banda, tira. || Lista, franja, zona, moldura. || Cincha. || Insignia, divisa. || Corsé, ceñidor, tahalí.
fajar. tr. Envolver, ceñir, rodear. || Golpear, pegar.
fajina. f. Faena, trabajo.
fajo. m. Haz, atado, gavilla, brazada.
falacia. f. Mentira, ficción, engaño, falsedad, fraude, embuste.
falaz. adj. Mentiroso, fingido, engañoso, ficticio, falso. (**a.**: *sincero, veraz.*) || Embustero, engañador, artero, embaucador.
falda. f. Saya, refajo, halda. || Regazo. || Ladera.
faldero. adj. y m. Mujeriego.
falencia. f. Fraude, engaño, equivocación.
falible. adj. Engañoso, erróneo. (**a.**: *infalible, exacto.*)
falsario, ria. adj. Mentiroso, falsificador, embaucador, falaz, mixtificador, embustero.
falsear. tr. Tergiversar, contrahacer, falsificar, corromper, adulterar, desnaturalizar. || intr. Flaquear, ceder, flojear, debilitarse. || Disonar, desafinar.
falsedad. f. Mentira, falacia, engaño, impostura, disimulo. (**a.**: *verdad.*) || Falsía. || Fingimiento, tergiversación, enredo.
falsía. f. Falsedad, doblez, hipocresía, deslealtad, infidelidad. (**a.**: *lealtad.*)
falsificar. tr. Falsear, contrahacer, adulterar. || Corromper, alterar, desnaturalizar.
falso, sa. adj. Engañoso, ficticio, fingido, mentiroso, inexacto, falaz, sofístico, falsificado, adulterado, erróneo, mistificado, contrahecho, infundado, espurio, apócrifo, subrepticio. (**a.**: *cierto, legítimo.*) || Alevoso, traidor, felón, desleal, perjuro, infiel, falsario, hipócrita. (**a.**: *leal, sincero.*) || Endeble, débil, inestable, flojo.
falta. f. Defecto, deficiencia, imperfección, tacha. || Privación, ausencia, carencia, escasez. (**a.**: *abundancia.*) || Culpa, descuido, error, pecado, infracción, equivocación, yerro, desacierto. || **sin falta.** Con seguridad, puntualmente.
faltar. intr. Necesitar, carecer, hacer falta. (**a.**: *sobrar, quedar, restar.*) || Consumirse, fallar, acabarse. || Ofender, agraviar, injuriar.
falto, ta. adj. Carente, desprovisto, necesitado, incompleto. || Apocado. || Ayuno.
faltriquera. f. Faldriquera, bolsillo, bolsa.
falla. f. Defecto, tacha, imperfección, falta, deficiencia. || Fractura, grieta, fisura. || Hoguera, pira.
fallar. tr. Decidir, resolver, determinar, sentenciar.
fallar. intr. Frustrarse, fracasar, marrar, pifiar, faltar. (**a.**: *acertar, lograr.*) || Flaquear.
fallecer. intr. Perecer, morir, fenecer, extinguirse, expirar, finar. (**a.**: *nacer.*)
fallecimiento. m. Deceso, muerte, de-

función, óbito, expiración, tránsito. (**a.**: *nacimiento.*)

fallido, da. adj. Frustrado, malogrado, fracasado. ‖ Quebrado. ‖ Incobrable.

fallo. m. Sentencia, resolución, decisión, condena. (**a.**: *revocación.*) ‖ Laudo, veredicto, arbitrio.

fallo. m. Falta, error, deficiencia.

fama. f. Celebridad, nombre, nombradía, renombre, notoriedad, reputación, gloria. ‖ Honra, crédito, predicamento, prestigio. ‖ Voz, noticia, opinión.

famélico, ca. adj. Hambriento, trasijado. (**a.**: *harto, inapetente.*)

familia. f. Casta, parentela, estirpe, linaje, origen, progenie, prosapia. ‖ Hijos, prole.

familiar. adj. Conocido, sabido, corriente. ‖ Franco, afable, natural, sencillo. ‖ m. Pariente, allegado, deudo.

familiaridad. f. Llaneza, franqueza, confianza, intimidad.

familiarizar. tr. y prnl. Adaptar, acostumbrar, avezar, habituar.

famoso, sa. adj. Renombrado, acreditado, célebre, conocido, reputado, afamado, insigne, señalado, sonado. (**a.**: *ignorado, desconocido.*)

fámula. f. Criada, mucama, doméstica, sirvienta.

fámulo. m. Criado, lacayo, doméstico, mucamo, sirviente, servidor, mozo.

fanal. m. Farola, farol. ‖ Guardabrisa.

fanático, ca. adj. y s. Apasionado, entusiasta, exaltado. (**a.**: *equilibrado.*) ‖ Intolerante, sectario, recalcitrante, intransigente.

fanatismo. m. Apasionamiento, entusiasmo, exaltación. ‖ Intolerancia, intransigencia, sectarismo, obcecación. (**a.**: *ecuanimidad, transigencia, tolerancia.*)

fandango. m. Bulla.

fanerógamo, ma. adj. y f. Espermatofito, sifonógamo.

fanfarria. f. Baladronada, bravata, jactancia, fanfarronada, faroleo.

fanfarrón, na. adj. y s. Bravucón, matasiete, perdonavidas. ‖ Valentón, guapo. ‖ Presuntuoso, jactancioso. (**a.**: *modesto.*)

fanfarronada. f. Baladronada, jactancia, presunción, petulancia, fanfarria, fanfarronería.

fanfarronear. intr. Alardear, fanfarrear, farolear, bravear, baladronear, guapear, fachendear.

fanfarronería. f. Fanfarronada, fanfarria, bravata.

fangal. m. Lodazal, barrizal, cenagal, ciénaga.

fango. m. Barro, légamo, lodo, cieno, limo, pecina, tarquín.

fantasear. intr. Imaginar, soñar.

fantasía. f. Ensueño, imaginación, quimera. (**a.**: *realidad.*) ‖ Capricho, antojo. ‖ Presunción, entono, ostentación. (**a.**: *sencillez.*) ‖ Fantasmagoría. ‖ Cuento, fábula, narración, ficción.

fantasioso, sa. adj. Presuntuoso, vano, presumido, fatuo, fantasmón, ostentoso, entonado, vanidoso. ‖ Caprichoso, antojadizo. ‖ Soñador.

fantasma. m. Aparición, espectro, duende, sombra, visión, espantajo, quimera, aparecido.

fantasmagoría. f. Ilusión, ensueño, quimera, fantasía, figuración.

fantasmón, na. adj. Presuntuoso, vanidoso, fantasioso.

fantástico, ca. adj. Quimérico, fabuloso, imaginario, fantasmagórico, fantasmal. (**a.**: *real.*) ‖ Caprichoso, extravagante, fingido, ficticio. (**a.**: *natural, normal.*) ‖ Presuntuoso, entonado. (**a.**: *sencillo.*) ‖ Maravilloso, increíble. (**a.**: *vulgar.*)

fantoche. m. Títere, marioneta. ‖ Figurón, fatuo, fantasmón. ‖ Mamarracho. ‖ Mequetrefe.

faquín. m. Ganapán, changador, cargador, mozo de cuerda, esportillero.

farallón. m. Islote, peñón.

faramalla. f. Cháchara, habladuría, charlatanería.

farándula. f. Teatro, farsa, carátula. ‖ Trapacería, tramoya.

farandulero, ra. adj. Trapacero, hablador, farolero, farfullador. ‖ Comediante, histrión.

fardo. m. Bulto, paquete, lío, carga, envoltorio, atado.

farfalloso, sa. adj. Tartamudo, tartajoso.
farfantón. adj. Bravucón, fanfarrón, valentón, faramallero, matasiete.
fárfara. f. Binza, telilla.
farfullar. tr. o intr. Tartajear, tartamudear, mascullar, balbucear.
farináceo, a. adj. Harinoso.
fariseísmo. m. Hipocresía, fingimiento, simulación.
fariseo. m. Hipócrita, taimado.
farmacéutico, ca. adj. Oficinal, medicamentoso. ‖ m. y f. Boticario, farmacopola, farmacólogo.
farmacia. f. Botica. ‖ Farmacología.
fármaco. m. Medicamento, remedio.
farmacopea. f. Recetario.
faro. m. Fanal. ‖ Guía, norte.
farol. m. Farola, fanal, linterna.
farolear. intr. Fachendear, fanfarronear, presumir, darse tono, jactarse.
farolero, ra. adj. Fanfarrón, jactancia, ostentoso, fachendoso.
farolón, na. adj. y s. Farolero, ostentoso.
farra. f. Jarana, parranda, juerga.
fárrago. m. Revoltijo, maremágnum.
farragoso, sa. adj. Desordenado, confuso, mezclado, enmarañado.
farrear. intr. Parrandear. ‖ Burlarse.
farrista. com. Juerguista.
farsa. f. Enredo, tramoya, engaño, mentira, patraña, ficción, fingimiento, simulación. (**a.**: *verdad.*) ‖ Comedia, pantomima, payasada. ‖ Farándula, teatro.
farsante. adj. Simulador, hipócrita, impostor, embaucador, embustero, fariseo, mentiroso. (**a.**: *veraz.*) ‖ Histrión, comediante, bufo.
fascículo. m. Entrega, cuaderno, cuadernillo. ‖ Folleto.
fascinación. f. Embrujo, hechizo. ‖ Alucinación, deslumbramiento, ofuscación, seducción, embeleco.
fascinar. tr. Encantar, aojar, hechizar, cautivar, seducir, embrujar. (**a.**: *desencantar, repeler.*) ‖ Alucinar, engañar, encandilar, deslumbrar, ofuscar.
fase. f. Aspecto, faceta, apariencia, cariz. ‖ Período, etapa.
fastidiar. tr. y prnl. Hastiar, cansar, aburrir. (**a.**: *deleitar.*) ‖ Molestar, enfadar, enojar, disgustar. (**a.**: *divertir, alegrar.*)
fastidio. m. Disgusto, desazón, molestia, enfado. ‖ Aburrimiento, tedio, hastío, cansancio.
fastidioso, sa. adj. Cansador, tedioso, latoso, aburrido, pesado, cargante. ‖ Importuno, enfadoso, inoportuno. ‖ Descontentadizo, chinchorrero.
fasto, ta. adj. Feliz, fausto, afortunado, dichoso. (**a.**: *nefasto, infeliz.*) ‖ m. Lujo, suntuosidad, magnificencia.
fastos. m. pl. Anales, crónica.
fastuoso, sa. adj. Ostentoso, pomposo, espléndido, suntuoso, rumboso, lujoso. (**a.**: *pobre, sencillo.*)
fatal. adj. Inevitable, irrevocable, inexorable, predestinado. (**a.**: *evitable.*) ‖ Desgraciado, fatídico, adverso, funesto, nefasto, infeliz, aciago, malhadado. (**a.**: *feliz, fausto.*) ‖ Mortal. ‖ Pésimo.
fatalidad. f. Hado, destino, sino. (**a.**: *suerte.*) ‖ Desgracia, adversidad, infelicidad, infortunio, desdicha. (**a.**: *fortuna, dicha.*)
fatídico, ca. adj. Funesto, fatal, aciago, nefasto, desgraciado.
fatiga. f. Agitación, sofocación, ahogo. ‖ Cansancio, lasitud. (**a.**: *descanso.*) ‖ pl. Náuseas. ‖ Penalidades, trabajos, molestias.
fatigar. tr. y prnl. Cansar, rendir, agotar, extenuar. (**a.**: *descansar.*) ‖ Vejar, molestar, importunar, aburrir. (**a.**: *distraer.*)
fatigoso, sa. adj. Fatigado, agitado, jadeante. ‖ Cansador, trabajoso, penoso.
fatuidad. f. Vanidad, presunción, petulancia, engreimiento. (**a.**: *modestia, humildad.*) ‖ Necedad, tontería. (**a.**: *discreción.*)
fatuo, tua. adj. Presuntuoso, presumido, vano, petulante, engreído. (**a.**: *sensato.*) ‖ Necio, tonto, impertinente.
fausto. m. Ostentación, boato, magnificencia, pompa.
fausto, ta. adj. Afortunado, feliz, ventu-

roso, dichoso. (**a.**: *infausto, desdichado.*)

favor. m. Socorro, auxilio, amparo. ‖ Protección, patrocinio, influencia, valimiento. ‖ Beneficio, gracia, merced, servicio. (**a.**: *perjuicio, disfavor.*)

favorable. adj. Propicio, benévolo, acogedor, apacible. (**a.**: *desfavorable, adverso.*)

favorecedor, ra. adj. y s. Protector, bienhechor, defensor, padrino.

favorecer. tr. Ayudar, beneficiar, auxiliar, socorrer. (**a.**: *perjudicar.*) ‖ Secundar, apoyar. ‖ Proteger, patrocinar. ‖ Agraciar, sentar bien.

favoritismo. m. Preferencia, predilección, privilegio. (**a.**: *imparcialidad.*)

favorito, ta. adj. Preferido, predilecto. ‖ m. y f. Valido, privado.

faz. f. Rostro, semblante, cara. ‖ Anverso, haz, fachada, derecho. (**a.**: *reverso.*) ‖ Superficie. ‖ Cariz, aspecto.

fe. f. Creencia, religión. ‖ Confianza, crédito. (**a.**: *incredulidad, desconfianza.*) ‖ Seguridad, aseveración, afirmación. (**a.**: *inseguridad.*) ‖ Fidelidad, lealtad. (**a.**: *infidelidad.*)

fealdad. f. Deshonestidad, torpeza, maldad. ‖ Deformidad, desproporción. (**a.**: *belleza.*)

febricitante. adj. Calenturiento, afiebrado.

febrífugo, ga. adj. Antitérmico, antipirético, antifebril.

febril. adj. y m. Ardoroso, violento, desasosegado, inquieto, agitado, vivo. (**a.**: *tranquilo.*) ‖ Calenturiento, febricitante, afiebrado. (**a.**: *frío.*)

fecal. adj. Excrementicio.

feculento, ta. adj. Harinoso, farináceo.

fecundar. tr. Fecundizar, fertilizar, engendrar, procrear, preñar.

fecundidad. f. Fertilidad, feracidad. ‖ Abundancia. ‖ Inspiración, numen.

fecundo, da. adj. Prolífico. ‖ Productivo, ubérrimo, fructuoso, fértil, generoso, feraz. (**a.**: *infecundo, improductivo.*)

fecha. f. Data.

fechar. tr. Datar.

fechoría. f. Travesura, picardía. ‖ Trastada, mala pasada, jugarreta.

federación. f. Confederación, coalición, unión, liga, asociación.

federal. adj. Federativo. ‖ m. o f. Federalista.

federar. tr. y prnl. Confederar, aliar, unir, coaligar.

federativo, va. adj. Confederativo.

fehaciente. adj. Fidedigno, cierto, evidente, indiscutible, probado.

felicidad. f. Dicha, ventura, contento, satisfacción, bienestar. (**a.**: *disgusto, desventura.*) *La felicidad es el estado permanente de la dicha.* ‖ Suerte, fortuna, bienandanza, prosperidad.

felicitación. f. Enhorabuena, parabién, pláceme, congratulación.

feligrés, sa. m. y f. Parroquiano. ‖ Compañero.

feligresía. f. Grey, parroquia.

felino, na. adj. Gatuno.

feliz. adj. Dichoso, venturoso, afortunado, fausto. (**a.**: *infeliz, desdichado.*) ‖ Oportuno, acertado, atinado, eficaz. (**a.**: *desacertado, inoportuno.*)

felón, na. adj. y s. Desleal, traidor, alevoso, infame, pérfido, indigno, infiel.

felonía. f. Deslealtad, infidelidad, traición, infamia, perfidia, alevosía. (**a.**: *lealtad.*)

felpa. f. Paliza, tunda, zurra. ‖ Reprensión, rapapolvo, reprimenda.

femenino, na. adj. Femenil, femíneo, afeminado, mujeril. (**a.**: *masculino.*)

fementido, da. adj. Alevoso, desleal, pérfido, falso, infidente.

fenecer. intr. y prnl. Morir, fallecer. ‖ Acabarse, sucumbir, terminarse.

fenicio, cia. adj. y s. Sidonio. ‖ Comerciante.

fenomenal. adj. Asombroso, colosal, tremendo, desmesurado, descomunal, extraordinario, desmedido, estupendo, sorprendente. ‖ Tremendo.

fenómeno. m. Apariencia, manifestación. ‖ Monstruo, coloso, engendro. ‖ Portento, rareza, prodigio, maravilla.

feo, a. adj. Deforme, disforme, feúco, feúcho, feote, fiero, antiestético, grotesco, horrible, atroz, monstruoso. (**a.**: *hermoso, lindo.*) ‖ Sucio, indecoroso, indelicado, censurable. (**a.**: *loable.*) ‖ m. Desaire, grosería, afrenta.

feracidad. f. Fertilidad, fecundidad.
feraz. adj. Fértil, productivo, ubérrimo. (**a.**: *infecundo, improductivo.*)
féretro. m. Ataúd, caja.
feria. f. Fiesta, certamen. ‖ Mercado, exposición. ‖ Descanso, vacación.
feriado, da. adj. Festivo, no laborable.
fermentar. intr. Leudar.
fermento. m. Levadura.
ferocidad. f. Fiereza, crueldad, inhumanidad, atrocidad. ‖ Ensañamiento, bestialidad, salvajismo.
feroz. adj. Fiero, inhumano, cruel, despiadado, sanguinario. ‖ Tremendo. ‖ Indómito, salvaje.
férreo, a. adj. Duro, resistente, inflexible, fuerte, tenaz.
fértil. adj. Fecundo, feraz, opimo, ubérrimo, productivo, rico, abundante, fructífero. (**a.**: *estéril.*)
fertilidad. f. Fecundidad, feracidad. (**a.**: *infecundidad, esterilidad.*)
fertilizante. m. Abono.
fertilizar. tr. Fecundizar, fecundar, abonar.
férula. f. Palmeta. ‖ Dictadura, tiranía.
ferviente. adj. Fervoroso, vehemente, ardiente, férvido, cálido, entusiasta. (**a.**: *impasible.*)
fervor. m. Devoción, piedad. (**a.**: *tibieza.*) ‖ Celo, ardor, pasión, entusiasmo, afán. (**a.**: *frialdad.*)
fervoroso, sa. adj. Ferviente, devoto, piadoso.
festejar. tr. Agasajar, obsequiar, halagar. ‖ Celebrar. ‖ Cortejar, rondar, galantear.
festín. m. Banquete, convite, ágape, francachela, comilona, farra, orgía.
festival. m. Fiesta.
festividad. f. Conmemoración, fiesta, solemnidad.
festivo, va. adj. Chistoso, jocoso, agudo, ocurrente, humorístico. (**a.**: *serio.*) ‖ Alegre, divertido, regocijado, gozoso, jovial. ‖ Feriado.
festón. m. Colgante (en arquitectura). ‖ Orilla, ribete.
fetiche. m. Ídolo, talismán, amuleto.
fetichismo. m. Idolatría.
fetidez. f. Hediondez, hedor, pestilencia, tufo, catinga. (**a.**: *fragancia.*)
fétido, da. adj. Hediondo, maloliente, pestilente, apestoso, mefítico.
feto. m. Engendro, aborto.
feudatario, ria. m y f. Tributario, vasallo. (**a.**: *señor.*)
feudo. m. Vasallaje.
fiado (al). loc. adv. A crédito.
fiador, ra. m. y f. Fianza, garante.
fiambrera. f. Fresquera.
fianza. f. Garantía, caución. ‖ Fiador, garante. ‖ Prenda, aval.
fiar. tr. Asegurar, avalar, garantir, garantizar, afianzar, responder. ‖ tr., intr. y prnl. Confiar. (**a.**: *desconfiar.*)
fiasco. m. Fracaso, chasco, decepción. (**a.**: *éxito.*)
fibra. f. Hebra, filamento. ‖ Vigor, energía, resistencia, robustez, fortaleza, carácter, empuje, nervio.
fibroma. m. Tumor.
fibroso, sa. adj. Hebroso. ‖ Duro, escleroso.
ficción. f. Fingimiento, simulación. ‖ Fábula, invención, cuento, quimera, mito. (**a.**: *realidad, verdad.*)
ficticio, cia. adj. Fingido, falso, convencional, inventado, imaginario, ilusorio, fabuloso. (**a.**: *auténtico, cierto.*) ‖ Convencional, supuesto.
ficha. f. Cédula, tarjeta, papeleta. ‖ Pieza. ‖ Pillo.
fichar. tr. Anotar, catalogar.
fidedigno, na. adj. Fehaciente, auténtico, verídico, veraz, verdadero. (**a.**: *falso.*)
fidelidad. f. Lealtad, fe. *La fidelidad es la observancia de la fe prometida.* (**a.**: *infidelidad, deslealtad.*) ‖ Exactitud, veracidad, sinceridad. ‖ Puntualidad, constancia. ‖ Probidad, escrupulosidad.
fiebre. f. Calentura, temperatura, ardor. ‖ Excitación, actividad, agitación.
fiel. adj. Leal, perseverante, firme, constante. ‖ Puntual, exacto. ‖ Verdadero, verídico, sincero, confiable. ‖ Probo, honrado. ‖ Religioso, creyente. (**a.**: *ateo.*) ‖ m. Lengüeta (de la balanza).
fiera. f. Bestia.
fiereza. f. Ferocidad, crueldad, salvajis-

mo. (a.: *suavidad, dulzura.*) ‖ Furia, saña, bravura.

fiero, ra. adj. Feroz, cruel, sanguinario, brutal, inhumano. ‖ Duro, intratable. ‖ Salvaje, agreste, montaraz, cerril, bravío. (a.: *manso.*) ‖ Horroroso, horrendo, terrible, tremendo. ‖ Excesivo.

fiesta. f. Festividad, conmemoración, asueto, función, solemnidad. ‖ Alegría, regocijo, diversión, placer, festejos. (a.: *duelo, pena.*) ‖ Chanza, broma. ‖ Agasajo, halago, caricia. (a.: *perrería.*) ‖ pl. Vacaciones.

fígaro. m. Barbero, peluquero.

figón. m. Bodegón, tasca, fonda.

figura. f. Forma, configuración. ‖ Aspecto, apariencia, tipo. ‖ Rostro, cara. ‖ Personaje. ‖ Efigie, imagen, estampa, dibujo, ilustración. ‖ Emblema, símbolo. ‖ Metáfora, tropo.

figuración. f. Fantasía, imaginación. ‖ Representación, símbolo. ‖ Dibujo, esquema. ‖ Ostentación, apariencia, fingimiento. (a.: *realidad.*)

figurado, da. adj. Fingido, simulado, imaginario. (a.: *real, efectivo.*)

figurante, ta. m. y f. Comparsa. ‖ Figurón, partiquino.

figurar. tr. Representar, configurar, delinear. ‖ Aparentar, fingir, simular. ‖ intr. Encontrarse, hallarse. ‖ prnl. Imaginarse, suponer, creer, presumir, sospechar, pensar.

figurín. m. Petimetre, lechuguino. ‖ Modelo, patrón, dibujo.

figurón. m. Jactancioso, fachendoso.

fijar. tr. Asegurar, consolidar, hincar, afirmar, sujetar, clavar. ‖ Pegar, encolar. ‖ Determinar, precisar, establecer. ‖ prnl. Atender, reparar, notar, darse cuenta.

fijeza. f. Firmeza, seguridad. (a.: *inestabilidad, inseguridad.*) ‖ Persistencia, continuidad.

fijo, ja. adj. Firme, asegurado, asentado, seguro, sujeto. ‖ Permanente, estable, inalterable, invariable, inmóvil. (a.: *temporal, transitorio.*) ‖ **de fijo.** loc. adv. Seguramente, sin duda, de seguro.

fila. f. Hilera. ‖ Ringle, ringlera. ‖ Cola.

filántropo. com. Benefactor, altruista.

filete. m. Cimbria, cinta, listel, listón. ‖ Lonja, solomillo. ‖ Bisté, bistec. ‖ Raya, línea, lista.

filfa. f. Mentira, bulo, embuste, engaño, engañifa, patraña.

filiación. f. Descendencia, procedencia. ‖ Señas.

filial. f. Sucursal.

filibustero. m. Bucanero, pirata, corsario.

filípica. f. Invectiva, censura, reprensión, reprimenda, felpa. (a.: *apología.*)

filmación. f. Rodaje.

filmar. tr. Rodar.

filo. m. Corte, arista, borde. ‖ **de doble filo.** loc. adj. Peligroso, arriesgado.

filón. m. Vena, veta. ‖ Negocio, recurso.

filosofar. intr. Discurrir, analizar, meditar.

filosofía. f. Serenidad, resignación. (a.: *rebeldía.*)

filtración. f. Infiltración. ‖ Malversación.

filtrar. tr. Destilar, pasar, colar. ‖ prnl. Escurrirse, desaparecer.

filtro. m. Bebedizo, brebaje. ‖ Colador, tamiz, manga.

fin. m. Término, remate, acabóse, conclusión, final, desenlace, terminación. (a.: *comienzo, principio, origen.*) ‖ Confín, límite. ‖ Muerte. ‖ Intención, intento, propósito, designio, mira, meta, objeto, objetivo, motivo, finalidad. ‖ **a fin de.** loc. prep. Para, con objeto de. ‖ **a fin de que.** loc. conj. Para que, con objeto de que. ‖ **a fin.** loc. adv. Por último. ‖ **sin fin.** loc. adj. Muchos, innumerables.

finado, da. m. y f. Difunto.

final. m. Conclusión, remate, fin, consumación, término, terminación. (a.: *principio.*) ‖ Desenlace.

finalidad. f. Fin, objeto, designio, motivo, objetivo, propósito. ‖ Utilidad.

finalizar. tr. Acabar, terminar, concluir, rematar. ‖ intr. Extinguirse, acabarse.

financiar. tr. Costear, sufragar.

finar. intr. Expirar, fallecer, morir, perecer, fenecer.

finca. f. Propiedad, inmueble, heredad, casa de campo.

fincar. intr. Estribar, consistir.

finés, sa. adj. y s. Finlandés.

fineza. f. Atención, galantería, cortesía. ‖ Obsequio, regalo, presente. ‖ Finura, delicadeza, primor.

fingimiento. m. Simulación, doblez, ficción, engaño, hipocresía, falsedad, falsía. *Fingimiento pertenece a la conducta, ficción a la imaginación.* (**a.**: *sinceridad.*)

fingir. tr. Simular, aparentar.

finiquitar. tr. Saldar, rematar, cancelar, liquidar. ‖ Acabar, concluir, terminar. (**a.**: *iniciar.*)

finlandés, sa. adj. y s. Finés.

fino, na. adj. Delicado, selecto, primoroso. (**a.**: *ordinario.*) ‖ Delgado, sutil. ‖ Agudo. ‖ Liso, suave. (**a.**: *basto.*) ‖ Tenue, débil. ‖ Cortés, comedido, educado, atento, amable. (**a.**: *grosero.*) ‖ Astuto, sagaz, hábil. (**a.**: *chapucero.*) ‖ Acendrado, depurado. (**a.**: *burdo.*)

finta. f. Amago.

finura. f. Delicadeza, exquisitez, amabilidad, urbanidad, comedimiento, cortesía. ‖ Sutileza, delgadez.

firma. f. Rúbrica. ‖ Empresa, razón social.

firmamento. m. Cielo, espacio, bóveda celeste, éter.

firmante. adj. Signatario, infrascripto, suscripto.

firmar. tr. Signar, refrendar, suscribir, rubricar.

firme. adj. Estable, fijo, fuerte, sólido, seguro. (**a.**: *inestable, inseguro.*) ‖ Constante, invariable, entero. ‖ Inconmovible, inquebrantable, inalterable. ‖ Definitivo. ‖ m. Afirmado, pavimento.

firmeza. f. Estabilidad, seguridad, fortaleza, solidez. (**a.**: *inestabilidad.*) ‖ Entereza, constancia, perseverancia, tesón. (**a.**: *indecisión.*)

fiscal. m. Acusador. ‖ Crítico.

fiscalizar. tr. Inspeccionar, controlar, vigilar, indagar, criticar.

fisco. m. Erario, tesoro (público), hacienda (pública).

fisgar. tr. Fisgonear, husmear, indagar, olisquear, curiosear.

fisgón, na. adj. Husmeador, curioso, entremetido.

fisgonear. tr. Fisgar, husmear, huronear.

fisible. adj. Fisionable, escindible.

físico, ca. adj. Material, real, natural, corporal. ‖ Complexión.

fisil. adj. Fisible, fisionable.

fisión. f. Escisión, división, desintegración.

fisonomía o fisionomía. f. Cara, rostro, faz, figura, rasgos, semblante. ‖ Aspecto.

fisura. f. Hendidura, grieta, rendija, rajadura, incisura.

fitología. f. Botánica.

fitopatología. f. Patología vegetal.

fláccido, da o flácido, da. adj. Lacio, flojo, flaco, blando, laxo, fofo.

flaco, ca. adj. Delgado, desmedrado, seco, enjuto, escuálido, magro. (**a.**: *gordo.*) ‖ Flojo, endeble, débil. ‖ m. Debilidad, flaqueza.

flagelar. tr. Azotar, castigar, pegar, fustigar. ‖ Vituperar, zaherir.

flagelo. m. Azote, calamidad, aflicción.

flagrar. intr. Deflagrar, arder, llamear.

flamante. adj. Ardiente, centelleante, brillante, resplandeciente. ‖ Nuevo, reciente, fresco. (**a.**: *ajado, usado.*)

flamear. intr. Llamear. ‖ Ondear, ondular, tremolar.

flamenco. m. Picaza marina. ‖ adj. Achulado, presumido, jacarandoso.

flamígero, ra. adj. Llameante, reluciente, resplandeciente.

flan. m. Cospel, tejo.

flanco. m. Costado, lado, ala, banda, margen.

flaquear. intr. Debilitarse, claudicar, decaer. ‖ Ceder, desmayar, cejar, aflojar, desalentarse, desanimarse. (**a.**: *resistir.*) ‖ Fallar.

flaqueza. f. Debilidad, delgadez, extenuación, fragilidad. (**a.**: *gordura, fortaleza.*) ‖ Blandura, indulgencia, condescendencia. ‖ Desliz.

flauta. f. Flautín, caramillo, pífano, quena.

flautín. m. Octavín.

flébil. adj. Lacrimoso, lamentable, triste.

flecha. f. Saeta, venablo, dardo. ‖ Sagita.

flechar. tr. Asaetar. ‖ Atraer, seducir, enamorar, conquistar, cautivar.

fleje. m. Zuncho, suncho.

flema. f. Apatía, cachaza, calma, lentitud, tardanza, pachorra, tranquilidad. (**a.**: *nerviosidad, prontitud.*) ‖ Esputo, mucosidad.

flemático, ca. adj. Apático, lento, cachaciento, imperturbable, cachazudo, posma, calmoso, tranquilo. (**a.**: *impulsivo, vehemente.*)

flemón. m. Inflamación. ‖ Tumor.

flequillo. m. Tupé.

flete. m. Caballo, pingo.

flexible. adj. Dócil, doblegable, manejable. ‖ Adaptable, maleable, dúctil. (**a.**: *inflexible, rígido.*)

flirtear. intr. Coquetear, galantear.

flojear. intr. Aflojar, debilitarse. (**a.**: *fortalecerse.*) ‖ Flaquear, acobardarse, ceder.

flojedad. f. Debilidad, laxitud, flaqueza, desaliento, desánimo, decaimiento. ‖ Indolencia, negligencia, descuido.

flojo, ja. adj. Débil. (**a.**: *fuerte.*) ‖ Escaso. (**a.**: *abundante.*) ‖ Perezoso, tardo, negligente, lento, indolente, descuidado, holgazán. ‖ Cobarde, pusilánime.

flor. f. Piropo, requiebro, galantería. ‖ Pureza, doncellez, virginidad. ‖ Fullería, trampa.

floración. f. Florecimiento, florescencia.

florear. tr. Escoger, entresacar. ‖ Piropear.

florecer. intr. Prosperar, mejorar, progresar, medrar, brillar, desarrollarse. (**a.**: *decaer.*) ‖ prnl. Enmohecerse.

floreciente. adj. Próspero, progresista, pujante, venturoso. (**a.**: *insolvente.*)

florecimiento. m. Floración. ‖ Prosperidad, adelanto, desarrollo, progreso. (**a.**: *decadencia.*)

florero. m. Ramilletero, búcaro, tiesto.

florescencia. f. Floración, inflorescencia.

floresta. f. Bosque, selva, arboleda, espesura.

florete. m. Espadín, estoque.

florido, da. adj. Selecto, escogido, lucido. ‖ Elegante, fino. ‖ Ameno, galano.

florilegio. m. Antología, analectas, crestomatía. ‖ Ramillete, selección.

florín. m. Gulden.

flota. f. Escuadra, armada. ‖ Multitud.

flotar. intr. Nadar, sobrenadar. (**a.**: *hundirse.*) ‖ Ondear, flamear, ondular.

flote. m. Flotación, flotadura.

fluctuación. f. Oscilación, variación. ‖ Duda, irresolución, titubeo, vacilación. (**a.**: *fijeza, resolución.*)

fluctuar. intr. Oscilar, variar. ‖ Vacilar, dudar, titubear. (**a.**: *decidir.*) ‖ Ondear.

fluido, da. adj. Claro, límpido, corriente, fácil.

fluir. intr. Correr, salir, manar, brotar, segregar, chorrear, rezumar. (**a.**: *detenerse.*)

flujo. m. Abundancia. ‖ Corriente, curso. ‖ Derrame, efusión. ‖ Influjo, montante.

fluorita. f. Espato flúor.

fluxión. f. Resfriado, constipado.

fobia. f. Aversión, repugnancia.

foca. f. León marino, lobo marino.

foco. m. Centro, núcleo. ‖ Faro.

fofo, fa. adj. Esponjoso, fláccido, blando. (**a.**: *duro, firme.*)

fogata. f. Hoguera, falla, pira, fuego.

fogón. m. Hogar, hornilla, fuego.

fogonazo. m. Chispazo, destello, llama.

fogosidad. f. Ardor, ímpetu, ardimiento, entusiasmo, vehemencia, impetuosidad. (**a.**: *pasividad.*)

fogoso, sa. adj. Ardiente, arrebatado, ardoroso, impetuoso, entusiasta, brioso, vehemente. (**a.**: *flemático, impasible.*)

fogueado, da. adj. Aguerrido, baqueteado. ‖ Avezado, curtido, acostumbrado, entrenado, experimentado, hecho, ducho. (**a.**: *inexperto.*)

foguear. tr. y prnl. Aguerrir, baquetear. ‖ Acostumbrar, avezar, entrenar.

foja. f. Gallareta.

foja. f. Folio, hoja.

follaje. m. Fronda. ‖ Hojarasca. ‖ Palabrería.

folleto. m. Opúsculo. ‖ Fascículo.

follón. m. Gresca, trifulca, tumulto, alboroto, bronca, desbarajuste. ‖ adj. Perezoso, flojo, negligente, remolón, vago.

fomentar. tr. Promover, proteger, excitar, impulsar, provocar. (**a.**: *reprimir.*) ‖ Alimentar, avivar.

fonda. f. Posada, albergue, parador, mesón, hostería, venta, hospedería, bodegón.

fondeadero. m. Ancladero, anclaje, surgidero, amarradero, dársena, puerto.

fondear. intr. Anclar. ‖ tr. Sondear, escrutar, examinar.

fondo. m. Suelo. ‖ Profundidad, calado. ‖ Ambiente. ‖ Campo. ‖ Hondura, hondo, hondón. ‖ Obra viva. ‖ Lecho, cauce. ‖ Intimidad, interior. ‖ Índole, condición, carácter. ‖ pl. Caudal, capital, dinero.

fontana. f. Fuente, manantial.

fontanal o **fontanar.** m. Manantial, hontanar, fuente.

forajido, da. adj. y s. Facineroso, bandido, bandolero, salteador, criminal.

foramen. m. Agujero, hoyo, taladro.

foráneo, a. adj. Extranjero, forastero, extraño, ajeno. (**a.**: *paisano.*)

forastero, ra. adj. y s. Extraño, foráneo, ajeno. (**a.**: *nativo, indígena.*)

forcejear o **forcejar.** intr. Resistir, esforzarse, luchar, bregar, pugnar, oponerse.

forja. f. Fragua. ‖ Argamasa, mezcla.

forjado. m. Entramado, moldeado.

forjar. tr. Fraguar, fabricar. ‖ Inventar, imaginar, fingir, idear. ‖ Tramar, maquinar. ‖ Crear, formar, construir.

forma. f. Figura, configuración, conformación. (**a.**: *deformidad.*) ‖ Formato. ‖ Modo, manera, estilo. ‖ Aspecto, apariencia. ‖ Molde, patrón, horma, plantilla. ‖ pl. Modales, maneras.

formación. f. Creación, elaboración. ‖ Educación, adiestramiento. ‖ Alineación, orden, cuadro.

formal. adj. Explícito, preciso, expreso, determinado. ‖ Serio, juicioso, responsable, puntual. (**a.**: *informal, alocado, irresponsable.*)

formalidad. f. Requisito, norma. ‖ Seriedad, compostura. (**a.**: *frivolidad.*) ‖ Exactitud, puntualidad. ‖ Cordura, prudencia, mesura.

formalizar. tr. Fijar, concretar, determinar, precisar, establecer, legalizar, delimitar. ‖ prnl. Incomodarse, amoscarse, ponerse serio, enfadarse.

formar. tr. Crear, moldear, plasmar, fabricar, hacer. (**a.**: *deformar.*) ‖ Instituir, fundar, establecer, organizar. ‖ Educar, instruir, adiestrar, enseñar. ‖ tr. o intr. Constituir, componer, integrar. ‖ intr. Figurar. ‖ prnl. Desarrollarse, crecer.

formato. m. Forma, tamaño, dimensión.

formidable. adj. Espantoso, monstruoso, temible, terrorífico, tremendo. ‖ Imponente, enorme, colosal, gigantesco. (**a.**: *insignificante.*) ‖ Asombroso, extraordinario.

formón. m. Escoplo, sacabocados.

fórmula. f. Forma, modelo, pauta, regla, norma. ‖ Receta, prescripción.

formular. tr. Exponer, expresar, manifestar, enunciar, precisar. ‖ Recetar.

formulario. m. Recetario, prontuario.

formulismo. m. Ceremonia, costumbre, rutina.

fornido, da. adj. Fuerte, robusto, membrudo, forzudo, vigoroso, corpulento, recio. (**a.**: *enclenque.*)

foro. m. Curia, tribunales.

forraje. m. Pasto, heno.

forrar. tr. Cubrir, recubrir, revestir, acolchar, tapizar, entapizar, retobar.

forro. m. Revestimiento, cubierta, resguardo.

fortalecer. tr. Vigorizar, robustecer, tonificar, fortificar. (**a.**: *debilitar.*) ‖ Reforzar, consolidar. ‖ Confortar, animar, reconfortar, reanimar.

fortaleza. f. Fuerza. ‖ Solidez, robustez, resistencia. ‖ Vigor, entereza, firmeza, salud. (**a.**: *debilidad.*) ‖ Fuerte, castillo, fortificación, ciudadela, alcázar.

fortificación. f. Fortaleza, baluarte, fuerte, fortín. ‖ Entibación.

fortificar. tr. Fortalecer, reforzar. (**a.**: *debilitar.*) ‖ Entibar, apuntalar. ‖ Robustecer, vigorizar, entonar. (**a.**: *extenuar.*)
fortuito, ta. adj. Inopinado, eventual, casual, impensado, accidental, imprevisto. (**a.**: *previsto, deliberado.*)
fortuna. f. Acaso, azar, casualidad, suerte. ‖ Destino, estrella, sino, hado. ‖ Ventura, dicha. (**a.**: *desgracia.*) ‖ Éxito. ‖ Hacienda, caudal, bienes, riqueza, capital. ‖ Borrasca, tempestad.
forúnculo. m. Divieso, furúnculo.
forzado, da. adj. Artificioso, afectado, rebuscado. (**a.**: *natural.*) ‖ Forzoso.
forzar. tr. Obligar, compeler, constreñir. ‖ Violentar. ‖ Violar, deshonrar.
forzoso, sa. adj. Obligatorio, inexcusable, preciso, imprescindible, inevitable. (**a.**: *voluntario, facultativo.*)
forzudo, da. adj. Robusto, fornido, hercúleo, vigoroso.
fosa. f. Sepultura, huesa, hoyo.
fosco, ca. adj. Hosco. (**a.**: *amable.*) ‖ Oscuro, sombrío. (**a.**: *claro.*) ‖ f. Niebla, calígine.
fosforero, ra. m. o f. Cerillero.
fósforo. m. Cerilla, mixto.
fósil. adj. Viejo, anticuado. (**a.**: *moderno.*) ‖ Petrificado.
fosilización. f. Petrificación.
fosilizarse. prnl. Petrificarse. ‖ Anquilosarse.
foso. m. Zanja. ‖ Pozo, hoyo.
fotoconductividad. f. Fotorresistividad.
fotoconductor, ra. adj. Fotorresistente.
fotografía. f. Foto, retrato.
fotómetro. m. Exposímetro.
fotopila. f. Célula fotovoltaica, pila solar.
fotostato. m. Fotocopia, xerocopia.
fototipia. f. Autotipia. ‖ Fototipografía.
fracasado, da. adj. Frustrado, fallido, malogrado, abortado.
fracasar. intr. Fallar, frustrarse, malograrse, abortar, naufragar. (**a.**: *triunfar, ganar.*)
fracaso. m. Malogro, revés, frustración, fiasco. (**a.**: *éxito, victoria, triunfo.*) ‖ Quiebra, ruina, quebranto, descalabro.
fracción. f. División, fraccionamiento. ‖ Parte, pizca, fragmento, lote, trozo, porción, pedazo. (**a.**: *conjunto, total, todo.*) ‖ Quebrado.
fraccionar. tr. Dividir, partir, quebrar, fragmentar. (**a.**: *unir, sumar.*)
fraccionario, ria. adj. Quebrado (en matemática).
fractura. f. Rotura, quebradura. ‖ Falla, grieta.
fracturar. tr. Quebrantar, quebrar, romper, destrozar.
fragancia. f. Aroma, perfume, efluvio. (**a.**: *hedor, fetidez.*)
fragante. adj. Aromático, odorífero, oloroso, perfumado.
frágil. adj. Quebradizo. (**a.**: *duro, tenaz, resistente.*) ‖ Endeble, débil, delicado. (**a.**: *fuerte.*) ‖ Caduco, perecedero.
fragmentario, ria. adj. Incompleto, parcial. (**a.**: *entero, completo.*)
fragmento. m. Pedazo, astilla, parte, cacho, fracción, trozo, partícula, añico, porción. (**a.**: *suma, totalidad.*)
fragor. m. Estruendo, ruido, estrépito.
fragoroso, sa. adj. Ruidoso, estrepitoso, resonante, fragoso, estruendoso.
fragosidad. f. Escabrosidad, anfractuosidad, aspereza, espesura.
fragoso, sa. adj. Abrupto, escabroso, fragoroso, áspero, intrincado, quebrado, accidentado.
fragua. f. Forja, fogón.
fraguar. tr. Forjar. ‖ Idear, proyectar, calcular, imaginar. ‖ Urdir, tramar, maquinar. ‖ intr. Cuajar, trabar, endurecerse.
fraile. m. Religioso, monje.
francachela. f. Bacanal, comilona, cuchipanda. ‖ Juerga, jarana.
francés, sa. adj. y s. Galo, franco.
francmasón, na. m. y f. Masón.
francmasonería. f. Masonería.
franco, ca. adj. Liberal, generoso. ‖ Sencillo, leal, sincero, campechano, llano, ingenuo, natural. ‖ Desembarazado, despejado, libre, expedito. ‖ Exento, exceptuado. ‖ Claro, patente.
frangollar. tr. Chapucear.
frangollo. m. Chapucería. ‖ Mezcolanza, revoltijo.

franja. f. Faja, lista, orla, tira, banda, ribete.
franquear. tr. Desembarazar, librar, despejar, abrir. (**a.**: *cerrar, obstruir.*) ‖ Liberar, eximir. ‖ Estampillar. ‖ prnl. Confiarse, abrirse. (**a.**: *desconfiar.*)
franqueo. m. Estampillado, porte.
franqueza. f. Exención, libertad, franquicia. ‖ Liberalidad, generosidad. (**a.**: *tacañería.*) ‖ Sinceridad, llaneza, claridad, naturalidad, sencillez, veracidad. (**a.**: *fingimiento, simulación.*) ‖ Confianza, familiaridad.
franquicia. f. Exención, libertad, privilegio, dispensa, eximición.
frasco. m. Botella.
frase. f. Expresión, dicho, locución, sentencia, oración, sintagma.
fraseología. f. Palabrería, verborrea.
fraternal. adj. Fraterno, unido.
fraternidad. f. Hermandad. ‖ Unión, armonía. ‖ Compañerismo.
fraternizar. intr. Confraternizar, simpatizar. ‖ Tratarse, avenirse. (**a.**: *odiarse.*)
fraterno, na. adj. Fraternal, compañero.
fraude. m. Estafa, defraudación, engaño, trampa, falacia, engañifa, dolo, timo, fraudulencia. (**a.**: *donación.*)
fraudulento, ta. adj. Doloso, mentiroso, engañoso, falaz. (**a.**: *legítimo.*)
frazada. f. Manta.
frecuencia. f. Repetición, asiduidad, periodicidad. (**a.**: *tardanza, dilación.*)
frecuentar. tr. Concurrir, visitar. (**a.**: *tardar.*)
frecuentativo, va. adj. Reiterativo (en gramática).
frecuente. adj. Repetido, reiterado, asiduo, acostumbrado. ‖ Usual, común, habitual, ordinario, corriente. (**a.**: *desacostumbrado, extraordinario, insólito, infrecuente.*)
frecuentemente. adv. A menudo, con frecuencia, reiteradamente, repetidamente, habitualmente.
fregado. m. Enredo, embrollo, lío. ‖ Pelea, refriega, riña. ‖ Lavado, limpieza.
fregar. tr. Lavar, frotar, restregar, limpiar, friccionar. (**a.**: *enchanchar.*) ‖ Fastidiar, molestar. (**a.**: *entretener.*)
fregona. f. Criada, sirvienta.
freír. tr. Saltear, sofreír. ‖ Exasperar, fastidiar, baquetear, importunar, molestar. (**a.**: *entretener.*)
fréjol. m. Frijol, poroto.
frenar. tr. Moderar, refrenar, reprimir, sujetar, parar, contener. (**a.**: *acelerar.*)
frenesí. m. Locura, furia, furor, enajenación, rabia, delirio, demencia. ‖ Exaltación, excitación, paroxismo.
frenético, ca. adj. Loco, enajenado, furioso, exaltado. (**a.**: *tranquilo.*)
freno. m. Bocado. ‖ Contención, coto, sujeción, dique, tope.
frenópata. m. Alienista, psiquiatra.
frente. m. Fachada, frontis, frontispicio. (**a.**: *zaga.*) ‖ Faz, cara, rostro, semblante.
fresa. f. Frutilla.
fresar. tr. Agujerear.
fresco, ca. adj. Reciente, flamante, nuevo. (**a.**: *viejo.*) ‖ Lozano, sano. ‖ Sereno, impasible, tranquilo. ‖ Desvergonzado, descarado, insolente, desenfadado, desaprensivo. ‖ Espontáneo, natural. ‖ Descansado. ‖ m. Frescor, frescura, frío. (**a.**: *calor.*)
frescor. m. Frescura, fresca, fresco.
frescura. f. Frescor. ‖ Desenfado, tupé, desfachatez. ‖ Serenidad, tranquilidad.
frialdad. f. Frío. ‖ Frigidez. (**a.**: *pasión.*) ‖ Indiferencia, descuido, desafecto, desapego, insensibilidad. (**a.**: *entusiasmo, fogosidad.*)
fricación. f. Fricción, rozamiento.
fricativo, va. adj. Espirante (en gramática).
friccionar. tr. Frotar, restregar.
friega. f. Masaje, frotación, fricción. ‖ Tunda, zurra.
frigidez. f. Frialdad.
frígido, da. adj. Frío, destemplado. ‖ Insensible.
frigorífico. m. Nevera, heladera, refrigerador.
frío, a. adj. Frígido, gélido, helado, aterido. ‖ Indiferente, desafecto, desapegado, reservado, insensible, desapa-

sionado. (**a.**: *vehemente, apasionado.*) ‖ Tranquilo, sereno, impasible, impávido, imperturbable. ‖ Desanimado. ‖ Inexpresivo. ‖ m. Frialdad, frigidez.

friolera. f. Fruslería, bicoca, bagatela, nadería, menudencia, pamplina.

frisar. intr. Acercarse, aproximarse, bordear.

friso. m. Zócalo.

frito, ta. adj. Aviado, listo. ‖ m. Fritura, fritada.

frívolo, la. adj. Ligero, superficial, veleidoso, inconstante, voluble, insustancial, vano, superficial, fútil, tornadizo. (**a.**: *trascendente.*)

fronda o **frondosidad.** f. Follaje, ramaje, espesura, boscaje.

frondoso, sa. adj. Espeso.

frontera. f. Confín, límite, linde, raya.

fronterizo, za. adj. Colindante, confinante, frontero, limítrofe, rayano, lindante.

frontispicio. m. Frontis, fachada, cara, delantera. ‖ Frontón. ‖ Portada.

frontón. m. Fastigio, frontis, vista, fachada, frontispicio. ‖ Cancha.

frotación. f. Frotamiento, fricción, refregón, frote, frotadura.

frotar. tr. Estregar, fregar, refregar, restregar, friccionar, ludir.

fructífero, ra. adj. Fructuoso, beneficioso, productivo, provechoso, lucrativo. (**a.**: *improductivo.*) ‖ Fértil. (**a.**: *estéril.*)

fructificar. intr. Frutar, dar fruto, frutecer. ‖ Producir.

fructuoso, sa. adj. Fructífero.

frugal. adj. Sobrio, parco, moderado. (**a.**: *voraz, glotón.*)

frugalidad. f. Templanza, parquedad, morigeración, sobriedad, moderación. (**a.**: *gula, voracidad.*)

fruición. f. Complacencia, goce. (**a.**: *aburrimiento.*)

frumentario, ria. adj. Cerealista, triguero.

frunce. m. Arruga, fruncido, pliegue.

fruncir. tr. Arrugar, plegar, plisar. (**a.**: *alisar.*) ‖ prnl. Enfoscarse.

fruslería. f. Bicoca, pequeñez, bagatela, nimiedad, futilidad, minucia, friolera, nonada, futesa, nadería, insignificancia.

frustración. f. Fracaso, desengaño.

frustrar. tr. Defraudar, malograr. ‖ prnl. Fracasar, fallar, estrellarse. (**a.**: *lograr, realizar.*)

frutar. intr. Fructificar, frutecer.

fruto. m. Fruta. ‖ Obra, producción, producto. ‖ Provecho, utilidad, beneficio, ganancia.

fucilar. intr. Relampaguear.

fuego. m. Incendio. ‖ Hogar. ‖ Lumbre, brasa, yesca, llama, hoguera. ‖ Ardor, pasión, vehemencia, entusiasmo.

fuelle. m. Arruga, pliegue. ‖ Bandoneón.

fuente. f. Manantial, fontanar, surtidor, hontanar, venero, fontana. ‖ Principio, antecedente, origen, fundamento, causa. (**a.**: *finalidad.*)

fuera. adv. Afuera. (**a.**: *dentro.*) ‖ **fuera de.** loc. prep. Excepto, salvo. ‖ **fuera de que.** loc. conj. Además, aparte de que.

fuero. m. Jurisdicción, ley, poder. ‖ Privilegio, exención. ‖ pl. Arrogancia, presunción, humos, jactancia.

fuerte. adj. Sólido, resistente, duro. (**a.**: *frágil.*) ‖ Robusto, hercúleo, vigoroso, fornido, recio, forzudo. (**a.**: *débil, endeble.*) ‖ Animoso, varonil, enérgico, valiente, firme, tenaz, esforzado. ‖ Versado, perito, sobresaliente. ‖ Poderoso. ‖ Intenso. ‖ Duro. ‖ Malsonante, grosero, grueso. ‖ Fortificado. ‖ m. Fortaleza, alcázar, fortificación, ciudadela, bastión.

fuerza. f. Energía, pujanza, vigor, potencia. *Con la fuerza se resiste; con el vigor y la energía se obra.* ‖ Resistencia, fortaleza. ‖ Autoridad, poder. ‖ Eficacia. ‖ Violencia, ímpetu, impetuosidad. ‖ Esfuerzo. ‖ Coacción. ‖ Brío, impulso, empuje, pujanza, vigor. (**a.**: *debilidad.*) ‖ Corriente, electricidad. ‖ Auge, apogeo. ‖ **a la fuerza** o **por fuerza.** loc. adv. Necesariamente, obligatoriamente. ‖ Violentamente.

fuga. f. Huida, escapada, evasión. (**a.**: *captura.*) ‖ Retirada. ‖ Escape, pérdida.

fugarse. prnl. Escapar, huir, evadirse.

fugaz. adj. Huidizo. || Efímero, breve, pasajero, transitorio, perecedero, caduco, fugitivo. (**a.**: *permanente, perenne.*)
fugitivo, va. adj. y s. Prófugo, evadido. || adj. Fugaz, breve, efímero.
fulano, na. m. y f. Mengano, perengano, zutano.
fulero, ra. adj. Feo, desagradable.
fulgente. adj. Brillante, rutilante, resplandeciente, fúlgido, fulgurante. (**a.**: *mate.*)
fulgor. m. Resplandor, destello, brillo, brillantez, centelleo. (**a.**: *oscuridad.*)
fulguración. f. Fulgor.
fulgurante. adj. Fulgente.
fulgurar. intr. Brillar, fulgir, resplandecer, centellear, fucilar, refulgir. (**a.**: *ensombrecer.*)
fulgúreo, a. adj. Fulgente, refulgente.
fúlica. f. Gallineta, polla de agua.
fuliginoso, sa. adj. Holliniento. || Ennegrecido, denegrido, oscurecido, ahumado, tiznado.
fulminante. adj. Instantáneo. || Repentino, rapidísimo, galopante.
fulminar. tr. Lanzar, arrojar. || Dictar, imponer. || Matar.
fullería. f. Trampa, tahurería, engaño, dolo, fraude, estafa.
fullero, ra. adj. Tahúr, tramposo, estafador.
fumaria. f. Palomilla.
fumoso, sa. adj. Humoso, humeante, fuliginoso.
funámbulo, la. m. y f. Volatinero, equilibrista, acróbata, trapecista.
función. f. Oficio, empleo, ejercicio, actividad, cargo, papel. || Misión. || Espectáculo, representación, diversión. || Ceremonia, solemnidad.
funcional. adj. Práctico, utilitario.
funcionar. intr. Andar, marchar, caminar, moverse, actuar. (**a.**: *descomponerse, parar.*)
funda. f. Manguita, cubierta, envoltura, vaina.
fundación. f. Establecimiento, institución, creación. || Erección, constitución, implantación. || Legado.
fundamental. adj. Básico, primordial, cardinal, principal, esencial. (**a.**: *accesorio, secundario.*)
fundamentar. tr. Apoyar, basar, fundar, cimentar.
fundamento. m. Cimiento, base, apoyo, basa, sostén, soporte. || Razón, causa, motivo. || Origen, raíz, principio. || Seriedad, formalidad, sensatez.
fundar. tr. Erigir, instituir, levantar, establecer. (**a.**: *suprimir, liquidar.*) || Apoyar, basar, fundamentar.
fundible. adj. Fusible.
fundición. f. Fusión. || Hierro colado.
fundir. tr. y prnl. Liquidar, licuar, derretir. (**a.**: *solidificar.*) || prnl. Unirse, juntarse, fusionarse. || Arruinarse, hundirse. (**a.**: *prosperar.*)
fundo. m. Heredad, finca, hacienda.
fúnebre. adj. Funerario, funéreo, funeral. || Luctuoso, lúgubre, sombrío, funesto. || Tétrico, macabro. (**a.**: *alegre.*)
funeral. adj. Funerario, fúnebre. || m. pl. Exequias.
funesto, ta. adj. Aciago, desgraciado, infortunado, infausto, fatal. (**a.**: *favorable.*) || Doloroso, triste, desastroso, desdichado. (**a.**: *afortunado, feliz.*)
fungoso, sa. adj. Esponjoso, fofo.
furia. f. Furor, ira, cólera, rabia, saña. || Violencia, ímpetu, actividad, impetuosidad. (**a.**: *tranquilidad, serenidad.*) || Auge, furor. || pl. Euménides, Erinias.
furibundo, da. adj. Airado, frenético, colérico, enfurecido, furioso, rabioso, iracundo. (**a.**: *sosegado.*) || Violento, impetuoso.
furioso, sa. adj. Airado, iracundo, colérico, rabioso, frenético, furibundo. || Violento, impetuoso.
furor. m. Furia, cólera, arrebato, ira. *Furor denota la agitación violenta interior.* || Ímpetu, violencia. || Entusiasmo, inspiración.
furtivamente. adv. Ocultamente, sigilosamente, a escondidas, a hurtadillas.
furtivo, va. adj. Oculto, sigiloso, subrepticio, escondido.
furúnculo. m. Divieso.
fusible. adj. y m. Fundible.

fusiforme. adj. Ahusado.

fusil. m. Mosquete, carabina, rifle.

fusilar. tr. Ejecutar, balear. || Plagiar, copiar.

fusión. f. Licuación, liquidación. || Unión, mezcla, unificación, compenetración. || Fundición, solución.

fusionar. tr. Fundir, liquidar, licuar. || Unir, juntar, unificar. (**a.**: *separar, desunir, disociar.*)

fusta. f. Látigo, vara, rebenque.

fuste. m. Caña, escapo. || Vara, asta, palo. || Fundamento, nervio, sustancia, importancia.

fustigar. tr. Azotar, flagelar. || Censurar, criticar, vituperar, desaprobar. (**a.**: *justificar, excusar.*)

fútbol. m. Balompié.

futesa. f. Friolera, nonada, fruslería, bagatela, nadería, insignificancia, nimiedad, pequeñez.

fútil. adj. Baladí, insignificante, frívolo, insustancial, trivial. (**a.**: *valioso, esencial, importante.*)

futilidad. f. Puerilidad, poquedad, fruslería, futesa, bagatela. (**a.**: *importancia.*)

futuro, ra. adj. Venidero, ulterior, posterior, acaecedero. (**a.**: *anterior, retrospectivo.*) || m. Porvenir, mañana. || m. y f. Novio, prometido.

gabán. m. Abrigo, sobretodo, capote.

gabela. f. Tributo, contribución, impuesto. ‖ Carga, gravamen.

gabinete. m. Ministerio, gobierno. ‖ Aposento, alcoba, sala, recibidor.

gaceta. f. Periódico.

gacetilla. f. Artículo, noticia.

gachas. f. pl. Puches, papas, poleadas, papilla. ‖ Polenta.

gacho, cha. adj. Inclinado, encorvado, doblado.

gachón, na. adj. Gracioso, expresivo, salado, atractivo, donairoso.

gachonería. f. Gracia, atractivo, gracejo, donaire.

gafa. f. Grampa. ‖ Gaucho. ‖ pl. Anteojos, antiparras, lentes.

gaje. m. Emolumento, estipendio, salario. ‖ Obvención, gratificación, propina, ganancia. ‖ Prenda, señal. ‖ pl. Consecuencias, molestias.

gajo. m. Rama.

gala. f. Vestido, adorno, ornato. (**a.:** *andrajos, harapos.*) ‖ Gracia, gallardía, garbo, bizarría. ‖ **de gala.** loc. adj. Lujoso, elegante. ‖ **hacer gala.** Presumir, alardear.

galaico, ca. adj. Gallego.

galán. adj. Airoso, apuesto, garboso, galano, gentil. ‖ m. Pretendiente, novio, galanteador.

galano, na. adj. Adornado, acicalado, compuesto, elegante, gallardo. (**a.:** *desaliñado.*) ‖ Gracioso, ingenioso, ameno.

galante. adj. Atento, obsequioso, cortesano, galanteador, lisonjeador, cortés, amable. (**a.:** *desatento, descortés.*) ‖ Amoroso, rendido, erótico.

galantear. tr. Enamorar, cortejar, piropear, hacer la corte, festejar, lisonjear, requebrar.

galantería. f. Amabilidad, cortesía, atención, gracia, gentileza. ‖ Flor, requiebro, piropo, lisonja. (**a.:** *desaire.*) ‖ Generosidad, bizarría, liberalidad. ‖ Elegancia, galanura.

galanura. f. Gracia, elegancia, gallardía, gentileza, donosura, donaire.

galápago. m. Tortuga, quelónido.

galardón. m. Premio, recompensa, lauro, distinción. (**a.:** *sanción.*)

galardonar. tr. Premiar, recompensar, laurear, honrar, distinguir.

galbana. f. Holgazanería, desidia, pereza, indolencia, dejadez.

galeno. m. Médico, facultativo.

galería. f. Corredor, pasillo, paso, pasadizo, pasaje. ‖ Túnel. ‖ Paraíso, gallinero. ‖ Pinacoteca.

galicista. adj. Afrancesado.

gálico, ca. adj. Galo, francés.

galillo. m. Campanilla, úvula. ‖ Garganta, gañote, gaznate.

galimatías. m. Jerigonza, jerga, guirigay, algarabía, embrollo.

galo, la. adj. Francés, gálico.
galón. m. Trencilla.
galopín. m. Pícaro, pillo, taimado, bribón. || Granuja.
galladura. f. Engalladura, embrión.
gallardete. m. Banderola, flámula, grímpola, insignia.
gallardía. f. Gentileza, elegancia, galanura, aire, garbo, apostura, esbeltez. (**a.**: *desgarbo.*) || Bizarría, arresto, ánimo, valor, arrojo, valentía. (**a.**: *cobardía, temor.*)
gallardo, da. adj. Apuesto, garboso, desembarazado, airoso, galán, gentil, galano. || Bizarro, valeroso, arrojado, animoso, valiente, esforzado.
gallear. intr. Envalentonarse, ensoberbecerse, jactarse, presumir. || Matonear, amenazar. || Descollar, sobresalir.
gallego, ga. adj. y s. Galaico, galiciano.
galleta. f. Bizcocho. || Bofetada, cachete. (**a.**: *caricia.*)
gallina. com. Medroso, cobarde.
gallinero. m. Paraíso.
gallito. m. Bravucón, presumido, compadrón.
gallo. m. Esputo, gargajo. || Mandón, mandamás.
gama. f. Gradación, escala, serie, sucesión.
gamberro, rra. adj. Truhán, libertino, disoluto. || Grosero, desvergonzado.
gambeta. f. Esguince.
gamón. m. Asfódelo.
gamopétalo, la. adj. Monopétalo.
gamosépalo, la. adj. Monosépalo.
gamuza. f. Rebeco, antílope, rupicabra. || Bayeta, paño.
gana. f. Deseo, ansia, voluntad. (**a.**: *desgana, apatía.*) || Apetito, hambre. (**a.**: *inapetencia.*) || Afán, empeño, aridez, anhelo.
ganadero, ra. adj. Pecuario. || m. Hacendado, criador, estanciero.
ganado. m. Hacienda. || adj. Devengado. (**a.**: *perdido.*)
ganancia. f. Lucro, fruto, rédito, utilidad, beneficio, rendimiento, provecho. (**a.**: *pérdida, perjuicio.*)
ganancioso, sa. adj. Beneficiado.
ganar. tr. Lograr, adquirir, obtener, conseguir. (**a.**: *perder.*) || Triunfar, vencer, superar. || Conquistar, tomar, dominar. || Alcanzar, llegar. || intr. Prosperar, mejorar. || Superar, aventajar. || tr. y prnl. Captar, granjear, conquistar, atraer.
gancho. m. Garfio, arpón, garabato. || Atractivo, encanto.
gandul, la. adj. Perezoso, holgazán, haragán, tumbón. (**a.**: *trabajador.*) || Vagabundo, vago.
gandulear. intr. Holgazanear, haraganear, vagabundear. (**a.**: *esforzarse, trabajar.*)
ganga. f. Escoria. || Breva, bicoca, provecho, ocasión, pichincha.
gangoso, sa. adj. Nasal.
gangrena. f. Corrupción.
gangueo. m. Gangosidad, nasalización, nasalidad.
ganguista. adj. Ganguero, ventajero, ventajista.
ganoso, sa. adj. Afanoso, deseoso, ansioso, ávido, anheloso.
gansada. f. Majadería, estupidez, tontería, sandez.
ganso, sa. adj. Holgazán, gandul, perezoso. || Torpe, lerdo, rudo, necio, incapaz. (**a.**: *capaz.*) || m. y f. Ánsar, oca.
gañido. m. Aullido, quejido.
gañir. intr. Aullar. || Quejarse, resollar.
gañote. m. Garganta, gaznate, gañil, garguero.
garabatear. intr. y tr. Garrapatear, borrajear.
garabato. m. Garrapato. || Garfio, gancho. || Almocafre.
garaje. m. Cochera.
garante. adj. Fiador, garantizador, fianza, avalista.
garantía. f. Seguridad, protección. (**a.**: *desconfianza.*) || Arras, prenda, hipoteca. || Fianza, señal. || Caución, aval.
garantir o **garantizar.** tr. Asegurar, avalar, proteger. || Responder, avalar, afianzar, salir fiador.
garañón. m. Semental.
garatusa. f. Arrumaco, fiesta, caricia, halago, zalamería.
garbanzo. m. Chícharo.
garbo. m. Gallardía, gracia, elegancia, desenvoltura. || Donaire. || Desinterés,

largueza, rumbo, generosidad. (**a.**: *tacañería.*)

garboso, sa. adj. Airoso, gallardo. (**a.**: *desgarbado.*) || Magnánimo, dadivoso, rumboso. (**a.**: *tacaño.*)

garduña. f. Fuina.

garfio. m. Gancho.

gargajear. intr. Escupir, esputar.

gargajo. m. Esputo, flema, escupida, escupitajo.

garganta. f. Gola, gorja, cuello, garguero, gaznate, gañote. || Desfiladero, angostura, hoz. || Fauces. || Degolladura.

garguero. m. Garganta, gañote, gaznate.

garita. f. Gaseta, casilla. || Retrete, letrina, excusado, común.

garito. m. Casa de juego, timba.

garlito. m. Celada, asechanza, trampa, red, lazo.

garlopa. f. Cepillo.

garra. f. Zarpa, mano, uña. || pl. Dominio.

garrafa. f. Damajuana, castaña. || Bombona, redoma, vasija.

garrafal. adj. Exorbitante, extraordinario, enorme, grave, monumental, descomunal, mayúsculo. (**a.**: *mínimo, leve.*)

garrapatear. intr. Garabatear, emborronar, borronear.

garrapato. m. Garabato, gancho. || Rasgo, trazo, borrón.

garrido, da. adj. Apuesto, gallardo, elegante, galano. (**a.**: *desgarbado.*)

garrocha. f. Pica, pértiga, vara.

garrón. m. Calcañar. || Espolón.

garrote. m. Palo, bastón, estaca.

garrotillo. m. Crup, difteria.

garrucha. f. Polea, roldana, aparejo.

gárrulo, la. adj. Hablador, charlatán, parlanchín. || Vulgar, pedestre, ramplón.

garúa. f. Llovizna.

garzo, za. adj. Azulado, azulino.

garzón. m. Jovenzuelo, mozo.

gas. m. Fluido.

gasolina. f. Nafta, bencina, gasoleno, carburante.

gastado, da. adj. Deslucido, raído, usado. (**a.**: *nuevo.*) || Debilitado.

gastador, ra. adj. Manirroto, pródigo, derrochador, despilfarrador. (**a.**: *ahorrador.*)

gastar. tr. Expender, consumir, usar. (**a.**: *aumentar.*) || Desgastar, deteriorar. (**a.**: *renovar, reparar.*) || Desembolsar. (**a.**: *ahorrar, economizar.*) || Usar, llevar. || prnl. Envejecer, estropearse.

gasto. m. Consumo, dispendio. || Desembolso, egreso. || Uso, empleo.

gatear. intr. Trepar, subir, encaramarse. || Arrastrarse, andar a gatas.

gatillo. m. Disparador, percusor.

gato, ta. m. y f. Micho, minino, morrongo. || m. Talego. || Ratero, ladrón. || Cric, crique.

gatuperio. m. Embrollo, chanchullo, lío, enjuague, intriga.

gauchada. f. Servicio, favor. (**a.**: *trastada.*)

gaucho. adj. Servicial. (**a.**: *egoísta.*)

gaudeamus. m. Fiesta, regocijo. || Festín, francachela, jolgorio.

gaveta. f. Cajón, naveta, cajoncillo.

gavilán. m. Esparver, esparvarán.

gavilla. f. Haz, fajo. || Pandilla, cuadrilla.

gayo, ya. adj. Alegre, vistoso.

gayola. f. Jaula, cárcel.

gazapo. m. Mentira, embuste. || Error, equivocación, yerro, errata.

gazmoño, ña. adj. Mojigato, timorato. || Santurrón, beatón.

gaznápiro, ra. adj. Palurdo, bobo, torpe, zoquete, necio, ceporro, tonto, patán, simple, simplón.

gaznate. m. Garganta, gañote, garguero.

gazuza. f. Hambre, gana, apetito. (**a.**: *saciedad.*)

gélido, da. adj. Helado, frío, glacial. (**a.**: *tórrido.*)

gema. f. Yema, botón, brote. || Piedra preciosa.

gemebundo, da. adj. Quejoso, llorón, gemidor.

gemelo, la. adj. Mellizo. || Igual, idéntico. (**a.**: *distinto.*) || m. pl. Anteojos, prismáticos.

gemido. m. Quejido, lamento, queja, plañido. (**a.**: *risa.*)

gemir. intr. Lamentarse, quejarse, clamar, plañir, gimotear. || Aullar.

genealogía. f. Ascendencia, linaje, estirpe.

generación. f. Procreación. || Formación, producción. || Casta, clase, origen, género. || Descendencia, sucesión, familia.

general. adj. Común, ecuménico, universal. (**a.**: *específico, particular, especial.*) || Usual, común, frecuente, corriente, vulgar. (**a.**: *excepcional.*) || Global. || Impreciso, vago, genérico, indistinto.

generalidad. f. Mayoría. (**a.**: *algunos.*) || Vaguedad, imprecisión.

generalizar. tr. y prnl. Divulgar, difundir, propagar, extender. || intr. Pluralizar, universalizar.

generar. tr. Engendrar, procrear. || Producir, causar.

género. m. Clase, especie, orden, grupo, tipo. || Modo, manera, suerte. || Mercancía, artículo. || Tela, tejido.

generosidad. f. Magnanimidad, desinterés, desprendimiento, dadivosidad. || Largueza, liberalidad, esplendidez.

generoso, sa. adj. Magnánimo, noble. || Desprendido, dadivoso, desinteresado, rumboso, liberal, magnífico, pródigo. (**a.**: *avaro, mezquino, tacaño.*) || Abundante, fértil.

génesis. f. Origen, principio, fuente, formación, creación, germen. (**a.**: *fin, muerte.*)

genial. adj. Extraordinario, inesperado, notable, sobresaliente. (**a.**: *vulgar, común.*) || Placentero, alegre, divertido, deleitoso.

genialidad. f. Originalidad, singularidad, extravagancia, rareza. (**a.**: *vulgaridad.*)

genio. m. Carácter, índole, condición, temple, natural. || Disposición, aptitud, inventiva, talento, ingenio. || Ánimo, brío, energía. || Espíritu, duende, elfo.

genital. m. Testículo.

gente. f. Personal. || Familia. || Nación, pueblo. || Gentío, muchedumbre.

gentil. adj. Pagano. || Gracioso, apuesto, galano, gallardo, majo, airoso, donoso. || Amable, cortés, agradable.

gentileza. f. Gracia, aire, galanura, garbo, soltura, desembarazo, bizarría, donaire. (**a.**: *afectación.*) || Ostentación, gala. || Urbanidad, cortesía, amabilidad. (**a.**: *grosería, descortesía.*)

gentilicio, cia. adj. Étnico (en gramática).

gentilidad. f. Paganismo, gentilismo. (**a.**: *cristianismo.*)

gentío. m. Muchedumbre, multitud, concurrencia. (**a.**: *soledad.*)

gentuza. f. Gentualla, plebe, chusma, canalla, morralla.

genuino, na. adj. Puro, fidedigno, propio, natural, legítimo, real, auténtico, verdadero. (**a.**: *falso, ilegítimo.*)

geométrico, ca. adj. Exacto, preciso.

gerencia. f. Dirección.

germanía. f. Caló, jerga.

germano, na. adj. Alemán, tedesco.

germen. m. Embrión, semilla, rudimento. || Brote. || Origen, principio.

germinar. intr. Nacer, brotar. || Crecer, desarrollarse. || Principiar, originarse.

gesta. f. Hazaña.

gestación. f. Preñez, engendramiento, embarazo. || Preparación, elaboración. || Germinación.

gesticulación. f. Mímica.

gestión. f. Diligencia, trámite. || Administración.

gestionar. tr. Tramitar, diligenciar, procurar, negociar.

gesto. m. Mueca, visaje, expresión, mohín. || Rasgo, actitud. || Aspecto, cara, semblante, aire, apariencia.

giba. f. Corcova, joroba, chepa. || Abultamiento. || Molestia, incomodidad, carga.

giboso, sa. adj. Corcovado, jorobado, contrahecho.

gigante. adj. Gigantesco, enorme, desmesurado, descomunal, ciclópeo, colosal. || m. Coloso, titán. (**a.**: *enano.*)

gigantesco, ca. adj. Enorme, desmesurado, colosal. || Excesivo, grandioso.

gimotear. intr. Lloriquear, hipar, gemiquear, plañir, gemir. (**a.**: *reír.*)

gimoteo. m. Lloriqueo, sollozo, gemido, quejido, lamento.
gineceo. m. Pistilo.
gira. f. Excursión, viaje.
girar. intr. Rodar, dar vueltas, rotar. ‖ Versar. ‖ Desviarse, torcer, volver. ‖ Librar.
girasol. m. Mirasol.
giro. m. Vuelta, revolución, rotación. ‖ Aspecto, cariz, dirección, curso. ‖ Libranza, letra de cambio. ‖ Expresión, locución, frase.
gitanada. f. Gitanería. ‖ Zalamería, adulación, halago.
gitano, na. adj. Cíngaro, calé, cañí, flamenco. ‖ Agitanado. ‖ Zalamero, adulador.
glabro, bra. adj. Calvo, lampiño.
glacial. adj. Helado, gélido. (**a.**: *ardiente, tórrido.*) ‖ Frío, desafecto, indiferente. (**a.**: *cálido, afectuoso.*)
glaciar. m. Helero, ventisquero.
gladiolo o **gladíolo.** m. Espadaña.
glasear. tr. Abrillantar. (**a.**: *deslucir.*)
global. adj. Total, general. (**a.**: *parcial.*)
globo. m. Esfera. ‖ La Tierra, mundo, orbe. ‖ Aeróstato. ‖ **globo terráqueo** o **terrestre.** Esfera terrestre.
gloria. f. Bienaventuranza, cielo, paraíso. (**a.**: *infierno.*) ‖ Fama, honor, celebridad, reputación, renombre. ‖ Esplendor, magnificencia, majestad. ‖ Placer, gusto, delicia. ‖ Aureola.
gloriar. tr. Glorificar. ‖ prnl. Presumir, preciarse, alabarse, jactarse, vanagloriarse. ‖ Complacerse, alegrarse. (**a.**: *lamentarse.*)
glorieta. f. Cenador, pabellón, rotonda.
glorificar. tr. Alabar, honrar, ensalzar, exaltar. (**a.**: *degradar, rebajar.*)
glorioso, sa. adj. Insigne, ilustre, famoso, eminente. ‖ Bienaventurado.
glosa. f. Explicación, interpretación, comentario, exégesis, anotación, nota, aclaración, escolio. *La glosa explana el texto; el comentario lo interpreta.*
glosario. m. Vocabulario, léxico, tesauro, diccionario.
glosopeda. f. Fiebre aftosa.
glotología. f. Lingüística.
glotón, na. adj. y s. Comilón, tragaldabas, tragón, voraz, goloso. (**a.**: *inapetente.*)
glotonería. f. Gula, voracidad. (**a.**: *templanza.*)
glutinoso, sa. adj. Pegajoso, viscoso, gelatinoso.
gnómico, ca. adj. Sentencioso, aforístico.
gnomo. m. Duende, enano, genio.
gnomon o **nomon.** m. Estilo, estilete.
gnoseología. f. Epistemología, teoría del conocimiento.
gnosticismo o **nosticismo.** m. Docetismo.
gobernalle. m. Timón, gobierno.
gobernar. tr. Regir, mandar. ‖ Dominar, manejar, administrar. ‖ Sustentar, alimentar. ‖ tr. y prnl. Conducir, guiar.
gobierno. m. Gobernación. ‖ Régimen, dirección, administración, mando, manejo. (**a.**: *sumisión.*) ‖ Gabinete, ministerio. ‖ Gobernalle, timón.
goce. m. Disfrute, posesión. ‖ Placer, deleite.
gocho. m. Cerdo, puerco, chancho.
gola. f. Garganta, garguero. ‖ Gorguera. ‖ Cimacio (en arquitectura.) ‖ Canal.
golfo. m. Seno, bahía, ensenada. (**a.**: *península.*)
golfo, fa. m. y f. Pilluelo, pillo, vagabundo.
golondrina. f. Andorina, copetuda.
golosina. f. Dulce, gollería.
goloso, sa. adj. y s. Glotón.
golpe. m. Encuentro, choque, porrazo, topetazo, encontronazo. ‖ Percusión. ‖ Latido. ‖ Acceso. ‖ Multitud, abundancia, copia, muchedumbre. ‖ Desgracia, revés, contratiempo. ‖ Sorpresa. ‖ Ocurrencia, salida. ‖ Intermitencia. ‖ Tapa, cartera.
golpear. tr. Pegar, azotar, sacudir, sopapear, cascar. (**a.**: *acariciar.*) ‖ Percutir, cutir, asestar. ‖ Maltratar.
golpeteo. m. Martilleo, percusión.
gollería. f. Golosina, exquisitez. ‖ Superficialidad, superfluidad, melindrería.
goma. f. Caucho.
gomoso, sa. adj. Pegajoso, glutinoso. ‖ m. Petimetre, lechuguino.
gongorismo. m. Culteranismo.

gordo, da. adj. Craso, graso, pingüe, mantecoso. (**a.**: *magro.*) ‖ Abultado, voluminoso. ‖ Grueso, corpulento, rollizo, obeso, robusto. (**a.**: *delgado, flaco.*) ‖ Importante, grande. ‖ m. Sebo, manteca, grasa.

gordura. f. Obesidad, corpulencia, adiposidad. ‖ Grasa, unto, sebo.

gorgorito. m. Gorjeo, trino.

gorgotear. intr. Borbotar, borbollar.

gorguera. f. Gola. ‖ Gorjal. ‖ Involucro (en botánica).

gorjear. intr. Trinar.

gorjeo. m. Gorgorito, trino.

gorra (de). m. adv. De balde, de garrón.

gorrero, ra. m. y f. Gorrón, vividor.

gorrino, na. adj. Cerdo, cochino, puerco.

gorrión, na. m. y f. Pardal.

gorrón, na. adj. Gorrista, gorrero, pegote, parásito, aprovechado, vividor. ‖ f. Prostituta.

gotear. intr. Chorrear, escurrir. ‖ Lloviznar.

gotero. m. Cuentagotas.

gótico, ca. adj. Ojival. ‖ Noble, ilustre.

gozar. tr. e intr. Tener, usufructuar, poseer. ‖ intr. Regocijarse, solazarse, divertirse, complacerse, recrearse, disfrutar.

gozne. m. Charnela, bisagra, gonce.

gozo. m. Alegría, complacencia, placer, gusto, goce, contento, satisfacción, júbilo, regocijo. (**a.**: *aflicción, pena, tristeza.*)

gozoso, sa. adj. Contento, complacido, satisfecho, alegre, jubiloso.

grabado. m. Clisé. ‖ Estampa, lámina, ilustración, viñeta. ‖ Litografía, aguafuerte, fotograbado.

grabador. m. Magnetófono. ‖ Litógrafo. ‖ Tallador, estampador.

grabar. tr. Labrar, burilar, esculpir, tallar, cincelar. ‖ Impresionar. ‖ Fijar, inculcar.

gracejo. m. Gracia, chiste, soltura, donaire.

gracia. f. Beneficio, merced, favor, don, indulto. ‖ Perdón. ‖ Benevolencia, afabilidad, agrado. ‖ Garbo, sal, donaire, despejo, salero, ángel, atractivo, encanto. ‖ Chiste, agudeza, ocurrencia. ‖ Nombre. ‖ **de gracia.** loc. adv. Gratuitamente. ‖ **gracias a.** loc. prep. Por causa de.

grácil. adj. Sutil, delgado, tenue, delicado.

gracioso, sa. adj. Atrayente, bonito, encantador, agraciado. (**a.**: *insulso, soso.*) ‖ Garboso, donairoso, saleroso. (**a.**: *desgarbado.*) ‖ Chistoso, agudo, ocurrente, salado, jocoso, divertido. ‖ Gratuito.

grada. f. Peldaño, escalón. ‖ pl. Gradería. ‖ Escalinata.

gradación. f. Gama, progresión, sucesión, serie. ‖ Grado, jerarquía. ‖ Clímax (en literatura).

gradería. f. Gradas, escalinata.

grado. m. Gusto, voluntad.

grado. m. Grada, escalón. ‖ Valor, calidad, medida. ‖ Gradación. ‖ Graduación, jerarquía, categoría (militar). ‖ Generación. ‖ Instancia, parte, sucesión, título.

graduación. f. Grado, categoría.

gradual. adj. Escalonado, paulatino, sucesivo, graduado, progresivo. (**a.**: *brusco, abrupto.*)

gradualmente. adv. Progresivamente, paulatinamente, poco a poco, sucesivamente.

graduar. tr. Regular. ‖ Clasificar, medir. ‖ prnl. Recibirse, doctorarse, licenciarse.

gráfico, ca. adj. Expresivo, claro, vivo. ‖ m. Esquema, representación.

grafito. m. Lápiz plomo, plombagina, plumbagina, mina.

gragea. f. Píldora, confite, pastilla.

grajear. intr. Graznar, crascitar.

grajo. m. Cuervo.

gramófono. m. Fonógrafo.

grampa. f. Grapa.

grana. adj. Granate, rojo.

granado, da. adj. Notable, principal, ilustre. ‖ Maduro, sazonado. ‖ Escogido.

grande. adj. Espacioso, amplio, dilatado. (**a.**: *chico, pequeño, reducido.*) ‖ Magno. ‖ Intenso, fuerte. ‖ Importante, famoso. ‖ Bueno. ‖ m. Prócer, noble, magnate.

grandeza. f. Grandor, extensión, tamaño, magnitud. ‖ Grandiosidad, magnificencia. ‖ Nobleza, magnanimidad, elevación. ‖ Majestad, gloria, esplendor, poder.

grandilocuente. adj. Altisonante, pomposo.

grandioso, sa. adj. Imponente, extraordinario, estupendo, colosal, gigantesco.

grandor. m. Tamaño, magnitud, volumen.

graneado, da. adj. Moteado.

granero. m. Hórreo, troj, troje, silo, depósito, bodega.

granizo. m. Pedrisco, piedra.

granja. f. Alquería, cortijo, hacienda, chacra.

granjear. tr. Adquirir, obtener, conseguir. ‖ prnl. Captarse, atraerse, conquistar. (**a.:** *contrariar.*)

granjería. f. Ganancia, beneficio, provecho, utilidad.

grano. m. Semilla. ‖ Partícula. ‖ Barrillo. ‖ Forúnculo. ‖ pl. Cereales.

granuja. m. Pillo, pilluelo, bribón, pícaro.

gránulo. m. Granito.

granza. f. Grava.

grapa o **grampa.** f. Gafa, laña, arpón, gancho.

grasa. f. Sebo, lardo, pella, unto. ‖ Adiposidad, gordura. ‖ Suciedad, mugre, porquería, pringue. ‖ Manteca.

grasiento, ta. adj. Pringoso, grasoso. ‖ Mugriento. ‖ Aceitoso, graso, craso.

graso, sa. adj. Pringue, mantecoso, untuoso. ‖ Gordo. (**a.:** *magro.*)

grasoso, sa. adj. Graso, grasiento.

gratificación. f. Recompensa, propina. ‖ Plus, sobresueldo, premio, galardón.

gratificar. tr. Recompensar, premiar, galardonar. (**a.:** *quitar.*) ‖ Complacer, agradar, satisfacer.

gratis. adv. Gratuitamente, de balde, graciosamente.

gratitud. f. Agradecimiento, reconocimiento. (**a.:** *ingratitud, desagradecimiento.*) ‖ Correspondencia.

grato, ta. adj. Agradable, placentero, deleitoso, gustoso. (**a.:** *ingrato, desagradable.*) ‖ Lisonjero, satisfactorio.

gratuito, ta. adj. Infundado, arbitrario. (**a.:** *justificado, fundado.*) ‖ adv. Gratis, de balde, regalado. (**a.:** *pagado.*)

grava. f. Guijo, cascajo.

gravamen. m. Carga, obligación. ‖ Tributo, impuesto, gabela, canon, contribución.

gravar. tr. Cargar, hipotecar. (**a.:** *eximir, dispensar.*) ‖ Pesar. (**a.:** *aligerar.*)

grave. adj. Pesado. (**a.:** *liviano.*) ‖ Importante, trascendental, considerable. (**a.:** *leve, ligero.*) ‖ Serio, circunspecto, reservado, formal, solemne. (**a.:** *informal.*) ‖ Difícil, arduo, espinoso, molesto, dificultoso. ‖ Bajo. ‖ Llano, paroxítono (en gramática).

gravedad. f. Pesantez, peso, pesadez, pesadumbre. (**a.:** *levedad.*) ‖ Seriedad, formalidad, compostura, circunspección. ‖ Enormidad, exceso. ‖ Magnitud, importancia. ‖ Gravitación.

gravidez. f. Preñez, embarazo.

grávido, da. adj. Cargado, lleno. ‖ f. Embarazada, preñada, encinta.

gravitar. intr. Descansar, apoyarse, cargar, estribar. ‖ Recaer, pesar. ‖ Pender.

gravoso, sa. adj. Oneroso, costoso, caro. (**a.:** *barato, módico.*) ‖ Molesto, pesado, intolerable, insufrible, inaguantable. ‖ Aburrido, fastidioso.

graznar. intr. Crascitar.

grecismo. m. Helenismo.

gremio. m. Sindicato.

greña. f. Melena. ‖ Riña.

greñudo, da. adj. Melenudo, porrudo. (**a.:** *rapado.*)

gresca. f. Bulla, algazara, vocerío. ‖ Pendencia, riña, altercado, disputa, reyerta, trifulca, alboroto, bronca. (**a.:** *tranquilidad.*)

grey. f. Rebaño. ‖ Feligresía.

griego, ga. adj. Heleno. ‖ Helénico. ‖ Incomprensible.

grieta. f. Quiebra, rendija, abertura, hendidura, fisura, resquebrajadura, rajadura.

grifa. f. Marihuana, cáñamo de la India.

grifo. m. Llave, espita, canilla.

grilletes. m. pl. Grillos, esposas, cepo.

grima. f. Desazón, inquietud, repugnancia, disgusto, desagrado, irritación. (**a.**: *gusto.*)
grímpola. f. Gallardete.
gringo, ga. adj. Extranjero. ‖ m. Algarabía, griego, italiano, chino.
gripe. f. Trancazo, influenza.
gris. adj. Borroso, apagado, indefinido, ceniciento. ‖ Triste, lánguido.
grita. f. Griterío, bulla, vocerío. (**a.**: *silencio.*) ‖ Abucheo, protesta.
gritar. intr. Vocear, desgañitarse, vociferar, chillar, clamar. (**a.**: *susurrar.*)
griterío. m. o **gritería.** f. Grita, vocerío, vocinglería, algarabía, bulla, clamoreo.
grito. m. Clamor, vociferación, alarido. *Grito es una emisión forzada de la voz.*
grosería. f. Descortesía, desatención, incorrección, descomedimiento. (**a.**: *delicadeza.*) ‖ Patanería, zafiedad, ordinariez, tosquedad. ‖ Incultura, irrespetuosidad.
grosero, ra. adj. Descortés, desatento, descomedido, torpe. (**a.**: *delicado, cortés, atento.*) ‖ Patán, ordinario, rústico, basto.
grosor. m . Grueso, espesor, cuerpo.
grotesco, ca. adj. Ridículo, chocante, extravagante. ‖ Rústico.
grúa. f. Cabrestante, cabria, guinche.
grueso, sa. adj. Abultado, corpulento, voluminoso, gordo. (**a.**: *fino.*) ‖ m. Espesor, grosor, cuerpo.
grumo. m. Coágulo, cuajarón.
gruñido. m. Bufido.
gruñir. intr. Rezongar, bufar, refunfuñar. (**a.**: *bromear.*) ‖ Chirriar, rechinar.
gruñón, na. adj. Regañón, rezongón, protestón.
grupa. f. Anca, cuadril.
grupo. m. Conjunto, colección, tanda. ‖ Corrillo, reunión, peña. ‖ Caterva.
gruta. f. Caverna, cueva, antro, cavidad.
guachapear. intr. Chapotear, chapaletear, chapalear.
guacho, cha. adj. Huérfano.
guadaña. f. Dalle, hoz, segur.
guajolote. m. Pavo.
gualdo, da. adj. Amarillo.
guampa. f. Asta, cuerno.
guano. m. Abono, estiércol.
guantada. f. o **guantazo.** m. Bofetada, manotada, manotazo.
guante. m. Manopla, mitón, guantelete. ‖ **echar el guante.** Coger, prender.
guantelete. m. Manopla.
guapear. intr. Alardear, fanfarronear.
guapeza. f. Valentía, ánimo, resolución, arrojo, valor, intrepidez, bizarría. ‖ Fanfarronería, valentonada. ‖ Ostentación.
guapo, pa. adj. Valiente, arrojado, resuelto, intrépido. (**a.**: *cobarde.*) ‖ Fanfarrón, matón, bravucón. ‖ Agraciado, ostentoso, bonito, chulo, galán. (**a.**: *feo.*)
guarango, ga. adj. Grosero, descortés. (**a.**: *cortés, educado.*)
guarda. m. Guardián, vigilante. ‖ f. Protección. ‖ Tutela, custodia. ‖ Observancia, cumplimiento. ‖ Guarnición, guardamano. ‖ Rodete, adorno.
guardabrisa. m. Fanal.
guardabrisas. m. Parabrisas.
guardacadena. m. Cubrecadena.
guardacantón. m. Guardarruedas.
guardador, ra. adj. Tacaño, mezquino, miserable, amarrete. ‖ m. y f. Tutor, curador, custodio.
guardafangos. m. Guardabarros.
guardameta. m. Portero, arquero.
guardapolvo. m. Delantal.
guardar. tr. Custodiar, cuidar, defender, vigilar, preservar, proteger, velar. (**a.**: *descuidar, abandonar.*) ‖ Obedecer, acatar, respetar. (**a.**: *infringir.*) ‖ Conservar, ahorrar, retener, mantener. ‖ Reservar. ‖ Cumplir, observar. (**a.**: *descuidar.*) ‖ prnl. Cuidarse, precaverse, recelarse. ‖ Evitar, abstenerse.
guardarropa. m. Ropero.
guardia. m. y f. Defensa, custodia, amparo, protección, guarda, vigilancia, centinela, guardián.
guardián. m. Custodio, vigilante, guardia, guarda.
guardilla. f. Buharda, desván, buhardilla, boardilla, sotabanco.

guardoso, sa. adj. Miserable, mezquino, tacaño.
guarecer. tr. Acoger, albergar, asilar, cobijar, refugiar. ‖ Amparar, proteger, defender, preservar. ‖ prnl. Albergarse, refugiarse, acogerse, cobijarse, resguardarse, ampararse.
guarida. f. Cubil, cueva, madriguera. *Guarida es el lugar de refugio.* ‖ Albergue, amparo, asilo.
guarismo. m. Cifra, signo. ‖ Número.
guarnecer. tr. Adornar, vestir, revestir, ornar. ‖ Dotar, equipar, proveer.
guarnición. f. Adorno. ‖ Engaste. ‖ Guardamano, guarda. ‖ Guardia. ‖ pl. Arreos, jaeces, arneses.
guarrería. f. Porquería, suciedad. ‖ Indecencia.
guasa. f. Burla, chanza, cachada, broma, chunga, chiste, pitorreo. ‖ Sorna, ironía. ‖ Sosería, pesadez.
guasón, na. adj. Burlón, bromista, zumbón, chancero.
gubernamental. adj. Gubernativo, ministerial.
gubia. f. Formón.
guedeja. f. Cabellera, melena. ‖ Mechón.
guerra. f. Contienda, conflagración, lid. (**a.**: *paz.*) ‖ Conflicto, pelea, hostilidad, lucha. (**a.**: *armonía, concordia.*) ‖ Pugna, disidencia, desavenencia, beligerancia, competencia.
guerrear. intr. Batallar, combatir, pelear. (**a.**: *reconciliarse.*)
guerrero, ra. adj. Bélico. ‖ Belicoso, marcial. ‖ m. Soldado, militar.
guerrilla. f. Partida. ‖ Escaramuza.
guía. m. o f. Conductor, adalid. ‖ Mentor, maestro, director, consejero, preceptor. ‖ Cicerone. ‖ f. Norma, pauta, regla. ‖ Itinerario.
guiar. tr. Conducir, llevar, dirigir, encaminar. ‖ Orientar, educar, aconsejar, conducir. ‖ Atraer, arrastrar. ‖ Manejar, conducir.
guija. f. Guijarro, canto.
guijarral. m. Pedregal.
guijarro. m. China, pedrusco, canto.
guijo. m. Grava, cascajo, balasto.
guillado, da. adj. Maniático, tocado, lelo, chiflado, ido.
guilladura. f. Chifladura, manía, chaladura. (**a.**: *cordura.*)
guillarse. prnl. Trastornarse, chiflarse, enloquecerse.
guillotinar. tr. Decapitar.
guindar. tr. Izar. ‖ Ahorcar. ‖ prnl. Descolgarse, bajarse.
guiñada. f. Guiño.
guiñapo. m. Andrajo, harapo, trapo. (**a.**: *gala.*)
guiñar. tr. Bizcar, hacer guiños.
guión. m. Estandarte, pendón. ‖ Argumento.
guirigay. m. Galimatías, jerigonza. ‖ Gritería, confusión, alboroto.
guirnalda. f. Corona, diadema.
guisa. f. Modo, modalidad, manera. ‖ Antojo, voluntad. ‖ **a guisa de.** loc. prep. A modo de, como.
guisante. m. Arveja.
guisar. tr. Cocinar, cocer, sazonar. ‖ Ordenar, disponer, componer, arreglar, preparar.
guiso. m. Guisado, estofado, potaje. ‖ Bodrio, frangollo.
guisote. m. Comistrajo, bodrio, mazacote, batiburrillo, frangollo.
guita. f. Piolín, cordel, bramante. ‖ Dinero, plata, pasta, cuartos.
gula. f. Glotonería, voracidad. (**a.**: *sobriedad, frugalidad.*)
gulden. m. Florín.
gurrumino, na. adj. Raquítico, desmedrado, enclenque. ‖ Ruin, mezquino. ‖ m. y f. Niño, chiquillo.
gusanear. intr. Hormiguear.
gusano. m. Lombriz. ‖ Oruga, larva.
gustar. tr. Probar, paladear, saborear, degustar, catar. *Gusta lo que halaga los sentidos.* ‖ intr. Agradar, placer, complacer, satisfacer. (**a.**: *desagradar.*) ‖ Apetecer, desear, querer.
gustillo. m. Regusto.
gusto. m. Sabor. ‖ Placer, agrado, deleite, delicia, satisfacción. (**a.**: *disgusto, desagrado.*) ‖ Afición, inclinación, voluntad. ‖ Grado, voluntad. (**a.**: *desgana.*) ‖ Antojo, capricho, arbitrio.
gustoso, sa. adj. Sabroso, rico, apetitoso. (**a.**: *soso.*) ‖ Agradable, divertido, grato, placentero. (**a.**: *fastidioso.*) ‖ Complacido.

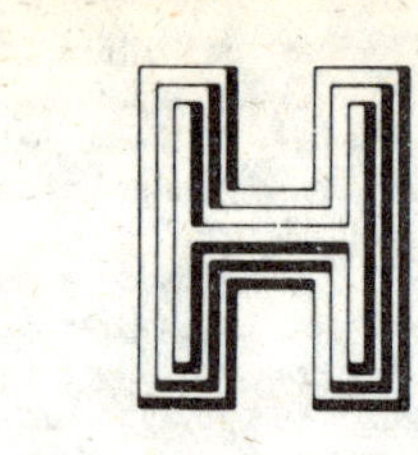

habano. m. Cigarro, puro.
haber. m. Hacienda, bienes, caudal, capital. ‖ Paga, retribución, mensualidad, sueldo.
haber. tr. Poseer, tener. (**a.**: *carecer.*) ‖ intr. Acaecer, ocurrir, suceder, sobrevenir. ‖ Verificarse, efectuarse. ‖ Existir. ‖ Hallarse, estar.
habichuela. f. Judía, alubia.
hábil. adj. Diestro, mañoso, habilidoso, ducho, experto, capaz, canchero. (**a.**: *torpe, inhábil.*) ‖ Apto, adecuado, idóneo.
habilidad. f. Destreza, maestría, arte, pericia. ‖ Capacidad, disposición, aptitud, competencia, industria, práctica.
habilitar. tr. Capacitar, facultar, investir, proveer.
habitación. f. Vivienda, residencia, morada, mansión, domicilio, casa. ‖ Aposento, cuarto, pieza, estancia. ‖ Hábitat.
habitáculo. m. Cabina. ‖ Hábitat.
habitante. m. o f. Morador, inquilino, residente, vecino. ‖ Ciudadano, individuo, persona, alma.
habitar. intr. Morar, alojarse, residir, domiciliarse, vivir. ‖ tr. Ocupar, poblar.
hábitat. m. Ambiente, habitación, medio.
hábito. m. Costumbre. (**a.**: *excepción.*) ‖ Práctica, destreza, uso, usanza. ‖ Vestido, traje.
habitual. adj. Acostumbrado, maquinal, usual, familiar, corriente, ordinario. (**a.**: *excepcional, inusual, raro.*)
habituar. tr. y prnl. Acostumbrar, avezar, aficionar, familiarizar, adaptar. (**a.**: *extrañar.*)
habla. f. Idioma, lenguaje, lengua, dialecto.
hablador, ra. adj. y s. Cotorra. ‖ Charlatán, parlanchín, parlero. ‖ Indiscreto, chismoso.
habladuría. f. Hablilla, chisme, rumor, murmuración, cuento.
hablar. intr. Decir. ‖ Perorar, conferenciar, discursear. ‖ Conversar, platicar, departir, charlar. (**a.**: *callar.*) ‖ Criticar, despotricar, murmurar. ‖ Recordar. ‖ Ser novios. ‖ tr. e intr. Tratar. ‖ prnl. Comunicarse, tratarse.
hablilla. f. Cuento, chisme, murmuración, habladuría, rumor, mentira.
hacedero, ra. adj. Factible, posible, realizable. (**a.**: *irrealizable.*)
hacendado. m. Estanciero.
hacendoso, sa. adj. Solícito, diligente, trabajador, laborioso, cuidadoso.
hacer. tr. Producir, perfeccionar, fabricar, forjar, construir, elaborar. (**a.**: *deshacer, destruir.*) ‖ Arreglar, confeccionar, componer. (**a.**: *desarreglar, descomponer.*) ‖ Ejecutar, per-

petrar, realizar, disponer, practicar, trabajar. || Causar, ocasionar, motivar. || Obligar, forzar. || Imaginar, suponer, creer. || Verificar, efectuar. || intr. Importar, convenir. || prnl. Crecer, aumentar. || Habituar, acostumbrar, trasformar, avezar. || Fingirse, simular, urdir, aparentar. || Trasformar, volver. || Conseguir, apropiarse.

hacienda. f. Heredad, finca, predio. || Fortuna, caudal, bienes. || Ganado. || Fisco.

hacinamiento. m. Aglomeración, acumulación, amontonamiento.

hacinar. tr. y prnl. Apilar, amontonar, aglomerar, juntar. (**a.**: *esparcir.*)

hacha. f. Hachón, vela, velón, cirio.

hacha. f. Segur, destral, hachuela.

hachero. m. Candelero. || Leñador.

hachón. m. Tea, antorcha, hacha, velón.

hado. m. Destino, signo, sino, fortuna, fatalidad, suerte, estrella.

hagiografía. f. Santoral.

halagar. tr. Lisonjear, alabar, agasajar, festejar. (**a.**: *desdeñar.*) || Adular, incensar. || Agradar, deleitar.

halago. m. Agasajo, festejo, fiesta, mimo. || Lisonja, alabanza, adulación, zalamería. (**a.**: *injuria.*)

halagüeño, ña. adj. Lisonjero, adulador, halagador, satisfactorio. || Prometedor, risueño, sonriente. || Suave, dulce.

haleche. m. Boquerón.

halieto. m. Pigargo, quebrantahuesos.

hálito. m. Aliento. || Vaho, vapor, emanación. || Soplo, brisa.

halo. m. Aureola, nimbo, corona. || Prestigio, fama.

hallar. tr. Encontrar. *Se halla lo que está oculto.* (**a.**: *perder, extraviar.*) || Inventar. || Averiguar, descubrir. || Notar, ver, observar. || prnl. Estar, encontrarse.

hallazgo. m. Invención. || Encuentro. || Descubrimiento.

hamaca. f. Mecedora, columpio, dormilona.

hamacar. tr. Hamaquear, mecer.

hamadríada o **hamadríade.** f. Dríada, dríade, ninfa.

hamaquear. tr. Mecer, columpiar.

hambre. f. Apetito, bulimia, gazuza. (**a.**: *hartura, saciedad.*) || Escasez, hambruna. || Apetencia, deseo, afán, anhelo, ansia.

hambriento, ta. adj. Famélico. (**a.**: *inapetente.*) || Deseoso, codicioso. || Necesitado, miserable.

hampa. f. Canalla, bribonería.

hampón. m. Maleante, delincuente, pillo, granuja. || Valentón, fanfarrón, bravucón.

hangar. m. Cobertizo, tinglado, barracón.

haragán, na. adj. Holgazán, maula, perezoso, vago, tumbón, gandul, poltrón. (**a.**: *trabajador, laborioso.*)

haraganear. intr. Holgazanear, holgar, vagar, gandulear. (**a.**: *trabajar.*)

haraganería. f. Holgazanería, vagancia, ociosidad, pereza, ocio.

harapiento, ta. adj. Andrajoso, roto, astroso, haraposo, pingajoso, guiñaposo. (**a.**: *galano.*)

harapo. m. Andrajo, calandrajo, guiñapo, pingajo. (**a.**: *atavíos.*)

harem o **harén.** m. Serrallo, gineceo.

harinoso, sa. adj. Farináceo.

harnero. m. Cernedor, zaranda, criba, cedazo. || Alpistero.

hartar. tr. y prnl. Saciar, atracar, satisfacer, ahitar, atiborrar. (**a.**: *hambrear.*) || Cansar, incomodar, fastidiar, hastiar. (**a.**: *deleitar.*) || tr. Llenar.

hartazgo. m. Atracón, repleción, saciedad, panzada, tripada.

harto, ta. adj. Ahíto, lleno, repleto, saciado, satisfecho. || Cansado, fastidiado, hastiado. || adv. Bastante, sobrado, asaz.

hasta. prep. Para. || A. || adv. Inclusive, incluso, aun, también.

hastiar. tr. y prnl. Fastidiar, aburrir, cansar, hartar. (**a.**: *divertir.*)

hastío. m. Repugnancia, disgusto. (**a.**: *deleite.*) || Tedio, fastidio, esplín, aburrimiento, cansancio. (**a.**: *placer.*)

hatajo. m. Hato, montón, cúmulo. || Conjunto, copia, abundancia.

hato. m. Manada, rebaño. || Pandilla, gavilla, corrillo. || Lío, fardo. || Montón, hatajo, cúmulo. || Redil, aprisco. || Impedimenta, provisiones, víveres.

haz. m. Fajo, atado, manojo, gavilla.
haz. f. Cara, rostro, faz. ‖ Anverso, superficie. (**a.**: *fondo.*)
hazaña. f. Proeza, gesta, heroicidad. (**a.**: *cobardía.*)
hazmerreír. m. Mamarracho, esperpento. ‖ Bufón.
hebdomadario, ria. adj. Semanal. ‖ m. Semanario.
hebra. f. Hilo, fibra. ‖ Vena, filón. ‖ Filamento.
hebraico, ca. adj. Hebreo, judaico.
hebreo, a. adj. Israelita, judío, semita.
hecatombe. f. Sacrificio, holocausto, inmolación. ‖ Matanza, mortandad, carnicería.
heces. f. pl. Excremento.
hechicería. f. Brujería, encantamiento, maleficio, magia negra. ‖ Hechizo, sortilegio.
hechicero, ra. adj. Fascinante, seductor, encantador, cautivador, cautivante, embelesador. ‖ adj. y s. Brujo, mago, nigromante.
hechizar. tr. Encantar, aojar, embrujar. ‖ Cautivar, seducir, embelesar, fascinar. ‖ Sugestionar.
hechizo. m. Encantamiento, brujería, embrujo, sortilegio, conjuro, maleficio, magia, mal de ojo. ‖ Bebedizo. ‖ Atractivo, encanto, seducción, fascinación. ‖ adj. Postizo, artificioso.
hecho, cha. adj. Perfecto, maduro, acabado, cumplido, dispuesto, pleno. ‖ Acostumbrado, familiarizado. ‖ Convertido, envuelto, trasformado. ‖ Conformado, dispuesto, proporcionado. ‖ m. Acción, acto, acontecimiento, suceso, caso, acaecimiento.
hechura. f. Disposición, imagen, figura, forma. ‖ Confección, contextura, corte, factura. ‖ Obra. ‖ Complexión, constitución.
heder. intr. Apestar. (**a.**: *perfumar.*) ‖ Enfadar, cansar, molestar, fastidiar, ser intolerable. (**a.**: *divertir.*)
hediondez. f. Hedor, fetidez, tufo, pestilencia.
hediondo, da. adj. Fétido, hediento, apestoso, maloliente. ‖ Sucio, repugnante, pestilente, asqueroso. ‖ Molesto, enfadoso, insufrible.
hedor. m. Hediondez, fetidez, pestilencia, catinga.
hegemonía. f. Supremacía, predominio, superioridad. (**a.**: *sujeción.*)
heladera. f. Nevera, refrigerador.
helado, da. adj. Glacial, gélido, congelado. ‖ Frío, yerto, tieso. ‖ Suspenso, atónito, turulato, pasmado, estupefacto. ‖ Esquivo, desdeñoso. ‖ m. Sorbete, refresco.
helar. tr. y prnl. Congelar. (**a.**: *descongelar, derretir.*) ‖ tr. Pasmar, sobrecoger. ‖ Acobardar, desalentar. ‖ Aterirse.
helénico, ca. adj. Griego, heleno.
helenismo. m. Grecismo.
heleno, na. adj. y s. Griego, helénico.
helero. m. Glaciar, nevero, ventisquero.
hélice. f. Espiral, voluta.
heliograbado. m. Heliografía.
helminto. m. Gusano.
helvecio, cia o **helvético, ca.** adj. y s. Suizo.
hematíe. m. Eritrocito, glóbulo rojo.
hematites. f. Oligisto rojo.
hematoma. m. Contusión.
hembra. f. Mujer. (**a.**: *macho.*) ‖ Matriz, molde.
hemiciclo. m. Semicírculo.
hemisférico, ca. adj. Semiesférico.
hemisferio. m. Semiesfera.
hemorroide. f. Almorrana.
henchir. tr. Llenar, atestar, rellenar, colmar. (**a.**: *vaciar, desocupar.*) ‖ prnl. Llenarse, hartarse.
hendedura. f. Abertura, fisura, hendidura, ranura, corte, grieta.
hender. tr. y prnl. Agrietar, abrir, rajar, resquebrajar, partir. ‖ tr. Atravesar, surcar, cortar, romper.
hendidura o **hendedura.** f. Grieta, quiebra, ranura, corte, raja, resquicio, resquebrajadura.
hendija. f. Rendija, hendidura.
hendir. tr. y prnl. Hender.
heñir. tr. Amasar, sobar.
hepatita. f. Baritina.
heraldo. m. Faraute. ‖ Mensajero, enviado.
herbolario. m. Botarate, alocado, insensato. ‖ Herbario, herboristería.

hercúleo, a. adj. Vigoroso, fuerte, robusto, fornido. (**a.**: *débil, delicado.*)
heredad. f. Predio, hacienda, finca, campo, propiedad. ‖ Bienes, posesiones.
heredar. tr. Suceder. ‖ Recibir.
hereje. com. Heterodoxo, apóstata, herético. ‖ Desvergonzado, procaz, descarado.
herejía. f. Heterodoxia, apostasía. ‖ Insulto, agravio. ‖ Disparate, error, equivocación. ‖ Cisma.
herético, ca. adj. Hereje.
herida. f. Lastimadura, lesión. ‖ Cuchillada, puñalada. ‖ Ofensa, injuria, agravio. ‖ Pena, dolor, aflicción.
herir. tr. Golpear, batir, percutir, contundir, pegar. ‖ Chocar, dar con. ‖ Pulsar, tocar, tañer. ‖ Lesionar, lastimar. (**a.**: *acariciar.*) ‖ Agraviar, ofender. (**a.**: *alabar.*) ‖ Alcanzar, afectar. ‖ Afligir, conmover, apenar, atormentar. ‖ Acuchillar.
hermafrodita. adj. y s. Bisexual, bisexuado, andrógino.
hermanar. tr. y prnl. Unir, armonizar, juntar. *La acción de hermanar supone identidad de existencia.* ‖ Confraternizar, fraternizar.
hermandad. f. Fraternidad, confraternidad. ‖ Cofradía, congregación. ‖ Amistad, unión. ‖ Correspondencia, armonía.
hermosear. tr. Embellecer, realzar. (**a.**: *afear.*)
hermoso, sa. adj. Bello, lindo, bonito. ‖ Magnífico, espléndido, excelente, perfecto, grandioso. ‖ Generoso, noble. ‖ Apacible, despejado, sereno. (**a.**: *brumoso.*) ‖ Robusto, saludable.
hermosura. f. Belleza, proporción, perfección, excelencia. (**a.**: *fealdad.*) ‖ Beldad.
hernia. f. Protrusión, quebradura.
héroe, heroína. m. y f. Protagonista. ‖ m. Semidiós.
heroicidad. f. Heroísmo. ‖ Hazaña, proeza, acto heroico, gesta.
heroico, ca. adj. Épico. ‖ Intrépido, valiente, esforzado.
heroísmo. m. Valentía, valor, heroicidad. (**a.**: *cobardía.*)
herramienta. f. Instrumento, utensilio. ‖ Arma blanca, puñal, navaja, faca, facón.
herrín. m. Herrumbre, orín.
herrón. m. Arandela.
herrumbre. f. Óxido, orín, herrín, robín, moho. ‖ Roya.
hervidero. m. Muchedumbre, multitud, hormiguero, abundancia.
hervir. intr. Bullir, borbollar, burbujear. ‖ Fermentar. ‖ Picarse. ‖ Agitarse. ‖ Abundar. (**a.**: *escasear.*) ‖ tr. Cocer.
hervor. m. Ebullición. ‖ Hervidero. ‖ Ardor, fogosidad, viveza, inquietud.
hervoroso, sa. adj. Impetuoso, fogoso, ardiente, ardoroso.
hesitación. f. Duda, perplejidad, irresolución, indecisión, vacilación.
hesitar. intr. Dudar, vacilar.
heteróclito, ta. adj. Dispar, heterogéneo. ‖ Irregular, extraño.
heterodoxo, xa. adj. Hereje, disidente, disconforme, discordante. (**a.**: *ortodoxo.*)
heterogéneo, a. adj. Diferente, mezclado, distinto, diverso, vario, dispar. (**a.**: *homogéneo.*)
hético, ca. adj. Tísico. ‖ Flaco, débil, enfermo, extenuado. (**a.**: *sano, gordo.*)
hexaedro. m. Cubo.
hexagonal. adj. Sexagonal.
hexágono, na. adj. y s. Seisavo, sexángulo.
hez. f. Lía, sedimento, precipitación, madre, poso. ‖ Escoria, desecho. ‖ Chusma, hampa. ‖ pl. Excrementos.
hibernar. intr. Invernar.
híbrido, da. adj. Mestizo, bastardo, cruzado. (**a.**: *puro.*)
hidalgo, ga. adj. Generoso. (**a.**: *mezquino.*) ‖ Distinguido, noble. (**a.**: *plebeyo.*) ‖ m. y f. Hijodalgo, caballero.
hidalguía. f. Caballerosidad, nobleza, generosidad. (**a.**: *vileza.*)
hidrargirio. m. Azogue, mercurio, hidrargiro.
hidrato. m. Base, hidróxido.
hidráulica. f. Hidrostática.
hidroavión. m. Hidroplano.
hidrofobia. f. Rabia.
hidromiel o **hidromel.** m. Aguamiel.
hidrópico, ca. adj. Insaciable, sediento.

hidroponía o hidropónica. f. Acuicultura, hidrocultivo.
hiel. f. Bilis. ‖ Cólera. ‖ Amargura, desabrimiento, pena, disgusto, aspereza. (**a.**: *dulzura.*) ‖ pl. Trabajos, adversidades, disgustos.
hielo. m. Helada. ‖ Frialdad, desamor, desafecto, indiferencia. ‖ Témpano, iceberg.
hierba. f. Yerba, yuyo. ‖ Césped.
hierbabuena. f. Menta, poleo.
hierro. m. Fierro. ‖ Arma.
higa. f. Burla, desprecio.
hígado. m. Valentía, ánimo.
higiene. f. Profilaxis. ‖ Limpieza, aseo. (**a.**: *suciedad.*) ‖ Desinfección, asepsia.
higrometría. f. Higroscopia.
hijastro, tra. m. y f. Entenado.
hijo, ja. m. y f. Descendiente. ‖ Natural, oriundo, originario, nativo, nacido. ‖ m. Resultado, obra, consecuencia, fruto, producto. ‖ Renuevo, retoño, vástago.
hila. f. Hebra. ‖ pl. Apósito.
hilacha. f. o **hilacho.** m. Hila. ‖ Residuo, vestigio, resto. ‖ Índole, carácter, hilaza.
hilada. f. Fila, hilera. ‖ Tendel, cuerda.
hilado. m. Hilaza, hilo. ‖ Hilatura, hilandería.
hilar. tr. Discurrir, inferir.
hilarante. adj. Regocijante, desopilante, jocoso. (a.: *conmovedor.*)
hilaridad. f. Risa, algazara. (**a.**: *dolor, llanto.*)
hilaza. f. Hilado, hila. ‖ Carácter, hilacha, índole.
hilera. f. Fila, ringlera, sarta, cola.
hilo. m. Hebra, hila, fibra. ‖ Filamento, alambre. ‖ Lino. ‖ Curso, ilación. ‖ Chorrillo.
hilván. m. Basta, costura, puntada.
hilvanar. tr. Embastar, unir. ‖ Coordinar. ‖ Bosquejar, forjar, esbozar, trazar, proyectar, preparar, tramar.
himeneo. m. Boda, casamiento, nupcias, enlace. ‖ Epitalamio. (**a.**: *divorcio.*)
himno. m. Canto, cántico, alabanza, loor.
hincapié (hacer). loc. intr. Insistir, persistir.
hincar. tr. Clavar, introducir, plantar. ‖ prnl. Arrodillarse.
hincha. f. Antipatía, encono, ojeriza, enemistad, inquina, tirria. ‖ m. Partidario, entusiasta.
hinchado, da. adj. Tumefacto. ‖ Vanidoso, vano, ensoberbecido, presumido, presuntuoso, infatuado, ufano. ‖ Hiperbólico, pomposo, ampuloso, redundante, grandilocuente, enfático. (**a.**: *conciso, seco.*) ‖ f. Hinchas, partidarios.
hinchar. tr. y prnl. Inflar, abultar, henchir. (**a.**: *deshinchar, desinflar.*) ‖ Exagerar, aumentar, extremar. (**a.**: *disminuir, reducir.*) ‖ prnl. Envanecerse, engreírse, ensoberbecerse.
hinchazón. f. Tumefacción, tumescencia. ‖ Presunción, envanecimiento, engreimiento, vanidad, soberbia. ‖ Grandilocuencia.
hinojos (de). loc. adv. De rodillas.
hipar. intr. Gimotear, lloriquear. ‖ Ansiar, codiciar, desear. ‖ Resollar, fatigarse, jadear.
hipérbaton. m. Trasposición. ‖ Anástrofe.
hipérbole. f. Exageración, ponderación. (**a.**: *empequeñecimiento.*)
hiperbóreo, a. adj. Ártico.
hiperclorhidria. f. Acedía, acidez.
hipermetría. f. Cabalgamiento, encabalgamiento (en literatura).
hipertermia. f. Fiebre, temperatura.
hípico, ca. adj. Caballar, ecuestre, equino.
hipnótico, ca. adj. Somnífero.
hipnotizar. tr. Magnetizar. ‖ Asombrar, fascinar, sugestionar.
hipocampo. m. Caballo de mar.
hipocondríaco, ca. adj. Melancólico, triste. (**a.**: *optimista, alegre.*)
hipocresía. f. Fingimiento, ficción, simulación, doblez, fariseísmo, falsedad. (**a.**: *franqueza, sinceridad.*)
hipócrita. adj. Falso, farisaico, simulador, fariseo, farsante. ‖ Fingido, engañoso.
hipodérmico, ca. adj. Subcutáneo.
hipófisis. f. Glándula pituitaria.

hipotaxis. f. Subordinación (en gramática).
hipoteca. f. Carga, gravamen.
hipotecar. tr. Empeñar, gravar.
hipótesis. f. Suposición, conjetura, supuesto, presunción. (**a.**: *comprobación.*)
hipotético, ca. adj. Problemático, dudoso, incierto, supuesto. (**a.**: *cierto, comprobado.*)
hirsuto, ta. adj. Erizado, híspido. (**a.**: *suave.*) ‖ Áspero, intratable.
hiriente. adj. Ofensivo. (**a.**: *lisonjero.*)
hisopo. m. Aspersorio.
hispano, na. adj. y s. Español, hispánico, ibérico.
híspido, da. adj. Hirsuto, erizado, peliagudo, espinoso.
historia. f. Relato, narración, cuento. ‖ Crónica, cronicón, relación, fastos. ‖ Chisme, enredo, habladuría. (**a.**: *leyenda.*)
historiador, ra. m. y f. Cronista, historiógrafo, analista.
histórico, ca. adj. Averiguado, comprobado, cierto, verdadero.
histrión. m. o **histrionisa.** f. Actor, cómico, comediante. ‖ m. Bufón, payaso, mimo.
hito. m. Mojón, coto, poste, pilón, señal, término. ‖ Jalón.
hocicar. tr. Hozar. ‖ Besuquear. ‖ Tropezar, caer. ‖ intr. Fisgar.
hocico. m. Morro, boca, jeta. ‖ Cara, rostro.
hocicón, na u **hocicudo, da.** adj. Bezudo, jetudo, morrudo, picudo.
hogaño. adv. Actualmente, hoy, en esta época, en este año.
hogar. m. Fogón, chimenea. ‖ Casa, morada, lares, domicilio.
hoguera. f. Fogata, pira, candelada.
hoja. f. Folio, página. ‖ Chapa, plancha. ‖ Lámina. ‖ Pliego. ‖ Espada, tizona.
hojalata. f. Lata.
holandés, sa. adj. y s. Neerlandés.
holandeta u **holandilla.** f. Mitán.
holgado, da. adj. Ancho, desahogado, sobrado, espacioso. (**a.**: *apretado, estrecho.*) ‖ Desocupado, ocioso. ‖ Amplio, grande, cómodo.
holganza. f. Descanso, quietud, reposo. (**a.**: *actividad.*) ‖ Ociosidad, holgazanería, pereza, poltronería. (**a.**: *laboriosidad.*) ‖ Placer, regocijo, diversión, gozo, contento.
holgar. intr. Descansar, reposar. ‖ Haraganear, estar ocioso, vagar. ‖ Sobrar. ‖ prnl. Alegrarse, regocijarse. ‖ Divertirse, entretenerse. (**a.**: *entristecerse.*) ‖ Felicitarse, congratularse.
holgazán, na. adj. y s. Perezoso, haragán, poltrón, gandul, vago, tumbón, indolente, negligente, remiso, remolón. (**a.**: *trabajador, laborioso.*)
holgazanear. intr. Gandulear, holgar, haraganear, ociar, vagabundear.
holgazanería. f. Haraganería, pereza, ociosidad, desidia, holganza.
holgorio. m. Jolgorio, regocijo, parranda, fiesta, jarana, diversión, jaleo, bullicio, juerga, algazara.
holgura. f. Amplitud, anchura. (**a.**: *estrechez.*) ‖ Desahogo, bienestar, comodidad. (**a.**: *escasez, pobreza.*)
holocausto. m. Sacrificio, ofrenda. ‖ Abnegación.
holoturia. f. Cohombro de mar.
hollar. tr. Pisar, pisotear. ‖ Conculcar, profanar. ‖ Abatir, atropellar, humillar, menospreciar, despreciar. (**a.**: *encumbrar.*)
hollejo. m. Cáscara, pellejo.
hombre. m. Especie humana, género humano, ser humano, humanidad. ‖ Varón. (**a.**: *mujer.*) ‖ Macho. (**a.**: *hembra.*) ‖ Marido. (**a.**: *esposa.*)
hombría. f. Valentía, entereza, valor. (**a.**: *pusilanimidad.*) ‖ **hombría de bien.** Probidad, honradez, integridad, honorabilidad.
homenaje. m. Sumisión, respeto, veneración. (**a.**: *desacato.*) ‖ Celebración, exaltación. ‖ Don, favor, merced.
homicida. adj. Asesino, matador, criminal.
homicidio. m. Asesinato, crimen, muerte.
homilía. f. Sermón. ‖ Plática, conferencia.
homogéneo, a. adj. Uniforme, similar. (**a.**: *heterogéneo.*) ‖ Unido.
homologar. tr. Igualar, equiparar. ‖

Confirmar, registrar, aprobar, verificar.

homólogo, ga. adj. Equivalente, similar, sinónimo.

homomorfismo. m. Isomorfismo.

homónimo, ma. adj. y s. Tocayo.

homosexual. adj. y s. Sodomita, pederasta.

homotermal. adj. Homotermo, homotérmico.

hondero. m. Pedrero, fundibulario.

hondo, da. adj. Profundo. ‖ Bajo, hundido. (**a.**: *elevado.*) ‖ Intenso, extremado, profundo. (**a.**: *leve.*) ‖ Recóndito, misterioso, arcano, abstruso. ‖ m. Fondo, hondón.

hondonada. f. Hoyada, hondón.

hondura. f. Profundidad. ‖ Depresión, hondonada.

honestidad. f. Decencia, decoro, honra. ‖ Recato, pudor, castidad. (**a.**: *desvergüenza.*)

honesto, ta. adj. Decente, decoroso. ‖ Recatado, casto, pudoroso, púdico. (**a.**: *desvergonzado, impúdico.*) ‖ Honrado, íntegro, probo, recto. (**a.**: *deshonesto, ímprobo, vil.*) ‖ Justo, equilibrado, razonable.

hongo. m. Seta.

honor. m. Honra, prez, pundonor, dignidad. (**a.**: *deshonor, infamia.*) ‖ Honestidad, recato, castidad. ‖ Prestigio, reputación, fama, celebridad, renombre. ‖ Distinción. ‖ pl. Ceremonial, agasajo.

honorabilidad. f. Dignidad, honradez, decencia, probidad. (**a.**: *indignidad.*)

honorable. adj. Digno, distinguido, respetable, venerable. (**a.**: *indigno.*)

honorario, ria. adj. Honorífico. ‖ m. pl. Sueldo, emolumentos, gajes, paga, estipendio, salario.

honorífico, ca. adj. Honroso. (**a.**: *degradante.*) ‖ Honorario, distinguido, preeminente.

honra. f. Honor, dignidad, probidad, rectitud. (**a.**: *deshonra, infamia, ruindad.*) ‖ Honestidad, pudor, recato. ‖ Reputación, distinción, renombre, fama, gloria, prestigio. ‖ pl. Exequias, funerales.

honradez. f. Hombría de bien, probidad, integridad, rectitud. (**a.**: *venalidad.*)

honrado, da. adj. Probo, íntegro, sano, recto, leal, decente, honesto. ‖ Apreciado, estimado, respetado, ennoblecido, enaltecido.

honrar. tr. Respetar, reverenciar, venerar. ‖ Enaltecer, ensalzar, distinguir, favorecer, realzar.

honrilla. f. Amor propio, pundonor, puntillo.

honroso, sa. adj. Decoroso, decente, honesto. ‖ Honorífico, señalado. ‖ Estimable, preciado.

hontanar. m. Manantial, fontanal, fontanar, venero.

hopo. m. Copete. ‖ Cola, rabo.

hora. f. Momento, tiempo, instante. ‖ adv. Ahora.

horadar. tr. Agujerear, taladrar, perforar, barrenar.

horca. f. Patíbulo, dogal. ‖ Horqueta, horquilla, bieldo, aventador.

horda. f. Malón, turba.

horizontal. adj. y s. Nivelado, tendido, plano, yacente, llano. (**a.**: *vertical.*)

horizonte. m. Posibilidades, porvenir perspectivas. ‖ Confín.

horma. f. Molde.

hormigón. m. Argamasa, concreto mezcla.

hormiguear. intr. Abundar, bullir, agitarse, pulular.

hormigueo. m. Picor, prurito.

hormiguero. m. Hervidero, enjambre. ‖ Muchedumbre, afluencia.

hormiguillo. m. Cosquilleo, picazón, prurito, hormigueo.

hornacina. f. Nicho, hueco, concavidad.

hornada. f. Promoción, pléyade.

hornilla. f. Anafe, parrilla, cocinilla.

horóscopo. m. Predicción, augurio, pronóstico, vaticinio, adivinación, profecía. ‖ Agorero.

horquilla. f. Horca, bieldo, horqueta.

horrendo, da. adj. Aterrador, horrible, atroz, horroroso, terrible, hórrido, horripilante, espantoso, pavoroso, monstruoso, tremebundo. (**a.**: *maravilloso, admirable.*)

hórreo. m. Granero, troj.

horrible. adj. Horrendo, horroroso, aterrador, horripilante, espantoso, pavoroso, monstruoso. *Horrible hace relación a la deformidad; horrendo, a la magnitud; horroroso, a la atrocidad.*

horripilar. tr. y prnl. Aterrar, horrorizar, espantar, aterrorizar, espeluznar. (**a.**: *tranquilizar.*)

horro, rra. adj. Manumiso, manumitido, liberto. || Libre, desembarazado, exento.

horror. m. Aversión, repulsión, fobia. || Espanto, pavor, pavura, terror. || Atrocidad, monstruosidad.

horrorizar. tr. y prnl. Espantar, horripilar, aterrar, espeluznar.

horroroso, sa. adj. Repugnante, repulsivo, deforme, feísimo, monstruoso. (**a.**: *bellísimo, admirable.*) || Horrible, horrendo, terrorífico, horripilante, hórrido, espantoso, pavoroso, aterrador, espeluznante.

hortaliza. f. Verdura, legumbre.

hortelano, na. m. y f. Horticultor, labrador. || adj. Hortense.

hosco, ca. adj. Ceñudo, áspero, antipático, intratable, huraño, reservado, adusto. (**a.**: *afable, gentil, comunicativo.*)

hospedaje. m. Alojamiento, mesón, albergue, posada.

hospedar. tr. y prnl. Alojar, albergar, aposentar. (**a.**: *desalojar.*) || tr. Acoger. || intr. Pernoctar.

hospicio. m. Asilo.

hospital. m. Nosocomio, policlínico, sanatorio, clínica.

hospitalario, ria. adj. Acogedor, protector.

hospitalidad. f. Acogida, amparo, asilo.

hostal. m. Hostería, posada, mesón, parador.

hostelero, ra. m. y f. Posadero, mesonero, hospedero, fondista, huésped.

hostería. f. Posada, mesón, parador, hostal, fonda, albergue.

hostia. f. Forma, oblea, eucaristía.

hostigar. tr. Azotar, fustigar, castigar. (**a.**: *defender.*) || Acosar, perseguir, hostilizar.

hostil. adj. Adversario, contrario, desfavorable, enemigo. (**a.**: *amigo, favorable, partidario.*) || Adverso.

hostilidad. f. Enemistad, odio, enemiga, ojeriza, oposición. || pl. Agresión, ataque, acometida.

hostilizar. tr. Molestar, hostigar, provocar. || Agredir, acometer, atacar.

hoy. adv. Actualmente, ahora, hogaño.

hoya. f. Hoyo, concavidad. || Sepultura, fosa, huesa, hoyo.

hoyo. m. Concavidad, agujero, cavidad, hueco. || Sepultura, hoya. || Hondonada.

hoz. f. Segur, segadera.

hozar. tr. Hocicar.

hucha. f. Alcancía. || Ahorros.

hueco, ca. adj. Cóncavo, vacío. || Esponjoso, fofo, mullido. (**a.**: *compacto, macizo.*) || Insustancial, huero. || Presumido, vano, fatuo, presuntuoso, orondo, hinchado, vanidoso. || Retumbante, rimbombante. || m. Cavidad, concavidad. || Discontinuidad, interrupción, espacio, intervalo. || Vacante.

huelga. f. Paro. || Holgorio, holganza, ocio, vagancia.

huelgo. m. Aliento, resuello, respiración. || Holgura, anchura.

huella. f. Holladura, pisada. || Vestigio, señal, indicio, rastro.

huérfano, na. adj. y s. Desamparado, desprotegido, abandonado, solo. || Carente, falto.

huero, ra. adj. Vacío, insustancial, vacuo, vano.

huerto. m. Huerta, vergel, cigarral.

huesa. f. Sepultura, fosa, hoya, hoyo.

hueso. m. Cuesco, carozo, pepita. (**a.**: *carne, pulpa.*) || Dificultad, trabajo.

huesoso, sa. adj. Óseo.

hueste. f. Tropa, ejército, partida, batallón.

huevo. m. Óvulo, testículo.

huida. f. Fuga, evasión, éxodo, deserción, escabullimiento, escape. (**a.**: *persecución, captura.*)

huir. intr. Escapar, fugarse, evadirse. (**a.**: *quedarse, perseguir.*) || intr. Apartarse, evitar, rehuir, esquivar, eludir.

hulla. f. Hornaguera. || Carbón.
humanidad. f. Género humano, hombre. || Mundo. || Benignidad, benevolencia, compasión, sensibilidad, piedad, misericordia, caridad, filantropía. (**a.**: *crueldad.*) || Corpulencia, mole. || pl. Bellas letras, literatura, humanismo.
humanitario, ria. adj. Humano, compasivo.
humanizarse. prnl. Ablandarse, apiadarse, desenojarse, suavizarse, dulcificarse. (**a.**: *endurecerse.*) || Civilizarse.
humano, na. adj. Benigno, benévolo, filantrópico, compasivo, generoso, indulgente, caritativo, misericordioso, humanitario, bondadoso. (**a.**: *inhumano, cruel.*)
humectar. tr. Humedecer.
humedecer. tr. y prnl. Humectar, mojar, impregnar, remojar, rociar. (**a.**: *secar.*)
humildad. f. Modestia, timidez. (**a.**: *orgullo, altanería, soberbia.*) || Pobreza. || Sumisión, acatamiento, rendimiento. || Plebeyez.
humilde. adj. Dócil, obediente, respetuoso, sumiso, rendido. (**a.**: *altivo.*) || Modesto, oscuro. || Pobre, bajo. (**a.**: *poderoso.*)
humillación. f. Burla, desprecio, ofensa, vileza, degradación. (**a.**: *engrandecimiento, glorificación.*)
humillante. adj. Degradante, vergonzoso, denigrante. || Injurioso, vergonzoso. (**a.**: *noble.*)
humillar. tr. y prnl. Abochornar, someter, abatir, doblegar, sojuzgar, rebajar, degradar, avergonzar. (**a.**: *ensalzar, enaltecer.*) || tr. Bajar, inclinar. || prnl. Arrastrarse, prosternarse. (**a.**: *encumbrarse.*)
humo. m. Vapor. || pl. Soberbia, altivez, orgullo, vanidad, presunción.
humor. m. Genio, índole, talante, condición, carácter. || Gracia, agudeza, ingenio, jovialidad, humorismo. || Bilis, flema. || Secreción, serosidad.
humorada. f. Antojo, capricho, extravagancia, fantasía.
humorismo. m. Agudeza, humor. (**a.**: *mordacidad, sarcasmo.*)
humorista. adj. Burlón, ironista.
humorístico, ca. adj. Festivo, gracioso, chistoso, jocoso.
humus. m. Mantillo, tierra vegetal.
hundimiento. m. Caída, desmoronamiento, desplome, derrumbe. || Naufragio.
hundir. tr. Aplanar, aplastar. (**a.**: *levantar, elevar.*) || Derrotar, destrozar. || Arruinar, destruir, derribar. || Enterrar, sepultar. || Confundir, avergonzar, vencer. || Sumir, sumergir. || intr. y prnl. Naufragar. || Desaparecer, esconderse. (**a.**: *aparecer.*)
huracán. m. Ciclón, vendaval, ráfaga, tornado. (**a.**: *céfiro, brisa.*)
huraño, ña. adj. Arisco, áspero, hosco, insociable, esquivo, intratable, retraído. (**a.**: *sociable, afable.*)
hurgar. tr. Menear, remover. || Manosear, palpar, tocar. || Incitar, pinchar, excitar, conmover. || tr. e intr. Curiosear, fisgar.
hurgón. m. Badila.
hurguete. m. Fisgón.
hurón. adj. y s. Huraño. || m. Fisgón.
huronear. tr. Fisgar, curiosear, fisgonear, husmear, escudriñar.
hurtadillas (a). loc. adv. Furtivamente, disimuladamente, a escondidas. (**a.**: *abiertamente.*)
hurtar. tr. Robar, sustraer, sisar, soplar, limpiar, quitar, birlar. (**a.**: *restituir.*) || Plagiar. || Desviar, eludir, esquivar, apartar. (**a.**: *desafiar.*) || prnl. Ocultarse, sustraerse, zafarse. (**a.**: *presentarse.*)
hurto. m. Robo, sustracción, ratería, rapiña.
husmear. tr. Olfatear, rastrear, oler, oliscar. || Indagar, curiosear, escudriñar, fisgar, fisgonear, huronear.

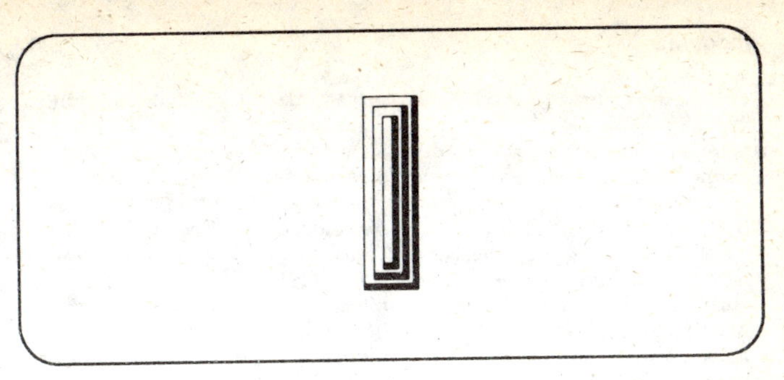

ibérico, ca. adj. Español, ibero, hispano, hispánico, peninsular.

iberoamericano, na. adj. y s. Hispanoamericano.

iceberg. m. Témpano.

ictericia. f. Morbo regio.

ictiófago, ga. adj. Piscívoro.

ida. f. Ímpetu, arranque, impulso.

idea. f. Imagen, concepto, representación. (**a.:** *fonema.*) || Opinión, juicio, noción. *La noción es una idea imperfecta y vaga.* || Designio, plan, intención, propósito. || Ingenio, imaginación, inventiva, habilidad, aptitud. || Esquema, proyecto, esbozo. || Manía, obsesión, prejuicio, tema, capricho. || pl. Creencias, convicciones, opiniones.

ideal. adj. Perfecto, excelente, puro, sublime, elevado, ejemplar, maravilloso. || Imaginario. || m. Modelo, dechado, prototipo, arquetipo. || Ilusión, ambición, deseo, sueño, objetivo.

idear. tr. Imaginar, trazar, inventar, proyectar. || Concebir, pensar, discurrir.

ideario. m. Ideología, doctrina.

idéntico, ca. adj. Igual, equivalente, semejante. (**a.:** *distinto.*)

identidad. f. Igualdad, homogeneidad, equivalencia, semejanza. (**a.:** *inexactitud, desigualdad.*)

identificar. tr. Reconocer. || prnl. Solidarizarse, compenetrarse. (**a.:** *discrepar.*)

ideología. f. Ideario, doctrina.

idioma. m. Lengua, lenguaje, habla, dialecto.

idiosincrasia. f. Índole, temperamento, carácter, personalidad.

idiota. adj. y s. Estúpido, tonto, imbécil, bobo, necio. || Ignorante, inculto.

idiotez. f. Tontería, necedad, majadería. || Idiotismo.

idiotismo. m. Modismo. || Idiotez.

ido. adj. Lelo, chiflado.

idólatra. adj. y s. Gentil, pagano, fetichista. || Adorador.

idolatrar. tr. Adorar, amar.

idolatría. f. Fetichismo, paganismo. || Adoración, veneración, apasionamiento. (**a.:** *antipatía.*)

ídolo. m. Deidad, fetiche, tótem, icono.

idoneidad. f. Aptitud, capacidad, competencia, suficiencia, disposición. (**a.:** *incapacidad, ineptitud.*)

idóneo, a. adj. Capaz, apto, dispuesto, hábil, calificado, suficiente. || Conveniente, útil, adecuado, competente.

iglesia. f. Cristiandad, grey, congregación. || Secta. || Templo, basílica, catedral.

ignaro, ra. adj. Ignorante.

ígneo, a. adj. Ardiente, incandescente, pírico, encendido.

ignición. f. Combustión, incendio, incandescencia, ustión, quema. ‖ Encendido.

ignominia. f. Deshonor, baldón, deshonra, vergüenza, afrenta, oprobio. (**a.**: *honor, prestigio, honra, dignidad.*) ‖ Canallada, infamia.

ignorante. adj. y s. Ignaro, asno, burro, nesciente, indocto, lego, iletrado, inculto, analfabeto. (**a.**: *culto, instruido.*) ‖ Profano. ‖ Tonto, zote, necio, idiota, intonso.

ignorar. tr. Desconocer. (**a.**: *saber, conocer.*) ‖ Desentenderse.

ignoto, ta. adj. Desconocido, ignorado, incógnito.

igual. adj. Idéntico, par. (**a.**: *diferente, distinto.*) ‖ Constante, invariable, regular, uniforme. (**a.**: *desigual, heterogéneo, variable.*) ‖ Liso, llano, parejo, unido, plano. ‖ Equivalente. ‖ **por igual.** loc. adv. Igualmente. ‖ **sin igual.** loc. Sin par, extraordinario.

igualar. tr. Equiparar, equilibrar, compensar. (**a.**: *desempatar.*) ‖ Allanar, nivelar, aplanar, explanar. (**a.**: *desnivelar.*)

igualdad. f. Uniformidad, identidad. ‖ Ecuanimidad, ponderación, equidad, imparcialidad. ‖ Ecuación. ‖ Equivalencia, equilibrio, paridad. ‖ Semejanza, isocronismo.

igualmente. adv. Indistintamente, por igual. ‖ También, asimismo, además. (**a.**: *tampoco.*)

ijar. m. o **ijada.** f. Vacío, hipocondrio.

ilación. f. Inferencia, deducción, consecuencia. ‖ Enlace, trabazón, nexo, conexión, coherencia.

ilegal. adj. Ilícito, ilegítimo. ‖ Prohibido. (**a.**: *legal, lícito.*)

ilegible. adj. Indescifrable, ininteligible, incomprensible. (**a.**: *legible, comprensible.*)

ilegítimo, ma. adj. Bastardo, adulterino. ‖ Falsificado, adulterado, apócrifo, fraudulento. (**a.**: *legítimo, genuino, auténtico.*) ‖ Ilegal, ilícito. (**a.**: *legal, lícito.*)

íleo. m. Volvo, vólvulo, íleon.

ileso, sa. adj. Indemne, incólume, intacto. (**a.**: *lesionado, herido.*)

iletrado, da. adj. y s. Ignorante, inculto, analfabeto.

ilicíneo, a. adj. Aquifoliáceo.

ilícito, ta. adj. Indebido, ilegal. (**a.**: *lícito, legal.*) ‖ Prohibido, clandestino.

ilimitado, da. adj. Indefinido, indeterminado. (**a.**: *limitado, determinado.*) ‖ Incalculable, infinito. (**a.**: *finito.*)

iliterato, ta. adj. Ignorante, iletrado.

ilógico, ca. adj. Irrazonable, contradictorio. (**a.**: *lógico, razonable.*) ‖ Descabellado, absurdo, inverosímil.

ilota. m. y f. Esclavo, siervo, paria.

iluminación. f. Alumbrado, luz. ‖ Esclarecimiento, ilustración.

iluminar. tr. Alumbrar. (**a.**: *oscurecer.*) ‖ Ilustrar, enseñar, esclarecer, aclarar. ‖ Inspirar. ‖ Colorear, pintar.

ilusión. f. Alucinación, imaginación, visión. ‖ Quimera, sueño, engaño, ficción. (**a.**: *desilusión, desengaño, decepción.*) ‖ Esperanza, confianza.

ilusionar. tr. Engañar, seducir, encandilar, deslumbrar. ‖ prnl. Deslumbrarse.

ilusionista. m. y f. Prestidigitador, mago.

iluso, sa. adj. Idealista, visionario. ‖ Cándido, soñador. ‖ Engañado, seducido.

ilusorio, ria. adj. Aparente, quimérico, inexistente, engañoso, ficticio, falaz, falso, irreal, fantástico. (**a.**: *real, verdadero.*)

ilustración. f. Esclarecimiento, comentario, aclaración, explicación, exégesis. ‖ Instrucción, saber, cultura, erudición. ‖ Estampa, lámina, dibujo, grabado, figura. ‖ Iluminismo. ‖ Progreso, avance.

ilustrado, da. adj. Docto, instruido, culto, versado, erudito, sabio, letrado. ‖ Esclarecido.

ilustrar. tr. Instruir, enseñar. ‖ Aclarar, esclarecer, dilucidar, explicar.

ilustre. adj. Linajudo, noble, preclaro, esclarecido, conspicuo, blasonado. ‖ Insigne, célebre, afamado, renombrado, prestigioso, famoso, ínclito, egregio, eximio, distinguido, eminente.

imagen. f. Figura, retrato, efigie, reproducción, estampa, representación, estatua. || Idea, símbolo, concepto. || Semejanza, simulacro.

imaginación. f. Fantasía. || Ilusión, imagen. || Figuración, fantasía, espejismo. || Ficción, ensueño, quimera, utopía.

imaginar. tr. y prnl. Representar, crear, inventar, forjar, concebir. || Presumir, sospechar, figurarse, suponer, pensar, conjeturar. || tr. Idear, inventar.

imaginaria. f. Guardia, vela.

imaginario, ria. adj. Irreal, ficticio, inventado, quimérico, utópico, fantástico, fabuloso, supuesto. (**a.**: *real, verdadero.*)

imaginero. m. Escultor, estatuario.

imán. m. Piedra imán, calamita, magnetita. || Atractivo, gracia. || Aliciente.

imanar o **imantar.** tr. Magnetizar.

imbécil. adj. y s. Idiota, estulto, alelado, tonto, estólido, estúpido, bobo, necio, lelo, mentecato, majadero. (**a.**: *astuto.*)

imbecilidad. f. Idiotez, necedad, estulticia, estupidez, tontería, bobería. *La imbecilidad es patológica.* || Majadería.

imberbe. adj. Lampiño, barbilampiño, desbarbado. (**a.**: *barbudo.*)

imbibición. f. Absorción, embebecimiento.

imborrable. adj. Indeleble, fijo, duradero.

imbricado, da. adj. Superpuesto, montado.

imbuir. tr. Infundir, inculcar, persuadir, inclinar. (**a.**: *desaconsejar.*)

imitación. f. Copia, facsímil, reproducción. || Remedo, calco, falsificación, parodia, plagio.

imitador, ra. m. y f. Émulo, mimo, parodista.

imitar. tr. Seguir, remedar, copiar, reproducir, plagiar. (**a.**: *crear.*)

imitativo, va o **imitatorio, ria.** adj. Mimético.

impaciencia. f. Desasosiego, ansiedad, inquietud, intranquilidad, nerviosismo. || Espera, exasperación.

impacientar. tr. y prnl. Desasosegar, perturbar, inquietar, incomodar, intranquilizar, irritar. || prnl. Desesperarse, repudrirse. || Exasperarse.

impaciente. adj. Vehemente, apasionado. || Ansioso, inquieto, nervioso, intranquilo. (**a.**: *tranquilo, sereno, paciente.*)

impacto. m. Choque. || Impresión, huella. || Balazo.

impagable. adj. Inapreciable, inestimable.

impalpable. adj. Ligero, tenue, sutil, incorpóreo, etéreo, inmaterial, intangible. (**a.**: *corpóreo, tangible.*)

impar. adj. Inigualado, desigual, único, sin par. || Non (**a.**: *par.*)

imparcial. adj. Recto, justo, neutral, equitativo, ecuánime, objetivo. *El imparcial juzga por lo que siente; el justo, por lo que debe.* (**a.**: *parcial, injusto.*)

imparcialidad. f. Equidad, igualdad, ecuanimidad, rectitud, neutralidad, justicia.

impartir. tr. Repartir, dar, comunicar.

impasibilidad. f. Imperturbabilidad. (**a.**: *nerviosismo.*)

impasible. adj. Imperturbable, inmutable, indiferente, insensible, impávido, impertérrito, inconmovible. (**a.**: *vehemente.*)

impávido, da. adj. Imperturbable, impasible, sereno, impertérrito. || Denodado, valiente. || Fresco, descarado, caradura.

impecable. adj. Intachable, limpio, pulcro, irreprochable, perfecto. (**a.**: *incorrecto.*)

impedido, da. adj. Imposibilitado, inválido, tullido, paralítico, baldado. || Entumecido, anquilosado. || Incapacitado.

impedimenta. f. Bagaje, equipaje.

impedimento. m. Obstáculo, escollo, estorbo, traba, dificultad, embarazo, tropiezo, engorro.

impedir. tr. Estorbar, imposibilitar, entorpecer, embarazar, dificultar, obstar, obstaculizar, empecer. *Se impide la iniciación de un acto.* (**a.**: *facilitar, posibilitar.*)

impeler. tr. Empujar, mover, impulsar.

|| Incitar, excitar, instigar, estimular. (**a.**: *sujetar.*)

impenetrable. adj. Indescifrable, inexplicable, hermético, ininteligible, incomprensible. || Callado, secreto, oscuro, difícil. || Impermeable.

impenitencia. f. Contumacia, obstinación, testarudez, persistencia.

impenitente. adj. Empedernido, contumaz, recalcitrante, incorregible, obstinado, persistente, testarudo. (**a.**: *arrepentido.*)

impensado, da. adj. Inesperado, repentino, súbito, imprevisto, fortuito, casual, inopinado, insospechado.

imperar. intr. Dominar, regir, gobernar, mandar. || Predominar, prevalecer. (**a.**: *obedecer.*)

imperativo, va. adj. Imperioso, perentorio. || Dominante, autoritario. (**a.**: *sumiso.*)

imperceptible. adj. Indiscernible, inapreciable. || Invisible, minúsculo. (**a.**: *manifiesto, perceptible.*)

imperdonable. adj. Inexcusable, irremisible.

imperecedero, ra. adj. Perdurable, eterno, perpetuo, inmortal, perenne. (**a.**: *perecedero, mortal.*)

imperfección. f. Defecto, mota, falta, tacha, lunar, vicio, deficiencia, falla. (**a.**: *perfección.*) || Deformidad, fealdad.

imperfecto, ta. adj. Incompleto, inacabado, defectuoso, inconcluso, tosco, incorrecto.

impericia. f. Inhabilidad, torpeza, insuficiencia, inexperiencia, ineptitud, incompetencia. (**a.**: *pericia, aptitud, maña.*)

imperio. m. Dominio, poder, autoridad. (**a.**: *vasallaje.*) || Altanería, soberbia, orgullo. (**a.**: *humildad.*) || Nación, potencia.

imperioso, sa. adj. Imperativo, despótico, autoritario, tiránico, dominador. || Arrogante, altanero, soberbio, orgulloso. || Indispensable, imprescindible, ineludible, urgente.

impermeable. m. Gabardina.

impersonal. adj. Común, vulgar, adocenado. (**a.**: *propio.*)

impertérrito, ta. adj. Imperturbable, inalterable, impávido, inconmovible, inmutable, impasible, sereno, denodado, valeroso, acérrimo.

impertinencia. f. Despropósito, disparate, inconveniencia. || Inoportunidad, pesadez, inconveniencia, necedad, desconsideración. (**a.**: *oportunidad, conveniencia.*) || Orgullo, presunción, fatuidad. || Insolencia, descaro, atrevimiento. || Melindre.

impertinente. adj. Importuno, inoportuno, improcedente. || Molesto, chinche, fastidioso, cargante, pesado, insolente, descarado, atrevido. || Indiscreto. || Presumido, despectivo. || Afectado, pedante. || Melindroso.

imperturbabilidad. f. Impasibilidad, impavidez, serenidad.

imperturbable. adj. Impasible, inalterable, impávido, impertérrito, sereno, tranquilo. (**a.**: *nervioso, susceptible.*)

impetrar. tr. Rogar, solicitar, pedir, suplicar, implorar.

ímpetu. m. Fuerza, violencia. (**a.**: *placidez, tranquilidad.*) || Brío, impetuosidad, impulso.

impetuoso, sa. adj. Vehemente, fogoso, arrebatado, precipitado, impulsivo, irreflexivo. || Violento, fuerte.

impiedad. f. Irreligión, irreligiosidad.

impío, a. adj. Irreligioso, irreverente, descreído, incrédulo, impiadoso, inclemente. (**a.**: *religioso, creyente, piadoso.*)

implacable. adj. Inexorable, cruel, duro, inflexible, despiadado, riguroso, inhumano, vengativo.

implantar. tr. Establecer, instaurar, introducir, instituir, fundar. || Fijar, insertar. || Injertar.

implemento. m. Utensilio.

implicación. f. Contradicción, discrepancia, oposición.

implicar. tr. Envolver, enredar, comprometer. || Suponer, significar, entrañar, contener. || intr. Impedir, obstar.

implícito, ta. adj. Virtual, incluido, tácito, sobrentendido. (**a.**: *explícito, manifiesto.*)

implorar. tr. Rogar, instar, suplicar, pedir, invocar, impetrar. (**a.**: *exigir, mandar.*)

impolítico, ca. adj. Descortés, incorrecto, inurbano, grosero, incivil. ‖ Imprudente, indiscreto. (**a.**: *discreto.*)

impoluto, ta. adj. Inmaculado, limpio, pulcro, puro. (**a.**: *sucio, manchado.*)

imponderabilidad. f. Ingravidez, impesantez.

imponderable. adj. Inestimable, excelente, inapreciable, inmejorable, único, insuperable. (**a.**: *mejorable.*)

imponente. adj. Pavoroso, terrorífico. ‖ Grandioso, soberbio, majestuoso, impresionante, impactante.

imponer. tr. Gravar, cargar. ‖ Exigir, obligar. ‖ Infligir, aplicar. ‖ intr. Amedrentar, sobrecoger, aterrar. ‖ Dominar. ‖ tr. y prnl. Instruir, informar, enterar.

impopular. adj. Odiado, desprestigiado. (**a.**: *afamado.*)

importancia. f. Valor, cuantía, alcance, magnitud, significación, ascendiente, autoridad, consideración, interés, monta. ‖ **darse importancia.** Presumir, fanfarronear. ‖ **de importancia.** loc. adj. Importante, considerable.

importante. adj. Valioso, sustancial, principal, considerable, interesante, señalado, conveniente, calificado. (**a.**: *insignificante, baladí, intrascendente.*) ‖ Fundamental, esencial, trascendental, crucial, cardinal, decisivo.

importar. intr. Convenir, atañer, interesar. ‖ tr. Sumar, montar, costar, valer, subir, elevarse, alcanzar. ‖ Introducir. (**a.**: *exportar.*)

importe. m. Cuantía, valor, valía, precio, coste, costo.

importunar. tr. Incomodar, molestar, aburrir, fastidiar, cansar, machacar, cargar, enfadar, jorobar. (**a.**: *alegrar.*)

importuno, na. adj. Intempestivo, extemporáneo, majadero, inoportuno, impertinente. ‖ Molesto, fastidioso, enfadoso, cargante.

imposibilidad. f. Impedimento, impotencia. (**a.**: *perspectiva, posibilidad.*)

imposibilitado, da. adj. Tullido, baldado, paralítico, inválido. ‖ Anquilosado.

imposibilitar. tr. Impedir, inhabilitar, obstaculizar. ‖ prnl. Tullirse, baldarse.

imposible. adj. Irrealizable, utópico, impracticable, quimérico. (**a.**: *posible, factible, hacedero.*) ‖ Inaguantable, intratable, insufrible, insoportable. ‖ Inadmisible, inadecuado, inverosímil.

imposición. f. Coacción, exigencia, coerción, mandato. ‖ Gravamen, carga, tributo, impuesto. ‖ Obligación.

impostor, ra. adj. y s. Calumniador, difamador, infamador, trapacero. ‖ Engañador, mentiroso, embaucador, falsario.

impostura. f. Calumnia, imputación, difamación. (**a.**: *verdad.*) ‖ Engaño, falacia, mentira, falsedad, superchería, engañifa, embuste. ‖ Fingimiento, doblez. (**a.**: *sinceridad.*)

impotencia. f. Incapacidad, ineptitud. (**a.**: *potencia, aptitud, autoridad.*) ‖ Esterilidad. (**a.**: *fertilidad.*)

impotente. adj. Incapaz, indefenso, inerme, inepto. (**a.**: *apto, capaz.*) ‖ Estéril.

impracticable. adj. Irrealizable, imposible. ‖ Intransitable, infranqueable, inaccesible.

imprecación. f. Maldición, apóstrofe, execración, anatema. *La imprecación supone debilidad o miedo.* (**a.**: *alabanza.*)

imprecar. tr. e intr. Maldecir, anatematizar, execrar.

impreciso, sa. adj. Ambiguo, confuso, vago, indefinido. (**a.**: *claro, preciso.*)

impregnar. tr. Empapar, humedecer, embeber, saturar, humectar, mojar.

impremeditación. f. Irreflexión, imprudencia, imprevisión, ligereza, descuido, precipitación.

imprescindible. adj. Indispensable, necesario, obligatorio, insustituible, forzoso, esencial. (**a.**: *prescindible.*)

impresión. f. Tirada, edición. ‖ Huella, rastro, impronta, señal, marca, vestigio. ‖ Efecto, emoción, sensación.

impresionable. adj. Sensible, emocionable, emotivo, susceptible, sugestionable. (**a.**: *impasible, imperturbable.*)

impresionar. tr. Conmover, turbar, afectar, mover, emocionar. (**a.**: *serenar.*) ‖ Convencer.
imprevisión. f. Impremeditación. ‖ Descuido, ligereza, imprudencia, inadvertencia, precipitación, negligencia. (**a.**: *cuidado.*)
imprevisor, ra. adj. Confiado, descuidado. (**a.**: *prevenido, previsor.*)
imprevisto, ta. adj. Impensado, inesperado, inopinado, repentino, casual, fortuito. (**a.**: *forzoso, previsto, esperado.*) ‖ Repentino, súbito.
imprimir. tr. Estampar, tirar, editar. ‖ Fijar, retener.
ímprobo, ba. adj. Trabajoso, agotador, abrumador, excesivo, fatigoso, penoso. (**a.**: *leve, reposado.*)
improcedente. adj. Inoportuno, infundado, impropio, impertinente, inadecuado. (**a.**: *oportuno, adecuado, congruente.*)
improductivo, va. adj. Infecundo, estéril, infructífero, infructuoso. (**a.**: *fértil, productivo, fecundo.*) ‖ Baldío, yermo.
impronunciable. adj. Inefable, indecible. ‖ Irreproducible.
improperio. m. Insulto, injuria, invectiva, denuesto, dicterio, ofensa. (**a.**: *adulación.*)
impropio, pia. adj. Inadecuado, improcedente, extemporáneo, inconveniente. (**a.**: *propio, correcto, oportuno.*) ‖ Ajeno, extraño. ‖ Falso. ‖ Chocante, disonante.
improrrogable. adj. Inaplazable, impostergable.
improvisación. f. Repente, repentización, in promptu, espontaneidad.
improvisador, ra. adj. Repentista.
improvisar. tr. Repentizar. (**a.**: *ensayar, preparar.*)
improviso (de). loc. adv. De repente, repentinamente, súbitamente.
imprudencia. f. Imprevisión, impremeditación, irreflexión, ligereza, descuido. (**a.**: *prudencia, previsión, cuidado.*) ‖ Temeridad, audacia. ‖ Indiscreción.
imprudente. adj. Alocado, irreflexivo, precipitado, atolondrado. (**a.**: *sensato.*) ‖ Temerario, audaz. (**a.**: *cauto, prudente.*) ‖ Indiscreto, irrespetuoso.
impudencia. f. Atrevimiento, descaro, descoco, desvergüenza, desfachatez, procacidad, impudor, cinismo, impudicia. (**a.**: *honestidad, decencia.*)
impúdico, ca. adj. Desvergonzado, cínico. ‖ Deshonesto, lujurioso, libidinoso, cínico, libertino. (**a.**: *púdico, honesto.*)
impudor. m. Deshonestidad, impudencia, libertinaje, impudicia, lujuria. ‖ Cinismo, desvergüenza, desfachatez.
impuesto. m. Tributo, gravamen, carga, contribución, gabela, tributación. ‖ adj. Aleccionado, enterado.
impugnación. f. Objeción, refutación, contradicción.
impugnar. tr. Contradecir, objetar, refutar, rebatir, confutar, replicar, redargüir, atacar, combatir. (**a.**: *abogar, defender, sostener.*)
impulsar. tr. Empujar, impeler, incitar, estimular, instigar. (**a.**: *contener, frenar.*)
impulsivo, va. adj. y s. Impetuoso, irreflexivo, fogoso, vehemente. (**a.**: *imperturbable, flemático, tranquilo.*) ‖ Alborotado, violento.
impulso. m. Empujón, envión, impulsión, empuje. ‖ Instigación, incentivo, incitación, estímulo, promoción.
impuro, ra. adj. Contaminado, mezclado, viciado, sucio, adulterado. (**a.**: *puro, limpio, depurado.*) ‖ Deshonesto, impúdico.
imputación. f. Acusación, cargo, inculpación, denuncia, atribución. (**a.**: *defensa.*)
imputar. tr. Atribuir, delatar, achacar, acusar, denunciar, inculpar.
imputrescible. adj. Incorruptible.
inabordable. adj. Inaccesible, inalcanzable.
inacabable. adj. Interminable, inagotable, inextinguible.
inaccesible. adj. Inalcanzable, inabordable, inasequible. (**a.**: *accesible.*) ‖ Impracticable, escarpado, intransitable, abrupto. (**a.**: *practicable, transitable.*) ‖ Incomprensible, impenetrable. (**a.**: *comprensible, fácil.*)

inacción. f. Inactividad, descanso, inercia, quietud, inmovilidad, pausa, reposo, ocio, paro. (**a.**: *acción, actividad, movimiento.*)
inacentuado, da. adj. Átono.
inaceptable. adj. Inadmisible.
inactividad. f. Inacción, ociosidad. (**a.**: *trabajo, diligencia.*)
inactivo, va. adj. Ocioso, perezoso, parado, desocupado, quieto. (**a.**: *diligente, activo.*) || Inerte, quieto, inmóvil.
inadecuado, da. adj. Impropio, inapropiado, inconveniente, improcedente, desproporcionado. (**a.**: *adecuado, apropiado.*)
inadmisible. adj. Falso. || Intolerable, inaceptable. || Increíble.
inadvertencia. f. Distracción, negligencia, descuido, imprevisión, omisión, olvido. (**a.**: *atención, cuidado.*)
inadvertido, da. adj. Desapercibido, imprevisto. || Distraído, descuidado.
inagotable. adj. Inacabable, interminable, inextinguible. || Abundante, continuo.
inaguantable. adj. Insoportable, odioso, intolerable, insufrible.
inalterable. adj. Permanente, fijo, invariable, indestructible, estable. (**a.**: *variable, inestable.*) || Imperturbable, flemático, impasible, impertérrito, inconmovible, impávido. (**a.**: *vehemente, impulsivo.*)
inamovible. adj. Fijo, firme. (**a.**: *variable.*)
inane. adj. Vano, fútil, inútil, endeble, vacuo, insustancial.
inanimado, da. adj. Insensible, exánime, muerto.
inapagable. adj. Inextinguible.
inapelable. adj. Irrevocable, incuestionable. || Irremediable, inevitable.
inapetencia. f. Anorexia, disorexia, desgana, desgano. (**a.**: *apetencia, gana.*)
inapetente. adj. Desganado. (**a.**: *hambriento.*)
inaplazable. adj. Improrrogable.
inapreciable. adj. Imperceptible, indiscernible, invisible. || Imponderable, inestimable, insuperable, óptimo, valiosísimo.
inaprovechable. adj. Inservible. (**a.**: *útil.*)
inarmónico, ca. adj. Discorde, discordante, disonante. (**a.**: *armonioso.*)
inasequible. adj. Inaccesible, inalcanzable, inasible, incomprensible. (**a.**: *accesible, fácil.*)
inatacable. adj. Invulnerable, inmune. || Inexpugnable. || Irreprochable.
inaudito, ta. adj. Inconcebible, raro, asombroso, extraño, increíble, pasmoso. (**a.**: *normal, corriente.*) || Monstruoso, atroz, escandaloso.
inauguración. f. Apertura, estreno, principio. (**a.**: *cierre, clausura.*)
inaugurar. tr. Iniciar, comenzar, principiar, estrenar, abrir.
incalculable. adj. Inmenso, ilimitado, imponderable, infinito, inestimable, enorme, inconmensurable, incontable. (**a.**: *calculable.*)
incalificable. adj. Inaudito, vergonzoso, inconcebible, indignante, vituperable, vil, execrable. (**a.**: *loable.*)
incandescencia. f. Ignición, combustión.
incandescente. adj. Ardiente, inflamable.
incansable. adj. Infatigable, resistente, persistente, activo, laborioso. || Obstinado, tenaz.
incapacidad. f. Ineptitud, incompetencia, rudeza, inhabilidad, nulidad, torpeza. (**a.**: *capacidad, competencia, aptitud.*) || Insuficiencia.
incapacitar. tr. Inhabilitar, recusar, descalificar. (**a.**: *capacitar.*)
incapaz. adj. Insuficiente, pequeño. || Inepto, inhábil, torpe, incompetente, negado, inútil, impotente. (**a.**: *capaz, hábil, apto.*)
incautarse. prnl. Confiscar, decomisar, requisar, embargar.
incauto, ta. adj. Crédulo, cándido, imprevisor, inocente, simple, ingenuo. (**a.**: *cauto, cauteloso, prudente.*)
incendiar. tr. Encender, inflamar, prender fuego, quemar.
incendiario, ria. adj. Escandaloso. ||

Subversivo, perturbador, sedicioso, violento.

incendio. m. Conflagración, quema, fuego, siniestro.

incensar. tr. Sahumar. ‖ Halagar, lisonjear, adular, alabar, elogiar. (**a.**: *difamar, calumniar.*)

incensario. m. Turíbulo, botafumeiro.

incentivo. m. Atractivo, cebo, aliciente, estímulo, acicate, aguijón.

incertidumbre. f. Duda, indecisión, perplejidad. (**a.**: *convicción, seguridad.*) ‖ Inseguridad, vacilación, hesitación. (**a.**: *certeza, certidumbre.*)

incesante. adj. Continuo, constante, perenne, persistente, seguido, ininterrumpido. (**a.**: *discontinuo, intermitente, periódico.*)

incidencia. f. Emergencia, suceso, episodio.

incidente. m. Incidencia, cuestión, litigio. ‖ Disputa, riña, lance, peripecia. (**a.**: *avenencia.*)

incidir. tr. Cortar, romper, hendir. ‖ Grabar, inscribir. ‖ intr. Incurrir, caer. ‖ Sobrevenir, ocurrir. ‖ Repercutir.

incienso. m. Lisonja.

incierto, ta. adj. Dudoso, inseguro, nebuloso, problemático. (**a.**: *cierto, seguro, evidente.*) ‖ Mudable, indeciso, irresoluto, vacilante, inconstante. ‖ Contingente, eventual. ‖ Impreciso, borroso. ‖ Desconocido, ignorado, ignoto. (**a.**: *conocido.*)

incinerar. tr. Quemar, cremar, calcinar.

incipiente. adj. Naciente, nuevo, principiante. (**a.**: *veterano.*)

incisión. f. Corte, cortadura, hendedura, tajo, raja, hendidura.

incisivo, va. adj. Cortante, tajante. ‖ Punzante, mordaz, satírico, cáustico, agudo.

inciso, sa. adj. Cortado, dividido.

incitación. f. Estímulo, instigación, estimulación, provocación, incentivo. (**a.**: *represión.*)

incitar. tr. Instigar, inducir, provocar, excitar, animar, alentar, estimular, mover. (**a.**: *desalentar, disuadir.*)

incitativo, va. adj. Incentivo, estimulante, instigador.

incivil. adj. Grosero, maleducado, desatento, descortés, ineducado.

inclemencia. f. Rigor, dureza, severidad, aspereza, saña, crueldad. (**a.**: *clemencia, benignidad.*) ‖ Insensibilidad.

inclinación. f. Declive, pendiente. ‖ Oblicuidad. ‖ Propensión, tendencia, vocación, predisposición. ‖ Afección, afecto, cariño. ‖ Afición, gusto, vocación. (**a.**: *desvío.*) ‖ Reverencia.

inclinado, da. adj. Propenso, proclive, aficionado.

inclinar. tr. Desviar, torcer, ladear. ‖ Predisponer, incitar, persuadir, mover. ‖ prnl. Parecerse, asemejarse. ‖ Tender, propender, aficionarse. ‖ Decidirse. (**a.**: *desistir.*)

ínclito, ta. adj. Ilustre, conspicuo, esclarecido, renombrado, egregio, famoso, afamado, célebre, insigne, perínclito, preclaro.

incluir. tr. Abarcar, comprender, encerrar, englobar, contener. (**a.**: *excluir, omitir.*) ‖ Insertar, encerrar, introducir, adjuntar, añadir, agregar, meter. (**a.**: *sacar, separar.*)

inclusero, ra. adj. Expósito.

inclusive o incluso. adv. Hasta, aun. (**a.**: *exceptuado, excluido.*)

incoar. tr. Comenzar, iniciar, abrir, empezar, principiar.

incoercible. adj. Incomprensible. ‖ Incontenible, irrefrenable.

incógnito, ta. adj. Desconocido, arcano, ignorado, oculto, ignoto. (**a.**: *conocido.*) ‖ **de incógnito.** loc. adv. Encubiertamente, secretamente.

incoherente. adj. Ininteligible, confuso, disgregado, inconexo, incongruente. (**a.**: *coherente, congruente.*)

incoloro, ra. adj. Descolorido, desteñido.

incólume. adj. Indemne, ileso, sano, intacto, salvo. (**a.**: *lesionado, herido.*)

incombustible. adj. Calorífugo, ignífugo, ininflamable. ‖ Desapasionado.

incomodar. tr. y prnl. Desagradar. ‖ Molestar, disgustar, enfadar, fastidiar, enojar, irritar. (**a.**: *agradar, gustar, ayudar.*)

incomodidad. f. Molestia, enojo, embarazo, fastidio.

incómodo, da. adj. Embarazoso, dificultoso, desagradable, molesto, violento, fastidioso. *Lo incómodo estorba.* (**a.**: *cómodo, grato.*)

incomparable. adj. Impar, único, imparangonable.

incompatibilidad. f. Oposición, disconformidad, repugnancia. (**a.**: *atracción, conformidad.*)

incompatible. adj. Antagónico, inconciliable, contrario, opuesto, irreconciliable. (**a.**: *compatible, coincidente.*)

incompetencia. f. Ineptitud, incapacidad. (**a.**: *aptitud, destreza, capacidad, idoneidad.*)

incompetente. adj. Inepto, inhábil, incapaz, inútil, nulo.

incompleto, ta. adj. Inconcluso, inacabado, trunco, falto, truncado. ‖ Fragmentario, parcial. (**a.**: *completo, íntegro, entero.*) ‖ Imperfecto, defectuoso, deficiente, insuficiente.

incomprensible. adj. Ininteligible, abstruso, incognoscible, inconcebible, inexplicable. (**a.**: *comprensible, inteligible.*) ‖ Oscuro, insondable, embrollado, enigmático, misterioso, inimaginable, arcano. (**a.**: *claro.*)

incomprensión. f. Ofuscación, desacuerdo. (**a.**: *comprensión.*)

incomunicación. f. Aislamiento, retraimiento. (**a.**: *relación, trato.*)

incomunicar. tr. y prnl. Aislar, retirarse, recogerse, retraerse. (**a.**: *comunicar, relacionar.*) ‖ tr. Bloquear, acordonar.

inconcebible. adj. Inimaginable, increíble, inexplicable, incomprensible. ‖ Sorprendente, extraordinario, extraño. (**a.**: *normal.*)

inconciliable. adj. Incompatible, irreconciliable. (**a.**: *conciliable, coincidente.*) ‖ Disconforme, discordante.

inconcluso, sa. adj. Inacabado, incompleto. (**a.**: *concluido, terminado.*)

inconcuso, sa. adj. Indudable, claro, innegable, evidente, incontrovertible, incontestable, firme, seguro, indiscutible. (**a.**: *dudoso, oscuro.*)

incondicional. adj. Absoluto. (**a.**: *condicional, relativo, limitado.*)

inconexo, xa. adj. Incoherente, incongruente, inadecuado, desligado, aislado. (**a.**: *coherente, ligado.*)

inconfesable. adj. Vergonzoso, indecible, infando, nefando.

inconfundible. adj. Característico, peculiar.

incongruente. adj. Inadecuado, impropio, inconveniente. (**a.**: *apropiado, oportuno.*)

incongruo. adj. Incoherente, inconexo, deshilvanado.

inconmensurable. adj. Inmenso, infinito, inmensurable, ilimitado.

inconmovible. adj. Firme, estable, sólido. ‖ Impasible, impertérrito, inmutable, insensible, inalterable.

inconquistable. adj. Inexpugnable. ‖ Inflexible, insobornable.

inconsciencia. f. Irresponsabilidad, irreflexión. (**a.**: *reflexión.*)

inconsciente. adj. Maquinal, automático, mecánico. ‖ Aturdido, irreflexivo.

inconsecuente. adj. Inconstante, voluble, informal, ligero, veleidoso, veleta. (**a.**: *consecuente, constante.*) ‖ Ilógico, fortuito.

inconsiderado, da. adj. Irreflexivo, precipitado, desatento, atolondrado, imprudente. ‖ adj. y s. Irrespetuoso, decortés, descomedido.

inconsistente. adj. Frágil, débil, flojo, blando. (**a.**: *fuerte, resistente.*) ‖ Fútil, endeble. (**a.**: *consistente, firme.*)

inconsolable. adj. Desconsolado, abatido, angustiado, apenado, apesadumbrado, desesperado.

inconstancia. f. Inestabilidad, ligereza, versatilidad, volubilidad, veleidad, inconsecuencia. *La inconstancia proviene del corazón; la volubilidad del alma.*

inconstante. adj. Inestable, mudable, desigual, vario, variable. ‖ Voluble, voltario, veleidoso, versátil, inconsecuente, informal, tornadizo, ligero, veleta. (**a.**: *constante, perseverante.*)

incontable. adj. Innumerable, innúmero, infinito, incalculable. ‖ Numerosísimo.

incontenible. adj. Irrefrenable, irreprimible.
incontestable. adj. Indudable, indiscutible, indubitable, inconcuso, innegable, incontrovertible, incuestionable, irrebatible, incontrastable, probado, irrefutable.
incontinencia. f. Deshonestidad, lubricidad, liviandad, lascivia, lujuria, desenfreno. (**a.**: *honestidad.*)
incontinenti. adv. En seguida, pronto, inmediatamente, prestamente, al instante, prontamente, seguidamente.
incontrastable. adj. Invencible, inexpugnable. ‖ Incontestable, irrebatible, incuestionable, indiscutible. ‖ Irreductible, pertinaz.
incontrovertible. adj. Irrebatible, incontestable, indiscutible, incuestionable, indisputable, incontrastable, innegable. (**a.**: *controvertible, discutible.*)
inconveniencia. f. Inoportunidad, incomodidad, desconveniencia. ‖ Disconformidad, inverosimilitud. ‖ Falta, despropósito, grosería, incorrección, descortesía. ‖ Imprudencia, indiscreción.
inconveniente. adj. Descortés, incorrecto, deshonesto, indecoroso, grosero. ‖ Inoportuno, desacertado, perjudicial. (**a.**: *conveniente, oportuno.*) ‖ m. Impedimento, dificultad, estorbo, traba, obstáculo. (**a.**: *facilidad.*) ‖ Daño, perjuicio, desventaja.
incordio. m. Fastidio, molestia.
incorporación. f. Ingreso, admisión, recepción, agregación. (**a.**: *expulsión, separación.*)
incorporar. tr. Admitir, unir, anexar, juntar, asociar, agregar, integrar, afiliar, añadir. (**a.**: *sacar, extraer.*) ‖ prnl. Levantarse, erguirse. (**a.**: *tenderse.*) ‖ Integrarse, unirse, amalgamarse, asociarse, agremiarse.
incorpóreo, a. adj. Inmaterial, irreal.
incorrección. f. Falta, defecto, error. (**a.**: *corrección.*) ‖ Grosería, inconveniencia, descomedimiento, descortesía. (**a.**: *cortesía.*)
incorrecto, ta. adj. Defectuoso, inexacto, imperfecto. ‖ Erróneo, equivocado. (**a.**: *justo, preciso.*) ‖ Descortés, grosero, incivil, descomedido. (**a.**: *cortés.*)
incorregible. adj. Obstinado, recalcitrante, testarudo, pertinaz.
incorruptible. adj. Íntegro, probo, insobornable, justo, incorrupto. (**a.**: *corruptible, coimero, venal.*) ‖ Virtuoso, puro, honrado, incólume, recto.
incorrupto, ta. adj. Puro, casto, íntegro. (**a.**: *corrompido.*)
incredulidad. f. Descreimiento, ateísmo, irreligiosidad, impiedad, escepticismo. (**a.**: *fe.*) ‖ Recelo, desconfianza, suspicacia. (**a.**: *confianza.*)
incrédulo, la. adj. y s. Descreído, ateo, hereje, impío. (**a.**: *creyente.*) ‖ Escéptico, suspicaz, desconfiado, receloso. (**a.**: *crédulo, confiado.*)
increíble. adj. Inverosímil, inconcebible, inimaginable, imposible, inaudito, inadmisible. (**a.**: *creíble, verosímil.*)
incrementar. tr. Acrecentar, acrecer, agregar, ampliar, aumentar. (**a.**: *disminuir, reducir.*)
incremento. m. Aumento, desarrollo, acrecentamiento, crecimiento.
increpar. tr. Reprender, sermonear, regañar, reñir, censurar. ‖ Insultar.
incriminar. tr. Acriminar, inculpar, imputar, acusar. (**a.**: *disculpar.*)
incrustación. f. Taracea, ataujía, marquetería, embutido, damasquinado.
incrustar. tr. Meter, introducir, embutir.
incubar. tr. e intr. Empollar, enclocar, encobar. ‖ tr. y prnl. Preparar.
incuestionable. adj. Incontestable, indiscutible, indudable, irrefragable, indisputable, evidente, irrebatible, irrefutable, innegable, incontrovertible, axiomático. (**a.**: *cuestionable, discutible.*)
inculcar. tr. Infundir, imbuir. (**a.**: *disuadir.*)
inculpabilidad. f. Inocencia.
inculpado, da. adj. y s. Acusado, procesado, reo.
inculpar. tr. Culpar, imputar, acusar, achacar, acriminar, incriminar, atri-

buir. (**a.**: *disculpar, excusar.*) || Delatar, colgar.

inculto, ta. adj. Yermo, abandonado, baldío, agreste. (**a.**: *cultivado.*) || Ignorante, analfabeto, rústico, palurdo, grosero, indocto, ineducado. (**a.**: *culto, educado.*)

incultura. f. Ignorancia, analfabetismo, barbarie. (**a.**: *sabiduría.*) || Grosería. (**a.**: *educación.*)

incumbencia. f. Competencia, jurisdicción, cargo.

incumbir. intr. Concernir, competer, tocar, atañer, corresponder, interesar.

incumplimiento. m. Inobservancia, descuido, omisión.

incumplir. tr. Quebrantar, inobservar, vulnerar, conculcar, infringir, contravenir, violar.

incurable. adj. Desahuciado, insanable. || Incorregible. || Irremediable.

incuria. f. Apatía, abandono, negligencia, indolencia, descuido, desidia, dejadez, despreocupación. (**a.**: *cuidado, esmero.*)

incurrir. intr. Caer, cometer, merecer.

incursión. f. Correría, malón, invasión, irrupción, exploración, corso.

indagación. f. Averiguación, búsqueda, investigación, busca, pesquisa. || Inquisición, indagatoria.

indagar. tr. Inquirir, averiguar, husmear, investigar, buscar, pesquisar, inspeccionar, escrutar.

indebido, da. adj. Ilícito, ilegal, prohibido, injusto, injustificado. (**a.**: *debido, justificado.*) || Clandestino.

indecencia. f. Deshonestidad, liviandad, obscenidad, cochinada, indecentada, grosería. (**a.**: *decencia, decoro.*)

indecente. adj. Deshonesto, cochino, indecoroso, indigno, inconveniente, impúdico, obsceno.

indecible. adj. Inefable, inenarrable, grandioso, indescriptible, prodigioso, inexplicable. || Inconfesable.

indecisión. f. Duda, vacilación, irresolución, perplejidad, indeterminación, titubeo, hesitación. (**a.**: *decisión, resolución.*)

indeciso, sa. adj. Dudoso, perplejo, fluctuante, vacilante, irresoluto, titubeante. (**a.**: *resuelto, decidido.*)

indeclinable. adj. Firme, ineludible, insoslayable, inevitable.

indecoroso, sa. adj. Indecente (**a.**: *decente.*) || Grosero, insolente, irrespetuoso. || Obsceno, deshonesto, inconveniente. (**a.**: *honesto, moral.*)

indefectible. adj. Inevitable, preciso, forzoso. || Infalible, seguro.

indefendible. adj. Refutable, insostenible.

indefenso, sa. adj. Inerme, desarmado, desguarnecido. (**a.**: *defendido, guarnecido.*) || Desamparado, desvalido, abandonado. (**a.**: *protegido, amparado.*)

indefinido, da. adj. Indeterminado, inmenso, ilimitado. (**a.**: *limitado.*) || Impreciso, confuso, incierto, vago. (**a.**: *definido, preciso.*)

indeleble. adj. Inalterable, permanente, fijo, imborrable. *Lo indeleble es lo que no se borra.*

indeliberado, da. adj. Impensado, irreflexivo, impremeditado, involuntario, instintivo, espontáneo, maquinal.

indemne. adj. Ileso, intacto, incólume. (**a.**: *lesionado.*)

indemnización. f. Resarcimiento, compensación, reparación, satisfacción.

indemnizar. tr. Compensar, reparar, resarcir.

independencia. f. Libertad, autodeterminación, autonomía, soberbia, emancipación. || Entereza, resolución. || Imparcialidad.

independiente. adj. Imparcial, neutral. || Libre, soberano, autónomo.

independizar. tr. y prnl. Emancipar. (**a.**: *someter, esclavizar.*)

indescifrable. adj. Ilegible. || Incomprensible, oscuro, ininteligible, impenetrable, inexplicable, inexpresable. (**a.**: *descifrable, inteligible.*)

indescriptible. adj. Indecible, inenarrable, sublime, inefable. (**a.**: *explicable.*)

indestructible. adj. Imperecedero, inalterable, inconmovible, permanente, fijo, firme, irrompible. (**a.**: *frágil, perecedero.*)

indeterminación. f. Indecisión, fluctuación, irresolución, vacilación. (**a.**: *decisión, precisión.*)
indeterminado, da. adj. Indefinido, vago, ilimitado, impreciso, incierto, confuso. (**a.**: *determinado, definido.*) || Indeciso, irresoluto, perplejo.
indicación. f. Señal, pista, indicio, huella, vestigio. || Observación, aviso.
indicar. tr. Mostrar, avisar, advertir, señalar. || Significar, denotar. || Aconsejar, sugerir.
índice. m. Lista, tabla. || Indicador, indicio. || Catálogo.
indicio. m. Asomo, barrunto, atisbo. || Evidencia. || Señal, síntoma, manifestación, signo. || Vestigio, rastro, vislumbre, huella, reliquia.
indiferencia. f. Frialdad, insensibilidad, desapego, displicencia, desinterés, pasividad, apatía. (**a.**: *amor, curiosidad, interés.*)
indiferente. adj. Indistinto. || Insensible, displicente, desinteresado, apático, impasible. (**a.**: *entusiasta.*)
indígena. adj. y s. Originario, natural, nativo. || Aborigen, autóctono.
indigencia. f. Pobreza, miseria, inopia, carencia. (**a.**: *opulencia.*)
indigente. adj. y s. Pobre, necesitado, menesteroso.
indigestarse. prnl. Empacharse.
indigestión. f. Empacho, cargazón.
indignación. f. Ira, irritación, enojo, enfado. (**a.**: *pasividad.*)
indignar. tr. y prnl. Irritar, enfadar, enojar, sublevar.
indignidad. f. Bajeza, canallada, vileza, ruindad, villanía, infamia. (**a.**: *nobleza, honor.*)
indigno, na. adj. Bajo, abyecto, bellaco, rastrero, vil, ruin, despreciable. (**a.**: *noble.*) || Impropio, inadecuado, inmerecido, incorrecto. (**a.**: *adecuado, correcto.*) || Degradante, vergonzoso.
indirecta. f. Alusión, insinuación, sugerencia.
indisciplina. f. Rebeldía, indocilidad, insumisión, insubordinación. (**a.**: *disciplina, obediencia.*)
indisciplinado, da. adj. Desobediente, indócil, díscolo, insubordinado, rebelde, revoltoso. (**a.**: *dócil.*)
indiscreción. f. Intromisión, impertinencia, curiosidad.
indiscreto, ta. adj. y s. Curioso, fisgón, entrometido, inoportuno, imprudente, importuno, intruso. (**a.**: *discreto, oportuno.*) || Hablador, charlatán, lengua larga.
indisculpable. adj. Injustificable, inexcusable. (**a.**: *disculpable, justificable.*)
indiscutible. adj. Cierto, seguro, evidente, innegable, incontestable, irrebatible, irrefutable, incontrovertible, incuestionable, indudable. (**a.**: *discutible, refutable.*)
indisoluble. adj. Insoluble. || Firme, indivisible. (**a.**: *separable.*)
indispensable. adj. Esencial, necesario, preciso, vital, imprescindible, irremplazable, obligatorio, forzoso, inexcusable, insustituible. (**a.**: *innecesario, accesorio.*)
indisponer. tr. y prnl. Desavenir, enemistar, encizañar, malquistar. (**a.**: *amistar.*) || prnl. Enfermar. (**a.**: *sanar.*)
indisposición. f. Destemple, malestar, desazón, dolencia, mal, achaque. (**a.**: *salud.*)
indispuesto, ta. adj. Enfermo, destemplado. (**a.**: *sano.*) || Contrariado, molesto. (**a.**: *feliz.*)
indisputable. adj. Indiscutible, innegable, irrebatible, incontestable, incuestionable, incontrovertible, indudable.
indistinto, ta. adj. Indiscernible, impreciso, confuso, imperceptible. || Igual.
individual. adj. Personal, particular. (**a.**: *común, colectivo.*)
individualidad. f. Carácter, personalidad, idiosincrasia.
individualismo. m. Particularismo, egoísmo. (**a.**: *altruismo.*)
individualizar o **individuar.** tr. Particularizar, concretar, especificar.
individuo. m. Alma, ente, hombre, persona. *Un individuo es un ser aislado; una persona es una parte de la sociedad.* || Sujeto, prójimo, socio, miembro. (**a.**: *sociedad.*) || Ejemplar, espécimen.

indivisible. adj. Inseparable.
indiviso. adj. Entero. (**a.**: *divisible.*)
indócil. adj. Desobediente, malmandado, remiso, díscolo, terco, reacio, indisciplinado, rebelde. (**a.**: *dócil, obediente.*)
indocto, ta. adj. Ignorante, iletrado, inculto. (**a.**: *culto, docto.*)
indoeuropeo, a. adj. y s. Ario.
índole. f. Idiosincrasia, temple, genio, humor, carácter, condición, natural, naturaleza.
indolencia. f. Apatía, incuria, pachorra, negligencia, dejadez, poltronería, flojera, pereza, desidia. (**a.**: *actividad.*)
indolente. adj. Perezoso, calmoso, dejado, poltrón, negligente, apático, flojo.
indomable. adj. Indomesticable, indómito. ‖ Rebelde. (**a.**: *disciplinado, gobernable.*)
indómito, ta. adj. Indomable, fiero. ‖ Bravío, chúcaro, salvaje, cerril, arisco, montaraz.
indubitable. adj. Indudable. (**a.**: *discutible.*)
inducción. f. Instigación, incitación, persuasión. ‖ Consecuencia, inferencia. (**a.**: *deducción.*)
inducir. tr. Instigar, convencer, incitar, mover, tentar, persuadir. ‖ Inferir, colegir, deducir, desprender.
indudable. adj. Indubitable, cierto, innegable, incuestionable, seguro, inequívoco, evidente, indiscutible. (**a.**: *discutible, dudoso.*)
indulgencia. f. Benevolencia, benignidad, condescendencia, tolerancia. (**a.**: *intolerancia.*) ‖ Perdón, remisión, clemencia.
indulgente. adj. Benévolo, benigno, clemente, condescendiente, tolerante.
indultar. tr. Perdonar, remitir. (**a.**: *condenar.*) ‖ Amnistiar, eximir, absolver, condonar.
indulto. m. Perdón, remisión, gracia, amnistía. (**a.**: *castigo, multa.*)
indumentaria. f. Ropa, vestimenta, traje, vestido, prendas, ropaje.
industria. f. Destreza, arte, maña, traza, oficio, habilidad, maestría. ‖ Fabricación, elaboración, producción, manufactura.
industrial. m. Fabricante.
industriar. tr. Fabricar, manufacturar. ‖ Adiestrar, instruir. ‖ prnl. Ingeniarse.
industrioso, sa. adj. Diestro, experto, hábil, habilidoso, práctico, mañoso, ingenioso, emprendedor. (**a.**: *torpe, inhábil.*)
inefable. adj. Indecible, inenarrable, sublime, indescriptible.
ineficaz. adj. Inútil, infructuoso, estéril. (**a.**: *eficaz, útil.*) ‖ Inepto, incapaz, improductivo.
inelegante. adj. Cursi, chabacano, desgarbado. (**a.**: *vistoso, elegante.*)
ineluctable. adj. Ineludible.
ineludible. adj. Inevitable, forzoso, insoslayable, obligatorio, ineluctable. (**a.**: *eludible, evitable.*) ‖ Necesario, fatal.
inenarrable. adj. Indescriptible, inefable, indecible.
ineptitud. f. Incapacidad, impericia, inhabilidad, insuficiencia, inutilidad, incompetencia. (**a.**: *habilidad.*)
inepto, ta. adj. y s. Incapaz, torpe, incompetente, inexperto, inhábil, inútil. (**a.**: *apto, capaz.*)
inequívoco, ca. adj. Claro, indudable, seguro, indiscutible, evidente. (**a.**: *discutible.*)
inercia. f. Inacción, apatía, negligencia, desidia, flojedad. (**a.**: *actividad, diligencia.*)
inerme. adj. Desarmado, indefenso.
inerte. adj. Exánime. ‖ Inactivo, ineficaz. ‖ Apático, desidioso, flojo.
inescrutable. adj. Enigmático, incomprensible, incognoscible, arcano, indescifrable, impenetrable, misterioso, insondable. (**a.**: *escrutable, descifrable.*)
inesperadamente. adv. Impensadamente, inopinadamente.
inesperado, da. adj. Accidental, casual, imprevisto, impensado, insospechado, repentino, inopinado. (**a.**: *esperado, previsto.*)
inestable o **instable.** adj. Mudable, inseguro, variable, vario. (**a.**: *estable, inalterable.*) ‖ Inconstante, voluble,

veleidoso, versátil, voltario, tornadizo, ligero. || Movedizo, vacilante, inseguro. (**a.**: *firme, seguro.*)

inestimable. adj. Inapreciable, valioso. (**a.**: *desdeñable.*)

inevitable. adj. Ineludible, fatal, forzoso, insoslayable.

inexactitud. f. Falsedad, error, equivocación.

inexacto, ta. adj. Erróneo, equivocado, falso. (**a.**: *exacto, verdadero, correcto.*) || Impreciso, vago.

inexcusable. adj. Indisculpable, injustificable.

inexistente. adj. Irreal, imaginario, ilusorio, aparente, engañoso.

inexorable. adj. Inflexible, despiadado, implacable, duro.

inexperiencia. f. Impericia, torpeza. (**a.**: *maestría, pericia.*)

inexperto, ta. adj. y s. Ingenuo, candoroso. || Bisoño, principiante, novicio, novato. (**a.**: *experto, experimentado.*) || Inhábil, inepto, torpe.

inexplicable. adj. Incomprensible, inconcebible, extraño, misterioso, arcano, indescifrable. (**a.**: *comprensible.*)

inexplorado, da. adj. Ignoto, desconocido. (**a.**: *explorado.*)

inexpresivo, va. adj. Seco, frío. (**a.**: *expresivo, vehemente.*) || Reservado, enigmático, impasible.

inexpugnable. adj. Inconquistable. || Irreductible, inquebrantable.

inextinguible. adj. Inapagable. || Inacabable, duradero, interminable, imperecedero.

inextricable. adj. Enmarañado, intrincado, embrollado, enredado, confuso, impenetrable.

infalible. adj. Seguro, indefectible, cierto. (**a.**: *falible, dudoso.*)

infamante. adj. Degradante, deshonroso, afrentoso, oprobioso, ignominioso, vergonzoso. (**a.**: *honroso.*)

infamar. tr. Difamar, desacreditar, denigrar, deshonrar, vilipendiar, afrentar, mancillar. (**a.**: *honrar, acreditar.*)

infame. adj. y s. Depravado, vil, perverso, malvado, indigno, ignominioso, protervo, despreciable, ruin, miserable, canalla, malvado.

infamia. f. Ignominia, vilipendio, vileza, indignidad, deshonra, afrenta, descrédito. (**a.**: *decencia.*) || Canallada, perversidad, bajeza, traición.

infancia. f. Niñez, puericia, minoridad. *Infancia equivale a pocos años.* (**a.**: *vejez.*)

infando, da. adj. Vergonzoso, indigno, nefando.

infante. m. Niño, criatura, nene, menor, chico, chiquillo, chiquitín, pequeño. || Príncipe.

infantil. adj. Aniñado. || Pueril. || Inocente, candoroso, ingenuo.

infatigable. adj. Incansable, perseverante, tenaz, voluntarioso, trabajador.

infatuación. f. Fatuidad, engreimiento, petulancia. (**a.**: *humildad.*)

infatuar. tr. y prnl. Engreír, envanecer, ensoberbecer; jactarse, inflarse, pavonearse.

infausto, ta. adj. Aciago, desventurado, desgraciado, fatídico, desdichado, malaventurado, infeliz, infortunado, funesto. (**a.**: *feliz, afortunado.*)

infección. f. Contaminación, contagio, epidemia. || Corrupción, perversión.

infectar. tr. y prnl. Contagiar, inficionar, contaminar, infestar. (**a.**: *desinfectar, descontaminar.*) || Corromper, pervertir. (**a.**: *purificar.*)

infecto, ta. adj. Inficionado, infectado, putrefacto, contaminado, pestilente, contagiado.

infecundo, da. adj. Estéril, improductivo. (**a.**: *fecundo, fértil.*)

infelicidad. f. Desdicha, infortunio. (**a.**: *dicha, ventura.*)

infeliz. adj. y s. Desgraciado, desdichado, infortunado, desventurado. (**a.**: *feliz, dichoso.*) || Apocado, cuitado. || Aciago. (**a.**: *afortunado.*)

inferencia. f. Consecuencia, deducción, ilación.

inferior. adj. Bajo, malo, peor, menor. (**a.**: *mejor, superior.*) || m. o f. Dependiente, subordinado, subalterno.

inferioridad. f. Subordinación, dependencia. (**a.**: *mando.*) || Desventaja, minoría. (**a.**: *mayoría, ventaja.*)

inferir. tr. Deducir, derivar, sacar, concluir, colegir, desprenderse. || Infligir, causar, ocasionar, producir. || Conjeturar, suponer.

infernal. adj. Satánico, demoníaco, luciferino, diabólico, maléfico, endiablado. (**a.**: *angelical.*) || Desagradable, dañino. (**a.**: *bondadoso.*)

infértil. adj. Estéril.

infestar. tr. Devastar, saquear. || Invadir, pulular, propagarse. || Apestar, inficionar, plagar, contaminar, contagiar, corromper. || Estragar, perjudicar.

inficionar. tr. Infectar, infestar, contaminar, contagiar. || Emponzoñar, envenenar.

infidelidad. f. Deslealtad, traición, perfidia. (**a.**: *fidelidad.*)

infiel. adj. Adúltero. || Desleal, traidor, pérfido, perjuro, alevoso. (**a.**: *fiel, leal.*) || Erróneo, inexacto. || Idólatra, animista, gentil, hereje, pagano.

infierno. m. Averno, báratro, gehena, tártaro, érebo, orco. || Perdición. || Antro, abismo. || Alboroto, bulla, escándalo.

infiltrar. tr. Infundir, inculcar, inspirar, imbuir. || Introducir, inyectar. || prnl. Introducirse, entrometerse.

ínfimo, ma. adj. Bajo, vil, ruin, despreciable. (**a.**: *superior.*) || Mínimo, último.

infinidad. f. Sinnúmero, cúmulo, sinfín, multitud, muchedumbre. (**a.**: *escasez.*) || Inmensidad, infinito, vastedad, universo, espacio. (**a.**: *pequeñez.*)

infinitesimal. adj. Minúsculo, microscópico, atómico.

infinito, ta. adj. Ilimitado, inmenso, inconmensurable. (**a.**: *finito, limitado.*) || Eterno. || pl. Incontables, innumerables. || adv. Excesivamente, muchísimo.

inflación. f. Abundancia, exceso (particularmente de moneda en el mercado). || Inflamiento. || Engreimiento, ensoberbecimiento, vanidad, presunción, soberbia, altivez.

inflado, da. adj. Infatuado.

inflamable. adj. Combustible.

inflamar. tr. y prnl. Encender, incendiar. (**a.**: *apagar.*) || Enardecer, acalorar, avivar, exasperarse.

inflar. tr. Hinchar, abultar, abombar. || Soplar. || Engreír, envanecer. (**a.**: *desinflar, deshinchar.*) || prnl. Engreírse, ensoberbecerse, infatuarse.

inflexible. adj. Rígido, resistente. (**a.**: *flexible, dúctil.*) || Inexorable, inquebrantable, tenaz, obstinado, inconmovible, implacable.

inflexión. f. Dobladura, alabeo, doblez, torcimiento, combadura. || Modulación. || Desinencia, terminación.

infligir. tr. Imponer, aplicar, castigar, causar.

influencia. f. Influjo, preponderancia. || Autoridad, poder, mediación, predominio, muñeca, ascendiente, predicamento. || Valimiento, influjo, privanza, banca, favor.

influir. intr. Ayudar, apoyar, contribuir, mediar, intervenir, pesar.

influjo. m. Influencia.

información. f. Informe, declaración, testimonio, investigación.

informal. adj. y s. Botarate, badulaque, incumplidor.

informalidad. f. Incumplimiento, omisión, olvido. (**a.**: *cuidado, observancia.*)

informante. m. Expositor, relator. || Delator.

informar. tr. Enterar, publicar, anunciar, avisar, noticiar, enterar, comunicar, participar, revelar. || Denunciar. || Instruir, poner al corriente, poner al tanto. || Dictaminar. || Prevenir, advertir.

informe. m. Información, noticia, aviso, dato, razón. || Dictamen. || Notificación. || pl. Referencias.

informe. adj. Deforme. || Confuso, impreciso, vago, indeterminado.

infortunado, da. adj. Desgraciado, infeliz, desafortunado, desventurado, desdichado. || Aciago, infausto.

infortunio. m. Adversidad, desdicha, desgracia, revés, desventura. (**a.**: *suerte, dicha.*)

infracción. f. Trasgresión, quebrantamiento, falta, inobservancia, violación.

infractor, ra. adj. y s. Trasgresor, violador (de una norma), contraventor.
infrangible. adj. Inquebrantable.
infranqueable. adj. Insuperable, insalvable, impracticable, intransitable. || Abrupto, escarpado.
infrecuente. adj. Insólito, raro, desusado. (**a.**: *habitual.*)
infringir. tr. Quebrantar, violar, conculcar, trasgredir, contravenir. (**a.**: *cumplir, respetar.*)
infructífero, ra. adj. Estéril, infecundo, improductivo. || Infructuoso.
infructuoso, sa. adj. Inoperante, inútil, ineficaz, infructífero. (**a.**: *eficaz, fecundo.*)
ínfulas. f. pl. Presunción, fatuidad, vanidad, orgullo, engreimiento, humos.
infundado, da. adj. Inconsistente, descabellado, falso. || Inmotivado, gratuito, injustificado. (**a.**: *motivado, fundado.*)
infundio. m. Mentira, cuento, patraña, bulo, embuste. (**a.**: *verdad.*)
infundir. tr. Imbuir, comunicar, inspirar, inculcar, infiltrar, animar, impulsar.
infusión. f. Cocimiento, solución.
ingeniar. tr. Trazar, planear, inventar, planificar, idear, discurrir. || prnl. Componérselas, arreglarse, esforzarse, amañarse, apañarse, manejarse.
ingenio. m. Inventiva, imaginación, iniciativa, idea, talento, intuición. || Habilidad, maña, industria, destreza. || Gracia, ocurrencia, chispa. || Máquina, artificio, aparato.
ingenioso, sa. adj. Hábil, habilidoso, listo, industrioso, mañoso, diestro, inventivo. || Gracioso, genial, ocurrente, agudo. (**a.**: *necio, tonto.*)
ingénito, ta. adj. Congénito, ínsito, innato, connatural.
ingente. adj. Enorme, colosal, inmenso.
ingenuidad. f. Sinceridad, simplicidad, franqueza, naturalidad, sencillez, candor, credulidad, candidez, inocencia. (**a.**: *astucia, picardía.*)
ingenuo, nua. adj. y s. Sincero, crédulo, franco, simple, candoroso, cándido, natural, sencillo, inocente, espontáneo, llano.
ingerir. tr. Tragar, deglutir, comer, beber.
inglés, sa. adj. y s. Británico, anglo.
inglesismo. m. Anglicismo.
ingobernable. adj. Indisciplinado.
ingratitud. f. Desagradecimiento, deslealtad, desconocimiento, egoísmo. (**a.**: *gratitud, agradecimiento.*)
ingrato, ta. adj. Desagradecido, descastado, olvidadizo, desleal, egoísta. || Desabrido, desapacible, desagradable, áspero.
ingravidez. f. Imponderabilidad.
ingrávido, da. adj. Ligero, leve, tenue, liviano. (**a.**: *pesado.*)
ingrediente. m. Material, sustancia, componente, droga.
ingresar. intr. Entrar, asociarse, afiliarse. (**a.**: *egresar, salir.*) || tr. Meter, depositar.
ingreso. m. Entrada. (**a.**: *salida.*) || Depósito. || pl. Entradas, ganancias, cobro. (**a.**: *pérdida.*)
ingurgitar. tr. Tragar, engullir, ingerir.
inhábil. adj. Desmañado, chapucero. || Inepto, incapaz, torpe, incompetente. (**a.**: *hábil, diestro, capaz.*)
inhabilidad. f. Insuficiencia, torpeza, ineptitud, incapacidad, impericia, inexperiencia. (**a.**: *destreza.*)
inhabilitar. tr. Imposibilitar, incapacitar. || Descalificar.
inhabitado, da. adj. Yermo. || Deshabitado, despoblado, desierto, solitario.
inhalación. f. Aspiración, absorción, inspiración. (**a.**: *exhalación.*)
inherente. adj. Propio, consustancial, inseparable, relativo, ínsito, constitutivo.
inhibición. f. Abstención, separación. (**a.**: *acción, unión.*)
inhibir. tr. Estorbar, prohibir. || prnl. Abstenerse, desentenderse, apartarse, eximirse.
inhospitalario, ria. adj. Cruel, inhumano. || Desabrigado, inhóspito, desierto, inclemente, salvaje, peligroso.
inhóspito, ta. adj. Inhospitalario.
inhumación. f. Sepelio, entierro, sepultura.
inhumano, na. adj. Cruel, feroz, des-

piadado, inhospitalario, brutal, bárbaro, salvaje.

inhumar. tr. Enterrar, sepultar. (**a.**: *exhumar.*)

iniciación. f. Principio, inicio, comienzo, instrucción. (**a.**: *fin.*)

iniciado, da. adj. y s. Adepto, neófito, catecúmeno, afiliado.

iniciador, ra. m. y f. Creador, promotor, introductor.

inicial. adj. Inaugural. (**a.**: *final.*) ‖ Original, primordial.

iniciar. tr. Comenzar, principiar, incoar, empezar, inaugurar. (**a.**: *terminar, finalizar.*) ‖ Instruir, enterar, enseñar. ‖ Promover, suscitar.

inicio. m. Principio, iniciación, comienzo. ‖ Origen, fundamento, raíz.

inicuo, cua. adj. Arbitrario, injusto. ‖ Malo, vil, malvado, perverso, ignominioso, cruel, infame.

inimaginable. adj. Infigurable, impensable, inconcebible. ‖ Extraño, sorprendente.

inimitable. adj. Único, excepcional.

ininteligible. adj. Incomprensible, oscuro, incognoscible, indescifrable. (**a.**: *inteligible, claro, comprensible.*)

iniquidad. f. Arbitrariedad, injusticia. (**a.**: *justicia.*) ‖ Maldad, infamia.

injerencia. f. Intromisión, entrometimiento.

injerir. tr. Injertar. ‖ Introducir, incluir, meter. ‖ prnl. Entrometerse, inmiscuirse.

injertar. tr. Incluir, inferir, inserir.

injerto. m. Injerencia.

injuria. f. Insulto, ofensa, agravio, afrenta, denuesto, ultraje. (**a.**: *alabanza.*) ‖ Daño, perjuicio, lesión, deterioro, menoscabo.

injuriar. tr. Denigrar, infamar, agraviar, ofender, denostar, insultar, ultrajar, afrentar. (**a.**: *defender.*) ‖ Dañar, perjudicar, estropear, menoscabar. (**a.**: *favorecer.*)

injurioso, sa. adj. Insultante, ofensivo, vejatorio. (**a.**: *elogioso.*)

injusticia. f. Iniquidad, parcialidad, desafuero, arbitrariedad, atropello. (**a.**: *justicia, equidad.*)

injusto, ta. adj. Arbitrario, parcial, inmerecido, inicuo. (**a.**: *legal.*)

inmaculado, da. adj. Impoluto, límpido, limpísimo. ‖ Intachable, impecable. ‖ Puro.

inmarcesible. adj. Inmarchitable, lozano, fresco, perdurable.

inmaterial. adj. Incorpóreo, mental, impalpable, ideal, leve, etéreo, intangible, sutil. (**a.**: *material, tangible.*)

inmediación. f. Proximidad, vecindad, cercanía. ‖ pl. Contornos, alrededores, afueras, aledaños, proximidades, suburbios.

inmediatamente. adv. Luego, en seguida, de inmediato, seguidamente, incontinenti, prontamente. (**a.**: *tarde, después.*)

inmediato, ta. adj. Próximo, cercano, lindante, vecino, contiguo, consecutivo, yuxtapuesto. ‖ **de inmediato.** Pronto, rápido.

inmejorable. adj. Óptimo, excelente, perfecto.

inmemorial. adj. Antiquísimo, remoto, prehistórico. (**a.**: *moderno.*)

inmensidad. f. Infinitud, grandiosidad, vastedad. (**a.**: *pequeñez.*) ‖ Enormidad, exorbitancia, muchedumbre. (**a.**: *escasez.*)

inmenso, sa. adj. Ilimitado, inmensurable, infinito, inconmensurable, innumerable, incontable. (**a.**: *limitado.*) ‖ Grandioso, desmedido, enorme, colosal. (**a.**: *exiguo.*)

inmerecido, da. adj. Injusto, arbitrario. (**a.**: *merecido.*)

inmersión. f. Sumersión, hundimiento.

inmerso, sa. adj. Abismado, sumido, sumergido.

inminente. adj. Inmediato, cercano, próximo. (**a.**: *remoto.*)

inmiscuir. tr. Mezclar. ‖ prnl. Entremeterse, entrometerse, mezclarse, meterse. (a.: *desentenderse.*)

inmoble. adj. Inmovible, firme, inmóvil, invariable, constante.

inmoderado, da. adj. Excesivo, desenfrenado. (**a.**: *moderado, mesurado.*)

inmodestia. f. Fatuidad, vanidad, presunción, jactancia. (**a.**: *modestia, recato, humildad.*)

inmolación. f. Holocausto, sacrificio.

inmolar. tr. y prnl. Sacrificar.

inmoral. adj. Deshonesto, impúdico, obsceno. (**a.**: *honesto.*)

inmoralidad. f. Deshonestidad, corrupción. (**a.**: *decencia.*)

inmortal. adj. Imperecedero, sempiterno, perdurable, perpetuo, perenne, eterno. (**a.**: *mortal, perecedero.*)

inmortalizar. tr. Perpetuar, eternizar. (**a.**: *morir.*)

inmóvil o **inmovible.** adj. Inmoble, fijo, clavado, quieto, inamovible, inconmovible. ‖ Firme, constante.

inmovilidad. f. Quietud, reposo, inactividad.

inmovilizar. tr. Paralizar, aquietar, detener.

inmueble. m. Finca, casa, vivienda, edificio, construcción.

inmundicia. f. Suciedad, mugre, basura, porquería. ‖ Impureza, deshonestidad, inmoralidad, vicio. ‖ Mierda, excremento, bosta.

inmundo, da. adj. Sucio, mugriento, puerco, asqueroso, repugnante, nauseabundo. (**a.**: *aseado, limpio.*) ‖ Impuro, deshonesto, impúdico. (**a.**: *casto.*)

inmune. adj. Exento, libre, inmunizado, inatacable. (**a.**: *expuesto.*)

inmunidad. f. Exención, liberación. (**a.**: *vulnerabilidad.*)

inmunizar. tr. Exceptuar, librar. ‖ Vacunar. (**a.**: *infectar.*)

inmutable. adj. Invariable, inalterable, impasible, imperturbable, constante, inconmovible, impertérrito. (**a.**: *inestable, perturbable.*)

inmutar. tr. y prnl. Alterar, turbar, desconcertar, perturbar, conmover. (**a.**: *tranquilizar.*)

innato, ta. adj. Natural, propio, connatural. (**a.**: *adquirido, aprendido.*)

innecesario, ria. adj. Superfluo, sobrado, prescindible, inútil. (**a.**: *necesario, indispensable.*)

innegable. adj. Indiscutible, indudable, cierto, irrefutable, axiomático, irrebatible, incuestionable, seguro, irrefragable, evidente. (**a.**: *discutible, dudoso.*)

innoble. adj. Despreciable, abyecto, bajo, vil, indigno, ruin.

innovación. f. Cambio, renovación, creación, novedad.

innovar. tr. Cambiar, renovar, trasformar. (**a.**: *repetir.*)

innumerable. adj. Incontable, innúmero, numeroso, incalculable. ‖ Copioso, abundante.

inocencia. f. Sencillez, simplicidad, candor, pureza, ingenuidad. (**a.**: *astucia.*) ‖ Honradez. (**a.**: *culpabilidad.*)

inocentada. f. Broma.

inocente. adj. Candoroso, cándido, puro, casto, ingenuo. (**a.**: *impuro.*) ‖ Honrado, inofensivo. (**a.**: *culpable.*)

inocular. tr. Contagiar, contaminar. ‖ Vacunar. ‖ Pervertir.

inocuo, cua o **innocuo, cua.** adj. Inofensivo, pacífico. (**a.**: *nocivo, perjudicial.*) ‖ Anodino, soso.

inofensivo, va. adj. Inocuo, inocente, tranquilo.

inoperante. adj. Ineficaz. (**a.**: *eficaz.*)

inopia. f. Indigencia, necesidad, escasez, estrechez, pobreza.

inopinado, da. adj. Imprevisto, súbito, impensado, inesperado, repentino. (**a.**: *previsto, esperado.*)

inoportuno, na. adj. Intempestivo, importuno, improcedente, extemporáneo, inconveniente, imprevisto, prematuro. (**a.**: *oportuno, conveniente.*)

inorgánico, ca. adj. Mineral. (**a.**: *orgánico, vivo, vegetal.*)

inquebrantable. adj. Rígido, tenaz, inalterable, invariable, inmutable, inexorable. ‖ Irrompible.

inquietante. adj. Alarmante, amenazador.

inquietar. tr. y prnl. Desasosegar, desazonar, conturbar, alarmar, agitar, turbar, intranquilizar, perturbar. (**a.**: *tranquilizar, calmar.*)

inquieto, ta. adj. Travieso, turbulento, bullicioso. ‖ Desasosegado, excitado, agitado, intranquilo. (**a.**: *calmado, calmo.*)

inquietud. f. Intranquilidad, ansiedad, congoja, agitación, desasosiego, zozobra, desazón. (**a.**: *serenidad.*) ‖ Alboroto, conmoción. (**a.**: *quietud.*)

inquilino, na. m. y f. Locatario, arrendatario, ocupante.

inquina. f. Antipatía, ojeriza, aversión, tirria. (**a.**: *simpatía, afecto.*)

inquirir. tr. Indagar, preguntar, averiguar, pesquisar, investigar. ‖ Preguntar, interrogar. (**a.**: *responder.*)

inquisición. f. Averiguación, indagación, pesquisa, información, investigación. ‖ Santo Oficio.

inquisidor, ra. adj. y s. Averiguador, investigador, pesquisidor.

insaciable. adj. Ambicioso. ‖ Insatisfecho, ávido, hambriento, tragón.

insalubre. adj. Malsano, nocivo, dañoso, dañino, perjudicial, insano. (**a.**: *salubre, sano, saludable.*)

insania. f. Locura, demencia, vesania, enajenación.

insano, na. adj. Malsano, insalubre. (**a.**: *salubre, sano.*) ‖ Demente, loco, orate, enajenado, maniático. (**a.**: *cuerdo.*)

insatisfecho, cha. adj. Descontento. ‖ Insaciable.

inscribir. tr. Grabar, trazar. ‖ tr. y prnl. Alistar, empadronar, matricular, anotar, apuntar, asentar, registrar.

inscripción. f. Anotación. ‖ Epígrafe, leyenda. ‖ Epigrama. ‖ Epitafio. ‖ Letrero, marbete, rótulo, lema, etiqueta. ‖ Asiento.

inseguridad. f. Debilidad, inconsistencia. ‖ Riesgo, peligro. ‖ Incertidumbre, perplejidad, duda, indecisión, inconstancia, vacilación. (**a.**: *certeza, seguridad.*) ‖ Inestabilidad. (**a.**: *estabilidad.*)

inseguro, ra. adj. Movedizo, inestable. ‖ Incierto, mudable, dudoso, variable, indeciso, vacilante, inconstante.

insensatez. f. Desatino, locura, disparate, tontería, dislate. (**a.**: *sensatez,* prudencia.)

insensato, ta. adj. y s. Necio, fatuo, loco, sin sentido, lelo, memo, majadero, tonto. (**a.**: *cuerdo, juicioso, sensato.*) ‖ Absurdo, desatinado.

insensibilidad. f. Indiferencia, apatía, impasibilidad, indolencia, pasividad. ‖ Dureza, frialdad. (**a.**: *afectividad.*)

insensibilizar. tr. Anestesiar, embotar.

insensible. adj. Indiferente, duro, frío, apático, impasible.

inseparable. adj. Inherente, propio. ‖ Íntimo, fiel. ‖ Adjunto, anejo.

inserir. tr. Injertar, insertar.

insertar. tr. Incluir, meter, introducir, intercalar. ‖ Publicar.

inservible. adj. Inútil, inaplicable, desaprovechable. (**a.**: *aprovechable, útil.*) ‖ Estropeado.

insidia. f. Asechanza, celada, engaño, trampa, perfidia.

insidioso, sa. adj. Capcioso, engañoso, asechante, traidor. (**a.**: *franco, leal.*)

insigne. adj. Célebre, reputado, famoso, señalado, eximio, ilustre, preclaro, egregio, esclarecido, renombrado, eminente, notable.

insignia. f. Señal, emblema, distintivo, divisa. ‖ Enseña, estandarte, bandera, pendón, pabellón, trofeo, blasón.

insignificancia. f. Nadería, pequeñez, fruslería, minucia.

insignificante. adj. Pequeño, exiguo, mínimo, menudo. ‖ Baladí, irrisorio, mezquino, módico, miserable, despreciable, desdeñable, fútil, trivial. (**a.**: *importante.*) ‖ Insustancial.

insinuación. f. Sugestión, indirecta, alusión, sugerencia, indicación, inspiración.

insinuar. tr. Sugerir, aludir, indicar, inspirar, apuntar, señalar, soplar. ‖ prnl. Infiltrarse.

insípido, da. adj. Desabrido, insulso, soso, desaborido. *Lo insípido no tiene sabor.* (**a.**: *gustoso, sabroso.*) ‖ Insustancial, simple, chirle.

insipiente. adj. Ignorante, necio. (**a.**: *culto.*)

insistencia. f. Instancia, reiteración. ‖ Pertinacia, terquedad, porfía, obstinación.

insistente. adj. Constante, continuo. ‖ Pertinaz, terco, porfiado, obstinado, testarudo, tozudo, machacón, pesado.

insistir. intr. Persistir, porfiar, machacar, importunar, obstinarse, perseverar, reiterar. (**a.**: *ceder, cejar, desistir.*)

ínsito, ta. adj. Innato, connatural, propio, ingénito, congénito. (**a.**: *adquirido.*)

insobornable. adj. Incorruptible, íntegro.

insociable. adj. Arisco, hosco, huraño, misántropo. (**a.**: *sociable, tratable.*)

insolación. f. Tabardillo, asoleamiento, acaloramiento.

insolencia. f. Descaro, atrevimiento, procacidad, desvergüenza, desfachatez. ‖ Insulto, injuria, ofensa, demasía.

insolente. adj. y s. Atrevido, irrespetuoso, descarado, desvergonzado, procaz, descomedido. ‖ Injurioso, insultante, ofensivo. ‖ Arrogante, altanero, orgulloso.

insólito, ta. adj. Desacostumbrado, insólito, desusado, inusitado, asombroso, inusual, infrecuente, excepcional, raro, extraño. (**a.**: *habitual, usual.*)

insoluble. adj. Indisoluble, irresoluble.

insolvente. adj. Desacreditado, pobre. (**a.**: *rico.*)

insomne. adj. Desvelado. (**a.**: *amodorrado.*)

insomnio. m. Vigilia, desvelo, vela. (**a.**: *modorra.*)

insondable. adj. Impenetrable, incognoscible, inescrutable, profundo, indescifrable, incomprensible, oscuro, secreto.

insoportable. adj. Intolerable, enfadoso, insufrible, molesto, inaguantable, pesado, cargante. (**a.**: *soportable, llevadero, tolerable.*)

insostenible. adj. Inestable. ‖ Indefendible, rebatible, débil, arbitrario, infundado.

inspección. f. Examen, control, reconocimiento, verificación.

inspeccionar. tr. Examinar, controlar, reconocer, comprobar, registrar, investigar, verificar.

inspector, ra. m. y f. Revisor, verificador, contralor, fiscalizador.

inspiración. f. Numen, estro, musa, vena, lira. ‖ Iluminación, arrebato. ‖ Aspiración, inhalación. ‖ Influencia, sugestión, sugerencia.

inspirar. tr. Aspirar. (**a.**: *espirar.*) ‖ Infundir, soplar, sugerir, iluminar. ‖ Despertar, atraerse.

instable. adj. Inestable, inseguro, variable, precario, cambiante, perecedero, transitorio, vacilante, fluctuante.

instalación. f. Colocación, emplazamiento.

instalar. tr. Colocar, poner, disponer, armar, montar. ‖ Alojar, acomodar, emplazar, establecer, ubicar. ‖ prnl. Establecerse.

instancia. f. Ruego, súplica, petición. ‖ Memorial, solicitud. ‖ Premura. ‖ Impugnación, refutación.

instantáneo, a. adj. Momentáneo, rápido, fugaz. (**a.**: *constante,* lento.) ‖ Transitorio, pasajero, efímero.

instante. m. Momento, segundo, punto, soplo, tris, santiamén, periquete.

instar. tr. Rogar, suplicar, reclamar, insistir. ‖ Urgir, presionar, apremiar, apurar.

instaurar. tr. Renovar, reponer, restaurar, restablecer. ‖ Establecer, implantar, instituir. (**a.**: *abolir, deponer.*)

instigar. tr. Azuzar, incitar, inducir, soliviantar, excitar, mover, pinchar, aguijonear, impulsar, promover, provocar. (**a.**: *amilanar, disuadir.*)

instilar. tr. Infiltrar, infundir.

instintivo, va. adj. Indeliberado, maquinal, involuntario, reflejo, irreflexivo. (**a.**: *voluntario, reflexivo, consciente.*)

instinto. m. Propensión, inclinación, naturaleza, apetito, tendencia, corazonada. (**a.**: *discernimiento.*)

institución. f. Establecimiento, fundación. ‖ Entidad, organismo, instituto.

instituir. tr. Crear, establecer, fundar, erigir, instaurar. (**a.**: *abolir.*)

instituto. m. Corporación, sociedad, academia. ‖ Ordenanza, reglamento, estatuto.

institutriz. f. Aya, educadora, maestra, profesora.

instrucción. f. Enseñanza, educación. ‖ Ilustración, saber, erudición, cultura ‖ pl. Órdenes, normas, advertencias, preceptos, reglas.

instructivo, va. adj. Aleccionador, ilustrativo, educativo.

instructor, ra. adj. y s. Maestro, monitor.
instruido, da. adj. Culto, docto, ilustrado, leído, erudito, sabedor. (**a.**: *ignorante.*) || Advertido, aleccionado, avisado, adiestrado.
instruir. tr. Enseñar, educar, adoctrinar, aleccionar, adiestrar, ilustrar, advertir, enterar, informar, cultivar. || Tramitar.
instrumentación. f. Orquestación.
instrumentar. tr. Orquestar.
instrumento. m. Utensilio, aparato, útil, herramienta, ingenio. || Medio. || Documento, escritura.
insubordinación. f. Desobediencia, indisciplina, rebeldía, sublevación. (**a.**: *acatamiento, subordinación.*)
insuficiencia. f. Incapacidad, ineptitud, torpeza, ignorancia, incompetencia. (**a.**: *capacidad, aptitud.*) || Escasez, cortedad, falta, penuria. (**a.**: *abundancia.*)
insuficiente. adj. Escaso, exiguo, falto, poco, pequeño, corto, deficiente.
insuflar. tr. Soplar, henchir, introducir.
insufrible. adj. Inaguantable, insoportable, intolerable. (**a.**: *tolerable, soportable.*) || Incómodo, molesto.
ínsula. f. Isla.
insular. adj. Isleño.
insulsez. f. Sosera, sosería, desabrimiento, insipidez. || Simpleza, bobería, necedad, estupidez.
insulso, sa. adj. Desabrido, insípido, soso, insustancial. (**a.**: *sustancioso.*) || Simple, necio, tonto, inexpresivo, estúpido, zonzo. (**a.**: *ocurrente, donoso, ingenioso.*)
insultante. adj. Ofensivo, provocativo, afrentoso, injurioso, humillante, ultrajante.
insultar. tr. Agraviar, ofender, denostar, injuriar, afrentar, ultrajar, baldonar. (**a.**: *alabar.*)
insulto. m. Ofensa, agravio, injuria, ultraje, afrenta. || Dicterio, improperio, denuesto, insolencia. (**a.**: *loa.*)
insumiso, sa. adj. Rebelde, desobediente.
insuperable. adj. Inmejorable, excelente, óptimo, perfecto, superior. || Invencible. || Insalvable, infranqueable.
insurgente. adj. y s. Insurrecto, sublevado, sedicioso, faccioso, rebelde.
insurrección. f. Rebelión, alzamiento, motín, sublevación, levantamiento, sedición, asonada, chirinada.
insurreccionarse. prnl. Rebelarse, sublevarse, amotinarse, insubordinarse, pronunciarse.
insurrecto, ta. adj. y s. Insurgente, sedicioso, rebelde, sublevado, revolucionario.
insustancial. adj. Anodino, vacuo, insulso, huero, trivial. (**a.**: *sustancial.*)
insustituible. adj. Irreemplazable, indispensable.
intacto, ta. adj. Íntegro, entero, completo. || Indemne, ileso, incólume. || Intocado, inalterado.
intachable. adj. Irreprochable, íntegro, honrado, probo, cabal, recto. (**a.**: *censurable.*)
intangible. adj. Intocable. || Impalpable, incorpóreo, inmaterial.
integral. adj. Total, completo, global. (**a.**: *parcial.*)
integrante. adj. Esencial. || Integral. || adj. y s. Componente.
integrar. tr. Completar, totalizar, componer, formar.
integridad. f. Totalidad. || Probidad, honradez, rectitud. || Virginidad, pureza, castidad. || Perfección, plenitud.
íntegro, gra. adj. Entero, total, completo, cabal. || Honrado, probo, intachable, recto, incorruptible, cabal, justo, puro.
intelecto. m. Entendimiento, mente, inteligencia, razón.
intelectual. adj. Intelectivo, mental, espiritual. || com. Literato, erudito, estudioso.
inteligencia. f. Intelecto, talento, entendimiento, entendederas, razón, mente, juicio. || Comprensión, imaginación, conocimiento, ingenio, intelección. || Acuerdo, unión, trato, armonía, avenencia. || Destreza, sagacidad, habilidad, pericia.
inteligente. adj. Sabio, docto, instruido. || Ingenioso, talentoso, talentudo, sagaz, entendido, listo, lúcido, perspi-

caz, comprensivo, despierto. (**a.**: *negado, tonto.*)

inteligible. adj. Comprensible, asequible, claro, fácil, descifrable, legible. (**a.**: *ininteligible, incomprensible.*)

intemperancia. f. Exceso, desenfreno, destemplanza, inmoderación, incontinencia. (**a.**: *moderación, templanza.*) || Intolerancia, intransigencia. (**a.**: *tolerancia.*)

intemperante. adj. Intolerante, intransigente. || Inmoderado.

intempestivo, va. adj. Inoportuno, inopinado, extemporáneo, impertinente. (**a.**: *oportuno.*)

intención. f. Propósito, mira, designio, intento, proyecto, fin, ánimo, pensamiento, determinación.

intencional. adj. Premeditado, deliberado. (**a.**: *inconsciente.*)

intendencia. f. Municipalidad. || Dirección, gobierno.

intensidad. f. Fuerza, vigor, energía. || Vehemencia, viveza. || Potencia, volumen (de sonido). || Virulencia, rigor.

intensificar. tr. Aumentar, reforzar, acrecentar. (**a.**: *menguar, debilitar.*)

intenso, sa. adj. Fuerte, recio, enérgico, virulento. || Vehemente, vivo. || Subido, intensivo, hondo, agudo, profundo. || Penetrante.

intentar. tr. Procurar, probar, pretender, aspirar, tentar, tratar de, proponerse, proyectar. (**a.**: *ceder, desistir.*)

intento. m. Fin, designio, propósito, proyecto, intención. || Tentativa, intentona, conato.

intercalar. tr. Interponer, interlinear, interpolar, insertar, entremezclar, añadir.

intercambio. m. Canje, trueque, cambio, permuta.

interceder. intr. Mediar, interponerse, abogar, rogar, recomendar, propiciar, componer, avenir.

interceptar. tr. Obstruir, detener, cortar, estorbar, impedir, interrumpir.

intercesión. f. Mediación, intervención, recomendación.

intercesor, ra. adj. Abogado, medianero, mediador, amigable componedor.

interdecir. tr. Prohibir, proscribir, vedar.

interdicción. f. Prohibición, veto, veda. || Interdicto.

interdicto. m. Entredicho, prohibición.

interés. m. Provecho, ganancia, utilidad, beneficio, renta, conveniencia, rédito. (**a.**: *pérdida.*) || Importancia, valor. || Inclinación, afecto. (**a.**: *desinterés, desafecto.*) || Atención. (**a.**: *desatención.*) || m. pl. Bienes, patrimonio, fortuna, capital, peculio.

interesado, da. adj. y s. Codicioso. || Apasionado. || Solicitante.

interesar. tr. Dar parte, asociar. || Cautivar, atraer, impresionar, seducir. || intr. Afectar, atañer, tocar, importar, concernir. || prnl. Estar interesado en, encariñarse por.

interferir. tr. e intr. Interponerse, interrumpir.

interfoliar. tr. Interpaginar.

ínterin. m. Intermedio, intervalo, interinato. || adv. Entretanto, mientras, mientras tanto.

interino, na. adj. Momentáneo, provisional, provisorio, transitorio, temporal. (**a.**: *definitivo.*)

interior. adj. Interno. (**a.**: *exterior, externo.*) || Íntimo, intrínseco, recóndito, doméstico. (**a.**: *extrínseco.*) || m. Ánimo. || Intimidad, fondo, interioridad, fuero interno.

interioridad. f. Interinato. || Intervalo, pausa. (**a.**: *continuidad.*)

interiormente. adv. Internamente, íntimamente. (**a.**: *exteriormente.*)

interjección. f. Exclamación.

interlínea. f. Regleta. || Línea blanca.

interlinear. tr. Entrerrenglonar, regletear, interpolar, intercalar.

interlocutor, ra. m. y f. Colocutor, internuncio, dialogador.

intermediar. intr. Interponer, mediar.

intermediario, ria. adj. y s. Mediador. || Proveedor, comerciante, negociante.

intermedio, dia. adj. Medio. || m. Intervalo. || Entreacto, entremés. || Tregua.

interminable. adj. Inacabable, inagotable, eterno. || Lento.

intermisión. f. Interrupción, cesación, dilación.

intermitencia. f. Intermisión, suspensión. (**a.:** *continuidad.*)

intermitente. adj. Discontinuo, entrecortado, interrumpido, irregular. (**a.:** *continuo, incesante.*)

internacional. adj. Universal, mundial, cosmopolita.

internar. tr. Introducir, encerrar. || prnl. Adentrarse, penetrar, introducirse, entrar.

interno, na. adj. Interior, íntimo, intrínseco. (**a.:** *externo, exterior.*) || s. Pensionista, pupilo.

interpaginar. tr. Interfoliar.

interpelar. tr. Requerir, preguntar, interrogar. || Intimar, apostrofar. (**a.:** *contestar.*)

interpolar. tr. Intercalar, interponer, insertar.

interponer. tr. Intercalar, interlinear, interpolar. || Entablar, iniciar. || prnl. Cruzarse, atravesarse, interferir. || Intervenir, mediar, entrometerse. (**a.:** *desentenderse.*)

interpretación. f. Exégesis, comentario, hermenéutica, explicación, glosa, traducción.

interpretar. tr. Explicar, exponer, comentar, glosar. || Traducir, descifrar, verter. (**a.:** *tergiversar.*) || Entender, comprender. || Expresar, representar, ejecutar.

intérprete. m. y f. Comentarista, glosador, exegeta, parafraseador, hermeneuta. || Traductor. || Dragomán, truchimán, trujimán, trujamán. || Actor, artista.

interrogación. f. Pregunta. || Interpelación.

interrogante. adj. Interrogativo. || m. y f. Pregunta, interrogación. || Incógnita.

interrogar. tr. Preguntar, demandar, inquirir, sondear, interpelar. (**a.:** *responder, contestar.*)

interrogatorio. m. Cuestionario, examen, sondeo.

interrumpir. tr. Suspender, cortar. (**a.:** *continuar.*) || Interceptar, detener, parar, impedir, obstruir, paralizar.

interrupción. f. Intermisión, detención, interferencia, suspensión, paro, pausa, paréntesis, intervalo.

intersecar. tr. Cortar.

intersección. f. Sección. || Cruce, encuentro.

intersticio. m. Hendidura, grieta, espacio, resquicio, resquebradura, rendija.

intervalo. m. Intermedio, interludio, pausa. || Lapso, interrupción, trascurso, ínterin, espacio, distancia, hueco.

intervención. f. Mediación. || Operación quirúrgica. || Injerencia, intromisión. || Inspección, fiscalización.

intervenir. intr. Mezclarse, participar, terciar. (**a.:** *abstenerse, desligarse.*) || Interponerse, mediar, influir. || tr. Inspeccionar, fiscalizar. || Actuar, entrar en juego. || Operar.

interventor, ra. m. y f. Fiscalizador, inspector.

intestino, na. adj. Interno, interior, civil, doméstico. || m. Tripa, chinchulín.

intimación. f. Conminación, ultimátum, requerimiento, aviso, advertencia, notificación.

intimar. tr. Conminar, ordenar, exhortar, notificar. || Fraternizar, congeniar. (**a.:** *enemistarse.*) || Introducirse.

intimidad. f. Confianza, familiaridad, amistad, apego.

intimidar. tr. y prnl. Acobardar, asustar, amedrentar, atemorizar, amilanar, arredrar. (**a.:** *animar, instigar.*)

íntimo, ma. adj. Interior. (**a.:** *extraño.*) || Profundo, entrañable. (**a.:** *desafecto.*) || Recóndito, secreto, reservado.

intitular. tr. y prnl. Titular, llamar, denominar.

intocable. adj. Intangible.

intolerable. adj. Inaguantable, insufrible, insoportable, molesto. (**a.:** *tolerable, soportable.*)

intolerancia. f. Intransigencia, incomprensión, fanatismo. (**a.:** *tolerancia, indulgencia, transigencia.*)

intolerante. adj. Intransigente, intemperante, fanático.

intoxicación. f. Envenenamiento.

intoxicar. tr. Envenenar, emponzoñar, atosigar, inficionar. || Alcoholizar.

intranquilidad. f. Desasosiego, zozobra, angustia, inquietud. (**a.**: *calma, sosiego.*)
intranquilizar. tr. y prnl. Inquietar, acongojar, desasosegar, preocupar, perturbar. (**a.**: *tranquilizar, serenar.*)
intranquilo, la. adj. Agitado, angustiado, inquieto, desasosegado, nervioso.
intransferible. adj. Intransmisible, inalienable. (**a.**: *transferible, endosable.*)
intransigente. adj. Intolerante, fanático, intemperante. (**a.**: *tolerante.*) || Obstinado, pertinaz, testarudo, terco.
intransitable. adj. Impracticable, infranqueable.
intratable. adj. Áspero, desabrido, huraño, misántropo, arisco, insociable, incivil, inconversable. (**a.**: *tratable, cortés, sociable.*)
intrepidez. f. Ánimo, valor, osadía, valentía, arrojo, denuedo, esfuerzo. (**a.**: *cobardía.*)
intrépido, da. adj. Valiente, osado, atrevido, arrojado, esforzado, valeroso, decidido. || Irreflexivo.
intriga. f. Manejo, tramoya, enredo, trama, embrollo, maquinación. || Curiosidad. || Chisme.
intrigante. adj. y s. Tramoyista, enredador, embrollón, chismoso, maquinador.
intrigar. intr. Maquinar, confabularse, enredar, tramar, complotar, urdir, conspirar, cabildear.
intrincado, da. adj. Enredado, laberíntico, complicado, confuso, embrolloso, revesado, enrevesado, enmarañado, inextricable, oscuro, difícil. (**a.**: *sencillo, fácil.*)
intríngulis. m. Dificultad, busilis, complicación, nudo, toque, quid.
intrínseco, ca. adj. Esencial, íntimo, propio, interno, interior, inmanente, ínsito, constitutivo. (**a.**: *extrínseco.*)
introducción. f. Entrada, principio, comienzo. || Importación, inclusión, infiltración, inspección. || Preparación, disposición. || Prólogo, preámbulo, exordio, prefacio, preliminar, introito. (**a.**: *ultílogo, epílogo.*)
introducir. tr. Meter, encajar, embutir, inyectar. (**a.**: *sacar, extraer.*) || Importar. (**a.**: *exportar.*) || Establecer. || prnl. Entrometerse, inmiscuirse, insinuarse. || Penetrar, internarse. (**a.**: *salir.*)
introito. m. Introducción, prólogo. (**a.**: *epílogo.*)
intromisión. f. Entrometimiento, entremetimiento, injerencia, intrusión, oficiosidad, indiscreción.
introspección. f. Introversión, autoanálisis.
intruso, sa. adj. y s. Entrometido, entremetido, indiscreto, extraño. (**a.**: *discreto.*)
intuición. f. Presentimiento, percepción, vislumbre, visión.
intuir. tr. Entrever, adivinar, presentir, vislumbrar.
intumescencia. f. Tumefacción, inflamación, tumescencia, hinchazón, turgencia.
inundación. f. Avenida, aluvión, desbordamiento, crecida, riada, anegamiento. || Multitud.
inundar. tr. Anegar, encharcar. || Llenar, colmar, desbordar, sumergir.
inurbano, na. adj. Descortés, basto, impolítico, incivil, grosero, ordinario.
inusitado, da. adj. Desacostumbrado, raro, inusual, insólito, extraño, extraordinario, desusado. (**a.**: *frecuente, usual, común.*)
inútil. adj. Inservible, ineficaz, incapaz, inepto. || Infructuoso, improductivo, ocioso. (**a.**: *útil, provechoso.*)
inutilidad. f. Ineficacia, infructuosidad, futilidad. (**a.**: *eficacia, uso.*)
inutilizar. tr. Invalidar. || Incapacitar, inhabilitar, desechar, anular. || Estropear, averiar.
inútilmente. adv. En vano, vanamente, infructuosamente, estérilmente, en balde.
invadir. tr. Irrumpir, entrar, penetrar. || Acometer, maloquear, violentar. (**a.**: *evacuar.*)
invalidar. tr. Anular, abolir, abrogar, inhabilitar, inutilizar. (**a.**: *autorizar, habilitar.*)
inválido, da. adj. y s. Baldado, imposibilitado, discapacitado, lisiado, tulli-

do. (**a.**: *válido.*) ‖ Nulo, desautorizado.

invariable. adj. Inalterable, fijo, inmutable, firme, constante, inconmovible. (**a.**: *variable, cambiante, fluctuante.*)

invasión. f. Incursión, malón, irrupción, correría, intrusión, entrada. (**a.**: *repliegue, retirada.*)

invectiva. f. Catilinaria, diatriba, apóstrofe, filípica.

invencible. adj. Invicto. ‖ Indomable, inconquistable, inquebrantable, inexpugnable. ‖ Insalvable, insuperable.

invención. f. Invento, innovación, hallazgo, creación, descubrimiento. ‖ Fábula, ficción. ‖ Mentira, engaño.

inventar. tr. Descubrir, concebir, fraguar, imaginar, fingir, hallar, idear, forjar.

inventariar. tr. Catalogar, registrar.

inventario. m. Descripción, catálogo, relación, repertorio, nomenclador.

inventiva. f. Fantasía, ingenio, imaginación, idea, inspiración.

invento. m. Invención, descubrimiento, hallazgo. ‖ Patraña.

inventor, ra. adj. y s. Creador, descubridor, autor.

inverecundo, da. adj. Desvergonzado, impúdico, descarado. (**a.**: *pudoroso.*)

invernáculo. m. Estufa, invernadero.

invernal. adj. Hibernal, hiemal. (**a.**: *estival.*) ‖ Frío, riguroso.

inverosímil o **inverisímil.** adj. Increíble, improbable, inconcebible, inaudito, inimaginable, imposible. (**a.**: *verosímil, real.*) ‖ Absurdo, fantástico, fabuloso.

inversión. f. Hipérbaton, trasposición. ‖ Cambio, alteración. ‖ Gasto, colocación.

inverso, sa. adj. Alterado, cambiado, trastornado, invertido, opuesto, contrario. (**a.**: *inalterado.*)

invertir. tr. Trastornar, alterar, trabucar, cambiar, volver. ‖ Colocar, poner, gastar, emplear. ‖ Destinar, ocupar, emplear.

investidura. f. Cargo, título, dignidad.

investigación. f. Averiguación, examen, indagación, sondeo, pesquisa, búsqueda, exploración.

investigar. tr. Averiguar, inquirir, pesquisar, indagar, escudriñar, buscar.

investir. tr. Conferir, conceder. ‖ Ungir.

inveterado, da. adj. Antiguo, arraigado, habitual, viejo, vetusto. (**a.**: *nuevo.*)

invicto, ta. adj. Invencible. ‖ Triunfador, victorioso, glorioso. (**a.**: *derrotado.*)

inviolable. adj. Sagrado. ‖ Irrompible.

invisible. adj. Encubierto, oculto. (**a.**: *visible, descubierto.*) ‖ Inapreciable. (**a.**: *perceptible.*)

invitación. f. Convite. ‖ Entrada. ‖ Incitación, estímulo, instigación, ruego.

invitar. tr. Convidar. ‖ Incitar, instar, inducir, estimular.

invocar. tr. Implorar, suplicar, rogar. ‖ Apelar, llamar. ‖ Alegar, acogerse, fundarse.

involucrar. tr. Envolver, mezclar, abarcar, implicar. (**a.**: *excluir.*)

involuntario, ria. adj. Espontáneo, impensado, irreflexivo, instintivo, reflejo, maquinal. (**a.**: *voluntario, reflexivo.*)

invulnerable. adj. Invencible, inmune. ‖ Inatacable, inexpugnable. (**a.**: *indefenso.*)

ipecacuana. f. Bejuquillo.

ir. intr. Caminar, moverse, desplazarse, mudarse, acudir, asistir, dirigirse. (**a.**: *venir, volver, llegar.*) ‖ Abarcar, extenderse. ‖ Sentar. ‖ prnl. Marcharse, encaminarse, partir. ‖ Consumirse, gastarse, derramarse.

ira. f. Indignación, rabia, enojo, irritación, furor, coraje, cólera, furia. (**a.**: *humildad.*)

iracundo, da. adj. Irascible, furibundo, irritable, colérico, rabioso, bilioso, atrabiliario, violento. (**a.**: *tranquilo, plácido.*)

irascible. adj. Iracundo.

iridiscente. adj. Irisado, reflectante.

ironía. f. Burla, sarcasmo.

irónico, ca. adj. Burlón, sarcástico, punzante, cáustico, mordaz, socarrón.

irracional. adj. Bruto, bestia, animal.

(**a.**: *persona.*) || Absurdo, insensato, ilógico, extraviado, irrazonable, disparatado. (**a.**: *racional, coherente.*)
irradiación. f. Brillo, centelleo. || Difusión.
irradiar. tr. o intr. Radiar, emitir, difundir, trasmitir. || Esparcir, despedir. || Relumbrar, destellar, resplandecer, centellear, centellar, esplender.
irreal. adj. Fantástico, ilusorio, imaginario, quimérico. (**a.**: *real.*)
irrealizable. adj. Impracticable, imposible, utópico, quimérico. (**a.**: *factible, posible.*)
irrebatible. adj. Indiscutible, irrefutable, incuestionable, incontrovertible, indisputable, incontrastable. (**a.**: *cuestionable, inseguro.*)
irreconciliable. adj. Incompatible, opuesto, antípoda.
irrecusable. adj. Inexcusable, irrechazable.
irreductible. adj. Irreducible, inexpugnable, incoercible.
irreflexivo, va. adj. Alocado, precipitado, imprudente, aturdido, maquinal, atropellado, ligero, impulsivo. || Impremeditado, espontáneo, impensado, instintivo, involuntario, indeliberado. (**a.**: *premeditado, voluntario.*)
irrefragable. adj. Probado, demostrado, corroborado, incuestionable, establecido. (**a.**: *incierto.*)
irrefrenable. adj. Incontenible, irresistible, incoercible.
irrefutable. adj. Irrebatible, incontestable, incuestionable, indiscutible, incontrastable.
irregular. adj. Anómalo, anormal. || Desigual, informe, intermitente, discontinuo. (**a.**: *regular, rítmico, continuo.*) || Asimétrico. || Variable, arbitrario, caprichoso, inconstante, ilícito, injusto. (**a.**: *normal, lícito.*)
irregularidad. f. Anomalía, asimetría, anormalidad. || Desigualdad, desproporción, discontinuidad, intermitencia. || Arbitrariedad. || Malversación, desfalco, peculado. || Cohecho, soborno.
irreligioso, sa. adj. Impío, ateo, descreído, indiferente, incrédulo, impiadoso. (**a.**: *religioso, piadoso, creyente.*)
irremediable. adj. Irreparable, incurable, insanable. (**a.**: *remediable, reparable.*) || Inevitable.
irremisible. adj. Imperdonable. (**a.**: *perdonable, remisible.*)
irremplazable. adj. Insustituible.
irrenunciable. adj. Indeclinable.
irreparable. adj. Irremediable.
irreprensible. adj. Intachable, irreprochable.
irreprimible. adj. Incontenible, irrefrenable.
irreprochable. adj. Impecable, intachable, perfecto.
irresistible. adj. Arrollador, incontenible. || Intolerable, inaguantable. || Pujante, violento.
irresolución. f. Perplejidad, indeterminación, vacilación, indecisión, duda, titubeo, incertidumbre. (**a.**: *decisión.*)
irresoluto, ta. adj. Indeciso, tímido, vacilante, dudoso, titubeante, perplejo. (**a.**: *decidido.*)
irrespetuoso, sa. adj. Desatento, descortés, irreverente, grosero, descomedido, desconsiderado, insolente. (**a.**: *respetuoso, considerado.*)
irrespirable. adj. Impuro, fétido, mefítico, asfixiante.
irresponsable. adj. Loco. (**a.**: *cuerdo, sensato, responsable.*)
irreverente. adj. Irrespetuoso.
irrevocable. adj. Definitivo, fijo, firme. (**a.**: *revocable, anulable.*)
irrigación. f. Lavativa, enema, ayuda. || Riego.
irrigar. tr. Regar, rociar, bañar.
irrisión. f. Befa, desprecio, escarnio, mofa, burla. (**a.**: *admiración.*) || Ridiculez.
irrisorio, ria. adj. Ridículo, risible. || Insignificante, desestimable, minúsculo. (**a.**: *valioso.*)
irritable. adj. Irascible, iracundo, colérico, atrabiliario, susceptible, bilioso. || Anulable.
irritación. f. Ira, berrinche, enfado, enojo, indignación, cólera, rabia. (**a.**: *calma, tranquilidad.*) || Comezón. || Anulación, invalidación.
irritante. adj. Exasperante, indignante,

enfadoso, enojoso. (**a.**: *amable, interesante.*)

irritar. tr. y prnl. Enfadar, enojar, encolerizar, enfurecer, exasperar, sulfurar, trinar. (**a.**: *calmar, apaciguar.*) || Excitar, acalorar. || tr. Inflamar, encender.

írrito, ta. adj. Nulo, inválido. (**a.**: *válido.*)

irrogar. tr. Causar, ocasionar, acarrear, producir.

irrompible. adj. Indestructible.

irrumpir. intr. Invadir, acometer, atacar.

irrupción. f. Invasión, correría, incursión, intrusión, entrada, acometida, malón, desbordamiento. (**a.**: *contención.*)

isla. f. Ínsula, isleta, islote, arrecife. (**a.**: *albufera, laguna, lago.*)

islámico, ca. adj. Mahometano, musulmán, agareno, islamita.

islamismo. m. Islam, mahometismo.

islamita. adj. y s. Mahometano, musulmán, islámico, sarraceno, muslime.

isleño, ña. adj. y s. Insular, insulano.

islilla. f. Sobaco.

ismaelita. adj. y s. Árabe, moro, sarraceno, agareno.

isomorfismo. m. Homomorfismo.

israelita. adj. y s. Hebreo, judío.

itálica. adj. Bastardilla, cursiva.

ítem. m. Añadidura, aditamento. || adv. Además, también.

iteración. f. Repetición, reiteración.

iterar. tr. Repetir, reiterar, insistir. (**a.**: *callar, omitir.*)

itinerante. adj. Ambulante.

itinerario. m. Ruta, trayecto, camino, recorrido.

izar. tr. Levantar, subir, elevar. (**a.**: *arriar, bajar.*)

izquierda. f. Siniestra, zurda, zurdería. (**a.**: *derecha, diestra.*) || Babor. (**a.**: *estribor.*)

izquierdo, da. adj. Zurdo, siniestro, torcido. (**a.**: *diestro.*)

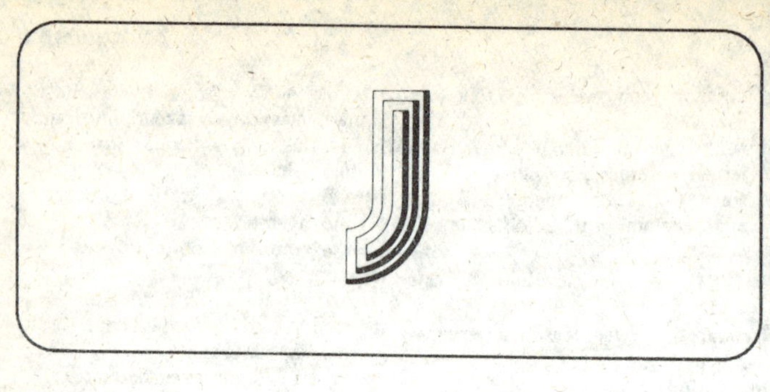

jabalí. m. Puerco montés, puerco salvaje.
jabalina. f. Azagaya, venablo.
jabardear. intr. Pavordear.
jabí. m. Quebracho, quiebrahacha.
jabón. m. Miedo. ‖ Reprimenda. ‖ Adulación.
jabonadura. f. Enjabonado, enjabonadura, fregado. ‖ Amonestación, reprensión. (**a.:** *encomio, elogio.*)
jabonar. tr. Enjabonar.
jaboncillo. m. Jabón de sastre, esteatita.
jabonoso, sa. adj. Saponáceo. ‖ Resbaladizo.
jaca. f. Yegua.
jacarandá. m. Molle, terebinto.
jacarandoso, sa. adj. Donairoso, chistoso, gracioso, alegre, airoso, garboso, desenfadado, sandunguero. (**a.:** *melancólico.*)
jaco. m. Rocín, matalón, sotreta, jamelgo, penco.
jacobino. m. Demagogo, revolucionario, racionalista, ateo.
jactancia. f. Vanidad, vanagloria, inmodestia, presunción, petulancia, fatuidad, pedantería, arrogancia. *La jactancia es el lenguaje de la vanidad.* (**a.:** *humildad, modestia.*)
jactancioso, sa. adj. Presumido, vanidoso, fanfarrón, presuntuoso, petulante, arrogante, fatuo, orgulloso.
jactarse. prnl. Alabarse, gloriarse, vanagloriarse, pavonearse, preciarse, blasonar, presumir, ufanarse, fanfarronear, alardear, farolear.
jaculatoria. f. Invocación, oración.
jadear. intr. Acezar, resollar, hipar.
jadeo. m. Acezo, resuello.
jaez. m. Índole, calidad. ‖ Estofa, laya, calaña, ralea. ‖ pl. Arreos.
jalbegar. tr. Enjalbegar, encalar, blanquear.
jalea. f. Gelatina.
jaleo. m. Bullicio, fiesta, jarana, bulla, alegría, parranda, diversión, algazara. ‖ Alboroto, desorden, riña. ‖ Intriga, enredo.
jalón. m. Estaca, mojón, hito. ‖ Tirón.
jalonar. tr. Estacar, marcar, alinear, señalar.
jamás. adv. Nunca. (**a.:** *siempre.*)
jamelgo. m. Jaco, matalón, penco, rocín.
jamón. m. Pernil.
jangada. f. Almadía, balsa. ‖ Pillería, bribonada, trastada.
japonés, sa. adj. y s. Nipón.
jaque. m. Valentón, bravucón, perdonavidas, matón, matasiete, guapo, fanfarrón, chulo. ‖ Amenaza, peligro.
jaquear. tr. Hostigar, acosar, amenazar.
jaqueca. f. Hemicránea, neuralgia, migraña, cefalea. ‖ Fastidio, molestia.
jarabe. m. Jarope, almíbar.
jarana. f. Bulla, bullicio, fiesta, jolgo-

rio, diversión, alegría, jaleo, algazara. || Alboroto, desorden, pendencia, tumulto, gresca, trifulca. || Trampa, burla, engaño.

jaranero, ra. adj. y s. Alborotador, juerguista.

jarcia. f. Cordelería, cordaje.

jardín. m. Vergel, pensil, parque.

jarrete. m. Corvejón, corva.

jarretera. f. Charretera, liga.

jarrón. m. Florero, búcaro.

jaspeado, da. adj. Veteado.

jaula. f. Cárcel, gayola, cávea.

jauría. f. Traílla.

jefatura. f. Autoridad, superioridad, gobierno, dirección.

jefe, fa. m. y f. Superior, director, patrón, cabeza, capataz, principal. || Guía, conductor, líder, caudillo. (**a.**: *subordinado, subalterno.*)

jerarquía. f. Orden, grado, rango, categoría.

jerga o jerigonza. f. Galimatías, algarabía, caló, germanía.

jergón. m. Colchón.

jerigonza. f. Jerga, galimatías.

jeringar. tr. Molestar, fastidiar, enfadar, cansar.

jeta. f. Hocico, boca, morro. || Cara.

jícara. f. Pocillo, tacita.

jinete. m. Caballero. || Yóquey, yoqui.

jira. f. Excursión, viaje, paseo.

jirón. m. Desgarrón, siete, andrajo. || Trozo, parte, pedazo, porción.

jocoserio, ria. adj. Tragicómico.

jocosidad. f. Chiste, gracia, broma, agudeza.

jocoso, sa. adj. Festivo, alegre, gracioso, chistoso, divertido, humorístico.

jocundo, da. adj. Jocoso, alegre, gracioso, chistoso.

jofaina. f. Palangana, aguamanil, lavamanos.

jolgorio. m. Holgorio, jarana, fiesta, bulla, bullicio, parranda, alboroto.

jornada. f. Jornal. || Ocasión, suceso, circunstancia, trance, lance. || Día, etapa.

jornal. m. Salario, estipendio.

jornalero, ra. m. y f. Trabajador, obrero, asalariado, operario, peón, bracero.

joroba. f. Giba, corcova. || Impertinencia, molestia, fastidio.

jorobado, da. adj. Corcovado, giboso, contrahecho. || Mortificado.

jorobar. tr. Molestar, fastidiar, jeringar, importunar, mortificar. (**a.**: *halagar.*)

joven. m. y f. Mozo, pollo, mancebo, efebo, zagal, adolescente, muchacho. (**a.**: *viejo.*) || adj. Nuevo, reciente, fresco. (**a.**: *maduro, viejo, veterano.*)

jovial. adj. Alegre, chistoso, divertido, gracioso, risueño, bromista. (**a.**: *amargado, triste.*)

joya. f. Alhaja, presea.

jubilación. f. Retiro, pensión.

jubilar. tr. Apartar, arrinconar. (**a.**: *utilizar.*) || Licenciar.

júbilo. m. Alborozo, alegría, felicidad, regocijo, contento, gozo. (**a.**: *tristeza, congoja.*)

judas. m. Traidor, alevoso, desleal, delator. (**a.**: *fiel, leal.*)

judicial. adj. Jurídico.

judío, a. adj. y s. Hebreo, israelita.

juego. m. Deporte. || Diversión, recreo, recreación, entretenimiento, pasatiempo. || Funcionamiento, movimiento. || Colección, serie. || Unión, articulación, coyuntura. || **juegos malabares.** Malabarismo.

juerga. f. Parranda, jarana, jolgorio, bullanga, diversión.

juez. m. Árbitro, magistrado.

jugada. f. Treta, ardid, jugarreta, lance, trastada, picardía, faena, partida. || Mano, tirada.

jugador, ra. m. y f. Tahúr, fullero. || Jugueteador.

jugar. intr. Entretenerse, divertirse. || Travesear, juguetear, retozar. || Funcionar, andar, moverse, marchar. || tr., intr. y prnl. Arriesgar, aventurar.

jugarreta. f. Truhanada, trastada, picardía.

juglar. m. Bardo, rapsoda. || Prestidigitador.

jugo. m. Zumo. || Salsa. || Enjundia, sustancia. || Provecho, utilidad, ventaja.

jugoso, sa. adj. Suculento. || Sustancioso, provechoso, fructífero, estimable. (**a.**: *insulso, seco.*)

juguete. m. Chiche, trebejo. || Burla.
juguetear. intr. Jugar, retozar, entretenerse.
juguetón, na. adj. Retozón, inquieto.
juicio. m. Discernimiento, razón, entendimiento, inteligencia, criterio. (**a.**: *prejuicio.*) || Cordura, seso, tino, prudencia, sensatez, madurez. (**a.**: *insensatez.*) || Opinión, apreciación, dictamen, parecer. || Razonamiento, valoración, crítica. || Veredicto, sentencia.
juicioso, sa. adj. Razonable, prudente, cuerdo, sensato, formal, atinado, mesurado, sesudo, maduro. (**a.**: *irreflexivo, insensato.*)
julepe. m. Vapuleo, reprimenda. (**a.**: *elogio.*) || Tunda, paliza. || Susto, miedo. (**a.**: *valor.*)
jumento, ta. m. y f. Asno, burro, borrico, pollino. || Torpe, ignorante.
juncal. adj. Flexible, apuesto, airoso. || m. Juncar, junqueral.
junta. f. Reunión, cónclave, sesión, asamblea. || Unión, empalme, juntura, articulación. || Ensambladura. || Corporación, congregación, asociación.
juntamente. adv. En unión, en compañía, solidariamente, conjuntamente, unidamente. || A la vez, a un tiempo.
juntar. tr. Unir. (**a.**: *separar, desunir.*) || Acoplar. || Trabar. || Entornar. || Acopiar, aglomerar, englobar, amontonar, fusionar, reunir. || tr. y prnl. Congregar. || prnl. Acercarse, arrimarse, aproximarse. (**a.**: *alejarse.*) || Amancebarse.
junto, ta. adj. Unido, adyacente, cercano, vecino, inmediato, pegado, continuo, próximo. (**a.**: *lejano, separado.*) || **junto a.** loc. prep. Cerca de, al lado de. || **junto con.** loc. prep. En compañía de.
juntura. f. Unión, gozne, junta. || Articulación, coyuntura. || Acoplamiento, acopladura, ensambladura, empalme. (**a.**: *separación.*) || Atadura, costura.
jura. f. Juramento.
jurado. m. Árbitro, juez, tribunal.
juramentarse. prnl. Conjurarse.
juramento. m. Jura, promesa. || Blasfemia, imprecación, reniego, taco. || Voto, promesa.
jurar. intr. Renegar, blasfemar, maldecir, votar. || tr. Prometer, asegurar, afirmar. || Rendir homenaje.
jurisconsulto. m. Abogado, legista, jurisperito, letrado, jurista. || Picapleitos.
jurisdicción. f. Potestad, dominio, poder, autoridad, fuero. || Distrito, territorio.
jurisperito, ta. m. y f. Jurisconsulto, jurista, abogado.
jurisprudencia. f. Legislación, derecho, jurisprudencia.
jurista. m. y f. Abogado, jurisconsulto, jurisperito.
justa. f. Torneo, liza, certamen, competencia. || Pelea, combate.
justamente. adv. Cabalmente, justo, exactamente, precisamente, ajustadamente.
justicia. f. Equidad, razón, rectitud, ecuanimidad, imparcialidad. (**a.**: *injusticia, arbitrariedad, iniquidad.*) || Castigo, pena. || Tribunal. || Juez, magistrado.
justiciero, ra. adj. y s. Justo, recto, equitativo, imparcial, ecuánime.
justificación. f. Apología, defensa, prueba. (**a.**: *acusación, evasiva.*)
justificar. tr. Evidenciar, probar, demostrar, acreditar. (**a.**: *pretextar.*) || Excusar, exculpar, disculpar, vindicar, defender. (**a.**: *censurar.*)
justipreciar. tr. Tasar, valorar, apreciar, estimar, evaluar, preciar. (**a.**: *desestimar.*)
justo. adv. Justamente.
justo, ta. adj. Recto, justiciero, equitativo, imparcial. (**a.**: *injusto, parcial.*) || Legal, legítimo, procedente. (**a.**: *ilegítimo, ilegal.*) || Ajustado, exacto, puntual, cabal, indiscutible, preciso. || Mismo, preciso.
juventud. f. Adolescencia, mocedad. (**a.**: *vejez, ancianidad, senectud.*) || Mocerío.
juzgado. m. Tribunal.
juzgar. tr. Arbitrar, sentenciar, dictaminar, fallar. || Creer, estimar, apreciar, opinar, reputar, considerar, conceptuar, conjeturar, valorar, criticar.

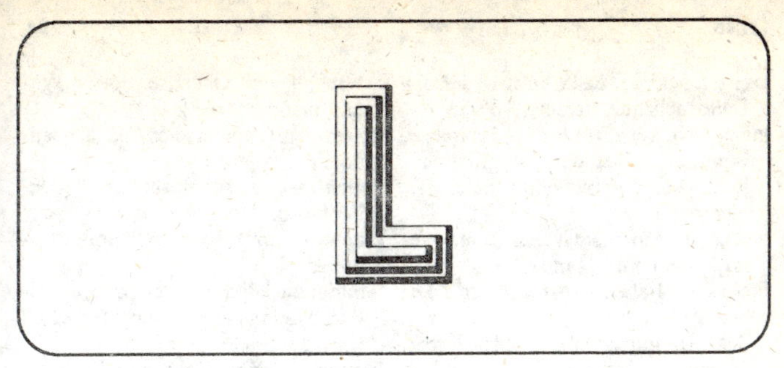

lábaro. m. Estandarte, enseña, pendón. || La cruz de Cristo.

laberíntico, ca. adj. Confuso, embrollado, enredado, intrincado, difícil, enmarañado, tortuoso, complicado. (**a.:** *sencillo.*)

laberinto. m. Dédalo. || Enredo, embrollo, maraña, meandro, confusión, lío, caos.

labia. f. Facundia, verba, verbosidad, locuacidad, pico.

lábil. adj. Resbaladizo, escurridizo, deslizante. || Inestable, inseguro. || Frágil, débil, caduco.

labio. m. Bezo, belfo. || Borde, reborde. || pl. Boca.

labor. f. Trabajo, ocupación, tarea, faena, quehacer, fajina. (**a.:** *ocio, inactividad.*) || Labranza. || Obra. || Costura, bordado.

laborar. tr. Labrar, trabajar, laborear. || intr. Gestionar, ocuparse.

laborear. tr. Trabajar. || Labrar, laborar.

laboreo. m. Labranza, cultivo. || Trabajo.

laboriosidad. f. Aplicación, esfuerzo, actividad.

laborioso, sa. adj. Trabajador, activo, aplicado, asiduo, diligente, hacendoso. (**a.:** *holgazán, haragán.*) || Trabajoso, penoso, difícil, dificultoso. (**a.:** *sencillo, fácil.*)

labrador, ra. m. y f. Agricultor, labriego, cultivador, campesino, paisano, destripaterrones.

labranza. f. Cultivo, agricultura, labor, laboreo.

labrar. tr. Trabajar, hacer, laborar. || Arar, roturar, cultivar, surcar. || Causar, promover, producir, originar. || Esculpir, tallar. || Edificar, construir.

labriego, ga. m. y f. Labrador, agricultor, campesino, destripaterrones.

laca. f. Goma laca, barniz.

lacayo. m. Criado, servidor, sirviente, doméstico. || Adulador, adulón, servil, rastrero. (**a.:** *amo, señor, patrón.*)

lacerar. tr. Lastimar, magullar, lesionar, herir, golpear. (**a.:** *acariciar.*) || Dañar, vulnerar, perjudicar. || Desgarrar, destrozar, atormentar.

laceria. f. Miseria, estrechez, pobreza. (**a.:** *bienestar.*) || Trabajo, pena, fatiga.

lacio, cia. adj. Ajado, marchito, mustio. || Flojo, desmadejado, decaído, descaecido, fláccido, caído. (**a.:** *duro, fuerte, tieso.*)

lacónico, ca. adj. Breve, conciso, parco, sucinto, compendioso, sintético, sobrio, seco. (**a.:** *elocuente, verboso, detallista.*)

laconismo. m. Concisión, brevedad, sobriedad, sequedad, parquedad. (**a.:** *verbosidad.*)

lacra. f. Marca, huella, cicatriz, señal. ‖ Daño, achaque, defecto. ‖ Vicio.

lacrimoso, sa. adj. Lloroso, lastimoso, lastimero. ‖ Plañidero, afligido, quejumbroso, compungido, triste. (**a.**: *contento.*)

lactar. tr. Amamantar, alimentar, atetar, criar. ‖ intr. Mamar.

lácteo, a. adj. Lechoso, lacticíneo. ‖ Lechero. ‖ Láctico.

ladear. tr., intr. y prnl. Inclinar, torcer, sesgar.

ladera. f. Vertiente, declive, pendiente, falda.

ladero, ra. adj. Adyacente, lateral.

ladino, na. adj. Astuto, taimado, sagaz, artero, pícaro, zorro. (**a.**: *inocente, tonto.*)

lado. m. Costado, borde, banda. ‖ Cara, faz. ‖ Aspecto, cariz. ‖ Sitio, lugar, paraje. ‖ Arista. ‖ Ala, flanco. ‖ Anverso, reverso. ‖ Mano, parte.

ladrar. intr. Vociferar, amenazar. ‖ Impugnar, criticar.

ladrido. m. Latido, aullido, gañido. ‖ Difamación, murmuración, censura, calumnia, impostura.

ladrón, na. adj. y s. Caco, hurtador, cleptómano, ganzúa, ratero, salteador, bandolero, bandido. ‖ Cuatrero, carterista, mechera, asaltante.

lagaña. f. Legaña

lagañoso, sa. adj. Legañoso.

lagarto, ta. m. y f. Astuto, sagaz, pícaro, taimado, artero.

lagotear. tr. Adular.

lagotería. f. Zalamería, adulación.

lágrima. f. Llanto, lloro. ‖ pl. Padecimientos, penas, pesadumbres.

laguna. f. Espacio, hueco, vacío. ‖ Omisión, olvido. ‖ Lago, albufera, estanque, espadaña, charca.

laico, ca. adj. y s. Lego, profano, seglar. (**a.**: *religioso.*)

laja. f. Lancha, lasca, losa.

lama. f. Cieno, lodo, légamo, fango.

lamentable. adj. Deplorable, atroz, sensible, desastroso. ‖ Lastimoso, triste, doloroso.

lamentación. f. Lamento, clamor, gemido, queja, plañido. ‖ Jeremíada.

lamentar. tr. Deplorar, sentir. (**a.**: *celebrar.*) ‖ prnl. Quejarse, dolerse, gemir, plañir.

lamento. m. Lamentación, queja, quejido, ay, gemido.

lamentoso, sa. adj. Plañidero. ‖ Quejumbroso.

lamer. tr. Rozar, acariciar. ‖ prnl. Relamerse.

lamido, da. adj. Flaco, chupado, escuálido. ‖ Relamido, atildado, afectado. ‖ Gastado, usado.

lámina. f. Placa, plancha. ‖ Estampa, grabado, ilustración. ‖ Limbo.

lámpara. f. Candil, candelero, quinqué. ‖ Bombilla, lamparilla. ‖ Válvula.

lamparón. m. Mancha.

lampiño, ña. adj. Barbilampiño, imberbe. (**a.**: *barbudo, velludo.*)

lampo. m. Resplandor, relámpago, destello, fulgor, exhalación.

lana. f. Vellón.

lance. m. Ocasión, percance, accidente, suceso, trance, incidente. ‖ Lanzamiento. ‖ Jugada, suerte. ‖ Contienda, encuentro, riña, duelo, querella. ‖ Episodio, acontecimiento. ‖ **de lance.** loc. adj. De ocasión, de segunda mano.

lancear. tr. Alancear.

lanceta. f. Bisturí, sangradera.

lancha. f. Chalupa, bote, barca, batel, embarcación. ‖ Laja.

landa. f. Llanura.

langosta. f. Acridio, saltamontes.

languidecer. intr. Debilitarse, flojear, extenuarse. (**a.**: *fortalecerse.*) ‖ Desanimarse, abatirse. (**a.**: *animarse.*)

languidez. f. Debilidad, extenuación, flaqueza. ‖ Decaimiento, desaliento, abatimiento; flojedad. (**a.**: *vitalidad, vigor.*)

lánguido, da. adj. Flaco, débil, endeble. ‖ Abatido, postrado, decaído, flojo, desanimado, desalentado.

lanudo, da. adj. Lanoso, velloso, velludo, peludo.

lanza. f. Pica, asta. ‖ Timón, pértiga, vara.

lanzada. f. Lanzazo.

lanzado, da. adj. Impetuoso, fogoso, decidido, arrojado.

lanzar. tr. Arrojar, echar, precipitar, tirar, despedir, escupir, vomitar, disparar. || Proferir, prorrumpir en. || Soltar, expulsar. || Difundir, propalar, irradiar. || Vomitar. || prnl. Abalanzarse, arrojarse, precipitarse.

lápida. f. Losa.

lapidar. tr. Apedrear.

lapidario, ria. adj. Irrebatible, categórico, conciso. (**a.**: *conciliador.*)

lapislázuli. m. Cianea, lazulita.

lápiz. m. Lapicero, grafito.

lapso. m. Tracto, trecho, espacio. || Curso, período, trascurso.

lapsus. m. Error, equivocación.

laquear. tr. Pulir, barnizar.

lar. m. Hogar, fogón. || Domicilio, casa. || pl. Manes, penates.

lardoso, sa. adj. Grasiento, pringoso, mugriento.

largamente. adv. Ampliamente, holgadamente. (**a.**: *escasamente.*) || Liberalmente, generosamente, cumplidamente, espléndidamente. || Extensamente, dilatadamente. || Copiosamente, con abundancia.

largar. tr. Aflojar, soltar, liberar. (**a.**: *contener, sujetar.*) || prnl. Irse, ausentarse, marcharse, escabullirse, escurrirse, picárselas. (**a.**: *permanecer.*)

largo, ga. adj. Duradero, extenso, amplio, dilatado. (**a.**: *breve, corto.*) || Abundante, copioso. (**a.**: *escaso.*) || Liberal, dadivoso. (**a.**: *avaro, mezquino, tacaño.*) || Astuto, listo. || m. Longitud, largor, largura. (**a.**: *anchura, ancho.*)

largor. m. Longitud.

larguero. m. Cabezal, barrote.

largueza. f. Longitud, largo, largura. || Liberalidad, generosidad, dadivosidad, esplendidez. (**a.**: *avaricia, ruindad, mezquindad.*)

largura. f. Largor, longitud.

larva. f. Gusano.

lasca. f. Laja. || Lonja.

lascivia. f. Lujuria, incontinencia, obscenidad, sensualidad, concupiscencia, lubricidad, libídine, salacidad, impudicia. (**a.**: *continencia, pureza.*)

lascivo, va. adj. y s. Lujurioso, lúbrico, libidinoso, salaz, sensual, erótico. (**a.**: *casto, pudoroso.*)

lasitud. f. Desfallecimiento, flojedad, postración, languidez, decaimiento, agotamiento, cansancio, fatiga, debilidad. (**a.**: *ardor, vigor.*)

laso, sa. adj. Cansado, abrumado, desfallecido. || Macilento, descaecido, flojo. (**a.**: *animoso.*)

lástima. f. Compasión, conmiseración, pena, misericordia, piedad. (**a.**: *ferocidad.*) || Quejido, lamento.

lastimar. tr. y prnl. Herir, dañar, perjudicar, lesionar. || tr. Agraviar, ofender, mortificar. || prnl. Dolerse, sentirse, quejarse, condolerse, lamentarse.

lastimero, ra. adj. Plañidero, triste, lúgubre, quejumbroso, lastimoso.

lastimoso, sa. adj. Deplorable, sensible, lamentable, triste, desgarrador. (**a.**: *satisfactorio, bueno.*)

lastre. m. Estorbo, rémora. || Peso. || Juicio, madurez, sensatez, aplomo, seso.

lata. f. Hojalata. || Tabarra, tostón, fastidio, joroba, molestia. || **dar la lata.** Aburrir, fastidiar, molestar.

latamente. adv. Largamente, ampliamente, extensamente, prolijamente.

latente. adj. Oculto, escondido, encubierto, profundo, recóndito. (**a.**: *manifiesto.*)

lateral. adj. Ladero, adyacente, colateral, contiguo, vecino.

látex. m. Leche.

latido. m. Ladrido. || Pulsación, palpitación, pulso.

latigazo. m. Guascazo, trallazo, rebencazo, zurriagazo, fustazo, vergajazo.

látigo. m. Vergajo, fusta, azote, zurriago, zurriaga, rebenque, tralla.

latinizar. tr. Romanizar.

latir. intr. Pulsar, palpitar. || Ladrar, gañir.

latitud. f. Ancho, anchura. || Distancia, extensión, amplitud. (**a.**: *longitud.*)

lato, ta. adj. Dilatado, extendido. || Amplio, extenso. (**a.**: *estricto.*)

latón. m. Azófar.

latoso, sa. adj. Fastidioso, chinche, pesado, cargante, molesto, pelma. (**a.**: *entretenido.*)

latrocinio. m. Fraude, estafa, hurto. || Robo, pillaje, rapiña, ladronería.

laudable. adj. Loable, plausible, digno,

mentorio. (**a.**: *indigno, despreciable.*)
laudar. tr. Alabar. ‖ Arbitrar, sentenciar, fallar.
laudatorio, ria. adj. Elogioso, encomiástico, lisonjero, ditirámbico, halagador. (**a.**: *ofensivo, injurioso.*)
laudo. m. Arbitraje, decisión, fallo, sentencia, veredicto.
lauráceo, a. adj. Laurineo.
laureado, da. adj. Condecorado, premiado, vencedor. (**a.**: *rechazado.*)
lauro. m. Laurel. ‖ Premio, corona, galardón, palma, recompensa. ‖ Triunfo, victoria, gloria, alabanza.
lavabo. m. Lavatorio, tocador. ‖ Lavamanos, aguamanil.
lavación. f. Loción. ‖ Lavado, lavaje, ablución.
lavamiento. m. Lavado, lavadura, lavación.
lavanda. f. Lavándula, espliego.
lavar. tr. Limpiar, purificar, higienizar, fregar.
lavativa. f. Ayuda, enema, clister. ‖ Irrigador. ‖ Molestia, incomodidad.
lavatorio. m. Lavamanos, lavabo. ‖ Lavado.
laxante. m. Purgante, laxativo, emoliente. (**a.**: *astringente.*)
laxar. tr. y prnl. Aflojar, relajar, ablandar, suavizar. (**a.**: *fortalecer.*) ‖ Purgar.
laxitud. f. Flojera, distensión, atonía. ‖ Relajamiento, blandura, debilidad.
laxo, xa. adj. Flojo, distendido, relajado. (**a.**: *tenso.*)
laya. f. Calaña, ralea, casta, jaez. ‖ Condición, calidad, clase, especie, linaje.
lazada. f. Lazo, nudo, atadura.
lazareto. m. Leprosería, malatería, dispensario.
lazo. m. Atadura, ligadura, lazada, nudo. ‖ Unión, vínculo, afinidad, conexión. ‖ Impedimento. ‖ Trampa, añagaza, emboscada, asechanza.
lazulita. f. Lapislázuli.
leal. adj. Fiel, adepto, fidedigno, verdadero, confiable, seguro, sincero.
lealtad. f. Fidelidad, adhesión, sinceridad. (**a.**: *deslealtad, infidelidad, traición.*) ‖ Legalidad, veracidad.
lebrato. m. Lebratón.
lebrillo. m. Barreño.
lebruno, na. adj. Leporino.
lección. f. Lectura. ‖ Enseñanza, ejemplo, escarmiento. ‖ Amonestación, admonición, advertencia, consejo, aviso. ‖ Explicación, conferencia, clase.
lectura. f. Leída. ‖ Lección.
lechal. adj. Lactante, mamón.
lechigada. f. Camada, cría, ventregada.
lecho. m. Cama, tálamo. ‖ Cauce, madre, álveo, fondo. ‖ Capa. ‖ Estrato.
lechón. m. Cochinillo. ‖ Cerdo, puerco, chancho.
lechoso, sa. adj. Lácteo, lactescente. ‖ Blanquecino.
lechuguino. m. Petimetre, dandi, gomoso, caballerete, pisaverde, currutaco.
lechuza. f. Búho, coruja, curuja, mochuelo, estrige.
ledo, da. adj. Plácido, gozoso, alegre, contento, satisfecho, jubiloso, ufano. (**a.**: *triste.*)
legación. f. Embajada.
legado. m. Herencia, manda. ‖ Emisario, nuncio, representante, embajador, enviado.
legal. adj. Legítimo, reglamentario, lícito, permitido. (**a.**: *ilegal, ilícito.*) ‖ Fiel, recto, estricto, razonable, justo.
legalidad. f. Legitimidad.
legalizar. tr. Legitimar, formalizar. ‖ Refrendar, autenticar, autorizar, certificar.
légamo. m. Cieno, fango, barro, lodo, limo.
legaña. f. Lagaña.
legañoso, sa. adj. Pitañoso, lagañoso.
legar. tr. Mandar, dejar, donar, testar, traspasar. (**a.**: *desheredar.*)
legatario. m. Heredero.
legendario, ria. adj. Leyendario, antiguo, tradicional, proverbial. ‖ Fantástico, quimérico, fabuloso, imaginario.
legible. adj. Leíble, descifrable. (**a.**: *ilegible.*)
legión. f. Muchedumbre, multitud, tropel.
legislación. f. Código.

legista. m. o f. Letrado, jurisconsulto.
legitimar. tr. Legalizar, autenticar, certificar, habilitar, justificar.
legítimo, ma. adj. Legal, lícito. (**a.**: *ilegítimo, ilegal, ilícito.*) || Equitativo, justo, razonable. || Genuino, puro, auténtico, verdadero, cierto, fidedigno, de ley. (**a.**: *falso, adulterado.*)
lego, ga. adj. y s. Seglar, laico. (**a.**: *religioso.*) || Converso, confeso. || Ignorante, iletrado, profano. (**a.**: *conocedor, culto, docto.*)
legumbre. f. Hortaliza.
leíble. adj. Legible, comprensible, inteligible. (**a.**: *ilegible, indescifrable.*)
leída. f. Lectura, ojeada, repaso.
leído, da. adj. Docto, instruido, erudito.
lejanía. f. Lontananza, distancia. (**a.**: *cercanía, proximidad.*) || Pasado.
lejano, na. adj. Apartado, alejado, retirado, distanciado, distante, remoto. (**a.**: *cercano, próximo.*) || Mediato.
lelo, la. adj. y s. Bobo, embobado, pasmado, mentecato, tonto, simple. (**a.**: *inteligente.*)
lema. m. Letrero, título, epígrafe, rótulo, inscripción. || Mote, divisa.
lengua. f. Sinhueso. || Lenguaje, habla, idioma, dialecto. || Jerga, argot, germanía, lunfardo, caló.
lenguaje. m. Lengua, idioma, habla. || Estilo, manera, expresión. (**a.**: *mímica.*)
lenguaraz. adj. Deslenguado, zafado, mala lengua, malhablado, insolente, desvergonzado, descarado. || Intérprete.
lenidad. f. Blandura, dulzura, suavidad, benevolencia, condescendencia, benignidad. (**a.**: *rigor, severidad.*)
lenificar. tr. Ablandar, suavizar, calmar. (**a.**: *endurecer.*)
lenitivo. m. Calmante. || Alivio, bálsamo, consuelo. || Emoliente.
lentamente. adv. Poco a poco, despacito, paulatinamente, despacio, pausadamente, paso a paso, con lentitud.
lente. amb. Lupa, cristal. || Objetivo.
lentes. m. pl. Anteojos, antiparras, espejuelos, gafas, quevedos.
lentitud. f. Tardanza, morosidad, calma, cachaza, flema, parsimonia, pachorra. (**a.**: *prisa, celeridad.*)
lento, ta. adj. Tardo, pachorriento, pausado, lerdo, calmoso, flemático, moroso, cachazudo. (**a.**: *rápido, veloz, ligero.*) || Suave, moderado, ineficaz.
leña. f. Castigo, paliza, tunda, vapuleo, zurra.
leño. m. Madero, tronco, rama. || Necio.
león. m. Valiente, héroe, bravo.
leonino. adj. Abusivo, oprimente.
leporino, na. adj. Lebruno.
lepra. f. Gafedad, malatía.
leproso, sa. adj. y s. Lazarino, albarazado, elefancíaco.
lerdear. intr. Tardar.
lerdo, da. adj. Pesado, lento, torpe. || Obtuso, rudo, negado.
lesión. f. Herida, contusión. || Daño, perjuicio, menoscabo, detrimento.
lesionar. tr. y prnl. Herir, lastimar. (**a.**: *curar.*) || Dañar, perjudicar. (**a.**: *resarcir.*)
letal. adj. Mortífero, mortal. (**a.**: *inofensivo, inocuo.*)
letanía. f. Retahíla, serie, sarta. || Súplica, plegaria.
letárgico, ca. adj. Soporífero, adormecedor. || Aburrido.
letargo. m. Modorra, somnolencia, adormecimiento, sopor, torpeza, marasmo. (**a.**: *dinamismo.*)
letra. f. Lema. || Carta. || Tipo, signo, carácter. || pl. Humanidades. || Ciencia, saber.
letrado, da. adj. Docto, instruido, erudito. (**a.**: *ignaro.*) || m. y f. Legista, abogado.
letrero. m. Rótulo, cartel, inscripción, leyenda, etiqueta, título, anuncio.
letrina. f. Retrete, excusado, común.
leucocito. m. Glóbulo blanco.
leudar. tr. Fermentar.
leva. f. Recluta, reclutamiento, alistamiento, enganche. || Excéntrica.
levadura. f. Fermento.
levantado, da. adj. Alto, elevado, eminente, encumbrado, sublime.
levantamiento. m. Sublevación, insurrección, alzamiento, rebelión, sedición. (**a.**: *sumisión.*)
levantar. tr. Alzar, subir, elevar. (**a.**:

bajar.) ‖ Enderezar, erguir. ‖ Construir, edificar, erigir. (**a.**: *derribar.*) ‖ Vigorizar, esforzar. ‖ Causar, suscitar, provocar, ocasionar, motivar, promover. ‖ Engrandecer, enaltecer, ensalzar, encumbrar, exaltar, elevar, remontarse. ‖ Desmontar, arrancar, separar, recoger. (**a.**: *tirar.*) ‖ Suprimir, anular. ‖ tr. y prnl. Amotinar, alzar, sublevar. ‖ prnl. Sobresalir, elevarse, resaltar. ‖ Encresparse, irritarse. (**a.**: *sosegar.*) ‖ Abandonar el lecho. (**a.**: *acostarse.*)

levante. m. Este, Oriente, Naciente. (**a.**: *Oeste, Occidente, Poniente.*)

levantisco, ca. adj. Inquieto, díscolo, indisciplinado, indócil, turbulento, revoltoso, alborotador, rebelde.

levar. intr. Zarpar, desamarrar, partir.

leve. adj. Ligero, liviano, vaporoso, tenue, suave. (**a.**: *pesado.*) ‖ Nimio, insignificante, exiguo, ínfimo, venial. (**a.**: *grave, importante.*)

lexema. m. Palabra.

léxico. m. Vocabulario, diccionario, lexicón, glosario.

lexicógrafo, fa. m. y f. Diccionarista, vocabulista.

lexicón. m. Diccionario, léxico, glosario.

ley. f. Regla, uso, norma, precepto, prescripción, mandato, mandamiento. ‖ Religión. ‖ Cariño, amor, afecto, fidelidad, lealtad. ‖ Caridad.

leyenda. f. Fábula, mito, cuento, tradición, ficción, narración. ‖ Inscripción, lema, divisa, mote.

lezna. f. Lesna, alesna, punzón.

lía. f. Hez, poso, sedimento, pie.

liar. tr. Ligar, atar, amarrar. (**a.**: *desatar.*) ‖ tr. y prnl. Envolver, enredar, enzarzar, mezclar. ‖ prnl. Amancebarse. ‖ **liarlas** o **liárselas.** Morir.

libar. tr. Beber, chupar, catar, sorber.

libelo. m. Panfleto. (**a.**: *panegírico.*)

libélula. f. Caballito del diablo.

liberación. f. Finiquito, cancelación. ‖ Rescate, redención, emancipación, salvación, manumisión. (**a.**: *esclavitud.*)

liberal. adj. Generoso, desprendido, espléndido, desinteresado, dadivoso, largo, rumboso, pródigo. ‖ Expedito, pronto.

liberalidad. f. Generosidad, magnanimidad, desinterés, largueza, altruismo, desprendimiento, dadivosidad, esplendidez. (**a.**: *avaricia, tacañería, mezquindad.*)

liberar. tr. Libertar, manumitir, redimir, rescatar, salvar, emancipar. (**a.**: *esclavizar.*) ‖ Eximir, librar, franquear, licenciar, dispensar. ‖ Soltar, zafarse. (**a.**: *depender, someterse.*)

libertad. f. Independencia, emancipación, autodeterminación. (**a.**: *dependencia, sometimiento.*) ‖ Excarcelación, manumisión, liberación. ‖ Desembarazo, holgura, desenvoltura. (**a.**: *encogimiento.*) ‖ Facilidad, soltura, destreza. ‖ pl. Osadía, atrevimiento, familiaridad, confianza. ‖ Prerrogativas, privilegios, licencias.

libertar. tr. Soltar, eximir, librar, exonerar, excarcelar, rescatar, liberar. (**a.**: *apresar, encerrar.*) ‖ Manumitir. ‖ Eximir, redimir, cancelar.

libertario. m. Ácrata, anarquista.

liberticida. m. Tirano, déspota.

libertinaje. m. Desenfreno, relajación. (**a.**: *virtud, moralidad.*) ‖ Deshonestidad, inmoralidad, impudicia, disipación, corrupción, depravación, licencia.

libertino, na. adj. y s. Licencioso, depravado, desenfrenado, perdido, disoluto, vicioso, disipado, inmoral, corrupto.

liberto, ta. m. y f. Manumiso, exento, horro.

libídine. f. Lascivia, lubricidad, lujuria, sensualidad. (**a.**: *continencia, pureza.*)

libidinoso, sa. adj. Lascivo, lúbrico, lujurioso, libertino, rijoso. (**a.**: *puro, inocente.*)

librador, ra. m. y f. Dador, girador, expedidor.

librar. tr. y prnl. Salvar, preservar. ‖ Liberar, soltar, libertar. (**a.**: *apresar.*) ‖ tr. Eximir, dispensar. ‖ Girar, expedir, extender. ‖ intr. Vacar.

libre. adj. Independiente, emancipado. (**a.**: *dependiente.*) ‖ Suelto, expedito, libertado, franco, desembarazado. || Liberado, excarcelado. || Dispensado, exento. || Atrevido, osado, desenfrenado, licencioso, disoluto. || Suelto. (**a.**: *sujeto.*) || Desocupado. (**a.**: *ocupado.*) || Soltero, célibe. || Inocente.

librería. f. Biblioteca.

libreta. f. Cuaderno, cartilla. || Cartapacio.

libro. m. Volumen, obra. || Tomo, ejemplar. || Libreto, guión, argumento.

licencia. f. Permiso, anuencia, autorización, facultad, consentimiento, venia. || Abuso, osadía, desenfreno, atrevimiento, libertinaje. (**a.**: *continencia.*)

licenciar. tr. Despedir. || Autorizar, permitir, consentir. (**a.**: *prohibir.*) || prnl. Graduarse, recibirse.

licencioso, sa. adj. Libre, atrevido. || Disoluto, desenfrenado, libertino. (**a.**: *decente, casto.*)

liceo. m. Instituto, colegio, escuela, gimnasio.

licitación. f. Subasta, concurso.

licitador. m. Postor, oferente.

lícito, ta. adj. Legítimo, legal, justo, permitido, procedente, debido, autorizado. (**a.**: *ilícito, ilegal, prohibido, vedado.*)

licuable. adj. Liquidable, licuefactible.

licuación. f. Liquefacción.

licuar. tr. Liquidar, licuefacer, licuecer, fundir, derretir, fluidificar.

licuefacción. f. Licuación, fluidificación.

licurgo. m. Astuto, hábil, mañoso.

lid. f. Combate, pelea, lucha, batalla, liza, contienda, agarrada, pelotera. || Disputa, controversia, discusión. (**a.**: *armonía, entendimiento.*)

líder. m. Jefe, caudillo. (**a.**: *secuaz, seguidor.*)

lidiar. intr. Batallar, pelear, reñir, luchar, combatir. (**a.**: *pacificar.*) || tr. e intr. Torear.

lienzo. m. Tela. || Pintura, cuadro. || Entrepaño. || Pañuelo. || Muro.

liero, ra. adj. y s. Embrollón, intrigante.

liga. f. Unión, mezcla. || Aleación. || Faja, venda. || Correa. || Alianza, coalición, confederación, federación, unión. (**a.**: *desunión.*) || Visco, engrudo.

ligadura. f. Atadura, dogal. || Sujeción. || Traba, lazo, impedimento, nudo. || Enlace, ligamento.

ligar. tr. Atar, liar, amarrar, sujetar. (**a.**: *desatar, soltar.*) || Alear, mezclar. || Unir, enlazar, relacionar. || Obligar, trabar, compeler. || prnl. Coligarse, aliarse, confederarse, unirse. (**a.**: *desvincularse.*)

ligazón. f. Unión, enlace, conexión, trabazón.

ligeramente. adv. Con ligereza, rápidamente. || Levemente, superficialmente.

ligereza. f. Levedad. (**a.**: *pesadez.*) || Agilidad, prontitud, velocidad, presteza, rapidez, celeridad. (**a.**: *lentitud.*) || Inconstancia, volubilidad, inestabilidad. (**a.**: *firmeza.*) || Irreflexión.

ligero, ra. adj. Liviano, leve, ingrávido. (**a.**: *pesado.*) || Ágil, veloz, pronto, rápido, presuroso, presto, vivo. (**a.**: *lento, tardo.*) || Inconstante, irreflexivo, imprudente, voluble, versátil, instable. (**a.**: *constante, firme.*) || **a la ligera.** loc. adv. Ligeramente. || **de ligero.** loc. adv. Irreflexivamente.

lignito. m. Madera fósil.

ligustro. m. Alheña, aligustre.

liliputiense. adj. y m. Pigmeo, enano. (**a.**: *gigante.*)

limar. tr. Pulir, pulimentar, desbastar. || Corregir, enmendar, retocar, perfeccionar. || Cercenar.

limaza. f. Babosa.

limbo. m. Orla, borde.

liminar. adj. Preliminar, previo, inicial.

limitación. f. Delimitación. || Demarcación, término. || Restricción, límite, cortapisa. (**a.**: *libertad, permiso.*)

limitado, da. adj. Reducido, escaso, pequeño. (**a.**: *amplio, numeroso.*) || Restringido, constreñido, acotado, circunscripto, condicionado. (**a.**: *ilimitado.*)

limitar. tr. Delimitar, reducir, demarcar, determinar, fijar, señalar, ceñir, deslindar. || Acortar, restringir, cercenar. (**a.**: *ampliar.*) || intr. Lindar, confinar. || prnl. Ajustarse, ceñirse.

límite. m. Término, borde, confín, lindero, linde, frontera. ‖ Fin, término, final, acabamiento. ‖ Máximo, mínimo.
limítrofe. adj. Confinante, lindante, lindero, colindante, contiguo, aledaño, rayano. ‖ Fronterizo, divisorio, finítimo.
limo. m. Lodo, cieno, fango, barro, légamo.
limosna. f. Socorro, ayuda, caridad, dádiva, donativo.
limosnero. m. Mendigo. ‖ adj. Caritativo.
limoso, sa. adj. Barroso, cenagoso.
limpiabotas. m. Lustrabotas.
limpiachimeneas. m. Deshollinador.
limpiar. tr. Lavar, fregar, asear, bañar, barrer. (**a.**: *ensuciar.*) ‖ Purificar, depurar, purgar, sonarse. ‖ Hurtar, robar, despojar. (**a.**: *devolver.*)
límpido, da. adj. Limpio, impoluto. ‖ Claro, terso, puro, cristalino, trasparente. (**a.**: *turbio.*)
limpieza. f. Aseo, lavado, pulcritud, higiene. (**a.**: *suciedad.*) ‖ Precisión, destreza, perfección. (**a.**: *desmaña.*) ‖ Integridad, desinterés, honradez, rectitud, sinceridad. ‖ Pureza, castidad.
limpio, pia. adj. Aseado, impoluto, pulcro. (**a.**: *inmundo.*) ‖ Puro, depurado, límpido, inmaculado, neto, claro, incontaminado. (**a.**: *manchado.*) ‖ Libre, desembarazado, despejado. (**a.**: *nublado.*)
lináceo, a. adj. Líneo.
linaje. m. Ascendencia, descendencia. ‖ Estirpe, alcurnia, abolengo, prosapia. ‖ Casta, raza. ‖ Clase, categoría, condición, especie, calidad, género, laya, índole, naturaleza.
lince. m. Lobo cerval. ‖ adj. Perspicaz, sagaz, listo, avispado, agudo. (**a.**: *torpe.*)
lindante. adj. Limítrofe, colindante, lindero, medianero. (**a.**: *lejano.*)
lindar. intr. Limitar, confinar, rayar, colindar.
linde. m. y f. Límite, lindero, término, orilla, confín.
lindero, ra. adj. Limítrofe, lindante, colindante, rayano, confinante. ‖ m. Linde, límite, confín, término.
lindezas. f. pl. Insultos, invectivas, improperios, injurias.
lindo, da. adj. Bonito, precioso, agraciado, mono, gracioso, bello, hermoso. (**a.**: *feo.*) ‖ Perfecto, primoroso, exquisito, delicado. ‖ **de lo lindo.** loc. adv. Mucho.
línea. f. Término, límite. ‖ Raya, trazo, renglón, rasgo. ‖ Fila, hilera. ‖ Camino, ruta, vía. ‖ Clase, género, especie. ‖ Orientación, tendencia. ‖ Conducta. ‖ Frente.
lineamiento. m. Bosquejo, esbozo.
linfa. f. Agua.
lingote. m. Riel. ‖ Tocho.
lingüística. f. Filología.
linterna. f. Faro, farol.
linyera. m. Vagabundo.
lío. m. Envoltorio, fardo, paquete, atadijo. ‖ Enredijo, maraña. ‖ Embrollo, enredo, intriga. ‖ Barullo, desorden, confusión. (**a.**: *orden.*) ‖ Amancebamiento.
lioso, sa. adj. Embrollador, liero, enredador. ‖ Enredado, confuso, embrollado.
liquefacción. f. Licuación.
liquidable. adj. Licuable.
liquidación. f. Abaratamiento. ‖ Liquefacción.
liquidar. tr. Condensar, licuar, fundir, derretir. ‖ Saldar, regalar, rebajar. ‖ Realizar, vender. ‖ Acabar, finiquitar, terminar, resolver. (**a.**: *empezar.*) ‖ Matar, asesinar.
líquido, da. adj. Fluido. ‖ Neto. ‖ m. Saldo, residuo. ‖ Agua, bebida.
lira. f. Inspiración, estro, numen, musa. ‖ Cítara.
lisiado, da. adj. y s. Baldado, tullido, impedido, mutilado, inválido, discapacitado.
lisiar. tr. y prnl. Lesionar, mutilar, baldar, tullir.
liso, sa. adj. Llano, plano, suave, raso, parejo. ‖ Pulimentado, pulido. (**a.**: *áspero, rugoso.*) ‖ Afable, campechano. (**a.**: *desvergonzado, atrevido.*)
lisonja. f. Adulación, halago, incienso, jabón. (**a.**: *injuria, insulto.*)

lisonjear. tr. Adular, alabar, halagar, incensar. (**a.**: *denostar.*) ‖ Agradar, complacer, deleitar, satisfacer. (**a.**: *desagradar.*) ‖ prnl. Celebrar, congratularse, alegrarse.

lisonjero, ra. adj. Adulador, halagador, incensador, complaciente. ‖ Agradable, deleitoso, halagüeño, grato, satisfactorio.

lista. f. Cinta, franja, tira. ‖ Enumeración, detalle, relación, catálogo, inventario, registro, repertorio, nómina, retahíla.

listel. m. Listón.

listo, ta. adj. Diligente, expedito, veloz, pronto, activo, ligero. (**a.**: *lento, lerdo.*) ‖ Apercibido, preparado, dispuesto, pronto. (**a.**: *desprevenido.*) ‖ Inteligente, vivo, sagaz, avisado, despierto, astuto, despabilado. (**a.**: *torpe, tonto.*)

listón. m. Listel, filete, cinta. ‖ Tabla. ‖ Barrote, moldura.

lisura. f. Tersura. (**a.**: *aspereza.*) ‖ Llaneza, sinceridad, ingenuidad. ‖ Frescura, desvergüenza, desaprensión.

literal. adj. Textual, exacto, fiel, propio, completo. (**a.**: *incompleto, inexacto.*)

literato, ta. m. y f. Escritor, poeta, autor, prosista, publicista, intelectual, crítico, comentarista.

literatura. f. Bellas letras, buenas letras, letras humanas, humanidades. ‖ Bibliografía.

litigante. m. y f. Parte.

litigar. tr. e intr. Pleitear, hacer juicio. ‖ intr. Altercar, disputar, debatir, contender, reñir.

litigio. m. Pleito, juicio. ‖ Disputa, contienda, altercado, controversia. (**a.**: *paz.*)

litografía. f. Dibujo o grabado en piedra.

litología. f. Petrografía.

litoral. m. Costa, ribera, playa, orilla. ‖ adj. Costero, ribereño.

litosfera. f. Corteza terrestre.

lítote. f. Atenuación (en retórica).

liturgia. f. Culto. ‖ Rito, ritual, ceremonial.

liviano, na. adj. Ligero, leve. (**a.**: *pesado, grave.*) ‖ Fácil, tornadizo, inconstante, versátil, voluble. ‖ Lascivo, libertino, deshonesto. ‖ m. Pulmón.

lívido, da. adj. Amoratado, morado. ‖ Pálido.

liza. f. Estadio, palenque, palestra, plaza. ‖ Lid, combate, contienda. ‖ Justa, torneo.

loa. f. Alabanza, loor, elogio, encomio, ditirambo. (**a.**: *insulto.*)

loable. adj. Laudable, encomiable, plausible, meritorio, realzable, elogiable. (**a.**: *reprobable.*)

loar. tr. Alabar, elogiar, incensar, celebrar, ensalzar, encomiar, encarecer. (**a.**: *denostar.*)

lobanillo. m. Lupia.

lobezno. m. Lobato.

lóbrego, ga. adj. Oscuro, sombrío, tenebroso. (**a.**: *luminoso, claro.*) ‖ Lúgubre, triste, melancólico. (**a.**: *alegre.*)

lobulado, da. adj. Lobado, ondulado.

locación. f. Arrendamiento, alquiler.

localidad. f. Ciudad, pueblo, población. ‖ Asiento, plaza, butaca, sitio. ‖ Entrada, billete.

localizar. tr. Limitar, determinar, circunscribir. ‖ Situar, fijar, ubicar.

locamente. adv. m. Tontamente, excesivamente.

locatario, ria. m. y f. Inquilino, arrendatario.

loco, ca. adj. y s. Orate, chalado, vesánico, demente, lunático, ido, insano, perturbado, alienado, tocado, enajenado, maniático, chiflado, guillado. ‖ Extravagante, atolondrado, insensato. (**a.**: *cuerdo, lúcido.*) ‖ Extraordinario, excesivo.

locomoción. f. Traslación.

locuacidad. f. Verbosidad, verborragia, palabrería, verborrea, facundia, labia, verba. (**a.**: *parquedad.*)

locuaz. adj. Hablador, verboso, parlanchín, charlatán. (**a.**: *callado, parco, reservado.*)

locución. f. Expresión, frase, giro.

locura. f. Demencia, tema, vesania, paranoia, insania, enajenación, delirio, chifladura. (**a.**: *cordura, juicio.*) ‖ Disparate, aberración, dislate, desvarío, extravagancia, insensatez. ‖ Entusiasmo, fervor.

locutorio. m. Parlatorio. ‖ Cabina.
lodazal. m. Barrizal, cenagal, fangal.
lodo. m. Barro, fango, limo, cieno. ‖ Deshonra, descrédito.
lógico, ca. adj. Racional, razonado, razonable, natural, normal. (**a.**: *ilógico, irracional.*) ‖ Natural, justo, legítimo. (**a.**: *ilegal, injusto.*)
logrado, da. adj. Perfecto.
lograr. tr. Alcanzar, conquistar, obtener, conseguir. (**a.**: *perder.*)
logrero, ra. m. y f. Usurero, acaparador, especulador.
logro. m. Ganancia, lucro, granjería. ‖ Especulación, usura. ‖ Consecución, obtención. (**a.**: *proyecto.*)
loma. f. Altura.
lombriz. f. Gusano, verme. ‖ **lombriz solitaria.** Tenia.
lomo. m. Espalda.
loncha. f. Lonja, tajada.
longanimidad. f. Magnanimidad, nobleza, constancia, generosidad, desprendimiento. (**a.**: *tacañería.*)
longánimo, ma. adj. Magnánimo, generoso, desinteresado, noble, desprendido, constante.
longevo, va. adj. Viejo, anciano.
longitud. f. Largo, largor, largura. (**a.**: *latitud, anchura.*)
lonja. f. Loncha, raja, rodaja, rebanada, tajada. ‖ Bolsa.
lontananza. f. Lejanía, distancia. (**a.**: *cercanía, proximidad.*)
loor. m. Alabanza, panegírico, elogio, loa, enaltecimiento, encomio.
loquera. f. Manicomio.
loro. m. Guacamayo, cotorra, cata, perico.
losa. f. Baldosa, laja. ‖ Lápida.
losange. m. Rombo.
lote. m. Parte, porción. (**a.**: *conjunto, todo, total.*)
lotería. f. Rifa, tómbola.
lozanía. f. Frondosidad, verdor. ‖ Vigor, frescura, robustez, gallardía. (**a.**: *ajamiento, debilidad.*) ‖ Orgullo, altivez. (**a.**: *modestia.*)
lozano, na. adj. Vigoroso, frondoso, fresco. (**a.**: *marchito, ajado.*) ‖ Vigoroso, robusto, sano, airoso, gallardo. (**a.**: *enclenque, achacoso.*)
lubricar o **lubrificar.** tr. Engrasar.
lubricidad. f. Lujuria, lascivia, impudicia. (**a.**: *pureza, continencia.*)
lúbrico, ca. adj. Resbaladizo. ‖ Impúdico, obsceno, lascivo, libidinoso, lujurioso.
lubrificar. tr. Lubricar.
lucero. m. Venus. ‖ Esplendor, lustre. ‖ pl. Ojos.
luces. f. pl. Cultura, ilustración. (**a.**: *ignorancia.*)
lucidez. f. Claridad, perspicacia, sagacidad, inteligencia.
lúcido, da. adj. Perspicaz, sagaz, sutil, inteligente. (**a.**: *rudo, tonto.*)
lucido, da. adj. Brillante, espléndido, resplandeciente. (**a.**: *modesto.*)
lucifer. m. El diablo, el demonio, Satán, Satanás, Luzbel, Belcebú.
lucir. intr. Brillar, resplandecer, relucir. ‖ Alumbrar, iluminar. ‖ tr. Enlucir, blanquear. ‖ intr. y prnl. Sobresalir, aventajar, destacarse, descollar. ‖ tr. y prnl. Exhibir, ostentar, mostrar, adornarse.
lucrar. intr. y prnl. Beneficiarse, enriquecerse, ganar. (**a.**: *arruinarse.*) ‖ tr. Lograr, obtener.
lucrativo, va. adj. Productivo, útil, fructífero, ventajoso, fructuoso, provechoso, beneficioso. (**a.**: *perjudicial.*)
lucro. m. Ganancia, utilidad, beneficio, provecho, producto, logro. (**a.**: *pérdida.*)
luctuoso, sa. adj. Funesto, triste, fúnebre, penoso, lastimoso. (**a.**: *dichoso, risueño.*)
lucubración. f. Vela, vigilia. (**a.**: *sueño, irreflexión.*)
lucubrar. tr. Velar.
lucha. f. Contienda, pugilato, pugna, pelea, guerra, riña, reyerta, pendencia, brega, pelotera, cisco, agarrada. (**a.**: *paz.*) ‖ Discusión, rivalidad, querella, disputa, cuestión, altercado. (**a.**: *armonía.*) ‖ Controversia, debate. ‖ Combate, batalla, lid.
luchar. intr. Contender, pelear, bregar, combatir, lidiar, batallar. (**a.**: *pacificar.*)

ludibrio. m. Befa, escarnio, burla, mofa, oprobio, desprecio. (**a.**: *aprecio.*)
ludir. tr. Estregar, restregar, frotar.
luego. adv. Después, sin dilación, en seguida, inmediatamente, pronto. (**a.**: *antes.*) ‖ conj. Por consiguiente, por lo tanto. ‖ **desde luego.** loc. adv. Indudablemente, sin duda.
luengo, ga. adj. Largo. (**a.**: *breve, corto.*)
lugar. m. Sitio, punto, paraje. ‖ Espacio. ‖ Ciudad, pueblo, aldea, población, andurrial, villa. ‖ Ocasión, motivo, oportunidad, causa. ‖ Pasaje, texto.
lugareño, ña. adj. y s. Pueblerino, aldeano, rústico, campesino, pajuerano. (**a.**: *ciudadano.*)
lúgubre. adj. Fúnebre, funesto, melancólico, tétrico, triste, sombrío, pesimista. (**a.**: *alegre, festivo, luminoso.*)
lujo. m. Opulencia, suntuosidad, boato, fausto, ostentación, pompa, magnificencia, esplendidez, rumbo. ‖ Riqueza, abundancia, profusión. (**a.**: *pobreza, humildad.*)
lujoso, sa. adj. Opulento, fastuoso, suntuoso, ostentoso, espléndido, rumboso. (**a.**: *pobretón, sencillo.*)
lujuria. f. Lascivia, concupiscencia, liviandad, lubricidad, rijosidad, libídine. (**a.**: *castidad, temperancia, pudor.*)
lujurioso, sa. adj. Lascivo, concupiscente, liviano, lúbrico, obsceno, libidinoso, sicalíptico, rijoso. (**a.**: *casto.*)
lumbre. f. Fuego, brasa. (**a.**: *ceniza.*) ‖ Brillo, esplendor, claridad, luz. (**a.**: *tinieblas.*)
lumbrera. f. Sabio, genio, notabilidad. ‖ Tragaluz, lucerna, escotilla, claraboya. ‖ pl. Los ojos.
luminaria. f. Lámpara, luz.
luminosidad. f. Luz. (**a.**: *oscuridad.*)
luminoso, sa. adj. Brillante, refulgente, resplandeciente, rutilante. ‖ Lúcido, inteligente.
luna. f. Espejo. ‖ Capricho, manía. ‖ **luna llena.** Plenilunio. ‖ **luna nueva.** Novilunio.
lunar. m. Mota, pinta. ‖ Mancha, deshonra. ‖ Tacha, falla, defecto.
lunático, ca. adj. y s. Maniático, maníaco, extraño, raro. (**a.**: *sensato, razonable.*)
lusitanismo. m. Portuguesismo, lusismo.
lusitano, na. adj. y s. Portugués.
lustrar. tr. Bruñir, abrillantar, pulir, satinar.
lustre. m. Brillo, tersura, resplandor. ‖ Esplendor, fama, gloria. ‖ Magnificencia. ‖ Nobleza, aristocracia.
lustrina. f. Percalina.
lustro. m. Quinquenio.
lustroso, sa. adj. Reluciente, esplendente, brillante, resplandeciente, rutilante, esplendoroso, luciente, terso, pulido, bruñido. (**a.**: *oxidado, mohoso.*)
luto. m. Duelo. ‖ Pena, aflicción, dolor. (**a.**: *alegría.*)
luxación. f. Dislocación, torcedura.
luz. f. Lumbre. ‖ Claridad, esplendor. (**a.**: *oscuridad, sombra.*) ‖ Indicio. ‖ Esclarecimiento. ‖ Día. ‖ Hueco, abertura, ventana. ‖ pl. Ilustración, cultura. ‖ Inteligencia. ‖ **dar a luz.** Parir, alumbrar. ‖ Publicar. ‖ **sacar a luz.** Descubrir, manifestar. ‖ Manifestarse. ‖ **ver la luz.** Nacer.
luzbel. m. Lucifer, diablo, Satanás.

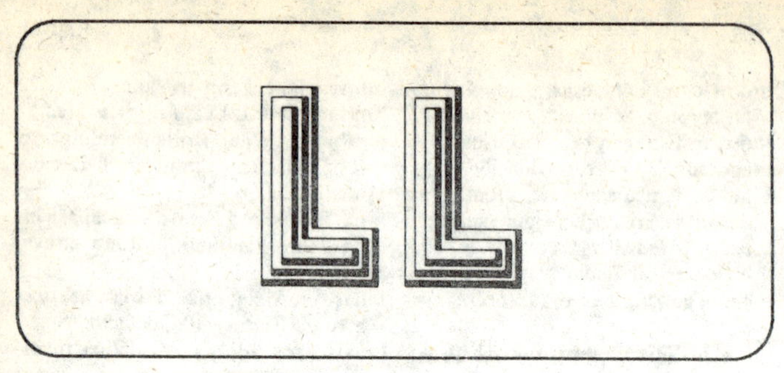

llaga. f. Úlcera, fístula. ‖ Estigma.

llagar. tr. y prnl. Ulcerar.

llama. f. Ardor, pasión. ‖ Llamarada, fulgor, luz.

llamada. f. Llamado, apelación, invocación, llamamiento. ‖ Nota, advertencia. ‖ Señal, ademán.

llamador. m. Aldaba, aldabón, timbre, pulsador.

llamamiento. m. Llamada, llamado. ‖ Convocatoria, citación. ‖ Vocación. ‖ Invitación.

llamar. tr. Dar voces, vocear, chistar. ‖ Nombrar, apellidar, designar, denominar, intitular. ‖ Invocar, implorar. ‖ Convocar, citar. ‖ Atraer, incitar, convidar. (**a.**: *rechazar.*)

llamarada. f. Fogarada, llamarón. ‖ Arrebato, rubor.

llamativo, va. adj. Atractivo, vistoso. (**a.**: *sobrio, sencillo.*)

llana. f. Badilejo, trulla. ‖ Página, plana.

llanada. f. Llanura, planicie, llano.

llaneza. f. Sencillez, naturalidad, moderación. (**a.**: *afectación.*) ‖ Familiaridad, confianza, franqueza.

llano, na. adj. Plano, liso, raso, igual. (**a.**: *desigual, áspero.*) ‖ Accesible, campechano, sencillo, tratable. ‖ Familiar, natural. (**a.**: *afectado.*) ‖ Claro, obvio, evidente, comprensible, fácil. (**a.**: *oscuro, difícil.*) ‖ Grave, paroxítono. ‖ m. Llanura, llanada, planicie. ‖ Rellano.

llanto. m. Lloro, lloriqueo.

llanura. f. Llano, llanada, pampa, planicie, sabana.

llave. f. Clave, pista, dato. ‖ Llavín, picaporte. ‖ Zancadilla.

llegada. f. Arribo, arribada, venida. (**a.**: *ida, marcha, partida.*) ‖ Aparición.

llegar. intr. Venir, sobrevenir, arribar. (**a.**: *partir, marchar.*) ‖ Alcanzar, durar, tocar. ‖ Conseguir, obtener, lograr. ‖ Extenderse. ‖ Importar, salir. ‖ Subir, ascender. ‖ tr. y prnl. Acercar, arrimar. ‖ Comparecer, presentarse. ‖ Unirse, tocarse, adherirse.

llenar. tr. Ocupar. ‖ Atestar, colmar. (**a.**: *vaciar.*) ‖ Rellenar, abarrotar, atestar, atiborrar, embutir. (**a.**: *sacar.*) ‖ Cumplir, satisfacer. ‖ prnl. Hartarse, saciarse, henchirse.

lleno, na. adj. Ocupado, henchido, colmado, pleno, repleto, pletórico, rebosante. (**a.**: *vacío, desocupado.*) ‖ Abundante. (**a.**: *desprovisto.*) ‖ Saciado, harto. (**a.**: *hambriento.*)

llevadero, ra. adj. Soportable, sufrible, tolerable, aguantable. (**a.**: *pesado, insufrible.*)

llevar. tr. Trasportar, acarrear, trasladar. (**a.**: *traer.*) ‖ Guiar, encaminar, conducir, manejar, dirigir. ‖ Aguantar, tolerar, sobrellevar, sufrir. ‖ Inducir, incitar, persuadir, impulsar. ‖ Quitar, arrancar, robar. ‖ Lograr, obtener, conseguir. ‖ Tener, traer. ‖ Cobrar. ‖ Exceder, aventajar, superar. ‖ prnl. Usarse, estilarse.

llorar. intr. Lloriquear, lagrimear. (**a.**: *reír.*) ‖ tr. Lamentar, deplorar, gimotear, sentir. ‖ Mendigar, suplicar. (**a.**: *regalar.*)

lloriquear. intr. Gimotear, llorar, hipar. (**a.**: *reír.*) ‖ Mendigar, suplicar. (**a.**: *regalar.*)

lloro. m. Llanto.

llorón, na. adj. Quejicoso, berreador, quejumbroso. ‖ f. Plañidera.

lloroso, sa. adj. Lacrimoso.

llover. intr. Diluviar, lloviznar. (**a.**: *escampar.*) ‖ Pulular, caer.

llovizna. f. Calabobos, garúa.

lloviznar. intr. Chispear, garuar.

llueca. adj. Clueca.

lluvia. f. Chubasco, aguacero, diluvio, chaparrón, precipitación, borrasca, tormenta. ‖ Multitud, profusión, abundancia, copia.

maca. f. Defecto, imperfección. (**a.**: *perfección.*) || Daño, deterioro. || Disimulación, engaño, fraude.
macabro, bra. adj. Fúnebre, tétrico, mortuorio. (**a.**: *vital.*)
macadán. m. Asfalto, pavimento.
macana. f. Garrote, porra, cachiporra. || Broma, chanza, camelo. || Disparate, mentira. || Trastada.
macanear. intr. Mentir. || Fantasear.
macanudo, da. adj. Excelente, extraordinario, óptimo.
macareo. m. Pororoca.
macarrónico, ca. adj. Grotesco, defectuoso. (**a.**: *serio, perfecto.*)
macarse. prnl. Podrirse, estropearse.
macedonia. f. Mezcla, mezcolanza, revoltijo.
macerar. tr. Ablandar, exprimir, estrujar.
maceta. f. Tiesto. || Pote.
macilento, ta. adj. Demacrado, consumido, flaco, descolorido, pálido, triste. *Macilento se dice del hombre que tiene debilitadas sus fuerzas físicas.* (**a.**: *fuerte, gordo, vivaz.*)
macillo. m. Martillo.
macizar. tr. Rellenar, solidificar.
macizo, za. adj. Sólido, pesado, relleno, firme. || Compacto, consistente. (**a.**: *hueco.*) || Robusto, fuerte. (**a.**: *débil, flaco.*)
mácula. f. Mancha, desdoro, tacha. (**a.**: *perfección.*) || Engaño, trampa, embuste. (**a.**: *verdad.*)
macular. tr. Manchar, ensuciar. (**a.**: *limpiar.*) || Deshonrar. (**a.**: *honrar.*)
machacar. tr. Quebrantar, moler, majar, pulverizar, triturar, destruir, cascar, destrozar. || intr. Porfiar, reiterar, insistir. (**a.**: *cejar, desistir.*)
machacón, na. adj. Importuno, pesado, plúmbeo, prolijo, insistente, fastidioso, porfiado, matraca, cargante, latoso. (**a.**: *discreto, oportuno.*)
machaconería. f. Insistencia, porfía, prolijidad, pesadez, matraca, machaquería, machaqueo. (**a.**: *discreción.*)
machada. f. Valentía, bravura. || Necedad, majadería, sandez.
machete. m. Bayoneta, charrasca, cuchillo.
machihembrar o **machimbrar.** tr. Ensamblar.
macho. m. Mulo. || Semental. (**a.**: *hembra.*) || Machón, pilar. || Mazo. || Yunque. || adj. Fuerte, robusto, vigoroso, viril, valiente. (**a.**: *débil, femenil.*)
machón. m. Macho, pilar, pilastra.
machorra. adj. Estéril, infructífera. (**a.**: *fecunda.*)
machota. f. Marimacho.
machucar. tr. Aplastar, golpear, deformar, magullar.
machucho, cha. adj. Sosegado, prudente, juicioso, sensato, sesudo, reflexi-

vo. ‖ Maduro, mayor, adulto, experimentado, envejecido.

madera. f. Tabla, tablón, listón, viga, astilla, traviesa. ‖ Talento.

maderaje o **maderamen.** m. Carpintería, enmaderado, armazón.

madero. m. Tronco, poste, leño. ‖ Viga, tablón, tabla.

madre. f. Mamá, mamaíta. ‖ Superiora. ‖ Causa, origen, raíz, principio. ‖ Álveo, lecho, cauce. ‖ Sedimento, heces, solera, lía.

madreña. f. Zueco, almadreña.

madriguera. f. Guarida, cubil, cueva. ‖ Refugio, aguantadero, escondrijo.

madrileño, ña. adj. y s. Matritense.

madrugada. f. Alba, aurora, alborada, amanecer. (**a.**: *anochecer, atardecer.*)

madrugador, ra. adj. Mañanero.

madrugar. intr. Mañanear. (**a.**: *trasnochar.*) ‖ tr. Adelantarse, anticiparse.

madurar. tr. Estudiar, considerar.

madurez. f. Punto, sazón. ‖ Edad adulta. ‖ Juicio, cordura, sensatez. (**a.**: *inmadurez.*)

maduro, ra. adj. Sazonado, en sazón. (**a.**: *verde.*) ‖ Juicioso, prudente, sensato, sesudo, sosegado, reflexivo. (**a.**: *inmaduro, irreflexivo.*) ‖ Machucho, mayor, hecho, entrado en años.

maestre. m. Superior.

maestría. f. Habilidad, destreza, arte, pericia, industria. (**a.**: *torpeza.*) ‖ Autoridad, superioridad.

maestro, tra. m. y f. Pedagogo, preceptor, profesor, instructor, catedrático. ‖ Mentor, consejero, guía. ‖ m. Perito, experto. ‖ adj. Práctico, hábil, ducho, avezado, diestro, adiestrado. (**a.**: *novato.*) ‖ Compositor. ‖ Ejecutante.

magdalena. f. Arrepentida, desconsolada.

magia. f. Ocultismo, prestidigitación, encantamiento, sortilegio. ‖ Encanto, hechizo, fascinación, seducción, atractivo, embrujo. ‖ **magia negra.** Brujería, hechicería, nigromancia.

mágico, ca. m. y f. Mago, nigromante, brujo. ‖ adj. Fascinador, encantador, seductor, estupendo, maravilloso, fantástico, asombroso, pasmoso, extraordinario, atrayente.

magín. m. Imaginación, inventiva, fantasía. ‖ Cacumen, inteligencia, mente, caletre, mollera.

magisterio. m. Enseñanza, profesorado.

magistrado. m. Juez, gobernante.

magistral. adj. Admirable, notable. ‖ Grande, importante, magnífico, perfecto, soberbio, superior. (**a.**: *imperfecto.*)

magnanimidad. f. Longanimidad, nobleza, grandeza de alma, generosidad. (**a.**: *ruindad.*)

magnate. m. Prócer, prohombre. ‖ adj. Rico, acaudalado, ilustre, poderoso, principal.

magnetita. f. Piedra imán, calamita.

magnetizar. tr. Imanar, imantar. ‖ Deslumbrar, fascinar, hipnotizar. ‖ Electrizar, entusiasmar.

magnificar. tr. Alabar, engrandecer, ensalzar, ponderar. (**a.**: *empequeñecer, humillar.*)

magnificencia. f. Fastuosidad, esplendidez, ostentación, lujo, pompa, grandeza, opulencia, esplendor, boato, suntuosidad, rumbo. ‖ Generosidad, largueza.

magnificente. adj. Magnífico.

magnífico, ca. adj. Admirable, magistral, excelente. (**a.**: *tosco, ordinario.*) ‖ Soberbio, espléndido, esplendoroso, pomposo, opulento, suntuoso. ‖ Generoso, liberal.

magnitud. f. Tamaño, volumen, grandor, extensión, dimensión. (**a.**: *pequeñez.*) ‖ Grandeza, importancia, excelencia, altura, grandiosidad. (**a.**: *minucia.*)

magno, na. adj. Grande, importante, extraordinario, excelso.

mago, ga. adj. y s. Nigromante, hechicero, saludador, brujo, encantador, taumaturgo.

magro, gra. adj. Flaco, cenceño, delgado. (**a.**: *gordo, grueso.*) ‖ Momio. ‖ Escaso, insuficiente.

maguer. conj. Aunque.

magulladura. f. Contusión, magullamiento, golpe.

magullar. tr. Contundir, pegar, golpear, machucar, maltratar.

mahometano, na. adj. y s. Musulmán, sarraceno, agareno, islamita, muslime. ‖ Islámico, muslímico.

maído. m. Maullido.

majada. f. Aprisco, hato, rebaño. ‖ Excremento.

majadería. f. Tontería, sandez, necedad, estupidez, idiotez, estulticia. (**a.**: *ingeniosidad.*) ‖ Imprudencia, indiscreción.

majadero, ra. adj. y s. Necio, tonto, pesado, fastidioso, sandio, pelmazo. ‖ Tonto, bobo, memo.

majar. tr. Machacar, triturar. ‖ Importunar, cansar, molestar, fastidiar.

majestad. f. Grandeza, pompa, esplendor, majestuosidad, magnificencia.

majestuoso, sa. adj. Mayestático, solemne, augusto, imponente, fastuoso.

majeza. f. Guapeza, chulería.

majo, ja. adj. Hermoso, vistoso, guapo. ‖ Simpático, gracioso, agradable. ‖ Ataviado, lujoso. ‖ adj. y m. Bravucón, valentón, matón, chulo.

mal. m. Desgracia, calamidad, ofensa, daño, infortunio, desventura. (**a.**: *ventura.*) ‖ Enfermedad, indisposición, dolencia. ‖ Vicio, tara, imperfección. (**a.**: *perfección.*)

mal. adv. Malamente, indebidamente, imperfectamente, desacertadamente, incorrectamente. (**a.**: *bien, correctamente.*) ‖ Difícilmente. ‖ Insuficientemente, poco. ‖ Desagradablemente. ‖ Equivocadamente.

malabarismo. m. Equilibrios, habilidades, prestidigitación.

malacostumbrado, da. adj. Mimado, consentido, viciado, malcriado, regalado.

malagradecido, da. adj. Desagradecido, ingrato.

malamente. adv. Mal.

malandanza. f. Desgracia, desdicha, desventura, infortunio, malaventura.

malandrín, na. adj. y s. Maligno, malintencionado, perverso, bellaco, ruin, malvado.

malaria. f. Paludismo.

malaventura. f. Desgracia, desventura, percance, infortunio, desdicha, contratiempo. (**a.**: *dicha, fortuna, buenaventura.*)

malaventurado, da. adj. Desdichado, infortunado, infeliz. (**a.**: *feliz.*)

malbaratar. tr. Malvender. ‖ Malgastar, derrochar, dilapidar, despilfarrar. (**a.**: *administrar, ahorrar.*)

malcontento, ta. adj. Descontento, disconforme, disgustado. ‖ Perturbador, revoltoso, rebelde.

malcriado, da. adj. y s. Descortés, grosero, desatento, descomedido, incivil. (**a.**: *educado, fino.*) ‖ Consentido, mimado.

maldad. f. Malicia, malignidad, perversidad, vileza, crueldad. (**a.**: *bondad.*) ‖ Inmoralidad.

maldecir. tr. Abominar, blasfemar, execrar, condenar, imprecar. (**a.**: *bendecir.*) ‖ intr. Denigrar, murmurar, detractar. (**a.**: *alabar.*) ‖ Quejarse.

maldiciente. adj. Murmurador, detractor, chismoso, calumniador, difamador, denigrador. ‖ Blasfemo.

maldición. f. Imprecación, execración, blasfemia, anatema. ‖ Juramento, voto, taco, terno, reniego.

maldito, ta. adj. Malvado, perverso. ‖ Condenado, réprobo, endiablado, endemoniado.

maleabilidad. f. Ductilidad, flexibilidad, plasticidad. *La maleabilidad es la propiedad que tienen los metales de extenderse en láminas.*

maleable. adj. Dúctil, elástico, flexible. (**a.**: *rígido, duro.*) ‖ Dócil, obediente, manejable. (**a.**: *rebelde.*)

maleante. m. y f. Delincuente. ‖ Perverso, burlador, maligno.

malear. tr. y prnl. Dañar, echar a perder, estropear, podrir. (**a.**: *sanear.*) ‖ Viciar, enviciar, pervertir, corromper. (**a.**: *perfeccionar.*)

malecón. m. Dique, escollera, espigón, muralla, murallón, terraplén, rompeolas, tajamar.

maledicencia. f. Chismorreo, murmuración, habladuría, rumor. ‖ Difamación, calumnia, detracción. (**a.**: *adulación.*)

maleficio. m. Hechizo, aojamiento, daño, embrujamiento, embrujo.
maléfico, ca. adj. Pernicioso, nocivo, perjudicial, dañino. (**a.:** *benéfico.*) || s. Hechicero. *Maléfico es el o lo que hace el mal por su naturaleza, que se complace en hacerlo.*
malestar. m. Incomodidad, desasosiego, molestia, inquietud, ansiedad, indisposición, desazón, intranquilidad. (**a.:** *bienestar.*)
maleta. f. Valija.
malevolencia. f. Malignidad, rencor, malquerencia, enemistad, mala intención. (**a.:** *benevolencia.*)
malévolo, la. adj. y s. Rencoroso, malintencionado, avieso, maligno. || Malicioso, suspicaz.
maleza. f. Maraña, espesura, matorral.
malgastar. tr. Disipar, dilapidar, tirar, malbaratar, despilfarrar, derrochar. (**a.:** *ahorrar.*) || Desperdiciar, desaprovechar.
malhablado, da. adj. y s. Desvergonzado, deslenguado, lenguaraz, descarado. || Maldiciente, murmurador.
malhadado, da. adj. Infeliz, infortunado, desgraciado, desdichado, desventurado, desafortunado. (**a.:** *afortunado, dichoso.*) || Aciago, funesto.
malhecho, cha. adj. Contrahecho.
malhechor, ra. adj. y s. Delincuente, maleante, criminal, bandolero, salteador, bandido.
malhumorado, da. adj. Adusto, agrio.
malicia. f. Picardía, astucia, mala fe, bellaquería, disimulo, doblez. (**a.:** *ingenuidad.*) || Maldad, perversidad, malignidad. || Desconfianza, sospecha, recelo. (**a.:** *confianza.*)
maliciar. tr. y prnl. Recelar, sospechar, presumir, conjeturar.
malicioso, sa. adj. y s. Astuto, taimado, bellaco, zorro, solapado.
maligno, na. adj. Solapado, receloso, envidioso, suspicaz. || Pernicioso, perverso, malo. (**a.:** *benigno.*) || Malintencionado, taimado, malévolo, ladino, avieso. (**a.:** *bienintencionado, benévolo.*)
malintencionado, da. adj. Maligno, perverso, malévolo. (**a.:** *bienintencionado, benévolo.*)
malmandado, da. adj. Desobediente, díscolo, indócil, rebelde.
malmeter. tr. Malbaratar, derrochar, malgastar. || Malquistar, desconceptuar, indisponer.
malmirado, da. adj. Desconceptuado, desacreditado, desprestigiado, descalificado. (**a.:** *honorable.*) || Descortés, incivil, desatento, inconsiderado. (**a.:** *cortés.*)
malo, la. adj. Maligno, malvado, malicioso, indigno, vil, infame, perverso, satánico, bellaco. (**a.:** *bueno, bondadoso.*) || Perjudicial, nocivo, dañoso, dañino, pernicioso, nefasto, peligroso. (**a.:** *excelente, benigno.*) || Inadecuado, inconveniente. || Desagradable, molesto, fastidioso. (**a.:** *agradable.*) || Falso. || Difícil, dificultoso, penoso, trabajoso. || Feo. || Enfermo, achacoso, doliente. (**a.:** *sano.*) || Deslucido, viejo, deteriorado, estropeado, gastado. (**a.:** *vistoso.*)
malogrado, da. adj. Abortado, frustrado, fallido, fracasado.
malograr. tr. Perder, desaprovechar, desperdiciar. (**a.:** *lograr.*) || prnl. Frustrarse, fracasar, abortar. (**a.:** *triunfar.*)
maloliente. adj. Fétido, hediondo, sucio, pestilente. (**a.:** *perfumado.*)
malón. m. Correría, irrupción.
malparado, da. adj. Maltratado, maltrecho, estropeado. (**a.:** *indemne.*)
malquerencia. f. Antipatía, tirria, ojeriza, aversión, inquina, mala voluntad, malevolencia. (**a.:** *amistad, simpatía.*)
malquistar. tr. y prnl. Enemistar, indisponer, desavenir. (**a.:** *bienquistar, avenirse.*)
malquisto. adj. Desavenido. || Malmirado.
malrotar. tr. Malgastar, despilfarrar.
malsano, na. adj. Insalubre, nocivo, insano. (**a.:** *saludable, salubre.*)
malsonante. adj. Inconveniente, grosero. *Malsonante es lo que absolutamente suena mal.* || Disonante.
maltraer. tr. Maltratar, mortificar.
maltratar. tr. Mortificar, injuriar, zahe-

rir, ultrajar. || Menoscabar, estropear, deteriorar, dañar, zamarrear. (**a.**: *acariciar.*)

maltrato. m. Insulto, menoscabo, injuria.

maltrecho, cha. adj. Maltratado, malparado, estropeado, derrengado. (**a.**: *indemne.*)

malvado, da. adj. y s. Malo, ruin, perverso, vil, maligno. (**a.**: *bueno, cariñoso.*)

malvender. tr. Malbaratar, depreciar.

malversación. f. Depreciación. || Peculado, exacción, concusión, desfalco. (**a.**: *honradez.*)

malversar. tr. Defraudar.

malla. f. Vuelta, ligadura. || Tejido. || Rejilla. || Bañador.

mama. f. Madre, mamá. || Pecho, seno, teta. || Ubre.

mamá. f. Madre, mama.

mamadera. f. Biberón.

mamado, da. adj. Borracho, ebrio.

mamar. tr. e intr. Lactar, succionar, chupar. || prnl. Embriagarse, emborracharse. || **dar de mamar.** loc. Amamantar.

mamarracho. m. Adefesio, birria, espantajo, esperpento.

mamotreto. m. Armatoste. || Librote.

mampara. f. Bastidor, biombo.

mamporro. m. Coscorrón. || Puñetazo, sopapo, golpe.

mampostería. f. Calicanto, albañilería.

manada. f. Hato, majada, rebaño.

manantial. m. Fontana, fuente, naciente, venero. || Origen, principio, semillero, causa, nacimiento.

manar. intr. Brotar, fluir, nacer, aflorar, surgir. (**a.**: *morir.*)

manatí o **manato.** m. Rosmaro, sirenio.

mancar. tr. y prnl. Lisiar, baldar.

mancarrón. m. Jamelgo.

manceba. f. Concubina, barragana, amante, querida, entretenida.

mancebía. f. Burdel, lupanar, prostíbulo. || Mocedad, juventud.

mancebo. m. Joven, muchacho, mozo, zagal. (**a.**: *anciano.*) || Célibe, soltero.

mancilla. f. Mancha, afrenta, desdoro, deshonra.

mancillar. tr. Manchar, afrentar, desdorar, deshonrar. (**a.**: *honrar.*)

manco, ca. adj. y s. Defectuoso, lisiado, incompleto.

mancomunar. tr. y prnl. Aunar, asociar, unir. (**a.**: *desunir.*)

mancha. f. Mácula, tacha. || Deshonra, mancilla, desdoro, baldón. || Boceto, borrón.

manchar. tr. Pringar, ensuciar, emporcar. (**a.**: *limpiar.*) || Mancillar, desdorar, deshonrar, enlodar.

manda. f. Legado, donación.

mandadero, ra. m. y f. Recadero, mensajero.

mandado. m. Encargo, comisión, recado.

mandamás. m. Jefe, amo, cabeza. (**a.**: *empleado.*) || Mandón.

mandamiento. m. Orden, disposición, mandato. || Ley, precepto, prescripción.

mandar. tr. Ordenar, disponer, determinar, establecer, decretar, preceptuar. (**a.**: *obedecer, acatar.*) || Encargar, encomendar, ofrecer. (**a.**: *cumplir.*) || Enviar, remitir. (**a.**: *recibir.*) || intr. o tr. Regir, dirigir, gobernar, regentear. (**a.**: *acatar.*) || Conminar, intimar.

mandatario. m. Gobernante. (**a.**: *ciudadano, súbdito.*)

mandato. m. Orden, encargo, disposición, precepto, prescripción, mandamiento. || Gobierno.

mandíbula. f. Quijada.

mandil. m. Delantal.

mandinga. m. Luzbel, Lucifer, diablo.

mando. m. Autoridad, gobierno, potestad, dominio. || Mandato, mandamiento, orden. || Dirección, conducción.

mandoble. m. Cuchillada. || Reprensión.

mandón, na. adj. Prepotente. || s. Capataz, mandamás.

mandria. adj. Apocado, pusilánime, tonto. || Inútil, holgazán, vago.

manducar. tr. e intr. Comer, alimentarse. || Masticar, tragar.

manea. f. Maniota.

manear. tr. Manejar. || Maniatar, pialar

manecilla. f. Aguja, saetilla. || Abrazadera.

manejable. adj. Dócil. || Manuable, maniobrable, ligero, manual, portátil, trasportable.

manejar. tr. Usar, utilizar. || Dirigir, gobernar, administrar. (**a.**: *obedecer.*) || Conducir, guiar. || Manipular. || prnl. Desenvolverse, componérselas, amañarse.

manejo. m. Uso, empleo. || Dirección, gobierno, administración. || Maquinación, ardid, intriga, enredo, tejemaneje.

manera. f. Procedimiento, proceder, forma, modo, sistema. || Estilo, factura. || pl. Porte, modales, costumbres, ademanes.

manes. m. pl. Almas, espíritus.

manga. f. Anchura, manguera. || Esparavel. || Portamantas. || Tifón, tromba. || Multitud, nube. || **manga de agua.** Turbión.

mangante. m. Truhán, sablista, tunante, pedigüeño. (**a.**: *caritativo.*)

mango. m. Astil, asa. || Puño, manija, empuñadura, asidero.

mangonear. intr. Entrometerse. || Pedir, tirar la manga, rapiñar, sablear.

manguera. f. Manga.

manguero. m. Pedigüeño.

maní. m. Cacahuete.

manía. f. Tema, idea fija, antojo, obsesión. (**a.**: *reflexión.*) || Chifladura, locura, extravagancia, rareza. || Antipatía, ojeriza, tirria.

maniático, ca. adj. y s. Loco, lunático, maníaco, chiflado, chalado. (**a.**: *sensato.*) || Caprichoso, antojadizo.

manido, da. adj. Sobado, ajado, usado, manoseado, gastado. || Envejecido, vulgar, trasnochado, reiterativo, pasado de moda.

manifestación. f. Declaración, exposición. || Demostración, ejemplo, muestra, prueba. || Expresión, exteriorización. || Aparición, revelación. (**a.**: *ocultamiento.*)

manifestar. tr. y prnl. Declarar, expresar, exponer, decir. (**a.**: *callar.*) || tr. Mostrar, exhibir, presentar, revelar, descubrir. (**a.**: *ocultar.*)

manifiesto, ta. adj. Patente, ostensible, claro, descubierto, visible, notorio, público. (**a.**: *oculto, encubierto.*) || Declaración, proclama, escrito, carta abierta.

manija. f. Maniota, traba. || Mango, puño, manubrio, picaporte.

manilargo, ga. adj. Pródigo, derrochador, despilfarrador, manirroto.

manilla. f. Brazalete, pulsera. || Manija, mango, puño. || pl. Esposas.

maniobra. f. Manejo, ardid, intriga, maquinación. || Operación. || pl. Prácticas, ejercicios.

maniobrable. adj. Manejable, operable, manipulable.

maniobrar. tr. e intr. Accionar, manejar, conducir. || intr. Operar, manipular.

maniota. f. Traba, manea.

manipular. tr. Maniobrar, manejar, operar. || Procesar, elaborar. || Evolucionar.

maniquí. m. o f. Modelo. || Muñeco.

manirroto, ta. adj. y s. Pródigo, gastador, malgastador, derrochador, despilfarrador.

manivela. f. Manubrio, cigüeña.

manjar. m. Comestible, alimento. || Deleite, placer.

mano. f. Habilidad, destreza. || Manero, medio. || Poder, mando, facultades. || Manecilla, aguja, saetilla. || Partida, partido. || Baño, capa. || Ayuda, socorro. || Castigo, reprensión. || Pasada. || Vuelta, vez, turno. || Lado, costado.

manojo. m. Abundancia, copia. || Conjunto. || Haz, hacecillo, puñado.

manopla. f. Guantelete.

manosanta. m. Curandero, ensalmador.

manoseado, da. adj. Ajado, usado. (**a.**: *nuevo.*) || Manido, vulgar.

manosear. tr. Sobar, tocar, toquetear, ajar.

manotada. f. o **manotazo.** m. Guantada, manotón.

manotón. m. Manotada.

mansalva (a). loc. adv. Sin exponerse, sin peligro. || Sobre seguro.

mansedumbre. f. Apacibilidad, benignidad, dulzura, bondad. (**a.**: *cólera, i-*

ra.) || Domesticidad. || Docilidad, obediencia.

mansión. f. Detención, parada. || Estancia, permanencia, estadía. || Morada, residencia, casa, vivienda.

manso, sa. adj. Doméstico. (**a.**: *indómito, montaraz.*) || Apacible, benigno, sumiso, dócil, obediente. (**a.**: *rebelde.*) || Lento, suave.

manta. f. Tunda, paliza. || Cobija, frazada.

manteca. f. Mantequilla, gordura, grasa, margarina, nata.

mantener. tr. y prnl. Sostener. || Apoyar, defender, amparar. (**a.**: *abandonar.*) || Sostener, tener. || Sustentar, nutrir, alimentar. (**a.**: *ayunar.*) || Conservar, proseguir. || prnl. Perseverar, resistir. (**a.**: *rendirse.*)

mantenimiento. m. Conservación, sostenimiento. || Manutención, sustentación. || Alimento, comida, sustento.

mantequilla. f. dim. Manteca.

mantillo. m. Humus, tierra negra, tierra vegetal.

manto. m. Capa.

mantón. m. Pañolón, chal.

manuable. adj. Manejable.

manual. adj. Manejable, portátil, manuable. || Dócil, manso. || m. Compendio.

manubrio. m. Manivela, manija, cigüeña. || Mango, puño, empuñadura.

manufactura o **manifactura.** f. Obraje. || Fabricación. || Fábrica, planta, factoría. || Artesanía, manualidad. || Obra, producto.

manufacturar. tr. Elaborar, fabricar.

manumisión. f. Emancipación, liberación.

manumiso, sa. adj. Liberto, horro.

manumitir. tr. Liberar, libertar, emancipar. (**a.**: *esclavizar.*)

manutención. f. Sustentación, mantenimiento, sostenimiento. || Alimento, sustento. || Conservación. || Apoyo, amparo. (**a.**: *desamparo.*)

manzana. f. Poma. || Bloque, isla.

maña. f. Maestría, destreza, habilidad, arte, mano, buena mano. (**a.**: *torpeza.*) || Ardid, artimaña, picardía, astucia, artificio, sagacidad. || Capricho, antojo. || Resabio. || **darse maña.** Arreglarse, manejarse.

mañana. m. Futuro, porvenir. (**a.**: *ayer, pasado.*)

mañanear. intr. Madrugar.

mañanero, ra. adj. Madrugador.

mañero, ra. adj. Sagaz, caprichoso, astuto, mañoso. || Diestro, habilidoso.

mañoso, sa. adj. Hábil, diestro, habilidoso, industrioso. (**a.**: *torpe, inhábil.*) || Caprichoso, antojadizo, mañero.

mapa. m. Carta. || Plano, planisferio, mapamundi, croquis.

mapuche. adj. Araucano.

maqueta. f. Modelo plástico.

maquiavélico, ca. adj. Avieso, maligno, pérfido, malintencionado. || Astuto, engañoso, traidor, falaz, falso.

maquillar. tr. Embellecer, acicalar. (**a.**: *lavar.*)

máquina. f. Artefacto, ingenio, aparato. || Locomotora. || Tramoya. || Vehículo. || Abundancia, copia.

maquinación. f. Trama, complot, intriga, asechanza, conjura. (**a.**: *ingenuidad.*)

maquinal. adj. Automático, instintivo, espontáneo, mecánico. (**a.**: *reflexivo, voluntario.*)

maquinar. tr. Fraguar, urdir, tramar, intrigar.

mar. m. o f. Piélago, océano, ponto, charco. || Abundancia, copia, cantidad, sinfín.

maraña. f. Maleza, matorral. || Lío, enredo, embrollo.

marasmo. m. Inmovilidad, apatía, paralización, suspensión, detención. (**a.**: *actividad, dinamismo.*) || Apatía, atonía.

maravilla. f. Portento, prodigio, milagro. || Admiración, asombro, pasmo.

maravillar. tr. y prnl. Admirar, asombrar, pasmar, sorprender.

maravilloso, sa. adj. Prodigioso, portentoso, milagroso. || Admirable, extraordinario, fantástico, asombroso, pasmoso, estupendo. (**a.**: *común, vulgar.*)

marbete. m. Rótulo, etiqueta.

marca. f. Lema, seña, distintivo, nombre. || Huella, vestigio, señal, indicio, estigma. ‖ Talla, medida. ‖ Margen, confín, frontera, mojón, límite. ‖ Distrito, provincia, señorío.

marcar. tr. Anotar, apuntar. ‖ Determinar, fijar, prescribir, aplicar, destinar. ‖ Indicar, señalar. ‖ Representar. ‖ Resaltar. ‖ Puntear.

marcial. adj. Militar, castrense, guerrero, bélico. (**a.**: *civil.*) ‖ Varonil, bizarro, gallardo. (**a.**: *tímido, cobarde.*)

marco. m. Cerco, cuadro, guarnición. ‖ Fondo. ‖ Recuadro. ‖ Configuración.

marcha. f. Velocidad, celeridad, paso. ‖ Curso, desenvolvimiento, funcionamiento, tendencia. ‖ Procedimiento, sistema, método. ‖ Partida. (**a.**: *llegada.*)

marchar. intr. Caminar, andar, funcionar, moverse. (**a.**: *parar, detenerse.*) ‖ Desarrollarse, desenvolverse. ‖ prnl. Irse, huir, ausentarse, partir, alejarse. (**a.**: *llegar.*)

marchitar. tr. y prnl. Ajar, enmustiar, secar. (**a.**: *florecer.*) ‖ Enflaquecer, decaer, debilitar, envejecer. (**a.**: *remozar, rejuvenecer.*)

marchito, ta. adj. Mustio, agostado, ajado, seco, deslucido. (**a.**: *verde, lozano.*) ‖ Decaído, debilitado. (**a.**: *vigoroso.*)

mareaje. m. Rumbo, derrota.

marear. tr. e intr. Molestar, fastidiar, incomodar, enfadar, cansar. ‖ Aturdirse, atontarse. ‖ Envanecerse, engreírse.

marejada. f. Oleaje. ‖ Agitación, excitación. (**a.**: *calma.*)

mareo. m. Vértigo, vahído. ‖ Enfado, molestia. ‖ Ajetreo, agitación, trajín.

marfileño, ña. adj. Ebúrneo.

margen. m. y f. Orilla, borde, ribera. ‖ m. Apostilla, acotación. ‖ Ocasión, oportunidad, motivo, pretexto. ‖ Ganancia. ‖ Límite. ‖ Holgura, espacio.

marginar. tr. Acotar, apostillar. ‖ Prescindir, dejar de lado, preterir, relegar.

maricón. m. Marica, afeminado. ‖ Invertido, sodomita, homosexual.

maridaje. m. Unión, analogía, vínculo, consorcio, conformidad. (**a.**: *diversidad.*) ‖ Contubernio. ‖ Semejanza, paralelismo.

marido. m. Esposo, consorte, cónyuge.

mariguana o **marihuana.** f. Cáñamo índico, grifa.

marimorena. f. Alboroto, camorra, bronca, pelotera, pendencia, contienda, riña.

marina. f. Costa, litoral. ‖ Náutica, navegación. ‖ Armada.

marinero, ra. adj. Marino, marítimo, pelágico. ‖ m. Marino.

marino, na. adj. Marítimo, náutico, naval. ‖ m. Hombre de mar, navegante, nauta.

marioneta. f. Títere, fantoche, muñeco.

mariposa. f. Lamparilla. ‖ Palomilla.

mariposear. intr. Vagar. ‖ Variar.

marital. adj. Conyugal, matrimonial.

marítimo, ma. adj. Marino, naval, náutico.

marmita. f. Cacerola, olla.

marmóreo, a. adj. Marmoleño, de mármol.

marmota. m. y f. Dormilón. ‖ Zonzo. (**a.**: *vivo, despierto.*)

maroma. f. Cuerda, soga.

marquesina. f. Pabellón, cobertizo.

marquetería. f. Ebanistería. ‖ Taracea. ‖ Ataujía, incrustación, damasquinado, embutido.

marrajo, ja. adj. Astuto, taimado, artero, malicioso, ladino, malintencionado. ‖ m. Tiburón.

marranada. f. Indecencia, cochinada. ‖ Desaire.

marrano, na. m. y f. Cerdo, puerco, cochino, gorrino. ‖ adj. Bajo, vil, despreciable. ‖ Asqueroso, sucio.

marrar. tr. e intr. Errar, fallar. (**a.**: *acertar.*) ‖ Equivocarse. (**a.**: *atinar.*)

marras. adv. Antaño. ‖ **de marras.** loc. adj. Consabido.

marrón. adj. Castaño.

marroquí. m. Tafilete.

marrullero, ra. adj. Astuto, taimado.

marsupial. adj. Didelfo.

martillar o **martillear.** tr. Golpear, machacar, batir, clavetear. ‖ tr. Oprimir, atormentar.

martilleo. m. Golpeteo.

martillero. m. Rematador.

martinete. m. Mazo.

martingala. f. Cábala. ‖ Ardid, artimaña, treta, artificio.
martirio. m. Tormento, tortura, muerte, sufrimiento, suplicio. (**a.**: *consolación.*) ‖ Ajetreo, fatigas. (**a.**: *alivio.*)
martirizar. tr. Atormentar, torturar, matar. ‖ tr. y prnl. Mortificar, atormentar, afligir. (**a.**: *resignarse.*)
mas. conj. Pero.
masa. f. Pasta. ‖ Conjunto, concurrencia, reunión. ‖ Volumen. ‖ Totalidad, suma. ‖ Aglomeración.
mascar. tr. Masticar, comer, rumiar. ‖ Mascullar.
máscara. f. Careta, antifaz, carátula. ‖ Disfraz. ‖ Pretexto, velo, tapujo, excusa. ‖ m. y f. Enmascarado.
mascarada. f. Farsa, ficción, engaño. ‖ Comparsa.
mascota. f. Amuleto, talismán.
masculino, na. adj. Varonil, enérgico, viril. (**a.**: *femenino, delicado.*)
mascullar. tr. e intr. Rezongar, murmurar, farfullar, musitar. (**a.**: *vociferar.*) ‖ Mascar, masticar.
masón, na. adj. y s. Francmasón.
masonería. f. Francmasonería.
masticar. tr. Mascar. ‖ Cavilar, rumiar.
mástil. m. Mango. ‖ Mastelero. ‖ Árbol, asta, palo, tallo, poste.
mastique. m. Almáciga.
masturbación. f. Onanismo.
mata. f. Arbusto, planta, matorral.
matacandelas. m. Apagavelas, apagador.
matadero. m. Penuria, ajetreo.
matador, ra. adj. y s. Homicida, criminal, asesino. ‖ m. Espada, torero.
matadura. f. Herida, llaga.
matafuego. m. Extintor, extinguidor.
matalón, na. adj. Mancarrón, jamelgo, matalote, penco, rocín.
matanza. f. Degollina, hecatombe, mortandad, carnicería.
matar. tr. Despachar, despenar, exterminar, ejecutar, inmolar, sacrificar, asesinar. (**a.**: *resucitar, reavivar.*) ‖ Aniquilar. ‖ Saciar, satisfacer. ‖ Apagar, atenuar, rebajar. (**a.**: *avivar.*) ‖ Moderar. ‖ Extinguir, sofocar, apagar. ‖ Fastidiar, abrumar, molestar, agobiar. ‖ prnl. Esforzarse, afanarse. (**a.**: *descansar.*) ‖ Suicidarse.
matarife. m. Carnicero, tablajero.
matasanos. m. Curandero, mediquillo, saludador.
matasiete. m. Valentón, bravucón, matón.
mate. adj. Amortiguado, opaco, apagado, sin brillo. (**a.**: *brillante.*)
mate. m. Calabaza, infusión, hierba del Paraguay.
matemático, ca. adj. Exacto, justo, preciso, puntual, seguro, clavado.
materia. f. Material, sustancia. (**a.**: *espíritu.*) ‖ Pus, podre. ‖ Asunto, motivo, cuestión, tema, objeto. ‖ Asignatura, disciplina. ‖ Causa, ocasión, razón, motivo.
material. adj. Físico, corpóreo, visible. (**a.**: *inmaterial, espiritual.*) ‖ Tangible, sensible, palpable. ‖ m. Ingrediente, componente. ‖ Materia, sustancia. ‖ Pertrechos, instrumental.
materializar. tr. y prnl. Concretar, realizar, cristalizar.
materno, na. adj. Maternal, uterino.
matinal. adj. Matutino. (**a.**: *vespertino.*)
matiz. m. Colorido, gama, gradación. ‖ Tono, tonalidad.
matizar. tr. Colorear, graduar. (**a.**: *desteñir.*)
matón. m. Bravucón, valentón, pendenciero, guapo, matasiete, fanfarrón. (**a.**: *bonachón.*)
matorral. m. Maleza, maraña, espesura.
matrero. m. Cimarrón, ladino, montaraz, indómito.
matrícula. f. Registro, lista, padrón. ‖ Patente.
matricular. tr. Inscribir, registrar, alistar.
matrimonial. adj. Conyugal, marital, nupcial.
matrimonio. m. Casamiento, enlace, boda, nupcias, himeneo, desposorio. ‖ Pareja, consortes, cónyuges.
matriz. f. Útero, seno, claustro materno, madre. ‖ Molde, troquel. ‖ Tuerca. ‖ adj. Principal, original.
matrona. f. Partera, comadrona.

matufia. f. Engaño, trampa. (**a.**: *veracidad.*)
matute. m. Contrabando, alijo. ‖ Timba, garito.
matutino, na. adj. Matinal, mañanero. (**a.**: *vespertino, nocturno.*)
maula. adj. Holgazán, haragán. (**a.**: *diligente.*) ‖ Traidor, traicionero. ‖ Tramposo. ‖ Cobarde. (**a.**: *valiente.*)
maullar. intr. Mayar.
maullido. m. Maúllo, miau.
mausoleo. m. Panteón, sepulcro, tumba.
máxima. f. Sentencia, apotegma, pensamiento, axioma, aforismo, adagio, moraleja, dicho, proverbio, refrán. ‖ Regla, precepto, principio, norma.
máxime. adv. Principalmente, sobre todo, mayormente, más aún.
máximo o **máximum.** m. Límite, extremo. (**a.**: *mínimo, mínimum.*) ‖ adj. Mayor, enorme, inmenso, superlativo, supremo, sumo, superior.
mayestático, ca. adj. Majestuoso, solemne, augusto, imponente, principesco.
mayólica. f. Loza.
mayor. m. Jefe, superior, cabeza, primogénito, principal. ‖ adj. Importante. ‖ pl. Antepasados, antecesores, ascendientes, abuelos, progenitores.
mayorazgo. m. Primogenitura.
mayoría. f. Generalidad, pluralidad. (**a.**: *minoría, excepción.*) ‖ Mayor edad, mayor parte, mayoridad. (**a.**: *menor edad, minoridad.*)
mayormente. adv. Principalmente, máxime, especialmente.
maza. f. Cachiporra, mazo, porra.
mazacote. m. Guisote. ‖ adj. Latoso, pesado.
mazdeísmo. m. Parsismo, zoroastrismo.
mazmorra. f. Celda, calabozo, prisión, cárcel, gayola.
mazo. m. Conjunto, paquete. ‖ Mallo, martinete, martillo, maza, porra, clava.
mazorca. f. Panoja, espiga, choclo.
mazorral. adj. Grosero, tosco, rudo, basto.
meada. f. Micción.
meadero. m. Letrina, urinario, mingitorio, excusado.
meandro. m. Recodo, curva, recoveco, sinuosidad. (**a.**: *recta.*)
mear. intr. Orinar.
mecánico, ca. adj. Maquinal, automático.
mecanismo. m. Artefacto, dispositivo, maquinaria, máquina, artificio, ingenio.
mecanografía. f. Dactilografía.
mecanográfico, ca. adj. Dactilográfico.
mecanógrafo, fa. m. y f. Dactilógrafo, tipiador.
mecedor. m. o **mecedora.** f. Balancín, hamaca, columpio, cuna.
mecenas. m. Protector, patrocinador, padrino, favorecedor, benefactor, bienhechor.
mecer. tr. y prnl. Acunar, cunar, cunear, balancear, columpiar, hamacar. ‖ tr. Agitar, mover.
mecha. f. Pabilo, torcida. ‖ Mechón.
mechero. m. Encendedor.
mechón. m. Bucle, rizo, mecha, guedeja.
medalla. f. Galardón, premio, distinción.
medallón. m. Guardapelo.
médano o **medaño.** m. Duna.
media. f. Calceta, calcetín, escarpín. ‖ Mitad, promedio.
mediacaña. f. Moldura.
mediación. f. Arbitraje, buenos oficios, intervención. (**a.**: *inhibición.*)
mediador, ra. adj. y s. Árbitro, intercesor, intermediario, componedor, medianero, tercero.
medianero, ra. adj. Mediador, mediero, intermediario, intermedio.
medianía. f. Mediocridad, término medio. (**a.**: *inferioridad, superioridad.*)
mediano, na. adj. Mediocre, intermedio, razonable, regular. ‖ f. Altura, perpendicular (en el triángulo).
mediante. prep. Por medio de.
mediar. intr. Interceder, intervenir, terciar. ‖ Interponerse. (**a.**: *inhibirse.*) ‖ Ocurrir, sobrevenir, presentarse. ‖ Pasar, trascurrir. ‖ Promediar.
medicación. f. Tratamiento.

medicamento. m. Medicina, fármaco, remedio, droga, específico, brebaje, pócima, ungüento, vacuna. (**a.**: *veneno, tóxico.*)
medicina. f. Remedio, medicamento.
medición. f. Medida, mensuración.
médico, ca. m. y f. Facultativo, galeno, doctor.
medida. f. Medición. ‖ Dimensión, tamaño, magnitud. ‖ Grado, intensidad. ‖ Disposición, prevención, providencia. ‖ Cordura, mesura, moderación, prudencia.
medidor. m. Contador.
medio. m. Mitad, centro, corazón, interior. (**a.**: *extremo.*) ‖ Arbitrio, diligencia, recurso, manera, procedimiento, modo, método, camino, forma, vía, conducto. ‖ Círculo, ambiente, esfera. ‖ Médium. ‖ Arbitrio, expediente, recurso. ‖ pl. Bienes, caudal, fortuna, posibles.
medio, dia. adj. Imperfecto, ordinario, incompleto. ‖ Intermedio. ‖ Mediocre.
mediocre. adj. Mediano, común, regular, vulgar, trivial, adocenado. (**a.**: *excelente, óptimo.*)
mediodía. m. Sur. (**a.**: *Norte, Septentrión.*)
medioevo. m. Medievo, Edad Media.
medir. tr. Mensurar, calcular. ‖ Evaluar, estimar. ‖ Comparar, confrontar, verificar. ‖ Reflexionar. ‖ tr. y prnl. Moderar, controlar, frenar. (**a.**: *excederse.*)
meditabundo, da. adj. Pensativo, absorto, caviloso, cogitabundo, abstraído.
meditar. tr. e intr. Pensar, considerar, reflexionar, discurrir, proyectar, sopesar, ponderar, cavilar, rumiar. (**a.**: *improvisar.*) *Meditar es considerar con profundidad una cosa en la imaginación.*
meditativo, va. adj. Pensativo, meditabundo.
medrar. intr. Crecer, desarrollarse. (**a.**: *debilitarse.*) ‖ Prosperar, florecer, progresar. (**a.**: *arruinarse.*)
medro. m. Mejora, mejoramiento.
medroso, sa. adj. y s. Miedoso, temeroso, cobarde, pusilánime, tímido, receloso. (**a.**: *audaz, decidido.*) ‖ Pavoroso, terrorífico.
médula o medula. f. Meollo, centro, esencia, sustancia. ‖ Tuétano, caracú.
medular. adj. Esencial, fundamental.
medusa. f. Aguamala, aguamar.
mefistofélico, ca. adj. Diabólico, perverso, endemoniado.
mefítico, ca. adj. Fétido, insalubre, hediondo, pestilente.
megáfono. m. Altavoz, altoparlante.
mejilla. f. Carrillo, moflete.
mejor. adj. Preferible, superior. (**a.**: *inferior, peor.*) ‖ adv. Antes. ‖ **a lo mejor.** loc. adv. Posiblemente.
mejora. f. Aumento, progreso, adelanto. ‖ Perfeccionamiento, mejoramiento. ‖ Puja. ‖ Mejoría, alivio.
mejoramiento. m. Mejora, medro, progreso, aumento, mejoría. (**a.**: *estancamiento.*)
mejorar. tr. Prosperar, aumentar. ‖ Robustecer, acrecentar, perfeccionar. ‖ Pujar. ‖ intr. y prnl. Restablecerse, convalecer, aliviarse. (**a.**: *empeorar.*) ‖ Abonanzar. ‖ Medrar, adelantar, ascender, prosperar. (**a.**: *retroceder.*)
mejoría. f. Mejora, mejoramiento, restablecimiento, alivio. (**a.**: *recaída.*) ‖ Perfeccionamiento, ventaja.
mejunje. m. Menjunje, mezcla, brebaje, pócima, potingue. ‖ Chanchullo, componenda. ‖ Cosmético, medicamento.
melancolía. f. Añoranza, tristeza, morriña, nostalgia. (**a.**: *alegría.*) ‖ Depresión, desaliento.
melancólico, ca. adj. Triste, nostálgico, mohíno, mustio, apesadumbrado, afligido.
melifluo, flua. adj. Dulce, suave, delicado, tierno. ‖ Meloso, empalagoso, dulzón.
melindre. m. Remilgo, dengue, repulgo, afectación.
melindroso, sa. adj. Dengoso, remilgado, afectado, ñoño.
melocotón. m. Durazno.
melodioso, sa. adj. Melódico, armonioso. ‖ Dulce, suave, grato, agradable. (**a.**: *inarmónico, disonante.*)
melodrama. m. Drama.

melomanía. f. Musicomanía.
melómano, na. m. y f. Musicómano, filarmónico, diletante.
melón, na. adj. Bobo, lelo, necio, majadero.
meloso, sa. adj. Melifluo. ‖ Dulzón, empalagoso, almibarado. ‖ Suave.
mella. f. Hueco, hendedura. ‖ Menoscabo, merma. ‖ Deterioro.
mellar. tr. Desportillar, romper. ‖ Menoscabar, dañar. ‖ Mancillar.
mellizo, za. adj. Gemelo.
membrana. f. Tela, piel, tímpano. ‖ Himen.
membrete. m. Logotipo, marca, símbolo.
membrudo, da. adj. Robusto, corpulento, fornido, fuerte, recio, vigoroso. *Membrudo refiere la fuerza a los miembros y a los músculos.* (**a.**: *débil, endeble, enclenque.*)
memo, ma. adj. Bobo, tonto, lelo, zonzo.
memorable. adj. Recordable, inolvidable, memorando. ‖ Célebre, famoso, notable, glorioso. ‖ Importante.
memorando, da. adj. Memorable, recordable. ‖ m. Agenda.
memorar. tr. Recordar, evocar, rememorar. (**a.**: *olvidar.*)
memoria. f. Retentiva. (**a.**: *amnesia.*) ‖ Recuerdo, recordación, reminiscencia. (**a.**: *olvido.*) ‖ Informe. ‖ Tesis. ‖ pl. Expresiones, recuerdos, saludos.
memorial. m. Instancia, petición, solicitud, demanda. ‖ Memoria, escrito, relación.
memorialista. m. y f. Pendolista, historiador, historiógrafo, cronista. ‖ Redactor, amanuense.
menaje. m. Ajuar, moblaje, mobiliario.
mención. f. Cita, referencia, recuerdo.
mencionar. tr. Citar, mentar, nombrar, recordar. (**a.**: *callar, omitir.*)
mendaz. adj. Mentiroso, falaz, embustero. (**a.**: *veraz.*)
mendicante. adj. y s. Mendigo, pordiosero, indigente, pobre. (**a.**: *pudiente.*)
mendicidad. f. Pordiosería, mendicación.
mendigar. tr. e intr. Pordiosear, pedir, limosnear. (**a.**: *dar.*)
mendigo, ga. m. y f. Pordiosero, mendicante.
mendrugo. m. Corrusco, zoquete. ‖ Tonto, torpe, tarugo, bobo.
menear. tr. y prnl. Mover. ‖ tr. Activar, agitar, remover, sacudir, revolver. ‖ prnl. Apresurarse, apurarse, manejarse.
meneo. m. Vapuleo, paliza, tunda. ‖ Reprimenda. ‖ Contoneo, baile, ajetreo, movimiento, agitación, conmoción. (**a.**: *quietud.*)
menester. m. Falta, necesidad. (**a.**: *sobra.*) ‖ Empleo, ocupación, profesión, trabajo, quehacer.
menesteroso, sa. adj. y s. Indigente, mendigo, necesitado, pobre, miserable. (**a.**: *rico, pudiente.*)
mengano. m. Fulano, perengano, zutano.
mengua. f. Disminución, merma, decrecimiento, falta, carencia. (**a.**: *exceso, aumento.*) ‖ Deterioro, detrimento, menoscabo. ‖ Pobreza, necesidad, escasez, estrechez. (**a.**: *riqueza.*) ‖ Descrédito, menoscabo, deshonra, desdoro. (**a.**: *honor.*)
menguado, da. adj. Desdichado, infausto, desgraciado. ‖ Cobarde, apocado, pusilánime. (**a.**: *valiente.*) ‖ Tacaño, miserable, ruin, mezquino. (**a.**: *liberal, generoso.*) ‖ Bobo, necio. (**a.**: *sagaz.*)
menguante. m. Bajamar. (**a.**: *pleamar.*) ‖ Decadencia, declinación.
menguar. tr. e intr. Disminuir, decrecer, consumirse, mermar, amenguar, aminorar. (**a.**: *aumentar, crecer.*)
menor. adj. Inferior. (**a.**: *mayor.*) ‖ m. o f. Menor de edad. ‖ **al por menor** o **por menor.** loc. adv. Al detalle, al menudeo.
menos. adv. Excepto, salvo.
menoscabar. tr. Disminuir, acortar, reducir. (**a.**: *aumentar, acrecentar.*) ‖ Deteriorar, dañar, deslucir, perjudicar. ‖ Desprestigiar, desacreditar. (**a.**: *acreditar.*)
menoscabo. m. Merma, mengua. ‖ Deterioro, perjuicio, detrimento, daño, quebranto. ‖ Desdoro, descrédito.
menospreciar. tr. Desdeñar, desairar,

despreciar. || Subestimar, desestimar. (**a.**: *apreciar.*) || Relegar, rebajar.
menospreciativo, va. adj. Despreciativo, despectivo.
menosprecio. m. Desprecio, desdén, desaire. (**a.**: *aprecio, estima.*)
mensaje. m. Recado, misiva, encargo, nota.
mensajero, ra. m. y f. Recadero, mandadero, botones, propio. || Enviado, correo.
menstruación. f. Menstruo, período, regla, mes.
mensualidad. f. Mes, sueldo, mesada, salario, emolumento, estipendio, honorarios, soldada.
ménsula. f. Repisa, rinconera.
mensura. f. Medida.
mensurar. tr. Medir.
menta. f. Hierbabuena.
mentado, da. adj. Conocido, célebre, acreditado, famoso.
mentalidad. f. Cabeza, capacidad, conocimiento.
mentar. tr. Nombrar, citar, mencionar, recordar. (**a.**: *callar, olvidar.*)
mente. f. Inteligencia, magín, intelecto, imaginación, entendimiento, razón, pensamiento, espíritu. || Designio, propósito, intención, voluntad.
mentecatez. f. Necedad, simpleza, majadería, insensatez, imbecilidad, idiotez.
mentecato, ta. adj. y s. Necio, bobo, tonto, fatuo, idiota, imbécil, estúpido. (**a.**: *sagaz.*)
mentir. intr. Engañar, bolacear, macanear. || tr. Fingir, aparentar, simular.
mentira. f. Bola, trola, cuento, bulo, embuste, infundio, invención, boleto, engaño, patraña, bolazo, embeleco, embrollo, macana, paparrucha, fraude, falsedad, falacia, engañifa. (**a.**: *verdad, veracidad.*) || Selenosis.
mentiroso, sa. adj. y s. Embustero, calumniador, mendaz, mintroso, bolacero, macaneador. (**a.**: *sincero, veraz.*) || Aparente, engañoso, engañador, fingido. (**a.**: *real, verdadero.*)
mentís. m. Desmentida, denegación, refutación, desaprobación, reprobación.
mentón. m. Barbilla.
mentor. m. Maestro, instructor, guía, consejero, inspirador, consultor, preceptor, ayo.
menú. m. Minuta, carta.
menudear. intr. Soler, acostumbrar, repetirse.
menudencia. f. Pequeñez, bagatela, minucia, nimiedad, nadería, insignificancia, fruslería.
menudo, da. adj. Pequeño, chico, minúsculo. (**a.**: *grande.*) || Insignificante, exiguo. (**a.**: *valioso.*) || Suelto (dicho del dinero). || Estrecho, angosto. || **a menudo.** loc. adv. Frecuentemente.
meollo. m. Seso. || Médula, tuétano, cacumen. || Sustancia, enjundia, miga. || Sensatez, entendimiento, intelecto, juicio, caletre, magín.
mequetrefe. m. Tarambana, botarate, badulaque, entrometido.
meramente. adv. Solamente, únicamente, puramente, simplemente.
mercachifle. m. Buhonero, mercader, traficante, comerciante.
mercader, ra. m. y f. Comerciante, traficante, negociante, tratante, mercachifle.
mercadería. f. Mercancía, género, artículo.
mercado. m. Feria, contratación, tráfico.
mercancía. f. Género, artículo, mercadería.
mercantil. adj. Comercial, mercante.
mercar. tr. Comprar, adquirir, comerciar, negociar, traficar, vender.
merced. f. Dádiva, don, regalo. || Beneficio, favor. (**a.**: *pago.*) || Premio, recompensa, galardón. (**a.**: *castigo.*) || **a merced de.** loc. prep. A voluntad de, al arbitrio de. || **merced a.** loc. prep. Por, gracias a.
mercenario, ria. adj. y s. Asalariado, jornalero. (**a.**: *voluntario.*)
mercurio. m. Azogue, hidrargirio.
merecedor, ra. adj. Digno, acreedor, meritorio. (**a.**: *indigno.*)
merecidamente. adv. Dignamente, justamente. (**a.**: *inmerecidamente.*)
merecido, da. adj. Justo, condigno.

merecimiento. m. Mérito, bondad, estimación, aprecio. (**a.**: *injusticia.*)
meridiano, na. adj. Patente, clarísimo. (**a.**: *oscuro, confuso.*)
meridional. adj. Austral, antártico, sureño. (**a.**: *septentrional, boreal.*)
meritísimo, ma. adj. Dignísimo, virtuosísimo.
mérito. m. Merecimiento, estimación. (**a.**: *demérito, desmerecimiento.*) ‖ Valor, valía, virtud.
meritorio, ria. adj. Alabable, laudable, loable, plausible. ‖ Digno, acreedor, condigno. ‖ m. Aprendiz.
merluza. f. Pescada, pescadilla. ‖ Borrachera, embriaguez.
merma. f. Disminución, mengua, pérdida, menoscabo, quebranto, decrecimiento. ‖ Sisa, substracción.
mermar. intr. Disminuir, menguar, consumirse, aminorarse, decrecer. (**a.**: *aumentar.*) ‖ tr. Reducir, sisar, quitar.
mermelada. f. Jalea.
mero, ra. adj. Puro, simple, solo. ‖ Insignificante, trivial, baladí.
merodear. intr. Vagar, vagabundear.
mes. m. Mensualidad, mesada. ‖ Menstruación, menstruo, período, regla.
mesa. f. Comida, alimento. ‖ Meseta, planicie. ‖ Altar, ara. ‖ Presidencia.
mesada. f. Mensualidad, mes, paga.
mesar. tr. y prnl. Arrancar, tirar.
mesenterio. m. Redaño, entresijo.
meseta. f. Descansillo, descanso, rellano. ‖ Altiplanicie, planicie, mesa.
Mesías. n. p. Jesucristo.
mesón. m. Hostería, hostal, posada, venta, parador, albergue.
mesonero, ra. m. y f. Posadero, ventero, hostelero.
mesozoico, ca. adj. Secundario.
mester. m. Arte, oficio, menester, ministerio. (De uso poético.)
mestizo, za. adj. y s. Cruzado, híbrido. (**a.**: *puro.*)
mesura. f. Gravedad, seriedad, compostura. (**a.**: *ostentación.*) ‖ Reverencia, consideración, cortesía. (**a.**: *descortesía.*) ‖ Moderación, comedimiento, prudencia, circunspección, formalidad, discreción. (**a.**: *imprudencia.*)
mesurado, da. adj. Moderado, módico. (**a.**: *desmesurado.*) ‖ Prudente, discreto, sensato, circunspecto, comedido, formal, cauteloso.
meta. f. Término, final, llegada. ‖ Fin, propósito, objetivo, designio, intento, finalidad, objeto. ‖ Portería, arco, valla.
metafísico, ca. adj. Abstruso, oscuro, difícil.
metáfora. f. Figura, imagen, símil, alegoría, tropo.
metálico. m. Dinero.
metamorfosear. tr. y prnl. Trasformar, trasmutar, convertir, cambiar, desfigurar, trastrocar. (**a.**: *permanecer.*)
metamorfosis. f. Trasformación, trasmutación, mudanza, conversión, cambio.
metano. m. Gas de los pantanos.
metaplasmo. m. Figura de dicción.
metátesis. f. Trasposición.
metempsicosis o **metempsícosis.** f. Trasmigración.
meteorito. m. Aerolito.
meter. tr. Causar, ocasionar, promover, producir. ‖ tr. y prnl. Ensartar, introducir, insertar, incluir, mechar, encajar. (**a.**: *sacar.*) ‖ Comprometer, enredar, mezclar. ‖ prnl. Entrometerse, inmiscuirse.
meterete. m. Entrometido.
meticuloso, sa. adj. Minucioso, exacto, escrupuloso, prolijo. (**a.**: *despreocupado.*) ‖ Medroso, pusilánime, temeroso. (**a.**: *valiente.*)
metódico, ca. adj. Sistemático, regular. ‖ Arreglado, ordenado, cuidadoso.
metodizar. tr. Ordenar, sistematizar, regularizar, normalizar.
método. m. Procedimiento, norma, sistema, regla, orden. ‖ Hábito, costumbre.
métrica. f. Versificación.
metro. m. Norma, modelo.
metrópoli. f. Capital.
metropolitano, na. adj. Arzobispal.
mezcla. f. Mixtura, mezcolanza, compuesto, mixtión, amalgama. ‖ Argamasa, mortero. ‖ Aleación, liga, com-

binación. || Promiscuidad, revoltijo, batiburrillo.

mezclable. adj. Misible.

mezclar. tr. y prnl. Juntar, unir, entremezclar, incorporar, agregar, mixturar, ligar. (**a.**: *separar, desunir.*) || Complicar, comprometer, enredar, meter. || tr. Desordenar, revolver, ordenar. || prnl. Entrometerse, inmiscuirse, meterse, entremeterse, injerirse. (**a.**: *separarse.*)

mezcolanza o **mescolanza.** f. Batiburrillo, baturrillo, revoltijo, fárrago. || Mezcla, promiscuidad, heterogeneidad.

mezquinar. tr. Escatimar, cicatear.

mezquindad. f. Pobreza, estrechez, miseria, escasez. (**a.**: *riqueza.*) || Cicatería, roñería, tacañería, avaricia, sordidez. (**a.**: *generosidad.*)

mezquino, na. adj. Avaro, tacaño, ruin, amarrete, sórdido. (**a.**: *liberal, dadivoso.*) || Pequeño, escaso, diminuto, exiguo.

miaja. f. Migaja, miga, cacho, pedazo, trozo. || Pizca.

mico, ca. m. y f. Mono, simio. || Monigote.

micra. f. Micrón.

microbio. m. Microorganismo, bacilo, bacteria.

microgameto. m. Espermatozoide, espermatozoo, zoospermo.

micrón. m. Micra.

microscópico, ca. adj. Minúsculo, pequeñísimo. (**a.**: *colosal, grandísimo.*)

miedo. m. Temor, espanto, julepe, pánico, pavor, terror. (**a.**: *valor.*) || Recelo, aprensión. (**a.**: *audacia.*) || Cobardía.

miedoso, sa. adj. y s. Medroso, timorato, pusilánime, cobarde, aprensivo, temeroso, receloso, asustadizo. (**a.**: *valeroso, osado.*)

miembro. m. Extremidad. || Componente, integrante, órgano, parte, elemento. || Pene, falo.

mientras. adv. En tanto, entre tanto, mientras tanto.

miga. f. Migaja, partícula, miaja. || Molledo. || Enjundia, entidad, meollo, sustancia.

migaja. f. Miga, partícula, miaja. || pl. Sobras, restos.

migración. f. Emigración, éxodo. (**a.**: *inmigración.*)

migraña. f. Jaqueca, cefalea, hemicránea.

milagro. m. Prodigio. || Maravilla, portento.

milagroso, sa. adj. Portentoso, prodigioso, maravilloso. (**a.**: *normal, natural.*) || Extraordinario, pasmoso, maravilloso, asombroso, admirable, estupendo. (**a.**: *corriente.*) || Sobrenatural.

milano. m. Azor.

milenario. adj. Antiquísimo. || Milésimo.

milicia. f. Ejército, tropa.

militar. m. Soldado, combatiente, miliciano, guerrero. (**a.**: *civil, paisano.*)

millonario, ria. adj. y s. Potentado, rico, poderoso, acaudalado, ricachón.

mimado, da. adj. Malcriado, consentido, malacostumbrado.

mimar. tr. Halagar, acariciar. || Consentir, malcriar.

mimbreño, ña. adj. Flexible.

mimético, ca. adj. Imitativo.

mímica. f. Imitación, gesticulación.

mimo. m. Caricia, halago, cariño, condescendencia, complacencia. || Delicadeza, cuidado. || Pantomima, parodia.

mimodrama. m. Pantomima, mimo.

mimoso, sa. adj. Delicado, regalón, consentido, melindroso.

mina. f. Criadero, filón, minero, venero, pozo, yacimiento. || Galería, excavación, túnel. || Bicoca, ganga, sinecura.

minar. tr. Socavar. || Debilitar, consumir, extenuar, destruir.

minarete. m. Alminar, torre.

mingitorio. m. Urinario.

miniatura. f. Reducción.

minimizar. tr. Subestimar, menospreciar.

mínimo, ma. adj. Minucioso, escrupuloso. || Ínfimo, imperceptible, menudo, minúsculo, exiguo, pequeñísimo. || m. Mínimum. (**a.**: *máximo, máximum.*)

mínimum. m. Mínimo.
minino. m. Gato, michino.
minio. m. Óxido de plomo.
ministerial. adj. Gubernamental.
ministerio. m. Empleo, profesión, cargo, función, ocupación, oficio. ‖ Sacerdocio, apostolado. ‖ Misión, uso, destino. ‖ Gabinete, gobierno. ‖ Cartera. ‖ Menester.
minorar. tr. y prnl. Acortar, aminorar, disminuir, reducir. *Minorar es reducir a menos una cosa.* ‖ Atenuar, mitigar, paliar, amortiguar.
minoría. f. Minoridad, menor edad. ‖ Oposición.
minoridad. f. Minoría (de edad), menor edad. (**a.**: *mayoría, mayor edad.*)
minucia. f. Pequeñez, bagatela, menudencia, nimiedad, nadería, insignificancia.
minucioso, sa. adj. Nimio, escrupuloso, puntilloso, meticuloso, concienzudo, cuidadoso, prolijo. ‖ Pormenorizado.
minúsculo, la. adj. Mínimo, ínfimo.
minusvalorar. tr. Subestimar, minimizar.
minuta. f. Borrador. ‖ Anotación, apunte, apuntación. ‖ Compendio, extracto, resumen. ‖ Bosquejo, esbozo. ‖ Cuenta. ‖ Menú. ‖ Lista, rol, nómina.
minutero. m. Manecilla, aguja, saeta.
mira. f. Intención, designio, propósito, ánimo. ‖ Objetivo, finalidad.
mirabel. m. Girasol.
mirada. m. Ojeada, vistazo.
mirado, da. adj. Visto, notado, considerado, examinado. ‖ Cauto, circunspecto, cuidadoso, reflexivo. (**a.**: *atropellado.*) ‖ Atento, respetuoso, considerado.
mirador. m. Balcón, galería, terraza.
miramiento. m. Delicadeza, atención, comedimiento, cortesía, respeto, deferencia, consideración. (**a.**: *desconsideración.*) ‖ Cuidado, precaución, cautela.
mirar. tr. Observar, examinar, contemplar. ‖ intr. Amparar, defender, proteger, velar por, cuidar de. ‖ Atender, observar, reparar, fijarse. (**a.**: *desatender.*) ‖ Orientarse.
mirasol. m. Girasol.
miríada. f. Multitud.
mirífico, ca. adj. Admirable, hermoso, maravilloso.
mirilla. f. Ventanilla, miradero, rejilla.
mirón, na. adj. y s. Curioso.
mirto. m. Arrayán.
misántropo. m. Huraño, insociable, arisco, intratable. (**a.**: *simpático, optimista.*)
misceláneo, a. adj. Mixto, vario. ‖ Mezclado, revuelto. ‖ f. Mezcla, revoltijo.
miserable. adj. Desdichado, mísero, infeliz. ‖ Indigente, pobre. ‖ adj. y s. Mezquino, avariento, avaro, tacaño, cicatero, amarrete. ‖ Perverso, abyecto, canalla, infame, vil.
miseria. f. Pobreza, indigencia, escasez, estrechez. (**a.**: *riqueza, fortuna.*) ‖ Desgracia, infortunio, desventura, desdicha. (**a.**: *ventura, dicha.*) ‖ Insignificancia. ‖ Mezquindad, tacañería, ruindad. (**a.**: *generosidad.*)
misericordia. f. Conmiseración, piedad, compasión, lástima, caridad. (**a.**: *inhumanidad, impiedad.*) ‖ Clemencia, indulgencia, perdón. (**a.**: *condena.*)
misericordioso, sa. adj. Compasivo, caritativo, piadoso, humano, indulgente.
mísero, ra. adj. Pobre, menesteroso, indigente, necesitado. ‖ Desdichado, desventurado, desgraciado, infeliz, miserable. (**a.**: *dichoso, feliz.*) ‖ Abatido, desanimado. ‖ Avaro, mezquino, tacaño. (**a.**: *generoso.*) ‖ Exiguo. (**a.**: *grande, espacioso.*)
misérrimo, ma. adj. Paupérrimo, pobrísimo.
misión. f. Cometido, comisión, encargo. ‖ Función, gestión, ministerio. ‖ Embajada.
misiva. f. Carta, esquela, billete.
mismo, ma. adj. Igual, semejante, idéntico. (**a.**: *diferente, distinto.*) ‖ Propio, exacto.
misterio. m. Secreto, enigma, arcano. ‖ Reserva, sigilo, incógnita.
misterioso, sa. adj. Oculto, recóndito, sibilino, secreto, oscuro, arcano, enigmático. ‖ Incomprensible, indesci-

frable, hermético, esotérico. (**a.**: *claro, asequible.*)
místico, ca. adj. y s. Piadoso, contemplativo. (**a.**: *ateo.*)
mitad. f. Medio. (**a.**: *doble, duplo.*)
mítico, ca. adj. Fabuloso, mitológico, legendario.
mitigar. tr. y prnl. Moderar, paliar, calmar, aplacar, suavizar, templar. (**a.**: *agravar, exacerbar, enconar.*)
mitin. m. Reunión, concentración.
mito. m. Leyenda, fábula, saga, ficción. (**a.**: *historia.*)
mitosis. f. Cariocinesis.
mixtificación. f. Engaño, adulteración, superchería, truco. (**a.**: *realidad.*)
mixtión. f. Mezcla, mixtura.
mixto, ta. adj. Misceláneo, vario, mezclado. || m. Cerilla, fósforo.
mixtura. f. Mezcla, mezcolanza, mixtión, compuesto, amalgama. || Poción.
mixturar. tr. Mezclar, incorporar, amalgamar. (**a.**: *separar.*)
mobiliario. m. Moblaje.
moblaje. m. Mobiliario, mueblaje.
mocedad. f. Juventud, adolescencia. (**a.**: *vejez, senectud.*)
moción. f. Proposición, propuesta. || Movimiento.
moco. m. Mucosidad, flema.
mocoso, sa. m. y f. Niño, chico, arrapiezo, chiquillo, muchacho.
mochila. f. Morral, zurrón.
mocho, cha. adj. Romo. (**a.**: *agudo.*) || Esquilado, pelado.
moda. f. Uso, boga, usanza, novedad. (**a.**: *desuso, antigüedad.*) || **de moda.** loc. adj. Actual, moderno. || **pasado de moda.** loc. adj. Antiguo, anticuado.
modales. m. pl. Maneras, ademanes, educación, modos, principios.
modalidad. f. Característica, modo, manera, particularidad, peculiaridad.
modelar. tr. Esculpir. || Moldear, formar.
modelo. m. Dechado, muestra, tipo, patrón. (**a.**: *remedo.*) || Original. (**a.**: *copia, imitación.*) || Ejemplo, prototipo, paradigma. || Configuración. || m. y f. Maniquí.
moderación. f. Sobriedad, templanza, morigeración, temperancia. (**a.**: *gula.*) || Cordura, modestia, mesura, sensatez, circunspección, comedimiento, prudencia. (**a.**: *indiscreción.*)
moderado, da. adj. Módico. (**a.**: *abusivo.*) || Templado, tibio. || Sobrio, morigerado, parco, continente, mesurado. || Cuerdo, sensato.
moderar. tr. y prnl. Templar, atemperar, calmar, aplacar, morigerar, refrenar, suavizar, mitigar. || tr. Disminuir, aminorar. (**a.**: *aumentar.*)
modernizar. tr. Actualizar, innovar, renovar, remozar, restaurar. (**a.**: *envejecer.*)
moderno, na. adj. Actual, novísimo, reciente, nuevo. (**a.**: *antiguo.*)
modestia. f. Humildad, sencillez. (**a.**: *inmodestia, vanidad.*) || Pudor, recato, decoro, decencia, honestidad. || Escasez.
modesto, ta. adj. Sencillo, humilde, recatado, tímido. (**a.**: *jactancioso.*)
módico, ca. adj. Moderado, escaso, limitado, reducido. (**a.**: *abundante.*) || Barato, económico. (**a.**: *costoso, caro.*)
modificación. f. Variación, cambio, reforma, trasformación, mudanza. || Enmienda, rectificación, corrección.
modificar. tr. Cambiar, variar, alterar, mudar, trasformar, reformar, corregir, enmendar, rectificar. (**a.**: *mantener, ratificar, conservar.*)
modismo. m. Idiotismo. || Giro, locución.
modo. m. Manera, tenor, forma, modalidad, guisa. || Cortesía, circunspección. || pl. Ademanes, modales. || **a modo de.** loc. prep. Como, a manera de.
modorra. f. Amodorramiento, sopor, somnolencia, letargo. (**a.**: *insomnio.*)
modoso, sa. adj. Cortés, educado, urbano. || Mesurado, circunspecto, discreto, prudente. (**a.**: *indiscreto.*) || Respetuoso, atento, considerado. (**a.**: *irrespetuoso.*)
módulo. m. Canon, medida.
mofa. f. Burla, befa, escarnio. (**a.**: *aplauso.*)
moflete. m. Carrillo.

mofletudo, da. adj. Carrilludo.

mogote. m. Cerro, montículo.

mohín. m. Gesto, mueca.

mohína. f. Enojo, enfado, despecho. (**a.**: *contento.*)

mohíno, na. adj. Triste, mustio, melancólico. (**a.**: *alegre.*) || Disgustado, airado, enfadado, enojado. (**a.**: *satisfecho.*)

moho. m. Orín, cardenillo, herrumbre, óxido.

mohoso, sa. adj. Enmohecido. || Herrumbroso, oxidado. (**a.**: *pulido.*) || Rancio, descompuesto.

mojadura. f. Remojón, caladura, empapamiento.

mojar. tr. y prnl. Embeber, impregna . || tr. Empapar, bañar, regar, calar, ensopar, humedecer, rociar. (**a.**: *secar.*)

mojicón. m. Bollo, sopapo, trompada, puñetazo, cachete, castañazo. (**a.**: *caricia, mimo.*) || Bizcocho.

mojigato, ta. adj. y s. Timorato, gazmoño. || Santurrón.

mojón. m. Hito, poste, coto.

molde. m. Forma, horma, matriz, cuño, troquel.

moldear. tr. Vaciar, fundir. || Configurar, plasmar.

mole. adj. Blando, suave, muelle, mullido, mórbido, fofo.

mole. f. Corpulencia, bulto, volumen, masa. (**a.**: *brizna, partícula.*)

moler. tr. Pulverizar, molturar, machacar, desmenuzar, triturar. || Molestar, fastidiar, fatigar, cansar. (**a.**: *entretener.*) || Maltratar, mortificar.

molestar. tr. y prnl. Importunar, fastidiar, contrariar, enfadar, desagradar. (**a.**: *divertir.*) || tr. Estorbar, jorobar, incomodar, sobar, perturbar, mortificar, impacientar, cansar.

molestia. f. Cansancio, fatiga. || Fastidio, disgusto, desagrado, enfado. || Inquietud, incomodidad, desazón, malestar. || Estorbo, dificultad, impedimento.

molesto, ta. adj. Cansador, fatigoso, oneroso. || Embarazoso, incómodo. || Enfadoso, pesado, latoso, enojoso, fastidioso, cargante, desagradable. || Ofendido, resentido, incómodo.

molicie. f. Blandura, ocio, regalo, comodidad.

molido, da. adj. Cansado, rendido, fatigado. (**a.**: *fresco, descansado.*) || Maltrecho, malparado, deshecho. || Triturado, pulverizado.

molienda. f. Moltura, moledura. || Molimiento, molestia, cansancio, fatiga. || Molino.

molificar. tr. Ablandar, suavizar. (**a.**: *endurecer.*)

molimiento. m. Molienda. || Cansancio, fatiga, molestia.

molinete. m. Torniquete, molinillo.

moltura. f. Molienda, moledura.

mollar. adj. Blando. (**a.**: *duro, sólido.*)

mollera. f. Cacumen, caletre, sesera, seso.

momentáneo, a. adj. Pasajero, instantáneo, breve, transitorio. (**a.**: *duradero.*) || Provisional. (**a.**: *permanente.*)

momento. m. Instante, segundo, soplo, punto. || Oportunidad, ocasión, coyuntura.

momo. m. Mueca, gesto. || Carnaval.

mona. f. Borrachera, tranca, embriaguez, ebriedad, curda.

monacal. adj. Monástico, conventual, claustral.

monacato. m. Monaquismo.

monada. f. Monería. || Halago, mohín, zalamería, arrumaco. || Encanto, primor.

monaguillo. m. Monacillo, monago, acólito.

monarca. m. Rey, soberano. (**a.**: *súbdito, vasallo.*)

monasterio. m. Convento, abadía, claustro.

monástico, ca. adj. Monacal, conventual.

monaural o **monoaural.** adj. Monofónico.

monda. f. Peladura, mondadura, cáscara.

mondadientes. m. Escarbadientes, palillo.

mondadura. f. Monda, cáscara.

mondar. tr. Pelar, descascarar. || Podar. || Pelar, rapar.

mondongo. m. Barriga, abdomen, panza, vientre.

moneda. f. Dinero, plata, pecunia, cuartos, guita.
monedero. m. Portamonedas.
monería. f. Monada, gracia. ‖ Zalamería.
monetario, ria. adj. Pecuniario. ‖ Numismático.
monigote. m. Muñeco, pelele, títere. ‖ Mamarracho, adefesio, esperpento. ‖ Ignorante.
moni. m. Dinero, pecunia, guita.
monja. f. Religiosa.
monje. m. Anacoreta, eremita, ermitaño. ‖ Fraile, religioso.
mono, na. adj. Delicado, lindo, bonito, gracioso. ‖ m. y f. Simio, mico, antropoide. ‖ m. Monigote, pelele.
monoaural. adj. Monaural, monofónico.
monocromo, ma. adj. Unicolor. (**a.**: *policromo.*)
monografía. f. Descripción.
monograma. m. Cifra, logotipo.
monólogo. m. Soliloquio, aparte. (**a.**: *diálogo, conversación.*)
monomanía. f. Paranoia, manía, tema, obsesión, idea fija. ‖ Chifladura, locura.
monomaníaco, ca. adj. y s. Maníaco, obsesivo, paranoico.
monopolio. m. Exclusiva. (**a.**: *competencia.*)
monopolizar. tr. Acaparar, centralizar. (**a.**: *distribuir.*)
monotonía. f. Uniformidad, invariabilidad, igualdad, regularidad, isocronismo, isomorfismo.
monótono, na. adj. Uniforme, igual, regular, invariable. ‖ Aburrido, tedioso.
monovalente. adj. Univalente.
monstruo. m. Engendro, fenómeno, espantajo.
monstruoso, sa. adj. Antinatural, teratológico. (**a.**: *natural.*) ‖ Enorme, colosal, excesivo, fenomenal. (**a.**: *normal.*) ‖ Execrable, aborrecible, nefando, abominable. ‖ Cruel, inhumano. (**a.**: *bondadoso.*) ‖ Disparatado, desproporcionado.
monta. f. Total, monto, suma. ‖ Valor, importancia, estimación.
montacargas. m. Ascensor.
montaje. m. Montura, armazón. ‖ Ajuste, disposición, acoplamiento.
montante. m. Banderola. ‖ Importe, monto, cuantía. ‖ f. Flujo, pleamar.
montaña. f. Monte, cumbre, cerro, pico. (**a.**: *llanura, pampa, sabana.*)
montañismo. m. Alpinismo, andinismo.
montañoso, sa. adj. Montuoso, montoso.
montar. tr., intr. y prnl. Subir. (**a.**: *bajar, descender.*) ‖ tr. e intr. Cabalgar, jinetear. ‖ intr. Alcanzar, ascender, elevarse, importar, sumar. ‖ tr. Armar, disponer. ‖ Establecer, instalar. ‖ Engastar, engarzar. ‖ Amartillar, armar. ‖ Poner en escena, escenificar.
montaraz. adj. Montés, salvaje, agreste, bravío, cerril, indómito. (**a.**: *doméstico, manso.*) ‖ Tosco, grosero, rústico. ‖ Arisco, huraño.
monte. m. Bosque. ‖ Montaña, pico, cerro. ‖ pl. Cadena, macizo, cordillera.
montería. f. Cinegética. ‖ Caza mayor.
montés. adj. Montaraz, salvaje. ‖ Silvestre.
montículo. m. Promontorio.
montón. m. Cúmulo, parva, pila. ‖ Montonera, multitud, sinnúmero, tropel, infinidad. ‖ **del montón.** loc. adj. Adocenado, vulgar.
montonera. f. Montón, multitud. ‖ Horda, turba.
montuoso, sa. adj. Montañoso. (**a.**: *llano.*)
montura. f. Cabalgadura, caballería. ‖ Arreos, arneses, guarniciones. ‖ Armadura, armazón. ‖ Montaje.
monumental. adj. Magnífico, majestuoso, grandioso. ‖ Colosal, gigantesco, enorme, fenomenal, descomunal. (**a.**: *minúsculo.*)
moño. m. Rodete, castaña. ‖ Presunción, vanidad. ‖ Copete, penacho. ‖ Lazo.
moquete. m. Mojicón, sopapo, bofetada, cachetada, tortazo, revés.
mora. f. Dilación, tardanza, demora, retraso. (**a.**: *adelanto.*) ‖ Zarzamora.
morada. f. Casa, domicilio, residencia, vivienda, hogar. ‖ Estancia, estada, estadía, permanencia.

morado, da. adj. Cárdeno.
morador, ra. m. y f. Habitante, poblador, residente. || Inquilino, vecino.
moral. adj. Ético. (**a.**: *inmoral.*) || f. Ética.
moraleja. f. Enseñanza, lección.
moralidad. f. Honradez, integridad. (**a.**: *amoralidad, inmoralidad.*) || Moraleja.
morar. intr. Habitar, residir, vivir. || Anidar.
moratoria. f. Plazo, prórroga. (**a.**: *cumplimiento.*)
mórbido, da. adj. Blando, delicado, muelle, suave. (**a.**: *áspero, duro.*) || Morboso, malsano, enfermizo. (**a.**: *sano.*)
morbo. m. Enfermedad, afección, padecimiento, mal.
morboso, sa. adj. Malsano, insalubre. || Enfermizo.
mordacidad. f. Dicacidad, virulencia, causticidad, aspereza, acritud. (**a.**: *alabanza, suavidad.*)
mordaz. adj. Cáustico, corrosivo, venenoso, mordiente. || Picante, áspero. || Acre, punzante, incisivo, zaheridor, dicaz, sarcástico.
mordaza. f. Censura.
mordedura. f. Dentellada, mordisco, bocado. (**a.**: *beso.*)
morder. tr. Mordiscar, mordisquear, dentellear, tarascar. || Corroer, mordiscar. || Murmurar, criticar, difamar, desacreditar, satirizar.
mordida. f. Coima.
mordiente. m. Cáustico.
mordisco. m. Dentellada. || Mordedura, bocado.
moreno, na. adj. y s. Negro, mulato, morocho, negruzco, bronceado, tostado, atezado.
moretón. m. Cardenal, equimosis.
moribundo, da. adj. y s. Agonizante, desahuciado. || Mortecino.
morigerado, da. adj. Moderado, comedido, templado, mesurado, parco, sobrio. (**a.**: *desenfrenado, glotón.*)
morigerar. tr. y prnl. Moderar, templar.
morir. intr. y prnl. Fallecer, acabar, expirar, fenecer, espichar, finar, diñarla. (**a.**: *nacer.*) || Perecer, sucumbir. (**a.**: *brotar, nacer, surgir.*) || intr. Extinguirse, apagarse. || Cesar, terminar. (**a.**: *comenzar.*) || prnl. Desvivirse, perecerse, pirrarse.
morisqueta. f. Burla, broma. || Mueca, mohín, visaje.
moro, ra. adj. Mauritano. || adj. y s. Mahometano, musulmán, sarraceno, morisco, agareno, berberisco.
morondanga (de). loc. adj. Sin valor, despreciable, insignificante.
morosidad. f. Lentitud, demora, tardanza, dilación. (**a.**: *rapidez, celeridad.*)
moroso, sa. adj. Lento, tardo, calmoso. (**a.**: *diligente.*) || Mal pagador, negligente. (**a.**: *cumplidor.*)
morral. m. Mochila, bolsa, talego, saco.
morralla. f. Chusma, gentuza, canalla.
morriña. f. Añoranza, tristeza, murria, nostalgia.
morro. m. Hocico, jeta. || Peñasco.
morrocotudo, da. adj. Monumental, colosal, formidable, fenomenal. || Importantísimo, grande. || Difícil, complicado.
morrudo, da. adj. Hocicudo, jetudo, jetón. || Fuerte, fortachón.
mortaja. f. Sudario.
mortal. adj. Perecedero, fatal. (**a.**: *inmortal.*) || Letal, mortífero. (**a.**: *vivificante.*) || Fatigoso, abrumador, penoso. (**a.**: *leve.*) || Decisivo, concluyente. || m. Persona, hombre, humano, criatura. (**a.**: *deidad, divinidad.*)
mortandad. f. Hecatombe, carnicería, degollina, matanza.
mortecino, na. adj. Débil, agonizante, exangüe, sin vigor.
mortero. m. Almirez. || Argamasa, mezcla. || Cañón.
mortífero, ra. adj. Mortal, letal.
mortificar. tr. y prnl. Atormentar, afligir, apesadumbrar. (**a.**: *complacer.*) || tr. Agraviar, ofender, molestar, humillar. (**a.**: *enaltecer.*)
mortuorio, ria. adj. Fúnebre.
moruno, na. adj. Moro, sarraceno, mahometano.
mosca. f. Perilla. || Dinero, caudal. || Desazón, inquietud.

moscardón. m. Moscón. ‖ Avispón, abejón.

mosqueado, da. adj. Moteado. ‖ Vapuleado. ‖ Resentido, molesto, disgustado, picado.

mosquear. tr. Azotar, vapulear. ‖ prnl. Resentirse, sentirse, amoscarse, picarse, amostazarse, disgustarse.

mosquito. m. Cínife, mosco, violero.

mostacho. m. Bigote.

mosto. m. Vino.

mostrar. tr. Asomar, aparecer, abrirse. ‖ Indicar, señalar, designar. ‖ Enseñar, exhibir, descubrir, presentar, ostentar, revelar, exponer. (**a.**: *ocultar.*) ‖ tr. y prnl. Demostrar, evidenciar, manifestar, patentizar. ‖ Explicar, enseñar, demostrar, probar.

mostrenco, ca. adj. Mesteño, público. ‖ Ignorante, bruto, torpe, zote, zoquete. (**a.**: *inteligente, sagaz.*)

mota. f. Pinta, lunar, mancha. ‖ Hilacha, nudillo.

mote. m. Lema, emblema, divisa, empresa. ‖ Apodo, alias, sobrenombre, remoquete.

motejar. tr. Zaherir, apodar, tachar, tildar, criticar, censurar.

motín. m. Asonada, alzamiento, sedición, chirinada, rebelión, revuelta, asonada, pronunciamiento, tumulto.

motivar. tr. Causar, determinar, originar. ‖ Apoyar, basar, fundamentar.

motivo. m. Móvil, motivación, fundamento, razón, causa. ‖ Tema, asunto.

moto. f. Motocicleta.

motriz. adj. f. Motora.

movedizo, za. adj. Movible, móvil. (**a.**: *fijo.*) ‖ Inseguro, inestable. (**a.**: *firme, seguro.*) ‖ Inconstante, veleidoso, tornadizo, voluble.

mover. tr. y prnl. Mudar, trasladar. ‖ Menear, agitar. ‖ tr. Activar. ‖ Inducir, incitar, estimular, empujar, persuadir. ‖ Causar, originar, provocar, suscitar, ocasionar. ‖ Conmover, afectar, alterar, emocionar. (**a.**: *tranquilizar, aquietar.*) ‖ Levantar, promover. ‖ prnl. Apresurarse, apurarse, menearse. ‖ Ajetrearse, atarearse.

movible. adj. Móvil, movedizo. (**a.**: *fijo.*) ‖ Variable, voluble, mudable.

móvil. adj. Movedizo, movible. (**a.**: *fijo.*) ‖ Inestable, inseguro. (**a.**: *firme, seguro.*) ‖ m. Motivo, causa, razón. (**a.**: *finalidad.*)

movimiento. m. Circulación, actividad. ‖ Pronunciamiento, alzamiento, levantamiento, sublevación. (**a.**: *tranquilidad.*) ‖ Alteración, cambio, conmoción, perturbación. (**a.**: *calma.*) ‖ Arranque, arrebato, rapto. ‖ Agitación, ajetreo, trajín. (**a.**: *quietud, inmovilidad.*) ‖ Tiempo. ‖ Meneo. ‖ Desplazamiento, curso, movilización, marcha.

moza. f. Azafata, criada. ‖ Chica, muchacha.

mozalbete. m. Mozo, mocito, muchacho, joven, mozuelo.

mozo, za. m. y f. Joven, mancebo, muchacho, zagal. ‖ Célibe, soltero, mancebo. ‖ Criado, sirviente, servidor, bracero, jornalero.

mucamo, ma. m. y f. Criado, camarero, sirviente, servidor, mozo.

mucosidad. f. Moco.

muchachada. f. Chiquillería, niñada, niñería. ‖ Mocerío.

muchacho, cha. m. y f. Mozo, joven, adolescente, mancebo. ‖ Niño, chico, chiquillo, gurí, rapaz. ‖ Criado, doméstico, servidor, sirviente.

muchedumbre. f. Multitud, concurrencia, gentío, caterva, tropel, turba. ‖ Abundancia, copia, profusión, plétora. (**a.**: *escasez.*)

mucho. adv. Abundantemente, copiosamente, demasiado, bastante. (**a.**: *algo, poco.*) ‖ Sobremanera, en extremo, excesivamente.

mucho, cha. adj. Numeroso, bastante. (**a.**: *poco, apenas, algo.*)

muda. f. Remuda. ‖ Cambio, mudanza, paso, tránsito.

mudable. adj. Inestable, variable, instable. (**a.**: *invariable.*) ‖ Inconstante, voluble, veleidoso, tornadizo, versátil.

mudanza. f. Cambio, traslado. ‖ Mutación, alteración, variación. (**a.**: *estabilidad.*) ‖ Inconstancia, veleidad, volubilidad.

mudar. tr. e intr. Cambiar, alterar, vanar. || Convertir, modificar, trasformar. || tr. Mutar, trasladar, remover. (**a.**: *consolidar.*) || prnl. Alterar, variar. || Trasladar, cambiar. || Irse, marcharse.

mudo, da. adj. y s. Callado, silencioso, taciturno.

muebles. m. pl. Efectos, enseres, moblaje.

mueca. f. Visaje, contorsión, gesto, mohín, morisqueta.

muela. f. Rueda de molino, volandera. || Molar.

muelle. adj. Blando, delicado, suave, tierno. || Cómodo, placentero, confortable. || Voluptuoso, sensual. || m. Resorte. || Embarcadero, andén, dique.

muerte. f. Defunción, fallecimiento, expiración, deceso, óbito, tránsito. (**a.**: *nacimiento.*) || Homicidio, asesinato. || Término, fin. || Destrucción, ruina, aniquilación, aniquilamiento. || **de mala muerte.** loc. adj. Pobre, insignificante. || Despreciable, baladí.

muerto, ta. adj. y s. Difunto, extinto, finado. (**a.**: *vivo.*) || Víctima, occiso. || Exánime, inerte, exangüe. (**a.**: *animado.*) || Acabado, inactivo, inerte. || Apagado, mortecino, seco.

muesca. f. Entalladura. || Corte.

muestra. f. Señal, indicio, prueba. || Modelo, espécimen, dechado. || Ejemplo, demostración. || Fragmento, trozo, porción.

muestrario. m. Colección, selección.

mugir. intr. Bramar.

mugre. f. Porquería, roña, pringue, suciedad. (**a.**: *limpieza.*)

mujer. f. Fémina. || Esposa, señora. || Dama, matrona. || Hembra. (**a.**: *hombre, varón.*)

mujeriego, ga. adj. Femenino, mujeril, femenil. || Calavera.

mujeril. adj. Femenino, femenil.

muladar. m. Estercolero, basurero, albañal.

muletilla. f. Bordón, estribillo.

multa. f. Sanción, castigo, pena. (**a.**: *bonificación, premio.*)

multicopista. s. Copiador, policopista, mimeógrafo.

multimillonario, ria. adj. y s. Archimillonario, acaudalado. (**a.**: *pobrete.*)

múltiple. adj. Vario, diverso, complejo.

multiplicar. tr. y prnl. Aumentar, acrecentar. || intr. y prnl. Propagar, reproducir, proliferar. || prnl. Afanarse, esforzarse.

multitud. f. Infinidad, sinnúmero, sinfín. || Gentío, público, pueblo, muchedumbre. || Masa, turba, vulgo.

mullir. tr. Ablandar, esponjar, ahuecar.

mundanal o **mundano, na.** adj. Terrenal, terreno. || Frívolo. || Sociable.

mundial. adj. Universal. || Internacional. || General. (**a.**: *nacional.*)

mundillo. m. Mundo, ámbito, círculo.

mundo. m. Cosmos, creación, universo, orbe. || La Tierra, planeta. || Globo terráqueo, esfera terrestre. || Humanidad, género humano. || Astro. || Experiencia. || Ámbito, círculo, mundillo, esfera. || Baúl.

mundología. f. Tacto, diplomacia.

munición. f. Pertrechos, provisiones, bastimento.

municipal. adj. Comunal, local, urbano.

municipio. m. Ayuntamiento, municipalidad, comuna, concejo, ciudad.

munificencia. f. Esplendidez, generosidad, liberalidad, largueza. (**a.**: *tacañería.*)

muñeca. f. Pepona. || Maniquí. || Influencia, habilidad.

muñeco. m. Mequetrefe, chisgarabís. || Monigote, títere, pelele.

muñequear. tr. Apoyar, influir.

muralla. f. Muro, cerca, paredón. || Fortificación.

murar. tr. Amurallar, cercar, fortificar.

muriático. adj. Clorhídrico.

múrice. m. Púrpura.

murmullo. m. Susurro, bisbiseo. (**a.**: *clamor, grito.*) || Rumor.

murmuración. f. Chisme, habladuría.

murmurar. intr. Susurrar. || intr. y tr. Rezongar, refunfuñar. || Censurar, criticar, despellejar.

muro. m. Pared, medianera, tapia. || Muralla, paredón, pirca.

murria. f. Tristeza, esplín, melancolía, tedio, morriña.

musa. f. Inspiración, numen, vena. ‖ pl. Castálidas, pegásides, piérides, helicónides.
musculatura. f. Carnadura, encarnadura.
música. f. Armonía, melodía.
musical. adj. Melodioso, melódico, armónico.
musitar. intr. y tr. Susurrar, bisbisar, mascullar, cuchichear.
muslime. adj. Mahometano, musulmán.
muslo. m. Pernil.
mustio, tia. adj. Marchito, lacio, ajado. (**a.**: *fresco, terso.*) ‖ Melancólico, triste, decaído, mohíno, lánguido.
musulmán. adj. Mahometano, morisco, muslime, islamita, agareno, moro.
mutación. f. Mudanza, alteración, cambio, variación. (**a.**: *permanencia, estabilidad.*) ‖ Metamorfosis.
mutar. tr. y prnl. Mudar, trasformar, cambiar. ‖ tr. Remover, mudar.
mutilación. f. Amputación, ablación, cercenamiento.
mutilado, da. adj. Roto, trunco, incompleto. ‖ Lisiado, inválido, imposibilitado. ‖ Eunuco.
mutilar. tr. Amputar, cortar, cercenar.
mutis. m. Salida, retirada. (**a.**: *entrada, aparición.*)
mutismo. m. Silencio, mudez. (**a.**: *locuacidad, bullicio.*)
mutual. adj. Mutuo, recíproco.
mutuamente. adv. Recíprocamente.
mutuo, tua. adj. Recíproco, mutual, solidario. (**a.**: *personal.*)
muy. adv. Bastante, demasiado, harto, asaz. (**a.**: *poco, apenas.*)

nacarado, da o **anacarado, da.** adj. Nacarino, nacáreo. *Brillo nacarado.*

nacencia. f. Nacimiento. || Bulto, tumor.

nacer. intr. Brotar, germinar, salir. || Fluir, manar, surgir. || Despuntar, aparecer, asomar. (**a.**: *desaparecer.*) || Originarse, formarse. || Arrancar, partir, salir. || Derivarse, proceder, provenir. || Deducirse, seguirse, inferirse.

nacido, da. adj. Connatural, congénito, innato, nativo. || Natural, originario, oriundo.

naciente. m. Este, Oriente, Levante. (**a.**: *Oeste, Occidente, Poniente.*) || adj. Incipiente, inicial, nuevo, reciente. (**a.**: *final.*)

nacimiento. m. Linaje, estirpe, familia. || Cuna, principio, inicio, origen. (**a.**: *fin.*) || Belén. || Natividad.

nación. f. País, Estado. || Patria, pueblo. || Nacionalidad, ciudadanía. || Nacimiento, origen.

nacional. adj. Patrio. || Natural, oriundo. (**a.**: *extranjero, foráneo.*)

nacionalidad. f. Ciudadanía.

nacionalismo. m. Patriotismo.

nacionalizar. tr. Estatificar. || prnl. Naturalizarse.

nacionalsocialismo. m. Nazismo.

nada. f. Cero, ninguna cosa. (**a.**: *todo, totalidad.*)

nadar. intr. Flotar, sobrenadar. (**a.**: *hundirse.*) || Abundar, rebosar.

nadería. f. Bagatela, pequeñez, nonada, fruslería, insignificancia. (**a**: *joya.*)

nahuatlismo. m. Aztequismo.

naipe. m. Baraja, carta.

nalga. f. Anca, grupa, cuadril. || pl. Asentaderas, posaderas, posas, culo, trasero.

nalguear. intr. Anadear.

nana. f. Pupa.

nao. f. Nave, barco, navío, bajel.

narciso. m. Presumido, marica.

narcótico, ca. adj. y m. Estupefaciente, somnífero, soporífero. (**a.**: *excitante.*)

narcotizar. tr. Aletargar, adormecer. (**a.**: *despabilar.*)

narigón, na. adj. y s. Narigudo, narizudo, narizón, narizotas.

nariz. f. Naso, ñata, napia, trompa.

narración. f. Relato, cuento, relación, exposición.

narrador, ra. adj. y s. Relator.

narrar. tr. Relatar, contar, referir.

nasa. f. Cesta, cesto. || Panera.

nasal. adj. Gangoso. || Narigudo.

nata. f. Crema. || pl. Natillas.

natal. adj. Nativo.

natillas. f. pl. Natas.

Natividad. n. p. f. Navidad, nacimiento.

nativo, va. adj. y s. Natural, nacido, originario, oriundo, indígena, autóctono, nato. (**a.**: *extranjero, foráneo.*) || adj. Innato, congénito, connatural.

natural. adj. Fresco. || Abierto, espontáneo. || Llano, sencillo, familiar, franco, sincero. (**a.**: *artificioso, complicado.*) || Lógico, normal, comprensible. || Inherente. || Propio. || Común, habitual, normal, regular, acostumbrado, corriente. (**a.**: *extraño.*) || Condición, índole, complexión, naturaleza, carácter, genio, temperamento. || Aborigen, indígena, nativo. (**a.**: *extranjero, forastero.*)

naturaleza. f. Condición, natural, calidad, índole, natura, instinto, carácter. || Esencia. || Genio, temperamento. || Sexo.

naturalidad. f. Sencillez, franqueza, ingenuidad, llaneza, sinceridad, espontaneidad. (**a.**: *afectación, extravagancia.*)

naturalismo. m. Realismo.

naturalizar. tr. Aclimatar, habituar, adaptar. || prnl. Nacionalizarse.

naufragar. intr. Zozobrar, hundirse, irse a pique. (**a.**: *flotar.*) || Fracasar, frustrarse, malograrse. (**a.**: *triunfar.*)

naufragio. m. Zozobra, hundimiento, desastre, siniestro. || Desgracia, pérdida, fracaso. (**a.**: *éxito, triunfo.*)

náusea. f. Arcada, basca. || Asco, repugnancia. (**a.**: *apetencia.*) || Aversión.

nauseabundo, da. adj. Asqueroso, repelente, repugnante, inmundo, repulsivo. (**a.**: *aromático, fragante.*)

nauta. m. Marino, navegante.

náutica. f. Navegación, marina.

náutico, ca. adj. Naval, marítimo, marinero, naviero.

navaja. f. Cuchillo. || Colmillo.

naval. adj. Náutico, marítimo, naviero. (**a.**: *aéreo, terrestre.*)

nave. f. Navío, barco, buque, nao, bajel, embarcación.

navegante. m. y f. Nauta. || Navegador.

naveta. f. Navecilla. || Gaveta.

Navidad. n. p. f. Natividad.

naviero, ra. adj. Naval, náutico.

navío. m. Nave, embarcación.

neblina. f. Niebla, bruma.

nebulosidad. f. Nubosidad, celaje, niebla.

nebuloso, sa. adj. Nublado, nuboso, brumoso. (**a.**: *diáfano.*) || Tétrico, sombrío. || Oscuro, confuso, problemático, borroso, incomprensible. (**a.**: *claro, nítido.*)

necedad. f. Estupidez, estulticia, simpleza, tontería, disparate, bobada, desatino, sandez, majadería, imbecilidad. (**a.**: *ingenio, sabiduría.*)

necesario, ria. adj. Fatal, inevitable. (**a.**: *accidental.*) || Forzoso, obligatorio, preciso, indispensable, inexcusable, imprescindible. (**a.**: *innecesario, superfluo, prescindible.*)

necesidad. f. Fatalidad. || Obligación, exigencia, urgencia. || Pobreza, penuria, miseria, escasez, indigencia. || Apuro, ahogo, aprieto. || pl. Privaciones. || **por necesidad.** loc. adv. Necesariamente, forzosamente.

necesitado, da. adj. Pobre, menesteroso, indigente. || Falto, escaso.

necesitar. tr. e intr. Precisar, hacer falta, urgir.

necio, cia. adj. y s. Tonto, badulaque, sandio, simple, bobo, estúpido, imbécil, ignorante, babieca, mentecato, zopenco, majadero. (**a.**: *ingenioso, lúcido.*) || Presumido, vanidoso, presuntuoso. || Obstinado, terco, testarudo, tozudo.

necrología. f. Obituario.

necrópolis. f. Cementerio, camposanto.

necropsia o **necroscopia.** f. Autopsia.

néctar. m. Ambrosía, licor.

nefando, da. adj. Abominable, execrable, infame, indigno, aborrecible. (**a.**: *honorable.*)

nefasto, ta. adj. Triste, aciago, funesto, ominoso, desgraciado. (**a.**: *afortunado, propicio.*)

nefrítico, ca. adj. Renal.

negación. f. Denegación, negativa, rechazo, repulsa. (**a.**: *afirmación, aseveración, aceptación.*)

negado, da. adj. y s. Incapaz, torpe, incompetente, inepto. (**a.**: *apto, hábil.*)

negar. tr. Denegar, rehusar. (**a.**: *aceptar.*) || Prohibir, vedar, impedir. || Ocultar, disimular. || prnl. Excusarse, rehusar. (**a.**: *incluirse.*)

negativa. f. Negación, oposición, denegación, repulsa. (**a.**: *asentimiento.*)

negligencia. f. Descuido, desidia, apatía, incuria, dejadez, indolencia, abandono, omisión. (**a.**: *cuidado, atención, esmero.*)

negligente. adj. y s. Gandul, dejado, desidioso, descuidado, indolente, omiso. (**a.**: *activo, solícito, cuidadoso.*)

negociación. f. Convenio, concierto, trato, negocio.

negociado. m. Negocio. ‖ Componenda.

negociante. m. y f. Comerciante, mercader, negociador, traficante. (**a.**: *cliente.*)

negociar. intr. Comerciar, traficar, tratar. ‖ tr. Ajustar, acordar. ‖ Descontar. ‖ Gestionar.

negocio. m. Asunto, empleo, ocupación, agencia. ‖ Comercio, tráfico, especulación. ‖ Negociación, trato, convenio, transacción. ‖ Tienda, almacén, despacho, local. ‖ Utilidad, beneficio, interés, ganancia.

negrear o **negrecer.** intr. y prnl. Ennegrecer.

negrero. m. Despótico, cruel.

negro, gra. adj. y s. Prieto. ‖ Moreno, trigueño, bruno, oscuro. (**a.**: *blanco, claro.*) ‖ adj. Triste, infausto, melancólico, sombrío, aciago, desventurado, infeliz. (**a.**: *alegre, feliz, venturoso.*)

negrura. f. Oscuridad. (**a.**: *claridad.*) ‖ Maldad. (**a.**: *bondad.*)

nene, na. m. y f. Crío, chiquillo, criatura.

nenúfar. m. Ninfea.

neófito, ta. s. Catecúmeno. ‖ Novato.

neolatino, na. adj. Romance, románico.

neroniano, na. adj. Cruel, sanguinario.

nervio. m. Fuerza, energía, vitalidad, vigor, eficacia. (**a.**: *flaqueza.*) ‖ Espíritu, ánimo. ‖ pl. Nerviosismo.

nerviosismo. m. Nerviosidad, nervios.

nervioso, sa. adj. Excitable, impresionable, irritable. (**a.**: *tranquilo, impasible.*) ‖ Vigoroso, fuerte, enérgico. (**a.**: *suave.*)

nervudo, da. adj. Robusto.

neto, ta. adj. Nítido. ‖ Puro, limpio, claro.

neumático. m. Cámara, cubierta.

neumonía. f. Pulmonía.

neurasténico, ca. adj. y s. Neurótico, nervioso.

neutral. adj. y s. Imparcial, indiferente. (**a.**: *aliado, parcial.*)

neutralizar. tr. Contrarrestar, debilitar. (**a.**: *apoyar, intervenir.*)

neutro, tra. adj. Imparcial, neutral.

nevada. f. Nevasca, nevazón, nevisca, ventisca.

nevado, da. adj. Blanco, níveo.

nevera. f. Heladera, refrigerador.

nevero. m. Glaciar, helero.

nexo. m. Vínculo, unión, nudo, lazo, enlace. (**a.**: *desunión.*)

nicotismo. m. Tabaquismo.

nicho. m. Hueco, cavidad. ‖ Hornacina. ‖ Sepultura.

nidal. m. Nido, ponedero. ‖ Guarida, escondrijo, escondite.

nidificar. intr. Anidar.

nido. m. Nidal. ‖ Casa, morada, hogar, patria. ‖ Guarida, refugio, madriguera, cubil. ‖ Origen, semillero, manantial.

niebla. f. Bruma, neblina, calima, calina, calígine. ‖ Oscuridad, confusión. (**a.**: *claridad, diafanidad.*)

nigromancia o **nigromancía.** f. Magia, brujería, hechicería.

nigromante. m. y f. Mago, brujo, hechicero, nigromántico.

nimbo. m. Aureola, corona, halo.

nimiedad. f. Pequeñez, insignificancia, minucia, puerilidad. ‖ Prolijidad, minuciosidad. (**a.**: *sencillez.*) ‖ Demasía, exceso.

nimio, mia. adj. Pequeño, insignificante. ‖ Prolijo, minucioso, escrupuloso. ‖ Tacaño. ‖ Exagerado, excesivo.

ninfa. f. Crisálida. ‖ Beldad, hermosura.

ninfea. f. Nenúfar.

niña. f. Pupila. ‖ Chiquilla, nena. (**a.**: *anciana.*)

niñada. f. Chiquillada, puerilidad, niñería.

niñera. f. Chacha, tata.

niñería. f. Niñada, chiquillada, puerilidad. ‖ Pequeñez, insignificancia, tontería.

niñez. f. Infancia, puericia. (**a.**: *ancianidad.*)

niño, ña. m. y f. Chico, criatura, crío, párvulo, gurí, mocoso, infante, bebé, chiquillo, pibe, rapaz. (**a.**: *anciano.*)

nipón, na. adj. y s. Japonés.

nítido, da. adj. Neto, claro, terso, limpio, puro, resplandeciente.

nitral. m. Salitral, salitrera.

nitrato. m. Azoato.

nítrico. adj. Azoico.

nitro. m. Salitre.

nitrogenado, da. adj. Azoado.

nitrógeno. m. Ázoe.

nivel. m. Altura, igualdad, horizontalidad. ‖ Punto, grado, altura. ‖ Ras. ‖ **a nivel.** loc. adj. Horizontal.

nivelado, da. adj. Horizontal, a nivel.

nivelar. tr. Allanar, aplanar. ‖ tr. y prnl. Equilibrar, igualar, compensar, equiparar, proporcionar. (**a.**: *desequilibrar, desigualar.*)

noble. adj. Linajudo, aristócrata, hidalgo. (**a.**: *plebeyo, proletario.*) ‖ Digno, preclaro, decente, honroso, caballeroso, estimable. (**a.**: *indigno, despreciable.*) ‖ Principal, excelente, aventajado.

nobleza. f. Aristocracia. (**a.**: *pueblo, vulgo.*) ‖ Dignidad, caballerosidad, decencia. ‖ Generosidad, hidalguía, magnanimidad. (**a.**: *ruindad.*)

noceda. f. o **nocedal.** m. Nogueral.

noción. f. Idea, concepto, conocimiento, noticia, conciencia. ‖ pl. Rudimentos, elementos.

nocivo, va. adj. Perjudicial, pernicioso, dañoso, dañino, malo. (**a.**: *saludable, beneficioso.*)

noctámbulo, la. adj. y s. Noctívago, trasnochador, nocherniego.

noche. f. Oscuridad, tinieblas, sombra. (**a.**: *claridad, día, luz.*)

nocherniego, ga. adj. Noctámbulo, trasnochador.

nodriza. f. Ama de cría.

nogueral. m. Noceda, nocedal.

nómada o **nómade.** adj. y s. Errante, errabundo. (**a.**: *sedentario.*) ‖ Migratorio. ‖ Trashumante, gitano.

nombradía. f. Fama, reputación, notoriedad, celebridad, renombre. (**a.**: *descrédito.*)

nombramiento. m. Designación, nominación. ‖ Ascenso, investidura. ‖ Título, diploma, despacho.

nombrar. tr. Mencionar, citar, mentar. ‖ Designar, denominar, llamar, nominar. ‖ Elegir, escoger, designar, proclamar. ‖ Apodar, motejar.

nombre. m. Denominación, designación. ‖ Nombradía, opinión, renombre, fama, reputación, notoriedad. ‖ Apodo, sobrenombre. ‖ Sustantivo.

nómina. f. Lista, relación, rol. ‖ Catálogo, índice, nomenclatura.

nominal. adj. Representativo, figurado, irreal.

nominar. tr. Nombrar, llamar, denominar.

nomo o **gnomo.** m. Enano, geniecillo.

nomon o **gnomon.** m. Reloj de sol.

non. adj. Impar. (**a.**: *par.*) ‖ Negación.

nonada. f. Pequeñez, insignificancia, fruslería, nadería, bagatela.

nonio. m. Vernier.

nono, na. adj. Noveno.

nopal. m. Chumbera, tunal, higuera chumba, higuera de tuna.

nopaleda o **nopalera.** f. Tunal.

norma. f. Regla, criterio, guía, precepto, modelo, pauta.

normal. adj. Natural, corriente, acostumbrado, habitual, común, usual. (**a.**: *anormal, inusual.*) ‖ Regular. (**a.**: *irregular.*) ‖ Lógico, natural.

normalización. f. Estandarización, estandardización, tipificación.

normalizar. tr. y prnl. Regularizar, metodizar, regular, ordenar. ‖ tr. Estandarizar, estandardizar, tipificar.

norte. m. Septentrión. (**a.**: *sur.*) ‖ Aquilón, bóreas, cierzo, tramontana. ‖ m. Meta, objetivo, mira, fin, finalidad. ‖ Rumbo.

norteamericano, na. adj. y s. Estadounidense, yanqui.

nosocomio. m. Hospital.

nostalgia. f. Añoranza, melancolía, tristeza, morriña, saudade. (**a.**: *olvido, serenidad.*)

nota. f. Anotación, acotación, señal. ‖

Calificación, concepto. || Apunte, apuntación, apuntamiento. || Fama, crédito, concepto, notoriedad, renombre, nombradía, reputación. || Advertencia, llamada, explicación, comentario, observación. || Apostilla, escolio. || Informe, comunicación.

notable. adj. Valioso, considerable, importante, sobresaliente, estimable, relevante, destacado. (**a.**: *insignificante.*) || Grande, distinguido.

notar. tr. Reparar, distinguir, observar, percatarse, ver, advertir, darse cuenta, percibir. || Apuntar, anotar. || Censurar, desacreditar, reprender, tachar, tildar, infamar.

notario, ria. m. y f. Escribano.

noticia. f. Novedad, nueva. || Anuncio, aviso, comunicación. || Noción, idea, conocimiento.

noticiar. tr. Anunciar, avisar, enterar, prevenir, advertir, notificar.

noticiero. m. Informador, informativo.

noticioso, sa. adj. Sabedor, enterado, conocedor, informado. (**a.**: *desconocedor, ignorante.*) || Erudito, instruido. || m. Informativo, noticiero, noticiario.

notificación. f. Comunicación, noticia, participación, comunicado, aviso, anuncio.

notificar. tr. Comunicar, participar, manifestar, noticiar, informar, prevenir, anunciar, avisar, trasmitir, hacer saber. (**a.**: *encubrir, ocultar.*)

notoriedad. f. Nombradía, fama, popularidad, celebridad, renombre, reputación, predicamento. (**a.**: *descrédito.*)

notorio, ria. adj. Público, sabido, conocido. (**a.**: *ignorado, desconocido.*) || Claro, evidente, manifiesto, visible. (**a.**: *confuso.*)

novato, ta. adj. y s. Novel, nuevo, novicio, principiante. (**a.**: *antiguo, experto.*)

novedad. f. Noticia, primicia, nueva. || Extrañeza, admiración. || Mudanza, innovación, cambio, alteración, variación. (**a.**: *permanencia.*)

novel. adj. Novato, aprendiz, principiante, novicio, bisoño.

novela. f. Narración, ficción, cuento, folletín, novelón, relato. || Patraña.

novelero, ra. adj. Inconstante, versátil, veleidoso, voluble, caprichoso, antojadizo. || Chismoso, murmurador, cuentero.

novelesco, ca. adj. Romancesco, fingido, sentimental. (**a.**: *realista.*) || Singular, interesante.

noveno, na. adj. Nono.

noviciado. m. Aprendizaje. (**a.**: *experiencia.*)

novicio, cia. adj. y s. Nuevo, novato, principiante, inexperto.

novilunio. m. Luna nueva.

novillo, lla. m. y f. Becerro, eral.

novio, via. m. y f. Pretendiente, prometido, futuro. || Desposado.

nubada. f. Aguacero, chubasco. || Abundancia, multitud. (**a.**: *escasez.*)

nube. f. Nubarrón. || Velo.

núbil. adj. Casadero.

nublado, da. adj. Nubloso, nuboso, tempestuoso, nebuloso, encapotado, oscuro, anubarrado.

nublar. tr. Enturbiar, empañar. || prnl. Oscurecerse, encapotarse, aborrascarse. (**a.**: *aclarar, despejarse.*)

nubosidad. f. Nebulosidad.

nuca. m. Cogote, pescuezo, cerviz.

núcleo. m. Foco, centro. || Grupo. || Carioplasma.

nudillo. m. Artejo.

nudo. m. Trabazón, unión, vínculo, ñudo, lazo, nexo. (**a.**: *desunión.*) || Dificultad, enredo, intriga. || Motivo, causa. (**a.**: *consecuencia, resultado.*) || Bulto, tumor.

nueva. f. Noticia, novedad.

nuevo, va. adj. Fresco, flamante, moderno, reciente. (**a.**: *viejo, usado, antiguo.*) || Distinto, diferente, disímil. || adj. y s. Novato, bisoño, novel, novicio, principiante. (**a.**: *experto.*) || Inédito. (**a.**: *conocido.*)

nulidad. f. Incapacidad, torpeza, ineptitud. (**a.**: *aptitud.*)

nulo, la. adj. Írrito, no válido, inválido. (**a.**: *válido.*) || Incapaz, ineficaz, inepto, inútil, torpe. (**a.**: *apto.*) || Ilegal, ilegítimo.

numen. m. Musa, estro, inspiración, vena.
numeración. f. Paginación, foliación.
numerar. tr. Contar, enumerar. ‖ Foliar, paginar, marcar.
numerario. m. Efectivo, moneda, dinero. *Le pagaron con numerario.*
número. m. Cifra, guarismo, cantidad. ‖ Categoría, condición, clase.
numeroso, sa. adj. Copioso, considerable, cuantioso, compacto, abundante, profuso, nutrido. (**a.**: *escaso, reducido.*) ‖ pl. Muchos. (**a.**: *pocos.*)
nunca. adv. Jamás. (**a.**: *siempre.*)
nuncio. m. Legado. ‖ Anuncio, señal, augurio.
nupcias. f. pl. Matrimonio, boda, coyunda, casamiento, enlace, himeneo, desposorio, esponsales, casorio. (**a.**: *divorcio.*)
nutricio, cia. adj. Nutritivo, alimenticio, sustancioso, trófico.
nutrición. f. Alimentación, sustentación, nutrimiento.
nutrido, da. adj. Numeroso, copioso. ‖ Lleno, abundante, denso.
nutrir. tr. y prnl. Alimentar. ‖ Mantener, sostener, sustentar. ‖ tr. Fomentar, vigorizar, fortalecer, robustecer. ‖ Colmar, llenar.
nutritivo, va. adj. Alimenticio, nutricio, vigorizante, sustancioso.

ñandú. m. Avestruz americano.

ñato, ta. adj. Chato, romo. (**a.**: *narigón, narizotas.*) ‖ f. Nariz.

ñoñería o **ñoñez.** f. Melindre, mojigatería. ‖ Necedad, simpleza, sandez, tontería.

ñoño, ña. adj. Pusilánime, tímido, timorato, remilgado, melindroso. (**a.**: *intrépido, resuelto, animoso.*) ‖ Caduco, achacoso, chocho. ‖ Soso, insulso, insustancial.

ñudo. m. Nudo.

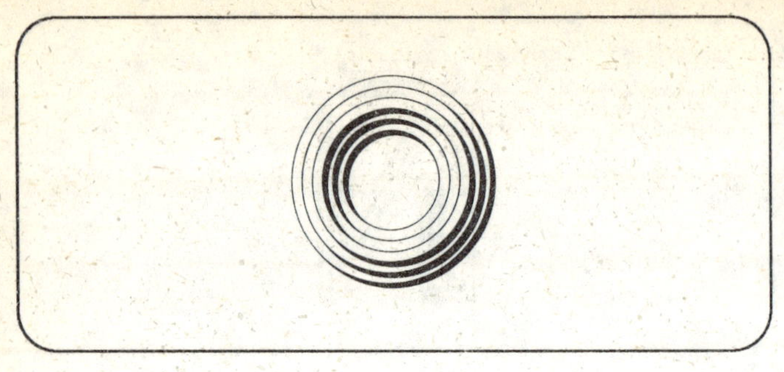

o. conj. Y.

oasis. m. Refugio. || Descanso, tregua.

obcecación. f. Ofuscación, ofuscamiento, ceguera, obstinación. (**a.**: *comprensión.*)

obcecado, da. adj. Ofuscado, enceguecido, obnubilado, obstinado.

obedecer. tr. Acatar, cumplir, observar, ejecutar. (**a.**: *desobedecer, desacatar, mandar.*) || Ceder, someterse. (**a.**: *rebelarse.*) || intr. Responder, deberse, prestarse.

obediencia. f. Acatamiento, subordinación, conformidad, disciplina, sujeción. || Docilidad, sumisión.

obediente. adj. Dócil, sumiso, disciplinado, cumplidor, manejable, bienmandado. (**a.**: *desobediente, insubordinado, rebelde.*) || Complaciente, obsecuente. (**a.**: *renuente.*)

obelisco. m. Obelo, pilar.

obertura. f. Introducción, preludio.

obesidad. f. Polisarcia, gordura, adiposidad. (**a.**: *delgadez, flacura.*)

obeso, sa. adj. y s. Grueso, gordo, adiposo, gordinflón.

óbice. m. Obstáculo, inconveniente, dificultad, estorbo, tropiezo, traba, barrera, impedimento, embarazo. (**a.**: *posibilidad.*)

obispado. m. Diócesis.

obispo. m. Prelado.

óbito. m. Muerte, deceso, defunción, fallecimiento. (**a.**: *nacimiento.*)

obituario. m. Necrología.

objeción. f. Observación, pero, reparo, tacha, contradicción, oposición, impugnación. (**a.**: *aprobación.*)

objetar. tr. Replicar, contradecir, oponer, contestar. (**a.**: *admitir.*) || Controvertir, rebatir, impugnar, refutar. (**a.**: *aprobar.*)

objetivo, va. adj. Desapasionado, impersonal, justo. (**a.**: *interesado, parcial.*) || m. Intención, propósito, fin, finalidad, objeto, designio. || Lente.

objeto. m. Cosa. || Intención, fin, intento, propósito, objetivo, finalidad. || Materia, asunto, tema, móvil, motivo.

oblación. f. Ofrenda, sacrificio.

oblicuamente. adv. De refilón, transversalmente, al sesgo, de soslayo, al bies, diagonalmente. (**a.**: *perpendicularmente.*)

oblicuo, cua. adj. Inclinado, sesgado, trasversal, soslayado. (**a.**: *perpendicular.*)

obligación. f. Deber, incumbencia, exigencia, necesidad, imposición, carga. (**a.**: *derecho.*) || Deuda, compromiso.

obligado, da. adj. Forzoso, inevitable. || Impulsado, movido, compelido. (**a.**: *voluntario.*) || Agradecido, reconocido.

obligar. tr. Forzar, constreñir, imponer,

precisar, compeler. (**a.**: *eximir, liberar.*) ‖ prnl. Comprometerse.

obligatorio, ria. adj. Forzoso, preciso, inevitable, indispensable, impuesto, imprescindible, insoslayable, imperioso, inexcusable, indeclinable, necesario, ineludible. (**a.**: *voluntario, espontáneo, libre.*)

obliteración. f. Obstrucción, oclusión, obturación.

obliterador. m. Matasellos.

obliterar. tr. y prnl. Cerrar, obstruir, taponar, inutilizar, obturar, ocluir.

oblongo, ga. adj. Alargado, alongado.

obnubilación. f. Ofuscación, obscurecimiento, obcecación, ofuscamiento. (**a.**: *esclarecimiento.*)

obnubilar. tr. y prnl. Obcecar, ofuscar.

óbolo. m. Aporte, contribución.

obra. f. Producción, realización. ‖ Trabajo, labor. ‖ Creación, invención, producto, resultado. ‖ Libro, volumen. ‖ Medio, poder, virtud.

obrador. m. Taller, fábrica, obraje. ‖ Estudio.

obraje. m. Fabricación, manufactura, fábrica, obrador.

obrar. intr. Actuar, proceder, portarse, conducirse, comportarse. (**a.**: *abstenerse.*) ‖ Causar efecto. ‖ Construir, edificar, fabricar. ‖ tr. Hacer, efectuar, ejecutar, realizar. ‖ Defecar.

obrero, ra. m. y f. Operario, trabajador, jornalero, asalariado, peón, bracero. (**a.**: *patrón, empresario.*)

obsceno, na. adj. Deshonesto, impúdico, pornográfico, sensual, indecente, torpe, sicalíptico, lascivo, lúbrico, libidinoso. (**a.**: *decente, honesto, púdico.*)

obsecuente. adj. Condescendiente, servil, sumiso, rendido, obediente, dócil. (**a.**: *reacio, indisciplinado.*)

obsequiar. tr. Agasajar, regalar, halagar, festejar. ‖ Enamorar, requebrar, galantear.

obsequio. m. Regalo, agasajo, atención, fineza, presente. ‖ Rendimiento, diferencia, gentileza, afabilidad.

obsequioso, sa. adj. Rendido, amable, cortés, atento, complaciente, fino, delicado, galante. (**a.**: *desatento, descortés.*) ‖ Servicial, oficioso.

observación. f. Examen, estudio. ‖ Objeción, reparo, corrección. ‖ Advertencia, aclaración. ‖ Nota, anotación. ‖ Atención, contemplación.

observador, ra. s. Espectador, curioso, mirón.

observar. tr. Examinar, mirar, estudiar. ‖ Advertir, notar, percatarse, reparar. ‖ Cumplir, respetar, acatar, guardar, obedecer. (**a.**: *desobedecer, desacatar.*) ‖ Atisbar, vigilar, espiar.

obsesión. f. Idea fija, manía, tema. ‖ Preocupación.

obsoleto, ta. adj. Anticuado, desusado.

obstaculizar. tr. Dificultar, impedir. (**a.**: *facilitar.*)

obstáculo. m. Impedimento, óbice, inconveniente, estorbo, oposición, traba, escollo, rémora, dificultad, embarazo, tropiezo.

obstante (no). loc. conj. Sin embargo, empero. ‖ Aunque.

obstar. intr. Impedir, estorbar, empecer, ser óbice, dificultar. ‖ Oponerse.

obstetricia. f. Tocología.

obstétrico, ca. m. y f. Tocólogo, partero.

obstinación. f. Terquedad, porfía, tenacidad, tesón, pertinacia, testarudez, tozudez, contumacia. (**a.**: *docilidad, transigencia.*)

obstinado, da. adj. Porfiado, cabezota, pertinaz, terco, tenaz, tozudo, testarudo, perseverante, tesonero, contumaz, cabezudo, cabezón, cabeza dura. (**a.**: *inconsecuente.*)

obstinarse. prnl. Aferrarse, empeñarse, encalabrinarse, porfiar, emperrarse. (**a.**: *ceder, desistir.*)

obstrucción. f. Atasco, obstáculo, atolladero, impedimento.

obstruir. tr. Impedir, obstaculizar, estorbar. (**a.**: *abrir, despejar.*) ‖ Interceptar. ‖ Atascar, ocluir, atorar, tapar, obturar. (**a.**: *abrir.*) ‖ prnl. Cerrarse, taponarse. ‖ Opilarse.

obtemperar. tr. Transigir, asentir, aceptar, contemporizar.

obtención. f. Logro, consecución, alcance, adquisición, conquista.

obtener. tr. Conseguir, conquistar, lograr, alcanzar, adquirir, capturar, cazar. (**a.**: *perder.*) ‖ Extraer, sacar.

obturación. f. Atasco, oclusión, taponamiento, cierre.

obturar. tr. Tapar, cerrar, cegar, obstruir, atascar, taponar. (**a.**: *destapar, abrir.*)

obtuso, sa. adj. Mocho, romo, despuntado. (**a.**: *agudo, puntiagudo.*) ‖ adj. y s. Torpe, tonto, tardo, lento, zote, rudo. (**a.**: *listo, despierto.*)

obvención. f. Plus, propina, gaje, remuneración, gratificación.

obviar. tr. Soslayar, sortear, eludir, remediar, evitar. ‖ intr. Obstar, oponerse, estorbar.

obvio, via. adj. Evidente, patente, manifiesto, claro, visible, notorio, sencillo, palpable, simple. (**a.**: *difícil, oscuro.*)

oca. f. Ganso, ánsar, ánade.

ocasión. f. Coyuntura, asidero, oportunidad. ‖ Causa, motivo, lugar. ‖ Conveniencia, proporción, sazón, tiempo. ‖ Peligro, riesgo.

ocasional. adj. Casual, eventual, accidental. (**a.**: *establecido, determinado.*) ‖ Circunstancial.

ocasionar. tr. Causar, motivar, originar, producir. ‖ Provocar, mover, excitar.

ocaso. m. Puesta del sol. ‖ Oeste, Occidente, Poniente. (**a.**: *Este.*) ‖ Decadencia, declinación. (**a.**: *apogeo, esplendor.*)

occidental. adj. Ponentino, ponentisco.

occidente. m. Ocaso, Poniente, Oeste. (**a.**: *Oriente, Levante, Este.*)

occipucio. m. Calodrillo.

océano. m. Mar, piélago, ponto. ‖ Inmensidad.

ocio. m. Holganza. ‖ Descanso, inacción, inactividad. (**a.**: *acción, actividad.*)

ociosidad. f. Haraganería, pereza, holgazanería, inactividad, gandulería. (**a.**: *actividad, diligencia.*)

ocioso, sa. adj. Inactivo, desocupado, parado, desempleado. (a.: *ocupado, activo, atareado.*) ‖ Holgazán, vago, haragán, gandul. (**a.**: *trabajador, diligente.*) ‖ Inútil, baldío, infructuoso. (**a.**: *útil, necesario.*)

ocluir. tr. Obturar, cerrar, tapar. (**a.**: *destapar.*)

oclusión. f. Cierre, obturación, obstrucción.

octogenario, ria. adj. y s. Ochentón.

oculista. m. y f. Oftalmólogo.

ocultación. f. Encubrimiento, escondimiento. *Ocultación maliciosa.*

ocultamente. adv. Furtivamente, a escondidas, a hurtadillas, a hurto, calladamente, encubiertamente, en secreto. (**a.**: *francamente, abiertamente.*)

ocultar. tr. y prnl. Esconder. ‖ tr. Encubrir, tapar, velar. (**a.**: *enseñar, exhibir.*) ‖ Desaparecer, disimular. ‖ prnl. Emboscarse. (**a.**: *presentarse.*)

oculto, ta. adj. Encubierto, escondido, tapado, velado. (**a.**: *visible, expuesto.*) ‖ Secreto, recatado, clandestino. ‖ Desconocido, ignorado, incógnito, misterioso. (**a.**: *notorio.*)

ocupación. f. Apoderamiento, posesión, toma. ‖ Quehacer, trabajo, faena, tarea, labor. ‖ Profesión, empleo, oficio. (**a.**: *ociosidad.*)

ocupado, da. adj. Atareado. (**a.**: *desocupado, ocioso.*) ‖ Lleno. (**a.**: *vacío.*)

ocupar. tr. Llenar. (**a.**: *vaciar, desocupar.*) ‖ Habitar, vivir. ‖ Apoderarse, posesionarse, adueñarse, apropiarse. ‖ Destinar, aplicar, dedicar, emplear. ‖ prnl. Dedicarse, trabajar, ejercer. ‖ Preocuparse, cuidar.

ocurrencia. f. Suceso, caso, acontecimiento. ‖ Ocasión, circunstancia, coyuntura, contingencia. ‖ Salida, agudeza, chiste, gracia.

ocurrente. adj. Agudo, gracioso, ingenioso, chistoso, dicharachero.

ocurrir. intr. Acaecer, acontecer, suceder, pasar, sobrevenir. ‖ Acudir, concurrir.

ochentón, na. adj. y s. Octogenario.

odiar. tr. Detestar, aborrecer, execrar. (**a.**: *amar, querer.*)

odio. m. Aversión, repulsión, rabia, inquina, aborrecimiento, ojeriza, malquerencia, encono, animadversión, antipatía, resentimiento, rencor, abominación, fobia. (**a.**: *cariño, afecto, amor.*)

odioso, sa. adj. Aborrecible, antipático, abominable, detestable.
odómetro. m. Podómetro. ‖ Taxímetro.
odontólogo, ga. m. y f. Dentista.
odorífero, ra u odorífico, ca. adj. Aromático, fragante, oloroso, perfumado, aromado.
odre. m. Cuero, bota, corambre.
oeste. m. Occidente, Ocaso, Poniente. (**a.**: *Este, Oriente, Levante.*)
ofender. tr. Herir, dañar, maltratar. ‖ Agraviar, injuriar, insultar, afrentar, denostar. (**a.**: *alabar.*) ‖ prnl. Picarse, sentirse, resentirse, enfadarse, amoscarse.
ofensa. f. Afrenta, agravio, insulto, ultraje, injuria. (**a.**: *elogio, adulación.*)
ofensivo, va. adj. Injurioso, afrentoso, agraviante, insultante, ultrajante, vejatorio. ‖ f. Ataque, arremetida, embestida, acometida, embate.
oferta. f. Ofrecimiento, proposición, propuesta. (**a.**: *demanda, solicitud.*) ‖ Promesa. (**a.**: *aceptación.*) ‖ Don, donativo, regalo, dádiva, presente.
oficial. adj. Gubernamental, público, solemne. (**a.**: *particular, privado.*)
oficiar. intr. Actuar. ‖ tr. Celebrar.
oficinal. adj. Farmacéutico.
oficinista. m. y f. Burócrata, empleado, escribiente, chupatintas.
oficio. m. Ocupación, empleo, actividad, cargo, profesión. ‖ Función, papel. ‖ Comunicado. ‖ Rezo, oración.
oficiosidad. f. Diligencia, solicitud, aplicación. (**a.**: *pasividad.*) ‖ Entrometimiento, indiscreción, inoportunidad, intromisión. (**a.**: *discreción, oportunidad.*)
oficioso, sa. adj. Diligente, solícito, cuidadoso. (**a.**: *indiferente, displicente.*) ‖ Entrometido, inoportuno, importuno, indiscreto. (**a.**: *oportuno.*) ‖ Mediador, componedor. ‖ Extraoficial. (**a.**: *oficial.*)
ofrecer. tr. Brindar, dar, proporcionar. (**a.**: *aceptar, recibir.*) ‖ Presentar, dar, regalar. ‖ Dedicar, consagrar, ofrendar. ‖ Prometer. ‖ Mostrar, enseñar. ‖ prnl. Ocurrir, sobrevenir, presentarse. ‖ Obligarse, comprometerse. (**a.**: *desentenderse.*)
ofrecimiento. m. Propuesta, proposición, puja, promesa. ‖ Convite, invitación, ofrenda.
ofrenda. f. Presente, don, sacrificio, oblación. ‖ Dádiva, obsequio, donación.
ofrendar. tr. Ofrecer, donar, dar, obsequiar.
oftalmólogo, ga. m. y f. Oculista.
ofuscación. f. u **ofuscamiento.** m. Obcecación, obnubilación, ceguedad, ceguera.
ofuscar. tr. y prnl. Deslumbrar, cegar, encandilar. ‖ Obcecar, obnubilar, confundir, alucinar, perturbar, trastornar.
oíble. adj. Audible. (**a.**: *inaudible.*)
oído. m. Oreja.
oír. tr. e intr. Escuchar. ‖ tr. Atender, enterarse, percibir. (**a.**: *desoír, desatender.*)
ojeada. f. Vistazo, mirada, atisbo.
ojear. tr. Mirar, observar, atisbar, examinar. ‖ Aojar. ‖ Espantar, ahuyentar.
ojeriza. f. Aversión, inquina, manía, rabia, tirria, malquerencia, rencor.
ojival. adj. Gótico.
ojo. m. Abertura, agujero. ‖ Hueco. ‖ Manantial. ‖ Atención, cuidado. ‖ Perspicacia, sagacidad. ‖ pl. Luceros, vista.
ojota. f. Sandalia.
ola. f. Onda. ‖ Oleada, afluencia.
oleaginoso, sa. adj. Aceitoso, oleoso.
óleo. m. Aceite. ‖ Cuadro, pintura. ‖ pl. Extremaunción.
oleoso, sa. adj. Oleaginoso.
oler. tr. Olfatear, husmear, olisquear. ‖ Inquirir, averiguar, indagar. ‖ Presentir, sospechar. ‖ intr. Tener visos, dar sospecha.
olfatear. tr. Husmear, curiosear, oler, oliscar. ‖ Indagar, averiguar, inquirir. ‖ Sospechar, presentir.
olfato. m. Sagacidad, penetración, perspicacia.
olfatorio, ria. adj. Olfativo.
olímpico, ca. adj. Altanero, soberbio, orgulloso. (**a.**: *humilde, modesto.*) ‖ Imponente, majestuoso, grandioso, soberbio.
oliscar. tr. Olfatear, oler, husmear. ‖ A-

veriguar, inquirir, indagar. || Curiosear, fisgar.
oliva. f. Olivo. || Aceituna.
olivo. m. Oliva, olivera.
olor. m. Olfato. || Fragancia, aroma, perfume, efluvio, emanación. || Fama, reputación. || Sospecha, barrunto, tufo.
oloroso, sa. adj. Aromático, aromado, fragante, perfumado, odorífico.
olvidadizo, za. adj. Desmemoriado, descuidado, distraído, negligente. (**a.**: *cuidadoso.*) || Ingrato, desagradecido.
olvidar. tr. y prnl. Descuidar, desatender, preterir, postergar, abandonar, omitir. (**a.**: *recordar.*) || prnl. Trascordarse.
olvido. m. Descuido, inadvertencia, omisión, negligencia. (**a.**: *cuidado.*) || Ingratitud. (**a.**: *memoria.*) || Postergación, relegación. || Desuso. (**a.**: *recuerdo.*)
olla. f. Cacerola. || Piñata, marmita. || Cocido, puchero, guiso.
ombligo. m. Centro, medio.
omento. m. Redaño, mesenterio, epiplón.
ominoso, sa. adj. Abominable, execrable, vitando, odioso. || Azaroso, trágico, vitando, aciago, funesto.
omisión. f. Olvido, falta, supresión, laguna. || Negligencia, omisión, descuido, incuria, indolencia. (**a.**: *atención, cuidado.*)
omiso, sa. adj. Negligente, remiso, descuidado, flojo.
omitir. tr. Excluir, dejar, prescindir, saltar. || Prescindir, suprimir. || Callar, olvidar, silenciar. (**a.**: *mencionar, citar.*)
omnímodo, da. adj. Absoluto, total.
omnipotente. adj. Todopoderoso. || Prepotente, despótico.
omnipresencia. f. Ubicuidad.
omnisapiente. adj. Omnisciente.
omóplato u omoplato. m. Escápula, espaldilla, paleta, paletilla.
onanismo. m. Masturbación.
onceno, na. adj. Undécimo.
onda. f. Ola. || Curva, curvatura. || Ondulación, ondulado. || Vibración, sinuosidad, movimiento ondulatorio.
ondear. intr. Ondular. || Flamear.
ondina. f. Ninfa.
ondulación. f. Onda, vibración. || Sinuosidad.
ondular. intr. Ondear. || Flamear. || Serpentear. || Mecerse, columpiarse. || tr. Rizar, ensortijar.
oneroso, sa. adj. Pesado, molesto. || Gravoso, costoso, dispendioso. (**a.**: *barato, económico.*)
ónix. f. Ónice, ónique.
opaco, ca. adj. Oscuro, sombrío. (**a.**: *diáfano.*) || Triste, melancólico. (**a.**: *entretenido.*)
opalino, na. adj. Opalescente.
opción. f. Elección, preferencia. (**a.**: *derecho.*)
operación. f. Ejecución. || Negociación, especulación. || Maniobras, ejercicios. || Manipulación. || Intervención quirúrgica.
operador, ra. m. y f. Camarógrafo. || Ejecutor. || Manipulador. || Telefonista. || Cirujano. || Negociante, especulador.
operante. adj. Activo, eficaz.
operar. intr. Actuar, obrar. || Negociar, especular. || Maniobrar, manipular. || tr. Obrar, ejecutar, realizar. || Intervenir (quirúrgicamente).
operario, ria. m. y f. Obrero, trabajador.
opimo, ma. adj. Rico, fértil, abundante, feraz, fecundo, fructuoso, fructífero, copioso, cuantioso. (**a.**: *escaso, pobre, estéril.*)
opinar. intr. Pensar, discurrir, juzgar, dictaminar.
opinión. f. Criterio, parecer, idea, juicio, dictamen, voto, sentir, convencimiento. || Fama, concepto, reputación. || Conjetura, suposición.
opíparo, ra. adj. Copioso, abundante, espléndido.
oponer. tr. y prnl. Enfrentar, contraponer. || prnl. Impugnar, rebatir, contradecir, estorbar, objetar. (**a.**: *facilitar.*) || Resistir.
oportunamente. adv. A punto, a tiempo, convenientemente.
oportunidad. f. Ocasión, sazón, coyuntura, conveniencia, proporción, tiem-

po. (**a.**: *retraso.*) || Congruencia, procedencia, simultaneidad.

oportunista. m. Aprovechador.

oportuno, na. adj. Conveniente, apropiado, pertinente, indicado, congruente, adecuado, acertado. (**a.**: *inoportuno, inconveniente.*) || Ocurrente, ingenioso. || Favorable, propicio.

oposición. f. Contraste, antagonismo, rivalidad, contradicción, pugna, antítesis, resistencia, obstrucción, negativa. (**a.**: *acuerdo, anuencia, conformidad.*)

opositor, ra. adj. y s. Rival, antagonista.

opresión. f. Tiranía, dominación, yugo, despotismo, dictadura, sojuzgamiento. || Ahogo, sofocación, fatiga, presión.

opresor, ra. adj. y s. Tirano, dictador, déspota, avasallador, autócrata. (**a.**: *libertador.*)

oprimir. tr. Apretar, comprimir, agobiar, apretujar, estrujar. (**a.**: *soltar, aflojar.*) || Sojuzgar, subyugar, sujetar, avasallar, esclavizar, tiranizar. (**a.**: *libertar, liberar.*)

oprobio. m. Deshonor, deshonra, vilipendio, ignominia, vergüenza, afrenta, deshonor, baldón, infamia. (**a.**: *honor, honra.*)

oprobioso, sa. adj. Infamante, deshonroso, denigrante.

optar. intr. Elegir, escoger, preferir. (**a.**: *abstenerse.*) || Aspirar.

óptimo, ma. adj. Inmejorable, perfecto, excelente, bonísimo, excelso, superior, insuperable. (**a.**: *pésimo.*)

opuesto, ta. adj. Enemigo, antagónico, reacio, refractario, incompatible, hostil, adverso. (**a.**: *amigo, favorable.*) || Contrario, antitético, contradictorio. (**a.**: *afín.*) || Enfrentado, encontrado, contrapuesto.

opugnar. tr. Asaltar, atacar, combatir. || Impugnar, rebatir, refutar, contradecir, rechazar, oponer.

opulencia. f. Abundancia, riqueza, superabundancia. (**a.**: *escasez, miseria.*)

opulento, ta. adj. Abundante, copioso. || Acaudalado, rico, pudiente.

opúsculo. m. Folleto.

oquedad. f. Hueco, depresión, vacío. || Vacuidad, insustancialidad.

ora. conj. Ya.

oración. f. Discurso, disertación, razonamiento, alocución. || Plegaria, deprecación, rezo, preces, súplica. (**a.**: *blasfemia.*)

orador, ra. s. Conferenciante, disertante. (**a.**: *oyente.*)

oral. adj. Verbal. || Bucal.

orar. intr. Rezar, rogar, implorar, suplicar, deprecar.

orate. m. y f. Loco, demente, alienado. (**a.**: *cuerdo.*) || Atolondrado.

oratoria. f. Elocuencia.

oratorio. m. Capilla.

orbe. m. Redondez. || Esfera celeste, esfera terrestre, globo terráqueo. || Mundo, universo. || Círculo, órbita.

orbicular. adj. Redondo, circular, esférico.

órbita. f. Ámbito, campo, esfera. || Curva, trayectoria.

orco. m. Infierno, averno, báratro, tártaro.

orden. m. Colocación, disposición, estructuración. || Organización, ordenamiento, sistematización. (**a.**: *desorden, desorganización.*) || Serie, sucesión. || Mandato, precepto, decreto, disposición, ordenanza. || Regla, método, encauzamiento, encadenamiento, concierto.

ordenación. f. Orden, disposición, colocación. || Mandato, precepto.

ordenador. m. Computador, computadora.

ordenanza. f. Disposición, estatuto, mandato, norma, reglamento. || Subalterno.

ordenar. tr. Arreglar, organizar, acomodar, regularizar, desembrollar, clasificar, coordinar. || Encaminar, dirigir, enderezar. || Mandar, disponer, preceptuar, establecer, prescribir, decretar. (**a.**: *desautorizar.*)

ordinariez. f. Grosería, descortesía, plebeyez, vulgaridad, incultura.

ordinario, ria. adj. Común, corriente, mediocre, usual, habitual, regular, vulgar, frecuente, acostumbrado. (**a.**:

raro, excepcional, extraordinario.) ‖ Bajo, grosero, soez, incivil, plebeyo. (**a.**: *distinguido, fino.*) ‖ Tosco, basto.

orear. tr. y prnl. Airear, ventilar, secar, ventear. ‖ prnl. Airearse.

orfanato. m. Asilo, hospicio.

orfandad. f. Desamparo, abandono, soledad. *Lloró su orfandad.*

orfebre. m. Orífice.

orgánico, ca. adj. Organizado, viviente, animado. (**a.**: *inanimado.*) ‖ Biológico, vivo, vegetal, animal.

organismo. m. Ser vivo. ‖ Entidad, institución, corporación, cuerpo.

organización. f. Estructura, conformación, constitución. ‖ Organismo, entidad. ‖ Arreglo, orden, ordenamiento, regulación, disposición, regularización, sistematización.

organizar. tr. Establecer, instituir, constituir. ‖ Ordenar, arreglar, regularizar, sistematizar. (**a.**: *desorganizar, desordenar.*) ‖ Planear, preparar, disponer.

órgano. m. Conducto, medio. ‖ Portavoz. ‖ Instrumento.

orgía. f. Bacanal, saturnal, comilona, festín. ‖ Desenfreno, libertinaje.

orgullo. m. Altanería, altivez, ínfulas, arrogancia, fatuidad, soberbia, presunción, engreimiento, pedantería, vanidad. (**a.**: *humildad, modestia.*)

orientación. f. Dirección, guía, consejo, informe.

orientar. tr. Encaminar, aconsejar, dirigir, guiar. (**a.**: *desorientar, extraviar.*) ‖ Informar, enterar, instruir, imponer.

oriente. m. Este, Levante, Naciente. (**a.**: *Oeste, Occidente, Poniente.*)

orificio. m. Agujero, abertura, boca. ‖ Perforación, boquete. ‖ Ano.

oriflama. f. Bandera, estandarte, pendón.

origen. m. Comienzo, principio, raíz. (**a.**: *fin, término.*) ‖ Motivo, causa. ‖ Procedencia, nacimiento, cuna. ‖ Ascendencia, familia, estirpe, linaje. ‖ Fuente, manantial. ‖ Patria, país.

original. adj. Originario. (**a.**: *derivado.*) ‖ Nuevo. ‖ Auténtico. (**a.**: *falso.*) ‖ Singular, único, extraño, peculiar, personal, raro, excéntrico. (**a.**: *común, vulgar.*) ‖ m. Ejemplar, modelo, patrón, tipo.

originalidad. f. Novedad, innovación. (**a.**: *plagio.*) ‖ Afectación, moda. (**a.**: *vulgaridad.*)

originar. tr. Causar, motivar, producir, provocar, suscitar, ocasionar, engendrar. ‖ prnl. Provenir, proceder, derivarse, dimanar, seguirse.

originario, ria. adj. Primigenio. ‖ Oriundo, procedente, natural, vernáculo.

orilla. f. Margen, ribera. ‖ Borde, extremo, canto, reborde. (**a.**: *centro, interior.*)

orillar. tr. Ordenar, arreglar, zanjar, resolver, concluir, solventar. ‖ Sortear, eludir, esquivar.

orillo. m. Cenefa, arista, rebaba. ‖ Orilla.

orín. m. Óxido, herrumbre, robín, verdín, moho. ‖ Orina, pis.

orina. f. Orín, aguas menores, pis, pipí.

orinal. m. Bacín, escupidera, vaso de noche.

orinar. intr. y prnl. Mear.

oriundo, da. adj. Originario, nativo, procedente.

orla. f. Cenefa, festón, fleco. ‖ Borde, contorno.

ornamentación. f. u **ornamento.** m. Adorno, decoración, ornato, atavío, aderezo.

ornamentar. tr. Ornar, decorar, adornar.

ornamento. m. Adorno, decoración, atavío, ornato.

ornar. tr. Adornar, ornamentar, aderezar, ataviar, engalanar.

ornato. m. Adorno, exorno, atavío, gala, ornamento, aparato, pompa.

oro. m. Dinero, riqueza.

orondo, da. adj. Presumido, presuntuoso, satisfecho, ufano, infatuado, hinchado, hueco, esponjado, orgulloso. (**a.**: *sencillo, humilde.*)

oropel. m. Relumbrón, baratija, apariencia, chuchería.

orquestación. f. Instrumentación.

orquestar. tr. Instrumentar.

orto. m. Aparición, salida, nacimiento.

(**a.**: *Ocaso.*) ‖ Levante, Oriente. (**a.**: *Poniente.*)

ortodoxo, xa. adj. y s. Adicto, fiel. (**a.**: *heterodoxo.*)

oruga. f. Gusano (larva).

orujo. m. Hollejo, casca (de la uva). ‖ Terrón (de la aceituna).

orzuelo. m. Divieso.

osadía. f. Atrevimiento, intrepidez, audacia, temeridad, arrojo. (**a.**: *cobardía.*) ‖ Descaro, desvergüenza, atrevimiento, insolencia. (**a.**: *timidez, vergüenza.*)

osado, da. adj. Audaz, arriesgado, arrojado, temerario, valiente. (**a.**: *cobarde, miedoso.*) ‖ Descarado, insolente, desvergonzado, atrevido. (**a.**: *vergonzoso, tímido.*)

osamenta. f. Esqueleto, restos.

osar. tr. e intr. Arriesgarse, atreverse, aventurarse. (**a.**: *temer, retroceder.*)

osario. m. Cárcava, sepultura, fosa común.

oscilación. f. Balanceo, vaivén. ‖ Fluctuación. ‖ Vacilación, titubeo.

oscilar. intr. Balancearse, bambolearse. ‖ Fluctuar, vacilar, titubear, variar.

ósculo. m. Beso.

oscurecer u obscurecer. tr. Ofuscar, obnubilar, confundir. ‖ intr. Anochecer. ‖ prnl. Nublarse.

oscuridad u obscuridad. f. Lobreguez, sombra, tinieblas, tenebrosidad. (**a.**: *claridad, luminosidad.*) ‖ Ofuscación, ofuscamiento. ‖ Confusión, ambigüedad. ‖ Bajeza, humildad.

oscuro, ra u obscuro, ra. adj. Sombrío, tenebroso, lóbrego. ‖ Fosco, fusco. (**a.**: *claro, luminoso.*) ‖ Confuso, impreciso, incomprensible, inexplicable, ininteligible, turbio. (**a.**: *patente, evidente.*) ‖ Humilde, modesto, desconocido. ‖ Incierto, azaroso, peligroso, sospechoso.

óseo, a. adj. Huesoso, huesudo.

ostensible. adj. Claro, manifiesto, patente, visible, público, evidente.

ostentación. f. Exhibición, manifestación, exteriorización. ‖ Jactancia, vanagloria, alarde. (**a.**: *humildad.*) ‖ Magnificencia, boato, pompa, aparato, suntuosidad, tren, fastuosidad, lujo. (**a.**: *sencillez, modestia.*)

ostentar. tr. Mostrar, exhibir, manifestar. ‖ Lucir, jactarse, alardear.

ostentoso, sa. adj. Aparatoso, fastuoso, lujoso, suntuoso, magnífico, espléndido, pomposo. (**a.**: *sencillo, sobrio.*)

ostracismo. m. Destierro, alejamiento, exilio, extrañamiento, proscripción. (**a.**: *repatriación.*)

otario, ria. adj. y s. Necio, tonto. (**a.**: *vivo, despierto.*)

otear. tr. Avizorar, atalayar. ‖ Escudriñar, mirar, observar, registrar.

otero. m. Montículo, cerro, colina. (**a.**: *depresión, llano.*)

otomana. f. Diván, canapé, sofá.

otoñal. adj. Autumnal. (**a.**: *primaveral.*)

otorgamiento. m. Consentimiento, concesión, donación. (**a.**: *negación, prohibición.*) ‖ Estipulación, promesa. (**a.**: *privación.*)

otorgar. tr. Conceder, dar, consentir, conferir. (**a.**: *negar, rehusar.*) ‖ Disponer, establecer, ofrecer, prometer, estipular. (**a.**: *denegar, expropiar, quitar.*)

ovación. f. Aclamación, aplauso, triunfo. (**a.**: *abucheo, silbatina.*)

oval. adj. Ovalado, aovado.

ovar. intr. Aovar, desovar.

oviducto. m. Trompa de Falopio. ‖ Huevera.

ovillarse. prnl. Acurrucarse, encogerse. (**a.**: *estirarse.*)

ovillo. m. Enredo, lío, maraña, bola. ‖ Montón.

ovino, na. adj. y s. Lanar, óvido.

ovoide u ovoideo, a. adj. Oval, aovado, ovalado.

óvulo. m. Huevo.

oxidar. tr. y prnl. Herrumbrar, enmohecer.

óxido. m. Herrumbre, moho, orín.

oxítono, na. adj. Agudo.

oyente. m. y f. Asistente, concurrente. ‖ Radioescucha.

pabellón. m. Bandera. || Dosel, palio. || Tienda, carpa. || Protección, patrocinio.

pabilo o **pábilo.** m. Mecha, torcida.

pábulo. m. Alimento, pasto, sustento, comida. || Fomento. || Ocasión, tema, motivo.

paca. f. Fardo, lío, bala, bulto.

pacato, ta. adj. Tímido, bonachón, apocado, pusilánime, timorato. (**a.**: *audaz, osado, belicoso.*)

pacer. intr. Pastar, pastorear, apacentar, ramonear.

paciencia. f. Tolerancia, aguante, sufrimiento, mansedumbre, conformidad, resignación. (**a.**: *furor, intolerancia, desesperación.*) || Calma, flema, sosiego, tranquilidad, perseverancia. || Flema, espera, lentitud, tardanza. (**a.**: *impaciencia.*)

paciente. adj. Resignado, tolerante, sufrido, manso. || Calmoso, pacienzudo. || m. o f. Enfermo, doliente.

pacificación. f. Apaciguamiento, sosiego, tranquilidad. || Concordia, armonía, paz.

pacificador, ra. adj. Mediador.

pacificar. tr. Apaciguar, reconciliar, poner paz, calmar, dar la paz, serenar. (**a**: *excitar, irritar, exacerbar.*) || prnl. Calmarse, aquietarse, tranquilizarse.

pacífico, ca. adj. Quieto, manso, sosegado, tranquilo, sereno, reposado, apacible. (**a.**: *rebelde, belicoso.*)

pacotilla. f. Baratija. || Desecho.

pactar. tr. Estipular, tratar, negociar, convenir, concertar, ajustar. || intr. Contemporizar, transigir.

pacto. m. Estipulación, convenio, concierto, ajuste. || Tratado, componenda, contrato, acuerdo, negociación, trato. (**a.**: *diferendo, desacuerdo.*)

pachorra. f. Apatía, indolencia, calma, flema, tardanza, cachaza. (**a.**: *prisa, celeridad.*)

padecer. tr. Sufrir, soportar, aguantar, pasar, tolerar. (**a.**: *gozar.*)

padecimiento. m. Enfermedad, dolencia, achaque. (**a.**: *salud.*) || Sufrimiento, dolor, pena. (**a.**: *placer, gozo.*)

padre. m. Papá. || Autor, creador, inventor. || pl. Progenitores, antepasados, ascendientes, abuelos, mayores. (**a.**: *descendientes.*)

padrillo. m. Semental.

padrinazgo. m. Apadrinamiento. || Protección, apoyo, patrocinio, favor.

padrino. m. Protector, valedor, patrocinador, bienhechor, favorecedor.

padrón. m. Empadronamiento, nómina, registro, censo, catastro. || Patrón, dechado, muestra, modelo. || Baldón, deshonra.

paga. f. Pagamento, pago. || Sueldo, jornal, soldada, estipendio, honorarios, remuneración, salario. || Satisfacción, recompensa, retribución, compensación.

pagano, na. adj. Gentil, idólatra. (**a.**: *cristiano.*) || Ateo, incrédulo, descreído. (**a.**: *creyente.*)

pagar. tr. e intr. Abonar, cancelar, satisfacer. (**a.**: *adeudar, cobrar.*) || tr. Saldar, amortizar. || Costear, financiar, sufragar. || Retribuir, recompensar. || Expiar, purgar. || prnl. Ufanarse, jactarse.

página. f. Carilla, plana. || Suceso, lance, episodio.

pago. m. Reintegro, pagamento, remuneración, paga. || Satisfacción, premio, recompensa.

pago. m. Aldea, pueblo, lugar.

país. m. Nación, patria. || Región, territorio, provincia, comarca, terruño, tierra. || Paisaje.

paisaje. m. Panorama, vista.

paisano, na. m. y f. Coterráneo, connacional, compatriota. || Campesino, aldeano. || Civil. (**a.**: *militar, soldado.*)

paja. f. Desecho, broza, rastrojo, hojarasca. || Brizna. || Sobrante.

pajar. m. Almiar, hórreo.

pajarera. f. Jaula.

pájaro. m. Ave, pajarillo, avecilla.

pajuerano, na. s. Provinciano. (**a.**: *capitalino.*)

pala. f. Raqueta. || Capellada. || Astucia, artificio. || Volandera. || Zapa, achicador.

palabra. f. Vocablo, voz, verbo, dicción, término, expresión. || Habla. || Promesa, compromiso. || pl. Pasaje.

palabrería. f. o **palabrerío.** m. Locuacidad, charlatanería, verborrea, labia, palabreo, facundia, cháchara, parloteo, palique. (**a.**: *mutismo.*)

palabrota. f. Ajo, taco, grosería, procacidad, terminajo.

palaciego, ga. adj. Cortesano, palatino, palaciano.

palacio. m. Mansión. (**a.**: *cuchitril, choza, rancho.*)

paladar. m. Cielo de la boca. || Gusto, sabor, sensibilidad.

paladear. tr. Saborear, gustar, degustar.

paladín. m. Campeón, héroe. || Defensor, sostenedor, adalid.

paladino, na. adj. Claro, evidente, patente, público. (**a.**: *confuso.*)

palanca. f. Barra, pértiga, alzaprima. || Influencia, apoyo, valimiento.

palangana o **palancana.** f. Jofaina.

palanquear. tr. Apoyar, proteger, ayudar.

palatino, na. adj. Palaciego, áulico, cortesano.

palenque. m. Estacada, cerca, cercado, valla. || Palestra, liza, arena.

paleozoico, ca. adj. Primario (en geología).

palestra. f. Palenque, liza, arena. || Circo, estadio.

paleta. f. Palustre. || Badil, badila. || Omóplato, paletilla, espaldilla.

paletilla. f. Omóplato, paleta. || Palmatoria.

paleto, ta. adj. Rústico, zampatortas, tosco, palurdo, cerril, zafio.

paliar. tr. Encubrir, excusar, disimular, cohonestar, disculpar. || Mitigar, suavizar, dulcificar, calmar, atenuar, aliviar. (**a.**: *aumentar, exacerbar.*)

paliativo, va. adj. Calmante, sedante, analgésico, lenitivo, atenuante. (**a.**: *excitante.*)

palidecer. intr. Empalidecer. (**a.**: *ruborizarse, enrojecer.*)

palidez. f. Palor, amarillez, decoloración. (**a.**: *colorido.*)

pálido, da. adj. Amarillento, macilento. (**a.**: *sano.*) || Descolorido, desvaído. (**a.**: *vivo, intenso.*) || Descolorido, apagado, inexpresivo. (**a.**: *colorido, expresivo.*)

palillo. m. Mondadientes, escarbadientes.

palinodia. f. Retractación.

palique. m. Conversación, parloteo, charla, cháchara. (**a.**: *mutismo, silencio.*)

paliza. f. Tunda, felpa, zurra, soba, vapuleo. (**a.**: *caricia.*)

palizada. f. Estacada, empalizada, cerca.

palma. f. Palmera. || Gloria, triunfo. || pl. Aplausos, palmadas.

palmar. m. Palmeral. || adj. Palmario.

palmar. intr. Morir, espichar.
palmario, ria. adj. Claro, patente, evidente, manifiesto, notorio, palpable. (**a.**: *confuso, oscuro, dudoso.*)
palmatoria. f. Candelero.
palmear. intr. Palmotear, aplaudir. (**a.**: *abuchear.*)
palmeta. f. Férula.
palmito. m. Rostro. ‖ Talle, cuerpo, figura.
palmo. m. Cuarta.
palmotear. intr. Aplaudir. (**a.**: *silbar.*)
palo. m. Vara, garrote, tranca. ‖ Báculo, cayado, bastón. ‖ Mástil, árbol. ‖ Golpe, bastonazo, garrotazo. (**a.**: *caricia.*) ‖ Madera, leño.
palomero, ra. adj. Colombófilo.
palpable. adj. Tangible. (**a.**: *inmaterial.*) ‖ Patente, claro, manifiesto, palmario, evidente. (**a.**: *confuso, oscuro, dudoso.*)
palpar. tr. Tocar, tentar. *Palpar se dice particularmente de la mano.*
pálpebra. f. Párpado.
palpitación. f. Latido, pulsación, pulso.
palpitar. tr. Latir. ‖ Vivir. ‖ Estremecerse.
pálpito. m. Presentimiento, barrunto, corazonada. (**a.**: *certeza.*)
palto. m. Aguacate.
paludismo. m. Malaria.
palurdo, da. adj. Rústico, zafio, tosco, grosero. (**a.**: *culto, refinado, fino.*)
palustre. m. Llana, paleta.
palustre. adj. Cenagoso, pantanoso.
pamema. f. Pamplina, bagatela, tontería, nadería.
pampa. f. Llanura. (**a.**: *montaña, serranía.*)
pamplina. f. Tontería, bulo, futesa, nadería, simpleza, pamema. (**a.**: *agudeza.*)
pan. m. Sustento, alimento.
panacea. f. Curalotodo, remedio, medicamento, droga.
panadería. f. Tahona.
panadero, ra. m. y f. Tahonero.
panamá. m. Jipijapa.
pancarta. f. Cartel.
pancista. m. Egoísta. (**a.**: *altruista.*)
pancho, cha. adj. Tranquilo, flemático, calmo. ‖ Satisfecho.
pandear. intr. y prnl. Torcerse, encorvarse, combarse, alabearse.
pandemónium. m. Algarabía, griterío, bulla, confusión.
pandilla. f. Liga, unión. ‖ Patota, gavilla, caterva, banda.
panegírico. m. Apología, elogio, loa, alabanza, encomio. (**a.**: *diatriba, catilinaria.*)
panel. m. Painel.
pánfilo, la. adj. Pausado, cachazudo, calmoso, lento, tardo. (**a.**: *diligente.*) ‖ Tonto, bobo, pazguato.
panfleto. m. Libelo.
paniaguado. m. Allegado, favorecido, predilecto. ‖ Servidor, asalariado.
pánico. m. Terror, pavor, espanto, miedo, pavura, susto.
panoja. f. Panocha, mazorca, racimo.
panoplia. f. Armadura.
panorama. m. Vista, espectáculo. ‖ Paisaje, horizonte.
pantalla. f. Mampara, biombo, telón. ‖ Tulipa. ‖ Visera. ‖ Encubridor. (**a.**: *espía.*)
pantano. m. Tremedal, lodazal, ciénaga. ‖ Embalse. ‖ Atolladero, estorbo, atasco, dificultad, embarazo, atascadero, obstáculo.
pantanoso, sa. adj. Encharcado, cenagoso.
pantomima. f. Mimodrama. ‖ Simulación, ficción, imitación, remedo.
panza. f. Vientre, barriga, tripa, abdomen, herbario.
panzada. f. Hartazgo, atracón, tripada. (**a.**: *hambre.*)
panzón, na. adj. Panzudo.
panzudo, da. adj. Panzón, barrigón, gordo, barrigudo. (**a.**: *flaco.*)
pañales. m. pl. Cuna. ‖ Niñez, infancia.
paño. m. Tapiz, colgadura. ‖ Lienzo, tela. ‖ Enlucido. ‖ pl. Vestiduras.
pañol. m. Compartimiento.
pañolón. m. Mantón.
papa. m. Sumo Pontífice, Santo Padre, Pastor Universal, Vicario de Cristo.
papa. f. Patata. ‖ Papilla.
papá. m. Padre.
papada. f. Sobarba.
papado. m. Pontificado, papazgo.

papal. adj. Pontificio, pontifical, vaticano.
papalina. f. Borrachera, embriaguez.
papamoscas. m. y f. Papanatas.
papanatas. m. y f. Papamoscas, papahuevos, simple, crédulo, bobalicón, tontaina, tonto, bobo, pánfilo, pazguato. (**a.**: *astuto, incrédulo, sagaz.*)
paparrucha. f. Cuento, falsedad, bulo, embuste, bola. (**a.**: *verdad.*) ‖ Majadería, tontería.
papel. m. Periódico, diario. ‖ Carta, documento, credencial. ‖ Manuscrito. ‖ Impreso. ‖ Representación, carácter. ‖ Encargo. ‖ Personaje, parte. ‖ Pliego.
papeleta. f. Cédula.
papelón, na. adj. Papelero, farolero, farolón. ‖ m. Fantoche. ‖ Ridículo, plancha.
papera. f. Bocio. ‖ Parotiditis. ‖ pl. Escrófulas, lamparones.
papilla. f. Gachas.
papo. m. Buche.
paquebote. m. Buque, embarcación.
paquete. m. Envoltorio, atado, lío, bulto. ‖ adj. Elegante, presumido. (**a.**: *mamarracho.*)
par. adj. Igual, semejante, equivalente. (**a.**: *impar, único, singular.*) ‖ m. Pareja, yunta. (**a.**: *uno.*)
para. prep. A, hacia. ‖ conj. A fin de.
parabién. m. Felicitación, enhorabuena, pláceme, congratulación. (**a.**: *pésame.*)
parabrisas. f. Guardabrisa.
parada. f. Pausa, detención. ‖ Estación, etapa, parador, estacionamiento. ‖ Pausa, silencio. ‖ Desfile. ‖ Formación. ‖ Quite. ‖ Apuesta.
paradero. m. Término, fin, final. ‖ Estación, escala, apeadero, alto, pausa.
paradigma. m. Modelo, ejemplo.
paradisíaco, ca o **paradisiaco, ca.** adj. Edénico, delicioso, celestial, maravilloso, feliz, encantador, perfecto, empíreo, glorioso. (**a.**: *infernal.*)
parado, da. adj. Remiso, tímido, corto. ‖ Desocupado, ocioso, inactivo, cesante. (**a.**: *ocupado, activo.*) ‖ Detenido, estacionado, inmóvil, estancado. (**a.**: *andante, móvil, oscilante.*) ‖ Derecho, de pie. ‖ Engreído.
parador. m. Mesón, posada, hostal, hostería, venta.
parafrasear. tr. Glosar, explicar, comentar.
paráfrasis. f. Amplificación (en literatura). ‖ Comentario, glosa, explicación, exégesis, interpretación.
parafuego. m. Cortafuego, raya.
paragolpes. m. Parachoques.
parágrafo. m. Párrafo.
paraíso. m. Edén, cielo, empíreo. ‖ Gallinero, cazuela, galería.
paraje. m. Lugar, sitio, parte, punto, pago.
paralelismo. m. Correspondencia, semejanza, comparación, equidistancia. (**a.**: *desigualdad.*)
paralelo, la. adj. Correspondiente, semejante, equidistante, correlativo. ‖ m. Comparación, cotejo, parangón.
parálisis. f. Envaramiento, entumecimiento.
paralítico, ca. adj. Impedido, tullido, baldado, perlático, parapléjico.
paralización. f. Detención, inmovilización.
paralizar. tr. y prnl. Tullir, imposibilitar. ‖ Entumecer, agarrotar. ‖ Inmovilizar, detener, impedir, entorpecer. (**a.**: *mover, movilizar.*)
paralogismo. m. Sofisma.
páramo. m. Erial, puna, desierto. (**a.**: *vergel.*)
parangón. m. Paralelo, cotejo, comparación, semejanza. (**a.**: *diversidad.*)
parangonar. tr. Cotejar, comparar, relacionar, confrontar, equiparar. (**a.**: *diferenciar.*)
paranoia. f. Locura, monomanía. (**a.**: *cordura.*)
paranoico, ca. adj. Monomaníaco, maníaco.
parapetarse. prnl. Resguardarse, defenderse, protegerse, abroquelarse, atrincherarse, cubrirse.
parapeto. m. Antepecho, pretil, baranda. ‖ Trinchera, barricada. ‖ Reparo.
parar. tr., intr. y prnl. Detener, frenar, interrumpir, contener, sujetar, inmovilizar. (**a.**: *avanzar, andar.*) ‖ intr. Terminar, acabar, concluir, cesar. (**a.**: *empezar, seguir.*) ‖ Habitar, hospe-

darse, alojarse, vivir. || Estacionar. || tr. Detener, atajar, sujetar. || prnl. Mejorar, enriquecerse.

parásito. m. Gorrón, vividor.

parasol. m. Sombrilla.

parca. f. Muerte.

parcela. f. Porción, pizca. (**a.**: *total.*)

parcial. adj. Incompleto, fragmentario, fraccionario. (**a.**: *completo, total.*) || Partidario, secuaz. || Apasionado, arbitrario, injusto. (**a.**: *imparcial, justo.*)

parcialidad. f. Bando, bandería, partido, fracción. || Preferencia, favoritismo, inclinación. || Desigualdad, injusticia, arbitrariedad. (**a.**: *justicia, equidad.*)

parco, ca. adj. Corto, escaso, pobre, exiguo, insuficiente. (**a.**: *abundante.*) || Sobrio, frugal, moderado, templado, mesurado. (**a.**: *exagerado, desmesurado, glotón.*)

parche. m. Emplasto, bizma, cataplasma. || Remiendo, retoque, pegote. || Tambor, caja.

pardo, da. adj. Mulato, oscuro, terroso.

pareado, da. adj. Dístico. || Apareado.

parecer. m. Opinión, dictamen, entender, juicio. || Aspecto.

parecer. intr. Aparecer, manifestarse, presentarse, mostrarse. || prnl. Asemejarse, semejarse. (**a.**: *diferenciarse.*) || Opinar, creer, juzgar, estimar, pensar.

parecido, da. adj. Semejante, similar, análogo, afín, parejo, tal. (**a.**: *distinto, diferente, disímil.*) || m. Semejanza, similitud, analogía. (**a.**: *desigualdad.*)

pared. f. Muro, paredón, tabique, tapia, muralla, murallón, medianera.

pareja. f. Yunta, casal, par. || Compañero o compañera.

parejero. m. Flete, pingo.

parejo, ja. adj. Igual, par, parecido, semejante. (**a.**: *distinto, desigual, desparejo.*) || Liso, llano, plano. (**a.**: *áspero, escabroso.*)

paremia. f. Proverbio, refrán, adagio, sentencia. *Gustaba de paremias.*

parentela. f. Familia, parientes.

parentesco. m. Consanguinidad, agnación. || Vínculo, lazo, unión, conexión, semejanza, afinidad.

parhilera. f. Cumbrera, hilera.

paria. m. y f. Esclavo, ilota, apátrida, desheredado, siervo, golfo, plebeyo, pelagatos.

paridad. f. Paralelismo. || Igualdad, semejanza, identidad, similitud. (**a.**: *diversidad.*)

pariente, ta. m. y f. Deudo, allegado, familiar. (**a.**: *extraño.*) || adj. Semejante, parecido.

parigual. adj. Igual, parecido, semejante.

parihuela. f. Camilla, angarillas.

paripé. m. Ficción, simulación, engaño.

parir. intr. y tr. Alumbrar, dar a luz. || tr. Producir, causar. || Crear.

parisiense. adj. Parisino, parisién.

parlamentar. intr. Hablar, dialogar, platicar, conversar, charlar. || Conferenciar, tratar. || Capitular, pactar.

parlamento. m. Asamblea legislativa, Congreso. || Plática, conversación, charla, alocución, arenga.

parlanchín, na. adj. Hablador, charlatán, palabrero, gárrulo.

parlar. intr. Charlar, hablar, parlotear. (**a.**: *callar.*)

parloteo. m. Charla, cháchara, palique.

paro. m. Desempleo, desocupación. || Huelga. || Interrupción, suspensión, cesación, pausa, descanso. (**a.**: *trabajo.*)

parodia. f. Imitación, remedo. (**a.**: *naturalidad.*)

paronomasia o **paranomasia.** f. Agnominación, aliteración.

parotiditis. f. Paperas.

paroxismo. m. Exacerbación, exaltación, excitación, exasperación, irritación. (**a.**: *placidez.*)

paroxítono, na. adj. Grave, llano.

parpadear. intr. Pestañear. || Titilar.

parpadeo. m. Centelleo. || Guiñada, guiño, pestañeo.

párpado. m. Pálpebra.

parque. m. Bosque, jardín, cercado, coto. || Depósito, arsenal, almacén.

parquear. tr. Aparcar, estacionar.

parquedad. f. Moderación, sobriedad,

frugalidad. (**a.**: *exceso.*) ‖ Parsimonia, cachaza.

parra. f. Vid.

párrafo. m. Parágrafo.

parral. m. Emparrado.

parranda. f. Holgorio, jolgorio, fiesta, jarana, juerga, jaleo, diversión.

parroquia. f. Feligresía. ‖ Clientela. ‖ Iglesia, templo.

parroquiano, na. m. y f. Feligrés. ‖ Cliente.

parsimonia. f. Economía, ahorro, sobriedad, frugalidad, moderación, parquedad. (**a.**: *exceso, derroche.*) ‖ Circunspección, templanza, moderación, morigeración, prudencia. (**a.**: *fervor.*) ‖ Calma, cachaza, lentitud. (**a.**: *agilidad, rapidez.*)

parsismo. m. Mazdeísmo, zoroastrismo.

parte. f. Fracción, fragmento, pedazo, trozo, porción. (**a.**: *todo, conjunto, totalidad.*) ‖ Participación. ‖ Litigante. ‖ Sitio, lugar, paraje, lado, punto. ‖ Facción, partido. ‖ Papel, personaje. ‖ m. Notificación, aviso, comunicación, despacho.

partero, ra. m. y f. Tocólogo, obstetra. ‖ f. Comadre, comadrona, matrona.

partición. f. Reparto, división, partimiento, repartimiento, fraccionamiento.

participación. f. Aviso. ‖ Parte, porción.

participar. intr. Tener parte, intervenir. ‖ Colaborar, contribuir, cooperar, tomar parte. ‖ Compartir. ‖ tr. Notificar, comunicar, noticiar, informar, avisar. (**a.**: *ocultar, silenciar.*)

partícipe. adj. Participante, aparcero, copartícipe. ‖ Cómplice.

partícula. f. Corpúsculo. ‖ Átomo, molécula. ‖ Pizca, grano, migaja, gota, ápice. ‖ Afijo, nexo (en gramática).

particular. adj. Propio, exclusivo, privativo, peculiar, personal, privado. ‖ Especial, singular, extraordinario, raro, extraño, excepcional. (**a.**: *general, común.*) ‖ m. Asunto, materia, punto. ‖ **en particular.** loc. adv. Separadamente, especialmente.

particularidad. f. Singularidad, rareza, característica, idiosincrasia, peculiaridad. ‖ Pormenor, circunstancia, detalle, rasgo.

particularizar. tr. Detallar, concretar, especificar, precisar. ‖ Individualizar, personalizar. (**a.**: *generalizar.*) ‖ prnl. Caracterizarse, distinguirse, singularizarse.

partida. f. Éxodo, salida, ida, marcha, arrancada. (**a.**: *llegada, venida.*) ‖ Cuadrilla, facción, pandilla, banda. ‖ Anotación, registro, asiento. ‖ Partido, mano. ‖ Remesa, envío, cantidad, porción. ‖ Muerte. (**a.**: *nacimiento.*)

partidario, ria. adj. Secuaz, adicto, parcial, adepto, prosélito, simpatizante, banderizo. (**a.**: *enemigo, antagonista.*)

partido. m. Bando, facción, bandería, parcialidad. ‖ Resolución, determinación, decisión. ‖ Provecho, ventaja, utilidad. ‖ Favor, amparo, protección, ayuda. ‖ Departamento, distrito, territorio. ‖ Partida, mano. ‖ Trato, convenio. ‖ Competición. ‖ adj. Fraccionado, dividido, cortado, despedazado, fragmentado, roto.

partidor. m. Fraccionador, repartidor, distribuidor.

partir. tr. Dividir, fraccionar, seccionar, rajar, abrir, hender, cortar, quebrar, fracturar, romper. ‖ Repartir, distribuir. (**a.**: *sumar.*) ‖ intr. Salir, marcharse, irse. (**a.**: *llegar.*) ‖ Arrancar, empezar.

parto. m. Alumbramiento, parición.

parva. f. Montón, cúmulo.

parvedad. f. Pequeñez, escasez, tenuidad, poquedad, cortedad, exigüidad. (**a.**: *abundancia.*)

párvulo, la. m. y f. Niño, chico. ‖ adj. Inocente, sencillo. ‖ Humilde, cuitado.

pasable. adj. Pasadero, soportable, tolerable, admisible, aceptable. (**a.**: *insoportable, intolerable, insufrible.*)

pasada. f. Trastada.

pasadero, ra. adj. Pasable, tolerable. ‖ f. Pasarela, puente.

pasadizo. m. Pasillo, corredor, callejón, pasaje, portillo.

pasado, da. adj. Estropeado, descompuesto, gastado, pocho, podrido. (**a.**:

sano.) || Pretérito, antiguo, anterior, remoto. || Lejano. || m. Antigüedad, ayer. || m. pl. Antepasados, ascendientes.

pasador. m. Cerrojo, pestillo. || Colador, filtro, coladero. || Aguja, broche, imperdible.

pasaje. m. Billete, boleto. || Trozo, fragmento. || Paso, angostura, travesía. || Pasadizo.

pasajero, ra. adj. Concurrido, transitado. || Breve, fugaz, efímero, transitorio, momentáneo, perecedero. (**a.**: *duradero, permanente.*) || m. y f. Viajero, caminante, transeúnte.

pasamano. m. Baranda, barandal. || Crujía.

pasaportar. tr. Despedir, destituir, echar. || Asesinar, dar muerte, matar, liquidar.

pasaporte. m. Pase, salvoconducto. || Licencia, permiso. || **dar el pasaporte.** loc. Pasaportar, liquidar.

pasar. intr. Transitar, trasladarse. (**a.**: *quedarse, permanecer.*) || Andar, ir. || Trascurrir. || Suceder, acaecer, ocurrir, acontecer. || tr. Cruzar, vadear, atravesar. || Sobrepujar, superar, exceder, aventajar, aprobar. || Padecer, sufrir, soportar, tolerar. || Disimular, callar, dispensar, olvidar, perdonar. || Cesar, acabarse. (**a.**: *durar.*) || Llevar, conducir, trasladar. || Cerner, filtrar, colar || Tragar, deglutir. || Tirar, mantenerse, vivir. || Enviar, trasmitir, trasferir. || prnl. Estropearse, pudrirse, corromperse. || Exagerar, excederse.

pasarela. f. Puentecillo.

pasatiempo. m. Entretenimiento, juego, diversión, solaz, distracción. || Acertijo, rompecabezas, solitario.

pase. m. Permiso, salvoconducto, licencia, autorización.

pasear. intr. y prnl. Andar, vagar, deambular, callejear, airearse, asolearse, rondar. || Tomar aire, dar una vuelta.

paseo. m. Excursión, caminata.

pasible. adj. Susceptible.

pasillo. m. Corredor, galería, pasadizo.

pasión. f. Padecimiento, sufrimiento. || Vehemencia, entusiasmo, ardor, calor, fanatismo. || Amor, cariño. || Afición, inclinación, apasionamiento. (**a.**: *desapego, indiferencia.*)

pasividad. f. Indiferencia, inacción, apatía, abulia. (**a.**: *actividad, inquietud.*)

pasivo, va. adj. Inactivo, jubilado, ocioso. (**a.**: *activo, dinámico.*) || Indiferente, quieto. || m. Debe.

pasmar. tr. y prnl. Enfriar, helar, aterir. || Inmovilizar, paralizar. || Asombrar, maravillar, sorprender, admirar.

pasmarote. m. Embobado, alelado, atontado, pasmón.

pasmo. m. Espasmo, enfriamiento, aterimiento, contracción. || Tétanos. || Asombro, admiración, suspensión, aturdimiento, estupefacción.

pasmón. m. Necio. || Pasmarote.

pasmoso, sa. adj. Asombroso, maravilloso, sorprendente, prodigioso, estupendo, portentoso. (**a.**: *vulgar.*)

paso. m. Marcha. || Huella, pisada, rastro. || Gestión, diligencia. || Progreso, avance, ascenso. || Senda, vereda, camino, pasaje. || Trance, lance, dificultad. || Giro, mudanza.

pasquín. m. Cartel, pancarta. || Diarucho, libelo, panfleto.

pasta. f. Masa. || Empaste. || Argamasa. || Dinero.

pastar. tr. Pastorear, apacentar. || intr. Pacer.

pastel. m. Chanchullo, embrollo, manejo, fullería. || Bollo, torta, empanada.

pastelería. f. Confitería, dulcería.

pastilla. f. Tableta, comprimido, gragea, píldora.

pasto. m. Pastura, forraje, hierba. || Pábulo, alimento, pienso, heno. || Fomento, incentivo, pábulo.

pastor, ra. m. y f. Vaquero, boyero, porquerizo, ovejero, cabrero. || m. Prelado, eclesiástico, predicador.

pastoral. f. Égloga. || Encíclica. || adj. Pastoril, bucólico.

pastorear. tr. Apacentar, pastar.

pastoril. adj. Bucólico. || Campestre, agropecuario, pecuario.

pastoso, sa. adj. Espeso, viscoso. || Gangoso.

pata. f. Pierna.

patada. f. Puntapié. ‖ Coz. ‖ Huella, pisada.

patalear. intr. Patear, pernear.

pataleta. f. Desmayo, convulsión, soponcio, patatús.

patán. m. Aldeano, palurdo. ‖ Tosco, rústico, grosero, ordinario, torpe, zafio. (**a.**: *cortés, delicado.*)

patata. f. Papa.

patatús. m. Pataleta, desmayo, soponcio.

patear. intr. Patalear, cocear. ‖ Trajinar, andar. (**a.**: *descansar.*) ‖ tr. Censurar, reprobar.

patente. adj. Claro, visible, evidente, manifiesto, palpable, notorio, perceptible. (**a.**: *dudoso, confuso.*) *Lo patente se ofrece a nuestra vista y consideración como un hecho.* ‖ f. Título.

patentizar. tr. Mostrar, exponer, aclarar, exhibir, hacer patente, evidenciar, probar, demostrar. (**a.**: *ocultar.*)

paterno, na. adj. Paternal, bondadoso, comprensivo. (**a.**: *filial, maternal.*)

patético, ca. adj. Conmovedor, emocionante, enternecedor, triste, doloroso. ‖ Tierno, sentimental.

patibulario, ria. adj. Feroz, horripilante, siniestro.

patíbulo. m. Cadalso.

patidifuso, sa. adj. Patitieso, sorprendido. (**a.**: *indiferente.*)

patín. m. Esquí, trineo.

pátina. f. Lustre, barniz.

patinar. intr. Resbalar, deslizarse, esquiar. (**a.**: *tropezar.*)

patio. m. Platea. ‖ Impluvio.

patitieso, sa. adj. Atónito, sorprendido, patidifuso, turulato, estupefacto, suspenso, pasmado, admirado, boquiabierto. ‖ Desmayado.

pato. m. Ánade, ánsar. ‖ adj. Seco, sin dinero. (**a.**: *rico, forrado.*)

patochada. f. Disparate, despropósito, sandez, zafiedad, majadería, dislate, bobada, gansada. (**a.**: *agudeza.*)

patota. f. Pandilla.

patraña. f. Mentira, embuste, cuento, infundio, engaño. (**a.**: *verdad, realidad.*)

patria. f. Suelo natal, país, nación.

patricio. m. Prócer, noble. (**a.**: *plebeyo.*)

patrimonio. m. Herencia, sucesión. ‖ Bienes, hacienda, propiedad, heredad.

patrocinar. tr. Proteger, amparar, defender, favorecer, apoyar, recomendar, apadrinar, auspiciar. (**a.**: *perseguir, atacar.*)

patrocinio. m. Protección, amparo, auxilio. (**a.**: *inseguridad, desamparo.*) ‖ Favor, apoyo, ayuda, padrinazgo, patronato. *El patrocinio se refiere siempre a los favores que la amistad dispensa a la desgracia.*

patrón, na. m. y f. Patrono, protector, defensor. ‖ Amo, señor. ‖ Jefe, principal. ‖ m. Modelo, regla, dechado, muestra, pauta.

patronato. m. Patrocinio.

patronímico. adj. y m. Apellido.

patrono, na. m. y f. Defensor, protector. ‖ Patrón, dueño, amo, señor.

patrulla. f. Partida, piquete, cuadrilla, ronda, guardia.

patrullar. intr. Rondar, vigilar.

paulatinamente. adv. Poco a poco, lentamente, pausadamente, despacio.

paulatino, na. adj. Pausado, calmoso, lento, tardo, moroso. (**a.**: *rápido.*)

paupérrimo, ma. adj. Pobrísimo, misérrimo. (**a.**: *riquísimo.*)

pausa. f. Detención, paréntesis, interrupción, intervalo, alto, parada. (**a.**: *continuación.*) ‖ Silencio (en música). ‖ Lentitud, tardanza, calma, cacháza. (**a.**: *rapidez, diligencia.*)

pausado, da. adj. Tardo, calmoso, flemático, cachaciento, pachorriento. (**a.**: *rápido.*) ‖ Paulatino, lento, monótono.

pauta. f. Modelo, patrón, molde, dechado. ‖ Regla, norma, guía. ‖ Raya.

pautado. m. Regulado, normalizado. ‖ Rayado.

pautar. tr. Regular, reglar, normalizar.

pavada. f. Necedad, tontería, ñoñez, simpleza, sosería, insulsez, bobada. (**a.**: *gracia, ingenio.*)

pavimentar. tr. Solar, adoquinar, asfaltar, enlosar, empedrar.

pavimento. m. Suelo, firme, solado, a-

firmado, piso, adoquinado, entarimado, enladrillado, embaldosado.
pavo, va. m. y f. Gallipavo. ‖ adj. Incauto, simple, estúpido, necio, soso. (**a.**: *sagaz, inteligente, chistoso.*)
pavón. m. Pavo real.
pavonearse. prnl. Farolear. ‖ Presumir, blasonar, vanagloriarse, jactarse, engreírse, alardear.
pavor. m. Espanto, temor, pánico, miedo, pavura. (**a.**: *audacia, valor.*)
pavoroso, sa. adj. Espantoso, terrorífico, temible, aterrador, terrífico, espeluznante. (**a.**: *atractivo, fascinante.*)
pavura. f. Pavor, temor.
payasada. f. Bufonada, extravagancia, farsa. (**a.**: *drama.*)
payaso. m. Bufón, gracioso, titiritero.
paz. f. Tranquilidad, calma, sosiego, quietud, serenidad. (**a.**: *intranquilidad, inquietud, agitación.*) ‖ Concordia, armonía, acuerdo, unión, neutralidad.
pazguato, ta. adj. Bobo, tonto, papanatas. ‖ Mojigato, gazmoño.
peal o **pial.** m. Manea, maniota.
peana o **peaña.** f. Pedestal, basa, tarima, plataforma.
peatón. m. Transeúnte, peón, viandante, caminante. (**a.**: *automovilista, ciclista.*)
pebeta. f. Niña, chica, muchacha, joven.
pebete. m. Chico, niño.
pebetero. m. Sahumador, incensador.
pecado. m. Culpa, falta. (**a.**: *inocencia, virtud.*)
pecar. intr. Faltar. ‖ Excederse, enviciarse.
pecera. f. Acuario.
pecíolo o **peciolo.** m. Rabillo, rabo, pezón.
pécora. f. Res. ‖ Astuto, pícaro, vicioso.
pectoral. adj. Torácico.
pecuario, ria. adj. Ganadero.
peculado. m. Malversación.
peculiar. adj. Propio, privativo, exclusivo, distintivo, característico, particular. (**a.**: *común, corriente, vulgar, imitado.*)
peculiaridad. f. Singularidad, característica, particularidad.
peculio. m. Dinero, caudal, patrimonio, capital, bienes, hacienda.
pecunia. f. Dinero, moneda.
pecuniario, ria. adj. Monetario, crematístico.
pechar. intr. Pedir, sablear. (**a.**: *dar.*) ‖ Empujar.
pecho. m. Seno, busto, tórax, mama, teta, pechuga. (**a.**: *espalda.*) ‖ Interior, corazón. ‖ Intención. ‖ Valor, esfuerzo, ánimo, coraje, fortaleza, constancia. ‖ Tributo, contribución, impuesto, gabela.
pechuga. f. Pecho.
pedagogía. f. Didáctica.
pedagógico, ca. adj. Docente, didáctico.
pedagogo, ga. m. y f. Maestro, profesor, educador, mentor. ‖ m. Ayo.
pedante. adj. Presumido, afectado, sabihondo, petulante, purista, jactancioso, vanidoso, fanfarrón, hinchado. (**a.**: *modesto, sencillo.*)
pedazo. m. Trozo, parte, porción, tajada, fracción, fragmento, cacho. ‖ pl. Añicos, trizas.
pederasta. m. Sodomita, invertido.
pedernal. m. Cuarzo, piedra de chispa, sílex. ‖ Dureza.
pedestal. m. Base, basa, plataforma, plinto. ‖ Peana, podio. ‖ Fundamento, apoyo.
pedestre. adj. Vulgar, común, ramplón, ordinario, adocenado, chabacano. (**a.**: *original, inspirado.*)
pedicuro, ra. m. y f. Callista.
pedido. m. Encargo, comisión. ‖ Petición, solicitud.
pedigüeño, ña. adj. Pidón, pedidor, sablista, manguero, mendigo, pordiosero. (**a.**: *dadivoso, donante.*)
pedimento. m. Instancia, solicitud, petición.
pedir. tr. Solicitar, reclamar, recabar, requerir, demandar, exigir, rogar, mendigar, suplicar, impetrar, implorar. (**a.**: *dar, proporcionar.*) ‖ Desear, apetecer, querer. ‖ Poner precio.
pedregal. m. Pedriscal, canchal, pedroche, pedrera, peñascal.
pedrera. f. Cantera.
pedrería. f. Joyería.

pedrisca. f. o **pedrisco.** m. Granizo. ‖ Granizada.

pedúnculo. m. Rabillo, rabo, pezón, cabillo, pedículo.

pega. f. Burla, chasco, engaño. ‖ Estorbo, obstáculo, dificultad. ‖ Zurra, paliza. ‖ **de pega.** loc. adj. Falso, fingido.

pegadizo, za. adj. Contagioso. ‖ Pegajoso, viscoso, glutinoso, cohesivo. ‖ Postizo, artificial, añadido. ‖ Gorrón, vividor.

pegado. m. Parche, emplasto.

pegajoso, sa. adj. Glutinoso, pegadizo, viscoso. ‖ Contagioso. ‖ Sobón. ‖ Pegadizo, gorrón. ‖ Meloso, empalagoso. *Lenguaje pegajoso.*

pegar. tr. Adherir, aglutinar, conglutinar, soldar. (**a.**: *despegar, arrancar.*) ‖ Unir, juntar, sujetar. ‖ Arrimar, adosar. ‖ tr. y prnl. Comunicar, contagiar, contaminar, trasmitir. ‖ intr. Golpear, castigar, maltratar. ‖ tr. o intr. Dar, asestar, propinar. ‖ Prender. ‖ Chocar. ‖ prnl. Aficionarse, inclinarse. ‖ Armonizar, convenir, sentar.

pegote. m. Emplasto, bizma. ‖ Parche. ‖ Gorrón, vividor, parásito, pegajoso, pegadizo.

peinado. m. Tocado.

peinar. tr. Desenmarañar, desenredar, cardar.

peje. m. Pez.

pejiguera. f. Fastidio, dificultad, molestia, incomodidad, lata. (**a.**: *facilidad.*)

pelada. f. Calva, calvicie.

pelado, da. adj. Calvo. (**a.**: *peludo.*) ‖ Limpio, solo. ‖ Pato, seco. (**a.**: *adinerado.*) ‖ Escueto. (**a.**: *detallado.*)

peladura. f. Mondadura.

pelafustán, na. m. y f. Pelagatos, cualquiera, holgazán, maula.

pelagatos. m. Pelafustán, cualquiera, pobretón. (**a.**: *personaje.*)

pelaje. m. Calaña, categoría, ralea. ‖ Índole, laya.

pelambrera. f. Pelambre. ‖ Calvicie, alopecia.

pelar. tr. Rapar. ‖ Depilar. ‖ Desplumar. ‖ Descascarar, descortezar, mondar, descascarillar. ‖ Despellejar, desollar. ‖ Criticar, murmurar. ‖ Despojar, desvalijar. ‖ Esquilar, trasquilar. ‖ Robar.

peldaño. m. Grada, escalón.

pelea. f. Combate, batalla, lucha, escaramuza, contienda, riña, reyerta, trifulca, pelotera. (**a.**: *paz.*) ‖ Ajetreo, fatiga, agobio, trabajo. (**a.**: *holgorio.*)

peleador, ra. adj. Pendenciero, buscapleitos.

pelear. intr. Batallar, combatir, luchar, reñir, contender. ‖ Disputar, enemistarse, regañar. ‖ Esforzarse, afanarse. (**a.**: *ociar.*) ‖ prnl. Enemistarse, desavenirse.

pelechar. intr. Restablecerse, mejorar, medrar. (**a.**: *arruinarse.*)

pelele. m. Monigote, muñeco.

peliagudo, da. adj. Dificultoso, difícil, intrincado, arduo, enrevesado, complicado, embarullado. (**a.**: *fácil.*) ‖ Mañoso, hábil. (**a.**: *torpe.*)

película. f. Cutícula. ‖ Hollejo, pellejo. ‖ Filme, cinta.

peligro. m. Riesgo, inseguridad, exposición. (**a.**: *inmunidad, seguridad, garantía.*)

peligroso, sa. adj. Expuesto. ‖ Aventurado, arriesgado. (**a.**: *seguro, confiable.*) ‖ Temible, dañino. (**a.**: *inofensivo, inocuo.*) ‖ Indeseable, turbulento. (**a.**: *decente, tranquilo.*)

pelma o **pelmazo.** m. Cargante, pesado, inoportuno, molesto, fastidioso. ‖ Cachaciento, pachorrudo. (**a.**: *diligente.*)

pelo. m. Cabellera, cabello. ‖ Pelusa, vello, bozo. ‖ Brizna, filamento. ‖ Minucia, nimiedad.

pelón, na. adj. Motilón. ‖ Pobre, indigente, pelado.

pelotera. f. Riña, contienda, disputa, reyerta, gresca, pendencia, trifulca, pelea, revuelta, querella. (**a.**: *jarana.*)

peluca. f. Reprensión, reprimenda, admonición.

peludo, da. adj. Piloso, mechudo, velludo. (**a.**: *lampiño.*) ‖ m. Armadillo.

peluquería. f. Barbería.

pelusa. f. Vello, pelusilla. ‖ Tamo. ‖ Envidia, celos.

pelleja. f. Pellejo, piel.

pellejo. m. Piel, cuero, pelleja. ‖ Odre. ‖ Hollejo.

pellizco. m. Torniscón. (**a.**: *caricia.*) ‖ Pizca, migaja, porción, trocito.

pena. f. Castigo, penitencia, corrección, correctivo, penalidad, sanción. ‖ Dolor, aflicción, pesar, sentimiento, pesadumbre, sufrimiento, duelo, congoja, angustia. (**a.**: *alegría, gozo.*) ‖ Lástima. ‖ Dificultad, trabajo, penalidad, esfuerzo, fatiga. (**a.**: *descanso.*)

penachera. f. o **penacho.** m. Copete, airón, cresta, moño, cimera. ‖ Vanidad, presunción.

penado, da. m. y f. Presidiario, condenado, recluso, preso. (**a.**: *liberado.*) ‖ adj. Penoso. ‖ Trabajoso, dificultoso.

penal. adj. Punitivo. ‖ m. Presidio, penitenciaría, cárcel, prisión.

penalidad. f. Sinsabor, congoja, desventura, calamidad, desgracia, adversidad. ‖ Castigo, sanción, pena, condena, multa, correctivo. (**a.**: *recompensa.*)

penar. tr. Sancionar, multar, castigar. ‖ intr. Padecer, sufrir, soportar, tolerar. ‖ Afligirse, apesadumbrarse. (**a.**: *alegrarse.*)

penates. m. pl. Lares.

penco. m. Jamelgo, rocín, matungo.

pendencia. f. Pelea, contienda, reyerta, riña, gresca, trifulca, camorra, altercado. (**a.**: *armonía, concordia.*)

pendenciero, ra. adj. Buscapleitos, camorrista, belicoso, peleador, altercador, pugnaz. (**a.**: *pacífico.*)

pender. intr. Suspender, colgar. ‖ Depender. ‖ Cernerse.

pendiente. m. Arete, zarcillo, arracada. ‖ f. Cuesta, declive, inclinación, bajada, rampa, repecho. ‖ adj. Indeciso, suspenso. ‖ Suspendido. ‖ Empinado, escarpado. (**a.**: *nivelado.*)

péndola. f. Péndulo (del reloj). ‖ Pluma (de ave).

pendolista. m. y f. Memorialista, escribiente, calígrafo.

pendón. m. Estandarte, insignia, bandera, enseña.

pene. m. Falo.

penetración. f. Perspicacia, agudeza, talento, sutileza, inteligencia, sagacidad. (**a.**: *estupidez, simpleza.*) ‖ Incursión, invasión. (**a.**: *retirada.*)

penetrante. adj. Profundo, hondo. (**a.**: *superficial.*) ‖ Agudo, alto, chillón, estridente. (**a.**: *bajo, sordo, débil.*) ‖ Perspicaz, sagaz, agudo, sutil.

penetrar. intr. Introducirse, meterse, entrar. (**a.**: *salir.*) ‖ tr. Pasar, traspasar. ‖ Afectar. ‖ tr. o intr. Comprender, entender, alcanzar, enterarse, descifrar, descubrir, adivinar.

penitencia. f. Confesión. ‖ Pena, expiación, castigo, corrección. (**a.**: *perdón, premio.*) ‖ Mortificación, arrepentimiento, contrición, pesar. (**a.**: *gozo.*)

penitenciaría. f. Cárcel, correccional, penal.

penoso, sa. adj. Trabajoso, difícil, dificultoso, fatigoso. (**a.**: *fácil, sencillo.*) ‖ Aflictivo, doloroso, triste. (**a.**: *alegre, feliz.*)

pensamiento. m. Juicio, mente, raciocinio, entendimiento, inteligencia. ‖ Idea, designio, plan, proyecto, intención. ‖ Sentencia, proverbio, apotegma, máxima, dicho. ‖ Trinitaria.

pensar. tr. e intr. Razonar, discurrir, cavilar, especular, considerar, reflexionar, meditar, juzgar. ‖ tr. Creer, opinar, imaginar, figurarse, suponer. ‖ Inventar, proyectar, idear, imaginar, concebir.

pensativo, va. adj. Meditabundo, preocupado, absorto, ensimismado, caviloso, reconcentrado. (**a.**: *despreocupado.*)

pensión. f. Pupilaje, hospedaje, casa de huéspedes. ‖ Asignación, subvención, renta. ‖ Beca.

pensionado. m. Internado. ‖ Jubilado, subvencionado.

penuria. f. Escasez, miseria, estrechez, pobreza, carestía, necesidad, indigencia. (**a.**: *abundancia, riqueza, solvencia.*)

peña. f. Roca, risco, peñasco, peñón. ‖ Círculo, corro, club, tertulia.

peñasco. m. Risco, peñón, peña, roca.

peñascoso, sa. adj. Riscoso, rocoso, pedregoso.

peón. m. Peatón. ‖ Jornalero, bracero.

(**a.**: *capataz.*) || Infante. || Trompo, peonza.

peonza. f. Trompo, perinola.

peoría. f. Agravación, recaída, empeoramiento. (**a.**: *mejoría.*)

pepita. f. Carozo, simiente.

pepona. f. Muñeca.

pequeñez. f. Nimiedad, bagatela, fruslería, menudencia, minucia, insignificancia, nadería, nonada. (**a.**: *trascendencia, grandor.*) || Mezquindad, tacañería, ruindad, bajeza, miseria, vileza. (**a.**: *grandeza.*) || Infancia, niñez. (**a.**: *vejez.*)

pequeño, ña. adj. Parvo, exiguo, escaso, reducido, limitado, corto. (**a.**: *extenso, espacioso.*) || Chico, minúsculo, diminuto. (**a.**: *colosal, grande.*) || Bajo, mezquino, ruin, innoble. || m. y f. Chico, párvulo, niño. (**a.**: *adulto.*)

peralte. m. Desnivel, elevación.

percance. m. Contratiempo, avería, accidente, daño, contrariedad, revés, peripecia.

percatarse. prnl. Advertir, reparar, notar, darse cuenta, observar, enterarse, conocer, considerar. (**a.**: *ignorar, desconocer.*)

percepción. f. Conocimiento, idea, representación, sensación, sentimiento, impresión, noción. || Discernimiento, inteligencia, penetración. || Recaudación, percepción.

perceptible. adj. Apreciable, visible, sensible.

percibir. tr. Cobrar, recibir, recaudar. || Ver, notar, darse cuenta, distinguir, descubrir, divisar, advertir. || Entender, comprender, conocer, concebir, aprehender. (**a.**: *ignorar, desconocer.*)

percudir. tr. Deslucir, ajar, deslustrar, manosear, maltratar, deteriorar.

percusor. m. Percutor.

percutir. tr. Golpear, herir, batir.

perder. tr. Extraviar. (**a.**: *encontrar, hallar.*) || Desperdiciar, malgastar, disipar. (**a.**: *aprovechar.*) || Malograr. || Deslucir. || tr. e intr. Perjudicar, dañar. || intr. Desteñir. || Perderse, desorientarse. (**a.**: *orientarse.*) || Confundirse. || Naufragar, zozobrar, irse a pique. || Viciarse, corromperse, frustrarse, pervertirse. (**a.**: *salvarse.*) || Desaparecer, desvanecerse.

perdición. f. Ruina, destrucción, daño, pérdida. (**a.**: *salvación.*) || Disipación, libertinaje, desenfreno, depravación, deshonestidad.

pérdida. f. Daño, merma, menoscabo, perjuicio, ruina, quebranto, baja, extravío, detrimento. (**a.**: *beneficio, ganancia, utilidad, provecho.*)

perdido, da. adj. Vicioso, calavera, libertino, perdulario. (**a.**: *virtuoso.*) || Extraviado, desorientado. (**a.**: *encaminado.*)

perdón. m. Remisión, indulto, absolución, gracia, amnistía, clemencia. (**a.**: *condena.*) || Indulgencia, dispensa.

perdonar. tr. Absolver, remitir. || Dispensar, exceptuar, eximir. || Indultar, amnistiar, condonar.

perdonavidas. m. Fanfarrón, matasiete, valentón, guapo, chulo, bravucón, matón.

perdulario. m. Vicioso, calavera. || Abandonado, descuidado.

perdurable. adj. Eterno, inmortal, imperecedero, perpetuo, perenne. (**a.**: *perecedero.*) || Duradero, permanente.

perdurar. intr. Durar, subsistir, mantenerse, permanecer, persistir. (**a.**: *extinguirse, fenecer, morir.*)

perecedero, ra. adj. Pasajero, transitorio, breve, caduco, fugaz, efímero, temporal. (**a.**: *imperecedero, perdurable, inmortal.*)

perecer. intr. Morir, fallecer, fenecer, acabar, extinguirse, sucumbir. || Hundirse, arruinarse. || prnl. Desear, apetecer, ansiar, anhelar, desvivirse, pirrarse.

peregrinación. f. Romería.

peregrino, na. m. y f. Romero, caminante, viajero. || adj. Raro, extraño, singular, insólito, sorprendente, extraordinario, maravilloso. (**a.**: *común, vulgar.*)

perengano, na. m. y f. Fulano, mengano, zutano.

perenne. adj. Perpetuo, continuo, permanente, incesante, perdurable. (**a.**: *perecedero, efímero.*) ‖ Vivaz.

perennidad. f. Perdurabilidad, perpetuidad. (**a.**: *mortalidad.*)

perennizar. tr. Eternizar, perpetuar.

perentoriedad. f. Apremio, urgencia, apuro, vehemencia. (**a.**: *lentitud, moratoria.*)

perentorio, ria. adj. Concluyente, decisivo, terminante, definitivo, determinante. (**a.**: *dubitativo.*) ‖ Urgente, apremiante. (**a.**: *breve, fugaz.*)

pereza. f. Galbana, gandulería, haraganería, holgazanería, descuido, dejadez, ociosidad, poltronería, desidia, negligencia, vagancia, indolencia, molicie, apatía, cachaza, pachorra. (**a.**: *diligencia, actividad.*)

perezoso, sa. adj. Holgazán, indolente, remolón, poltrón, gandul, haragán, vago, tumbón, dejado, negligente, desidioso. (**a.**: *trabajador.*)

perfección. f. o **perfeccionamiento.** m. Mejora. (**a.**: *imperfección, defecto.*) ‖ Excelencia, primor, madurez, sazón. ‖ Belleza, hermosura, gracia, atractivo.

perfeccionar. tr. y prnl. Mejorar, acabar, pulir, retocar, refinar, embellecer, completar. (**a.**: *viciar.*) ‖ prnl. Progresar, prosperar, adelantar.

perfecto, ta. adj. Acabado, cabal, cumplido, excelente, impecable, inimitable, intachable, ideal, completo. (**a.**: *defectuoso, deficiente, imperfecto.*)

perfidia. f. Deslealtad, infidelidad, traición, felonía. (**a.**: *lealtad.*)

pérfido, da. adj. Desleal, traidor, perjuro, fementido, infiel, felón, alevoso, insidioso. (**a.**: *fiel, veraz, recto.*)

perfil. m. Contorno, silueta. ‖ Rasgo, carácter.

perfilar. tr. Afinar. ‖ prnl. Aderezarse, emperifollarse, componerse, arreglarse, maquillarse, acicalarse.

perforación. f. Agujero, pozo, horadamiento.

perforado. m. Taladrado, horadado, agujereado.

perforadora. f. Sonda. ‖ Taladradora, agujereadora.

perforar. tr. Horadar, agujerear, taladrar, trepar.

perfumar. tr. Sahumar, embalsamar. ‖ Aromatizar, aromar.

perfume. m. Aroma, fragancia, esencia, efluvio. (**a.**: *hedor, fetidez.*) ‖ Esencia, bálsamo. ‖ Olor, vaho, tufo.

pergamino. m. Piel, vitela. ‖ Título.

pergeñar. tr. Bosquejar, esbozar. ‖ Arreglar, combinar, disponer, preparar.

pergeño. m. Apariencia, aspecto, traza, figura, disposición.

pericia. f. Destreza, habilidad, maestría, práctica, experiencia, conocimiento, competencia, suficiencia. (**a.**: *impericia, inhabilidad, torpeza.*)

periclitar. intr. Decaer, declinar. ‖ Peligrar.

periferia. f. Circunferencia, contorno, perímetro. (**a.**: *centro.*) ‖ Alrededores, afueras, aledaños, suburbios. (**a.**: *núcleo.*)

perifollos. m. pl. Arrequives, adornos, atavíos.

perífrasis. f. Circunloquio, circunlocución, rodeo.

perilla. f. Pera, barbilla.

perillán, na. m. y f. Pícaro, astuto, bellaco, taimado, tuno, bribón.

perímetro. m. Contorno.

perínclito, ta. adj. Grande, heroico.

periódico, ca. adj. Regular, rítmico, habitual. ‖ m. Diario, rotativo, boletín, revista, gaceta, semanario, quincenario, mensuario, bimensuario.

periodismo. m. Prensa.

período o periodo. m. Fase, etapa, lapso, época. ‖ Ciclo. ‖ Menstruación, regla. ‖ Cláusula, frase, párrafo. ‖ Intervalo, lapso, parte. ‖ Fase, grado.

peripatético, ca. adj. Aristotélico. ‖ Extravagante, ridículo.

peripecia. f. Incidente, lance, suceso, accidente, acaecimiento, episodio. (**a.**: *normalidad.*)

periplo. m. Circunnavegación.

peripuesto, ta. adj. Ataviado, acicalado, atildado, emperejilado, compuesto, arreglado, endomingado.

periquete (en un). loc. adv. Enseguida, inmediatamente, de inmediato.

peristilo. m. Propileo, columnata, galería.
perito, ta. adj. Experimentado, experto, práctico, competente, sabio, entendido, hábil, diestro, conocedor, técnico. (**a.**: *inepto, inexperto, incapaz, desconocedor.*)
perjudicar. tr. Dañar, lesionar, damnificar. ‖ Menoscabar, deteriorar. (**a.**: *ayudar.*)
perjudicial. adj. Dañino, lesivo, dañoso, nocivo, malo, pernicioso. (**a.**: *beneficioso, útil, provechoso.*)
perjuicio. m. Daño, detrimento, lesión, menoscabo, mal, quebranto, deterioro, daño, pérdida. (**a.**: *bien, utilidad, favor.*)
permanecer. intr. Estar, subsistir, continuar, seguir, mantenerse, estabilizarse, quedarse. (**a.**: *alterarse, modificarse, irse.*)
permanencia. f. Estancia, estadía. ‖ Perseverancia, inmutabilidad, estabilidad, firmeza, persistencia. (**a.**: *inconstancia, mudanza, inestabilidad.*)
permanente. adj. Estable, fijo, firme, inalterable, invariable, inmutable. (**a.**: *transitorio, variable.*) ‖ Durable, duradero, perdurable, persistente.
permiso. m. Autorización, consentimiento, licencia, venia, beneplácito, anuencia, aquiescencia, concesión, privilegio. (**a.**: *prohibición, desautorización.*) ‖ Pase, patente.
permitido, da. adj. Lícito, legal, legítimo. ‖ Consentido, tolerado. (**a.**: *ilegal, ilícito.*)
permitir. tr. Autorizar, facultar, dejar, aprobar, acceder, consentir, tolerar, sufrir, aguantar. (**a.**: *denegar, prohibir.*)
permuta o **permutación.** f. Cambio, trueque, canje, intercambio. (**a.**: *retención.*)
permutar. tr. Cambiar, intercambiar, canjear, conmutar, trocar.
pernicioso, sa. adj. Dañino, dañoso, malo, nocivo, perjudicial. (**a.**: *beneficioso, favorable, bueno.*)
pernil. m. Jamón, anca, nalgada. ‖ Pernera.
pernio. m. Gozne.
perno. m. Roblón, remache.
pernoctar. intr. Trasnochar.
pero. conj. Mas, aunque, empero. ‖ m. Dificultad, obstáculo, estorbo. (**a.**: *facilidad.*) ‖ Defecto. (**a.**: *perfección.*)
peroración. f. Discurso, charla, oración, lección. ‖ Epílogo, conclusión.
perorar. intr. Discursear, declamar, charlar, hablar. (**a.**: *callar, escuchar.*)
perorata. f. Charla, peroración, razonamiento, discurso, alocución. ‖ Conversación.
perpendicular. adj. Normal, vertical.
perpetrar. tr. Cometer, consumar (un delito).
perpetuamente. adv. Siempre, perdurablemente, perennemente, eternamente.
perpetuar. tr. Eternizar, inmortalizar. (**a.**: *acabar, morir.*)
perpetuidad. f. Perennidad, inmortalidad.
perpetuo, tua. adj. Imperecedero, perenne, inacabable, perdurable, inmortal, infinito, eterno, permanente, duradero, sempiterno. (**a.**: *transitorio, efímero, temporal.*) ‖ Vitalicio. ‖ Imborrable, indeleble. ‖ f. Siempreviva.
perplejidad. f. Hesitación, duda, confusión, vacilación, irresolución, indecisión, incertidumbre, indeterminación. (**a.**: *decisión, despreocupación, evidencia.*)
perplejo, ja. adj. Irresoluto, indeciso, fluctuante, confuso, dudoso, desorientado, vacilante.
perrería. f. Jauría, traílla. ‖ Trastada, villanía, vileza, canallada, jugarreta, deslealtad.
perro. m. Chucho, can, gozque, pichicho.
perro, rra. adj. Vil, despreciable, malvado, malo, indigno. ‖ m. Engaño. ‖ f. Obstinación, porfía, tema. ‖ Borrachera.
persa. adj. Persiano, pérsico, iranio, iraní.
persecución. f. Seguimiento, acosamiento, hostigamiento, importunación, instancia.
perseguir. tr. Acosar, estrechar, seguir, acorralar, hostigar. (**a.**: *huir, esca-*

par.) || Importunar, molestar, fastidiar, apremiar. || Oprimir. || Pretender, solicitar, pedir, buscar, procurar.

perseverancia. f. Firmeza, tesón, tenacidad, constancia. (**a.**: *inconstancia.*) || Persistencia, insistencia, asiduidad, empeño.

perseverar. intr. Persistir, obstinarse, insistir, continuar, mantenerse. (**a.**: *ceder, renunciar.*) || Perdurar, permanecer, subsistir.

persiana. f. Celosía.

persignar. tr. y prnl. Signar, santiguar.

persistencia. f. Constancia, perseverancia, insistencia, obstinación, tenacidad.

persistir. intr. Insistir, perseverar, obstinarse, mantenerse, continuar, seguir. || Perdurar, durar, subsistir, permanecer. (**a.**: *desistir.*)

persona. f. Alma, individuo, hombre, mujer, semejante, ser humano, vida. (**a.**: *cosa, objeto.*)

personaje. m. Figura, personalidad. || Persona. || Actor, protagonista.

personal. adj. Particular, privado, peculiar, individual, privativo, propio. (**a.**: *general, colectivo.*) || m. Cuerpo, elenco. || Dotación.

personalidad. f. Individualidad. || Personaje, persona. || Carácter, sello, distintivo.

personalmente. adv. m. En persona.

personarse. prnl. Presentarse, comparecer, apersonarse.

personificar. tr. Encarnar, representar.

perspectiva. f. Paisaje, panorama. || Posibilidad, probabilidad, contingencia. || Apariencia, aspecto, faceta.

perspicacia. f. Agudeza, sutileza, penetración, sagacidad. (**a.**: *estupidez.*)

perspicaz. adj. Agudo, sutil, penetrante, sagaz, lince. (**a.**: *necio, tonto.*)

persuadir. tr. y prnl. Convencer, inculcar, inclinar, inducir, mover, decidir. (**a.**: *disuadir.*)

persuasión. f. Convencimiento, convicción. || Captación, juicio. || Atracción, incitación.

persuasivo, va. adj. Convincente, suasorio.

pertenecer. intr. Corresponder. || Competer, incumbir, tocar, atañer, concernir.

perteneciente. adj. Correspondiente. || Referente, relativo, concerniente, tocante.

pertenencia. f. Propiedad, dominio, posesión.

pértiga. f. Caña, vara, palo.

pértigo. m. Lanza (del carro).

pertinacia. f. Obstinación, terquedad, tenacidad, contumacia, tozudez, testarudez. || Persistencia, duración.

pertinaz. adj. Terco, obstinado, tenaz, testarudo, contumaz, recalcitrante. (**a.**: *resignado.*) || Duradero, persistente, prolongado.

pertinente. adj. Perteneciente, concerniente, relativo, referente. || Oportuno, a propósito, adecuado. (**a.**: *inadecuado, impropio, inconveniente.*)

pertrechar. tr. y prnl. Preparar, disponer. || Abastecer, proveer, aprovisionar.

pertrechos. m. pl. Utensilios, trebejos. || Provisiones, munición, víveres.

perturbación. f. Alteración, desarreglo, desorden, trastorno, turbación, confusión, desconcierto. || Inquietud, desasosiego.

perturbado, da. adj. Alienado, loco, demente, enajenado, insano, conturbado.

perturbar. tr. Alterar, turbar, desordenar, trastornar, desarreglar. || Alborotar, inquietar, intranquilizar.

perversidad. f. o **perversión.** m. Maldad, perfidia, malignidad, corrupción, vicio, depravación, libertinaje, protervia. (**a.**: *honestidad, bondad.*)

perverso, sa. adj. Malo, malvado, inicuo, depravado, disoluto, corrompido, vicioso, protervo. (**a.**: *virtuoso, bueno.*)

pervertir. tr. Enviciar, prostituir, viciar, malear, maliciar, bastardear, corromper, estragar, depravar. (**a.**: *regenerar, enmendar.*)

pesada. f. Ponderación, peso.

pesadez. f. Pesantez, gravedad, peso, pesadumbre. || Impertinencia, importunidad, terquedad, lata, molestia. || Cargazón. || Obesidad, gordura. || Trabajo, fatiga, molestia. || Cachaza, flema. (**a.**: *nerviosidad.*)

pesado, da. adj. Grave, ponderoso. (**a.**: *leve.*) || Tardo, lento, calmoso, cachazudo, torpe. (**a.**: *ágil.*) || Molesto, enfadoso, enojoso, cargante, fastidioso, tedioso, latoso, aburrido. (**a.**: *entretenido.*) || Duro, áspero, insufrible, dañoso, penoso, ofensivo.

pesadumbre. f. Pesadez, pesantez, gravedad, peso. || Desazón, disgusto, molestia, pena, pesar, dolor, preocupación. (**a.**: *felicidad.*)

pésame. m. Condolencia. (**a.**: *enhorabuena.*)

pesantez. f. Pesadez, gravedad, gravitación.

pesar. m. Sentimiento, dolor, pena, aflicción, pesadumbre. (**a.**: *júbilo, gozo.*) || Arrepentimiento, remordimiento. || intr. Abrumar. || Apenar, fastidiar, apesadumbrar. || tr. Examinar, considerar. (**a.**: *descuidar.*) || Pensar, evaluar, valorar, valuar.

pesaroso, sa. adj. Afligido, entristecido, apenado. (**a.**: *contento.*) || Arrepentido, sentido.

pescante. m. Serviola. || Escotillón (en el teatro).

pescar. tr. Lograr, alcanzar, conseguir. || Agarrar, pillar, coger, atrapar, tomar.

pescuezo. m. Cuello, cogote, cerviz.

pésimo, ma. adj. Detestable, malísimo. (**a.**: *óptimo.*)

peso. m. Pesantez, pesadez, gravedad. || Entidad, sustancia, importancia. (**a.**: *nimiedad.*) || Pesadumbre, carga, preocupación. || Eficacia, fuerza.

pesquis. m. Cacumen, caletre, ingenio, agudeza, perspicacia, penetración.

pesquisa. f. Investigación, averiguación, información, indagación, búsqueda, busca. *La pesquisa fracasó.*

pesquisante. m. Detective, investigador.

pestaña. f. Orilla, reborde.

pestañear. intr. Parpadear. || Vivir.

peste. f. Epidemia, plaga. (**a.**: *salubridad.*) || Hedor, hediondez, fetidez, pestilencia, mal olor, tufo. (**a.**: *aroma, fragancia.*)

pestífero, ra. adj. Contagioso, dañino, pernicioso. (**a.**: *saludable.*) || Pestilente, hediondo, fétido, apestoso.

pestilencia. f. Peste. || Hediondez, fetidez, hedor, tufo.

pestilente. adj. Pestífero.

pestillo. m. Pasador, cerrojo. || Picaporte.

petaca. f. Cigarrera, pitillera, tabaquera.

petardo. m. Estafa, sablazo, engaño, fraude, trampa. || Cohete, bomba, rompeportones.

petate. m. Lío, atado. || Bártulos, equipaje. || adj. Embustero, embaucador.

petición. f. Pedido, ruego, solicitud, demanda, súplica. || Reclamación.

petigrís. f. Ardilla.

petimetre. m. Lechuguino, gomoso, dandi, pisaverde, currutaco, mequetrefe.

petiso, sa. adj. y s. Bajo, pequeño. (**a.**: *grandote.*)

petitorio. m. Petición.

pétreo, a. adj. Pedregoso, rocoso.

petrificar. tr. y prnl. Fosilizar. || Inmovilizar, pasmar. || Endurecer, solidificar.

petrografía. f. Litología.

petroso, sa. adj. Pedregoso.

petulancia. f. Presunción, fatuidad, envanecimiento, engreimiento, vanidad, jactancia, pedantería. (**a.**: *humildad, modestia.*) || Insolencia, atrevimiento, osadía, descaro, viveza. (**a.**: *educación, cortesía.*)

petulante. adj. Engreído, fatuo, vanidoso, presuntuoso, pedante, presumido. || Insolente, descarado.

pez. m. Peje. || Pescado.

pezón. m. Rabillo, pedúnculo, botón, mamelón. || Tetilla.

pezuña o **pesuña.** f. Uña, casco.

piadoso, sa. adj. Compasivo, misericordioso, humano, benigno, caritativo. (**a.**: *inhumano, cruel.*) || Religioso, devoto, pío. (**a.**: *irreligioso, impío.*)

pialar. tr. Manear, manganear, apealar.

piar. intr. Clamar, llamar.

piara. f. Manada.

pibe. m. y **piba.** f. Chico, chica; niño, niña; joven.

pica. f. Garrocha, vara.
picadura. f. Pinchazo, punzada. ‖ Picada, mordedura, picotazo. ‖ Caries.
picaflor. m. Colibrí.
picajoso, sa. adj. Susceptible, quisquilloso, puntilloso.
picana. f. Aguijada.
picante. adj. Mordaz, satírico, picaresco, punzante. ‖ Acerbo, acre, cáustico.
picapedrero. m. Cantero.
picapleitos. m. Pleitista, pleiteador, abogado (desp.). ‖ Trapisondista.
picaporte. m. Pestillo.
picar. tr. Pinchar, punzar. ‖ Varear. ‖ Picotear. ‖ Seguir, perseguir. ‖ Cortar, partir, desmenuzar, moler. ‖ Mover, incitar, aguijar, excitar, estimular, espolear, aguijonear, inquietar, provocar. ‖ Calar, perforar. ‖ tr. e intr. Escocer. ‖ Enojar, provocar. ‖ prnl. Carcomerse, apolillarse. ‖ Cariarse. ‖ Avinagrarse. ‖ Pudrirse, agriarse, fermentar. ‖ Sentirse, ofenderse, agraviarse, resentirse. ‖ Preciarse, alabarse, jactarse, vanagloriarse.
picardear. intr. Retozar, travesear, juguetear.
picardía. f. Maldad, bajeza, bribonada, ruindad, vileza. ‖ Bellaquería, astucia, disimulo. ‖ Travesura, chasco. ‖ pl. Denuestos, insultos.
picaresco, ca. adj. Atrevido, verde, picante. (**a.**: *púdico, honesto.*)
pícaro, ra. adj. y s. Bajo, ruin. ‖ Pillo, villano, bribón, granuja, vil, desvergonzado, sinvergüenza. ‖ Astuto, tunante, taimado, enredador, malicioso.
picazón. f. Hormigueo, picor, comezón, prurito. ‖ Enojo, disgusto.
picnic. m. Excursión, paseo.
pico. m. Punta. ‖ Cúspide, cresta, cima, cumbre. ‖ Montaña. (**a.**: *valle.*) ‖ Boca, lengua, labia, facundia, locuacidad.
picor. m. Escozor. ‖ Picazón.
picotada. f. o **picotazo.** m. Picada, picazo.
picotear. tr. Picar.
picudo, da. adj. Hocicudo. (**a.**: *ñato.*)
pichicho. m. Perro.
pichincha. f. Bicoca, ganga, bolada.
pie. m. Base. ‖ Planta. ‖ Poso, hez, sedimento. (**a.**: *nata, crema.*) ‖ Ocasión, motivo. ‖ Pata, pezuña. ‖ Metro (en literatura).
piedad. f. Compasión, lástima, misericordia, caridad, conmiseración. (**a.**: *saña, crueldad, inhumanidad.*) ‖ Devoción. (**a.**: *impiedad.*)
piedra. f. Roca, peña. ‖ Granizo, pedrisco. ‖ Sillar. ‖ Cálculo. ‖ Adoquín, laja.
piel. f. Pelleja, pellejo. ‖ Hollejo. ‖ Cutis, tez, dermis. ‖ Cuero. ‖ Cáscara, corteza.
piélago. m. Mar, océano, ponto. ‖ Muchedumbre, sinnúmero.
piérides. f. pl. Musas.
pierna. f. Pata, gamba. ‖ Muslo. ‖ Zanca.
pieza. f. Parte, trozo, pedazo. (**a.**: *conjunto.*) ‖ Objeto, utensilio. ‖ Moneda. ‖ Habitación, cuarto, aposento, estancia. ‖ Mueble. ‖ Composición, obra.
pifia. f. Error, fallo, equivocación, desacierto, plancha, torpeza, indiscreción. (**a.**: *acierto, tino, atención.*)
pifiar. intr. Errar, equivocarse, fallar, desacertar, marrar. (**a.**: *acertar, dar.*)
pigmento. m. Colorante, tinte.
pigmeo, a. s. Liliputiense, enano. (**a.**: *gigante.*) ‖ adj. Diminuto, pequeño. (**a.**: *ciclópeo.*)
pignorar. tr. Empeñar, hipotecar, prendar. (**a.**: *desempeñar.*)
pigricia. f. Pereza, negligencia, haraganería, holgazanería, desidia, descuido.
pijotero, ra. adj. Molesto, fastidioso, cargante.
pila. f. Cúmulo, montón, rimero. ‖ Revoltijo. ‖ Fuente. ‖ Parroquia. ‖ **pila atómica.** Reactor nuclear.
pilar. m. Mojón, hito. ‖ Columna, pilastra.
pilchas. f. pl. Ropa, vestido, traje.
píldora. f. Comprimido, gragea.
pileta. f. Piscina, natatorio, alberca. ‖ Pila.
piloso, sa. adj. Peludo, velludo. (**a.**: *lampiño.*)
pilotear o **pilotar.** intr. Manejar, dirigir, gobernar, conducir, guiar.

piloto. m. Aviador, conductor, guía. ‖ Mentor, maestro.
piltrafa. f. Residuo.
pillada. f. Pillería, picardía.
pillaje. m. Depredación, hurto, despojo, rapiña, robo, saqueo, latrocinio.
pillar. tr. Hurtar, robar, sustraer, rapiñar, saquear. (**a.**: *devolver.*) ‖ Agarrar, coger, aprehender, apresar, atrapar, descubrir, sorprender, cazar, prender, pescar. (**a.**: *soltar.*)
pillería o pillada. f. Bellaquería, trastada, tunantada, picardía, jugarreta, bribonada.
pillete. m. Granuja, ratero.
pillo, lla. adj. Granuja, pillastre, tunante, pícaro, taimado, bribón, sinvergüenza. (**a.**: *decente.*) ‖ Sagaz, astuto, ladino, listo. (**a.**: *honesto, íntegro.*)
pimiento. m. Ají, chile, morrón.
pimpante. adj. Orondo, rozagante, garboso.
pimpollo. m. Brote, retoño, renuevo, vástago. ‖ Capullo, botón. ‖ Niña, niño, joven.
pinabete. m. Abeto.
pináculo. m. Apogeo, cima, cumbre, plenitud. (**a.**: *abismo.*)
pinar. m. Pineda, pinada, pinatar.
pincel. m. Brocha.
pincelada. f. Toque, trazo, brochazo. ‖ Descripción, explicación.
pincelar. tr. Pintar.
pinchadura. f. Pinchazo, punzada.
pinchar. tr. Picar, punzar, clavar. ‖ Aguijonear, azuzar, mover, incitar, estimular. ‖ Provocar, irritar, enojar. (**a.**: *disuadir.*)
pinchazo. m. o **pinchadura.** f. Picadura, punzadura, punzada. ‖ Punción. ‖ Reventón.
pinche. m. Aguijón, espina, punzón. ‖ Aprendiz, cadete, galopín.
pincho. m. Aguijón, aguja, espina, punzón, púa.
pindonguear. intr. Callejear, vagar, pendonear.
pineda. f. Pinar.
pingajo o pingo. m. Andrajo, harapo, jirón, guiñapo, arrapiezo.
pingo. m. Caballo, flete. ‖ Harapo.
pingüe. adj. Craso, mantecoso, gordo, grasoso, grasiento. ‖ Abundante, fértil, copioso, cuantioso. (**a.**: *escaso, exiguo.*)
pinjante. adj. Colgante, pendiente. ‖ m. Arete.
pinta. f. Mota, lunar. ‖ Aspecto, traza, facha. ‖ Peca. ‖ pl. Tifus.
pintar. tr. Teñir, colorear, colorar, pintarrajear. ‖ Describir, representar. ‖ Exagerar, ponderar, engrandecer. (**a.**: *rebajar.*) ‖ intr. Significar, valer, importar. ‖ prnl. Maquillarse.
pintarrajear. tr. Embadurnar.
pintiparado, da. adj. Parecido, semejante, similar. ‖ Igual, análogo, afín. ‖ Adecuado, apropiado, oportuno, exacto.
pintojo, ja. adj. Manchado.
pintor, ra. m. y f. Acuarelista, pastelista, fresquista, templista, paisajista, retratista, miniaturista, escenógrafo, decorador.
pintoresco, ca. adj. Típico, expresivo. ‖ Estrafalario, chocante, extravagante.
pintura. f. Descripción, representación. ‖ Cuadro, lienzo, tela, fresco, tabla.
pío, a. adj. Devoto, piadoso. (**a.**: *impío.*) ‖ Benigno, misericordioso, compasivo. (**a.**: *duro, inhumano.*)
piocha. f. Piqueta, pico, zapapico.
piojoso, sa. adj. Miserable, mezquino, tacaño, agarrado. (**a.**: *generoso.*) ‖ Pobretón. ‖ Sucio. (**a.**: *aseado, pulcro.*)
piola. f. Cordel, hilo.
pipa. f. Cachimba. ‖ Cuba, barrica, tonel, bocoy, candiota. ‖ Espoleta. ‖ Zampoña, pipiritaña. ‖ Pepita, simiente.
pique. m. Resentimiento, desazón. (**a.**: *dulzura.*) ‖ Rivalidad, emulación. ‖ Disgusto, enfado, desagrado. ‖ Arranque.
piqueta. f. Piocha, pico, zapapico.
piquete. m. Grupo, pelotón.
pira. f. Hoguera, fogata.
piragua. f. Bote, canoa, chalupa.
piramidal. adj. Colosal, extraordinario. (**a.**: *corriente.*)
pirata. adj. Pirático. ‖ m. Corsario, filibustero. ‖ Ladrón, pillo, explotador, despiadado.

pirita. f. Marcasita.
piropear. tr. Requebrar, echar flores, decir flores, lisonjear, galantear. (**a.**: *maldecir.*)
piropo. m. Lisonja, requiebro, alabanza, galantería, flor, alabo.
piroxilina. f. Algodón pólvora.
pirriarse. prnl. Perecerse, desear, anhelar, desvivirse.
pirueta. f. Cabriola, voltereta.
pis. m. Orina.
pisada. f. Huella, rastro. || Patada.
pisar. tr. Hollar. || Pisotear, apisonar. || Conculcar, infringir, quebrantar. || Atropellar, humillar, despreciar. (**a.**: *respetar.*)
pisaverde. m. Gomoso, petimetre, lechuguino, presumido, currutaco.
piscina. f. Pileta, estanque, natatorio, alberca.
piscolabis. m. Refrigerio, tentempié, refacción, colación. (**a.**: *ayuno, comilona.*)
piso. m. Suelo, tierra, pavimento. (**a.**: *techo, firmamento.*) || Suela. || Casa, apartamento, departamento.
pisotear. tr. Pisar, apisonar. || Humillar, escarnecer, despreciar, maltratar. || Conculcar, atropellar, infringir, quebrantar.
pista. f. Huella, rastro, indicio, vestigio, signo, señal. || Autopista. || Cancha.
pistilo. m. Gineceo.
pisto. m. Mezcolanza, revoltijo. || **darse pisto.** Darse importancia, envanecerse.
pistón. m. Émbolo.
pita. f. Henequén, agave. || Abucheo, rechifla.
pitanza. f. Comida, manduca, condumio. || Sustento, alimento, subsistencia, manutención, ración.
pitañoso, sa. adj. Legañoso.
pitar. intr. Silbar, abuchear, chiflar. (**a.**: *ovacionar.*) || Fumar.
pitillera. f. Cigarrera.
pitillo. m. Cigarrillo, pito.
pítima. f. Borrachera, embriaguez, curda, chispa, mona.
pito. m. Silbato, chifle. || Pitillo, cigarrillo.
pitón. m. Pitorro. || Renuevo, retoño, brote. || Cuerno.
pitonisa. f. Adivina, profetisa, hechicera.
pitorreo. m. Burla, rechifla, guasa, mofa.
pituita. f. Moco, mucosidad.
pizarra. f. Esquisto. || Encerado, pizarrón.
pizca. f. Nonada, ápice, brizna, minucia, menudencia, partícula.
placa. f. Lámina, plancha, chapa. || Insignia, condecoración. || Clisé, película.
pláceme. m. Felicitación, congratulación, enhorabuena, parabién.
placentero, ra. adj. Agradable, encantador, grato, gozoso, ameno, alegre. (**a.**: *desagradable, enojoso.*)
placer. m. Contento, goce, gozo, satisfacción, agrado, beneplácito. (**a.**: *fastidio, desagrado.*) || Gusto, deleite, delicia. (**a.**: *pena, sufrimiento, dolor.*) || Entretenimiento, diversión. || intr. Agradar, gustar.
placidez. f. Sosiego, calma, tranquilidad, serenidad, apacibilidad, quietud, mansedumbre. || Agrado, gusto.
plácido, da. adj. Tranquilo, sereno, sosegado, quieto, apacible. (**a.**: *intranquilo, irritado.*) || Grato, deleitoso, placentero, ameno.
plafón. m. Sofito. || Rosetón.
plaga. f. Calamidad, desgracia, azote. || Úlcera, llaga. || Peste, epidemia. || Contratiempo, infortunio. || Abundancia, copia, multitud, diluvio. (**a.**: *escasez.*)
plagiar. tr. Copiar, fusilar, imitar, remedar. || Secuestrar, raptar.
plagiario, ria. s. Imitador, copista, ladrón. || Raptor.
plagio. m. Calco, copia, imitación. (**a.**: *original.*) || Rapto.
plan. m. Designio, proyecto, propósito, intento, idea, intención, programa. || Piso, planta. || Nivel, altitud. || Diseño, apunte, minuta, síntesis, borrador. || Intriga, maquinación.
plana. f. Página, carilla, cara, haz. || Llana, palustre.
plancha. f. Chapa, placa, lámina, tabla.

|| Papelón, pifia, coladura. (**a.**: *acierto, tino.*)

planchar. tr. Alisar, estirar, desarrugar. (**a.**: *plegar, arrugar.*)

planear. tr. Planificar, proyectar. || Esbozar, trazar, idear, disponer, organizar. || Concebir, inventar, imaginar, fraguar.

planeta. m. Satélite, astro.

planetoide. m. Asteroide.

planicie. f. Llanura, sabana, llanada, llano, planada. || Meseta. (**a.**: *montaña, serranía.*)

planificar. tr. Planear, proyectar, organizar.

plano, na. adj. Llano, liso, raso, igual, chato. (**a.**: *ondulado, desigual.*) || m. Mapa. || Nivel, altura. || **de plano.** loc. adv. Enteramente, completamente, rotundamente.

planta. f. Vegetal. (**a.**: *animal.*) || Plantación, plantío. || Plano, proyecto, diseño. || Plan, programa. || Piso. || Fábrica.

plantación. f. Plantío, sembrado, plantel, vivero, cultivo. || Trasplante.

plantar. tr. Asentar, colocar. || Fundar, instituir, establecer, colocar. || Hincar, clavar. || Dar, encajar, asestar, propinar, plantificar. || Abandonar, dejar, birlar, chasquear. || Decir, largar. || prnl. Llegar, trasladarse. (**a.**: *irse, marcharse.*) || Empacarse, pararse. (**a.**: *correr.*)

plante. m. Huelga, paro.

plantear. tr. Proponer, sugerir, exponer. (**a.**: *rectificarse.*) || Planear, proyectar, trazar.

plantel. m. Criadero, plantío, vivero, plantación.

plantilla. f. Patrón. || Plan, planta. || Suela.

plantío. m. Vivero, plantación.

plantón. m. Centinela, guardia. || Espera.

plañidero, ra. adj. Lloroso, lastimero, quejumbroso, gemebundo.

plañir. intr. Gemir, llorar, sollozar. || Quejarse, lamentarse.

plasmar. tr. Crear, formar, moldear, modelar. || Concretar, materializar.

plasta. f. Masa, pasta.

plástico, ca. adj. Dúctil, blando, muelle, moldeable. (**a.**: *rígido, duro.*)

plata. f. Dinero, riqueza, guita, bienes. (**a.**: *miseria, pobreza.*)

plataforma. f. Tarima, estrado, tribuna, tablado. || Apariencia, pretexto.

platal. m. Dineral.

plátano. m. Banano, platanera. || Banana.

plática. f. Conversación, coloquio, palique, charla. (**a.**: *gritería.*) || Sermón, discurso.

platicar. intr. Conversar, charlar, hablar, conferenciar, departir, discursear. (**a.**: *callar.*) || Discurrir, predicar.

plato. m. Platillo. || Comida, manjar, vianda. || Fuente, bandeja, escudilla.

platónico, ca. adj. Espiritual, ideal, desinteresado. || Honesto, casto, puro.

platudo, da. adj. Adinerado, acaudalado, rico.

plausible. adj. Laudable, loable, meritorio. (**a.**: *despreciable.*) || Atendible, aceptable, admisible, recomendable, justificado. (**a.**: *injustificado.*)

playa. f. Ribera.

plaza. f. Mercado. || Espacio, sitio, lugar. || Ocupación, oficio, empleo, puesto. || Fortificación, fortaleza. || Plazuela, plazoleta, arena, ágora. || Ciudad, población.

plazo. m. Término, tiempo, vencimiento. || Cuota. || Aplazamiento, prórroga, respiro, moratoria.

plazoleta. f. Plazuela.

pleamar. f. Marea alta. (**a.**: *bajamar.*)

plebe. f. Vulgo, turba, chusma, populacho, gentuza.

plebeyo, ya. adj. Ordinario, grosero, vulgar.

plebiscito. m. Votación, referendo.

plegar. tr. Doblar, plisar, arrugar, fruncir. (**a.**: *desplegar, extender.*) || prnl. Doblarse, doblegarse, someterse, ceder. (**a.**: *rebelarse.*) || Unirse. (**a.**: *separarse.*)

plegaria. f. Oración, rezo. || Deprecación, súplica, ruego, rogativa. (**a.**: *blasfemia.*)

pleitear. tr. Litigar, querellar. (**a.**: *avenirse.*)

pleitesía. f. Acatamiento, acuerdo, concierto, sumisión. (**a.**: *rebeldía.*)

pleitista. adj. Litigante, pleiteador, embrollón, picapleitos.

pleito. m. Litigio, causa, litis. ‖ Controversia, diferencia, querella, disputa, altercado, discusión, pendencia.

plenamente. adv. Enteramente, completamente, íntegramente. (**a.**: *parcialmente.*)

plenario, ria. adj. Completo, total. ‖ Pleno, entero. ‖ Íntegro.

plenilunio. m. Luna llena.

plenitud. f. Totalidad, plétora, integridad. (**a.**: *parte.*) ‖ Apogeo, perfección.

pleno, na. adj. Entero, completo. ‖ Lleno, atiborrado, atestado. (**a.**: *vacío.*) ‖ Íntegro. ‖ Plenario, junta, reunión.

pleonasmo. m. Redundancia. ‖ Elipsis.

plétora. f. Superabundancia, abundancia, exceso, exuberancia, demasía, profusión, plenitud. (**a.**: *carencia, escasez.*)

pletórico, ca. adj. Lleno, repleto, superabundante.

pliego. m. Hoja. ‖ Carta, oficio, memorial.

pliegue. m. Doblez, plegadura, repliegue, dobladillo, frunce, tabla.

plinto. m. Basa, base, basamento.

plomada. f. Sonda.

plombagina o **plumbagina.** f. Grafito.

pluma. f. Péndola, cálamo, estilo, estilográfica.

plumada. f. Plumazo, peñolada. ‖ Carácter, letra, rasgo.

plumaje. m. Plumero. ‖ Penacho, cresta, copete, plumazón.

plumbagina. f. Plombagina, grafito.

pluralidad. f. Multiplicidad. (**a.**: *singularidad.*) ‖ Variedad, diversidad.

plus. m. Sobresueldo, gratificación, extra, propina. (**a.**: *quita.*)

plutonismo. m. Vulcanismo.

pluvioso, sa. adj. Lluvioso.

población. f. Vecindario, habitantes. ‖ Ciudad, localidad, villa, pueblo, aldea, poblado, lugar.

poblado. m. Población, localidad, pueblo, aldea, villa.

poblador, ra. m. y f. Habitante, morador.

poblar. tr. Colonizar. (**a.**: *emigrar.*) ‖ Llenar.

pobre. adj. Indigente, necesitado, menesteroso, proletario, miserable. (**a.**: *acaudalado, rico.*) ‖ Escaso, desvalido, corto, falto. (**a.**: *abundante.*) ‖ Infeliz, desdichado, triste. (**a.**: *dichoso.*) ‖ Humilde, modesto. ‖ m. y f. Mendigo, pordiosero.

pobrete, ta. adj. Pobre. ‖ Desventurado, cuitado, desdichado.

pobreza. f. Necesidad, escasez, indigencia, inopia, estrechez, penuria, miseria.

pobrísimo, ma. adj. Paupérrimo. (**a.**: *riquísimo, multimillonario.*)

pocilga. f. Chiquero, zahurda, cuchitril. ‖ Tugurio, tabuco.

pocillo. m. Jícara.

pócima. f. Brebaje, poción, cocimiento.

poco. adv. No suficiente, insuficientemente, escaso, limitado, reducido.

poco, ca. adj. Escaso, limitado, corto, exiguo. (**a.**: *mucho, suficiente.*) ‖ m. Pizca, gota. (**a.**: *sinfín, infinidad.*)

pocho, cha. adj. Marchito, podrido. ‖ Pálido. ‖ Triste, abatido. ‖ Muy bueno, excelente.

podagra. f. Gota (enfermedad).

podar. tr. Mondar, mochar, cortar, desmochar. ‖ Suprimir, expurgar. ‖ Cercenar.

poder. m. Dominio, imperio, autoridad, potestad, mando, facultad, jurisdicción. ‖ Fuerza, vigor, poderío, superioridad, pujanza, capacidad, potencia, energía. ‖ Eficacia. ‖ Posesión, tenencia. ‖ Autorización, facultad, poder. ‖ Albedrío, arbitrio. (**a.**: *sumisión.*)

poder. intr. Ser factible, ser posible. ‖ Conseguir, lograr, obtener.

poderío. m. Potencia, poder, señorío, potestad, mando, jurisdicción, imperio. ‖ Fuerza, vigor, empuje, autoridad. ‖ Riquezas, bienes.

poderoso, sa. adj. Potente, fuerte, vigoroso, enérgico. (**a.**: *débil.*) ‖ Eficaz, activo. ‖ Rico, acaudalado, pudiente, adinerado. (**a.**: *pobre, mísero.*) ‖ Excelente, magnífico. (**a.**: *mediocre, insignificante.*)

podio. m. Pedestal.

podómetro. m. Cuentapasos, odómetro.

podre. f. Pus, materia, podredumbre, putrefacción.

podrido, da. adj. Descompuesto, pútrido, corrompido, pocho, pasado. (**a.**: *sano.*) || Viciado, corrupto.

podrir. tr. y prnl. Pudrir.

poema. m. Poesía, composición poética.

poeta. m. Vate, aedo, trovador, bardo. || Poetastro, rimador. (**a.**: *prosista.*)

poético, ca. adj. Lírico. (**a.**: *prosaico.*)

poetizar. intr. y tr. Embellecer, idealizar.

polaina. f. Sobrecalza.

polea. f. Garrucha, aparejo, trocla.

polémica. f. Discusión, disputa, controversia. (**a.**: *acuerdo.*)

polemizar. intr. Debatir, disputar, controvertir. (**a.**: *convenir.*)

policía. m. Agente, vigilante, polizonte. || f. Cortesía, aseo. (**a.**: *descortesía, desaseo.*)

policíaco, ca. adj. Policial.

policlínica. f. Consultorio, sanatorio.

policromo, ma. adj. Multicolor. (**a.**: *monocromo.*)

polichinela. m. Títere, muñeco. || Pulchinela.

poliomielitis. f. Parálisis infantil.

polipasto. m. Aparejo, polea, polispasto, poleame.

política. f. Tacto, diplomacia, sagacidad, circunspección, habilidad. || Cortesía, urbanidad, finura. (**a.**: *tosquedad, grosería.*)

político, ca. adj. Cortés, urbano, ceremonioso, atento, fino. (**a.**: *descortés.*)

póliza. f. Contrato, documento.

polizonte. m. Policía, agente, vigilante, alguacil, sabueso.

polo. m. Extremo, borne. || Centro, fundamento.

poltrón, na. adj. Perezoso, flojo, haragán, holgazán, gandul, vago, tumbón. (**a.**: *diligente, activo.*)

poltronería. f. Holgazanería, haraganería, gandulería, pereza, flojedad, flojera. (**a.**: *actividad.*)

polución. f. Contaminación. (**a.**: *purificación.*)

poluto, ta. adj. Sucio, contaminado.

polvareda. f. Escándalo, trifulca, pelotera. || Polvo.

polvo. m. Tierra, ceniza.

polvoriento, ta. adj. Polvoroso, pulverulento.

polla. f. Gallina. || Muchacha.

pollera. f. Falda.

pollino, na. m. y f. Asno, burro. || Bodoque, burro, ignorante.

pollo, lla. m. y f. Polluelo, cría, pichón. || Joven, muchacho, señorito, mocito, mozalbete, jovenzuelo, pimpollo.

poma. f. Manzana. || Pomo, perfumador.

pomada. f. Crema, ungüento. || Betún.

pomo. m. Frasco.

pompa. f. Fausto, suntuosidad, solemnidad, magnificencia, ostentación, vanidad, aparato, grandeza, boato, esplendor. || Bambolla, pomposidad. (**a.**: *modestia, sencillez.*) || Burbuja, ampolla.

pomposo, sa. adj. Ostentoso, magnífico, rumboso, suntuoso, aparatoso. (**a.**: *sencillo.*) || Rimbombante, altisonante, grandilocuente. (**a.**: *sobrio, mesurado.*) || Hueco, vano, ampuloso, vanidoso, hinchado, enfático, inflado, presuntuoso. *Orador pomposo.*

pómulo. m. Malar.

ponchada. f. Cantidad. (**a.**: *pizca.*)

ponderación. f. Atención, reflexión, moderación, circunspección. || Exageración, encarecimiento. || Equilibrio, compensación.

ponderado, da. adj. Equilibrado, sensato, mesurado, prudente.

ponderar. tr. Contrapesar, compensar, equilibrar, medir, pesar. || Exagerar, encarecer, abultar, alabar. (**a.**: *desmerecer, denigrar.*)

ponderativo, va. adj. Exagerativo, extremoso.

ponedero, ra. adj. Ponedor. || m. Nidal, incubadora.

ponencia. f. Informe, dictamen, propuesta.

poner. tr. Colocar, depositar, situar, ubicar. (**a.**: *sacar, quitar.*) ‖ Apostar, exponer, jugar. ‖ Contribuir. ‖ Acomodar, adaptar, meter. (**a.**: *eliminar.*) ‖ Disponer, arreglar, preparar. (**a.**: *desarreglar.*) ‖ Establecer, instalar, montar. ‖ Oponer. ‖ Mostrar, exponer, presentar. ‖ Representar, hacer, dar. ‖ Agregar, añadir. ‖ intr. Asignar, dar. ‖ prnl. Trasponerse, ocultarse. ‖ Trasladarse, ir. ‖ Vestirse, ataviarse. ‖ Mancharse, ensuciarse.

poniente. m. Oeste, Occidente, Ocaso. (**a.**: *Este, Oriente.*)

pontificado. m. Papado.

pontífice. m. Papa, obispo, arzobispo.

ponto. m. Mar, piélago.

ponzoña. f. Veneno, tósigo, tóxico.

ponzoñoso, sa. adj. Venenoso, tóxico. ‖ Dañoso, nocivo, perjudicial.

populacho. m. Chusma, turba, plebe, gentuza, vulgo.

popular. adj. Vulgar, común. ‖ Admirado, estimado.

popularidad. f. Renombre, fama, predicamento, aplauso, favor, auge. (**a.**: *desprestigio.*)

popularizar. tr. Divulgar, vulgarizar, propagar. ‖ Afamar, acreditar.

populoso, sa. adj. Poblado, frecuentado. (**a.**: *solitario, despoblado.*)

poquedad. f. Escasez, cortedad, miseria. ‖ Timidez, pusilanimidad, cobardía, apocamiento. ‖ Nimiedad, nonada, bagatela, fruslería.

porción. f. Pedazo, trozo, parte, fracción, fragmento, ración, cacho. ‖ Sinnúmero, muchedumbre, montón, multitud.

porche. m. Soportal, cobertizo. ‖ Portal, pórtico, atrio, vestíbulo.

pordiosear. intr. Mendigar, limosnear, pedir limosna.

pordiosero, ra. m. y f. Mendigo, mendicante, mendigante, pobre. (**a.**: *acaudalado.*)

porfía. f. Discusión, disputa, contienda. ‖ Terquedad, testarudez, insistencia, empeño, obstinación, tozudez.

porfiado, da. adj. Insistente, tozudo, machacón, obstinado, terco, testarudo, inapeable.

porfiar. intr. Discutir, disputar, altercar. ‖ Insistir, machacar, obstinarse, importunar. (**a.**: *ceder, desistir.*)

pormenor. m. Detalle, particularidad, nimiedad, menudencia.

pornografía. f. Obscenidad. (**a.**: *honestidad.*)

pornográfico, ca. adj. Licencioso, verde, impúdico. (**a.**: *inocente, casto.*)

poro. m. Intersticio. ‖ Orificio.

poroto. m. Alubia, fríjol.

porque. conj. Pues.

porqué. m. Causa, razón, motivo, móvil. ‖ Finalidad.

porquería. f. Suciedad, roña, inmundicia, mugre, basura. ‖ Canallada, trastada, jugada. ‖ Grosería, desatención, descortesía. ‖ Chuchería, bagatela.

porra. f. Clava, maza. ‖ Cachiporra. ‖ Macana. ‖ Vanidad, presunción, jactancia.

porrada. f. Porrazo. ‖ Necedad, disparate, dislate, estupidez.

porrazo. m. Trastazo, golpe, golpazo. ‖ Costalada.

porrillo (a). loc. adv. En abundancia, abundantemente, copiosamente.

porro. m. Puerro.

porrón. m. Botijo.

portada. f. Frontis, fachada, frente, frontispicio. ‖ Carátula.

portadilla. f. Anteportada.

portal. m. Zaguán, pórtico, vestíbulo. ‖ Soportal.

portamonedas. m. Monedero, bolsa, cartera.

portar. tr. Llevar, traer, trasportar. ‖ prnl. Conducirse, proceder, comportarse. ‖ Lucirse.

portátil. adj. Movible, trasportable. (**a.**: *fijo, inmóvil.*)

portaviandas. m. Fiambrera.

portavoz. m. Vocero, corifeo. ‖ Cabecilla, líder. ‖ Altavoz, bocina, micrófono.

porte. m. Trasporte, acarreo. ‖ Aspecto, continente, apariencia, presencia, aire. ‖ Capacidad, tamaño, grandeza.

portear. tr. Trasportar, conducir, llevar, acarrear.

portento. m. Maravilla, prodigio, milagro.

portentoso, sa. adj. Maravilloso, admirable, prodigioso, asombroso, singular, milagroso, pasmoso, grandioso, estupendo. extraño. (**a.**: *insignificante, vulgar, natural.*)
portería. f. Arco, meta, valla.
portero. m. Guardameta, arquero, guardavalla.
pórtico. m. Porche, atrio, portal.
portillo. m. Postigo. || Abertura, abra, paso. || Mella, desportilladura.
portón. m. Contrapuerta.
portorriqueño, ña. adj. Puertorriqueño, boricua, borinqueño.
portugués, sa. adj. Lusitano, luso.
porvenir. m. Futuro, mañana.
pos (en). loc. adv. Detrás, después de. (**a.**: *delante.*)
posada. f. Fonda, mesón, parador, hostal, hostería. || Alojamiento, hospedaje, albergue.
posaderas. f. pl. Nalgas, asentaderas, trasero, culo.
posadero, ra. m. y f. Mesonero, hostelero, ventero, huésped.
posar. intr. Asentarse, descansar, reposar. || prnl. Sedimentarse, depositarse. (**a.**: *removerse.*) || Alojarse, aposentarse. (**a.**: *marcharse.*)
pose. f. Actitud, postura. || Afectación.
poseedor, ra. m. y f. Dueño, propietario, tenedor. || Habiente.
poseer. tr. Tener, haber, gozar, disfrutar. (**a.**: *carecer.*)
poseído, da. adj. Poseso.
posesión. f. Tenencia, goce, disfrute. || Propiedad, finca, dominio.
posesionar. tr. Dar posesión, instalar, investir. || prnl. Tomar posesión, adueñarse, apoderarse.
poseso, sa. adj. Endemoniado, poseído, espiritado.
posibilidad. f. Probabilidad, eventualidad, contingencia. || Aptitud. || pl. Medios, caudal, hacienda.
posible. adj. Factible, hacedero, realizable. (**a.**: *imposible, irrealizable.*) || Potencial, virtual. || m. pl. Recursos, medios, bienes.
posición. f. Postura, actitud. || Situación, disposición. || Emplazamiento. || Estado, condición, categoría.
positivista. adj. y s. Utilitario, pancista.
positivo, va. adj. Cierto, verdadero, seguro, indudable. (**a.**: *inseguro, problemático, dudoso.*) || Real, efectivo, tangible, manifiesto. || Práctico, utilitario, pragmático, provechoso.
posma. adj. Cachazudo, pesado, flemático, calmoso.
poso. m. Sedimento, heces. || Descanso, quietud.
posponer. tr. Aplazar, diferir, postergar, relegar, retrasar, rezagar. (**a.**: *anteponer, preferir.*)
posta. f. Tajada, trozo. || Correo, estafeta.
postema. f. Absceso. || m. y f. Pesado, molesto, impertinente.
postergar. tr. Aplazar, diferir, relegar, posponer. (**a.**: *ascendiente.*)
posterior. adj. Siguiente, subsiguiente, ulterior, venidero, zaguero. (**a.**: *anterior.*)
posteriormente. adv. Después, a continuación, detrás, por último.
postigo. m. Contrapuerta. || Portillo. || Contraventana.
postín. m. Vanidad, presunción. || Importancia, pisto (con el verbo *dar*). || Alardeo, fachenda. || Boato, lujo, elegancia.
postizo, za. adj. Pegadizo, sobrepuesto, añadido. || Falso, ficticio, artificial. (**a.**: *verdadero, natural.*) || m. Parche, remiendo, pegote, agregado.
postor. m. Licitador, licitante, pujador.
postración. f. Abatimiento, descaecimiento, decaimiento, desfallecimiento, aplanamiento, desánimo, extenuación, debilidad. (**a.**: *actividad, vigor.*) || Humillación.
postrar. tr. Rendir, derribar, humillar, abatir. (**a.**: *levantar, ensalzar.*) || Debilitar, extenuar, aplanar. (**a.**: *fortalecer.*) || prnl. Arrodillarse, prosternarse. (**a.**: *erguirse.*)
postrero, ra. adj. Último, posterior, postrimero, zaguero, postre. (**a.**: *primero.*) || Final, póstumo.
postrimerías. f. pl. Acabamiento, declinación, ocaso, final, fin. (**a.**: *principio.*) || Novísimos.

postrimero, ra. adj. Último, postrero. (**a.**: *primero.*)
postulado. m. Principio, supuesto.
postulante. m. y f. Aspirante, pretendiente, candidato.
postular. tr. Pedir, pretender, solicitar, proponer.
postura. f. Posición, colocación, actitud, figura, situación. ‖ Apuesta. ‖ Ajuste, trato, convenio.
potabilidad. f. Pureza.
potable. adj. Bebible. ‖ Soportable, tolerable.
potaje. m. Mezcolanza. ‖ Brebaje. ‖ Caldo, sopa, guiso.
pote. m. Maceta, tiesto. ‖ Tarro, vasija.
potencia. f. Fuerza, fortaleza, reciedumbre, vigor, energía. (**a.**: *debilidad.*) ‖ Poder, poderío, pujanza, potencial. ‖ Estado, nación.
potencial. adj. Posible, probable, condicional. ‖ m. Potencia, poder, poderío. (**a.**: *impotencia.*) ‖ Aptitud, capacidad, posibilidad.
potentado. m. Rico, pudiente, adinerado, poderoso, acaudalado, opulento. (**a.**: *pobre.*) ‖ Monarca, soberano, tirano. (**a.**: *vasallo.*)
potente. adj. Poderoso, fuerte, enérgico, vigoroso. (**a.**: *débil, endeble.*) ‖ Eficaz, pujante. ‖ Grande, desmesurado, gigantesco, abultado.
potestad. f. Poder, autoridad, dominio, facultad, jurisdicción, imperio.
potestativo, va. adj. Facultativo, voluntario.
potingue. m. Brebaje, pócima, mejunje, bebedizo.
potra. f. Yegua. ‖ Hernia.
potrear. tr. Molestar, mortificar, incomodar. ‖ Saltar, brincar, retozar.
potro. m. Caballo, pingo. ‖ Tormento.
poza. f. Charca, lagunajo.
pozo. m. Hoyo, excavación. ‖ Cisterna.
práctica. f. Destreza, maña, pericia, habilidad. (**a.**: *torpeza.*) ‖ Experiencia. (**a.**: *teoría.*) ‖ Costumbre, uso, hábito, praxis. ‖ Modo, método, procedimiento. ‖ Rutina, ejercicio.
practicable. adj. Transitable. (**a.**: *impracticable, intransitable.*) ‖ Posible, hacedero, realizable. (**a.**: *imposible, irrealizable.*)
practicar. tr. Ejercitar, ejercer. ‖ Usar.
práctico, ca. adj. Experimentado, diestro, experto, perito, versado, conocedor, avezado. (**a.**: *inhábil, inexperto.*) ‖ m. Baqueano.
pradera. f. Prado.
pravedad. f. Iniquidad, perversidad, maldad, inmoralidad, corrupción.
praxis. f. Práctica.
preámbulo. m. Prólogo, proemio, prefacio, introducción, introito, exordio. (**a.**: *epílogo.*)
prebenda. f. Sinecura, enchufe, acomodo. ‖ Ventaja, canonjía, ganga. (**a.**: *desventaja.*)
precario, ria. adj. Inestable, instable, transitorio, inseguro. (**a.**: *estable.*)
precaución. f. Prevención, cautela, caución, reserva, cuidado, tiento. (**a.**: *irreflexión.*)
precaver. tr. y prnl. Prevenir, prever, evitar, guardarse.
precavido, da. adj. Prudente, circunspecto, previsor, cauto. (**a.**: *imprudente, imprevisor.*) ‖ Sagaz, cauteloso, desconfiado, receloso. (**a.**: *prevenido.*)
precedencia. f. Primacía, superioridad. (**a.**: *inferioridad.*) ‖ Anterioridad. (**a.**: *posterioridad.*) ‖ Anteposición.
precedente. adj. Antecedente, anterior, previo, precitado. (**a.**: *consiguiente, posterior, ulterior.*)
preceder. tr. Anteceder, adelantarse, aventajar. (**a.**: *retrasarse, seguir.*)
preceptiva. f. Teoría literaria.
precepto. m. Mandato, orden, mandamiento, disposición. ‖ Instrucción, regla, norma. ‖ Prescripción.
preceptor, ra. m. y f. Mentor, instructor, maestro, ayo.
preceptuar. tr. Disponer, mandar, ordenar, reglamentar, prescribir.
preces. f. pl. Plegarias, oraciones, rezos, súplicas, ruegos, impetraciones.
preciado, da. adj. Estimado, apreciado, caro, costoso, precioso, valioso. ‖ Presumido, vano, engreído, jactancioso.
preciar. tr. Apreciar, estimar, valuar. (**a.**: *despreciar.*) ‖ prnl. Gloriarse, ala-

barse, jactarse, presumir, vanagloriarse, envanecerse.

precinto. m. Fleje, zuncho.

precio. m. Valor, importe, coste, costo. ‖ Mérito, estimación, importancia. ‖ Pérdida, sufrimiento.

preciosidad. f. Preciosura. ‖ Belleza, encanto, hermosura. (**a.**: *fealdad.*)

precioso, sa. adj. Excelente, magnífico, primoroso, estimable, apreciable, exquisito. (**a.**: *vulgar.*) ‖ Valioso, costoso. (**a.**: *barato.*) ‖ Hermoso, bello, encantador. (**a.**: *feo.*) ‖ Gracioso, ingenioso, agudo, festivo.

precipicio. m. Despeñadero, derrumbadero, barranco, abismo, sima.

precipitación. f. Prisa, aceleración, fogosidad, apresuramiento. ‖ Atolondramiento, aturdimiento, arrebato, imprudencia, irreflexión. (**a.**: *tino, prudencia.*)

precipitado, da. adj. Apresurado, atropellado, impetuoso, irreflexivo, alocado. ‖ m. Sedimento.

precipitar. tr. Arrojar, tirar, lanzar, empujar, despeñar, derrumbar. (**a.**: *contener.*) ‖ Acelerar, apresurar, atropellar. (**a.**: *detener.*) ‖ prnl. Arrojarse, echarse, lanzarse, abalanzarse, tirarse. (**a.**: *sentarse.*)

precisamente. adv. Justamente, exactamente. ‖ Expresamente, ex profeso. ‖ Cabalmente, rotundamente, terminantemente.

precisar. tr. Fijar, determinar, concretar, definir, delimitar. (**a.**: *vacilar.*) ‖ Forzar, obligar, constreñir. ‖ tr. e intr. Requerir, necesitar.

precisión. f. Exactitud, concisión, claridad. ‖ Determinación, limitación, necesidad, requisito. ‖ Puntualidad, regularidad. (**a.**: *tardanza, irregularidad.*)

preciso, sa. adj. Necesario, indispensable, inexcusable, forzoso, obligatorio, imprescindible. (**a.**: *voluntario, libre.*) ‖ Exacto, estricto, cierto, determinado, definido, puntual, fijo, claro, conciso. (**a.**: *impreciso, inexacto.*)

precito, ta o **prescito, ta.** adj. Réprobo, condenado.

preclaro, ra. adj. Esclarecido, ilustre, conspicuo, insigne, afamado, famoso, célebre. (**a.**: *desconocido, vulgar.*)

preconcebido, da. adj. Premeditado, deliberado, prejuzgado, madurado, meditado, pensado.

preconizar. tr. Encomiar, elogiar, ponderar, ensalzar, alabar. ‖ Patrocinar, auspiciar.

precoz. adj. Temprano, prematuro, adelantado, anticipado. (**a.**: *retrasado, atrasado, tardío, retardado.*)

predecesor, ra. m. y f. Antecesor. (**a.**: *sucesor.*) ‖ Ascendiente, antepasado, progenitor, mayor. ‖ Precursor, guía.

predecir. tr. Anunciar, pronosticar, presagiar, adivinar, augurar, vaticinar, profetizar.

predestinación. f. Sino, hado, destino. (**a.**: *incertidumbre.*)

predestinado, da. adj. Elegido, señalado.

predestinar. tr. Preelegir.

prédica. f. Sermón, plática, predicación. ‖ Perorata, discurso.

predicar. tr. Evangelizar, sermonear. ‖ Reprender, amonestar. ‖ Exhortar.

predicción. f. Pronóstico, presagio, vaticinio, augurio, adivinación, profecía, anuncio.

predilección. f. Preferencia, inclinación, favoritismo. (**a.**: *antipatía.*)

predilecto, ta. adj. Preferido, favorito, privado, elegido.

predio. m. Heredad, hacienda, propiedad, tierra, finca, posesión.

predisponer. tr. y prnl. Atraer, inclinar. ‖ Prevenir. ‖ Propender, preparar, destinar.

predisposición. f. Propensión, afición, inclinación, tendencia, vocación. (**a.**: *repelencia.*)

predominar. tr. Prevalecer, preponderar, imperar, dominar. (**a.**: *someterse.*) ‖ Sobresalir, descollar.

predominio. m. Superioridad, señorío, preponderancia, dominación, poder, dominio, influjo, imperio, autoridad, ascendiente. (**a.**: *sumisión.*)

preeminencia. f. Privilegio, exención, prerrogativa, preponderancia, superioridad, supremacía.

preeminente. adj. Elevado, sublime, al-

to, superior, sobresaliente, destacado. (**a.**: *inferior, secundario.*) ‖ Honorífico, honroso, egregio.
prefacio. m. Preámbulo, preludio, prólogo, proemio, exordio, introducción. (**a.**: *epílogo, desenlace.*)
prefecto. m Gobernador. ‖ Inspector.
preferencia. f. Primacía, prioridad, superioridad. ‖ Inclinación, predilección, prelación, privanza. ‖ Parcialidad, propensión. (**a.**: *odio.*)
preferible. adj. Mejor, superior, deseable, predilecto. (**a.**: *inferior, detestable.*)
preferido, da. adj. Escogido, seleccionado. ‖ m. y f. Favorito, predilecto.
preferir. tr. Anteponer, escoger, elegir, distinguir. (**a.**: *posponer, relegar.*)
pregón. m. Edicto, proclama.
pregonar. tr. Divulgar, publicar, proclamar, anunciar, vocear. (**a.**: *callar, ocultar.*) ‖ Alabar, encomiar. (**a.**: *censurar.*)
pregonero, ra. adj. Voceador, anunciador.
pregunta. f. Interrogación, demanda, inquisición. (**a.**: *respuesta.*)
preguntar. tr. Interrogar, demandar, inquirir. (**a.**: *responder, contestar.*)
prejuicio. m. Parcialidad, prevención.
prelación. f. Preferencia, antelación, anticipación. ‖ Preferencia. (**a.**: *postergación.*)
preliminar. m. Anterior (**a.**: *final.*)
preludio. m. Introducción, preámbulo, principio, comienzo, obertura, entrada. (**a.**: *conclusión, epílogo.*)
prematuro, ra. adj. Precoz, temprano, anticipado. ‖ Inmaturo, verde.
premeditado, da. adj. Deliberado, preconcebido, preparado, rumiado. (**a.**: *improvisado.*)
premiar. tr. Recompensar, gratificar, galardonar, remunerar. (**a.**: *condenar, sancionar, multar.*)
premio. m. Galardón, remuneración, recompensa. (**a.**: *castigo.*) ‖ Prima, aumento, sobreprecio. (**a.**: *rebaja.*)
premioso, sa. adj. Apremiante. ‖ Estricto, severo, rígido. (**a.**: *blando.*) ‖ Ajustado, apretado. ‖ Dificultoso, pausado. (**a.**: *diligente.*) ‖ Gravoso, molesto.
premisa. f. Proposición. ‖ Indicio, señal.
premonición. f. Presentimiento, presagio.
premura. f. Aprieto, apremio, apuro, prisa, perentoriedad, urgencia, instancia. (**a.**: *lentitud, tardanza.*)
prenda. f. Garantía, fianza. ‖ Cualidad, virtud. (**a.**: *defecto.*) ‖ Alhaja, mueble.
prendarse. prnl. Aficionarse, enamorarse, encariñarse. (**a.**: *enemistarse.*)
prender. tr. Asir, agarrar, coger, sujetar. ‖ Detener, capturar, apresar, aprisionar, aprehender, encarcelar. (**a.**: *soltar.*) ‖ Enganchar, enredar. ‖ intr. Arraigar, encepar, agarrar. ‖ tr. y prnl. Encender, inflamarse, arder. (**a.**: *apagarse.*)
prendimiento. m. Prisión, captura, arresto, detención, apresamiento. (**a.**: *liberación.*)
prensa. f. Compresor. ‖ Imprenta. ‖ Periodismo, diarios.
prensar. tr. Comprimir, apretar.
preñado, da. adj. Lleno, cargado. (**a.**: *vacío.*)
preñez. f. Embarazo, gestación, gravidez.
preocupación. f. Cuidado, obsesión, inquietud, aprensión. (**a.**: *despreocupación.*)
preocupar. tr. y prnl. Desvelar, inquietar, perturbar, obsesionar. (**a.**: *tranquilizar.*) ‖ prnl. Encargarse, ocuparse.
preparación. f. Apresto, organización, aprontamiento.
preparado. m. Preparación. ‖ Medicamento, fármaco, remedio. ‖ adj. Experimentado, entrenado, dispuesto, aprestado, prevenido, pronto. (**a.**: *espontáneo, impensado.*)
preparar. tr. y prnl. Disponer, arreglar, aprestar, alistar, acondicionar, aderezar, elaborar, organizar, aparejar, prevenir. (**a.**: *olvidar.*)
preparativo, va. adj. Preparatorio. ‖ m. pl. Aprestos, preparación, disposiciones, prevenciones.
preparatorio, ria. adj. Preparativo.

preponderancia. f. Superioridad, prestigio, supremacía, predominio, preeminencia, prevalencia.
preponderante. adj. Influyente, predominante, sobresaliente, aventajado. (**a.**: *subalterno.*)
preponderar. intr. Prevalecer, predominar, influir, sobresalir.
prerrogativa. f. Privilegio, excepción, ventaja, facultad, inmunidad. (**a.**: *desventaja, inferioridad.*)
presa. f. Botín. ‖ Captura, aprehensión. ‖ Represa, dique, embalse. ‖ Acequia, canal. ‖ Porción, tajada.
presagiar. tr. Predecir, anunciar, pronosticar, vaticinar, augurar, adivinar, profetizar.
presagio. m. Señal, indicio. ‖ Pronóstico, augurio, vaticinio, agüero. ‖ Premonición, presentimiento.
presbicia. f. Hipermetropía.
presbítero. m. Sacerdote, clérigo.
prescindir. intr. Descartar, desechar, excluir, privarse, eliminar. ‖ Omitir, silenciar, callar. (**a.**: *incluir, preferir.*)
prescribir. tr. Ordenar, mandar, preceptuar, disponer. ‖ Recetar. ‖ intr. Caducar, extinguirse.
presencia. f. Aspecto, figura, facha, apariencia, traza, pinta, disposición. ‖ Asistencia. (**a.**: *ausencia, inasistencia.*)
presenciar. tr. Asistir. ‖ Ver, contemplar.
presentable. adj. Limpio, aseado.
presentación. f. Exhibición, manifestación, revelación. (**a.**: *ocultación.*) ‖ Asistencia, comparecencia. ‖ Preámbulo.
presentar. tr. Mostrar, exhibir, exponer. ‖ Regalar, ofrecer, ofrendar. ‖ prnl. Acudir, comparecer, personarse, apersonarse. (**a.**: *faltar, huir.*)
presente. adj. Actual. (**a.**: *pasado, futuro.*) ‖ m. Regalo, obsequio. ‖ **al,** o **de presente.** loc. adv. Ahora.
presentimiento. m. Corazonada, pálpito, barrunto, vislumbre, sospecha, premonición, telepatía. (**a.**: *constatación.*)
presentir. tr. Barruntar, sospechar, antever, maliciar, palpitar. (**a.**: *cotejar, comprobar.*)
preservación. f. Protección, salvaguardia, defensa.
preservar. tr. Proteger, defender, resguardar, salvaguardar, salvar, amparar. (**a.**: *descuidar, exponer, desamparar.*)
preservativo, va. adj. Preventivo, tuitivo, tutelar. ‖ m. Profiláctico, condón.
presidencia. f. Jefatura.
presidente, ta. s. Director, jefe.
presidiario. m. Penado, preso, recluso.
presidio. m. Cárcel, prisión.
presidir. tr. Dirigir, gobernar, regir, mandar.
presión. f. Compresión. (**a.**: *depresión.*) ‖ Apremio, coacción. (**a.**: *abandono.*)
preso, sa. adj. y s. Recluso, presidiario, prisionero, penado, cautivo. (**a.**: *libre, liberado.*)
prestación. f. Servicio. ‖ Renta, tributo.
prestamente. adv. Prontamente, velozmente, rápidamente.
préstamo. m. Empréstito. ‖ Anticipo, adelanto.
prestancia. f. Gallardía, distinción, porte.
prestar. tr. Fiar. (**a.**: *cobrar.*) ‖ Suministrar, facilitar. (**a.**: *exigir.*) ‖ prnl. Avenirse, allanarse, ofrecerse, brindarse. (**a.**: *negarse.*)
presteza. f. Prontitud, diligencia, rapidez. (**a.**: *lentitud.*)
prestidigitador, ra. m. y f. Ilusionista, jugador de manos, escamoteador.
prestigio. m. Ascendiente, autoridad, reputación, crédito, influencia. (**a.**: *desprestigio, descrédito.*) ‖ Engaño, ilusión, fascinación.
prestigioso, sa. adj. Influyente, renombrado, reputado, famoso. (**a.**: *descalificado.*)
presto, ta. adj. Pronto, ligero, rápido. diligente. (**a.**: *lento.*) ‖ Aparejado, preparado, dispuesto, listo. ‖ **adv. t.** Luego, al instante, prontamente, brevemente.
presumido, da. adj. Vago, ostentoso, vanidoso, fatuo, jactancioso, presuntuoso. (**a.**: *humilde, sencillo.*)

presumir. tr. Sospechar, conjeturar, maliciar, suponer, figurarse. ‖ intr. Jactarse, vanagloriarse, alardear.
presunción. f. Suposición, conjetura, sospecha. (**a.**: *desconocimiento.*) ‖ Vanidad, orgullo, fatuidad, engreimiento, petulancia, jactancia, presuntuosidad, pedantería, arrogancia. (**a.**: *modestia.*)
presunto, ta. adj. Supuesto, probable.
presuntuoso, sa. adj. Engreído, petulante, presumido, vano, fantasioso.
presupuesto. m. Cálculo, cómputo. ‖ Suposición, hipótesis.
presuroso, sa. adj. Apresurado. (**a.**: *lento, pesado.*)
pretencioso, sa o **pretensioso, sa.** adj. Presuntuoso, presumido. (**a.**: *sencillo, modesto, humilde.*)
pretender. tr. Pedir, aspirar, solicitar. ‖ Procurar, intentar. (**a.**: *desistir.*) ‖ Ambicionar, aspirar. (**a.**: *renunciar.*)
pretendido. adj. Supuesto.
pretendiente. adj. Aspirante, solicitante.
pretensión. f. Aspiración, demanda, exigencia. (**a.**: *conformidad.*) ‖ Vanidad, presunción. ‖ Solicitud. (**a.**: *renuncia.*)
preterición. f. Posposición, postergación, olvido. (**a.**: *preferencia, recuerdo.*)
pretérito, ta. adj. Pasado, remoto, caduco, lejano. (**a.**: *futuro.*)
pretexto. m. Excusa, disculpa, motivo. ‖ Subterfugio, salida, asidero.
pretil. m. Antepecho, baranda, barandilla.
prevalecer. intr. Vencer, sobresalir, predominar, ganar, preponderar, dominar, descollar, aventajar. (**a.**: *perder.*) ‖ Crecer, aumentar.
prevalerse. prnl. Aprovecharse, servirse, valerse.
prevaricar. intr. Delinquir.
prevención. f. Preparativo, disposición, medida, providencia. ‖ Precaución, previsión. ‖ Desconfianza, recelo. ‖ Advertencia.
prevenido, da. adj. Previsor. ‖ Receloso, advertido. (**a.**: *confiado, desprevenido.*) ‖ Dispuesto, preparado.
prevenir. tr. y prnl. Preparar, disponer, aprestar. ‖ tr. Prever, precaver, impedir, evitar. (**a.**: *descuidar.*) ‖ Avisar, advertir, aconsejar, notificar, informar, noticiar. (**a.**: *olvidar.*) ‖ Impresionar, preocupar.
prever. tr. Prevenir, precaver. ‖ Conjeturar, sospechar, barruntar.
previo, via. adj. Anterior, adelantado, anticipado. (**a.**: *posterior, subsiguiente.*) ‖ Preliminar.
previsión. f. Perspectiva, precaución, presentimiento. (**a.**: *irreflexión.*)
previsor, ra. adj. Precavido, cauto, prudente. (**a.**: *atropellado, confiado.*)
prez. f. Fama, gloria, honor, honra.
prieto, ta. adj. Oscuro, negro. ‖ Apretado, ceñido, ajustado. ‖ Agarrado, avaro, mezquino, tacaño.
prima. f. Premio, sobreprecio. ‖ Cuota.
primacía. f. Prioridad. ‖ Superioridad, excelencia, preeminencia, supremacía. (**a.**: *desventaja, inferioridad.*)
primario, ria. adj. Primordial, primitivo, primero, fundamental. (**a.**: *secundario, accesorio.*) ‖ m. Paleozoico.
primate. m. Prócer.
primaveral. adj. Vernal. ‖ Fresco, nuevo, alegre, joven, vital.
primeramente. adv. Previamente. (**a.**: *finalmente.*)
primerizo, za. adj. Nonato, novicio, principiante. ‖ f. Primípara.
primero, ra. adj. Primordial, primitivo, primario, prístino. ‖ Inicial, precedente, principal. ‖ adv. Primeramente, antes, previamente, preferentemente. ‖ Excelente, sobresaliente. (**a.**: *mediocre.*)
primigenio, nia. adj. Primitivo, originario. *Teorías primigenias.*
primitivo, va. adj. Primordial, primigenio, prístino, originario, primario, primero. (**a.**: *derivado.*) ‖ Anciano, viejo. (**a.**: *joven, antiguo.*) ‖ Prehistórico. (**a.**: *actual.*) ‖ Tosco. (**a.**: *culto.*) ‖ Salvaje, aborigen.
primo, ma. adj. Primero. ‖ Primoroso, excelente. ‖ m. o f. Cándido, ingenuo, simple, incauto, bobalicón.
primogenitura. f. Mayorazgo, progenitura.

primor. m. Cuidado, delicadez, finura, esmero, maestría, excelencia, habilidad, destreza, perfección. (**a.**: *cursilería.*) || Artificio, maña.

primordial. adj. Primitivo, original, primero, primario, fundamental, principal, capital, básico. (**a.**: *accesorio, secundario.*)

primoroso, sa. adj. Delicado, excelente, perfecto, fino, hermoso. || Diestro, hábil, experimentado, habilidoso.

principal. adj. Primero, importante, esencial, fundamental, capital, primordial. (**a.**: *accesorio, secundario.*) || Ilustre, esclarecido, distinguido, noble. || m. Jefe, director, gerente. (**a.**: *subordinado.*)

principalísimo. adj. Fundamental, preponderante.

principalmente. adv. Primeramente, ante todo, máxime, sobre todo, especialmente, fundamentalmente.

principesco, ca. adj. Espléndido, magnífico. || Generoso.

principiante, ta. adj. y s. Aprendiz, cadete, novato, novicio, inexperto, pinche. (**a.**: *avezado.*)

principiar. tr. e intr. Comenzar, empezar, emprender, iniciar. (**a.**: *acabar, terminar.*)

principio. m. Comienzo, inicio, iniciación. (**a.**: *fin, término.*) || Origen, génesis, causa. || Fundamento, base. || Norma, precepto, regla. (**a.**: *anarquía.*) || Encabezamiento. || pl. Nociones, rudimentos.

pringar. tr. Empringar, engrasar, untar. || Manchar, ensuciar. || Desacreditar, deshonrar, denigrar, infamar.

pringoso, sa. adj. Grasiento, pringado, untado, pringón, aceitoso, oleoso. || Sucio, mugriento. || Fastidioso, pesado.

pringue. m. o f. Grasa, unto. || Mugre, suciedad.

prioridad. f. Precedencia, anterioridad. (**a.**: *posterioridad.*) || Superioridad, primacía, preeminencia, preferencia.

prisa. f. Prontitud, rapidez, celeridad, presteza, brevedad, apresuramiento. (**a.**: *lentitud.*) || Urgencia, premura, apremio, ansia. || **a o de prisa.** loc. adv. Aprisa, rápidamente. || **darse prisa.** Apresurarse.

prisión. f. Aprehensión, prendimiento, captura, detención. || Reclusión, encierro. || Cárcel, presidio, penitenciaría, gayola. || Cautiverio, cautividad.

prisionero, ra. m. y f. Cautivo, preso, recluso, detenido.

prístino, na. adj. Antiguo, primero, primitivo, original, primigenio.

privación. f. Falta, carencia. (**a.**: *profusión.*) || Despojo, expoliación, usurpación, desposeimiento. (**a.**: *devolución, reintegro.*) || pl. Estrecheces, penurias. (**a.**: *opulencia.*)

privado, da. adj. Familiar, personal, particular, privativo. (**a.**: *público.*) || Falto, carente. || m. y f. Valido, favorito.

privanza. f. Valimiento, favor, preferencia, predilección.

privar. tr. Despojar, expropiar, desposeer, usurpar, expoliar, quitar. (**a.**: *devolver.*) || Prohibir, vedar, impedir. (**a.**: *conceder, permitir.*) || prnl. Renunciar, abstenerse. (**a.**: *tener, gozar.*)

privativo, va. adj. Propio, exclusivo, personal, particular, individual. (**a.**: *común, general.*)

privilegiado, da. adj. Preferido, afortunado, predilecto, elegido, favorito. || Extraordinario, excelente, excepcional.

privilegio. m. Prerrogativa, exención, fuero, ventaja, prebenda. || Concesión, franquicia, preferencia.

pro. m. Provecho, ventaja, utilidad.

probabilidad. f. Verosimilitud.

probable. adj. Verosímil, creíble, presumible. (**a.**: *improbable.*) || Demostrable. || Factible, aceptable, admisible.

probado, da. adj. Ducho, avezado, experimentado, sufrido.

probadura. f. Gustación, prueba, cata.

probar. tr. Experimentar, examinar, tantear, ensayar. || Gustar, paladear, catar. || Acreditar, demostrar, justificar, evidenciar. || Intentar, tratar, procurar. || intr. Ir, sentar.

probatura. f. Ensayo, tentativa, prueba, experimento.

probidad. f. Integridad, honradez, bondad, rectitud, moralidad, decencia. (**a.**: *deshonor.*)

problema. m. Dificultad, cuestión, complicación, rompecabezas, asunto. (**a.**: *facilidad.*)

problemático, ca. adj. Dudoso, dubitable, incierto, inseguro. (**a.**: *seguro, cierto.*) || Cuestionable, ambiguo, discutible. || Confuso.

probo, ba. adj. Íntegro, honrado, recto, escrupuloso, equitativo, justo, moral. (**a.**: *deshonesto.*)

procacidad. f. Desvergüenza, descaro, desfachatez, insolencia, atrevimiento, grosería.

procaz. adj. Desvergonzado, deslenguado, grosero, atrevido, fresco, descarado, zafado. || Indecoroso, indecente.

procedencia. f. Origen, principio, fuente, comienzo, raíz, génesis. (**a.**: *destino.*)

procedente. adj. Oportuno. || Originario, proveniente.

proceder. m. Comportamiento, conducta, costumbre. || intr. Venir, dimanar, provenir, nacer, seguirse, originarse, derivarse. (**a.**: *resultar.*) || Portarse, comportarse, actuar, conducirse, obrar. || Corresponder.

procedimiento. m. Método, sistema, manera, forma, medio, modo. || Actuación, tramitación.

proceloso, sa. adj. Borrascoso, tormentoso, tempestuoso, agitado, riguroso, inclemente. (**a.**: *calmo.*)

prócer. adj. Alto, eminente, elevado, noble, ínclito, insigne. || Majestuoso, imponente. || m. Prohombre. || Magnate, primate, optimate.

proceridad. f. Aristocracia, nobleza, distinción. (**a.**: *indignidad, bajeza.*) || Lozanía, vigor, pujanza. (**a.**: *debilidad.*)

procesado, da. adj. Acusado, inculpado, reo.

procesar. tr. Encausar, enjuiciar.

procesión. f. Hilera, fila, desfile, comitiva, séquito, teoría.

proceso. m. Trascurso, desarrollo. || Procedimiento. || Causa, juicio, litigio, pleito.

proclama. f. Bando, pregón, alocución.

proclamar. tr. Publicar, divulgar, pregonar, anunciar. (**a.**: *callar, ocultar.*) || Declarar, promulgar. || Aclamar, elegir, nombrar.

proclive. adj. Inclinado. (**a.**: *extraño, ajeno.*)

procrear. tr. Engendrar, generar, reproducir.

procurar. tr. Pretender, intentar, tratar. || prnl. Facilitar, proporcionar.

prodigalidad. f. Derroche, despilfarro, largueza, liberalidad, generosidad, dispendio. (**a.**: *ahorro.*) || Abundancia, copia, multitud, profusión. (**a.**: *escasez.*)

prodigar. tr. Disipar, desperdiciar, dilapidar, derrochar, malgastar, despilfarrar. || prnl. Esforzarse, empeñarse, multiplicarse. (**a.**: *contenerse.*)

prodigio. m. Portento, maravilla, milagro.

prodigioso, sa. adj. Maravilloso, asombroso, extraordinario, pasmoso, portentoso, sobrenatural, milagroso. (**a.**: *vulgar.*) || Excelente, primoroso, admirable, exquisito, estupendo, magnífico.

pródigo, ga. adj. Malgastador, manilargo, manirroto, disipador, gastador, derrochador, despilfarrador. (**a.**: *tacaño.*) || Generoso, dadivoso, liberal. (**a.**: *interesado.*)

pródromo. m. Síntoma.

producción. f. Producto, obra, creación. || Elaboración, fabricación.

producir. tr. Engendrar, procrear. || Crear, elaborar. || Fructificar. || Rentar, redituar, rendir. || Fabricar, hacer, manufacturar. || Originar, provocar, ocasionar, causar, motivar. (**a.**: *resultar.*) || prnl. Explicarse, manifestarse, comportarse.

productivo, va. adj. Fructífero, fecundo, feraz, fértil. (**a.**: *improductivo, infecundo.*) || Lucrativo, remunerativo, provechoso.

producto. m. Producción. || Beneficio, fruto, utilidad, provecho, rédito, lucro, rendimiento, renta. || Efecto, resultado, consecuencia.

proemio. m. Prólogo, introducción, prefacio, preámbulo, exordio. (**a.**: *epílogo, ultílogo.*)

proeza. f. Hazaña, heroicidad. (**a.**: *cobardía.*)

profanación. f. Sacrilegio, violación, irreverencia, escarnio. (**a.**: *piedad, respeto.*)

profanar. tr. Violar. || Deshonrar, deslucir, desacreditar, mancillar, prostituir. (**a.**: *venerar.*)

profano, na. adj. Secular, laico, civil, seglar, mundano, terreno, mundanal, terrenal. (**a.**: *sagrado, religioso.*) || Irreverente. || Ignorante, lego, indocto.

profecía. f. Predicción, vaticinio, presagio, pronóstico, precognición. || Augurio, conjetura.

proferir. tr. Pronunciar, articular, decir, exclamar, expresar, prorrumpir. (**a.**: *callar.*)

profesar. tr. Sentir, creer. || Ejercer, desempeñar, practicar. || Enseñar.

profesión. f. Carrera, empleo, oficio, ocupación, actividad, tarea, ministerio, arte. (**a.**: *pasividad.*) || Creencia, religión.

profesor, ra. m. y f. Catedrático, maestro.

profeta. m. Vidente, adivino, augur, agorero, vaticinador, vate.

profetisa. f. Sibila, pitonisa.

profetizar. tr. Anunciar, adivinar, augurar, pronosticar, predecir, vaticinar. || Conjeturar, presagiar, prever, presumir.

proficuo, cua. adj. Provechoso, útil, ventajoso, favorable.

profiláctica. f. Higiene. || Profilaxis.

profilaxis. f. Prevención, profiláctica, preservación. (**a.**: *contagio, infección.*)

prófugo, ga. adj. y s. Fugitivo, desertor, evadido.

profundidad. f. Hondura, penetración. || Precipicio, hondonada, pozo. (**a.**: *elevación, altura.*)

profundizar. tr. Penetrar, ahondar, calar. || Analizar, examinar, indagar. (**a.**: *desestimar.*)

profundo, da. adj. Hondo, insondable, recóndito. (**a.**: *superficial, somero.*) || Penetrante, intenso. || Difícil, oscuro. (**a.**: *asequible.*) || Extenso, vasto. || m. Profundidad, hondura. || Infierno.

profusión. f. Abundancia, plétora, copia, exuberancia, riqueza, multitud, acopio, caudal. (**a.**: *escasez, carencia, defecto.*)

profuso, sa. adj. Abundante, copioso, cuantioso, exuberante, abundoso, nutrido, superfluo.

progenie. f. Casta, familia, generación, progenitura, linaje, estirpe, abolengo.

progenitor. m. Padre. || Antepasado, ascendiente. (**a.**: *descendiente, hijo.*)

progenitura. f. Progenie, familia, ascendencia, linaje. || Primogenitura.

programa. m. Declaración. || Planificación, plan, proyecto.

programar. intr. Planificar, planear.

progresar. intr. Adelantar, ascender, subir, perfeccionarse. (**a.**: *retrasar, retroceder.*) || Prosperar, mejorar, medrar. (**a.**: *desmejorar, empeorar.*)

progresión. f. Aumento, progreso.

progresivo, va. adj. Gradual, creciente, floreciente.

progreso. m. Avance, adelanto, adelantamiento. || Perfeccionamiento, evolución, desarrollo. (**a.**: *retroceso.*) || Prosperidad, aumento, mejora.

prohibición. f. Negativa, veto.

prohibido, da. adj. Vedado, ilícito, ilegal.

prohibir. tr. Impedir, vedar, negar, privar, proscribir. (**a.**: *permitir.*)

prohijar. tr. Adoptar, ahijar.

prohombre. m. Prócer.

prójimo. m. Semejante. || Individuo.

prole. f. Hijos, descendencia, linaje, familia.

prolegómeno. m. Introducción, prefacio, prólogo, preámbulo. (**a.**: *ultílogo.*)

prolepsis. f. Anticipación (en literatura).

proletario, ria. m. y f. Obrero, jornalero, asalariado, trabajador. (**a.**: *capitalista.*) || Plebeyo, vulgar, pobre. (**a.**: *burgués.*)

prolífico, ca. adj. Fecundo. (**a.**: *estéril.*) || Fructífero.

prolijidad. f. Redundancia, superfluidad. (**a.**: *concisión.*)

prolijo, ja. adj. Largo, detallado, extenso, dilatado, difuso. (**a.**: *conciso.*) || Minucioso, meticuloso, cuidadoso, esmerado. (**a.**: *desprolijo, descuidado.*) || Pesado, molesto.

prólogo. m. Proemio, prefacio, introducción, advertencia, preámbulo, exordio. (**a.**: *epílogo, conclusión, ultílogo.*)

prolongación. f. Alargamiento, continuación. (**a.**: *acortamiento.*) || Cola.

prolongar. tr. Alargar, extender, prorrogar. (**a.**: *acortar.*)

promedio. m. Media aritmética.

promesa. f. Promisión. || Oferta, ofrecimiento. || Voto, ofrenda. || Augurio, señal, indicio, presagio.

prometedor, ra. adj. Promisorio.

prometer. tr. Ofrecer, obligarse. || Asegurar, afirmar. || Augurar. || prnl. Consagrarse.

prometido, da. m. y f. Novio, pretendiente, futuro. || Propuesto, ofrecido.

prominencia. f. Saliente, elevación, eminencia. (**a.**: *depresión, llanura.*) || Bulto, hinchazón, protuberancia.

prominente. adj. Saliente, abultado, turgente. (**a.**: *bajo.*) || Ilustre, destacado.

promiscuidad. f. Mezcla, confusión, hacinamiento, mezcolanza. (**a.**: *aislamiento.*)

promisión. f. Promesa.

promisorio, ria. adj. Prometedor.

promoción. f. Hornada, pléyade, generación. || Incitación, movilización. (**a.**: *cese, paralización.*) || Publicidad, propaganda, difusión, divulgación.

promotor, ra. adj. Promovedor, iniciador, suscitador, animador. || Propagandista, difusor, publicitario.

promover. tr. Suscitar, iniciar, mover, impulsar. (**a.**: *paralizar.*) || Elevar, levantar. || Difundir, divulgar.

promulgar. tr. Decretar. (**a.**: *derogar.*) || Publicar, divulgar, propalar, difundir.

pronosticar. tr. Predecir, presagiar, augurar, adivinar, vaticinar.

pronóstico. m. Predicción, vaticinio, adivinación. || Augurio, conjetura.

prontamente. adv. Pronto, enseguida. || Rápidamente, aceleradamente.

prontitud. f. Velocidad, rapidez, celeridad, presteza, diligencia, actividad, ligereza. (**a.**: *lentitud.*) || Viveza, precipitación. (**a.**: *parsimonia, pereza.*)

pronto, ta. adj. Veloz, rápido, acelerado, ligero, vivo. || Dispuesto, preparado, aparejado, listo. || m. Arrebato, arranque. || adv. Presto, prontamente, aprisa. || Temprano.

prontuario. m. Resumen, compendio, sinopsis, vademécum, epítome. (**a.**: *ampliación.*) || Registro.

pronunciación. f. Dicción, articulación.

pronunciamiento. m. Rebelión, alzamiento, levantamiento, sublevación, insurrección, cuartelada. (**a.**: *lealtad.*) || Sentencia.

pronunciar. tr. Articular, proferir, decir. || tr. y prnl. Dictaminar, resolver. || prnl. Rebelarse, amotinarse, sublevarse, levantarse, alzarse. || Acentuarse.

propaganda. f. Difusión, divulgación. || Anuncio, aviso, publicidad.

propagandista. adj. y s. Divulgador, propagador. || Apóstol, misionero.

propagar. tr. y prnl. Multiplicar, reproducir. || Difundir, extender, publicar, divulgar, esparcir. (**a.**: *callar.*)

propalar. intr. Cundir, trascender, ramificarse. (**a.**: *limitarse.*)

propalar. tr. Difundir, divulgar, esparcir, propagar, extender. || Publicar, trasmitir.

proparoxítono, na. adj. Esdrújulo.

propasarse. prnl. Excederse, extralimitarse, abusar. (**a.**: *frenarse, contenerse.*) || Descomedirse, insolentarse.

propender. intr. Tender, inclinarse.

propensión. f. Inclinación, predisposición, tendencia, proclividad, afición. (**a.**: *desgana, oposición.*)

propiciar. tr. Calmar, aplacar, favorecer. (**a.**: *irritar.*)

propicio, cia. adj. Benigno, favorable,

benévolo. (**a.**: *desfavorable.*) ‖ Dispuesto, oportuno, apropiado.

propiedad. f. Dominio, pertenencia, goce, disfrute, posesión. ‖ Finca, heredad, predio. ‖ Cualidad, peculiaridad, carácter, atributo, semejanza. ‖ Naturalidad, realidad.

propietario, ria. m. y f. Dueño, amo, patrón, heredero, terrateniente.

propina. f. Gratificación, plus, sobrepaga.

propinar. tr. Administrar, dar. ‖ Asestar, maltratar, pegar, descargar, planificar, encajar.

propincuo, cua. adj. Allegado, cercano, próximo.

propio, pia. adj. Característico, exclusivo, peculiar, personal, particular. (**a.**: *ajeno, extraño.*) ‖ Conveniente, adecuado, pertinente, oportuno, indicado, a propósito. (**a.**: *impropio, inadecuado.*) ‖ Natural, real. ‖ Mismo.

proponer. tr. Ofrecer, plantear, sugerir. (**a.**: *aceptar.*) ‖ Exponer, presentar. ‖ prnl. Intentar, procurar, determinarse. (**a.**: *desentenderse.*)

proporción. f. Correspondencia, armonía, conformidad, relación. (**a.**: *desproporción, desequilibrio.*) ‖ Oportunidad, ocasión, conveniencia, coyuntura, sazón. ‖ pl. Dimensiones, escala, tamaño.

proporcionado, da. adj. Adecuado, idóneo, útil, apto, provechoso, conveniente. ‖ Proporcional, equilibrado, armonioso. (**a.**: *inadecuado, desmesurado.*)

proporcionar. tr. Facilitar, suministrar, proveer, procurar. (**a.**: *quitar.*) ‖ Ajustar, equilibrar, adecuar. (**a.**: *desequilibrar.*)

proposición. f. Enunciación, propuesta, propósito. ‖ Ofrecimiento, oferta. ‖ Oración, frase, sentencia.

propósito. m. Intento, intención, ánimo. ‖ Objetivo, fin, mira, motivo. ‖ **a propósito.** loc. adj. Adecuado, conveniente. ‖ loc. adv. De propósito. ‖ **de propósito.** loc. adv. Adrede, a propósito.

propuesta. f. Proposición, moción, proyecto, idea, plan, oferta, invitación.

propugnar. tr. Apoyar, defender, sustentar, abogar, sostener, proteger, amparar. (**a.**: *atacar, rebatir, desvirtuar.*)

propulsar. tr. Empujar, impeler, impulsar, mover.

propulsión. f. Impulso, impulsión, lanzamiento.

prorrata. f. Cuota, escote.

prórroga. f. Aplazamiento, demora, suspensión, moratoria. ‖ Prolongación, continuación.

prorrogar. tr. Aplazar, diferir, suspender, demorar, dilatar. (**a.**: *activar, apurar.*) ‖ Proseguir, continuar, extender. (**a.**: *acortar.*)

prosaico, ca. adj. Vulgar, insulso, ordinario, pedestre, adocenado, común, ramplón. (**a.**: *elevado, lírico, poético.*)

prosapia. f. Linaje, estirpe, casta, alcurnia, abolengo, ascendencia.

proscribir. tr. Desterrar, expatriar, expulsar. (**a.**: *amparar.*) ‖ Vedar, prohibir. (**a.**: *tolerar, permitir.*)

proscripción. f. Destierro, extrañamiento, deportación, expatriación, exilio, expulsión, ostracismo. (**a.**: *repatriación.*) ‖ Prohibición, exclusión, interdicción.

prosecución. f. Continuación, prolongación.

proseguir. tr. Seguir, continuar, insistir. (**a.**: *detener, interrumpir.*)

prosélito. m. Secuaz, partidario, sectario, satélite, adepto. (**a.**: *traidor.*) ‖ Converso.

prosodia. f. Fonética, ortología, fonología.

prosopopeya. f. Personificación (en literatura). ‖ Afectación, pompa, presunción, aparato, ampulosidad, ostentación, tiesura.

prosperar. intr. Progresar, adelantar, mejorar, medrar, enriquecerse, pelechar. (**a.**: *arruinarse, empeorar, fracasar.*)

prosperidad. f. Bienestar, adelanto, auge, progreso, fortuna, suerte, medro, esplendor. (**a.**: *decadencia, ruina, indigencia.*)

próspero, ra. adj. Favorable, propicio,

feliz, venturoso. (**a.**: *adverso.*) ‖ Rico, floreciente, afortunado. (**a.**: *ruinoso.*)

prosternarse. prnl. Postrarse, arrodillarse, humillarse.

prostíbulo. m. Burdel, lupanar, serrallo, mancebía.

prostituir. tr. Deshonrar, envilecer, corromper, degradar, pervertir. (**a.**: *ennoblecer, regenerar.*)

prostituta. f. Ramera, meretriz, buscona, puta.

protagonista. m. y f. Actor, actriz, héroe, heroína.

protección. f. Amparo, favor, defensa, auxilio, valimiento, resguardo, refugio, salvaguarda. (**a.**: *desamparo.*) ‖ Patrocinio, apoyo, sostén, ayuda, socorro. (**a.**: *inseguridad.*)

protector, ra. adj. y s. Defensor, favorecedor, bienhechor, tutor, valedor, patrocinador, padrino, mecenas.

proteger. tr. Amparar, defender, escudar, resguardar, salvaguardar, respaldar, preservar. (**a.**: *desamparar.*) ‖ Apoyar, favorecer. ‖ Apadrinar, auspiciar, patrocinar. ‖ Ayudar, cobijar, sostener. ‖ prnl. Parapetarse, atrincherarse. (**a.**: *atacar.*)

protegido, da. m. y f. Recomendado, ahijado.

proteico, ca. adj. Cambiante, versátil.

protervo, va. adj. Perverso, malvado, malo, procaz. ‖ Obstinado, rebelde, contumaz, pertinaz.

protesta. f. Desaprobación, reprobación, reparo. (**a.**: *aprobación.*) ‖ Abucheo, pataleo, silba, rechifla. (**a.**: *aplauso.*)

protestar. intr. Reclamar, quejarse. ‖ Contestar, refutar, oponerse, negarse, indignarse. (**a.**: *resignarse.*) ‖ Abuchear, silbar, patalear. (**a.**: *ovacionar, aplaudir.*)

protocolar. tr. Protocolizar, archivar. ‖ adj. Ceremonial.

protocolo. m. Registro. ‖ Ceremonia, ritual, formalidad, etiqueta.

prototipo. m. Ejemplo, dechado, modelo. (**a.**: *imitación.*) ‖ Arquetipo.

protuberancia. f. Prominencia, elevación, bulto, abultamiento, turgencia, convexidad, joroba.

provecto, ta. adj. Antiguo. ‖ Maduro, viejo.

provecho. m. Ganancia, beneficio, lucro, utilidad, fruto, ventaja. (**a.**: *inutilidad, daño, perjuicio.*) ‖ **de provecho.** loc. adj. Útil, adecuado.

provechoso, sa. adj. Beneficioso, útil, remunerativo, conveniente, fructífero, ventajoso, fructuoso, lucrativo, redituable, productivo.

proveedor, ra. m. y f. Abastecedor, aprovisionador, provisor, suministrador.

proveeduría. f. Despensa, almacén, mercado.

proveer. tr. Suministrar, abastecer, pertrechar, surtir, aprovisionar, equipar, proporcionar. (**a.**: *requisar.*) ‖ Disponer, prevenir. ‖ intr. Subvenir.

proveído. m. Resolución. ‖ adj. Resuelto.

provenir. intr. Nacer, originarse, descender, proceder, emanar, dimanar, venir, derivar. (**a.**: *resultar.*)

proverbial. adj. Axiomático ‖ Sabido, conocido, notorio, usual, acostumbrado, tradicional.

proverbio. m. Sentencia, adagio, máxima, refrán, paremia, aforismo, apotegma.

providencia. f. Disposición, medida, prevención, provisión, precaución. ‖ Resolución. ‖ Dios. ‖ Destino, suerte.

providencial. adj. Milagroso, afortunado, feliz. *Ayuda providencial.*

providente. adj. Próvido. ‖ Previsor, prudente, cauto, sagaz. (**a.**: *irreflexivo.*)

próvido, da. adj. Providente, diligente, prevenido, cuidadoso. ‖ Propicio, benévolo, favorable.

provisión. f. Precaución. ‖ Proveído. ‖ Reserva, acopio, surtido, almacenamiento. ‖ pl. Vituallas, víveres, existencias, suministro, abastecimiento.

provisional. adj. Interino, momentáneo, accidental, temporal, transitorio, pasajero, provisorio. (**a.**: *definitivo, permanente.*)

provocación. f. Incitación, excitación, instigación. ‖ Desafío, reto.

provocar. tr. Excitar, incitar, inducir,

mover, estimular. (**a.**: *tranquilizar.*) ‖ Irritar, hostigar, impacientar, retar, enojar. (**a.**: *apaciguar.*) ‖ Causar, producir, ocasionar, motivar, suscitar. (**a.**: *evitar.*) ‖ intr. Vomitar, arrojar, devolver.

proxenetismo. m. Alcahuetería, lenocinio.

proximidad. f. Cercanía, inmediación, vecindad, propincuidad, contigüidad. (**a.**: *lejanía.*) ‖ pl. Aledaños, alrededores, contornos.

próximo, ma. adj. Cercano, vecino, lindante, inmediato, contiguo, junto, propincuo. (**a.**: *alejado, distante.*)

proyectar. tr. Lanzar, arrojar, despedir. ‖ Idear, concebir, inventar, planear, planificar, trazar. ‖ Forjar, urdir, maquinar.

proyectil. m. Bala, balín, saeta, flecha, perdigón, torpedo, bomba.

proyecto. m. Designio, plan, idea, intención, pensamiento, concepción. (**a.**: *realización, obra.*) ‖ Croquis, boceto, bosquejo, diseño.

proyector. m. Reflector, linterna mágica.

prudencia. f. Cordura, mesura, juicio, seso, discernimiento, aplomo, sabiduría, sensatez, buen sentido. (**a.**: *insensatez.*) ‖ Moderación, tino, circunspección, serenidad, cautela, previsión, discreción, tacto. (**a.**: *imprudencia, indiscreción, temeridad.*)

prudente. adj. Cauto. ‖ Moderado, juicioso, mesurado, discreto, reservado, circunspecto. (**a.**: *atolondrado.*) ‖ Sensato, cuerdo.

prueba. f. Razón, argumento, demostración. ‖ Justificación, testimonio, probanza. ‖ Indicio, señal, evidencia, muestra. ‖ Ensayo, comprobación, experiencia, experimento. ‖ Cata, gustación. ‖ Desgracia, infortunio. (**a.**: *dicha, felicidad.*)

prurito. m. Comezón, picor, picazón. ‖ Afán, empeño, deseo, anhelo. ‖ Manía.

prusiato. m. Cianuro.

psique o **sique.** f. Alma.

psiquiatra o **psiquíatra.** com. Alienista.

psíquico, ca o **síquico, ca.** adj. Anímico.

psitacismo o **sitacismo.** m. Memorismo.

ptialismo o **tialismo.** m. Salivación.

púa. f. Aguijón, pincho, espina, aguja. ‖ adj. Ladino, astuto, sagaz.

pubertad. f. Pubescencia. ‖ Adolescencia.

pubis o **pubes.** m. Verija, vedija.

publicación. f. Impreso, diario, periódico, revista, hoja, folleto, libro. ‖ Artículo, noticia, información. ‖ Anuncio, aviso. ‖ Divulgación.

publicar. tr. Divulgar, pregonar, difundir, anunciar, propagar, propalar. ‖ Promulgar, proclamar, manifestar. ‖ Editar.

publicidad. f. Propaganda, difusión, divulgación, radiodifusión. ‖ Notoriedad. ‖ Anuncio, aviso, cartel.

publicista. m. Periodista, escritor. ‖ Avisador, anunciante.

público, ca. adj. Notorio, conocido, patente, manifiesto, sabido, común, visto. (**a.**: *privado, reservado.*) ‖ m. Gente, concurrencia, asistentes, espectadores, oyentes, auditorio. ‖ Clientela.

puchero. m. Cocido. ‖ Olla, marmita.

puches. amb. pl. Gachas.

pucho. m. Colilla.

pudendo, da. adj. Torpe, vergonzoso.

pudibundo, da. adj. Pudoroso.

pudicicia. f. Pudor, recato, honestidad. (**a.**: *desvergüenza, impudor.*)

púdico, ca. adj. Honesto, casto, pudoroso, recatado. (**a.**: *impúdico, inmoral.*)

pudiente. adj. Acaudalado, opulento, rico, potentado, poderoso. (**a.**: *pobre, indigente.*)

pudor. m. Honestidad, castidad, recato, vergüenza, decoro. (**a.**: *deshonestidad, desvergüenza, impudicia.*) ‖ Modestia.

pudoroso, sa. adj. Púdico, recatado. (**a.**: *deshonesto, impúdico.*)

pudrir o **podrir.** tr. y prnl. Corromper, descomponer. ‖ Fastidiar, molestar, exasperar. (**a.**: *entretener.*)

pueblerino, na. adj. Lugareño, aldeano.

pueblo. m. Población, poblado, lugar,

aldea, villa, villorrio. || Ciudad. || Nación, raza. || Gente. || Público. || Vecindario, vecinos. || Plebe, vulgo.

puente. m. Viaducto, pasarela, pontón.

puerco, ca. m. y f. Cerdo, chancho, cochino. || adj. Sucio. || Ruin, venal.

puericultura. f. Pediatría.

pueril. adj. Infantil, aniñado. || Iluso, ingenuo, candoroso, inocente, cándido. || Infundado, fútil, baladí, anodino.

puerilidad. f. Niñería, niñada, candor, inocencia, ingenuidad. || Insignificancia, futilidad, trivialidad, nimiedad, bagatela.

puerto. m. Fondeadero. || Amparo, refugio.

puertorriqueño, ña. adj. Portorriqueño, boricua, borinqueño.

pues. conj. Entonces. || Puesto que, ya que, por tanto, luego, en vista de que, en razón de que.

puesta. f. Postura, apuesta. || Ocaso. (**a.**: *naciente, salida.*)

puesto, ta. adj. Vestido, arreglado, ataviado. || Resuelto, empeñado, determinado. || m. Punto, sitio, lugar, paraje, espacio. || Empleo, colocación, cargo, plaza. || Tenderete.

púgil. m. Boxeador, luchador.

pugilato. m. Boxeo, lucha, pelea.

pugna. f. Pelea, lucha, porfía, lid, contienda. (**a.**: *tregua.*) || Oposición, hostilidad, rivalidad, antagonismo. (**a.**: *conciliación.*)

pugnar. intr. Pelear, luchar, contender. || Esforzarse, porfiar.

pugnaz. adj. Belicoso, guerrero.

puja. f. Mejora, aumento. || Subasta.

pujante. adj. Fuerte, vigoroso, potente, poderoso, brioso, ardoroso. (**a.**: *débil, endeble.*)

pujanza. f. Fuerza, brío, potencia, poder, vigor, fortaleza, impulso, energía, ánimo. (**a.**: *debilidad.*)

pujar. tr. e intr. Licitar, aumentar. || Empujar, forcejear, forzar, compeler, esforzarse.

pujo. m. Ansia, deseo. || Conato, intento, esfuerzo.

pulcritud. f. Aseo, limpieza. (**a.**: *desaliño, descuido.*) || Esmero, escrupulosidad, cuidado, atildamiento, finura.

pulcro, cra. adj. Aseado, limpio. || Cuidadoso, esmerado.

pulchinela. m. Polichinela.

pulido, da. adj. Alisado, bruñido, terso. (**a.**: *opaco.*) || Agraciado, primoroso.

pulimentar. tr. Bruñir, pulir, esmerilar, abrillantar, alisar, lustrar. || Componer, adornar, refinar, desbastar, perfeccionar.

pulimento. m. Pulido.

pulir. tr. Pulimentar, alisar, lustrar, abrillantar, bruñir. (**a.**: *ensuciar.*) || Adornar, aderezar, componer, acicalar. || Perfeccionar, instruir, refinar.

pulmón. m. Bofe.

pulmonía. f. Neumonía.

pulpa. f. Carne. || Médula, tuétano.

pulpejo. m. Talón.

púlpito. m. Ambón, plataforma.

pulsación. f. Latido, pulso, palpitación.

pulsar. tr. Tocar, tañer. || Sondear, tantear. || Examinar. || intr. Latir, palpitar.

pulsera. f. Brazalete, manilla, esclava, ajorca.

pulso. m. Seguridad, firmeza, tiento, tino. || Latido, palpitación, pulsación. || Cuidado, tacto, discreción.

pulular. intr. Abundar, multiplicarse, bullir, hormiguear. (**a.**: *escasear.*) || Nacer, originarse, provenir.

pulverizador. m. Atomizador, vaporizador.

pulverizar. tr. Triturar, desintegrar, moler. || Destruir, deshacer. (**a.**: *reconstruir.*)

pulverulento, ta. adj. Polvoriento, polvoroso.

pulla. f. Burla, chanza, chacota, mofa, broma, indirecta.

puna. f. Páramo, soroche.

punción. f. Incisión, punzada.

pundonor. m. Honor, honra, puntillo, honrilla, prez, amor propio. (**a.**: *bajeza, deshonor.*)

pundonoroso, sa. adj. Puntilloso, caballeroso, susceptible, delicado, puntoso. (**a.**: *apático.*)

punible. adj. Penable, castigable.

punición. f. Castigo, sanción. (**a.**: *premio.*)

punitivo, va. adj. Punible, penal.

punta. f. Pico, cima, promontorio. || Cabo, espolón, espigón. || Clavo, punzón. || Pitón, asta. || Pezón. || Pucho. || Extremo. (**a.**: *centro, medio.*) || Agudeza. || Algo, un poco. (**a.**: *mucho.*)

puntada. f. Punzada. || Alusión, insinuación, indirecta.

puntal. m. Fundamento, soporte, apoyo, estribo, sostén, tentempié.

puntapié. m. Patada.

puntear. tr. Compulsar, marcar, señalar.

puntera. f. Capellada. || Puntapié.

puntería. f. Acierto, destreza, ojo.

puntero, ra. adj. y s. Delantero. (**a.**: *zaguero.*) || m. Vara.

puntiagudo, da. adj. Agudo, aguzado, acuminado. (**a.**: *romo, embotado.*)

puntilla. f. Encaje.

puntillo. m. Pundonor.

puntilloso, sa. adj. Puntoso, pundonoroso, quisquilloso, susceptible. || Meticuloso, minucioso.

punto. m. Puntada. || Sitio, lugar, localidad, puesto, paraje. || Parada. || Instante, segundo, momento. || Cuestión, tema, asunto, situación, materia. || Ocasión, sazón. || Pundonor. || Grado, intensidad. || Quid. || Jugador, tanto.

puntoso, sa. adj. Pundonoroso, puntilloso, susceptible.

puntual. adj. Cumplidor, diligente. || Exacto, regular, preciso. || Cierto, indudable, indubitable, seguro. || Conforme, conveniente, adecuado.

puntualidad. f. Regularidad, diligencia, exactitud, cuidado, precisión. (**a.**: *inexactitud, irregularidad.*)

puntualizar. tr. Detallar, pormenorizar, recalcar, precisar, concretar, formalizar, delimitar, especificar.

puntualmente. adv. Exactamente, regularmente.

punzada. f. Puntada, pinchazo.

punzante. adj. Mordaz, satírico, hiriente, pungente, incisivo. || Agudo, penetrante, picante, doloroso.

punzar. tr. Picar, pinchar, pungir. || Zaherir, aguijonear, clavar.

punzón. m. Buril.

puñada. f. Puñetazo, trompada, moquete, puñete.

puñado. m. Puño. || Manojo, porción, grupo, montón.

puñal. m. Cuchillo, daga.

puñalada. f. Cuchillada, navajazo. || Pesadumbre.

puñetazo. m. Trompada, piña, puñada, tortazo. (**a.**: *caricia.*)

puño. m. Puñado. || Empuñadura. || Mango, manija. || Manillar. || pl. Fuerza, valor.

pupa. f. Daño, nana, dolor. (**a.**: *caricia, mimo.*)

pupilaje. m. Casa de huéspedes, pensión, hospedaje.

pupilo, la. m. y f. Huésped, pensionista. || f. Niña del ojo. || Ramera.

pupitre. m. Escritorio.

puramente. adv. Castamente, con pureza, pulcramente. || Meramente, únicamente, estrictamente, solamente, simplemente.

pureza. f. Castidad, virginidad, inocencia. (**a.**: *deshonestidad.*) || Casticismo, puridad.

purgar. tr. Limpiar, depurar, purificar. || Expiar, satisfacer, pagar.

puridad. f. Pureza. || Reserva, secreto.

purificador, ra. adj. Purificante. || Detersivo, detergente.

purificar. tr. Purgar, sanear, depurar, limpiar, refinar, filtrar, expurgar. (**a.**: *enturbiar, contaminar.*) || Acrisolar, acendrar.

purismo. m. Casticismo.

purista. adj. Casticista.

puritano, na. adj. Austero, rígido, recto, severo, inflexible. || Mojigato.

puro, ra. adj. Casto, virginal, honesto. (**a.**: *deshonesto.*) || Libre, exento, depurado, limpio, purificado, sano, acendrado, acrisolado. (**a.**: *sucio, impuro, contaminado, viciado.*) || Correcto, depurado, castizo. || Mero, solo, simple. (**a.**: *mezclado, compuesto.*) || Íntegro, moral, recto.

púrpura. adj. Encarnado, rojo.

purpurado. m. Cardenal.

purpúreo, a. adj. Encarnado, rojo, púrpura.

purulencia. f. Supuración.

purulento, ta. adj. Virulento, ponzoñoso.

pus. m. Materia, podre, podredumbre, humor.

pusilánime. adj. Medroso, miedoso, tímido, apocado, temeroso, encogido, cobarde, corto. (**a.:** *decidido, audaz, resuelto.*)

pústula. f. Postilla, vejiguilla.

puta. f. Ramera.

putativo, va. adj. Existimativo.

putrefacción. f. Podredura, podredumbre, pudrimiento, corrupción, descomposición, pudrición. || Descomposición, fermentación.

putrefacto, ta. adj. Pútrido, podrido, pocho, descompuesto, infecto, corrompido, corrupto. (**a.:** *sano, profiláctico.*)

pútrido, da. adj. Putrefacto, corrompido, nauseabundo, fétido, repugnante.

puya. f. Púa, pica, punta. || Garrocha.

quebracho. m. Jabí, quiebrahacha.

quebrada. f. Quebradura, quiebra, angostura, cañón, portillo.

quebradizo, za. adj. Frágil, rompible, delicado, vidrioso, rompedero. (**a.**: *duro, resistente.*) ‖ Enfermizo. ‖ Perecedero, caduco.

quebrado, da. adj. Fallido. (**a.**: *solvente.*) ‖ Herniado, potroso. ‖ Quebrantado, debilitado. ‖ Desigual, accidentado, áspero, abrupto, escabroso, fragoso. (**a.**: *llano.*) ‖ Roto. ‖ m. Fracción.

quebradura. f. Fractura, rotura, hendidura, grieta, abertura. ‖ Quebrada. ‖ Hernia.

quebrantahuesos. m. Halieto, pigargo.

quebrantamiento. m. Violación, infracción. (**a.**: *cumplimiento.*)

quebrantar. tr. y prnl. Quebrar, hender, agrietar, rajar, cascar, romper. ‖ tr. Machacar, moler, triturar. ‖ Violar, violentar, profanar, forzar. ‖ Conculcar, contravenir, infringir, vulnerar, trasgredir, traspasar, desobedecer, incumplir. ‖ Fatigar, molestar. ‖ Debilitar. (**a.**: *endurecer.*) ‖ prnl. Resentirse.

quebranto. m. Daño, pérdida, perjuicio, detrimento, deterioro. (**a.**: *beneficio, ganancia.*) ‖ Aflicción, pena, dolor, desaliento, desánimo, decaimiento, descaecimiento, flojera. (**a.**: *ánimo, voluntad.*) ‖ Compasión, piedad.

quebrar. tr. y prnl. Romper, cascar, rajar, quebrantar. ‖ Doblar, torcer, desviar. ‖ Ceder, flaquear. ‖ prnl. Herniarse.

quedar. intr. Resultar. ‖ Subsistir. ‖ Acabar, cesar. ‖ Faltar, restar, sobrar. ‖ Convenir, acordar. (**a.**: *diferir.*) ‖ intr. y prnl. Estar, detenerse, permanecer. (**a.**: *marcharse, irse, ausentarse.*) ‖ Retener. (**a.**: *devolver.*)

quedo, da. adj. Quieto. (**a.**: *inquieto.*) ‖ Suave, silencioso. (**a.**: *bullicioso.*) ‖ adv. Silenciosamente, quedamente, suavemente, en voz baja, despacio.

quehacer. m. Ocupación, trabajo, oficio, tarea, faena, empleo, actividad. (**a.**: *ocio, pasividad.*)

queja. f. Lamento, lamentación, quejido, gemido. (**a.**: *carcajada, risa.*) ‖ Resentimiento, desazón, descontento, disgusto. (**a.**: *contento.*) ‖ Querella, acusación.

quejarse. prnl. Lamentarse, gemir, dolerse. (**a.**: *reírse.*) ‖ Reclamar. ‖ Querellarse.

quejido. m. Gemido, lamento, queja, lamentación. *Quejido lastimero.*

quejoso, sa. adj. Gemebundo, descontento, dolido, disgustado, resentido. (**a.**: *contento, feliz, satisfecho.*)

quejumbroso, sa. adj. Lastimero.

quema. f. Cremación. ‖ Incendio, fuego, quemazón, combustión.

quemado, da. adj. Enfadado, enojado, resentido. ‖ Escarmentado. ‖ Abrasado, incinerado.

quemar. tr., intr. y prnl. Abrasar, incendiar, incinerar. || Impacientar, desazonar, escarmentar, irritar, enfadar, enojar. || Derrochar, consumir, malgastar. || Soliviantar.
quemazón. f. Quema, incendio. || Liquidación.
quena. f. Caramillo, flauta.
querella. f. Discordia, riña, pendencia, reyerta, cuestión, contienda, pelea, altercado. (**a.**: *paz, concordia.*) || Acusación, reclamación, queja, litigio. (**a.**: *acuerdo.*) || Lamento, quejido.
querellar. tr. y prnl. Reñir, pleitear, pelear, disputar. (**a.**: *amistarse.*)
querencia. f. Inclinación, tendencia, afecto. || Hogar. || Establo.
querer. m. Amor, cariño, afecto, estima. || tr. Determinar, resolver, decidir. (**a.**: *desistir.*) || Desear, pretender, apetecer, ambicionar, procurar, requerir, intentar. || Proponerse, empeñarse, antojarse. || Amar, apreciar, adorar, estimar. (**a.**: *odiar.*) || Exigir, requerir, pedir.
querido, da. f. Amante, amado. || Apreciado, caro, estimado.
querubín. m. Ángel, serafín, querube. || Beldad, hermosura. (**a.**: *fealdad.*)
quevedos. m. pl. Antiparras, anteojos, lentes.
quid. m. Esencia, porqué, razón, busilis, toque, clave.
quídam. m. Cualquiera, sujeto.
quiebra. f. Hendedura, fractura, rotura, grieta. || Bancarrota, batacazo, fracaso. (**a.**: *éxito.*)
quiebro. m. Esguince, contoneo, regate. || Gorgorito, trino, gorjeo.
quienquiera. pron. indef. Cualquiera.
quietismo m. Inacción.
quieto, ta. adj. Quedo, inactivo, inmóvil, parado, estático, detenido. || Tranquilo, calmado, manso, reposado, pacífico, sosegado. (**a.**: *agitado.*)
quietud. f. Descanso, inmovilidad, inacción, inercia, inactividad. (**a.**: *actividad, dinamismo.*) || Calma, tranquilidad, reposo, sosiego, paz.
quijada. f. Mandíbula.
quijote. m. Iluso, soñador. || Hidalgo.
quijotismo. m. Hidalguía, caballerosidad. (**a.**: *realismo.*) || Orgullo, engreimiento.
quimera. f. Ilusión, ficción, imaginación, fantasía, fábula, utopía, delirio, desvarío, sueño. (**a.**: *realidad.*) || Discordia, disputa, gresca, riña, pendencia, trifulca, cuestión.
quimérico, ca. adj. Imaginario, fantástico, irreal, fabuloso, fingido, soñado, ilusorio, imposible, irrealizable. (**a.**: *real.*)
quimerista. adj. Iluso, fantaseador, novelero. || Pendenciero, camorrista, camorrero, buscapleitos.
quincuagenario, ria. adj. Cincuentón.
quincuagésimo, ma. adj. Cincuentésimo.
quinquenio. m. Lustro.
quinqué. m. Lámpara.
quinta. f. Finca. || Reclutamiento, remplazo.
quintaesencia. f. Extracto, esencia. || Refinamiento.
quintaesenciar. tr. Refinar, apurar, extractar, alambicar, depurar, sutilizar.
quintañón, na. adj. Centenario.
quinto. m. Recluta, soldado, conscripto.
quisicosa. f. Sutileza, problema, dificultad.
quisquilloso, sa. adj. Reparón, sentido, susceptible, delicado, picajoso, puntilloso. (**a.**: *apático, inalterable.*)
quiste. m. Tumor.
quita. f. Rebaja. || Liberación, remisión, perdón.
quitamanchas. m. Sacamanchas.
quitar. tr. Libertar, desembarazar, librar. || Redimir, cancelar. || Sacar, eliminar, apartar, separar, extirpar, desembarazar, remover, suprimir. (**a.**: *poner, colocar.*) || Hurtar, robar, escamotear, despojar. || tr. o intr. Impedir, estorbar, obstar. || prnl. Apartarse, irse. (**a.**: *acercarse.*)
quitasol. m. Parasol, sombrilla.
quite. m. Parada, lance, quiebro (en esgrima).
quito, ta. adj. Libre, exento.
quizá o quizás. adv. Acaso, tal vez, posiblemente. (**a.**: *ciertamente, seguramente.*)

rabia. f. Hidrofobia. ‖ Ira, enfado, enojo, cólera, coraje, furia, furor. (**a.**: *tranquilidad, serenidad.*) ‖ Antipatía, aversión.

rabiar. intr. Encolerizarse, irritarse, enfurecerse. ‖ Desear, ansiar. ‖ **a rabiar.** loc. adv. Mucho, excesivamente.

rabieta. f. Enojo, pataleo, berrinche, llorera. ‖ Sofoco, sofocón.

rabión. m. Rápido (de un río).

rabioso, sa. adj. Hidrófobo. ‖ Colérico, enojado, airado, furioso, encolerizado, furibundo. (**a.**: *sereno.*) ‖ Vehemente, irascible, desmedido, violento.

rabo. m. Cola. ‖ Pecíolo, pedúnculo, pezón, rabillo.

rabona. f. Inasistencia, falta.

racial. adj. Étnico.

raciocinar. intr. Razonar, discurrir, pensar, reflexionar.

raciocinio. m. Razonamiento, reflexión, argumento, discurso. ‖ Razón, entendimiento, juicio. (**a.**: *presentimiento, intuición.*)

ración. f. Porción, medida, cupo, parte. (**a.**: *conjunto, todo.*)

racional. adj. Razonable, justo, lógico. (**a.**: *irracional, ilógico.*) ‖ Plausible, procedente. ‖ Comprensible, fundado.

racionar. tr. Distribuir, repartir.

racha. f. Ráfaga, ramalazo.

radiación. f. Propagación, irradiación. ‖ Fulgor. (**a.**: *opacidad.*)

rada. f. Bahía, ensenada, caleta, abrigo, fondeadero.

radián. m. Radiante.

radiante. adj. Irradiante, emisor. ‖ Brillante, esplendente, resplandeciente, refulgente, rutilante, luminoso, coruscante. (**a.**: *opaco, apagado.*) ‖ Satisfecho, alegre, contento. (**a.**: *triste.*) ‖ m. Radián.

radiar. intr. Irradiar. ‖ Emitir, difundir, trasmitir. ‖ Rutilar, refulgir, resplandecer. ‖ Apartar, separar.

radical. adj. Completo, total. ‖ Extremado, excesivo. (**a.**: *ecléctico.*) ‖ Enérgico, drástico. ‖ m. Raíz (en gramática).

radicar. intr. y prnl. Arraigar, afincarse, establecerse, permanecer. (**a.**: *ausentarse.*) ‖ intr. Estar, encontrarse, hallarse. ‖ Consistir, estribar, residir.

radio. m. Rayo. ‖ Alcance, distancia.

radio. f. Radiodifusión. ‖ Emisora, radiotelefonía. ‖ m. Sector, zona. ‖ Radiograma. ‖ amb. Receptor, aparato (de radio).

radiodirigir. tr. Teledirigir, radioguiar. *Radiodirigir un cohete.*

radioemisor, ra. adj. Emisor.

radiofonía. f. Radiotelefonía.

radiofuente. f. Radiofoco.

radiograma. m. Radiotelegrama.

radioguiar. tr. Radiodirigir.
radioindicador. m. Trazador.
radioyente. com. Radioescucha.
raedera. f. Raspador, rasqueta.
raedura. f. Raimiento, raspamiento, raspadura, limadura.
raer. tr. Raspar.
ráfaga. f. Racha. ‖ Destello. ‖ Ramalazo, dolor, punzadura. ‖ Torbellino, ciclón.
rahez. adj. Vil, despreciable, bajo, rastrero.
raído, da. adj. Usado, gastado, ajado, deslucido. (**a.**: *nuevo.*)
raigambre. f. Consistencia, firmeza, seguridad, estabilidad.
raigón. m. Raíz
raíl o rail. m. Carril, riel, vía.
raíz. f. Raicilla, raigón. ‖ Origen, fuente, principio, fundamento, comienzo. ‖ Radical (en gramática).
raja. f. Fisura, hendedura, hendidura, rendija, abertura, grieta, resquebrajadura. ‖ Rebanada, tajada.
rajar. tr. y prnl. Hender, partir, cascar, abrir, resquebrajar, agrietar. ‖ intr. y prnl. Desistir, desdecirse, acobardarse, amilanarse.
ralea. f. Casta, linaje, raza. ‖ Especie, clase, calidad, género, extracción, cepa, cuna. ‖ Calaña, estofa.
ralo, la. adj. Claro, disperso, espaciado. (**a.**: *tupido, espeso.*)
rallador. m. Desmenuzador.
ralladura. f. Limadura.
rallar. intr. Fastidiar, incomodar. ‖ Desmenuzar, triturar.
rama. f. Ramal, ramificación, bifurcación, derivación. ‖ Línea. ‖ División, ramo. ‖ Brazo, gajo, vástago.
ramal. f. Rama, ramificación. ‖ Sección, tramo. ‖ Cabestro, ronzal, dogal.
ramera. f. Prostituta, meretriz, buscona.
ramificación. f. Rama, ramal. ‖ Consecuencia, derivación. ‖ Bifurcación.
ramificarse. prnl. Subdividirse, bifurcarse, dividirse. (**a.**: *unirse.*) ‖ Esparcirse, extenderse, propagarse.
ramillete. m. Ramo. ‖ Selección.
ramo. m. Ramillete, manojo. ‖ Parte, sector, sección.
rampa. f. Pendiente, declive, talud, repecho. *Se deslizó por la rampa.*
ramplón, na. adj. Tosco, vulgar, pedestre, adocenado, chabacano. (**a.**: *distinguido.*) ‖ Grotesco, extravagante, estrafalario.
rancio, cia. adj. Viejo, añejo. ‖ Antiguo. ‖ Anticuado, vetusto, obsoleto.
rancho. m. Choza, cabaña, albergue. ‖ Comida (de la tropa).
randa. f. Encaje. ‖ Granuja, pillo, bribón.
rango. m. Jerarquía, clase, categoría, calidad.
ranura. f. Estría, canal, acanaladura. (**a.**: *resalto, relieve.*)
rapapolvo. m. Reconvención, reprensión, reprimenda, bronca, regaño.
rapaz. adj. Ladrón, cleptómano, ladronzuelo, rapiñador. (**a.**: *generoso, dadivoso.*)
rapaz, za. m. y f. Chico, muchacho, niño, mocoso, chicuelo, chiquitín.
rapidez. f. Celeridad, ligereza, prontitud, presteza, apresuramiento, velocidad. (**a.**: *lentitud.*)
rápido, da. adj. Veloz, impetuoso, pronto, acelerado, presuroso, apresurado, precipitado, raudo, ligero.
rapiña. f. Hurto, robo, pillaje, expoliación, saqueo.
rapiñar. intr. Robar.
raposa. f. Zorra, vulpeja.
rapsoda. m. Bardo, juglar, aedo, vate, poeta.
raptar. tr. Secuestrar, robar, plagiar. (**a.**: *recobrar, recuperar.*)
rapto. m. Arrebato, arranque, impulso. ‖ Secuestro. (**a.**: *rescate.*) ‖ Éxtasis, trasporte, arrobamiento, enajenación, enajenamiento. (**a.**: *desvanecimiento.*)
raptor. m. Ladrón, secuestrador.
raqueta. f. Pala, paleta.
raquis. m. Columna vertebral, espina dorsal. ‖ Astil. ‖ Raspa.
raquítico, ca. adj. Flaco, desmedrado, endeble, débil. (**a.**: *fornido, fuerte, sano.*) ‖ Exiguo, mezquino, escaso, corto, miserable. (**a.**: *generoso.*)
raquitis. f. Raquitismo.
raramente. adv. Rara vez.

rareza. f. Anomalía. (**a.**: *costumbre.*) ‖ Extravagancia, singularidad, ridiculez, excentricidad, curiosidad. (**a.**: *vulgaridad.*) ‖ Escasez. (**a.**: *abundancia.*)

rarificar. tr. y prnl. Enrarecer, rarefacer.

raro, ra. adj. Extraño, extraordinario, inusitado, singular, excepcional, insólito. (**a.**: *común, corriente, usual.*) ‖ Extravagante, estrambótico, excéntrico, estrafalario. ‖ Escaso, ralo. (**a.**: *abundante.*)

ras. m. Igualdad, nivel.

rasar. tr. Nivelar, igualar. (**a.**: *desnivelar.*) ‖ Arrasar, devastar.

rascador. m. Rasqueta.

rascar. tr. Arañar, rasguñar. ‖ Raspar, raer.

rasgadura. f. Rasgón, rotura.

rasgar. tr. y prnl. Desgarrar, romper. (**a.**: *coser.*) ‖ tr. Rasguear, tañer.

rasgo. m. Trazo. ‖ Carácter, cualidad, propiedad, peculiaridad, atributo, característica, nota. ‖ pl. Facciones.

rasgón. m. Rotura, desgarro, desgarrón, rasgadura.

rasguñar. tr. Rascuñar, arañar, rascar. ‖ Tantear, esbozar, bosquejar.

rasguño. m. Arañazo. ‖ Apuntamiento, tanteo, esbozo, bosquejo.

raso, sa. adj. Plano, llano, liso. (**a.**: *abrupto, escarpado.*) ‖ Despejado, claro, pelado.

raspa. f. Reprimenda.

raspadura. f. Limadura, raspado.

raspar. tr. Raer, arañar, rascar. ‖ Rasar, rozar. ‖ Hurtar, quitar.

rastra. f. Rastrillo, rastro. ‖ Ristra, sarta. ‖ Rastro, vestigio, señal, pista, huella. ‖ **a la rastra, a rastra** o **a rastras.** loc. adv. Arrastrando. ‖ De mal grado, de mala gana.

rastreador, ra. m. y f. Batidor, baqueano, explorador.

rastrear. intr. Averiguar, buscar, indagar, olfatear, perseguir.

rastrero, ra. adj. Bajo, vil, despreciable, indigno. (**a.**: *digno, noble.*) ‖ Rasante.

rastrillo. m. Rastro, rastra.

rastro. m. Rastra, rastrillo. ‖ Indicio, huella, pista, señal, vestigio.

rasurar. tr. Afeitar, rapar.

rata. f. Laucha. ‖ Rabona.

ratear. tr. Prorratear. ‖ Hurtar.

ratería. f. Hurto, sisa.

ratero, ra. m. y f. Caco, ladrón, gato.

ratificación. f. Confirmación, aprobación. (**a.**: *rectificación.*)

ratificar. tr. Reafirmar, refirmar, certificar, confirmar, corroborar, aprobar, convalidar. (**a.**: *rectificar, enmendar.*)

rato. m. Instante, momento.

ratón. m. Laucha.

raudal. m. Abundancia, copia, cantidad. ‖ Inundación.

raudo, da. adj. Rápido, veloz. (**a.**: *lento, pausado.*) ‖ Violento, precipitado.

raya. f. Línea, trazo. ‖ Guión. ‖ Término, confín, límite, linde, frontera. ‖ Cortafuego, parafuego.

rayado. m. Renglonadura.

rayano, na. adj. Lindante, vecino, confinante, limítrofe. (**a.**: *mediato.*) ‖ Fronterizo. ‖ Cercano. (**a.**: *distante.*)

rayar. intr. Limitar, lindar, confinar. ‖ tr. Borrar, tachar. ‖ Subrayar. ‖ Acercarse, parecerse. ‖ Distinguirse, sobresalir.

rayita. f. Tilde, virgulilla.

rayo. m. Centella, exhalación, chispa, relámpago. ‖ Radio. ‖ Lince, pólvora.

rayuela. f. Infernáculo, tejo.

raza. f. Casta, linaje, progenie, estirpe. ‖ Ralea. ‖ Pueblo, clan, tribu. ‖ Especie, género.

razia. f. Correría, incursión.

razón. f. Entendimiento, juicio, discurso, raciocinio, intelecto, criterio. (**a.**: *instinto, pasión.*) ‖ Prueba, argumento, demostración. ‖ Motivo, porqué, causa, móvil. ‖ Justicia, equidad, rectitud, verdad, derecho. (**a.**: *injusticia.*) ‖ Recado, mensaje. ‖ Orden, método. ‖ Cuenta, relación, cómputo. ‖ **dar razón.** Notificar, informar. ‖ **razón social.** Sociedad.

razonable. adj. Arreglado, justo, justificado, legítimo, comprensible. (**a.**: *injustificado, arbitrario.*) ‖ Mediano, regular, moderado. ‖ Prudente, inteligente, sensato. || Plausible, fundado, lógico.

razonamiento. m. Argumento, demostración, raciocinio, discurso, reflexión. (**a.**: *sutileza, contradicción.*)

razonar. intr. Discurrir, pensar, raciocinar, argüir, argumentar, aducir. || Explicar, justificar. || Hablar, discutir, exponer.

reacción. f. Oposición, resistencia. (**a.**: *sometimiento, pasividad.*)

reaccionar. intr. Protestar. (**a.**: *conformarse.*) || Rebelarse. (**a.**: *adaptarse.*)

reaccionario, ria. adj. y s. Retrógrado. (**a.**: *innovador, progresista.*)

reacio, cia. adj. Desobediente, indócil, remiso, rebelde, renuente.

reactor, ra. adj. Reactivo. || m. Reactancia. || **reactor nuclear.** Pila atómica.

reafirmar. tr. y prnl. Confirmar, corroborar, ratificar, refirmar. (**a.**: *rectificarse.*)

real. adj. Verdadero, existente, auténtico, positivo, efectivo, cierto, tangible, verídico. (**a.**: *imaginario, irreal.*) || Regio, suntuoso. || Magnífico, espléndido. || Bonísimo. || m. Campamento.

realce. m. Relieve. || Lustre, brillo, estimación, lujo, grandeza, lucimiento, esplendor.

realeza. f. Soberanía.

realidad. f. Existencia, efectividad. (**a.**: *fantasía.*) || Verdad, sinceridad, naturalidad. || **en realidad.** loc. adv. Realmente, efectivamente.

realimentación. f. Reacción.

realismo. m. Precisión, naturalismo, objetivismo.

realizable. adj. Hacedero, factible, posible. (**a.**: *irrealizable, imposible.*)

realización. f. Ejecución. || Venta.

realizar. tr. y prnl. Hacer, efectuar, ejecutar. || tr. Vender.

realmente. adv. Efectivamente, positivamente, verdaderamente, ciertamente, indudablemente.

realzar. tr. Levantar, destacar, elevar. || Enaltecer, ensalzar, engrandecer, exaltar. (**a.**: *menoscabar, desprestigiar.*)

reanimar. tr. y prnl. Restablecer, fortalecer, reconfortar. || Animar, alentar, consolar, vivificar. (**a.**: *desalentar, desanimar.*)

reanudar. tr. Proseguir, continuar, seguir, renovar. (**a.**: *interrumpir, suspender.*)

reaparecer. intr. Resurgir.

reata. f. Correa, cuerda.

reavivar. tr. y prnl. Vivificar, reanimar.

rebaba. f. Reborde.

rebaja. f. Descuento, deducción, disminución, reducción, bonificación. (**a.**: *aumento, incremento.*)

rebajar. tr. Disminuir, descontar, deducir, reducir, restar. (**a.**: *aumentar.*) || tr. y prnl. Humillar, abatir, degradar, envilecer. || Minorar, atenuar, minimizar. (**a.**: *avivar.*) || Menospreciar.

rebalsa. f. Embalse.

rebalsar. intr. Embalsar, represar.

rebanada. f. Raja, tajada.

rebaño. m. Manada, hato, tropa. || Grey, feligresía.

rebasar. tr. Sobrepasar, exceder, colmar. (**a.**: *faltar.*) || Pasar, trasponer. || prnl. Extralimitarse. (**a.**: *comedirse.*)

rebatir. tr. Rechazar, contrarrestar. (**a.**: *corroborar.*) || Impugnar, refutar, confutar.

rebato. m. Alarma, conmoción.

rebelarse. prnl. Sublevarse, levantarse, insurreccionarse, indisciplinarse, insubordinarse, alzarse, amotinarse. || Resistirse, oponerse, desobedecer. (**a.**: *someterse.*)

rebelde. adj. Sublevado, insurgente, amotinado, insurrecto, revoltoso, faccioso, sedicioso. || Desobediente, insumiso, indócil, indisciplinado, reacio, recalcitrante, indómito, díscolo, indomable. (**a.**: *dócil, sumiso.*) || Contumaz.

rebeldía. f. Desobediencia, indocilidad, insubordinación, levantamiento, indisciplina. (**a.**: *subordinación, acatamiento.*) || Contumacia.

rebelión. f. Alzamiento, sublevación, insurrección, levantamiento, sedición.

rebenque. m. Látigo, talero.

reblandecer. tr. y prnl. Ablandar, lentecer.

reborde. m. Cornisa, saliente.
rebosadero. m. Aliviadero. ‖ Desaguadero, desagüe.
rebosar. intr. y prnl. Derramarse, desbordarse, rebasar. ‖ Abundar, sobreabundar, redundar, exceder, cundir.
rebotar. intr. Botar, picar, saltar. ‖ Rechazar.
rebote. m. Rechazo, retroceso, bote, salto.
rebozar. tr. y prnl. Arrebozar, embozar, cubrir, empanar, envolver, bañar.
rebozo. m. Simulación, excusa, pretexto. ‖ Embozo.
rebrotar. intr. Retoñar, apimpollarse.
rebrote. m. Retoño, renuevo, hijuelo, vástago.
rebullir. intr. Agitarse, alborotar. (**a.**: *aquietarse.*)
rebuscado, da. adj. Afectado, estudiado, amanerado, forzado. (**a.**: *sencillo, natural.*)
rebuscar. tr. Escudriñar, escrutar, explorar, registrar, inquirir.
rebuznar. intr. Roznar.
rebuzno. m. Roznido.
recabar. tr. Alcanzar, lograr, obtener, conseguir. ‖ Pedir, solicitar.
recado. m. Mensaje, misiva, encargo. ‖ Regalo, presente. ‖ Montura, apero. ‖ Útiles.
recaída. f. Reincidencia.
recalada. f. Arribo.
recalcar. tr. Insistir, repetir, acentuar, subrayar, machacar.
recalcitrante. adj. Terco, reacio, obstinado, pertinaz, reincidente. (**a.**: *arrepentido.*)
recapacitar. intr. y tr. Reflexionar, recordar, rememorar, meditar.
recapitulación. f. Compendio, revisión, síntesis, resumen, sumario.
recapitular. tr. Resumir, sintetizar, compendiar, condensar, extractar.
recargado, da. adj. Barroco, rococó, churrigueresco. ‖ Exagerado. (**a.**: *aligerado.*)
recargo. m. Sobreprecio, aumento, gravamen. (**a.**: *disminución.*)
recatado, da. adj. Circunspecto, cauto, precavido. ‖ Honesto, modesto, pudoroso.
recatar. tr. y prnl. Encubrir, ocultar, esconder, tapar. (**a.**: *exhibir, mostrar.*)
recato. m. Cautela, reserva, circunspección. (**a.**: *jactancia.*) ‖ Honestidad, modestia, pudor, decoro, compostura. (**a.**: *impudor.*)
recaudación. f. Colecta, cuestación. ‖ Cobro, cobranza, percepción.
recaudador. m. Cobrador.
recaudar. tr. Cobrar, percibir, recolectar. (**a.**: *cancelar, pagar.*)
recaudo. m. Recaudación, cobro, cobranza. ‖ Precaución, cuidado.
recelar. tr. e intr. Desconfiar, sospechar, maliciarse, temer.
recelo. m. Desconfianza, barrunto, sospecha, miedo, temor, aprensión, escama. (**a.**: *confianza.*)
receloso, sa. adj. Desconfiado, suspicaz, temeroso, aprensivo.
recensión. f. Reseña, crítica.
recentar. tr. Leudar.
recepción. f. Recibimiento, recibo, acogida. ‖ Admisión, aceptación.
receptáculo. m. Recipiente, vasija, envase. ‖ Acogida, asilo, refugio.
receptar. tr. Acoger, recibir. ‖ Ocultar, esconder, encubrir.
receptor, ra. adj. y s. Recibidor, aceptador, recipiente.
receptoría. f. Cobranza, tesorería.
receso. m. Separación, apartamiento, desvío. ‖ Interrupción, suspensión, cesación, vacación, descanso.
receta. f. Prescripción, fórmula.
recetar. tr. Formular, prescribir, ordenar.
recetario. m. Formulario. ‖ Farmacopea.
reciamente. adv. Fuertemente, vigorosamente, violentamente.
recibidor. m. Recibimiento, antesala. ‖ Vestíbulo, recibimiento.
recibimiento. m. Recepción, acogida, recibo, bienvenida, acogimiento. ‖ Recibidor, antesala. ‖ Admisión.
recibir. tr. Tomar, aceptar. (**a.**: *entregar, dar.*) ‖ Admitir, acoger. ‖ Cobrar, percibir. ‖ Incorporar. ‖ prnl. Graduarse, revalidarse.
recibo. m. Recepción, acogida, recibi-

miento. ‖ Comprobante, vale, resguardo.
recidiva. f. Repetición, recaída.
reciedumbre. f. Robustez, fuerza, fortaleza, vigor, reciura. (**a.**: *debilidad.*)
reciente. adj. Nuevo, fresco, flamante. ‖ Moderno, actual. (**a.**: *antiguo, viejo.*)
recientemente. adv. Recién, últimamente.
recinto. m. Circuito, perímetro, ámbito, espacio.
recio, cia. adj. Fuerte, robusto, vigoroso. (**a.**: *débil, endeble.*) ‖ Grueso, gordo, abultado, corpulento. ‖ Áspero, acre. (**a.**: *suave.*) ‖ Penoso, duro. ‖ Fuerte, intenso. ‖ Riguroso, severo. ‖ Impetuoso, veloz.
recipiente. m. Receptáculo, envase, vasija, vaso.
reciprocidad. f. Correspondencia, mutualidad.
recíproco, ca. adj. Mutuo, mutual.
recital. m. Concierto.
recitar. tr. Declamar, decir. ‖ Referir, contar.
recitativo. m. Recitado.
reclamación. f. Exigencia, reclamo, requerimiento, pretensión, protesta. ‖ Petición, demanda, solicitud, pedido.
reclamar. intr. Oponerse. ‖ tr. Exigir, demandar, requerir, peticionar, solicitar. (**a.**: *desistir.*)
reclamo. m. Señuelo, cebo, espejismo. ‖ Atractivo, aliciente, incentivo. ‖ Propaganda, publicidad, anuncio. ‖ Reclamación.
reclinar. tr. y prnl. Recostar, apoyar.
recluir. tr. y prnl. Encerrar, confinar, aprisionar, internar, encerrar. (**a.**: *libertar.*) ‖ Retener.
reclusión. f. Encierro, prisión. ‖ Aislamiento, apartamiento, retiro, recogimiento.
recluso, sa. adj. Preso, presidiario, prisionero, cautivo, detenido, confinado.
recluta. f. Reclutamiento, alistamiento, leva, enganche. ‖ m. Conscripto, quinto.
reclutamiento. m. Conscripción, quinta. ‖ Alistamiento, leva.
reclutar. tr. Alistar, enganchar, enrolar. (**a.**: *licenciar.*) ‖ Reunir.
recobrar. tr. Recuperar, rescatar, reconquistar. (**a.**: *perder.*) ‖ prnl. Compensarse, indemnizarse, resarcirse, desquitarse. (**a.**: *conservar.*) ‖ Restablecerse, recuperarse, reponerse. (**a.**: *empeorar.*) ‖ Volver en sí.
recodo. m. Recoveco, sinuosidad, meandro, vuelta, ángulo, curva, esquina.
recogedor. m. Rastra. ‖ Pala.
recoger. tr. Cosechar, recolectar, acopiar. ‖ Juntar, reunir, congregar. ‖ Acoger, dar asilo. ‖ Almacenar, guardar, acumular. (**a.**: *esparcir.*) ‖ Captar. ‖ Levantar, desmontar. ‖ prnl. Refugiarse, encerrarse, retirarse. (**a.**: *salir.*) ‖ Abstraerse, ensimismarse, incomunicarse, reconcentrarse, concentrarse, abismarse.
recogimiento. m. Aislamiento. ‖ Recolección, acopio.
recolección. f. Cosecha, acopio, recogida. ‖ Cobranza, recaudación. ‖ Recopilación, resumen, compendio.
recolectar. tr. Cosechar, recoger. (**a.**: *tirar.*) ‖ Reunir, juntar.
recolector. m. Recaudador, cobrador. ‖ Cosechero.
recomendable. adj. Estimable, meritorio, digno, elogiable.
recomendación. f. Consejo, advertencia. ‖ Encargo, instancia, pedido. ‖ Influencia, cuña, palanca. ‖ Alabanza, elogio.
recomendar. tr. Encomendar, encargar, confiar. (**a.**: *desconfiar.*) ‖ Aconsejar, advertir. ‖ Alabar, elogiar. (**a.**: *acusar.*)
recompensa. f. Premio, galardón. ‖ Remuneración, propina, retribución. ‖ Compensación, resarcimiento. (**a.**: *sanción, castigo.*)
recompensar. tr. Compensar, indemnizar. ‖ Retribuir, remunerar. ‖ Premiar, galardonar.
recomponer. tr. Reparar, arreglar, rehacer.
reconcentrado, da. adj. Reservado.
reconcentrar. tr. y prnl. Reunir, juntar, concentrar, centralizar. ‖ prnl. Ensi-

mismarse, abstraerse, embeberse, enfrascarse. (**a.**: *distraerse.*)

reconciliar. tr. y prnl. Conciliar, amistar. (**a.**: *separar, enemistar.*)

reconcomio. m. Prurito, afán, deseo, anhelo. ‖ Recelo, sospecha, inquietud, suspicacia, aprensión. (**a.**: *confianza, tranquilidad.*)

recóndito, ta. adj. Escondido, oculto, reservado, misterioso, secreto, arcano, íntimo. ‖ Profundo, hondo. (**a.**: *cognoscible.*)

reconfortar. tr. Reanimar, confortar.

reconocer. tr. Distinguir, conocer, identificar. (**a.**: *desconocer.*) ‖ Mirar, registrar, examinar, explorar, inspeccionar. ‖ Auscultar, tantear. ‖ Confesar, aceptar, admitir, convenir, conceder. ‖ Agradecer. (**a.**: *olvidar.*)

reconocido, da. adj. Agradecido, obligado, deudor. ‖ Admitido, aceptado. ‖ Examinado, registrado.

reconocimiento. m. Agradecimiento, gratitud. ‖ Examen, exploración, inspección, registro. ‖ Confesión.

reconquistar. tr. Recobrar, recuperar, rescatar. (**a.**: *perder.*)

reconstituir. tr. Reorganizar, reconstruir, rehacer, restablecer, reintegrar, fortalecer.

reconstituyente. m. Tónico, reconfortante, analéptico.

reconstruir. tr. Reedificar, rehacer, restaurar. (**a.**: *destruir.*)

reconvención. f. Admonición, recriminación, amonestación, reprensión, regaño, reproche, cargo, rapapolvo, sermón, reprimenda. (**a.**: *aplauso, elogio.*)

reconvenir. tr. Censurar, reprender, reñir, regañar, reprochar, amonestar, corregir, recriminar, sermonear.

recopilación. f. Compendio, resumen. ‖ Colección, compilación, antología.

recopilar. tr. Compendiar, resumir, condensar. (**a.**: *ampliar.*) ‖ Compilar, coleccionar, recoger.

recordable. adj. Memorable, memorando.

recordación. f. Memoria, reminiscencia, recuerdo, evocación, rememoración, remembranza. (**a.**: *olvido.*)

recordar. tr. Memorar, retener, rememorar, acordarse, evocar. (**a.**: *olvidar.*) ‖ Despertar. ‖ Recapacitar. ‖ Parecerse, asemejarse.

recorrido. m. Trayecto, itinerario. ‖ Reprensión, reprimenda, reconvención.

recortar. tr. Cortar, podar, cercenar. (**a.**: *añadir.*)

recorte. m. Retazo, retal. ‖ Poda. ‖ pl. Recortaduras, sobrantes.

recoser. tr. Zurcir. ‖ Remendar.

recostar. tr. y prnl. Reclinar, apoyar, acostar, inclinar.

recova. f. Soportal.

recoveco. m. Recodo, meandro, vuelta, sinuosidad. ‖ Escondite, escondrijo, rincón.

recreación. f. Recreo, solaz, entretenimiento, expansión, esparcimiento, pasatiempo, diversión, distracción. (**a.**: *labor, tarea.*)

recrear. tr. Entretener, distraer, alegrar, deleitar, solazar, regocijar. (**a.**: *aburrir.*) ‖ prnl. Gozar, deleitarse, complacerse, divertirse. (**a.**: *entristecerse.*)

recreativo, va. adj. Entretenido, ameno, divertido.

recrecer. tr. e intr. Aumentar, acrecentar. ‖ prnl. Reanimarse.

recreo. m. Recreación, distracción, diversión, solaz, esparcimiento, divertimiento. (**a.**: *tedio, hastío.*) ‖ Expansión, asueto, descanso. (**a.**: *trabajo.*)

recriminación. f. Reconvención, reprensión, reproche. (**a.**: *elogio.*) ‖ Acusación.

recriminar. tr. Reprochar, reñir, reprender, reconvenir, sermonear. (**a.**: *felicitar.*)

recrudecimiento. m. Recrudescencia, agravación, agravamiento, empeoramiento. ‖ Incremento.

rectamente. adv. Directamente. (**a.**: *sinuosamente.*) ‖ Honorablemente. (**a.**: *aviesamente.*)

rectangular. adj. Cuadrilongo.

rectángulo. m. Cuadrilongo.

rectificación. f. Corrección, enmienda, modificación.

rectificar. tr. y prnl. Corregir, modificar, mejorar, enmendar. (**a.**: *ratificar,* *corroborar, confirmar.*) || tr. Purificar, redestilar. || Contradecir, refutar, rebatir.

rectitud. f. Integridad, honorabilidad, honestidad, honradez, probidad (**a.**: *venalidad.*) || Justicia, equidad, imparcialidad.

recto, ta. adj. Derecho, directo. (**a.**: *torcido.*) || Justo, justiciero, imparcial, equitativo, severo. (**a.**: *injusto, parcial.*) || Honorable, íntegro, honrado, probo. (**a.**: *deshonesto, venal.*)

rector, ra. m. y f. Director, superior.

recua. f. Reata.

recuadrar. tr. Cuadricular, encuadrar.

recubrimiento. m. Revestimiento.

recubrir. tr. Revestir.

recuento. m. Arqueo, inventario.

recuerdo. m. Memoria, conmemoración, rememoración, remembranza, reminiscencia, recordación. (**a.**: *olvido.*) || Regalo, presente. || pl. Memorias, expresiones, saludos.

reculada. f. Retroceso, retirada.

recular. intr. Retrogradar, ciar, retroceder. (**a.**: *avanzar.*) || Ceder, transigir, desistir, claudicar.

recuperación. f. Desempeño, rescate, retroventa. (**a.**: *devolución, recaída.*)

recuperar. tr. Recobrar, rescatar, reconquistar. (**a.**: *perder.*) || prnl. Recobrarse, mejorar, restablecerse, reponerse, convalecer. (**a.**: *empeorar, recaer.*)

recurrir. intr. Acudir, apelar, acogerse.

recurso. m. Medio, procedimiento, trámite, arbitrio, expediente. (**a.**: *desamparo.*) || Memorial, solicitud, escrito, petición, instancia. || Apelación. || Astucia, ingenio. || pl. Bienes, hacienda, medios, posibles, fortuna, capital.

recusar. tr. Rechazar, repeler, rehusar. || Excluir, tachar, declinar. (**a.**: *autorizar, nombrar.*)

rechazar. tr. Rebotar, expulsar, repeler. || Negar, refutar, denegar, impugnar, desestimar. (**a.**: *admitir, aceptar.*) || Rehusar, impugnar, recusar. (**a.**: *aceptar, ratificar.*)

rechazo. m. Rebote.

rechifla. f. Burla, pitorreo. || Silbatina. (**a.**: *ovación, aplauso.*)

rechinar. intr. Crujir, chirriar, estridular, chillar.

rechoncho, cha. adj. Regordete, gordo, retaco, achaparrado.

red. f. Redecilla. || Engaño, ardid, lazo, asechanza.

redactar. tr. Escribir, componer. || Librar, extender.

redaño. m. Mesenterio. || pl. Fuerzas, brío, valor.

redargüir. tr. Rebatir, refutar, contradecir. (**a.**: *aprobar.*)

rededor. m. Contorno, derredor, redor. || **al, o en, rededor.** loc. adv. Alrededor.

redención. f. Liberación, rescate. (**a.**: *esclavitud.*)

redentor. m. Jesucristo. || Salvador, libertador.

redicho, cha. adj. Afectado, pedante, rebuscado, amanerado.

redimir. tr. y prnl. Librar. || tr. Rescatar, salvar, liberar, libertar. || Cancelar, eximir.

rédito. m. Interés, utilidad, beneficio, renta, rendimiento, provecho. (**a.**: *pérdida, quebranto.*)

redituar. tr. Producir, rendir, rentar.

redivivo, va. adj. Aparecido, resucitado.

redoblar. tr. Duplicar, doblar. || Aumentar, acrecentar, intensificar. || Repetir, reiterar.

redomado, da. adj. Ladino, astuto, taimado. || Consumado, perfecto.

redondamente. adv. Rotundamente, categóricamente, terminantemente, claramente, absolutamente.

redondel. m. Círculo. || Circunferencia. || Ruedo, arena.

redondez. f. Curvatura, esfericidad.

redondo, da. adj. Circular. || Esférico. || Rollizo. || Claro, rotundo, categórico, terminante. || Completo, perfecto.

reducción. f. Disminución, merma, rebaja, descuento. (**a.**: *aumento, exageración.*) || Doma, sujeción.

reducible. adj. Reductible.

reducido, da. adj. Estrecho, pequeño, escaso, limitado, corto. (**a.**: *amplio, vasto.*) || Disminuido, mermado. (**a.**: *agrandado.*)

reducir. tr. Disminuir, aminorar, mitigar, achicar, acortar, decrecer, menguar. (**a.**: *aumentar, exacerbar.*) ‖ Resumir, compendiar, abreviar. ‖ Sujetar, someter, dominar, domeñar. (**a.**: *rebelarse.*) ‖ Convertir. ‖ prnl. Moderarse, restringirse. ‖ Resumirse, resolverse.

reducto. m. Blocao, fortificación.

redundancia. f. Exceso, sobra, demasía, plétora, abundancia, superabundancia. ‖ Pleonasmo, repetición. ‖ Superfluidad. (**a.**: *concisión.*)

redundante. adj. Repetido, ampuloso.

redundar. intr. Rebosar, exceder, sobrar, derramarse. ‖ Resultar, causar, parar, refluir, acarrear.

reduplicar. tr. Redoblar, duplicar, reiterar, repetir.

reedición. f. Reimpresión.

reedificar. tr. Reconstruir, rehacer.

reeditar. tr. Reimprimir.

reemplazar o **remplazar.** tr. Representar. ‖ Reponer, cambiar. (**a.**: *mantener.*) ‖ Relevar. ‖ Reintegrar.

reemplazo o **remplazo.** m. Sustitución, cambio, reposición. ‖ Relevo, suplencia. ‖ Reintegro.

reencuentro. m. Refriega, choque.

reestreno. m. Reposición.

refacción o **refección.** f. Colación, bocadillo, piscolabis, tentempié. ‖ Arreglo, reparación, compostura, restauración.

refajo. m. Faldellín, enagua, saya.

referencia. f. Narración, relación, informe, relato. ‖ Semejanza, dependencia. ‖ Cita, alusión, mención. ‖ Remisión. ‖ pl. Informes.

referendo o **referéndum.** m. Plebiscito.

referente. adj. Relativo, concerniente, tocante.

referir. tr. Contar, narrar, reseñar, relatar. (**a.**: *callar.*) ‖ Remitir. ‖ Atribuir, adjudicar. ‖ tr. y prnl. Relacionar, aplicar. ‖ prnl. Aludir, mencionar, citar.

refilón (de). loc. adv. De soslayo, al sesgo, oblicuamente. ‖ De pasada.

refinación. f. Depuración, purificación.

refinado, da. adj. Exquisito, fino, distinguido, primoroso. (**a.**: *ordinario, vulgar.*) ‖ Consumado, perfecto, extremado. ‖ Cruel, taimado, malvado.

refinamiento. m. Esmero, cuidado, esquisitez. (**a.**: *abandono, desaliño.*) ‖ Ensañamiento, encarnizamiento, crueldad, saña. ‖ Afectación. (**a.**: *naturalidad.*)

refinar. tr. Perfeccionar, pulir, acabar, depurar, expurgar. ‖ Clarificar.

refino. m. Refinación, refinadura.

refirmar. tr. Confirmar, ratificar, reafirmar, corroborar. (**a.**: *rectificar.*)

refitolero, ra. adj. Entrometido, cominero.

reflectar. intr. Reflejar.

reflector, ra. adj. Reflectante, reflexivo. ‖ m. Telescopio. ‖ Proyector. ‖ Espejo, faro.

reflejar. tr. y prnl. Reflectar, reverberar. ‖ Manifestar, evidenciar, patentizar, mostrar.

reflejo, ja. adj. Reflexivo (en gramática). ‖ Automático, involuntario. (**a.**: *premeditado, voluntario.*) ‖ m. Brillo, destello. ‖ Representación, imagen.

reflexión. f. Meditación, cavilación, recogimiento, reconcentración, introspección. (**a.**: *despreocupación.*) ‖ Advertencia, consejo. ‖ Consideración, examen.

reflexionar. intr. y tr. Pensar, considerar, cavilar, meditar, rumiar.

reflexivo, va. adj. Reflejo. ‖ Juicioso, especulativo, ponderado, prudente. (**a.**: *fatuo, necio.*)

refluir. intr. Resultar, redundar, refundir.

reflujo. m. Bajamar.

refocilar. tr. y prnl. Recrear, alegrar, deleitar, regodearse, solazarse.

refocilo. m. Regodeo, refocilación, diversión.

reforma. f. Corrección, innovación, perfeccionamiento, restauración. (**a.**: *empeoramiento.*)

reformar. tr. Rehacer. ‖ Reparar, restaurar, arreglar, remendar, recomponer. ‖ Cambiar, modificar, variar. (**a.**: *persistir.*) ‖ Reordenar, reorganizar. ‖ prnl. Corregirse, enmendarse, rectificarse.

reformatorio. m. Correccional.
reforzar. tr. Aumentar, acrecentar. ‖ Fortalecer, consolidar, robustecer, vigorizar, alentar, reanimar, afianzar, asegurar. (**a.**: *debilitar.*)
refractar. tr. y prnl. Refringir.
refractario, ria. adj. Opuesto, rebelde, contrario. (**a.**: *sumiso.*) ‖ Incombustible. (**a.**: *combustible, inflamable.*)
refractivo, va. adj. Refringente.
refrán. m. Proverbio, máxima, sentencia, aforismo, adagio.
refregar. tr. Estregar, friccionar; restregar, frotar.
refrenar. tr. Frenar, sofrenar, contener, sujetar. (**a.**: *soltar, estimular.*) ‖ tr. y prnl. Moderar, reprimir, reportar. (**a.**: *desatar.*) ‖ prnl. Aguantarse, soportar.
refrendar. tr. Autenticar, legalizar, formar. (**a.**: *desaprobar.*)
refrescar. tr. Enfriar, atemperar, refrigerar. (**a.**: *calentar.*) ‖ Renovar, reproducir. ‖ prnl. Ventilarse. ‖ **refrescar la memoria.** loc. fig. Recordar, hacer recordar.
refresco. m. Refrigerio. ‖ Sorbete.
refriega. f. Encuentro, escaramuza, pelea, choque, combate, contienda, riña. (**a.**: *tregua.*)
refrigeración. f. Congelación, enfriamiento.
refrigerador, ra. adj. y s. Heladera, nevera. ‖ Refrigerante.
refrigerar. tr. Congelar, refrescar, helar, enfriar. (**a.**: *calentar, caldear.*)
refrigerio. m. Piscolabis, bocadillo, tentempié, refacción, refresco. ‖ Alivio, confortación, consuelo.
refringente. adj. Refractivo.
refringir. tr. y prnl. Refractar.
refucilo. m. Relámpago.
refuerzo. m. Ayuda, socorro, subsidio. (**a.**: *desamparo.*)
refugiarse. prnl. Ampararse, acogerse, cobijarse, guarecerse, resguardarse, asilarse. ‖ Ocultarse, esconderse. (**a.**: *salir.*)
refugio. m. Protección, amparo, asilo, resguardo, abrigo.
refulgente. adj. Brillante, resplandeciente, radiante, rutilante, luciente, luminoso, fulgente, fulgurante, esplendente.
refulgir. intr. Brillar, resplandecer, relumbrar, lucir, fulgurar, rutilar, rielar. (**a.**: *apagarse.*)
refundir. tr. Reformar, rehacer. ‖ intr. Redundar, resultar.
refunfuñar. intr. Rezongar, murmurar, gruñir, mascullar.
refutación. f. Impugnación. (**a.**: *confirmación.*)
refutar. tr. Impugnar, rebatir, redargüir, contradecir, objetar.
regadera. f. Rociadera. ‖ Reguera, acequia.
regadizo, za. adj. Regable, irrigable.
regalado, da. adj. Delicado, sabroso, deleitoso. ‖ Obsequiado. (**a.**: *comprado.*) ‖ Barato, gratis, gratuito. (**a.**: *costoso.*)
regalar. tr. Donar, obsequiar, dar. (**a.**: *quitar.*) ‖ Halagar, festejar, deleitar, agasajar. (**a.**: *aburrir.*) ‖ tr. y prnl. Derretir, licuar, destilar, chorrear.
regalía. f. Privilegio, prerrogativa. ‖ Gratificación, sobresueldo.
regaliz o **regaliza.** s. Orozuz.
regalo. m. Fineza, dádiva, presente, obsequio. ‖ Ofrenda, donativo, donación. ‖ Placer, gusto, deleite. ‖ Comodidad, descanso, conveniencia.
regalón, na. adj. Mimado, consentido. ‖ Comodón.
regañar. tr. Reprender, sermonear, reconvenir, reñir, amonestar. (**a.**: *alabar.*) ‖ intr. Pelearse, disputar, indisponerse, enemistarse, romper, malquistarse. (**a.**: *pacificar.*)
regaño. m. Amonestación. ‖ Reprimenda, regañina, reprensión, reproche, sermoneo.
regañón, na. adj. Gruñón, rezongón, reprochón. *Abuelo regañón.*
regar. tr. Esparcir, derramar, diseminar. ‖ Salpicar, rociar, irrigar, mojar.
regate. m. Esguince, gambeta, escorzo, quiebro. ‖ Efugio, escape, pretexto.
regatear. tr. Mercar. ‖ Escatimar. ‖ Ahorrar, economizar.
regato. m. Arroyuelo. ‖ Reguera, acequia.
regatón. m. Contera, virola, casquillo.

regazo. m. Falda, enfaldo. || Amparo, consuelo.

regenerar. tr. y prnl. Reformar, corregir. (**a.**: *corromper.*) || Restaurar. (**a.**: *destrozar, destruir.*)

regentar. tr. Gobernar, dirigir, regir.

regiamente. adv. Suntuosamente, ricamente, espléndidamente. (**a.**: *pobremente.*)

régimen. m. Gobierno, dirección, administración. || Tratamiento. || Sistema, regla.

regio, gia. adj. Real, majestuoso. || Suntuoso, magnífico, espléndido, grandioso.

región. f. Comarca, territorio, país.

regir. tr. Dirigir, gobernar, mandar, reglamentar. (**a.**: *obedecer.*) || Guiar, conducir. (**a.**: *someterse.*)

registrar. tr. Mirar, examinar, escudriñar, reconocer, revolver, inspeccionar. || Anotar, inscribir, apuntar, asentar, matricular.

registro. m. Inspección, examen, busca, búsqueda. || Protocolo, padrón, matrícula, archivo. || Tesitura, extensión, repertorio. || Índice.

regla. f. Pauta, guía, modelo, patrón. || Norma, precepto, canon, razón, medida. || Constitución, ley, estatuto, reglamento. || Método, procedimiento. || Menstruación, mes, período, menstruo.

reglado, da. adj. Sobrio, parco, templado, moderado. || Reglamentado, preceptuado, ordenado.

reglamentar. tr. Ordenar, sistematizar, regular. (**a.**: *desordenar.*)

reglamento. m. Estatuto, regla, ordenanza.

regleta. f. Interlínea.

regletear. tr. Interlinear, entrerrenglonar.

regocijado, da. adj. Alegre, divertido, contento, gozoso, risueño, alborozado, jubiloso.

regocijar. tr. Alegrar, contentar, festejar, divertir, alborozar, animar. (**a.**: *entristecer.*) || prnl. Recrearse, deleitarse, gozar, alborozarse.

regocijo. m. Alegría, dicha, júbilo, alborozo, gozo, satisfacción, contento. (**a.**: *melancolía, pena.*) || Festejo, celebración.

regodearse. prnl. Complacerse, divertirse, deleitarse, refocilarse, regocijarse.

regodeo. m. Refocilo, algazara, júbilo, regocijo, alborozo, jolgorio. || Diversión, fiesta.

regordete, ta. adj. Rechoncho, gordo, retaco, barrigudo.

regresar. intr. Volver, retornar, tornar, reintegrarse. (**a.**: *irse, marchar.*)

regresión. f. Retroceso. (**a.**: *avance.*)

regreso. m. Vuelta, retorno. || Repatriación.

regüeldo. m. Eructo.

reguera. f. Canal, reguero, acequia, conducto.

regulado, da. adj. Ordenado, medido, pautado, normalizado, reglado.

regular. adj. Regulado, regularizado, ordenado. || Ajustado, exacto, medido, arreglado, razonable, metódico, cadencioso. || Mediano, mediocre, moderado, corriente. (**a.**: *excelente.*) || Natural, normal. (**a.**: *anormal, caprichoso.*) || Uniforme. (**a.**: *irregular, arrítmico.*) || adv. Regularmente, no bien. || tr. Ajustar, reglar, regularizar, ordenar, normatizar, normalizar, pautar. (**a.**: *desarreglar.*)

regularidad. f. Puntualidad, disciplina, exactitud. || Normalidad, naturalidad. || Periodicidad, uniformidad. (**a.**: *irregularidad.*)

regularizar. tr. Regular, reglar, ajustar, uniformar, ordenar, metodizar, normalizar. (**a.**: *revolucionar.*)

rehabilitar. tr. Restituir, restablecer. || Reivindicar, reinstalar, reponer. (**a.**: *degradar.*)

rehacer. tr. Reformar. || Reconstruir, reedificar. || Reponer, restaurar, reparar, renovar, recomponer, restablecer. || prnl. Fortalecerse, recuperarse, vigorizarse, recobrarse. || Serenarse, tranquilizarse, reponerse. (**a.**: *descomponerse.*)

rehén. m. Garantía, prenda.

rehuir. tr. Evitar, esquivar, eludir, soslayar, sortear. (**a.**: *afrontar.*) || Rehusar, excusar, rechazar.

rehusar. tr. Declinar, negarse, renunciar, recusar, rechazar, repudiar. (**a.**: *aceptar.*) || Denegar, negar, desestimar. (**a.**: *admitir.*)
reidor, ra. adj. Alegre, optimista, burlón.
reimprimir. tr. Reeditar, reproducir.
reinante. adj. Actual, existente, dominante.
reinar. intr. Dominar, regir, gobernar. || Predominar, prevalecer.
reincidencia. f. Recaída, reiteración.
reincidir. intr. Recaer, reiterar, repetir. (**a.**: *escarmentar.*)
reintegrar. tr. Restituir, devolver, retornar, tornar. (**a.**: *quitar, robar.*) || tr. y prnl. Reponer, reincorporar. || prnl. Indemnizarse, resarcirse, cobrarse. (**a.**: *perder.*)
reintegro. m. Reintegración, restitución, devolución. || Pago, paga.
reír. tr. Celebrar. || intr. Sonreír. || prnl. Burlarse, chancearse, mofarse. (**a.**: *llorar.*)
reiteración. f. Insistencia, repetición, frecuencia.
reiterar. tr. Repetir, reproducir, reincidir, iterar, insistir.
reiterativo, va. adj. Frecuentativo, repetitivo. || Iterativo.
reivindicar. tr. Recuperar, vindicar. || Reclamar, exigir.
reja. f. Verja, enrejado.
rejilla. f. Malla. || Celosía.
rejo. m. Punta, aguijón, pincho. || Raicilla, raicita, radícula.
rejuvenecer. tr. y prnl. Remozar, reverdecer, vigorizar. || tr. Renovar, restaurar, modernizar.
relación. f. Relato, descripción, narración, referencia. || Lista, enumeración, catálogo, nómina, rol. || Conexión, contacto, correspondencia, enlace, trabazón, vínculo, lazo, nexo, unión. || Amistad, trato, afinidad, parentesco, vinculación. || Comunicación, informe. || Parlamento. || pl. Amistades, amigos.
relacionar. tr. Contar, narrar, referir, relatar. || tr. y prnl. Enlazar, trabar, encadenar, conectar, ligar. (**a.**: *desunir.*) || Comunicar. || prnl. Tratarse, corresponderse, visitarse. (**a.**: *aislarse.*) || Atañer, concernir.
relaciones. f. pl. Amorío, noviazgo.
relajación. f. Laxitud, relajamiento, alivio. (**a.**: *tensión.*) || Hernia. || Depravación. (**a.**: *virtud.*)
relajado, da. adj. Flojo, laxo. (**a.**: *fuerte.*) || Libertino, vicioso, disoluto, depravado, corrompido.
relajar. tr. y prnl. Aflojar, ablandar, laxar, distender. || prnl. Corromperse, estragarse, enviciarse, malearse. (**a.**: *ennoblecerse.*)
relajo. m. Degradación, libertinaje, envilecimiento, corrupción. || Desorden, desbarajuste.
relamerse. prnl. Jactarse, regodearse.
relamido, da. adj. Afectado, repulido, atildado, amanerado, estirado, almidonado.
relámpago. m. Fulguración, centella, refucilo, exhalación, fucilazo. || Resplandor, lampo.
relapso, sa. adj. Reincidente.
relatar. tr. Contar, referir, exponer, narrar, describir. (**a.**: *callar, enmudecer.*)
relativamente. adv. Acerca de, en cuanto a.
relativo, va. adj. Referente, concerniente, atinente, tocante, respectivo. (**a.**: *distinto.*) || Dependiente. (**a.**: *absoluto.*)
relato. m. Narración, cuento, relación, referencia, fábula, historia. || Descripción, informe, exposición.
relegación. f. Confinamiento, destierro. || Apartamiento, postergación.
relegar. tr. Desterrar, confinar, deportar. || Apartar, arrinconar, posponer, postergar, desechar, rechazar. (**a.**: *preferir, admitir.*)
releje. m. Carrilada, carrilera, rodada, rodera.
relente. m. Sereno, rocío. (**a.**: *sequedad.*)
relevante. adj. Sobresaliente, notable, excelente, superior, óptimo, eximio, descollante, destacado.
relevar. tr. Exaltar, enaltecer, engrandecer, realzar. (**a.**: *desprestigiar.*) || Absolver, perdonar, eximir, dispen-

sar, excusar. (a.: *acusar.*) || Destituir, exonerar, reemplazar, deponer. (a.: *aceptar.*) || Mudar, cambiar, sustituir, remover. (a.: *adoptar.*)

relevo. m. Sustitución, cambio, reemplazo. || Turno, remuda.

relieve. m. Saliente, prominencia, realce, bulto. || Mérito, renombre. || pl. Sobras, residuos, restos.

religión. f. Creencia, fe. (a.: *impiedad, laicismo.*)

religiosamente. adv. Puntualmente, exactamente, fielmente, escrupulosamente. || Fervorosamente, piadosamente. (a.: *indiferentemente.*)

religiosidad. f. Devoción, piedad, fervor, unción, fe. (a.: *irreligiosidad, impiedad.*) || Escrupulosidad, exactitud, precisión, puntualidad.

religioso, sa. adj. Creyente, devoto, fiel. || Exacto, minucioso, puntual. || m. Fraile, monje. || f. Monja.

reliquia. f. Residuo, sobrante, resto. || Vestigio, indicio, huella.

reluciente. adj. Brillante, pulido, resplandeciente, rutilante, relumbrante. (a.: *opaco, desaseado.*)

relucir. intr. Brillar, lucir, resplandecer, relumbrar. || Sobresalir, descollar.

reluctante. adj. Desobediente, remiso, renuente, rebelde.

relumbrar. intr. Resplandecer, refulgir, rutilar, brillar, relucir.

relumbrón. m. Destello. || Oropel, ostentosidad, apariencia.

rellano. m. Descansillo, meseta, descanso.

rellenar. tr. Henchir. || Embutir. || Atestar, atiborrar, saciar, llenar. (a.: *vaciar, desocupar.*)

relleno, na. adj. Repleto, harto, saturado, rebosante, abarrotado, pleno, colmado.

remachar. tr. Roblonar. || Recalcar, afianzar, reforzar, confirmar, robustecer.

remache. m. Roblón, perno.

remanente. m. Residuo, resto, sobrante, sedimento, sobra.

remar. intr. Bogar. || Luchar, bregar.

rematadamente. adv. Completamente, totalmente, absolutamente, enteramente.

rematador, ra. m. y f. Subastador, martillero.

rematar. tr. e intr. Acabar, concluir, terminar, finalizar. || Subastar.

remate. m. Fin, cabo, punta, término, extremidad, conclusión, final. (a.: *comienzo.*) || Subasta.

remedar. tr. Imitar, contrahacer, fingir, parodiar, copiar, simular, burlarse.

remediar. tr. Reparar, corregir, enmendar, subsanar. (a.: *agravar.*) || Socorrer, auxiliar, aliviar, ayudar, asistir. (a.: *desamparar.*) || Evitar, impedir.

remedio. m. Reparación, corrección, enmienda. || Medicamento, medicina, fármaco. || Recurso, auxilio, refugio, ayuda, consuelo.

remedo. m. Imitación, parodia, copia.

remembranza. f. Recuerdo, evocación, rememoración, reminiscencia, recordación. (a.: *olvido.*)

rememorar. tr. Recordar, evocar, acordarse.

remendar. tr. Reparar, componer, zurcir, arreglar. || Corregir, enmendar. || Recoser, repasar.

remero, ra. m. y f. Remador. || m. Galeote.

remesa. f. Remisión, envío.

remesar. tr. Enviar, expedir, mandar, remitir.

remiendo. m. Compostura, arreglo, reparación, parche, zurcido.

remilgado, da. adj. Melindroso, afectado, repulido, relamido. (a.: *sencillo, natural.*)

remilgo. m. Afectación, melindre. (a.: *naturalidad.*)

reminiscencia. f. Recuerdo, memoria, recordación, rememoración, remembranza.

remirado, da. adj. Cauto, prudente, circunspecto, reflexivo. || Melindroso, timorato.

remisión. f. Envío, remesa, expedición. (a.: *retención.*) || Referencia. || Perdón, absolución, indulto. (a.: *condena.*) || Descuido. (a.: *cuidado.*)

remiso, sa. adj. Flojo, irresoluto, tímido. || Dejado, tardo, lento, remolón. (a.: *expeditivo.*) || Renuente, reacio.

remitir. tr. Enviar, mandar, remesar, expedir. (a.: *retener.*) || Referir, hacer referencia. || Disminuir o cesar (un síntoma). || Perdonar, exculpar. (a.: *condenar.*) || Diferir, aplazar, posponer, suspender. || prnl. Atenerse, ajustarse, ceñirse.

remo. m. Brazo. || Pata, pierna. || Ala.

remoción. f. Desplazamiento. || Exclusión, eliminación, destitución. (a.: *inclusión, nombramiento.*)

remojar. tr. Empapar, ensopar. || Convidar, celebrar.

remojón. m. Mojadura, baño, empapamiento.

remolacha. f. Betarraga.

remolcar. tr. Arrastrar, acarrear. (a.: *despedir.*)

remolino. m. Vorágine, torbellino, vórtice. || Alboroto, jaleo, confusión, desorden, disturbio.

remolón, na. adj. Flojo, perezoso, holgazán, indolente, remiso, haragán. (a.: *activo.*)

remolonear. intr. Holgazanear. (a.: *trabajar.*)

remontar. tr. y prnl. Subir. || tr. Elevar, encumbrar, enaltecer, engrandecer. (a.: *bajar, humillar.*)

remoquete. m. Apodo, mote, sobrenombre. || Pulla. || Puñetazo, mojicón.

rémora. f. Estorbo, lastre, embarazo, obstáculo, dificultad, impedimento. (a.: *facilidad, prisa.*)

remorder. intr. Pesar. || prnl. Recomerse, concomerse, reconcomerse.

remordimiento. m. Pesar, arrepentimiento. (a.: *obstinación.*)

remoto, ta. adj. Distante, apartado, lejano, alejado, retirado. (a.: *cercano, próximo.*)

remover. tr. y prnl. Trasladar, mudar, mover. || Conmover, alterar. (a.: *tranquilizar.*) || Quitar, apartar. || tr. Extirpar, arrancar, extraer. || Activar, mover, agitar, menear. || Revolver. || Destituir, deponer, exonerar. (a.: *nombrar.*)

remozar. tr. y prnl. Rejuvenecer, reverdecer. (a.: *envejecer.*) || Renovar, restaurar. || Vivificar, robustecer.

rempujón. m. Empujón.

remudar. tr. Reemplazar, relevar, sustituir. || Trasplantar. || tr. y prnl. Mudar, cambiar, variar.

remuneración. f. Sueldo, paga, retribución, gratificación, recompensa. || Honorarios.

remunerador, ra. adj. Beneficioso, retributivo.

remunerar. tr. Pagar, retribuir. || Premiar, recompensar.

remunerativo, va. adj. Remunerador. || Provechoso, productivo. (a.: *perjudicial.*)

renacer. intr. Resucitar, retoñar.

renal. adj. Nefrítico.

rencilla. f. Disputa, riña, cuestión, pique. (a.: *paz, tranquilidad.*)

renco, ca. adj. y s. Rengo.

rencor. m. Resentimiento, encono, ojeriza, aborrecimiento. (a.: *cariño, simpatía.*)

rencoroso, sa. adj. Vengativo, resentido.

rendibú. m. Acatamiento, agasajo, obsequiosidad.

rendición. f. Capitulación, sometimiento, entrega. (a.: *defensa.*) || Rendimiento, utilidad.

rendido, da. adj. Sumiso, subyugado. (a.: *rebelde.*) || Obsequioso, galante. || Cansado, agotado, fatigado. (a.: *fresco.*)

rendija. f. Grieta, hendidura, abertura, raja, fisura, hendija, resquicio.

rendimiento. m. Cansancio, fatiga, laxitud. || Sumisión, acatamiento. || Utilidad, ganancia, beneficio, rédito, provecho. (a.: *quebranto, ruina.*)

rendir. tr. y prnl. Vencer, subyugar, someter, sujetar, dominar, domeñar. (a.: *resistir.*) || Cansar, fatigar. || prnl. Someterse, entregarse, capitular. || tr. Producir, rentar, redituar. || Dar, ofrecer, ofrendar. || Traspasar.

renegado, da. adj. y s. Apóstata. || Descastado.

renegar. tr. Detestar, abominar, aborrecer. (a.: *amar.*) || intr. Abjurar, negar, apostatar. (a.: *perseverar.*) || Blasfe-

mar, jurar, maldecir. (**a.**: *bendecir.*) || Refunfuñar, regañar, gruñir.
renglón. m. Línea.
renglonadura. f. Rayado.
rengo, ga. adj. y s. Cojo, renco, paticojo.
renguear. intr. Cojear, renquear.
reniego. m. Juramento, terno, taco, blasfemia, maldición.
renombrado, da. adj. Célebre, reputado, famoso, afamado, acreditado. (**a.**: *ignorado, oscuro.*)
renombre. m. Fama, celebridad, gloria, nombradía, reputación, notoriedad.
renovación. f. Rejuvenecimiento, reforma, restauración, trasformación. (**a.**: *conservación, mantenimiento.*)
renovar. tr. Restablecer, reanudar. || Reemplazar, reponer, sustituir, trocar, cambiar. || Reiterar, repetir. || Remozar, restaurar, reformar.
renquear. intr. Renguear, cojear.
renta. f. Rendimiento, utilidad, beneficio. || Rédito, interés. || Arrendamiento, alquiler.
rentar. tr. Producir, redituar, rendir.
rentero, ra. adj. Tributario. || m. y f. Locatario, arrendatario. || Colono.
renuente. adj. Indócil, remiso, reacio. (**a.**: *obediente, dócil.*)
renuevo. m. Brote, vástago, retoño. || Renovación.
renuncia. f. Dimisión, abdicación. || Dejación, resignación, abandono, desistimiento. (**a.**: *asistencia.*)
renunciar. tr. e intr. Dimitir, abdicar. || Abandonar, ceder, prescindir, desistir. (**a.**: *asistir.*)
renuncio. m. Mentira, embuste, engaño, patraña. || Contradicción, falta, oposición.
reñido, da. adj. Encarnizado, disputado. || Peleado.
reñidor, ra. adj. Pendenciero.
reñir. intr. Contender, disputar, pelear, luchar, atacarse. || Desavenirse, romper, enemistarse, indisponerse, querellarse. (**a.**: *amistarse.*) || tr. Reprender, amonestar, reconvenir, sermonear, increpar. (**a.**: *disculpar.*)
reo, a. m. y f. Acusado, inculpado, incurso, criminoso, procesado. || Vago, atorrante.
repantigarse. prnl. Arrellanarse, acomodarse.
reparación. f. Compostura, refacción, arreglo, remiendo. || Corrección, enmienda. || Desagravio, satisfacción, explicación, descargo. || Indemnización, resarcimiento, compensación.
reparar. tr. Arreglar, componer, remendar, restaurar, recomponer, rehacer. (**a.**: *descomponer, desarreglar.*) || Corregir, enmendar, subsanar, remediar. || Desagraviar, satisfacer. (**a.**: *lesionar.*) || Resarcir, indemnizar, compensar. || Recuperar, recobrar. || intr. Notar, advertir, percibir, percatarse, observar. || Atender, mirar, considerar, reflexionar, pensar. || Contenerse, reportarse.
reparo. m. Compostura, reparación, arreglo, restauración. || Defensa, abrigo, resguardo. || Protección, abrigo. || Advertencia, nota, objeción, observación. || Dificultad, objeción, inconveniente, obstáculo, traba. (**a.**: *facilidad.*)
reparón, na. adj. Criticón, chinche.
repartición. f. Dependencia. || Repartimiento, reparto, división, partición, distribución.
repartir. tr. Partir, dividir, prorratear, distribuir. (**a.**: *acumular.*)
reparto. m. Partición, prorrateo, repartición, distribución, repartimiento.
repasar. tr. Remendar, recoser. || Releer. || Planchar. || Verificar, retocar.
repasata. f. Reconvención, regaño, reprensión, sermón, reprimenda, rapapolvo.
repaso. m. Revisión.
repecho. m. Cuesta, pendiente, subida.
repelente. adj. Repulsivo, repugnante.
repeler. tr. Rechazar, excluir. (**a.**: *atraer.*) || Contradecir, objetar, repudiar, refutar, argüir, rebatir. || tr. o intr. Repugnar.
repente. m. Improvisación. || Arrebato, impulso. || **de repente.** loc. adv. De pronto, súbitamente.
repentino, na. adj. Pronto, impensado,

súbito, imprevisto, inesperado, inopinado, brusco. (**a.**: *premeditado.*)
repentista. com. Improvisador.
repentizar. tr. e intr. Improvisar.
repercusión. f. Resonancia, eco, tornavoz. ‖ Consecuencia, trascendencia, efecto, resultado.
repercutir. intr. Resonar. ‖ Reflejar, reverberar. ‖ Repeler, refundir. ‖ Trascender.
repertorio. m. Compilación, colección, recopilación.
repetición. f. Iteración, reiteración, insistencia. ‖ Ritornelo, estribillo. ‖ Epanáfora, anáfora. ‖ Reincidencia. ‖ Recidiva. ‖ Muletilla.
repetir. tr. Reproducir, rehacer, menudear, iterar, reiterar, reincidir, bisar, binar, redoblar.
repisa. f. Ménsula, rinconera.
repleción. f. Hartura, saciedad. (**a.**: *hambre.*)
replegarse. prnl. Retroceder. (**a.**: *adelantar.*)
repleto, ta. adj. Lleno, relleno, colmado, henchido, preñado, pleno, atiborrado. (**a.**: *vacío.*) ‖ Harto, ahíto, saciado. (**a.**: *hambriento.*) ‖ Pletórico.
réplica. f. Objeción. (**a.**: *aprobación.*) ‖ Contestación, respuesta.
replicar. tr. Argüir, objetar, argumentar, contradecir. (**a.**: *asentir.*) ‖ Contestar, reponer, responder. (**a.**: *preguntar, interrogar.*) ‖ Impugnar.
replicato. m. Objeción, réplica.
replicón, na. adj. Replicador, respondón.
repliegue. m. Pliegue, doblez. ‖ Retirada, retroceso.
repoblar. tr. Replantar.
repollo. m. Col.
repolludo, da. adj. Rechoncho, retaco, achaparrado.
reponer. tr. Restablecer, reinstaurar, rehabilitar, restaurar. ‖ Replicar, contestar, responder. (**a.**: *callar.*) ‖ Reemplazar, sustituir. ‖ Devolver, restituir. (**a.**: *quitar.*) ‖ prnl. Mejorarse, recobrarse, recuperarse, restablecerse. (**a.**: *debilitarse.*) ‖ Serenarse, tranquilizarse, rehacerse. (**a.**: *intranquilizarse.*)
reportar. tr. Traer. ‖ Llevar. ‖ Alcanzar, conseguir, obtener, lograr. ‖ prnl. Refrenarse, moderarse, contenerse, reprimirse, sosegarse.
reporte. m. Información, noticia.
reposado, da. adj. Sosegado, quieto, tranquilo, calmoso, sereno. (**a.**: *intranquilo, nervioso.*) ‖ Descansado. ‖ Sensato, prudente.
reposar. intr. Descansar. (**a.**: *ajetrearse.*) ‖ Dormir. ‖ Sosegarse, aquietarse. (**a.**: *moverse.*) ‖ Yacer. ‖ prnl. Posarse, depositarse, sedimentarse.
reposición. f. Reestreno. ‖ Restitución. ‖ Restablecimiento.
reposo. m. Descanso. ‖ Sueño. (**a.**: *vela, vigilia.*) ‖ Sosiego, quietud, tranquilidad, serenidad, paz, calma. (**a.**: *desasosiego, inquietud.*)
reprender. tr. Corregir, amonestar, reñir, reconvenir, censurar, reprochar, regañar, retar, sermonear, increpar, recriminar. (**a.**: *encomiar, halagar.*)
reprensible. adj. Censurable, reprobable, reprochable, criticable, vituperable.
reprensión. f. Reprimenda, reconvención, sermón, amonestación, corrección. (**a.**: *felicitación.*)
represa. f. Presa, embalse.
represalia. f. Desquite, venganza, revancha. (**a.**: *recompensa.*)
represar. tr. Estancar, embalsar. ‖ Detener, contener, reprimir.
representación. f. Símbolo, idea, imagen, muestra, efigie, figura, retrato. (**a.**: *realidad.*) ‖ Personificación, sustitución, reemplazo. ‖ Autoridad, dignidad, carácter.
representante. com. Comisionista, corredor. ‖ Lugarteniente, sustituto, testaferro. ‖ Actor, comediante.
representar. tr. Figurar, reproducir. ‖ Simbolizar, encarnar, interpretar. (**a.**: *crear.*) ‖ Sustituir, reemplazar. (**a.**: *negarse, eludir.*) ‖ Aparentar, parecer. ‖ Significar, suponer. ‖ Implicar. ‖ prnl. Imaginarse, figurarse.
representativo, va. adj. Característico.
represión. f. Contención, detención, freno. (**a.**: *libertad.*)
reprimenda. f. Reconvención, amo-

nestación, regano, reprocne, reprensión, rapapolvo.

reprimir. tr. Comprimir. ‖ tr. y prnl. Contener, refrenar, sujetar, dominar, moderar. (**a.:** *azuzar, incitar, instigar.*)

reprobable. adj. Censurable, incalificable, criticable, reprensible, reprochable, repudiable, vituperable, condenable.

reprobación. f. Condenación, reprensión, censura, desaprobación, reproche, reparo.

reprobar. tr. Desaprobar, criticar, censurar, desechar, condenar, rechazar, corregir, fustigar. (**a.:** *aprobar.*) ‖ Reconvenir, tachar, enrostrar. ‖ Abuchear, sisear, patear, gritar, silbar. (**a.:** *aplaudir.*)

réprobo, ba. adj. y s. Precito, condenado.

reprochar. tr. Reconvenir, afear, echar en cara, recriminar. (**a.:** *disculpar.*) ‖ Censurar, desaprobar. (**a.:** *aprobar.*)

reproche. m. Reconvención, reparo, censura, tacha.

reproducción. f. Calco, copia. ‖ Fecundación, proliferación.

reproducir. tr. Imitar, copiar, reimprimir, representar. ‖ tr. y prnl. Repetir, reiterar. ‖ Propagar, multiplicar. ‖ prnl. Procrear, engendrar.

reproductor. m. Padrillo, semental.

reptar. intr. Arrastrarse, deslizarse. (**a.:** *caminar, erguirse.*)

reptil. m. Ofidio. ‖ Pérfido, rastrero, servil.

repudiable. adj. Recusable. ‖ Desechable, rechazable.

repudiar. tr. Desechar, rechazar, repeler. (**a.:** *aceptar, admitir.*) ‖ Rehusar.

repuesto, ta. adj. Restablecido, sustituido, renovado. ‖ Aliviado, mejorado. ‖ m. Recambio, accesorio, pieza, complemento.

repugnancia. f. Oposición, incompatibilidad. ‖ Antipatía, aversión, repulsión, renuencia. (**a.:** *atracción.*) ‖ Asco, repulsión, náusea.

repugnante. adj. Asqueroso, nauseabundo, sucio, repulsivo, repelente, inmundo. (**a.:** *limpio.*) ‖ Incompatible. (**a.:** *simpático, compatible.*)

repugnar. tr. Contradecir, negar. ‖ tr. o intr. Rehusar, repeler, rechazar. (**a.:** *atraer, simpatizar.*) ‖ intr. Asquear.

repulgo. m. Dobladillo, borde. ‖ Recelo, inquietud. ‖ Afectación, melindres, remilgos.

repulido, da. adj. Acicalado, peripuesto.

repulir. tr. Acicalar, adornar, componer, engalanar, emperifollar.

repulsa. f. Desaire, desprecio, rechazo. ‖ Reprimenda. ‖ Negativa, denegación.

repulsar. tr. Desechar, desdeñar, despreciar, repeler, rechazar. ‖ Denegar, negar. ‖ Desaprobar, censurar.

repulsión. f. Repulsa, rechazo. (**a.:** *atracción.*) ‖ Asco, repugnancia, aversión.

repulsivo, va. adj. Repugnante, repelente, desagradable, asqueroso, sucio. (**a.:** *limpio, agraciado.*)

reputación. f. Fama, honra, nombradía, notoriedad, renombre, gloria. (**a.:** *desprestigio.*)

reputar. tr. Estimar, juzgar, conceptuar. ‖ Apreciar, justipreciar.

requebrar. tr. Piropear, galantear, lisonjear, cortejar, enamorar, festejar, halagar.

requechos. m. pl. Sobras, restos, desechos.

requemarse. prnl. Resentirse, escocerse, consumirse. ‖ Afligirse, dolerse.

requerimiento. m. Intimación, aviso, conminación. ‖ Exigencia, demanda. ‖ Pedido, petición.

requerir. tr. Intimar, notificar, conminar. ‖ Solicitar, pedir, demandar. ‖ Necesitar, pretender, precisar. ‖ Inducir, persuadir, convencer.

requesón. m. Cuajada, yogur, ricota.

requiebro. m. Piropo, flor, halago, lisonja, alabanza, terneza, galantería. (**a.:** *insulto.*)

requilorios. m. pl. Perifollos, adornos, atavíos. ‖ Requisitos, formalidades. ‖ Futilezas, nimiedades.

requisa. f. Revista, inspección, recuento. ‖ Confiscación, incautación.

requisar. tr. Decomisar, incautarse, confiscar, comisar.
requisición. f. Comiso, decomiso, embargo, confiscación.
requisito. m. Formalidad, condición, circunstancia.
res. f. Cabeza.
resabiar. tr. y prnl. Enviciar, corromper, malear. || prnl. Disgustarse, molestarse.
resabio. m. Dejo, deje. || Vicio, mala costumbre. (**a.**: *virtud.*) || Desazón.
resaltar. intr. Sobresalir, abultar, destacarse, distinguirse, descollar, proyectarse. (**a.**: *confundirse.*) || Rebotar.
resalte o **resalto**. m. Saliente, relieve, moldura. (**a.**: *grieta, ranura.*)
resarcimiento. m. Reparación, indemnización, compensación, recompensa.
resarcir. tr. Indemnizar, compensar, desagraviar, reparar. (**a.**: *dañar, agraviar.*) || prnl. Desquitarse, reintegrarse. (**a.**: *perder.*)
resbaladizo, za. adj. Escurridizo, lábil, resbaloso.
resbalar. intr. y prnl. Escurrirse, deslizarse, patinar.
resbalón. m. Traspié. || Desliz, error, equivocación.
resbaloso, sa. adj. Resbaladizo.
rescatar. tr. Librar, liberar, libertar, redimir. (**a.**: *encarcelar.*) || Recobrar, recuperar. (**a.**: *perder.*)
rescate. m. Liberación, redención.
rescindir. tr. Abolir, anular, invalidar, cancelar, revocar. (**a.**: *convalidar, confirmar.*)
rescoldo. m. Brasa. || Recelo, escrúpulo, escozor.
resecar. tr. y prnl. Secar.
resentido, da. adj. Ofendido, molesto, disgustado.
resentimiento. m. Animosidad, resquemor, antipatía, tirria. (**a.**: *afinidad.*) || Disgusto, enojo, enfado.
resentirse. prnl. Sentirse, enojarse, picarse, agraviarse, ofenderse, disgustarse, enfadarse. (**a.**: *contentarse.*) || Debilitarse, flaquear. (**a.**: *fortalecerse.*)
reseña. f. Descripción, nota, crítica. || Narración. || Resumen. || Revista, inspección.
reserva. f. Ahorro, previsión, economía. (**a.**: *despilfarro.*) || Circunspección, recato, discreción, comedimiento. || Cautela, prudencia. || Sigilo, secreto. || Restricción, condición, salvedad. || Custodia, protección, defensa, guarda. (**a.**: *desamparo.*)
reservado, da. adj. Circunspecto, comedido, discreto, cauteloso, cauto, prudente. (**a.**: *indiscreto, imprudente.*) || Secreto, confidencial. || Callado, taciturno, silencioso. (**a.**: *locuaz.*)
reservar. tr. Guardar, conservar, retener, economizar. || Exceptuar, relevar, dispensar. (**a.**: *cumplir.*) || Encubrir, ocultar, callar, silenciar, omitir. (**a.**: *publicar.*) || prnl. Precaverse, resguardarse. (**a.**: *confiar.*)
resfriado. m. Resfrío, constipado, enfriamiento, catarro, romadizo.
resfriarse. prnl. Acatarrarse, constiparse.
resfrío. m. Constipado, resfriado, catarro, enfriamiento, constipación, romadizo.
resguardar. tr. y prnl. Proteger, amparar, defender, preservar. (**a.**: *descuidar, desamparar.*) || Cobijar, abrigar. || Salvaguardar. (**a.**: *desamparar.*)
resguardo. m. Amparo, defensa, protección, seguridad. || Reparo. || Guardia, custodia. || Recibo, cupón, comprobante, talón. || Contraseña.
residencia. f. Casa, habitación, domicilio, techo, morada, nido, vivienda. || Mansión.
residir. intr. Habitar, vivir, alojarse, morar, parar, domiciliarse. (**a.**: *ausentarse, vagar.*) || Consistir, radicar, estribar.
residuo. m. Resto, restante, sobrante, sobras. || Diferencia, resta. || pl. Desperdicios, basura, restos, desechos.
resignación. f. Conformidad, sufrimiento, sumisión, paciencia, tolerancia, conformismo. (**a.**: *rebeldía.*)
resignar. tr. Entregar, dimitir, renunciar. || prnl. Conformarse, avenirse, allanarse, condescender, someterse. (**a.**: *resistirse.*)

resinar. tr. Sangrar.
resinífero, ra. adj. Resinoso.
resistencia. f. Oposición, rechazo, obstrucción, renuencia. ‖ Fortaleza, firmeza, solidez, aguante, fuerza, vigor, energía. ‖ Resistor. ‖ Defensa.
resistente. adj. Fuerte, firme, tenaz, duro, persistente. (**a.**: *endeble.*) ‖ Sólido, robusto, vigoroso.
resistir. tr. Aguantar, soportar, sostener, sufrir, tolerar. ‖ Rebelarse, oponerse, rechazar. (**a.**: *someterse.*) ‖ Negarse, rehusar. ‖ Luchar, forcejear, bregar.
resistor. m. Resistencia.
resolución. f. Ánimo, brío, valor, determinación, arrestos, arrojo, empuje, osadía, audacia, guapeza, atrevimiento, decisión, denuedo. (**a.**: *cobardía, irresolución.*) ‖ Actividad, prontitud, diligencia, viveza, presteza, rapidez. ‖ Providencia, fallo, dictamen, decreto.
resolver. tr. Dilucidar, aclarar. ‖ Solucionar, ventilar, solventar, zanjar. ‖ tr. y prnl. Determinar, decidir. ‖ Deshacer, disolver. ‖ prnl. Reducirse, resumirse.
resollar. intr. Respirar. ‖ Resoplar, bufar, jadear.
resonancia. f. Repercusión, divulgación, eco, notoriedad. (**a.**: *olvido.*) ‖ Hipertono, armónico.
resonante. adj. Retumbante, sonoro. ‖ Ruidoso, rimbombante.
resonar. intr. Repercutir, retumbar.
resorte. m. Muelle. ‖ Cuerda, espiral, elástico. ‖ Influencia. ‖ Medio, recurso.
respaldar. tr. Proteger, amparar, escudar. ‖ Garantizar, avalar, asegurar, garantir, apoyar. ‖ m. Respaldo.
respaldo. m. Espaldar, respaldar, espaldera. ‖ Vuelta, envés, dorso. ‖ Garantía, apoyo.
respectar. defect. Atañer, concernir, tocar.
respectivo, va. adj. Correspondiente, atinente, referente, concerniente.
respecto. m. Razón, relación, proporción. ‖ **con respecto a o de, o respecto a o de.** loc. prep. En relación con, referente a.
respetabilidad. f. Autoridad, dignidad, representación. (**a.**: *indignidad.*)
respetable. adj. Honorable, calificado, estimable, caracterizado. ‖ Considerable, importante, tremendo, imponente. (**a.**: *común, vulgar.*)
respetar. tr. Acatar, honrar, reverenciar. ‖ Obedecer, cumplir. (**a.**: *desacatar, desobedecer.*)
respeto. m. Consideración, deferencia, miramiento. (**a.**: *irreverencia.*) ‖ Aprecio, estima. ‖ Tolerancia, indulgencia. ‖ Obediencia, acatamiento, sumisión. (**a.**: *desacato.*)
respetuoso, sa. adj. Atento, deferente, cortés, reverente, educado.
réspice. m. Reproche, rapapolvo, filípica, sermón, andanada, bufido.
respingo. m. Rezongo, gruñido. ‖ Sobresalto.
respiración. f. Aliento, resuello, resoplido. ‖ Jadeo, acezo. ‖ Ventilación.
respiradero. m. Abertura, tronera.
respirar. intr. o tr. Resollar, alentar, aspirar. ‖ intr. Descansar, tranquilizarse, calmarse. ‖ Vivir. ‖ Hablar.
respiro. m. Descanso, alivio, reposo, sosiego, calma. (**a.**: *trajín.*) ‖ Prórroga.
resplandecer. intr. Lucir, refulgir, relucir, brillar, cabrillear, rielar, rutilar, esplender, relumbrar, fulgurar, reverberar. ‖ Sobresalir, destacarse, aventajar, descollar.
resplandeciente. adj. Refulgente, luminoso, radiante, reluciente, esplendente, centelleante, rutilante, fulgente, brillante.
resplandor. m. Lustre, brillo, destello, refulgencia, fulgor, esplendor. ‖ Luz.
responder. tr. Contestar, reponer. (**a.**: *preguntar, interrogar.*) ‖ intr. Replicar, retrucar. ‖ Garantizar, responsabilizarse, salir fiador, abonar, pagar, garantir, satisfacer. ‖ Corresponder. ‖ Reaccionar.
respondón, na. adj. y s. Insolente, rezongón.
responsabilidad. f. Obligación, deber. (**a.**: *irresponsabilidad.*) ‖ Culpabilidad. ‖ Compromiso. ‖ Garantía.
responsable. adj. Culpable. ‖ Compro-

metido, obligado. ‖ Consciente, juicioso. ‖ s. Fiador, garante. ‖ Encargado.
responsorio. m. Responso, rezo. ‖ Reprimenda.
respuesta. f. Contestación. (**a.**: *pregunta.*) ‖ Réplica, refutación.
resquebrajar. tr. y prnl. Hender, agrietar, rajar, cuartear.
resquemor. m. Escozor. ‖ Resentimiento, rencor, desazón.
resquicio. m. Hendidura, abertura, grieta. ‖ Coyuntura, ocasión, oportunidad, pretexto.
resta. f. Sustracción. (**a.**: *suma, adición.*) ‖ Resto, residuo, diferencia.
restablecer. tr. Reponer, rehabilitar, restaurar, reparar, restituir, reinstaurar. (**a.**: *inhabilitar.*) ‖ prnl. Curarse, mejorar, convalecer, recobrarse, recuperarse, sanar, reponerse. (**a.**: *enfermar, decaer.*)
restablecimiento. m. Curación. (**a.**: *recaída.*) ‖ Restauración, renovación.
restallar. intr. Chasquear, estallar. ‖ Crujir.
restante. m. Residuo, resto, remanente, excedente.
restañar. tr. Detener, estancar, parar. ‖ Cauterizar.
restar. tr. Quitar, disminuir, deducir, cercenar, mermar, sacar, rebajar, sustraer. (**a.**: *agregar, añadir.*) ‖ intr. Faltar, quedar.
restaurador, ra. adj. y s. Renovador.
restaurante. adj. Reconstituyente, reparador, fortificante. ‖ m. Fonda.
restaurar. tr. Recuperar, restablecer, recobrar. ‖ Reparar, renovar, componer, recomponer. ‖ Reinstaurar. ‖ Remozar, renovar.
restitución. f. Devolución. ‖ Reposición.
restituir. tr. Devolver, reintegrar, reponer, retornar, restablecer, rehabilitar. (**a.**: *quitar, exonerar.*) ‖ tr. y prnl. Rehabilitar, reponer. ‖ Tornar, volver, regresar. (**a.**: *marchar.*)
resto. m. Diferencia, resta. ‖ Sobrante, residuo, remanente, saldo. ‖ Rastro, vestigio. ‖ pl. Desperdicio, sobras. ‖ Ruinas.
restorán. m. Restaurante.
restregar. tr. Estregar, frotar, refregar.
restricción. f. Limitación, reducción. ‖ Impedimento, barrera, cortapisa. (**a.**: *abuso.*)
restricto, ta. adj. Limitado, reducido, ceñido, preciso, definido, restringido. (**a.**: *abusivo, ilimitado.*)
restringir. tr. Reducir, limitar, acortar, ceñir, circunscribir, cercenar, coartar. (**a.**: *ampliar.*) ‖ Apretar, restriñir, astreñir, constreñir.
resucitar. intr. Revivir, renacer, resurgir. (**a.**: *morir.*) ‖ tr. Restablecer, renovar, restaurar, reponer. ‖ Reavivar, reanimar, vivificar, vitalizar.
resudar. intr. y prnl. Sudar, trasudar, rezumar.
resuelto, ta. adj. Decidido, audaz, osado, determinado, denodado, animoso. (**a.**: *irresoluto, apocado, temeroso.*) ‖ Pronto, diligente, expedito, activo.
resuello. m. Aliento, respiración, resoplido. *Quedó sin resuello.*
resulta. f. Resultado, efecto, consecuencia. ‖ **de resultas.** loc. adv. Por consecuencia, por efecto.
resultado. m. Efecto, consecuencia, fruto, secuela, resulta. (**a.**: *causa, origen.*)
resultar. intr. Nacer, originarse. ‖ Seguirse, deducirse, inferirse, dimanar, derivarse, proceder. ‖ Convenir, aprovechar. ‖ Redundar.
resumen. m. Compendio, epítome, recapitulación, sumario, síntesis, breviario. (**a.**: *ampliación, desarrollo.*) ‖ **en resumen.** loc. adv. En suma, resumiendo.
resumir. tr. Abreviar, compendiar, reducir, sintetizar, condensar. (**a.**: *ampliar, explicar.*) ‖ prnl. Reducirse, resolverse. (**a.**: *acrecentarse.*)
resurgimiento. m. Reaparición, renacimiento.
resurgir. intr. Reaparecer, resucitar, renacer. ‖ Recobrarse, reanimarse, recuperarse, reponerse, convalecer.
resurtida. f. Rechazo, rebote.
resurtir. intr. Retroceder, rebotar.
retaguardia. f. Zaga. (**a.**: *avanzada.*)
retahíla. f. Sarta, serie, rosario.

retal. m. Retazo, desperdicio, sobrante.
retar. tr. Desafiar, provocar. || Reprender, reprochar, amonestar.
retardar. tr. Atrasar, retrasar, diferir, demorar, aplazar, posponer. (**a.**: *adelantar.*) || Detener, frenar.
retardo. m. Retraso, dilación, demora, tardanza, morosidad.
retazo. m. Retal, recorte, pedazo, trozo.
retemblar. intr. Estremecerse, temblar, trepidar.
retén. m. Repuesto, prevención.
retener. tr. Conservar, guardar, reservar. || Recordar, memorizar. (**a.**: *olvidar.*) || Detener, entretener. || Arrestar. (**a.**: *liberar, soltar.*) || Estancar.
retentiva. f. Memoria. (**a.**: *olvido.*)
reticencia. f. Omisión, tapujo.
rético. m. Retorromano, ladino, romanche.
retícula. f. Trama. || Cuadrícula. || Retículo.
reticulado, da. adj. Reticular, cuadriculado, tramado.
retículo. m. Retícula (en óptica).
retintín. m. Tonillo, sonido.
retirado, da. adj. Apartado, alejado, remoto, distante, lejano, separado. (**a.**: *cercano.*) || Solitario, aislado. || f. Retroceso, repliegue. (**a.**: *avance.*)
retirar. tr. Apartar, separar, alejar. (**a.**: *acercar.*) || Sacar, quitar. (**a.**: *poner.*) || prnl. Recogerse. || Retraerse. (**a.**: *exhibirse.*) || Jubilarse. || Retroceder. || Aislarse, apartarse.
retiro. m. Jubilación. || Retraimiento, soledad, recogimiento, aislamiento, encierro. (**a.**: *compañía.*) || Refugio, encierro, clausura, reclusión. || Extracción. (**a.**: *depósito.*)
reto. m. Desafío, provocación. || Amenaza. || Reprimenda, regaño, reprensión, rapapolvo.
retobado, da. adj. Indómito, rencoroso, obstinado, terco, taimado. || Respondón.
retocar. tr. Perfeccionar, corregir. || Restaurar, reparar.
retoñar. intr. Rebrotar, brotar. || Reproducirse, revivir. (**a.**: *secarse.*)
retoño. m. Hijuelo, botón, renuevo, vástago. || Hijo. (**a.**: *padre, madre.*)
retoque. m. Corrección. || Amago.
retorcer. tr. Torcer, combar, enroscar, torsionar, corcovar. (**a.**: *enderezar.*)
retorcido, da. adj. Sinuoso. || Maquiavélico.
retorcimiento. m. Contorsión, torcijón, retorsión, retorcedura. || Alabeo. || Sinuosidad.
retórica. f. Oratoria. || Rebuscamiento, afectación. || pl. Sofisterías, circunloquios, palabrerío.
retornar. intr. Regresar, volver, tornar. (**a.**: *partir, ausentarse, irse.*) || tr. Devolver, restituir, reintegrar. (**a.**: *retener.*)
retorno. m. Vuelta, regreso, retroceso. (**a.**: *ida, marcha.*) || Devolución, restitución. || Cambio, trueque, permuta, canje. || Recompensa, retribución.
retorsión. m. Retorcimiento.
retortijón. m. Retorcijón, retorcimiento.
retozar. intr. Brincar, juguetear, corretear, jugar, travesear, potrear.
retozón, na. adj. Juguetón, alegre, saltarín.
retractar. tr. Revocar. || prnl. Desdecirse, abjurar, rectificarse. (**a.**: *ratificar, validar.*)
retraer. tr. Disuadir. || prnl. Acogerse, guarecerse, refugiarse. || Retirarse, huir, retroceder. (**a.**: *permanecer.*) || Apartarse, alejarse, aislarse.
retraído, da. adj. Solitario, aislado. || Corto, tímido, reservado.
retraimiento. m. Retiro, aislamiento, apartamiento, alejamiento. (**a.**: *sociabilidad.*) || Retiro, refugio, escondite. || Cortedad, timidez, reserva. (**a.**: *audacia.*)
retrasar. tr. Diferir, retardar, dilatar, aplazar, demorar, posponer. (**a.**: *acelerar.*) || tr. o intr. Atrasar. (**a.**: *adelantar.*) || prnl. Rezagarse, demorarse. || Endeudarse. (**a.**: *pagar, cumplir.*)
retraso. m. Atraso, retardo, demora, dilación.
retratar. tr. Describir. || Fotografiar. || Imitar, copiar. || Representar.
retrato. m. Fotografía, foto, imagen, efigie. || Descripción.
retreparse. prnl. Recostarse.

retrete. m. Excusado, común, letrina, evacuatorio, servicio.
retribución. f. Pago, paga, recompensa, remuneración, gratificación, premio.
retribuir. tr. Remunerar, pagar, corresponder, recompensar. (**a.**: *adeudar.*) ‖ Premiar, galardonar.
retroacción. f. Retroactividad. ‖ Retroceso, regresión.
retroceder. intr. Recular. ‖ Rebotar, refluir. ‖ Retrogradar, desandar, replegarse, cejar, ciar. (**a.**: *avanzar, adelantar.*) ‖ Ceder, desistir, renunciar. ‖ Retrotraerse, remontarse.
retroceso. m. Reculada, contramarcha, rechazo, rebote, retroacción. ‖ Regresión, regreso, vuelta, retorno. ‖ Recrudecimiento, recrudescencia, empeoramiento. (**a.**: *mejora.*)
retrógrado, da. adj. y s. Reaccionario, cavernícola. (**a.**: *progresista, innovador.*)
retruécano. m. Conmutación, juego de palabras.
retumbante. adj. Ostentoso, rimbombante, pomposo, campanudo. ‖ Estruendoso, resonante.
retumbar. intr. Resonar, atronar, retronar.
reuma o **reúma.** m. Reumatismo.
reunión. f. Grupo, rueda, peña.
reunir. tr. Juntar, agrupar, amontonar, recoger, allegar, congregar, unir. ‖ Acopiar, aglomerar. ‖ Coleccionar, compilar, recopilar. (**a.**: *separar, desunir, dispersar, esparcir.*) ‖ prnl. Encontrarse, verse.
reválida. f. Revalidación, ratificación, confirmación.
revalidar. tr. Convalidar, confirmar, ratificar. ‖ prnl. Graduarse, recibirse.
revancha. f. Desquite.
revelación. f. Descubrimiento, manifestación, declaración. ‖ Publicación, difusión. ‖ Acusación, soplo. ‖ Indicio, señal.
revelar. tr. Descubrir. ‖ Manifestar, exteriorizar, patentizar, publicar, mostrar, confesar, exhibir. (**a.**: *ocultar, callar.*) ‖ Franquearse. ‖ Transparentarse, reflejarse. (**a.**: *disimular.*)
revenirse. prnl. Acedarse, avinagrarse, agriarse. ‖ Consumirse. ‖ Retractarse, ceder.
reventar. intr. Abrirse, brotar. ‖ Estallar, explotar. ‖ Romper. ‖ Rabiar. ‖ Morir. ‖ tr. Aplastar, molestar, fastidiar. ‖ tr. y prnl. Cansar, fatigar.
reventón. m. Estallido, explosión, pinchazo. ‖ Cansancio, fatiga. ‖ Apuro, aprieto, dificultad, ahogo.
rever. tr. Revisar, examinar.
reverberación. f. Reflejo, refracción, destello. (**a.**: *opacidad.*)
reverberar. intr. Resplandecer, reflejar, reflectar.
reverbero. m. Cocinilla, infiernillo.
reverdecer. intr. y tr. Verdecer, verdear. ‖ Renovarse, rejuvenecerse, vigorizarse.
reverencia. f. Respeto, veneración. (**a.**: *ofensa.*) ‖ Acatamiento, devoción. ‖ Inclinación, saludo.
reverenciar. tr. Acatar, venerar, honrar, respetar.
reverente. adj. Respetuoso. ‖ Piadoso.
reverso. m. Revés, dorso, envés. (**a.**: *anverso, derecho.*) ‖ Cruz. (**a.**: *cara.*)
revés. m. Contrahaz. ‖ Reverso, dorso, envés. ‖ Infortunio, desgracia, desastre, percance, accidente, contratiempo.
revesado, da. adj. Intrincado, difícil, embrollado, enrevesado, enmarañado. (**a.**: *fácil.*) ‖ Travieso, revoltoso, enredador.
revestimiento. m. Recubrimiento. ‖ Envoltura. ‖ Sobrecubierta. ‖ Enlucido, revoque.
revestir. tr. y prnl. Cubrir, enlucir, revocar, recubrir. ‖ prnl. Vestirse, cubrirse. ‖ Afectar, simular, engreírse.
revisar. tr. Rever, examinar, repasar, inspeccionar.
revisión. f. Control, inspección, revista, examen.
revisor. m. Examinador, inspector.
revista. f. Inspección, revisión, examen. ‖ Desfile, parada. ‖ Reseña. ‖ Periódico. ‖ **pasar revista.** Revistar.
revistar. tr. Pasar revista, controlar, inspeccionar, examinar.

revivir. intr. Resucitar, resurgir, renacer. ‖ tr. Evocar, recordar.

revocar. tr. Anular, derogar, abolir. (**a.**: *promulgar.*) ‖ Apartar, retraer, disuadir. (**a.**: *cumplir.*) ‖ Enlucir, enjalbegar.

revolcar. tr. Derribar, pisotear, vencer, apabullar. ‖ Reprobar, suspender. ‖ prnl. Restregarse.

revoltijo. m. Revoltillo, fárrago, confusión, enredo, embrollo, mescolanza. (**a.**: *orden.*)

revoltoso, sa. adj. Travieso, perturbador, enredador, inquieto. ‖ s. Alborotador, rebelde, sedicioso, insurgente.

revolución. f. Giro, vuelta, rotación. ‖ Sedición, motín, rebelión, asonada, alboroto, revuelta, conmoción, insurrección, sublevación, alzamiento, levantamiento. (**a.**: *orden, disciplina, paz.*)

revolver. tr. Agitar, mezclar, menear, remover. ‖ Desordenar, alterar, mezclar, desorganizar, trastornar. (**a.**: *ordenar.*) ‖ Inquietar, perturbar. ‖ Encizañar, enemistar. ‖ Escarbar, remover. ‖ prnl. Moverse, girar. ‖ Encapotarse, aborrascarse.

revoque. m. Enlucido, enjalbegamiento.

revuelco. m. Revolcón.

revuelo. m. Revoloteo, agitación, conmoción. (**a.**: *calma.*)

revuelta. f. Alboroto, disturbio, tumulto, asonada, sedición, insurrección, motín, algarada. ‖ Riña, pendencia. ‖ Vuelta, mudanza.

revuelto, ta. adj. Desordenado, desarreglado. ‖ Intrincado, abstruso. ‖ Trastornado, perturbado. ‖ Agitado, tumultuoso, turbulento. ‖ Inquieto, revoltoso, enredador, travieso.

rey. m. Monarca, soberano. ‖ Zar, cha.

reyerta. f. Contienda, trifulca, altercado, pendencia, gresca, riña, lucha, disputa, bronca.

rezagar. tr. Atrasar, diferir, suspender, retardar. ‖ prnl. Retrasarse, quedarse atrás. (**a.**: *adelantarse.*)

rezar. tr. o intr. Orar, pedir. ‖ intr. Refunfuñar, gruñir.

rezo. m. Oración, plegaria, preces.

rezongar. intr. Refunfuñar, gruñir, murmurar, mascullar.

rezongón, na. adj. Gruñón.

rezumar. tr., intr. y prnl. Exudar, sudar, resudar, trazumar.

riachuelo. m. Arroyo.

riada. f. Avenida, inundación, crecida.

ribera. f. Margen, orilla, costa, borde. ‖ Vega, huerta.

ribete. m. Asomo, indicio.

ricamente. adv. Primorosamente, opulentamente.

ricino. m. Cherva, palmacristi.

rico, ca. adj. y s. Acomodado, millonario, acaudalado, pudiente, potentado, opulento. (**a.**: *pobre, indigente.*) ‖ adj. Abundante, fecundo, opulento, copioso, fértil, exuberante. (**a.**: *estéril.*) ‖ Gustoso, sabroso, apetitoso, exquisito. ‖ Lujoso, fastuoso, suntuoso.

ridiculez. f. Extravagancia. (**a.**: *elegancia.*)

ridiculizar. tr. Burlarse, parodiar, caricaturizar. (**a.**: *encomiar.*)

ridículo, la. adj. Risible, irrisorio. (**a.**: *elegante, costoso.*) ‖ Escaso, corto, mezquino. (**a.**: *abundante.*) ‖ Extravagante, estrafalario, grotesco. (**a.**: *maravilloso.*) ‖ Nimio. ‖ Ñoño, pazguato, remilgado.

riego. m. Irrigación, regadío.

riel. m. Carril, raíl, vía.

rielar. intr. Brillar, carillear, relumbrar, reflejar.

rienda. f. Sujeción, freno. ‖ pl. Gobierno, mando, dirección.

riente. adj. Alegre, risueño.

riesgo. m. Peligro, contingencia, albur. (**a.**: *seguridad.*)

riesgoso, sa. adj. Aventurado, peligroso. (**a.**: *seguro.*)

rifa. f. Sorteo, tómbola.

rifar. tr. y prnl. Sortear.

rifle. m. Carabina, fusil.

rigidez. f. Tiesura, endurecimiento, inflexibilidad. ‖ Rigor, dureza, severidad, aspereza, austeridad. (**a.**: *blandura, tolerancia.*)

rígido, da. adj. Tieso, inflexible, tenaz, tirante, endurecido, inquebrantable. (**a.**: *flexible.*) ‖ Riguroso, duro, severo, austero, estricto, áspero, estrecho. (**a.**: *tolerante.*) || Inexpresivo.

rigor. m. Severidad, dureza, inclemencia, rudeza, rigidez, aspereza. (**a.**: *afabilidad, tolerancia.*) || Exactitud, precisión. (**a.**: *imprecisión.*) || Intensidad. || Rigurosidad, crudeza. (**a.**: *suavidad.*) || **de rigor.** loc. adj. Indispensable, obligado. || Consabido.

riguroso, sa. adj. Áspero, glacial, acre, rudo, inclemente, severo, rígido, austero, implacable, inflexible, estricto, inexorable. (**a.**: *tolerante, suave, benevolente.*) || Extremado, inclemente, crudo, cruel. || Exacto, preciso. || Escrupuloso, minucioso.

rijoso, sa. adj. Lujurioso, sensual.

rima. f. Asonancia, consonancia.

rimar. tr. Versificar, asonantar, consonantar.

rimbombante. adj. Aparatoso, resonante, campanudo, retumbante. || Ostentoso, espectacular, pomposo. || Grandilocuente, altisonante, hinchado, enfático.

rimero. m. Montón, cúmulo, pila, pilada.

rincón. m. Ángulo, esquina, recodo. || Escondite, escondrijo, recoveco.

rinconera. f. Repisa, ménsula.

ringlera. f. Fila, hilera, ristra, sarta, serie.

riña. f. Pendencia, quimera, trifulca, pelotera, reyerta, pelea, contienda, lucha, gresca. (**a.**: *concordia.*) || Discusión, disputa, agarrada, cuestión, altercado, querella.

río. m. Afluencia, abundancia.

riqueza. f. Bienestar, holgura, fortuna, opulencia, abundancia. (**a.**: *pobreza, miseria.*) || Abundancia, copia, profusión. (**a.**: *carencia.*) || Lujo, suntuosidad, ostentación, esplendidez.

risa. f. Risita, carcajada, risotada. || Hilaridad.

risco. m. Peñasco, peñón.

riscoso, sa. adj. Enriscado, escabroso, peñascoso.

risible. adj. Ridículo, irrisorio, cómico, grotesco, chocarrero. (**a.**: *trágico.*)

risotada. f. Carcajada.

ristra. f. Sarta, fila, hilera, serie.

risueño, ña. adj. Carialegre, jocoso, jocundo, riente, alegre, jovial, festivo. (**a.**: *lloroso, triste.*) || Agradable, placentero, deleitable. || Próspero, propicio, favorable. (**a.**: *desfavorable.*)

rítmico, ca. adj. Acompasado, cadencioso, armonioso. (**a.**: *arrítmico.*)

ritmo. m. Cadencia, armonía, compás. || Metro, verso. || Marcha, paso. || Medida, proporción, regularidad, equilibrio.

rito. m. Ceremonia, costumbre, regla. || Ritual, liturgia.

ritornelo o **retornelo.** m. Repetición, estribillo.

ritual. m. Liturgia, rito. || Ceremonial, protocolo, etiqueta. || adj. Habitual.

rival. com. Émulo, competidor, contrincante. || Adversario, enemigo, contrario, antagonista.

rivalidad. f. Emulación, competencia. || Enemistad, pugna, antagonismo.

rivalizar. tr. Competir, contender, desafiar, emular, disputar.

rizar. tr. Ondular, ensortijar, encrespar. (**a.**: *estirar.*)

rizo. m. Onda, bucle.

rizoma. m. Raíz.

rizópodo. adj. Sarcodario.

rizoso, sa. adj. Ondulado, ensortijado, rizado.

roa. f. Roda.

robar. tr. Afanar, hurtar, defraudar, pillar, rapiñar, despojar, saquear, estafar, sustraer, sisar, birlar, timar, desvalijar, escamotear, limpiar. (**a.**: *donar, regalar.*) || Atraer.

robín. m. Orín, óxido, herrumbre, moho.

roblón. m. Remache, perno.

roblonar. tr. Remachar.

robo. m. Hurto, sisa, latrocinio. || Pillaje, saqueo, rapiña. || Estafa, fraude, timo. || Desfalco, sustracción.

robustecer. tr. y prnl. Fortalecer, fortificar, consolidar, vigorizar, tonificar, entonar. (**a.**: *debilitar.*)

robustez. f. Reciedumbre, fortaleza, vigor, reciura, pujanza.

robusto, ta. adj. Fuerte, vigoroso, membrudo, recio. || Sano, saludable. || Grueso, gordo.

roca. f. Peña, peñasco, risco, piedra.
roce. m. Rozamiento, fricción, frotamiento, ludimiento, rozadura. || Trato, comunicación, frecuentación, relación.
rociada. f. Rocío. || Salpicadura. || Reprensión, rapapolvo, reprimenda.
rociar. tr. Salpicar, asperjar. (**a.**: *secar.*)
rocín. m. Jamelgo, penco, matalón, sotreta, mancarrón, caballejo, rocinante. || Ignorante, zafio, tosco, zote, rudo. (**a.**: *inteligente.*)
rocoso, sa. adj. Peñascoso, pedregoso, roqueño.
rodada. f. Costalada. || Carril, carrilada, lendel, carrilera, rodera.
rodado. m. Vehículo, carruaje.
rodaja. f. Tajada.
rodaje. m. Filmación.
rodar. intr. Girar, voltear, caer, rotar. || Errar, vagabundear. (**a.**: *radicarse.*) || tr. Filmar.
rodear. tr. Cercar, circuir, acordonar, circundar, circunvalar. || Desviarse. || Volver. || Divagar.
rodeo. m. Desviación, zigzag, desvío. (**a.**: *recta.*) || Circunloquio, perífrasis, evasión, ambages, efugio, evasiva, subterfugio. (**a.**: *concisión, claridad.*) || Escarceo, divagación.
rodera. f. Rodada.
rodete. m. Coca, moño.
rodilla. f. Rótula. || **de rodillas.** loc. adv. De hinojos.
rodillo. m. Rulo, cilindro, rollo.
rodrigón. m. Puntal, estaca. || Tutor.
roer. tr. Corroer, carcomer, gastar, desgastar. || Remorder, afligir, pesar, desazonar. (**a.**: *entretener.*)
rogación. f. Petición, rogativa.
rogar. tr. Pedir, solicitar, orar, suplicar, implorar, impetrar. (**a.**: *conceder.*)
rogativa. f. Súplica, rezo.
roído, da. adj. Carcomido. || Corto, despreciable, escaso, exiguo. || Tacaño, avaro, amarrete, mezquino.
rojo, ja. adj. Colorado, escarlata, carmesí, encarnado, granate.
rol. m. Nómina, lista.
roldana. f. Rodaja.
rollizo, za. adj. Gordo, fornido, robusto. || m. Durmiente.
rollo. m. Cilindro, columna. || Discurso, exposición. || Trenza.
romadizo. m. Coriza, catarro, resfrío.
romana. f. Balanza.
romance. adj. Románico, neolatino. || m. Amorío. || Novela. || Poema, poesía.
romancesco, ca. adj. Novelesco. || Romántico.
románico, ca. adj. Neolatino.
romanizar. tr. Latinizar.
romanticismo. m. Novelería, sentimentalismo, fantasía. (**a.**: *realidad.*)
romántico, ca. adj. Sentimental, pasional. || Romancesco, novelesco.
romanza. f. Aria.
romería. f. Peregrinación, peregrinaje. || Fiesta.
romero, ra. adj. Peregrino. || m. Rosmarino.
romo, ma. adj. Obtuso. (**a.**: *puntiagudo, agudo.*) || Torpe, rudo, boto, tosco, porro, zoquete, tardo. (**a.**: *listo.*) || Chato, mocho.
rompecabezas. m. Acertijo, enigma.
rompehuelgas. com. Esquirol.
rompenueces. m. Cascanueces.
rompeolas. m. Malecón, escollera.
romper. tr. y prnl. Quebrar, quebrantar, fracturar, cascar, partir. || tr. Despedazar, destrozar. (**a.**: *componer.*) || Interrumpir. || Desbaratar, vencer. || intr. Reventar, estallar. || Brotar. || intr. o tr. Comenzar, empezar, principiar.
rompiente. f. Escollo, rompeolas, arrecife, bajo.
rompimiento. m. Rompedura, rotura, ruptura. || Rotura, fractura, quebradura, quiebra. || Desavenencia, ruptura, discordia. (**a.**: *avenencia.*)
roncería. f. Tardanza, lentitud, remolonería, morosidad. || Embeleco, engaño, zalamería.
ronco, ca. adj. Afónico, enronquecido, bronco. (**a.**: *chillón.*)
roncha. f. Rueda, rodaja, bajada, raja, rebanada. || Cardenal, moretón, equimosis.
ronda. f. Vuelta, convite. || Patrulla, guardia.
rondar. intr. y tr. Patrullar, vigilar. (**a.**:

dormir.) ‖ Cortejar, galantear, importunar. ‖ Amenazar.

ronquera. f. Afonía, enronquecimiento, carraspera.

ronzal. m. Cabestro, dogal, camal.

roña. f. Herrumbre, orín. ‖ Sarna. ‖ Porquería, mugre, suciedad. (**a.**: *limpieza, aseo.*) ‖ Astucia. (**a.**: *ingenuidad.*) ‖ Tirria, ojeriza. ‖ com. Tacaño, mezquino.

roñería. f. Roñosería, tacañería, mezquindad, roña, avaricia. (**a.**: *largueza, desinterés.*)

roñoso, sa. adj. Oxidado, herrumbroso, mohoso. ‖ Sarnoso. ‖ Puerco, mugriento, sucio, cochino, desaseado. ‖ Avaro, mezquino, agarrado, miserable, tacaño, amarrete, cicatero.

ropa. f. Vestido, ropaje, traje, vestimenta, indumentaria. ‖ Tela.

ropaje. m. Vestido, vestidura, ropa.

ropavejero, ra. adj. y s. Trapero, prendero.

roquedo. m. Roca, peña, peñasco.

roqueño, ña. adj. Rocoso, peñascoso.

rorro. m. Bebé, nene, crío.

rosario. m. Sarta, serie, retahíla. ‖ Letanía.

roscar. tr. Aterrajar.

rosmaro. m. Manatí.

rostro. m. Cara, faz, semblante, fisonomía.

rotación. f. Giro, vuelta, revolución.

rotatorio, ria. adj. Giratorio, circulatorio.

roto, ta. adj. Quebrado. ‖ Andrajoso, harapiento, desharrapado, zaparrastroso. ‖ Licencioso, libertino.

rótula. f. Choquezuela.

rótulo. m. Letrero, inscripción, leyenda, cartel, rotulata. ‖ Marbete, etiqueta. ‖ Epígrafe, rúbrica, título, encabezamiento.

rotundo, da. adj. Preciso, terminante, claro, perentorio, concluyente, decisivo, total, definitivo, categórico, contundente. (**a.**: *impreciso, evasivo.*)

rotura. f. Ruptura, rompimiento, rompedura. ‖ Fractura, quebradura.

roturar. tr. Arar, labrar.

rozadura. f. Roce, rozamiento. ‖ Escoriación, arañazo. ‖ Raspadura.

rozagante. adj. Vistoso. ‖ Ufano, contento, satisfecho.

rozamiento. f. Roce, fricción. ‖ Disensión, desavenencia, disgusto, disentimiento, desacuerdo.

rozar. tr. e intr. Acariciar, frotar. ‖ Raer, raspar. ‖ prnl. Tratarse, relacionarse. (**a.**: *aislarse, retraerse.*)

rozno. m. Borrico, pollino, asno, burro.

rubicundo, da. adj. Rubio, rojizo.

rubio, bia. adj. Dorado, bermejo.

rubor. m. Sonrojo. ‖ Empacho, vergüenza, timidez, bochorno, sofoco. (**a.**: *desenfado, cinismo.*)

ruborizar. tr. y prnl. Avergonzar, abochornar, sofocar. ‖ prnl. Sonrojarse, enrojecer.

ruboroso, sa. adj. Abochornado, rojo, avergonzado.

rúbrica. f. Epígrafe, título, rótulo. ‖ Firma, rasgo.

rubricar. tr. Suscribir, firmar, signar, refrendar. *Rubricar un pacto.*

rubro. m. Título, rótulo.

rucio. m. Asno, burro.

rudeza. f. Tosquedad, brusquedad, aspereza. ‖ Descortesía, grosería, desconsideración. (**a.**: *cortesía.*) ‖ Torpeza. (**a.**: *habilidad.*) ‖ Rigor, severidad, rigidez. (**a.**: *afabilidad.*) ‖ Crudeza.

rudimentario, ria. adj. Embrionario, elemental, primitivo, primario.

rudimento. m. Embrión, principio. ‖ pl. Nociones, abecé, elementos, principios.

rudo, da. adj. Tosco, basto, rústico, burdo, ordinario. (**a.**: *pulido.*) ‖ Descortés, bruto, grosero. (**a.**: *educado.*) ‖ Torpe, romo, porro, obtuso. (**a.**: *inteligente.*) ‖ Impetuoso, brusco, violento, áspero, fuerte. ‖ Severo, riguroso, cruel, duro. (**a.**: *blando, amable.*)

rueda. f. Disco. ‖ Corro, círculo. ‖ Rodaja, loncha. ‖ Turno, vez, tanda.

ruedo. m. Contorno, límite, término. ‖ Redondel, círculo.

ruego. m. Súplica, petición, solicitud, instancia. ‖ Oración, prez, jaculatoria.

rufián. m. Granuja, perverso, pillo, bellaco, bribón. (**a.**: *caballero.*) ‖ Alcahuete, cabrón.

rugido. m. Bramido, grito, estruendo.

rugir. intr. Bramar.

rugosidad. f. Aspereza. (**a.**: *tersura, suavidad.*) ‖ Arruga.

rugoso, sa. adj. Arrugado, áspero. (**a.**: *liso, terso.*)

ruido. m. Estrépito, estridencia, escándalo, fragor. (**a.**: *silencio.*) ‖ Alboroto, batifondo, jaleo. ‖ Discusión, riña, altercado, bullicio. (**a.**: *tranquilidad.*)

ruidoso, sa. adj. Estrepitoso, estruendoso, fragoroso, escandaloso.

ruin. adj. Malo, vil, bajo, despreciable, infame. (**a.**: *digno.*) ‖ Mezquino, avariento, tacaño, roñoso, miserable, amarrete. (**a.**: *generoso.*) ‖ Desmedrado, enclenque, insignificante, flojo, débil. (**a.**: *alto, fuerte.*)

ruina. f. Decadencia, perdición, destrucción, destrozo, caimiento, asolamiento. (**a.**: *apogeo.*) ‖ Bancarrota, fracaso, quiebra. (**a.**: *éxito.*) ‖ pl. Restos, escombros.

ruindad. f. Villanía, avilantez, bajeza, indignidad, infamia, vileza, envilecimiento. (**a.**: *nobleza, dignidad.*) ‖ Mezquindad, avaricia, tacañería, roñería. (**a.**: *generosidad.*) ‖ Pequeñez, insignificancia.

ruinoso, sa. adj. Desmantelado, arruinado. ‖ Costoso, caro. (**a.**: *barato.*)

rumbo. m. Dirección, derrota, senda, camino, ruta. ‖ Pompa, boato, magnificencia, aparato, ostentación, suntuosidad. (**a.**: *sencillez.*) ‖ Generosidad, liberalidad, dadivosidad, esplendidez. ‖ Comportamiento.

rumboso, sa. adj. Pomposo, lujoso, magnífico. (**a.**: *sencillo, sobrio.*) ‖ Desprendido, liberal, generoso, desinteresado, pródigo. (**a.**: *mezquino.*)

rumiar. tr. Reflexionar, estudiar, meditar, cavilar. ‖ Refunfuñar, rezongar.

rumor. m. Runrún, chisme, murmuración. ‖ Murmullo, susurro. (**a.**: *gritería.*)

rumorearse. prnl. Sonar, murmurarse, susurrarse.

runfla. f. Muchedumbre. ‖ Colección.

runrún. m. Rumor, murmuración.

ruptura. f. Rompimiento, rotura, desavenencia. (**a.**: *unión, avenencia.*)

rural. adj. Campesino, agrario, campestre. (**a.**: *urbano.*) ‖ Tosco, rústico, basto, insulto, zafio. (**a.**: *fino, distinguido.*)

rusticidad. f. Tosquedad. (**a.**: *pulimiento.*) ‖ Grosería, ordinariez. (**a.**: *educación.*) ‖ Incultura. (**a.**: *cultura.*)

rústico, ca. adj. Campesino, rural. ‖ Tosco, grosero, rudo, zafio. (**a.**: *fino, educado.*) ‖ m. Labriego, aldeano, campesino.

ruta. f. Camino, derrota, dirección, rumbo, itinerario, vía, derrotero. ‖ Recorrido, trayecto. ‖ Comportamiento, conducta.

rutilante. adj. Refulgente, fúlgido, resplandeciente, brillante, fulgurante. (**a.**: *apagado, oscuro.*)

rutilar. intr. Resplandecer, rielar, brillar, relumbrar, refulgir, titilar, fulgurar.

rutina. f. Costumbre, usanza, hábito.

rutinario, ria. adj. Rutinero. ‖ Habitual, frecuente, tradicional, acostumbrado. (**a.**: *desusado.*)

sábalo. m. Alosa.

sabana. f. Llanura. (**a.**: *serranía.*)

sabandija. f. Bicho. ‖ Granuja, travieso, golfo.

sabedor, ra. adj. Consciente, enterado, instruido, conocedor.

saber. m. Sabiduría, conocimiento, erudición, sapiencia, ilustración. ‖ tr. Conocer, entender (**a.**: *ignorar, desconocer.*) ‖ intr. Parecerse.

sabiamente. adv. Cuerdamente, prudentemente, sensatamente.

sabidillo, lla. adj. Sabelotodo, sabihondo.

sabido, da. adj. Leído, instruido. ‖ Consabido, notorio, corriente.

sabiduría. f. Cordura, juicio, seso. (**a.**: *irreflexión.*) ‖ Sapiencia, saber, conocimiento. (**a.**: *ignorancia.*) ‖ Experiencia.

sabiendas (a). loc. adv. Deliberadamente. *Mentía a sabiendas.*

sabio, bia. adj. Cuerdo, prudente. ‖ Docto, erudito, entendido, sapiente, ilustrado.

sablazo. m. Estocada, mandoble. ‖ Pedido, pechazo, mangazo.

sablear. intr. Pechar.

sablista. com. Pechador, mangante, manguero.

sabor. m. Sapidez, gusto. (**a.**: *insipidez.*) ‖ Embocadura.

saborear. tr. Paladear, degustar. ‖ prnl. Relamerse.

sabotaje. m. Deterioro, daño, desperfecto.

sabroso, sa. adj. Gustoso, apetitoso, rico, sápido, exquisito, delicioso. (**a.**: *insípido, soso, desabrido.*) ‖ Suculento, sazonado. ‖ Malicioso, picante.

saca. f. Extracción. ‖ Saco, costal, talega, bolsa.

sacaclavos. m. Arrancaclavos, desclavador.

sacacorchos. m. Tirabuzón, descorchador.

sacadinero o **sacadineros.** m. Sacacuartos.

sacamanchas. m. Quitamanchas.

sacapuntas. m. Afilalápices.

sacar. tr. Extraer, extirpar, arrancar, quitar. (**a.**: *poner.*) ‖ Conseguir, ganar, obtener, alcanzar, lograr. ‖ Exceptuar, excluir, librar. (**a.**: *incluir.*) ‖ Deducir, inferir, colegir. ‖ Descifrar, hallar, resolver, solucionar, averiguar, descubrir. ‖ Elegir, sortear. ‖ Mostrar, asomar. ‖ Producir, crear, imitar, copiar, inventar. ‖ Descubrir, desenterrar. ‖ Mencionar, nombrar.

sacarosa. f. Azúcar.

sacerdocio. m. Presbiterado, clero.

sacerdotal. adj. Eclesiástico, clerical.

sacerdote. m. Cura, presbítero, padre,

pastor, pope, clérigo, rabino. (**a.**: *lego, seglar.*)
saciar. tr. y prnl. Hartar, satisfacer, empachar, llenar.
saciedad. f. Hartura, hartazgo, atracón, panzada. (**a.**: *apetito, hambre.*)
saco. m. Chaqueta, americana. || Saqueo. || Bolsa, talega, costal.
sacrificar. tr. Inmolar, matar. || tr. y prnl. Renunciar, resignarse. || Arriesgarse, exponerse.
sacrificio. m. Inmolación, holocausto, misa. || Renunciamiento, desinterés, abnegación.
sacrilegio. m. Profanación. (**a.**: *veneración.*)
sacro, cra. adj. Sagrado.
sacudido, da. adj. Áspero, intratable, indócil. || Desenfadado, resuelto. || f. Sacudimiento, conmoción, sacudón, terremoto, sacudidura. || Estremecimiento, temblor, alteración, convulsión, remezón. (**a.**: *quietud.*)
sacudimiento. m. Sacudida. || Agitación, zarandeo. (**a.**: *inmovilidad.*)
sacudir. tr. Agitar, mover, remover, zarandear. (a.: *inmovilizar.*) || Zurrar, golpear, pegar, zamarrear. (**a.**: *acariciar.*) || tr. y prnl. Arrojar, apartar, rechazar, librarse. || Alterar, emocionar. || prnl. Sacarse, quitarse.
sachar. tr. Escardar, desherbar, desyerbar.
saeta. f. Flecha, dardo. || Manecilla, saetilla, brújula. || Copla.
saetilla. f. Manecilla, aguja.
saga. f. Leyenda. || Adivina, bruja.
sagacidad. f. Astucia, perspicacia, agudeza, olfato, sutileza, penetración. (**a.**: *bobería.*) || Socarronería, cazurrería.
sagaz. adj. Astuto, lince, avisado, perspicaz, agudo, vivo. (**a.**: *tonto.*) || Prudente, previsor.
sagitaria. f. Saetilla.
sagitario. m. Saetero, arquero.
sagrado, da. adj. Sacro, santo, sacrosanto. (**a.**: *profano, secular, mundano.*) || Venerable, respetable, venerando. || m. Asilo, refugio.
sagrario. m. Tabernáculo.
sahumador. m. Pebetero.
sahumar. tr. Incensar. || Aromatizar, perfumar.
saín. m. Grasa, grosura.
sal. f. Gracia, donosura, salero, garbo, donaire. || Agudeza, gracejo, ingenio.
sala. f. Salón, pieza, aposento, habitación. || Aula.
salacidad. f. Lubricidad, lascivia. (**a.**: *pureza, honestidad.*)
salado, da. adj. Salino, salobre. || Agudo, chistoso, ocurrente, gracioso, donoso, ingenioso, saleroso. || Sabroso. (**a.**: *soso, desabrido.*)
salar. tr. Sazonar.
salario. m. Remuneración, paga, jornal, soldada, sueldo, estipendio, honorario. || Emolumento, derechos.
salaz. adj. Lascivo, lujurioso, libidinoso.
saldar. tr. Liquidar, abonar, pagar, satisfacer. (**a.**: *deber.*)
saldo. m. Pago. || Diferencia, resto. || Retal.
salero. m. Gracia, chispa, donaire, sal, garbo, donosura.
saleroso, sa. adj. Garboso, gracioso, agudo, ingenioso, chistoso, ocurrente, donoso. (**a.**: *soso.*)
salida. f. Escapatoria, evasiva, pretexto, recurso, efugio, subterfugio, solución. || Despacho, demanda, venta. || Saliente. || Fin, término. || Excursión, paseo. || Agudeza, chiste, ocurrencia. (**a.**: *sosería.*) || Orto. (**a.**: *ocaso.*) || Éxodo. (**a.**: *entrada.*) || Fuga, huida. (**a.**: *llegada.*)
salidizo. m. Saledizo, voladizo.
saliente. m. Oriente, Levante, Este. (**a.**: *Oeste, Poniente.*) || Resalto, resalte, relieve, prominencia. || adj. Visible, aparente, prominente. (**a.**: *invisible.*)
salífero, ra. adj. Salino.
salino, na. adj. Salado.
salir. intr. Nacer, brotar, surgir, manar, proceder. || Desembarazarse, librarse, libertarse, escapar. || Aparecer, emerger, manifestarse, mostrarse, descubrirse. || Resultar. || Partir, alejarse, irse. (**a.**: *llegar.*) || Parecerse, asemejarse. || Desaparecer, borrarse. || Provenir, extraerse. || Sobresalir. || Costar, importar. || intr. y prnl. Destaparse,

descolgarse. || prnl. Apartarse, excederse. || Derramarse, escaparse.
salitral. adj. Salitroso. || Salitrera, nitral.
salitre. m. Nitro.
salitrera. f. Salitral, nitral.
salitroso, sa. adj. Nitroso.
salivación. f. Sialismo, ptialismo, tialismo.
salivadera. f. Escupidera.
salivazo. m. Escupitajo, salivajo.
salmonete. m. Trilla.
salón. m. Sala. || Aula.
salpicadura. f. Salpicón, rociadura, salpique. || pl. Consecuencias.
salpicar. tr. o intr. Esparcir, rociar, asperjar.
salpimentar. tr. Adobar, sazonar. || Amenizar.
salpullido. m. Sarpullido, erupción.
saltabanco o **saltabancos.** m. Saltimbanqui, charlatán. || Prestidigitador.
saltamontes. m. Langosta, cigarrón.
saltar. intr. Brincar, botar. || Sobresalir, resaltar, destacarse. || Lanzarse, abalanzarse. || Estallar, romperse, quebrarse. || Picarse, resentirse. || tr. Omitir, pasar por alto. (**a.**: *recordar.*) || intr. y prnl. Desprenderse, soltarse.
salteador. m. Bandido, asaltante, bandolero, atracador. (**a.**: *guardián, policía.*)
saltear. tr. Asaltar, atracar. || Acometer. || Sorprender.
salto. m. Brinco, bote, pirueta. || Ascenso. || Despeñadero, precipicio. || Cambio, variación. || Omisión, olvido, falta. || Discontinuidad. || **salto de agua.** Catarata, cascada.
salubre. adj. Saludable, sano, salutífero.
salubridad. f. Sanidad, salud.
saludable. adj. Sano, salubre, salutífero. (**a.**: *enfermizo, insalubre, malsano.*) || Beneficioso, provechoso. (**a.**: *nocivo.*) || Fresco, fuerte.
saludador, ra. adj. y s. Curandero, chamán, ensalmador.
saludo. m. Salutación. || Recibimiento, acogida. || Salva.
salva. f. Bienvenida, saludo. || Descarga. || Promesa, juramento.
salvación. f. Salud. || Salvamento. (**a.**: *perdición.*)
salvado. m. Afrecho.
salvador, ra. adj. y s. Protector, defensor. || m. Redentor, Jesucristo.
salvaguardar. tr. Defender, amparar, proteger.
salvaguardia o **salvaguarda.** f. Salvoconducto. || Amparo, defensa, garantía. || Custodia. || Pase.
salvajada. f. Atrocidad, barbaridad, brutalidad, bestialidad.
salvaje. adj. Silvestre. || Montés, arisco, montaraz, cerril, bravío. || Inculto, selvático, agreste, montuoso, áspero. (**a.**: *cultivado.*) || Brutal, bruto, feroz, bárbaro, insociable, atroz. (**a.**: *civilizado.*)
salvajismo. m. Vandalismo, barbarie (**a.**: *civilización.*) || Brutalidad. (**a.**: *educación, bondad.*) || Incultura. (**a.**: *cultura.*)
salvar. tr. Librar, liberar. (**a.**: *condenar.*) || Evitar, soslayar, pasar. || Vencer, superar, rebasar. || Exceptuar, excluir. (**a.**: *perder.*) || Exculpar, evitar.
salvedad. f. Advertencia, observación. || Descargo, excusa, disculpa, limitación. (**a.**: *inclusión.*) || Garantía, seguridad.
salvo, va. adj. Ileso, indemne. || Libre, seguro. || Exceptuado, omitido. || adv. Excepto, menos, fuera de.
salvoconducto. m. Pasaporte, salvaguardia, salvaguarda, pase, permiso.
sambenito. m. Difamación, descrédito, deshonra.
sanalotodo. m. Curalotodo, panacea.
sanamente. adv. Higiénicamente. || Razonablemente, sinceramente.
sanar. tr. e intr. Curar, restablecer, recobrarse, reponerse, mejorar. (**a.**: *enfermar, desmejorar.*)
sanatorio. m. Clínica.
sanción. f. Confirmación, asentimiento, autorización, aprobación. || Pena, castigo, punición, penalidad. (**a.**: *recompensa.*)
sancionar. tr. Aprobar, ratificar, convalidar, homologar. (**a.**: *invalidar.*) || Castigar, penar. (**a.**: *recompensar.*)

sandez. f. Despropósito, estupidez, necedad, vaciedad, majadería, tontería.
sandio, dia. adj. y s. Simple, estulto, necio, tonto, bobo, majadero, estúpido, idiota.
sandunga. f. Gracia, gracejo, sal, donaire, salero, garbo.
saneamiento. m. Higiene, purificación, limpieza. ‖ Remedio, arreglo.
sanear. tr. Higienizar, limpiar, purificar. (**a.**: *infectar, ensuciar.*) ‖ Componer, remediar. (**a.**: *descomponer.*)
sangrar. tr. Sajar. ‖ Desaguar. ‖ Sisar, hurtar.
sangre. f. Linaje, familia, parentesco.
sangría. f. Extracción. ‖ Sangradura, desangramiento. ‖ Pérdida, gasto. ‖ Refresco.
sangriento, ta. adj. Sanguinolento, sangrante. ‖ Sanguinario, feroz, vengativo, despiadado. ‖ Cruento.
sanguinario, ria. adj. Feroz, cruel, vengativo, inhumano.
sanguinolento, ta. adj. Sangriento.
sanidad. f. Salubridad, salud. (**a.**: *infección.*)
sano, na. adj. Saludable, higiénico. (**a.**: *malsano, insalubre.*) ‖ Robusto, lozano. ‖ Entero, ileso, completo, indemne. ‖ Recto, sincero, bienintencionado. (**a.**: *malo.*)
santiamén (en un). loc. adv. Enseguida, rápidamente, pronto.
santificar. tr. Canonizar. ‖ Disculpar, justificar.
santiguar. tr. y prnl. Persignar, signar, hacer cruces.
santo, ta. adj. Virtuoso, inocente. (**a.**: *perverso.*) ‖ Venerable, inviolable. ‖ Sacro, sacrosanto, sagrado. ‖ Bendito. ‖ m. Onomástico. ‖ Viñeta, grabado, ilustración. ‖ **santo y seña.** loc. Consigna.
santuario. m. Templo, capilla, ermita, iglesia, oratorio.
santurrón, na. adj. Beato, mojigato, gazmoño.
saña. f. Encono, furor, rencor, crueldad, ensañamiento. (**a.**: *dulzura, piedad.*)
sápido, da. adj. Sabroso. (**a.**: *insípido.*)
sapiencia. f. Sabiduría, saber. (**a.**: *ignorancia.*)
sapiente. adj. Sabio, sabedor.
saponáceo, a. adj. Jabonoso.
saquear. tr. Pillar, depredar, robar, atracar, despojar, devastar.
saqueo. m. Saco, despojo, saqueamiento, pillaje, atraco, robo.
sarcasmo. m. Burla, befa, dicacidad, escarnio, ironía, mordacidad. (**a.**: *delicadeza, humor.*)
sarcástico, ca. adj. Burlón, irónico, mordaz, venenoso, cáustico.
sarcófago. m. Sepulcro, mausoleo, sepultura, tumba.
sargentona. f. Mandona.
sarna. f. Roña.
sarnoso, sa. adj. Roñoso.
sarraceno, na. adj. Agareno, árabe, ismaelita. ‖ Mahometano, musulmán.
sarracina. f. Matanza. ‖ Contienda, riña.
sarro. m. Limosidad, tártaro. ‖ Saburra. ‖ Roya.
sarta. f. Rastra, ristra, horco. ‖ Serie, retahíla, sartal, rosario.
satán o satanás. m. Diablo, Luzbel, Lucifer.
satánico, ca. adj. Demoníaco, diabólico. ‖ Perverso, malvado. (**a.**: *angelical.*)
satanismo. m. Perversidad, maldad.
satélite. m. Dependiente. ‖ Prosélito, secuaz.
satinado, da. adj. Terso, lustroso. (**a.**: *áspero.*)
sátira. f. Diatriba, crítica. (**a.**: *alabanza.*)
satírico, ca. adj. Mordaz, irónico, cáustico, punzante, burlón.
satirizar. tr. Criticar, zaherir, motejar.
sátiro. m. Lascivo, lujurioso, lúbrico, libidinoso.
satisfacción. f. Pago, reparación, indemnización. (**a.**: *deuda.*) ‖ Desagravio, descargo, disculpa, excusa. (**a.**: *insulto, agravio.*) ‖ Gusto, contento, placer, agrado, complacencia. (**a.**: *desagrado.*) ‖ Cumplimiento, observancia. ‖ Presunción, vanagloria. (**a.**: *humildad.*)
satisfacer. tr. Pagar, saldar, indemnizar, compensar, reparar. ‖ Desagraviar. ‖ Saciar, hartar, llenar, colmar. ‖

Cumplir, desempeñar. ‖ Remediar. ‖ Gustar, complacer, contentar, convencer. ‖ prnl. Desquitarse, vengarse.

satisfactorio, ria. adj. Grato, agradable, halagador, lisonjero. ‖ Bueno, convincente. ‖ Favorable. ‖ Próspero, solvente.

satisfecho, cha. adj. Presumido, vanidoso, engreído. ‖ Complacido, contento. (**a.**: *insatisfecho, disconforme.*) ‖ Saciado, harto, lleno. (**a.**: *hambriento.*)

saturar. tr. Saciar, hartar. (**a.**: *apetecer.*) ‖ tr. y prnl. Colmar, llenar. (**a.**: *vaciar.*)

saudade. f. Soledad, nostalgia, añoranza.

savia. f. Jugo. ‖ Vigor, energía, sangre.

saya. f. Falda, pollera, halda. (**a.**: *pantalones.*)

sayo. m. Vestido, vestidura. ‖ Capote, casaca.

sayón. m. Verdugo.

sazón. f. Punto, madurez. ‖ Ocasión, oportunidad, coyuntura, tiempo. (**a.**: *inoportunidad.*) ‖ Gusto, sabor. ‖ **a la sazón.** loc. adv. Entonces, en aquella ocasión.

sazonar. tr. Condimentar, salpimentar, aliñar, aderezar. ‖ Madurar, perfeccionar.

sebo. m. Gordura, grasa, unto.

seca. f. Sequía. (**a.**: *humedad, lluvia.*)

secadero. m. Tendedero.

secamente. adv. Ásperamente, acremente, agriamente. (**a.**: *cortésmente.*)

secante. adj. Enfadoso, fastidioso, molesto, pesado. (**a.**: *entretenido.*)

secar. tr. Resecar, desecar, agostar, marchitar. (**a.**: *florecer.*) ‖ Enjugar, orear. (**a.**: *mojar.*) ‖ Fastidiar, molestar, cansar, aburrir. (**a.**: *entretener.*) ‖ prnl. Enflaquecer, apergaminarse, adelgazar. (**a.**: *engordar.*) ‖ Embotarse, insensibilizarse.

sección. f. Cortadura, corte. ‖ Sector, parte, grupo, división, fracción, departamento, dependencia. (**a.**: *totalidad.*) ‖ Intersección.

seccionar. tr. Fraccionar, cortar, dividir, partir.

secesión. f. Separación. (**a.**: *unión.*)

seco, ca. adj. Agostado, marchito, reseco, muerto, desecado. (**a.**: *verde.*) ‖ Árido, estéril. (**a.**: *fecundo.*) ‖ Áspero, desabrido, adusto, intratable. (**a.**: *afable, cortés.*) ‖ Lacónico. ‖ Flaco, enjuto, magro, delgado, chupado. (**a.**: *gordo.*) ‖ Inexpresivo, escueto. ‖ Riguroso, estricto, categórico. ‖ Cortado, pato. (**a.**: *adinerado.*)

secretar. tr. Segregar, expeler, excretar.

secreto. m. Arcano, incógnita, misterio. ‖ Sigilo, reserva.

secreto, ta. adj. Oculto, recóndito, escondido, ignorado, clandestino. (**a.**: *público, manifiesto.*) ‖ Callado, sigiloso, reservado.

sectario, ria. adj. y s. Secuaz, fanático. (**a.**: *transigente, comprensivo.*)

sector. m. Parte, sección, grupo. (**a.**: *total, todo.*)

secuaz. adj. y s. Partidario, seguidor, prosélito, parcial, adepto. (**a.**: *rival, enemigo.*)

secuela. f. Consecuencia, resulta, corolario. (**a.**: *causa.*)

secuencia. f. Serie, sucesión, consecuencia.

secuestrar. tr. Embargar. ‖ Raptar, plagiar. (a.: *rescatar.*)

secuestro. m. Rapto. (**a.**: *rescate.*) ‖ Embargo, incautación. (**a.**: *liberación.*)

secular. adj. Seglar, temporal. (**a.**: *religioso.*) ‖ Centenario. (**a.**: *reciente.*)

secundar. tr. Ayudar, cooperar, coadyuvar, apoyar, auxiliar, colaborar. (**a.**: *sabotear.*)

secundario, ria. adj. Segundo. ‖ Accesorio. (**a.**: *principal, esencial.*) ‖ Mesozoico.

sed. f. Deseo, gana, anhelo, ansia, necesidad. (**a.**: *hidrofobia.*)

sedante. adj. Sedativo, calmante. (**a.**: *excitante.*)

sedar. tr. Calmar, apaciguar, sosegar.

sede. f. Diócesis, obispado. ‖ Asiento, trono, silla.

sedentario, ria. adj. Inmóvil. (**a.**: *nómade, ambulante.*) ‖ Poltrón. (**a.**: *movedizo.*)

sedente. adj. Sentado.

sedicente. adj. Pretenso, pretendido.

sedición. f. Alzamiento, sublevación, rebelión, insurrección, insubordinación, pronunciamiento, tumulto, motín.

sedicioso, sa. adj. y s. Sublevado, rebelde, faccioso, insurrecto, amotinado, insubordinado. (**a.**: *sumiso.*)

sediento, ta. adj. Deseoso, ansioso.

sedimentar. tr. y prnl. Depositar, precipitar, asentarse. (**a.**: *fluir.*)

sedimento. m. Poso, solada, suelo. ‖ Precipitado. ‖ Hez, lías, pie. ‖ Sedimentación, madre, sarro.

sedoso, sa. adj. Suave, liso, asedado.

seducción. f. Fascinación, captación, engatusamiento, soborno. (**a.**: *repulsión.*)

seducir. tr. Atraer, cautivar, engatusar, encantar, fascinar, halagar. (**a.**: *desilusionar.*) ‖ Persuadir, arrastrar. ‖ Engañar, corromper.

segar. tr. Cortar, guadañar. ‖ Cercenar, frustrar, malograr.

seglar. adj. Secular, laico. (**a.**: *religioso.*) ‖ Lego, civil.

segmentar. tr. Dividir, fraccionar.

segmento. m. Parte, porción, pedazo, fracción, trozo.

segregación. f. Separación, secesión. (**a.**: *unificación.*)

segregar. tr. Separar, seccionar, dividir. (**a.**: *unir.*) ‖ Secretar, excretar, expeler. (**a.**: *absorber.*). ‖ Emanar, exhalar.

seguida (en). loc. adv. Inmediatamente, al punto.

seguidamente. adv. Consecutivamente, sin interrupción. ‖ Inmediatamente, en seguida, a continuación.

seguido, da. adj. Continuo, sucesivo, consecutivo, incesante. (**a.**: *discontinuo.*) ‖ Ulterior, subsiguiente. ‖ adv. Seguidamente, a continuación. ‖ Derecho.

seguir. tr. Suceder. (**a.**: *preceder, anteceder.*) ‖ Perseguir, acosar. (**a.**: *dejar.*) ‖ Acompañar, escoltar. (**a.**: *abandonar.*) ‖ Imitar, copiar. (**a.**: *inventar, crear.*) ‖ Continuar, proseguir. (**a.**: *iniciar.*) ‖ Profesar, practicar. ‖ Estudiar, cursar. ‖ prnl. Inferirse, deducirse, originarse, derivarse, proceder.

según. prep. Conforme a, con arreglo a, a juzgar por, de acuerdo con, como, siguiendo a. ‖ conj. subord. En cuanto, a medida que.

segundo, da. adj. Secundario, accesorio. ‖ Favorable, propicio. ‖ m. Ayudante, auxiliar.

segur. f. Hoz, hacha.

seguridad. f. Certeza, certidumbre. (**a.**: *inseguridad, desconfianza, incertidumbre.*) ‖ Protección, defensa. ‖ Confianza, tranquilidad. ‖ Fianza, aval, garantía, caución. ‖ Aplomo, firmeza.

seguro, ra. adj. Cierto, infalible, indudable, indubitable. ‖ Positivo. ‖ Tranquilo. ‖ Firme, fijo, estable. ‖ De confianza, de fiar. ‖ m. Salvoconducto. ‖ Seguridad, garantía, certeza.

seísmo. m. Sismo, sacudimiento, temblor de tierra, terremoto.

seleccionar. tr. Escoger, elegir, preferir.

selectas. f. pl. Analectas, antología, crestomatía, florilegio.

selecto, ta. adj. Escogido, elegido. ‖ Atractivo, atrayente, excelente, primoroso.

selva. f. Floresta, bosque, jungla, espesura. (**a.**: *prado, pradera.*)

selvático, ca. adj. Agreste, tosco, rústico.

sellar. tr. Timbrar, estampillar, lacrar. ‖ Cerrar, tapar, cubrir. (**a.**: *abrir.*) ‖ Concluir, acabar, terminar.

sello. m. Timbre, estampilla. ‖ Marca, señal. ‖ Carácter, impronta, peculiaridad.

semanal. adj. Hebdomadario, semanario.

semanario, ria. adj. Semanal, hebdomadario. ‖ m. Hebdomadario.

semántica. f. Semasiología.

semblante. m. Cara, rostro, faz, fisonomía. ‖ Aspecto, apariencia.

semblanza. f. Analogía, parecido. (**a.**: *diferencia, disparidad.*) ‖ Biografía.

sembradío. m. Plantío, labrantío.

sembrar. tr. Plantar, seminar, sementar. ‖ Desparramar, esparcir, diseminar. (**a.**: *recoger, cosechar.*) || Divulgar, publicar, difundir, propagar. (**a.**: *ocultar.*) || Originar, causar.

semejante. adj. Similar, parecido, análogo, idéntico, parejo, igual. (**a.**: *desemejante, distinto, diferente.*) || m. Prójimo.

semejanza. f. Parecido, similitud, analogía, afinidad. (**a.**: *desigualdad.*)

semejar. intr. y prnl. Parecerse, asemejarse.

semen. m. Esperma, simiente, lecha.

semental. m. Padre, padrillo.

sementera. f. Siembra. || Sembrado. || Semillero.

semibreve. f. Redonda.

semicírculo. m. Hemiciclo. || Anfiteatro.

semiesfera. f. Hemisferio.

semiesférico, ca. adj. Hemisférico.

semilla. f. Simiente. || Causa, germen, origen. || Grano, pepita.

semillero. m. Seminario, sementera, sementero, vivero. || Origen, principio, fuente, manantial. || Almáciga.

semita. m. Hebreo, judío.

sempiterno, na. adj. Eterno, infinito, perpetuo, interminable, perdurable. (**a.**: *finito, perecedero.*)

sencillez. f. Llaneza, simplicidad, naturalidad. (**a.**: *afectación.*) || Sinceridad, franqueza, candidez, ingenuidad. (**a.**: *soberbia.*) || Facilidad. || Sobriedad, austeridad.

sencillo, lla. adj. Comprensible, fácil. (**a.**: *complicado, complejo.*) || Llano, natural, afable. (**a.**: *altivo, ceremonioso.*) || Sincero, cándido, ingenuo, franco, espontáneo. || Sobrio. || m. Monedas, suelto.

senda. f. Sendero, camino, trocha, vereda. || Vía, procedimiento, método, modo.

sendero. m. Senda, vereda.

sendos. adj. Respectivos.

senectud. f. Vejez, ancianidad. (**a.**: *juventud.*) || Decrepitud, vetustez. (**a.**: *fortaleza.*)

senil. adj. Caduco, viejo, provecto, anciano. (**a.**: *juvenil, infantil.*)

seno. m. Concavidad, hueco, sinuosidad. || Interior. || Pecho, mama, teta. || Matriz, claustro materno, útero. || Regazo. || Ensenada, bahía, golfo. || Amparo, protección.

sensación. f. Percepción. || Emoción, impresión, excitación. (**a.**: *apatía.*)

sensacional. adj. Extraordinario, impresionante, chocante. (**a.**: *común, vulgar.*)

sensatez. f. Prudencia, discreción, juicio, cordura, circunspección. (**a.**: *locura, imprudencia.*)

sensato, ta. adj. Sesudo, prudente, cuerdo, juicioso, discreto, circunspecto, razonable. (**a.**: *insensato, alocado, imprudente.*) || Cauto, reflexivo, moderado.

sensibilidad. f. Compasión, humanidad.

sensible. adj. Impresionable, sensitivo. (**a.**: *insensible.*) || Perceptible, apreciable, manifiesto, patente, ostensible. (**a.**: *imperceptible.*) || Lamentable, doloroso, lastimoso, deplorable. || Emotivo, excitable, susceptible.

sensitivo, va. adj. Sensible, impresionable. *Carácter sensitivo.*

sensual. adj. Deleitoso, sibarítico. || Voluptuoso, lúbrico, rijoso, lujurioso, lascivo. (**a.**: *casto.*) || Epicúreo.

sensualidad. f. Voluptuosidad, lubricidad, sensualismo, lujuria, lascivia.

sentado, da. adj. Juicioso, sesudo, quieto, sosegado, asentado, reposado. || Sésil.

sentar. tr. Asentar, anotar. || Afirmar. || Allanar, aplanar, igualar. || Establecer, suponer. || intr. Convenir, cuadrar. || Caer, ir. || prnl. Posarse, sedimentarse. || Estabilizarse.

sentencia. f. Máxima, aforismo, apotegma, refrán, adagio, proverbio. || Fallo, decisión, resolución, juicio, dictamen, veredicto. (**a.**: *indulto.*)

sentenciar. tr. Fallar, decidir, resolver. || Condenar, sancionar. || Arbitrar.

sentencioso, sa. adj. Grave, solemne. || Pedante, pretencioso. || Proverbial.

sentido. m. Significación, significado, acepción. || Criterio, juicio, opinión. || Discernimiento, aptitud, juicio, entendimiento. || Razón, finalidad. || Dirección.

sentido, da. adj. Susceptible, quisquilloso, picajoso. ‖ Dolido, resentido.
sentimental. adj. Romántico, tierno, sensible.
sentimiento. m. Afecto, afección, emoción, impresión. ‖ Pena, pesar, tristeza, disgusto, aflicción, dolor. (**a.**: *alegría, gozo.*) ‖ Pasión. (**a.**: *pasividad.*)
sentina. f. Sumidero, albañal, cloaca.
sentir. m. Opinión, dictamen, juicio, parecer. ‖ tr. Experimentar, percibir, advertir, notar. ‖ Afligirse, deplorar, dolerse, lamentarse, conmoverse. ‖ Juzgar, opinar. ‖ Presentir, barruntar. ‖ prnl. Amoscarse, alterarse, mosquearse, picarse, escocerse, resentirse, requemarse, agraviarse. ‖ Padecer. ‖ Hallarse, estar, encontrarse. ‖ Agrietarse, rajarse.
seña. f. Nota, indicio, señal, signo. ‖ Gesto, ademán. ‖ Anticipo, señal. ‖ Vestigio, huella. ‖ pl. Dirección, domicilio.
señal. f. Marca, nota. ‖ Signo, pista, indicio. ‖ Hito, mojón. ‖ Imagen, representación. ‖ Vestigio, huella, rastro, jalón, seña. ‖ Asterisco, llamada. ‖ Anticipo, avance, adelanto. ‖ Aviso, comunicación, anuncio. ‖ Cicatriz, costurón.
señaladamente. adv. Especialmente, singularmente. ‖ Claramente.
señalado, da. adj. Insigne, ilustre, afamado, famoso. ‖ Notable, extraordinario. ‖ Anunciado, predicho. ‖ Marcado, indicado.
señalar. tr. Marcar, determinar, fijar. ‖ Indicar, aludir, designar, mencionar. ‖ Mostrar, apuntar. ‖ Rubricar, firmar. ‖ Apuntar, tantear. ‖ prnl. Destacarse, distinguirse, evidenciarse, singularizarse, significarse.
señero, ra. adj. Solo, aislado, solitario. ‖ Único, incomparable, impar.
señor, ra. m. y f. Amo, patrón, dueño, propietario. (**a.**: *servidor, criado, empleado.*) ‖ f. Esposa, mujer. ‖ adj. Importante, notable. ‖ m. Dios. ‖ Patrono, patricio, noble.
señorear. tr. Dominar, gobernar, mandar, imperar, someter, sujetar. ‖ Sobresalir, descollar, dominar. ‖ tr. y prnl. Apoderarse, adueñarse, avasallar, gobernar, esclavizar.
señorial. adj. Majestuoso, noble, señoril, rico, pomposo. (**a.**: *villano, noble.*)
señorío. m. Mando, potestad, dominio. ‖ Distinción, mesura, gravedad. ‖ Territorio.
señuelo. m. Añagaza, reclamo. ‖ Atractivo, carnada, cebo, espejuelo. ‖ Engaño, estafa, trampa, treta, fullería.
separación. f. Distancia, espacio. ‖ Disociación, desglose, desmembración. ‖ Desvinculación, divorcio, repudio. ‖ Segregación, secesión. (**a.**: *unión, vínculo.*) ‖ Destitución, expulsión.
separadamente. adv. Con separación, por separado, aparte, aisladamente. (**a.**: *juntamente.*)
separado, da. adj. Aislado, distanciado. (**a.**: *contiguo, adyacente.*)
separado (por). loc. adv. Separadamente, con separación.
separar. tr. Apartar, alejar. (**a.**: *aproximar.*) ‖ Dividir, desunir, disgregar, apartar. (**a.**: *juntar, unir.*) ‖ Destituir, deponer. ‖ Distinguir, diferenciar. ‖ prnl. Desistir, retirarse. ‖ Distanciarse, divorciarse.
separata. f. Tirada aparte, sobretiro, aparte.
separatista. adj. y s. Secesionista, unionista.
sepelio. m. Entierro, inhumación.
sepia. f. Jibia.
septenario. adj. Semanal.
septentrión. m. Norte. (**a.**: *Sur.*)
septentrional. adj. Boreal, ártico, Norte. (**a.**: *meridional, Sur, austral.*) ‖ Nórdico, norteño.
séptimo, ma. adj. Septeno.
septuagenario, ria. adj. y s. Setentón.
septuagésimo, ma. adj. Setentavo. ‖ Setenta.
sepulcro. m. Sepultura, sarcófago, tumba, túmulo.
sepultar. tr. Enterrar, inhumar. ‖ Ocultar, esconder. (**a.**: *exhibir.*) ‖ prnl. Sumergirse, ocultarse, encubrirse.
sepultura. f. Tumba, hoyo, huesa, fosa, hoya, sepulcro, túmulo, mausoleo. ‖ Catacumbas.

sepulturero. m. Enterrador.
sequedad. f. Aspereza, descortesía, dureza, desabrimiento. (**a.**: *suavidad, cortesía.*) ‖ Aridez, sequía, seca. (**a.**: *humedad.*)
sequía. f. Seca, sequedad.
séquito. m. Acompañamiento, cortejo, comitiva. (**a.**: *soledad.*) ‖ Comparsa, corte. ‖ Convoy.
ser. intr. Estar. ‖ Existir, vivir. ‖ Servir, aprovechar. ‖ Suceder, ocurrir, acontecer. ‖ Pertenecer, tocar. ‖ m. Ente, esencia, existencia, naturaleza. (**a.**: *nada.*) ‖ Estimación, precio.
seráfico, ca. adj. Bondadoso. ‖ Angélico, puro, santo, virtuoso. ‖ Humilde, pobre.
serafín. m. Ángel. ‖ Beldad, hermosura.
serenar. tr. y prnl. Sosegar, calmar, templar, tranquilizar, consolar, apaciguar, aquietar. (**a.**: *intranquilizar, alterar.*) ‖ prnl. Aclarar, despejarse, desencapotarse, escampar, abonanzar.
serenidad. f. Sangre fría, entereza, impavidez. ‖ Tranquilidad, sosiego, calma. (**a.**: *impaciencia, ansiedad.*) ‖ Quietud, placidez.
sereno. m. Relente.
sereno, na. adj. Claro, despejado. (**a.**: *borrascoso.*) ‖ Apacible, sosegado, tranquilo, reposado, calmo, aplomado. ‖ Impávido, templado, inmutable, inalterable. (**a.**: *alterado, turbado.*)
serie. f. Cadena, retahíla, sucesión. ‖ Colección, catálogo, conjunto. ‖ **fuera de serie.** loc. adj. Sobresaliente, excepcional.
seriedad. f. Gravedad, formalidad, severidad. (**a.**: *humor.*) ‖ Circunspección, solemnidad.
serio, ria. adj. Grave, circunspecto, sensato, formal, mesurado, sentado, reflexivo. (**a.**: *bromista, informal.*) ‖ Importante, respetable, considerable. (**a.**: *fútil.*) ‖ Severo, ceñudo, adusto. ‖ Real, positivo, verdadero, efectivo.
sermón. m. Amonestación, reprimenda, reprensión, reconvención, regaño. ‖ Homilía.
sermonear. intr. Predicar. ‖ tr. Amonestar, regañar, reprender, retar, reconvenir.
serosidad. f. Secreción, humor. (**a.**: *sequedad.*)
serpentear. intr. Zigzaguear.
serpiente. f. Sierpe, culebra, víbora, ofidio.
serrallo. m. Harén.
serranía. f. Sierra. (**a.**: *llanura, planicie.*)
serrar. tr. Aserrar, serruchar.
serrería. f. Aserradero.
serrín. m. Aserrín.
servible. adj. Utilizable, útil, aprovechable. (**a.**: *inservible.*)
servicial. adj. Complaciente, diligente, oficioso, solícito, cumplido, atento, obsequioso. (**a.**: *egoísta.*)
servicio. m. Utilidad, provecho. ‖ Ayuda, favor, gracia, beneficio. (**a.**: *trastada.*) ‖ Servidumbre, asistencia. ‖ Cubierto, vajilla. ‖ Retrete. ‖ Lavativa, ayuda, clister.
servidor, ra. m. y f. Criado, lacayo, sirviente, doméstico, fámulo, ordenanza. (**a.**: *patrón.*)
servidumbre. f. Esclavitud. ‖ Criado, servicio. ‖ Sujeción, yugo, vasallaje. (**a.**: *dominio.*) ‖ Carga, gravamen, obligación.
servil. adj. Bajo, humilde. (**a.**: *señorial.*) ‖ Rastrero, obsecuente, abyecto. (**a.**: *respetable.*)
servilismo. m. Abyección, adulación, bajeza, envilecimiento. ‖ Sumisión. (**a.**: *orgullo, dignidad.*)
servir. intr. Aprovechar, valer, ser útil. (**a.**: *estorbar.*) ‖ intr. o tr. Trabajar, prestar servicio, asistir. ‖ tr. Cortejar, galantear, adorar. (**a.**: *despreciar.*) ‖ prnl. Emplear, utilizar. ‖ Dignarse, tener a bien.
sesentón, na. adj. y s. Sexagenario.
sesera. f. Cerebro. ‖ Inteligencia. ‖ Meollo, mollera, seso.
sesgar. tr. Ladear, inclinar, soslayar. ‖ Nesgar. ‖ Orzar.
sesgo, ga. adj. Torcido, oblicuo. ‖ m. Oblicuidad. ‖ Rumbo, orientación. ‖ **al sesgo.** loc. adv. Oblicuamente, al bies.
sesión. f. Reunión, conferencia. (**a.**: *dispersión.*)
seso. m. Encéfalo, sesera, cerebro. ‖

Cordura, madurez, juicio, discreción, sensatez, discernimiento. (**a.**: *locura, irreflexión.*)

sesteadero. m. Sestero, sestil.

sesudo, da. adj. Prudente, discreto, sensato, juicioso, cuerdo, maduro. (**a.**: *necio.*) || Inteligente, reflexivo.

seta. f. Hongo.

setentón, na. adj. y s. Septuagenario.

seto. m. Valla, estacada, cercado, vallado, cerco.

seudo o **pseudo.** adj. Supuesto, presunto, falso, pretendido.

severidad. f. Inexorabilidad, rigor, dureza, rigidez, aspereza. (**a.**: *flexibilidad.*) || Exactitud, puntualidad. (**a.**: *informalidad.*) || Gravedad, seriedad.

severo, ra. adj. Rígido, áspero, riguroso, inflexible, inexorable, exigente. (**a.**: *benevolente, tolerante.*) || Exacto, puntual. || Grave, serio.

sevillano, na. adj. y s. Hispalense.

sexagenario, ria. adj. y s. Sesentón.

sexagésimo, ma. adj. Sesentavo.

sexagonal. adj. Hexagonal.

sexángulo. m. Hexágono.

sexto, ta. adj. Seisavo, seiseno.

sialismo. m. Ptialismo, tialismo, salivación.

sibarita. adj. y s. Epicúreo, refinado, sensual. (**a.**: *morigerado.*)

sibila. f. Adivina, pitonisa. || Bruja.

sibilino, na. o **sibilítico, ca.** adj. Misterioso, ininteligible, oscuro, confuso.

sicalíptico, ca. adj. Pornográfico.

sicario. m. Esbirro, asesino.

sicofanta o **sicofante.** m. Calumniador, impostor, detractor.

sideral o **sidéreo, a.** adj. Astral, astronómico.

siembra. f. Sementera, sembrado. || Diseminación.

siempre. adv. Perpetuamente, constantemente, invariablemente, eternamente. (**a.**: *nunca, jamás, temporalmente.*)

sierpe. f. Serpiente.

sierra. f. Cordillera. || Serreta, serrucho.

siervo, va. m. y f. Esclavo, servidor, sirviente, criado. (**a.**: *amo, señor, patrón.*)

siesta. f. Resistero. || Sueño, reposo.

siete. m. Desgarrón.

sífilis. f. Gálico, lúes, avariosis.

sigilar. tr. Sellar, estampillar. || Callar, encubrir, ocultar, esconder.

sigilo. m. Reserva, silencio, secreto. || Sello, lacre.

sigla. f. Abreviatura, acrónimo, símbolo. || Inicial.

siglo. m. Centuria. || Mundo. || Época.

signar. tr. Firmar, rubricar. || Señalar, designar. || tr. y prnl. Persignar, santiguar.

signatario, ria. adj. y s. Firmante, rubricante, infrascripto.

signatura. f. Firma, rúbrica. || Marca, señal.

significación. f. Significado, sentido, acepción. || Importancia, trascendencia.

significado, da. adj. Conocido, reputado, notable, notorio, importante. || m. Significación, sentido.

significante. adj. Significativo, importante.

significar. tr. Denotar, designar, indicar. || Equivaler, representar. || Manifestar, decir, declarar. || intr. Valer, importar. || prnl. Distinguirse, destacarse.

significativo, va. adj. Representativo, revelador. (**a.**: *insignificante, inexpresivo.*)

signo. m. Señal, vestigio, indicio, síntoma. || Hado, destino, sino. || Abreviatura. || Huella, marca, pista.

siguiente. adj. Ulterior, consecutivo, posterior, subsiguiente. (**a.**: *anterior, precedente.*)

silabario. m. Abecedario.

silba. f. Pita, rechifla, abucheo, pitada, siseo. (**a.**: *ovación.*)

silbar. intr. o tr. Pitar, rechiflar, abuchear, chiflar, sisear, reprobar.

silbato. m. Pito.

silbido. m. Pitido, silbo.

silenciar. tr. Callar, omitir. (**a.**: *charlar.*) || Acallar, enmudecer.

silencio. m. Callada, mutismo. (**a.**: *voz, grito.*) || Pausa, calma. (a.: *estruendo, ruido.*)

silenciosamente. adv. Calladamente. || Secretamente, disimuladamente.

silencioso, sa. adj. Callado, mudo, reservado, silente, taciturno.
silente. adj. Silencioso, tranquilo, sosegado, callado.
sílex. m. Pedernal.
sílfide. f. Ninfa.
silo. m. Hórreo, troj, granero.
silueta. f. Perfil, contorno, croquis, trazo.
silvestre. adj. Campestre, selvático. (**a.**: *urbano*.) || Montaraz, rudo, inculto, rústico. (**a.**: *culto*.)
silla. f. Asiento, trono. || Montura.
sima. f. Abismo, precipicio. || Depresión, fosa.
simbólico, ca. adj. Alegórico, figurado. (**a.**: *real*.)
simbolizar. tr. Representar, alegorizar, figurar. || Personificar, encarnar.
símbolo. m. Emblema, alegoría, representación, signo, imagen, figura. (**a.**: *realidad*.)
simetría. f. Armonía, proporción. (**a.**: *asimetría*.) || Conformidad.
simiente. f. Semilla, germen, semen.
símil. adj. Semejante, parecido. || m. Comparación, semejanza.
similar. adj. Semejante, parecido, afín, análogo. (**a.**: *distinto, diferente*.)
similitud. f. Semejanza, analogía, parecido. (**a.**: *desemejanza*.)
simio. m. Mono.
simpatía. f. Afinidad, inclinación, apego. (**a.**: *antipatía*.) || Atractivo, atracción, gracia, agrado. || Analogía, conformidad. (**a.**: *disonancia*.)
simpático, ca. adj. Amable, agradable, atractivo. (**a.**: *antipático, repulsivo*.)
simpatizar. intr. Congeniar, amistar, aficionarse, aquerenciarse. (**a.**: *enemistarse*.)
simple. adj. Sencillo, elemental, esencial, fundamental, primordial. (**a.**: *complejo, compuesto, complicado*.) || Bobo, tonto, mentecato, necio. || Ingenuo, incauto, inocente, manso. (**a.**: *astuto*.)
simplemente. adv. Sencillamente, cándidamente. || Absolutamente, sin condición, estrictamente.
simpleza. f. Bobería, necedad, mentecatez, estupidez. (**a.**: *argucia, picardía*.)
simplicidad. f. Sencillez, candidez, candor, ingenuidad. (**a.**: *heterogeneidad, picardía*.)
simplón, na. adj. Ingenuo, sencillo, incauto. || Tonto, mentecato.
simulación. f. Disimulo, fingimiento, apariencia, simulacro, doblez, hipocresía, falsedad. (**a.**: *verdad, sinceridad*.) || Fraude, imitación, representación.
simulacro. m. Imagen, ilusión. || Representación, maniobra, simulación.
simulado, da. adj. Imitado, fingido, falso, afectado. (**a.**: *real, verdadero*.)
simular. tr. Fingir, aparentar. || Desfigurar, disfrazar. || Imitar, representar, figurar. (**a.**: *crear, realizar*.)
simultáneo, a. adj. Sincrónico, coetáneo, coexistente, isócrono. || Concomitante, coincidente.
sin. prep. Además de, fuera de.
sinalefa. f. Enlace, trabazón.
sinceramente. adv. Francamente, ingenuamente.
sincerar. tr. y prnl. Descargar, exculpar, justificar. || tr. Abonar, defender.
sinceridad. f. Franqueza, ingenuidad, sencillez, veracidad. (**a.**: *hipocresía, simulación*.) || Espontaneidad.
sincero, ra. adj. Franco, abierto. || Veraz, verdadero. || Sencillo, leal, recto, natural. (**a.**: *doble, falso, solapado*.)
sincopar. tr. Abreviar, acortar. || Compendiar, resumir.
síncope. m. Desmayo, colapso, desvanecimiento.
sincronía. f. Sincronismo, simultaneidad.
sincrónico, ca. adj. Simultáneo. || Isócrono.
sindicar. tr. Acusar, incriminar, delatar. || prnl. Asociarse, afiliarse, agremiarse.
síndrome. m. Síntoma.
sinecura. f. Prebenda, ganga, momio, canonjía, enchufe.
sin embargo. loc. conj. No obstante, aunque, empero.
sinfín. m. Infinidad, sinnúmero. || A-

bundancia, cúmulo, pluralidad, montón.

sinfonía. f. Armonía.

singular. adj. Solo, impar, único. (**a.**: *plural.*) ‖ Extraordinario, original, raro, excepcional, especial, extraño, excelente. (**a.**: *común, vulgar, corriente.*)

singularidad. f. Particularidad, distinción, anomalía, rareza.

singularizarse. prnl. Distinguirse, particularizarse, señalarse, destacarse, caracterizarse, diferenciarse, sobresalir. (**a.**: *confundirse, vulgarizarse.*)

singularmente. adv. Separadamente. ‖ Especialmente.

siniestro, tra. adj. Zurdo, izquierdo. (**a.**: *diestro, derecho.*) ‖ Avieso, perverso, malintencionado, maligno. ‖ Infeliz, infausto, funesto, aciago. (**a.**: *alegre, feliz.*) ‖ m. Catástrofe, desastre, incendio. ‖ f. Izquierda, zurda.

sinnúmero. m. Sinfín, multitud, montón, cúmulo, infinidad.

sino. m. Hado, destino, suerte, fatalidad, estrella, ventura, predestinación.

sínodo. m. Concilio, junta.

sinónimo, ma. adj. y m. Igual, equivalente, semejante. (**a.**: *contrario, antónimo.*)

sinopsis. f. Compendio, síntesis, resumen, sumario. ‖ Esquema.

sinrazón. f. Atropello, desafuero, iniquidad, injusticia. (**a.**: *justicia.*)

sinsabor. m. Pesar, desazón, pena, desabrimiento, contrariedad, disgusto, pesadumbre. ‖ Insipidez.

síntesis. f. Resumen, extracto, compendio, suma, sinopsis, recapitulación, epítome. (**a.**: *análisis, descomposición.*)

sintetizar. tr. Resumir, abreviar, compendiar. (**a.**: *desarrollar, ampliar.*) ‖ Recapitular, extractar.

síntoma. m. Señal, indicio, síndrome, signo. ‖ Indicación, barrunto.

sinuosidad. f. Recodo, seno. (**a.**: *rectitud.*)

sinuoso, sa. adj. Ondulado, tortuoso, meandroso, quebrado, anfractuoso. (**a.**: *derecho, recto.*) ‖ Retorcido. (**a.**: *directo.*)

sinventura. f. Desventura, desgracia. (**a.**: *ventura, felicidad.*)

sinvergüenza. adj. y s. Bribón, desvergonzado, tunante, pillo, caradura, desfachatado, pícaro.

sique o **psique.** f. Alma.

síquico, ca o **psíquico, ca.** adj. Anímico.

sirena. f. Náyade, ondina. ‖ Pito, silbato.

sirga. f. Maroma, cable, cuerda. ‖ Remolque.

siríaco, ca. adj. y s. Sirio.

sirviente, ta. m. y f. Criado, doméstico, lacayo, servidor, fámulo, mucamo, dependiente. (**a.**: *patrón, patrono, amo, señor.*)

sisar. tr. Sustraer, hurtar, defraudar. (**a.**: *aumentar.*)

sisear. intr. Abuchear, silbar. (**a.**: *ovacionar, aplaudir.*)

sismo. m. Seísmo, terremoto.

sistema. m. Método, plan, norma, procedimiento, medio. ‖ Teoría, técnica, doctrina. ‖ Régimen.

sistemático, ca. adj. Metódico, regular, ordenado. (**a.**: *arbitrario.*)

sistematizar. tr. Metodizar, normalizar, reglamentar.

sitial. m. Sede, trono, asiento, solio.

sitiar. tr. Asediar, cercar, bloquear. ‖ Acorralar, rodear.

sitio. m. Lugar, paraje, parte, punto, espacio, puesto. ‖ Asedio, cerco, bloqueo. *El sitio de Troya.*

sito, ta. adj. Situado.

situación. f. Posición, ubicación, disposición, colocación, emplazamiento. ‖ Estado, postura, constitución. ‖ Cargo, empleo.

situar. tr. y prnl. Colocar, poner, emplazar, ubicar, instalar. (**a.**: *sacar, desacomodar.*)

soasar. tr. Asar, dorar.

soba. f. Sobadura, manoseo. ‖ Vapuleo, paliza, tunda, zurra, aporreamiento.

sobaco. m. Axila, islilla.

sobado, da. adj. Ajado, manoseado.

sobar. tr. Manosear. ‖ Golpear, pegar, vapulear. ‖ Ajar. ‖ Molestar, fastidiar.

soberano, na. m. y f. Emperador, rey, monarca, señor. ‖ adj. Elevado, supremo, egregio. ‖ Grande. ‖ Independiente. ‖ Excelente, insuperable. (**a.**: *insignificante, pésimo.*)

soberbia. f. Engreimiento, presunción, orgullo, arrogancia, humos, altivez, elación, ínfulas, altanería, vanidad, fatuidad. (**a.**: *humildad, modestia.*) ‖ Cólera, ira. (**a.**: *abatimiento.*)

soberbio, bia. adj. Orgulloso, altivo, engreído, arrogante, altanero. ‖ Grandioso, magnífico, suntuoso, admirable, espléndido. (**a.**: *sencillo.*) ‖ Violento, iracundo, arrebatado. (**a.**: *manso.*)

sobón. m. Empalagoso, fastidioso. ‖ Holgazán.

sobornable. adj. Venal, corrompido, vendido.

sobornar. tr. Corromper, untar, cohechar, comprar.

soborno. m. Cohecho, venalidad, coima, compra. (**a.**: *chantaje, amenaza.*)

sobra. f. Sobrante, exceso, demasía. (**a.**: *déficit.*) ‖ pl. Residuos, desechos, relieves, restos, desperdicios.

sobrado, da. adj. Bastante, excesivo, demasiado. ‖ Atrevido, audaz. ‖ m. Desván, zaquizamí.

sobrante. adj. Excedente, restante. ‖ m. pl. Sobras, restos, desperdicios.

sobrar. tr. Exceder, superar, sobrepujar. ‖ intr. Rebasar, holgar. (**a.**: *faltar, escasear.*) ‖ Quedar, restar. ‖ Aventajar, sobrepasar.

sobre. m. Cubierta. ‖ Sobrescrito. ‖ prep. Encima. (**a.**: *debajo.*) ‖ Acerca de, con respecto a, de. ‖ Además de. ‖ Por encima de.

sobreabundancia. f. Superabundancia, plétora, exceso.

sobrecalentar. tr. Recalentar.

sobrecarga. f. Sobrepeso, excedente, exceso.

sobrecielo. m. Dosel. ‖ Toldo.

sobrecincha. f. o **sobrecincho.** m. Sifué.

sobrecoger. tr. y prnl. Sorprender, pasmar, admirar. ‖ Intimidar, aterrorizar, aterrar, espantar, asustar, acoquinar, acobardar. (**a.**: *tranquilizar.*)

sobredicho, cha. adj. Antedicho, susodicho.

sobrellevar. tr. Sufrir, soportar, tolerar, aguantar. (**a.**: *rebelarse.*)

sobremanera. adv. Excesivamente, muchísimo.

sobrenadar. intr. Flotar.

sobrenatural. adj. Milagroso, prodigioso. (**a.**: *natural, real, explicable.*)

sobrenombre. m. Alias, apodo, mote, calificativo.

sobrentendido, da o **sobreentendido, da.** adj. Tácito, supuesto, implícito.

sobreparto. m. Puerperio.

sobrepasar. tr. Superar, pasar, rebasar, aventajar, exceder.

sobrepeso. m. Sobrecarga.

sobrepoblación. f. Superpoblación.

sobreponer. tr. Superponer, añadir, aplicar. (**a.**: *quitar.*) ‖ prnl. Dominarse, contenerse. (**a.**: *irritarse.*) ‖ Mejorarse. (**a.**: *desmejorarse.*)

sobreprecio. m. Recargo. (**a.**: *rebaja.*) ‖ Prima, premio.

sobreproducción. f. Superproducción.

sobrepuesto, ta. adj. Superpuesto.

sobrepujar. tr. Exceder, superar, aventajar, sobrepasar.

sobresalir. intr. Descollar, campar, dominar, prevalecer, destacarse, señalarse, distinguirse, sobrepasar, sobrepujar, aventajar. (**a.**: *confundirse, empequeñecerse.*)

sobresaltar. tr. y prnl. Asustar, sorprender, turbar, intranquilizar. (**a.**: *tranquilizar.*)

sobresalto. m. Susto, temor, intranquilidad, inquietud. ‖ Turbación, conturbación, sorpresa, presentimiento.

sobrestante. m. Capataz, encargado.

sobresueldo. m. Plus, gratificación.

sobretensión. f. Sobrevoltaje.

sobretiro. m. Separata.

sobretodo. m. Abrigo, gabán.

sobrevenir. intr. Suceder, acontecer, ocurrir, acaecer.

sobreviviente. m. o f. Superviviente, supérstite.

sobrexceder o **sobreexceder.** tr. Exceder, sobrepujar, aventajar.

sobriedad. f. Frugalidad, parquedad. ‖ Temperancia, mesura, moderación, morigeración. (**a.**: *inmoderación, gula, destemplanza.*) ‖ Sencillez, austeridad. ‖ Concisión, brevedad. (**a.**: *charlatanería.*)

sobrio, bria. adj. Moderado, morigerado. ‖ Frugal, parco. ‖ Sencillo, austero. ‖ Conciso, breve.

socaliña. f. Ardid, treta, habilidad, maña.

socapa. f. Excusa, pretexto. ‖ Apariencia, disimulo, astucia.

socarrar. tr. y prnl. Chamuscar, requemar.

socarrón, na. adj. Burlón, guasón. ‖ Astuto, taimado, solapado, bellaco.

socavar. tr. Minar, excavar.

sociable. adj. Afable, educado, tratable, comunicativo. (**a.**: *insociable, huraño.*)

sociedad. f. Asociación, agrupación, corporación, círculo, peña, casino, ateneo, gremio, sindicato. ‖ Compañía, empresa.

socio, cia. m. y f. Asociado, consocio.

socolor. m. Excusa, pretexto.

socorrer. tr. Ayudar, favorecer, auxiliar, amparar, defender, asistir. (**a.**: *desamparar, descuidar.*)

socorro. m. Ayuda, donación, auxilio, amparo, asistencia, subvención, limosna. ‖ Apoyo, defensa, refuerzo. (**a.**: *abandono.*)

sodomía. f. Pederastia, homosexualidad.

sodomita. m. Pederasta, marica, homosexual.

soez. adj. Bajo, grosero, indecente, vil. (**a.**: *fino, educado.*)

sofisma. m. Paralogismo.

sofisticar. tr. Falsificar, adulterar, tergiversar, falsear.

soflama. f. Perorata, discurso, arenga, proclama. ‖ Rubor, bochorno.

sofocar. tr. y prnl. Ahogar, asfixiar. (**a.**: *respirar.*) ‖ Avergonzar, abochornar. ‖ tr. Acosar, importunar. ‖ Apagar, extinguir, reprimir. (**a.**: *encender.*)

sofoco. m. Sofocación, acaloramiento. ‖ Rubor, bochorno, vergüenza. ‖ Sofocón.

sofocón. m. Disgusto, desazón. ‖ Sofoco.

sofrenada. f. Represión, sacudida.

sofrenar. tr. Refrenar, contener, atajar, detener, reprimir. ‖ Reprender, increpar.

soga. f. Cuerda.

sojuzgar. tr. Sujetar, avasallar, dominar, someter, subyugar, oprimir. (**a.**: *emancipar, liberar.*)

solado. m. Pavimento, piso, suelo.

solamente. adv. m. Sólo, únicamente. (**a.**: *conjuntamente.*)

solapado, da. adj. Disimulado, astuto, taimado, falso, ladino, artero, bellaco. (**a.**: *franco, sincero.*)

solapar. tr. Ocultar, encubrir, esconder, fingir, disimular.

solar. adj. Febeo. ‖ m. Estirpe, linaje. ‖ Descendencia. ‖ Casa, terreno. ‖ tr. Pavimentar.

solaz. m. Esparcimiento, expansión, recreación, ocio, recreo, diversión, entretenimiento. ‖ Descanso, consuelo.

solazarse. prnl. Recrearse, distraerse, entretenerse, divertirse, expansionarse, esparcirse, alegrarse. (**a.**: *aburrirse, trabajar.*)

soldada. f. Sueldo, salario, estipendio, emolumentos.

soldado. m. Militar. ‖ Recluta, conscripto. ‖ Partidario, defensor.

soldadura. f. Enmienda, corrección.

soldar. tr. Unir, pegar. (**a.**: *despegar.*) ‖ Componer, enmendar.

solemne. adj. Formal, grave, válido, firme. ‖ Majestuoso, fastuoso, grandioso, imponente, ceremonioso. (**a.**: *austero, sencillo.*) ‖ Crítico, interesante. (**a.**: *vulgar.*)

solemnidad. f. Aparato, etiqueta, fausto, gala, pompa. (**a.**: *sencillez.*) ‖ Protocolo, fiesta.

solemnizar. tr. Conmemorar, celebrar, festejar. ‖ Engrandecer, glorificar, encarecer.

soler. intr. Acostumbrar, estilar.

solera. f. Madre, lía. ‖ Fondo, suelo. ‖ Antigüedad.

solfa. f. Música. ‖ Paliza, zurra, tunda.

solicitante. m. y f. Pretendiente, aspirante. ‖ Suplicante, demandante, solicitador.

solicitar. tr. Pretender, pedir, requerir. (**a.**: *conceder.*) ‖ Atraer, invitar, tentar. || Procurar, buscar, gestionar. (**a.**: *proponer.*)

solícito, ta. adj. Diligente, atento, cuidadoso, afanoso, activo, esmerado, afectuoso.

solicitud. f. Diligencia, atención, cuidado, afán. || Instancia, demanda, petición, memorial.

solidario, ria. adj. Asociado, unido, junto.

solidez. f. Consistencia, estabilidad, resistencia, firmeza, fortaleza. (**a.**: *fragilidad, inconsistencia.*)

sólido, da. adj. Fuerte, resistente, duro, consistente, denso. (**a.**: *débil.*) || Estable, firme. || Macizo, compacto, denso. || m. Cuerpo.

soliloquio. m. Monólogo.

solio. m. Trono, sitial, sede.

solípedo, da. adj. Équido.

solitario, ria. adj. Desamparado, desierto, deshabitado, despoblado, abandonado. || Solo, único, señero. || Retirado, aislado, apartado. || m. Anacoreta, ermitaño. || f. Tenia.

soliviantado, da. adj. Rebelde, hostil, revoltoso. || Inquieto, perturbado, desasosegado. (**a.**: *apaciguado.*)

soliviantar. tr. Incitar, inducir, sublevar, rebelar, alborotar, amotinar. (**a.**: *someter, aquietar.*) || Exasperar, indignar, irritar.

sólo. adv. Solamente, únicamente.

solo, la. adj. Único. || Singular, señero. || Solitario, aislado. || Desierto, deshabitado, despoblado. || Huérfano, abandonado, desamparado.

solomillo. m. Filete, lomo.

soltar. tr. y prnl. Desatar, desasir, desunir, desligar, desenganchar, desprender. (**a.**: *agarrar, sujetar, asir.*) || Libertar, liberar. (**a.**: *encarcelar, atrapar, prender.*) || Asestar, pegar. (**a.**: *acariciar.*) || prnl. Destaparse, salirse, descolgarse.

soltería. f. Celibato. (**a.**: *matrimonio.*)

soltero, ra. adj. Célibe, libre, mancebo, mozo. (**a.**: *casado.*)

soltura. f. Agilidad, destreza, facilidad, prontitud, desenvoltura. || Desembarazo, libertad, desgarro, descaro. || Elocuencia, labia.

soluble. adj. Disoluble. || Resoluble.

solución. f. Disolución. || Desenlace, fin, término, terminación. (**a.**: *comienzo.*) || Arreglo. || Resolución, resultado. || **solución de continuidad.** Suspensión, interrupción.

solucionar. tr. Resolver, arreglar, componer, satisfacer. (**a.**: *complicar.*)

solvencia. f. Responsabilidad, honorabilidad. (**a.**: *irresponsabilidad.*) || Bienes. (**a.**: *insolvencia.*)

solventar. tr. Resolver, solucionar, zanjar. || Liquidar, pagar, saldar. (**a.**: *adeudar.*)

solvente. adj. Disolvente. || Responsable, pudiente.

sollozar. intr. Gimotear, gemir, llorar. (**a.**: *reír.*)

somanta. f. Tunda, paliza.

somático, ca. adj. Corporal.

sombra. f. Oscuridad, penumbra. (**a.**: *claridad, luz.*) || Espectro, fantasma, aparición. || Ignorancia, oscuridad, confusión. || Ayuda, defensa, favor. || Atisbo, vislumbre, indicio. || Semejanza, parecido, apariencia. || Tristeza, pesimismo. || Mancha, mácula, defecto, imperfección. (**a.**: *perfección.*) || Suerte, fortuna.

sombrilla. f. Quitasol, parasol, guardasol.

sombrío, a. adj. Umbrío, sombreado, umbroso. (**a.**: *claro, luminoso.*) || Triste, apenado, melancólico, taciturno, tétrico, pesimista. (**a.**: *alegre, optimista.*)

somero, ra. adj. Superficial, insustancial. (**a.**: *esmerado, prolijo.*) || Sucinto, ligero, sumario.

someter. tr. Sujetar, esclavizar, rendir, avasallar, reducir, dominar, subyugar. (**a.**: *rebelarse.*) || Supeditar, subordinar. || Encomendar, encargar, confiar, exponer. || prnl. Ceder, resignarse, rendirse, obedecer, entregarse. (**a.**: *resistir.*)

sometimiento. m. Sumisión, acatamiento, resignación.

somnífero, ra. adj. y m. Hipnótico, narcótico, soporífero. (**a.**: *excitante.*) || Dormitivo, letárgico.

somnolencia. f. Adormecimiento, modorra, sopor, letargo, pesadez. (**a.**: *vivacidad.*)

son. m. Sonido. ‖ Tenor, modo, manera, estilo. ‖ Rumor, noticia, fama. ‖ Excusa, pretexto.

sonado, da. adj. Famoso, célebre, afamado, renombrado. (**a.**: *ignorado.*) ‖ Ruidoso, sensacional.

sonajero. m. Cascabelero.

sonante. adj. Sonoro.

sonar. intr. Mencionarse, acordarse, citarse. ‖ Pronunciarse. ‖ Parecer, semejar, aparentar. ‖ Impresionar. ‖ tr. Tocar, tintinear, tañer. ‖ prnl. Susurrarse, decirse, rumorearse. (**a.**: *callar.*)

sonda. f. Sondeo. ‖ Plomada. ‖ Tienta, catéter.

sondear o **sondar.** tr. Tantear, rastrear. ‖ Sonsacar, averiguar, inquirir.

sonido. m. Son. (**a.**: *silencio.*) ‖ Fonema. ‖ Ruido, eco, tañido, vibración. ‖ Noticia, rumor, fama.

sonoro, ra. adj. Sonante, vibrante, sonoroso. (**a.**: *sordo.*) ‖ Resonante, ruidoso. ‖ Armonioso, eufónico.

sonriente. adj. Risueño. (**a.**: *melancólico.*)

sonrojar. tr. y prnl. Avergonzar, ruborizar, abochornar, sofocar. (**a.**: *palidecer.*)

sonrojo. m. Vergüenza, bochorno, sofoco. ‖ Rubor.

sonsacar. tr. Sondear, averiguar, sacar.

sonsonete. m. Retintín, tonillo. ‖ Cantilena.

soñador, ra. m. y f. Iluso, imaginativo. (**a.**: *realista.*)

soñar. tr. e intr. Fantasear, imaginar, divagar, ensoñar. ‖ intr. Anhelar, desear, acariciar, ambicionar, codiciar.

sopa. f. Caldo.

sopapo. m. Bofetón, bofetada, cachetada, cachete.

sopetón (de). loc. adv. Inopinadamente.

soplado, da. adj. Pulido, acicalado. ‖ Estirado, envanecido, engreído, entonado.

soplamocos. m. Bofetón, sopapo, trompada.

soplar. tr. Inflar. (**a.**: *aspirar.*) ‖ Hurtar, quitar, birlar. (**a.**: *regalar.*) ‖ Sugerir, apuntar, inspirar. (**a.**: *callar.*) ‖ Acusar, delatar, denunciar. ‖ prnl. Engreírse, envanecerse. (**a.**: *humillarse.*)

soplo. m. Soplido. ‖ Delación, denuncia. ‖ Momento, instante, tris.

soplón, na. adj. y s. Delator, acusón, acusador, denunciante. (**a.**: *encubridor.*)

soponcio. m. Desmayo, patatús, desvanecimiento.

sopor. m. Adormecimiento, modorra, somnolencia, sueño, pesadez, sueñera. (**a.**: *insomnio.*)

soporífero, ra. adj. y m. Somnífero, hipnótico. ‖ Aburrido, tedioso.

soportable. adj. Tolerable, sufrible, llevadero, aguantable. (**a.**: *insoportable, intolerable.*)

soportal. m. Porche, pórtico.

soportar. tr. Sostener. ‖ Aguantar, sobrellevar, resistir, sufrir, tolerar. (**a.**: *irritarse.*)

soporte. m. Apoyo, sostén, estribo, sustentáculo.

sor. f. Hermana, sóror, monja.

sorber. tr. Absorber, aspirar, chupar. (**a.**: *escupir.*) ‖ Tragar, succionar, mamar.

sorbete. m. Helado.

sorbo. m. Buche. ‖ Chupada. ‖ Trago.

sordamente. adv. Secretamente, ocultamente. (**a.**: *abiertamente, claramente.*) ‖ Sigilosamente, calladamente, silenciosamente. (**a.**: *ruidosamente.*)

sordera. f. Sordez.

sordidez. f. Indecencia, impureza. (**a.**: *decencia.*) ‖ Mezquindad, cicatería, avaricia, miseria, ruindad. (**a.**: *generosidad, largueza, liberalidad.*) ‖ Suciedad. ‖ Pobreza, miseria. (**a.**: *riqueza.*)

sórdido, da. adj. Sucio. (**a.**: *limpio.*) ‖ Impuro, indecente. ‖ Avaro, mezquino, ruin, miserable, tacaño. (**a.**: *pródigo.*)

sordo, da. adj. Callado, silencioso. (**a.**: *ruidoso.*) ‖ Apagado, amortiguado. (**a.**: *chillón.*) ‖ Insensible, indiferente. (**a.**: *afectado.*)

sorgo. m. Zahína.

sorna. f. Lentitud, calma, pachorra. ‖

Disimulo, bellaquería. || Ironía, mordacidad. *Hablaba con sorna.*
soroche. m. Puna.
sorprendente. adj. Peregrino, extraño, desusado, extraordinario, chocante, raro. || Admirable, maravilloso.
sorprender. tr. y prnl. Admirar, asombrar, maravillar. || tr. Descubrir, atrapar, pillar, coger, pescar.
sorprendido, da. adj. Asombrado, estupefacto.
sorpresa. f. Asombro, sobresalto, admiración, extrañeza, estupor.
sortear. tr. Rifar. || Evitar, eludir, esquivar, soslayar, escabullirse. (**a.**: *caer.*)
sorteo. m. Rifa, jugada.
sortija. f. Anillo.
sortilegio. m. Embrujo, hechizo, hechicería, encantamiento, maleficio. || Adivinación.
sosedad. f. Sosería, insulsez. || Insipidez.
sosegado, da. adj. Tranquilo, reposado, quieto, pacífico, manso, sereno. (**a.**: *inquieto, nervioso.*)
sosegar. tr. y prnl. Tranquilizar, calmar, pacificar, serenar, apaciguar, aplacar, aquietar. (**a.**: *irritar.*) || intr. y prnl. Descansar, reposar, aquietarse. (**a.**: *velar.*)
sosera o **sosería.** f. Zoncería, insulsez, insipidez, sosedad. (**a.**: *agudeza, gracia.*)
sosiego. m. Quietud, serenidad, tranquilidad, reposo, calma, descanso, placidez, paz. (**a.**: *agitación, nerviosidad.*)
soslayar. tr. Evitar, eludir, esquivar, rehuir, sortear, pasar por alto.
soslayo, ya. adj. Oblicuo, sesgo. || **al soslayo.** loc. adv. Oblicuamente. || **de soslayo.** loc. adv. Al soslayo, oblicuamente. || De largo, por encima.
soso, sa. adj. Desabrido, insulso, insípido. (**a.**: *sabroso.*) || Inexpresivo, pavo.
sospecha. f. Desconfianza, recelo, malicia. (**a.**: *confianza, fe.*) || Indicio, presunción, conjetura, suposición, barrunto.
sospechar. tr. Barruntar, presumir, conjeturar, suponer. || intr. Desconfiar, recelar, maliciar, temer, dudar. (**a.**: *creer, confiar.*)
sostén. m. Soporte, sustentáculo, base. || Protección, defensa, amparo, apoyo. || Sustento, mantenimiento, manutención. || Corpiño.
sostener. tr. y prnl. Sustentar, mantener. (**a.**: *rebatir.*) || Proteger, apoyar, defender, amparar. || Afirmar, apoyar. (**a.**: *contradecir.*) || Alimentar, sustentar. || Sujetar, agarrar. || Continuar.
sostenido, da. adj. Continuo, constante, ininterrumpido. (**a.**: *discontinuo.*)
sostenimiento. m. Sostén, soporte, apoyo. || Manutención, mantenimiento, sustento.
sotabanco. m. Ático, desván, buhardilla. (**a.**: *sótano.*)
sótano. m. Subsuelo. (**a.**: *desván.*)
soterrar. tr. Enterrar, sepultar, inhumar. || Ocultar, guardar.
soto. m. Arboleda, bosquecillo.
sotreta. adj. Defectuoso, inútil.
suasorio, ria. adj. Persuasivo, convincente.
suave. adj. Liso, pulido, fino. (**a.**: *áspero.*) || Blando, muelle. || Dulce, agradable, grato. || Tranquilo, apacible, quieto, reposado. (**a.**: *irritable.*) || Lento, moderado. (**a.**: *raudo.*) || Dócil, manso. (**a.**: *brusco, desapacible.*)
suavidad. f. Blandura, lenidad. || Lisura. || Finura, delicadeza, dulzura. (**a.**: *grosería.*)
suavizar. tr. Pulir, alisar, pulimentar. || Moderar, mitigar, calmar, apaciguar, templar. (**a.**: *exacerbar.*)
suba. f. Alza.
subalterno, na. adj. Inferior, subordinado, dependiente, secundario. (**a.**: *jefe, superior.*)
subasta. f. Licitación, puja, remate.
subastar. tr. Licitar, rematar.
subcutáneo, a. adj. Hipodérmico.
súbdito, ta. adj. Vasallo.
subentender. tr. y prnl. Sobrentender.
suberoso, sa. adj. Corchoso, acorchado.
subestimar. tr. Menospreciar, desestimar.
subida. f. Ascenso, ascensión, elevación. (**a.**: *descenso, caída, bajada.*) || Cuesta, pendiente, repecho. || Alza,

suba, aumento, encarecimiento. (**a.**: *disminución, rebaja.*)

subido, da. adj. Vivo, intenso. ‖ Elevado, caro, excesivo, alto. (**a.**: *barato.*) ‖ Fino, acendrado.

subir. intr. Ascender, elevar. (**a.**: *descender, bajar.*) ‖ Cabalgar, montar. ‖ Crecer, aumentar. (**a.**: *disminuir.*) ‖ Importar, sumar. ‖ tr. Remontar, trepar. ‖ Encimar, levantar, enarbolar, alzar, izar, elevar. (**a.**: *arriar.*) ‖ tr. e intr. Aumentar, encarecer. (**a.**: *abaratar.*)

súbito. adv. Repentinamente, de repente, súbitamente.

súbito, ta. adj. Inopinado, subitáneo, repentino, impensado, imprevisto. (**a.**: *previsto, esperado.*) ‖ Precipitado, impetuoso, violento, impulsivo. (**a.**: *manso.*) ‖ **de súbito.** loc. adv. Súbitamente, de repente.

subjetivo, va. adj. Personal. (**a.**: *objetivo.*)

sublevación. f. o **sublevamiento.** m. Levantamiento, motín, alzamiento, sedición, subversión, rebelión, tumulto, asonada, revuelta, revolución, insurrección, pronunciamiento. (**a.**: *sumisión, sometimiento.*)

sublevar. tr. y prnl. Amotinar, insurreccionar, levantar, alzar. (**a.**: *obedecer.*) ‖ Airar, indignar, excitar. (**a.**: *complacer.*)

sublimar. tr. Engrandecer, enaltecer, ensalzar, exaltar. (**a.**: *humillar.*) ‖ Alambicar, volatilizar.

sublime. adj. Excelso, elevado, sobrehumano, eminente.

submúltiplo, pla. adj. y m. Divisor, factor.

subordinación. f. Sujeción, sumisión, dependencia, acatamiento, respeto, obediencia. (**a.**: *desacato, rebeldía.*)

subordinado, da. adj. Supeditado, dependiente, inferior, subalterno, sujeto. (**a.**: *superior.*) ‖ Obediente, sometido, sumiso.

subrayar. tr. Destacar, recalcar.

subrepticio, cia. adj. Oculto, furtivo, tortuoso, encubierto, ilícito. (**a.**: *autorizado.*)

subrogar. tr. Sustituir, remplazar.

subsanar. tr. Remediar, corregir, enmendar, reparar, compensar, resarcir. (**a.**: *ratificar.*) ‖ Disculpar, excusar. (**a.**: *reiterar.*)

subscribir o **suscribir.** tr. Firmar. ‖ Convenir, acordar, acceder. ‖ tr. y prnl. Adherir. ‖ Abonar.

subscriptor, ra o **suscritor, ra.** m. y f. Abonado, firmante.

subsidiario, ria. adj. Accesorio. (**a.**: *principal.*)

subsidio. m. Socorro, auxilio, ayuda. ‖ Subvención. ‖ Contribución, impuesto.

subsiguiente. adj. Subsecuente.

subsistencia. f. Permanencia, estabilidad. (**a.**: *inestabilidad.*) ‖ Mantenimiento, sostenimiento, conservación. (**a.**: *desnutrición.*) ‖ Vida.

subsistir. intr. Permanecer, durar, conservarse, perdurar, mantenerse. ‖ Vivir, existir.

substancia o **sustancia.** f. Materia. ‖ Ser, esencia, entidad, naturaleza. (**a.**: *inexistencia.*) ‖ Razón, fundamento. ‖ Juicio, madurez. ‖ Meollo, médula, miga. ‖ Estimación, importancia.

substancial o **sustancial.** adj. Importante, esencial, concreto, fundamental. ‖ Substancioso.

substancioso, sa o **sustancioso, sa.** adj. Valioso, estimable, substancial. ‖ Nutritivo, alimenticio, substancial. ‖ Jugoso, apetitoso, sabroso, suculento.

substantivo o **sustantivo.** m. Nombre.

substitución o **sustitución.** f. Remplazo, relevo, suplencia.

substituir o **sustituir.** tr. Remplazar, suplir, relevar. ‖ Cambiar.

substitutivo, va o **sustitutivo, va.** adj. Sucedáneo.

substituto, ta o **sustituto, ta.** adj. Suplente, remplazante.

substracción o **sustracción.** f. Resta. (**a.**: *adición.*) ‖ Robo, hurto. ‖ Separación.

substraer o **sustraer.** tr. Apartar, separar, deducir, extraer, quitar. (**a.**: *aumentar.*) ‖ Hurtar, robar. (**a.**: *dar.*) ‖ Restar. (**a.**: *sumar.*)

subsuelo. m. Sótano. (**a.**: *desván, altillo.*)

subterfugio. m. Efugio, escapatoria, excusa, pretexto, evasiva. (**a.**: *exigencia.*)
subterráneo. m. Bóveda, túnel, subsuelo.
suburbio. m. Arrabal, afueras. (**a.**: *centro.*)
subvención. f. Ayuda, auxilio, socorro, subsidio.
subvenir. intr. Ayudar, socorrer, auxiliar. || Costear, sufragar.
subversión. f. Alteración, trastorno, perturbación, desorden, destrucción. (**a.**: *orden.*) || Sublevación, insurrección, revolución, motín. (**a.**: *disciplina.*)
subversivo, va. adj. Sedicioso, revolucionario.
subvertir. tr. Trastornar, alterar, revolver, destruir, perturbar.
subyugar. tr. Dominar, someter, esclavizar, avasallar, sujetar, sojuzgar.
succión. f. Chupada, mamada, libación.
succionar. tr. Chupar, absorber, libar, mamar, sorber. (**a.**: *escupir.*)
sucedáneo, a. adj. Sustitutivo.
suceder. intr. Remplazar, sustituir. (**a.**: *confirmar.*) || Heredar. (**a.**: *legar.*) || Descender, proceder, provenir. || Ocurrir, acaecer, pasar, acontecer. || Seguir. (**a.**: *preceder.*)
sucedido. m. Suceso, caso, hecho.
sucesión. f. Continuación, decurso, serie, prosecución. || Herencia. || Descendencia, prole. (**a.**: *ascendencia.*)
sucesivo, va. adj. Siguiente. (**a.**: *precedente, anterior.*)
suceso. m. Ocurrencia, novedad, acontecimiento, acaecimiento, evento, sucedido, lance, trance, hecho, caso. || Resultado, éxito. || Circunstancia, accidente, percance, coyuntura.
sucesor, ra. m. y f. Continuador. (**a.**: *predecesor.*) || Heredero, descendiente. (**a.**: *ascendiente, antepasado.*)
suciedad. f. Inmundicia, mugre, porquería, basura, roña, desaseo. (**a.**: *limpieza, aseo, pureza.*)
sucinto, ta. adj. Breve, compendioso, extractado, somero, resumido. (**a.**: *amplio, largo.*) || Ceñido, conciso, sintético.
sucio, cia. adj. Manchado, desaseado, mugriento, roñoso, inmundo, puerco, mugroso, cochino. (**a.**: *aseado, pulcro.*) || Obsceno, deshonesto, impuro. || Vil, soez, innoble. || Turbio, confuso. || Tramposo.
sucucho. m. Rincón. || Cuchitril, tabuco, cuartucho.
suculento, ta. adj. Jugoso, sustancioso, nutritivo, sabroso.
sucumbir. intr. Caer, ceder, someterse, rendirse. (**a.**: *resistir.*) || Perecer, expirar, morir, fallecer. (**a.**: *vivir.*)
sucursal. f. Filial, agencia, dependencia.
sudadera. f. o **sudadero.** m. Sudario. || Bajera, abajera.
sudar. intr. y tr. Traspirar, resudar, trasudar. || Exudar, destilar, segregar. || intr. Rezumar, exudar.
sudario. m. Sudadero. || Mortaja, sábana.
sudor. m. Traspiración, sudación, resudor, trasudor. || Exudación. || Trabajo, fatiga, afán, pena.
sudorífero, ra o **sudorífico, ca.** adj. Sudatorio, diaforético.
suegro, gra. m. y f. Padre político, madre política.
sueldo. m. Remuneración, salario, jornal, estipendio, mensualidad, emolumento, haberes, paga.
suelo. m. Solar, terreno, campo. || Mundo, tierra. || Piso, superficie, pavimento. (**a.**: *techo.*) || País, territorio. || Entarimado. || Asiento, poso.
suelto, ta. adj. Ligero, veloz. || Expedito, ágil, diestro, desembarazado. (**a.**: *pesado, torpe.*) || Libre. (**a.**: *preso.*) || Atrevido. || Desatado, desenganchado. || Separado, solo. (**a.**: *acompañado.*) || Flojo, holgado. || Fácil, corriente, llano. || Esponjoso. || m. Artículo, gacetilla. || Monedas.
sueño. m. Dormida. || Adormecimiento, somnolencia, sopor. (**a.**: *desvelo.*) || Ensueño. || Quimera, ilusión, fantasía, divagación. || Anhelo, desiderátum.
suerte. f. Fortuna, azar, potra, ventura. (**a.**: *infortunio.*) || Destino, hado, estrella, sino, acaso, casualidad, sombra. || Chiripa, chamba. || Clase, géne-

ro, especie. ‖ Condición, estado, situación. ‖ Manera, modo.

suficiencia. f. Capacidad, aptitud, competencia, habilidad, idoneidad. (**a.**: *ineptitud, incapacidad.*) ‖ Pedantería, vanidad, presunción, engreimiento. ‖ Bienestar. (**a.**: *escasez.*)

suficiente. adj. Bastante, conveniente, asaz, preciso. (**a.**: *exiguo, insuficiente.*) ‖ Capaz, apto, competente, idóneo. (**a.**: *inepto.*) ‖ Pedante, engreído. (**a.**: *discreto.*)

sufragar. tr. Costear, pagar, satisfacer, subvenir. ‖ Ayudar, auxiliar, favorecer. ‖ Votar.

sufragio. m. Dictamen, voto. ‖ Ayuda, favor, auxilio, socorro, protección.

sufrido, da. adj. Pasible, paciente, manso, resignado, tolerante.

sufrimiento. m. Padecimiento, pena, dolor, tormento, tortura, martirio, dolencia. ‖ Paciencia, estoicismo, conformidad, tolerancia, resignación, aguante. (**a.**: *intolerancia, goce.*)

sufrir. tr. e intr. Padecer, penar. (**a.**: *gozar.*) ‖ Resignarse, conformarse. (**a.**: *rebelarse.*) ‖ tr. Permitir, aguantar, soportar, tolerar, consentir. ‖ Sostener, sobrellevar, resistir, soportar. ‖ Experimentar.

sugerencia. f. Sugestión, inspiración, insinuación, sugerimiento.

sugerir. tr. Aconsejar, incitar, insinuar, inspirar. ‖ Recordar, evocar, apuntar.

sugestión. f. Sugerencia, insinuación. ‖ Atractivo, sortilegio, fascinación, hechizo.

sugestivo, va. adj. Atractivo, llamativo, fascinante.

suicidarse. prnl. Eliminarse, matarse.

sui géneris. loc. adv. Excepcional, original, especial, particular.

suizo, za. adj. y s. Esguízaro, helvético, helvecio.

sujeción. f. Sumisión, esclavitud, sometimiento, subordinación, dependencia, obediencia. (**a.**: *libertad, insubordinación.*) ‖ Atadura, contención, traba, ligadura, unión. (**a.**: *desunión.*)

sujetar. tr. Someter, sojuzgar, dominar, avasallar, encadenar, subyugar. (**a.**: *rebelarse.*) ‖ Agarrar, asir, trabar, acogotar. (**a.**: *soltar.*) ‖ prnl. Ajustarse, ceñirse.

sujeto, ta. adj. Expuesto, propenso. ‖ Subyugado, supeditado, sometido. ‖ Fijo, inmóvil, firme, seguro, estable. ‖ m. Individuo, prójimo, persona, tipo. ‖ Asunto, tema, materia.

sulfurar. tr. y prnl. Irritar, encolerizar, enfurecer, indignar, enojarse. (**a.**: *calmar.*)

suma. f. Adición, agregado. (**a.**: *resta.*) ‖ Total. ‖ Compendio, recopilación, sumario, resumen. ‖ Colección, conjunto, reunión. ‖ **en suma.** loc. adv. Resumiendo.

sumar. tr. Adicionar, añadir, agregar. (**a.**: *restar.*) ‖ Totalizar, ascender a, elevarse a, llegar a, montar a, importar. ‖ Recopilar, compendiar. ‖ prnl. Adherirse, agregarse.

sumario, ria. adj. Breve, sucinto, abreviado, conciso, resumido. (**a.**: *extenso.*) ‖ m. Compendio, resumen, suma, epítome, extracto, índice.

sumergible. adj. y m. Submarino.

sumergir. tr. y prnl. Hundir. (**a.**: *emerger, flotar.*) ‖ prnl. Abismarse, abstraerse, sumirse. ‖ Naufragar.

sumersión. f. Inmersión, zambullida, hundimiento, chapuzón, baño.

sumidero. m. Desagüe, alcantarilla, desaguadero, cloaca, escurridero, albañal.

suministrador, ra. adj. Abastecedor, proveedor, surtidor, aprovisionador, equipador.

suministrar. tr. Proporcionar, facilitar, proveer, aprovisionar, surtir, abastecer, prestar, facilitar. (**a.**: *privar, quitar.*) ‖ Guarnecer.

suministro. m. Provisión, víveres, abastecimiento.

sumir. tr. y prnl. Sumergir, hundir, abismar. (**a.**: *surgir.*) ‖ prnl. Abstraerse.

sumisión. f. Obediencia, sometimiento, acatamiento, subordinación, vasallaje, sujeción. (**a.**: *rebelión, desacato.*)

sumiso, sa. adj. Obediente, dócil, manejable, bienmandado. ‖ Rendido, subyugado, avasallado, sujeto, sometido. (**a.**: *rebelde.*)

súmmum. m. Colmo, máximo, sumo.
sumo, ma. adj. Supremo, altísimo, superlativo, máximo, enorme, mucho. (**a.**: *ínfimo.*) ‖ **a lo sumo.** loc. adv. A lo más, al mayor grado. ‖ Si acaso, cuando más.
suntuosidad. f. Magnificencia, pompa, esplendor, riqueza, esplendidez, lujo, fausto, boato. (**a.**: *sencillez.*)
suntuoso, sa. adj. Magnífico, rico, esplendoroso, espléndido, costoso, lujoso, ostentoso, regio, fastuoso, pomposo. (**a.**: *pobre, miserable.*)
supeditar. tr. Dominar, oprimir, subyugar, avasallar, sojuzgar, someter, subordinar, sujetar. (**a.**: *libertar.*)
superabundancia. f. Sobreabundancia, plétora, exuberancia.
superación. f. Mejoramiento, ganancia, vencimiento.
superar. tr. Sobrepujar, exceder, pasar, aventajar, ganar, vencer.
superávit. m. Residuo, ganancia, utilidades, exceso, sobra. (**a.**: *déficit, pasivo.*)
superchería. f. Engaño, dolo, mentira, fraude, impostura, simulación. (**a.**: *verdad.*)
superficial. adj. Somero, ligero. (**a.**: *profundo.*) ‖ Insustancial, frívolo, aparente, fútil, trivial, vacuo. (**a.**: *grave.*) ‖ Exterior. (**a.**: *interior.*)
superficie. f. Área, extensión. ‖ Latitud, espacio. ‖ Cara, plano, faceta, faz.
superfluidad. f. Exceso, derroche, sobra, demasía. ‖ Redundancia.
superfluo, flua. adj. Innecesario, redundante, inútil, sobrante, excesivo. (**a.**: *útil, necesario.*)
superior. adj. Excelente, bonísimo, mejor, óptimo. (**a.**: *imperfecto, inferior.*) ‖ Elevado, encumbrado, eminente, sobresaliente.
superior, ra. m. y f. Prior, director, rector, jefe.
superlativo, va. adj. Sumo, supremo.
supernumerario, ria. adj. Excedente.
superponer. tr. Sobreponer, aplicar. ‖ Añadir, incorporar.
superstición. f. Credulidad, fetichismo, cábala.
supersticioso, sa. adj. y s. Crédulo, idólatra.
supérstite. adj. Sobreviviente, superviviente. *Cónyuge supérstite.*
supervisión. f. Inspección, control.
superviviente. m. y f. Sobreviviente, supérstite.
suplantar. tr. Sustituir. ‖ Falsificar.
suplementario, ria. adj. Accesorio, adicional, complementario.
suplemento. m. Complemento, agregado, aditamento, apéndice, anexo, añadido.
suplente. adj. Sustituto, remplazante.
súplica. f. Ruego, imploración, deprecación, petición. ‖ Demanda, impetración, memorial, solicitud, instancia.
suplicar. tr. Rogar, pedir, instar, implorar, impetrar, demandar, deprecar. (**a.**: *atender, conceder.*)
suplicio. m. Tormento, martirio, tortura, castigo, cadalso. ‖ Dolor, padecimiento, sufrimiento. (**a.**: *alivio.*)
suplir. tr. Completar, integrar, suplementar. ‖ Remplazar, sustituir. ‖ Disimular.
suponer. tr. Presumir, creer, imaginarse, conjeturar, figurarse, opinar, pensar, sospechar. ‖ intr. Implicar, importar, significar.
suposición. f. Hipótesis, postulado, supuesto, presunción, sospecha, conjetura. (**a.**: *comprobación, certeza.*) ‖ Calumnia, difamación, falsedad, impostura. (**a.**: *verdad.*)
supremacía. f. Dominio, preponderancia, superioridad, preeminencia, prioridad, hegemonía.
supremo, ma. adj. Sumo, altísimo. ‖ Insuperable, superlativo, superior. ‖ Último, decisivo, culminante.
supresión. f. Elisión. (**a.**: *agregado.*) ‖ Anulación, exterminio, eliminación.
suprimir. tr. Derogar, anular, abolir, eliminar. (**a.**: *autorizar.*) ‖ Quitar, omitir, callar. (**a.**: *dar.*) ‖ Extinguir, exterminar, liquidar, extirpar. ‖ Cercenar, disolver. (**a.**: *incluir.*) ‖ Borrar, tachar.
supuesto, ta. adj. Hipotético, conjetural, presunto. ‖ Pretendido, seudo, se-

dicente, fingido. || Falso, apócrifo. || m. Suposición, hipótesis.

supuración. f. Purulencia, humor, pus.

supurar. tr. Correr, segregar, madurar.

suputar. tr. Computar, calcular.

sur. m. Mediodía, austro. (**a.**: *septentrión, Norte.*) || adj. Meridional, austral, antártico. (**a.**: *boreal, septentrional.*)

surcar. tr. Navegar, atravesar, andar. || Cortar, hender.

surco. m. Carril, cauce, estela. || Estría, hendidura, canal. || Arruga, pliegue.

surgidero. m. Fondeadero, ancladero, abra.

surgir. intr. Brotar, manar, surtir. || Elevarse, alzarse, salir, levantarse. || Fondear. || Aparecer, revelarse, manifestarse. (**a.**: *desaparecer, ocultarse.*)

surrealismo. m. Superrealismo, sobrerrealismo, suprarrealismo.

surrealista. adj. Superrealista.

surtido, da. adj. Mezclado, variado. || m. Colección, conjunto, muestrario, repertorio, mezcla.

surtidor. m. Saltadero, surtidero.

surtir. tr. Proveer, aprovisionar, suministrar, entregar, abastecer. || intr. Brotar, surgir, manar.

surto, ta. adj. Fondeado, anclado.

susceptible. adj. Capaz, dispuesto, apto. (**a.**: *incapaz.*) || Quisquilloso, puntilloso, sensible, delicado. (**a.**: *apático.*)

suscitar. tr. Promover, motivar, levantar, provocar, causar, originar, ocasionar, motivar, acarrear.

susodicho, cha. adj. Antedicho, citado, mencionado, sobredicho, aludido.

suspender. tr. Colgar. (**a.**: *arriar.*) || Detener, diferir, interrumpir, parar. (**a.**: *impulsar.*) || Desaprobar, reprobar, aplazar, dar calabazas, colgar, revolcar. (**a.**: *aprobar.*) || Admirar, embelesar, maravillar, asombrar, pasmar.

suspensión. f. Detención, parada, tregua, interrupción, cesación, pausa. || Admiración, pasmo, embeleso, asombro. || Éxtasis, rapto. || Colgamiento.

suspenso, sa. adj. Absorto, enajenado, admirado, atónito, pasmado, maravillado. || Indeciso, perplejo, desconcertado. || Reprobado. (**a.**: *aprobado.*) || m. Calabazas, cate.

suspicacia. f. Desconfianza, recelo, prevención, escama, sospecha, malicia, escrúpulo. (**a.**: *confianza, sinceridad.*)

suspicaz. adj. Receloso, desconfiado, mal pensado, escamado. (**a.**: *candoroso, confiado, crédulo.*)

suspirar. intr. Desear, anhelar, apetecer, ansiar, querer.

sustentáculo. m. Apoyo, sostén, sustentación, soporte.

sustentar. tr. y prnl. Sostener, aguantar, soportar. || Mantener, conservar, alimentar. || tr. Defender, amparar, apoyar, apuntalar.

sustento. m. Alimento, mantenimiento, sostenimiento, manutención. || Sostén, apoyo.

susto. m. Sobresalto, temor, espanto, alarma, pavor.

susurrar. intr. Murmurar, musitar. (**a.**: *vociferar, gritar.*) || prnl. Rumorear, runrunear, sonar.

susurro. m. Murmullo, runrún, rumor, cuchicheo. (**a.**: *gritería, vocerío.*)

sutil. adj. Delgado, delicado, vaporoso, tenue, fino. (**a.**: *recargado.*) || Agudo, ingenioso, avispado, perspicaz, penetrante.

sutileza. f. Perspicacia, ingenio, agudeza, penetración, ingeniosidad. || Argucia, habilidad.

sutilizar. tr. Adelgazar, atenuar. || Limar, pulir, afinar, perfeccionar. || Teorizar, profundizar, alambicar.

sutura. f. Costura, juntura, soldadura.

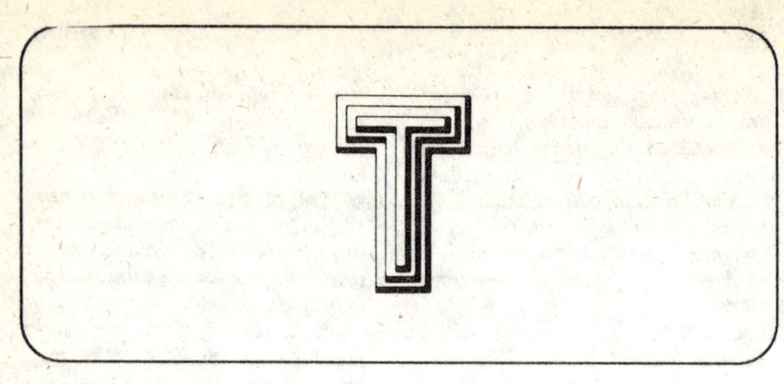

taba. f. Astrágalo. ‖ pl. Piernas, pies.
tabalear. intr. Tamborilear, tamborear, repiquetear.
tabaquera. f. Petaca, cigarrera, pitillera.
tabaquería. f. Cigarrería, estanco.
tabaquero, ra. adj. Tabacalero, cigarrero.
tabaquismo. m. Nicotismo.
tabardillo. m. Insolación. ‖ Tifus.
tabarra. f. Lata, tostón, fastidio, matraca, pesadez.
taberna. f. Bodegón, boliche, cantina, pulpería.
tabernáculo. m. Sagrario, sanctasanctórum.
tabernario, ria. adj. Grosero, soez, vil, bajo.
tabes. f. Consunción, extenuación.
tabicar. tr. Obstruir, cerrar, tapar, murar, emparedar.
tabique. m. Pared.
tabla. f. Índice, lista. ‖ Cuadro. ‖ Bancal, terraza. ‖ Lámina, plancha. ‖ pl. Escenario. ‖ Empate. ‖ Valla, barrera.
tablado. m. Plataforma, tribuna, tarima, andamio. ‖ Estrado, tinglado. ‖ Patíbulo, cadalso.
tableta. f. Pastilla, píldora, comprimido.
tabuco. m. Cuartucho, desván, cuchitril, tugurio, zahurda, buharda, chiribitil, buhardilla.
taburete. m. Banquillo, alzapiés, peana, banqueta, escabel.
tacañería. f. Mezquindad, ruindad, sordidez, cicatería, avaricia, miseria, roñería. (**a.**: *generosidad.*)
tacaño, ña. adj. y s. Miserable, agarrado, ruin, mezquino, roñoso, cicatero, avaro, amarrete. (**a.**: *dadivoso, gastador, generoso.*)
tácito, ta. adj. Sobrentendido, implícito, secreto, supuesto. (**a.**: *claro, explícito.*) ‖ Callado, silencioso, reservado, taciturno.
taciturno, na. adj. Reconcentrado, reservado, silencioso. (**a.**: *locuaz.*) ‖ Triste, melancólico, pesaroso, apesadumbrado. (**a.**: *alegre, optimista.*)
taco. m. Tarugo, bloque, tapón. ‖ Palabrota, reniego, grosería, terno, voto, juramento, maldición. ‖ Enredo, embrollo, lío. ‖ Botador. ‖ Refrigerio, piscolabis, trago.
tacómetro. m. Cuentavueltas.
tactación. f. Tacto.
táctica. f. Habilidad, método, tacto, tiento, sistema, diplomacia. ‖ Estrategia.
tacto. m. Tiento, habilidad, juicio, táctica, delicadeza. ‖ Discreción, tino, prudencia, maña, destreza, acierto. (**a.**: *indiscreción.*) ‖ Palpación, toque, exploración.
tacha. f. Falta, defecto, imperfección,

tilde. (**a.**: *perfección.*) || Mancha, descrédito, mácula, mancilla. (**a.**: *honor.*)
tachar. tr. Borrar, testar, suprimir, eliminar. || Culpar, censurar, tildar, notar, motejar, reprochar, acusar.
tachón. m. Enmienda, tachadura, raya.
tachonar. tr. Clavetear.
tahalí. m. Tiracol, charpa.
tahona. f. Horno. || Panadería.
tahúr, ra. adj. y s. Jugador, timbero. || Fullero, tramposo.
taimado, da. adj. y s. Astuto, ladino, bellaco, pícaro, hipócrita, tunante, zorro, disimulado. (**a.**: *ingenuo.*)
taimería. f. Marrullería, picardía, malicia, astucia, bellaquería. (**a.**: *sinceridad.*)
tajada. f. Borrachera, embriaguez, curda. || Porción, parte, trozo, rebanada, posta. *Tajada de queso.*
tajadera. f. Cortafrío, cortahierro.
tajamar. m. Espolón, cabo, escollera, malecón.
tajante. adj. Concluyente, categórico, terminante, contundente, concreto, cortante.
tajar. tr. Cortar, dividir, partir, hender, rebanar.
tajo. m. Filo, corte, herida, cuchillada. || Tarea, faena. || Acantilado, despeñadero, escarpa, precipicio, sima.
tal. adj. Semejante, igual. || adv. Así, de esta manera, de esta suerte.
tala. f. Billalda, billarda.
talabarte. m. Cinturón.
taladrar. tr. Horadar, agujerear, perforar, barrenar. (**a.**: *taponar.*) || Penetrar, desentrañar.
taladro. m. Broca, barrena, trépano, berbiquí. || Perforación, trepanación.
tálamo. m. Lecho, cama.
talante. m. Humor, ánimo, disposición. || Gusto, voluntad, deseo. || Estilo, modo, son, manera.
talar. tr. Cortar, segar, desmontar. || Arrasar, destruir, devastar, arruinar. || Cercenar.
talega. f. Dinero, caudal. || Bolsa, morral, bolso.
talego. m. Saco, morral, bolsa. || Talega.
talento. m. Inteligencia, entendimiento, ingenio, caletre, capacidad, genio. (**a.**: *estupidez.*) || Habilidad, aptitud. (**a.**: *incapacidad.*)
talismán. m. Amuleto, mascota, fetiche.
talón. m. Calcañar, calcáneo, pulpejo. || Recibo, resguardo, cupón, libranza.
talud. m. Rampa, declive.
talla. f. Escultura. || Estatura, altura, alzada. || Marca. || Talladura. || Impuesto.
talladura. f. Entalladura.
tallar. tr. Entallar, cincelar, labrar, esculpir. || Tasar, valuar, valorar, apreciar, evaluar. || Medir.
talle. m. Cintura. || Figura, planta, proporción, traza, apariencia.
taller. m. Obrador, fábrica, manufactura, oficina, laboratorio. || Aula, escuela.
tallo. m. Tronco, estípite, troncho, caña. || Renuevo, retoño, vástago, brote, pimpollo, esqueje.
talludo, da. adj. Crecido, espigado, alto, medrado. || Maduro. (**a.**: *verde.*)
tamaño, ña. adj. Semejante, tal. || m. Magnitud, volumen, dimensión, grandor, corpulencia, medida.
tambalear. intr. y prnl. Oscilar, trastabillar, vacilar, bambolear, zangolotear. (**a.**: *inmovilizarse.*)
también. adv. Asimismo, así, de la misma manera, además, igualmente, todavía. (**a.**: *tampoco.*)
tambo. m. Vaquería.
tambor. m. Parche, caja, atabal, tamboril, timbal. || Cilindro. || Lata, tanque. || Tamiz.
tamboril. m. Atabal, timbal, tamborín, tamborino.
tamborilear. intr. Tabalear, tamborear. || Alardear, divulgar.
tamiz. m. Criba, harnero, cernedor, cedazo, zaranda.
tamo. m. Pelusa, pelusilla.
tampón. m. Almohadilla.
tanda. f. Turno, alternativa, vez. || Capa, tonga, tongada. || Conjunto, partida, sarta, cantidad, grupo.
tangente. adj. Tocante, vecino
tangible. adj. Palpable, tocable. (**a.**: *intangible, impalpable.*) || Cierto, ase-

quible. (**a.**: *incierto.*) || Material, real, sensible, perceptible. (**a.**: *inmaterial.*)

tanque. m. Aljibe, estanque, depósito.

tantear. tr. Ensayar, pulsar, probar. || Comparar, parangonar. || Explorar, sondear, examinar, considerar. || Bosquejar, esbozar.

tanteo. m. Ensayo, prueba, examen, exploración, tienta, sondeo.

tanto. m. Unidad. || Punto.

tañer. tr. Tocar, pulsar, puntear, rasguear. || Repicar, doblar, redoblar. || intr. Tabalear.

tañido. m. Toque, son, campaneo, sonido, repique, repiqueteo.

tapa. f. Tapadera. || Cubierta, cobertura, capa. || Compuerta. || Encurtido. || Bocadillo.

tapaboca o **tapabocas.** f. Bufanda.

tapadera. f. Tapa, tapador. || Alcahuete, encubridor, pantalla. (**a.**: *espía, acusador.*)

tapado. m. Abrigo.

tapar. tr. Cubrir, ocultar. (**a.**: *descubrir.*) || Cerrar, obstruir, taponar, obturar, atascar, atorar. (**a.**: *abrir.*) || Abrigar, arropar. (**a.**: *destapar.*) || Disimular, encubrir. || prnl. Embozarse, arrebujarse.

tapera. f. Choza. (**a.**: *mansión, palacio.*)

tapia. f. Valla, cerca, pirca, muro, tapial, pared, paredón, vallado.

tapiar. tr. Cercar, murar, cerrar.

tapicería. f. Cortinaje, colgadura, palio, dosel, tapiz.

tapioca. f. Mañoco, mandioca.

tapiz. m. Colgadura. || Alfombra.

tapizar. tr. Entapizar, forrar, guarnecer.

tapón. m. Corcho, obturador.

taponar. tr. Obturar, tapar, obstruir, atascar, atorar.

tapujarse. prnl. Embozarse.

tapujo. m. Enredo, intriga. || Reserva, pretexto, disimulo, rodeos, embozo, fingimiento, simulación. (**a.**: *averiguación.*)

taquigrafía. f. Estenografía.

taquígrafo, fa. m. y f. Estenógrafo.

taquilla. f. Casillero. || Papelero, armario. || Recaudación. || Boletería.

tarabilla. f. Matraca. || Telera.

taracea. f. Marquetería, embutido, damasquinado, incrustación.

taracear. tr. Ataracear, incrustar, adornar, embutir.

tarambana. adj. y s. Aturdido, botarate, zascandil, irreflexivo, alocado.

tararear. tr. e intr. Canturrear.

tarasca. f. Dragón, sierpe.

tarascada. f. Mordisco, dentellada, mordedura. || Exabrupto, brusquedad, ofensa, desaire.

tarascón. m. Mordisco, bocado, mordedura.

tardanza. f. Demora, dilación, retraso, lentitud, retardo, cachaza, pachorra. (**a.**: *ligereza, rapidez.*)

tardar. intr. Demorarse, retrasarse, detenerse. (**a.**: *apurarse, apresurarse.*)

tarde. adv. Tardíamente, a deshora. (**a.**: *temprano.*) || Anochecer, crepúsculo. (**a.**: *mañana.*)

tardío, a. adj. Retrasado, rezagado, moroso. (**a.**: *prematuro.*) || Pausado, lento, despacioso, tardo, cachazudo, pachorriento. (**a.**: *ligero.*)

tardo, da. adj. Lento, tardío, despacioso, pausado, perezoso. || Rudo, torpe, boto. (**a.**: *precoz.*)

tarea. f. Trabajo, labor, obra, faena, quehacer, ocupación. (**a.**: *descanso, ocio.*) || Afán, cuidado. (**a.**: *pasividad.*)

tarifa. f. Arancel, coste, costo, tasa.

tarifar. intr. Enemistarse, reñir, pelearse. || Tasar.

tarima. f. Plataforma, peana, estrado, tablado, entarimado.

tarjeta. f. Ficha, cédula. || Papeleta. || Etiqueta, rótulo.

tarquín. m. Cieno, limo, lodo, fango, barro, lama, légamo.

tarro. m. Lata, bote. || Suerte.

tarta. f. Pastel.

tartajear. intr. Tartamudear.

tartajoso, sa. adj. Tartamudo.

tartamudear. intr. Tartajear. || Balbucir, farfullar.

tartamudo, da. adj. y s. Tartajoso, farfalloso, balbuciente.

tártaro. m. Infierno, averno, orco, báratro. || Sarro.

tartera. f. Fiambrera. ‖ Tortera.
tarugo. m. Taco, zoquete, cuña. ‖ Adoquín.
tasa. f. Tasación, precio, evaluación, valor, valoración. ‖ Medida, norma, regla, pauta.
tasación. f. Evaluación, valoración, tasa, justiprecio.
tasajo. m. Charque, cecina. ‖ Tajada, pedazo, lonja.
tasar. tr. Estimar, apreciar, valuar, valorar, evaluar. ‖ Limitar, restringir, graduar, regular, reducir, medir, metodizar, ordenar.
tasca. f. Taberna, figón, bodegón.
taumatúrgico, ca. adj. Maravilloso, sobrenatural, milagroso, prodigioso, mágico.
tauromaquia. f. Toreo, lidia.
taxativo, va. adj. Concreto, limitado. ‖ Categórico, preciso, concluyente.
taxímetro. m. Odómetro, taxi.
taza. f. Pocillo, jícara.
té. m. Infusión. ‖ Cha.
tea. f. Antorcha, hacha.
teatro. m. Coliseo. ‖ Farándula. ‖ Escena, escenario, candilejas, tablas.
teca. f. Relicario.
tecla. f. Palanca, pulsador.
teclear. intr. Tamborilear, repiquetear. ‖ Intentar, probar. ‖ Dactilografiar, mecanografiar.
técnica. f. Habilidad, pericia, maña.
técnico, ca. m. y f. Perito. (**a.:** *inexperto.*)
techado. m. Techo.
techo. m. Techado, techumbre, tejado, cielo raso. (**a.:** *piso.*) ‖ Casa, vivienda, domicilio, hogar. ‖ Cobertizo, tinglado.
techumbre. f. Techo, techado, tejado.
tedio. m. Aburrimiento, molestia, hastío, repugnancia, fastidio, esplín, desgana, desgano. (**a.:** *afán, pasatiempo.*)
tedioso, sa. adj. Enfadoso, molesto, pesado, fastidioso. (**a.:** *ameno.*)
tegumento. m. Membrana, telilla.
tejado. m. Techo, techumbre, techado. ‖ Azotea. (**a.:** *sótano, subsuelo.*)
tejar. m. Tejería.
tejavana. f. Cobertizo, tinglado.
tejemaneje. m. Destreza, habilidad. ‖ Chanchullo, intriga.
tejer. tr. Entretejer, labrar. ‖ Maquinar, enredar, armar, tramar, urdir. ‖ Cavilar, meditar, discurrir.
tejido. m. Trama, urdimbre, textura, tela.
tejo. m. Infernáculo, rayuela. ‖ Tejuelo. ‖ Cospel, disco.
tejuelo. m. Tejo.
tela. f. Paño, lienzo, tejido, trapo, género. ‖ Telaraña. ‖ Materia, asunto, tema. ‖ Embuste, maraña, enredo. ‖ Dinero, caudal. ‖ Membrana, nata.
telecontrol. m. Telemando, telegobierno, teledirección.
teledirección. f. Radioconducción.
telefonear. tr. Comunicar, hablar.
telegobierno. m. Teledirección, telecontrol.
teleimpresor. m. Teletipo.
teleología. f. Finalismo.
teleológico, ca. adj. Finalista.
telerreceptor. m. Radio, televisor.
teletipo. m. Teleimpresor, télex.
televidente. m. y f. Telespectador.
telilla. f. Nata.
tema. m. Asunto, materia, objeto, sujeto, argumento, cuestión. ‖ Manía, idea fija. ‖ Antipatía. ‖ Porfía, contumacia, obstinación. ‖ Proyecto, motivo, propósito, idea. ‖ Hecho, cosa.
tembladal. m. Tremedal.
tembladera. f. Tremedal. ‖ Temblor, tembleque.
temblador, ra. adj. Tembloroso, trémulo, temblón. ‖ m. y f. Cuáquero.
temblar. intr. Estremecerse, tembleqüear, trepidar, retemblar, tremer, tiritar.
tembleque. adj. Tembloroso. ‖ m. Temblor, tembladera.
temblequear. intr. Temblar.
temblor. m. Tembladera. ‖ Terremoto, sismo. ‖ Escalofrío, estremecimiento, convulsión. (**a.:** *serenidad, valor.*)
tembloroso, sa. adj. Temeroso, trémulo, tembleque.
temer. tr. Amedrentarse, asustarse, tener miedo. (**a.:** *envalentonarse.*) ‖ tr. y prnl. Recelar, dudar, sospechar. (**a.:** *confiar, creer.*)

temerario, ria. adj. Audaz, arriesgado, imprudente, intrépido, osado, arrojado, irreflexivo. (**a.**: *prudente, cobarde, temeroso.*) ‖ Infundado, inmotivado.

temeridad. f. Imprudencia, atrevimiento, osadía, audacia, arrojo. (**a.**: *cautela.*)

temeroso, sa. adj. Miedoso, pusilánime, medroso, cobarde, irresoluto. (**a.**: *valiente, valeroso.*) ‖ Temible, terrífico, aterrador, terrible, espantoso. (**a.**: *maravilloso.*) ‖ Receloso, desconfiado.

temible. adj. Formidable, terrorífico, espantoso, aterrador, tremebundo, inquietante, horrendo. (**a.**: *atrayente.*) ‖ Peligroso.

temor. m. Miedo, julepe, cobardía, timidez. ‖ Recelo, aprensión, sospecha, presunción. (**a.**: *confianza.*) ‖ Pavor, pánico, espanto. (**a**: *valor, arrestos.*)

temoso, sa. adj. Tenaz, insistente, obstinado, porfiado, terco, testarudo.

témpano. m. Tímpano, timbal.

temperamento. m. Carácter, índole. ‖ Temperie. ‖ Temple. ‖ Complexión.

temperancia. f. Templanza, moderación.

temperar. tr. y prnl. Templar, calmar, atemperar, aliviar, moderar, sosegar.

temperatura. f. Calor. ‖ Fiebre. ‖ Clima.

temperie. f. Temperatura.

tempestad. f. Temporal, tormenta, ciclón, borrasca, huracán. (**a.**: *bonanza.*)

tempestivo, va. adj. Oportuno, adecuado. (**a.**: *intempestivo, inoportuno.*)

tempestuoso, sa. adj. Tormentoso, borrascoso, proceloso, inclemente. (**a.**: *sereno, apacible.*)

templado, da. adj. Morigerado, continente, sereno, mesurado, moderado. ‖ Sobrio, frugal, parco. ‖ Tibio. (**a.**: *helado, abrasador.*) ‖ Valiente, decidido, impávido. (**a.**: *atropellado.*) ‖ Afinado.

templador. m. Afinador.

templanza. f. Moderación, morigeración, continencia, temperancia, sobriedad, frugalidad. (**a.**: *exceso, intemperancia.*)

templar. tr. y prnl. Moderar, suavizar, atemperar, entibiar, atenuar, mitigar, amortiguar. ‖ Apaciguar, sosegar, aplacar. (**a.**: *irritar.*) ‖ tr. Afinar, entonar. (**a.**: *desafinar.*)

temple. m. Humor, índole, genio, carácter, talante. ‖ Temperatura. ‖ Entereza, arrojo, valor, valentía, impavidez.

templete. m. Pabellón, glorieta, quiosco.

templo. m. Iglesia, capilla, basílica, oratorio, santuario, catedral. ‖ Mezquita. ‖ Pagoda. ‖ Sinagoga.

temporada. f. Época, estación, período.

temporal. adj. Temporario, transitorio, fugaz, efímero, finito, pasajero, perecedero. (**a.**: *perpetuo, duradero, permanente.*) ‖ Secular, seglar, laico, profano. ‖ m. Tempestad, tormenta, borrasca. (**a.**: *bonanza.*)

temporario, ria. adj. Temporal, transitorio, precario.

tempranero, ra. adj. Madrugador, mañanero.

temprano, na. adj. Anticipado, prematuro, tempranero, precoz, adelantado. (**a.**: *tardío, retrasado.*) ‖ adv. Tempranamente, pronto. (**a.**: *tarde.*)

tenacidad. f. Firmeza, resistencia, fuerza. ‖ Perseverancia, constancia, tesón, porfía, obstinación, testarudez. (**a.**: *inconstancia.*)

tenacillas. f. pl. Pinzas. ‖ Rizador.

tenaz. adj. Persistente, pertinaz. ‖ Fuerte, duro, resistente, sólido, firme. (**a.**: *endeble.*) ‖ Perseverante, constante, empeñoso, porfiado, obstinado, terco, testarudo. (**a.**: *inconstante.*)

tenaza. f. Alicate, pinza, sacaclavos.

tendal. m. Toldo. ‖ Tendedero, tenderete.

tendedero. m. Secador, tendal.

tendencia. f. Propensión, inclinación, disposición.

tendencioso, sa. adj. Adicto, fanático. ‖ Propenso.

tender. tr. Extender, alargar, desplegar, desdoblar. (**a.**: *encoger.*) ‖ Esparcir, diseminar. ‖ intr. Propender, inclinarse, tirar a. || prnl. Tumbarse, acostarse, estirarse, echarse. (**a.**: *levantarse.*) || Descuidarse, abandonarse. (**a.**: *preocuparse.*)

tenebroso, sa. adj. Sombrío, tétrico, negro, oscuro, lóbrego, lúgubre. (**a.**: *alegre, luminoso.*) || Confuso, ininteligible, abstruso.

tenedor. m. Poseedor.

tener. tr. Haber, poseer. (**a.**: *carecer.*) || Contener, incluir, comprender, guardar. || tr. y prnl. Sostener, sujetar, mantener, resistir, asir. (**a.**: *soltar.*) || tr. Estimar, apreciar, valorar, considerar. || Juzgar, reputar. || prnl. Dominarse, contenerse.

tenia. f. Solitaria.

tenor. m. Contenido, texto, estilo.

tenorio. m. Galanteador, mujeriego.

tensar. tr. Atirantar, estirar, tesar.

tensión. f. Impaciencia, intranquilidad. (**a.**: *distensión.*) || Tirantez, tiesura. || Presión.

tenso, sa. adj. Tirante, estirado, rígido, tieso. (**a.**: *laxo, relajado, flojo.*)

tentación. f. Seducción, instigación, incitación. (**a.**: *aversión.*)

tentador, ra. adj. Apetecible, agradable, atrayente, seductor, incitador. (**a.**: *desagradable, repelente.*)

tentar. tr. Palpar, tocar. || Ensayar, intentar, examinar, procurar, tantear, emprender, probar, experimentar. || Inducir, seducir, incitar, mover, instigar, acicatear, provocar.

tentativa. f. Intento, ensayo, tanteo, prueba, experimento.

tentempié. m. Refrigerio, piscolabis, bocadillo.

tenue. adj. Delgado, fino. || Sutil, leve, vaporoso, ligero, delicado. (**a.**: *denso, pesado.*)

tenuidad. f. Delgadez, fragilidad. (**a.**: *gordura.*) || Sutileza, fragilidad. (**a.**: *resistencia.*)

teñir. tr. Colorear, colorar, entintar. || Matizar.

teoría. f. Procesión, desfile. || Doctrina, ciencia, hipótesis, elucubración, especulación, suposición, proposición. (**a.**: *demostración, práctica.*)

teórico, ca. adj. Especulativo. (**a.**: *práctico.*) || Hipotético, imaginario.

tepe. m. Césped.

terapeuta. m. Médico.

terapia. f. Terapéutica.

tercería. f. Arbitraje, mediación.

tercero, ra. adj. Terciario, tercio. || Medianero, mediador. || m. y f. Alcahuete.

terceto. m. Trío.

terciar. intr. Interponerse, mediar, intervenir. || prnl. Venir bien, ser oportuno.

terco, ca. adj. Porfiado, cabezudo, testarudo, tozudo, tenaz, obstinado, pertinaz, temoso, irreducible, contumaz. (**a.**: *transigente.*) || Voluntarioso, constante, tesonero. (**a.**: *abúlico.*)

tergiversar. tr. Desfigurar, trabucar, falsear, deformar. (**a.**: *interpretar, explicar.*)

terliz. m. Cotí, cutí, cotín.

termal. adj. Caliente. *Aguas termales.*

termas. f. pl. Caldas, baños, balneario.

terminación. f. Conclusión, fin, término, final, cabo, extremo. (**a.**: *comienzo, iniciación.*) || Desenlace, remate, extinción.

terminal. adj. y f. Final, último. (**a.**: *inicial.*)

terminante. adj. Categórico, concluyente, decisivo, preciso, definitivo, claro, rotundo, perentorio. (**a.**: *ambiguo, indeciso.*)

terminar. tr. e intr. Acabar, concluir. (**a.**: *empezar, iniciar.*) || Rematar. || Finalizar, cesar, caducar. || Ultimar. || Finiquitar, liquidar. (**a.**: *inaugurar.*)

término. m. Fin, terminación, extremo, final, conclusión, extinción. || Mojón, meta, hito. || Límite, confín, linde, raya, demarcación, frontera. || Circunscripción. || Plazo. || Palabra, voz, vocablo, expresión.

termorregulador. m. Termostato.

terne. adj. Valentón. || Perseverante, terco, obstinado. || Fuerte, robusto, sano.

ternero. m. Becerro, novillo.

terneza. f. Ternura. || Requiebro, piropo, flor.

ternilla. f. Cartílago.

ternilloso, sa. adj. Cartilaginoso.

terno. m. Juramento, maldición, reniego, palabrota, taco. ‖ Traje.

ternura. f. Terneza, dulzura, bondad, cariño, delicadeza, afecto. (**a.**: *desafecto, dureza, hosquedad.*) ‖ Piropo, requiebro. (**a.**: *grosería.*)

terquedad. f. Testarudez, tozudez, obstinación, pertinacia, porfía, contumacia. (**a.**: *arrepentimiento, comprensión, condescendencia.*)

terrado. m. Azotea, terraza.

terráqueo, a. adj. y s. Terrestre.

terrateniente. com. Hacendado, latifundista. ‖ Granjero.

terraza. f. Azotea, terrado. (**a.**: *subsuelo, sótano.*)

terremoto. m. Sismo, temblor, temblor de tierra, sacudimiento, seísmo, sacudida, remezón.

terreno, na. adj. Terrenal, terrestre. (**a.**: *celestial.*) ‖ m. Suelo, tierra, solar. ‖ Ámbito, dominio, campo.

térreo, a. adj. Terroso.

terrestre. adj. Terreno. ‖ Telúrico. ‖ Terrenal.

terrible. adj. Espantoso, horrible, aterrador, terrífico, terrorífico. ‖ Intratable, violento, áspero. (**a.**: *suave.*) ‖ Tremendo, atroz, desmesurado.

terrífico, ca. adj. Terrorífico.

territorio. m. Región, comarca. ‖ Jurisdicción, término.

terror. m. Espanto, pánico, miedo, horror, pavor.

terrorífico, ca. adj. Terrífico, pavoroso, aterrador, terrible, espantoso, apocalíptico, horrible, horripilante.

terroso, sa. adj. Térreo.

tersar. tr. Abrillantar. ‖ Bruñir, pulir, limpiar.

terso, sa. adj. Limpio, resplandeciente, bruñido, pulido, liso, pulimentado. ‖ Puro, fluido.

tersura. f. Limpidez, lisura, resplandor. (**a.**: *aspereza.*) ‖ Fluidez. (**a.**: *dureza.*)

tertulia. f. Reunión.

tesar. tr. Atirantar. (**a.**: *aflojar.*)

tesis. f. Memoria, disertación, exposición. ‖ Proposición, postulado. (**a.**: *hipótesis.*)

tesitura. f. Humor, temple, actitud, disposición.

teso, sa. adj. Tenso, tirante, estirado, tieso.

tesón. m. Perseverancia, constancia, inflexibilidad, empeño, voluntad, firmeza. (**a.**: *renuncia.*)

tesonero, ra. adj. Perseverante, tenaz, constante, firme. (**a.**: *inconstante.*)

tesoro. m. Erario, fisco. ‖ Dineral, platal.

testa. f. Cabeza. ‖ Inteligencia, entendimiento, sensatez, capacidad. ‖ Anverso, frente.

testamentario, ria. m. y f. Albacea, cabezalero. ‖ adj. Sucesorio.

testar. tr. Tachar.

testarazo. m. Cabezazo. ‖ Golpe, porrazo.

testarudez. f. Terquedad, obstinación, tozudez, porfía, pertinacia. (**a.**: *condescendencia.*)

testarudo, da. adj. y s. Obstinado, terco, temoso, tozudo, porfiado, pertinaz, cabezón.

testera. f. o **testero.** m. Frente, fachada.

testificar. tr. Testimoniar, atestiguar, deponer, explicar. ‖ Afirmar, aseverar, asegurar, certificar.

testimoniar. tr. Testificar, atestiguar. (**a.**: *impugnar.*) ‖ Asegurar, aseverar, certificar.

testimonio. m. Atestación, declaración, aseveración, deposición, certificación. (**a.**: *refutación.*)

testuz. amb. Frente. ‖ Nuca.

teta. f. Mama, ubre, pezón. ‖ Pecho, seno.

tetilla. f. Tetina, pezón.

tetrágono. m. Cuadrilátero.

tetrasílabo, ba. adj. Cuatrisílabo.

tétrico, ca. adj. Sombrío, fúnebre, melancólico, triste. (**a.**: *optimista, alegre.*)

texto. m. Cita, pasaje, escrito.

textual. adj. Literal, exacto, idéntico. (**a.**: *apócrifo, inexacto.*)

textura. f. Contextura, disposición, estructura, tejedura.

tez. f. Piel, cutis, cara, rostro.

tialismo o ptialismo. m. Sialismo, salivación.

tiberio. m. Escándalo, jaleo, algarabía, alboroto, confusión.
tibio, bia. adj. Templado. ‖ Flojo, descuidado, negligente. (**a.**: *acérrimo.*) ‖ Indiferente. ‖ Cálido, suave.
tiempo. m. Duración. ‖ Época. ‖ Estación, temporada, período. ‖ Edad. ‖ Ocasión, oportunidad, espacio, coyuntura, lugar, sazón, momento. ‖ Temporal, tempestad. ‖ Clima, cariz, temperatura.
tienda. f. Toldo, carpa. ‖ Almacén, comercio, despacho, negocio.
tiento. m. Tacto. ‖ Contrapeso. ‖ Pulso, seguridad. ‖ Tentáculo. ‖ Miramiento, consideración, cordura, prudencia, cautela, atención, cuidado, circunspección.
tierno, na. adj. Blando, dócil, flexible. (**a.**: *duro.*) ‖ Joven, moderno, reciente, fresco. (**a.**: *viejo.*) ‖ Delicado, amable, afectuoso, cariñoso, dulce. (**a.**: *insensible.*)
tierra. f. Mundo, globo terráqueo, orbe. ‖ Región, país, territorio, comarca. ‖ Patria, terruño, nación. ‖ Terreno, campo, suelo, superficie, piso. ‖ Mantillo.
tieso, sa. adj. Erguido, firme. ‖ Rígido, yerto. (**a.**: *vivo.*) ‖ Tenso, tirante, duro, estirado, teso. (**a.**: *maleable.*) ‖ Ufano. ‖ Orgulloso, engreído, vanidoso. ‖ Obstinado, tozudo, terco, tenaz. ‖ Valiente, animoso, esforzado, decidido. ‖ Grave, mesurado, circunspecto.
tiesto. m. Maceta, macetón.
tiesura. f. Rigidez, inflexibilidad, tensión, dureza. (**a.**: *blandura.*) ‖ Gravedad, empaque, afectación, envaramiento. (**a.**: *naturalidad, sencillez.*)
tifón. m. Manga, tromba, huracán. (**a.**: *brisa, céfiro.*)
tildar. tr. Tachar. ‖ Señalar, censurar, denigrar, motejar. (**a.**: *encomiar.*)
tilde. m. y f. Acento. ‖ Tacha, nota, mancha, censura. (**a.**: *elogio.*)
tilín. m. Campanilleo.
timar. tr. Estafar, hurtar. ‖ Engañar.
timba. f. Garito.
timbal. m. Atabal, tímpano, tamboril.
timbalero. m. Atabalero, tamborilero.
timbrar. tr. Sellar, estampillar.
timbre. m. Sello, estampilla. ‖ Marca, señal. ‖ Ejecutoria, blasón. ‖ Llamador.
timidez. f. Cortedad, apocamiento, vergüenza, encogimiento, irresolución, pusilanimidad, embarazo. (**a.**: *audacia, resolución.*)
tímido, da. adj. Corto, apocado, vergonzoso, cohibido, encogido, timorato, irresoluto, temeroso, pusilánime, indeciso. (**a.**: *audaz, decidido.*)
timo. m. Estafa, fraude, engaño, dolo, hurto.
timón. m. Pértigo, lanza. ‖ Gobernalle. ‖ Dirección, gobierno, mando. ‖ Telera.
timorato, ta. adj. Tímido.
tímpano. m. Timbal, tambor, atabal, tamboril.
tina. f. Tinaja, pila.
tinaja. f. Tina, vasija.
tinglado. m. Cobertizo. ‖ Tablado. ‖ Intriga, maquinación, enredo.
tiniebla. f. Oscuridad, sombra, opacidad. (**a.**: *luz, claridad.*) ‖ pl. Ignorancia, confusión, oscurantismo.
tino. m. Ojo, puntería, pulso. ‖ Acierto, tacto, destreza, tiento. ‖ Moderación, prudencia, cordura, juicio.
tintar. tr. Teñir.
tintas. f. pl. Matices, tonos.
tinte. m. Teñido, tintura. ‖ Color, colorante. ‖ Tintorería. ‖ Matiz.
tinterillo. m. Oficinista, chupatintas, empleado.
tintura. f. Tinte, teñido, color. ‖ Colorante. ‖ Afeite, cosmético.
tiña. f. Miseria, roña. (**a.**: *limpieza.*) ‖ Tacañería, avaricia, mezquindad.
tiovivo. m. Caballitos, carrusel, calesita.
tipiador, ra. m. y f. Mecanógrafo, dactilógrafo.
típico, ca. adj. Peculiar, característico. (**a.**: *general.*)
tipo. m. Arquetipo, espécimen, prototipo. ‖ Modelo, ejemplo, patrón. ‖ Figura, apariencia, talle. ‖ Clase, modalidad. ‖ Individuo, sujeto. ‖ Letra, carácter.

tique. m. Vale, bono, cédula, recibo. ‖ Billete, boleto.
tira. f. Cinta, banda, faja, lista, lonja.
tirabuzón. m. Sacacorchos, descorchador. ‖ Bucle, rizo.
tiracol. m. Tahalí.
tirada. f. Serie. ‖ Edición, impresión. ‖ Tiraje. ‖ **tirada aparte.** Separata, sobretiro.
tirado, da. adj. Caído. (**a.**: *erguido.*) ‖ Barato. (**a.**: *caro.*) ‖ Pobre. (**a.**: *rico, acaudalado.*)
tiraje. m. Tirada.
tiranía. f. Dictadura, autocracia. (**a.**: *democracia.*) ‖ Despotismo, opresión, abuso, arbitrariedad, absolutismo. (**a.**: *liberalismo.*)
tiránico, ca. adj. Despótico, dictatorial, abusivo, arbitrario, opresivo. (**a.**: *democrático, justo.*)
tiranizar. tr. Oprimir, sojuzgar, subyugar, esclavizar, avasallar. (**a.**: *libertar.*)
tirano, na. m. y f. Dictador, autócrata. ‖ Déspota, opresor.
tirante. adj. Estirado, tenso, tieso. (**a.**: *flojo, laxo, relajado.*)
tirantez. f. Tensión. (**a.**: *distensión.*)
tirar. tr. Lanzar, arrojar, echar, despedir. (**a.**: *recoger.*) ‖ Derribar, volcar, echar abajo, destruir. (**a.**: *construir.*) ‖ Malgastar, derrochar, despilfarrar, desperdiciar, disipar, malbaratar, dilapidar. (**a.**: *ahorrar.*) ‖ Trazar, marcar. ‖ Imprimir, estampar. ‖ Pegar, dar. ‖ tr. e intr. Disparar. ‖ intr. Estirar. ‖ Durar, mantenerse. ‖ Atraer, gustar. ‖ Imitar, parecerse. ‖ Tender, inclinarse, propender. ‖ prnl. Arrojarse, acometer, abalanzarse. (**a.**: *retroceder.*) ‖ Tumbarse, echarse. (**a.**: *levantarse.*)
tiritar. intr. Temblar.
tiro. m. Disparo. ‖ Estampido, detonación, estallido. ‖ Alcance. ‖ Tramo. ‖ Anchura, holgura, longitud. ‖ Indirecta, insinuación.
tirria. f. Inquina, ojeriza, tema, antipatía, manía, aversión, odio. (**a.**: *simpatía, afecto.*)
tísico, ca. adj. y s. Tuberculoso, hético.
tisis. f. Tuberculosis.
titán. m. Gigante, coloso, cíclope. (**a.**: *pigmeo.*)
titánico, ca. adj. Gigantesco, colosal, ciclópeo, desmesurado, enorme. (**a.**: *débil, mínimo, escaso.*)
títere. m. Polichinela, fantoche, muñeco, marioneta. ‖ Mequetrefe.
titilar. intr. Centellear, carillear, refulgir.
titiritero, ra. m. y f. Titerista, titerero. ‖ Volatinero, acróbata.
titubear. intr. Vacilar, tambalearse, oscilar. ‖ Balbucear, balbucir. ‖ Dudar, fluctuar. (**a.**: *creer, decidir.*)
titubeo. m. Vacilación, duda, indecisión. (**a.**: *resolución.*)
titular. m. Efectivo. (**a.**: *suplente.*) ‖ tr. Rotular, intitular. ‖ Nombrar, denominar. ‖ prnl. Llamarse.
título. m. Nombre, denominación, designación. ‖ Rótulo, rúbrica, epígrafe, letrero. ‖ Nombramiento ‖ Razón, causa, motivo. ‖ pl. Valores.
tiza. f. Clarión, yeso.
tizne. m. Hollín, suciedad.
tizón. m. Deshonra, baldón, mancha, oprobio.
tizona. f. Espada.
toar. tr. Atoar, remolcar.
toba. f. Sarro. ‖ Tufo, tosca.
tobillo. m. Maléolo.
tocable. adj. Tangible, palpable.
tocado. m. Peinado.
tocado, da. adj. Perturbado, chiflado.
tocar. tr. Tentar, palpar. ‖ Rozar, tropezar. ‖ Ejecutar, interpretar. ‖ Tañer. ‖ intr. Corresponder, pertenecer. ‖ Importar, atañer, concernir. ‖ Lindar, rayar, limitar.
tocayo, ya. m. y f. Homónimo.
tocología. f. Obstetricia.
tocólogo, ga. m. y f. Partero, obstétrico, comadrón.
tocón. m. Muñón.
tochedad. f. Tosquedad, rudeza. ‖ Tontería, necedad.
tocho, cha. adj. Tosco, inculto. ‖ Tonto, necio, bobo.
todavía. adj. Aún, no obstante.
todo, da. adj. Cualquiera. ‖ pl. Cada. ‖ adv. Completamente, enteramente.

(**a.**: *nada, parte.*) || **con todo.** loc. coord. Sin embargo, no obstante.

todopoderoso, sa. adj. Omnipotente. || m. Dios.

toldo. m. Tendal, entoldado. || Carpa. || Envanecimiento, engreimiento, vanidad.

tole. m. o **tole tole.** loc. m. Jaleo. || Rumor, murmuración, runrún.

tolerable. adj. Soportable, pasable, llevadero, sufrible, aguantable. (**a.**: *intolerable, inaguantable.*) || Admisible, permisible.

tolerancia. f. Condescendencia, indulgencia, paciencia, aguante. (**a.**: *intolerancia, intransigencia, fanatismo, tozudez.*) || Diferencia, margen.

tolerante. adj. Indulgente, condescendiente, paciente. || Considerado.

tolerar. tr. Consentir, permitir, condescender. (**a.**: *prohibir.*) || Soportar, aguantar, resistir, sufrir. (**a.**: *rebelarse.*)

tolondro, dra o **tolondrón, na.** adj. Aturdido, desatinado. || m. Chichón.

toma. f. Conquista, ocupación. (**a.**: *entrega.*) || Derivación, abertura. || Dosis. || Asunción. (**a.**: *renuncia.*)

tomar. tr. Asir, apresar, coger, arrebatar, agarrar. (**a.**: *dejar, soltar.*) || Conquistar, apresar, ocupar, requisar, apoderarse, robar, adueñarse. (**a.**: *liberar.*) || Cobrar. || Adoptar, contratar, adquirir, emplear. (**a.**: *vender, echar.*) || Emprender. || Aceptar, asumir, admitir. || intr. Prender, arraigar. || Recibir. || Dirigirse, tirar, encaminarse. || tr. y prnl. Ingerir, comer, beber. || prnl. Oxidarse, enmohecerse, aherrumbrarse.

tómbola. f. Quermese, rifa, sorteo.

tomo. m. Volumen. || Libro, ejemplar.

tonada. f. Tono, tonalidad. || Canción. || Dejo, deje, acento.

tonalidad. f. Torno, tomada. || Gama, matiz.

tonel. m. Barril, cuba, pipa, barrica.

tonelaje. m. Arqueo.

tonga o **tongada.** f. Fila. || Capa.

tónico, ca. adj. Acentuado. || m. Reconstituyente, vigorizante.

tonificar. tr. Fortificar, reconfortar, reanimar, reconstituir, entonar, vigorizar.

tonillo. m. Sonsonete. || Dejo.

tonina. f. Atún.

tono. m. Carácter, vigor, energía. || Matiz, inflexión, tonada. || Tonalidad, modo. || Tensión, firmeza.

tonsila. f. Amígdala.

tonsurado. m. Clérigo, eclesiástico.

tontada, tontedad o **tontera.** f. Tontería.

tontería. f. Nadería. || Necedad, simpleza, bobada, tontera. (**a.**: *agudeza.*) || Insignificancia, bagatela. || Melindre, remilgo.

tonto, ta. adj. y s. Necio, simple, majadero, bobo, mentecato, zopenco. (**a.**: *listo, despierto.*)

topar. tr. Chocar, tropezar. || tr., intr. y prnl. Encontrar, hallarse. (**a.**: *desencontrarse.*)

tope. m. Parachoque. || Riña, reyerta. || Obstáculo, impedimento, estorbo, encuentro, tropiezo. || Ápice, punta. (**a.**: *basa, pie.*)

topetada. f. Topetazo, encontronazo.

tópico. m. Lugar común, trivialidad. || Asunto. || adj. Vulgar, trivial.

toque. m. Pincelada, retoque. || Busilis, quid. || Tañido. || Prueba, ensayo. || Indicación, advertencia.

toquetear. tr. Manosear.

tórax. m. Busto, pecho.

torbellino. m. Remolino, vórtice. || Atropellado, irreflexivo. (**a.**: *prudente, cauteloso.*)

torcedura. f. Torcimiento, torsión. || Desviación, distorsión, distensión, luxación.

torcer. tr. y prnl. Retorcer. || Tergiversar. (**a.**: *aclarar.*) || Doblar, encorvar, inclinar. (**a.**: *estirar, enderezar.*) || Desviar. || prnl. Frustrarse. || Avinagrarse, agriarse, picarse.

torcido, da. adj. Retorcido. || Inclinado, combado. || f. Pabilo, mecha.

torcijón. m. Retorcimiento. || Retortijón.

torear. tr. Lidiar, capear. || Burlarse, molestar.

toreo. m. Tauromaquia.

torero, ra. m. y f. Diestro, toreador, lidiador.
tormenta. f. Borrasca, tempestad, temporal. (**a.**: *calma.*) ‖ Adversidad. (**a.**: *bienandanza.*)
tormento. m. Tortura, suplicio, martirio. (**a.**: *alivio.*) ‖ Angustia, cuita, aflicción, congoja, pena, dolor. (**a.**: *consuelo.*)
tormentoso, sa. adj. Proceloso, tempestuoso, borrascoso. (**a.**: *bonancible.*)
tornadizo, za. adj. Inconstante, mudable, voluble, variable, versátil, veleidoso, tornátil. (**a.**: *constante, firme, tenaz.*)
tornado. m. Huracán.
tornapunta. f. Puntal.
tornar. intr. Volver, regresar, retornar. (**a.**: *marcharse, irse.*) ‖ tr. Devolver, restituir. (**a.**: *quitar.*)
tornasol. m. Girasol, mirasol.
tornasolado, da. adj. Irisado, cambiante. *Reflejos tornasolados.*
torneo. m. Justa, certamen, liza, combate, desafío, lid, lucha.
tornero, ra. m. y f. Torneador.
toro. m. Bocel. ‖ Astado.
toronja. f. Pomelo.
torozón. m. Torcijón. ‖ Desazón, inquietud.
torpe. adj. Lento, tardo, pesado. (**a.**: *ágil.*) ‖ Inhábil, desmañado. (**a.**: *hábil, diestro.*) ‖ Rudo, zopenco, obtuso, cerrado. (**a.**: *astuto.*) ‖ Canallesco, vil, infame, indecoroso, deshonroso. ‖ Obsceno, lascivo, impúdico, deshonesto. (**a.**: *casto.*)
torpedo. m. Tremielga, trimielga.
torpeza. f. Lentitud. ‖ Rudeza, inhabilidad, tosquedad. (**a.**: *aptitud.*) ‖ Vileza, infamia. ‖ Obscenidad, lascivia.
torrar. tr. Tostar.
torrefacción. f. Tostación.
torrente. m. Multitud, muchedumbre.
torrentera. f. Barranco, quebrada.
tórrido, da. adj. Caluroso, abrasador. (**a.**: *gélido, helado.*) ‖ Tropical.
torsión. f. Torcedura, torcimiento. (**a.**: *enderezamiento.*)
torso. m. Tronco.
torta. f. Bofetada, sopapo, tortazo, cachete. (**a.**: *caricia.*) ‖ Tarta, pastel.
tortuga. f. Galápago.
tortuoso, sa. adj. Sinuoso, laberíntico, torcido, quebrado. (**a.**: *derecho, recto.*) ‖ Solapado, artero, taimado, astuto, cauteloso. (**a.**: *sincero.*)
tortura. f. Tormento, suplicio, martirio. ‖ Angustia, sufrimiento, congoja, dolor, pena, aflicción, pesadumbre.
torturar. tr. Martirizar, atormentar. (**a.**: *acariciar.*) ‖ Angustiar, acongojar, apenar. (**a.**: *consolar.*)
torvo, va. adj. Fiero, hosco, airado, terrible.
tosco, ca. adj. Basto, rudo, grosero, zafio, inculto, burdo, ordinario. (**a.**: *fino, delicado.*) ‖ Áspero. (**a.**: *pulido.*)
tósigo. m. Veneno, ponzoña. ‖ Congoja, angustia.
tosquedad. f. Rudeza, incultura, rusticidad. (**a.**: *cultura, educación.*)
tostación. f. Torrefacción, tostadura, tostado.
tostar. tr. Torrar. ‖ Asolear, curtir, atezar. ‖ Quemar, calcinar.
total. adj. General, completo, íntegro, universal. (**a.**: *parcial, incompleto.*) ‖ m. Conjunto, suma, totalidad. (**a.**: *parte.*)
totalidad. f. Total, conjunto, todo. (**a.**: *componente, nada.*)
totalizar. tr. Sumar, importar.
totalmente. adv. Completamente, íntegramente, enteramente. (**a.**: *parcialmente.*)
tóxico, ca. adj. Venenoso, ponzoñoso. (**a.**: *inocuo.*) ‖ m. Veneno.
tozudo, da. adj. Obstinado, terco, testarudo, porfiado, contumaz. (**a.**: *transigente.*)
traba. f. Atadura, maniota, manea, ligadura. ‖ Obstáculo, impedimento, inconveniente, estorbo, dificultad, óbice. (**a.**: *libertad.*)
trabacuenta. m. Yerro, error, equivocación. ‖ Divergencia, controversia, disputa, polémica, discusión.
trabajado, da. adj. Asendereado, rendido, molido, cansado. (**a.**: *descansado, fresco.*)
trabajador, ra. adj. Laborioso, aplicado. (**a.**: *haragán.*) ‖ m. y f. Obrero, o-

perario, asalariado, jornalero, bracero.

trabajar. intr. Rendir. ‖ Influir, laborar, obrar. (**a.**: *holgar.*) ‖ tr. Gestionar. ‖ Hacer, producir.

trabajo. m. Labor, ocupación, tarea, faena. (**a.**: *descanso, ocio.*) ‖ Obra, labor, producción. ‖ Esfuerzo, molestia, fatiga. (**a.**: *diversión.*) ‖ pl. Penalidades. ‖ Dificultades, apuros.

trabajoso, sa. adj. Difícil, dificultoso, penoso, ímprobo, duro, espinoso. (**a.**: *sencillo, fácil.*)

trabar. tr. Unir, enlazar, juntar, coordinar. (**a.**: *separar, soltar.*) ‖ Prendar, agarrar, asir. (**a.**: *soltar.*) ‖ Entablar, comenzar, dar principio. ‖ Triscar. ‖ prnl. Pelear, contender. ‖ Enredarse. ‖ Balbucir, tartamudear. ‖ Encajarse. (**a.**: *desencajar.*)

trabazón. f. Cohesión, conexión, juntura, unión, enlace, sujeción, relación. ‖ Coherencia. ‖ Consistencia.

trabe. m. Viga, madero.

trabucar. tr. Desordenar, revolver, descomponer. ‖ Confundir, trastocar, enredar.

tracción. f. Arrastre, remolque.

tradición. f. Leyenda. ‖ Costumbre, uso. (**a.**: *novedad.*)

tradicional. adj. Acostumbrado, usual. ‖ Legendario.

traducción. f. Versión, traslación. ‖ Interpretación.

traducir. tr. Verter, trasladar, descifrar. ‖ Interpretar, aclarar. ‖ Expresar, representar. ‖ Glosar, parafrasear. ‖ Trocar, convertir.

traductor, ra. m. y f. Intérprete.

traer. tr. Acercar, atraer. (**a.**: *llevar.*) ‖ Causar, acarrear, ocasionar. ‖ Tener. ‖ Vestir. ‖ Tratar. ‖ Persuadir.

tráfago. m. Ajetreo, tráfico, trajín.

traficante. adj. y s. Negociante, mercader, comerciante.

traficar. intr. Negociar, comerciar, mercadear. ‖ Cambiar, comprar, vender.

tráfico. m. Circulación, tránsito. ‖ Negocio, comercio.

tragaderas. f. pl. Fauces, faringe. ‖ Credulidad. (**a.**: *escepticismo.*)

tragaldabas. m. o f. Comilón, tragón. (**a.**: *sobrio.*) ‖ Crédulo, cándido.

tragaluz. m. Claraboya, lumbrera, ventanuco.

tragantón, na. adj. y s. Comilón, tragón.

tragar. tr. Devorar, ingerir, engullir, zampar. (**a.**: *vomitar.*) ‖ Absorber. ‖ Soportar, tolerar, aguantar. (**a.**: *rechazar.*) ‖ Consumir, gastar.

tragedia. f. Catástrofe, desdicha, desgracia, fatalidad, infortunio. (**a.**: *felicidad.*) ‖ Drama. (**a.**: *comedia.*)

trágico, ca. adj. Desgraciado, infausto, funesto, horrible, siniestro, lastimoso, dramático, aciago, conmovedor, ominoso, desastroso, nefasto.

tragicómico, ca. adj. Jocoserio.

trago. m. Sorbo, bebida. ‖ Disgusto, pena. ‖ Adversidad, infortunio, calamidad, desgracia.

tragón, na. adj. y s. Comilón, glotón, tragantón, tragaldabas.

traición. f. Deslealtad, infidelidad, alevosía, perfidia, felonía. (**a.**: *fidelidad, lealtad.*) ‖ Deserción, defección.

traicionar. tr. Delatar, fallar, vender, engañar. (**a.**: *ayudar.*) ‖ Desertar, apostatar, defeccionar, abandonar.

traicionero, ra. adj. Traidor.

traído, da. adj. Usado, gastado.

traidor, ra. adj. y s. Desleal, pérfido, perjuro, alevoso, desertor, traicionero, renegado, felón, tránsfuga. (**a.**: *leal, fiel.*) ‖ Falso, resabiado, taimado.

traílla. f. Jauría.

traje. m. Vestimenta, ropa, vestido. ‖ Terno. ‖ Ambo.

trajín. m. Ajetreo, tráfago, tránsito, acarreo. (**a.**: *pasividad.*)

trajinar. intr. Ajetrearse, trasladar, trasportar. (**a.**: *detenerse, descansar.*)

tralla. f. Látigo, fusta. ‖ Cuerda, soga.

trama. f. Intriga, enredo, tramoya, confabulación, maquinación, conjuración, conspiración. ‖ Trabazón, contextura. ‖ Argumento, asunto, intriga.

tramar. tr. Maquinar, forjar, urdir, planear, fraguar. ‖ Conspirar, complotar.

tramitación. f. Gestión, diligencia, trámite. (**a.**: *traba, impedimento.*)

tramitar. tr. Gestionar, cursar, diligenciar, negociar. (**a.**: *entorpecer.*)
trámite. m. Formalidad, diligencia, tramitación.
tramo. m. Ramal, trecho, parte.
tramoya. f. Intriga, enredo, trama, trampa, engaño, farsa.
trampa. f. Armadijo, celada, insidia. || Ardid, lazo, timo, engaño, estratagema, tramoya.
tramposo, sa. adj. y s. Fullero, sablista, estafador.
tranca. f. Garrote, estaca, palo. || Borrachera.
trance. m. Momento. || Lance, aprieto, brete, compromiso, paso. || **a todo trance.** loc. adv. Resueltamente.
tranco. m. Paso, zancada. || Umbral.
tranquilidad. f. Calma, sosiego, reposo, placidez, quietud, silencio, paz, serenidad. (**a.**: *intranquilidad, inquietud.*)
tranquilizante. adj. Tranquilizador. || m. Sedante, calmante.
tranquilizar. tr. y prnl. Calmar, sosegar, sedar, apaciguar, aquietar, serenar, pacificar. (**a.**: *inquietar, turbar.*)
tranquilo, la. adj. Quieto, sereno, manso, pacífico, sosegado, reposado, encalmado. (**a.**: *agitado.*) || Calmoso, flemático, cachazudo, imperturbable, despreocupado. (**a.**: *perturbador.*)
transacción. f. Transigencia, pacto, acomodo, arreglo, concesión, avenencia. (**a.**: *controversia.*) || Negocio, trato, convenio, ajuste.
transar. intr. Ceder, transigir, convenir, condescender, ajustar.
transeúnte. m. y f. Viandante, peatón, caminante. || adj. Transitorio.
transformismo. m. Evolucionismo.
transformista. adj. y s. Evolucionista. || Ilusionista.
tránsfuga. m. Desertor, fugitivo.
transición. f. Cambio, mudanza, paso, mutación. (**a.**: *inmutabilidad.*)
transido, da. adj. Acongojado, angustiado. || Aterido. || Consumido, fatigado.
transigencia. f. Tolerancia, condescendencia, consentimiento.
transigir. intr. Ceder, acceder, allanarse, contemporizar. || Consentir, condescender. (**a.**: *negarse.*)
transitable. adj. Libre, practicable. || Frecuentado.
transitar. intr. Circular, pasar, andar, caminar, marchar, deambular, viajar. *Transitar por la calle.*
tránsito. m. Circulación, tráfico. || Paso. || Muerte, fallecimiento.
transitorio, ria. adj. Temporal, provisional, pasajero, accidental. (**a.**: *permanente.*) || Caduco, perecedero. (**a.**: *imperecedero, eterno.*) || Fugaz, momentáneo.
transparente o **trasparente.** adj. Traslúcido. (**a.**: *opaco.*) || Claro, cristalino, límpido, diáfano.
trapacería. f. Embuste, trampa, enredo. (**a.**: *sinceridad, verdad.*)
trapatiesta. f. Alboroto, riña, jaleo.
trapería. f. Ropavejería, prendería.
trapisonda. f. Jaleo, riña. || Embuste, enredo, embrollo, lío, intriga.
trapisondista. m. y f. Enredador, intrigante, embrollón.
trapo. m. Paño, género, tela, bayeta.
trapos. m. pl. Velamen. || Vestidos, ropa.
tráquea. f. Traquearteria.
traqueteo. m. Movimiento, agitación. (**a.**: *quietud.*)
traquido. m. Chasquido.
tras. prep. Después de. || Detrás de. || Además de. || Encima de.
trascendencia o **transcendencia.** f. Difusión. || Perspicacia, penetración. (**a.**: *ingenuidad.*) || Consecuencia.
trascendentalismo. m. Apriorismo.
trascender o **transcender.** intr. Difundirse. || intr. y tr. Extenderse, comunicarse. || tr. Penetrar, comprender. (**a.**: *ignorar.*)
trascordarse. prnl. Confundir, olvidar.
trascribir o **transcribir.** tr. Trasliterar. || Copiar. (**a.**: *borrar.*)
trascripción o **transcripción.** f. Copia, traslado.
trascurrir o **transcurrir.** intr. Pasar, deslizarse, correr. (**a.**: *detenerse.*)
trascurso o **transcurso.** m. Paso, decurso, curso. || Lapso.

trasegar. tr. Trasvasar. || Revolver, desordenar, trastornar. || Beber.

trasera. f. Zaga.

trasero. m. Asentaderas, nalga, culo. || adj. Posterior. (a.: *delantero.*)

trasferir o **transferir.** tr. Trasladar. || Diferir, retrasar, retardar. || Trasmitir, pasar, trasportar, traspasar. || Ceder, renunciar.

trasfigurar o **transfigurar.** tr. y prnl. Trasformar, cambiar, mudar, metamorfosear.

trasfixión o **transfixión.** f. Trasverberación.

trasformación o **transformación.** f. Cambio, mudanza, metamorfosis. (a.: *inmutabilidad.*) || Trasmutación.

trasformar o **transformar.** tr. y prnl. Cambiar, mudar, metamorfosear, trasfigurar. (a.: *persistir.*) || Convertir.

trasgo. m. Duende, fantasma.

trasgredir o **transgredir.** tr. Infringir, quebrantar, violar, vulnerar. (a.: *acatar, respetar, someterse.*)

trasgresión. f. Infracción, violación.

traslación. f. Traslado. (a.: *permanencia.*) || Metáfora. || Enálage. || Traducción.

trasladar. tr. Llevar, trasportar, trasponer. (a.: *dejar.*) || Mudar, cambiar. || Diferir, aplazar. || Traducir, verter. || Copiar. || prnl. Dirigirse, encaminarse. (a.: *quedarse.*) || Viajar, acudir.

traslado. m. Traslación. || Copia.

trasliterar o **transliterar.** tr. Trascribir.

traslúcido, da. adj. Diáfano, transparente. (a.: *opaco.*)

traslucir o **translucir.** tr. y prnl. Trasparentar, revelar, descubrir.

trasmarino, na o **transmarino, na.** adj. Ultramarino.

trasmigración o **transmigración.** f. Migración. || Metempsicosis.

trasmisión o **transmisión.** f. Emisión, difusión. || Trasferencia, traspaso, cesión. || Entrega, envío.

trasmitir o **transmitir.** tr. Comunicar, enviar, informar. (a.: *retener.*) || Contagiar. || Trasferir. || Traspasar. || Emitir, difundir.

trasmodulación o **transmodulación.** f. Diafonía.

trasmundo. m. Ultratumba.

trasmutación o **transmutación.** f. Trasformación, conversión, mudanza. || Trasformación.

trasmutar o **transmutar.** tr. y prnl. Trasformar, trocar, convertir, mudar, cambiar.

trasnochado, da. adj. Anticuado, anacrónico. || Demacrado, desmejorado, macilente. || Inoportuno.

trasnochar. intr. Pernoctar.

trasnominación. f. Metonimia.

trasoñar. tr. Imaginar, fantasear.

trasparencia o **transparencia.** f. Diafanidad, traslucidez, claridad. (a.: *opacidad.*)

trasparentar o **transparentar.** tr. y prnl. Revelar, descubrir. || prnl. Traslucirse, percibirse.

traspasar. tr. Atravesar, cruzar, trasponer. (a.: *permanecer.*) || Infringir, trasgredir, quebrantar, violar. || Ceder, trasmitir, trasferir.

traspaso. m. Cesión, transferencia. (a.: *conservación.*) || Aflicción, angustia.

traspié. m. Resbalón, tropezón, tropiezo. || Zancadilla. || Equivocación, desacierto.

traspiración o **transpiración.** f. Sudor.

traspirar o **transpirar.** intr. y tr. Sudar. || Rezumar.

trasplantar. tr. Replantar, trasponer. || prnl. Mudarse, trasladarse.

trasponer o **transponer.** tr. Atravesar, cruzar. || Desaparecer, ocultarse. || prnl. Adormilarse.

trasportar o **transportar.** tr. Trasladar, llevar, conducir. || Portear, acarrear. || Exportar, importar. || prnl. Enajenarse, embelesarse, extasiarse, arrobarse.

trasporte o **transporte.** m. Traslado. || Acarreo, porte. || Enajenación, éxtasis.

trasposición o **transposición.** f. Hipérbaton. || Metátesis.

traspunte. com. Apuntador.

trasquilar. tr. Esquilar.

trastabillar o **trastrabillar.** intr. Tropezar. ‖ Vacilar, tambalearse, titubear. ‖ Tartamudear, tartajear.

trastada. f. Fechoría, bribonada, picardía, tunantada. (**a.**: *favor.*)

trastazo. m. Golpazo, costalada, porrazo, batacazo.

traste. m. Nalgas, trasero, asentaderas.

trastienda. f. Rebotica. ‖ Cautela, reserva. ‖ Tapujo.

trasto. m. Mueble, cachivache. ‖ Utensilio, herramienta, instrumento. ‖ Bastidor. ‖ pl. Chirimbolos, bártulos, enseres, útiles.

trastornado, da. adj. Ido, chiflado, perturbado. (**a.**: *cuerdo.*)

trastornar. tr. Trastrocar, revolver, enredar, desordenar. ‖ Turbar, disgustar, conturbar. ‖ tr. y prnl. Perturbar, inquietar. (**a.**: *serenar.*)

trastrabillar. intr. Trastabillar.

trastrocar o **trastocar.** tr. Confundir, trabucar. ‖ Trocar, mudar, trasformar, cambiar.

trasuntar. tr. Copiar, transcribir. ‖ Compendiar.

trasunto. m. Imagen. ‖ Copia, traslado, imitación, remedo. (**a.**: *original.*) ‖ Facsímil, calco. ‖ Resumen, síntesis, compendio, extracto.

trasvasar o **transvasar.** tr. Trasegar.

trasverberación o **transverberación.** f. Trasfixión.

trasversal o **transversal.** adj. Lateral, colateral.

tratable. adj. Accesible, afable, cortés, amable, sociable. (**a.**: *intratable, huraño, insociable, esquivo.*)

tratado. m. Convenio, pacto. ‖ Ajuste, trato, contrato. ‖ Arreglo, alianza, negociación. ‖ Texto, libro, obra.

tratamiento. m. Procedimiento, sistema, método. ‖ Título. ‖ Trato.

tratante. m. o f. Negociante, comerciante, traficante.

tratar. tr. o intr. Manejar, disponer, usar. ‖ Discurrir, disputar. ‖ Cuidar, asistir, atender. ‖ intr. Negociar, traficar, comerciar. ‖ Versar. ‖ Intentar, procurar, ensayar, pretender. (**a.**: *olvidar.*) ‖ tr., intr. y prnl. Relacionarse, comunicarse, visitarse, codearse, frecuentar. (**a.**: *enemistarse.*)

trato. m. Tratamiento. ‖ Acuerdo, convenio, negocio, contrato, pacto, ajuste, tratado. ‖ Roce, amistad, relación, frecuentación. (**a.**: *enemistad.*)

traumatismo. m. Golpe, lesión.

través. m. Inclinación, desviación, sesgo. ‖ Revés, desgracia, fatalidad. ‖ **de través.** loc. adv. Trasversalmente. ‖ Oblicuamente.

travesear. intr. Retozar, juguetear.

travesía. f. Viaje. ‖ Calle.

travesura. f. Diablura, enredo, picardía, desenfado. (**a.**: *formalidad.*) ‖ Agudeza, sutileza, ingenio, sagacidad.

travieso, sa. adj. Bullicioso, revoltoso, retozón. ‖ Malicioso. ‖ Agudo, ingenioso. ‖ f. Durmiente, viga.

trayecto. m. Trecho, recorrido, tramo. ‖ Ruta.

traza. f. Trazado, plano, diseño. ‖ Aspecto, apariencia, figura. ‖ Maña, habilidad, recurso.

trazado, da. adj. Conformado. ‖ m. Traza, diseño.

trazador. m. Radioindicador.

trazar. tr. Dibujar, delinear, diseñar. ‖ Idear, proyectar, planear. ‖ Discurrir, disponer.

trazo. m. Línea, raya.

trebejo. m. Utensilio. ‖ pl. Enseres, trastos.

trecho. m. Espacio, distancia. ‖ Recorrido, tramo, trayecto.

trefilado. m. Estirado.

tregua. f. Descanso, pausa, interrupción, suspensión. (**a.**: *actividad, lucha.*)

tremebundo, da. adj. Horrible, tremendo, espantoso, pavoroso.

tremedal. m. Tembladal, tembladero, cenagal.

tremendo, da. adj. Terrible, espantoso, horrendo, horrible. ‖ Formidable, enorme, colosal, fenomenal. (**a.**: *exiguo, pequeño.*)

tremolar. intr. Ondear, flamear.

tremolina. f. Alboroto, bulla, trifulca, gresca, confusión, escándalo, batahola, trapatiesta.

trémulo, la. adj. Tembloroso, tembleque, tremulento.

tren. m. Ferrocarril, convoy. || Ostentación, pompa, boato. (**a.**: *sencillez.*)
trencilla. f. Ribete, galoncillo.
trenzar. tr. Entrenzar, entrelazar, entretejer. || prnl. Enzarzarse.
trepanar. tr. Horadar, taladrar, perforar. (**a.**: *obturar.*)
trepar. intr. Encaramarse, ascender, subir, escalar, repechar, gatear. (**a.**: *bajar.*) || tr. Trepanar.
trepidación. f. Vibración. || Temblor, conmoción. || Estremecimiento.
trepidar. intr. Temblar, estremecerse, retemblar, vibrar. || Dudar.
tresdoblar. tr. Triplicar.
treta. f. Dolo, artimaña, artificio, astucia, añagaza, trampa. || Engaño, estratagema.
triar. tr. Elegir, escoger, entresacar, reservar, separar, seleccionar.
tribu. f. Clan.
tribulación. f. Pena, aflicción, amargura, congoja, angustia, tormento, dolor. (**a.**: *alegría.*) || Adversidad, desgracia, infortunio, desventura. (**a.**: *felicidad.*)
tribuna. f. Plataforma, estrado. || Cátedra.
tributar. tr. Dedicar, ofrecer, rendir. || Contribuir.
tributario, ria. adj. Vasallo, súbdito, feudatario, dependiente. || Rentero. || Afluente, confluente.
tributo. m. Contribución, impuesto, gabela, carga, gravamen, alcabala, diezmo. || Obsequio, homenaje, pleitesía.
tridente. m. Arpón.
trifulca. f. Alboroto, pelea, tremolina, riña, disputa, bronca, trapatiesta, zipizape, cisco, pelotera.
trigésimo, ma. adj. Trecésimo, tricésimo. || Treintavo.
trillado, da. adj. Abaleado, emparvado. || Manoseado, manido. || Conocido, vulgar, sabido, común. (**a.**: *raro, ignorado.*)
trinar. intr. Gorjear, cantar. || Rabiar, irritarse, airarse, enfadarse, bufar, patalear.
trinca. f. Ligadura, atadura.
trincar. tr. Quebrantar, quebrar, partir, desmenuzar. || Sujetar, amarrar, encordelar, atar. || Beber, libar, escanciar. || intr. Pairar.
trinchar. tr. Trozar, partir, cortar, dividir. || Disponer, decidir, resolver.
trinchete. m. Chaira.
trino. m. Gorjeo, gorgorito.
trío. m. Terceto.
tripa. f. Intestino. || Vientre, abdomen, barriga, panza, andorga. || Baúl.
tripe. m. Felpa.
triplicar. tr. Tresdoblar.
tripón, na. m. y f. Barrigón, panzón, barrigudo. (**a.**: *flaco.*)
tripulación. f. Dotación, marinería, gente.
triquiñuela. f. Ardid, argucia, treta, truco. || Subterfugio, chicana, evasiva, rodeo, efugio, artería.
tris. m. Instante, segundo, soplo.
triscar. intr. Retozar, juguetear, brincar, travesear. || Patalear, patear. || tr. Trabar.
triste. adj. Afligido, apenado, abatido, apesadumbrado, melancólico, atribulado, lloroso. (**a.**: *alegre, alborozado, contento.*) || Funesto, aciago, infortunado, infausto, enojoso, desgraciado. (**a.**: *afortunado, feliz.*) || Doloroso, mísero, lamentable, deplorable. || Insignificante, insuficiente, ineficaz. (**a.**: *valioso.*) || Oscuro, sombrío.
tristeza. f. Pena, congoja, pesadumbre, sentimiento, sinsabor, aflicción, melancolía, murria, dolor, desconsuelo, tribulación. (**a.**: *alegría, felicidad.*)
trituración. f. Molturación, molienda.
triturar. tr. Aplastar, picar, pulverizar, machacar, moler, desmenuzar, quebrantar. || Mascar, masticar. || Maltratar, censurar, criticar.
triunfador, ra. adj. y s. Vencedor, victorioso, invicto, ganador.
triunfal. adj. Victorioso.
triunfante. adj. Triunfador, victorioso, vencedor, ganancioso.
triunfar. intr. Vencer, ganar. (**a.**: *fracasar, perder.*) || Derrotar, batir, superar.
triunfo. m. Victoria. (**a.**: *derrota, revés.*) || Éxito. (**a.**: *fracaso.*) || Lauro, palma, corona, trofeo.
trivial. adj. Elemental, sabido, corrien-

te, común, vulgar. || Frívolo, superficial, ligero, baladí, insignificante, insustancial. (**a.**: *trascendente, importante.*)

triza. f. Pedazo, fragmento, partícula. || pl. Añicos.

trocamiento. m. Trueque, cambio.

trocar. tr. Canjear, cambiar, permutar. || Vomitar, arrojar, devolver. || Equivocar, trabucar, tergiversar, confundir.

trocha. f. Sendero, vereda, senda, atajo.

trofeo. m. Panoplia. || Triunfo, victoria.

troglodita. adj. Cavernícola.

troj o **troje.** m. Granero, hórreo, silo.

trola. f. Mentira, patraña, engaño, bola, embuste, cuento.

trolero, ra. adj. y s. Mentiroso, embustero, macaneador.

tromba. f. Manga, tifón, tornado, ciclón, huracán. *Tromba marina.*

trompada. f. Puñetazo, puñete, puñada. || Trompazo, trompis, soplamocos. || Encontrón, encontronazo, choque.

trompazo. m. Trompada. || Porrazo, batacazo, costalada.

trompo. m. Peón, trompa, peonza, perinola.

tronado, da. adj. Estropeado, deteriorado, maltrecho. (**a.**: *elegante.*) || Empobrecido, fundido, arruinado, pobre. (**a.**: *rico, opulento.*)

tronar. intr. Arruinarse, quebrar. || Maldecir, jurar. || Despotricar, impugnar, atacar, reñir.

tronco. m. Madero, leño. || Torso. || Insensible.

tronchar. tr. Romper, trozar, partir. (**a.**: *arreglar.*) || Truncar.

tronera. f. Cañonera, aspillera. || m. y f. Juerguista, parrandero, calavera, perdulario.

tronido. m. Trueno, estruendo. || Boato, tronío, ostentación. || Ruina, bancarrota, quiebra.

trono. m. Solio, sitial. || Monarquía.

tronzar. tr. Romper, partir, quebrantar, despedazar, trozar. (**a.**: *reparar.*) || Rendir, cansar. (**a.**: *descansar.*)

tropa. f. Milicia. || Manada, muchedumbre, caterva.

tropel. m. Remolino, agitación. || Prisa, movimiento, tumulto.

tropelía. f. Atropellamiento, atropello, abuso, violencia, ilegalidad, arbitrariedad, exceso, vejación. (**a.**: *justicia, legalidad.*)

tropezar. intr. y prnl. Topar, chocar, encontrarse. || Advertir, notar. || Equivocarse, errar, trabucarse.

tropezón. m. Choque, encontrón, tropiezo. || Desacierto, equivocación, traspié, desliz. || Impedimento, dificultad, obstáculo.

tropical. adj. Tórrido, ardiente, cálido. (**a.**: *frío.*) || Ampuloso, exagerado.

trópico, ca. adj. Figurado, traslaticio.

tropiezo. m. Choque, tropezón. || Falta, equivocación, traspié, desacierto, error. || Desliz, falta, yerro. (**a.**: *acierto, cumplimiento.*) || Obstáculo, inconveniente, dificultad, contratiempo, impedimento.

tropilla. f. Caballada, manada.

tropológico, ca. adj. Traslaticio, trópico.

troquel. m. Cuño, cuadrado, molde.

troquelar. tr. Acuñar.

trotaconventos. f. Celestina, alcahueta, tercera.

trotar. intr. Correr, ajetrearse, cabalgar. (**a.**: *detenerse.*)

trotón. m. Caballo, flete, corcel, pingo.

trova. f. Poesía, canción.

trovador, ra. m. y f. Poeta o poetisa, felibre, bardo, juglar, trovero.

trozar. tr. Romper, tronchar, tronzar, partir, despedazar.

trozo. m. Pedazo, rebanada, fragmento, partícula, porción, tajada, parte, fracción, cacho. (**a.**: *todo.*)

truco. m. Ardid, artimaña, trampa, treta, embeleco, engaño. (**a.**: *verdad, candidez.*)

truculento, ta. adj. Atroz, crudo, tremendo, sádico, tremebundo, cruel. (**a.**: *suave, bueno.*)

trueno. m. Estruendo, ruido, estampido, tronido. (**a.**: *silencio.*)

trueque. m. Cambio, trocamiento, canje, trueco, permuta.

truhán, na. adj. y s. Granuja, pícaro, sinvergüenza, tunante, malicioso, astuto, pillo, bribón, tramposo, estafador. || Bufón.

trujamán. m. Intérprete, truchimán, dragomán.

truncar. tr. Frustrar. || Amputar, mutilar, cortar. || Omitir, callar, saltar. || Interrumpir, quebrar.

trunco, ca. adj. Truncado, cercenado, interrumpido, mutilado, incompleto. (**a.**: *terminado, completo.*)

tuberculosis. f. Tisis.

tuberculoso, sa. adj. y s. Tísico.

tubería. f. Cañería.

tubo. m. Caño, cánula, conducto, cañón, canuto.

tuerca. f. Matriz.

tuerto. m. Entuerto, ofensa, insulto, agravio, atropello. || Gacho, torcido.

tuétano. m. Médula, caracú, meollo.

tufo. m. Vaho. || Hedor, olor. (**a.**: *aroma.*) || Orgullo, humos, presunción, petulancia, vanidad, soberbia, altivez, altanería. (**a.**: *modestia, humildad.*)

tugurio. m. Choza, cabaña, chamizo. (**a.**: *mansión, palacio.*) || Cuchitril, tabuco, desván, zaquizamí, chiribitil, cuartucho, cueva.

tulipa. f. Pantalla.

tullido, da. adj. y s. Impedido, lisiado, baldado, inválido, paralítico.

tullir. tr. y prnl. Entullecer, imposibilitar, paralizar.

tumba. f. Sepulcro, nicho, sepultura, panteón, mausoleo. || Tumbo, sacudida. || Voltereta, pirueta.

tumbar. tr. Derribar, abatir, tirar. (**a.**: *construir, levantar, alzar.*) || prnl. Echarse, tenderse, acostarse. (**a.**: *yacer, incorporarse.*)

tumbo. m. Sacudida, vuelco, caída. || Bandazo, barquinazo.

tumbón, na. adj. y s. Holgazán, poltrón, perezoso, haragán, gandul, vago, indolente. (**a.**: *laborioso, trabajador.*)

tumefacción. f. Tumescencia, hinchazón, intumescencia.

tumefacto, ta. adj. Hinchado, edematoso, tumescente. (**a.**: *deshinchado.*)

tumor. f. Abultamiento, bulto, tuberosidad, quiste, excrecencia, dureza, absceso, lipoma.

túmulo. m. Catafalco, mausoleo.

tumulto. m. Motín, revuelta, asonada. || Confusión, batahola, alboroto, agitación. (**a.**: *calma, orden.*)

tumultuoso, sa. adj. Turbulento, agitado, ruidoso, alborotado, desordenado, revuelto, tumultuario. (**a.**: *calmo, tranquilo.*)

tuna. f. Nopal, chumbera. || Estudiantina.

tunal. f. Nopal, chumbera. || Nopaleda, nopalera.

tunantada. f. Bribonada, picardía, truhanería, trastada, pillada.

tunante, ta. adj. y s. Granuja, tuno, pillo, pícaro, taimado, bribón, astuto, truhán. (**a.**: *honrado, serio, decente.*)

tunda. f. Paliza, vapuleo, azotaina, zurra, felpa, somanta, soba. (**a.**: *caricia.*)

tundir. tr. Desmotar. || Zurrar, golpear, castigar.

túnel. m. Galería, mina.

tungsteno. m. Volframio.

tunicado, da. adj. Urocordado.

tuno, na. adj. y s. Tunante, astuto, bribón, taimado, pillo, pícaro.

tupé. m. Copete, flequillo. || Atrevimiento, desvergüenza, frescura, descaro, desfachatez, descoco. (**a.**: *educación, vergüenza.*)

tupido, da. adj. Espeso, apretado, denso. (**a.**: *ralo.*) || Compacto. || Obtuso. (**a.**: *lúcido.*)

tupir. tr. y prnl. Espesar, atiborrar, compactar. (**a.**: *aflojar.*) || Ocluir. (**a.**: *destapar.*) || prnl. Hartarse. (**a.**: *ayunar.*)

turba. f. Multitud, muchedumbre, gentío, turbamulta, populacho, horda, plebe, tropel. (**a.**: *persona, individuo.*) || Carbón.

turbación. f. Alteración, trastorno, perturbación, conturbación, desarreglo, desconcierto. (**a.**: *apatía.*) || Confusión, desorden. (**a.**: *serenidad.*)

turbar. tr. y prnl. Alterar, trastornar, desordenar, desarreglar. (**a.**: *serenar, calmar.*) || Desconcertar, confundir, perturbar, avergonzar, aturdir. || prnl. Cortarse, demudarse, embarazarse, inmutarse, embarullarse. (**a.**: *sosegarse.*)

túrbido, da. adj. Turbio.

turbio, bia. adj. Turbulento, túrbido. ||

Confuso, borroso, sospechoso, revuelto, azaroso, difícil, oscuro, embrollado, dudoso. (**a.**: *claro, nítido.*)

turbión. m. Aguacero, chaparrón, chubasco.

turbopropulsor. m. Turbohélice.

turbulencia. f. Turbiedad. ‖ Disturbio, alteración, agitación, perturbación, desorden, alboroto, revuelta. (**a.**: *calma, tranquilidad.*)

turbulento, ta. adj. Turbio, túrbido. ‖ Agitado, tumultuoso, confuso, revuelto, alborotado. (**a.**: *pacífico.*) ‖ Inquieto, tumultuoso, alborotador, revoltoso. (**a.**: *pasivo, sumiso.*)

turco, ca. adj. y s. Otomano, osmanlí, turquesco.

turgente. adj. Abultado, erecto, hinchado, combado, elevado, prominente, túrgido. (**a.**: *deshinchado.*)

turíbulo. m. Incensario.

turiferario. m. Turibulario. ‖ Adulador.

turista. com. Paseante, excursionista. *En París abundan los turistas.*

turnar. intr. y prnl. Relevarse, alternar.

turno. m. Vez, tanda. ‖ Sucesión. ‖ Alternativa, orden.

turulato, ta. adj. Pasmado, atónito, estupefacto, alelado, lelo. ‖ Sobrecogido.

tusar. tr. Esquilar, trasquilar, pelar.

tutela. f. Defensa, protección, dirección, amparo, custodia. (**a.**: *abandono.*) ‖ Tutoría, curatela.

tutelar. tr. Proteger, defender, preservar, resguardar. ‖ adj. Protector, defensor, curador. (**a.**: *enemigo.*)

tutor, ra. m. y f. Protector, defensor, amparador. ‖ Guardador, administrador. ‖ Curador. ‖ m. Rodrigón, sostén.

tutoría. f. Tutela.

ubérrimo, ma. adj. Fecundo, fértil, feraz. (**a.**: *infecundo, estéril.*) ‖ Abundante, pletórico.
ubicación. f. Situación, posición. ‖ Emplazamiento, colocación.
ubicar. tr. Situar, instalar, colocar. ‖ Hallarse, encontrarse, estar.
ubicuidad o **ubiquidad.** f. Omnipresencia. *Don de ubicuidad.*
ubicuo, cua. adj. Omnipresente.
ubre. f. Mama, teta.
ufanarse. prnl. Jactarse, preciarse, engreírse, pavonearse, gloriarse, envanecerse, vanagloriarse. (**a.**: *avergonzarse, humillarse.*)
ufano, na. adj. Engreído, fatuo, jactancioso, petulante, presuntuoso, hinchado, presumido, vano, pedante, envanecido. (**a.**: *modesto.*) ‖ Arrogante, altanero, soberbio, orgulloso. (**a.**: *humilde.*) ‖ Contento, satisfecho, complacido, orondo, campante, alegre. (**a.**: *triste.*) ‖ Lozano, fresco.
ujier. m. Portero.
úlcera. f. Llaga, afta, lesión, escara.
ulcerar. tr. y prnl. Llagar, desgarrar, escarar.
ulterior. adj. Posterior, siguiente, subsiguiente, subsecuente, consecutivo. (**a.**: *anterior, previo.*) ‖ Allende. (**a.**: *aquende.*)
ulteriormente. adv. Posteriormente, después, luego.
últimamente. adv. Finalmente, por último, en conclusión, en suma. ‖ Recientemente. ‖ Resueltamente.
ultimar. tr. Terminar, concluir, finiquitar, acabar, finalizar, cumplir. (**a.**: *iniciar.*) ‖ Matar, liquidar, rematar. (**a.**: *resucitar.*)
ultimátum. m. Exigencia, intimación.
último, ma. adj. Postremo, postrero, postrimero. (**a.**: *primero.*) ‖ Culminante, supremo, álgido. ‖ Definitivo. ‖ Final, ulterior. ‖ **por último. loc.** adv. Finalmente, después de todo, al cabo, en suma. (**a.**: *ante todo, en primer lugar.*)
ultra. adv. Además de, más allá de.
ultrajar. tr. Ajar, estropear. ‖ Afrentar, vejar, agraviar, ofender, deshonrar, insultar, injuriar. (**a.**: *honrar, desagraviar.*) ‖ Despreciar, desdeñar, menospreciar. (**a.**: *admirar.*) ‖ Humillar, degradar, rebajar.
ultraje. m. Afrenta, baldón, agravio, ofensa, desprecio, insulto, injuria. ‖ Desprecio, mancilla.
ultramarino, na. adj. Transmarino.
ultramontano, na. adj. y s. Reaccionario, retrógrado.
ultranza (a). loc. adv. Resueltamente, decisivamente.
ultratumba. f. Trasmundo.
úlula. f. Autillo.
ulular. intr. Aullar, dar alaridos, clamar, gritar.
umbelífero, ra. adj. Aparasolado.

umbral. m. Entrada. (**a.**: *dintel.*) ‖ Comienzo, principio, origen. (**a.**: *término, fin.*)
umbrátil. adj. Umbroso, umbrío, sombreado.
umbrío, a. adj. Sombrío, umbroso, umbrátil, oscuro. ‖ f. Follaje, sombra. (**a.**: *claridad, luminosidad.*)
unánime. adj. Acorde, concorde, conforme. (**a.**: *disconforme.*) ‖ General, total. (**a.**: *parcial.*)
unanimidad. f. Totalidad, conformidad. (**a.**: *discrepancia, disconformidad.*)
unción. f. Devoción, fervor, recogimiento. (**a.**: *frialdad.*) ‖ Extremaunción.
uncir. tr. Enyugar, acoyuntar.
undécimo, ma. adj. Onzavo. ‖ Onceno.
ungir. tr. Untar, embadurnar. ‖ Conferir, investir, proclamar.
ungüento. m. Untura, unto, linimento, pomada.
únicamente. adv. Solamente, sólo, exclusivamente, precisamente.
único, ca. adj. Solo. ‖ Excelente, extraordinario, singular, raro, excepcional, impar. (**a.**: *común, vulgar.*)
unicolor. adj. Monocromo. (**a.**: *multicolor, policromo.*)
unicornio. m. Monoceronte, rinoceronte.
unidad. f. Singularidad. (**a.**: *pluralidad.*) ‖ Conformidad, acuerdo, unión, concordancia. (**a.**: *desunión.*) ‖ Cifra, cantidad.
unificar. tr. Aunar, unir, adunar, agrupar, juntar. (**a.**: *dividir, separar.*) ‖ Uniformar, igualar.
uniformar. tr. Unificar, igualar, nivelar, equilibrar. (**a.**: *diversificar.*)
uniforme. adj. Igual, monótono. (**a.**: *desigual, diferente.*) ‖ Homogéneo. (**a.**: *heterogéneo.*) ‖ Acorde, concorde, exacto, parejo, regular. ‖ Periódico, isócrono, rítmico.
uniformidad. f. Igualdad, monotonía. ‖ Homogeneidad. ‖ Regularidad. ‖ Isocronía.
unión. f. Unidad, acuerdo, concordia, avenencia, conformidad. (**a.**: *desunión, divergencia, desavenencia.*) ‖ Alianza, liga, compañía, coalición, federación, confederación. (**a.**: *disidencia, independencia.*) ‖ Conexión, relación, vínculo, lazo, encadenamiento. (**a.**: *alejamiento.*) ‖ Casamiento, enlace, boda, matrimonio, nupcias, himeneo. (**a.**: *divorcio.*) ‖ Liga, mezcla, combinación, fusión, adherencia. (**a.**: *separación.*) ‖ Ayuntamiento, cópula.
unir. tr. Juntar, anexar, enlazar, incorporar, trabar, atar. (**a.**: *separar.*) ‖ Agregar, asociar, añadir. ‖ Acoplar, soldar, ajustar, ensamblar. (**a.**: *desunir.*) ‖ Ligar, relacionar. ‖ tr. y prnl. Fundir, fusionar. ‖ Mezclar, combinar. ‖ Aliar, confederar, federar. ‖ Casar, contraer enlace. (**a.**: *divorciarse.*)
unirrefringente. adj. Monorrefringente.
unísono, na. adj. Acorde, conteste, unánime.
univalente. adj. Monovalente.
universal. adj. Mundial, ecuménico. ‖ General, total, común. (**a.**: *parcial, limitado.*) ‖ Cosmopolita.
universalidad. f. Generalidad, mayoría.
universo. m. Mundo, cosmos, orbe.
unos, as. adj. Algunos, varios. (**a.**: *muchos.*)
untamiento. m. Untadura, untura.
untar. tr. Ungir, embadurnar, manchar. ‖ Sobornar, cohechar, comprar, corromper. ‖ prnl. Pringarse, engrasarse.
unto. m. Grasitud, grasa, gordura. ‖ Dádiva, propina, coima, cohecho.
untuoso, sa. adj. Graso, craso, pingüe, mantecoso, grasiento, pegajoso.
untura. f. Untadura, unción, untamiento. ‖ Ungüento, unto. ‖ Embadurnamiento.
uña. f. Casco, pezuña.
uñazo. m. Arañazo, rasguño, uñada.
uranografía. f. Cosmografía.
uranolito. m. Aerolito, meteorito.
urbanidad. f. Cortesía, comedimiento, finura, atención, educación, amabilidad, cortesanía, afabilidad. (**a.**: *grosería, descortesía.*) ‖ Distinción, civilidad, corrección.

urbano, na. adj. Cortés, educado, civil, atento, amable, tratable, cortesano. || Ciudadano, pueblero. (**a.**: *rural.*)
urbe. f. Ciudad. (**a.**: *campo.*) || Metrópoli, capital. (**a.**: *aldea.*)
urdidor. m. o **urdidera.** f. Devanadera.
urdir. tr. Maquinar, conspirar, tramar, fraguar.
urente. adj. Abrasador, quemante, escocedor, ardiente. (**a.**: *templado, fresco.*)
urético, ca. adj. Uretral.
urgencia. f. Premura, necesidad, precisión, prisa, apuro, perentoriedad. (**a.**: *dilación, tardanza, lentitud.*) || Necesidad, falta, apremio, aprieto.
urgente. adj. Apremiante, necesario, perentorio, imperioso. (**a.**: *aplazable.*)
urgir. intr. Apremiar, instar, acuciar, apurar. (**a.**: *retrasar.*)
urinario. m. Mingitorio, común, retrete, letrina, servicio, meadero.
urna. f. Arca, caja, vaso, arquita.
urocordado, da. adj. Tunicado.
usado, da. adj. Gastado, ajado, desgastado, viejo, deslucido. (**a.**: *nuevo.*) || Práctico, experimentado, ducho, habituado, ejercitado. (**a.**: *inexperto.*)
usanza. f. Costumbre, uso, hábito. || Práctica, ejercicio. || Moda.
usar. tr. Utilizar, manejar, emplear, gastar, disfrutar. (**a.**: *desaprovechar.*) || intr. Acostumbrar, soler, estilar. || Valerse, servirse. || prnl. Llevarse.
uso. m. Empleo, disfrute, utilización, manejo, destino. (**a.**: *abuso.*) || Aplicación, servicio. || Costumbre, moda, usanza, hábito, práctica, estilo. (**a.**: *desuso.*) || Usufructo. || Usucapión.
ustión. f. Combustión, ignición.
usual. adj. Acostumbrado, habitual, cómodo, corriente, común, frecuente. (**a.**: *inusual, desusado.*)
usufructo. m. Goce, disfrute, aprovechamiento, uso, utilización, provecho, utilidad.
usufructuar. tr. Disfrutar, gozar. (**a.**: *desperdiciar.*)
usura. f. Logro, logrería, interés, mohatra, explotación, ganancia. (**a.**: *desinterés, pérdida.*)
usurero, ra. adj. y s. Logrero, explotador, prestamista. (**a.**: *altruista, generoso.*)
usurpar. tr. Apoderarse, arrogarse, adueñarse, apropiarse. || Detentar. || Invadir. || Quitar, despojar, arrebatar, birlar, expoliar. (**a.**: *dar, restituir.*)
utensilio. m. Instrumento, herramienta, artefacto, útil. || pl. Útiles, enseres.
útero. m. Matriz, seno.
útil. adj. Provechoso, beneficioso, lucrativo, fructífero, fructuoso, productivo, conveniente. (**a.**: *inútil, superfluo, innecesario.*) || Servible, aprovechable, utilizable, apto, disponible. (**a.**: *inutilizable, inservible.*) || Utilidad. || m. Utensilio. || m. pl. Avíos, pertrechos, trastos.
utilidad. f. Provecho, beneficio, rendimiento, producto, fruto, ganancia, lucro. (**a.**: *pérdida.*) || Conveniencia. (**a.**: *desventaja.*)
utilitario, ria. adj. Interesado, egoísta, aprovechador. (**a.**: *altruista.*)
utilizable. adj. Útil, servible, aprovechable, disponible, apto.
utilizar. tr. Emplear, usar, valerse, servirse, aprovechar. (**a.**: *desechar, desaprovechar, abandonar.*)
utillaje. m. Herramientas, útiles, aparejos, artefactos, instrumental, maquinaria, equipamiento.
utopía. f. Ilusión, quimera. (**a.**: *realidad.*)
utópico, ca. adj. Ilusorio, quimérico, fantástico.
úvula. f. Campanilla, galillo.

vacación. f. Asueto, recreo, holganza, ocio, inacción, descanso. (**a.**: *trabajo.*)

vacante. adj. Libre, disponible, desocupado. (**a.**: *contratado.*) ‖ Vacío. (**a.**: *lleno, completo.*)

vaciado. m. Excavación. ‖ Moldeado.

vaciar. tr. Verter, desocupar. (**a.**: *llenar.*) ‖ Moldear. ‖ Ahuecar, cavar. ‖ Aguzar, afilar. ‖ intr. Desaguar, desembocar.

vaciedad. f. Vacuidad. ‖ Necedad, sandez, simpleza, tontería.

vacilación. f. Oscilación, balanceo, vaivén, fluctuación. (**a.**: *firmeza.*) ‖ Perplejidad, irresolución, indecisión, duda, incertidumbre, hesitación. (**a.**: *certeza.*)

vacilar. intr. Tambalearse, oscilar, balancearse, fluctuar. (**a.**: *afirmarse.*) ‖ Dudar, hesitar, titubear. (**a.**: *decidir, creer.*) ‖ Balbucir, balbucear.

vacío, a. adj. Desocupado, libre, vacuo. (**a.**: *lleno, repleto.*) ‖ Frívolo, fatuo, vano, insustancial. (**a.**: *modesto.*) ‖ Ocioso. ‖ m. Hueco, oquedad, concavidad. ‖ Ijada, ijar. ‖ Falta, carencia, ausencia. *Vacío de poder.*

vacuidad. f. Vaciedad, necedad.

vacunar. tr. Inocular.

vacuno, na. adj. y s. Bovino.

vacuo, cua. adj. Vacante. ‖ Vano, insustancial, necio. (**a.**: *sagaz, inteligente.*)

vademécum. m. Prontuario, memorando. ‖ Cartapacio.

vado. m. Paso. ‖ Expediente, solución, salida, remedio, recurso.

vagabundo, da. adj. y s. Callejero, errabundo. (**a.**: *casero.*) ‖ Holgazán, ocioso, vago, trotamundos. (**a.**: *trabajador.*)

vagancia. f. Holgazanería, ociosidad, desocupación, vagabundeo, poltronería, haraganería.

vagar. intr. Errar, vaguear, ociar, pasear, holgazanear. ‖ Divagar.

vagido. m. Gemido, lloro, llanto.

vago, ga. adj. y s. Vacío, desocupado. ‖ Sutil, vaporoso. ‖ Confuso, impreciso. (**a.**: *claro, precioso.*) ‖ Haragán, holgazán, vagabundo, tumbón, perezoso. ‖ adj. Indefinido, impreciso, confuso, indeterminado, inconcreto. (**a.**: *definido, preciso, concreto.*)

vaguear. intr. Vagar, errar, vagabundear. ‖ Holgazanear, haraganear.

vaguedad. f. Imprecisión, indecisión, indeterminación, indistinción, ambigüedad. (**a.**: *precisión, decisión, claridad.*)

vahído. m. Desvanecimiento, desmayo, vértigo, síncope, mareo, colapso.

vaho. m. Aliento. ‖ Exhalación, vapor, emanación, efluvio, hálito. ‖ Tufo.

vaina. f. Funda, envoltura, estuche, cáscara, cubierta. ‖ Contrariedad.

vaivén. m. Balanceo, oscilación, fluctuación, tumbo, vacilación. || Inestabilidad, mudanza. (**a.**: *estabilidad, firmeza.*)

vale. m. Boleta, tique, entrada, bono.

valedero, ra. adj. Válido, vigente, firme, obligatorio. (**a.**: *ineficaz.*)

valedor, ra. m. y f. Protector, padrino, tutor, bienhechor, patrocinador, favorecedor.

valentía. f. Valor, bravura, intrepidez, coraje, aliento, arrojo, esfuerzo, heroísmo, vigor, ánimo, denuedo, entereza, hombría, impavidez, temple. (**a.**: *cobardía.*) || Hazaña, heroicidad.

valentón, na. adj. y s. Bravucón, fanfarrón, matón, guapo, jaque, chulo, matasiete, terne, perdonavidas. (**a.**: *modesto.*)

valer. m. Mérito, valía. || intr. Amparar, proteger, auxiliar, patrocinar, apoyar, defender. (**a.**: *abandonar, desamparar.*) || Servir, aprovechar, ser útil. || intr. o tr. Costar, equivaler, importar, montar. || tr. Producir, rentar, redituar. || Importar, costar, equivaler. || Prevalecer. || prnl. Utilizar, servirse.

valeroso, sa. adj. Valiente, bravo, esforzado, agalludo, alentado, resuelto, esforzado, animoso, arrojado, temerario, denodado, gallardo. (**a.**: *medroso, irresoluto, temeroso.*)

valetudinario, ria. adj. y s. Enfermizo, achacoso, delicado, débil, canijo, enclenque. (**a.**: *joven, sano, fuerte.*)

valía. f. Estimación, valor, aprecio, utilidad. || Privanza, valimiento, favor.

validar. tr. Legalizar, homologar, ratificar. || Certificar, confirmar, aprobar.

validez. f. Autenticidad, vigencia, vigor, fuerza. (**a.**: *ineficacia.*)

valido. m. Privado, favorito.

válido, da. adj. Firme, vigente, valedero, legal. (**a.**: *nulo.*) || Robusto, fuerte, sano. (**a.**: *enclenque.*)

valiente. adj. y s. Intrépido, bravo, valeroso, esforzado, animoso, agalludo, arrojado, resuelto, osado, denodado. (**a.**: *pusilánime, cobarde.*) || Valentón, bravucón. || Excesivo, extraordinario.

valija. f. Maleta, saca, maletín.

valimiento. m. Privanza, protección, influencia, ayuda, favor, amparo, apoyo.

valioso, sa. adj. Preciado, meritorio, estimado, apreciado, excelente. (**a.**: *desdeñable.*) || Poderoso, eficaz. || Rico, adinerado, acaudalado. (**a.**: *pobre.*)

valor. m. Mérito, aprecio, estimación, valer, valía. || Precio. || Rédito, fruto, producto. || Efectividad, eficacia, poder, virtud. || Significación, alcance, peso, importancia. || Valentía, intrepidez, coraje, arrojo. (**a.**: *cobardía.*) || Osadía, insolencia, desvergüenza, atrevimiento, descaro, desfachatez. (**a.**: *vergüenza.*) || pl. Títulos, acciones.

valoración. f. Tasación, evaluación, evalúo, justiprecio, avalúo.

valorar. tr. Apreciar, estimar. (**a.**: *desvalorizar, desmerecer.*) || Tasar, valuar, justipreciar, valorizar. (**a.**: *depreciar.*) || Calibrar, aquilatar.

valorizar. tr. Evaluar, valorar.

valuación. f. Valoración, evaluación. || Justiprecio.

valuar. tr. Tasar, valorar, evaluar.

válvula. f. Lámpara. || Grifo, obturador.

valla. f. Cerca, barrera, cerco, cercado, empalizada, vallado, valladar, estacada. (**a.**: *abertura.*) || Obstáculo, impedimento, óbice, estorbo. (**a.**: *facilidad.*) || Arco, portería, meta.

valladar. m. Valla, cerca. || Obstáculo, impedimento.

vallado. m. Valla, cerca, cerco.

valle. m. Cuenca.

vampiro. m. Murciélago. || Usurero, chantajista.

vanagloria. f. Engreimiento, arrogancia, jactancia, presunción, fatuidad, envanecimiento. (**a.**: *modestia, humildad.*)

vanagloriarse. prnl. Jactarse, engreírse, gloriarse, presumir, preciarse, pavonearse, alabarse, envanecerse. (**a.**: *humillarse, rebajarse.*)

vanamente. adv. Inútilmente, en vano. || Infundadamente. || Estérilmente. (**a.**: *provechosamente.*)

vandálico, ca. adj. Brutal, salvaje, destructivo, devastador, asolador.

vándalo, la. m. y f. Bárbaro, salvaje, desalmado, forajido.

vanidad. f. Presunción, ínfulas, vanagloriar, pedantería, fatuidad, envanecimiento, orgullo, soberbia. (**a.**: *humildad, sencillez.*) ‖ Fausto, ostentación, pompa. ‖ Ilusión, ficción, fantasía.

vanidoso, sa. adj. y s. Vano, hueco, envanecido, hinchado, engreído, fatuo, presuntuoso, presumido, alabancioso.

vano, na. adj. Insustancial, aparente, ilusorio, irreal. (**a.**: *real.*) ‖ Ineficaz, inútil, infructuoso. (**a.**: *útil, fructuoso.*) ‖ Frívolo, ligero, superficial. ‖ Vanidoso, engreído. ‖ m. Hueco, huero, vacío. ‖ **en vano.** loc. adv. Sin necesidad, sin razón. ‖ Inútilmente.

vapor. m. Vaho, hálito, aliento. ‖ Desmayo, vértigo. ‖ Buque, navío, barco, nave.

vaporizar. tr. y prnl. Evaporar.

vaporoso, sa. adj. Tenue, ligero, etéreo, sutil, delgado.

vapulear. tr. Azotar, zurrar, apalear, golpear. (**a.**: *acariciar, halagar.*)

vapuleo o **vápulo.** m. Paliza, tunda, azotaina, zurra, somanta.

vaquero, ra. m. y f. Pastor.

vara. f. Palo. ‖ Bastón de mando. ‖ Escapo. ‖ Pica, puya, pértiga, garrocha.

varar. tr. Botar. ‖ intr. Encallar. ‖ Detenerse, pararse.

variabilidad. f. Inestabilidad, mudanza. (**a.**: *estabilidad.*)

variable. adj. Inestable, tornadizo, mudable, inconstante, voluble, versátil, veleidoso. (**a.**: *invariable, estable, inalterable.*) ‖ Movible, alterable, cambiante, oscilante, fluctuante.

variación. f. Alteración, cambio, modificación, mudanza, mutación, trasformación. (**a.**: *monotonía.*) ‖ Variedad. ‖ Renovación.

variar. intr. Cambiar, alterarse. ‖ Diferir. ‖ tr. Alterar, modificar, cambiar, diversificar, mudar, trasformar, diferenciar, trastrocar.

variedad. f. Multiplicidad, complejidad, pluralidad. ‖ Diversidad, diferencia. (**a.**: *semejanza.*) ‖ Mudanza, alteración, variación, cambio, modificación, trasformación, renovación. (**a.**: *estabilidad, permanencia.*)

vario, ria. adj. Diferente, distinto, diverso. (**a.**: *igual, indistinto.*) ‖ Inconstante, mudable, tornadizo, inestable, instable, variable, cambiante. (**a.**: *constante.*) ‖ Indiferente, indeterminado. ‖ pl. Algunos, múltiples, unos cuantos. (**a.**: *muchos.*)

variopinto, ta. adj. Multiforme, mezclado, abigarrado, diverso.

varón. m. Hombre, macho. ‖ Caballero, señor.

varona. f. Mujer.

varonil. adj. Viril, masculino. (**a.**: *femenino.*) ‖ Esforzado, valeroso, firme, resuelto, animoso, enérgico, fuerte. (**a.**: *débil, medroso.*)

vasallaje. m. Dependencia, sujeción. (**a.**: *emancipación.*)

vasallo, lla. m. y f. Feudatario, tributario, súbdito. (**a.**: *señor.*)

vasar. m. Vasera, anaquelería, estantería, anaquel, estante, repisa.

vasco, ca. adj. y s. Éuscaro. ‖ m. Vascuence.

vascuence. adj. y s. Vasco, vascongado, éuscaro, eusquero.

vaso. m. Vasija. ‖ Casco. ‖ Bacín, orinal. ‖ Pote, recipiente, receptáculo. ‖ Cáliz. ‖ Cubilete.

vástago. m. Retoño, renuevo, talluelo, hijuelo, esqueje. ‖ Hijo, descendiente.

vastedad. f. Anchura, inmensidad, grandeza. (**a.**: *escasez, pequeñez.*)

vasto, ta. adj. Dilatado, ancho, espacioso, extenso, extendido, amplio, anchuroso, inmenso. (**a.**: *angosto, pequeño.*)

vate. m. Adivino. ‖ Poeta, bardo, trovador, juglar, rapsoda, aedo.

vaticinar. tr. Predecir, pronosticar, profetizar, presagiar, adivinar, augurar, anunciar.

vaticinio. m. Predicción, augurio, pronóstico, adivinación, profecía, agüero.

vaya. f. Burla, broma, chasco.

vecindad. f. Proximidad, contigüidad. (**a.**: *lejanía.*) ‖ Vecindario. ‖ Alrededores, cercanías, inmediaciones, contorno.

vecindario. m. Población, vecindad, vecinos, habitantes, almas.

vecino, na. adj. y s. Morador, residente, habitante, convecino. ‖ Cercano, adyacente, próximo, inmediato, lindante, contiguo. (**a.**: *lejano.*) ‖ Semejante, análogo, parecido, coincidente.

vedar. tr. Prohibir, negar, impedir, privar. (**a.**: *autorizar, permitir.*) ‖ Obstaculizar, acotar, estorbar. (**a.**: *facilitar.*)

vedija. f. Vellón, mechón, guedija.

vega. f. Huerta.

vegetal. m. Planta. (**a.**: *animal, mineral.*)

vehemencia. f. Impetuosidad, ímpetu, violencia, calor, ardor, fogosidad, fuego, pasión. (**a.**: *flema, indiferencia.*) ‖ Viveza, eficacia, intensidad.

vehemente. adj. Ardoroso, impetuoso, efusivo, fogoso, violento, apasionado, ardiente. (**a.**: *apático, frío, indiferente.*) ‖ Vivo, intenso, eficaz.

vejamen. m. Afrenta, burla. (**a.**: *alabanza.*)

vejar. tr. Maltratar, humillar, escarnecer, avasallar, zaherir, ofender, perseguir, mortificar. (**a.**: *alabar, encomiar, honrar.*)

vejestorio. m. Viejo, vejete, decrépito.

vejez. f. Ancianidad, senectud, vetustez, senilidad, decrepitud. (**a.**: *juventud, mocedad.*)

vejiga. f. Bolsa, ampolla.

vejiguilla. f. Vesícula, ampolla.

vela. f. Vigilia, vigilancia, trasnochada, velación, velada. (**a.**: *modorra, sueño.*) ‖ Candela, cirio, bujía. ‖ Velamen. ‖ Toldo. ‖ **a toda vela.** loc. adj. Rápidamente, con diligencia. ‖ **en vela.** loc. adv. Sin dormir.

velaje o velamen. m. Trapo, aparejo.

velar. intr. Cuidar, guardar, vigilar. (**a.**: *dormir, descuidar.*) ‖ Pernoctar, trasnochar. (**a.**: *madrugar.*) ‖ tr. Asistir. ‖ Ocultar, cubrir, atenuar, disimular, oscurecer, tapar, encubrir.

velatorio. m. Velorio.

veleidad. f. Inconstancia, ligereza, versatilidad, volubilidad. ‖ Capricho, antojo.

veleidoso, sa. adj. Inconstante, antojadizo, mudable, tornadizo, veleta, inestable, versátil, variable, caprichoso, voluble. (**a.**: *constante.*)

velo. m. Cortina, manto. ‖ Pretexto, excusa, ficción. ‖ Oscuridad.

velocidad. f. Rapidez, celeridad, ligereza. (**a.**: *lentitud.*) ‖ Presteza, prontitud, prisa, premura. (**a.**: *pasividad.*)

velorio. m. Velatorio.

veloz. adj. Rápido, acelerado, ligero, raudo. ‖ Pronto, presto, presuroso.

vello. m. Pelo, pelusa, bozo, pelusilla, flojel.

vellocino. m. Vellón.

vellón. m. Vellocino, tusón. ‖ Mechón, vedija, guedeja.

vellosidad. f. Pubescencia.

velloso, sa. adj. Pubescente, tomentoso. ‖ Velludo.

velludo, da. adj. Peludo, lanudo, piloso, velloso. ‖ m. Terciopelo, felpa.

vena. f. Humor, ánimo. ‖ Disposición, facilidad. ‖ Inspiración, estro, numen. ‖ Filón, veta.

venable. adj. Venal.

venablo. m. Dardo, azagaya, jabalina, flecha, saeta.

venado. m. Ciervo.

venal. adj. Vendible, venable. ‖ Sobornable. (**a.**: *incorruptible.*)

venático, ca. adj. y s. Maniático, loco.

vencedor, ra. adj. y s. Triunfador, triunfante, ganador, victorioso. (**a.**: *perdedor.*)

vencer. tr. Derrotar, rendir, cansar. ‖ Dominar, someter, sujetar, refrenar, subyugar, reprimir. ‖ Superar, salvar, allanar, zanjar, resolver. ‖ Exceder, aventajar. ‖ intr. Ganar, triunfar. (**a.**: *perder, resistir.*) ‖ Cumplirse. ‖ tr. y prnl. Ladear, torcer, inclinar.

vencimiento. m. Derrota. ‖ Término, plazo.

vendaval. m. Ventarrón, huracán, ráfaga, ventolina. (**a.**: *brisa.*)

vender. tr. Expender, despachar. (**a.**: *comprar, adquirir.*) ‖ Traspasar, enajenar, alienar. ‖ Traicionar. ‖ prnl. Descubrirse, delatarse.

veneno. m. Ponzoña, tósigo, tóxico, toxina. (**a.**: *contraveneno, antídoto.*)
venenoso, sa. adj. Tóxico, ponzoñoso, deletéreo. ‖ Envenenado, malévolo, mordaz, sarcástico.
venera. f. Veneno.
venerable. adj. Respetable, honorable, venerando, reverenciable.
veneración. f. Devoción, respeto, reverencia, acatamiento, admiración, adoración. (**a.**: *desdén, menosprecio.*)
venerado, da. adj. Venerable. ‖ Respetado, reverenciado, adorado.
venerando, da. adj. Venerable.
venerar. tr. Reverenciar, honrar, respetar, acatar. (**a.**: *deshonrar, insultar.*)
venéreo, a. adj. Sifilítico.
venero. m. Manantial, fuente, venera. ‖ Yacimiento, criadero, mina. ‖ Origen, principio. (**a.**: *fin.*)
venganza. f. Vindicta, represalia, satisfacción, revancha, desquite, reparación. (**a.**: *clemencia, perdón.*)
vengar. tr. y prnl. Vindicar, desquitarse, resarcir. (**a.**: *perdonar.*)
vengativo, va. adj. Rencoroso, vindicativo, vindicador. (**a.**: *indulgente.*)
venia. f. Consentimiento, autorización, permiso, licencia, anuencia, aprobación, beneplácito, aquiescencia. (**a.**: *denegación.*) ‖ Saludo.
venial. adj. Leve. (**a.**: *grave.*)
venida. f. Llegada, arribo. ‖ Regreso, retorno, vuelta. (**a.**: *ida.*)
venidero, ra. adj. Futuro. (**a.**: *pasado, pretérito.*) ‖ m. pl. Sucesores.
venir. intr. Arribar, aparecer, llegar, regresar. (**a.**: *irse, marcharse.*) ‖ Proceder, provenir, dimanar. ‖ Presentarse, personarse, apersonarse. ‖ Advenir, acaecer. ‖ Inferirse, deducirse. ‖ Seguir, suceder. ‖ Acometer, sobrevenir, producirse.
venta. f. Despacho, expedición, salida. (**a.**: *compra.*) ‖ Parador, hostería, mesón, posada. ‖ Traspaso, enajenación. ‖ **venta pública.** Subasta, almoneda.
ventaja. f. Superioridad, prioridad. (**a.**: *desventaja, inferioridad.*) ‖ Ganancia, provecho. (**a.**: *pérdida.*) ‖ Delantera.
ventajista. adj. y s. Ganguero, ventajero, aprovechado.
ventajoso, sa. adj. Conveniente, barato, beneficioso, provechoso, útil. (**a.**: *desventajoso, caro, perjudicial.*)
ventalla. f. Válvula. ‖ Valva.
ventana. f. Abertura, ventanuco.
ventanillo. m. Mirilla.
ventear. tr. Ventilar, aventar, airear. ‖ Ventosear, peer. ‖ Olfatear, curiosear, indagar, husmear. ‖ prnl. Agrietarse, rajarse, rasgarse.
ventero, ra. m. y f. Posadero, mesonero, huésped.
ventilación. f. Oreo, aireamiento.
ventilar. tr. Airear, orear. ‖ Controvertir, aclarar, dilucidar. (**a.**: *embrollar.*)
ventisca. f. Nevisca, nevasca, ventisquero.
ventisquero. m. Nevero, helero, glaciar. ‖ Ventisca.
ventolera. f. Capricho, berretín. (**a.**: *reflexión.*) ‖ Torbellino.
ventrudo, da. adj. Obeso, barrigón, panzón. (**a.**: *flacucho.*)
ventura. f. Felicidad, dicha, fortuna. (**a.**: *desventura, desgracia, infortunio.*) ‖ Suerte, casualidad, porra, azar, contingencia, acaso. (**a.**: *revés.*) ‖ Riesgo, peligro. ‖ Suceso, aventura, lance. ‖ **por ventura.** loc. adv. Quizás, acaso.
venturoso, sa. adj. Afortunado, suertudo, feliz, dichoso, contento, satisfecho. (**a.**: *desastroso, infortunado, infeliz.*)
venustez o venustidad. f. Hermosura.
ver. tr. Percibir, advertir, darse cuenta, descubrir. ‖ Entender, reconocer, comprender. (**a.**: *ignorar.*) ‖ Visar, examinar, ensayar, probar. ‖ Observar, considerar, investigar. ‖ Sospechar, vislumbrar, temer. ‖ prnl. Encontrarse, hallarse. ‖ m. Apariencia, aspecto.
vera. f. Lado, orilla, borde. (**a.**: *centro, medio.*) ‖ Cercanía, proximidad.
veracidad. f. Sinceridad, autenticidad, franqueza. (**a.**: *hipocresía.*)
veraniego, ga. adj. Estival, estivo. (**a.**: *invernal, hibernal.*) ‖ Liviano, ligero, trasparente. (**a.**: *grueso, pesado.*)

verano. m. Estío, canícula. (**a.**: *invierno.*)
veraz. adj. Sincero, certero, franco. (**a.**: *mentiroso.*) ‖ Verdadero, auténtico, verídico. (**a.**: *falaz, falso.*)
verba. f. Verbosidad.
verbal. adj. Oral, hablado. (**a.**: *escrito.*)
verbalmente. loc. adv. De palabra, hablando.
verbosidad. f. Locuacidad, verba, labia, pico, facundia, cháchara, verborrea, charlatanería. (**a.**: *concisión, laconismo.*)
verdad. f. Certeza, certidumbre, realidad. ‖ Veracidad, autenticidad, sinceridad. (**a.**: *mentira, falsedad.*) ‖ **de verdad.** loc. adv. De veras. ‖ **faltar a la verdad.** Mentir.
verdadero, ra. adj. Cierto, indiscutible, probado, indudable, indubitable, certero. (**a.**: *engañoso, falso, mítico.*) ‖ Real, efectivo, legítimo, positivo. ‖ Veraz, sincero, verídico. ‖ Ingenuo, sincero.
verde. adj. Inmaduro, precoz. (**a.**: *maduro, hecho.*) ‖ Lozano, fresco. ‖ Glauco, aceitunado. ‖ Indecente, picante, obsceno. ‖ m. Hierba.
verdear. intr. Reverdecer, verdecer.
verderón. m. Berberecho.
verdín. m. Cardenillo, verdete.
verdinoso, sa. adj. Mohoso.
verdor. m. Verdura, follaje. ‖ Lozanía, energía, vigor, juventud, mocedad, fortaleza. (**a.**: *debilidad, senectud.*)
verdugo. m. Vástago, renuevo.
verdugón. m. Equimosis, cardenal, roncha.
verdura. f. Verdor, follaje. ‖ Hortalizas, hojas.
verecundia. f. Vergüenza.
verecundo, da. adj. Vergonzoso, tímido.
vereda. f. Senda, sendero, camino, trocha, atajo. ‖ Acera.
veredicto. m. Fallo, decisión, sentencia, resolución. (**a.**: *revocación.*) ‖ Dictamen, juicio, parecer, opinión.
vergel. m. Jardín, pensil. ‖ Huerto, huerta.
vergonzante. adj. Vergonzoso, tímido.
vergonzoso, sa. adj. Tímido, corto, encogido, apocado, verecundo. (**a.**: *audaz, osado.*) ‖ Bochornoso, deshonroso, torpe, oprobioso, abyecto, infamante, bajo, vil. (**a.**: *honorable.*)
vergüenza. f. Bochorno, rubor, sonrojo, turbación, sofoco, sofocón. (**a.**: *descaro.*) ‖ Pudor, pundonor, honrilla, amor propio. (**a.**: *indignidad.*) ‖ Encogimiento, empacho, timidez, cortedad, cohibición, confusión, corrimiento. ‖ Deshonor, oprobio, escándalo.
verídico, ca. adj. Verdadero, auténtico, cierto, real, positivo. (**a.**: *falso.*) ‖ Veraz, sincero, indubitable, incontrastable.
verificar. tr. Comprobar, contrastar, examinar. ‖ tr. y prnl. Realizar, efectuar, ejecutar.
verja. f. Enrejado, cerca.
verme. m. Gusano, lombriz.
vermífugo, ga. adj. Vermicida, antihelmíntico.
vernáculo, la. adj. Nativo, autóctono, aborigen, indígena, patrio. (**a.**: *extranjero, foráneo.*)
vernal. adj. Primaveral.
vernier. m. Nonio, micrómetro, calibre.
verosímil. adj. Creíble, aceptable, posible, admisible, probable. (**a.**: *inverosímil, increíble.*)
verraquear. intr. Gruñir. ‖ Berrear, gimotear, llorar.
verruga. f. Papiloma, carnosidad, excrecencia. ‖ Defecto, tacha.
versado, da. adj. Entendido, instruido, competente, conocedor, enterado, práctico, ejercitado, ducho, experimentado, perito, diestro, idóneo, experto. (**a.**: *inexperto, incompetente.*)
versal. adj. Mayúscula.
versar. intr. Referirse, tratar.
versátil. adj. Inconstante, variable, voluble, mudable, caprichoso, tornadizo, inestable, veleidoso. (**a.**: *constante, consecuente.*)
versificación. f. Métrica. ‖ Metrificación.
versificar. intr. y tr. Metrificar.
versión. f. Traducción, traslación. ‖ Variante. ‖ Interpretación, explicación, referencia.

versos. m. pl. Poesía.
vértebra. f. Espóndilo.
vertedero. m. Derramadero, sumidero. ‖ Basurero, muladar, basural.
vertedor. m. Achicador.
verter. tr. Derramar, volcar, vaciar, esparcir. ‖ Traducir, trasladar. ‖ intr. Afluir, desaguar, desembocar.
vertical. adj. Erguido, enhiesto. ‖ Normal, perpendicular. (**a.**: *horizontal.*)
verticalmente. adv. A plomo, perpendicularmente, de pie.
vértice. m. Cúspide, ápice, cumbre. ‖ Coronilla.
vertiente. f. Declive, ladera, falda. ‖ Aspecto, punto de vista. ‖ amb. Tendido.
vertiginoso, sa. adj. Rápido, raudo, veloz, acelerado.
vértigo. m. Mareo, vahído, aturdimiento, desmayo, sopor, desvanecimiento. ‖ Arrebato.
vesania. f. Demencia, locura, furia. (**a.**: *cordura, juicio.*)
vesánico, ca. adj. y s. Loco, demente, alienado, furioso.
vesicante. adj. Rubefaciente, irritante, escocedor.
vesícula. f. Vejiguilla, ampolla.
vestíbulo. m. Atrio, portal. ‖ Recibimiento, recibidor.
vestido. m. Vestidura, traje, atuendo, vestimenta, indumentaria, ropa, ropaje, indumento.
vestidura. f. Vestido.
vestigio. m. Huella, indicio, rastro, señal. ‖ Memoria. ‖ Resto, residuo, reliquia.
vestimenta. f. Vestido.
vestir. tr. Cubrir, guarnecer. ‖ Adornar, ataviar, exornar. (**a.**: *desnudar.*) ‖ Encubrir, disimular, disfrazar. ‖ prnl. Revestirse. ‖ Trajearse.
veta. f. Vena, filón, estrato. ‖ Faja, franja, lista.
vetar. tr. Objetar, impugnar.
veteado, da. adj. y s. Estriado, rayado, jaspeado. (**a.**: *liso.*)
veterano, na. adj. y s. Avezado, antiguo. (**a.**: *principiante, novel.*) ‖ Ejercitado, diestro, fogueado, ducho, experimentado, avezado. (**a.**: *inexperto.*)
veto. m. Oposición, negativa, prohibición. (**a.**: *anuencia.*) ‖ Óbice, obstáculo, impedimento.
vetusto, ta. adj. Viejo, antiguo, añejo, arcaico, añoso. (**a.**: *reciente, nuevo.*) ‖ Ruinoso, arruinado, derruido, destartalado, decrépito.
vez. f. Turno, orden, sucesión, vuelta. ‖ Ocasión, coyuntura.
vía. f. Camino, vereda, sendero, arteria, senda, calle. ‖ Ruta, itinerario. ‖ Carril, riel, raíl. ‖ Procedimiento, modo, método, manera, medio. ‖ Conducto, canal.
viable. adj. Realizable, hacedero, posible, factible. (**a.**: *irrealizable.*) ‖ Transitable. (**a.**: *intransitable.*)
vía crucis. loc. m. Calvario, vía sacra. ‖ Padecimiento, sufrimiento.
viaje. m. Excursión, travesía.
viajero, ra. m. y f. Pasajero, caminante. ‖ Turista. ‖ Peregrino.
vianda. f. Comida, manjar, sustento.
viandante. m. y f. Caminante, transeúnte. ‖ Vagabundo, trotamundos, errabundo. ‖ Paseante, andarín. ‖ Viajero.
viático. m. Eucaristía. ‖ Provisión, víveres.
víbora. f. Áspid.
vibración. f. Trepidación, cimbreo. ‖ Onda, ondulación, movimiento ondulatorio. ‖ Oscilación, vacilación, agitación, temblor. (**a.**: *quietud.*)
viceversa. adv. Inversamente, recíprocamente, al revés, al contrario.
viciar. tr. y prnl. Corromper, pervertir, dañar, enviciar. (**a.**: *enmendar, regenerar.*) ‖ tr. Falsear, adulterar. ‖ Falsificar. ‖ prnl. Combarse, alabearse, pandearse.
vicio. m. Falta, imperfección, tacha, defecto. (**a.**: *perfección.*) ‖ Corrupción, libertinaje, licencia. (**a.**: *virtud, honestidad.*) ‖ Mimo, consentimiento, condescendencia. ‖ Desviación, alabeo, pandeo. ‖ **de vicio.** loc. adv. Innecesariamente. *Come de vicio.*
vicioso, sa. adj. y s. Disoluto, crápula, disipado, libidinoso, sensual, corrompido, pervertido, perdido. ‖ Mimado, malcriado, mañoso. ‖ Vigoroso, fuerte, lozano (en botánica).

vicisitud. f. Alternativa, mudanza. ‖ Suceso, accidente. ‖ Inestabilidad, inconstancia, albur.
victorear. tr. Vitorear.
victoria. f. Triunfo, éxito, conquista. (**a.**: *derrota.*) ‖ Dominio, superioridad, ventaja.
victorioso, sa. adj. Vencedor, triunfante, ganador, invicto. (**a.**: *fracasado.*)
vichar. tr. Espiar.
vid. f. Parra.
vida. f. Existencia, vivir, vitalidad, subsistencia. (**a.**: *muerte.*) ‖ Duración. ‖ Biografía. ‖ Expresión, viveza, vivacidad. ‖ Persona. ‖ Actividad, movimiento, energía. *Es un anciano lleno de vida.*
videncia. f. Clarividencia, penetración, perspicacia.
vidente. m. Profeta. (**a.**: *ciego.*)
vidriado, da. adj. Vidrioso, quebradizo. ‖ Acristalado.
vidriera. f. Escaparate.
vidrioso, sa. adj. Frágil, quebradizo. ‖ Susceptible, irritable, delicado, sentido. *Carácter vidrioso.*
viejo, ja. adj. y s. Anciano, vejete, vejestorio, provecto. (**a.**: *joven.*) ‖ Antiguo, vetusto. (**a.**: *actual, moderno.*) ‖ Estropeado, arruinado, usado, deslucido, ajado, acabado, ruinoso. (**a.**: *nuevo, impecable.*)
viento. m. Aire, brisa, ventarrón. ‖ Vanidad, jactancia. ‖ Rumbo, dirección.
vientre. m. Abdomen, barriga, panza, tripa, mondongo. ‖ Tripas, vísceras, bandullo.
viga. f. Tirante, madero.
vigésimo, ma. adj. y m. Veintavo. ‖ Veinteno.
vigía. f. Atalaya. ‖ m. Centinela, atalaya, guardia, observador, vigilante.
vigilancia. f. Cuidado, atención, observación, celo, custodia, guardia. (**a.**: *descuido, desatención, sueño.*)
vigilante. adj. Alerta, atento, cuidadoso, guardián. (**a.**: *distraído, dormido.*) ‖ m. Vigía, guardia, centinela, policía, sereno.
vigilar. tr. Cuidar, atender, controlar, velar, celar, observar. (**a.**: *desatender, descuidar.*) ‖ Espiar, acechar, atisbar, atalayar. (**a.**: *dormir.*)
vigilia. f. Vela. ‖ Insomnio, desvelo. ‖ Víspera.
vigor. m. Energía, robustez, fortaleza, fuerza. (**a.**: *debilidad.*) ‖ Pujanza, vitalidad. ‖ Vigencia. ‖ Ánimo, aliento.
vigorizar. tr. Fortalecer, robustecer, vitalizar, reverdecer, rejuvenecer, remozar. ‖ Animar, esforzar, alentar. (**a.**: *desalentar.*)
vigoroso, sa. adj. Fuerte, robusto, esforzado, enérgico, eficaz, pujante.
viguería. f. Envigado.
vihuela. f. Guitarra.
vil. adj. Bajo, despreciable, ruin, abyecto, torpe, infame, indigno, malo. (**a.**: *noble, digno.*) ‖ Traidor, alevoso, infiel, villano. (**a.**: *leal.*)
vileza. f. Villanía, bajeza, indignidad, ruindad, infamia, maldad. (**a.**: *honor.*) ‖ Traición, deslealtad, villanía, alevosía. (**a.**: *bondad.*)
vilipendiar. tr. Denigrar, insultar, denostar. ‖ Despreciar, menospreciar, desdeñar, difamar, baldonar, desacreditar.
vilo (en). loc. adv. En suspenso, en zozobra, con inquietud, con intranquilidad. ‖ Colgado, sin apoyo.
villa. f. Quinta. ‖ Pueblo. (**a.**: *ciudad.*)
villanía. f. Vileza, bajeza, maldad, ruindad, indignidad, infamia. (**a**: *honorabilidad.*) ‖ Deslealtad, traición, alevosía. (**a.**: *decencia, rectitud.*)
villano, na. adj. y s. Plebeyo. ‖ Ruin, indigno, infame, bajo, vergonzoso, infiel, desleal, traidor. ‖ Grosero, rústico, descortés, basto. ‖ Aldeano, lugareño.
villorrio. m. Lugar, aldea, poblado.
vincular. tr. y prnl. Relacionar, emparentar, ligar. (**a.**: *desvincular, desligar.*) ‖ Atar, sujetar, asegurar. (**a.**: *desligar.*)
vínculo. m. Lazo, atadura, nexo, ligamen, unión, ligazón.
vindicar. tr. Vengar. ‖ Defender, exculpar. ‖ Reivindicar.
vindicativo, va. adj. Vengativo. ‖ Odioso, rencoroso, irreconciliable.
vindicta. f. Venganza, desquite.

viña. f. Viñedo. *Cuidaba su viña.*
viola. f. Guitarra.
violación. f. Quebrantamiento, atentado, inobservancia, infracción, incumplimiento. (**a.**: *respeto, cumplimiento.*) || Atropello, conculcación. || Estupro, abuso.
violado, da. adj. Violeta, violáceo, morado.
violar. tr. Infringir, conculcar, trasgredir, quebrantar, vulnerar. (**a.**: *respetar, cumplir.*) || Profanar. || Forzar, estuprar, deshonrar, violentar. || Ajar, deslucir.
violencia. f. Ímpetu, brutalidad, rudeza, fuerza. (**a.**: *calma, serenidad.*) || Violación.
violentar. tr. Forzar, atropellar, obligar, violar. || Torcer, retorcer, tergiversar. || prnl. Dominarse, reprimirse, contenerse. || Excitarse, irritarse.
violento, ta. adj. Fuerte, intenso, brusco. (**a.**: *débil.*) || Iracundo, irascible, irritable, impetuoso, vehemente, arrebatado, fogoso. (**a.**: *sereno, pacífico.*) || Forzado, duro, penoso. || Torcido, tergiversado.
violón. m. Contrabajo.
viperino, na. adj. Mordaz, hiriente, pérfido, venenoso.
viquingo, ga o **vikingo, ga.** adj. y s. Normando.
virada. f. Viraje, vuelta.
virago. f. Marimacho.
virar. intr. o tr. Girar, volver, torcer. || intr. Evolucionar, cambiar.
virgen. f. Doncella. || adj. Casto, puro. || Íntegro, intacto. || Inculto.
virginal. adj. Puro, intacto, inmaculado, incólume.
virginidad. f. Doncellez, integridad. || Pureza, candor, candidez, castidad, doncellez.
viril. adj. Varonil, masculino. (**a.**: *afeminado.*) || Vigoroso, fuerte, firme, valiente. (**a.**: *débil.*)
virola. f. Regatón, contera.
virolento, ta. adj. y s. Varioloso.
virtual. adj. Eventual, posible. || Implícito, sobreentendido, tácito. (**a.**: *explícito, expreso.*) || Aparente, irreal.
virtud. f. Eficacia, capacidad. || Bondad. (**a.**: *maldad.*) || Fuerza, vigor, valor. (**a.**: *debilidad, cobardía.*) || Poder, potestad. || **en virtud de.** loc. prep. A consecuencia de, por resultado de, con arreglo a.
virtuoso, sa. adj. Recto, honesto, honrado, probo, incorruptible, íntegro.
virulencia. f. Violencia, saña, intensidad. || Ponzoña, malignidad, mordacidad, causticidad. (**a.**: *bondad, amistad.*)
virulento, ta. adj. Ponzoñoso, maligno, venenoso. || Purulento. || Mordaz, violento, sañudo, acre, cáustico.
visaje. m. Mueca, gesto.
víscera. f. Entraña.
viscoso, sa. adj. Pegajoso, mucilaginoso, glutinoso, gelatinoso.
visibilizar. tr. Hacer visible.
visible. adj. Claro, palmario, perceptible, cierto, evidente, patente, manifiesto, ostensible. (**a.**: *imperceptible, invisible.*) || Importante, notorio, conspicuo, notable, sobresaliente. (**a.**: *anónimo, oculto.*)
visillo. m. Cortinilla.
visión. f. Vista. || Aparición, espectro, fantasma, alucinación, aparecido. (**a.**: *realidad.*) || Quimera, ensueño, fantasía.
visionario, ria. m y f. Soñador, iluso.
visita. f. Recepción, recibimiento. || Inspección, examen.
visitador, ra. adj. y s. Inspector.
vislumbrar. tr. Entrever, columbrar, divisar, atisbar, distinguir. || Conjeturar, sospechar, barruntar. (**a.**: *conocer, saber.*)
vislumbre. m. Reflejo, resplandor. || Atisbo, indicio, conjetura, sospecha, barrunto. (**a.**: *certeza.*) || Apariencia, semejanza.
viso. m. Apariencia, aspecto. || Aguas, tornasol. || Figuración, importancia.
víspera. f. Vigilia.
vista. f. Ojo, visión. || Mirada, ojeada, vistazo. || Paisaje, panorama, perspectiva, cuadro. || Perspicacia. (**a.**: *ceguera, ingenuidad.*) || Aspecto, apariencia. || Ventana.
vistazo. m. Ojeada.
visto. adj. y m. Advertido, percibido,

distinguido, notado. || Corregido, verificado. || **no visto.** Raro, extraordinario. (**a.**: *común, vulgar.*)

vistoso, sa. adj. Atractivo, llamativo, lucido. (**a.**: *extravagante.*) || Brillante, fastuoso. || Atrayente, sugestivo.

visualidad. f. Vistosidad.

visualizar. tr. Visibilizar.

vital. adj. Fundamental, importantísimo, indispensable, trascendente. || Estimulante, nutritivo, vivificante, tónico.

vitalidad. f. Eficacia, vigor, fuerza. (**a.**: *ineficacia, debilidad.*)

vitando, da. adj. Odioso, execrable, abominable, aborrecible. (**a.**: *admirable, excelente.*)

vitorear. tr. Aclamar, victorear, ensalzar, dar vivas, aplaudir. (**a.**: *silbar, abuchear.*)

vitral. m. Vidriera.

vituallas. f. pl. Víveres, provisiones.

vituperable. adj. Censurable, reprobable, repudiable. (**a.**: *loable.*)

vituperar. tr. Censurar, afear, desaprobar, motejar, reprobar, criticar, reprochar, vilipendiar, recriminar. (**a.**: *encomiar, ponderar.*) || Difamar, denigrar, desprestigiar.

vituperio. m. Oprobio, reproche, vilipendio, censura, desaprobación. (**a.**: *loa, elogio, alabanza.*) || Baldón, mancilla, mancha, ofensa, deshonra, afrenta.

viudal. adj. Vidual.

viudedad. f. Viudez.

vivacidad. f. Eficacia, vigor, actividad, energía, fuerza. (**a.**: *pasividad, indolencia.*) || Esplendor, lustre. || Viveza, ingenio, agudeza, sagacidad, listeza. (**a.**: *bobería.*)

vivar. m. Coneja, conejar, conejera. || Vivero. || tr. Vitorear, aclamar.

vivaz. adj. Agudo, perspicaz, brillante, ingenioso, listo, sagaz. (**a.**: *adocenado, soso.*) || Vigoroso, eficaz, enérgico. (**a.**: *ineficiente.*) || Vividor, longevo. || Perenne.

víveres. m. pl. Vituallas, comestibles, provisiones, alimentos, abastecimiento.

vivero. m. Criadero, semillero.

viveza. f. Prontitud, actividad, agilidad, rapidez, dinamismo, celeridad. (**a.**: *lentitud.*) || Intensidad, fuerza, esplendor, vivacidad, lustre, brillo. || Agudeza, perspicacia, picardía, listeza. || Ardimiento, energía, ardor, animación, vehemencia, fogosidad. (**a.**: *pachorra.*)

vividor, ra. adj. Vivaz. || Laborioso, trabajador. || m. y f. Gorrón, vivillo, parásito.

vivienda. f. Casa, domicilio, morada, habitación, hogar, residencia.

vivificar. tr. Animar, reanimar, tonificar, avivar, reavivar, confortar, alentar, fortalecer, robustecer. (**a.**: *desanimar, enfermar.*)

vivir. intr. Existir. (**a.**: *morir.*) || Mantenerse, sustentarse. || Permanecer, subsistir, durar, perdurar. || Habitar, residir, morar. (**a.**: *ausentarse.*) || tr. Experimentar, sufrir. || Comportarse, conducirse.

vivo, va. adj. Persistente, vivaz, durable. (**a.**: *fugaz.*) || Intenso, ardiente, fuerte, enérgico. || Astuto, avispado, listo, perspicaz, sutil, ingenioso. (**a.**: *torpe.*) || Diligente, listo, ágil, rápido, pronto. (**a.**: *remolón, tardo.*) || Expresivo, vivaz, llamativo. || m. Borde, orilla, canto. || Cordoncillo, trencilla, filete. || Vividor. || Sobreviviente. (**a.**: *difunto.*)

vocablo. m. Palabra, término, voz, dicción, expresión, locución.

vocabulario. m. Léxico, diccionario, glosario, tesauro.

vocabulista. m. y f. Diccionarista, lexicógrafo, terminólogo.

vocación. f. Llamamiento, convocación. || Inclinación, afición, propensión.

voceador. m. Pregonero. || Portavoz, vocero. || adj. Vocinglero, chillón.

vocear. intr. Vociferar, gritar, llamar, chillar, desgañitarse. (**a.**: *callar.*) || tr. Pregonar, publicar, difundir. || Aclamar, aplaudir. (**a.**: *abuchear.*)

vocería. f. o **vocerío.** m. Gritería, algarabía, vocinglería, clamor, grita, bulla. (**a.**: *silencio.*)

vocero. m. Portavoz. ‖ Voceador, pregonero.
vociferar. intr. Gritar, vocear, desgañitarse. (**a.**: *musitar, susurrar.*)
vocinglero, ra. adj. Gritón. ‖ Charlatán.
voladizo. m. Salidizo, saledizo, cornisa.
volandera. f. Bola, mentira. ‖ Arandela.
volar. intr. Apresurarse, apurarse, correr, acelerar. ‖ Desaparecer, huir, escapar. (**a.**: *aparecer, venir.*) ‖ Aletear, revolotear. ‖ Remontarse, levantar vuelo. ‖ Extenderse, propagarse, difundirse. (**a.**: *reducirse.*) ‖ tr. Irritarse, enfadarse. ‖ intr. y tr. Estallar, explotar, saltar.
volatilizar o **volatizar.** tr. y prnl. Vaporizar, evaporar, gasificar.
volatinero, ra. m. y f. Acróbata, funámbulo, equilibrista, saltimbanqui, volatín, volteador.
volatización. f. Vaporización, evaporación.
volcánico, ca. adj. Ardiente, fogoso. ‖ Apasionado. (**a.**: *frío, indiferente.*) ‖ Eruptivo.
volcar. tr. y prnl. Tumbar, derribar. (**a.**: *sostener.*) ‖ tr. Verter, derramar. ‖ Inclinar, convencer, persuadir.
volframio. m. Tungsteno.
volitar. intr. Revolotear.
voltario, ria. adj. Inestable, voluble, versátil, tornadizo.
voltear. tr. Trastrocar, mudar, cambiar. ‖ Volcar.
voltereta. f. Cabriola, zapateta, pirueta, tumbo.
volteriano, na. adj. Escéptico, incrédulo. (**a.**: *creyente.*)
voluble. adj. Inconstante, versátil, tornadizo, mudable, inestable. (**a.**: *constante, fiel, invariable.*) ‖ Caprichoso, antojadizo.
volumen. m. Tomo, libro. ‖ Bulto, cuerpo, corpulencia, mole. ‖ Tamaño, magnitud, importancia. ‖ Intensidad.
voluminoso, sa. adj. Grande, abultado, corpulento, grueso, obeso, gordo. (**a.**: *magro, flaco.*)
voluntad. f. Albedrío, libertad. ‖ Intención, deseo, ánimo. ‖ Perseverancia, resolución, firmeza. (**a.**: *inconstancia, volubilidad.*) ‖ Gana, apetencia, deseo, antojo. (**a.**: *abulia, desgano.*) ‖ Mandato, disposición, precepto, orden. (**a.**: *abulia.*) ‖ Consentimiento, aquiescencia, asentimiento, anuencia. ‖ Amor, afecto, afición, cariño, benevolencia. (**a.**: *desafecto.*)
voluntariamente. adv. Buenamente.
voluntario, ria. adj. Espontáneo, facultativo. (**a.**: *obligatorio, forzoso.*) ‖ Discrecional, intencional, potestativo.
voluntarioso, sa. adj. Caprichoso, antojadizo. ‖ Dispuesto, deseoso. ‖ Constante, obstinado, persistente, tenaz, testarudo. ‖ Deliberado.
voluptuosidad. f. Sensualidad, sensualismo. (**a.**: *templanza.*) ‖ Lujuria, placer, concupiscencia. (**a.**: *honestidad.*)
voluta. f. Espiral.
volver. tr. Invertir. ‖ Dirigir. ‖ Devolver, pagar, restituir. ‖ Traducir. ‖ Corresponder, satisfacer. ‖ tr. y prnl. Convertir, hacer. ‖ intr. y prnl. Regresar, retornar, tornar. (**a.**: *irse.*) ‖ Vomitar. ‖ intr. Torcer, girar. ‖ Reiterar, repetir. ‖ Retroceder. ‖ prnl. Acedarse, agriarse, avinagrarse.
vomitar. tr. e intr. Devolver, volver, lanzar, arrojar. (**a.**: *engullir, tragar.*) ‖ Provocar. ‖ Proferir, prorrumpir, pronunciar. (**a.**: *callar.*) ‖ Revelar, descubrir.
vomitivo, va. adj. y s. Emético.
voracidad. f. Glotonería, avidez, adefagia, bulimia. (**a.**: *desgana, inapetencia.*)
vorágine. f. Remolino, torbellino.
voraz. adj. Glotón, ávido, comedor, tragón, comilón. ‖ Violento, destructor, activo, devorador.
vórtice. m. Torbellino, remolino, vorágine.
votación. f. Elección, sufragio.
votar. intr. Jurar, renegar.
voto. m. Promesa. ‖ Súplica, ruego, deprecación, deseo. ‖ Exvoto. ‖ Dictamen, parecer. ‖ Palabrota, ajo, taco, terno, maldición. ‖ Reniego, blasfemia, juramento. ‖ Sufragio, papeleta.
voz. f. Palabra, vocablo, dicción, término, expresión. ‖ Grupo, alarido. ‖ Rumor, opinión, fama. ‖ Cantante.

vuelco. m. Tumbo. ‖ Cambio, giro.

vuelo. m. Amplitud, anchura, desarrollo. ‖ **al vuelo.** loc. adv. Prontamente, ligeramente.

vuelta. f. Rotación, revolución, giro, viraje. ‖ Circunvolución. ‖ Curva, recodo, curvatura. ‖ Regreso, retorno. (**a.**: *ida.*) ‖ Conversión. ‖ Vista. ‖ Devolución, recompensa. ‖ Vez, turno, mano, ronda. ‖ Cambio, trastorno. ‖ Retornelo, estribillo. ‖ Dorso, espalda, envés, revés. (**a.**: *cara, frente.*)

vulcanita. f. Ebonita.

vulgar. adj. Corriente, común, manido, ordinario, general. (**a.**: *extraordinario, raro.*) ‖ Ordinario, trillado, adocenado, ramplón, chabacano, basto. (**a.**: *elegante, fino.*) ‖ Plebeyo.

vulgaridad. f. Grosería, ordinariez, chabacanería.

vulgarizar. tr. Divulgar, difundir. ‖ Familiarizar. ‖ prnl. Aplebeyarse.

vulgarmente. adv. Comúnmente, ordinariamente.

vulgo. m. Plebe, gente, pueblo. (**a.**: *aristocracia.*) ‖ adv. Vulgarmente, comúnmente.

vulnerable. adj. Sensible, débil, inerme, indefenso, atacable. (**a.**: *invulnerable, fuerte, invencible.*)

vulnerar. tr. Herir, lesionar. ‖ Quebrantar, violar, trasgredir, infringir, conculcar, incumplir, contravenir. (**a.**: *cumplir.*) ‖ Dañar, perjudicar, lastimar.

vulpeja. f. Zorra, raposa.

ya. adv. Enseguida, luego, inmediatamente. || Finalmente, últimamente. || conj. coord. Ora. || conj. subord. Puesto que, dado que.

yacaré. m. Caimán, cocodrilo.

yacente. adj. Tendido. (**a.**: *erguido, vertical.*)

yacer. intr. Descansar, reposar, echarse, tenderse, acostarse. (**a.**: *levantarse.*) || Cohabitar.

yacija. f. Lecho, cama, catre. || Sepultura, fosa, huesa. || Sepulcro, tumba, túmulo, panteón, mausoleo.

yacimiento. m. Criadero. || Venero, placer, mina, cantera, filón.

yaguar. m. Jaguar.

yanqui. adj. y s. Norteamericano, estadounidense.

yantar. m. Comida.

yapa. f. Añadidura, adehala. || **de yapa.** loc. adv. Por añadidura, de propina. || Gratuitamente, sin motivo.

yatagán. m. Alfanje, sable.

yegua. f. Potra, potranca, jaca. (**a.**: *caballo.*)

yeguada. f. Caballada, tropilla.

yelmo. m. Casco, celada, almete.

yema. f. Botón, gema. || Capullo, retoño, renuevo, brote.

yermo, ma. adj. Despoblado, inhóspito, desierto, inhabitado, deshabitado, solitario. (**a.**: *poblado.*) || Baldío, páramo, erial. (**a.**: *vergel.*) || Inculto. (**a.**: *fértil, cultivado.*)

yerno. m. Hijo político.

yerro. m. Equivocación, error, falta, inadvertencia, descuido. (**a.**: *acierto.*) || Culpa. || Torpeza. (**a.**: *perfección.*)

yerto, ta. adj. Rígido, tieso, entumecido, helado, gélido. (**a.**: *cálido, flexible.*)

yesal o **yesar.** m. Yesera.

yeso. m. Tiza, clarión.

yuca. f. Mandioca.

yugada. f. Yunta.

yugo. m. Coyunda. || Opresión, esclavitud, sujeción, tiranía, servidumbre, atadura. (**a.**: *libertad.*) || Obligación, obediencia, disciplina.

yugular. tr. Degollar.

yunque. m. Bigornia, tas.

yunta. f. Yugada, par, pareja, casal.

yuxtaponer. tr. Adosar, unir, arrimar, juntar, apoyar. (**a.**: *alejar, separar.*)

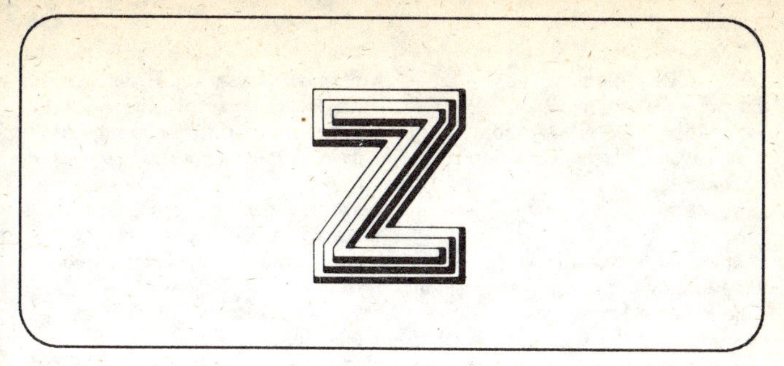

zabida o **zabila.** f. Áloe, acíbar.

zacear. tr. Zalear, ahuyentar, alejar, espantar. ‖ intr. Cecear.

zafar. tr. y prnl. Desembarazar, librar. ‖ prnl. Escaparse, esconderse, huir. (**a.**: *encerrarse.*) ‖ Excusarse, rehuir, esquivar, evitar.

zafarrancho. m. Destrozo, riza, estropicio. ‖ Riña, reyerta, trifulca, chamusquina.

zafiedad. f. Grosería, ordinariez, tosquedad, rusticidad. (**a.**: *cultura, educación, finura.*)

zafio, fia. adj. Tosco, grosero, zote, ordinario, rústico, basto, inculto.

zafiro. m. Corindón.

zafra. f. Cosecha.

zaga. f. Trasera. (**a.**: *delantera.*) ‖ Retaguardia. ‖ **a la zaga, a zaga** o **en zaga.** loc. adv. Detrás, atrás.

zagal, la. m. y f. Muchacho, mozo, joven. ‖ Pastor.

zaguán. m. Portal, atrio, vestíbulo.

zaguero, ra. adj. Posterior. (**a.**: *delantero.*)

zahareño, ña. adj. Desdeñoso, huraño, esquivo, intratable, arisco.

zaherir. tr. Satirizar, criticar, pinchar, motejar, mortificar, molestar, censurar, reprender. (**a.**: *lisonjear, alabar.*)

zahína. f. Sorgo, maíz.

zahón. m. Delanteras, perneras.

zahorí. m. Adivino, nigromante.

zahúrda. f. Chiquero, pocilga, cuchitril. ‖ Tugurio, tabuco, cuartucho. (**a.**: *mansión.*)

zaino, na. adj. Hipócrita, falso, felón. (**a.**: *sincero, leal.*)

zalagarda. f. Trapatiesta, jaleo, trifulca, reyerta, alboroto, pelotera, pendencia. ‖ Astucia, ardid, manejo, trampa, engaño. ‖ Emboscada, escaramuza, celada.

zalamería. f. Arrumaco, carantoña, mimo, fiesta, halago. (**a.**: *riña, pelea.*)

zalea. f. Pelleja, vellón.

zalear. tr. Zacear.

zalema. f. Reverencia, saludo, cortesía, fiesta. (**a.**: *desprecio.*) ‖ Zalamería.

zamarra. f. Chaqueta, chaquetón.

zamarrear. tr. Sacudir, golpear. (**a.**: *acariciar.*)

zambra. f. Algazara, fiesta, bulla, jaleo, jolgorio, diversión, juerga.

zambullir. tr. y prnl. Zabullir, hundirse, sumergirse. (**a.**: *emerger.*)

zampa. f. Pilote, estaca. ‖ Valla.

zampabollos. m. Zampatortas.

zampar. tr. Estampar, arrojar. ‖ tr. y prnl. Engullir, tragar, devorar, atiborrarse, embuchar, embaular. (**a.**: *ayunar.*)

zampatortas. m. o f. Tragón, comilón, glotón. (**a.**: *sobrio.*) ‖ Bobo, necio, memo, torpe. (**a.**: *inteligente.*)

zampoña. f. Caramillo, flautilla.

zanca. f. Pata, pierna.
zancada. f. Paso, tranco.
zancadilla. f. Traspié. || Ardid, asechanza, engaño, trampa, celada, treta. (**a.**: *ayuda, auxilio.*)
zancudo, da. adj. Patilargo. (**a.**: *paticorto.*)
zanganada. f. Impertinencia.
zangandungo, ga. adj. Vago, gandul, holgazán. || Torpe, inhábil.
zanganear. intr. Callejear, vagabundear. (**a.**: *trabajar, afanarse.*)
zángano. m. Abejón. || Holgazán, haragán, gandul, vago, remolón, zanguango, tumbón, perezoso. (**a.**: *trabajador, laborioso.*)
zangolotear. tr. Zarandear, mover.
zanguango, ga. adj. y s. Holgazán, haragán, perezoso, zángano, gandul, remolón.
zanja. f. Cuneta.
zanjar. tr. Solucionar, resolver, arreglar, dirimir, allanar. (**a.**: *suscitar.*)
zapa. f. Pala. || Lija. || Excavación.
zapallo. m. Calabaza.
zapapico. m. Piqueta, pico.
zaparrastroso, sa. adj. Zarrapastroso.
zapateta. f. Brinco, salto, pirueta.
zapatilla. f. Alpargata, chancleta, pantufla.
zaquizamí. m. Desván, buhardilla, cuchitril, cuartucho, tabuco, tugurio, zahúrda. (**a.**: *palacio.*)
zarabanda. f. Bulla, griterío, jaleo, alboroto, algazara, jolgorio. (**a.**: *silencio, tranquilidad.*)
zaragata. f. Alboroto, gritería, jaleo, bochinche, cisco, camorra, gresca, trifulca, pendencia, remolina, reyerta, tumulto.
zaranda. f. Criba, cedazo, tamiz, cernedor, harnero.
zarandajas. f. pl. Bagatelas, fruslerías, insignificancias, nimiedades, menudencias. (**a.**: *joyas, alhajas.*)
zarandear. tr. Mover, sacudir, agitar. || Ajetrear. || prnl. Contonearse.
zarcillo. m. Pendiente, aro, arete, arracada. || Cirro. || Escardillo, almocafre.
zarpa. f. Garra.
zarpar. intr. Levar anclas, marchar, salir. (**a.**: *arribar.*)
zarrapastroso, sa. adj. Harapiento, andrajoso, desarrapado, astroso, desharrapado, zaparrastroso, roto, desaliñado, desaseado. (**a.**: *pulcro, elegante.*)
zarza. f. Espiño, cambrón, zarzamora.
zascandil. m. Chisgarabís, pícaro, botarate, charlatán, enredador, mequetrefe.
zazo, za o **zazoso, sa.** adj. Tartajoso, tartamudo.
zigzaguear. intr. Serpentear, culebrear, ondular.
zipizape. m. Jaleo, alboroto, riña, escándalo, pelea. (**a.**: *paz, tranquilidad.*)
zócalo. m. Friso, basa, peana.
zoclo. m. Zueco, chanclo.
zollipar. intr. Gimotear, sollozar. (**a.**: *reír.*)
zona. f. Faja, lista. || Zoster. || Región, territorio, demarcación.
zoncera. f. Tontería, pavada, sosera.
zonzo, za. adj. y s. Soso, insípido, insulso. (**a.**: *entretenido.*) || Tonto, pavo, bobo, necio, sonso.
zoospermo. m. Espermatozoide, espermatozoo.
zopenco, ca. adj. y s. Zoquete, zote, abrutado, bobo, tonto, bruto. (**a.**: *avispado.*)
zoquete. m. Mendrugo, corrusco, tarugo, zopenco. (**a.**: *culto.*)
zoroastrismo. m. Mazdeísmo, parsismo.
zorra. f. Raposa, vulpeja. || Vagoneta. || Ramera, prostituta. || Borrachera. || adj. Astuta, taimada, solapada. (**a.**: *sincera, franca.*)
zorrería. f. Ardid, estratagema, astucia, disimulo.
zorro, rra. adj. Taimado, astuto, ladino. || m. y f. Raposo, vulpeja. || Borrachera, embriaguez, mona. || Vagoneta. || Prostituta, ramera.
zoster. m. Zona, culebrilla.
zote. adj. Zopenco, necio, zoquete, ignorante, rudo. (**a.**: *culto, sagaz.*)
zozobra. f. Naufragio. (**a.**: *salvación.*) || Inquietud, sobresalto, intranquilidad, ansiedad, desasosiego, angustia, aflicción, congoja. (**a.**: *tranquilidad.*)

zozobrar. intr. Naufragar, sumergirse, irse a pique, anegarse, hundirse. (**a.**: *emerger, salvarse.*) ‖ Fracasar, frustrarse, malograrse, peligrar. ‖ Acongojarse, afligirse. (**a.**: *alegrarse, animarse.*)

zueco. m. Almadreña, galocha, chanclo.

zulla. f. Excremento.

zumba. f. Bramadera. ‖ Broma, burla, chunga, vaya, guasa. ‖ Tunda.

zumbador. m. Chicharra.

zumbar. intr. Retumbar. ‖ Murmurar, cuchichear. ‖ tr. Burlar, bromear, titear. ‖ Golpear, pegar, propinar.

zumbón, na. adj. Burlón, chancero, guasón, bromista. (**a.**: *formal, serio.*)

zumo. m. Jugo. ‖ Provecho, utilidad. (**a.**: *pérdida.*)

zunchar. tr. Reforzar.

zuncho. m. Suncho, aro, grapa, abrazadera, fleje.

zuñido. m. Zumbido.

zupia. f. Escoria, hez, sedimento, poso, lías.

zurcir. tr. Remendar, coser.

zurdo, da. adj. Izquierdo, siniestro. (**a.**: *derecho, diestro.*)

zurear. intr. Arrullar.

zurra. f. Paliza, tunda, castigo, vapuleo, felpa, leña, azotaina, somanta, soba, solfa, solfeo, tocata.

zurrar. tr. Ablandar, suavizar. ‖ Curtir, adobar, tundir. ‖ Golpear, vapulear, apalear, azotar, cascar, sacudir. (**a.**: *acariciar.*) ‖ Censurar, fustigar. (**a.**: *encomiar, halagar.*)

zurriagazo. m. Latigazo. (**a.**: *caricia, mimo.*)

zurriago. m. Látigo, correa.

zurrón. m. Mochila, macuto, morral, bolsa, saco, talego.

zurrona. f. Ramera, meretriz.

zurrusco. m. Excremento.

zurullo. m. Grumo, coágulo, cuajarón.

zutano, na. m. y f. Fulano, mengano, perengano.